INTERNATIONAL MARKETING

카테오라의

15TH EDITION

국제마케팅

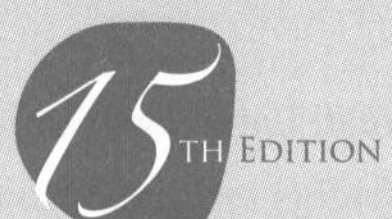

Philip R. Cateora • Mary C. Gilly • John L. Graham 지음
이건희 • 김정포 • 조연성 • 이영일 • 원동환 옮김

Mc Graw Hill Education

MEDIA JIPHIL
(주)지필미디어

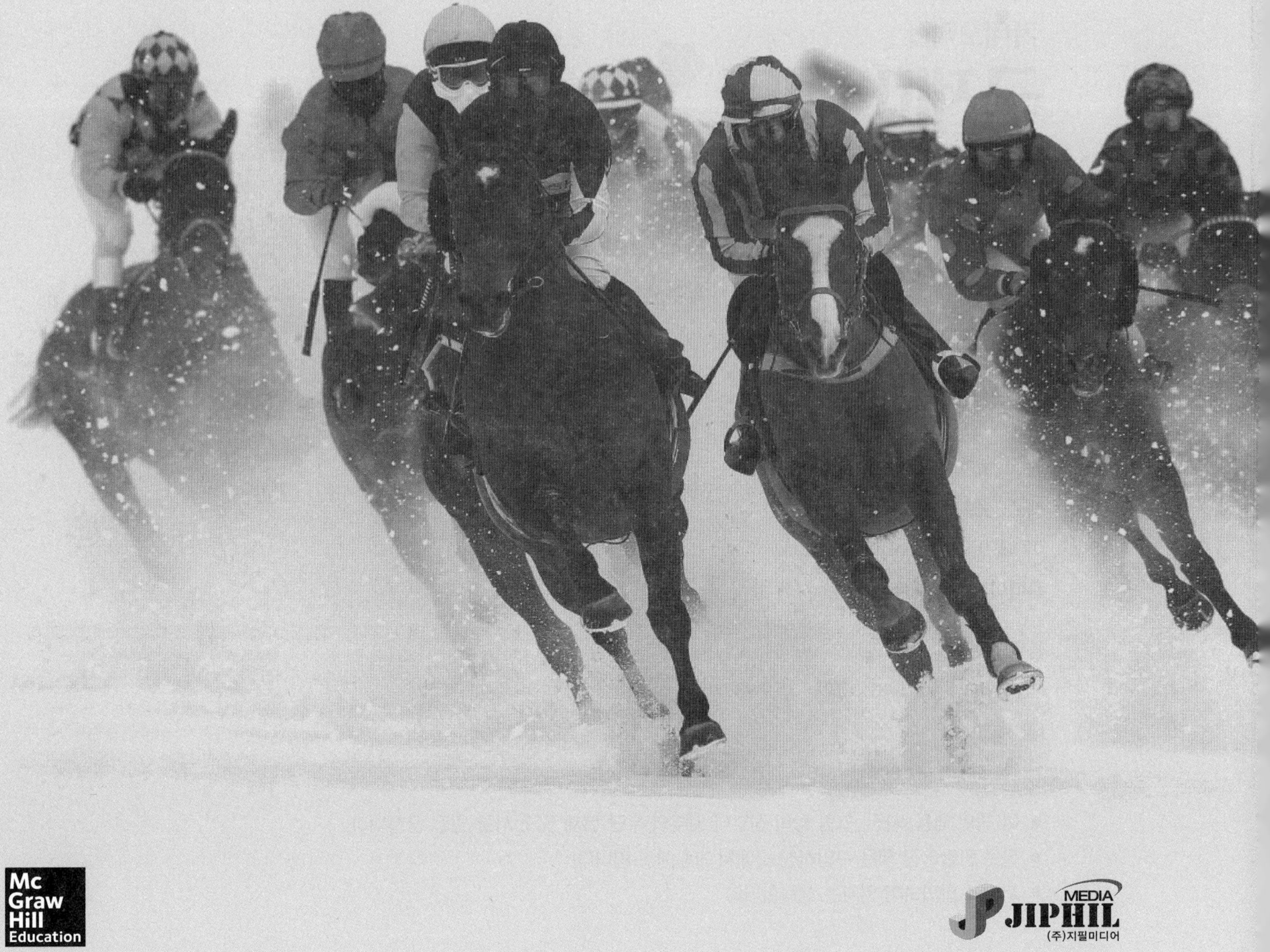

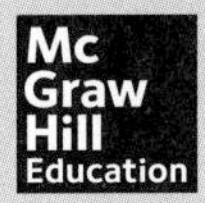

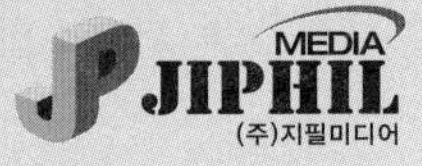

International Marketing, 15th Edition.

1 2 3 4 5 6 7 8 9 10 Jiphil 20 13

Original: International Marketing, 15th Edition. © 2011
By Philip Cateora, Mary Gilly, John Graham
ISBN 978-0-07-352994-3

This book is exclusively distributed by Jiphil Media.
When ordering this title, please use ISBN 978-8997394-57-9
Printed in Korea

카테오라의

국제마케팅

INTERNATIONAL MARKETING

발 행 일 2013년 9월 27일 초판 인쇄
저 자 Philip R. Cateora, Mary C. Gilly, John L. Graham
역 자 이건희, 김정포, 조연성, 이영일, 원동환
발 행 인 고현희

발 행 처 (주)지필미디어
주 소 서울시 서대문구 미근동 72-3호 미근빌딩 101호
전 화 (02) 362-4504
팩 스 (02) 393-4509
이 메 일 book@jiphil.co.kr
홈페이지 www.jiphil.co.kr

등록번호 제 312-1997-000043호 (1997년 7월 16일)
I S B N 978-89-97394-57-9 93320
디 자 인 디자인 콤마
가 격 34,000원

역자서문

본서는 미국 McGraw-Hill에서 출판한 "International Marketing" 15판을 번역한 것이다. Philip R. Cateora 교수를 포함한 본서의 원저자들은 국제 경영과 마케팅 분야에서 세계적 석학들이다. 특히 이 책은 1971년 처음 출간된 이래로 15판을 거듭하며 40여년 이상 전 세계 수많은 독자들에게 국제마케팅의 기본 교재로서 꾸준히 사랑을 받아 왔다.

본서가 세계적으로 유명한 저서임에도 이번에 우리나라에서 처음으로 번역이 이루어지게 되었다. 하지만 이미 우리나라 대학교와 국제마케팅 분야의 실무자들에게는 원서 그대로 널리 읽혀오던 책이었다. 이러한 책이 이제야 번역이 이루어진 점은 다소 아쉬운 점이다. 늦었지만 이런 훌륭한 책을 번역하게 된 것은 역자들의 입장에서는 매우 보람된 일이라고 생각한다. 물론 이런 보람을 뒤로 하고 역자들의 부족으로 독자들에게 원서의 내용과 의미를 제대로 전달할 수 있을까하는 부담감은 본 책의 번역을 시작하기 전부터 매우 컸다.

본서는 국제마케팅 분야의 이론과 실무를 매우 효율적이고 효과적으로 학습할 수 있도록 구성되어 있다. 이 책이 다른 국제마케팅 서적들과 차별화되는 장점을 여러 가지로 들 수 있지만, 첫 번째로 꼽을 수 있는 점은 흥미 유발이다. 그 대표적인 예가 각 장의 본문 첫 번째 부분에 나오는 "글로벌 관점"과 본문 중간에 최소 3가지 이상 나오는 "CROSSING BOREDRS"이다. 글로벌 관점은 해당하는 본문 각 장의 주제와 밀접하게 관련 있는 국제마케팅 주제들을 실제 사례와 함께 제시하면서 본격적인 학습 이전에 의미 있는 화두를 독자들에게 던져 흥미를 유발하는 역할을 한다. 또한, 본문 중간에는 각 장의 주요 내용과 결부된 일화, 사건, 뒷이야기, 역사적 사건과 사례 등을 소개하는 CROSSING BOREDRS가 삽입되어 있다. 특히 CROSSING BOREDRS에는 문화적 이질성에 따른 국제마케팅 관리의 어려움과 시사점을 잘 정리해 놓았다. 두 번째로 본서의 장점은 따로 사례집이 필요 없을 정도로 본문 중간에 국제마케팅 관련 사례들을 많이 인용한 점이다. 국제마케팅의 이론과 사례가 본문과 떨어져 있는 것이 아니라, 본문 중간에 밀접하게 연결되어 독자들의 이해를 높이기 쉽게 구성되어 있다. 인용 사례는 또한 그 양이 방대하여 독자들에게 국제마케팅의 새로운 경험들을 다양하게 접할 수 있는 기회를 제공한다. 마지막으로 이 책의 부록인 국제마케팅 전략수립지침(country notebook)은 본서를 가지고 공부한 학생들의 보고서 작성을 도와주거나 각종 국제마케팅 경진대회에서 활용할 수 있는 훌륭한 길잡이 역할을 하고 있다. 대학생들뿐만 아니라 실무에서 국제마케팅 전략을 담당하고 있는 관리자들에게도 훌륭한 지침서가 될 것으로 판단한다. 그러나 무엇보다도 본서의 가장 뛰어난 점은 국제마케팅 분야의 고전 이론과 최신 이론을 체계적으로 잘 정리하였다는 점이다. 아울러 지루할 수 있는 이론들을 매우 다양한 사례들로 설명함으로써 수업교재를 읽는 느낌보다는 국제마케팅 분야의 지구촌 리포트를 시청하고 있는 느낌을 준다.

본서를 번역하면서 역자들은 번역이 참 어려운 작업이라는 것을 느꼈다. 원서의 사전적 의미를 충실히 전달해야 하는 직역과 본문 내용의 전체적인 맥락을 우리나라 독자들에게 효과적으로 전달해야 하는 의역 사이에서 많은 고민이 있었다. 또한, 우리나라에서는 아직 널리 사용하지 않는 국제마케팅 분야의 최신 용어들을 한글화하는 데에도 어려움이 많았다. 같은 학교에서 동문수학한 벗들끼리 추억을 만들어 보자고 시작한 번역작업이 예상외로 어려움에 부딪혔을 때에는 당황스럽기도 하였다. 하지만 번역작업을 완성한 이후에는 초보 부모가 첫째 아이를 유치원에 보낼 정도로 키운 뒤에 느낄 수 있는 행복감과 뿌듯함을 경험했던 것도 사실이다. 하지만 다른 책들의 번역자들과 마찬가지로, 무엇보다도 두렵고 부끄러운 점은 최선을 다했지만 항상 있을 수 있는 번역의 오류다. 그럼에도 본 번역서의 번역 오류는 모두 역자들의 몫이다.

본 번역서가 나오기까지 많은 분들의 도움을 받았다. 우선 역자들의 오늘을 만들어 주신 서강대학교 경영대학의 은사님들에게 감사를 드린다. 또한 본서의 번역 작업을 지원해주신 도서출판 지필미디어의 고현희 대표님, 김성준 부장님과 McGraw-Hill Korea의 이강록 차장님에게도 감사를 드린다. 또한 본서의 편집과 디자인에 많은 수고를 아끼지 않으신 디자인 콤마 직원분들께도 감사를 드린다. 그리고 본서를 번역하는 1년여 동안의 많은 어려움을 큰 사랑과 인내로 지원해주고 기다려준 역자들의 사랑하는 가족들에게 미안함과 더불어 고마움을 전하고 싶다.

2013년 7월

대구, 부산 그리고 서울에서

옮긴이 일동

역자 소개

이건희

서강대학교 경영학사
University of Colorado, Boulder, MBA
서강대학교 경영학 박사(국제경영 전공)
(현)영남대학교 국제통상학부 교수

김정포

부산외국어대학교 경영학사
서강대학교 경영학 석사
서강대학교 경영학 박사(국제경영 전공)
(현)부산외국어대학교 경영학부 교수

조연성

성균관대학교 문학사
서강대학교 상학 석사
서강대학교 경영학 박사(국제경영 전공)
(현)동아대학교 국제무역학과 교수

이영일

국민대학교 경영학사
서강대학교 경영학 석사
서강대학교 경영학 박사(마케팅 전공)
(현)부산외국어대학교 경영학부 교수

원동환

서강대학교 경영학사
서강대학교 상학 석사
서강대학교 경영학 박사(무역 전공)
(현)덕성여자대학교 국제통상학과 교수

저자서문

서기 1,000년경의 중국인들은 탁월한 국제무역업자였다. 진정한 의미의 글로벌 무역시스템은 그 후 500여년 이후에나 발전하기 시작했지만 중국산 비단은 로마시대 이후 유럽에서 거래가 이루어졌다. 지난 세기의 시작부터 영국의 군대, 상인 그리고 제조업자들은 바다와 국제무역을 지배했었다. 문자 그대로 당시 영국은 해가 지지 않는 나라였다. 최근 10년 전부터 미국은 흔들리는 일본을 뒤로하고 글로벌 상거래에서 선두를 되찾을 정도로 부상하였다. 9.11 사태 및 2001년과 2008년의 경제적 충격 이후 미국은 정보기술 분야를 지배해왔다. 10여 년 전 중국은 미국 최대의 군사적 위협이 되었고, 10여년이 지난 현재는 골치를 자주 아프게 하지만 미국의 가장 중요한 무역 파트너가 되었다.

새로운 10년, 새로운 세기, 새 천 년에 우리 모두를 놀라게 할 일은 무엇일까? 최근 10여 년 동안 자연재해와 전쟁은 상거래와 인류의 발전을 방해하였다. 경제적 발전과 환경 보전 간의 균형을 잡으려는 치열한 노력은 계속 될 것이다. 자유민주주의 기업 모델, 새로운 휴대전화기 그리고 인터넷을 포함하는 커뮤니케이션 기술들이 보편적으로 받아들여짐에 따라 시장의 세계화는 가속화되었다. 경제적 개혁과 정치적 개혁에 대한 중국의 점진적인 접근방식과 러시아의 급진적 방식 중 어느 쪽이 우월한 것으로 판명될까? 미국의 베이비 붐 세대들이 은퇴하기 시작하는 2012년 이후의 인구변화에도 지난 10년간의 IT 붐은 지속될 것인가? 혹은 북미자유무역협정(NAFTA)과 멕시코의 젊은이들은 인구 통계적인 균형을 제공해줄 것인가? 10여 년 넘게 지속하여온 지구 온난화와 관련된 논쟁은 결론이 내려져야 하고 좀 더 많은 자료와 과학의 발전이 해답들을 내놓을 것이다. 2008~2009년의 경제적인 쓰나미는 좀 더 심각해질 것인가? 생명공학이 가져올 예측 못 할 발전과 재앙은 무엇인가? 우리는 아프리카에서 후천성면역결핍증(HIV/AIDS)을 퇴치할 수 있을까? 전쟁과 무기들은 폐기될 것인가?

국제마케팅은 이런 문제들에 대한 긍정적인 해답을 주는 데 중요한 역할을 할 것이다. 사람들은 무역이 창의력, 상호이해 그리고 상호 의존성을 증진시킴으로써 평화와 번영을 가져다준다는 것을 알고 있다. 동유럽, 독립국가연합(CIS), 중국, 인도네시아, 한국, 인도, 멕시코, 칠레, 브라질 그리고 아르헨티나와 같은 신흥경제권에서 글로벌 시장들이 새롭게 급증하고 있다. 이런 신흥경제권들은 미래의 거대한 시장을 약속하고 있다. 또한 선진국에 속한 보다 성숙한 시장들에서 소비자들의 기호가 보다 정교하고 복잡해지면서 이전과는 다른 더 많은 기회와 도전과제들이 생겨나고 있다. 또한, 구매력이 회복될 것이라는 희망으로 인하여 소비자들의 신규 수요를 만족시켜 줄 수 있는 새로운 수단들이 계속 등장하고 있다.

선진국들의 최근 경기 하락과 신흥시장의 지속적인 성장과 더불어 미국 다국적 기업들이 시장을 지배하던 이전의 시기와는 매우 다른 경쟁 양상이 새롭게 펼쳐지고 있다. 1940년대 후반에서 1960년대까지 미국의 다국적 기업들은 경쟁이 없었지만, 현재 전 세계 모든 국가의 기업들은 글로벌 시장을 목표로 경쟁하고 있다. 파리드 자카리아(Fareed Zakaria)는 다음과 같이 말했다.

> "지난 2년간 124개국이 연간 4% 이상의 경제성장을 이루었다. 여기에는 아프리카의 30개국 이상이 포함되어 있다. 지난 이십여 년 간 서구 공업국들 이외의 국가들은 이전에는 생각할 수 없었던 경제 성장률을 기록하였다. 호황과 불황이 있었지만 전체적인 분위기는 확실한 상승세였다. 신흥시장(emerging markets)이라는 용어를 만든 펀드 매니저 앙트완 반 아그마엘(Antoine van Agtmael)은 차세대 글로벌 다국적 기업 유망주로 25개 기업을 꼽았는데 브라질, 멕시코, 한국 그리고 대만에서 각각 4개 기업, 인도에서 3개 기업, 중국에서 2개 기업, 아르헨티나, 칠레, 말레이시아 그리고 남아프리카 공화국에서 각각 1개 기업이 포함되어 있다. 이는 중국이나 아시아만의 쾌거라는 의미 이상을 가지고 있다. 그동안 정체되었던 전 세계 국가들의 성공인 것이다."[1]

지난 10여 년간에 걸쳐 발생한 경제적, 정치적, 그리고 사회적 변화들은 글로벌 사업의 양상을 극적으로 변화시켰다. 다음은 이러한 변화들에 따른 현재와 미래의 영향들이다.

- 대표적으로 2001년 9월 11일 공격과 같이 항시 존재하는 글로벌 테러리즘의 위협
- 사하라 이남의 아프리카와 중동에서의 주요 군사적 갈등
- 향후 20여 년간 전 세계 무역성장의 75% 이상이 발생할 동유럽, 아시아 그리고 남미의 신흥시장들
- 한 세기만에 처음으로 아시아인들에 의한 지배가 이루어진 홍콩, 마카오 그리고 중국의 통일
- 유럽통화동맹(European Monetary Union)과 지역별 통화제도로부터 유럽 단일 통화제도인 유로로의 성공적인 변화
- 유럽, 일본 그리고 많은 신흥시장 내 전통적인 유통구조의 변화
- 중산층의 전 세계적 증가
- 유럽공동체(EU), 북미자유뮤역지대(NAFTA), 중미자유무역지대(CAFTA), 아세안자유 무역지대(AFTA), 남미공동시장(Mercosur), 그리고 아시아-태평양 경제협력체(APEC) 와 같은 지역 경제 공동체의 지속적인 창출과 강화
- 관세 및 무역에 관한 일반 협정(GATT)에 따른 우루과이 라운드의 성공적인 종료와 중

[1] Fareed Zakaria, "The Rise of the Rest," *Newsweek*, May 3, 2008.

국과 대만을 포함하는 세계무역기구(WTO)의 신설

- 전 세계 전통적 굴뚝산업 뿐만 아니라 정보통신, 엔터테인먼트 그리고 생명공학 기업들의 구조조정, 조직 재설계 그리고 핵심 사업에 대한 재집중
- 인간 삶의 모든 측면과 기업경영에 지속적으로 통합되는 인터넷과 휴대폰

이런 것들은 단순한 신문기사가 아니다. 이런 변화들은 전 세계의 사업 활동에 영향을 미치며, 기업들에게 자신들의 사업방식을 지속적으로 검증하여 경쟁적으로 변모하는 글로벌 동향에 빠르게 대응할 수 있는 충분한 유연성을 확보해야 함을 보여주고 있다.

글로벌 경제성장이 이루어짐에 따라 모든 문화권에서 마케팅에 대한 이해는 점점 더 중요해지고 있다. 국제마케팅은 글로벌한 주제들을 제시하며 모든 국제 마케터들에게 그들과 관련 있는 개념들이 무엇인지를 설명하고 있다. 모든 기업들이 해외 마케팅에 종사하고 있지도 않고 그럴 필요도 없다. 몇몇 기업들의 해외 마케팅은 단일한 국가지역에 한정된다(일부 다른 기업들은 여러 국가에서 각국을 별도의 시장으로 취급하면서 마케팅을 한다). 그리고 다른 많은 글로벌 기업들은 정치 · 경제적 경계를 넘어서 공통의 필요와 욕구를 가진 세분 시장을 찾고 있다. 그러나 이 모든 기업들은 글로벌 시장의 경쟁적 활동에 의해 영향을 받는다. 이 국제마케팅 15판은 이런 미래를 다루고 있다.

이번 판에서는 서로 다른 국가의 시장에서 경쟁의 전략적 시사점에 강조를 두고 있다. 국제마케팅에 대한 환경적/문화적 접근방식은 진정한 글로벌 지향성을 가능케 한다. 독자들의 눈높이는 특정한 하나의 국가에 한정되거나 한 국가의 특정 사업방식에 국한될 필요가 없다. 대신에, 이 책은 국가와 글로벌 지역의 중요한 문화적 혹은 환경적 독특성을 인식하고 분석하기 위한 틀과 접근방식을 제공해준다. 따라서 외국의 사회적 환경 하에서 마케팅 과업을 조사할 때 독자는 결정적인 문화적 문제들을 간과하지 않게 된다. 본서는 글로벌한 관점에서 국제마케팅 관리 전략의 중요성에 대한 독자의 의식수준을 높이고 기업크기와는 상관없이 자국 이외의 시장에서 시장 기회를 추구하는 기업들의 경영관행에 대한 호기심을 자극하도록 설계되었다.

이번 개정판에는 도처에 글로벌 지향성을 스며들게 하였을 뿐만 아니라 수출마케팅과 소규모기업들의 운영도 포함하였다. 수출관련 특수한 문제들은 수출관련 전략들과 소규모 기업들의 마케팅 관행 사례가 검토되는 부분에서 논의하였다.

개정판에서 새롭게 확장된 주제들

이번 15판에서 새롭게 확장된 주제들은 경쟁, 변화하는 마케팅 구조, 윤리와 사회적 의무, 협상 그리고 21세기를 대비하는 관리자 개발 분야의 문제들을 반영하였다. 경쟁은 품질에 대한 글로벌 수준을 높이고 선진 기술과 혁신에 대한 수요를 증가시키며 그리고 소비자 만족에 대한 가치를 높인다. 글로벌 시장은 판매자 중심의 시장에서 구매자 중심의 시장으로 빠

르게 변화하고 있다. 현재는 심오한 사회적, 경제적 그리고 정치적 변화의 시기이다. 전 세계적으로 경쟁력을 유지하려면 기업들은 새롭게 부상하는 글로벌 경제 질서의 모든 측면들을 제대로 인식해야만 한다. 다음으로, 글로벌 커뮤니케이션의 발전과 이 커뮤니케이션 발전이 어떻게 국제 사업 수행에 영향을 미치는 지에 대해 알려지지 않은 혹은 알려진 영향들을 간과해서는 안 된다. 마지막으로 밀레니엄 시대에 "지구촌" 사람들은 그 어느 때보다 가까워질 것이며 서로에 대해서 보고 듣게 될 것이다. 독일의 한 중역은 호주 혹은 그밖의 다른 지역에 있는 거래 당사자들과 인터넷 전화(VoIP, Voice over Internet Protocol)를 통해 일상적으로 연락을 취한다. 다양한 측면에서(시간대의 차이는 중요한 예외다) 지리적 거리는 큰 문제가 되지 않는다.

정보통신, 인터넷 그리고 인공위성은 기업들이 자신들의 계획, 생산 그리고 조달 과정을 최적화하는데 도움을 준다. 정보(그리고 초창기에는 재화의 흐름)는 빛의 속도로 전 세계를 움직이고 있다. 전 세계로 뻗어나가는 강력한 네트워크의 증가는 국가와 대륙의 경계를 뛰어넘어 서비스를 전달하게 하고, 국제무역에 힘을 더해 이를 증진시킨다. 글로벌 의사소통의 연결성은 모든 지구 사람들에게 새롭게 개선된 형태의 대화와 이해를 가져다준다.

이런 국제적 시장의 역동적 특성은 이번 15판에서 대폭 개선되고 확장된 여러 주제들 속에 반영되어 있다. 그 내용은 다음과 같다.

- 문화적 차이의 원인에 대한 심층적 견해
- 국제마케팅에서의 인터넷, 휴대폰 그리고 확대된 역할
- 소비자, 협력자 그리고 규제 당국과의 협상
- 글로벌 중산층의 발전
- 피라미드 하위시장
- 국제무역기구
- 자유무역협정
- 다문화 연구
- 정성적 연구와 정량적 연구
- 원산지 효과와 글로벌 상표
- 무역산업전시회
- 소비자와 산업서비스의 강조
- 유럽, 일본 그리고 개발도상국에서 유통구조의 추세
- 윤리와 사회적 책임이 따르는 의사결정
- 그린(환경) 마케팅
- 변화하는 글로벌 관리자의 경력관리

본문의 구조

본문은 모두 6편으로 구성되어 있다. 제1편의 처음 두 개의 장은 국제마케팅에 대한 환경적/문화적 접근과 세 가지 국제마케팅 관리 개념(국내시장 확장 전략, 다 국가 마케팅 그리고 글로벌 마케팅)을 독자들에게 설명한다. 기업들이 21세기의 엄격한 글로벌 경쟁을 향한 구조조정을 시행함에 따라 미래의 관리자들도 그러해야 한다. 성공적인 관리자는 글로벌하게 인식하고 하나의 국가 혹은 지역을 넘어 세계를 포용하는 준거기준을 가져야 한다. 글로벌 인식이 무엇을 의미하고 어떻게 얻어지는 가는 본문 초반에 논의되어 있는데, 글로벌 인식은 글로벌 마케팅의 기반이다.

2장은 국제무역의 역동적 환경과 현재의 국제 마케터들이 맞서고 있는 경쟁적인 기회와 도전에 초점을 맞추고 있다. 관세 및 무역에 관한 일반 협정(GATT)의 뒤를 이은 국제무역기구(WTO) 설립의 중요성이 충분히 설명되어 있다. 국제사업 수행에서 차지하는 휴대폰과 인터넷의 중요성에 대해 논의하였고 이 내용들은 다음 장들에서 제시되는 구체적 응용의 기반을 마련해준다.

제2편의 다섯 장들은 글로벌 마케팅의 문화적 환경을 다루고 있다. 글로벌 지향성이라는 것은 문화적 차이점들의 인식과 이러한 차이점들의 수용이 필요한가에 대한 심각한 의사결정을 요구한다.

국가들 간의 문화적 차이와 시장의 차이를 이해하는데 있어 중요한 영역에 지형과 역사(3장)가 포함되어 있다. 간과하면 안 되는 일은 글로벌 생태 환경의 왜곡과 다국적 기업이 생태환경 보호에 대해 가지는 책임에 대한 관심이다.

4장에서는 국제마케팅과 관련해서 문화와 인간 행동에 미치는 문화의 영향에 대한 광범위한 검토가 이루어진다. 홉스테드의 문화적 가치와 행동에 관한 연구에 특별한 관심을 가지고 다루었다. 4장에서 논의된 문화의 구성요소는 사업 관습과 정치적 · 경제적 환경과 관련하여 5장, 6장 그리고 7장에서의 심도 깊은 논의를 위한 기반을 마련해준다. 국제 경영자들이 맞닥뜨리는 상충관계(기업의 의사결정에 따라 파생되는 사회적 · 윤리적 결과와 기업이익 사이의 균형)라는 맥락에서 윤리와 사회적 의무가 제시되어 있다.

저자들은 본서의 제3편을 4개의 장으로 재구성하였는데 글로벌 시장 기회의 평가에 중점을 두었다. 시장이 확대됨에 따라 시장세분화는 증가한다. 여러 국가에서 시장세분화가 진전됨에 따라 마케터들은 서로 다른 이질적 문화에 걸쳐 시장의 행동방식을 이해해야만 한다. 다문화 연구, 정성적 · 정량적 조사 그리고 조사업무 도구로서 인터넷이 8장에서 다루어지고 있다.

경제발전과 미국(9장), 유럽, 아프리카 그리고 중동아시아(10장) 그리고 아시아 태평양 지역(11장)에 관해 장별로 나누어 시간대(time zone)를 가로질러 발생하는 여행과 커뮤니케이션 비용에 대응하여 여러 다국적 기업들이 발전시키고 있는 마케팅 조직에 대해 설명하였다. 그리고 이 세 지역에서 성장하고 있는 지역 시장 집단(regional market group)에 대해서도 언급하였다. 이 3개의 장에는 지역별로 기존시장과 신흥시장 모두에 대한 상세한 기술을 포함하고 있다. 구소련 연방의 붕괴와 새로운 독립 공화국들의 출현이 가지는 전략적 의미, 동유럽 사회주의 경제 체제에서 시장경제 체제로의 전환 그리고 남아프리카 공화국과 베트남의 국제시장으로의 귀환 등이 다루어졌다. 또한 무역장벽을 낮추거나 없애고, 외국 자본에 경제를 개방하고 그리고 국영기업을 민영화한 많은 남미 국가들과 중국, 인도 정부의 노력에 대해 조명하였다. 이런 세계를 휩쓴 정치, 사회 그리고 경제적 변화들은 신규 시장들과 새로운 기회들을 창출해내는데 반해 어떤 한 국가에서는 좀 더 강력해진 보호주의를 불러일으킬 소지를 만들기도 하고 다른 한 국가에서는 시장 접근성의 개선을 만들어내기도 한다.

제4편의 12장은 글로벌 마케팅 전략의 개발과 글로벌 마케팅을 위한 계획과 조직화를 주요 주제로 하고 있다. 전략적 제휴를 포함한 협력적 관계를 살펴봄으로서 글로벌 마케터의 성공에서 차지하는 기업, 공급자 그리고 소비자 간의 관계적 협력의 중요성을 인식할 수 있다. 다수의 다국적 기업들은 글로벌 시장이 주는 사업기회들을 최대한 활용하기 위해서 종종 자신들의 능력 이상을 발휘해야 한다는 것을 인식하고 있다. 협력적 관계는 기업의 경쟁적 위치를 강화시키는 기술, 혁신, 생산성, 자본 그리고 시장 접근성을 제공해준다.

13장과 14장은 제품과 서비스 관리에 초점을 맞추는데 이는 소비재와 산업재 사이의 전략적 차이점을 반영한 것이며, 글로벌시장에서 소비자 서비스와 산업용 서비스 양쪽 분야의 중요성의 증가를 반영한 것이다. 추가적으로 글로벌 공급의 발전에 대한 언급은 문화적 차이점들을 반영하기 위해 변형될 수 있는 표준화된 제품/서비스 기반을 구축한다는 점에서 수용에 관련 주제에 대한 접근방식의 중요성을 강조한다. 현재 글로벌 시장에서 마케팅 성공의 중요 열쇠로서 품질, 혁신 그리고 기술의 경쟁적 중요성이 설명되어 있다.

15장을 통해 독자들은 본국으로부터 목표시장 국가들의 소비자에 이르는 유통구조를 접하게 된다. 한 국가의 유통제도가 어떻게 시장진입에 대한 구조적인 장애물이 되는지에 대해 일본의 유통제도를 예로 들어 상세하게 설명하였다. 추가적으로 일본과 기타 국가에서 일어나고 있는 유통경로의 급격한 변화와 또한 유통경로로서 급부상한 인터넷에 대한 설명이 제시되어 있다. 저자들은 또한 이전의 수출물류 관련 장에서 15장과 그 외 관련된 다른 장까지 중요 내용들을 재편성하였다.

16장은 광고를 다루고 있으며 국제마케팅 믹스의 촉진 구성요소들을 언급하고 있다. 여러 국가에 걸친 급격한 글로벌 세분시장의 성장과 효과적인 촉진 메시지 생성을 위한 전략적 경쟁 도구로서 세분시장의 중요성이 글로벌 시장세분화의 논의부분에 포함되어 있다. 17장에서는 훈련, 평가 그리고 영업 인력의 통제 관련 중요한 특성과 인적판매와 판매관리에 대해 설명되어 있다. 가격 상승과 가격이 감소되는 방식, 대응무역 그리고 환율에 따른 가격전략 등이 18장에서 제시되어 있다.

제5편의 19장에는 소비자, 협력업체 그리고 규제당국자들과의 협의에 관련된 심도 깊은 내용들이 다루어져 있다. 이 장에서는 문화 간의 서로 다른 협상방식과 협상 테이블에서 이런 문화적 차이를 인식하는 것의 중요성을 강조하고 있다.

본서의 교육학적 특성

본서의 본문 부분에서는 관련 주제들을 심도 있게 다루고 있다. 이 주제들은 문화적 경계를 넘어 마케팅을 수행하는 기업들이 마주하는 계획과 전략적 문제점들을 강조하고 있다.

국제마케팅 도구로서 인터넷의 사용은 본문 전체에 걸쳐 강조하였다. 출처가 인터넷인 경우 모두 웹 주소를 명기하였다. 각 장의 끝부분에는 학생들이 인터넷에 접속하여 풀 수 있는 문제들을 제시하였다. 독자들이 인터넷을 이용한 문제해결에 도전하고, 인터넷에서 이용 가능한 자료들을 제시할 수 있으며, 학생들이 마케팅 조사를 함에 있어 인터넷의 영향력에 익숙해지도록 인터넷 관련 문제들을 설계하였다. 본문의 다양한 사례, 삽화 그리고 그림들은 표시된 웹 주소에 접속함으로써 좀 더 상세하게 살펴볼 수 있다.

문화적 독특성과 그와 관련된 사업관행과 전략들에 대한 이해의 중요성을 강조하기 위해 제시된 생각, 개념 그리고 전략들을 이해하고 관심을 유발하기 위해 주제와 관련된 최신의 간결하고 가끔은 재미난 사례들을 사용하였다.

각 장들은 글로벌 관점으로 시작하는데 이는 그 장에서 다루는 중요한 주제들을 설명하는데 적합한 기업들의 진솔한 실제 사례에 담겨 있다. 글로벌 관점에 언급된 기업들은 수출기업에서 글로벌 기업까지 다양하다.

본서의 초판에서 혁신적으로 만든 네모안의 'CROSSING BORDERS'는 학생들에게 인기가 많다. 'CROSSING BORDERS'는 국제마케팅의 최근 주제를 다루고 있으며 수업 중 토론을 위한 현실적 상황을 설명할 수 있도록 만들어졌다. 독자들이 독특하고, 유머러스하게 그리고 보편적 관심을 느낄 수 있는 내용들로 채워져 있다.

부록으로서 제6편에 국제마케팅 전략수립지침은 마케팅 계획을 만들기 위한 가이드로서 마케팅 계획의 개발을 위한 가이드라인과 특정 국가의 완벽한 문화적 · 경제적 분석을 위한 양식, 두 가지 모두를 제공해주는 구체적인 개요서이다.

국제마케팅 전략수립지침에 추가하여 15판에서는 온라인상에 몇 개의 기업사례를 올려놓았다(www.mhhe.com/cateora15e). 내용이 짧은 사례는 특정 개념이나 주제들을 토론하기 위한 토대로서 사용될 수 있도록 단일 문제에 초점을 맞추었다. 좀 더 길고 통합적인 사례들은 범위가 넓고 한 가지 이상의 마케팅 문제들에 초점을 맞추고 있다. 서비스, 마케팅 그리고 마케팅 전략에 관한 신규 사례들이 있다. 이 사례들은 주어진 정보를 가지고 분석이 가능하다. 또한 학생들이 추가적인 조사와 자료 수집을 하게끔 사례 자체가 심도 있는 분석을 제공한다.

감사의 글

어떤 책이 성공하기 위해서는 많은 이들의 도움이 필요하다. 특히 바쁜 시간을 할애하여 책을 개선하는데 필요한 사려 깊은 비판과 조언들을 공유해주는 이들이 필요하다.

저자들은 15판의 내용을 검토하고 우리에게 소중한 통찰력을 제공해준 다음의 분들에게 특히 감사의 말을 전하고자 한다.

Gregory J. Benzmiller
College of Management School for Professional Studies, Regis University

Larry Carter
Idaho State University

Anindya Chatterjee
Slippery Rock University of Pennsylvania

Dr. Dharma deSilva
CIBA, Barton School of Business, Wichita State University

David E. Foster
Montana State University

Debbie Gaspard
Southeast Community College

Jamey Halleck
Marshall University

Maxwell K. Hsu
University of Wisconsin-Whitewater

James W. Marco
Wake Technical Community College

James M. Maskulka
Leigh University

Zahir A. Quraeshi
Western Michigan University

William Renforth

Angelo State University

Camille Schuster

California State University San Marcos

Nancy Thannert

Robert Morris University

Bronis Verhage

Georgia State University

Srdan Zdravkovic

Bryant University

저자 일동은 이전 개정판에 대한 의견을 공유해준 많은 교수와 학생들의 도움에 감사드리며 현재 그리고 미래의 본서 관련 아낌없는 비판과 조언을 해주시기를 부탁드린다.

맥그로힐/어윈 출판사의 Paul Duchan, John Weimeister, Sara Hunter, Heather Darr, Katie Mergen, Bruce Gin, 그리고 JoAnne Schopler에게 특별한 감사를 전한다. 최고를 향한 그들의 열정, 창의력, 건설적 비평 그리고 헌신으로 이번 15판의 출간이 가능했다.

Philip R. Cateora

Mary C. Gilly

John L. Grahm

저자 소개

Philip R. Cateora

미국 콜로라도 주립대학교 볼더의 경영대학 석좌교수로 재직 중. 텍사스 주립대학교 오스틴에서 박사학위 취득 후 콜로라도 주립대의 마케팅 주임, 국제경영 프로그램 책임자, 부학장 및 학장을 역임하였다. 학부와 대학원에서 마케팅과 국제경영을 가르치고 있으며 공저인 "*Marketing: An International Perspective*"를 포함하여 마케팅과 국제경영 관련 다수의 논문과 저서를 저술하였다.

Mary C. Gilly

미국 캘리포니아 주립대학교 어바인에서 마케팅 교수로 재직 중. 휴스턴대학교에서 박사학위 취득 후 캘리포니아 주립대학교 경영대학과 대학원에서 부학장을 역임하였다. '*Journal of Marketing*'을 포함한 다수의 유명학술지에 논문을 게재하였다.

John L. Graham

미국 캘리포니아 주립대학교 어바인에서 국제경영 및 마케팅 교수로 재직 중. 캘리포니아 주립대학교 버클리에서 박사학위 취득. 그 전에는 캐터필러사와 미 해군 수중폭파팀 장교로 근무하기도 하였다. 공저인 "*Global Negotiation: The New Rules*"을 포함한 다수의 저서를 저술하였으며 '*Harvard Business Review*'를 포함, 다수의 유명학술지에 논문을 발표하였다.

요약 목차

목차

제3편 글로벌 시장에서의 기회 평가 275

제1편

개관

국제마케팅의 범위와 과제

개요 CHAPTER OUTLINE

글로벌 관점: 세계평화를 가져다주는 글로벌 교역

미국기업 활동의 국제화

국제마케팅의 정의

국제마케팅 과업

- 마케팅 의사결정 요인
- 국내환경 측면
- 해외환경 측면

환경적응에 대한 필요성

주요 장애요인: 자기준거기준과 자민족중심주의

글로벌 인식의 개발

국제마케팅 참여단계

- 국내마케팅 단계
- 비정규적인 해외마케팅 단계
- 정규적인 해외마케팅 단계
- 국제마케팅 단계
- 글로벌마케팅 단계

국제마케팅 관점

주요 학습과제 CHAPTER LEARNING OBJECTIVES

LO1 국제화된 시장이 주는 이익을 이해한다.

LO2 미국기업 활동의 변화 모습을 파악한다.

LO3 국제마케팅 과업의 범위를 이해한다.

LO4 국제마케팅에서 자기준거기준(SRC)의 중요성을 이해한다.

LO5 글로벌 인식이 더욱 중요해지는 이유를 이해한다.

LO6 글로벌 마케터가 되기 위한 발전과정을 이해한다.

글로벌 관점 Global Perspective

세계평화를 가져다주는 글로벌 교역

글로벌 교역은 평화로운 시기에 더욱 촉진된다. 1990년대 후반 미국경제는 활력적이고 냉전은 끝나가고 있었으며, 이전에 공산주의 진영이었던 국가들은 새로운 국제무역질서에 편입되기 시작하였다. 국제교역과 국제마케팅 활동은 세계평화를 가져다주는 데도 매우 중요한 구실을 수행한다.

미국 최대의 수출기업인 보잉은 아마도 가장 전형적인 사례가 될 것이다. 많은 사람들이 보잉의 군수물자 판매(전투기나 미사일 등) 사업부분을 지적하면서 이것이 세계평화에 무슨 도움을 주느냐고 말하고 있기도 하지만, 실제로 대부분의 보잉 역사를 살펴보면 사업 중 약 20% 정도만이 군수물자 판매 사업으로 이루어져 있음을 알 수 있다. 2002년까지 보잉의 사업부문 중 65%는 전 세계에서 판매되는 상업용 여객기 부분으로 구성되어 있으며, 15%는 우주항공 및 통신기술 분야로 구성되어, 이 두 부분을 합쳐 약 600억 달러의 연간 순이익을 창출하고 있다. 그러나 이러한 기록적인 수치들은 국방부문 지출증가와 대미 테러로 인한 여행업의 피해로 인해 불행하게도 왜곡되고 있다.[1] 그렇다 하더라도 보잉은 전 세계 90개국 이상에서 민간고객을 확보하고 있으며, 70개국에 걸쳐 15만 8천 명을 고용하고 있다. 새로운 787 드림라이너(787 Dreamliner) 항공기는 호주, 프랑스, 인도, 이탈리아, 일본, 러시아, 스웨덴 등 전 세계에서 생산된 부품으로 만들어지고 있다.[2] 또한 매년 12,000대에 이르는 보잉의 상업용 여객기가 10억 명이 넘는 승객들을 전 세계 각 지역으로 안전하게 실어 나르고 있다. 또한 보잉의 미항공우주국(NASA)담당 사업부는 2000년 가을 16개 국가가 공동 참여하여 미국인들과 2명의 러시아인을 태운 세계 최초의 국제 유인우주정거장(International Space Station) 사업에서 우주정거장 제작과 운영을 책임지는 주계약자로서 소임을 하고 있다. 더불어 우주정보시스템(Space and Intelligence System)사업부는 전 세계 사람들의 생활에 편리함을 제공하는 각종 통신위성을 제작하여 발사하는 사업을 수행하고 있다.

보잉의 상업용 여객기와 우주 발사체를 위한 연구개발과 생산, 마케팅 등 기업 활동과 관련되는 모든 부분에는 전 세계 수백만 명의 사람들의 협력 작업을 필요로 하고 있다. 이와 같이 여가와 상거래 두 가지 모두를 위해 전 세계에서 수많은 사람들이 직접적으로 더 접촉하게 할 수 있는 기업은 많지 않다.[3] 이상의 모든 상호작용들은 사업적 관계와 관련된 상호이익뿐만 아니라 개인적 관계와 상호이해를 만들어낸다. 후자의 개인적 관계와 상호이해는 세계평화와 번영의 초석이다.

전 세계적인 의사소통을 촉진시켜 세계평화를 가져다주는 또 다른 사업부문으로 휴대폰을 들 수 있다. 2007년에만 전 세계적으로 30억 명 이상이 휴대폰을 사용하고 있었으며, 2012년에는 약 45억 명 이상으로 증가될 것으로 예상되고 있다. 노키아(Nokia; 핀란드)는 한때 미국기업인 모토로라와 애플 그리고 한국의 삼성과 엘지, 일본과 스웨덴의 합작기업인 소니 에릭슨(Sony Ericsson)을 훨씬 능가하는 핸드폰 산업의 시장 지배자였다.

거대 다국적 기업에 비해 미미하기는 하지만 전체적으로 볼 때는 더 큰 영향력을 행사할 수 있는 개인이나 소규모 기업들도 이제 확실한 차이를 만들어가고 있다. 이

---

1 Circa 2011, approximately half of Boeing's business is defense related (http://www.boeing.com).

2 W.J. Hennigan, "Dreamliner is Causing Nightmares for Boeing," *Los Angeles Times*, October, 15, 2009, pp. B1–2.

3 The European commercial aircraft manufacturer Airbus is beginning to catch up, employing 57,000 people around the world (http://www.airbus.com, 2010).

지난 50년 동안 세계무역(상품과 서비스의 수출)은 세 번의 침체기를 겪었다. 그림은 2009년 1월에 마닐라만(Manila Bay)에서 있었던 부분일식으로, 2009년~2010년에 걸쳐 일어난 컨테이너 물동량의 대폭적인 감소를 상징한다고 볼 수 있다.[4]

와 관련된 매우 흥미로운 사례가 바로 다니엘 루베즈키(Daniel Lubetzky)가 운영하는 피스워크스(PeaceWorks)일 것이다. 루베즈키는 스탠포드 법학 대학원(Stanford Law School)에서 장학생으로 공부하면서 어떻게 하면 아랍 국가들과 이스라엘 간 합작 사업의 촉진방법을 연구하였다. 이후 자신의 연구결과를 바탕으로 이스라엘로부터 바질 페스토 소스(basil pesto)와 다른 음식 원재료를 공급받고, 아랍 파트너들로부터는 각종 보관용 유리병을 공급받아 이들을 조합한 첫 번째 제품군인 모세-알리 고급식료품(Moshe-Ali's Gourmet Foods) 제품을 출시하였다. 이 회사의 본사는 미국 뉴욕의 파크 애비뉴(Park Avenue)에 있으며, 현재 미국 내 5,000개 이상의 매장에서 서로 다른 4가지 제품군을 판매하고 있다. 또한 이스라엘, 이집트, 인도네시아, 터키, 스리랑카 등의 국가에서도 사업 활동을 수행하고 있다. 서로 간의 상황과 특성에 대한 좀 더 장기적이고 좀 더 근본적인 이해는 아랍 국가들과 이스라엘 간의 협력에 따라 발생할 수 있는 수치상의 상업적 이익을 초과한다.

국제마케팅은 매우 어려운 일이다. 심지어 이미 10번 이상 다녀온 파리에 있을 때조차도 영업 전화를 끊임없이 걸어야 한다. 그러나 국제마케팅은 매우 중요한 일이다. 국제마케팅은 당신 자신과 가족, 회사, 국가를 더욱 풍요롭게 만들어준다. 그리고 궁극적으로 큰 기업이든 작은 기업이든 해외 소비자의 욕구와 필요를 더 잘 이해하여 국제마케팅을 성공적으로 수행하게 된다면 세계 평화와 번영도 같이 증진될 것이다.[5]

출처: http://www.boeing.com and http://www.peaceworks.com — both are worth a visit; mobile phone sales data are available at http://www.gartner.com(all accessed in 2010).

[4] Ronald D. White, "Shipping Industry in Deep Water," *Los Angeles Times* , July 8, 2009, pp. B1–2.

[5] In response to criticisms of globalization catalyzed by the riots in Seattle in 1999, a growing literatureargues for trade as a fundamental cause of peace. For a variety of such arguments, see Jagdish Bhabwati, *In Defense of Globalization* (Oxford: Oxford University Press, 2004); Thomas L. Friedman, *The World Is Flat*(New York: Farrar, Straus, and Giroux, 2005); Clifford J. Schultz III, Timothy J. Burkink, Bruno Grbac, and Natasa Renko, "When Policies and Marketing Systems Explode: An Assessment of Food Marketing in the War-Ravaged Balkans and Implications for Recovery, Sustainable Peace, and Prosperity," *Journal of Public Policy & Marketing* 24, no. 1 (2005), pp. 24–37; William Hernandez Requejo and John L. Graham, *Global Negotiation: The New Rules* (New York: Palgrave Macmillan, 2008), Chapter 13.

LO1
국제화된 시장이 주는 이익을 이해한다.

> 역사적으로 볼 때 미국기업들은 기업 규모에 관계없이 현재만큼 국제경영활동에 의해 많은 영향을 받은 적은 없었다. 근래 세계경제는 이전에는 유래를 찾아 볼 수 없을 만큼의 글로벌 교역확대에 따라 효율성과 생산성을 강조하고 있으며, 자유롭고 특별한 규제가 없는 시장경제체제가 세계를 휩쓸고 있다. 강력하고 다양한 경제적, 기술적, 산업적, 정치적, 인구통계학적 요인들이 전 세계적인 단일 경제권 및 단일 시장제도 수립을 위한 새로운 세계경제질서 확립에 매우 큰 영향을 미치고 있다.

10년 전 저자들이 이상과 같은 내용을 이 책의 11판 서문에 수록하였을 때, 세계는 지금과 매우 다른 모습이었다. 대다수의 국가들은 여전히 1990년대 후반의 정보통신 기술 확산에 따른 호경기에 매료되어 있었고, 2001년의 첨단기술관련 산업의 폭락과 엔론(Enron)이나 월드컴(WorldCom) 사건과 관련된 경기상의 악재를 예측하지 못하였다. 2001년 9월 11일에 일어난 대재앙은 범인들을 제외하고는 아무도 상상하지 못했을 것이며, 아프가니스탄 및 이라크 전쟁도 발생 조짐이 보이지 않았다. 또한 이후 세계 언론들이 주요 국제기사로 다루었던 내용은 중국과 대만 및 미국 간의 외교적 분쟁사건이었다. 누가 2003년 아시아를 휩쓸었던 사스(중증 급성 호흡기 증후군; Severe Acute Respiratory Syndrome)의 혼란을 예측할 수 있었겠으며, 2004년 인도양에서 발생한 대형 쓰나미 또한 누가 상상이나 했겠는가? 또한 2000년 연말에 배럴당 40달러에 육박했던－원유 가격으로는 거의 최고점에 달했다고 여겨졌던－국제 원유가격이 배럴당 100달러를 넘을 것이라고 아무도 예상하지 못했다.[6] 저자들이 우주개발 프로그램에 대한 전망과 국제 우주정거장 사업에 대해 기술하였지만, 우주왕복선 프로그램의 종결과 미국 항공우주국(NASA; National Aeronautics and Space Administration)의 예산삭감 등에 따라 우주개발 프로그램과 국제 우주정거장 사업은 현재 매우 불투명하게 진행되고 있다.

이상과 같은 다양한 주요 사건들에도 불구하고, 미국 소비자들은 여전히 소비를 계속하며 세계 경제를 활력적으로 떠받치고 있었다. 유나이티드 에어라인(United Airlines)이나 보잉과 같은 대표적 산업들의 단축조업 현상이나 힘든 취업시장 상황도 2007년 가을까지의 미국 부동산 투자 붐을 억제하지 못하였다. 정부의 저금리 정책은 재정 건전성 붕괴를 촉진시켰으며, 시중에 넘쳐나는 현금은 소비자들의 소비 심리에 기름을 끼얹어 결과적으로 2008년 초반에 경제의 활력을 떨어지게 하였다. 결국 2008년 9월과 10월에 부동산 투자 거품이 꺼졌고 세계 금융 시스템은 붕괴되기 시작하였다. 이에 따라 늘 충실한 소비자였던 미국인들도 소비를 멈추게 되었으며, 세계 무역량은 이전 50년 동안에는 경험하지 못하였던 12.0%의 엄청난 폭락을 경험하게 되었다. 현재 시점에서 미래는 이전 시기보다 더욱 어려울 것으로 전망되고 있

[6] Niel King Jr., Chip Cummings, and Russell Gold, "Oil Hits $100, Jolting Markets," *The Wall Street Journal*, January 3, 2008, pp. A1, A6.

무역은 대만과 중국 간[10] 관계 및 북한과[11] 주변국들 그리고 미국과의 관계를 완화시켜주는 역할을 수행한다. 사진은 거의 60년 만에 처음으로 한국과 북한 간에 철도가 연결되어 운행되고 있는 장면을 보여주고 있는데, 이 철도 연결을 통하여 한국의 원재료와 관리자들이 북한 개성에 있는 특별경제개발구역(special economic development zone)으로 운송되고 있다.[12]

다. 대부분의 수출기업들은 전 세계적으로 각종 테러가 더욱 증가될 것으로 예상하고 있으며, 발리, 마드리드, 런던, 뭄바이에서의 대참사는 이를 증명하고 있다. 마지막으로 세계경제의 회복을 위해 국가 간 무역 분쟁이 새로운 중요 이슈로 등장하고 있다. 신생 중국 기업들로 인한 경쟁으로 미국시장에 대한 관심이 지속적으로 높아지고 있다. 브라질과 인도의 다국적 기업들은 점진적으로 경쟁력을 높이고 있을 뿐만 아니라 가장 최근의 세계적인 경기침체시기 동안에도 이들 시장과 신흥 시장 국가들의 경기는 점차 호전되고 있다.[7] 이러한 암울한 시기에 아마도 최고의 뉴스는 지난 1930년대와 같은 극심한 무역 보호주의로 대표되는 국수주의가 증가하지는 않았다는 것이다.[8] 또한 2009년에 미국의 소비 지출에 의해 미국 무역은 견실한 성장을 이루어 냈고 국제수지 적자는 극적으로 완화하고 있다.

국제마케팅은 이상의 모든 사건에 영향을 미치며 또한 영향을 받고 있다. 사업 초창기에 맥도날드(McDonald)는 남미와 중동시장[9] 모두에서 철수하였다. 이들 지역의 경기침체, 치열한 경쟁 그리고 반미주의는 이 지역 맥도날드의 판매에 악영향을 끼쳤다.

---

[7] "Counting Their Blessings," *The Economist*, January 2, 2010, pp. 25–28.

[8] Moises Naim, "It Didn't Happen," *Foreign Policy*, January/February 2010, pp. 95–96.

[9] Richard Gibson, "McDonald's Swings to Loss on Sale of Restaurants," *The Wall Street Journal*, July 24, 2007.

[10] Patrick Smith, "Taiwan and China Dance Ever Closer," *BusinessWeek*, November 10, 2008, p. 58; "Reunifi cation by Trade," *The Economist*, August 8, 2009, pp. 37–38.

[11] "North Korea Fully Opens Border Crossing," Associated Press, March 17, 2009.

[12] Bruce Wallace, "2 Trains Cross Korean Border," *Los Angeles Times*, May 17, 2007, p. A4; Moon Ihlwan, "A Capitalist Toehold in North Korea," *BusinessWeek*, June 11, 2007, p. 45; Associated Press, "North Korea Says It Gave Nuclear-Program List to U.S.," January 4, 2008

사실 이상과 같은 국제거래에서 가장 큰 교훈은 '아무것도 예상할 수 없다'는 것만을 예측할 수 있다는 것이다. 국제경영에 경험이 있는 경영자라면 누구나 국제거래가 결코 계획된 대로 수행되지 않는다는 것을 알고 있다. 사람들은 여전히 계획하고 예측하려고 하지만 시장은, 특히 국제시장의 소비자들은 결코 예측할 수 있는 대상이 아니다. 강력하게 맺어진 대인관계 그리고 상업적 이해관계와 광범위한 사업 포트폴리오 형성으로 시장의 자연스러운 변화를 최적으로 관리할 수 있다. 즉 이러한 유연성은 생존을 의미한다.

미국기업이든 아니든 최근 들어 더 많은 기업이 국제경영에 직접적으로 참여하기를 바라고 있으며, 북미기업들의 수출, 수입 그리고 해외생산의 지속적 증가는 피할 수 없는 것이 되었다. 미국시장에서 활동하는 외국기업들의 숫자나 지역 내 자유무역지대(regional trade areas)의 증가, 세계시장의 급격한 성장 그리고 글로벌 시장의 경쟁자 수의 증가는 간과할 수 없는 것이 되었다.

터키의 유럽연합 가입과 관련된 유럽의회의 긍정적인 투표결과에도 불구하고, 유럽인들의 얼버무리기식 대응은 터키로 하여금 인근의 아랍 국가들과 보다 강력한 무역거래 관계를 형성하도록 부추기고 있다. 궁극적으로 터키가 향후 유럽연합에 가입되게 된다면 이러한 상황들은 긍정적으로 전환될 것이다.[13]

현재 글로벌 사업에 영향을 미치는 모든 사건과 동향 중에서, 다음 네 가지의 역동적 요인들이 두드러지는데 이들은 현재의 "험난한 여정(bumpy roads)"을 넘어 먼 미래까지 국제경영의 모습에 영향을 미칠 것으로 예상할 수 있다: (1) 북미자유무역지역(NAFTA) 또는 유럽연합(EU)과 같은 지역별 자유무역지대와 세계무역기구(WTO)의 급격한 성장, (2) 남미, 아시아, 동유럽과 같은 개발도상국들의 자유시장 제도 도입 확산추세, (3) 급성장하는 인터넷과 이동통신 및 또 다른 글로벌 미디어의 출현에 따른 전통적인 국경(國境) 의미의 쇠퇴, (4) 다음 세대를 위해 자원과 글로벌 환경을 적절히 관리할 의무.

오늘날 대부분의 경영활동 범위는 국제적이다. 기술, 연구개발, 자본투자와 생산 활동뿐만 아니라 마케팅, 유통과 커뮤니케이션 네트워크 등 모든 활동이 글로벌 차원에서 이루어진다. 따라서 모든 사업 활동은 나날이 증대하고 있는 상호의존적인 글로벌 경제와 물리적 환경에 맞추어 준비되어야 하며, 수출이나 다국적 기업 활동을 수행한다면 국내기업 여부에 관계없이 모든 기업은 이러한 움직임이 미치는 영향력을 신중히 인식해야 한다. 한 국제 전문가가 주목한 것처럼 모든 미국 기업들은 최소한 기업성과가 국외에서 발생되는 사건들에 부분적으로나마 영향을 받을 정도로

[13] "Looking East and South," *The Economist*, October 31, 2009, pp. 57–58

CROSSING BORDERS 1.1 프랑스인 농부, 중국인 어부, 러시아인 해커(hackers)는 어떤 공통점을 가지고 있는가?

프랑스인 농부, 중국인 어부, 러시아인 해커(hackers)는 미국기업의 국제마케팅 노력을 수포로 돌아가게 할 수 있다.

최근 수천 명의 지지자들과 사회 활동가들이 한 지역의 맥도널드(Mcdonald)의 기물을 파괴해서 재판에 회부된 프랑스 목양업자들에 대한 지지를 표시하기 위해 모였다. 조제 보베(Jose Bove)는 반세계화 운동의 국제적인 전설이 되었다. 프랑스 농민연맹(peasant confederation)의 대표인 그는 패스트푸드 가맹점들이야말로 미국의 국제무역과 경제적 범세계화에 대한 패권적 야욕을 상징하는 대표적인 사례라고 주장하고 있다. 보베와 다른 9명의 농민들은 맥도널드 레스토랑을 부분적으로 파괴한 대가로 6주의 징역형과 벌금형을 선고받았으며, 최근에는 유전자 조작 쌀과 옥수수를 키우는 농장에 위협을 가하여 10개월의 징역형을 언도받았다.

홍콩 디즈니랜드(Hong Kong Disneyland)가 건설되고 있는 홍콩만 인근의 어부들은 홍콩만에 대한 준설과 간척사업을 중지할 것을 요구하고 있다. 어부들은 이 사업으로 인근 지역의 수질이 예상한 것보다 훨씬 나빠질 것이며, 이로 인해 많은 어패류가 패사할 것이라고 주장하고 있다. 이들 어부들의 대변인은 이 사업으로 인한 어자원 고갈로 약 3천만 달러의 손실이 예상된다고 밝히고 있다.

상트 페테르부르크(St. Petersburg)는 지난 10년 동안 러시아 컴퓨터 해커들의 수도가 되었다. 이들 해커들은 마이크로소프트(Microsoft)의 내부 네트워크를 침입한 것으로 명성이 자자한 일련의 사람들로 구성되어 있다. 러시아의 과학도시는 이제 첨단 컴퓨터 범죄의 자연스러운 온상이 되고 있다. 다수의 학생과 교사 및 컴퓨터 전문가들이 컴퓨터를 해킹하고 있으며, 이들은 스스로를 공산주의의 몰락 이후 급부상하고 있는 매우 역동적이고 흥미진진한 소(小) 문화집단의 일원으로 인식하고 있다. 컴퓨터 프로그램들은 복제되어 암시장에서 거래되고 있는데, 최신판 윈도우즈 프로그램의 해적판이 서방세계에 배포되기 한 달 이전에 러시아에서 항상 유통되고 있다. 물론 걸리면 벌금형이나 구속형이 따라온다. 그러나 대학이나 특히 각 가정에서는 이미 컴퓨터를 통해 해적판 프로그램에 대한 접근 가능성이 높아진 상태다.

출처: Agnes Lam, "Disney Dredging Killing Fish," *South China Morning Post*, November 5, 2000, p. 4; John Tagliabue , "Activist Jailed in Attack on Modified Crops," *The New York Times*, February 27, 2003, p. 6; "Citi Expands Denial of Summer Breach," *American Banker*, December 28, 2009, p. 8; Ben Worthen , "Private Sector Keeps Mum on Cyber Attacks," *The Wall Street Journal*, January 19, 2010, p. B4.

국제화하였다. 심지어 해외지역에서 사업 활동을 수행하지 않는 기업들조차도 유럽연합(EU)의 성공이나 수출 주도적인 한국경제의 성장, 멕시코 경제의 부흥, 중국에서 일어나고 있는 경제적 변화, 중동지역에서의 군사적 충돌과 기후변화 등에 의해 영향을 받게 된다.

국제마케팅의 도전과제는 갈수록 경쟁이 치열해지고 있는 글로벌 시장에서 경쟁력 있는 전략적 계획을 수립하는 것이다. 전 세계적인 기업 수의 증가로 인하여 기업의 국제화는 더 이상 사치스러운 부수적 활동이 아니며, 기업의 경제적 생존을 위한 필수적인 활동이 되고 있다. 세계 경제와 무역, 시장들과 경쟁에 영향을 미치는 주제들과 기타의 주제들이 이 책 전체에서 다루어진다.

미국기업 활동의 국제화

LO2
미국기업 활동의 변화 모습을 파악한다.

최근 국제마케팅의 관심은 전 세계시장에 걸친 소비자들의 수요특성 변화와 함께 기업들 간의 경쟁구조 변화로 설명할 수 있다. 시장의 세계화가 진전됨에 따라 기업들은 해외 소비자와 해외 경쟁자, 해외 공급자 등과 필연적으로 연결되고 있으며, 심지어 자신이 속한 국가에서조차 이러한 현상이 발견되고 있다. 기업들은 이제 총체적인 경쟁국면, 즉 국내기업에서부터 해외기업까지 모든 기업들과 경쟁하고 있으며, 미국에서 판매되고 있는 CD 플레이어에서 식기류

표 1.1

해외기업의 미국기업 인수

출처: Compiled from annual reports of listed firms, 2010.

인수대상 미국기업	인수기업의 국적
파이어스톤(Firestone, 타이어)	일본
벤앤제리(Ben & Jerry's, 아이스크림)	영국
씨트고(CITGO)	베네수엘라
버거킹(Buger King, 패스트푸드)	영국
랜덤하우스(Random House, 출판)	독일
월스트리트저널(The Wall Street Journal, 신문)	호주
오로위트(Oroweat, 제빵)	멕시코
스미스 앤 웨슨(Smith & Wesson, 총기)	영국
알씨에이(RCA, 텔레비전)	프랑스/중국
셰프 아메리카(Chef America, 개인용 핫팩과 기타 음식류)	스위스
허피(Huffy Corp., 자전거)	중국
스위프트 앤 컴퍼니(Swift & Company, 정육업)	브라질
바니스 뉴욕(Barneys New York, 소매업)	두바이
콜롬비아 픽처스(Columbia Pictures, 영화)	일본
티모바일(T–Mobile)	독일
버드와이저(Budweiser)	벨기에
프리지데어(Frigidaire)	스웨덴
처치스 치킨(Church's Chicken)	바레인
지넨테크(Genentech)	스위스

에 이르는 다양한 소비재들의 많은 부분이 해외에서 제조된 것들이다. 소니(Sony), 노렐코(Norelco), 삼성(Samsung), 토요타(Toyota) 그리고 네스카페(Nescafe) 등은 미국 소비자와 미국시장에서 매우 친숙한 브랜드들인데, 이들은 미국과 세계시장에서 치열한 경쟁을 펼치고 있는 가공할만한 경쟁자들이다.

우리에게 친숙한 많은 미국 기업들을 이제는 미국 이외 지역의 기업들이 직접 운영하거나 소유하는 방향으로 바뀌고 있다. 독자가 세븐일레븐(7–Eleven) 편의점에 가끔 들러 물건을 구입하거나 파이어스톤(Firestone)의 타이어를 구입한다면, 그 독자는 일본기업으로부터 제품을 직접 구입하게 되는 것이다. 잘 알려진 브랜드인 카네이션(Carnation)은 이제 스위스 소유의 기업으로서 더 이상 미국소유 기업의 브랜드가 아니며, 월스트리트 저널(The Wall Street Journal)은 호주인이 소유하고 있고, 서부영화에서 자주 볼 수 있는 스미스 앤드 웨슨(Smith & Wesson) 권총도 영국기업이 소유권을 가지고 있다. 텔레비전 수상기를 제조하던 최후의 미국소유 기업인 제니스(Zenith)마저도 텔레비전과 기타 다른 가전제품을 생산하는 한국 기업인 엘지에게 인수되었다. 이외에도 펄비전(Pearle Vision), 유니버설 스튜디오(Universal Studios) 등 다수의 기업들이 외국 다국적 기업들에게 의해 소유되거나 운영되고 있다(표 1.1 참고). 미국에 대한 해외기업들의 투자는 이미 23조 4천만 달러를 넘어섰다.[14] 영국계 기업들이 이러한 미국 내 투자를 선도하고 있으며 이외에도 네덜란드,

[14] http://www.bea.gov(accessed June 2010).

일본, 독일, 스위스 기업들이 뒤를 따르고 있다.

수출을 통하여 미국시장에 진출하고 있는 또 다른 해외 기업들은 미국시장이 생산 공장을 설립하거나 인수하여 기업을 운영하기에 충분할 만큼의 시장규모를 가지고 있음을 깨닫고 있다. 혼다(Honda), 비엠더블유(BMW), 메르세데스 벤츠(Mercedes)는 전체 일괄생산 공정을 모두 미국에 설치해 두고 있다. 물론 다른 방식으로 투자를 진행할 수도 있다. 포드(Ford)는 볼보(Volvo)를 샀다가 되팔았고, 퍼시피코프(PacifiCorp)는 영국 최대의 전력회사이자 두 번째로 큰 가스공급 기업인 에너지 그룹(Energy Group)을 인수하였다. 또한 중간규모 정도의 미국 철도회사인 위스콘신 센트럴 트랜스포테이션(Wisconsin Central Transportation)은 영국 전체의 열차화물 사업을 관리하고 있으며, 잉글리쉬, 웰시 엔드 스카티쉬 철도회사(English, Welsh & Scottish Railway)를 통하여 여왕의 개인 열차를 운영하고 있다. 그리고 영불해협 해저터널에서 정기 열차편을 운행하는 기업을 인수하기도 하였다. 미국 다국적기업들의 해외투자도 결코 새로운 일이 아니다. 다국적기업들은 제2차 세계대전 이후로 전 세계를 대상으로 기업을 인수 또는 합병하거나 생산시설에 대한 투자를 수행하고 있다. 미국 기업들에게 상대적으로 새로운 사항은 자신들의 글로벌 경쟁자들이 바로 미국, 그들 자신의 시장에 진출하여 자신들과 경쟁해야 한다는 것이다. 미국시장에 진출한 경쟁자 중 가장 흥미로운 존재는 멕시코인 소유의 축구팀인 치바스 유에스에이(Chivas USA)로 이 축구팀은 캘리포니아주 남부에 연고를 두고 활동하고 있다.

한때 미국기업들의 안방시장으로서 지속적인 성장기회를 제공했던 방대한 미국시장을 이제는 다양한 해외 기업들의 제품들과 공유해야 한다. 오직 국내시장에서만

북미자유무역협정(NAFTA) 체결로 멕시코의 가장 강력한 2개 브랜드가 미국시장으로 진출하였다. 멕시코에서는 가장 큰 수퍼마켓 체인인 히간떼(Gigante)가 이중 하나로 현재 남부 캘리포니아주에 몇 개의 점포를 운영하고 있으며, 사진은 이중 애너하임(Anaheim)에 위치한 점포를 보여주고 있다. 히간떼의 판매대에는 빔보의 다양한 제빵제과 제품들이 진열되어 있다.

CROSSING BORDERS 1.2 백설공주, 신데렐라 그리고 빔보 (Blanca Nieves, La Cenicienta, y Bimbo)

빔보(Bimbo)는 매력적인 브랜드이다. 빔보는 국경을 넘어 마케팅을 수행하는데 따르는 어려움을 극명하게 보여주는 사례로 잘 알려져 있다. 웹스터 대사전(Webster's Dictionary)에서 "Bimbo"를 찾아보면 다음과 같이 정의되어 있다. "...경멸이나 얕봄의 의미, 매력적이지만 머리가 텅 빈 사람, 화냥년."

그러나 스페인이나 멕시코 또는 다른 스페인어를 사용하는 국가들에서 "빔보"의 뜻은 결코 경멸적인 용어가 아니며, 대신에 작은 흰 곰을 브랜드 로고로 사용하는 "빔보 제과제빵"을 먼저 쉽게 떠오르게 한다. 빔보는 멕시코에서 가장 유명한 제과제빵 브랜드이며, 북미자유무역협정(NAFTA)의 체결로 자신의 사업영역을 이전에 비해 남북으로 더욱 확대시키고 있다. 예를 들어 최근에 이 기업은 미국 최고의 식품기업으로 미국의 댈러스(Dallas) 및 텍사스(Texas) 지역에서 가장 유명한 지역 브랜드인 미시즈 베어드 브레드(Mrs. Baird's Bread)를 인수하였으며, 아르헨티나에서 가장 유명한 제과제빵 브랜드인 파고(Fargo)도 인수하였다. 이제는 남부 캘리포니아와 인근의 라틴계 거주 지역에 빔보의 제품을 실은 바퀴가 18개 달린 대형트럭이 5번 고속도로를 거쳐 북쪽으로 이동하는 모습을 볼 수 있을 것이다.

애너하임(Anaheim)시 당국자들이 히간떼(Gigante)가 자신들의 도시에 진출하게 되는 것을 두려워하는 이유 중의 하나는 빔보이다. 히간떼는 멕시코 소유의 슈퍼마켓 체인으로 빔보의 빵과 토마틸로 열매(tomatillos), 선인장 열매(cactus pears)와 다른 라틴계 선호식품 등을 제공하고 있다. 히간떼는 LA 카운티(Los Angeles County)에만 벌써 3개의 매장을 운영하고 있다. 그러나 애너하임 시당국자들은 "디즈니랜드" 인근에 새로운 매장이 입점하는 것에 대한 승인을 거부하고 있다. 애너하임 시민의 최대 고용주이기도 한 디즈니랜드가 자신의 핵심적인 상징인 모든 미국인을 대표하는 금발의 작은 앨리스(all-American Alice)와 자매들이 빔보의 브랜드와 함께 있는 것을 우려한다는 것은 놀라운 일이다. 현 시점에서 히간떼-애너하임간의 분규는 국수주의나 외국인 혐오, 심지어 인종차별 문제와 복잡하게 얽혀 더 큰 문제로 비화될 가능성을 보여주는 좋은 사례이기도 하다. 실제로 애너하임 시의회는 히간떼 신규매장의 입점을 허용하라는 압력을 받고 있다.

미국 기업들은 종종 전 세계로 자신들의 사업 영역을 확장시키려고 할 때 이와 유사한 문제와 직면하게 된다. 프랑스의 국수주의 성향을 보면 이해가 될 것이다. 프랑스 농부들은 자신들의 권익을 위한 시위, 즉 양고기 요리를 프랑스 무역부 장관과 관계자들에게 투척한 사건 등으로 유명하며 이보다 더한 사례로 프랑스 문화부 장관인 쟈크 랑(Jack Lang)이 미국의 카툰네트워크(Cartoon Network)사에 대해 언급한 사항을 살펴볼 수 있다: "우리는 미국인들의 이러한 침략에 대항해야 한다. 북미의 시청각 방영물 집단이 뻔뻔스럽게도 우리나라를 식민지로 만들려는 것에 대해 참을 수 없다."

1920년대와 1980년대 미국인 자신들의 "일본 식민지화"에 대한 두려움과 혐오도 고려해 보아야 한다. 이는 미국인들이 폭스바겐(Volkswagens)과 비엠더블유(BMW)에 열광했을 때는 그렇지 않았으면서 토요타(Toyota)와 혼다(Honda)에 대해 열광했을 때, 혹은 일본기업들의 미국기업 인수는 경계하고 비난하면서도 독일기업들이 뱅커스 트러스트(Bankers Trust)와 랜덤 하우스(Random House), 크라이슬러(Chrysler)를 마구잡이로 인수한 것은 무시하는 것을 볼 때 확실히 외국인 혐오가 인종차별로 전환되고 있는 것으로 생각할 수 있다.

멕시코의 석유가스 생산기업 페멕스(PEMEX)의 미국 내 투자금지는 국수주의의 전형적인 사례가 될 것이다. 또한 브리티쉬 페트롤리움(British Petroleum)이 알코(ARCO)를 인수했을 때는 문제가 되지 않았으나, 멕시코 시멘트업계의 최강자인 세멕스(CEMEX)가 휴스턴(Houston)의 사우스다운(Southdown)을 인수했을 때는 국수주의가 작용하였다.

멕시코의 티후아나(Tijuana)시를 자동차로 한 바퀴 둘러보고 나면 애너하임시에서의 히간떼 슈퍼마켓 체인문제가 매우 이율배반적이라는 것을 이해할 수 있다. 지난 10년 동안 티후아나시 점포들의 외관은 크게 바뀌었다. 북미자유무역협정(NAFTA) 체결 이후 맥도날드(McDonald), 코스트코(Costco), 스마트 앤드 파이널(Smart & Final)과 다른 미국계 브랜드들이 국경도시인 티후아나시의 경관을 지배하고 있다.

출처: John L. Graham, "Blanca Nieves, La Cenicienta, y Bimbo," La Opinion, February 22, 2002, p. C1 (translated from the Spanish); Clifford Kraus, "New Accents in the U.S. Economy," *The New York Times*, May 2, 2007, pp. C1, C14; "Grupo Bimbo," *American Lawyer*, April 2009, pp. 38–40.

활동하는 기업들은 이제 통상적인 성장률을 유지하기도 어렵다는 것을 알았으며, 다수 기업이 사업 확장을 위해 해외시장으로 눈을 돌리고 있다. 해외시장에서 활동하는 기업들은 해외에서 벌어들이는 수익이 기업 전체 수익에서 매우 중요한 비중을 차지한다는 사실을 알고 있다. 경제조사기관인 컨퍼런스 보드(Conference Board)

표 1.2

미국기업들과 이들의 해외매출

출처: Compiled from annual reports of listed firms, 2010.

기업	글로벌 매출액 (10억 달러)	해외 매출액 비율
월마트(Walmart)	$401.2	24.6%
포드자동차(Ford Motor)	146.3	51.9
제너럴일렉트릭(General Electric)	182.5	53.7
시티그룹(CitiGroup)	52.8	74.8
휴렛팩커드(Hewlett-Packard)	118.4	68.2
보잉(Boeing)	60.9	38.9
인텔(Intel)	37.6	85.4
코카콜라(Coca-Cola)	31.9	77.0
애플(Apple)	36.5	46.0
스타벅스(Starbucks)	10.4	20.8

가 4년에 걸쳐 1,250개 미국 제조 기업을 대상으로 조사한 결과를 살펴보면, 다국적 기업들은 전체 산업에 걸쳐 기업 규모에 관계없이 모두 자신들의 국내 경쟁기업들보다 우수한 사업성과를 달성한 것을 알 수 있다. 다국적기업들은 판매량 부문과 매우 높은 자기자본이익률(ROE) 및 자산이익률(ROA) 등 기업수익 부문 모두에서 괄목할만한 빠른 성장을 달성하고 있으며, 미국 내 경쟁기업들보다 국내 및 해외부문 모두에서 생산인력을 보다 더 많이 감축시키고 있다. 또 다른 연구들은 기업 국제화에 따르는 다양한 어려움에도 불구하고 평균적으로 글로벌 다각화 전략에 의해 기업의 가치가 더 많이 증가하고 있음을 보여주고 있다.[15] 또한 다수 다국적기업들의 해외활동에 따르는 수익수준은 최소 일정기간 동안에는 국내활동에 따르는 수익수준보다 훨씬 더 높은 것을 알 수 있다.[16]

표 1.2는 미국기업들에게 해외투자와 활동이 수익창출에 얼마나 중요한지를 보여주는 극명한 사례라 할 수 있다. 많은 경우 해외 판매가 미국 내 판매보다 훨씬 더 많은데 미국 브랜드들의 글로벌 확장 범위가 이를 잘 말해주고 있다. 애플(Apple)의 성과가 가장 인상적인데 2003년 60억 달러의 전체 수익이 2007년에는 240억 달러로 폭발적인 증가세를 보여주고 있다. 한동안 애플은 수익의 40% 이상을 미국 이외의 해외에서 벌어들였다.

최근까지 해외에서 사업 활동을 수행하지 않던 기업들도 이제는 해외시장을 탐색하고 있다. 해외사업을 수행중인 기업들은 다른 국적의 다국적기업들에 대항하여 성공하기 위해서는 보다 극심한 경쟁을 치루어야 함을 깨닫고 있다. 기업들은 성장 중에 있는 해외시장에서 경쟁이 보다 치열해지고 있기 때문에 이전보다 더 많은 자금을 해외에 투자해야 하며, 해외시장에서 자신들의 마케팅 입지 강화를 위해서도 더

[15] John A. Doukas and Ozgur B. Kan, "Does Global Diversifi cation Destroy Firm Value?" *Journal of International Business Studies* 37 (2006), pp. 352–71.

[16] Justin Lahart, "Behind Stocks' Run at Record," *The Wall Street Journal*, April 25, 2007, pp. C1–2.

많은 시간을 투자해야 할 필요성을 인식하고 있다. 처음으로 국제마케팅을 수행하거나 이미 국제마케팅의 경험이 있는 기업들 모두에게 꼭 요구되는 것은 일반적으로 같은데 그건 바로 해외시장과 새로운 방식의 경영에 대한 철저하고 완벽한 몰입이다.

국제마케팅의 정의

국제마케팅은 하나 이상의 국가에서 수익을 창출하려고 소비자나 이용자를 위한 제품과 서비스를 기획하고, 가격을 결정하고, 판매촉진 활동을 수행하며, 유통시키는 사업 활동이다. 국내마케팅과 국제마케팅 정의의 단순한 차이는 마케팅 활동의 범위가 하나 이상의 국가에서 일어나는가 아닌가 하는것이다. 즉 "하나 이상의 국가에서 활동"이라는 것은 작은 차이지만 명확한 것으로서 국제마케팅 활동의 복잡성과 다양성을 잘 설명해준다. 다임박스(Dimebox)의 텍사스(Texas) 본사에서 근무하든지 탄자니아(Tanzania)의 수도 다르에스살람(Dar es Salaam)에서 근무하든지 마케팅의 개념이나 프로세스, 원리들은 보편적으로 적용가능하며, 마케터의 과업 또한 동일하다. 사업목표는 자신들의 목표시장을 대상으로 판매촉진 활동을 수행하고 가격을 결정하며 유통시켜 이익을 창출시키는 것이다. 이러한 예를 살펴볼 때 국내마케팅과 국제마케팅의 차이는 무엇일까?

해답은 마케팅의 개념 차이가 아니라 마케팅 계획이 수행되는 환경 차이에 있다. 국제마케팅의 독특함은 다양한 범위의 익숙지 않은 문제들과 해외시장에서 마주치게 되는 상이한 수준의 불확실성에 대응하는데 필요한 다양한 종류의 전략들에서 기인한다.

경쟁, 법률적 제약, 정부의 통제, 날씨, 변덕스러운 소비자 그리고 다수의 통제 불가능한 요인들은 양호하고 건실한 마케팅 계획의 수익성에 빈번하게 영향을 미칠 수 있다. 일반적으로 마케터는 통제 불가능한 요인들을 통제할 수 없으며 영향을 미칠 수도 없지만, 성공적인 결과를 도출해내는 방식들로 이러한 통제 불가능한 요인들을 조정하고 적응시켜야 한다. 마케팅이 흥미 있는 것은 마케팅 목표를 달성하기 위하여 통제 불가능한 시장요인들(경쟁, 정책, 법률, 소비자 행동, 기술수준 등)의 체제

2008년 어느 비오는 날 브라질 심장부에 위치한 시티뱅크(Citibank) 지점. 파울리스타가(Avenida Paulista)에 위치한 주소는 1776번지이다. – 이 얼마나 미국적인 주소인가! 세계에서 가장 거대한 다국적기업 중 하나인 시티뱅크는 2008년 10월의 금융위기에서 살아남은 몇 개 안되는 기업 중 하나이다. 아마도 시티뱅크의 빨강색과 하얀색 및 푸른색으로 구성된 우산로고가 월스트리트(Wall Street)의 "악천후(adverse weather)"에서 시티뱅크를 보호해 준 것은 아닐까?

속에서 통제 가능한 마케팅 의사결정 요인들(제품기획, 가격책정, 판매촉진, 유통, 조사)을 훌륭하게 구성해야 한다는 도전 때문이다. 마케팅 원리나 개념이 통상적으로 적용 가능하다 할지라도 마케터가 마케팅 계획을 수행해야 하는 각각의 국가별 또는 지역별 환경은 매우 극적으로 변화하기 마련이다. 이러한 이질적인 환경이 만들어내는 문제점들이 바로 국제 마케터의 주요 관심사항이다.

국제마케팅 과업

LO3

국제마케팅 과업의 범위를 이해한다.

국제 마케터의 과업은 국내 마케터의 과업보다 더 복잡한데, 이는 하나의 통제 불가능한 불확실성을 다루는 국내 마케터에 비해 국제 마케터는 최소 두 가지 수준의 통제 불가능한 불확실성을 다루어야 하기 때문이다. 불확실성은 전체 경영환경에서 통제 불가능한 요인들에 의해서 만들어지며, 기업이 활동하는 각각의 해외 국가별로 이러한 통제 불가능한 요인들의 독특한 집합이 더해지게 된다.

그림 1.1은 국제 마케터가 직면하게 되는 전반적인 환경요인들을 보여주고 있다. 내부의 원은 마케터의 의사결정 가능 영역을 구성하는 통제 가능한 요인들이며, 두 번째 원은 해외활동에 관한 의사결정에 영향을 미칠 수 있는 국내환경 요인들을 보여주고 있다. 그리고 제일 바깥쪽 원은 마케터가 활동하게 되는 개별 해외시장에 대한 해외환경 요인들을 보여주고 있다. 그리고 오른쪽 가장자리 원들은 기업이 활동하게 되는(또는 활동하는) 각각의 해외시장에서 통제 불가능한 요인들의 전부 또는 일부와 연관된 별도의 문제점들을 보여주고 있다. 따라서 기업이 더 많은 해외시장에서 활동할수록 해결해야 하는 해외환경요인들은 더욱 많아지게 된다. 종종 A국 문제에 대한 해법을 B국 문제에 적용하지 못한다.

그림 1.1

국제마케팅 과업

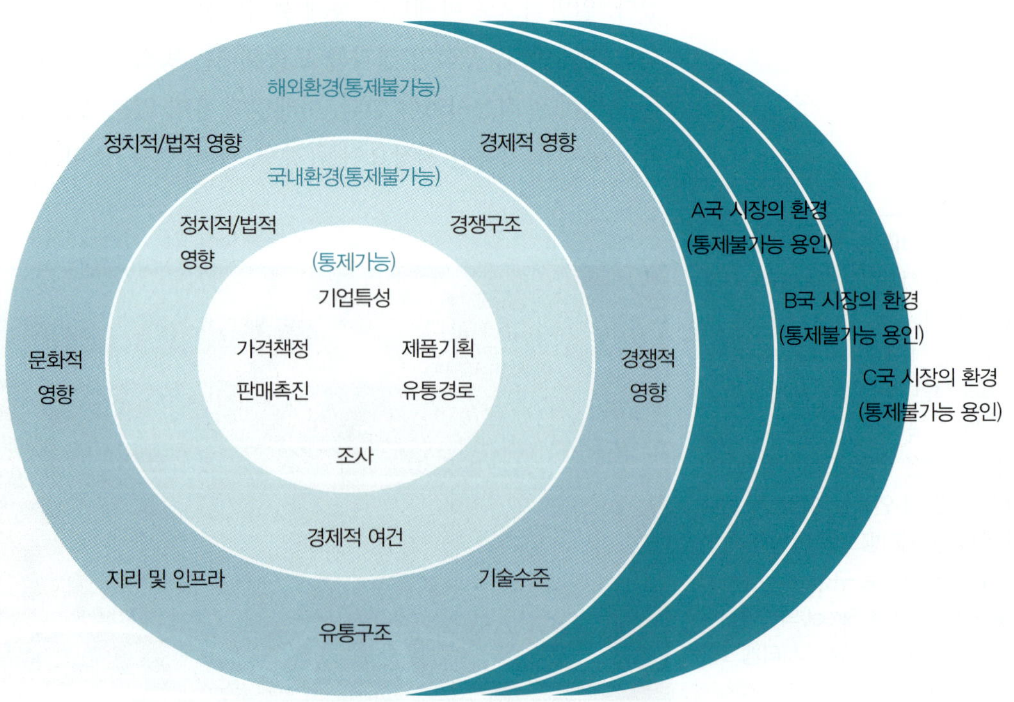

마케팅 의사결정 요인

성공적인 경영자는 불확실한 사업 환경에 최적화된 마케팅 프로그램을 구성하게 된다. 그림 1.1에서 제일 안쪽의 원은 마케팅 관리자의 통제에 있는 영역이라 할 수 있다. 자신의 전략적 선택을 제한하거나 또는 활성화하는 전반적인 기업자원과 구조 및 역량 등을 고려하여, 마케팅 관리자는 예상수요를 활용하기 위해 가격정책, 제품기획, 판매촉진 활동, 유통경로 및 조사활동 등을 조화시켜야 한다. **통제 가능한 요인**은 장기에 걸쳐 변경되는데 보통은 단기에는 시장 상황의 변화, 소비자의 기호, 혹은 기업목표에 적응할 수 있도록 변화한다.

마케팅 의사결정 요인(통제 가능한 요인)을 둘러싸고 있는 바깥쪽 원은 국내 및 해외환경에 의해 만들어질 수 있는 불확실한 상황들을 보여주고 있다. 마케터가 통제 가능한 요인들을 활용하여 마케팅 믹스를 잘 구성한다 하더라도 이러한 **통제 불가능한 요인**들에 대해서 마케터는 매우 꼼꼼하게 평가해야 하며, 필요한 경우 이에 적응할 수 있도록 해야 한다. 환경적 요인들에 대한 이러한 마케팅 믹스의 적절한 적응 노력들이 마케팅을 수행하는 기업의 사업성과를 결정한다.

국내환경 측면

그림 1.1의 두 번째 원은 **통제 불가능한 국내환경** 요인들을 보여주고 있다. 여기에는 자국과 관련된 요인들이 포함되며, 이러한 요인들은 해외사업 성공에 직접적인 영향을 미칠 수 있다: 정치적 및 법적 영향, 경제적 여건과 경쟁.

외국기업에 대한 국내정책을 포함하는 정치적 결정은 기업의 국제마케팅 성공에 직접적인 영향을 미칠 수 있다. 예를 들어 미국정부는 리비아 정부가 테러리스트들을 지원하는 것에 대한 책임을 물어 리비아와의 모든 무역거래를 금지시키고 있으며, 남아프리카 공화국의 아파르트헤이트(apartheid; 인종차별정책)에 반대하여 남아프리카 공화국과의 무역거래를 제한하고 있고, 미국과 동맹국들의 국가안보를 위협하는 행동을 하는 것으로 의심받고 있는 이라크와의 무역거래를 전면 금지하고 있다. 각 사례에서 살펴보았듯이 아이비엠(IBM), 엑손(Exxon), 황 헤븐 베이트 컴퍼니(Hawg Heaven Bait Company)같은 미국기업들의 국제마케팅 프로그램은 다양한 정치적 결정에 따라 제한되고 있다. 미국정부는 헌법에서 정한 권리에 따라 무역거래가 국가경제나 안보에 불리한 영향을 미칠 때나 미국의 외교정책과 대립될 때 해당 무역거래를 제한할 수 있다.

반대로 외교정책의 변화로 특정 국가에 호의적인 조치가 취해지는 등 긍정적인 효과가 발생하기도 한다. 이 같은 경우는 남아프리카 공화국의 인종차별 정책폐지로 교역금지 조치가 해제되었을 때와 미국 정부가 인권문제를 대외무역정책과 결부시키지 않고 처리하기로 하여 중국에게 항구적 정상무역 관계(PNTR: Permanently Normalized Trade Relations)지위를 허용함으로써 중국의 세계무역기구(WTO) 가입이 활성화된 경우 등에서 살펴볼 수 있다. 미국기업들은 이상의 두 가지 사례의 경우 사업기회를 포착할 수 있었다. 마지막으로 기업들은 미국에서 쟁점이 되는 비중 있는 법률제정에 이따금씩 영향력을 행사할 수 있다. 법적 규제활동에 대한 미국의회의 책임을 떠올려보면 알 수 있을 것이다. 실제로 중국에 대한 항구적 정상무역관계(PNTR)지위 부여는 무역제재 조치의 완화에 어려움이 많았던 보잉(Boeing)이나 모토롤라(Motorola)와 같은 기업들에게 실질적인 이익을 가져다주는 것이었다.

국내 경제 여건은 자국기반의 또 다른 중요 통제 불가능한 요인으로서 해외시장의 특정 기업의 경쟁적 위치에 매우 중요한 영향을 미치는 요인이다. 국내시장이든 해외시장이든지 간에 생산 공장이나 설비에 대해 투자할 수 있는 기업역량은 국내경기가 얼마나 활력적인가에 의해 크게 좌우될 수 있다. 자본은 일반적으로 최적의 사용 장소에 투자되는 것이 사실이나, 자본이 이동하기 전에 먼저 생성되어야 한다. 게다가 국내의 경제여건이 나빠지기라도 한다면, 국내 경제를 더욱 탄탄히 하기 위하여 해외투자나 구매에 대한 제한이 분명 가해질 것이다.

자국시장에서의 경쟁상황도 국제 마케터의 과업에 엄청난 영향을 미칠 수 있다. 미국 필름시장의 지배적 기업이었던 이스트만 코닥(Eastman Kodak)이 보다 여러 국가에서 활동할 수 있었던 것은 해외시장에 투자할 만큼의 충분한 자본 창출이 가능한 수익목표를 달성할 수 있었기 때문이다. 기업이 걱정하지 않을 만큼의 충분한 수익기반을 가지고 있다면 경영자는 국제마케팅 프로그램에 시간과 자원을 공격적으로 할당할 수 있다. 그러나 미국시장에 3억 달러짜리 공장을 준공하고 저가격 공세를 펼쳐 12%의 시장 점유율을 확보한 후지필름(Fuji Photo Film)이라는 엄청난 경쟁자가 등장하자 경쟁구조가 바뀌었다. 곧이어 디지털 사진을 제공하는 일본의 캐논(Canon)사가 등장하여 시장 선두주자가 되자 코닥의 국내 사업은 더 깊은 나락으로 떨어졌다. 결과적으로 코닥은 미국시장에서 직접적인 기업역량과 자원을 철수하게 되었다. 자국 내 경쟁은 기업의 국내시장 계획뿐만 아니라 해외시장 계획에도 영향을 미치게 된다. 엄청나게 뒤엉켜 있는 국내환경의 효과는 각각의 해외시장 환경에도 제약을 주게 된다.

해외환경 측면

통제 불가능한 국내환경 요인과 더불어 **통제 불가능한 해외환경** 요인도 불확실성 상황의 주요 원천이 될 수 있다(그림 1.1의 바깥쪽 원). 자국 내에서의 사업 활동에서는 사업 여건을 예측하거나 환경요인에 의사결정을 적응시키는 것이 확실히 편안하게 느껴진다. 그러나 국제마케팅 프로그램에서 통제 불가능한 요인을 평가하다 보면 상당한 문화적, 정치적, 경제적 충격을 경험하게 된다.

다수의 해외국가에서 사업 활동을 수행하다 보면 사업 의사결정에 핵심적인 요소가 되는 정치적 안정성, 지배구조 및 경제여건 등에서 양 극단의 극심한 차이를 경험하게 될 것이다. 일부 국가들에서의 격변상황들은 상대적으로 단기간에 문화적, 정치적, 경제적 여건을 한층 더 극적으로 변화시키게 된다. 중국은 적절한 사례로서 사회주의 사법제도가 시장경제에 기반을 둔 사법제도로 발전하는 동안에 거의 모든 사업들이 과도기적인 상황에 놓이게 되었다. 이러한 과도기적 상황에서 새로운 법률들이 제정되었지만 법의 해석이 지방정부 관리들에게 위임되어있는 상태에서 어떤 규정들이 여전히 유효한지 또는 유효하지 않은지 혼란스러운 상황이 만연하게 된다.

예를 들어 중국 기업 혹은 개인과의 상업적 계약을 통하여 중국시장에 진출하는 경우 해당 중국기업이나 개인은 반드시 "법인"이어야 한다. 중국에서 법인이 되려면 기업 또는 개인이 반드시 중국정부에 등록해야만 한다. 더 복잡한 문제는 "법인"의 "법적 대리인"을 통한 협상만이 유효하다는 점이다. 따라서 만약 외국 기업이 중국 기업 또는 개인과 협상을 시작하려 한다면, 그 기업은 반드시 사업수행의 권리를 보장하는 법적인 문서에 서명할 것을 요구 당한다. 또한 서명의 형식도 매우 중요하다는 것을 인식해야 한다. 계약이 구속력을 갖추기 위해서 계약문서에 자필 서명을 받아야 할까? 아니면 전통적인 중국식 도장을 받아야 할까? 이러한 모든 요건들이 적절하게 충족되어야 중국정부의 마음을 바꿀 수 있을 것이다. 코카콜라(Coca-Cola)는 중국시장의 점유율 증가에 대응하기 위한 새로운 생산공장 설립계획을 중국정부로부터 승인받았다. 그러나 공사가 시작되기도 전에 중국인민회의는 코카콜라가 중국에서 너무 과도하게 성공하고 있음을 문제 삼아 이 계획을 반대하였다. 협상이 장기화되면서 공장설립도 지연되었다. 바로 이러한 상황이 국제경영에서 통제 불가능하면서도 불확실한 정치적 · 법적 상황이라 할 수 있다.

통제 불가능한 해외환경에서의 중요요인들은 그림 1.1의 가장 바깥쪽 원에 제시되어 있는 정치적 · 법적 영향, 경제적 영향, 경쟁적 영향, 기술수준,[17] 유통구조, 지리 및 인프라, 문화적 영향 등이다.[18] 국제 마케터에게 불확실성 상황의 원천이 되는 이러한 영향력들은 마케팅 프로그램의 설계단계에서부터 고려되어야 한다. 위에서 소개된 각각의 요인들은 이후의 장들에서 다루어지겠지만 해외환경의 통제불가능한 요인 중 기술수준과 정치적 · 법적 영향에 대해서는 본 절에서 먼저 논의해 보기로 한다.

기술수준은 통제 불가능한 요인으로서 선진국과 개도국 사이에 발생하는 커다란 격차 때문에 종종 오해를 받곤 한다. 마케터는 생산설비에 대한 예방적 관리가 미국에서와 같이 다른 나라에서도 동일할 것이라고 가정해서는 안 된다. 제품지원이 필요한 적정 수준에서 기술적 전문성이 부재하고 대다수 일반인들은 생산설비의 정확한 유지보수를 위해 필요한 적절한 기술적 지식을 가지고 있지 않다. 이와 같은 상황에서 마케터는 일상적인 유지보수의 중요성을 확실하게 이해하고 실행하기 위하여 특별한 조치를 취하여야 한다. 게다가 기술적 지원을 당장 이용할 수 없다면 해당 지역사람들을 특별히 훈련시켜야 하거나 해당 기업이 이러한 기술적 지원을 직

[17] Shih-Fen S. Chen, "Extending Internationalization Theory: A New Perspective on International Technology Transfer and Its Generalization," *Journal of International Business Studies* 36 (2005), pp. 231–45.

[18] Laszlo Tihany, David A. Griffi th, and Craig J. Russell, "The Effect of Cultural Distance on Entry Mode Choice, International Diversifi cation, and MNE Performance: A Meta-Analysis," *Journal of International Business Studies* 36, no. 3 (2005), pp. 270–83.

CROSSING BORDERS 1.3 핸드폰, 경제발전 그리고 정보격차의 감소

말린 생선을 판매하는 진열대와 플라스틱 제품 무더기들 사이에 코카콜라병을 가득 담은 빨간색 화물 컨테이너가 우뚝 솟아 있다. 잠비아(Zambia)의 수도 루사카(Lusaka)에 있는 지저분한 길모퉁이에 위치한 소웨토(Soweto)시장의 코카콜라 현지 유통업자는 콜라 재고를 판매하고 있다. 전체 금액은 1천만 카와차(10M Kwacha; 약 2,000달러)이다. 현금으로 이러한 거래 금액(일반인 평균 연봉의 10배 정도)은 구하기도 쉽지 않으며, 일평생 만져보기도 어려운 금액이기 때문에 절도에 대한 유혹이 매우 크다. 코카콜라는 현재 300명에 이르는 자신의 잠비아 유통협력업자들에게 물건배송에 맞추어 현금 지불 대신 핸드폰을 이용한 문자메시지를 전송하고 있다. 이 과정은 30초의 시간밖에 소요되지 않으며 운송기사들은 단지 영수증만 제출하면 된다. 원거리의 컴퓨터가 현금과 제품의 이동을 기록한다. 코카콜라만 이렇게 하는 것은 아니며, 시장 모퉁이에 위치한 소규모 세탁소도 세탁물을 고객에게 배달할 때 자신들의 전화기로 비용지불을 요구하고 있다. 잠비아에 있는 주유소와 다수의 대형 상점 및 레스토랑에서도 이렇게 처리하고 있다.

이상은 세상에서 가장 가난한 지역에서 핸드폰을 활용하여 혁신적으로 업무를 처리하는 다양한 방법 중 일례를 보여주고 있다. 핸드폰을 활용하여 보다 다양한 경제활동을 수행할 수 있는 일화들은 매우 풍부하다. 어부들과 농부들은 제품을 판매하기 이전에 판매가격을 미리 알아 볼 수 있으며, 구직자들은 발품을 팔지 않고도 구직정보를 보다 편리하게 얻을 수 있다. 핸드폰은 거래비용을 감소시키고 거래망을 넓히며 실질적인 운송비용을 절감시켜준다. 특히 다른 통신수단들(교통시설, 우편 또는 유선 전화기 등)이 좋지 못하거나 존재하지 않을 경우에는 더욱 가치를 발한다.

부유한 국가에 사는 사람들은 이것이 왜 중요한지 이해하기 어려울 것인데, 이는 핸드폰의 용도가 저소득 국가에서는 매우 다르기 때문이다. 전화기를 공유할 때 특히 그렇다. 즉, 마을에 사는 어떤 사람이 소액신용대출을 이용하여 핸드폰을 구매한 뒤, 이를 다른 마을 사람들에게 1분 단위로 사용하도록 빌려 주는데, 이때 사용료로 받은 소액의 돈으로 융자금을 일부 갚고 자신의 생계를 유지하게 된다. 핸드폰에 전화가 오면 전화기 주인은 전화를 받을 사람의 집으로 전화기를 가져다주어 전화를 이용할 수 있도록 해준다. 또 다른 기회를 포착한 사람은 문자 메시지 통역자 사업을 수행하기도 하는데, 이는 자신의 고객 중 절반 정도를 차지하는 사람들이 문맹이기 때문에 이들을 위해 문자 서비스(일반적으로 음성통화보다 저렴하다)를 대신 제공해 주는 것이다. 부유한 국가기준으로 볼 때 인구 100명당 보유 전화기 수는 여전히 매우 적지만, 이것이 매우 큰 차이를 만들어 가고 있다.

핸드폰 기술이 미치는 영향에 관해서는 아직도 의견이 분분하다. 중국 정부당국은 2009년 7월에 신장 자치구 북서부 지역에서 일어난 소수민족 봉기소식에 대한 정보공유수단(인터넷 접속, 국제전화 서비스, 문제 메시지 송수신)들을 차단시켰다. 이에 대해 중국 정부당국은 소셜 네트워킹(social networking) 사이트와 문자 메시지가 고조되는 긴장을 완화하기 위한 의사소통을 어렵게 한다고 하였다.

출처: *The Economist*, "Economics Focus, Calling across the Divide," March 12, 2005, p. 74; Bruce Meyerson , "Skype Takes Its Show on the Road," *BusinessWeek* , October 29, 2007, p. 38; Andrew Jacobs, "China Restores Text Messaging in Xinjiang," *The New York Times*, January 18, 2010, p. A9.

접 제공해야 한다.

정치적 및 법적 문제는 기업이 국내에서 활동하든 해외에서 활동하든지 간에 관계없이 마주하게 된다. 그러나 이 문제는 해외에서 특히 기업의 "외국인 신분" 때문에 종종 더 커지게 되며, 역동적인 국제경영 여건에 적절히 대응하고 예측하는 것을 더욱 더 어렵게 만든다. 해외사업에서 외국인 신분은 두 가지 차원이 존재하는데, 그것은 외국인이 사업을 관리한다는 점과 현지국 문화가 경영층에 이질적이라는 점에서 외국인이라는 것이다. 경영에서 외국인 신분이란 결국 이방인으로 보였을 때를 의미하며, 이는 이기적인 착취자로 인식되어 정치가나 행정당국 또는 모두에게서 불합리한 대우나 편견을 받게 된다. 정치 운동가는 "외국인 착취자"의 추방을 정당화시키기 위한 대중적인 지지를 호소하며, 종종 행정당국으로부터 공개적인 허락이나 묵인을 받아내기도 한다. 예를 들어 인도정부는 코카콜라에 음료 제조비법을 공개하든지 아니면 자신의 나라를 떠나든지 둘 중에 하나를 선택하도록 하였다. 결국 코카콜

탄자니아의 마사이족 사람들이 자신의 휴대폰을 들고 있다. 탄자니아와 같이 급성장하는 시장에서는 이동통신 사업자들 간에 치열한 경쟁이 벌어진다. 셀텔(Celtel)과 보다콤(Vodacom)은 지역상점과 가정에 칠할 수 있는 페인트를 제공하고 있다. 사진에서 셀텔의 로고색인 밝은 노랑과 빨강색을 볼 수 있는데, 이러한 색깔들은 지역 소비자들의 화려한 의상과 잘 어울리는 것을 볼 수 있다. 보다콤의 파란색은 여기에 잘 어울리지 않는다. 휴대용 케이스로 사용되는 늘어진 귓불이 전화를 거는 것은 힘들게 하지만 전화 수신음을 듣기에는 매우 편리하다는 것을 상상하는 것은 어렵지 않다.

라는 인도를 떠나게 되었다. 몇 년 이후에 코카콜라가 다시 인도로 돌아왔을 때, 인도의 정치적인 사회 운동가들로부터 끊임없는 괴롭힘과 방해를 받게 되었고 이는 경쟁사 청량음료 기업들에 의해 부추겨진 것이다.

게다가 국내 상황에서의 정치적 사안과 정치적 · 법적 사건들의 영향은 외국에서의 상황들보다 더 명백하다. 예를 들어 미국인의 경우 미국에서는 모든 정당이 공식적이고 정당한 법적 절차를 누릴 수 있도록 허용되어 있지만, 많은 다른 국가들의 사법제도는 아직까지 개선의 여지가 많다. 많은 해외국가들에서 부패가 만연하고 있으며 외국인들은 부당한 대우를 받거나 자국에서는 이해할 수 없는 이상한 법률들이 시행되고 있다. 여기서 핵심은 외국기업은 분명 외국인이기 때문에 국내기업보다 항상 더 많이 해당 국가정부의 변덕에 시달리게 된다는 것이다. 정부당국의 검열과 기업비밀보호 문제로 발생한 중국정부와 구글(Google)의 충돌은 여기에 매우 적합한 사례라 할 수 있다.[19]

정치적 · 법적 영향과 기술수준은 이후의 장들에서 논의하게 될 해외환경에서의 통제 불가능한 두 가지 영역이다. 이질적인 해외사업 환경에서 발생하는 불확실성 때문에 새롭게 진출하는 개별국가마다 통제 불가능한 요인들을 보다 더 자세하게 분석해야 할 필요가 있다. 따라서 특정 국가에서 성공한 전략을 정치적 여건이나 경제 발전단계, 기술수준 및 기타 문화적 측면에서 상이한 외국에서 그대로 적용하는 것은 비효율적이라 할 수 있다.

[19] Sharon LaFraniere, "China at Odds with Future in Internet Fight," *The New York Times*, January 17, 2010, p. 6.

환경적응에 대한 필요성

마케터는 해외시장 마케팅 프로그램의 조정과 적응을 위하여 사업활동을 수행하고자 하는 해외국가별 개별 마케팅 계획에 각각의 통제 불가능한 환경요인들이 어떠한 영향과 충격을 미치는지를 효과적으로 이해해야 한다. 광의의 통제 불가능한 요인들은 한 나라의 문화를 구성하는 요소들이라 할 수 있는데, 마케터에게 문화적응을 위한 장애요인은 문화의 영향을 어떻게 인식하는지에 따라 달라진다고 할 수 있다. 국내시장에서는 마케터가 환경적(문화적) 영향에 대해 자동적으로 반응하는 것이 일반적이다. 우리의 삶을 가득 채우고 있는 문화라는 요인은 자국 내에서 우리 자신의 사회화 과정의 일부이며, 문화를 별도로 의식하지 않고도 우리는 우리의 문화를 적극적으로 수용하는 행동을 취하게 된다.

그러나 문화에 따른 조정 작업은 대단히 도전적인 과제이며 국제 마케터가 직면하게 되는 매우 중요한 과업 중 하나인데, 국제 마케터는 자신들의 마케팅 노력을 익숙하지 않은 문화에 적응할 수 있도록 조정해야 한다. 친숙하지 않은 시장에서 활동하기 위하여 마케터는 의사결정을 내리거나 시장 잠재성을 평가하는데 활용하는 준거틀(frames of reference)을 잘 알고 있어야 한다. 왜냐하면 이러한 판단기준은 자국에서의 문화적응에 따른 경험으로부터 나오기 때문이다. 한번 만들어진 준거틀은 마케터가 사회적 상황과 비사회적인 상황들에 대해 어떻게 대응할 것인지를 결정해주거나 또는 어떻게 대응을 변화시킬 것인지를 결정해주는 중요한 요인이 된다.

예를 들어 시간에 민감한 미국인과는 미묘한 문화적 차이를 가지고 있는 남미 사람들이 미국인의 시간개념을 제대로 이해하는 것은 불가능하다. 마케팅 실패를 유발시킬 수도 있는 이러한 문화적 몰이해의 극복을 통하여 해당 차이에서 무엇인가를 배워야만 하는데, 미국인 영업담당 관리자가 남미 고객의 대기실에서 "장시간 기다리는 것"에 대해 이해하지 못한다면 매번 영업기회를 잃어버리게 되는 마케팅 실패를 경험하게 된다. 다양한 문화에 걸친 이러한 문화적 몰이해는 간단한 손동작이 세계의 다양한 지역에서 서로 다른 다양한 의미로 사용되는 경우에도 발생한다. 무엇인가 요구한 것에 대해 만족할 때, 대부분의 미국인들은 손을 들어 엄지와 검지를 이용하여 원을 만든다. 그러나 프랑스에서 이 손동작은 "영(O)"이나 "가치 없는 것"을 의미하며, 일본에서는 "돈"을 의미하고, 지중해 사르디니아(Sardinia) 섬이나 그리스에서는 일반적으로 성적인 모욕을 의미한다. 미국 대통령이 무의식적으로 호주 시위자들에게 자신의 손등을 보인 상태에서 두 손가락을 세워 보이면, 대통령 자신은 이것이 호주에서 어떤 의미인지 모른 채로 "승리"의 메시지를 전달한 것이지만, 호주 시위자들은 미국에서 통용되는 가운데 손가락을 세워 보이는 욕설과 비슷한 뜻으로 이해한다.

다른 문화에 적응한다는 것은 빙산을 바라보는 것과 같다. 우리는 빙산의 일각만을 볼 수 있듯이 다른 문화에 대해서 거의 아무것도 모른다. 이질적인 사람들이 가진 시장 시스템과 정치적 견해, 경제구조, 종교 및 기타 문화적 요인들에 대한 보다 깊이 있는 연구를 위해서는 국제 마케터들은 자신의 문화에서 비롯된 고정가치와 가정을

가지고 특정시장을 평가하고 시장에 접근하지 않도록 항상 스스로 경계해야 한다.[20]

주요 장애요인 : 자기준거기준과 자민족중심주의

LO4
국제마케팅에서 자기준거기준의(SRC) 중요성을 이해한다.

국제마케팅 성공의 핵심요인은 서로 다른 국가에서 발생하는 환경차이에 어떻게 적응하는지에 달려 있다고 할 수 있다. 적응은 국제 마케터가 해외 및 국내시장의 통제 불가능한 요인이 마케팅 믹스에 어떠한 영향을 미치는지를 예측하고자 하는 의도적인 노력에서 결정되며, 예측 이후에는 통제 불가능한 요인들의 효과를 최소화 시킬 수 있도록 마케팅 노력을 조정해야 한다.

국제마케팅 성공에 대한 주요한 장애요인은 바로 **자기준거기준(SRC)**과 이에 따른 자민족중심주의라 할 수 있다. 자기준거기준은 사람들이 의사결정을 하는데 있어 자기 자신이 원래부터 가지고 있던 문화적 가치나 경험, 지식 등을 무의식적으로 적용하는 것을 의미한다. 이는 자민족중심주의와 밀접한 관계를 가지고 있는데, 자민족중심주의는 사람들이 자기 자신이 속한 기업이나 문화, 국가의 일처리 방식을 최선이라고 믿는 것을 의미한다. 자민족중심주의는 21세기를 시작하는 미국인 경영자들에게는 특히 문제가 되는데, 이는 지난 1990년대 후반에 미국이 세계경제를 주도하였기 때문이다. 또한 자민족중심주의는 상대적으로 부유한 국가 출신의 경영자가 덜 부유한 국가나 시장에서 경영자로 활동할 때 일반적으로 문제를 발생시키게 된다. 자기준거기준과 자민족중심주의는 본연의 모습 그대로 해외시장에 접근할 수 있는 기업역량을 감소시키게 된다.

우리가 일련의 사실들과 마주쳤을 때 일생동안 학습된 지식을 바탕으로 하여 즉각적인 반응을 보이게 되는데 이때 지식이란 자기가 속한 문화의 발전과정에 따른 결과물을 의미한다. 우리는 반응에 대해 계속 생각을 하게 된다. 즉 우리는 단지 반응할 뿐이다. 따라서 다른 문화와 관련된 문제와 마주쳤을 때 문제해결을 위한 우리만의 자기준거기준을 가지고 즉각적으로 문제에 대응하게 된다는 것이다. 일반적으로 우리 문화와 차이를 보이고 있는 외국 문화에 대한 우리의 이러한 대응방식은 우리 자신의 문화와 관련된 의미나 가치, 상징, 행위에 바탕을 두고 있기 때문에 매우 좋지 않은 의사결정을 내리게 될 가능성이 높아진다고 할 수 있다.

자기준거기준의 영향력을 설명하기 위하여, 개인적 공간에 대해 서로 다른 문화에 속한 사람들이 가질 수 있는 몰이해 사례를 살펴볼 수 있을 것이다. 미국에서는 서로 관계없는 사람들끼리 개인 간 또는 집단 간에 대화할 때 어느 정도 일정한 물리적 거리를 유지하고자 한다; 우리는 이러한 행동이 어떤 생각이 있어서가 아닌, 그냥 옳다고 느끼기 때문이라는 것을 알고 있다. 어떤 사람이 너무 가깝거나 너무 멀리 떨어져 있어 불편함을 느낀다면, 우리는 조금 더 가깝게 당기거나 조금 더 멀리 떨어져서

[20] Emily Maltby, "Expanding Abroad? Avoid Cultural Gaffes," *The Wall Street Journal*, January 19, 2010, p. B5.

적절한 거리를 유지하려 할 것이다. 이렇게 하는 것은 바로 우리가 자신들의 자기준거기준에 따라 행동하기 때문이다. 다른 문화권에서 개인 간에 허용되는 거리는 미국인들이 편하게 느끼는 거리보다 실질적으로 더 가까울 수 있다. 다른 문화권에서 온 사람이 미국인에게 너무 가까운 거리로 다가서면 해당 문화권이 허용하는 거리를 잘 알지 못하는 미국인은 적절한 거리(미국인에게는 표준이 되는 거리)를 유지하기 위하여 무의식적으로 뒤로 물러서는 행동을 취하고 양쪽 모두 당황할 것이다. 이때 미국인은 해당 외국인이 매우 뻔뻔스럽다고 생각하는 반면, 해당 외국인은 미국인이 사교적이지 못하며 정말 "쌀쌀맞다"고 생각한다. 각자 자신들의 자기준거기준에 맞춘 이러한 행동 때문에 양쪽 모두는 문화적 몰이해에 따른 희생자다.

개인이 보유한 자기준거기준은 그 사람이 문화적 차이를 이해하는 것과 이러한 문화적 차이를 이해하는 것이 대단히 중요하다는 사실을 깨닫는 것을 어렵게 한다. 따라서 필요한 행동을 취하지 못할 것이며, 국가별로 존재하는 문화적 차이를 무시하거나 자신의 고객에게 무례한 행동을 하게 되는 상황이 발생할 것이다. 미국인들이 주로 저지르는 공통적인 실수 중 하나는 음식이나 음료수를 권할 때 이를 사양하는 것이다. 미국에서는 정중한 사양이 일반적인 것이나 아시아나 중동에서는 초대한 사람의 환대를 거절하는 것으로 인식하여 집주인이 대단히 불쾌하게 생각한다. 음식이나 음료수를 많이 먹지 않아도 상관없으니 집주인의 환대를 받아들이는 의미로 시식 제안을 수락해야 한다. 자기준거기준을 이해하고 이에 잘 대처하는 것이 국제마케팅에서 대단히 중요한 두 가지 사항임을 명심해야 한다.

자민족중심주의와 자기준거기준은 국내 상황에서 설계된 마케팅 믹스(즉 일반적으로 4Ps)가 해외시장에도 적합한지를 평가하는데 영향을 미칠 수 있다. 만약 미국인 마케터가 이러한 점을 인식하지 못한다면, 그는 적응이 필요한 문화적 차이를 전혀 인식하지 못한 채 미국시장에서의 경험(이것이 자신의 자기준거기준)에 바탕을 두고 마케팅 믹스를 평가하게 될 것이다. 주유소 업계의 대표적 브랜드인 에소(Esso)는 미국에서는 대단히 성공적인 브랜드이며 해외시장에서도 무난할 것 같은 브랜드명이지만, 이를 일본에서 발음 그대로 읽으면 "움직이지 못하는 차"로서 주유소와는 전혀 맞지 않는 의미가 된다. 또 다른 예로 펫 밀크(Pet Milk)의 "펫(Pet)" 브랜드를 들 수 있다. 이 브랜드는 지난 10년간 쓰여 왔지만, 프랑스에서는 펫(pet)이라는 단어의 의미가 "속이 부글거리다"이며 이는 캔 우유제품과는 전혀 어울리지 않는 의미가 된다. 이상의 두 가지 사례는 주요 기업들이 저지른 명백한 실수들이 의사결정과정에서 자신들의 자기준거기준을 너무 신뢰함으로써 발생된 것임을 보여준다.

마케터가 자신의 자기준거기준을 시간을 두고 고려해 본다면 결과는 대단히 긍정적으로 나타날 것이다. 자기준거기준을 무시하였던 영국의 초콜릿 비스킷(미국식 표현으로는 쿠키)제조 기업은 자신의 비스킷 제품이 일본시장에는 적합하지 않게 포장되어 있다는 사실을 발견하였다. 따라서 맥바이트(McVitie)는 비스킷 제품을 1개

단위로 낱개포장하고 선물용의 두꺼운 종이상자를 사용하여 영국에서보다 가격을 3배 이상 높게 책정하였는데, 쿠키는 일본에서 주로 선물용으로 이용되기 때문에 대단히 특별하게 인식될 수 있도록 하는 것이 필요하였기 때문이다. 자신의 브랜드가 시장에서 특별하게 인식되기를 희망하는 유니레버(Unilever)는 브라질 세제 시장에서 자신의 제품포장을 새롭게 하고 제품성분을 변경하였다. 이유는 우선 가난한 브라질 사람들에게는 세탁기 보급률이 턱없이 부족하였기 때문에 간편한 비누형태로 제품을 만드는 것이 필요하였기 때문이다. 또한 대부분의 브라질 사람들은 강가에서 옷가지를 세탁하기 때문에 세탁세제를 종이보다는 플라스틱 통으로 포장하는 것이 필요하였다. 마지막으로 가난한 브라질 사람들 대부분은 가격에 대단히 민감하며 소량으로 구매하기 때문에 비누제품을 소량 단위로 포장하여 낮은 가격으로 판매될 수 있도록 하였다. 심지어 맥도널드(McDonald)는 자신의 대표 제품인 빅맥(Big Mac)을 인도에서는 마하라자 맥(Maharaja Mac)으로 이름 붙여진 제품으로 변경하였다. 이 햄버거는 두 개의 양고기 패티(pattie)를 사용하고 있는데 이는 대부분의 인도인들이 소를 신성시하여 소고기를 먹지 않기 때문이다. 이상의 사례들에서 마케터들이 자신들의 자기준거기준을 바탕으로 의사결정을 수행했다면 자국시장의 경험에 근거할 수밖에 없어 외국시장에서 필요한 그 어떤 변화들도 없었을 것이다.

자민족중심주의와 자기준거기준의 영향을 통제할 수 있는 가장 효과적인 방법은 자민족중심주의와 자기준거기준이 우리의 행동에 끼친 결과를 살펴보는 것이다. 모든 문화를 깊이 있게 학습하고 모든 중요한 문화적 차이점을 인식한다는 것은 인간적으로 거의 불가능한 일이다. 따라서 다른 문화권에서 사업 활동을 수행할 때에는 문화적 차이점이 존재할 것이라는 사실에 주목하여 무엇이 문제가 될 것인지에 대한 의문을 가져보는 것이 국제마케팅에서 저지를 수 있는 수많은 실수를 피하는데 도움이 될 것이다. 유아전문 의약품 업체인 빅스(Vicks)가 독일시장에서 저질렀던 실수를 피하기 위해 가져야 했던 적절한 의문사항이 무엇이었는지 살펴보자. 빅스는 독일에서 "빅스(Vicks)"라고 읽으면 "성교"의 의미와 매우 유사한 심한 욕설로 받아들인다는 것을 발견하였기 때문에 독일시장에 제품을 출시하기 이전에 "윅스(Wicks)"로 기업명을 변경하였다.

또한, 마케팅 프로그램에 포함된 활동들이 국가마다 모두 다르지만은 않다는 것에도 주의해야 하는데, 사실 차이점보다는 유사성이 더 많을 수도 있다. 예를 들어 앞서 언급된 맥바이트(McVite) 초콜릿 비스킷은 영국시장과 동일한 포장으로 미국시장에서 판매되었다. 이와 같은 유사성 때문에 마케터들은 완벽하게 동일하다고 착각하게 된다. 이렇게 완벽하게 동일하다고 착각하는 것은 자기준거기준과 함께 국제마케팅에서 종종 문제를 발생시킨다. 유사성은 알아차리지 못해도 문제가 되지 않는다. 그러나 단 하나의 중요한 문화적 차이점을 알아차리지 못한다면 이는 바로 마케팅 실패를 초래한다.

사업 의사결정에서의 실수를 줄이기 위하여 유능하고 똑똑한 마케터는 자기준거기준의 영향을 배제시키고 자민족중심주의에 대한 경계를 늦추지 않기 위해 문화간 차이를 고려한 분석(cross-cultural analysis)을 수행하게 된다. 다음에 제시된 단계들은 이러한 분석을 수행하는데 필요한 지침을 제공한다.

1. 자국시장의 문화적 특성이나 습성 또는 규범에 따라 사업문제나 목표를 정의하라.
2. 목표국가 출신자에게 자문을 구하여 해당시장의 문화적 특성이나 습성 또는 규범에 따라 사업문제나 목표를 정의하되 옳고 그름을 판단하지 마라.
3. 사업문제에서 자기준거기준의 영향력을 배제시키고 이것이 사업문제를 어떻게 복잡하게 만드는지를 조심스럽게 검토해 보라.
4. 자기준거기준의 영향력을 배제하여 사업문제를 재정의하고 최적의 사업목표 상황을 위한 해답을 제시하라.

일본에 부임한 지 얼마 되지 않은 미국인 영업담당 관리자는 동경에 있는 자신의 일본인 영업사원들에게 고객에게 전화하기전에 보통 아침 일찍 열리는 조회에 참석하기 위하여 매일 사무실로 출근할 필요가 없다고 지시하였다. 결국 이러한 정책결정은 미국에서 수행되던 업무진행 방식을 그대로 답습한 것이다. 그러나 미국적인 자기준거기준과 약간의 자민족중심주의 성향에 바탕을 둔 이러한 새로운 정책결정은 영업성과를 급속도로 악화시키는 결과를 초래하였다. 이후 자신의 일본인 경영진들과 논의한 결과, 일본인 판매사원들은 동료집단에게 받는 사회적 압력에 의해 동기부여된다는 결론을 내렸다. 다행스럽게도 이 미국인 영업담당 관리자는 자신의 자기준거기준과 지극히 미국적인 "사업 통찰력"이 일본에서는 통하지 않는다는 것을 재빨리 알아차린 것이다. 이후 확실하게 검증된 방식인 매일 아침 만나는 조회를 다시 진행하면서 영업성과는 이전 수준을 회복하게 되었다.

문화적 차이를 고려하는 분석방식을 활용하려면 해외시장 문화뿐만 아니라 자신의 문화도 이해해야 한다. 놀랍게도 자신의 문화를 이해하려면 추가 학습이 필요한데, 이는 시장행동에 영향을 미치는 문화적 요인의 대부분이 무의식 수준에 존재하므로 명확하게 정의할 수 없기 때문이다.

글로벌 인식의 개발

LO5
글로벌 인식이 더욱 중요해지는 이유를 이해한다.

사업수행 도중에 마주치게 되는 다양한 장애요인들을 낙천적으로 바라보며 새로운 것을 계속해서 자발적으로 학습하고자 하는 사람에게는 글로벌 사업기회가 충분하게 주어진다. 21세기의 성공적 사업가는 특정 지역이나 특정 국가 심지어 전 세계를 아우를 수 있는 글로벌 인식과 준거틀을 가지고 있어야 한다.[21] 글

[21] Gary A. Knight and Daekwan Kim, "International Business Competence and the Contemporary Firm," *Journal of International Business Studies* 40, no. 2 (2009), pp. 255–73.

로벌 인식을 가지기 위해서는 (1) 문화적 차이에 대한 포용력과 (2) 문화, 역사, 해외 시장 잠재력 및 글로벌 경제, 사회, 정치적 동향에 대한 지식이 있어야 한다.

문화적 차이에 대한 포용력은 국제마케팅에서 결정적인 요인이라 할 수 있다. 포용력이란 문화적 차이를 이해하고 받아들이며, 자신과는 다른 행동양식을 가지고 있는 사람들과 함께 작업할 수 있는 것을 의미한다. 다른 사람이 가지고 있는 문화적 방식을 자신의 것으로 수용하기 어렵다면, 다른 사람이 나와 차이가 있다거나 적어도 동등할 것이라는 것을 인정해야 한다. 예를 들어 시간엄수에 대한 개념을 중요하게 생각하지 않는 문화권에 대해 생산적이지 못하다는 편견을 버려야 한다. 그들은 단지 당신과 다를 뿐이다. 포용력 있는 사람은 문화 간에 차이가 존재한다는 것을 이해하며 이와 관련되는 지식들을 효과적으로 이용해야 한다는 것을 알고 있다.

글로벌 인식을 가진 사람은 문화와 역사에 대한 지식이 뛰어난 사람을 의미한다. 문화에 대한 지식은 시장에서나 회의 장소에서 다른 사람의 행동양식을 이해하는데 매우 중요하다. 또한 역사에 대한 지식은 자신들의 역사에서 영향을 받게 되는 사고방식과 행동방식을 이해하는데 중요하다. 당신 자신이 역사적 배경에 대해 충분히 알고 있다면, 일부 중남미 사람들이 가지고 있는 해외투자자들에 대한 반감이나 중국인들이 외지인들에 대해 가지고 있는 반감을 보다 더 정확하게 이해할 수 있을 것이다.

또한 **글로벌 인식**은 해외시장 잠재력 및 글로벌 경제, 사회, 정치적 동향에 대한 지식을 가지고 있어야 한다. 향후 수십 년간에 걸쳐 전 세계지역의 시장 잠재력에 거대한 변화가 있을 것인데, 글로벌 인식을 가진 사람은 이에 대한 관찰을 꾸준히 수행하여야 한다.

마지막으로 글로벌 인식을 가진 사람은 글로벌한 경제, 사회 및 정치적 동향에 대해 잘 알고 있어야 하는데, 이는 이러한 동향이 바뀌거나 가속화될수록 국가별 상황도 변화할 수 있기 때문이다. 러시아를 필두로 한 구소련 연방지역과 동유럽지역, 중국, 인도, 중남미 지역들의 경제, 사회 및 정치적 상황이 바뀜에 따라 무역방향이 바뀌었으며 이들은 새로운 경제 강국으로 떠올랐다. 지식이 풍부한 마케터라면 다른 사람들이 확신하기 이전부터 장기적으로 기회를 인지하고 있어야 한다. 이 책에서 저자들이 독자들에게 전해주고자 하는 주요 내용은 다름 아니라 독자들이 글로벌 인식을 가져야 한다는 점이다.

글로벌 인식은 몇 가지 접근방식으로 조직에 심어질 수 있으며, 또한 심어져야 한다. 명확한 전략설정은 개별 관리자들이 자신들의 지배적인 사고방식으로 글로벌 인식을 갖는데 특별히 중요한 사항이다. 또한 글로벌 인식은 다른 국가에 있는 사람들과의 관계를 통하여 얻어질 수 있다. 사실 시장진입은 이전에 형성되었던 사회적 유대관계를 통하여 더욱 촉진되게 된다. 확실한 것은 해외 소비자와 장기간에 걸쳐 성공적인 사업관계를 형성한 기업은 해당 거래관계에 따른 일련의 상호작용에 바탕을 두고 조직 전체적으로 글로벌 인식을 보유하게 된다는 점이다. 해외 대리인이나 협력자들은 이러한 점에 있어서 직접적인 도움을 주는 사람들이다. 그러나 가장 효과적인 접근방식은 문화적으로 다양한 배경을 가진 고위 경영진 또는 참모진이나 이사회를 구성하는 것이다. 불행한 것은 미국 경영자들이 대부분의 다른 국가 경영자들보다 이 방식을 상대적으로 평가절하 한다는 점이다.

국제마케팅 참여단계

LO6 글로벌 마케터가 되기 위한 발전과정을 이해한다.

한때 기업의 해외진출 의사결정은 해당 기업이 마케팅 참여 및 몰입에 대해 얼마만큼 준비되었는가의 정도에 따라 결정되었다. 이러한 의사결정은 시장 잠재력과 기업보유 역량에 대한 꽤 많은 연구와 분석을 반영하여야 한다. 그러나 이러한 과정이 항상 이루어지지는 않았다.[22] 기존 학술연구들은 더 신속한 해외진출에 유의한 영향을 미치는 다양한 요인들이 무엇인지를 알려준다. (1) 첨단기술 기업이거나 마케팅 지향적인 자원을 보유한 기업들이 전통적인 생산시설을 갖춘 기업들보다 국제화에 더 적합한 것으로 나타났다.[23] (2) 국내시장이 협소하거나 대규모 생산설비를 갖춘 기업들이 기업 국제화를 더 선호하는 것으로 나타났다.[24] (3) 주요 경영진들의 국제적 네트워크가 잘 구성되어 있는 기업들의 경우에 국제화 과정이 더 빨라지는 것으로 나타났다.[25] 조심스럽게 국제마케팅을 시작하는 다수의 기업들은 자신들의 경험이 축적되는 만큼 시장 활동을 성장시키며 점진적으로 전략을 변경시키고 해외시장에 보다 많이 몰입할 수 있는 전술을 수행하게 된다.[26] 그러나 많은 시장 조사와 전반적으로 잘 구성된 장기계획에 따라 국제마케팅을 시작하는 기업들은 적절한 시장지위를 획득할 수 있는 투자를 준비하며 종종 국제활동을 폭발적으로 증가시키게 된다.[27] 한 연구에 따르면 이러한 두 가지 접근방식 사이의 중간 형태를 유지하는 것이 다양한 조건이나 기업특성을 고려하더라도 가장 효율적인 것으로 나타나고 있다.[28]

기업이 해외시장 진출을 수행한다 하더라도 시장에 투자를 아주 적게 또는 전혀

[22] Protiti Dastidar, "International Corporate Diversifi cation and Performance: Does Firm Self-Selection Matter?" *Journal of International Business Studies* 40, no. 1 (2009), pp. 71–85.

[23] Chiung-Hui Tseng, Patriya Tansuhaj, William Hallagan, and James McCullough, "Effects of Firm Resources on Growth in Multinationality," *Journal of International Business Studies* 38 (2007), pp. 961–74.

[24] Terence Fan and Phillip Phan, "International New Ventures: Revisiting the Infl uences behind the 'Born-Global' Firm," *Journal of International Business Studies* 38 (2007), pp. 1113–31.

[25] Susan Freeman and S. Tamer Cavusgil, "Toward a Typology of Commitment States among Managers of Born-Global Firms: A Study of Accelerated Internationalization," *Journal of International Marketing* 15 (2007), pp. 1–40.

[26] Marian V. Jones and Nicole E. Coviello, "Internationalisation: Conceptualising an Entrepreneurial Process of Behaviour in Time," *Journal of International Business Studies* 36, no. 3 (2005), pp. 284–303.

[27] Elizabeth Maitland, Elizabeth L. Rose, and Stephen Nicholas, "How Firms Grow: Clustering as a Dynamic Model of Internationalization," *Journal of International Business Studies* 36 (2005), pp. 435–51.

[28] Harry G. Barkema and Rian Drogendijk, "Internationalizing in Small, Incremental or Larger Steps?" *Journal of International Business Studies* 38 (2007), pp. 1132–48.

수행하지 않을 경우도 있다. 다시 말해 기업이 제품 판매를 위해 해당 시장을 관리해야겠다는 생각을 아주 적게 또는 아예 하지 않을 만큼 마케팅 참여에 대해 제한적인 생각을 가진다는 것이다. 그렇지 않은 기업의 경우에는 전반적으로 시장에 참여하게 되며 시장 점유율을 높이기 위하여 많은 자금과 노력을 쏟아 부어 영구적이고 특별한 시장지위를 유지하려고 한다. 일반적으로 기업의 국제마케팅 참여는 다음의 5가지 단계 중 어느 하나(때때로 중복되기도 한다)의 단계로 설명될 수 있다. 아래 본문에서는 국제마케팅 참여단계들이 순서대로 나열되어 있지만, 독자들은 기업의 국제마케팅 참여단계가 꼭 다음 순서에 의해서만 진행된다고 유추하면 안 된다. 많은 경우 기업들은 이들 단계 중 첫 번째 단계가 아닌 그 다음 단계에서도 국제마케팅 참여를 시작하기도 하며, 두 가지 이상의 단계에 속하는 활동을 동시에 수행하기도 한다. 예를 들어 제품수명주기가 짧고 국가별 시장규모는 적지만 전 세계적으로 판매가 가능한 다수의 기술집약적 제품들의 경우에는 기업규모에 관계없이 자신의 자국시장을 포함하는 전 세계 전체시장을 대상으로 가능한 빨리 다수의 소비자들에게 접근하고자 노력하게 된다.

국내마케팅 위주의 단계

이 단계에 있는 기업들은 해외 국가 소비자들을 대상으로 한 실질적인 활동을 수행하지 않지만 이 기업들의 제품이 해외시장에서 판매되기도 한다. 제품 판매는 무역회사 또는 자신들과 직접 계약을 맺은 해외 소비자들을 통해 이루어진다. 때로는 기업과 명확한 관계가 없거나 생산자에 대해 아무 정보도 없는 국내의 도매상이나 유통업자들을 통해서도 해외에 제품이 판매되기도 한다. 기업은 인터넷 웹사이트를 개발하여 해외 인터넷 사용자들로부터 많은 구매제의를 받기도 한다. 종종 예상치 못한 해외 구매자로부터의 주문으로 인해 기업은 추가적인 해외 판매기회에 대해 흥미를 느낀다.

비정규적인 해외마케팅 단계

생산과정의 변화나 수요의 변화에 따라 발생되는 일시적인 공급과잉으로 기업은 비정규적인 해외마케팅을 수행할 필요를 알아간다. 공급과잉은 일시적인 현상이기 때문에 해외시장에서 판매할 수 있을 때에만 판매가 이루어지며, 지속적으로 해외시장에 참여할 의지가 적거나 아예 없다. 국내 수요가 증가하여 공급과잉 상태가 해소되면 해외 판매를 감소시키거나 아예 중단한다. 이 단계에서는 기업의 조직이나 제품군에 대해 변화를 조금 주거나 아니면 변화를 아예 주지 않는다. 현재 소수의 기업들만이 이러한 형태를 가지고 활동하고 있다. 이는 전 세계의 소비자들이 장기적인 관점에서 거래관계를 유지할 수 있는 기업을 더 많이 원하고 있기 때문이다. 또한 실질적인 측면에서 살펴보아도 단기적인 측면의 국제 확장으로 얻을 수 있는 재무적 수익이 제한적이라는 이유도 있다.

국제마케팅 참여에 대한 이상의 두 가지 단계는 본질적으로 매우 즉흥적이며 기업의 해외 확장에 대한 깊이 있는 전략적 고려 없이 수행되는 것이 일반적이다. 실제로 전략적 고려가 결여된 해외확장에서는 대기업이라 하더라도 마케팅 실패를 경험하게 될 수 있다.

국제마케팅 분야의 연구자들과 저자들은[29] 해외시장에서 활동하는 기업들이 다음과 같이 상대적으로 3가지로 구별되는 전략적 의사결정 접근방식을 가진다는데 동의하고 있다.[30]

1. 정규적인 해외마케팅
2. 국가별 마케팅 또는 국제마케팅
3. 글로벌 마케팅

다음에서 우리는 이들 세 가지 단계와 각 단계와 연결된 전략적 지향성에 대해 각각 차례대로 논의할 것이다.

정규적인 해외마케팅 단계

이 단계에서 기업은 해외시장에 적합한 제품과 서비스를 제공하기 위한 상시적인 생산설비를 갖추게 된다. 또한 기업은 해외 또는 국내에 있는 해외 판매 중개상과 계약을 맺거나 중요한 해외시장에 대해서는 판매조직이나 판매 자회사를 설립하게 된다. 그러나 기업의 생산 및 운영의 초점은 여전히 국내시장의 필요를 충족시키는데 집중하고 있다. 만약 해외시장의 수요가 증가하게 되면 해외시장을 위한 생산량을 증가시키고 제품도 개별 해외시장의 요구를 충족시킬 수 있도록 변경하게 된다. 기업은 일상적인 국내시장 수익을 제외하고도 해외시장의 수익이 많아질 것으로 예상하면 해외부문의 판매와 수익을 기업의 전체 목표와 동일시하여 고려한다.

미국 미네소타(Minnesota)주 남부에 위치한 종업원 25명 규모의 소규모 기업으로 농업용 측량장비 제조기업인 미터맨(Meter-Man)은 이 단계에 속한 기업을 대표해주는 좋은 예라 할 수 있다.[31] 설립된 지 35년 된 이 기업은 1989년부터 수출기회를 탐색하기 시작하여 1992년 유럽으로 제품을 수출하게 되었다. 오늘날 미터맨 제품은 전 세계 35개국에 판매되고 있으며, 곧 기업매출의 절반가량이 해외지역에서 이루어질 것으로 예상하고 있다. 이 기업의 판매 및 마케팅은 "보통 맨 처음 수출을 시작하는 경우, 수출을 추가적인 수익원 정도로만 여기지만 지금 우리에게는 해외진출이 우리 회사의 존립에 아주 중요한 부분이 되었습니다."라고 말하고 있다. 최근에 미터맨은 미국 워싱턴주와 한국, 중국, 유럽에서 활동하고 있는 보다 규모가 크고 다각화된 국제기업인 코메론(Komelon)사에 인수되었다.

[29] A seminal paper in this genre is by Yorum Wind, Susan P. Douglas, and Howard V. Perlmutter, "Guidelines for Developing International Marketing Strategy," *Journal of Marketing*, April 1973, pp. 14–23.

[30] Christian Geisler Asmussen, "Local, Regional, or Global? Quantifying MNE Geographic Scope," *Journal of International Business Studies* 40, no. 7 (2009), pp. 1192–205.

[31] See http://www.komelon.com for its Meter-Man product line and other details.

국제마케팅 단계

이 단계의 기업들은 국제마케팅 활동에 전적으로 몰입하여 참여하고 있다. 이 기업들은 전 세계시장을 탐색하며 다양한 국가시장을 대상으로 계획된 생산에 의한 제품들을 판매하고 있다. 이 단계에서 계획되었다는 의미는 마케팅 활동뿐만 아니라 본국 이외의 제품생산 활동을 수반한다. 이 시점에서 기업들은 국제마케팅 기업 또는 다국적 마케팅 기업이 된다는 것이다.

가정용 에어컨 제조기업인 페더스(Fedders)의 경험은 이 단계에 속한 기업을 대표해주는 좋은 예라 할 수 있다.[32] 미국에서 가장 큰 에어컨 제조기업인 페더스는 국내시장인 미국에서 문제에 직면하게 되었다. 즉 제품판매는 견실하게 성장하고 있었지만 유일한 생산제품인 에어컨 판매는 계절적 영향이 강하게 작용하였기 때문에 국내 판매만 가지고서는 고정비용조차 감당하기 힘들었다. 게다가 미국의 에어컨 시장은 성숙기에 접어들어 대부분의 소비자들은 신규구매가 아닌 기존제품을 교환하기 위해서만 제품을 구매하였다. 게다가 월풀(Whirpool)이나 마쓰시타(Matsushita)와 같은 강력한 경쟁자가 등장하고 이들의 시장점유율이 높아짐에 따라 페더스는 성장의 유일한 대안으로 해외진출을 결정하였다.

페더스는 고온다습한 아시아 지역의 중산층들이 최적의 고객이 될 것으로 기대하고 이 지역에 진출하기로 결정하였다. 중국과 인도, 인도네시아가 최적의 조건을 갖춘 것으로 평가되었다. 특히 중국의 가정용 에어컨은 5년 동안에 500,000대가 늘어나 4백만 대 이상이 판매되었으며, 북경, 상해, 광주와 같은 도시가정의 12%만이 가정용 에어컨을 보유하고 있는 것으로 나타났다. 페더스는 중국이 엄청난 시장 잠재력을 가진 나라라고 판단하였다. 치밀한 조사 이후에 페더스는 중국의 소규모 에어컨 제조기업과 합작하여 페더스 싱레(Fedders Xinle)라는 합작법인을 설립하였다. 페더스는 합작법인 설립 이후 곧바로 중국시장에서 제품을 판매하기 위해서는 중국시장에 적합하도록 제품을 재설계할 필요가 있음을 깨달았다. 이는 가정용 에어컨이 미국에서는 실내를 시원하게 만들어주는 기계에 불과하지만 중국에서는 구매자의 사회적 지위를 나타내주는 상징으로 인식되기 때문이다. 또한 중국인들은 에어컨 본체는 집 내부에 설치되나 실외기는 집 외부에 설치되는 분리형 에어컨을 선호하였지만 페더스는 이러한 분리형 에어컨 제품을 가지고 있지 않았다. 따라서 페더스는 무게가 가볍고 에너지 효율성이 높으며 리모컨 기능과 자동 공기청정 기능을 갖춘 새로운 제품을 개발하였다.

페더스의 중국 합작법인은 대단히 성공적인 것으로 이후 페더스는 다른 아시아 시장에 진출하기 위한 가능성을 모색하고 있으며, 중국시장을 위해 개발된 신제품을 역으로 미국시장에 선보일 계획을 가지고 있다. 페더스가 해외 시장에 진출하고 국제적인 몰입도를 증가시킴에 따라 페더스는 국제적기업 혹은 다국적기업으로 계속

[32] See http://www.airwell-fedders.com for details about the company.

CROSSING BORDERS 1.4 캘리포니아주 오렌지 카운티, 동쪽과 서쪽으로의 여행

당신은 지금 당장이라도 50만 달러를 가지고 오렌지 카운티에 침실 4개짜리 저택을 구입할 수 있다. – 그것도 중국에서!

해당 주택은 남부 캘리포니아 출신의 건축가가 설계했으며 지극히 미국적인 양식으로 지어졌지만 중국 수도 북경에서 차로 1시간 거리에 떨어져 있는 새로운 택지개발지구에 위치하고 있다. 그곳으로 가는 시골길은 빙판길이며 트럭과 양떼들이 가득 차 있는 허허벌판이 줄지어 있다. 그곳의 풍경은 야자수가 둘러싸고 있는 골프코스나 서핑을 즐길 수 있는 미국과는 상당히 거리가 있다. 썬시티(Sun City) 바로 뒤편에는 아직 완공되지 않은 외부인 출입금지 주택지구가 자리 잡고 있으며, 오렌지 카운티의 깔끔한 외관을 자랑하는 집들을 한눈에 내다볼 수 있다. 당신이 거대한 석재 정문을 통과하여 운전하다보면, 테가 넓은 카우보이모자를 쓴 남자가 플라잉 낚시질을 하고 있는 옛날 영화광고 포스터를 볼 수 있으며, 워터마크–롱비치(Watermark–Longbeach)의 압도적인 주택들 앞에 도착하게 되는데 거기가 바로 캘리포니아(California)주를 모방한 중국 주택지구의 중심이다. 집주인 중 하나로 전직 군의관 출신이며 현재는 사업가로 활동하고 있는 나샤 웨이(Nasha Wei)는 다음과 같이 말하고 있다. "여길 보자마자 마음에 들었어요. 마치 캘리포니아에 집을 산 것 같잖아요." 말이 나온 김에 북경 주변의 다른 이웃 지역들을 둘러보면 "팔레 드 포츈(Palais de Fortune)"으로 불리는 프랑스풍의 대형 교외주택도 구입할 수 있으며, "메이플 타운(Maple Town)"에 위치한 친환경적으로 지어진 캐나다 토론토풍의 주택도 구입할 수 있다.

외견상으로 캘리포니아보다 더 훌륭한 파도를 프랑스에서 만나볼 수 있다. 남서부 프랑스의 오스고시(Hossegor) 인근 작은 마을에는 호텔에서 도보로 매우 가까운 거리에 셍 장 드 뤼즈(St. Jean de Luz)해변과 벨하라 모래톱(Belharra Reef)이 위치하고 있으며, 서핑용품 및 서핑복장들을 판매하는 상점들이 줄지어 늘어서 있는 것을 볼 수 있다. 거기에서 록시(Roxy), 립 컬 걸(Rip Curl Girl), 빌라봉(Billabong), 퀵실버(Quicksilver) 서핑보드 동호회 클럽과 같은 서핑과 관련된 상점들을 만나볼 수 있으며, 근방을 돌아다니거나 노천카페에 있는 아이들이 볼컴(Volcom) 티셔츠와 밴스(Vans) 운동화와 청바지를 차려 입고 있는 것을 볼 수 있다.

미국 캘리포니아주 오렌지 카운티에 기반을 둔 50억 달러 규모의 서핑용품 및 서핑복장 산업은 이미 유럽지역에 교두보를 확보하고 있다. 다수의 미국 서핑용품 및 서핑복장 관련기업들이 라 쁘띠 캘리포니(la petite Californie; 작은 캘리포니아)라는 애칭으로 불리는 프랑스 바스크 지방(Pays Basque)에 국제사업본부와 자회사 및 점포들을 설립하였다. "이 지역은 시장상황을 관찰하기에 최적의 장소입니다." 최근 이 지역에서 개최된 최초의 액션 스포츠(Action Sports) 소매업체 박람회에 참여한 페트라 홀쉬나이더(Petra Holtschneider)의 말이다. "따라서 당신이 여기 있지 않는다면, 아무 것도 얻을 수 없을 겁니다."

마지막으로 오렌티 카운티 수출품 중 가장 겁나는 것은 오렌지 카운티 지역을 배경으로 하는 텔레비전 프로그램들일 것이다. 최초의 방영물이 폭스사(Fox)의 오렌지 카운티(The OC)였으며, 다음이 뉴포트 항구 : 원조 오렌지 카운티(Newport Harbor: The Real Orange County)인데 지금은 엠티비(MTV)의 라구나 비치: 원조 오렌지 카운티(Laguna Beach: The Real Orange County)로 바뀌었다. 이중 엠티비의 라구나 비치는 영화 파라다이스에서 일어날 법한 온갖 버릇없는 행동들의 최신판 버전을 유럽의 새로운 신세대들에게 보여주고 있으며 전 세계적으로 십대들의 패션에도 영향을 미치고 있다. 영국 체셔(Cheshire)주의 앨더리 엣지(Alderley Edge)시에는 영국 자회사를 설립 중에 있는데, 이 자회사는 "교육방송"을 제작하여 미국에 되팔기 위해 설립된 것으로 보인다. – 이들의 영국식 발음은 자신들을 똑똑하게 보이도록 만들 것이다!

출처: Elisabeth Rosenthal , "North of Beijing, California Dreams Come True," *The New York Times*, February 3, 2003, p. A3; Leslie Earnest , "Riding a French New Wave," *Los Angeles Times*, May 11, 2003, p. C1; Cristina Kinon , "The Laguna Effect: MTV's Sexy Soaps Are Changing the Face of Fashion, Mags, and the Way Teens Speak," *New York Daily News*, August 13, 2007, p. 33; Alyssa Abkowitz , "The Surfin' CEO," *Fortune International* (*Europe*), July 20, 2009, p. 17.

해서 발전하였다. 마지막으로 페더스는 국제적인 성공을 바탕으로 매력적인 인수 대상기업으로 부상하게 되었으며, 2008년 전 세계 80여개 국가에 유통망을 확보하고 있는 프랑스 기업인 에어웰(Airwell)에 인수되었다.

글로벌 마케팅 단계

글로벌 마케팅 단계에서 가장 엄청난 변화는 바로 시장 및 계획 활동과 관련된 기업의 지향성이 변한다는 것이다. 이 단계의 기업은 자국시장을 포함한 전 세계 시장을 자신의 활동영역으로 인식하게 되며, 자국시장에 초점을 맞춘 시장 세분화 의사결정은 더 이상 고려되지 않는다. 대신에 소득수준, 소비자 행동양식 또는 국별이나 지역

중국 북경 북쪽지역에 새롭게 개발 중에 있는 주택 지구는 중국의 오렌지 카운티(Orange County)로 광고되고 있다. 정원과 장식용 벽돌담 및 외장 타일들은 모두 지중해 양식으로 조성되고 있으며, 캘리포니아주(California) 뉴포트 비치(Newport Beach)에 있는 주택 같은 느낌을 준다.

별로 구분된 기타 요인들에 따라 시장 세분화가 이루어지게 된다. 국제마케팅에서 글로벌 마케팅으로의 이행은 해외시장에서 벌어들인 판매수익이 자신의 전체 수익의 절반 이상을 넘어서게 되면서 더욱 촉진되게 된다. 기업내부에서 가장 유능한 인재들이 해외사업관련 임무에 투입되기 시작하며, 조직구조, 재무자원, 생산, 마케팅 등등 전반적인 기업 활동이 글로벌 측면에서 고려되기 시작한다.

국제기업에서 글로벌 기업으로 변화된 코카콜라의 사례는 우리에게 매우 유익한 시사점을 던져준다. 코카콜라는 오랜 기간에 걸쳐 글로벌 기업이 되었는데, 1990년대 중반의 조직 재설계는 코카콜라에서 이미 수년 전부터 일어나고 있던 변화들을 완성시키는 마지막 과정으로 수행되었다. 초기에 국제사업 단위들은 전체 국제사업 활동을 관장하는 수석 부사장에게 보고하고 동시에 미국 내 사업을 담당하는 부사장에게도 활동사항을 보고하도록 되어 있었다. 새로운 코카콜라 조직구조에서는 6개의 국제사업부가 구성되었는데, 기업 전체 수익의 20%를 담당하던 미국 사업부는 코카콜라가 전 세계 시장을 지역적 구분에 따라 6개로 나눈 국제사업부중 일개 사업부로 격하되었다. 이러한 새로운 조직구조는 코카콜라가 북미지역 시장의 중요성을 결코 낮게 인식해서 결정된 것이 아니다. 다만 북미지역 시장을 다른 지역과 동등하게 생각하게 된 것이다. 이러한 변화는 미래의 시장 성장성이 미국이 아닌 신흥 개발국가에서 더 높을 것이라는 코카콜라의 인식을 보여준다.

글로벌 마케팅에서 국제적인 사업 활동은 시장의 세계화에 따른 경쟁 격화, 세계 경제의 상호의존성, 그리고 전 세계시장을 대상으로 경쟁하는 선진국과 개도국 기업 수의 증가로 고조된 경쟁상황을 반영한 것이다. 글로벌 기업과 글로벌 마케팅이란 용어는 이 단계에 속한 기업들의 사업 활동범위와 마케팅 관리에 대한 지향성을 대변해 준다.

미국기업들이 직면한 경쟁적 환경이 보다 국제화되고 있으며, 또한 확실하게 국제화될 것이기 때문에, 다양한 국가시장 마케팅에 참여하는 기업들의 가장 효과적인 지향성은 바로 글로벌 지향성이 될 것이다.[33] 글로벌 지향성이란 기업의 활동반경(자국시장을 포함하여)에 포함되는 모든 국가시장을 하나의 단일한 글로벌 시장으로 인식하며 문화적으로 적용가능하며 비용측면에서 효과적인 지역에 대해 마케팅 믹스를 표준화시키는 것을 의미한다. 그러나 이러한 지향성은 하나의 전략적 지향성만을 추구하는 것이 아니다. 제품과 시장에 따라 보다 좋은 마케팅 감각을 발휘해 주는 다른 지향성을 적용하기도 한다. 예를 들어 프록터 앤드 겜블(Procter & Gambel)은 일회용 기저귀 시장에 대해서는 글로벌 단일전략을 추진하고 있지만 아시아 지역의 세제 시장에 대해서는 단일 전략을 추진하지 않고 있다.

[33] Amar Gande, Christoph Schenzler, and Lemma W. Senbet, "Valuation of Global Diversifi cation," *Journal of International Business Studies* 40, no. 9 (2009), pp. 1515–32.

오렌지 카운티(Orange County)는 이제 남부 캘리포니아(California)의 서핑 문화와 의류 판매점을 대표해 주는 의미로 프랑스에 상륙하였다. 오렌지 카운티(OC)의 퀵실버(Quiksilver)는 1984년 유럽지역본부를 프랑스 남서부에 설립하였다. 작년 유럽지역에 대한 판매는 10억 달러를 넘어섰다. 전직 프랑스 여자 서핑 우승자인 Maritxu Darrigrand는 현재 퀵실버의 유럽 마케팅 책임자로서 활동하고 있다. 또한 오렌지 카운티는 라구나 비치(Laguna Beach) : 원조 오렌지 카운티의 의미로 영국에도 상륙하였다. 미국 엠티비(MTV) 작품인 라구나 비치는 캘리포니아의 해변 문화(의류, 음악과 자유분방함)를 유럽지역에 소개하였다.

국제마케팅 지향성

해외 마케터가 직면하게 되는 가장 큰 문제점은 마케팅 프로그램을 적용해야 하는 환경들에서 발생하게 되는 특이함에서 비롯된다. 성공의 핵심은, 비록 부분적인 것이라 하더라도 이러한 특이한 환경들의 영향에 적절히 대응하고 조정할 수 있는 기업능력에 달려 있다고 할 수 있다. 성공적인 국제 마케터가 되기 위해서는 최고의 인류학자, 사회학자, 심리학자, 외교관, 법률가, 예언가 그리고 사업가적 기질을 가져야 한다.

모든 변수들을 고려하여 볼 때, 해외마케팅 교재들이 관심을 가져야 하는 가장 중요한 변수는 과연 무엇일까? 저자들의 생각으로는 해외마케팅 환경과 사람, 그리고 문화 및 이들이 전체 마케팅 과정에 미치는 영향력에 대해 공부하는 것에 많은 관심을 기울이는 것이야말로 이 질문에 대한 가장 효과적인 답이 될 것이다.[34]

세계화에 대한 가장 최근의 국가별 순위를 보여주는 그림 1.2를 살펴보면 이러한 저자들의 생각이 옳음을 보여준다.[35] 미국은 이러한 국가목록에서 상위권에 자리 잡

[34] Tricia Bisoux, "Trade Secrets: An Interview with Caterpillar CEO, Jim Owens," *BizEd* , September/October 2009, pp. 20–27; Udo Zander and Lena Zander, "Opening the Grey Box: Social Communities, Knowledge and Culture in Acquisitions," *Journal of International Business Studies* 41, no. 1 (2010), pp. 27–37.

[35] "Measuring Globalization," *Foreign Policy*, November/December 2007, pp. 68–77.

그림 1.2

포린폴리시(Foreign Policy)지에 게재된 글로벌 상위 20개국

아래 국가들은 무역, 여행, 기술적 측면 및 세계 각국과의 연결 측면에서 최상위에 있는 국가들이다.

출처: Foreign Policy, November/December 2007, pp. 68–77. Copyright 2007 by *Foreign Policy*. Reproduced with permission of *Foreign Policy* via Copyright Clearance Center.

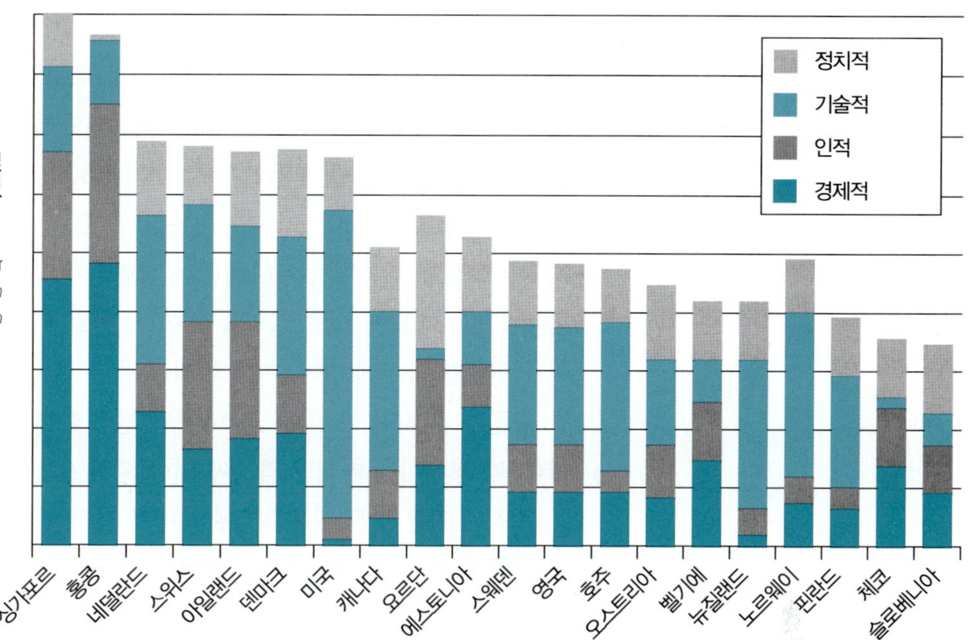

경제적 통합:
무역과 해외직접투자

기술적 접근가능성:
인터넷 이용자수, 인터넷 호스트 수, 안전한 서버 수

인적 접촉:
해외여행과 관광객 수, 국제전화 통화량, 대외 송금액과 개인적 송금(근로자 들의 해외송금, 해외직원에 대한 급료지급 및 개인간 송금 및 비 정부기관의 원조 등 포함)

정치적 참여:
국제기구에 참여하고 있는 회원수, UN의 국제평화유지활동에 대한 인적 및 자금 공여분, 국제조약 비준수, 정부의 공적 원조

고 있으며, "글로벌 상위 20개 국가"의 대부분은 소규모 국가들이다. 그러나 이 그림이 보여주는 가장 확실한 결론은 미국이 "기술적 접근가능성"은 지배하고 있으나, 특히 미국의 "개인적 접촉" 측면은 대단히 취약하다는 것이다. 다른 국가의 국민들과 비교해 봤을 때에도 미국인들의 해외 환경에 대한 경험은 매우 취약하며, 이러한 경험부족이 바로 우리 교재가 중점을 두고자 하는 부분이다.

결론적으로 이 교재의 주요 관심은 전략적인 국제마케팅에서 기업이 환경적/문화적 접근을 어떻게 수행할 것인가를 설명하는데 있다고 할 수 있다. 이는 마케팅 원리와 관련된 문제가 아니라 국제마케팅에서의 독특한 문제들을 제시하고자 한다. 이 책은 해외환경에 대한 마케팅적 접근과정을 설명하며, 각국의 문화가 마케팅 과업에 영향을 미치게 되는 다양한 방법들을 보여주고자 한다. 일반적인 마케팅 원리는 적용가능하다 하더라도, 마케터가 마케팅 계획을 적용시켜야 하는 국가별 문화적 환경은 매우 역동적으로 변화하게 된다. 이러한 이질적인 환경에 따라 발생되는 많은 어려운 문제들이 바로 이 책이 중점적으로 설명하고자 하는 부분이다.

이 책에서 설명하고자 하는 내용은 다른 한 국가 또는 여러 국가들에서 활동하거나 진출하고자 하는 기업의 마케팅과 관련된 문제이다. 따라서 이 책에서 다루고자 하는 국제마케팅 범위는 40,000달러의 연 매출액 중에서 50% 이상을 캐나다와

독일, 호주에 있는 수산물 판매점(fish-egg store)에서 벌어들이고 있는 콜로라도(Colorado)에 기반을 둔 소규모 수출업자의 경영 및 마케팅 사례에서부터 전 세계에 걸쳐 자신의 연매출액의 50% 이상을 다양한 제품들과 다양한 세분시장에서 벌어들이고 있는 글로벌 기업인 모토롤라(Motolora), 에이븐(Avon), 존슨 엔드 존슨(Johnson & Johnson)까지 다양하다고 할 수 있다.

이 책의 첫 부분에서는 마케터가 직면하게 되는 글로벌 사업 환경들을 포함하는 국제마케팅 개요에 대해 설명할 것이다. 바로 다음 부분에서는 통제 불가능한 환경적 요인들을 다루게 되며, 이후의 각 장들은 글로벌 시장기회의 평가와 관련된 문제를 다룬다. 마지막으로 글로벌 마케팅 전략 개발과 관련된 경영관리 문제들을 소개한다. 각 장에서는 마케팅 과정에 대한 환경 요인들의 영향력에 대해 설명할 것이다.

이상과 같은 모든 내용들을 순서대로 적절히 설명하기에는 지면의 한계가 있겠지만, 저자들은 독자들이 문제가 발생할 때마다 철두철미한 분석을 해야 할 필요가 있음을 느낄 수 있도록 최대한 상세한 설명을 제시하고자 노력하였다.

요약 Summary

미국기업의 국제화는 가속화되고 있다. 시장과 경쟁의 글로벌화로 인해 모든 경영자들은 글로벌 환경의 중요성에 대한 주의를 기울여야 한다. 국제마케팅은 국경의 범위를 넘어서는 가격책정과 판매촉진 활동 및 제품/서비스 기획과 유통에 대한 의사결정을 통하여 사업성과를 창출시키는 활동이라 정의할 수 있다. 국제마케팅 과업은 법률이나 관습, 문화 등 환경적 요인들이 국가별로 많은 차이를 보이고 있기 때문에 수행하기 매우 힘든 과업이라 할 수 있다. 이상과 같은 환경적 차이는 기업이 다른 국가에 수익창출을 위하여 제품이나 서비스를 제공할 때에 더욱 중요하게 인식해야 할 사항이다.

국제 마케터가 직면하게 될 가장 중대한 장애요인은 고려해야 하는 환경적 요인들이 수없이 많다는 것이다. 이중 마케터 자신의 자기준거기준과 자민족중심주의와 관련된 어려움이 가장 중요하다 할 수 있다. 해외시장에서 발생되는 일반적인 차이를 이해하고 이에 적응하기 위한 국제 마케터의 능력에는 한계가 있다. 따라서 글로벌 인식과 이에 대해 민감하게 반응하는 것이 이상과 같은 문제를 해결하는 가장 최선의 방법이며, 이러한 것들은 국제마케팅 조직에서 특히 강조되어야 한다.

국제마케팅 활동을 수행하는 관리자들 사이에서 세 가지 서로 다른 전략적 지향성을 발견할 수 있다. 이중 첫 번째 지향성은 국제마케팅을 국내마케팅에 종속된 것으로 보는 관점이다. 두 번째 종류에 속하는 기업들은 국제마케팅이 기업의 전반적인 판매수익창출에 매우 중요하나 개별 시장지역들을 독립된 것으로 간주하여 개별적으로 관리하는 지향성을 가지고 있다. 마지막으로 글로벌 지향성은 전 세계를 단일시장으로 바라보며 시장 세분화를 위해 국경 개념만을 고려하지 않는 대신 다양한 국가에 적용할 수 있는 적절한 시장세분화 변수로 공통된 소비자 특성이나 소비자 행위 등을 고려하게 된다.

주요용어 Key Terms

국제마케팅(International marketing)
국내환경(Domestic environment)
해외환경(Foreign environment)
자기준거기준(Self-reference criterion, SRC)
통제가능요인(Controllable elements)
통제불가능요인(uncontrollables)
글로벌 인식(Global awareness)

질문 Questions

1. 위에서 제시한 주요용어들을 정의하라.
2. "마케터의 과업은 텍사스(Texas) 다임박스(Dimebox) 본사에서 근무하던지 탄자니아(Tanzania) 수도 다르에스살람(Dar es Salaam)에서 근무하던지 간에 동일하다."라는 문제에 대해 논의해 보자.
3. 한국기업 입장에서 국제마케팅의 중요성이 높아지고 있다는 것을 어떻게 설명할 수 있겠는가?
4. 국제마케팅 참여와 관련된 4가지 단계에 대해 논의해 보자.
5. 글로벌 시장 발전을 이끄는 조건들이 무엇인지에 대해 논의해 보자.
6. 글로벌기업과 다국적기업의 차이점이 무엇인지에 대해 논의해 보자.
7. 세 가지 국제마케팅 개념들 간의 차이점이 무엇인지에 대해 논의해 보자.
8. 글로벌 인식을 가질 수 있도록 당신의 인생설계를 준비해 보자.
9. 글로벌 인식을 가지기 위해 필요한 3가지 요인에 대해 논의해 보자.
10. 글로벌 관점에 대한 생각들을 정의하고 이에 대해 논의해 보자.
11. 미상무부 소속 경제분석국(Bureau of Economic Analysis) 홈페이지(http://www.bea.doc.gov)를 방문하여 "국제자료"를 선택하고 미국에 대한 가장 최근의 해외직접투자(FDI) 관련 정보를 조사하라. 어떤 국가가 미국에 가장 많은 금액(달러표시)을 투자하였는가? 두 번째로 많은 금액을 투자한 국가는 어디인가?

CHAPTER 2

국제무역의 역동적 환경

개요 CHAPTER OUTLINE

글로벌 관점: 무역장벽 – 국제 마케터의 난관

20세기에서 21세기로

세계무역과 미국의 다국적기업

21세기의 첫 번째 10년 후의 상황

국제수지

보호무역주의

보호의 논리적 측면과 비논리적 측면

무역장벽

무역 제한의 완화

종합무역법

관세 및 무역에 관한 일반 협정

세계무역기구

GATT와 WTO 정신의 회피

국제통화기금과 세계은행 그룹

국제기구들에 대한 저항

주요 학습과제 CHAPTER LEARNING OBJECTIVES

LO1 제2차 세계대전 이후 세계무역의 재정립을 위한 기반을 학습한다.

LO2 국가 경제에서 국제수지 지표의 중요성을 이해한다.

LO3 세계무역에 대한 보호무역주의의 영향을 이해한다.

LO4 다양한 유형의 무역장벽에 대해 학습한다.

LO5 종합무역법 조항에 대해 이해한다.

LO6 관세 및 무역에 관한 일반협정과 세계무역기구의 중요성을 이해한다.

LO7 국제통화기금과 세계은행 그룹의 출현에 대해 학습한다.

글로벌 관점 Global Perspective

무역장벽 – 국제 마케터의 난관

우리는 미국과 일본 사이의 무역분쟁에 대해 잘 알고 있다. 일본은 미국기업에게 높은 무역장벽과 관세를 부과하여 일본기업의 미국 판매와 달리 미국 제조업체가 일본에서 판매하는 것을 어렵게 하고 있다. 일본사람들은 일본의 폭설을 이유로 일본에서 제조되는 독특한 스키를 필요로 하고, 미국산 야구공은 일본 야구에 적합하지 않다고 주장한다. 심지어 일본이 쌀시장을 개방했을 때, 인기 있는 캘리포니아산 쌀을 하위 등급의 일본쌀과 함께 혼합해서 판매해야 한다고 했다. 그리고 현재 일본정부는 광우병으로 일본사람들의 식생활에서 미국산 소고기를 계속 배제하고 있다.[1]

일본뿐만 아니라 거의 모든 국가들은 미국 제품의 수출에는 진입장벽을 만드는 반면 개방된 미국시장에서는 주어진 기회를 활용하려는 경향을 보이고 있다. 예를 들어 프랑스는 텔레비전을 통해 방영되는 미국산 공연물의 수, 라디오에서 방송되는 미국음악의 비율 그리고 프랑스 극장에서 상영되는 미국영화의 비율 등을 제한함으로써 외국과의 경쟁으로부터 자신의 영화산업과 방송산업을 보호하고 있다. 최근에 프랑스는 정부의 강력한 재정지원 하에 독자적인 프랑스판 CNN 방송을 개국하였다. 이러한 장벽뿐만 아니라 높은 관세는 미국기업들의 영업을 어렵게 하고 미국 내수가격보다 미국산 수입제품들의 가격을 더욱 상승시키고 있다.

또 다른 무역보호 전술은 심지어 영국 최고 사법기구와도 관련이 있는데, 영국 대법원은 밤늦게 기숙사에서 야식을 즐겨먹는 사람들이 가져왔던 오랜 궁금증에 대해 판결하였다. 프링글스(Pringles)는 정확하게 무엇인가? 리치몬드의 헤일 남작부인(Baroness Hale of Richmond)으로부터 올리버 웬델 홈즈(Oliver Wendell Holmes)까지 광범위한 인용문을 바탕으로 로빈 야콥 대법관(Lord Justice Robin Jacob)은 법적으로 프링글스는 감자 칩이라고 결론지었다. 이 판결은 영국정부에 현재 1억 6천만달러를 부가가치세로 납부해야 하는 영국의 프록터 앤드 갬블(Procter & Gamble)에게 나쁜 소식이다. 반면, 이는 영국세관과 법적 식견이 뛰어난 팬들에게는 좋은 소식이다. 미국 보수주의자들이 소니아 소토마요르 대법관(Justice Sonia Sotomayor)을 엄격한 법해석자가 아니라고 비난한 것이 무의미하다는 것을 상기시켜줄 뿐이다. 영국에서 대부분의 식품은 부가가치세 면제 대상이지만, 감자칩(바삭바삭한 식감으로 알려진)과 감자 또는 감자가루로 만들어진 유사제품은 과세가 된다. 엄격한 법률적 해석이 고려되어야 한다는 점에서 프록터 앤드 갬블은 프링글스가 약 40%의 감자가루와 기타 옥수수, 쌀, 그리고 밀로 구성되어 있기 때문에 감자칩 혹은 유사 제품으로 간주해서는 안되고 그냥 맛있는 과자라고 주장하였다.

영국 부가가치세 및 관세 심판원(The VAT and Duties Tribunal)은 프링글스는 미국에서 감자칩으로 광고하고 있으므로 과세 대상이라고 판결하며, 프록터 앤드 갬블의 주장에 동의하지 않았다. 동 재판소는 다른 재료들이 들어 있다는 점에 동의했지만, 프링글스가 감자로 만들어지지 않았다고 말할 수 없으므로 프링글스는 감자가루로 만들어진 것이며, 감자가루의 비율이 40% 이상이라는 것이 핵심이다.

관세 그리고 다양한 비관세장벽의 형태로 나타나는 무역장벽은 국제 마케터가 직면하게 되는 중요한 이슈 중 하나이다. 많은 국가들은 다양한 이유로 무역장벽을 지속적으로 활용한다. 그 이유는 합리적일 수도 있고, 그다지 합리적이지 않을 수도 있다. 다행히도 관세는 일반적으로 낮

[1] See James Day Hodgson, Yoshihiro Sano, and John L. Graham, *Doing Business in the New Japan, Succeeding in America's Richest Foreign Market* (Boulder, CO: Rowman & Littlefi eld, 2008) for the complete story.

은 수준으로 감소되어 왔고, 비관세장벽의 철폐라는 측면에서도 실질적인 진전이 있었다. 그리고 평화와 번영을 위해 이러한 성가신 장애물을 더욱 감소시키고자 하는 노력은 전 세계적으로 지속되고 있다.

출처: Adapted from Todd G. Buchholz, "Free Trade Keeps Prices Down," *Consumers' Research Magazine*, October 1995, p. 22; Tomas Kellner, "What Gaul!" *Forbes*, April 28, 2003, p. 52; Jonathan Lynn, "WTO Negotiators to Tackle Obstacles to Farm Deal," *Reuters News*, January 3, 2008; Adam Cohen, "The Lord Justice Hath Ruled: Pringles Are Potato Chips," *The New York Times*, June 1, 2009.

표 2.1

미국 10대 교역국(10억달러, 상품무역, 2009년 기준)

출처: http://www.census.gov/foreign-trade/top, 2010.

국가	총 무역	수출	수입	수지
캐나다	$429.6	$204.7	$224.9	$-20.2
중국	366.0	69.6	296.4	–226.5
멕시코	305.5	129.0	176.5	–47.5
일본	147.1	51.2	95.9	–44.7
독일	114.6	43.3	71.3	–28.0
영국	93.2	45.7	47.5	–1.8
한국	67.9	28.6	39.2	–10.6
프랑스	60.6	26.5	34.0	–7.5
네덜란드	48.4	32.3	16.1	+16.2
대만	46.8	18.4	28.4	–10.0

과거 시장의 경쟁대결 구도는 서유럽, 일본 그리고 미국에서 진행되었지만, 현재의 경쟁 대결은 지속적으로 무역을 개방하고 있는 남미, 동유럽, 러시아, 중국, 인도, 아시아 그리고 아프리카와 같은 신흥시장(emerging markets)까지 확대되고 있다. 최고 상류층부터 최빈층까지 전 세계 사람들의 상당수가 세계무역을 통한 성장과 번영에 동참하게 될 것이다. 신흥 글로벌 경제는 마케터와 소비자들 모두에게 상당한 이점을 가져다주면서 전 세계적인 경쟁을 야기한다. 새로운 시장개방과 충분한 사업기회가 생겨날 만큼 성장한 소규모 시장의 증가는 마케터들이 여러 혜택들을 얻을 수 있게 해주었다. 소비자들은 가장 저렴한 가격으로 전 세계 어느 곳의 상품이라도 구매할 수 있게 되어 혜택을 보게 되었다.

급격히 발달한 국제 커뮤니케이션 매체와 글로벌 기업들이 함께 어우러짐에 따라 전 세계의 소비자들은 끊임없이 다양한 상품과 서비스를 요구하고 있다. 표 2.1에 나와 있듯이 세계무역은 중요한 경제 활동이다. 이러한 중요성 때문에 각 국가들은 자국의 이익을 위해 국제무역을 통제하려는 성향을 보이고 있다. 경쟁이 심화할수록 보호무역주의 경향은 그 추진력을 얻고 있다. 하지만 현재 벌어지고 있는 사회적, 정치적 그리고 경제적 변화의 이득을 충분히 인식할 수 있다면, 자유무역은 글로벌 시장 전체에 널리 보급될 것이다. 세계무역기구(WTO: World Trade Organization)의 탄생은 수십 년 동안에 있었던 자유무역을 향한 가장 큰 성과 중 하나이다.

본 장에서는 세계무역에서 미국의 과거와 현재의 역할을 간단하게 조망하고 국제무역과 국가 경제정책 간의 관계를 이해하기 위한 몇 가지 중요한 개념에 대해 살펴보고자 한다. 무역의 주요 장애물인 보호무역주의의 논리적 측면과 비논리적 측면에 관한 논의는 자유무역을 증진하고자 고안된 두 개의 다자간 협정인 관세 및 무역에 관한 일반협정(GATT: General Agreement on Tariffs and Trade)과 이를 계승한 세계무역기구(WTO)를 검토함으로써 이루어진다.

20세기에서 21세기로

LO1 제2차 세계대전 이후 세계무역의 재정립을 위한 기반을 학습한다.

21세기 초기만큼 현대 경제사에서 세계 각국이 경제적으로 더욱 상호 의존적이 되고, 국제무역에 대한 더 큰 기회들이 존재하며 커다란 잠재 수요가 있었던 적은 없었다. 이러한 평가는 2008년에 시작된 글로벌 금융위기를 고려하더라도 그렇다. 반면, 이전의 100년 동안에 세계 경제 발전은 불규칙적이었다.

20세기 전반기에는 두 번에 걸친 세계대전이 거의 모든 산업 기반을 파괴하였으며, 이는 전 세계 경제 침체의 주요한 원인이었다. 20세기 후반에 세계대전은 없었지만 경제발전에 대하여 사회주의적 마르크스주의 접근법을 옹호하는 국가들과 민주주의적 자본주의 접근법을 추구하는 국가들 사이의 투쟁이 경제를 손상시켰다. 이러한 이념적 분열로 전통적인 무역 양식을 붕괴시켰다.

제2차 세계대전 이후 공산주의의 확산을 저지하는 방법으로 미국은 가능한 한 전 세계의 많은 국가들에 자본주의의 이상을 주입하기 시작했다. 유럽의 경제 재건을 돕기 위한 마셜 플랜(Marshall Plan), 전후 일본 재건을 위한 금융 및 산업 개발 원조

아이오와(Iowa)주에 위치한 워털루(Waterloo) 공장에 선적을 위해 줄지어 서있는 존 디어(John Deere)의 트랙터들이 인상적으로 보일지라도, 한국 울산에서 미국으로 해상운송을 위해 쌓여있는 현대자동차의 차들 앞에서는 그 수가 왜소하게 보인다. 두 사진의 대조는 미국의 광범위한 상품 무역 적자가 지속되고 있음을 적절히 보여준다.

그리고 저개발국의 경제 성장을 장려하기 위해 고안된 국제개발처(AID)와 다른 국제기구들을 통한 자금 지원 등이 활성화된 세계 경제를 창출하는데 활용되었다. 식민지 해방으로 인해 아시아와 아프리카에서 다수의 신생국이 탄생하였다. 이들 국가들의 경제적 자립에 대한 열망과 미국에서 제공한 금융 지원으로 대부분의 비 공산주의 국가들의 경제는 성장하였고 새로운 시장을 만들어왔다.

미국이 제공한 해외 경제원조의 혜택은 양방향으로 전개되었다. 제2차 세계대전 이후 다른 국가들의 경제 개발과 재건을 위해 미국의 자금이 투입되었지만 더 많은 금액들이 미국의 농산물, 공산품 그리고 서비스를 구매하는 형태로 다시 돌아왔다. 마샬플랜과 다른 프로그램[2]에 의해 만들어진 해외 수요는 미국 경제에 매우 중요했는데, 제2차 세계대전에 군수품 보급을 위해 건설한 방대한 제조기반과 퇴역군인과 같은 초과 노동력 공급이 국내 수요를 초과하는 생산 능력을 제공하였기 때문이다. 제2차 세계대전 이후 이루어진 주요 경제호황과 미국의 생활수준 향상은 미국 내에 억눌렸던 수요의 충족과 전쟁으로 피폐해진 유럽 및 아시아 국가들의 재건에 필요한 수요에 의해 탄력을 받았다. 즉, 미국은 세계 경제를 더욱 견실하게 만들었는데, 이는 다른 국가들이 더 많은 미국산 제품을 구매하도록 만들었다.

미국의 경제원조와 더불어서 교역국가들 간의 국제적인 협력을 위한 움직임이 관세 및 무역에 관한 일반협정(GATT, 1986~1994)으로 나타났다. 제1차 세계대전 이후 국제무역의 중단사태가 벌어졌는데, 2만 개가 넘는 수입 제품에 대하여 미국이 평균 관세를 60% 이상 수준으로 끌어 올리는 스무트-할리 관세법(Smoot-Hawley Act, 1930) 통과 사례를 다른 국가들이 따라했기 때문이다. 이에 대한 보복조치로서 60개 국가들이 고관세 장벽을 만들었고, 대다수 국가들 간의 국제무역은 교착상태에 빠졌다. 무역이 거의 정체되었을 때 전 세계적인 경기불황은 세계 경제를 대공황 속으로 몰아넣었다.[3]

제1차 세계대전 이후의 경제적 파탄을 반복하지 않기 위한 반성의 일환으로 세계 지도자들은 **관세 및 무역에 관한 일반협정(GATT)**을 출범시켰는데, 관세 및 무역에 관한 일반협정(GATT)은 관세와 기타 무역관련 장벽 감소를 위한 협상 국가들의 포럼이다. 이 포럼은 자신들의 목적 달성 측면에서 성공적이었다. 우루과이 라운드(Uruguay Round) 협정의 비준으로 관세 및 무역에 관한 일반협정(GATT)은 1995년에 세계무역기구(WTO)의 일부분이 되었으며, 117개 기존 회원국들은 자유무역의 새로운 시대에 접어들었다.

세계무역과 미국의 다국적기업

대규모 경제협력 및 원조가 합쳐져서 전쟁으로 피폐해진 국가들과 기존의 저개발국

[2] The Organization for Economic Cooperation and Development (OECD) was a direct result of the Marshall Plan.

[3] David M. Kennedy, Lizabeth Cohen, and Thomas A. Bailey, *The American Pageant*, 13th ed. (Boston: Houghton Miffl in, 2006).

들은 급속한 성장을 이루었고 이는 새로운 글로벌 마케팅 기회를 만들어냈다. 생활 수준의 향상과 광범위해진 소비자 및 해외 산업시장은 미국 기업들에게 전 세계적으로 수출과 투자를 확대할 수 있는 기회를 만들었다. 1950년대에 미국 밖에서 전혀 활동하지 않았던 많은 미국 기업들이 수출을 하기 시작했고, 어떤 기업들은 해외에서 마케팅 및 생산설비에 대한 중요한 투자를 시작하였다.

1960년대 후반에 미국의 다국적기업들(MNCs: Multinational Corporations)은 두 가지 중대한 도전에 직면했는데, 직접투자에 대한 저항과 수출시장의 경쟁심화가 바로 그것이다. 유럽과 중남미에서 미국 기업들의 대규모 투자는 미국 다국적기업의 지배력 강화에 대한 이들 국가들의 불안을 고조시켰다. 중남미 국가들은 미국의 직접투자를 수용하거나 또는 미국 기업들의 지배지분을 자국민들에게 팔도록 강요하는 것으로 대응하였다. 유럽에서도 이러한 우려가 나타났는데, 외국인 투자를 제한해야 한다는 대중들의 강력한 요구가 이를 반증한다. 심지어 영국에서는 정책 결정권도 없이 영국이 단순한 생산 위성기지로 전락할 것을 우려해 영국기업과 미국기업 간 합작투자에 관한 세부지침을 마련하였다. 유럽공동체(European Community)에서는 제안된 합작투자에 대한 단호한 통제, 미국의 유럽기업 인수를 다루는 규정들 뿐 아니라 강력한 보호무역주의 법률까지 동원하는 방식으로 미국의 다국적기업을 규제하였다.

프랑스 작가 세르방 슈레베르(J. J. Servan-Schreiber)가 1968년에 발행한 "**미국의 도전(The American Challenge)**"이라는 인기 있는 책은 당시 유럽인들이 느꼈던 위협을 잘 표현하고 있다.

> 지금으로부터 15년 후에 미국과 러시아 바로 다음의, 세계 세 번째로 강력한 산업 영향력을 가진 주체는 유럽이 아니라 유럽에 있는 미국 산업이 될 가능성이 농후하다. 공동시장(Common Market) 출범 9년째인 유럽시장은 이미 기본적으로 그 구조상 미국 시장이다.[4]

세르방 슈레베르의 예견은 여러 가지 이유로 실현되지 않았지만, 더 중요한 점은 미국 다국적기업들이 전 세계에 걸쳐 다시금 경쟁해야 하는 상황에 직면해 있다는 점이었다. 제2차 세계대전 이후 전 세계의 경제 성장과 재건으로 인해 미국 산업의 패권에 도전하는 경쟁이 가시화되기 시작하였다. 이러한 경쟁은 모든 영역에서 나타났다. 일본, 독일, 산업화한 대부분의 국가들 그리고 많은 개발도상국은 자국시장의 수요 뿐 아니라 세계시장을 찾기 위해 경쟁하게 되었다. 한때 저개발국으로 분류되었던 국가들은 신흥공업국(NICs: Newly Industrialized Countries)으로 재분류되었다. 브라질, 멕시코, 한국, 대만, 싱가포르 그리고 홍콩과 같은 다양한 신흥공업국은 특정 산업을 선별하여 급속한 공업화를 이루었으며, 철강, 조선, 소비 가전제품, 자

[4] J. J. Servan-Schreiber, *The American Challenge*(New York: Atheneum Publishers, 1968), p. 3.

동차, 경비행기, 신발, 섬유, 의류 등과 같은 분야에서 강력한 세계적 수준의 경쟁자가 되었다. 신흥공업국과 더불어 베네수엘라, 칠레 그리고 방글라데시와 같은 개발도상국들은 국유기업(SOEs: State-Owned Enterprises)을 설립하고 해외에서 운영하였다. 베네수엘라의 어떤 국유기업은 푸에르토리코(Puerto Rico)에 캔버스 천, 화장품, 의자와 지퍼 등을 생산하는 자회사를 가지고 있고, 푸에르토리코에는 또한 칠레와 콜롬비아 기업들도 있다. 미국의 조지아(Georgia)주에는 기업형 농업에 종사하는 베네수엘라 기업이 있고, 미국의 여섯 번째 의류 수출국인 방글라데시 또한 조지아주에 침대 매트리스 기업을 소유하고 있다.

요컨대 세르방 슈레베르가 미국 다국적기업의 지배력에 관하여 유럽에 경고했을 때보다 경제력과 그 잠재력은 국가들 간에 좀 더 평준화되었다. 그 대신 현재 세계무역에서 미국의 지위는 다른 국가들과 공유되고 있다. 예를 들어 1950년 미국은 전세계 국민총생산(GNP: Gross National Product)의 39%를 차지하고 있었으나, 2010년에는 25%미만 이었다. 하지만 그 동안에 세계의 생산량이 커진 것처럼 전 세계 국민총생산(GNP)은 훨씬 더 증가하였고 모든 국가들이 더욱 더 커진 경제 규모를 공유하게 되었다. 이러한 변화는 다른 국가들의 다국적기업 성장에 관한 흥망을 보여주는 표 2.2에서, 1963년부터 2009년까지 극적으로 나타나 있다. 1963년에 세계 100대 기업 중 미국은 67개를 보유하고 있었지만, 1996년까지 미국 기업의 수는 24개로 떨어진 반면 일본은 3개에서 가장 많은 29개로 증가하였으며, 한국은 전무한 상태에서 4개로 변화하였다. 그리고 1990년대 후반 이후에 미국은 최대 경제호황기를 맞이하여 36개, 일본은 단지 22개, 한국은 하나도 없는 상태가 되었다. 가장 최근에 러시아 천연가스 대기업인 가즈프롬(GAZPROM)은 세계 100대 글로벌 기업에 들어온 최초의 동유럽 기업이 되었고, 최신 포춘지(Fortune) 명단에서 52위를 차지하였다.[5] 일본 기업의 감소와 중국 기업의 증가 또한 두드러진 현상이다.

세계 경제력의 다른 관점은 상품무역수지인데, 세계무역에서 미국의 변화된 입장을 반영하고 있다. 1888년부터 1971년까지 미국은 수입보다 수출이 많았다. 즉, 미국의 무역수지는 양호한 성적을 거두었다. 그러나 1971년까지 미국은 20억달러의 무역적자를 기록했으며, 1987년 무역적자가 1,600억달러로 정점을 찍을 때까지 점진적으로 증가하였다. 그 이후 상품무역적자는 1991년에 740억달러까지 감소하였으나, 다시 증가하기 시작하여 2007년까지 7,000억달러를 넘었다. 미국 달러화의 지속적인 약세로 인해 2007년 가을에 무역적자는 어느 정도 주춤하기 시작했다.[6] 2008년 미국에서 시작된 글로벌 금융위기는 2007년의 무역적자 규모를 2009년에 절반

[5] "GASPROM Eyes 10% of French Gas Market in 4–5 Years," *Dow Jones International News* , January 3, 2008.

[6] Elizabeth Price and Brian Blackstone, "U.S. Trade Defi cit Shrinks—Rising Prices Dampen Demand for Imports, Could Fuel Infl ation," *The Wall Street Journal Asia* , November 12, 2007, p. 9.

표 2.2

세계 100대 기업의 국적(연 매출로 측정한 규모)

출처: "2009 Global 500," Fortune, http://www.fortune.com, 2010.

	1963	1979	1984	1990	1996	2000	2005	2009
미국	67	47	47	33	24	36	33	30
독일	13	13	8	12	13	12	15	14
영국	7	7	5	6	2	5	10	6
프랑스	4	11	5	10	13	11	10	10
일본	3	7	12	18	29	22	12	10
이탈리아	2	3	3	4	4	3	3	5
네덜란드–영국	2	2	2	2	2	2	1	1
네덜란드	1	3	1	1	2	5	2	1
스위스	1	1	2	3	5	3	4	1
룩셈부르크								1
벨기에		1	1	1		1		1
노르웨이							1	1
핀란드								1
브라질		1		1				1
캐나다		2	3					
인도			1					
쿠웨이트			1					
멕시코		1	1	1	1		1	1
베네수엘라		1	1	1	1			
한국			4	2	4		1	4
스웨덴			1	2				
남아프리카공화국			1	1				
스페인				2			1	3
러시아								2
중국						2	1	5
말레이시아								1

으로 줄이는 긍정적인 결과를 가져왔다.

1980년대부터 1990년대 초반까지 경쟁구도의 심화는 미국 기업들에게 어려운 문제들을 제시하였는데, 이는 20년 전 유럽에서 있었던 문제와 유사한 것으로서, 어떻게 하면 미국기업의 경쟁력을 유지할 것인가, 외국 다국적기업에 의한 미국 시장 지배를 막을 것인가 그리고 미국자산의 매각을 미연에 방지할 것인가 하는 문제였다. 1980년대에 미국은 컴퓨터 및 기계와 같은 자본재의 경쟁적 지위가 급격히 약화됨을 경험하였다. 1983년부터 1987년까지 상품무역 적자 증가에 있어 거의 70%는 자본재와 자동차 부문이었다. 당시에 두 부문은 고임금에 높은 기술력을 지닌 산업들이었다. 그러나 미국 산업계는 이 위기를 깨닫게 되었고, 기를 쓰고 노력하여 근본적인 산업구조조정으로 이에 대응하였다. 1990년대 후반에 이르러서 미국은 자본재, 특히 첨단기술 분야에서 무역흑자를 달성함으로써 다시 한 번 자신의 지위를 유지할 수 있었다.

1980년대에 해외시장에서 미국기업들의 경쟁력이 있는지 여부와 일부 국가들의 국제무역 정책이 공정한지에 대한 문제가 제기되었다. 무역마찰은 미국 내에서의 일본 자동차 및 전자제품 판매와 일본의 제한적 무역관행으로 발생하였다. 미국은 강력한 자유무역 옹호자로서 어떻게 하면 보호무역주의 증가를 유발하지 않으면서도 교역 상대국들이 호혜적으로 자신들의 시장을 개방하도록 장려할 수 있을지에 대한 고민에 빠졌다. 특정 형태의 무역 및 투자에 관하여 일본이 자신의 시장을 개방하도록 자연스럽게 압력을 가하면서도 미국은 세계무역기구(WTO) 설립 배후의 원동력이 되었다.

20세기 마지막 10년 동안 세계무역에 있어 엄청난 변화들이 진행되었다. 유럽연합(EU) 국가들의 계속된 통합, 북미자유무역협정(NAFTA)[7] 및 아세안자유무역지대(AFTA: ASEAN Free Trade Area)의 출범 그리고 아시아태평양경제협력체(APEC: Asia-Pacific Economic Cooperation Conference)의 급속한 진전은 많은 전문가들이 미래의 무역패턴을 결정할 것으로 예측한 세계무역 블록화의 시작이었다. 1997년에 홍콩이 그리고 2000년에 마카오가 중국으로 반환됨에 따라 아시아인이 400년 만에 처음으로 아시아 전체를 통제하고 관리하게 되었다. 제2차 세계대전 이후 과거 수십 년 동안 서구중심의 무역패턴이 지배적이었지만, 아시아가 비록 선도세력은 아니더라도 지금은 점차 중요 세력으로 부상할 것이다.

21세기의 첫 번째 10년 후의 상황

1990년대 후반 미국 경제의 전례 없던 가파른 성장은 최근 몇 년간 급격하게 둔화되었고 2009년에도 물론 마찬가지였다. 중국을 제외한 전 세계 대부분 국가들의 성장세도 둔화되었다. 경제협력개발기구(OECD: Organization for Economic Cooperation and Development)는 향후 25년간 회원국의 경제가 지난 25년 동안과 동일하게 연간 평균 3%씩 확장될 것이라고 추정하고 있다. 이와 반대로 개발도상국의 경제는 지난 25년간 연간 4%에서 향후 25년 동안에는 6%로 좀 더 빠르게 성장할 것이다. 개발도상국이 세계 생산량에서 차지하는 비율은 위의 동일한 기간 동안 대략 1/6에서 거의 1/3로 상승할 것이다. 세계은행은 브라질, 중국[8], 인도, 인도네시

[7] Jenalia Moreno, "Trade Tariffs End, Making NAFTA a Milestone," *Houston Chronicle*, January 2, 2008.

[8] "Fear of the Dragon," *The Economist*, January 9, 2010, pp. 73–74.

아 그리고 러시아 등 5개국이 세계무역에서 차지하는 비중이 겨우 유럽연합(EU)의 1/3 수준이지만, 2020년까지 유럽연합(EU)보다 50% 이상 증가할 것이라고 예측하고 있다. 그 결과 경제력과 그 영향력이 일본, 미국 그리고 유럽연합(EU)과 같은 산업화 국가로부터 남미, 동유럽, 아시아 및 아프리카 국가들로 옮겨갈 것이다.

이러한 무역중심의 이동이 유럽, 일본 그리고 미국 시장이 중요하지 않다는 의미는 아니다. 이들 국가도 대규모의 수익성이 좋은 시장을 계속 만들어내고, 이 시장에서 설립된 기업들은 이윤을 창출할 것이기 때문이다. 만일 어떤 기업이 21세기의 주요 회사가 되고자 한다면, 지금이 초석을 마련할 수 있는 적기라는 의미이다. 글로벌 시장에서 일어나는 이러한 변화가 국제적인 경영에 어떠한 영향을 미칠 것인가? 한 가지는 기업들이 신흥시장, 역내무역 지대 그리고 유럽, 일본 및 미국 등과 같은 기존 시장에 진입하여 자신의 지위를 유지하는데 중점을 둘 것이기 때문에 경쟁의 수준과 강도가 변화할 것이다.

기업들은 시장 수요에 빠르게 대응하고 제품을 인도하기 위한 능력을 유지하는 한편, 보다 효율적으로 움직이고 생산성을 증대시키며 자신들의 글로벌 접근성을 확장시키기 위한 방법들을 모색하고 있다. 예를 들어 중국의 거대 국영기업은 개발도상국에 대단위 투자를 하고 있다. 네슬레(Nestle)는 현지시장 국가의 주요 브랜드를 획득하고 열성적으로 마케팅함으로써 글로벌 소비시장에서 지배력을 강화하고 있다. 한국의 삼성은 북미자유무역협정(NAFTA)지역의 시장 접근성을 확보하고자 멕시코에 5억달러를 투자하였다. 필립스(Philips)의 유럽 사업부를 인수함으로써 글로벌 가전 사업에서 1위 자리를 확실히 한 미국 가전 제조업체 월풀(Whirlpool)은 글로벌 기업으로 거듭나기 위해 구조조정에 착수하였다. 이러한 것들은 변화의 몇 가지 사례로서 다가오는 21세기의 미래를 준비하는 다국적기업들 사이에서 급속히 퍼지고 있다.

글로벌 기업들만 새로운 시장 기회를 적극적으로 찾는 것이 아니다. 소규모 기업들은 기존에 해외에 판매되지 않았던 수출 상품과 서비스에 자신들의 기술적 전문지식을 접목하여 마케팅을 하는 새로운 접근법을 사용하고 있다. 마트에서 굽고 판매하기 위한 베이글빵 반죽을 생산하고 냉동시키는 중서부의 소규모 기업은 해외에서 사업 기회를 포착하고 일본으로 수출을 시작했다. 초기에는 소규모였다고 할지라도 해외 판매는 잠재성을 보여주었고 이 기업은 국제경영에 집중하기 위해 미국 내 사업부문을 매각하였다. 소규모 기업들의 다른 사례는 인디애나폴리스 500 자동차 경주(매년 5월말 미국 인디애나폴리스에서 열리는 500마일 자동차 경주)용 방화 재료를 10년 전에 개발했던 노차(Nochar Inc.)를 들 수 있다. 이 회사는 29개국에서 매출액 대비 해외 판매 비중이 32%에 달한다. 옷의 깃에 다는 홍보용 휘장 제조업체인 부즈트로닉스(Buztronics Inc.)의 소유주는 친구로부터 자신이 착용한 적색 점멸 버튼이 일본에서 큰 인기를 얻었다는 소식을 들었다. 그는 일본으로 수출을 시작했고

1년 만에 이 회사 매출액의 10%를 해외에서 올리게 되었다. 50대 대규모 수출업체가 미국 상품 수출의 30%를 차지하고 있는 반면, 나머지는 위에 언급한 중소기업들의 몫이다. 대기업과 중소기업 모두 국내시장과 해외시장에서 국제화에 적응하고 있기에, 전 세계의 사업 분야는 격변기를 겪고 있다.

국제수지

LO2
국가 경제에서 국제수지 지표의 중요성을 이해한다.

국제무역에서 다른 국가에 소재한 기업들과 소비자들 사이에 금융거래가 발생한다. 상품과 서비스가 수출입 되고, 개인 간의 국제 송금이 이루어지고, 투자가 이루어지고, 현금지급이 이루어지고, 현금 영수증을 받고, 휴가와 해외여행 등이 일어난다. 요컨대 장시간에 걸쳐 특정 국가 안과 밖으로 지속적인 자금의 흐름이 있게 된다. 한 국가의 국제 금융거래를 집계한 계정 시스템을 **국제수지(balance of payments)**라고 부른다.

한 국가의 국제수지표는 정해진 기간(통상적으로 1년) 동안 한 국가의 거주자와 타국 거주자간의 모든 금융거래를 기록한다. 국제수지 집계는 복식부기 원리에 의해 작성되기 때문에 국제수지는 항상 균형 상태를 유지해야 한다. 개별 기업의 재무제표처럼 자산과 부채(자본포함) 또는 대변과 차변은 서로 상쇄되어야 한다. 그리고 기업의 재무제표와 마찬가지로 국제수지가 균형을 이루고 있다는 사실이 특정 국가의 재정상태가 특별히 좋거나 나쁘다는 것을 의미하지 않는다. 국제수지는 상태에 대한 기록이지 상태를 결정하는 요인이 아니다. 한 국가가 다른 국가들과의 행하는 금융거래들 각각은 국제수지에 반영된다.

한 국가의 국제수지표는 그 국가의 국제적 경제 지위의 전반적인 상태를 나타내므로 내외적인 경제 안정성을 유지해야 하는 책임을 지고 있는 재무부, 중앙은행 및 다른 정부 기관들이 활용하는 중요한 경제 지표이다. 국제수지는 외국으로부터 받은 수령액과 그들에게 지불한 금액의 차이를 나타낸다. 미국 국제수지의 대변에는 상품수출, 외국 관광객이 소비한 금액, 운송, 보험 및 유사한 서비스에 대하여 미국에 지불한 금액, 해외투자에 대한 배당금과 이자, 해외에 투자된 자본 이익, 미국으로 유입된 새로운 해외투자 그리고 미국에 대한 외국정부 지불액 등이 기록된다.

차변에는 수입 상품의 비용, 미국 관광객이 해외에서 지출한 금액, 해외신규투자, 해외 군사비용과 경제원조 등이 기입된다. 국제수지적자는 국제적으로 수령액보다 지급액이 더 큰 경우를 의미한다. 국가는 국제 수령액이 증가함으로써(즉, 다른 국가로 더 많이 수출하거나 외국 관광객을 더 유치하는 경우) 또는 다른 국가에서 지출을 줄임으로써 적자를 감소시키거나 없앨 수 있다. 국제수지표는 세 개의 계정을 포함한다. **경상수지(current account)**는 모든 상품의 수출입과 서비스에 이전(移轉)거래가 더해진 기록이다. 자본수지(capital account)는 해외직접투자, 해외간접(포트폴리오)투자 그리고 다른 나라와의 단기 자본거래에 대한 기록이다. 공식적인 외화보유계정(reserves account)에는 금 수출입, 외환의 증감 그리고 외국 중앙은행들의 부

표 2.3

2009년 미국 주요 부문별 경상수지계정(10억달러)

수출	
상품	$1046
서비스	509
소득 수령액	561
수입	
상품	−1563
서비스	−371
소득 지불액	−472
순수 경상이전 지출	−130
경상수지	−420

채 증감을 기록한다. 세 계정 중에서 **경상수지**는 국제거래에 있어 주된 관심사이다.

경상수지는 모든 국제 상품 무역과 서비스 계정, 즉 수출입한 모든 상품과 서비스의 가치를 나타내는 계정이고, 투자와 해외고용[9]에 대한 모든 수령액과 지불액을 포함하고 있기 때문에 중요하다. 표 2.3은 2009년 미국 경상수지를 보여준다.

1971년 이후 그림 2.1에서 보듯이 미국은 단지 몇 년 동안만 국내총생산(GDP) 대비 양호한 경상수지 상태를 보였다. 이러한 불균형의 주된 원인은 석유[10], 석유제품, 자동차, 내구재 그리고 기타 상품에 대한 미국의 수요 때문이었다. 실제로 지난 2년 동안 크게 개선되었다고 해도, 2009년 상품 무역 적자는 5,170억달러이었다.[11] 여전히 이런 불균형은 국제수지와 세계시장에서 미국 통화의 가치에 커다란 영향을 미치고 있다. 결국 이러한 요인들 때문에 환율, 가격, 소득의 변화를 통한 조정이 필요하다. 요컨대, 만일 지출이 소득을 초과하여 특정 국가의 부가 소진된다면 국가도 개인처럼 생활수준을 낮춰야 한다. 만약 그 국가의 거주자가 자발적으로 그렇게 하지 않는다면, 다른 국가의 통화에 대한 자국 통화의 교환비율이 낮아지고, 외환시장의 기능을 통해 외국 제품에 대한 구매력은 그 국가로부터 다른 국가로 이전된다. 표 2.4에서 보듯이 미국 달러는 1990년대에 다른 주요 국가들의 통화보다 강세였으나 지난 10년 간 달러 약세 흐름이 이어졌다.

미국 무역적자의 증가로 달러의 가치를 낮추려는 압력이 있었다. 그리고 외국통화를 더 많은 달러와 교환하게 됨으로써 미국 제품들(그리고 기업들)이 외국 소비자에게 더 저렴해짐에 따라 수출은 증가하였다. 또한 수입 제품들은 미국 소비자에게 더 비싸지게 되어 수입제품에 대한 수요가 줄게 된다. 마찬가지로 달러화 표시 주식

9 "Financial Globalization and U.S. Current Account Defi cit," *US Fed News*, January 3, 2008.

10 Terence Poon, "China to Steady Prices Amid Infl ation Worries," *The Wall Street Journal*, January 10, 2008.

11 www.bea.gov.

그림 2.1

미국의 국내총생산(GDP)대비 경상수지 비율

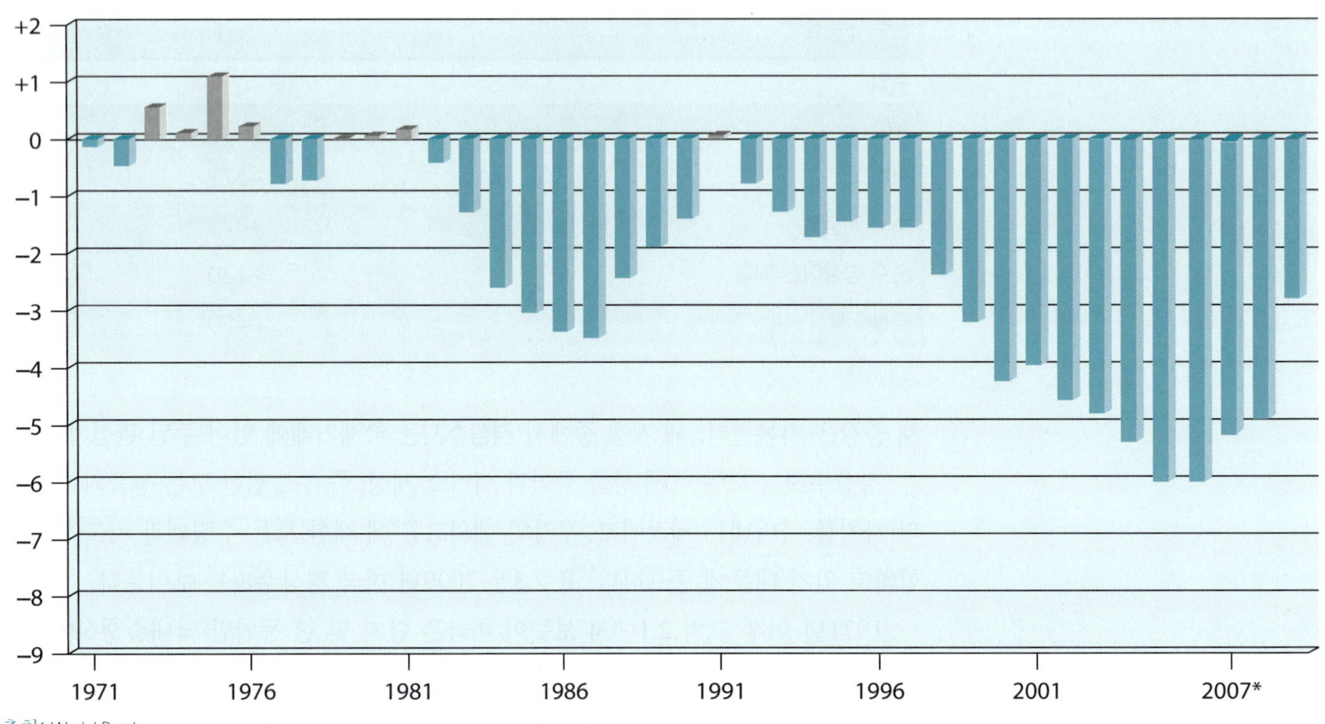

출처: World Bank.

표 2.4

미국 1달러 대비 환율

출처: *The Wall Street* Journal, 2010.

	1985	1988	1992	1995	1999	2000	2005	2010
영국 파운드	0.86	0.54	0.56	0.63	0.62	0.68	0.57	0.63
프랑스 프랑	9.6	5.4	5.29	4.95	6.49	7.28		
일본 엔	250.23	123.7	126.7	93.96	102.58	112.21	112.3	89.9
스위스 프랑	2.25	1.29	1.41	1.18	1.58	1.68	1.31	0.96
유로			1.01	0.90	0.92	1.08	0.79	0.71
멕시코 페소	0.37	2.28	3.12	6.45	9.43	9.47	10.8	13.0

에 대한 투자와 그러한 투자 상품들은 덜 매력적이게 되어서 실제로 달러는 국제통화로서의 유용성이 낮아지게 된다.[12]

보호무역주의

LO3

세계무역에 대한 보호무역주의의 영향을 이해한다.

국제기업의 임원들은 외국기업에 의한 시장침투로부터 자국시장보호를 위한 관세장벽, 비관세장벽 그리고 쿼터(수출입 할당량) 등이 세상에 널려 있다는 현실을 이

[12] Mark Whitehouse, "Foreign Investors View Dollar as 'Refuge Currency' Despite Recent Tumult," *The Wall Street Journal*, August 20, 2007, p. A2.

해하고 있다.[13] 비록 세계무역기구(WTO)가 관세인하에 효과가 있었지만, 여전히 많은 국가들은 **보호무역주의 방식**에 의존한다.[14] 각 국가는 원하지 않는 재화의 수입을 제한하기 위해 법적장벽, 외환장벽 및 심리적 장벽 등을 활용한다. 시장구조 자체가 수입품에 대해 엄청난 장벽을 제공하지만 기업은 사적 시장장벽(Private market barriers)을 설치하기 위해 함께 노력한다. 15장에서 자세히 다루어질 일본의 복잡한 유통체계는 무역 장벽을 만들어내는 대표적 시장구조의 예이다. 이런 복잡한 유통체계는 특정 제품을 시장에서 몰아내는데 무역장벽만큼이나 효과적이지만 법적인 측면에서는 무역장벽으로 간주되지 않는다.

보호의 논리적 측면과 비논리적 측면

보호무역옹호론자들은 무역에 관한 정부규제를 유지하기 위해 많은 이유들을 들었지만, 본질적으로 이런 모든 주장들은 다음과 같이 분류될 수 있다. (1) 유치산업의 보호, (2) 국내시장의 보호[15], (3) 국내에 자금유치, (4) 자본축적의 장려, (5) 생활수준과 실질임금수준의 유지, (6) 천연자원의 보존, (7) 저임금 국가의 산업화, (8) 고용유지와 실업 감소, (9) 국방, (10) 기업규모의 증대, (11) 보복과 협상. 일반적으로 경제학자들은 주로 유치산업, 국방 및 후진국의 산업화에 관한 주장만을 타당한 것으로 인정한다. 환경보호 주장은 전 세계적인 원자재와 농산물 부족 그리고 환경인식이 중요해지는 시대에서 점점 더 설득력을 얻어가고 있다.[16] 초과생산능력 혹은 초과노동력이 발생하는 경우 순조로운 전환국면을 촉진하기 위한 시장보호가 일시적으로 있을 수 있다. 그러나 불행히도, 그러한 보호조치는 장기간 유지되어 산업의 비효율성을 초래함으로써 세계 환경변화에 따른 국가의 실질적 적응을 어렵게 하기도 한다.

소비자가 지불하는 비용에 대한 근거를 찾기 위해 21개 보호 산업의 최근 연구결과들을 보면 미국 소비자는 관세와 다른 각종 보호제한조치로 인해 부풀려진 가격 때문에 연간 약 700억달러를 초과지급하고 있다. 평균적으로, 이러한 보호 산업에서 하나의 일자리를 지키기 위해 소비자가 치러야 하는 연간 비용, 혹은 많은 경우 제조업체 노동자의 평균지급액(임금과 복지혜택)은 17만달러이다. 불행하게도 보호주의는 특히 임금하락 시기[17] 또는 실업률이 높은 기간에 정치적으로 인기가 높다. 그러나 높은 비용으로 보존되는 이런 일자리들은 소비자들이 인식하지 못한체 지불하는 세금으로 유지되는 것이다.

---

[13] Tor Korneliussen and Jorg Blasius, "The Effects of Cultural Distance, Free Trade Agreements, and Protectionism on Perceived Export Barriers," *Journal of Global Marketing* 21, no. 3 (2008), pp. 217–30.

[14] "The Nuts and Bolts Come Apart," *The Economist*, March 28, 2009, pp. 79–80.

[15] Alistair MacDonald and Cecilie Rohwedder, "U.K. Offi cials, Workers Troubled by Foreign Takeovers," *The Wall Street Journal*, January 20, 2010, p. B6.

[16] John Carey, "Global Warming, Suddenly the Climate in Washington Is Changing," *BusinessWeek*, June 27, 2005, p. 91.

[17] Jane Sasseen, "Economists Rethink Free Trade," *BusinessWeek* , February 11, 2008, pp. 32–33.

CROSSING BORDERS 2.1 무역장벽, 위선 그리고 미국

미국은 자신을 자유무역의 선도자로 생각하고, 불공정 무역거래를 행하는 국가에 대해 종종 조치를 취한다. 종합무역법(Omnibus Trade and Competitiveness Act of 1988)의 301조*는 미국 정부로 하여금 불공정하다고 판단되는 특정 무역장벽을 조사하고 보고할 수 있게 하였으며, 국내 수요를 충족시키지 못하더라도 위반국가가 미국으로 수출하는 제품에 대해 최대 100%까지 관세를 부과할 수 있도록 했다. 그러나 많은 국가의 비판적 사람들은 미국이 어떤 측면에서는 위선적이라고 주장한다. 왜냐하면 이런 제재도 무역장벽을 통한 시장보호만큼 책임이 따르는 일이다. 일본정부의 보고서에 따르면 보고서에서 검토한 12개 정책분야들 중의 10개에서 미국이 불공정 무역관행에 연루되어 있다고 주장한다. 특히 미국은 수입품에 대한 쿼터를 부과하고, 높은 관세를 부과하며 그리고 반덤핑 조치를 남용한다. 비판적인 사람들의 의견이 맞는가? 미국은 자유무역에 있어서 위선적인가? 독자가 판단할 몫이다.

미국은 301조에 의거하여 일본 감귤류 쿼터의 조사를 시작했다. 일본의 불공정 무역장벽을 제거하면 일본 소비자들은 감귤류를 1/3까지 싼 가격으로 살 수 있다고 미국 통상대표부는 말했다. 미국이 일본에 대해 조사를 착수했을 때, 동시 발생적으로, 모순적이지만 미국은 브라질 오렌지 주스의 수입에 대해 40%의 관세를 부과시켰다.

미국은 한국을 대상으로 소고기 수입 쿼터에 대해 301조를 적용했는데, 미국은 모순되게 자국 소비자에게 연간 추정 8억 7천3백달러나 더 높은 가격을 치르게 하는 소고기 수입 쿼터를 가지고 있다. 또한 미국은 신발수입에 67%라는 높은 관세를 유지하고 있음에도 불구하고 무역장벽을 이유로 브라질, 한국 및 대만의 신발에 대해 301조를 적용하였다.

미국이 가위, 스웨터, 가죽, 모조 보석류, 탐폰, 피자, 면봉, 아이스크림과 심지어 미국이 생산하지도 않는 비타민 B12와 같은 무해한 제품들에 대한 규제를 담고 있는 전화번호부 두께 두 권 분량의 미국 관세법을 가지고 있다는 사실이 믿겨지는가? 또한 미국은 자동차, 슈퍼컴퓨터, 목재 및 의류 종류와 같이 보다 민감한 품목에 대한 규제들을 가지고 있다. 중남미 수출업체가 되고자 하는 기업들은 포도, 토마토, 양파, 철강, 시멘트, 아스파라거스 그리고 신발과 같은 수백 가지의 수출 유망제품들이 관세 항목에 포함되어 있음을 발견한다. 다른 사례를 찾아보기 위해서는 www.usitc.gov/tata/index.htm을 방문하여 인터랙티브 관세자료(Interactive Tariff Database)를 선택하면 된다.

자, 미국은 다른 나머지 국가들과 같이 유죄인가? 아니면 무죄인가?

* 미국통상법 301조 (Section 301)는 자국의 무역을 제한하는 불공정하고, 불합리하며, 차별적이고 모순적인 관행을 취하는 것으로 간주되는 국가를 대상으로 미국정부가 보복조치를 취할 수 있게 해준다.

출처: Abstracted from James Bovard , "A U.S. History of Trade Hypocrisy," *The Wall Street Journal*, March 8, 1994, p. A10; Brian Hindley and Fredrik Erixon , "Dumping Protectionism," *The Wall Street* Journal , November 1, 2007, p. 12; "Chinese Dumping Duties," *Steel Times International* , October 2009, p. 4.

무역장벽

LO4 다양한 유형의 무역장벽에 대해 학습한다.

기존 산업의 보호와 국내산업의 성장을 도모하기 위해서 정부는 관세장벽과 쿼터, 보이콧, 통화장벽, 시장장벽과 같은 다양한 비관세장벽으로 **무역장벽**을 만들 수 있다. 무역장벽은 수입품과 외국 기업에 대해 세워진다. 이러한 장벽들에 대한 영감은 경제적 또는 정치적인 반면에 현지국가의 기업들이 이를 실질적으로 부추긴다. 경제적인 측면에서 논리적이든 아니든, 무역장벽은 존재한다는 것이 현실이다.

관세 간단하게 정의내리면, **관세**는 정부가 국경을 넘어 들어오는 물품에 대하여 세금을 부과하는 것이다. 관세는 세수 확보 목적의 세금 혹은 재화의 수입을 막기 위한 세금, 또는 이 두 가지 이유 모두에 의해 부과된다. 관세율은 재화의 가치(value), 수량 또는 두 가지를 혼합한 방식에 기반을 두고 있다. 예를 들어 미국에서 관세의 유형은 다음과 같이 분류된다. (1) 종가세: 종가세는 수입품의 결정 가치의 백분율을 기준으로 세율을 정한다. (2) 종량세: 종량세는 중량, 용적, 개수 등 상품의 수량을 기준으로 세액을 결정한다. (3) 복합세: 복합세는 특별한 품목에 대하여 종가세와 종량세

CROSSING BORDERS 2.2 속옷, 겉옷, 소니 플레이스테이션 그리고 인형–그들의 공통점은 무엇인가?

속옷과 겉옷, 소니 플레이스테이션 그리고 인형의 공통점은 무엇인가? 쿼터, 바로 그것이다!

첫 번째는 마돈나 효과로 설명되는 것이다. 늘 삼엄한 경계를 하는 미국세관이 미국 국경지역에서 880개의 뷔스티에(bustier, 가슴 부분에 브래지어처럼 컵이 달린 상의로, 허리까지 이어진 형태의 여성 속옷)의 선적을 중단시켰을 때, 팝스타 마돈나는 겉옷과 속옷의 해석에 영향을 미쳤다. 문제는 쿼터와 관세 위반이었다. 화주는 그것들을 속옷으로 분류했다. 속옷의 경우, 미국은 쿼터와 관세에서 제외대상으로 규정한다. 그러나 겉옷은 수입될 때 쿼터가 존재하며, 그리고 세관에서는 공식적으로 대상물품을 마돈나에 의해 영감을 받은 패션 아이템인 겉옷으로 분류하였고 그리고 그에 다른 적정한 쿼터 인증서를 요구하였다.

그것은 명백히 겉옷이다. 그리고 나는 여자들이 그 겉옷을 입고 있는 것을 보았고 그 여자들은 겉옷으로 그 옷을 착용하였다. 수입업자들은 선적하기 위한 충분한 겉옷의 쿼터 여유분을 얻기까지 3주의 시간이 걸렸다. 그 무렵, 몇몇 소매업자들은 주문을 취소했다.

두 번째는 비디오/컴퓨터 효과로 설명되는 것이다. 유럽연합(EU) 관계자들은 본래 소니의 플레스테이션을 비디오게임으로 분류했고, 소니가 원했던 컴퓨터로 분류되는 경우보다 더 높은 관세를 부과받게 되었다. 제1심법원은 플레이스테이션은 주로 비디오 게임을 하기 위한 용도로 만들어졌다고 판결하였다. 따라서 비디오 게임으로서 수백만 유로를 세금으로 지불해야할 상황이었다. 항소법원은 기술적 오류를 판단근거로 소니의 편을 들었고 이전의 결정을 뒤집었다. 그러므로 유럽연합(EU) 세관의 분류는 6개월 후, 관세가 없는 컴퓨터와 게임기로 변경되었다.

세 번째는 벌컨(Vulcan)효과로 설명되는 것이다. 유럽연합(EU)은 스타트랙(Star Trek)의 영웅, 스팍(Spock)에 벌컨 식의 치명타를 주었다. 사람이 아닌 형상을 하고 있는 귀가 뾰쪽한 스팍과 그를 닮은 나머지 인형들은 중국산에 적용되는 유럽연합(EU) 쿼터제도의 희생물이 되었다. 유럽의 각료 이사회는 인간을 소재로 하지 않은 중국산 인형에 대해 8억 1,700만달러에 상응하는 쿼터를 적용시켰다.

영국세관의 관계자는 각 인형의 인간성에 대해 특이한 관점을 가지고 있었다. 그들은 테디베어(teddy bear)는 블랙리스트에 올려놓았지만, 배트맨과 로빈(Batman and Robin)에 대해선 그러지 않았다. 그리고 그들은 스팍은 벌컨 종족이라는 이유로 거절했지만, 스타트랙의 커크 선장은 묵인했다. (스팍은 쿼터에 적용을 받고, 커크 선장은 쿼터의 적용을 받지 않는 것으로 주장했다.) 스타트랙의 공식 팬클럽은 스팍의 사정을 좀 봐줘야 한다고 세관에 주장했다. 왜냐하면 스팍의 어머니인 아만다(Amanda)는 지구인이기 때문이다. 그러나 영국세관은 스스로의 해석을 변경하지 않았다. 스팍의 귀 만큼 큰 귀를 가진 인간은 없기 때문이다.

출처: Rosalind Resnick , "Busting Out of Tariff Quotas," *North American International Business* (now published as International Business), February 1991, p. 10; Dana Milbank , "British Customs Officials Consider Mr. Spock Dolls to Be Illegal Aliens," *The Wall Street Journal*, August 2, 1994, p. B1; "EU Rejects Sony Customs Claim," (Salt Lake City) *Deseret News* , October 6, 2003.

를 결합하여 적용한다. 상품가치의 백분율로 표시되는 종가세율에 상품가치와는 무관하게 품목당 화폐액으로 표시되는 종량세가 더해지는 형태이다. 관세는 자주 변경되기 때문에 각국에서 게재한 관세율표는 정기적으로 수출업체에게 공시된다.[18] 보통 관세는 인플레이션 압력, 특수 이익집단의 특권, 정부의 통제와 경제문제에 관한 정치적 고려사항 그리고 상호주의 원칙에 따라 관세의 수를 증가시킨다. 관세는 국제수지 상황, 공급과 수요의 유형 그리고 국제 관계(이는 무역전쟁을 발발시킬 수도 있다)를 약화시킨다. 마지막으로 관세는 제조업체의 공급원, 소비자의 가능한 선택 그리고 경쟁을 제한시킨다.

특히 관세는 임의적이고 차별적이기 때문에 지속적인 관리감독이 필요하다. 관세는 종종 무역상대국의 보호무역주의 움직임에 대한 보복으로 활용되곤 한다.

[18] The entire Harmonized Tariff Schedule of the United States can be downloaded or accessed via an interactive tariff database at http://www.usitc.gov; select the Harmonized Tariff Schedule.

표 2.5
비관세장벽의 유형

무역에 관한 구체적 제한	정부의 무역참여
쿼터 수입허가 요건 국내물품에 대한 외국에 대한 비율 규제 (현지 부품 사용요건) 최소 수입가격 제한 금수 조치	정부조달정책 수출보조금 상계관세 국내보조 프로그램
세관과 행정적 수입절차	**수입 요금**
가치평가 체계 반덤핑 관행 관세 분류 서류 요건 수수료	사전 수입예치금 요건 관리비용 특별보조 관세 수입신용장 차별 가변 부과금 국경세
기준	**기타**
기준 차이 시험방법과 기준에 대한 정부 간 수용 포장, 라벨링, 표기기준	수출자율규제 시장질서 유지 협정

출처: Reprinted from A. D. Cao, "Nontariff Barriers to U.S. Manufactured Exports," *Journal of World Business*, Vol. 15, p. 94. Copyright © 1980, with permission from Elsevier.

파스타의 수출 보조금에 대한 유럽연합(EU)과의 분쟁에서, 미국은 유럽의 스파게티와 고급 파스타에 대해 40% 관세 인상을 지시했다. 유럽연합(EU)은 미국산 호두와 레몬에 대해 보복조치를 취했다. 파스타 전쟁은 유럽이 미국산 비료, 종이제품, 쇠기름에 대한 관세를 인상하도록 부추기게 되었고 미국은 같은 방식으로 대응하였다. 결국 유럽이 파스타에 대한 수출 보조금을 없애면서 다툼은 종결되었다. 또한 후진국들은 농산품에 대한 미국과 유럽의 관세에 대해 불만의 목소리를 높이고 있다.[19]

쿼터와 수입허가 쿼터는 특정 형태의 제품에 적용하는 구체적인 수량 단위 또는 금액에 대한 제한이다. 영국은 텔레비전 세트 수입을 제한한다. 독일은 일본산 볼 베어링에 쿼터를 시행하고 있다. 이탈리아는 일본 오토바이를 수입 제한한다. 미국은 설탕, 섬유 그리고 무엇보다도 땅콩에 대해 쿼터를 적용하고 있다. 쿼터는 수입할 수 있는 특정 제품의 수량에 절대적 제약을 두는 것이다. 일본이 처음 외국쌀을 자국으로 수입했을 때는 쿼터에 기반을 두었지만, 2000년 이후 쿼터는 관세로 대체되었다.[20] 심지어 더욱 복잡한 경우로는 미국과 유럽연합(EU) 사이의 바나나 전쟁을 들 수 있

[19] Allan Odhiambo, "EAC States in Row over Wheat Import Tariffs," *All Africa*, August 30, 2007.

[20] See the USA Rice Federation's Web site for details, http://www.usarice.com; also see Hodgson et al, *Doing Business in the New Japan.*

CROSSING BORDERS 2.3 바지 속에 원숭이를 숨겨 국경을 넘다

로버트 쿠삭(Robert Cusack)은 멸종 위기종인 한 쌍의 피그미 원숭이를 자신의 바지 속에 넣어 미국으로 밀반입하였다. 2002년 6월 13일, 쿠삭이 태국에서 미국에 도착한 즉시 미국세관에 의해 구금되고, 미국 어류야생동식물보호국(U.S. Fish and Wildlife Service) 특별요원은 LA 국제공항으로 호출되었다. 세관은 또한 그가 네 마리의 열대 조류와 50개의 난초 보호종을 가지고 있음을 발견하였다. 그의 수하물을 개봉했을 때 한 마리의 새가 날아올라 검사원이 그 새를 포획해야 했다고 한 세관원이 진술하였다. 또 다른 도난 조류와 이국적인 화초를 발견한 후에 검사원이 "또 다른 것이 있나요?"라고 물었을 때 쿠삭은 "네, 바지 속에 원숭이가 있습니다."라고 대답하였다. 원숭이들은 LA 동물원으로 이송되었고, 밀수범은 57일간 수감되었으며 또한 수만 달러의 벌금을 물었다.

유사한 예로, 중국 수출업자인 왕 홍(Wang Hong)은 미국으로 바다거북을 밀수입 했다는 유죄를 인정하였다. 비록 바지 속에 가져오지는 않았지만, 바다거북의 신체 일부가 다른 반입 물품들과 같이 바이올린 케이스와 활의 형태로 위장 수입되었다.

단순히 좀도둑만 밀수를 하는 것이 아니다. 다국적 기업들도 밀수에 가담할 수 있는데 작년 한 해 동안 베트남에서 휴대폰, 이라크와 캐나다에서 담배 그리고 중국에서 백금관련 밀수 유죄판결이 이어졌다. 아마도 기업과 관련한 가장 큰 사례는 9년간의 소송 끝에 암웨이(Amway Corporation)가 캐나다 정부에 3,810만달러의 벌금을 물기로 한 것으로, 암웨이는 6년이 넘는 기간 동안 미국으로부터 캐나다 유통업자에게 수출하면서 제품 가격을 낮게 표시하여 관세를 회피하였다. 무역장벽이 있는 한 밀수는 일반적인 현상이라고 할 수 있는데 실제로 러디어드 키플링(Rudyard Kipling)은 백여 년 전 그의 시인 밀수꾼의 노래(A Smuggler's Song)에서 다음과 같이 기술하였다.

> 어둠을 뚫고 수많은 조랑말들이 내달린다.
> (Five and twenty ponies trotting through the dark)
> 목사님을 위한 브랜디, 사무원을 위한 담배,
> (Brandy for the Parson, Baccy for the Clerk;)
> 숙녀를 위한 레이스, 스파이를 위한 편지,
> (Laces for a lady, letters for a spy)
> 그리고 그대여 밀수꾼이 지나가더라도 모른 척 하세요!
> (And watch the wall, my darling, while the Gentlemen go by!)

(해설: 시의 배경인 18세기에는 유럽으로부터 영국으로 반입되는 사치품에 대한 관세 때문에 밀수가 횡행하였다. 밀수는 주로 저녁 늦은 시간에 이루어졌고 밀수품을 운반하기 위해 조랑말들이 활용되었다. 당시 브랜디 와인(Brandy)은 성공회 사제(Parson)가, 약품으로 사용되기도 한 담배(Baccy)는 사무원이나 점원(Clerk)과 같은 일반인이, 실크와 레이스(laces)는 여성(lady)이, 문서나 서신(letters)은 스파이(spy)가 필요로 하는 물품이었기 때문에 밀수의 주요 대상이라고 할 수 있다. 또한 밀수행위가 있다고 하더라도 모른 척하라는 표현에서 당시 밀수가 만연해 있었다는 점을 알 수 있다.)

출처: "Amway Pays $38 Million to Canada," *Los Angeles Times*, September 22, 1989, p. 3; Patricia Ward Biederman, "Smuggler to Pay for Pocketing Monkeys," *Los Angeles Times*, December 19, 2002, p. B1; "Chinese National Pleads Guilty of Smuggling Protected Sea Turtles," *Associated Press*, January 3, 2008; Raymond Fisman, "Measuring Tariff Evasion and Smuggling," *NBER Reporter*, No. 3, 2009, pp. 8–10.

는데, 일정 쿼터량은 관세 부과 후에 유럽연합(EU)으로 수입되고 나서 두 번째 쿼터는 무관세로 들여올 수 있는 혼합된 시스템을 만들었다. 2010년 초 아바타(Avatar)가 전 세계 극장가를 휩쓸었을 때, 중국은 3차원 입체 영상으로만 상영하도록 제한할 것을 극장에 지시하였다.[21] 관세와 더불어 쿼터 또한 가격을 상승시키는 경향이 있다.[22] 미국의 섬유 쿼터는 의류 도매가를 50% 더 올리는 것으로 추정된다.

외환의 흐름과 특정 수입상품의 수량을 조절하는 수단으로써 각국 정부는 자주 수입허가를 사용한다. 수입을 통제하는 수단으로써 쿼터와 수입허가의 근본적인 차이는

[21] Ian Johnson, "China's Homegrown Movies Flourish," *The Wall Street Journal*, January 20, 2010, pp. B1, B4.

[22] Peter T. Leach, "Is China Losing Its Edge?" *Journal of Commerce*, December 3, 2007.

수입허가가 쿼터에 비해 훨씬 더 융통성이 크다는 점이다. 쿼터는 쿼터량이 채워질 때까지만 수입이 허용되지만 수입허가는 각 사안별로 수입량을 제한한다.

수출자율규제(Voluntary Export Restraints) 쿼터와 유사한 것이 **수출자율규제(VERs)** 또는 시장질서유지협정(OMAs: Orderly Market Agreements)이다. 일반적으로 섬유, 의류, 철강, 농업 그리고 자동차 등에 적용되는데 수출자율규제는 수출물량에 대한 수출국과 수입국 간의 합의다. 수년간 일본은 매년 정해진 수량의 자동차를 수출하기로 동의함으로써 자동차 부문에서 미국을 대상으로 수출자율규제를 시행하였다. 미국에서 텔레비전이 생산되고 있는 동안 일본은 미국으로의 컬러텔레비전 수출물량을 매년 156만대로 제한하는 시장질서유지협정에 서명하였다. 그러나 일본 기업들은 미국과 멕시코에서의 텔레비전 생산에 투자함으로써 전략을 조정하기 시작하였고, 결론적으로 전체 미국 시장을 장악하면서 시장질서유지협정으로 잃었던 전체 시장점유율을 다시 회복하였다. 수출자율규제는 수출국이 제한을 설정하기 때문에 자율적이라고 인식되지만, 만일 수출자율규제가 제대로 이루어지지 않으면 수입국은 더 강경한 쿼터와 관세를 부과하는 것이 일반적이다.

보이콧과 엠바고 정부의 보이콧(Boycott)은 타국으로부터 특정 제품이나 서비스의 구매 및 수입을 절대적으로 제한하는 것이다. 즉, 국제무역에서의 보이콧은 특정 국가의 제품이나 서비스를 구입하거나 사용하지 않는 불매동맹을 뜻하는 말이다. 보이콧의 어원은 아일랜드의 지주 대리인인 퇴역 육군대위 보이콧(Boycott)이란 사람의 이름에서 나온 말이다. 1870년대 말 보이콧이 소작료를 체납한 소작인을 쫓아내려하자 소작인들이 조직적으로 그와의 모든 사회적 · 경제적 관계를 거부한 데서 유래하였다. 그런데 국제무역에서 이런 보이콧은 심지어 여행금지까지 포함할 수 있는데, 중국 정부는 캐나다를 허가여행지로 지정하지 않고 있다. 중국 관료들은 캐나다 당국의 3년간의 항의와 협상에도 불구하고 어떠한 해명도 하지 않고 있는데, 이는 중국 인권정책에 대한 캐나다의 끊임없는 비판과 관련 있음이 분명하다.[23] 엠바고(embargo, 금수조치)는 특정 국가로의 판매를 금지하는 것이다. 공공을 위한 보이콧은 공식적 또는 비공식인 형태로 취해질 수 있으며, 정부 또는 특정 산업의 지원에 의해 이루어질 수 있다. 미국은 보이콧과 엠바고를 분쟁 대상 국가들을 상대로 실시하고 있다. 예를 들면 쿠바[24]와 이란은 아직도 미국의 제재를 받고 있다. 그러나 미국 정책입안자들 사이에서는 정부 주도의 제재가 아무런 효과도 얻지 못하면서 미국과 제재 대상 국가 모두에게 불필요한 손해를 끼친다는 인식이 퍼지고 있다. 정부

[23] "Canada Threatens China with WTO Action over Tourism Ban," *Agence France-Presse*, January 8, 2008.

[24] Cornelia Dean, "Cuba After the Embargo," *The New York Times News Service*, Edmonton Journal, January 6, 2008, p. E8.

NYK(Nippon Yusen Kaisha)상선 소속의 선박이 인접 국가인 이스라엘을 제외한 다른 국가들에게 인도할 일본산 자동차를 홍해에 위치한 요르단의 아카바(Aqaba)항으로 운송하고 있다. 아랍 국가들이 이스라엘에 대해 보이콧을 하고 있기 때문에 이스라엘의 에일랏(Eilat)항으로 별도의 선적이 이루어진다.

나 시민단체의 강요로 인해 한 국가의 시민들이 다른 국가의 제품을 보이콧하는 것은 흔한 일이다. 네슬레 제품의 경우 한 시민단체에 의해 보이콧되었는데, 저개발국가에서의 네슬레 유아용 유동식 홍보 방식이 엄마들을 호도하고 아기들에게 해를 끼친다고 판단했기 때문이다.

통화장벽 정부는 다양한 방식의 환율통제 수단을 활용하여 국제무역을 효과적으로 규제할 수 있고 국제수지를 유지하거나 특별히 특정산업을 장려하고 우위를 지키기 위해 제한수단을 제정할 수 있다. 이러한 두 가지 장벽은 바로 통화를 봉쇄하는 것과 외환을 방어하기 위한 외환사용에 대한 정부승인 심사이다.

통화봉쇄(Blocked Currency)는 정치적 목적 또는 어려운 국제수지 상황에 대한 대응으로 사용된다. 사실상 봉쇄는 일정 수준 이상의 수입이나 또는 모든 수입을 중단시키게 되는데, 수입업자로 하여금 자국 통화를 수출국가의 통화로 교환하는 것 자체를 불허하는 것이다.

외환 사용에 대한 정부 승인은 과거 심각한 외환 부족 위기를 겪었던 국가들이 종종 사용한다. 대부분의 남미 국가들과 동유럽 국가들이 한번쯤은 실시하였고 모든 외환거래시 중앙부처장의 허가를 받도록 하였다. 따라서 외국물품을 구매하고자 하는 수입업자는 자국 통화 금액을 외국 통화로 바꾸는 허가, 즉 외환허가(exchange permit)를 반드시 신청하여야 한다.

외환허가를 통해 정부 의도대로 수입업자에게 불리한 환율을 지정할 수 있다. 추가로, 물품이 이전되기 전 일정기간 동안 국내은행에 교환하고자 하는 금액만큼을 예치하도록 규정할 수도 있다. 예를 들면 브라질에서는 가끔 물품 수입일 이전 360일간 자금의 예치를 요구하고 있다. 이러한 요구조건은 원활한 자금순환을 막고 인플레이션 폐해의 신호가 되므로 극도의 제한수단이 된다. 이러한 정책들은 수입업자의 자금흐름에 중대한 문제를 일으키고 수입가격 상승을 부추긴다. 즉 통화 및 외환장벽은 무역을 억제하는 주된 수단임이 분명하다.

표준 이런 종류의 비관세장벽들은 건강, 안전 그리고 제품의 품질을 보호하는 표준들을 포함하고 있다. 이러한 표준들은 때때로 과도하게 엄격하고 또한 무역을 제한하는 차별적 수단으로 사용되지만, 이런 종류의 많은 규제들은 그 자체로서 문제이다. 과일 잼 내용물 규제는 국가별로 너무나 다양해서 어느 농업 전문가는 잼 수출업자는 국가의 이런저런 규제를 피하기 위해서 컴퓨터가 필요할 지경이라고 말한다. 미국과 일본 사이에서 상이한 표준은 중요한 의견충돌 사항 중 하나이다. 일본으로 선

크래커 잭(Cracker Jack)은 1912년에 사탕에 장난감 사은품을 끼워주는 판촉을 실시하였다. 한편, 이탈리아 초콜릿 제조 판매업체인 페레로(Ferrero)는 더 나아가 전 세계 37개국에서 아이들이 좋아하는 장난감 소프레사(sorpresa)를 담고 있는 우유 초콜릿 킨더 에그스(Kinder eggs)를 만들었으나, 질식 위험 때문에 미국에서는 판매할 수 없다. 위 사진 제품은 멕시코에 판매할 목적으로 아르헨티나에서 생산하는데 3세 이하 유아들에 대한 경고 라벨이 포함되어 있다. 크래커 잭은 동일한 이유로 수많은 멋진 소형 장난감들을 포장에서 제거해야만 했다. 네슬레도 1990년대 후반에 미국 시장에서 킨더 에그스와 유사한 제품을 선보였으나 안전상의 이유로 철수시켜야 했다. 가장 최근의 사례로 원더볼(Wonderball)의 경우 포장 안에 먹을 수 있는 초콜릿 피규어가 들어있다(더 자세한 사항은 www.ferrero.com.ar 또는 www.crackerjack.com을 참고). 미국 안전기준에 부합하기 위해서는 위의 오른쪽 사진에서처럼 장난감은 플라스틱 통보다 지름이 커야 한다.

적되는 목재 합판의 옹이구멍의 크기에 따라 선적 허용이 다르게 결정될 수 있다. 만일 옹이구멍이 너무 크면 품질기준을 충족하지 못하므로 선적은 거부된다. 다른 예들을 살펴보면, 네덜란드에서는 수입하는 모든 닭과 오리 알에 지워지지 않는 잉크로 반드시 원산지를 표시해야 하고, 스페인에서는 수입 농축우유가 8% 미만의 지방을 함유하고 있다면 지방함량을 라벨에 표기해야 한다. 또한, 유럽연합(EU)은 광우병 때문에 영국산 수입 소고기와 소고기 제품에 엄격한 수입통제를 실시하고 있고, 전 세계의 시민운동가들뿐만 아니라 유럽연합(EU)도 격렬히 반대하는 모든 유전자 조작식품도 마찬가지로 엄격한 수입통제가 이루어진다.

미국과 기타 국가들은 몇몇 제품들(특히 자동차)에 대하여 자국 시장에서 판매를 하기 위해서는 일정비율의 현지 부품(local content) 사용요건을 제시하고 있다. 북미자유무역협정(NAFTA)은 회원국으로부터 수입하는 모든 자동차가 적어도 62.5%의 북미산 부품을 사용해야 한다고 규정하고 있는데 이는 외국 자동차 제조업체들이 특정 회원국을 이용하여 자신들의 국가로 우회 침투하는 것을 막기 위함이다.

반덤핑 제재 역사적으로 볼 때 관세와 비관세 무역장벽은 자유무역을 지연시켰다. 그러나 관세 및 무역에 관한 일반협정(GATT)과 세계무역기구(WTO)의 노력으로 해가 갈수록 이러한 장벽들은 낮아지거나 철폐되고 있다. 외국 제품을 자국 시장 밖으로 밀어내는 방법으로 떠오른 반덤핑법(또는 덤핑방지법)은 새로운 비관세장벽이다. 반덤핑법은 외국 생산업체가 경쟁을 무력화하기 위해 의도적으로 생산비보다 낮은 가격으로 제품을 자국시장에 판매하여 시장을 지배하고자 하는 관행, 즉 약탈적 가격 책정(predatory pricing)을 막기 위하여 고안되었다. 반덤핑법은 국제무역에 대한 반독점법 적용의 일환이라고 할 수 있다. 위반업체로 판정되면 반덤핑관세를 그리고 외국 정부의 보조금을 받았다고 판단되면 상계관세를 물어야 한다. 많은 국가들이 유사한 법을 제정하고 있고 이는 세계무역기구(WTO)에서도 인정하고 있다.

최근 미국에서 반덤핑 사례가 급증하고 있다. 한 해 동안 12개 미국 철강업체들이 30개국의 82개 외국 철강업체들을 반덤핑으로 제소하였다. 2009년 4월 버락 오바마 대통령이 심각한 경제위기 상황 하에서 보호주의 수단들을 사용하지 않겠다고 G20 국가 정상들에게 약속했음에도 불구하고, 2009년 9월 미국은 중국에서 수입한 타이어의 35%에 대하여 반덤핑관세를 부과하였다.[25] 많은 경제학자들은 이러한 덤핑방지용 과세가 불필요하다고 인식하는데, 왜냐하면 수많은 기업들과 국가들이 연관되어 있어서 수요와 공급이 최고의 업체와 최상의 가격을 걸러낼 수 있기 때문이다. 물론 표적이 된 국가들은 불만을 토로하고 있다. 그럼에도 불구하고 반덤핑관세는 사실상 무역장벽이 되어가고 있다. 반덤핑 조사에는 많은 비용과 긴 시간이 소요되고, 이를 통해 반덤핑조사가 해결이 될 때까지 무역은 효과적으로 제한이 된다. 더 나아가 반덤핑관세 부과에 대한 경고를 통해 관련 기업들의 빈번한 시장진입을 막는 충분한 역할을 한다.

국내 보조금과 경제부양책 개발도상국이 오랫동안 무역과 관련하여 항의해온 주요 사안은 미국과 유럽의 농업보조금이다. 하지만 2008년 시작된 경제침체는 동반 부실화된 은행들과 자동차업체들에 대하여 막대한 규모의 새로운 국내 긴급 구제안들의 시행을 촉발시켰다. 개발도상국들은 미국이 자국 산업에 대해 시행한 이러한 보조금은 해당 기업들에게 국제시장 측면에서 불공정한 우위를 제공해 준 것이라고 불만을 터뜨렸다. 상대적으로 경제규모가 작은 국가들은 다양한 방식으로 자구책을 강구하였는데, 예를 들면 말레이시아는 수입물품의 반입항구 수를 제한하였고, 에콰도르는 600종류의 물품에 대하여 관세를 인상하였다. 그리고 아르헨티나와 그 외 15개국들은 이러한 부양책이나 긴급구제가 세계무역기구(WTO) 규정상 무역상대국이 보복 권한을 가질 수 있는 산업 보조금에 해당하는지 검토해 줄 것을 세계무역기구(WTO)에 요청하였다.[26] 미국 정부는 중국의 정책들에 대해 비슷한 이유로 항의하였는데, 지속적인 통화 통제, 수출시 세금 우대조치 및 중국 정부기관이 자국산 제품을 구매하도록 하는 요건 등이 이에 해당한다.[27]

[25] "Economic Vandalism," *The Economist*, September 19, 2009, p. 13.

[26] Carol Matlack, "The New Protectionsim," *BusinessWeek*, June 22, 2009, pp. 22–23.

[27] Pete Engardio, "Beijing Bolsters the Barriers," *BusinessWeek*, July 6, 2009, p. 26.

무역 제한의 완화

오랜 기간 동안 미국 정부의 최우선 과제는 무역적자의 감소였다. 대부분의 해결책은 수입을 줄이고 기타 무역정책을 조정하는 것이 아니라 무역상대국들과의 무역 공정성을 개선하는데 초점을 맞추고 있다. 많은 국가들이 미국에서 자유롭게 무역할 수 있는 반면 미국 제품은 그들 시장에서 동등한 접근 기회를 가지고 있지 않다고 많은 이들이 믿고 있다. 일본은 지난 20년간 미국의 가장 큰 무역적자 상대국이자 무역 공정성에 대해 가장 큰 관심을 불러일으킨 국가였다. 1988년에 제정된 종합무역법은 무역 공정성 주제들을 다루고 있으며, 미국의 경쟁력 향상에 초점을 맞추고 있다. 21세기에 접어들어서는 표 2.1에서 보듯이 미국과 가장 큰 무역마찰 대상국이 일본에서 중국으로 바뀌었다.

종합무역법

LO5 종합무역법 조항에 대해 이해한다.

1988년 제정된 **종합무역법**은 다양한 측면을 가진 법안으로서 무역관행의 부당함을 바로잡는 것뿐만 아니라 세계시장에서 미국 기업들이 보다 경쟁력을 갖추도록 도와주는 것에 초점을 두고 있다.[28] 이 법안은 무역적자, 보호무역주의 그리고 무역상대국들의 전체적인 공정성을 다루도록 고안되었다. 미국 의회는 미국 시장이 전 세계 대부분 국가에게 개방되어 있지만 일본, 서유럽 및 많은 아시아 국가들은 상대적으로 폐쇄적이라는 점에 관심을 집중하였다. 미국은 무역상대국들이 어떻게 행동하였으면 좋겠다는 바람이 아니라 실제로 그들이 어떻게 운영하고 있는가에 기초하여 다루어야 한다는 인식을 종합무역법에 반영하였다. 혹자는 이 법안을 보호무역의 변형으로 바라보고 있지만, 미국 정부는 외국시장을 개방하고 미국 수출업자들이 보다 경쟁력을 가질 수 있도록 도와주는 강력한 무기를 제공하는 수단으로 간주하고 있다. 종합무역법은 시장 접근, 수출 확대 및 수입 경감과 같이 미국의 무역을 향상시키는데 필수적이라고 인식되는 세 영역을 담고 있다.

북경의 혼잡한 쇼핑구역이 바라다 보이는 옥외광고판에는 중국 우주기술의 중요성을 모든 통행자들에게 분명히 보여주고 있다. 한편, 보잉(Boeing)과 휴즈(Hughes)는 1990년대 중반 이른바 중국에 민감한 우주기술을 제공한 것에 대해 미국 정부와 합의하는데 3,200만달러를 지불해야 했다. 캐나다가 그러했듯이 기술 판매에 대한 수출제한 때문에 미국 첨단 기업들은 국제시장에서 심지어 중국에도 경쟁력에서 뒤처지게 되었다.

미국 제품들에 대한 시장 개방 쟁점은 시장 접근성으로 귀결된다. 많은 무역장벽들이 외국시장에 진입하고자 하는 미국 제품들을 수입제한하거나 금지하고 있으며, 이러한 장벽들로는 불필요한 기술 표준을 통한 수입제한, 강제적인 유통체계, 통관장벽, 관세, 쿼터 그리고 제한적인 허가 요건등이 있다. 이 법안은 만일 특정 국가가 미국 제품에 대해 불공평한 수입제한을 가하는 경우 미국 정부 당국이 미국 시장에서 그 국가 제품의 판매를 수입제한하도록 하는 권한을 부여하고 있다. 더 나아가 외국

[28] Caroline Baum, "China Isn't a Currency Manipulator," *Today*(Singapore), June 20, 2007, p. 35.

의 정부조달 규정이 미국 기업에 대하여 차별을 하는 경우 미국 대통령은 그 침해 국가의 제품이나 서비스를 미국 정부가 조달함에 있어 유사한 금지 조치를 취할 수 있는 권한을 가지고 있다.

시장 접근성을 강조하는 것 외에, 이 법안은 미국의 수출경쟁력에 대한 몇몇 문제점들의 원인이 미국의 규제와 수출 억제 제도들이라고 인식하고 있다. 수출통제, 해외부정거래방지법(FCPA: Foreign Corrupt Practices Act) 그리고 수출촉진 관련 사항들이 이 법안의 수출확대 부분에 구체적으로 언급되어 있다. 수출통제목록 상의 물품들에 대한 수출허가는 좀 더 쉽고 빠르게 이루어지고, 추가로 이 법안은 수출업자의 요구에 대해 더욱 신속하게 대응하는 미국 정부의 역할을 재차 강조하고 있다. 종합무역법이 미국의 수출에 이바지한 두 가지 주요 사항은 수출 허가요청을 신청하고 기록하는 컴퓨터 기반 절차의 구축과 무역 데이터 접근을 향상시킨 국가 무역 데이터 은행(NTDB: National Trade Data Bank)의 창설이었다.

수출 무역은 2차선 도로와 같다. 만일 미국이 외국 시장을 개방하도록 강권한다면 미국은 자국시장에서 수입품과의 경쟁을 준비해야 한다. 외국제품의 미국시장 침투로 심각한 경쟁압력, 시장 점유율 손실 그리고 때때로 극심한 재정적 피해가 발생할 수 있다는 점에서, 종합무역법의 수입완화조치(import relief) 부분은 외국제품의 수입으로 불리한 영향을 받는 미국 기업들에 일련의 구제방법을 제공하고 있다. 공정하게 이루어진 수입에 의해 심각한 타격을 받은 기업들은 수입 경쟁에 적응하고 경쟁력 회복을 할 수 있도록 일시적인 수입 구제조치를 정부에 청원할 수 있다.

이 법안은 수출허가를 획득함에 더 유연한 절차를 만들고, 수출통제목록 상의 물품수를 줄였으며, 관련 정보 접근을 매우 용이하게 하는 결과를 가져왔다. 그리고 인도, 일본 및 다른 국가들의 무역 장벽을 철폐하거나 낮추는 협상의 근간을 구축하였다. 그러나 1999년(방위 기술 관련하여 스파이 행위 혐의로 중국을 기소한) 의회 보고서 이후 국가 안보를 이유로 많은 첨단기술 제품의 수출 제한이 다시금 엄격해졌다.[29]

글로벌 시장이 점점 진화함에 따라 무역 국가들은 관세, 쿼터 및 기타 무역 장벽을 제거하는 방향으로 관심을 기울여 왔다. 국제무역의 성장을 지원하는 현재 진행 중인 네 가지 움직임이 있는데 관세 및 무역에 관한 일반협정(GATT), 세계무역기구(WTO), 국제통화기금(IMF) 그리고 세계은행그룹(World Bank Group)이 바로 그것이다.

---

[29] Elaine Kurtenbach, "China Says Bids Due from Three Global Nuclear Power Companies," *Associated Press*, February 25, 2005.

관세 및 무역에 관한 일반협정

LO6

관세 및 무역에 관한 일반협정과 세계 무역기구의 중요성을 이해한다.

역사적으로 무역조약은 해당 국가 간의 쌍무적 기반에서 협상이 이루어졌고 다른 제3의 국가들과의 관계에 대해서는 그리 신경을 쓰지 않았다. 더 나아가 이런 무역조약들은 시장 확대나 세계무역의 회복보다는 무역장벽을 쌓는 경향이 있었다. 제2차 세계대전 직후 미국과 22개국은 **관세 및 무역에 관한 일반협정**(GATT)에 서명하였다.[30] 모든 국가들이 참여하지는 않았지만 이 협정은 최초로 효력을 발휘한 전 세계 관세 협정으로 입지를 다졌다. 이 최초의 협정은 관세를 감축하는 절차를 제공하였고 세계무역 전반에 걸친 감시단체로서 역할을 하는 기구를 만들었다. 관세 및 무역에 관한 일반협정(GATT) 기구의 책임자와 참모들은 무역과 무역 관련 사안들에 대해 협상하는 포럼을 관련국들에게 제공한다. 가맹국들은 그들의 무역 분쟁에 대해 쌍무적으로 해결책을 모색하지만 만일 실패한다면 해결방안을 추천하도록 특별 관세 및 무역에 관한 일반협정(GATT) 패널들이 구성된다. 다만 패널들은 조언 역할만 할 뿐 강제력을 가지고 있지 않다.

관세 및 무역에 관한 일반협정(GATT)과 그 이후의 국제회의들은 광범위한 제품들에 대해 상당한 관세 인하 동의안을 이끌어냈다. 가맹국들은 정기적으로 모여 무역 장벽들을 재평가하고 가맹국들 사이의 무역을 증진하기 위한 국제 규정을 정립하고 있다. 전반적으로 보면 관세 및 무역에 관한 일반협정(GATT)은 다음과 같은 기본 구성요소를 다루고 있다. (1) 무역은 차별 없이 수행되어야 한다. (2) 수입 쿼터와 같은 상업적 조치보다는 관세요율을 통해서 국내 산업의 보호가 이루어져야 한다. (3) 국가 간 회담이 세계무역 문제를 해결하는 주된 방법이다.

미국 정부에 따르면 사진 속 물고기가 미국에서 양식되지 않는 한 메기(catfish)라고 부를 수 없다. 베트남의 논에서는 이것을 생산하는데 도매 기준으로 1파운드 당 약 1.8달러가 소요되는 반면 미국 양식업자는 약 2.8달러가 든다. 소비자 뿐 아니라 어류학자들도 아시아산과 미국산 메기의 차이점을 발견할 수 없지만 미국 정부는 개입에 나섰다. 메기라는 명칭에 대한 미국 의회의 주장은 유럽이 청어(herring)라는 명칭에 독점권을 주장한 것에 대해 미국이 반박할 수 있는 입지를 축소시켰다.
(©Tom McHugh/Photo Researchers, Inc.)

관세 및 무역에 관한 일반협정(GATT) 형성 이후 정부 간 관세 협상 회담인 8차례의 라운드가 개최되었다. 가장 최근에 완료된 것은 우루과이 라운드(1994)로서 도쿄 라운드(Tokyo Round, 1974)의 성공을 기반으로 이루어졌다. 동경 라운드는 당시까지 관세 및 무역에 관한 일반협정(GATT)에 의해 이루어진 가장 포괄적이고 지대한 영향을 끼친 회담으로서 관세 인하를 가져왔고 보조금과 상계 조치들, 반덤핑, 정부조달, 무역에 관한 기술표준 장벽, 관세 평가 그리고 수입 허가 등에 대한 새로운 국제 규정 착수에 나섰다. 동경 라운드가 비관세장벽들을 다루는 동안 여기에 해당하지 않는 몇몇 분야들이 자유무역의 진전을 저해하고 있었다.

[30] Florence Chong, "As GATT Turns 60, Crean Pledges to Revive the Great Struggle for World Trade Liberalization," *The Australian*, January 2, 2008, p. 17.

시장접근에 더하여, 서비스, 농업, 섬유, 지적재산권 그리고 투자 및 자본 흐름에 대한 무역 관련 사안들이 있었다. 미국은 특히 서비스 무역과 지적재산권이 제대로 보호되지 못하고 있었기 때문에 이 문제를 다루는 것에 관심을 보였다. 이러한 관심을 기반으로 제8차 협상(우루과이 라운드)이 1986년 우루과이 푼다 델 에스테(Punta del Este)에서 **관세 및 무역에 관한 일반협정(GATT)** 통상장관회담으로 시작되어 마침내 1994년 종결되었다. 그리고 1995년까지 미국, 유럽연합(그리고 EU 가맹국들), 일본 그리고 캐나다를 포함한 80개 관세 및 무역에 관한 일반협정(GATT) 협약국들이 협정을 승인하였다.

시장 접근 분야(관세 및 비관세장벽 수단들)는 회담 초기에 협상의 부차적인 문제로 간주되었으나 최종적으로 관세 1/3 감축이라는 우루과이 라운드 초기 목표에 웬만큼 부합하는 결과를 가져왔다. 대신 핵심 무역 상대국들과의 10개 중요 산업 분야에 있어서 사실상 모든 관세가 철폐되었다. 이 협정은 전자제품과 과학기기 분야의 관세 대부분(50%부터 100%까지)을 감축하고, 화학 분야에서는 매우 낮은 비율로(5.5%에서 0%로) 관세조화(harmonization of tariffs)를 이끌어냈다.

우루과이 라운드에서 미국의 중요한 목표는 서비스 관련 국제무역 장벽을 낮추거나 철폐하는 것이었다. **서비스 무역에 관한 일반협정(GATS: The General Agreement on Trade in Services)**은 서비스 분야에서 무역과 투자를 다루는 법적 강제력을 지닌 첫 번째 다자간 협정으로서 외국 서비스에 대해 차별하거나 시장 접근을 부정하는 무역장벽 제거를 목적으로 향후 협상들에 법적 근간을 제공하고 있다. 이로써 서비스 관련 무역과 투자를 다루는 포괄적 다자간 규율과 절차가 처음으로 정립되었다. 광대한 범위의 개별 국가들로부터 구체적인 시장개방 양보가 이루어졌고, 추후 전기통신 서비스 및 금융 서비스를 자유화하는 지속적인 협상을 위한 조항이 만들어졌다.

투자 분야에 대한 협상에서도 마찬가지의 중요한 결과를 가져왔다. **무역관련 투자조치(TRIMs: Trade Related Investment Measures)**는 투자 제한도 주요한 무역장벽이 될 수 있으므로 처음으로 관세 및 무역에 관한 일반협정(GATT) 절차 하에 포함된다는 기본 원칙을 수립하였다. 이 조치의 결과로 도매 또는 소매 유통경로를 외국 기업들에게 개방 금지하는 인도네시아의 수입제한 조치에 제동이 걸릴 수 있다. 또한 외국인 소유 제조업체들로 하여금 현지 공급업체들로부터 대부분의 부품을 비싸게 구매하도록 요구하고 외국 다국적기업 계열회사들에게 내수시장 판매보다 더 많은 수출을 요구함으로써 무역 흑자를 유지하는 브라질의 투자 제한 조치들도 제동이 걸렸다.

미국은 **무역관련 지적재산권(TRIPs: Trade-Related Aspects of Intellectual Property Rights)**에 대한 협정을 통해 우루과이 라운드에서 또 다른 목적을 달성하였다. 이 협정은 지적재산권 전 분야(특허권, 저작권, 상표권, 영업비밀, 산업디자인 그리고 반도체칩 회로설계 보호권)에 대해 기존의 국제 협정들이 담고 있는 내용보다 실질적으로 더 높은 보호 기준을 담고 있다. 따라서 이 기준들은 내부적으로나 국가 간 무역에 있어서 효과적인 강제력을 발휘하게 한다.

우루과이 라운드에서는 또한 반덤핑, 표준, 긴급수입제한조치, 관세 평가, 원산지 규정 그리고 수입 허가를 다루는 규정들의 개선이 이루어졌다. 각각의 사안에 대해 규칙과 절차들이 보다 투명하고 동등하며 예측 가능하도록 만들어졌는데 무역 현장을 보다 더 높은 수준으로 끌어올렸다. 아마도 우루과이 라운드에서 가장 주목할 만한 성과는 관세 및 무역에 관한 일반협정(GATT)의 후계자로 새롭게 등장한 국제기구인 세계무역기구(WTO)의 탄생이었다.

세계무역기구(WTO)[31]

1994년 4월 모로코의 마라케시(Marrakech)에서 우루과이 라운드 무역협정이 서명될 때 미국 대표단은 무역관련 이슈들을 광범위하게 정의할 것을 지속적으로 요구하였다. 이 결과로 기존의 관세 및 무역에 관한 일반협정(GATT) 구조를 아우르고 과거에 적절히 다루지 못했던 새로운 영역까지 확장한 세계무역기구(WTO)가 출범하였다. 세계무역기구(WTO)는 관세 및 무역에 관한 일반협정(GATT)과 같은 협정이 아니라, 국제기구로서 148개 가맹국들 사이의 무역을 관장하는 많은 규정들을 정립하고, 가맹국들 간 무역 분쟁들을 청취하고 해결하는 전문가 패널을 구성하며, 관세 및 무역에 관한 일반협정(GATT)과 달리 법적 구속력이 있는 결정을 제공한다. 세계무역기구(WTO)는 최초로 기존 관세 및 무역에 관한 일반협정(GATT)과 우루과이 라운드 협정 모든 분야에서 전 가맹국들의 참여를 독려하고, 향상된 조직과 업무범위를 통해 21세기 글로벌 시장의 무역관련 이슈들을 다루는 영속적이고 포괄적인 포럼을 제공한다.

모든 가맹국들은 다른 관리들을 지명하는 총장을 선출하기 위해 최소한 매 2년마다 열리는 **세계무역기구(WTO)** 장관 회의에서 동등한 대표권을 가진다. 유전자 조작 식품을 둘러싼 문제와 같은 무역 분쟁들은 가맹국들이 제공하는 무역 전문가 명단에서 선출된 세계무역기구(WTO)의 전문가 패널에 의해 다루어진다. 패널은 양 당사자들로부터 분쟁 사안에 대해 경청하고 결정을 내리는데, 만일 패소국이 기존의 관행을 바꾸지 않으면 승소한 측은 무역 제재를 통해 보복할 수 있는 권한을 가지게 될 것이다. 비록 세계무역기구(WTO)가 강제할 수 있는 수단을 보유하고 있지는 않지만, 다른 가맹국들로부터 세계무역기구(WTO)의 결정을 따르라는 국제적 압력이 그 결정을 준수하도록 한다. 세계무역기구(WTO)는 가맹국들로 하여금 단지 자신들에게 우호적인 규정뿐만 아니라 모든 협정의 의무규정을 반드시 지키도록 하고 있다. 세계에서 가장 빨리 성장하는 시장인 개발도상국들을 포함한 가맹국들은 최초로 자신들의 시장을 개방하고 다자간 무역시스템의 규칙을 준수하는 의무를 수행

[31] See http://wto.org.

하게 될 것이다.

우루과이 라운드의 세계무역기구(WTO) 조항은 일본, 유럽연합(EU) 그리고 미국 등 3대 강대국에 의해 최종적으로 비준되기 전에 약간의 저항에 부딛혔다. 유럽연합(EU) 국가들 사이의 법적 논쟁은 유럽연합(EU)의 설립 조약이 유럽연합 집행위원회(European Commission)에게 세계무역기구(WTO)에서 다루어지는 모든 영역에 대해서 유럽연합(EU) 가맹국들 대신 협상할 수 있는 독점권을 주었는지 여부에 집중되었다.

미국에서는 자신의 무역법을 넘어서는 세계무역기구(WTO)로 인한 무역 주권의 상실 가능성, 거부권 행사의 결여 그리고 특정 세계무역기구(WTO) 가맹국이 제기한 사항이 미국 개별 주의 법률들과 상충될 때 미국이 취할 수 있는 입장 등으로 어려움을 겪었다. 관세 및 무역에 관한 일반협정(GATT) 협정문은 미국 의회에 의해 비준되었고 곧이어 유럽연합(EU), 일본 그리고 60개 국 이상이 뒤를 이었다. 기존 관세 및 무역에 관한 일반협정(GATT)에 있던 모든 117개 가맹국들이 우루과이 협정을 지지하였다. 1995년 1월 1일 세계무역기구(WTO)의 출범 이후 거의 최근까지 세계무역기구(WTO) 의제는 보이콧에 대한 위협과 제재 그리고 이란[32]과 러시아[33]의 가맹국 자격까지 아우르는 다양한 이슈들을 다루고 있다. 실제로 최근 국제무역의 주요 사건은 2001년 중국의 세계무역기구(WTO) 가입이다. 문제를 해결하기 위한 다양한 "라운드"가 개최되는 것을 기다리는 대신 세계무역기구(WTO)는 무역을 지연시키는 이슈들에 대해 끊임없는 토의와 해결을 위한 틀을 제공하고 있다.

세계무역기구(WTO)를 비난하는 세력도 있으나, 대체로 세계무역기구(WTO)는 무역 단체들로부터 인정을 받고 있다. 세계무역기구(WTO)에 가입한 국가들과 가맹국이 되기를 원하는 국가들의 숫자는 세계무역기구(WTO)의 중요성을 알 수 있는 좋은 척도이다. 또 다른 하나는 세계무역기구(WTO) 출범 이후의 성과이다. 세계무역기구(WTO)는 미국이 최근 두 차례의 관세 및 무역에 관한 일반협정(GATT) 라운드를 통해 얻고자 했던 그 무엇, 즉 전기통신 및 정보기술 장치 분야에서 시장을 개방하는 성공적인 협상을 위한 포럼 역할을 해왔다. 또한 세계무역기구(WTO)는 무역 분쟁을 해결하는데 적극적이었고, 우루과이 라운드에서 합의한 협정이 잘 실행되는지 지속적으로 감시하고 있다. 그러나 세계무역기구(WTO)의 성공은 또 다른 문제들을 낳고 있는데, 즉 세계무역기구(WTO)의 소속으로서 이득은 모두 원하면서도 자신의 국내시장 보호를 원하는 국가들을 어떻게 대응할 것인가 하는 것이다. 실제로 가장 최근의 다자간 협정으로서 2001년 회담을 시작한 장소인 카타르의 도시 이

[32] Tom Wright, "WRTO to Open Talks on Iran's Membership," *International Herald Tribune*, May 27, 2005, p. 1.

[33] "Mexico Backs Russia's WTO Bid, Welcomes Russian Energy Investment," *Agence France-Presse, June*21, 2005.

름을 딴 도하(Doha) 라운드는 더딘 진전을 보이며 교착상태에 있다.[34]

GATT와 WTO 정신의 회피

아마도 모든 일반적인 법률이나 협정과 마찬가지로 불행하게도 세계무역기구(WTO) 출범 이후 세계무역기구(WTO) 조항들을 회피하기 위한 허점이나 방법을 찾는 국가들이 있었다. 예를 들어 중국은 세계무역기구(WTO) 회원국이 될 것을 요청받았을 때 가입 승인을 받기 위해서는 관세와 무역에 대한 다른 수입제한 장벽들을 감축하는 선의를 보여주어야 했다. 세계무역기구(WTO)에 합류하기 위한 요건을 충족하기 위해서 중국은 5천 개 제품 품목의 관세를 인하하였고, 쿼터, 허가 그리고 외환통제를 포함한 일련의 전통적인 무역관련 비관세장벽을 제거하였다. 그러나 동시에 미국 기업들은 기술표준과 검사 요건의 수와 범위가 늘어났음을 인지하기 시작했다. 예를 들어 중국은 최근 외견상 별 문제없는 수입물품에 대해 퍼즐그림 맞추듯이 안전 및 품질검사 요건을 적용했다. 또한 전자 및 기계 수입품들 대부분은 비싼 증명 절차를 받아야 하는데 이 증명 절차에서는 중국 검사관들의 현장 방문에 대하여 현지 중국 수입업체가 아닌 외국 기업이 비용을 지불해야 한다고 주장하고 있다. 세계무역기구(WTO) 규정 하에서 중국은 이제 특정 표준을 부과하게 된 결정을 정당화할 수 있어야 하며 검사 기준의 근거를 제시해야 한다. 2009년 세계무역기구(WTO)는 영화, 음악 및 서적 수입에 대한 중국의 수입제한 조치들을 불법이라고 판결하였다. 이 판결은 항소 중이지만, 만일 확정된다면 애플(Apple)과 애플의 아이튠즈(iTunes) 같은 회사들은 엄청난 기회를 맞게 될 것이다.[35]

앞서 언급한 반덤핑 관세는 각국이 선호하는 새로운 관세 부과 방식이 되고 있다. 실제로 미국의 예를 따라서 다른 많은 국가들이 반덤핑 사례를 활용하고 있는데 멕시코와 기타 남미 국가들도 마찬가지로 반덤핑 관세 부과를 늘려 왔다. 세계무역기구(WTO)는 이처럼 창의적인 신규 무역관련 장벽들과의 싸움을 지속하고 있다.

마지막으로 가장 최근의 세계무역기구(WTO) 무역협상 라운드가 더딘 진전을 보이자 이에 실망한 몇몇 국가들이 양자 간 무역협정 체결을 위해 협상하고 있다.[36] 예를 들자면 미국은 페루, 콜롬비아, 파나마 그리고 한국과 자유무역협정을 체결하였다.[37] 유럽연합(EU)도 남미 국가들과 유사한 협정을 맺고 있다. 아마도 가장 주목할 점은 중국과 대만이 자유무역 회담을 시작했다는 것이다.[38] 한국과 인도[39] 또한 5개

---

[34] John W. Miller, "Blame Goes Global at WTO," *The New York Times*, December 3, 2009.

[35] Don Lee, "A Win for U.S. Media in China," *Los Angeles Times*, August 13, 2009, pp. B1, B4.

[36] Jayant Menon, "Dealing with the Proliferation of Bilateral Free Trade Agreements," *World Economy* 32 (October 2009), pp. 1381–407.

[37] http://www.ustr.gov, 2010.

[38] Ting-I Tsai, "China, Taiwan Set Stage for a Landmark Pact on Trade," *The Wall Street Journal–Eastern Edition*, December 19, 2009, p. A19.

[39] Kanga Kong, "Trade Accord with India Will Cut or Eliminate Tariffs," *The Wall Street Journal–Eastern Edition*, August 8, 2009, p. A9.

동아프리카 국가들[40]이 그랬던 것처럼 자유무역협정(FTA)을 맺었다. 양자 간 회담이 궁극적으로 다자간 양보를 이끌어낸다는 점에서 이러한 활동들은 세계무역기구(WTO)의 목적과 염원에 부합한다.

국제통화기금과 세계은행 그룹

LO7 국제통화기금과 세계은행 그룹의 출현에 대해 학습한다.

국제통화기금(IMF)[41]과 세계은행 그룹[42]은 국가들이 경제적으로 생명력을 갖고 유지할 수 있도록 도와주기 위해 창설된 국제기구이다. 각각은 금융시장의 안정성 유지와 경제 발전 및 재건을 원하는 국가들을 지원함으로써 국제무역 환경에서 중요한 역할을 담당한다.

부적절한 재정 비축과 불안정한 통화 유통은 국제무역에서 특히 골치 아픈 문제이다. 이러한 상황이 지속되는 한 세계 시장은 발전할 수 없고 효과적으로 기능을 발휘할 수 없다. 제2차 세계대전 이전에 국제무역을 괴롭혔던 이러한 시장 장벽들을 극복하기 위해서 국제통화기금(IMF)이 결성되었다. 최초 29개국이 이 협정에 동의하였으며, 현재 184개국이 가입하였다. **국제통화기금(IMF)**의 목적 중에는 환율 안정과 국제무역의 확장과 균형 성장을 가능하게 하는 자유로운 태환 통화의 정립이 있다. 회원국들은 외화에 의한 대금지급이 국가들 사이에 순조롭고 지체 없이 이루어질 수 있도록 자신들의 통화를 매매하는 안정된 시스템을 유지하고 상호간 협의를 위해 자발적으로 가입하였다. 또한 국제통화기금(IMF)은 다른 회원국들에게 상환해야 할 채무변제에 어려움을 겪는 회원국에게 자금도 빌려준다. 아르헨티나, 터키 그리고 그리스가 최근 국제통화기금(IMF)으로부터 도움을 받았는데 그 결과는 긍정적인 면과 부정적인 면이 혼재되어 있다.

일반적으로 계속 움직이는 환율에 대처하기 위해서 국제통화기금(IMF)은 유용한 발명품이라고 할 수 있는 **특별인출권**(SDRs: Special Drawing Rights)을 고안해냈다. 금과 미국달러가 금융 교환의 매개 도구로서 유용성을 잃고 있기 때문에 대부분의 금융통계는 달러보다 특별인출권(SDRs)과 관련이 되어 있다. 특별인출권(SDRs)은 사실상 종이로 된 금이며, 주요 통화 가치에서 파생된 평균 가치를 기본으로 하고 있다. 무역 계약은 특정 국가의 통화로 액수를 매기기보다 특별인출권(SDRs)으로 자주 작성되는데 이는 특별인출권(SDRs)이 환율변동에 훨씬 덜 민감하기 때문이다. 심지어 변동환율도 교환관계를 반드시 정확하게 반영하지 못한다. 일부 국가들은 자신의 통화가 인위적 환율조작 없이 자유롭게 움직일 수 있도록 허용하는 반면(자유변동), 어떤 국가들은 자신의 통화 가치를 인위적으로 조작(관리변동)함으로써 통화시장에서의 정확성을 조정한다. 국제통화기금(IMF)이 설립된 이후 국제통화시스템에 많은 변화가 있었지만 국제통화기금(IMF)은 아직도 경상계정 부채를 지

[40] "It Really May Happen," *The Economist*, January 2, 2010, p. 36.

[41] http://www.imf.org.

[42] http://www.worldbank.org.

불하는데 어려움을 겪는 국가에 단기 금융을 제공하는 중요한 역할을 담당하고 있다.

국제통화기금(IMF)이 다소 심각한 비판에 직면해 있지만[43] 가치 있는 서비스를 제공해왔고 적어도 부분적으로는 설립 목적을 달성했다고 대다수가 동의하고 있다. 실제로 국제통화기금(IMF)은 1997년 일부 아시아 국가들이 금융위기에 처했을 때 그 가치를 입증하였다. 국제통화기금(IMF)이 취한 행동은 그 위기의 충격을 실질적으로 줄이는 결과를 가져왔다. 금융위기 동안 국제통화기금(IMF)은 태국, 인도네시아 그리고 한국을 포함한 몇몇 국가들에게 자금 대여를 제공했다. 만일 이 국가들이 자금 지원(한국에만 600억달러)을 받지 못했다면, 그 경제적 파장은 세계 불황을 이끌었을지도 모른다. 당시에 모든 주요 주식시장은 시장 가격의 실질적 하락을 반영하였고, 일부 국가들의 경제성장률은 더디어졌다.

때때로 국제통화기금(IMF)과 혼동하기는 하지만, **세계은행 그룹**은 사람들에 대한 투자와 지속적인 성장에 힘을 쏟음으로써 생활수준 향상과 빈곤 축소라는 고유 목적을 가진 별개의 국제기구이다. 세계은행은 개발도상 회원국이 자신의 목적을 달성할 수 있도록 자금 대여, 기술 지원 및 정책 지도 등을 제공해준다.[44] 세계은행 그룹은 다섯 개의 기관들로 구성되는데 각 기관은 다음의 서비스들을 수행한다. (1) 개발도상국 정부에게 교육, 보건 및 사회기반시설에 대한 개발 프로젝트 자금을 빌려주고, (2) 최빈국가들(1인당 국민소득 925달러 미만) 정부에게 개발과 관련한 프로젝트를 위한 도움을 제공하며, (3) 개발도상국의 민간 부문 강화에 도움을 주기 위해 장기 자금 대여, 지분 투자 및 기타 금융 지원을 통해 민간 부문에 직접적으로 돈을 빌려주고, (4) 외국 투자를 유도하도록 개발도상국들의 환경 조성을 위해 몰수 및 전쟁과 같은 비상업적 위험에 대한 투자 보증을 투자자들에게 제공하며, (5) 정부와 외국인 투자자들 사이에 발생한 분쟁을 조정하고 중재하는 기능을 제공함으로써 국제투자 흐름의 증가를 촉진한다. 또한 이들 국가들에게 조언을 해주고 연구를 진행하며 외국 투자법 분야의 출판물을 제작 생산한다. 세계은행 그룹은 설립 이후 전 세계의 경제 발전에 중추적 역할을 해왔고 제2차 세계 대전 이후 국제무역의 확산에 공헌하였다.

국제기구에 대한 저항

1999년 초반부터 반자본주의 시위자들로 불리는 사람들이 앞서 언급한 바와 같이 주요 국제기구들의 추진 작업에 영향을 미치기 시작했다. 세계무역기구(WTO), 국제통화기금(IMF) 및 기타 구제기구들에 대한 기본적 불만은 환경 문제, 노동자 착취와 국내 일자리 감소, 문화의 소멸, 고유가 그리고 국가 주권의 약화 등과 같은 세계화의 의도하지 않은 복합적 결과이다. 반세계화 시위는 1999년 11월 시애틀에서 열린 세계무역기구(WTO) 회담 동안 처음으로 세계 언론의

[43] Krishna Guha, "Watchdog Calls on IMF to Curb Loan Conditions," *Financial Times* , January 4, 2008, p. 4.

[44] Thomas Pearmain, "Tanzanian Power Sector Faces Diffi cult Year," *Global Insight* , January 2, 2008.

반세계화 저항에 대한 세 가지: 본 페이지의 사진과 다음 페이지의 사진들. 기포드 미어스(Gifford Myers)는 2001년 이태리 파엔자(Faenza)에서 평화적 항의 표시로 조소 작품 Object(Globalization)을 전시하였다.

스타벅스(Starbucks)는 맥도날드(Mc-Donald's)를 대신해 외국인들이 가장 증오하는 미국 브랜드가 될지도 모른다. 현지경찰이 시애틀에서 반 세계무역기구 시위대가 스타벅스의 창문이 파손되는 것을 막지 못하고 있다.

그리고 결국 치명적인 저항. 테러리스트가 런던의 대표적인 빨간 이층버스 탑승객을 살상하였다(거리에 널려진 파편을 볼 수 있다).

주목을 끌었고, 2000년 4월 워싱턴 D.C.에서 있었던 세계은행과 국제통화기금(IMF) 회의, 9월 호주 멜버른의 세계경제포럼(World Economic Forum) 그리고 9월 프라하에서 있었던 국제통화기금(IMF)/세계은행 회의로 이어졌다. 약 1만 명의 시위대가 약 1만 1천명의 경찰과 프라하에서 대치하였다. 시위대들은 각각의 날짜별로 발생한 집회들에 대해 웹사이트를 구축하였다. 웹사이트와 인터넷은 조직적인 노력을 돕는 중요한 매체임이 입증되었다. 시위[45]와 무력행사는 2009년 런던의 G20 회담과 같은 경제 이슈들에 대한 세계 지도자들의 다른 모임들에서도 지속되었고,[46] 국제통화기금(IMF)에 의해 영향을 받은 개별 국가들에서도 나타났다. 런던에서 있었던 비참한 테러사태는 2005년 스코틀랜드에서 있었던 G8 회담 때와 거의 동일하였다.[47]

책임 있는 의도를 가지고 일부 시위 그룹은 정책에 영향을 미쳤다. 예를 들어 주로 미국에서 학생 주도로 일어난 반 노동착취 캠페인은 대학 교정을 넘어 영향력을 발휘하였다. 비정부 기구들, 학생 그룹 그리고 섬유 노동자 노조(UNITE) 연합은 최근 태평양에 위치한 미국 연방령인 사이판(Saipan)의 근로조건을 가지고 캘빈 클라인(Calvin Klein)과 갭(The Gap)을 포함한 의류 수입업체들을 제소하였다. 소송에 휘말려 자신들의 상표에 대한 적대적 공공 캠페인이 확산되자 17개 회사들은 보다 나은 근로 조건을 전제로 합의를 보았다. 유사한 사례로, 가난한 소수 민족 중국인들을 전통적으로 티베트인의 거주지인 곳으로 이주시키는 것을 포함하는 중국의 세계은행 프로젝트는 결국 중단되었다. 상대적으로 소규모인 친 티베트 활동가 그룹이 주도적으로 정치적 분노를 표출하였기 때문이다.

국제기구들의 정책에 영향을 미치는 일반적으로 평화적인 대중의 풀뿌리 노력들과 관련된 과거의 명백한 성공사례들을 볼 때, 미래에도 같은 결과가 기대된다. 그러나 복합된 항변과 함께 더해지는 테러 결과를 예측하는 것은 불가능하다.

---

[45] "Pakistani Farmers Stage Protests in Lahore against WTO Regime," *BBC Monitoring South Asia*, April 18, 2007.

[46] Jennifer Martinez, "Anarchists Organize to Spread Word," *The Wall Street Journal–Eastern Edition*, April 1, 2009, p. A8.

[47] Mark Rice-Osley, "Overshadowed by Terrorism, G-8 Summit Still Secures Debt Relief," *Christian Science Monitor*, July 11, 2005, p. 7.

요약 Summary

국제무역을 옹호하는데 사용하는 이론적 접근법과 상관없이, 절대적 또는 상대적 우위로부터 얻는 이익이 명백하게 특정 국가에 누적될 수 있다. 지구상의 자원들이 가장 호혜적인 방식으로 개발되고 활용되기 위해 개방된 시장이 필요한 시점에서 전 세계 도처에서 고조된 경쟁자들이 지구 곳곳에서 높아진 보호주의 압력을 만들어내고 있다. 시장보호가 특정 환경을 고려할 때 필요할 수 있고, 특히 개발도상국에서는 유치산업에 대한 보호와 국가 방어에 이득이 될 수 있을지라도 결국 그러한 시장 보호로부터 소비자들이 얻는 이익은 거의 전무하다.

자유로운 국제시장은 저개발국들이 자급자족할 수 있도록 도와주며, 개방된 시장이 새로운 고객을 제공하기 때문에 제2차 세계대전 이후 대다수 산업화한 국가들은 더 자유로운 무역을 추진하는 방향으로 관련 작업에 대해 협력해왔다. 이러한 무역은 현지기업들을 보호하기 위해 존재하거나 만들어진 정부와 시장의 다양한 장벽에 의해 항상 부분적으로 위협받을 것이다. 그러나 대세는 더 자유로운 무역을 지향해왔다. 변화하는 경제적 그리고 정치적 현실은 특정 주요산업의 보호를 지속하기 위한 특유의 사업구조를 만들어가고 있다. 개방된 글로벌 시장의 미래는 무역장벽들이 얼마나 관리되고 공평하게 감소하는지에 달려 있다.

주요용어 Key Terms

관세 및 무역에 관한 일반협정(GATT)	보호무역주의(Protectionism)	수출자율규제(VERs)
국제통화기금(IMF)	국제수지(Balance of payments)	비관세장벽(Nontariff barriers)
세계무역기구(WTO)	경상계정(Current account)	관세(Tariff)

질문 Questions

1. 위에서 제시한 주요용어들을 정의하라.
2. 미국 경제의 세계화를 논의하시오.
3. 경상계정, 무역수지 그리고 국제수지에 대한 차이점은 무엇인가?
4. 자유시장 조절자로서 가격의 역할을 설명하시오.
5. 이론적으로 시장은 자동적이고, 경쟁적이며, 자기 조절 능력이 있는 구조로서 소비자의 후생을 극대화하고 생산요소들의 활용을 최적으로 조절한다. 설명하시오.
6. 몇몇 현지 사업가들을 인터뷰하여 세계무역에 대한 그들의 태도를 파악하시오. 추가로 그들이 외국에서 생산된 제품을 사거나 파는지 확인하시오. 그들의 태도와 상업적 경험의 관계를 알아보고 결과를 작성하시오.
7. 국제무역에서 이윤의 역할은 무엇인가? 이윤은 가격 책정의 규제적 기능을 대체하는가 아니면 보완하는가? 토의하시오.
8. 무역수지는 항상 균형이 아님에도 불구하고 왜 국제수지는 항상 균형을 이루고 있는가?
9. 국가가 무역수지 적자를 극복할 수 있는 방법을 열거하시오.
10. 관세를 지지하는데 통상적으로 사용하는 다양한 각각의 논거에 대하여 지지하거나 논박하시오.
11. 프랑스는 국내총생산의 약 18%를 수출하는 반면 이웃 국가인 벨기에는 약 46%를 수출한다. 수출에 있어서 이러한 변화들에 의해 경제정책의 어떠한 영역이 영향을 받을 것으로 보이는가?
12. 광범위한 실업이 보호무역주의의 경제적 논리를 변화시키는가?
13. 석유 수입에 기인한 무역 불균형처럼 주요 무역 불균형에 따른 경제적 효과에 대해 검토하시오.
14. 1988년 종합무역법의 주요 조항들에 대해 논의하시오.

15.관세 및 무역에 관한 일반협정(GATT)의 동경 라운드는 비관세장벽 축소를 강조하였다. 우루과이 라운드와의 차이점은?

16.세계무역에서 서비스 무역에 관한 일반협정(GATS), 무역관련 투자조치(TRIMs) 그리고 무역관련 지적재산권(TRIPs)의 영향에 대해 토의하시오.

17.세계무역기구(WTO)의 형성을 이끌었던 세계 무역의 진전에 대하여 논의하시오.

18.www.usitc.gov/taffairs.htm(미국 세관 관세율표)을 방문하여 가죽신발의 수입관세를 찾아보시오. 다른 가치, 재료 구성 및 수량에 따라 신발 관세에 차이점이 있음을 알게 될 것이므로 이 장에서 배운 것들을 활용하여 이러한 차이점의 배후 원인을 설명하시오. 냉동 및/또는 농축 오렌지 주스도 동일한가?

19.관세 및 무역에 관한 일반협정(GATT)은 장기간 파란만장한 역사를 가지고 있다. www.wto.org/wto/about/about.htm을 방문하고 관세 및 무역에 관한 일반협정(GATT)의 다양한 라운드들에 대해 간략한 보고서를 작성하시오. 각 라운드에서 집중한 핵심 이슈는 무엇이었는가?

제2편

글로벌 시장의 문화적 환경

CHAPTER 3

역사와 지형: 문화의 기반

개요 CHAPTER OUTLINE

글로벌 관점: 국가의 탄생–파나마의 67시간

글로벌 경영의 역사적 관점

- 역사와 현대적 행동양식
- 역사는 주관적이다
- 명백한 운명과 먼로주의

지리와 글로벌 시장

- 기후와 지형
- 지리, 자연 그리고 경제적 성장
- 사회적 책임과 환경관리
- 자원

글로벌 인구동향의 역학관계

- 인구증가의 조절
- 이촌향도
- 인구감소와 고령화
- 노동력 부족과 이민

세계무역경로

커뮤니케이션의 연결

주요 학습과제 CHAPTER LEARNING OBJECTIVES

LO1 국제시장을 이해하기 위하여 역사와 지리의 중요성을 이해한다.

LO2 역사가 한 국가의 문화에 미치는 영향력을 이해한다.

LO3 고유의 문화적 시각에 따라 각국이 제반 사건들을 어떻게 해석하는지 이해한다.

LO4 미국의 국제정책이 어떻게 외국 소비자의 태도에 영향을 미쳤는지 이해한다.

LO5 지리적 다양성이 특정 국가의 경제적 상황에 어떤 영향을 주는지 이해한다.

LO6 마케터가 특정 국가의 지리에 대응해야 하는 이유를 이해한다.

LO7 고령화와 인구증가의 조절이 경제에 주는 효과에 대하여 이해한다.

LO8 커뮤니케이션이 국제통상의 필수요소임을 이해한다.

글로벌 관점 Global Perspective

국가의 탄생–파나마의 67시간

준비된 무대

1902년 6월: 미국은 콜롬비아에게 미화 천만 달러를 주고 파나마 운하지역의 매입을 제안하였다.

1903년 8월: 콜롬비아 상원은 이 구매제안을 거부하였다. 루즈벨트(Thedore Roosevelt) 미국 대통령은 제안 거부에 화가 나서 콜롬비아 상원을 "보고타의 경멸스러운 하찮은 놈들"이라 부르고, 분리 독립주의자 마누엘 아마도르(Manuel Amador) 박사 중심의 파나마 분리 독립 추진 조직을 지원하는 음모에 동의한다.

10월 17일: 파나마 반체제 인사들이 워싱턴으로 가서 미국의 지원 하에 혁명을 수행하기로 동의하였다. 혁명은 11월 3일 오후 6시로 정해졌다.

10월 18일: 주말 동안 국기, 헌법, 독립선언서 등이 만들어졌다. 파나마의 첫 번째 국기는 메이시스(Macy's) 백화점에서 구입한 천을 사용하여 뉴욕의 하이랜드 폴(Highland Falls)에서 수작업으로 만들었다.

파나마 국민이 아님에도 불구하고, 파산한 파나마 운하 건설회사 소속의 프랑스인 필립 장 뷔노 바리아(Philippe Jean Bunau-Varilla)가 미국주재 파나마 대사로 지명되었다.

국가의 탄생

11월 3일 화요일: 오후 6시 정각, 매수된 콜롬비아 수비대가 무장을 해제하였다. 혁명이 시작되고 미국 전함 네쉬빌(Nashville)호가 콜론(Colon)항에 들어오고 군사 쿠데타 정부는 파나마의 독립을 선포한다.

11월 6일 금요일: 오후 1시경, 미국은 파나마의 주권을 승인하였다.

11월 7일 토요일: 신정부는 파나마 운하 협정의 조항들에 대한 지침을 미국 주재 파나마 대사에게 전달하기 위해 미국으로 공식적인 대표단을 파견하였다.

11월 18일 수요일: 오후 6시 40분에 파나마 대사는 파나마 운하 협정에 서명하였다. 오후 11시 30분, 파나마 공식 대표단은 워싱턴 기차역에 도착하고 미국 주재 대사를 만났다. 그 자리에서 파나마 대사는 몇 시간 전에 이미 협정이 서명되었음을 알렸다.

현재

1977년: 미국은 1999년 12월 31일에 파나마 운하 지역의 통제권을 반환하기로 합의하였다.

1997년: 미국 파나마 운하위원회로부터 운하 통제권을 인수하기 위하여 파나마 운하청(Autoridad del Canal de Panama)이 신설된다.

1998년: 파나마는 중국기업에게 운하와 관련된 몇 가지 권리들을 넘겨주었다. 이 중에는 태평양과 대서양 쪽의 신항만 건설, 정박지에 대한 통제권, 운하를 통과하는 선박들을 유도하는 새로운 도선사의 채용, 중국기업 항만 사업을 방해하는 모든 통행을 봉쇄할 수 있는 권리 등이 포함되었다.

2000년 1월 1일 파나마에서 "운하는 우리의 것"이라는 의기양양한 구호가 넘쳐나다.

2000년 1월 17일: 미 국방성은 파나마 운하에 대한 중국의 잠재적 위협을 인식하였다.

2002년 7월: 중국은 파나마로 하여금 중국에 대한 외교적 승인을 확대하고 대만에 대한 외교적인 승인을 포기하도록 압력을 행사하였다.

2005년: 파나마 운하는 2010년 즈음에 최대 수용량에 도달할 것으로 예측되었다. 운하 관리 위원회는 멕시코의 테우안테펙(Tehuantepec)지협을 관통하는 운하 혹은 복합운송시스템을 건설하는 경쟁적인 프로젝트에 대응하기 위하여 병렬의 수문을 추가하는 50억 달러 규모의 확장공사를 제안하였다.

2010년: 2014년에 운하의 수용능력을 두 배로 만들기로 한 계획이 착수되다.

파나마 운하 이야기는 역사와 지리가 현재와 미래의 대중의 태도와 정치적 태도에 어떻게 영향을 미치는가를 잘 설명해주는 좋은 사례이다. 파나마인들과 수많은 중남미인들에게 파나마 운하는 미국과 중남미간의 관계에 오점을 남겨온 20세기 초반 다수의 미국의 침략들 중의 한 사례일 뿐이다. 미국의 경우 무역과 관련된 파나마 운하의 지리적 중요성(운하를 통한 두 대양 간 해상운송은 8,000마일이나 단축됨)은 운하의 통제를 매우 민감한 것으로 만들었으며 특히 그러한 통제가 적대적이라면 더욱 그렇다. 미국 정부는 태평양과 대서양쪽의 항구들 모두에 대한 운영상의 통제권을 소유한 중국인 소유의 기업이 파나마 운하 지역에 대한 간접적인 위협요인이 될 수 있다는 사실을 우려하고 있다. 미국과 중국의 갈등과 관련된 최근의 역사와 서방이 중국의 일부 영토를 점유하였던 역사 때문에 두 국가 간에는 훨씬 강력한 적대관계가 형성되고 있다. 더 나아가 혹자는 미래에도 미국인들이 다시 한 번 98년 동안 머무를 수 있다는 파나마인들의 공포감 때문에 미국에게 개입을 요청하는 것을 주저할 수 있다고 생각하고 있다. 중국이 파나마 운하에 대한 고의적인 사보타지를 일으킬 확률이 적다고 하더라도 과거의 역사적인 앙금은 미국과 중국의 관계가 파나마 운하가 위험에 빠질 정도까지 악화가 되었을 때 어떤 일이 발생할 것인가를 생각하게 한다.

출처: Bernard A. Weisberger, "Panama: Made in U.S.A.," *American Heritage* , November 1989, pp. 24 – 25; Juanita Darling, " 'The Canal Is Ours' Is Jubilant Cry in Panama," *Los Angeles Times* , January 1, 2000, p. A1; C.J. Scchexayder, "Spain – Mexico Team Outbids Panama Canal Competitors," *Engineering News-Record*, January 4, 2010, p. 11.

LO1
국제시장을 이해하기 위하여 역사와 지리의 중요성을 이해한다.

글로벌 시장의 문화적 환경에 대한 토의부터 시작하고자 한다. 문화란 특정 사회의 내 · 외부적 사건들에 대한 대응을 위해 채택된 그 사회의 기준(Society's accepted basis)으로 정의내릴 수 있다. 특정 사회의 행위와 그 사회의 관점을 완전히 이해하기 위해서는 그 문화가 적응했어야만 했던 역사적 사건들과 지리적 독특성이 가지는 영향력에 대하여 공감할 수 있어야 한다. 또한 특정 문화가 가지는 행동양식과 태도를 이해하기 위해서 마케터는 그 국가의 역사와 지리에 대해서 고려해야 한다.

이번 장의 학습 목표는 마케팅 프로세스에 미치는 역사와 지리의 영향을 독자들에게 소개하는 것이다. 특히 행동양식과 태도에 대해 역사가 가지는 영향력과 시장, 무역, 환경 관련 주제들의 지리적 영향력이 검토되고 있다.

글로벌 경영의 역사적 관점

역사는 특정 국가의 "사명"을 정의하는데 도움을 주는데 이는 어떻게 주변국을 인식하는가, 세계 속에 자신의 위치를 어떻게 파악하는가, 그리고 국가 스스로 자신을 어떻게 보고 있는가에 관한 것이다. 특정 국가의 역사에 대한 통찰력은 정부와 기업의 역할에 관한 자세, 관리인과 피관리인 간의 관계, 관리 권한 그리고 외국기업에 대한 태도의 이해에 있어 매우 중요하다.

자신에 대한 이미지와 태도 그리고 외국 문화에 대해 무의식적으로 반영된 두려움을 사람들이 이해하고 설명하며 공감하기 위해서는 과거에 존재했던 문화(그 국가의 역사)를 이해하는 것뿐만 아니라 현재 있는 그대로의 문화를 연구하는 것이 필수적이다.

역사와 현대적 행동양식

LO2

역사가 한 국가의 문화에 미치는 영향력을 이해한다.

대부분 미국인은 자신의 동쪽에 자리 잡은 유럽의 역사에 대해 잘 알고 있지만 현재 미국의 실질적인 주요 무역 당사국들은 미국의 서쪽과 남쪽지역에 위치해 있다. 2008년경 중국은 미국에서 중요한 주제가 되었다. 1776년에도 마찬가지였다. 어떤 의미에서 미국의 역사가 실제로는 중국과 함께 시작된다고 볼 수 있다. 보스턴 차 사건을 돌이켜보자. 당시 미국인들의 불만은 영국의 세금이었다. 그리고 더 중요하게는 동부의 양키 무역업자들이 중국 광동지방의 상인들과 직거래를 금지하는 영국의 방침 때문이었다. 급성장하는 시장인 중국의 역사에서 몇 가지 중요 사항들에 대해 잠시 생각해보는 것도 의의가 있을 것이다. 전직 미국 노동부 장관이며 일본대사를 지낸 도슨(James Day Hodgson)은 다른 나라에서 사업을 하는 사람은 설득차원이 아니라 최소한 예의상이라도 그 국가의 역사에 대해 잘 이해하여야 한다고 하였다.[1] 먼저 현재 미국과 중국 간의 관계에 지속적으로 영향을 미치는 몇 가지 과거사를 살펴보자.

1차 아편전쟁과 남경조약(1839~1842) 1800년대 초 영국인들은 차를 너무 좋아해 중국과 커다란 무역적자가 발생하였다. 당시 결제 수단인 은이 빠르게 동방으로 흘러가고 있었다. 물론 다른 물품들도 거래되고 있었다. 중국의 수출 품목으로는 설탕, 비단, 자개제품, 종이, 장뇌, 계피, 구리, 백반, 칠기, 대황, 다양한 기름 그리고 도자기 등이 있었다. 영국 "야만인"들은 면화와 양모, 철, 주석, 납, 홍옥수, 다이아몬드, 고추, 빈랑나무 열매, 진주, 각종 시계, 산호와 호박 구슬, 제비집과 상어 지느러미 그리고 생선과 쌀과 같은 식품들을 수출했다. 그러나 차와 은의 거래가 거래의 대부분을 차지하였다.

그런데 영국의 동인도회사는 선적이 용이하고 부피와 무게 대비 가치가 높으며 소비자를 중독시킬 수 있는(이 점만 보면 최고의 상품이라 할 수 있다) 아편에 눈길을 돌렸다. 그 당시 영국령 인도에서 최고의 아편이 중국으로 수출되었고 이런 흐름이 최고조에 달하자 차로 인한 무역적자는 빠른 속도로 사라졌다. 중국 황제는 이에 대한 불만을 제기하고 포고령을 내렸으나 아편무역은 빠르게 진행되었다. 현재 홍콩의 높은 건물들 중 한 곳은 쟈딘-매티슨(Jardine-Matheson) 무역상사이다.[2] 그 곳의 원형 창문은 과거 아편 무역시대부터 시작된 쾌속 범선의 둥근 창을 연상시킨다.

[1] James Day Hodgson, Yoshihiro Sano, and John L. Graham, *Doing Business in the New Japan, Succeeding in America's Richest Foreign Market* (Latham, MD: Rowman & Littlefi eld, 2008).

[2] In a very interesting paper, the authors argue that choices made by Jardine's and Swire's (trading houses) in Asia today, for example, are an outgrowth of strategic choices first in evidence more than a century ago! See Geoffrey Jones and Tarun Khanna, "Bringing History (Back) into International Business," *Journal of International Business Studies* 37 (2006), pp. 453–68.

1836년에 몇몇 중국 고위관리들은 아편의 합법화를 옹호하였다. 외국 공급업자들은 폭발적인 판매를 예상하며 아편의 생산과 선적을 증가시켰다. 그런데 중국 황제는 이에 반대하여 광동(지금의 광주)의 아편 재고들을 폐기할 것을 명령하였다. 1839년 아편무역은 끝이 났고 영국은 중국 주장 강가에 중국 범선들을 침몰시키고 모든 중국 항구들을 봉쇄하였다.

영국의 대포들이 남경을 겨냥하고 있는 상황에서 1842년 남경협상이 이루어졌다. 중국인들은 마지못해 영국에게 2,100만 파운드를 배상하고 홍콩을 이양하였다. 샤먼, 푸저우, 닝보 그리고 상해가 외국인들의 무역과 거주를 위해 개항되었다. 특히 홍콩은 지난 50여 년 사이에 외국인 혐오증을 가지고 있던 중국의 대표적인 관문이 되었다. 아마도 가장 중요한 것은 중국이 처음으로 강대국 지위를 상실하였다는 사실을 인식했다는 점이다.

결론적으로 아편전쟁을 통하여 서구국가들의 대 중국무역에 대한 접근이 시작되었으나, 남경조약은 중요한 이슈들을 실제로 정리하지는 못하였다. 이에 따라 2차 아편전쟁이 1857년과 1860년 사이에 발생하였다. 이 기간 동안에 영국과 프랑스 군대는 북경의 이화원을 파괴하기 위하여 연합하였고, 이는 외국 무역업자들에게 더 많은 자유를 주었다. 특히 이 조약에는 특별히 외국 조계지역 내에서 기독교 복음주의를 허용하는 것이 포함되어 있었다.

태평천국의 난(1851~1864) 외국인들에게 당하였던 굴욕의 결과 중 하나는 중국정부에 대한 중국인들의 신뢰상실이었다. 이 결과로 발생한 혼란은 청나라 제국의 최남단인 광서지역에서 처음 시작되었다. 난을 일으킨 지도자는 광주 근처에서 자란 농부였다. 홍수전은 관리가 되고자 하였으나 과거에 낙방하고 광주에서 두 번째 과거시험을 준비하던 중 서방 기독교 전도사와 접촉하게 되었고 후일에 하느님의 비전을 가지게 되었다.

1814년 네 번째 과거시험에 낙방한 후 그는 전도를 시작하며 자신을 예수의 동생이라 칭하였다. 그 뒤 7년 동안 그는 10,000명의 추종자를 모았다. 1851년에 그는 추종자들에 의해 태평천국의 상제로서 왕위에 추대되었다. 변형된 종교임에도 불구하고 지배층인 만주족에 대한 저항의 표시로 변발을 잘라버리고 북쪽으로 진군하였다. 종교적 광신자들의 열정 덕분에 수도인 남경을 넘어 1855년경에는 천진까지 진출하였다.

그러나 일이 흐트러지기 시작하고 태평천국에 대한 저항군이 조직되었다. 서구열강은 홍수전의 성경해석이나 그가 거느린 88명의 첩들 그리고 상하이에 대한 그의 공격에 공감하지 않았기 때문에 그에 대항하는 또 다른 군대를 조직하였다. 홍수전은 서구열강 및 중국정부에 의한 남경 탈환과 최후의 패배 바로 직전에 사망하였다.

태평천국의 난으로 인한 사망자 수는 2,000만 명에서 4,000만 명으로 추정된다. 즉 2,000~4,000만 명의 중국인들이 사망하였다. 대조적으로 1949년 공산혁명에서는 "단지" 2백만 명만 사망했을 뿐이다. 태평천국의 난은 인류역사상 가장 큰 단일내전이었다. 분명히 홍수전은 제정신이 아니었고 이 시기에 중국에서는 다른 반란들도 발생하였다. 서북지역 회교도의 반란(1862~1878)이 가장 주목할 만하다. 1800년대 중반의 이러한 사건들은 중국 지도자들이 일반적으로 중국인 이외 외국인들의 영향력과 종교적 움직임들을 어째서 경계하는지를 이해하는데 도움을 준다.[3]

역사와 일본 미국에 있어 일본과의 무역은 1850년대와 1980년대에 중요한 이슈였다. 또한, 일본을 뒤흔든 여러 가지 변화들에 대한 역사적 감각이 없다면 일본의 현대적 행동양식을 완전히 이해하는데 어려움이 있을 수 있다. 예를 들어 7세기에 걸친 봉건적인 막부 제도, 1853년 페리호에 의한 개항전의 쇄국정책, 제국주의의 지배로 인한 위협, 신흥 사회계급의 출현, 2차 세계대전의 굴욕, 국제사회의 참여 등이다. 왜 일본인들은 자신들의 기업에 강한 충성심을 가지고 있는가? 왜 일본의 유통시스템에는 외부인의 참여를 어렵게 만드는 충성심이 존재하는가? 왜 합의에 의한 결정이 중요한가? 이러한 질문들에 대한 해답은 부분적으로 일본의 역사와 지리 속에서 찾아볼 수 있다.

대의명분을 위해 공동의 협력을 이끌어내는 가족, 국가, 기업 및 사회 집단 그리고 강자에 대한 충성심은 일본인의 행동양식에 많이 스며들어 있으며 수천 년을 거슬러 올라가는 역사적 기원을 가지고 있다. 역사적으로, 충성심과 서비스, 책임감, 규율 준수, 명령 그리고 예술성이 사회의 안정과 질서를 유지하기 위하여 강조되었다. 일본의 역사에 흐르는 **유가 전통**은 부자유친(父子有親), 군신유의(君臣有義), 부부유별(夫婦有別), 장유유서(長幼有序), 붕우유신(朋友有信) 등과 같은 덕목을 강조해왔다. 특히 국가에 대한 충성심이 그 중에서도 가장 강조되었다. 일본인은 그들의 지배이념으로 공익을 위한 협력의 중요성을 가장 기본으로 하고 있다. 일본인은 공익을 위협하는 외부 압력에 대항하여 모두 하나가 되는 것에 동의함으로써 합의를 이루어낸다. 일본에 있는 외국인들은 역사적 조망을 통하여 문화적 민감성을 발전시키고 현대 일본 행동양식을 이해할 수 있는 기반을 마련할 수 있다.

역사는 주관적이다

LO3
고유의 문화적 시각에 따라 각국이 제반 사건들을 어떻게 해석하는지 이해한다.

역사는 특정 국가가 행동하는 양식을 이해하는데 있어 매우 중요하다. 그러나 누구의 관점인가라는 점이 중요하다. 역사란 항상 누군가의 편향된 시각과 자기중심적 사고로 보는 것이기에 한 역사가의 기록이 다른 역사가의 기록과 다를 수 있다. 특히 역사가들이 서로 다른 문화적 배경을 갖는다면 더욱 그렇다. 역사가는 전통적으로 객관성을 유지하려고 노력하지만 자신이 가지고 있는 문화적 편향성에서 벗어난 사람은 많지 않다.[4]

[3] N. Mark Lam and John L. Graham, *Doing Business in China Now, the World's Most Dynamic Marketplace* (New York: McGraw-Hill, 2007).

[4] An example of such biases is the differing perceptions of Turkey by European Union members in deciding on Turkey's membership in the EU. See "Which Turkey?" *The Economist* , March 17, 2005.

우리가 가진 관점은 단지 역사뿐만이 아니라 다른 많은 일들에 대한 시각에도 영향을 준다. 예를 들어 미국에서 판매되는 지도는 미국을 중심에 두고 그려져 있으며 반면에 영국에서는 영국이 중심에 있고 다른 국가에서는 해당 국가가 중심에 있다.

어떤 국가의 경영 문화와 정치적 문화를 이해하는데 있어 아주 중요한 구성요소는 그 국가의 역사에 대한 주관적 인식이다. 왜 멕시코인들은 미국에 대해 애증이 혼재된 관계를 가지고 있는가? 왜 멕시코인들은 지금까지 계속해서 해외투자에서 다수지분을 요구하는가? 어째서 독재자 포르피리오 디아즈(Porfirio Diaz) 장군은 "신에게서는 너무 멀고 미국과는 너무 가까운 가련한 멕시코"라고 하였는가? 그 이유는 멕시코인은 미국을 그들의 정치적, 경제적 그리고 문화적 주권을 위협하는 존재로서 보기 때문이다.

대부분의 미국시민들은 어쨌든 미국이 항상 멕시코의 좋은 이웃이었다는 잘못된 믿음을 가지고 있다. 많은 사람들은 케네디 대통령이 멕시코 방문에서 "우리는 지리적 측면에서는 이웃이지만 전통적인 측면에서는 친구이다" 는 말에 동의할 것이다. 그러나 멕시코인들은 "우리는 지리적 측면에서는 가깝지만, 전통적인 측면에서는 너무 멀다"라는 말이 좀 더 정확하다고 느끼고 있다는 사실을 알게 되면 미국에 있는 사람들은 매우 놀랄 것이다.[5]

미국시민들은 자신들이 좋은 이웃이었다고 느끼고 있다. 그들은 먼로주의가 유럽 식민주의로부터 남미를 보호해주며 서반구에 위치한 유럽정부들의 남미지역에 대한 개입을 억제해 준다고 생각한다. 반대로 중남미 사람들은 먼로주의를 중남미에 대한

모누멘또 데 라 인데펜덴씨아(The Monumento de los Niños Heroes)는 1847년 미국-멕시코 전쟁에서 투항대신 죽음을 선택했던 6인의 젊은 사관후보생을 기리고 있다. 멕시코-미국 전쟁은 멕시코 역사에서 미국과의 애증관계를 나타낸다.

[5] For an insightful review of some of the issues that have affected relations between the United States and Mexico, see John Skirius, "Railroad, Oil and Other Foreign Interest in the Mexican Revolution, 1911–1914," *Journal of Latin American Studies* , February 2003, p. 25.

그림 3.1

1783년 이후 미국의 영토 확장

미국은 일련의 금융거래, 협상타결 및 강제 합병으로 태평양 연안 서부로 확장하였다. 멕시코로부터의 영토합병은 1836년 산 제이신토(San Jacinto)전투로 시작되었고, 이때 텍사스는 멕시코 지배에 대한 반란을 성공시킴으로써 텍사스 공화국이 되었으며, 1845년 미국에 편입된다. 멕시코 전쟁(1846~1848)은 캘리포니아주와 서부의 많은 영토를 미국에 양도하는 결과를 초래하였다.

출처: From *Oxford Atlas of the World*, 10th ed., 2002. Reprinted with permission of Philip Maps.

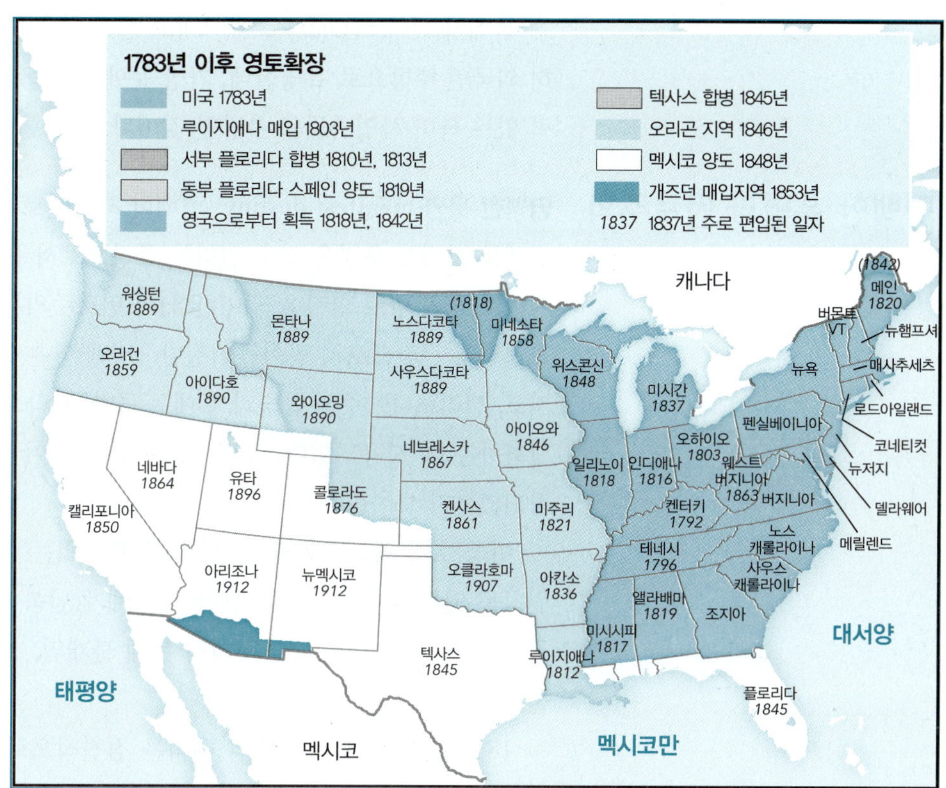

미국의 영향력을 나타내는 공격적인 표현으로서 생각하는 경향이 있다. 다른 방식으로 표현하면, "유럽은 손을 떼라. 중남미는 미국 것이다." 이런 태도는 1880년 멕시코 방문에서 행한 연설에서 전 미국 대통령인 그랜트(Ulyssess Grant) 장군이 멕시코를 북미 대륙의 이익을 위해 국경 남쪽에 숨겨둔 "훌륭한 광산"이라고 묘사한 데서 대표적으로 드러난다.

미국 해병대는 자신들의 업적에 자부심을 가지고 "몬테주마의 중심에서 트리폴리의 해변까지"라는 노래를 부른다. 그러나 멕시코인들에게 미국 해병대의 "몬테주마의 중심"과 관련된 업적은 멕시코시티 중심부로 행진하며 현재는 애리조나, 캘리포니아, 뉴멕시코 그리고 텍사스주가 된 89만 평방마일 크기의 토지를 전공으로 빼어간 미국 해병대로 기억되고 있다(그림 3.1 참조). 차풀테펙(Chapultepec) 공원 입구의 유명한 기념물은 항복 대신 미군에 저항하며 자신들의 몸을 멕시코 국기로 감싸고 스스로 목숨을 끊은 젊은 소년 영웅(Los Niños Heroes)들을 기리고 있다.[6] 멕시코 사람들은 매년 9월 13일에 미국에 빼앗긴 멕시코 영토와 젊은 소년 영웅들의 영웅적 행위를 이야기하는데, 그날 멕시코의 대통령, 각료, 외교단들은 영토 약탈로 이어진 패배를 기억하려 멕시코시티 요새로 모인다.

[6] When the United Nations recommended that all countries set aside a single day each year to honor children, Mexico designated April 30 as "Dia de Los Niños." Interestingly, this holiday often coincides with Saint Patrick's Day celebrations, which include recognition of the San Patricios, the Irish-American battalion that fought with the Mexicans in the Mexican–American War. See Carol Sowers, "El Dia de Los Niños Adds International Touch to Celebration," *Arizona Republic*, April 29, 2005.

독재자 디아즈(Diaz)를 몰아내고 현대적인 멕시코를 출범시킨 멕시코 혁명은 특히 외국인 추방으로 유명한데, 가장 눈에 띄는 것은 멕시코에서 가장 부유하고 영향력 있는 북미 사업가들을 추방한 것이다.

명백한 운명과 먼로주의

명백한 운명(manifest destiny: 명백한 사명설로 번역되며 북미 대륙 사람들이 북미 전체를 지배할 운명을 갖고 있다는 주장으로서 좁은 의미로는 대서양에서 태평양까지의 미국의 영토 확장을 의미한다)과 먼로주의는 19세기와 20세기 사이의 미국 외교정책의 근간으로서 받아들여진다.[7] 명백한 운명설은 미국이 텍사스, 오리곤, 뉴멕시코, 캘리포니아주의 합병과 후에는 쿠바, 알라스카, 하와이, 필리핀 등의 개입을 정당화하는 데 사용되었다. 그림 3.1은 현재의 미국이 언제 어떤 방식으로 영토가 확장되었는지 보여준다.

미국 초기 외교정책의 전환점인 **먼로주의**는 미국 대통령 먼로가 3가지 기본적인 원칙을 연두교서에서 밝힌 것이다. 신세계(남북 아메리카)에 대한 유럽 식민주의의 금지, 미국의 유럽에 대한 정치적 문제 불개입, 서반구의 정부들에 대한 유럽정부의 불개입 등이다.

1870년 이후, 먼로주의의 해석은 점진적으로 확대되었다. 이 원칙은 1881년에 파나마 지협을 가로지르는 운하개발을 토의하는 과정에서 다시 제기되었다. 시어도어 루즈벨트 대통령은 먼로주의를 적용하여 **루스벨트 계론**(Roosevelt Corollary)으로 확대하였다. 이것은 아메리카 대륙(미국)이 아닌 국가들은 중남미에 개입하지 않아야 하며, 미국은 지역 내의 경찰역할을 수행하고 중남미 국가들이 국제적 의무를 다하도록 보장한다는 것이었다. 다른 국가들이 아메리카 대륙에 개입하는 것을 제한하는 이 원칙은 1905년에도 적용되어 루스벨트 대통령은 도미니카 공화국이 미국인 경제 자문가의 지명을 받아들일 것을 강요하였고 이후 그는 도미니카 공화국의 재무 책임자가 되었다. 루스벨트 계론은 1903년 콜롬비아로부터 파나마 운하 지역을 합병하는데도 이용되었으며 1906년 쿠바에 지역정부를 수립하는데도 이용되었다.

미국이 파나마 운하 지역의 땅을 취득한 방식은 루스벨트 계론의 대표적인 예이다. 어떤 방식이든 미국의 이익을 정당화시킬 수 있음을 의미한다. 이번 장의 글로벌 관점에 나와 있는 것처럼 파나마라는 국가의 탄생은 완전히 미국의 작품이다.[8]

미국 역사는 중남미에서 행한 미국의 행동들이 정당한 자국의 외교정책들 중 일부분일 뿐이라고 하지만, 중남미 국가들은 미국의 이러한 일련의 행동들을 자신들의

---

[7] Some say even into the 21st century. See "Manifest Destiny Warmed Up?" *The Economist*, August 14, 2003. Of course, others disagree. See Joseph Contreras, "Roll Over Monroe: The Infl uence the United States Once Claimed as a Divine Right in Latin America is Slipping away Fast," *Newsweek International*, December 10, 2007.

[8] For an interesting discussion of how past U.S. foreign interventions affect attitudes about U.S. involvement in Iraq, see "Anti-Americanism: The View from Abroad," *The Economist*, February 17, 2005.

그림 3.2

1945년 이후 미국의 중남미 개입

출처: From *Oxford Atlas of the World*, 10th ed., 2002. Reprinted with permission of Philips Maps.

권익을 무단으로 침해하는 환영받지 못할 일들이라고 인식하고 있다. 그러나 1945년 이후 미국의 이러한 생각은 미국의 중남미에 대한 지속적 개입을 통하여 보다 강화되고 있다(그림 3.2 참조). 어떤 문화에서 역사적 사건이 기록되고 해석되는 방식은 다른 문화에서 기록되고 해석되는 방식과는 매우 다를 수 있다.

미국인 입장에서는 그림 3.2에서 보여준 미국의 모든 개입이 정당화될 수 있다. 국경을 맞대고 있는 미국과 멕시코 사람들의 상이한 모습과 행동양식의 차이를 역사 비교를 통하여 설명하는 것은 어느 정도 도움이 될 수 있다. 많은 멕시코인들은 북쪽에 있는 그들의 "좋은 이웃(미국)"이 무엇인가를 원할 때면 주저 없이 자신의 권력을 이용할 것이라고 믿고 있다. 또한 멕시코와의 선린관계 형성에 매우 중요한 동기가 바로 미국의 이기심이라는 의구심도 팽배해 있다.[9]

LO4
미국의 국제정책이 어떻게 외국 소비자의 태도에 영향을 미쳤는지 이해한다.

중남미인들의 관점에서 조망된 역사를 보면 어려운 경제상황 속에서 국가 지도자들이 어떤 식으로 미국 혹은 미국의 다국적 기업들을 비난하는지와 권력층으로부터 국민들의 관심을 다른 곳으로 돌리기 위해 어떤 감정적이고 인기영합적인 반응들을 이끌어내는지가 설명된다. 일례로 미국 하원이 마약부패가 만연된 멕시코 비난성명

[9] Many Latin Americans' elation with the Bush administration's fi rst-term pronouncements that the United States was looking south "not as an afterthought but as a fundamental commitment"—that a region "too often separated by history or rivalry and resentment" should prepare itself for the start of a "new era" of cooperation—soon became disappointment as the war on terror turned U.S. attention away from Latin America. Marcela Sanchez, "Bush, Looking Every Which Way but South," *Washington Post*, January 6, 2005.

CROSSING BORDERS 3.1 마이크로소프트, 엔카르타(Encarta)를 현지 역사에 맞게 현지화하다.

현지문화에 적응하는 것은 다수의 제품들에게 매우 중요한 전략적 측면으로, 한 국가의 역사를 이해함으로써 목표 달성이 가능하다. 마이크로소프트는 자신들의 CD에 담겨져 있는 멀티미디어 백과사전인 엔카르타에 문화적 실수를 피하기 위해 지역역사를 반영한 9개의 다른 판본을 가지고 있다. 결과적으로 동일한 역사적 사건에 대해 상이하거나 모순되는 해석을 반영하는 경우가 종종 있다. 예를 들어 전화기는 누가 발명했는가? 미국, 영국, 독일 버전에서는 알렉산더 그라함 벨(Alexander Graham Bell)이고 이탈리아 버전에서는 안토니오 메우치(Antonio Meucci)가 답인데 안토니오는 이탈리아계 미국인 양초 생산업자로서 이탈리아인들은 벨보다 5년 앞서 전화기를 발명했다고 믿고 있다. 전구의 경우 미국에서는 에디슨(Thomas Alva Edison)이지만 영국에서는 영국 발명가인 죠셉 스완(Joseph Swan)이다. 다른 역사적 사건들도 지역적 인식을 반영하고 있다. 미국 판본에서는 수에즈 운하의 국유화가 강대국의 과단성 있는 결정으로 묘사되고 있지만, 프랑스와 영국의 버전에서는 모욕적인 좌절로서 정의되는데 이는 미국 판본에는 없는 표현이다.

마이크로소프트는 이러한 역사적 사건들을 그 지역의 역사적 배경에 맞추는데 성공했지만 지리에 관해서는 그러지 못했다. 한국의 독도를 일본의 영토로 표기하고 최초의 한국인이 하늘로부터 내려왔다고 전해지는 백두산 천지가 중국에 위치하고 있다고 설명함으로써 한국인들의 분노를 샀다. 마지막으로 방콕을 상업화된 섹스 단지로 언급하여 난처해진 마이크로소프트는 여성운동단체에게 수정된 버전에서는 "태국의 풍성한 문화와 역사를 잘 반영한 최상의 내용을 포함하겠다."라는 약속을 다짐하고 태국인들에게 사과해야 했다.

또한, 마이크로소프트는 정치적 압력에 굴복해야 했다. 터키 정부는 동남아 지역 표기시 사용된 쿠르드족 이름을 포함한 엔카르타 배포를 중지했다. 결국, 마이크로소프트는 지도에서 쿠르드 이름을 삭제하였다. 각국 정부는 마이크로소프트가 지도에 자신들이 주장하는 국경을 표시해주도록 로비를 벌이곤 한다. 칠레와 아르헨티나의 남쪽 경계가 분쟁 중일 때 양 국가는 자신들이 주장하는 국경선을 로비했고 결국 양국 모두가 만족하는 해답은 국경선을 표시하지 않는 것이었다.

출처: Kevin J. Delaney, "Microsoft's Encarta Has Different Facts for Different Folks," *The Wall Street Journal*, June 25, 1999, p. A1; "Why You Won't Find Kurdistan on a Microsoft Map of Turkey," *Geographical*, November 1, 2004; Nick Winfield, "Microsoft to Shut Encarta as Free Sites Alter Market," *The Wall Street Journal*, March 31, 2009, p. B3.

을 가결한 이후 에르네스토 세디요(Ernesto Zedillo) 대통령은 미국에 대해 강경한 태도를 취하라는 압력에 직면하였다. 그는 강력한 민족주의적 공격을 개시하기 위해서 1938년에 외국기업들로부터 석유산업을 몰수한 기념일을 이용하였다. 그는 국가주권을 위한 역사적 투쟁의 상징으로서 독점 국영 석유기업인 페멕스(Pemex)를 치켜세웠다. 노조원들은 "1938년의 멕시코에서는 석유몰수 조치로 인가가 취소되었지만 멕시코는 승리하였다– 오늘날 우리는 우리의 자존과 주권을 보호하기 위해 우리 스스로 인가를 취소시켰다."라는 현수막을 흔들며 그에게 환호하였다. 베네수엘라 대통령 우고 차베스(Hugo Chavez)는 이를 확실하게 경청하였는데 이는 최근의 오리노코강 유역(Orinoco River Basin)[10]에 있는 외국 석유 기업들의 자산을 국유화하고 국가 명칭을 볼리비아 베네수엘라 공화국(Bolivarian Republic of Venezuela)으로 개명하는데 기반이 되었다.[11]

외국인들 투자행위가 자신들의 경제에 중요한 기여를 하였음에도 불구하고 이런 지도자들은 외국자산에 대한 **수용**이나 몰수로 힘을 얻을 수 있다. 한 국가의 태도, 선입견 그리고 두려움을 이해하기 위해서 현재의 피상적 사건들을 넘어서 그 국가 전

---

10 "Venezuela: Spirit of the Monroe Doctrine," *Washington Times*, June 10, 2007, p. B5; Brian Ellsworth, "Oil at $100, Venezuela's Chavez Faces Industry Slump," *Reuters*, January 4, 2008.

11 "Venezuela: Chavez's New Currency Targets Infl ation," *Tulsa World*, January 1, 2008, p. A6.

체 역사 내면의 미묘함까지 단서를 살펴보는 것이 대단히 필요하다. 멕시코 사람들의 세 가지 논평이 이를 잘 요약해준다:

> 멕시코에서 역사를 가르치는 방식과 미국에서 가르치는 방식이 다르다. 미국은 우리를 강탈하였지만 미국의 교과서에서 우리는 텍사스를 침략한 산적으로 묘사된다.
>
> 역사적인 이유로 우리가 미국을 싫어할 수도 있으나 현재 세계는 경제블록으로 나눠지고 좋건 싫건 간에 상호 밀접하게 연계되어 있다.
>
> 우리는 항상 미국의 식민지였고 계속해서 그럴 것이다.

지리와 글로벌 시장

지구의 표면, 기후, 대륙, 국가, 사람, 산업 그리고 자원과 관련된 지리적 요인들은 모든 마케터들이 직면하는 통제 불가능한 환경요인 중의 하나이지만 매우 적은 관심을 받아왔다.[12] 지리적 측면은 마케팅 환경의 중요한 인과관계의 원천으로써 연구하기보다는 단절된 하나의 개체로서 연구하는 경향이 있다. 지리는 국가, 수도, 강의 이름들을 암기하는 것 이상이다. 지리는 또한 국가가 물리적 구조로 인한 한계 속에서 국민들의 욕구를 충족시키기 위해 노력하는 과정에 한 사회의 문화와 경제가 어떻게 영향을 받았는지에 대한 이해를 포함한다. 따라서 지리에 대한 연구는 시장평가와 환경평가에 중요하다.

LO5 지리적 다양성이 특정 국가의 경제적 상황에 어떤 영향을 주는지 이해한다.

이 장에서는 마케터가 마케팅의 환경적 측면을 평가할 때 고려해야 할 중요한 지리적 특성들에 대하여 논의해보기로 한다. 전체적으로 전 세계를 검토해보는 것은 독자들이 세계시장에 대한 광범위한 시각과 여러 국가들의 경제적 윤곽과 관련된 지리적 다양성에 대한 인식을 제공해준다. 좀 더 중요한 지리적 요소들 중의 한 측면으로 기후와 지형을 검토한다. 또한 지구의 자원과 인구에 대해 간단히 살펴보는 것도 지리와 글로벌 시장을 설명하는데 필요하다.

기후와 지형

LO6 마케터가 특정 국가의 지리에 대응해야 하는 이유를 이해한다.

제품과 설비들의 기능과 사용에 영향을 미치는 기후적 특성으로서 높은 해발 고도, 습도 그리고 기온 등을 들 수 있다. 온대지역에서 훌륭하게 작동하는 제품이 열대지역에서 급격히 변형되지 않게 하거나 올바른 작동을 위해서는 특별한 냉각제나 윤활유가 필요하기도 하다. 제조업자들은 미국에서 사용되는 건설장비가 사하라 사막의 심한 열기와 먼지에 적응하기 위해서 대대적인 제품변경이 필요함을 알게 되었다. 대만의 한 회사가 중동지역의 구매자에게 유리로 된 물잔을 수출하였다. 이 유리잔의 파손을 방지하기 위하여 짐 깔개로 사용되는 건초가 포함된 목재상자에 포장되었다. 그러나 이 유리잔들은 산산조각 난 채로 목적지에 도착하였다. 어째서일까? 상자가 덥고 건조한 중동지역으로 이동한 이후 더 이상 보호장치 역할을 하지 못할 정도

---

[12] The importance of geography in understanding global challenges that exist today is discussed in Harm J. DeBlij, *Why Geography Matters* (New York: Oxford University Press, 2005).

CROSSING BORDERS 3.2 혁신과 물 부족, 안개에서 아이들의 힘까지

근처에 상수원이 전혀 없는 칠레에서 가장 건조한 지역인 춘근고(Chungungo)에 살게 되면, 안개를 마시게 된다. 확실하다! 역량이 뛰어난 캐나다와 칠레의 전설적인 과학자들의 도움으로 20여 년간의 가뭄 후에 춘근고는 현재 자신만의 식수원을 가지게 되었다. 이 새로운 식수원이 있기 전에 춘근고 지역 사람들은 일주일에 두 번 오는 식수 트럭에 의존했다.

춘근고는 항상 건조했고 전설에 따르면 이 지역의 원주민들은 수목들을 섬겨왔다. 그들은 수목들을 성스러운 것으로 생각했는데, 이는 일정한 내부의 비(interior rain)를 만들어내는 나무꼭대기에서 영원한 물줄기가 비롯되었다고 생각하기 때문이다. 이 전설은 정확한 것이었다. 나무가 비를 만들어낸다! 두터운 안개는 해안가를 따라 형성된다. 안개가 내륙으로 진출하고 산등성이를 넘어서면서 이 안개는 아주 작은 물방울로 변하고 이를 바로 나뭇잎이 간직하게 되고 여기서 일정한 비를 만들어낸다. 과학자들은 이 자연 현상을 이용하기 시작하였다.

엘토포(El Tofo) 언덕 인근의 오래된 유칼립투스(Eucalyptus) 숲은 기발한 상수도 시스템을 만들어낼 수 있는 단서가 된다. 나무가 물을 저장하는 효과를 복제하여 과학자들은 언덕 정상에 86개의 "안개 잡이"를 설치하였다. 이는 12피트의 유칼립투스 나무 기둥에 의해 지지되는 거대한 그물망으로서 나무 기둥 밑에는 물통이 자리 잡고 있다. 약 1,900갤런의 물이 매일 모여 파이프를 통해 시내중심으로 보내진다. 이 소규모 시스템은 저렴하고(트럭으로 운송하는 비용의 5분의 1 수준), 위생적이며 지역 주민들에게 안정적인 식수를 제공한다. 사하라 이남의 아프리카에서는 창의적인 원주민들이 우물로부터 물을 얻는 새로운 방법을 생각해냈다. 사람의 목숨을 구하고 인생을 바뀌게 하는 이 발명품(플레이펌프 용수 시스템)은 남아프리카, 스와질랜드, 모잠비크 그리고 잠비아에 위치한 1,000여개가 넘는 농촌마을에 깨끗한 식수에 대한 접근 가능성을 열어주었고 아이들에게 즐거움을 선사하였으며 건강, 교육, 양성평등, 경제개발에서 개선을 이끌어 내었다. 플레이펌프 시스템은 아이들이 놀이하는 동안에 동력을 얻어 가동되는 혁신적인 양수기로서 특허를 취득하였다. 학교 근처에 설치된 플레이펌프 시스템은 물 펌프와 회전목마의 두 가지 역할을 한다. 또한 플레이펌프 시스템은 인명과 직접 관련이 있는 공중 보건 메시지들을 시골 혹은 도시 근교의 지역사회에 전달할 수 있는 방법들 중 하나다. 이 사진들은 인류의 오랜 숙원사업에 대한 새로운 해답들 중의 하나를 보여주고 있다.

출처: "Drinking Fog," *World Press Review*; "Silver Lining," *The Economist*, February 5, 2000, p. 75; "UNESCO Water Portal Weekly Update No. 89: Fog," April 15, 2005, http://www.unesco.org/water/news/newsletter/89.shtml; http://www.playpumps.org, 2008; Aliah D.Wright, "Dive into Clean Water," *HRMagazine* 54, no. 6 (2009), p. 4.

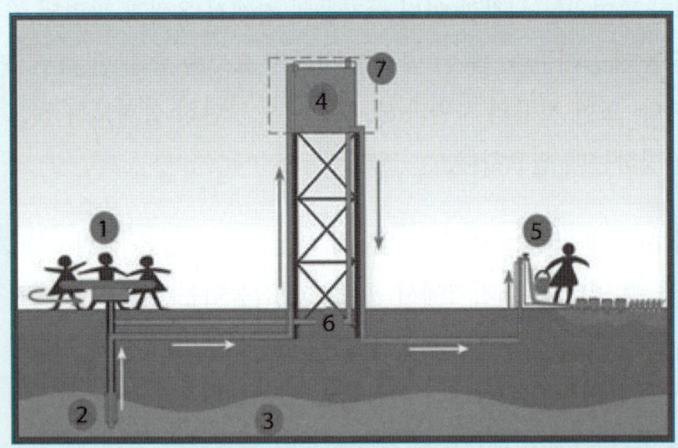

어린이들이 플레이펌프 회전목마를 돌리면서 노는 가운데, (4) 지표면으로부터 7m 위에 설치되어 있는 (3) 2,500리터 물탱크에 (2) 지하로부터 (1) 깨끗한 물이 끌어올려진다. 간단한 (5) 수도 꼭지가 어른과 아이들이 쉽게 물을 얻게 해준다. 여분의 물은 저장탱크로부터 지하구멍으로 다시 흘려 보내진다(6). 물 저장 탱크(7)는 후미진 지역사회를 홍보할 수 있는 드문 기회를 제공한다. 물탱크의 4면은 광고판으로 빌려주는데 두 개의 면은 소비자 광고에 사용되고 다른 두 개의 면은 위생과 교육관련 메시지를 담고 있다. 이 독특한 모델에서 나오는 수입은 펌프의 유지비용으로 사용된다. 40미터 지하에서 16rpm(분당 회전수) 속도로 시간당 1.4kℓ의 물을 생산해낼 수 있는데 최대 100미터 깊이에서도 사용가능하다.

로 건초가 급격히 건조하여 푸석푸석해졌기 때문이다.

심지어는 단일 국가 시장에서도 기후는 중대한 제품변경을 요구할 정도로 다양할 수 있다. 가나의 모든 시장에서 제품이 사용가능하려면 매우 높은 사막열기와 낮은 습도 및 항상 습도가 높은 열대 우림지역 모두에서 효과적으로 작동해야만 한다. 유럽 국가용으로 디자인된 보쉬-지맨스(Bosch-Siemens)세탁기는 회전속도가 최소 500rpm에서 최대 1,600rpm 범위에서 작동되어야 한다. 자세히 살펴보면 독일이나 스칸디나비아 국가들은 일조량이 많지 않으며 사용자들은 세탁물들을 외부에 걸어 놓을 수 있을 만큼 사치스럽게 거주하지 않으므로 세탁기는 회전속도가 1,600rpm이 되어야 하지만, 이탈리아와 스페인에서는 세탁물이 축축해도 되는데 그 이유는 일조량이 풍부하기 때문에 500rpm의 회전속도로도 충분하다.

북반부와 서반구간의 서로 다른 계절 또한 글로벌 전략에 영향을 준다. 제이씨페니(JC Penny)는 지구의 적도 아래에 위치한 국가에 진출하기 위해서 칠레에 5개 점포의 개장을 계획했었다. 중남미 진출에 저가격 전략을 사용할 수 있도록 북미, 멕시코, 브라질 점포에서 나오는 대량구매에 따른 구매력을 주요자산으로서 사용하고자 하였다. 그러나 칠레에서 첫 번째 점포를 개장한 후 이 회사는 자신들의 계획이 실패할 거라는 것을 깨달았다. 북미에서 겨울용 물품구매 시 중남미에서는 여름용 물품들이 필요하였다. 이 회사는 신속하게 첫 번째 점포를 매각하였고, 결국 제이씨페니(JC Penny)의 중남미 진출은 브라질에 국한될 수밖에 없었다.[13]

중남미는 마케팅 고려 요소 중에서 지리적 중요성에 대한 극단적이지만 잘 정의된 사례를 보여준다. 특정 지역의 지리적 특성을 가지고 경제적 · 사회적 시스템에 대한 부분적 설명이 가능하다. 중남미 대륙은 세로로 4,500마일이고 가장 넓은 곳을 기준으로 하면 가로로 3,000마일이다. 기후적인 측면에서 중남미의 3분의 2는 아프리카와 비교할만하고 전체 면적의 48%는 산림과 정글로 이루어졌으며, 오직 5%만이 경작가능한 지역이다. 산악지방은 4,500마일에 걸쳐 중남미의 서쪽 해변을 차지하고 있으며, 이 산들은 평균 높이 1,300피트, 너비는 300마일에서 400마일에 이른다. 이렇게 자연적으로 형성된 이 거대한 장벽은 태평양과 대서양 해변 사이의 상업적 통로의 형성을 방해하고 있다. 중남미의 자연적인 장벽은 국가와 지역의 성장, 무역 그리고 커뮤니케이션을 저해해 왔다. 바깥쪽의 주변지역에는 인구집중도가 높고 안쪽은 거의 사람이 살지 않는 고립된 지역으로 이루어진 중남미는 방대한 토지면적을 가지고 있다. 콜롬비아에서는 산악지방이 여행을 가로막는 주요 장벽이다. 콜롬비아 보고타에서 두 번째로 큰 도시인 메델린까지 비행시간은 30분이다. 고속도로를 이용하면 같은 여정이 10시간에서 12시간에 이른다. 극단적으로 기후와 지형이 다른 지역으로는 중국, 러시아, 인도 그리고 캐나다 등을 들 수 있다.

[13] Miriam Jordan, "Penney Blends Two Business Cultures," *The Wall Street Journal* , April 5, 2001.

이 광고는 상품 마케팅을 위해 인간의 구토를 이용하고 있다. 해수면에서 쿠즈코(Cuzco)와 마추피추(Machu Picchu: 그림 속의 배경)까지 여행하는 관광객을 대상으로 하는 페루 리마의 공항 옥외광고판에 게시되어 있다. 고대 잉카제국의 수도인 쿠즈코는 해발 1,100피트이며 이곳을 방문하는 많은 외국인 관광객들이 이런 고통을 경험한다.

산맥, 대양, 바다, 정글 그리고 기타 지리적 특성들은 경제적 성장과 무역에 심각한 장애물이 될 수 있다. 지리적 장애는 한 국가의 경제, 시장 그리고 커뮤니케이션과 유통 활동에 직접 영향을 미친다. 각 국가들이 글로벌 시장에서 도전과 기회를 추구함에 따라 각국은 이러한 장애들을 극복하기 위한 사회기반시설에 더 많은 투자를 한다. 과거에 잠재적인 적대적 이웃 국가들로부터 자국을 보호해주는 자연적 방어 장치로 여겨졌던 유럽 내 물리적 장벽들이 현재는 통합된 경제 동맹의 효과적 무역을 방해하는 장애물로 여겨지고 있다.

십여 년간 영국은 영국해협의 터널 건설을 반대하였다. 그들은 프랑스뿐만 아니라 어떤 다른 유럽국가도 신뢰하지 않았으며 영국 해협을 보호 장치로 바라보았다. 그러나 영국이 유럽연합의 구성원이 됨에 따라 다른 유럽연합 국가들과의 무역을 활성화하기 위해서 터널을 건설해야만 했다. 현재 우리는 영불 해협을 관통하는 초고속 열차를 탈 수 있지만, 이 해협이 완공된 뒤 10여년이 흐른 지금에도 이 터널의 재정 상태는 아직도 취약하다.[14] 그리고 최근에는 불법 근로자가 영국 쪽 지하통로를 걸어가려는 시도도 있었다.[15]

한니발 시대 이후로 알프스 산맥은 유럽 국가들이 서로를 보호해주는 중요한 물리적 장벽이 되었다. 그러나 유럽연합이 확대됨에 따라 알프스 산맥은 무역을 방해하는 주요 장벽이 되었다. 남부 독일과 북부 이탈리아 간의 트럭 통행은 모든 여행자들에게 부담스러울 뿐만 아니라 경제적으로도 받아들이기 어렵게 되었다. 이에 대한 해결책으로 2007년에 개통된 21마일 길이의 뢰치베르그(Loetschberg) 터널은 알프

[14] Robert Lea, "Chunnel Rail Link Firm Heads for a Multi-Billion Break-Up," *Evening Standard* , November 1, 2007, p. 28.

[15] "Illegals in the Chunnel," *Daily Express*, January 4, 2008, p. 39.

스 산맥 하단에 굴을 판 것이고 이는 독일과 이탈리아 사이를 오가는 통상 3시간 30분 정도의 기차 시간을 2시간 이내로 줄여준다. 2014년경에는 36마일의 고트하르트(Gotthard) 터널이 세계에서 가장 긴 철도 터널로서 개통되어 이 지역을 위한 기간 철도망으로 사용될 것이다.

지리, 자연 그리고 경제적 성장

최저생활과 재해에 항상 놓여 있는 불우한 국가들은 천재와 인재들로 인해 더욱 불공평한 고생을 하고 있다.[16] 2010년 아이티 지진으로 인한 재해는 아마도 매우 분명한 사례가 될 것이다. 내전, 열악한 환경 정책 그리고 자연재해와 결합된 기후와 지형은 이 나라를 점점 더 깊은 경제 침체로 몰아넣었다. 농업을 위한 관개와 용수 관리가 부족한 상태에서 가뭄, 홍수 그리고 토양침식은 아이티 사람들을 괴롭혔고 종종 사막화로 토지의 장기적인 비옥도가 감소하였다.[17]

인구증가, 삼림 파괴 그리고 지나친 방목은 가뭄의 영향을 심화시키고 영양부족과 건강을 해치며 관련 국가들이 자신들의 문제를 해결할 수 있는 능력을 더욱 떨어뜨린다. 태풍은 예방이 안 되고 폭우도 마찬가지이다. 이들로 인한 피해를 예방할 수 있는 방법은 있지만 개발도상국들은 이들 재해에 대한 효과적인 해결책을 갖고 있지 못한 경우가 많다. 대규모 재앙으로 많은 고통을 경험한 국가들은 대다수 최빈국들이다.[18] 많은 국가들이 자연현상에 따른 피해를 최소화할 수 있는 기술적 능력이나 자본을 보유하고 있지 못하며, 그 국가들은 그저 자연의 자비를 바랄 뿐이다.

국가가 번성함에 따라 자연이 주는 재해를 극복할 수 있는 역량이 높아진다. 기후, 지형 그리고 반복되는 자연적 재해에 적응하거나 혹은 통제하려는 노력의 일환으로 터널과 운하들을 파고 다리와 댐들을 건설한다. 인류는 지리적 장벽과 자연재해가 주는 영향을 감소시키거나 극복하는데 있어 합리적인 성공을 거두었으나 그렇게 하면 할수록 인류는 자신들 스스로가 만들어낸 또 다른 문제들에 직면해야만 했다. 댐 건설은 자연을 긍정적으로 활용하기 위한 시도들이 어떻게 부정적 측면을 가지는지 보여주는 좋은 사례이다. 개발도상국은 댐을 비용측면에서 여러 문제들에 대한 효율적인 해결책이라고 판단한다. 댐은 전기를 생산하고, 홍수를 통제하며, 건기에 관개용수를 공급하고 그리고 어류의 풍부한 원천이 될 수 있다. 그러나 부작용도 있는데, 댐은 사람들을 추방시키고(중국의 삼협 댐은 약 130만 명의 사람을 이주시킨[19] 대가로 관광객을 끌어들일 수 있다[20]), 궁극적으로 자연스러운 물길을 막아버려

---

16 "Asia's Tsunami: Helping the Survivors," *The Economist*, January 5, 2005.

17 See Map 2, "Global Climate," in the World Maps section for a view of the diversity of the world's climate. The climatic phenomenon of El Niño wreaks havoc with weather patterns and is linked to crop failures, famine, forest fi res, dust and sand storms, and other disasters associated with either an overabundance or a lack of rain.

18 "Water Shortage Fears in Darfur Camps," *All Africa*, December 10, 2007; "Northern Vietnam Likely to Face Water Shortages," *Xinhua News Agency*, January 4, 2008.

19 Anita Chang, "China: Three Gorges Dam Impact Not That Bad," *Associated Press*, November 22, 2007.

20 "Tourist Arrivals to Three Gorges Dam Hit New High in 2007," *Asia Pulse*, January 8, 2008.

더 이상 하류로 영양을 공급하거나 영양분을 전해주지 못하게 한다. 마찬가지로 인도의 나르마다(Narmada) 계곡 댐 프로젝트도 전기를 공급해주고, 홍수를 조절하며, 관계용수를 공급해 주고 있지만 이미 수만 명의 사람들이 이주하였다. 또한 사회적 비용과 환경 비용에 대한 편익을 계산해본 결과 프로젝트의 효율성에 대한 의문이 높아지고 있다. 간단히 말하자면 프로젝트의 사회적 비용과 환경적 비용을 비교함으로서 이러한 거대 프로젝트의 필요성을 측정해야 할 것이다.

산업화와 경제성장에 대한 글로벌한 진행이 빨라질수록 환경 이슈들은 점점 뚜렷해져간다. 산업화된 세계와 경제발전을 꾀하는 국가들은 생태계의 파괴, 사람들의 재배치, 부적절한 위험 폐기물 관리 그리고 산업공해들을 고심해야 한다.[21] 당면 문제들은 대체로 경제발전과 생활개선에 크게 기여한 일련의 과정 속에서 발생한 부산물이다. 20세기말에 정부와 업계에서는 자연을 통제할 수 있는 더 좋은 방안과 자연보호와 함께 성장 가능한 많은 노력을 기울이고 있다.[22]

사회적 책임과 환경관리

국가, 기업, 그리고 개인들은 마지막 세기를 마감하면서 한 가지 사실에 의견들이 일치하는데, 이는 매우 복잡한 사업과정에서 중요한 부분이다. 많은 사람들이 이들 문제를 개별 국가의 이슈가 아닌 글로벌 이슈로 바라보고 있으며 인류 공동의 위협으로 생각하기에 개별 국가가 홀로 고민할 성질은 아니다. 정부와 기업들에게 특별히 우려가 되는 분야는 공해방지 방안과 수세기에 걸친 방치를 정리하는 문제이다.

본국보다 공해 규제가 덜 심한 국가에 공장을 설립하고자 하는 기업들은 거의 모든 곳에서 규제가 점점 엄격해지고 있음을 발견할 수 있다. 대다수의 정부들은 새로운 규제를 입안하고 기존의 규제를 엄격히 시행하고 있다. 전기제품들은 부적절한 처리를 한 경우 지하수를 오염시킬 수 있는 독성 물질들을 포함하고 있다. 유럽연합은 다른 국가들처럼 기업들이 재활용을 위해 회수해야 할 잠재적 독성물질들의 양과 종류를 규정한 법률을 가지고 있다. 이런 배경에는 오염수준이 거의 통제 불가능한 수준에 이르렀다는 현실 인식이 강력하게 작용하고 있다.

중국은 현재 거의 모든 측면에서 세계 최고의 공해유발국이다.[23] 2020년경에는 중국의 **온실가스 배출량**은 가장 강력한 경쟁자인 미국의 2배를 넘을 것으로 전망된다. 중국의 강, 호수 그리고 저수지에 대한 검사 결과, 이들 중 21%가 독성물질에 오염되어 있으며 강의 16%는 배설물들에 의해 심각하게 오염되어 있었다. 중국은 세계에서 가장 오염이 심한 20개의 도시 중 16개를 보유하고 있다.[24] 산업 폐기물 통

[21] Sandy Bauers, "Big Wake-Up to Global Warming," *Philadelphia Inquirer*, December 24, 2007, p. D1.

[22] Visit http://www.gemi.org for information on the Global Environmental Management Initiative, an organization of U.S. multinational companies dedicated to environmental protection. Also see Keith Bradsher, "Hong Kong Utilities Agree to Pollution-Linked Rates," *The New York Times*, January 10, 2008, p. C4.

[23] Sharon Begley, "Leaders of the Pack," *BusinessWeek*, November 30, 2009, pp. 46–51.

[24] Jim Yardley, "Consultant Questions Beijing's Claim of Cleaner Air," *The New York Times*, January 10, 2008, p. A3.

경제적 발전은 상당한 부수적 피해를 가져오는 것과 최소한의 피해를 가져오는 두 종류로 분류할 수 있다. 185미터의 삼협댐 수문은 대형트럭을 왜소하게 보이게 한다. 중국은 세계 최대의 수력전기 프로젝트의 완성을 위한 주요 과정으로서 저수지에 물을 채우기 시작하였다. 양자강을 따라 위치한 도시와 농장들을 포함한 수천 에이커를 침수시키며 수위는 135미터(446피트)에 이를 것으로 예상되고 있다.
두 번째 사진은 몽고에서 수행되고 있는 거대한 태양 에너지 프로젝트의 일부분을 응시하고 있는 몽고인을 보여주고 있다. 최소한 효율적 에너지 사용이라고 볼 수 있지만 현지인들에게는 아직 흉물스러울 수 있다. (AP/World Photos)

제과정 그 자체는 다른 문제를 야기하며 산업 폐기물 폐기와 거의 동일한 수준으로 심각한데, 위험한 산업 폐기물의 오염통제 과정에서 또 다른 파생적인 문제가 발생한다. 연간 수거하는 위험 폐기물의 추정치는 3억 톤을 초과한다. 여기서 문제가 되는 것은 폐기라는 것이 어떤 문제를 단순히 다른 곳으로 이동하는 것을 의미하는 것이 아니라는 점이다.

자국에서 폐기물 처리가 점점 어려워지고 있는 많은 국가들이 폐기물 처리의 부담을 안아줄 다른 국가들을 찾고 있다. 폐기물 처리는 폐기물 처리장소를 제공하는 대가로 수익을 올리고자 하는 몇몇 개발도상국가에서는 합법적이다. 다른 경우에는 불법적 폐기물 투기가 비밀리에 이루어진다. 폐기물 투기 이전에 사전 승인을 요구하는 바젤조약의 조항이 나중에는 선진국에 의한 위험한 폐기물의 수출금지를 전면적으로 금지하는 것으로 수정되었다. 기업과 일반인들의 공해문제에 대한 광범위한 인식이 이 조약에 따른 영향력과 리더십에 잘 반영되어 있다.[25]

미래 세대를 위한 환경 보호와 경제적 성장을 유지하는 문제들과 관련 정부, 조직단체 그리고 기업들이 더욱 더 사회적 책임과 윤리적 주제들에 대해 관심을 가지게 되었다. 그러나 정부와 기업들의 약속들은 전 세계에 걸쳐 매우 다르다. 예를 들면 1인당 가장 높은 오염도를 보유한 국가 중 하나인 미국은 온실가스 배출 기준에 합의한 모든 경쟁국들에 비해 뒤쳐지고 있다(그림 3.3 참조).[26] 경제협력개발기구(OECD: the Organization for Economic Cooperation and Development), 유럽연합(European Union) 그리고 국제적 시민운동 단체들은 환경 정책을 강화하는 프로그램들을 시행하고 있다.[27] 여러 측면에서 중국이 가장 시급하고 큰 공해 문제를 가

[25] For a comprehensive view of OECD programs, including environmental issues, visit http://www.oecd.org.

[26] "Closing the Gaps," *The Economist*, December 5, 2009, pp. 18–19.

[27] William C. Clark, "Science and Policy for Sustainable Development," *Environment*, January–February 2005.

그림 3.3

온실가스배출 비율과 감소에 대한 서약의 비교

출처: Intergovernmental Panel on Climate Change

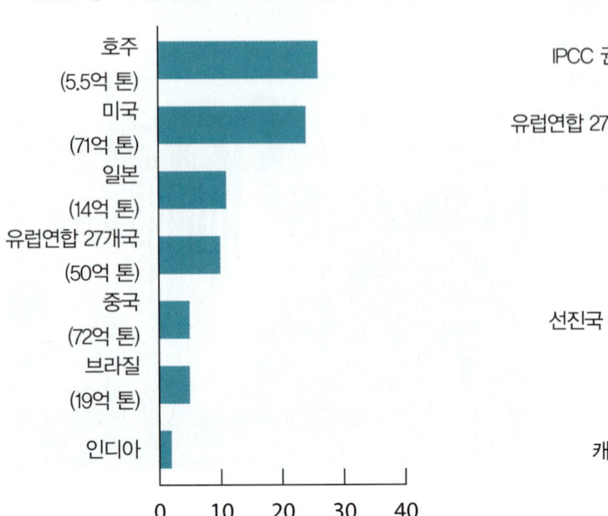

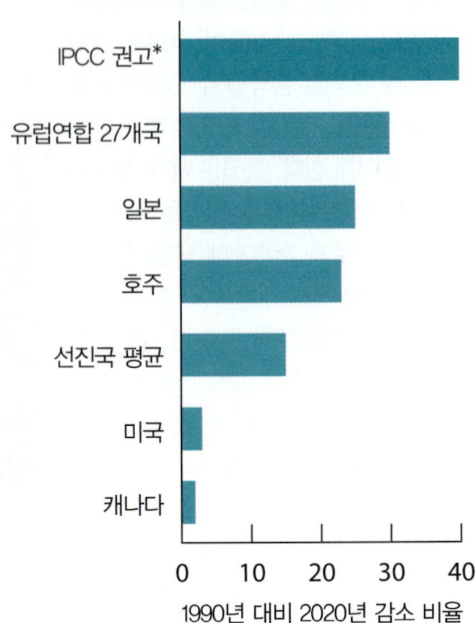

*기후 변화에 관한 정부 간 협의체(Intergovermental Panel on Climate Change)

지고 있기에 신 녹색 기술 분야에서 중국은 선두에 서 있다.[28]

페트로부라스(Petrobras)[29], 월마트[30] 그리고 나이키 같은 대다수 거대 다국적 기업들은 전 세계에 걸쳐 있는 자신들의 사업장만 정화하는 것이 아니라 자신의 공급업자들에게도 같은 행동을 하도록 압력을 행사하고 있다.

많은 사람들이 관심을 보이는 화두는 경제발전과 환경보호가 공존할 수가 있느냐는 것이다. 지속가능 성장은 현명한 자원관리, 혜택의 공정한 분배, 경제성장 과정으로부터 인간과 환경에 발생하는 부정적 영향력의 감소 등과 더불어 경제성장을 추구하는 사람들(예: 정부 관계자, 기업가, 환경보호론자 등) 사이에서 공동으로 추구되는 접근법이다. 지속가능 성장은 환경도 경제도 그리고 사회에 관한 것도 아니다. 지속가능 성장은 이 모든 것들 사이의 지속적인 조정이 이루어짐을 의미한다. 점점 더 많은 기업들이 윈-윈 할 수 있는 기회로서 지속가능 성장의 개념을 수용하고 있다.[31] 환경보호 의무는 정부 관계자, 기업가, 환경보호단체들 중 어느 누구 하나에 있는 것이 아니며, 각각의 시민들은 자신들의 가장 높은 목표에 환경보호를 포함시킬 사회적 도덕적 의무를 가지고 있다.[32] 이런 개념은 미국에서 특히 문제가 되는데, 미국 소비자들은 종종 지속가능성 보다는 스타일에 더 많은 관심을 보이고 있으며,[33] 여론 조

---

[28] Shai Oster, "World's Top Polluter Emerges as Green-Technology Leader," *The Wall Street Journal*, December 15, 2009, online.

[29] Jose Sergio Gabrielli de Azevedo, "The Greening of Petrobras," *Harvard Business Review* , March 2009, pp. 43–47.

[30] Adam Aston, "Wal-Mart's Green Stock," *BusinessWeek* , May 25, 2009, p. 44.

[31] Visit http://www.oecd.org, the OECD Web site, for a directory and complete coverage of sustainable development.

[32] Visit http://www.webdirectory.com for the *Amazing Environmental Organization Web Directory*, a search engine with links to an extensive list of environmental subjects.

[33] Burt Helm, "Nike Goes Green, Very Quietly," *BusinessWeek* , June 22, 2009, p. 56.

상파울로에서 다국적 석유기업인 쉘은 2종류의 연료를 판매하는데, 주로 사탕수수로 만든 알코올과 화석연료인 가솔린이다. 브라질의 가변연료 차량들은 한 종류의 연료를 사용하거나 두 종류의 연료를 혼합하여 사용할 수 있다. 1리터당 가격은 각각 큰 차이를 보이지만 1리터당 주행거리도 마찬가지로 차이가 난다. 브라질 사람들은 어떤 곳에서 운전(도심 운전 혹은 고속도로 운전)하느냐에 따라 연료를 선택한다.

사 결과에 따르면 환경보다는 성장을 더 중시하는 것으로 나타났다.[34]

그리고 고등학생들은 상대적으로 적은 환경관련 교육을 받는 것으로 나타났다.[35] 최근 연구에 따르면 다원적인 선거구를 보유한 정부는 정부의 환경적 노력에 동의를 구하는데 상대적으로 더 많은 어려움을 가진다.[36]

자원

천연광물의 가용여부[37]와 에너지 생산능력은 현대 기술의 토대 위에서 가능하다. 그러나 지구상의 자원위치와 이에 따른 에너지 이용 가능성은 지리적으로 자신의 국가가 어디에 위치하고 있는가와 같은 기막힌 우연으로 결정된다. 자원은 지구상의 모든 나라들에게 공평하게 존재하지 않으며 어떤 국가에서도 천연광물 혹은 에너지원에 대한 수요가 자국의 공급과 일치하지 않는다.

대부분의 후진국에서는 인간의 노동력에서 많은 에너지를 공급받는다. 인간 노동력의 주요 보완재는 동물, 목재, 화석연료, 원자력 그리고 다소 실험적인 조력, 지열 그리고 태양열이다. 모든 에너지 중에서 원유와 가스는 세계 에너지 소비량의 60% 이상을 차지한다.[38] 석유의 다양한 용도와 저장 및 수송의 간편성으로 인해 석유관련 제품은 계속해서 에너지 사용의 대부분을 차지할 것이다[39](그림 3.4 참조).

---

34 "Who Cares?" *The Economist*, December 5, 2009, p. 15.

35 "Are U.S. Teenagers 'Green' Enough?" *Chronicle of Higher Education*, November 20, 2009, p. A4.

36 Amir Grinstein and Udi Nisan, "Demarketing, Minorities, and National Attachment," *Journal of Marketing* 73, no. 2 (2009), pp. 105–22.

37 "Global Copper Shortage Reaches 340,000t in H1," *China Industry Daily News*, September 21, 2007.

38 Visit http://www.eia.doe.gov and search for "International Energy Outlook (most current year)" for details of production, use, and so forth.

39 See Map 3, "Oil and Gas Production and Consumption," for a global view of the fl ow and uses of petroleum.

브라질 연안의 대규모 석유 발견은 브라질이 국영 원유 기업인 페트로부라스를 통해 새로운 주요 원유 수출국이 될 가능성을 보여준다.[40]

출처: *The New York Times*, January 11, 208, p. C1; (C)Edro Lobo/Bloomberg News/Landov

그림 3.4

세계 에너지 소비 현황

2001년 1,000조 영국열량단위(BTU, British Thermal Unit)로 측정된 세계지역별 에너지 소비량. 전 세계 소비량은 38경1,800조 BTU임. 수력/기타 에너지원으로 가장 큰 비중을 차지하는 것은 수력발전 에너지이다. 목재, 동물의 배변, 바람, 태양 그리고 지열은 물/기타 에너지 항목에서 1,000조 BTU 미만이다.

출처: Data compiled from "Introduction to World Geography," *Oxford Atlas of the World* (New York: Oxford University Press, 2003) and Energy Information Administration (EIA), *International Energy Outlook* 2004 (Washington, DC, 2005), http://www.eia.doe.gov/oiaf/ieo.

지역과 연료별 전세계 에너지 소비 현황(1,000조 BTU)

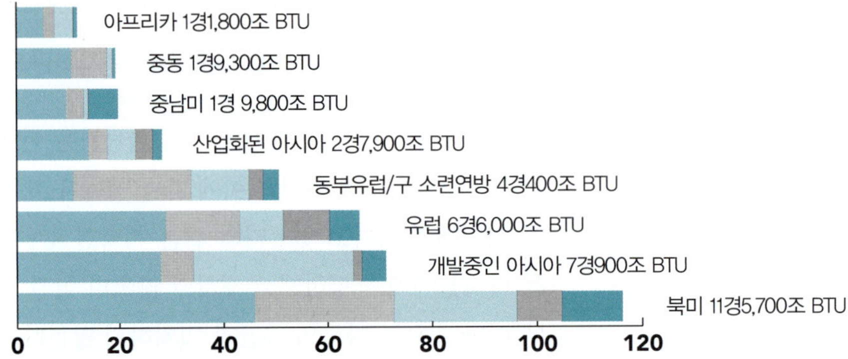

에너지원에 따른 전 세계 에너지 소비 비율

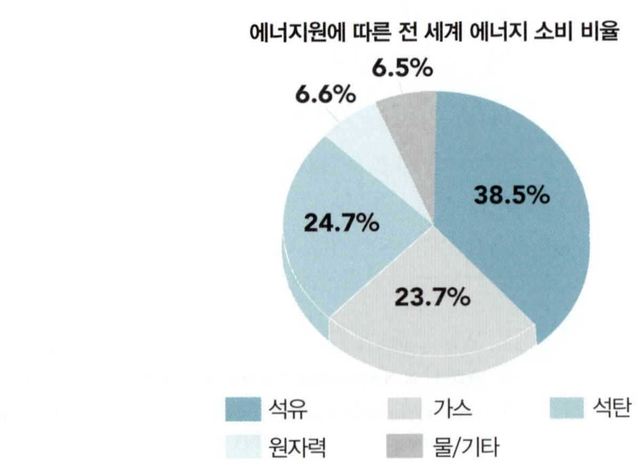

[40] Alexi Barrinuevo, "Hot Prospect for Oil's Big League," The New York Times , January 11, 2008, pp. C1, C4.

퇴비로도 사용되고 건조한 후 가정 연료로 사용되는 소의 대변이 인도의 지방 시장으로 옮겨지고 있다. 인도의 소들은 어마어마한 양의 대변을 배출하고 있는데, 몇몇 연구들은 이러한 소의 대변이 연간 10,000 메가와트에 상당하는 에너지를 공급한다고 주장한다.

탄자니아의 이 마사이 여인은 소의 대변과 소변 모두를 여기 사진 속의 가족 부락(혹은 보호소) 움막을 세우는데 잘 활용하고 있다. 준유목민인 마사이족은 낮에는 자신들의 소를 방목하고 밤에는 자신들의 소를 포획자로부터 보호하기 위하여 아카시아 덤불로 만들어진 우리 안에 가둔다.

경제발전 초기에는 자급자족하던 대부분의 국가들이 지난 수세기 동안 석유의 순수입국이 되었고 해외 에너지원에 대한 의존성이 지속적으로 증가하고 있다. 아주 극적인 예로 미국은 1942년까지 완벽하게 자급자족이었으나 1950년경에는 주요 수입국이 되었고 1973년과 2000년 사이에는 해외의존도를 연간 필요량의 36%에서 66% 이상으로 높였다.

현재의 소비율이 지속된다면 2000년대 중반 경 미국은 필요량의 70% 이상을 수입할 것이라고 예측되고 있는데, 이는 매일 1,700만 배럴 이상의 석유를 수입한다는 의미이다. 그림 3.4는 북미의 국내 에너지 소비량과 다른 지역의 소비량을 비교하고 있다. 눈에 띄는 흥미로운 사실은 북미는 현재 에너지의 주요 소비자이지만 산업화된 아시아와 다른 3개의 산업화 지역들도 그림 3.4에서 보이는 것처럼 미국에 크게 뒤쳐져 있지 않다는 점이다. 사실 중국은 미국 다음으로 세계 2위의 석유 수입국이며 중국에서의 석유 수요는 지속적으로 증가할 것으로 보인다.[41]

[41] Koh Chin Ling and Loretta Ng, "China's Crude Oil Imports Surge in March," *International Herald Tribune*, April 22, 2005.

2차 세계대전 이후 소멸되지 않을 것처럼 보였던 석유공급의 무한한 이용가능성에 대한 논쟁은 유명하다.[42] 산업화된 세계에서 경제성장의 극적인 증가와 나머지 국가들에게 주어진 산업화에 대한 압박은 자국의 에너지 자원에 엄청난 부담을 주고 있다. 불행하게도 국가 산업화에 따라 에너지원이 항상 효율적으로 활용되고 있지는 못하다. 예를 들어 중국은 1달러의 1인당 국민총생산(GNP)을 생산하기 위해 세계 평균의 3배에 해당하는 에너지(석유뿐만 아니라 모든 에너지원을 의미)를 사용하고 있다. 아마도 GNP 1달러를 생산하는데 5온스 미만의 석유를 사용하는 가장 효율적인 에너지 소비국가인 일본과 비교하면, 중국에서는 약 80온스의 석유가 필요하다.[43] 중국의 비효율적인 석유 사용에 대한 원인들은 많지만 중요한 원인은 시대에 뒤떨어진 구식 기술들이라고 할 수 있다.[44]

시장주도의 경제 성장과 정치적으로 불안정한 지역들로부터 석유를 공급받는 의존도의 증가는 에너지 자원의 글로벌 상호 의존성을 창출한다. 최종적인 결론은 산업화된 국가와 산업화가 진행 중인 국가의 경제와 석유가격에 엄청난 영향을 준다는 점이다.

자원의 지리적 위치, 품질 그리고 이용가능성은 21세기 세계 경제발전 패턴과 무역에 영향을 미칠 것이다. 산업화 관련 원자재에 추가하여, 경제적으로 실현 가능한 에너지 공급은 자원을 사용가능한 제품으로 변환시키기 위해 꼭 필요하다. 자원에 대한 글로벌 수요가 심화되고 가격이 상승함에 따라 자원은 국제 마케터들의 의사결정의 통제할 수 없는 요인으로서 그 중요성이 계속해서 더욱 커질 것이다.

글로벌 인구동향의 역학관계

인구수, 도시와 지방의 인구이동, 출생률, 연령층 그리고 인구 통제는 다양한 재화의 수요를 결정하는데 도움을 준다.[45] 인구수 그 자체가 유일한 결정요인은 아니지만 잠재적인 소비재 시장을 평가하는데 중요하다. 세계 각국의 인구 구성과 분포의 변화는 미래 수요에 깊은 영향을 준다. 게다가 전 세계에 걸친 재화의 수요는 또한 사람들의 이주 패턴에도 영향을 미치는데 전통적인 인과관계(사람들의 이주 패턴이 수요에 영향을 주는)와는 역으로 영향을 미치는 것이다. 특히 2008년에 시작된 글로벌 금융위기로 발생한 세계적인 재화와 서비스 수의 감소에 따른 고용기회의 하락에 따라 아마도 일시적일지는 모르지만 한 국가 내에서 도시에서 지방으로 그리고 국제적으로는 선진국에서 개발도상국으로

[42] Stanley Reed, "Endless Oil," *BusinessWeek*, January 18, 2010, pp. 47–49.

[43] "Lessons from a Miser," *BusinessWeek*, April 11, 2005, p. 51.

[44] "Wasteful Ways," *BusinessWeek*, April 11, 2005, p. 50.

[45] A book written in 1998 predicted the Great Recession of 2008–2009 ten years in advance, based on demographic projections of consumer demand. For a very interesting read, see Harry S. Dent, *The Roaring 2000s* (Touchstone: New York, 1998); also see John L. Graham, "2020 Is 23 Years from Now," *UCInsight*, Spring 1997, pp. 3, 13 for a similar, demographics-based prediction.

표 3.1

2009~2050년 지역별 세계인구와 2005년~2010년 평균수명(백만)

출처: World Population Prospects, The 2008 Revision, United Nations Economic and Social Affairs, www.unpopulation.org, 2010. Reprinted with permission.

지역	인구(백만)		출생 시 기대 수명
	2009	2050*	2005~2010
세계인구	6,829	7959	67.2
선진 개발 지역**	1233	1126	77.1
개발도상 지역+	5596	6833	65.6
후발 개발도상 지역++	835	1463	55.9
아프리카	1010	1748	54.1
아시아	4121	4533	68.9
유럽	732	609	75.1
중남미	582	626	73.4
북미	348	397	79.3
오세아니아	35	45	76.2

*제공된 세 개 중 최소 추정치

** 선진 개발 지역은 유럽, 북미, 호주, 뉴질랜드 그리고 일본을 모두 포함.

† 개발도상지역은 아프리카, 아시아(일본 제외) 그리고 중남미를 모두 포함하고 그리고 멜라네시아, 마이크로네시아, 폴리네시아 지역을 포함.

‡ 후발개발 도상 지역은 UN총회의 정의에 따라 48개국 포함. 아프리카 33개국, 아시아 9개국, 중남미 1개국 그리고 오세아니아 5개국. 이들은 개발도상지역에도 포함.

역이주를 초래하였다.[46]

최근 전 세계 인구 추정치는 68억 명 이상이고, 이 숫자는 2050년경에는 80억 명 정도로 증가할 것으로 예측된다. 그러나 출산율 가정이 조금만 달라져도 인구 증가율 예측에는 큰 차이가 발생한다. 국제연합 전문가가 제시한 시나리오 중 하나는 지구 인구가 약 80억 명에서 정점을 이루고 2040년 경 이후에는 감소할 것이라고 주장하였다. 그렇지만 모든 시나리오에서 일치하고 있는 부분은 2050년까지의 예상되는 모든 인구 증가는 개발도상국 지역에서 발생한다는 것이다.[47] 표 3.1은 2050년경에 인구의 85%가 개발도상국 지역에 집중될 것임을 보여주고 있다.

국제노동기구(ILO)는 2025년까지 새로 태어난 사람들을 먹여 살리기 위해서는 전 세계적으로 12억 개의 일자리가 창출되어야 한다고 예측하고 있다. 더욱이 대다수의 새로운 일자리는 대부분의 인구가 거주하게 될 도시지역에서 창출될 필요가 있게 된다.

인구증가의 조절

LO7

고령화와 인구증가의 조절이 경제에 주는 효과에 대하여 이해한다.

인구폭발의 불길한 결과에 직면한 각국들은 관리 가능한 비율로 인구 증가를 감소시키는 것을 논리적인 해결책으로 인식하고 있지만, 출산 문제는 문화적으로 매우 민감한 사항으로 통제가 불가능한 요인들 중의 하나라 할 수 있다. 자본, 자존감, 종

[46] Patrick Barta and Joel Millman, "The Great U-Turn," *The Wall Street Journal*, June 6, 2009, p. A1.

[47] See *World Population Prospects, The 2008 Revisions*, United Nations Economic and Social Affairs, http://www.unpopulation.org, 2010.

교, 정치 그리고 교육 요인은 모두 한 가구의 출산율에 대한 태도에 매우 중요한 역할을 한다. 따라서 중국의 장기적인 강제정책인 한 가구 한 자녀 정책에 따른 결과에 주목할 필요가 있다.[48]

인구조절의 전제조건으로 적절한 소득, 낮은 문맹률, 여성교육, 의료보장제도에 대한 보편적 접근성, 가족계획, 영양수준의 개선 그리고 아마도 가장 중요한 것으로 대가족이 중요하다는 문화적 믿음에 대한 변화된 의식 등을 들 수 있을 것이다. 불행하게도 생활상태의 개선과 의식의 변화라는 측면에서는 단지 최소한의 개선만이 있었을 뿐이다. 대부분의 세계에서 어떤 일이 발생하고 있는지를 보여주는 대표적인 사례는 일본이다. 인도의 인구는 한때 안정적이었으나, 건강상태의 개선에 따른 수명연장과 낮은 영아 사망률로 인도의 인구는 2050년경에는 중국 인구를 추월하게 된다. 그렇게 되면 두 국가는 전 세계 주민의 50%를 차지하게 된다.[49] 변화를 시도하기 위한 인도정부의 다양한 노력들은 정치적 역량의 부족을[50] 포함한 다양한 요소들과 함께 더디게 변화하는 문화적 규범들에 의해 방해를 받고 있다. 그럼에도 불구하고 인도정부는 산아제한을 목적으로 입안된 법률들을 계속해서 통과시키고 있다. 이러한 사례 중 하나는 두 명 이상의 자녀를 가진 사람은 국회나 주위원회의 선거에 출마하는 것을 금지시키는 법을 들 수 있다. 이 법은 현직에 있는 많은 정치인들이 자신들의 자녀수로 인해 선거에 재출마할 수 없음을 의미한다.[51]

아마도 인구조절에 대한 가장 중요한 장애물은 대가족의 중요성에 대한 문화적 태도일 것이다. 많은 문화권에서, 살아서든 혹은 죽어서든, 어떤 한 사람의 위신은 그들 자손의 수에 달려 있으며 가족에게 중요한 재산은 자신들의 아이들이다. 인디라 간디 수상이 많은 남성들을 대상으로 불임정책을 시도했을 때(이러한 시도가 간디 수상이 차기 선거에 패배한 주요 원인이라고 전해진다) 이런 생각이 얼마나 강렬한지 알 수 있었다. 덧붙여 많은 지역에서는 가족계획을 막거나 금지시키는 다양한 요인으로 인하여 인구조절에 실패하고 있다. 나이지리아 북부에서는 강력한 무슬림 전통이 자리 잡고 있고 동부에서는 강력한 천주교 전통이 존재하는데 두 종교 모두 대가족을 선호한다. 아프리카 대부분의 토속 신앙들은 대가족을 장려한다. 사실 대다수의 아프리카 사람들에게는 대지와 다산의 여신이 주된 신으로 자립잡고 있다.

가족계획과 그에 관련된 모든 활동들은 각국 정부가 출산율을 조절할 때 사용하는 매우 보편적인 수단이다. 그러나 몇몇 경제학자들은 출산율의 저하가 경제적 번영과 함수 관계가 있으며, 결과적으로 낮은 경제발전을 가져온다고 주장하고 있다. 입증되지는 않았지만 다수의 증거들은 경제가 발전함에 따라 출산율이 감소함을 보

[48] Maureen Fan, "Offi cials Violating 'One-Child' Policy Forced Out in China," *Washington Post*, January 8, 2008, p. A16.

[49] "India to Surpass China in Population," *ExpressIndia* , May 18, 2005.

[50] Anand Giridharadas, "A Buoyant India Dares to Ask: Is a Billion So Bad?" *International Herald Tribune*, May 4, 2005.

[51] V. K. Paghunathan, "3 Tykes and You're Out," *Straits Times*, April 11, 2003.

여주고 있다. 예를 들어 1980년대 스페인의 경제가 빠르게 성장하기 이전에는 가구당 여섯 명 이상의 아이들이 있었지만, 현재 스페인은 여성 1명당 평균 1.23명의 아이를 가진 유럽에서 가장 낮은 출산율을 가진 국가 중 하나이다. 유사한 패턴이 경제가 발전함에 따라 다른 유럽 국가에서도 일어나고 있다.

이촌향도

지방에서 도시 지역으로 이주하는 것은 대개 교육, 의료 환경 그리고 더 큰 고용기회에 대한 원천적인 접근이 뛰어나다는 생각하기 때문이다.[52]

1800년대 초에는 전 세계 인구의 3.5% 가량만이 약 20,000명 규모의 도시에 거주하고 있었고 2% 미만의 사람들만이 약 100,000명 정도의 도시에 거주하였다. 현재는 전 세계인구의 40%가 도시인이고 이런 추세는 가속화되고 있다. 한때 도시에 거주하는 4명의 이주민중 3명은 어느 정도의 경제적 이익을 얻을 수 있었다.[53] 브라질의 도시에 거주하는 육체노동자의 가구당 소득은 지방의 농장 노동자에 비해 거의 5배가 많다.

2020년 무렵 도시지역에 거주하는 전 세계 인구는 2005년의 49%에서 61% 이상으로 증가할 것이며, 최소한 27개의 도시들은 천만 명 이상의 인구를 보유하게 될 것이라고 예측되고 있다. 1990년 이후 인구가 크게 증가하여 거의 8백만에서 2천 6백만의 인구를 가지게 된 동경은 이미 지구상의 가장 큰 도시로서 멕시코시티를 추월하였다.

도시 이주민들은 상대적으로 일정상태의 생활수준 개선을 경험하였지만, 서비스 부문에 대한 투자가 부재한 상태에서 집중되는 도시성장은 궁극적으로 심각한 문제를 발생시켰다. 하루하루 힘들게 살아가는 비숙련 노동자로 가득한 도시의 슬럼들은 위생시설, 상수도[54] 그리고 사회복지사업에 과도한 부담을 주고 있다. 어느 시점에서 규제되지 않은 도시 확장의 단점들이 확장에 따른 모든 장점들보다 더 커지기 시작하였다.

현재 멕시코시티에 존재하는 환경들을 고려해보자. 도시인구 증가가 초래한 스모그, 쓰레기 그리고 오염물질은 별도로 하더라도 멕시코시티는 심각한 물 부족 현상에 직면해 있다. 지방 상수도는 거의 소진되었고 그리고 어떤 경우에는 유해하기까지 하다[55]. 전반적인 물 소비량은 초당 약 16,000갤런이나 지하수를 품고 있는 지하대수층을 포함한 전체 수원에서는 초당 2,640갤런만의 물이 생산되고 있을 뿐이다. 따라서 물은 수백 마일 떨어진 곳에서 오고 멕시코시티까지 도달하기 위해서는 고도 7,444피트까지 펌프로 퍼 올려야 한다. 이러한 문제는 멕시코만의 특별한 문제가 아

---

[52] Tor Ching Li, "Urban Migration Drains Asian Coffee Farms' Work Force," *Dow Jones Commodities Service*, December 13, 2007.

[53] Diane Mosher, "Chinese Urban Migration Creates Opportunities for International Urban Planners," *Multi-Housing News*, April 2, 2007.

[54] "China Faces Worsening Water Woes," *Chicago Sun-Times*, March 24, 2005.

[55] "Nation Faces Water Shortage," *El Universal* (Mexico City), March 23, 2005.

니다. 개발도상국 도처에서 볼 수 있는 형편없는 위생시설과 불충분한 상수도 시설은 걷잡을 수 없는 인구증가의 결과이다. 추정치에 의하면 현재 11억 명의 사람들이 깨끗한 식수에 접근할 수 없으며, 28억 명은 위생적인 시설에 접근하기 어렵다. 식수원에 더 많은 투자가 이루어지지 않는다면 전 세계 인구의 40%인 25억 명의 사람들은 깨끗한 물 없이 지내야 할 것으로 추정되고 있다. 상황 개선에 대한 전망은 그렇게 고무적이지 않은데, 그 이유는 전 세계 대부분의 도시 성장이 이미 경제적으로 한계에 이른 개발도상국들에서 발생할 것이기 때문이다.

인구감소와 고령화

개발도상국은 빠른 인구 증가에 직면해있지만,[56] 산업화된 국가의 인구는 감소추세에 있으며 빠르게 고령화되고 있다.[57] 서유럽과 일본의 출산율은 1960년대 초중반이후로 감소하는 중이다. 더 많은 수의 여성들이 아이들 대신에 자신들의 직장생활을 선택하고, 많은 맞벌이 부부들이 아이 없는 상태로 남는 것을 선택하고 있다. 이러한 요인들과 함께 동시대 다른 요인들에 의한 결과로 인하여 많은 국가의 인구 증가는 현재 수준을 유지하기 위해 필요한 출산율 이하로 떨어져 왔다. 인구감소 방지를 위해서 여성 1명당 약 2.1명 아이의 출산율이 필요하다. 주요 국가 중 국가 유지를 위해 충분한 내부적 인구증가를 가진 나라는 하나도 없으며, 이러 추세는 다음 50년 동안 계속될 것으로 예상된다.

산업화된 국가에서는 인구 증가가 감소하는 동시에,[58] 전보다 더 많은 사람들이 고령화되고 있다.[59] 지난 50년간 글로벌 기대 수명은 과거 5,000년에 비해 더 많이 증가하였다. 산업혁명시기까지 65세 이상의 인구는 전체 인구의 2% 혹은 3%에 지나지 않았다. 오늘날 선진국에서는 65세 이상 그룹이 전체 인구의 14%를 차지하고 있으며 2030년경에는 30여개의 다른 국가들에서 25%에 도달할 것이다. 더욱이 "아주 나이 먹은" 사람들의 수는 그보다 "덜 나이 먹은" 사람들보다 더욱 빠르게 증가할 것이다.

국제연합(UN)은 2050년경에는 전 세계적으로 65세에서 84세 사이의 인구가 4억 명에서 13억 명으로 증가(3배 증가)하는 반면에 85세 이상의 인구는 2천 6백만 명에서 1억 7천 5백만 명으로 증가(6배 증가)할 것으로 예측하고 있다. 100세 이상의 인구수는 13만 5천명에서 2백 2십만 명으로 증가(16배 증가)할 것으로 예상하고 있다. 그림 3.5는 후발 개발도상국가(케냐), 개발도상국가(브라질), 경제적으로 선진국(영국)간의 전형적인 노화의 차이를 보여주고 있다. 젊은 인구의 비율이 높은 케냐 같은 국가는 높은 교육비용과 의료관련 비용과 맞닥뜨리고 있지만, 상대적으로

---

[56] Gerald Tenywa and Ben Okiror, "Population Growth Highest around Lake Victoria," *All Africa*, November 1, 2007.

[57] There are apparent exceptions; see "Finland Sees Record-High Population Growth in 2007," *Xinhua News Agency*, January 1, 2008.

[58] "Russia's Population Shrinks by 208,000 in 10 Months," *Russia & CIS Newswire*, December 21, 2007.

[59] "China Population Ageing Rapidly," *Associated Press Newswires*, December 17, 2007.

그림 3.5

주요 국가들의 연령 분포와 세계 평균

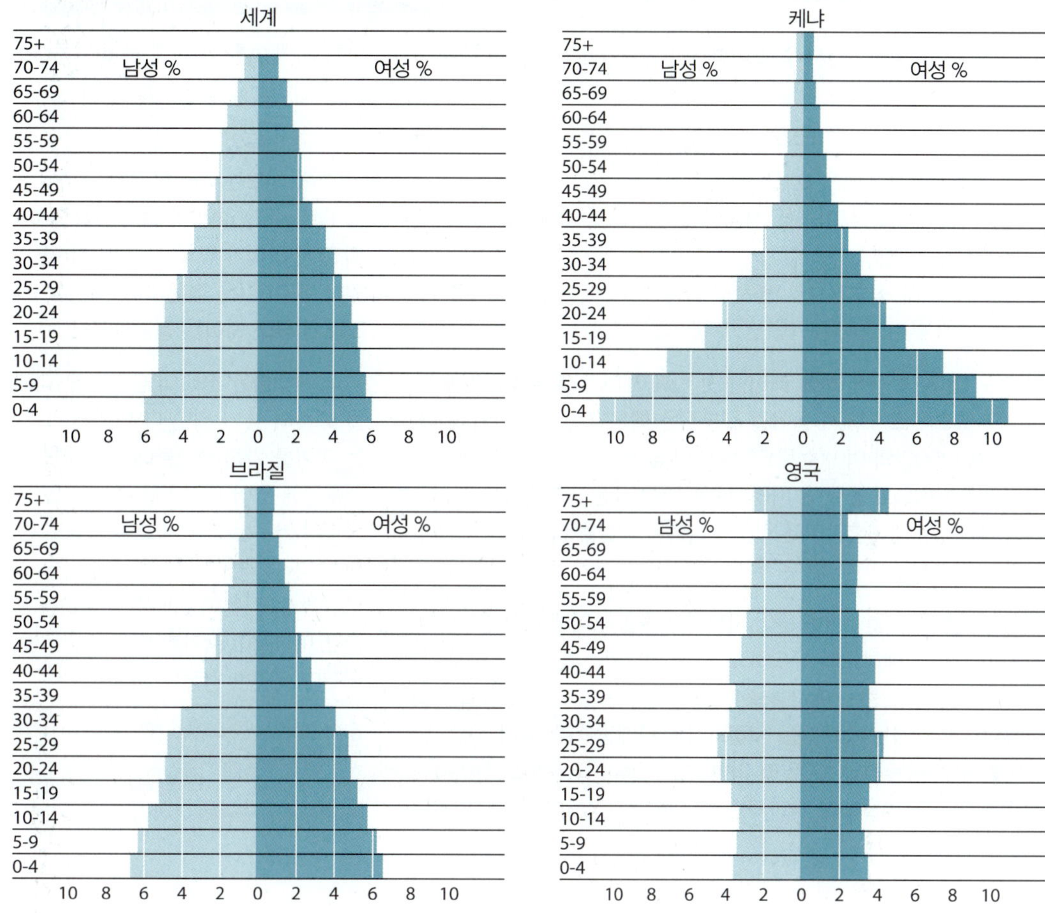

출처: From *Oxford Atlas of the World*, 10th ed., 2002. Reprinted with permission of Philip Maps.

고연령층이 많은 영국과 같은 국가는 노인들을 위한 높은 연금비용과 의료관련 비용과 더불어 이런 부담을 짊어질 임금 노동자의 수는 적다는 현실에 직면하고 있다.

유럽, 일본 그리고 미국은 숙련 노동자들의 감소와 이들이 지탱해야 하는 노인 비율의 증가로 발생할 수 있는 여러 문제들을 보여주는 전형적인 예라 할 수 있다. 1988년에 일본은 다른 선진국들이 두려움을 가지고 예측한 수준을 넘어섰는데, 연금 기관으로부터 자금을 인출해가는 은퇴자들의 수가 연금을 적립하는 근로자들을 추월하는 시점이 도래한 것이다. 노인들은 의료시설과 병원,[60] 특수 주택과 양로원 그리고 연금과 복지혜택을 위한 더 많은 정부지출을 요구한다. 그러나 이러한 비용들을 지탱하는 노동인구는 줄어들고 있다. 65세 이상의 인구비율이 가장 높은 지역이 또한 15세 이하의 인구 숫자가 가장 적은 지역이다.

[60] Ben Shankland, "Government of Colombia Tries to Sell Beleaguered Hospital Again," *Global Insight Daily Analysis*, December 19, 2007.

CROSSING BORDERS 3.3 모든 여자들은 어디로 사라졌나?

중국의 다음과 같은 3가지 주요 이슈들이 심각한 성비의 불균형을 초래할 가능성이 있다.

- 세계에서 가장 높은 인구증가를 억제하기 위하여 엄격한 한 가구 한 자녀 정책을 시행하고 있다.
- 남성 우월주의와 남아선호 사상이 전통적인 가치관으로 뿌리 깊게 자리 잡고 있다.
- 임신 중 태아 성별검사로 원하지 않는 여자 태아를 낙태시킬 수 있다.

한 가구 한 자녀 정책 하에 태어난 첫 번째 세대가 결혼 적령기에 다다르고 있으나 모두에게 돌아갈 신부감은 매우 적은 것이 현실이다. 2005년에 100명의 여아(女兒)당 118명의 남아비율로 여성 대 남성 비율이 비정상적으로 높았다. 따라서 20대 남자들은 5명의 잠재적 신부감에 대해 6명의 미혼남이 존재하는 가혹한 현실을 상대해야만 한다. 따라서 절망적인 미혼남들은 무엇을 해야 하는가?

여성 부족현상은 몇몇 부모들이 자신의 아들들의 미래 배우자로서 여자 아이들을 구매하도록 유도하고 있다. 영유아는 도망갈 확률이 적고, 자기들을 구입한 구매자들을 부모로 여길 수 있으며, 그리고 10대 신부감을 구매하는 것보다는 저렴하기 때문에 인기가 높다. 여자 영유아를 구입하는 경우 100달러 미만으로 비용이 들 뿐이고 산아제한 한도를 어긴 부부들에게 부과되는 벌금을 내지 않아도 된다. 벌금은 보통 거의 6년간의 소득과 비슷하다.

다른 대안은 친족과 결혼하는 것이다. 20살이 된 류는 자기 친구들은 짝을 이루었지만 자기는 외톨이임을 알았다. 후미진 시골의 농부인 그의 부모는 자식을 위한 신부감을 구하기 위해 필요한 2천 달러를 만들 수가 없었다. 절망한 류의 어머니는 자신의 여동생에게 그녀의 딸인 하이가 류의 신부가 되어줄 수 있는지 물어봐 달라고 부탁하였다. 하이 같은 젊은 여자들은 부모님의 말을 거부하기가 힘들었고 그래서 류와 하이는 결혼하였다.

중국 관리들은 성비의 불균형에 대해 우려하기 시작했고 이런 현실을 되돌려 놓기 위한 다양한 새로운 프로그램들을 발표했다. 여기에는 여아를 가진 부모들에게 현금을 주거나 주택, 고용기회 그리고 직업훈련에 있어 우선권을 주는 것들이 포함되어 있다. 여아를 가진 상당수의 가구는 또한 학교 수업료도 면제 받는다. 중국 정부는 한 가구 한 자녀 정책을 견고하게 고수하고 있지만 첫 번째 아이가 여아인 부부들에게 두 번째 아이를 허용하는 방안을 실험중이다. 새로운 정책으로 여아들이 증가할 때까지 한동안 현재 20세 중국 남자들은 결혼하려면 치열한 경쟁을 해야만 한다.

출처: Nicholas Zamiska, "China's One-Child Policy Gets Wider Enforcement," *The Wall Street Journal Asia*, January 8, 2008, p. 10; Mark R. Rosenzweig and Junse Zhang, "Do Population Control Policies Induce More Human Capital Investment?" *Review of Economic Studies* 76, no. 3 (2009), pp. 1149–74.

이런 차이는 미래의 은퇴자들을 지탱해줄 수 있는 젊은 근로자 수가 적어진다는 것을 의미한다. 그 결과 미래 근로자들에게 견디기 어려운 세금 부담이 주어지며, 65세 이상 그룹의 많은 사람들이 노동 인구에 포함되어야 한다. 또한 은퇴자 대비 근로자 비율을 안정시키려고 대규모 이주를 허용하는 현행 법률을 수정해야 한다. 그러나, 한 가지 해결책으로 모든 문제를 해결할 수는 없다.[61]

노동력 부족과 이민

대부분의 국가에서 대규모 이민은 현지 거주자들로부터 크게 환영받지 못한다. 그러나 국제연합(UN)의 최근 보고서는 실행 가능한 해결책으로서 이민법을 수정해야 한다고 강력히 주장하고 있다. 자유로운 이민의 허용은 후진 개발도상국에서의 폭발적인 인구 증가와 산업화된 지역에서의 노동력 부족의 2가지 문제를 개선하는데 도움을 줄 수 있다.[62] 유럽은 고령화에 따른 은퇴자 대비 근로자의 비율이 지속적으로 감소하는 지역 중의 하나이다. 노인들이 차지하는 비중이 1998년 20%에서 2050년

[61] J. T. Young, "Failure of Social Security Reform Mustn't Derail Personal Accounts," *Investor's Business Daily*, January 3, 2008.

[62] "Russian Immigration Rules Could Cause Worker Shortage," *Associated Press, Charleston Gazette*, January 16, 2007, p. P2D.

CROSSING BORDERS 3.4 미국에서의 역사, 지리 그리고 인구의 충돌: 대가족 제도로의 회귀

베이비 붐 세대로 인한 부담 때문에 연금제도와 의료보장제도 그리고 퇴직연금이 계속해서 흔들리는 상황에서 가족 간의 강한 유대감과 상호의존성이라는 인간의 근본적인 특성에 더 많이 의존해야 할 것이다. 문제는 지구상의 다른 사람들과는 반대로 미국인들에게는 그런 추억이 특히 어렵다는 것이다.

미국은 독립선언으로 시작되었다. 1776년 7월 4일 건국의 아버지들은 영국의 학정으로부터 벗어나 새로운 국가를 건설하였다. 독립선언서 및 그와 관련된 사상들은 미국인들의 정신적 지주가 되었으며 문자 그대로 가장 유명한 국가개념이 되었다. 실제로 아이를 키우고 있는 주류 미국인들의 목표는 이런 독립의식을 아이들의 머릿속에 심어주는 것이다. 미국 부모들은 자신들의 아이가 스스로 자신의 침대를 정리하고, 점심을 준비하고, 옷을 세탁을 하며, 숙제를 하고, 자동차를 운전하게 한다. 이런데 어떻게 독립적인 성인이 되지 않겠는가?

독립성과 관련된 미국인의 과도한 집착에 기인한 3가지 문제점들이 있다. 첫째, 미국 전역에 걸쳐 하나의 가족으로 합쳐지려는 현상이 급격히 늘어나고 있는 상황에서 부메랑 키드와 손자들과 같이 생활하는 조부모들이 비난받는다는 점이다. 가장 최근의 미국 인구조사 통계에 따르면, 자신의 부모와 함께 생활하는 2천 2백만의 성인자녀가 있으며, 3세대가 같이 사는 6백만 명의 조부모가 있는데 이들 숫자 모두 빠르게 증가하고 있다. 둘째, 다음에 보는 것처럼 독립심을 가르치는 것이 그렇게 효과를 거두지 못하였다. 셋째, 사실 독립이라는 것 자체가 없다는 점이다. 상호의존성이 있을 뿐이다.

미국에서 가장 독립적인 마인드를 가진 최고경영자들은 미국인들의 독립에 대한 지나친 강조를 인식하기 시작했다. "진정한 리더십(authentic leadership)"이라는 훌륭한 저서를 집필한 빌 조지(Bill George)는 고위 임원의 일은 6가지 구성요소에 달려있다고 주장하고 있다. 놀랄 것도 없이 메드트로닉(Medtronic)의 전 CEO는 주주, 종업원, 고객, 공급업자 그리고 커다란 지역사회를 꼽았다. 매우 특이하고 혁명적이기까지 한 것은 빌 조지는 자신의 가정을 집어넣은 것이다. 그는 CEO로서의 성공적인 삶이 부분적으로는 자신이 가진 가정생활에 기인한 것이라고 생각했다. 따라서 그는 임원들이 자녀들의 축구게임과 같은 활동에 같이 참여할 수 있는 시간을 만들 수 있도록 하였다.

출처: Sharon G. Niederhaus and John L. Graham, *Together Again, A Creative Guide to Multigenerational Living*(Lanham, MD: Evans, 2007); Sandra Timmerman, "Generational Reciprocity: What Does It Mean in the 21 st Century?" *Journal of Financial Service Professionals* 63, no.5 (2009), pp. 25–27; "Boomers: New Social Media Mavins," *Research Brief, Center for Media Research*, January 26, 2010, online.

35%로 증가할 것이다. 노인들의 비중이 가장 높은 나라는 스페인일 것이고 이탈리아가 뒤를 이을 것이다. 문제를 인식한 스페인 정부는 스페인계 중남미 사람들에게 국경을 개방하도록 이민법을 수정하였다.[63]

은퇴자 대비 근로자 비율이 하락하는 것을 막으려면 일본과 미국은[64] 현재부터 2050년 사이에 6억 명의 이민자들이 필요한 반면에, 유럽은 앞으로 50년 동안 14억 명의 이민자가 필요하다. 그러나 이민에 대한 정치적 · 문화적 반대를 극복할 수 없다면 이민은 문제를 개선하는데 도움을 주지 못할 것이다.

지방에서 도시로의 이동, 산업화된 지역에서의 출산율 저하 그리고 세계인구의 고령화와 더불어 개발도상국에서의 인구증가 현상은 전 세계 비즈니스와 경제적 상황에 심각한 영향을 줄 것이다. 이러한 추세들에 대한 성공적인 조정이 없다면 많은 국가들은 사회적 불안을 초래할 수 있는 경제의 저성장, 은퇴자들을 위한 복지제도의 심각한 재정적 문제 그리고 공공사업과 사회복지사업의 퇴보의 심화 등을 경험할 것이다.

---

[63]SpainGrantsAmnestyto700,000Migrants,*Guardian Unlimited*,May9,2005.[64]USTechSectorEyesImmigrationBillRevival,CitesWorkerShortage,*Agence France-Presse*,June9,2007.

기후변화는 파나마 운하와 경쟁할 수 있는 새로운 무역 경로를 열었는데, 이는 비용이 많이 드는 서유럽과 아시아 사이의 여행시간을 며칠 정도 줄여준다. 이 사진은 유명한 북서항로를 러시아 쇄빙선을 뒤따라 항해하고 있는 독일의 상업용 선박이다.

세계 무역경로

무역경로는 거리, 자연 장벽, 자원 부족 그리고 사람들과 경제사이의 근본적인 차이점들을 최소화시켜주면서 세계를 하나로 묶는다. 세계 어딘가 특정 그룹이 보유하고 있는 물건을 다른 어느 곳의 그룹이 필요로 하고, 둘 사이에 이동 수단이 존재하는 한 무역은 존재한다. 초기 무역 경로는 육지를 가로지르는 것이었다. 후일에는 해상로, 항공로 그리고 마지막으로 각국을 연결해주는 인터넷이 출현했다.

유럽, 아시아 그리고 미주 사이의 무역경로들은 모두 1500년대에 정립되었다. 스페인 제국은 중국으로 향하는 은으로 가득한 스페인 범선들을 기항시킬 수 있게 필리핀의 마닐라에 도시를 건설하였다. 돌아오는 여정 중에 비단과 중국 상품들을 멕시코에서 하역하여 대서양까지 육상으로 수송한 후 스페인으로 향하는 배에 선적하였다. 우리가 종종 인식하지 못하는 점은 이와 같은 무역경로가 현재에도 중요하며, 많은 중남미 국가들이 1500년을 거슬러 올라 유럽, 아시아 그리고 나머지 세계와 튼튼한 관계를 맺고 있다는 점이다. 1550년대와 현재를 비교해보면 거래되는 물품들은 변화하였지만, 무역과 무역경로는 변함없이 중요하다. 오늘날 멕시코에서 화물을 하역하고 나귀에 실어 대서양까지 운반하는 대신에 태평양에서 파나마 운하를 거쳐 대서양까지 해상운송을 수행하고 있다. 그리고 운하에 들어갈 수 없는 대형 선박은 선로위에 컨테이너를 하역시키는데, 이 선로는 파나마 지협을 가로질러 다른 컨테이너선에 연결된다.[65]

무역경로는 지형의 영향 때문에 발생하는 경제적이고 사회적인 불균형을 극복하려는 각국의 시도를 보여주고 있다. 세계무역의 대부분은 유럽, 북미 그리고 아시아

[65] "Panama Canal Expansion Gets Environmental Approval," *Journal of Commerce Online*, November 13, 2007.

의 선진국과 개발도상국 사이에서 발생한다. 지도에 나타난 바와 같이 무역흐름이 중요 교역지역들을 연결시키고 있다는 사실은 놀랄만한 일이 아니다.

커뮤니케이션의 연결

LO8
커뮤니케이션이 국제통상의 필수요소임을 이해한다.

모든 교역의 버팀목은 효과적인 커뮤니케이션이다–어디에 상품과 서비스가 존재하는지 그리고 어디서 필요로 하는지에 대한 지식과 원거리를 가로질러 즉각적으로 의사소통할 수 있는 능력. 지속적인 전기통신수단의 발달은 무역의 확장을 가능하게 하였다. 우선 전보가 발명되었고 그 뒤를 이어 전화, 텔레비전, 위성통신, 휴대전화,[66] 컴퓨터, 인터넷 그리고 이 모두를 결합한 제품들이 출현하였다.[67] 각각의 기술 혁명은 인간 생활, 경제 성장 그리고 교역이 작용하는 방식에 심대한 영향을 주어왔다.

각각의 새로운 커뮤니케이션 기술들은 새로운 사업 모델들을 배양하였다. 어떤 기업들은 새로운 기술에 맞추어 적응하기 위해 자신들의 사업방식을 변경하였으나 다른 기업들은 적절히 대응치 못해 사라져 버리기도 하였다. 인터넷과 휴대용 전화의 혁명도 다르지 않을 것이며, 이들 또한 인간생활, 경제성장 그리고 무역이 운영되는 방식에 영향을 줄 것이다. 다음 장에서 얘기되는 바와 같이 전 세계에 걸친 휴대폰 사용자들의 극적인 증가와 인터넷의 결합은 국제경영이 어떻게 관리되어야 하는지에 대한 준비를 제공해준다. 그러나 신기술의 결합이 세계 문화의 뼈대에 스며들고 있긴 하지만 가장 큰 변화들은 아직 시작되지 않았다.[68]

요약 Summary

영국의 한 권위자는 국제 마케터에게 도시 국가 혹은 강에 대해 간단히 언급을 듣고 지도에서 바로 구분해낼 수 있을 때까지 전 세계에 대해 학습할 것을 충고하였다. 국제마케팅을 공부하는 학생이 그 정도로 세계지도를 암기하는 것이 필요하지는 않겠지만 장래의 국제 마케터들은 세계, 기후, 지형의 차이점들에 대해 상당히 친숙해져야 한다. 그렇지 않다면 다른 국가에서의 마케팅을 할 때 지리상 중요한 마케팅적 특징들이 많이 간과될 수 있다. 대륙들과 그 안에 속한 국가들의 위치를 찾아낼 수 있는 능력 이상으로 지리적 역사적 지식이 필요하다.

지리적 장애물들은 커뮤니케이션 및 유통과 연관된 활동으로서 마케팅에 직접적인 영향을 주는 것으로 인식되어야 한다. 연강수량이 최소 60인치(어떤 경우에는 200인치 이상)인 열대우림지역에 가보지 못한 사람에게 높은 습도에 대한 방습제를 기대한다는 것은 어렵다. 비슷하게 사하라 사막지역에서 지속적인 섭씨 40도 이상에 탈수증으로 어려움에 직면해보지 못한 사람은 그런 문제들에 대해 이해하기 어려울 것이다. 사회와 문화의 지리적 영향에서 기인한 간접적 효과들은 마케팅 활동에 반영되어야 한다. 역사와 지리를 좀 더 자세히 공부한다면 한

[66] "Mobil Marvels, A Special Report on Telecoms in Emerging Markets," *The Economist*, September 26, 2009, pp. 1–19.

[67] Rajesh Veeraraghavan, Naga Yasodhar, and Kentaro Toyama, "Warana Unwired: Replacing PCs with Mobile Phones in a Rural Sugar Cane Cooperative," *Information Technologies & International Development 5*, no. 1 (2009), pp. 81–95.

[68] Ben Charny, "Steve Jobs Reveals New iPad Device," *The Wall Street Journal*, January 27, 2010, online.

국가가 가지고 있는 외국인에게 독특한 다수의 특성들 쉽게 이해하고 예상할 수 있다.

기후와 지형에 의한 단순하고 명백한 영향은 별도로 하더라도 역사와 지리는 한 국가의 일반적인 경제와 사회 발전에 복잡한 영향을 미칠 수 있다. 이 경우, 역사와 지리를 학습하는 것은 마케터가 왜 특정 국가가 발전했는지를 발전과정 그대로(마케팅 계획 조정을 위한 지침으로서가 아닌) 이해하는데 도움이 된다. 역사와 지리를 속속들이 이해하여야 하고 이들은 마케팅 계획에 반드시 포함되어야 할 국제마케팅의 환경들 중 두 가지이다.

주요용어 Key Terms

아편전쟁(Opium wars)
지속가능성장(Sustainable development)
온실가스배출(Greenhouse-gas)
명백한 운명(Manifest Destiny)
태평천국의 난(Taiping rebellion)
유학(Confucian philosophy)
몰수(Expropriation)
몬로 독트린(Monroe doctrine)
루스벨트계론(Roosevelt corollary)

질문 Questions

1. 위에서 제시한 주요용어들을 정의하라.
2. 왜 국제마케팅에서 지리를 공부하는가?
3. 왜 특정 국가의 역사를 공부하는가?
4. 역사에 대한 이해는 어떻게 마케터에게 도움을 주는가?
5. 멕시코와 미국은 왜 애증의 관계가 존재하는가?
6. 혹자는 글로벌 환경 이슈는 한 국가의 문제가 아니라 전 세계의 문제라고 한다. 이 말의 의미는 무엇인가?
7. 국가를 하나 정하고 그 국가 내에서 고용과 지형이 어떻게 마케팅에 영향을 미쳤는지 설명하시오.
8. 멕시코를 제외한 국가를 하나 정하고 역사적 사건들이 어떻게 그 국가의 문화에 영향을 미쳤는지 설명하시오.
9. 세계 무역의 기반들에 대해 설명하시오. 서로 다른 기반들의 예를 드시오.
10. 마케터는 "지리가 일반적인 시장 특성, 유통 시스템 그리고 경제 상황에 미치는 좀 더 복잡한 영향에 대해 학습해야 한다." 이를 논평하시오.
11. 세계 인구 패턴은 지방에서 도시로 이동 중이다. 마케팅 관련 영향에 대해 논의하시오.
12. 인구가 안정된 국가와 급속하게 성장하는 국가를 각각 선정하시오. 이 두 가지 상황에 대한 마케팅적 의미를 비교하시오.
13. "세계 무역은 세계를 하나로 묶는다." 이에 대해 논의하시오. 명백한 운명과 몬로주의에 대해 가지고 있는 당신의 생각과 중남미 원주민의 생각이 어떻게 다를 수 있는지 논의하시오.
14. 전신, 전화, 텔레비전, 위성통신, 컴퓨터, 휴대전화 그리고 인터넷 모두는 국제기업의 운영에 영향을 미쳤다. 이런 각각의 커뮤니케이션 혁신들이 국제경영관리에 어떻게 영향을 미쳤는지 논의하시오.

글로벌 경제와 세계 무역

무역의 흐름

대륙 간 무역의 순환적인 경로는 세계의 경제가 어떻게 연관되어 있는지를 보여준다. 북미, 서유럽 그리고 극동 지역 같은 대륙에 위치한 가장 부유한 국가들은 자동차와 같이 유사한 제품들의 다른 여러 품종들을 교환하며 대부분 서로 교역을 하고 있다. 그러나 고소득 지역과 저소득 지역 간에도 무역의 흐름이 발생한다. 이 경우 고소득 국가들은 일반적으로 전기장비와 같은 좀 더 복잡한 재화들을 공급하고 저소득 국가들은 광물과 같은 기본적인 재화들을 공급한다. 더 작고 더 가난한 국가들은 커피나 원유 같은 단일 원자재 상품의 수출에 의존하는 경향이 있다. 일반적으로 가난하고 노동력이 풍부한 국가들은 섬유와 신발 등과 같은 노동집약적인 재화들을 수출하는 경향을 보이고 경작지가 풍부한 국가들은 곡물 같은 식품을 수출한다.

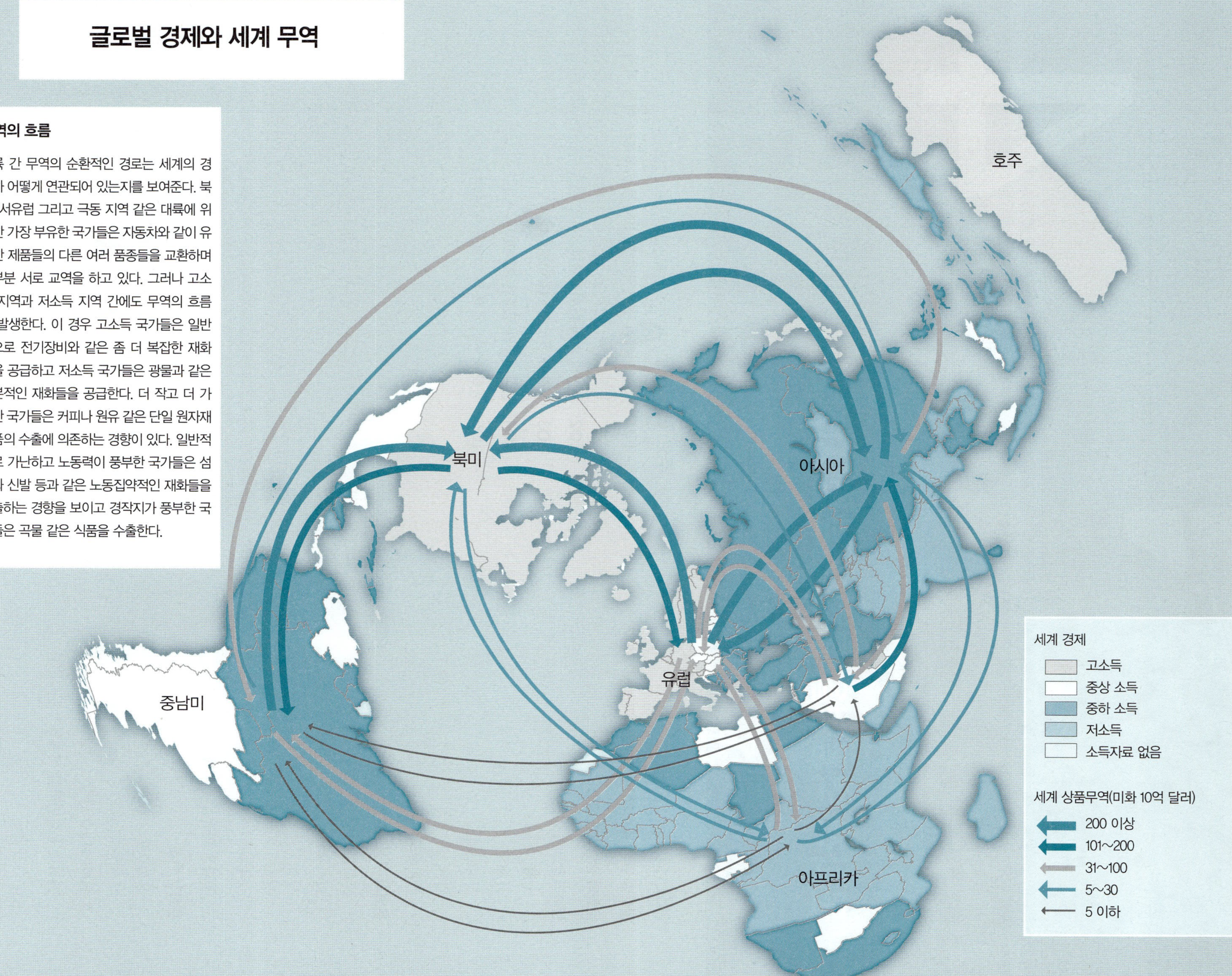

CHAPTER 4

문화적 역동성을 통한 글로벌 시장평가

개요 CHAPTER OUTLINE

글로벌 관점: 주식과 이베이–문화가 방해가 되다

문화의 광범위한 영향

문화의 정의와 기원

- 지리
- 역사
- 정치경제
- 기술
- 사회제도

문화의 구성요소

- 문화적 가치
- 의식절차
- 상징
- 믿음
- 사고과정
- 문화적 민감성과 인내심

문화적 변화

- 문화수용
- 유사성: 환상
- 변화에 대한 저항
- 계획적 문화변화와 비계획적 문화변화

주요 학습과제 CHAPTER LEARNING OBJECTIVES

LO1 국제 마케터가 가져야 할 문화의 중요성에 대해 이해한다.

LO2 문화의 기원을 이해한다.

LO3 문화의 구성요소를 이해한다.

LO4 문화수용의 영향을 이해한다.

LO5 계획된 변화에 따른 결과를 이해한다.

글로벌 관점 Global Perspective

주식과 이베이(eBay)–문화가 방해가 되다

2조 달러! 이는 엔화로 200조 엔이다. 어떤 식으로 계산하든 이 금액은 매우 큰 금액이다. 일본인들이 우체국에 예치한 10년 만기 정기예금과 같은 예상할 수 있는 거대한 자금흐름을 활용하기 위하여 피델리티 투자(Fidelity Investment), 골드만 삭스(Goldman Sachs) 그리고 메릴린치(Merrill Lynch) 같은 미국계 증권회사들은 새로운 투자 상품과 서비스를 일본에서 앞 다투어 출시하였다. 최근 일본의 자본시장 자유화 조치로 인하여 일본 소비자들은 투자를 고려할 때 좀 더 자유롭고 다양한 선택을 할 수 있게 되었다. 일본에서 우체국 정기 예금은 2%의 수익률을 올리고 있고 은행예금은 0%에 가깝다. 미국식의 인터넷 주식 거래(e-trading) 기준으로 볼 때 이는 잠재 고객인 일본인 투자가의 돈이 우체국에서 일시에 전자결제로 주식 시장에 유입되는 것을 의미한다.

그러나 일본은 미국이 아니다. 일본 투자자들에게는 미국 스타일의 위험감수에 대한 문화가 존재하지 않는다. 일본의 주식거래량은 미국의 약 6분의 1수준이다. 일본 가구의 금융자산 중 단지 12%만이 주식에 직접투자되어 있고 2%만이 뮤추얼 펀드에 투자되어 있다. 대조적으로 미국 가구의 약 55%가 주식을 보유하고 있다. 어떤 주식 분석가는 "일본인들 대다수는 뮤추얼 펀드가 무엇인지도 모른다"고 말한다. 대량의 자금흐름이 아닌 소량의 자금이 동만이 있을 수 있지 않겠는가? 온라인 주식 거래는 어떠한가? 일본에서의 인터넷 사용은 급성장 해왔고, 현재 일본에는 8천8백만의 인터넷 이용자가 있다. 이 수치는 미국의 인터넷 이용자 비율과 유사하다. 그러나 기대와는 다르게 소량의 자금만이 주식시장으로 유입되었을 뿐이다. 메릴린치와 다른 증권사들은 몇 년 전에 신규채용했던 속도만큼 빠르게 감원을 진행하고 있다.

좀 더 현대적이고 신뢰할만한 주식시장으로의 이행이 순조롭지 않았기에 상황은 더욱 악화되었다. 2005년 동경주식거래소(TSE)에서 깜짝 놀랄만한 거래가 발생하였는데, 미즈호 증권은 제이컴(J-Com) 주식 1주를 61만 엔에 거래하는 대신 1엔에 61만주의 매도 주문을 하였다. 컴퓨터의 사소함 결함으로 미즈호는 400억엔(미화 3억4천4백만 달러)의 손실을 보았고, 동경주식거래소의 사장인 타쿠오 츠루시마는 결국 사임하게 되었다.

프랑스의 한 증권회사는 프랑스에서 인터넷 주식거래와 주식 관련 혐오감을 타파하기 위해 노력 중이었다. 프랑스에서는 3천 2백만 명이 인터넷을 이용하고 이중 단지 3분의 1만이 주식을 보유하고 있다. 프랑스인들은 주식투자는 초보자들을 현혹하여 내부 거래자들만 이익을 보게 하는 제도라고 인식하고 주식시장에 투자하는 것을 기피해 왔다. 미국에서 엔론(2001)과 리먼 브라더스(2008)의 대실패 이후 독자들은 노천카페에서 주식에 투자한 사람들을 비웃는 웃음소리를 들었을 것이다. 그러나 부동산 시장이 꺾이기 시작한 이후에 심지어 프랑스에서조차 투자의 선호가 바뀌기 시작하였다. 동시에 유럽의 금융 서비스 부문의 자유화가 기관투자가와 일반 투자가들의 거래비용을 감소시키기 시작했다.

미국의 성공적인 온라인 개인경매 사이트인 이베이는 일본과 프랑스 양국에서 동일한 어려움을 겪고 있다. 프랑스의 낮은 인터넷 이용률은 문제의 일부분일 뿐이다. 일본의 경우 잘 알지도 못하는 타인의 입지 않는 헌옷을 구매한다는 것은 물론이고 그것들을 판매한다는 것은 누구에게나 수치스러운 일로 인식되고 있다. 자신의 차고에서 중고물품을 판매하는 일 또한 낯선 일이다. 이베이는 설립자인 피에르 오미디아르(Pierre Omidyar)의 고향인 프랑스에서 경매관련 사업 활동을 소수의 정부공인 경매업자들에게 국한시키고 있는 법률 때문에 어려움을 겪고 있다.

이처럼 우리는 미국, 프랑스 그리고 일본의 상이한 문화적 가치체계에 대한 지식을 바탕으로 프랑스와 일본에서는 첨단 인터넷 서비스가 매우 느리게 확신될 것이라는 것을 예상할 수 있다. 사이버 증권거래와 인터넷 경매는 미국적 정서에서는 모두 폭발적인 현상이라 할 수 있다. 그러나 다른 많은 국가의 투자자들과 비교해볼 때 미국 투자가들은 온라인 거래상의 인간미 없는 상호작용뿐만 아니라 주식투자의 위험과 불확실성에 대해서도 기꺼이 감수하려고 한다.

출처: William D. Echikson, "Rough Crossing for eBay," *BusinessWeek E.Biz*, February 7, 2000, p. EB48; Sang Lee, "Japan and the Future of Electronic Trading," *Securities Industry News*, November 5, 2007; *World Development Indicators*, World Bank, 2010.

LO1
국제 마케터가 가져야 할 문화적 중요성에 대해 이해한다.

문화는 특정그룹의 생활양식이 어떻게 구성되어 있는지를 다루고 있다. 이는 마케팅 연구, 특히 국제마케팅과 깊은 관련이 있다. 만약 당신이 마케팅 개념–이익을 얻으며 고객의 필요(needs)와 욕구(wants)를 만족–의 범위를 염두에 둔다면 성공한 마케터는 문화에 대한 많은 공부를 한 사람이다. 예를 들어 프로모션 문구를 작성할 때 시장(문화)에서 인식할 수 있고 의미 있는 상징들을 사용하여야 한다. 제품을 디자인할 때 스타일, 용도 그리고 기타 마케팅 관련 활동들이 이용 가능하고, 또한 의미 있게 되려면 문화적으로 수용 가능하도록 만들어야 한다(예를 들어 현재 사회에서 받아들여질 수 있는). 실제로 문화는 모든 마케팅 활동들(가격책정, 프로모션, 유통경로, 제품, 포장 그리고 디자인)에 스며들어 있고 이러한 마케터의 노력들은 실제로 문화 구조의 일부분이 된다. 이런 마케팅 노력들이 어떻게 문화와 상호작용하는지가 마케팅 노력의 성공과 실패 수준을 결정한다.

사람들이 소비하는 수량과 방식, 소비자들의 필요와 욕구의 우선순위 그리고 필요와 욕구를 만족시키는 방식들은 문화와 함수관계에 있다. 이런 방식들은 우리 삶의 형태를 담금질하고 형성하며 영향을 미친다. 문화는 인간을 둘러싼 환경(사회의 구성원으로서 인간에 의해 획득된 지식, 종교, 예술, 도덕, 법률, 관습 그리고 기타 역량과 습관들의 총체) 중 인간이 만든 일부분이다.[1]

시장은 지속적으로 변화한다. 시장은 정적인 것이 아니고 마케팅 노력, 경제적 조건 그리고 다른 문화적 영향들에 반응하여 진화, 확대 그리고 축소된다. 시장과 시장의 행태는 특정 국가 문화의 일부분이다. 시장이 문화의 결과물이라는 사실을 받아들이지 않고서는 시장이 어떻게 진화하는지 혹은 어떻게 마케터의 노력에 반응하는지 이해할 수 없다. 시장은 마케터의 노력, 경제적 조건 그리고 기타 문화 요소들, 이 3가지 측면에서 상호작용한 결과물이다. 마케터들은 시장의 문화적 수요에 자신들의 노력을 지속적으로 적응시키지만, 또한 시장에 출시된 제품이나 아이디어가 혁신적일 때마다 변화의 중심으로서 행동한다. 받아들이는 정도가 어떻든 간에 신제품 혹은 새로운 서비스의 사용은 문화적 변화의 시작이 되고 마케터는 사회변화의 주도자가 된다.

이러한 사항들은 문화와 국제마케팅에 초점을 맞춘 이 책의 2번째 부분의 4개장 중 하나이다. 이 장에서는 국제마케팅의 기반으로서 문화에 대한 광범위한 개념들에 대한 논의들이 제시되어 있다. 다음 장인 "문화, 경영 스타일 그리고 비즈니스 시스

[1] An interesting Web site that has information on various cultural traits, gestures, holidays, language, religions, and so forth is www.culturegrams.com.

템"에서 문화에 대해 논의하고 문화가 어떻게 경영 실무, 관리자의 사고와 행동양식에 영향을 미치는지 살펴본다. 6장과 7장에서는 국제마케팅의 학습에 필수적인 문화의 구성요소인 정치적 환경과 법적 환경에 대해 살펴볼 것이다.

이번 장의 목적은 문화의 역동성을 심도 있게 이해하려는데 있다. 본 장은 특정 국가의 문화적 정보에 대한 연구가 아니며 심오한 마케팅 과학이나 다양한 주제들에 대한 역학적 연구도 아니다. 그보다 이번 장은 마케터들에게 문화적 차이의 중요성을 강조하고 각국의 문화의 그 기원과 구성요소들에 대한 학습의 중요성을 부각시키는 것이며 또한 이러한 사항들과 관련된 측면들을 알려주려는 것이다.

문화의 광범위한 영향

문화는 우리가 태어나서 숨을 거둘 때까지 매일 매일 우리 삶의 모든 부분에 영향을 미친다.[2] 문화는 일반적으로 우리가 어떻게 돈을 사용하는지 그리고 어떻게 소비하는지에 영향을 준다. 심지어 우리가 어떻게 잠을 자는지에도 영향을 미친다. 예를 들어 스페인 사람들은 다른 유럽인들보다 덜 자고 일본인 아이들은 자주 부모와 같이 잠든다. 그림 4.1의 출산율 표에서 나타나고 있는 변

그림 4.1
출산율(여성 1,000명당)

출처: World Bank, *World Development Indicators*, 2010. Copyright © 2010 by World Bank. Reprinted with permission of World Bank via Copyright Clearance Center.

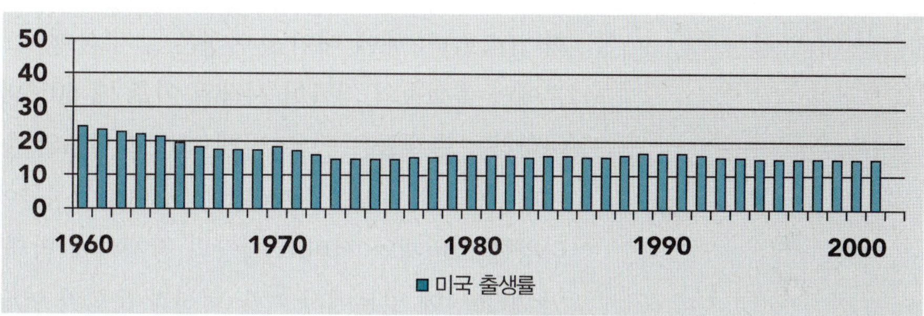

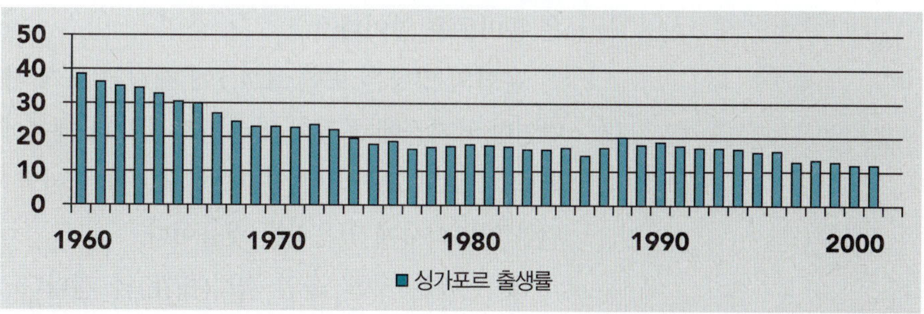

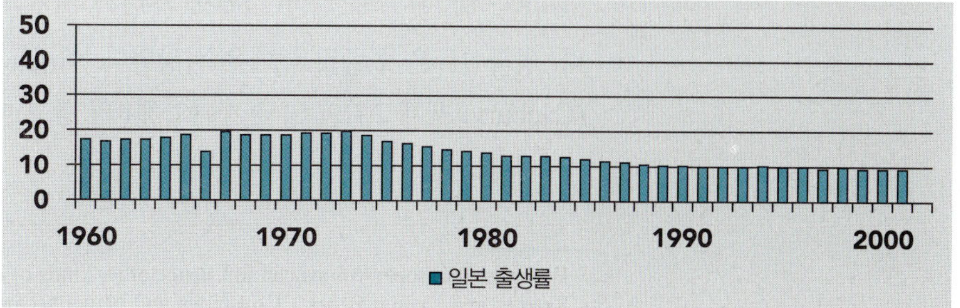

[2] A most important summary of research in the area of culture's impact on consumption behavior is Eric J. Arnould and Craig J. Thompson, "Consumer Culture Theory (CCT): Twenty Years of Research," *Journal of Consumer Research* 3, no. 2 (March 2005), pp. 868 – 82.

화를 살펴보면 1960년대부터 3개 국가의 출산율이 명확히 감소하기 시작하는 것을 볼 수 있다. 이는 이들 사회가 농경경제에서 산업경제로 그리고 서비스 경제로 진화함에 따라 출산률이 감소하였기 때문이다. 보다 직접적인 원인은 정부규제 및 산아제한과 관련된 기술의 발전이라고 할 수도 있으나, 가치관 측면에서도 글로벌한 변화가 발생하였다. 거의 모든 곳에서 핵가족 제도가 선호되고 있다. 전문가들은 이러한 문화적 변화를 이유로 인간의 장수와 관련하여 주요한 돌파구가 발생하지 않는 한 2040년 이후에는 세계 인구수가 하락할 것이라고 예측하고 있다.

그러나 그림 4.1을 자세히 들여다보면 문화와 관련 좀 더 흥미로운 결과가 있다. 싱가포르 자료 중 1976년과 1988년의 일시적 최고점을 살펴보면 이러한 추세는 대만의 출산률 자료에서도 나타난다. 이 "추가적인" 출생은 무작위적인 변동이 아니다. 중국 문화권에서는 용(12 간지중의 하나)의 해에 태어난다는 것은 행운의 상징으로 여겨졌다. 이러한 출산율의 급등은 다음해 싱가포르에서 기저귀와 완구류 판매상 그리고 중고등학교와 대학교에 영향을 미쳤다. 그러나 그림 4.1에서 보는 바와 같이 문화에 기반을 둔 미신[3]은 일본의 출산율에 더 강한 영향을 미친다. 1966년에 1년 동안 일본의 출산율은 20% 저하되었는데 그 원인은 60년마다 돌아오는 화마(火馬)의 해에 태어난 여성은 삶이 불행하고 과부로 산다는 속설 때문이다. 일본에서 출생률의 기록이 시작된 이후 매 60년마다 발생하는 순간적으로 급격하게 하락하는 출생률은 금욕, 낙태 그리고 위조된 출생증명서 등의 이유에서 발생한 것이다. 이러한 미신은 1966년에 태어난 여성들에 대해 낙인을 찍었고 이는 일본의 다양한 소비재와 서비스 시장의 잠재력에 막대한 영향을 끼쳤다. 다음 화마의 해인 2026년에 일본에서 기술 혁신과 문화가 어떻게 상호작용하는지를 살펴보는 것은 흥미로운 일이다.[4]

문화의 영향은 또한 표 4.1에 제시된 소개 자료에도 잘 설명되어 있다. 6개의 유럽연합 국가들에 초점이 맞추어져 있으나 세계에서 영향력이 큰 2개 국가(일본과 미국)의 자료도 포함되어 있다. 이 제품들은 미국식의 전통적으로 로맨틱한 데이트를 위한 저녁식사에 있음직한 것들이다.

첫 번째는 자른 꽃인 절화(折花)와 캔디다. 네덜란드인들은 절화를 가장 많이 소비하는데, 꽃잎에 대한 그들의 특별한 선호는 다음에 더 심층적으로 다룰 것이다. 영국인들은 초콜릿을 매우 사랑한다. 아마도 그들의 높은 소비수준은 캐드베리(Cadbury: 세계 2위의 영국 제과업체)[5]의 광고 때문이거나 역사적으로 북부지방 국

---

[3] We know that superstitions can infl uence other kinds of consumers judgments as well. See Thomas Kramer and Lauren Block, "Conscious and Nonconscious Components of Superstitious Beliefs in Judgment and Decision Making," *Journal of Consumer Research* 34, no. 2 (2008), pp. 783 – 93.

[4] Robert W. Hodge and Naohiro Ogawa, *Fertility Change in Contemporary Japan* (Chicago: University of Chicago Press, 1991).

표 4.1

1인당 연간 소비유형

출처: EuroMonitor International, 2010.

국가	절화 (줄기)	초콜릿 (kg)	생선과 해산물(kg)	건조 파스타(kg)	와인(L)	권련담배 (개피)
프랑스	81	3.9	6.2	5.7	26.9	845(–25%)*
독일	120	7.8	4.6	5.9	21.5	1,019(–34%)
이탈리아	87	2.6	8.8	18.5	26.2	1,532(–11%)
네덜란드	125	4.8	25.0	2.7	20.7	837(–11%)
스페인	33	2.0	20.2	3.9	10.3	2,133(–8%)
영국	48	10.5	12.4	1.5	18.2	754(–15%)
일본	110	1.1	38.2	1.5	4.7	1,875(–16%)
미국	75	5.0	5.2	3.1	6.9	1,106(–12%)

*5년 성장률.

가의 서늘한 기온으로 인해 보존이 용이한 고품질의 초콜릿 생산이 가능하였기 때문이다. 최소한 예시한 6개의 유럽연합국가들 사이에서 1인당 초콜릿 소비량은 위도가 낮아짐에 따라 감소하는 경향이 있다.

유럽에서는 네덜란드인과 스페인 사람들이 생선을 가장 즐겨먹는다. 그러나 두 국가는 해산물을 매우 좋아하는 일본에 비하면 아직 멀었다. 표 4.1의 자료에 따르면 일본이 바다로 둘러싸여 있기 때문에 해산물을 선호한다고 결론 내릴 수 있다. 그러나 영국은 어떠한가? 영국과 스코틀랜드의 평평한 지형은 소고기의 효율적인 생산을 가능케 해주며, 이후에는 붉은 육류에 대한 영국인들의 선호가 어떤 결과를 도출했는지 살펴볼 것이다. 이탈리아인들은 놀랄 것도 없이 파스타를 많이 섭취한다. 역사란 매우 중요한 것이다. 왜냐하면 파스타는 실제로 중국에서 발명되었지만, 1270년에 마르코 폴로(Marco Polo)는 당시 번성했던 이탈리아에 혁신을 가져온 것으로 유명해졌다. 또한 중국과의 근접성은 일본의 높은 수준의 국수(건조한 파스타가 아닌) 소비를 설명해준다.

술과 담배는 어떨까? 포도는 프랑스와 이탈리아에서 가장 잘 자라기에 기후와 토양 조건의 조합은 표 4.1에 나타나 있는 와인 소비행태를 최소한 부분적으로나마 설명해준다. 문화는 술과 관련된 법규와 연령제한에 영향을 준다. 법적 환경은 또한 담배의 소비에 영향을 미친다. 실제로 표에서 더 깜짝 놀랄 유형은 현재의 소비량이 아니다. 흥미로운 사실은 다름 아닌 5년간의 성장률이다. 어느 곳에서나 수요가 아주 빠르게 감소하고 있다. 이런 극적인 소비 감소는 세상 사람들이 드물게 볼 수 있는 커

[5] 초콜릿의 역사를 알고 싶으면 캐드베리의 홈페이지(www.cadbury.co.kr) 참고하라. 또한 초콜릿은 스위스의 중요 제품인데 이곳에서 1인당 연간 소비량은 12kg이나 된다. 스위스의 산악기후는 더 서늘하여 네슬레는 그곳에 본사를 두고 있다.

말이나 당나귀를 주 요리로서 찾는 것은 그리 낭만적지도 않으며, 세계 많은 나라에서 그렇게 구미를 당기게 하는 일도 아니다. 프랑스에서 말고기 수요가 하락세에 있긴 하지만 사진에서 보이는 파리에서 명성 있는 정육점에서 말고기 스테이크를 아직도 구매할 수 있다.[6]

다란 문화적 움직임을 나타낸다.

담배 소비에 대한 논의는 곧바로 소비 결과에 대한 고려로 이어진다. 어떤 사람은 로맨틱한 제품(꽃, 캔디 그리고 와인)의 높은 소비는 높은 출산율로 이어질 수 있다고 예상할 수 있다. 표 4.2만으로는 어떤 명확한 결론을 도출해내지는 못한다. 독일인들은 낭만적인 세 가지 제품들을 제일 높은 수준으로 소비하고 있지만 8개국 중 가장 낮은 출산율을 가지고 있다.

아마도 일본인들의 생선에 집중된 식습관이 그들에게 가장 긴 기대 수명을 가져다 주었을지 모른다. 그러나 표 4.2의 풍요로운 8개 국가 사이의 수명은 별 차이가 없다. 그러나 사람들의 사망원인은 국가별로 매우 큰 차이를 나타낸다.

육류소비와 생선소비가 심장병 발병정도에 미치는 영향을 비교해서 살펴보기는 쉽다. 표 4.2에서 가장 흥미로운 자료는 일본의 극단적으로 높은 위암 발생빈도이다. 최근의 연구에서 두 가지 주요원인을 제시하였다: (1) 간장과 같은 짠 음식 (2) 헬리코박터 파이로리균. 후자는 2차 세계대전 직후에 일본의 만연된 불결한 환경과 관련되어 있고 현재까지도 일본인의 건강에 위협이 되고 있다. 마지막으로 일본에서 위암은 일반적이기 때문에 일본인들은 가장 발전된 치료법을 개발해왔는데 이는 암치료와 관련된 장비와 절차를 의미한다. 사망률이 가장 높긴 하지만 치료 성공률 또한 일본이 가장 높다. 타코마, 토론토 혹은 테헤란 어디에 있던지 간에 가장 좋은 위암 치료약은 일본에 있다. 실제로 마지막 사례는 문화는 소비에만 영향을 주는 것이 아니라 또한 생산(이 경우에는 의료 서비스)에도 영향을 준다는 것을 잘 보여준다.

[6] Jonathan Safran Foer, "Let Them Eat Dog," *The Wall Street Journal*, October 31, 2009, p. W10.

표 4.2

소비결과

출처: EuroMonitor, 2010.

국가	출산율 (10만 명당)	기대수명	10만 명당 사망률 허혈성 심장병진성	당뇨병	폐암	위암
프랑스	12.8	81.4	71.2	21.8	45.3	8.1
독일	8.1	80.1	176.2	29.8	50.1	13.4
이탈리아	9.6	81.4	134.8	31.4	58.9	18.8
네덜란드	10.9	80.7	76.2	22.2	61.4	8.9
스페인	10.6	81.0	87.1	23.0	47.1	13.0
영국	13.0	79.6	162.6	10.8	54.7	9.2
일본	8.4	82.7	55.8	10.3	46.5	38.1
미국	13.9	78.1	172.8	25.3	53.6	4.2

요점은 문화가 중요하다는 것이다.[7] 해외 마케터들은 자신들의 문화와는 다르지만 그 문화가 마케팅 활동을 수행하는 현지국가에서 효과적인 것이라면 상이한 문화의 복잡성을 이해하는 법을 꼭 배울 필요가 있다.

[7] Lawrence E. Harrison and Samuel P. Huntington (eds.), *Culture Matters* (New York: Basic Books, 2000).

플로리아드(Floriad)에서는 지구상에서 가장 규모가 큰 꽃 전시회가 매 10년마다 열린다. 다음 개최시기는 2022년이다.

네덜란드 알스메르 꽃 경매장 외관–암스테르담과 알스메르 두 곳을 책임지는 스힐폴 공항에 착륙하는 제트기가 눈에 띈다.

부활절 일요일에 성 베드로 광장에서 네덜란드 꽃들에 둘러싸인 교황

우리는 모두 꽃을 사랑하지만 네덜란드 사람들은 그 이상이다. 그들에게는 꽃이 국가적인 매혹, 집착 혹은 심지어 숭배의 대상이다. **왜 그럴까?**

해답은 넓은 의미에서 본장의 주제이기도 한 문화와 국제시장에 관련된 유익한 이야기들 속에 있다. 이 이야기는 지리부터 시작하여 문화의 기원과 요소들을 살펴보고 꽃의 전시, 소비 그리고 생산에 있어서 최고가 된 네덜란드인과 함께 결말을 맺는다.

지리. 강과 바다가의 만(灣)들은 네덜란드를 위대한 무역국가로 만들었다. 그러나 연간 200일 이상의 우울한 날씨, 비 그리고 눈은 네덜란드를 거의 1년 내내 회색빛인 특색 없는 곳으로 만든다. 네덜란드인들은 미각을 위한 향료를 구하기 위해 향료(香料)제도(몰루카 제도[Moluccas]의 옛 이름)에 간 것뿐만 아니라 눈요기를 위한 향료(즉, 튤립)를 구하기 위해 동지중해를 가기도 했다. 강렬한 색상의 튤립은 네덜란드 선박에 의해 오토만 제국으로부터 유럽에 1561년에 처음 소개되었다.

암스테르담 꽃 시장–현지 소비자들과 여행자들로 붐비는 장소이다.

역사. 새로운 "시각적 마약(즉, 튤립)"에 대한 네덜란드인의 열정은 매우 대단했다. 그 열정의 가장 강력한 형태는 아이러니컬하게도 검은 튤립이었다. 가격은 치솟았고 투기꾼들은 검은 튤립의 구근(지하에 있는 식물체의 일부로 뿌리, 줄기 혹은 잎이 달걀 모양으로 비대해져 양분을 저장하는 알뿌리)의 선물매매를 보장하는 약속어음을 사고 팔았다. 이 파생상품 시장은 현재 미국 달러가치로 튤립 구근 한 개에 1백만 달러 이상의 가격을 만들어 냈고 이는 현재 가치로 암스테르담 중심가에 5층짜리 집을 사는 데도 충분한 금액이다. 튤립 마니아는 선물시장을 만든 것뿐만 아니라 역사상 가장 큰 시장붕괴를 초래하였다. 1637년에 정부가 통제를 할 무렵에 튤립 가격은 정점을 찍었다. 현재는 암스테르담 꽃 시장에서 1달러만 주면 검은 튤립을 살 수 있다.

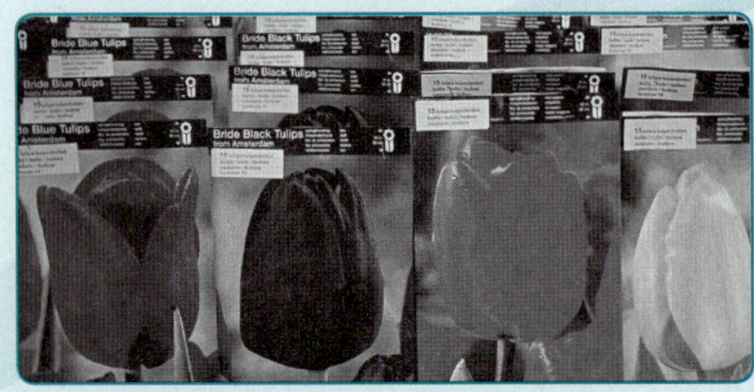

400년 만에 1달러짜리 검은 튜울립을 암스테르담 꽃 시장에서 살 수 있게 되었다.

1600년경의 무역선이 정박하고 있는 네덜란드 항구 전경

알스메르 내부에서는 축구장 150개 넓이의 2,000만개의 꽃들이 경매를 위해 대기 중이다.

4개의 거대한 경매방에서 응찰자들은 가격을 나타내는 시계에 집중하고 있는데 이는 대표적인 "더치옥션"으로서 경매인이 높은 값에서 시작, 값을 조금씩 내려가는데, 그 부르는 값에 먼저 응하는 사람에게 낙찰시키는 방식이다.

기술과 경제. 본 이야기에서 기술에 관한 부분은 1600년대 초 튤립 색상을 조작하는 방법을 개발한 식물학자 클루시우스(Carolus Clusius)의 이름에서 시작된다. 이 조작법은 튤립의 매력과 가치를 더해주었고 튤립 무역은 네덜란드인들에게 국제적인 것이 되었다.

사회적 제도. 매 부활절 일요일에 교황은 로마에 있는 성 베드로 광장에서 세계를 향해 "Bedankt voor bloemen"이라 말하며 연설하였다. 즉, 교황이 주요한 가톨릭 의식을 위해 꽃들을 준비해준 네덜란드인들에게 감사한다는 것이다. 네덜란드 정부는 매 10년마다 세계에서 가장 큰 화초 원예 전시회인 플로리아드(Floriad)를 지원한다. 다음 전시회는 2022년이다. 마지막으로 암스테르담 근처 알스메르 꽃 경매에서는 세계 모든 지역, 모든 시장에서의 꽃 가격이 정해진다. 네덜란드인들은 트럭과 항공기로 유럽과 전 세계로 꽃들을 실어 나르며 꽃의 가장 큰 수출국가(전 세계 시장 점유율의 60% 차지)로 남아 있다.

알스메르의 외부에서는 트럭들이 유럽을 가로지르는 육로 수송과 전 세계를 대상으로 하는 항공수송을 위해 화물을 적재하고 있다.

문화적 가치. 네덜란드인이 꽃에 부여한 높은 가치는 표 4.1에서처럼 단지 꽃의 높은 소비율 뿐만 아니라 여러 방면에서 반영되어 있다.

상징의 미학. 가장 유명한 "야간 순찰"(1642)을 포함한 렘브란트의 그림은 어두운 색깔들을 반영한다. 미술가들은 일반적으로 자신의 주변 색깔들로 그림을 그린다. 25년 후에 그의 경쟁자 반 고호는 네덜란드에서 일할 때 암울한 색깔들을 사용했다. 후에 반 고호가 태양이 내리쬐는 남프랑스에 갔을 때 그의 캔버스에서 색채감이 폭발하기 시작했다. 그리고 당연하지만 그는 많은 꽃들을 그렸다.

네덜란드 화가인 렘브란트의 작품인 "야간순찰"

1989년 남프랑스에서 그려진 반 고호의 "화병에 꽂혀있는 15송이 해바라기"인데 1987년에 일본 보험회사의 중역에게 4,000만 달러에 매각되었다. 이는 단일 작품으로서는 사상 최고의 가격이었다. 일본인 또한 꽃을 많이 소비한다(표 4.1 참조).

1885년 네덜란드에서 그려진 반 고호의 "감자 먹는 사람들"

CROSSING BORDERS 4.1 인간의 보편성: 다양성의 신화

문화는 모든 것에 영향을 미친다. 그러나 인류학자인 도날드 이 브라운(Donald E. Brown)이 지적한 바와 같이 우리는 모두 인간이다. 그리고 우리는 모두 같은 종족이기 때문이기에 실제로 여러 가지를 공유한다. 다음은 우리가 공유하는 수백 가지 특성들이다.

은유법의 사용

사회적 지위와 역할 체계

자민족중심주의

예술의 창조

성공과 실패의 인식

이방인에게 적대적인 집단의 창조

외부영향의 모방

외부영향에 대한 저항

성적인 측면을 개인적 영역으로 판단

얼굴표정으로 감정 나타내기

응답하기

기분에 영향을 주는 약물의 사용

사고의 객관성을 과대평가

뱀에 대한 공포심

재화와 서비스의 교환에 따른 경제적 의무를 인식

재화의 수송과 교역

실제로, 마지막 2가지는 우리를 "교환하는 동물"이라고 특징지을 수 있다.

출처: Donald E. Brown, *Human Universals* (New York: McGraw-Hill, 1991).

문화의 정의와 기원

LO2 문화의 기원을 이해한다.

문화에 대해 생각하는 방식은 여러 가지이다. 네덜란드의 경영학 교수인 홉스테드(Geert Hofstede)는 문화를 "마음의 소프트웨어"로 언급하고 문화는 인간이 어떻게 생각하고 행동하는지에 대한 지침을 제공해준다고 주장하였는데, 그에 따르면 문화는 문제해결의 도구이다.[8] 인류학자이자 경영 컨설턴트인 홀(Edward Hall)은 국제마케팅 관리자에게 더 적합한 정의를 제공해준다. "우리가 조언하고 있는 사람들은 보이지 않는 벽에 계속 머리를 찧고 있다. 그들이 봉착한 문제들은 삶을 꾸려가는 방식, 사고하는 방식, 가족과 국가, 경제시스템 그리고 사람들 자체에 관한 근본적인 전제들을 인식하는 방식이 완전히 다르다는 것이다."[9] 홀의 언급에서 핵심적인 것은 문화적 차이들은 흔히 무형이고 이러한 무형의 문화적 차이들을 무시한 마케터들은 자신의 경력과 회사에 흠집을 낼 수도 있다는 것이다. 결론적으로 전 주일 미국대사 호손(James day Hodgson)은 문화를 "덤불(thicket)"[10]로 묘사하였다. 이 마지막 은유는 고생하고 있는 국제 마케터들에게 희망을 준다. 호손에 따르면 덤불은 헤쳐 나가기에는 너무 거칠지만 노력과 인내로 헤쳐 나갈 경우 많은 경우에 성공할 수 있다.

문화에 대한 전통적인 다수의 정의들을 살펴보면, 문화는 특정 그룹 사람들에 의

[8] Geert Hofstede, *Culture's Consequences*, 2nd ed. (Thousand Oaks, CA: Sage, 2001); Susan P. Douglas, "Exploring New Worlds: The Challenge of Global Marketing," *Journal of Marketing*, January 2001, pp. 103 – 9.

[9] Edward T. Hall, *The Silent Language* (New York: Doubleday, 1959), p. 26.

[10] James D. Hodgson, Yoshihiro Sano, and John L. Graham, *Doing Business in the New Japan, Succeeding in America's Richest Foreign Market* (Latham, MD: Rowman & Littlefi eld, 2008).

그림 4.2

문화의 기원, 구성요소 그리고 결과

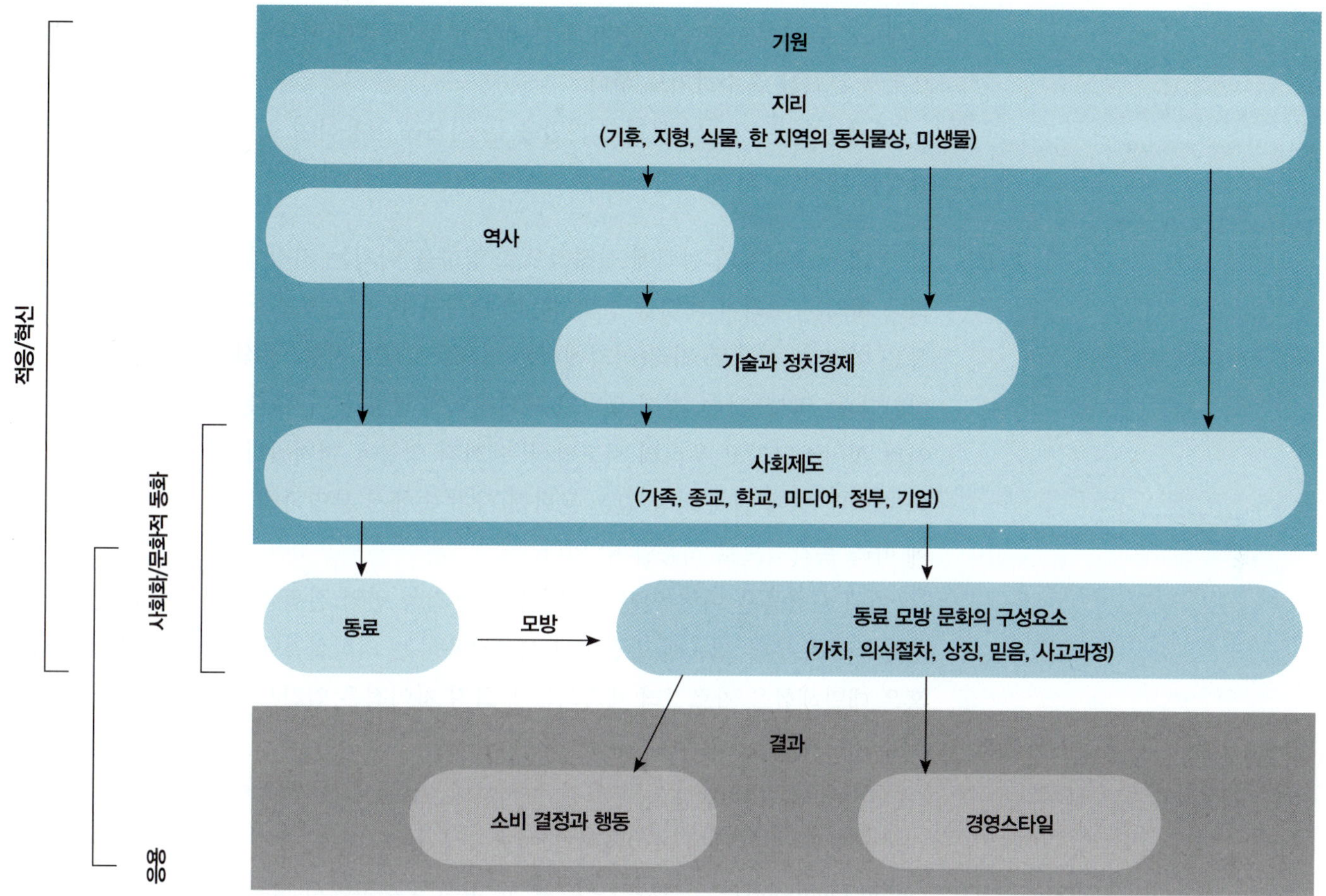

해 습득되고 공유된[11] 가치, 의식절차, 상징 그리고 사고 과정의 총합이며, 이는 세대를 통해 전해진다는 개념으로 요약할 수 있다.[12] 따라서 문화는 개인의 마음속에 있다. 그러나 "문화"라는 표현은 또한 대규모 집단이 거의 같은 생각을 가진다는 것을 인정한다.

최고의 국제 마케터는 자신들의 사업과 관련된 문화적 차이들을 인식할 뿐만 아니라 이런 차이점들의 기원에 대해서도 이해하고 있다. 후자에 대해 더욱 깊은 지식을 가진다는 것은 마케터가 새로운 시장에서의 문화적 차이를 구별할 수 있을 뿐만 아니라 현재 영업을 하고 있는 시장에서의 변화들을 예상할 수 있게 해준다. 그림 4.2는 문화와 문화적 차이를 결정하고 형성시키는 여러 개의 원인이 되는 요소들과 사

[11] Please note that the group may be smaller than that defi ned by nation. See Rosalie Tung, "The Cross-Cultural Research Imperative: The Need to Balance Cross-Cultural and Intra-National Diversity," *Journal of International Business Studies* 39 (2008), pp. 41–46; Jean-Francois Ouellet, "Consumer Racism and Its Effects on Domestic Cross-Ethnic Product Purchase: An Empirical Test in the United States, Canada, and France," *Journal of Marketing* 71 (2007), pp. 113–28.

[12] Melvin Herskovitz, *Man and His Works* (New York: Alfred A. Knopf, 1952), p. 634. See also Chapter 10, "Culture," in Raymond Scupin and Christopher R. Decorse, *Anthropology: A Global Perspective*, 6th ed. (Englewood Cliffs, NJ: Prentice Hall, 2005).

회적 압력들을 기술하고 있다. 간단히 말하면, 인간은 혁신을 통하여 변화하는 환경에 적응을 한다. 개인은 사회화(성장)와 문화적 동화(새로운 문화에 적응)를 통해 사회제도로부터 문화를 습득한다. 또한 개인은 롤 모델을 따라하거나 동료들을 모방함으로서 문화를 흡수하기도 한다.

결국 사람은 자신의 문화에 기반을 둔 지식을 적용하여 소비와 생산에 관한 의사결정을 내린다. 더 자세한 내용은 하단에 기술되어 있다.

지리

앞 장에서 소비자의 선택에 직접적으로 영향을 미치는 지리에 대해 설명하였다. 그러나 지리는 우리가 재킷을 선택하는데 영향을 미치는 것보다 훨씬 더 심도 있는 영향을 미친다. 실제로 지리(여기에서는 광의로 기후, 지형, 동식물군, 미생물들을 포함한다)는 역사, 기술, 경제 그리고 사회제도에 영향을 미쳐왔는데 심지어는 남아/여아의 성비[13] 그리고 우리의 사고방식[14]에까지 영향을 미쳐왔다. 지리적 영향은 우리의 수백만 년에 걸쳐 가장 깊은 문화적 가치 속에서 분명하게 드러나고 지리적 변화에 따라 즉각적으로 적응할 수 있다.

어떤 사람들은 이런 인간의 적응성을 후천성 면역 결핍증이나 최근 중국에서 발생한 사스로부터 새롭게 발전되어 상호작용하는 의식절차에서 찾아낸다. 영불해협 혹은 대만해협을 가로질러 계속되는 문화적 차이점은 인간사에 나타난 지리의 역사적 특징을 잘 나타내준다.

역사를 포함한 현재의 문화적 가치까지 거의 모든 것에 영향을 미치는 지리와 관련해서 두 연구자의 아이디어가 연관성이 높다. 첫째, 생리학 교수인 다이아몬드(Jared Diamond)[15]는 역사적으로 볼 때 혁신은 북쪽에서 남쪽보다는 동쪽에서 서쪽으로 더 바르게 전파되었다고 주장한다. 대양을 횡단하는 항해술의 출현 전에 새로운 아이디어들은 비단길(실크 로드)을 통해 전해졌지 사하라 사막 혹은 파나마 지협을 가로질러 전파되지 않았다. 그는 훨씬 뛰어난 기술력과 더 강력한 병원균 등을 예로 들어 아프리카 대륙이나 미 대륙의 문화에 비해 우월한 유로-아시아의 문화를 설명한다. 이때 그는 지리적 접근방법을 사용한다. 실제로 다이아몬드의 가장 큰 공헌은 세계 역사에 끼친 미생물의 영향에 대해 저술한 그의 책이다.

두 번째로 마케팅 교수인 파커(Philip Parker)[16]는 지리가 역사, 경제 그리고 소비자 행동에 미친 깊은 영향들에 대해 역설하고 있다. 예를 들어 그는 특정 국가의 위

---

[13] Nicholoas Bakalar, "Why Does Latitude Affect Boy-Girl Ratios?" *International Herald Tribune*, April 23, 2009, p. 10.

[14] Richard E. Nisbett, *The Geography of Thought: How Asians and Westerners Think Differently . . . and Why* (New York: The Free Press, 2003).

[15] Jared Diamond's *Guns, Germs and Steel: The Fates of the Human Societies* (New York: Norton, 1999) is a Pulitzer Prize winner, recipient of the Phi Beta Kappa Award in Science, and a wonderful read for anyone interested in history and/or innovation. PBS also has produced a video version of *Guns, Germs and Steel*. Also see Diamond's more recent book, *Collapse* (New York: Viking, 2005).

[16] Philip Parker's *Physioeconomics* (Cambridge, MA: MIT Press, 2000) is a data-rich discussion of global economics well worth reading.

도(기후)와 일인당 국내총생산(GDP)간의 상관관계가 매우 높다고 주장한다. 기후가 임금 근로자에 미치는 영향을 실증적으로 밝혀낸 다른 학자들의 연구보고서들도 있다.[17] 파커도 생리학의 원리에 따라 사회적 현상들을 설명한다. 그의 논문이 가지는 실무적인 시사점은 시장 세분화의 변수로서 주변 온도를 사용한 것이다. 이 주제는 8장에서 다시 다룬다.

역사 역사적인 사건들의 여파는 기술, 사회제도, 문화적 가치 그리고 심지어 소비자 행동에 반영되어 나타낸다. 다이아몬드의 책은 여러 가지 사례로 가득 차있다. 예를 들어 대부분의 미국 무역 정책은 1660년대 버지니아 식민지 경제 부흥의 원천이 되었던 담배(새로운 현금 창출 기술)라는 우연성에 많이 의존했다. 같은 방식으로 독립선언과 그에 따른 미국인의 가치와 제도는 1776년에 발행된 아담 스미스의 국부론에 의해 근본적인 영향을 받았다. 2003년 중동에서의 군사적 충돌로 코카콜라의 대안으로 새로운 콜라 상표들(메카 콜라, 무슬림 업 그리고 콜라 투르카)이 생겨났다.[18]

정치경제 20세기 전반에 걸쳐 세계제패를 위한 통치방식과 관련 네 가지의 접근방법(식민주의, 파시즘, 공산주의 그리고 민주주의/자유기업제도)이 경쟁하였다. 파시즘은 1945년에 무너졌다. 식민주의는 또한 제2차 세계대전으로 사망하였지만 식민주의가 남긴 고통은 반세기 동안 지속되었다. 공산주의는 1990년대 허물어졌다.[19] 한 전문가는 심지어 "역사의 종말"을 선언하였다.[20] 불행하게도 우리는 9/11 테러를 경험했고 악재만 터지는 중동에서 심각한 갈등을 겪고 있다. 사업과 소비문화에 미치는 정치적 · 법적 환경은 6장과 7장에 자세히 포함되어 있기에 그때 다루기로 한다. 본장의 주요 요점은 사회제도, 문화적 가치 그리고 사고방식에 미치는 정치경제의 영향을 이해해야하는 것이다.

기술 기술혁신이 미국에서 지난 50년간 제도와 문화적 가치에 어떤 영향을 주었는지 생각해보면 여러 가지 좋은 답이 있을 수 있겠으나 가장 좋은 것 하나만 들어보자. 물론 제트 비행기, 에어컨, 텔레비전[21], 컴퓨터, 휴대폰 그리고 인터넷이 모두 여기에 포함될 것이다. 그러나 가장 좋은 답은 피임을 위한 알약이다.[22] 즉 경구 피임약을 의미

---

[17] Evert Van de Vliert, "Thermoclimate, Culture, and Poverty as Country-Level Roots of Workers' Wages," *Journal of International Business Studies* 34, no. 1 (2003), pp. 40 – 52.

[18] See http://www.colaturka.com.tr.

[19] Some might argue that communism has survived in North Korea, Cuba, or the Peoples' Republic of China, but at least in the last case, free enterprise is on the ascendancy. The former look more like dictatorships to most.

[20] Francis Fukuyama, *The End of History and the Last Man* (New York: The Free Press, 1992).

[21] Sandra K. Smith Speck and Abhijit Roy, "The Interrelationships between Television Viewing, Values, and Perceived Well-Being: A Global Perspective," *Journal of International Business Studies* 39, no. 7 (2008), pp. 1197 – 219.

[22] Bernard Asbell, *The Pill: A Biography of the Drug that Changed the World* (New York: Random House, 1995).

하며 이를 포함한 산아제한 기술은 미국인 대부분과 전 세계 사람들의 일상에 커다란 영향을 미쳐왔다.[23] 주로 이런 산아제한 기술은 여성들의 직장생활에 도움을 주었고 남성들에게는 좀 더 자신들의 아이들과 시간을 가질 수 있도록 만들어 주었다. 피임약의 출현 전에는 남성과 여성의 역할은 생물학적 종족 번식의 의무와 역할에만 한정되어 있었다. 지금은 미국에서 마케팅 전공자의 절반은 여성이며 미 해군 함정 승조원의 10%는 여성이다. 피임약의 출현 이전에 이런 숫자는 상상할 수가 없었다.

모든 사람들이 이 새로운 "자유"에 행복해하는 것은 아니다. 일례로, 1968년에 로마교황청은 피임약의 사용을 금지시켰다. 그러나 산아제한 기술이 사회제도와 문화적 가치에 아주 심오한 영향을 미쳤다는 사실을 부정할 수 없다. 가족제도는 점점 소규모화되었고 정부와 학교들은 금욕과 콘돔 배부와 같은 사항들을 고심하도록 하였다.

독자들은 결국 기술이 모든 것을 해결하지는 못한다는 것을 눈치 챘을 것이다. 예를 들어 누구도 미국의 의료기술이 최첨단임을 부정하지 못하나 이런 선도적인 기술이 미국에서 최고의 의료제도를 제공해주지는 못하고 있다.[24] 문화의 다른 측면들이 차이를 만든다. 그러므로 본장에서 초반에 언급한 것처럼 많은 국가의 시민들이 더 오랜 장수(특정 국가 내에서 제공되는 의료제도의 수준을 측정하는 가장 객관적인 방법)를 누린다. 또한 소비자가 선택하는 생활양식과 재무구조도 미국 의료제도에 큰 영향을 미친다. 국가별 의료제도의 차이를 그림 4.3에서 살펴볼 수 있다.

사회제도

가족, 종교, 학교, 미디어, 정부 그리고 기업을 포함하는 **사회제도**는 사람이 타인과 관계를 맺는 방식, 타인과 조화 속에서 살기 위해 자신의 활동을 조직하는 방식, 세대를 이어가는 바람직한 행동을 가르치는 방식 그리고 스스로를 다스리는 방식에 영향을 준다. 사회에서의 남성과 여성의 위치, 가족 사회계급, 집단행동, 연령 집단 그리고 사회가 품위와 공손함을 어떻게 정의하는가는 각각의 문화 내에서 다르게 해석된다.[25] 예를 들어 사회조직이 긴밀하게 맺어진 가족 단위로 나타나는 문화에서는 가족 단위를 겨냥한 촉진 활동이 가족구성원인 개개인을 겨냥한 것보다 더 효과적이다. 문화적 구분이 확실한 캐나다의 여행 광고에서 영어권 세분시장에서는 홀로 있는 아내를 묘사하지만 불어권 세분 시장에서는 남편과 아내가 같이 묘사되는데 그 이유는 불어권 문화가 전통적으로 좀 더 가족 간의 유대가 깊기 때문이다.

특정 사회 내에서 발견되는 사회적 역할과 신분지위들은 사회제도의 요구에 의해 영향을 받는다. 인도의 카스트제도는 그 한 예이다. 한때 불가촉천민이라 불리었던 낮은 계급의 사람이 대통령에 선출된 것은 세계적인 뉴스가 되었는데, 이는 기존

---

[23] "Go Forth and Multiply a Lot Less," *The Economist*, October 31, 2009, pp. 29–30.

[24] T. R. Reid, "No Country for Sick Men," *Newsweek*, September 21, 2009.

[25] Tuba Ustuner and Douglas B. Holt, "Toward a Theory of Consumption in Less Industrialized Countries," *Journal of Consumer Research* (2010), online.

그림 4.3

의료제도의 비교

출처: Michelle Andrews, "Health, The Cost of Care," *National Geographic* Magazine , December 2009.

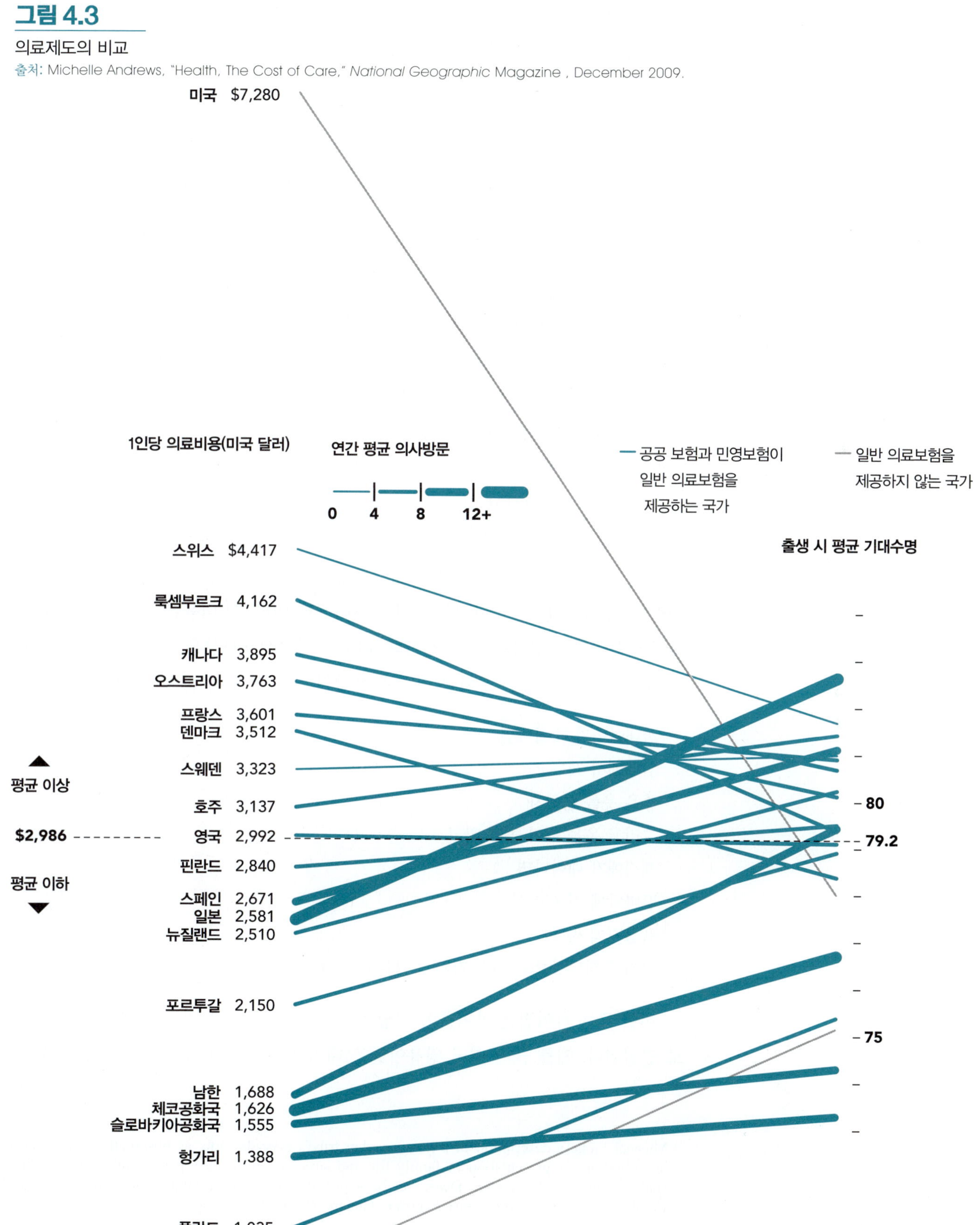

인도 전통에서 벗어난 것이기 때문이다. 수세기전에만 해도 불가촉천민과 살짝 스치거나 심지어 눈길을 주는 것조차 고위 신분의 힌두교도의 명예를 더럽히기에 충분하다고 간주되었다. 카스트 제도는 불법이 되었지만 아직도 인도 문화의 한 부분으로 남아 있다.

가족. 가족의 형태와 기능들은 전 세계적으로 다르고 국가별로 차이가 난다.[26] 예를 들어 미국 조직에서 큰 문제로 인식되는 족벌주의가 중국과 멕시코 기업들에서는 오히려 조직원리로 비쳐진다.[27] 혹은 지난 300년간 가족이 소유해온 마스트리트(Maastricht)의 집에서 어머니, 아내 그리고 아이들과 함께 사는 네덜란드 임원을 생각해보라. 카이로(Cairo)에서는 고소득자들이 아파트를 구입해서 대가족(할아버지, 결혼한 형제자매, 사촌 그리고 아이들)으로 가득 채우는 공통된 관습이 있다. 남편은 하루에 네 시간이나 걸리는 통근 열차 속에서 부족한 잠을 보충하는 동안 두 자녀를 거의 혼자 돌보며 가끔 애들을 데리고 자는 일본 어머니는 어떠한가? 그리고 줄곧 내내 미국 저편에 살고 있는 할머니를 걱정하면서 부모 모두는 자동차, 가구, 대학 등록금을 내기 위해 일하고 있는 캘리포니아의 미국인 가정이 있다.

심지어 남녀아이의 성비 또한 문화에 영향을 받는다. 대부분의 유럽 국가에서는 그 비율이 50:50이다. 그러나 인도에서는 1세에서 6세까지의 소년 비율은 52%이고 중국에서는 1살에서 4살까지의 소년 비율이 55%이다. 이 비율은 장기적으로 가족과 사회에 확연하게 영향을 미칠 것이다. 더구나 남아선호사상은 기원전 800년경 중국 시경(時經)에 적혀있는 것처럼 몇몇 문화에 뿌리 깊게 자리 잡고 있다.

사내아이가 태어나면
침대에서 재우고
좋은 옷을 입히자
그리고 옥을 주어 놀게 하고....
계집애가 태어나면
땅바닥에 재우고
포장지에 싸라
그리고 장남감으로 깨진 기와 조각을 주어라

이런 모든 차이점은 아이들이 어떻게 생각하고 행동하는가의 차이점과 직접적으로 연결된다. 예를 들어 미국 영유아들은 태어난 첫날밤에 바구니같이 생긴 자신만

---

[26] Michael Finkel's description of a hunter-gather tribe's everyday life, as observed in Tanzania, is important as a representation of family life and structure in people's primordial state. See "The Hadza," *National Geographic*, December 2009, pp. 94 – 118; also see John L. Graham, "Mother and Child Reunion," *Orange Country Register*, January 11, 2009.

[27] Anabella Davila and Marta M. Elvira, "Culture and Human Resource Management in Latin America." In *Managing Human Resources in Latin America*, ed. Marta M. Elvira and Anabella Davila. (London: Routledge, 2005), pp. 3 – 24.

의 아기침대에 집어넣어지면서 개인주의를 배운다. 아이 앞에서 어머니가 출근하거나 아버지가 설거지를 하는 것을 보면서, 혹은 걸음마를 배운 아이가 할아버지와 형이 서로를 "당신"이라고 아주 적절하게 부르는 것을 배우면서 평등주의에 대한 가치는 습득된다. 공유할만한 성평등에 관한 좋은 뉴스가 있는데 그건 세계 곳곳에서 남성과 여성 사이의 교육수준의 차이가 점점 좁혀지고 있다는 것이다. 예를 들어 미국 대학생의 대부분은 이제 여성이다.

종교. 대부분의 문화권에서 영 · 유아가 가정 이외에 노출되는 첫 번째 사회제도는 교회, 모스크, 사당 그리고 유대교 회당 등이다. 종교가 특정 사회의 가치 시스템에 주는 영향과 가치시스템이 마케팅에 미치는 영향은 간과되어서는 안 된다. 예를 들어 개신교도들은 하느님과 인간의 관계가 개인적인 것이고 고해는 개인이 직접적으로 할 수 있다. 대신 천주교에서는 교회 내에서 지배층을 구성하는 신부에게 고백한다. 따라서 어떤 학자들은 개신교가 평등주의 사상을 낳는다고 추론한다. 그러나 세부적인 것이야 어떻든 종교는 확실히 사람들의 습관, 인생관, 구매품, 구매방식 그리고 심지어 구독하는 신문에도 영향을 미친다.

종교의 영향력은 자주 살펴볼 수 있으며, 매우 강하다. 그래서 종교에 대한 이해가 없거나 부족한 마케터들은 이미 방향성에 문제가 있는 것이다. 한 사람의 종교가 종종 다른 사람의 믿음에 신뢰할만한 지침이 되지 못하는 것을 살펴볼 수 있다. 대부분의 사람들은 자신이 가진 종교 이외의 종교를 이해하지 못하고 또한 타종교들에 대한 지식도 대부분 부정확하다.

이슬람교는 모든 주요 종교에 대한 기본적인 이해가 왜 필요한지에 대한 좋은 사례이다. 지구상의 10억 명 이상의 사람들이 이슬람교를 받아들이고 있지만 주요 다국적 기업들은 종종 이슬람교도들을 불쾌하게 만든다. 프랑스 패션 회사인 샤넬(Chanel)은 의도치 않게 여름 시즌에 소개된 예닐곱 개의 드레스에 이슬람 경전에서 따온 시구를 수놓음으로서 코란을 모독하였다. 디자이너는 인도의 타지마할에 있는 책에서 미적으로 아름다운 것을 가져다 사용했는데 그 의미를 알지 못했었다고 밝혔다. 성스러운 시구를 사용함으로서 코란을 모독했다고 느끼는 무슬림 그룹을 달래기 위하여 샤넬은 옷을 찍은 사진 원판과 함께 모욕적인 디자인을 가진 드레스들을 폐기해야만 했다. 샤넬은 확실히 무슬림을 모독할 의도는 없었다. 왜냐하면 가장 중요한 고객 중의 일부는 무슬림을 포함하기 때문이다. 이 사례는 마케터가(이 경우에는 디자이너가) 다른 종교들에 대해 무지한 경우 얼마나 쉽게 불쾌감을 보여줄 수 있는지 보여준다.

학교. 가장 중요한 사회제도중의 하나인 교육은 경제개발에서 소비자 행동까지 문화의 모든 면에 영향을 미친다. 한 국가의 문맹률은 경제개발에 있어 강력한 힘이다. 수많은 연구가 한 국가의 문맹률과 급속한 경제성장을 위한 해당 국가역량과의 직

미국 아이들은 연간 180일을 등교한다. 중국에서는 251일을 등교하는데 일주일에 6일가량인 셈이다. 중국에서는 문자에 대한 커다란 목마름이 있다. 그림에서 중국 아이들이 노점상에서 빌린 책들을 읽고 있다.

접적인 관계를 보여준다. 세계은행에 따르면 문맹률이 50%이상 되는 나라치고 경제적으로 성장한 나라가 없다. 그러나 국가가 교육에 투자하기 시작하면 경제성장이 상대적으로 높아지는 것을 볼 수 있다. 문자해독은 마케팅에 깊은 영향을 미친다. 글을 읽고 쓸 줄 아는 시장에서 의사소통하는 것이 마케터가 상징이나 그림에 의지해서 의사소통하는 것보다 훨씬 쉽다. 점점 학교는 긍정적인 문화 변화를 이끄는 것으로 비춰지고 전 세계에 걸쳐 발전해 나가고 있다.

미디어. 가치와 문화에 가장 강하게 영향을 미치는 네 가지 사회제도는 학교, 교회, 가족 그리고 가장 최근에는 미디어이다. 과거 30년간 미국에서는 여성 취업이 증가하였고 이로 인해 미국문화에 미치는 가족의 영향력이 상당히 줄어들었다. 미디어에 할애되는 시간(TV와 증가추세인 인터넷과 휴대폰)은 가족들이 함께 하는 시간을 대체하였다. 어떤 이는 이런 현상이 미국문화를 손상시킨다고 주장하였다. 현재 바트 심슨(미국 코믹만화의 주인공)이나 에버퀘스트(미국에서 유행하는 온라인 게임)게임 속의 성직자 신분의 캐릭터와 함께 보내는 시간들이 장기적으로 어떤 효과를 나타낼지 측정하기는 어렵다. 실제로 심슨가족에 나타난 영국 수상의 카메오 출현은 이 만화가 전 세계적으로 얼마나 유명한지 보여준다.

미국 아이들은 단지 180일을 학교에서 보낸다. 251일을 보내는 중국과는 대조적이며 일본에서는 240일, 독일에서는 200일이다. 실제로 중국 관료들은 수업일수가 너무 많다는 점을 인식하게 되었다. 미국인들은 미디어의 많은 부정적인 효과들에 대해 점점 더 불평을 하기 시작했다. 많은 미국인들은 러시아, 일본, 프랑스를 포함하는 다른 열두 개의 국가들보다 미국의 대학 졸업생 비율이 낮은 것을 증거로 추락하는 미국 교육체계를 비난하고 있다.[28]

정부. 가족, 종교, 학교 그리고 미디어 등이 어린 시절부터 직접적으로 영향을 미치는 것에 비해 정부는 상대적으로 적은 영향을 미치고 있다. 문화적 가치와 사고방식은 청소년기 이전과 그리고 그 중간에 대부분 형성된다. 정부는 빈번하게 시민들 스스로를 위한다는 명분으로 성인 시민들의 생각과 행동에 영향을 주고자 한다.

예를 들어 프랑스 정부는 나폴레옹시대 이후로 시민들에게 출산을 권유해왔다. 지금 프랑스는 유럽연합에서 가장 높은 임신율(그림 4.1 참조)을 가진 국가 중의 하

[28] Michael E. Porter, "Why America Needs an Economic Strategy," *BusinessWeek*, November 10, 2008, pp. 39 – 42; "The Underworked American [child]," *The Economist*, June 13, 2009, p. 40.

나이지만 정부는 임신 7개월의 임산부에게 800달러의 새로운 출산 장려금을 지급하고 있다. 같은 맥락으로 일본정부는 추락하는 출산율과 직장 여성들의 근무환경개선을 위한 어린이집 시설 확장을 위해 2억5천만 달러를 지출하고 있다.[29] 최근의 히잡(hihabs; 무슬림 여학생들이 얼굴을 가리기 위한 스카프)의 착용을 금지한 영국과 프랑스의 경우나 네덜란드가 시도한 부르카(burka; 무슬림 여인들이 온몸에 두루는 천)[30] 착용 금지 그리고 회교사원의 첨탑건설을 금지한 스위스 정부에 주목해보자.[31] 또한 구 소련연방의 해체 등과 같은 정부의 주요한 변화는 개인의 믿음과 문화의 다른 측면에 주목할 만한 영향을 미친다.

물론, 어떤 나라에서는 정부가 미디어를 소유하고 주기적으로 유리한 대중 여론을 형성하기 위한 선전을 한다. 다른 나라들은 정교분리를 선호하지 않는다. 예를 들어 이란은 이슬람교 성직자에 의해 통치되고 있다. 정부는 종교조작과 학교에 대한 지원을 통하여 간접적으로 사고방식에 영향을 미친다. 또한 일본과 중국정부는 현재 수업내용과 수업시간의 변화를 지시함으로써 학생들의 창의적인 사고를 증진시키려 노력하고 있다. 결론적으로 소비와 마케팅 행위에 영향을 주는 다양한 법안을 통과, 공표, 홍보, 시행함으로서 사람들의 사고와 행동에 영향을 미친다. 아일랜드 정부는 최근 자국민들의 기네스 맥주(영국산 흑맥주)와 다른 알코올음료에 대한 선호에 대해 우려하고 있다. 아일랜드 정부의 연구보고서에 따르면 과도한 음주로 인해 국내총생산의 2%를 비용으로 지불하고 있다. 따라서 미성년자의 음주를 막기 위해 관련 법규가 강화되었다(좀 더 자세한 내용은 16장 마지막 부분을 참조).

기업. 기업은 미디어를 활용하여 우리들(소비자들)에 대해 처음부터 많은 것을 파악하고 있다. 그러나 더 중요한 점은 대부분의 혁신이 기업, 특히 많은 경우 다국적 기업을 통하여 사회에 도입된다는 것이다. 실제로 상인과 무역업자들은 인류역사 전반에 걸쳐 비단길, 항공로 혹은 인터넷을 통하여 지속적으로 혁신을 전파시킨 주요한 매개체였다. 다국적기업들은 세계 도처에서 아이디어에 접근할 수 있다. 이와 같은 새로운 생각에 기반을 둔 신제품과 새로운 서비스의 효율적인 유통을 통하여 새로운 사고방식이 활성화 된다. 변화의 주도자로서 기업의 중요한 역할은 본장의 마지막 부분에 자세히 설명되어 있다.

문화의 구성요소

LO3
문화의 구성요소를 이해한다.

앞에서 문화의 다섯 가지 구성요소를 열거함으로서 문화를 정의하였다: 가치, 의식, 상징, 믿음 그리고 사고과정. 국제 마케터들은 이들 다섯 가지 구성요소 각각을 면밀히 고려하여 제품, 유통체계 그리고 홍보 프로그램들을 계획하여야 한다.

[29] Tomoko Yamazaki and Komaki Ito, "Japan: Boosting Growth with Day Care," *Bloomberg BusinessWeek*, January 4, 2010, pp. 96–97.

[30] "The War of French Dressing," *The Economist*, January 16, 2010, pp. 49–50.

[31] Deborah Ball, "Muslim Leaders Condemn Swiss Minaret Ban," *The Wall Street Journal*, November 30, 2009.

문화적 가치

국가들 간에 존재하는 문화적 다양성은 **문화적 가치**에 대한 근본적인 인식차이에 기반하고 있는데, 이는 사물과 사고의 중요성 정도에 대한 인식에 차이가 있음을 의미한다. 문화적 가치가 어떻게 다양한 기업행동과 시장행위에 영향을 미치는지에 대한 가장 유용한 정보는 홉스테드의 연구에서 얻을 수 있다.[32] 66개국 9만 명 이상의 사람들을 조사한 후 연구대상이 된 국가들의 문화를 네 개의 주요 차원으로 구분할 수 있음을 발견하였다. 이후 홉스테드를 포함한 수백 명의 연구자들은 기업과 소비자의 다양한 행동양식들이 네 개의 차원 중에 세 개와 관련이 있다는 것을 밝혀냈다.[33] 네 가지[34] 차원은 다음과 같다: 자기중심주의에 초점을 맞춘 개인주의/집단주의 지수(IDV); 권위 지향성에 초점을 둔 권력거리 지수(PDI); 위험지향성에 중심을 둔 위험회피 지수(UAI); 자기주장과 성취에 초점을 맞춘 남성성/여성성 지수(MAS). 개인주의/집단주의 차원은 네 개의 차원 중에 거의 모든 책에서 인정할 만큼 가장 유용한 것으로 증명되었다.[35] 여성성지수(MAS)는 보다 덜 유용하다고 밝혀졌기에 여기서는 더 이상 다루지 않기로 한다. 자세한 사항은 표 4.3을 참조하라.

1990년대 하우스(Robert House)[36]와 그의 동료들은 리더십 및 조직관련 가치에 중점을 둔 비교 가능한 데이터 세트를 개발하였다. 그들의 데이터는 그 자체로 가치가 있으며 연구 성과 측면에서 25년 전에 수집된 홉스테드의 데이터와 훌륭하게 일치한다. 이 연구가 가지는 중요성은 중요한 비판과 토론들을 많이 만들었다는 것이다.[37]

개인주의/집단주의 지수 개인주의/집단주의 지수는 개인의 이해를 고취시키는 행동을 선호하는 것을 의미한다. 이 지수에서 높은 점수를 받는 문화는 "나"라는 개념

[32] Hofstede, *Culture's Consequences.*

[33] Debanjan Mitra and Peter N. Golder, "Whose Culture Matters? Near-Market Knowledge and Its Impact on Foreign Market Entry Timing," *Journal of Marketing Research* 39, no. 3 (August 2002), pp. 350 – 65; Boonghee Yoo and Naveen Donthu, "Culture's Consequences, a Book Review," *Journal of Marketing Research* 39, no. 3 (August 2002), pp. 388 – 89.

[34] In a subsequent study, a fi fth dimension, Long-Term Orientation (LTO), was identifi ed as focusing on cultures' temporal orientations. See Geert Hofstede and Michael Harris Bond, "The Confucius Connection," *Organizational Dynamics* 16, no. 4 (Spring 1988), pp. 4 – 21; Hofstede, *Culture's Consequences*.

[35] Harry C. Triandis, *Individualism and Collectivism* (Boulder, CO: Westview Press, 1995).

[36] Robert J. House, Paul J. Hanges, Mansour Javidan, Peter W. Dorfman, and Vipin Gupta (eds.), *Culture, Leadership, and Organizations*: *The Globe Study of 62 Societies* (Thousand Oaks, CA: Sage, 2004).

[37] Bradley L. Kirkman, Kevin B. Lowe, and Cristina Gibson, "A Quarter Century of Cultures' Consequences: A Review of Empirical Research Incorporating Hofstede's Cultural Values Framework," *Journal of International Business Studies* 37 (2006), pp. 285 – 320; Kwock Leung, "Editor's Introduction to the Exchange between Hofstede and GLOBE," *Journal of International Business Studies* 37 (2006), p. 881; Geert Hofstede, "What Did GLOBE Really Measure? Researchers' Minds versus Respondents' Minds," *Journal of International Business Studies* 37 (2006), pp. 882 – 96; Mansour Javidan, Robert J. House, Peter W. Dorfman, Paul J. Hanges, and Mary Sully de Luque, "Conceptualizing and Measuring Cultures and Their Consequences: A Comparative Review of GLOBE's and Hostede's Approaches," *Journal of International Business Studies* 37 (2006), pp. 897 – 914; Peter B. Smith, "When Elephants Fight, the Grass Gets Trampled: The GLOBE and Hofstede Projects," *Journal of International Business Studies* 37 (2006), pp. 915 – 21; P. Christopher Earley, "Leading Cultural Research in the Future: A Matter of Paradigms and Taste," *Journal of International Business Studies* 37 (2006), pp. 922 – 31.

표 4.3

홉스테드 지수, 언어 그리고 언어적 거리

출처: Geert Hofstede, Culture's Consequences (Thousand Oaks, CA: Sage, 2001). Used by permission of Geert Hofstede.

국가	IDV 점수	PDI 점수	UAI 점수	주언어	영어로부터의 거리
아랍국가	38	80	68	아랍어	5
호주	90	36	51	영어	0
브라질	38	69	76	포르투갈어	3
캐나다	80	39	48	영어(불어)	0, 3
콜롬비아	13	67	80	스펜인어	3
핀란드	63	33	59	핀란드어	4
프랑스	71	68	86	불어	3
독일	67	35	65	독일어	1
영국	89	35	35	영어	0
그리스	35	60	112	그리스어	3
과테말라	6	95	101	스페인어	3
인도	48	77	40	드라비디어	3
인도네시아	14	78	48	인도네시아어	7
이란	41	58	59	페르시아어	3
일본	46	54	92	일본어	4
멕시코	30	81	82	스페인어	3
네덜란드	80	38	53	네덜란드어	1
뉴질랜드	79	22	49	영어	0
파키스탄	14	55	70	우르드어	3
대한민국	18	60	85	한국어	4
대만	17	58	69	대만어	6
터키	37	66	85	터키어	4
미국	91	40	46	영어	0
우루과이	36	64	100	스페인어	3
베네수엘라	12	81	76	스페인어	3

이 중요하고 개인의 주도권을 받아들이고 보상하는 경향이 있는 반면에 개인주의가 낮은 문화는 "우리"라는 개념이 중요하고 일반적으로 개인을 집단에 종속시킨다.

이러한 구분은 어떤 문화가 개인주의/집단주의 지수에서 높은 점수를 받았다고 해서 개인이 집단을 인식하지 못한다는 의미가 아니라 개인의 주도권과 독립이 받아들여지고 인정된다는 의미이다. 개인주의는 개인 간의 유대가 약한 사회와 관련이 있다. 모든 사람이 자신과 자신의 직계가족을 돌볼 것이라고 기대한다. 반대로 집단주의는 평생에 걸쳐 확실한 충성심에 대한 대가로 지속적인 보호를 제공하는 강력하고 응집력 있는 집단에 개인이 통합되는 사회와 관련이 있다.

권력거리 지수. 권력거리 지수는 사회적 불평등을 용인하는 정도를 측정하는 것이다. 다시 말해 사회 체계에서 상급자와 하급자간의 권력의 불평등을 의미한다. 높은 권력거리 지수를 가진 문화는 계층적인 경향이 있고, 권력과 사회적 지위의 원천으로서 사회적 역할, 조작 그리고 유산 등을 인용하는 구성원들로 이루어졌다. 낮은 권력거리 지수를 가진 문화는 대조적으로 평등을 가치 있게 여기고 권력의 원천으로서 지식과 존경을 이용한다. 따라서 높은 권력거리 지수를 보유한 문화의 사람들은 권력은 개인에 속해 있고 권력이 합리적이기 보다는 강압적이라고 보기에 자신의 집단에 속하지 않는 타인에 대해 일반적으로 불신을 하는 경우가 많다. 높은 권력거리 지수는 상급자와 하급자간의 차이에 대한 인식과 권력을 가진 사람은 특권을 누릴 수 있다는 믿음을 나타내는 경향이 있다. 낮은 권력거리 지수는 평등주의자의 견해를 좀 더 반영한다.

위험회피 지수. 위험회피 지수는 사회구성원간의 불확실성과 모호함에 대한 용인의 정도를 측정한다. 높은 불확실성 회피 점수를 가진 문화는 모호함에 대해 용인하지 않기 때문에 새로운 생각이나 행동에 대해 불신하는 경향이 있다. 이런 사람들은 높은 수준의 불안감 그리고 스트레스를 가지며 안전과 규칙 준수를 중시한다. 따라서 이들은 교조적으로 역사적 검증이 이루어진 행동양식에 집착하며, 이런 행동양식은 극단적으로 말해 어겨서는 안 될 규칙이 된다. 높은 불확실성 회피 점수를 가진 문화는 위험을 회피하는 방안으로서 규칙에 대해 높은 수준의 권위를 부여한다. 위험회피에서 낮은 점수를 가진 문화는 낮은 수준의 불안감과 스트레스, 일탈과 반대 의견의 용인 그리고 기꺼이 위험을 감수하려는 마음가짐과 관련되어 있다. 그러므로 불확실성 회피가 높은 문화에서는 절대적인 진실을 추구하지만 불확실성 회피가 낮은 문화에서는 이해와 지식에 대하여 좀 더 경험적인 접근방식을 가진다.

문화적 가치와 소비자 행동. 다수의 연구들이 문화적 가치가 구전,[38] 충동구매,[39] 놀람[40]과 혐오[41]에 대한 반응, 불만제기의 성향,[42] 서비스 실패에 대한 반응[43] 그리고

---

[38] Desmond Lam, Alvin Lee, and Richard Mizerski, "The Effects of Cultural Values in Word-of-Mouth Communication," *Journal of International Marketing* 17, no. 3 (2009), pp. 55 – 70.

[39] Yinlong Zhang, Karen Page Winterich, and Vikas Mittal, "Power-Distance Belief and Impulsive Buying," *Journal of Marketing Research* 47 (2010).

[40] Ana Valenzuela, Barbar Mellers, and Judi Strebel, "Pleasurable Surprises: A Cross-Cultural Study of Consumer Responses to Unexpected Incentives," *Journal of Consumer Research* 36 (2010).

[41] Daisann McLane, "Tackling the Yuck Factor,'" *National Geographic Traveler*, January 2010, pp. 26 – 28.

[42] Piotr Chelminski and Robin A. Coulter, "The Effects of Cultural Individualism and Self-Confi dence on Propensity to Voice: From Theory to Measurement to Practice," *Journal of International Marketing* 15 (2007), pp. 94 – 118.

[43] Haksin Chan, Lisa C. Wan, and Leo Y. M. Sin, "The Contrasting Effects of Culture on Consumer Tolerance: Interpersonal Face and Impersonal Fate," *Journal of Consumer Research* 36, no. 2 (2009), pp. 292 – 304; Haskin Chan and Lisa C. Wan, "Consumer Responses to Service Failures: A Resource Preference Model of Cultural Infl uences," *Journal of International Marketing* 16, no. 1 (2008), pp. 72 – 97.

CROSSING BORDERS 4.2 선물 자체가 중요한 게 아니라 어떻게 주느냐가 중요하다.

외국에서 선물을 줄때는 적절한 방식으로 선물증정이 이루어졌는가에 대해 신중하게 생각해야 한다.

일본

일본에서는 상대방의 권유가 있기 전까지 상대방 앞에서 선물 포장지를 풀지 말고, 또 당신 면전에서 선물을 풀어 볼 것이라고 기대하지 마라.

선물 포장에 리본이나 나비매듭을 피하라. 일본인들은 나비매듭이 덜 매력적이라고 여기고 리본의 색상은 각기 다른 의미를 가지고 있다.

항상 두 손으로 선물을 건네라.

유럽

빨간 장미와 백색의 꽃들을 피할 뿐만 아니라 꽃의 개수도 중요하니 숫자 13은 피해야 한다. 종이로 꽃을 포장하지 마라.

선물에 너무 많은 돈을 사용하면 뇌물이라는 오해를 살 수 있는 위험이 있다.

아랍국가

초면에 선물을 하지마라. 뇌물로 간주될 수 있다.

접수 담당자(receptionist) 혼자 있는 경우에는 선물을 전달하지 마라. 그 사람을 개인적으로 알고 있지 않는 한 매우 부정적으로 비쳐진다. 일정한 개인적인 친분관계가 없는 경우 선물은 공개적인 장소에서 전달하라.

남미

호의에 대한 감사표시로 주는 것이 아니면 일정한 개인적인 관계가 맺어진 이후에 선물해야한다.

선물은 사회적으로 만나는 곳에서 주어야지 사업하는 와중에 주어서는 안 된다.

검정색과 보라색을 피하라. 두 가지 색 모두 천주교 사순절과 관련 있다.

중국

사적인 자리든 공적인 자리든 선물전달을 화제거리로 만들지 마라.

선물은 항상 두 손으로 전달해야 한다.

연회나 연설 뒤에 단체로 선물하는 경우를 제외하고는 선물은 개인적으로 전달하여야 한다.

러시아

일반적으로 러시아인들은 선물 주고받는 것을 좋아한다. 선물이 많을수록 좋다. 아이들을 위한 것도 좋은 아이디어다.

러시아 가정에 초대된 경우, 초콜릿과 와인은 가져가지만 보드카는 가져가지 않는 것이 좋다.

한 다발의 꽃을 가져가는 것은 좋은 아이디어지만 홀수로 가져가야 한다. 짝수의 꽃다발은 장례식을 의미한다.

미국

호사스러운 선물은 큰 문제를 일으킬 수 있다

출처: James Day Hodgson, Yoshiro Sano, and John L. Graham, *Doing Business in the New Japan* (Latham, MD: Rowman and Littlefield, 2008); www.executiveplanet.com , 2010.

심지어 영화에 대한 선호도[44]와 같은 소비자 행동들을 예측가능하다는 것을 보여주었다. 본장의 첫머리에 나왔던 전자상거래 사례로 돌아가 보면 문화적 가치에 대한 홉스테드의 개념이 일본과 프랑스의 주식투자와 인터넷 경매와 같은 새로운 소비자 서비스의 확산속도를 예상하는데 어떻게 도움을 주는지 알 수 있다. 표 4.3에 나타난 바와 같이 일본은 46점 그리고 프랑스는 71점인데 비해 미국은 91점으로 개인주의면에서 모든 국가들 대비 최고 점수를 받았다. 실제로 개인주의가 팽배한 미국에서는 컴퓨터 앞에 홀로 앉아 활동하는 "가상 사회"가 제일 적합할 수 있다. 집단 활동을 선호하는 일본과 프랑스에서는 주식중개인 및 이웃들과 대면하여 대화하는 것이 비인격적 디지털 의사소통보다는 더 선호된다.

[44] J. Samuel Craig, William H. Greene, and Susan P. Douglas, "Culture Matters: Consumer Acceptance of U.S. Films in Foreign Markets," *Journal of International Marketing* 13 (2006), pp. 80 – 103.

일본(92점)과 프랑스(86점)는 모두 유사하게 홉스테드의 위험회피 지수에서 높은 점수를 받았고 미국은 낮은 점수(46점)를 받았다. 이 점수들에 기초해 보면 일본과 프랑스 투자가들은 주식투자의 위험을 기꺼이 받아들일 것 같지 않다. 실제로 일본과 프랑스 투자가들은 우체국 예금이나 은행예금의 안전성을 선호한다. 홉스테드 데이터를 통하여 두 가지 경우의 문화적 가치에 대한 혁신의 확산이 미국보다 일본과 프랑스에서 더 느릴 것이라는 예측이 가능하다. 이러한 예상들은 개인주의에서 높은 점수를 받고 위험회피에서 낮은 점수를 받은 문화가 더 혁신적이라는 연구결과들과 일치한다.[45]

문화적 가치와 소비자 행동에 대한 가장 흥미로운 사실 중 하나는 미국 학생과 중국 학생을 대상으로 한 일련의 실험결과에서 살펴볼 수 있다.[46] 두 집단에게 다른 사람과 같이 있는 사진 광고물(즉 해변에서 즐거운 한때를 보내고 있는 연인을 짝은 사진)과 홀로 있는 사진 광고물(해변에서 혼자 즐기는 사진)을 보여주었다.

연구자들은 개인적인 미국인들은 홀로 있는 사진을 좋아하고 집단적인 중국인들은 다른 사람과 같이 있는 사진을 선호할 것이라고 예상했다. 그런데 결과는 반대로 나왔다. 연구자들이 수행한 두 번째 실험은 이러한 예측하지 못한 결과들이 어떻게

모든 무슬림들은 육체적으로 이상이 없으면 일생에 한번은 메카순례를 하게 되어 있다. 여기 지구상에서 가장 큰 의식들 중에 한 곳에 참석하기 위해 전 세계에서 2백만 명의 사람이 모여 있다.[47]

[45] Jan-Benedict E. M. Steenkamp, Frenkel ter Hofstede, and Michel Wedel, "A Cross-National Investigation into the Individual and National Cultural Antecedents of Consumer Innovativeness," *Journal of Marketing* 63 (April 1999), pp. 55 – 69.

[46] Jennifer L. Aaker and Patti Williams, "Empathy vs. Pride: The Infl uence of Emotional Appeals across Cultures," *Journal of Consumer Research* 25 (December 1998), pp. 241 – 61.

[47] Hassan M. Fattar, "The Price of Progress: Transforming Islam's Holiest Sight," *The New York Times International*, March 8, 2007, p. A4.

의식용 샤프론(오렌지)색으로 차려입고 시바신을 섬기는 수천 명의 순례자들이 힌두교 예배(puja: 푸자라고 불리며 영혼을 정화하는 의식)를 드리기 위해 인도의 바라나시(Varanasi)에 있는 100개 이상의 강변의 계단(Ghat) 중 한 곳을 내려오고 있다. 바라나시는 인도에서 가장 오래되고 성스러운 도시 중의 하나이다. 힌두신인 시바신의 고향이고 부처의 첫 설교가 시작된 곳으로 알려져 있다. 그래서 각종 종교의 추종자들이 바라나시로 매일 모여든다. 매일 일출과 일몰에 물에 몸을 담가 푸자를 행하려는 많은 순례자들이 가트(Ghat: 성스러운 갠지스 강으로 내려가는 계단)에 모여든다. 가장 혼잡한 의식일의 경우 약 5~10백만 명이 참가한다(휴스톤 교수의 추정치). 그 사이에 아카데미 수상식이나 월드컵과 같이 텔레비전으로 중계되는 의식에는 가상 군중(virtual crowds)형태로 수십억 명의 사람들이 모여든다.

나타났는지 설명하는데 도움이 되었다. 즉, 두 가지 광고에서 피실험자들이 좋아했던 부분은 자신들의 문화와 상반되는 새로움이었다. 따라서 이런 상황에서도 문화적 가치는 마케터들에게 유용한 정보를 제공해준다. 그러나 확실한 것은 인간의 행동, 가치 그리고 문화가 복잡하다는 것이다.

의식절차

삶은 **의식**, 다시 말해 학습되고 반복되는 행동양식과 상호작용으로 가득 차있다. 가장 확실한 의식은 삶의 중요한 사건과 연관되어 있다. 결혼식과 장례식이 좋은 예이다.

아마도 대부분의 본서 독자들에게 가장 중요한 의식 중 한 가지는 희망컨대 곧 다가올 거창한 의식, 우스꽝스러운 모자, 긴 연설 등등으로 대변되는 졸업식일 것이다. 이러한 의식들은 흔하지만 문화마다 다르다. 실제로 결혼에 관한 독립적인 외국 영화 장르가 존재한다.[48] 아마도 최고는 몬순 웨딩(Monsoon Wedding: 2001년 인도에서 제작된 영화)이다. 백마를 탄 신랑과 식용이 가능한 꽃은 누가 봐도 알 수 있는 뉴델리 부자들이 행하는 의식의 일부분이다.

삶은 또한 식당에서의 저녁식사, 백화점 출입, 출근 전 혹은 등교 이전의 몸단장과 같은 소규모의 의식으로 채워져 있다. 마드리드의 훌륭한 식당에서는 주 요리 전에 후식이 먼저 나오지만 종종 저녁은 자정 무렵에 시작되어 전체 식사과정이 세 시간이나 걸리기도 한다. 미국에서 백화점에 들르면 손님의 질문에 대답해줄 종업원을 찾아야 한다. 일본에서는 반대로 손님이 들어오면 출입구에서 종업원이 고개를 숙이

[48] Other excellent fi lms in this genre include *Cousin, Cousine* (French), *Four Weddings and a Funeral* (U.K.), *Bend It Like Beckham* (U.K., Asian immigrants), *Wedding in Galilee* (Palestine/Israel), and *The Wedding Banquet* (Taiwan). Also see Cam Simpson, "For Jordanians, Shotgun Weddings Can Be a Problem," *The Wall Street Journal*, June 5, 2007, pp. A1, A11.

며 맞이한다. 미국에서 진료를 받으면 종종 서늘한 검사실에서 아무것도 입지 않고 종이 가운만 걸친 채 15분을 기다려야하는 것이 일반적이다. 스페인에서는 검진이 의사의 방에서 이루어진다. 미국과 같은 기다림은 없지만 환자가 의사를 찾아야 한다.

의식은 중요하다. 의식은 일상의 상호작용과 특별한 행사를 조화롭게 만든다. 의식은 사람들이 무엇을 기대하고 있는 것에 대해 알려준다. 본서의 마지막 장에는 사업협상과 관련된 의식에 대해 살펴보고 또한 문화마다 다른 의식들을 검토해 본다.

상징

인류학자 홀(Edward T. Hall)은 문화는 의사소통이라고 말한다. 비즈니스 상황에서의 문화적 차이에 관한 그의 영향력 있는 글에서는 시간, 공간, 사물, 우정 그리고 합의의 "언어"에 관해 설명하고 있다.[49] 실제로 우리를 둘러싼 상징들에 대한 정확한 해석을 이해하는 것은 사회화의 중요한 부분이다. 이러한 학습은 출생 즉시 어머니가 이야기하는 것을 듣기 시작하고, 어머니의 얼굴표정을 읽고, 감촉을 느끼고 그리고 모유를 맛봄으로써 시작된다.[50] 이제 상징체계 중 가장 명확한 부분이며 의식적 의사소통과 가장 많이 관련된 언어에 대해 설명하고자 한다.

언어. 어떤 국가에서는 정치적 중요성과 함께 언어 그 자체를 사회제도로 인식한다. 확실히 프랑스인들은 자신들의 언어의 순수성을 지키기 위하여 최대한의 노력과 비용을 감수하고 있다. 최근에는 언어가 모든 것이 조용해 보이는 캐나다에서 분리독립을 포함한 정치적 논쟁의 중심이 되어 왔다. 불행하게도 구어 언어의 수는 전세계적으로 점점 줄어들고 있으며 지구상에서 흥미로운 문화적 다양성도 줄고 있다.

한 국가의 언어를 이해하는 것과 관련된 중요성은 아무리 강조해도 지나치지 않는다. 특히 프랑스에서 상품을 팔고 있다면 더 중요하다! 성공적인 국제 마케터는 전문가 수준의 의사소통 능력을 갖추어야 하는데, 이는 말할 수 있는 능력뿐만 아니라 그 언어를 완전히 이해할 수 있는 능력을 의미한다. 광고 카피라이터는 언어 간의 명백한 차이보다는 표현상의 관용적 의미와 상징적 의미를[51] 더 많이 중시한다. 예를 들어 스페인어로 번역하고 싶다는 것만으로는 충분하지 않다. 왜냐하면 중남미지역의 동일 스페인어권 국가에서 사용되는 스페인어 단어들도 서로 매우 다르기 때문이다. 예를 들어 탐보(Tambo)는 페루, 에콰도르, 콜롬비아 그리고 볼리비아에서는 길가의 여관을 뜻하지만, 아르헨티나와 우루과이에서는 목장으로, 칠레에서는 매춘이 이루어지는 집으로 번역된다. 이게 문제라고 생각되면 파푸아뉴기니의 사람들과 의사소통하는 것을 생각해보자. 거기서는 각각의 언어가 독특해서 서로 이해할 수 없

---

[49] Edward T. Hall, "The Silent Language in Overseas Business," *Harvard Business Review*, May–June 1960, pp. 87–96. A discussion of the salience of Hall's work appears in John L. Graham, "Culture and Human Resources Management." In The *Oxford Handbook of International Business* , ed. Alan M. Rugman and Thomas L. Brewer (Oxford: Oxford University Press, 2008), pp. 503–36.

[50] The spices a nursing mother consumes actually affect the fl avor of the milk she produces.

[51] Eric Yorkston and Gustavo E. De Mello, "Linguistic Gender Marking and Categorization," *Journal of Consumer Research* 32 (2005), pp. 224–34.

는 750개의 언어가 사용된다. 마케팅 의사소통에서 정확한 번역과 관련된 중요 이슈는 8장과 16장에서 자세히 다루고 있다.

언어와 국제마케팅의 관계는 다른 의미에서도 중요하다. 최근 연구에서 **언어적 거리(linguistic distance)**라는 새로운 개념이 시장 세분화와 전략적 시장진입 결정이라는 측면에서 마케팅 연구자들에게 매우 중요하다는 것이 증명되었다. 언어적 거리는 국가 간의 가치 차이와 무역량을 결정하는데 중요한 요인으로 제시되어 왔다.[52] 이 개념은 언어적 차이가 클수록 거래비용이 증가한다는 것이다.

여러 해 동안, 언어학 연구자들은 전 세계의 언어들이 언어의 형식과 발전 과정상의 유사성에 기초한 언어적 계보(family tree)와 일치함을 밝혀냈다.[53] 예를 들어 스페인, 이탈리아, 프랑스 그리고 포르투갈어는 라틴어에 뿌리를 두고 있어 모두 로맨스어로서 분류된다. 이 언어 계통도에서 거리가 측정될 수 있다. 영어를[54] 출발점으로 보면 독일은 가지(branch) 한개 건너편에 위치한다. 덴마크어는 둘, 스페인어는 셋, 일본어는 넷, 히브리어는 다섯, 중국어는 여섯, 태국어는 일곱 가지 너머에 위치하고 있다. 이러한 "영어로부터의 거리"를 점수화한 표가 표 4.3의 문화 표본에 제시되어 있다.

이 분야의 다른 연구들은 문화적 가치, 기대 그리고 심지어는 시간의 개념에 미치는 언어의 직접적인 영향을 다루고 있다. 예를 들어 영어로부터의 거리가 멀어짐에 따라 개인주의는 감소한다.[55] 이러한 연구들은 새로운 분야이고 더 많은 연구가 이루어져야 한다. 그럼에도 불구하고 언어적 거리의 개념은 소비자 가치와 경영 가치, 기대 그리고 행동에 있어서 문화적 차이점들을 이해하고 예측하는데 도움을 준다. 다른 새로운 연구 분야는 2개 국어를 말하는 능력/2개 문화의 공존 그리고 소비자의 행동과 가치사이의 관계에 대한 것이다. 일례로 2개의 언어를 사용하는 소비자는 광고 문구를 모국어와 제2언어로 들었을 때 각각 다르게 처리하고[56], 2개의 문화가 공존하는 소비자는 단지 2개의 언어를 사용하는 소비자와는 다르게 정체성과 인식체계를 변경할 수 있다.[57]

---

[52] Jennifer D. Chandler and John L. Graham, "Relationship-Oriented Cultures, Corruption, and International Marketing Success," *Journal of Business Ethics* 92(2) (2010), pp. 251 – 67.

[53] For the most comprehensive representation of global linguistic trees, see Jiangtian Chen, Robert R. Sokal, and Merrit Ruhlen, "Worldwide Analysis of Genetic and Linguistic Relationships of Human Populations," *Human Biology* 67, no. 4 (August 1995), pp. 595 – 612.

[54] We appreciate the ethnocentricity in using English as the starting point. However, linguistic trees can be used to measure distance from any language. For example, analyses using French or Japanese as the starting point have proven useful as well.

[55] Joel West and John L. Graham, "A Linguistics-Based Measure of Cultural Distance and Its Relationship to Managerial Values," *Management International Review* 44, no. 3 (2004), pp. 239 – 60.

[56] Stefano Puntoni, Bart de Langhe, and Stijn M.J. van Osselaer, "Bilingualism and the Emotional Intensity of Advertising Language," *Journal of Consumer Research* 35 (2009), pp. 1012 – 25.

[57] David Luna, Torsten Ringberg, and Laura A. Peracchio, "One Individual, Two Identities: Frame Switching Biculturals," *Journal of Consumer Research* 35, no. 2 (2008), pp. 279 – 93.

더욱이 구어 언어와 문화적 가치관의 관계는 더 깊은 시사점들을 가지고 있다. 즉 학교 제도와 인터넷을 통해 영어가 전 세계에 퍼짐에 따라 개인주의와 평등주의라는 문화적 가치가 영어와 함께 퍼져 나간다. 예를 들어 중국 만다린어 사용자와 스페인어 사용자는 "당신"이라는 단어에 대해 2개의 단어를 배워야 한다; 니(ni)와 닌(nin) 그리고 뚜(tu)와 우스떼드(usted). 이 두 단어를 적절히 사용하는 것은 대화의 사회적 맥락과 관련된 지식에 달려있다. 지위에 대한 존경을 담고 있으면 닌과 우스떼드를 사용하여야 한다. 영어에서는 "당신"이라는 표현이 하나 밖에 없다.[58] 말하는 사람이 사회적 맥락과 사회적 지위를 무시해도 정확하게 언어를 구사할 수 있다. 이게 쉬워질수록 사회적 지위는 별로 중요하지 않게 된다.

상징으로서의 미학. 예술로 의사소통할 수 있다. 실제로 공자는 "백문이 불여일견"이라는 유명한 말을 남겼다. 물론 춤과 노래도 마찬가지이다. 우리가 문화를 습득함에 따라 미술, 민요, 음악 드라마, 춤, 의복 그리고 화장품 등의 **미학** 속에 반영되어 있는 상징체계의 훌륭한 의미를 배울 수 있다. 어느 곳에 있든 소비자는 자신들의 개인적 · 국가적 정체성과 문화와 제품편익이라는 맥락상의 관계를 정의하는데 도움을 주는 이미지, 신화 그리고 은유에 반응한다. 특유의 의미를 지닌 상징들 안에서 문화의 독특성을 쉽게 발견한다. 중국 전통식당의 실내장식에 사용된 밝은 빨강색 및 노란색과는 다른 일본 전통식당의 연한 황토색 색상을 생각해볼 수 있다.

비슷하게 스코틀랜드의 린드세이(Lindsay) 가문과 도날드(Donald) 가문의 오랜 경쟁관계로 인하여, 맥도날드 햄버거가 린드세이 가문의 타탄(바둑판 무늬)문장을 직원들의 새로운 유니폼으로 사용하기로 결정한 것은 일단의 사람들에게 상당한 실망감을 안겨 주었다. 도날드 가문의 수장인 갓프레이 맥도날드 경(Godfrey Lord McDonald)은 매우 화가 나서 맥도날드 햄버거가 그 이름을 전혀 이해하지 못하고 있다고 불평하였다. 물론 현재의 영국 소비자들은 점점 더 많이 건강관련 문제들에 관심을 가지게 됨에 따라 유니폼에 사용된 격자무늬 따위에 관심을 가지지 않게 되었지만 말이다.

한 국가의 미적 가치를 문화적으로 일관되게 해석하고 보여주지 않는다면[59] 많은 마케팅 문제가 발생할 것이다. 성공하기 위해서는 광고와 포장 디자인 뿐만 아니라 제품 스타일도 미적으로 만족할만한 수준이어야 한다. 미적 가치에 대한 무감각은 상대방을 불쾌하게 하고 부정적인 인상을 만들어내며 일반적으로 마케팅 효과를 없게 만들거나 심지어는 피해를 주기도 한다. 특정 문화의 미적가치에 대해 익숙하지

[58] In English, there was historically a second second-person form. That is, "thee" was the informal form up until the last century. Even in some Spanish-speaking countries, such as Costa Rica, the "tu" is being dropped in a similar manner.

[59] Michael W. Allen, Richa Gupta, and Arnaud Monnier, "The Interactive Effect of Cultural Symbols and Cultural Values on Taste Evaluations," *Journal of Consumer Research* 35, no. 2 (2008), pp. 294 - 308.

표 4.4

은유적 시각에서 바라본 23개국 여행

출처:
From Martin J. Gannon, *Understanding Global Cultures, Metaphorical Journeys through 23 Nations*, 2nd ed. Copyright © 2001. Reprinted by permission of Sage Publicatio ns.

태국 왕국	전통 영국 집
일본 정원	말레이시아의 발렉 캄풍(balik kampung: 귀향)
인도: 시바(Shiva) 춤	나이지리아 시장
베두인 보석과 사우디아라비아	이스라엘 키부츠(생활공동체)와 모샤부(자영 농업 협동농장)
터키 커피하우스	이탈리아 오페라
브라질 삼바	벨기에 레이스(lace)
폴란드 마을 교회	멕시코 피에스타(축제)
김치와 한국	러시아의 발레
독일 교향곡	스페인의 투우
스웨덴 별장 스투가(Stuga)	포르투갈의 투우
아일랜드인의 대화	중국의 가정 제단(family altar)
미국 미식축구	

않은 사람은 강력한 상징적 의미를 간과할 수 있다. 예를 들어 일본인들에게 학은 몇 천 년을 산다고 전해지고 있기 때문에 학은 행운의 징표로 숭배된다. 그러나 숫자 4는 죽을 사자와 발음이 같아서 숫자 4를 사용하는 것을 매우 꺼려한다. 그래서 일본에서는 5개의 찻잔이 한 세트로 이루어져 있다.

마지막으로 어떤 작가는 서로 다른 문화 속의 은유를 이해한다는 것은 성공의 중요한 지름길 중 하나라고 주장하였다. 표 4.4을 보면 마틴 캐논(Martin Cannon)[60]이 찾아낸 전 세계의 문화들을 대표하는 은유들을 열거해볼 수 있다. 그는 매혹적인 문자로 미국 미식축구(개인주의, 경쟁적 특화, 작전회의, 완벽함에 대한 축하의식 등을 가진)와 스페인 투우(거만한 입장 퍼레이드, 관중의 참여 그리고 싸움 의식을 가진) 그리고 인도 시바 춤(생사의 순환, 가족 그리고 사회의 상호작용 가진)을 비교한다. 은유의 중요성을 입증하는 실증적 증거들이 많아지고 있다.[61] 훌륭한 국제 마케터는 통찰력 있게 기술된 정보 속에서 광고 선전을 위한 훌륭한 단서를 찾을 수 있을 것이다.

믿음

물론 우리가 믿기 위해 학습하는 대부분의 것들은 종교적 훈련으로부터 나온다. 그러나 진정한 신앙심과 영성의 문제를 합당하게 고려하는 일은 여기서는 당연히 불가능하다. 더구나 미신과 종교의 관계는 결코 확실하지 않다. 예를 들어 서구에서 숫자 13을 회피하는 이유에 대한 설명 중 하나는 최후의 만찬에서 예수가 자신의 12 제자

[60] Martin J. Gannon, *Understanding Global Cultures, Metaphorical Journeys through 23 Nations*, 2nd ed. (Thousand Oaks, CA: Sage, 2001).

[61] Cristina B. Gibson and Mary E. Zeller-Bruhn, "Metaphors and Meaning: An Intercultural Analysis of the Concept of Work," *Administrative Science Quarterly* 46, no. 2 (2001), pp. 274 – 303.

러시아 정교회 신부가 모스크바 근교의 제너널 모터스와 아프토바즈(AbtoVaz)의 합작회사인 니바(Niva)라는 SUV(Sport-Utility Vehicle)생산 공장의 조립라인에 축성하고 있다. 니바는 러시아에서 가장 잘 팔리는 SUV 모델로서 제너널 모터스의 수익을 올려 주고 있다.

와 앉아 있는 것과 관련 있다.

그러나 우리가 가진 많은 믿음들은 본성적으로 세속적이다. 서구에서 종종 미신이라 부르는 것들이 지구 다른 편에 있는 어떤 사회의 믿음 체계에서는 매우 중요한 역할을 하고 있을 수 있다. 예를 들어 아시아의 어떤 지역에서는 귀신, 운수, 손금, 혈액형, 그믐, 상현, 보름달, 하현과 같은 달의 위상, 신앙요법을 사용하는 치료자, 악마 그리고 점쟁이들 모두 사회의 필수 요소들이다. 중국에서 수행된 광고 설문 조사에 따르면 표시된 가격 끝자리가 8인 것을 선호하는데 이 숫자는 중국 문화에서 번영이라는 의미를 함축하고 있다. 북경 올림픽이 2008년 8월 8일에 개최된 이유이기도 하다. 또한 앞에서 언급한 화룡(火龍)에 해당하는 연도를 우려하는 일본인들을 기억해 볼 필요가 있다.

예술, 과학, 철학 혹은 누가 말하느냐에 따라 미신이라 불리는 풍수(風水)는 고대로부터 중국인들에게 내려오는 매우 중요한 믿음 중 하나이다. 풍수는 인간과 우주를 기(氣)와 연결하는 과정이다. 기는 생명을 유지하고 우리의 몸과 주변 환경을 흐르며 우리의 가정과 직장에 들어오고 나가는 에너지이다. 이런 생각은 기를 사용하여 특정 지역 내 소유자의 행운, 번영, 건강 그리고 명예를 증진시키고 부정적 힘인 살기(殺氣)와 그 영향을 최소화하는데 활용하자는 것이다. 풍수에서 풍수지리 전문가는 소유자의 별점, 기업 창립일 혹은 대지와 건물의 형태와 관련지어 건물의 긍정적인 방향과 위치를 결정한다. 이는 단지 겉모양이나 스타일을 애기하는 것이 아니며 미학 이상의 것이다. 풍수는 가구의 위치와 디자인을 통해 조화로운 주변 환경을 만들고 건물이 악의 출입구인 북서쪽과 악의 뒷문인 남서쪽을 향하여 세워지는 것을 막자는 강한 믿음이다. 실제로 디즈니사는 심지어 홍콩 디즈니랜드의 모든 신형 놀이기구들을 이 풍수에 따라 배치하였다.

한 사람의 믿음이 다른 사람에게는 우스운 이야기가 되는 경우가 자주 있다. 신화, 믿음, 미신 혹은 다른 문화적 믿음의 중요성이 이상하게 보일지라도 이것을 평가절하 하는 것은 실수를 범하는 것인데, 그 이유는 이 모든 것들이 사회의 문화적 구조의 중요한 일부분이며 모든 행동양식에 영향을 미치기 때문이다. 사업을 하면서 다른 문화권의 미신을 가볍게 여기는 마케터는 비싼 대가를 치룰 수 있다. 일본에서처럼 올바른 해의 올바른 달의 주기에 태어나는 것을 호들갑스럽게 여기는 것이나 손금 보는 사람에게 과도하게 의존하는 것들에 대해, 사다리 밑을 걷는 걸을 싫어하고, 거울을 깨뜨리고 다음 7년간의 불행을 걱정하며, 1달러짜리 복권을 사고 그리고 건물에서 13층을 거의 보기 힘든 서구 사람들이 이해한다는 것은 매우 어려울 것이다.

사고과정

지금부터 여러 문화에 걸쳐 사고방식이 변화하는 정도를 좀 더 자세히 살펴보고자 한다. 예를 들어 최신 연구에서는 소비자의 성급함[62]과 소비자의 제품관련 의사결정시 문화적 차이를 보여주고 있다. 문화는 길게 숙고하는 것보다는 빠르게 판단해야 할 때 더 문제가 되는 것처럼 보인다.[63]

니스벳(Richard Nisbett)은 "생각의 지도(The Geography of Thought)"[64]라는 자신의 훌륭한 저서에서 아시아인과 서구인의 사고방식의 차이점들을 광범위하게 논의하고 있다. 그는 공자와 아리스토텔레스로부터 시작하여 자신의 사회심리학적 실험을 포함한 가장 최근의 행동과학 연구 분야에서의 역사적 그리고 철학적 저작물과 발견들을 연구하여 그의 논지를 발전시켰다. 그는 한편으로 일본, 중국 그리고 한국 그리고 다른 한편으로 유럽과 미국 문화에 대한 일반화를 둘러싼 위험요소들을 인지하고 있지만 그의 대부분의 결론은 국제 협상, 문화적 가치 그리고 언어적 거리와 관련된 우리의 노력과 일관되게 일치한다.

그의 견해에 대한 훌륭한 은유는 비싼 공자 그림과 관련되어 있다. 아시아인은 그림 전체를 보고 그림의 전경과 배경에 대한 자세한 사항들을 전달할 수 있다. 서구인들은 그 대신에 전경에 초점을 맞출 수 있고 중심인물에 대해 자세히 설명할 수 있는 반면에 상대적으로 배경은 놓치곤 한다. 지각에서의 이런 차이(집중과 큰 그림)는 미래 사건에 대한 기대, 선호 그리고 가치에서의 매우 다양한 차이점들과 연관되어 있다. 니스벳의 책은 국제적으로 제품과 용역을 마케팅 하는 모든 사람들에게 중요한 필독자료이다. 그의 통찰력은 미국 잭슨빌에서 영업하는 일본인 혹은 북경에서 영업

---

[62] Haipen (Allan) Chen, Sharon Ng, and Akshay R. Rao, "Cultural Differences in Consumer Impatience," *Journal of Marketing Research* 42 (2007), pp. 291 – 301.

[63] Donnel A. Briley and Jennifer L. Aaker, "When Does Culture Matter? Effects of Personal Knowledge on the Correction of Culture-Based Judgments," *Journal of Marketing Research* 43 (2008), pp. 395 – 408.

[64] Nisbett, *The Geography of Thought*.

하는 벨기에인 같은 사람들에게 매우 유용하다.

5개 각각의 문화적 요소들이 준비 중인 마케팅 활동에 어떻게 영향을 미칠 수 있는가라는 관점에서 평가하여야만 한다. 새로운 제품과 서비스 그리고 제품개발과 촉진활동을 거쳐 최종 상품 판매까지의 전 과정과 관련된 대규모 프로그램을 수행하기 위해서는 더 많은 문화적 요인들을 고려해야 한다. 게다가 우리가 제시해온 문화의 서로 다른 요소들과 기원들이 종종 상호작용하여 상승작용을 일으킨다. 따라서 마케터는 한발 뒤로 물러서서 더 큰 문화적 중요성을 가지고 마케팅 활동들을 고려해야 한다.

문화적 민감성과 인내심

성공적인 국제마케팅은 **문화적 민감성**부터 시작된다. 이는 새로운 문화가 객관적으로 비춰지고, 평가되며, 인식되게 하려고 문화적인 미묘한 차이에 적절히 대응하는 것을 의미한다. 문화적 민감성 혹은 문화적 일체감은 조심스럽게 배양되어야 한다. 즉 우리가 특정한 국가에서 즐거운, 짜증스러운, 이상한 혹은 혐오스러운 문화적 특성을 발견하듯이 다른 사람들은 우리의 문화 속에서 유사하게 즐거운, 짜증스러운, 혹은 혐오스러운 문화적 특성을 본다. 예를 들어 많은 문화에서 매일 목욕하고 향수를 뿌리고 냄새 제거제를 뿌리는 것이 매우 중요한 의식처럼 인식되곤 있지만, 인체의 악취에 대해 덜 민감한 문화들에서는 이러한 의식을 매우 짜증스럽게 인식할 것이다. 상황이 더 이국적일수록 더 민감하고, 더 인내심이 필요하며 그리고 더 유연해야할 필요가 있다.[65] 문화적으로 민감해진다는 것은 갈등을 줄이고 의사소통을 증진시키고 따라서 공동관계에서의 성공을 증가시킨다.

문화의 요소와 기원에 대한 지식이외에 국제 마케터는 또한 문화들이 어떻게 변화하고 새로운 생각들을 받아들이거나 거부하는지에 대해 평가할 줄 알아야 한다. 마케터는 보통 완전히 새로운 것(전자상거래와 같은)을 소개하기 위해 그리고 이미 사용 중인 것을 개선하려고 노력하고 있기 때문에, 문화들이 어떻게 변화하고 변화에 대한 저항이 어떻게 발생하는지에 대해 완벽하게 이해하여야만 한다.

문화적 변화

문화는 본질적으로 역동적이며, 문화는 살아있는 과정이다.[66] 그러나 문화적 변화가 거듭된다는 사실은 모순같이 보인다. 왜냐하면 문화의 다른 중요한 속성은 문화는 보수적이고 변화에 저항한다는 것이다. 변화는 저항에 직면하지만 문화의 역동적 특성은 새로운 시장을 평가하는데 중요하다. 사회는 여러 방식으로 변화한다. 어떤 사람들은 전쟁으로 인하여 변화의 추진력을 가지게 되며(예를 들어 제2차 세계

[65] Paul Vitello, "When a Kiss Is More Than a Kiss," *The New York Times* , May 6, 2007, Section 4, p. 1.

[66] Indeed, aspects of Hofstede's values scores have been shown to vary over time. See Steve Jenner, Bren MacNab, Donnel Briley, Richard Brislin, and Reg Worthley, "Culture Change and Marketing," *Journal of International Marketing* 21, no. 2 (2008), pp. 161 – 72.

CROSSING BORDERS 4.3 세상을 지배하는 엄지손가락

하목민양은 요즘 총잡이가 된 느낌이다. 겨울방학 동안 그녀가 다니는 영어입시학원에서는 그녀의 국제적인 전리품에 질투를 느끼는 학생들이 그녀와의 결투를 위해 줄을 서고 있다. "자기들이 저를 이길 수 있다고 자기들 핸드폰을 들고 찾아와요."라고 16세 소녀는 유명세에 익숙해진 챔피언의 풍모를 풍기며 무표정한 태도로 한숨을 쉰다. "그냥 하라고 해요." 그녀는 다른 한국 청년인 배영호군과 함께 한국팀을 구성하여 뉴욕에서 열린 휴대폰 문자를 누가 가장 빠르고 정확하게 송신하는지를 겨루는 국제대회에서 우승을 거두었다. "다른 사람들이 내가 문자메시지를 보내는 것을 보면 제가 그렇게 빠르지 않고 자기들이 저를 이길 수 있다고 생각해요."라고 머리를 밝은 호두색으로 물들인 배영호군은 밝힌다. 그는 고등학교 중퇴생으로서 오페라 가수가 되기 위해 공부중이다. "지금까지 한 번도 진적이 없어요." 뉴욕대회에서는 그는 1초에 6개의 문자를 타이핑했다. "만약 더 빨리 치려고 하면 더 빨리할 수도 있어요."라고 말했다.

한국 휴대폰 제조사인 LG전자가 개최한 초대 모바일 월드컵에는 총 6백만 명의 경쟁자들을 물리치고 각국 대표로 뽑힌 2인1조의 13개 팀이 초대되었다. 자신들의 국기를 따라 행진하며 능수능란한 손가락들의 국제적인 격돌을 위해 모였다. 하양과 배군의 뒤를 이어 미국 팀이 준우승, 아르헨티나 팀이 3등을 차지했다.

그들이 귀국했을 때 5만 달러의 상금과 함께 하양과 배군은 마치 통화보다는 문자메시지를 더 편하게 생각하는 젊은이들인 엄지족의 영웅처럼 되어 있었다. 그는 하루에 150개에서 200개정도를 보낸다. "보통 친구들은 하루에 500개 정도 보내요."라고 변명처럼 말한다. 2009년에 하양은 1초에 7.25자를 눌러 280만명의 경쟁자들을 물리치고 한국 챔피언 자격을 차지하였다(40대 참가자중의 최고성적은 1초당 2.2자였다.) 전 국가 챔피언인 배군은 1초에 8자까지 타이핑을 쳤지만 작년 경기에는 나서지 않았다.

심지어 가장 기술적인 요령이 뛰어난 구세대들조차 이 엄지족을 따라가기에는 역부족이다. 2010년 1월 데일리 쇼(On The Daily Show)에 출연한 빌게이츠는 진행자인 존 스튜어트에게 바로 그 달에서야 처음으로 트위터를 시작했다고 고백했다. 인간의 의사소통 체계는 그야말로 하목민양이 타이핑치는 속도만큼 빠르게 변화하고 있다.

출처: Choe Sang-Hun, "Rule of Thumbs: Koreans Reign in Texting World," *The New York Times*, January 28, 2010, p. A12; "Le Snooze? We Lose," *Los Angeles Times*, May 8, 2009, p. A38..

대전 이후 일본에서의 변화), 어떤 사람들은 자연재해 때문에 변화의 추진력을 가지게 된다. 변화란 한 사회의 환경 변화에 따른 문제점들에 대한 해결방안을 추구하는 바로 그 사회의 결과물이다. 문화란 주어진 특정 사회의 구성원들이 공통적으로 마주하는 문제들에 대한 일련의 최선의 해결책들이 축적된 것이라는 견해도 있다. 다른 말로 인간 존재의 환경적 · 역사적 구성요소들에 적응하는데 사용되는 수단이 문화이다.

우연한 사건들이 몇몇 문제들에 대한 해결책을 제공해왔으며, 발명은 다른 많은 문제들을 해결해왔다. 그러나 보통의 사회는 아이디어를 빌릴 수 있는 다른 문화들을 연구한 후 거기에서 해답들을 찾아왔다. 문화수용은 모든 문화에서 공통적이다. 각각의 사회는 비록 그 사회가 직면한 특수한 상황들을 가지고 있지만 사회들이 직면하는 대부분의 문제들은 본질적으로 비슷하다.

문화수용

LO4 문화수용의 영향을 이해한다.

문화수용은 어떤 사회의 특정 문제들에 대해 더 나은 해결책을 찾기 위한 노력의 일환으로서 다른 문화 방식으로부터 학습하고자 하는 책임 있는 노력을 의미한다.[67] 그

[67] Consider a discussion about Japanese teenagers as the leaders of cultural change on the planet: Amy Chozick, "Land of the Rising Karaoke Hot Tub," *The Wall Street Journal*, March 9, 2007, p. W1.

러므로 본래 고유한 문화는 부분적으로는 다른 문화의 다양성을 모방한 것의 결과이다. 어떤 문화는 접촉에 의해 점점 유사해지기도 멀어지기도 한다.[68] 예를 들어 미국 문화와 함께 지중해 동부지역에서 온 오렌지, 페르시아로부터 온 메론 그리고 아마도 아프리카 수박 한 조각으로 아침 식사를 시작하는 대표적인 미국인들을 생각해보자. 과일과 커피 후에는 소아시아 지방에서 재배된 밀을 가지고 스칸디나비아 기술로 만들어진 케이크인 와플로 넘어간다. 이 와플에 미국 동부 삼림지역의 원주민들에 의해 발명된 단풍 시럽을 뿌린다. 이와 곁들여 인도차이나에서 사육한 새의 계란을 먹을 수도, 동아시아에서 사육된 후 북유럽에서 개발된 방법으로 염장되고 훈제된 얇은 고기 한 조각을 먹을 수도 있다.

식사를 하면서 중국에서 발명된 종이 위에 고대 셈족에 의해 발명된 문자로 인쇄된 그날의 뉴스를 읽는다. 그녀가 보통의 보수적 시민이라면 외국의 여러 문제들에 대한 기사들을 읽고 인도유럽어로 히브리 신에게 그녀가 100% 미국인 것을 감사할 것이다.[69] 실제로 그녀를 100% 미국인이라고 가정한 것은 정확하다. 왜냐하면 수용된 각각의 문화적 측면들이 그녀의 욕구에 적합하도록 조정되어 왔고, 미국인의 습관, 음식 그리고 관습의 틀에 독특하게 주입되어 형성되었기 때문이다. 해결책이 어디서 어떻게 발견되었는가는 상관없이 일단 특정 행동 패턴이 사회에서 수용이 가능하다고 판단되면 그것은 승인된 방식이 되고 전승되어 그룹의 문화적 유산의 일부로서 가르친다. 문화적 유산은 인간과 동물 사이의 근본적인 차이점들 중의 하나이다. 문화는 학습이다. 사회는 다양한 많은 행동이 가능하도록 문화를 지속적으로 구축하고 확장시키면서 다음 세대에게 문제 해결책을 전달한다. 물론 요점은 많은 행동이 다른 문화로부터 도입되지만 이런 행동이 독특한 방식으로 결합되어 특정 사회에서 일반적인 것이 된다는 것이다. 유사하면서도 차이가 있는 문화 특성은 외국 마케터가 문화적 공감을 획득하는데 중요한 의미를 가진다.

유사성: 환상

경험이 부족한 마케터의 경우 비슷하지만 다른 문화의 특성이 존재하지도 않는 유사성이라는 환상을 만들어낸다. 몇 개국이 같은 언어를 사용하거나 비슷한 인종과 유산을 보유하지만, 다른 측면에서도 유사성이 있다고 말할 수 없다(한 문화에서 받아들여진 제품이 다른 문화에서도 받아들여진다든지, 한 국가에서 성공한 광고문구가 다른 국가에서 성공할거라든지 등등.) 비록 사람들이 같은 생각 혹은 접근 방식으로 시작했다 하더라도 영어를 사용하는 미국인과 영국인의 사례에서와 같이 개별적 욕구를 맞추기 위한 문화적 수용과 동화는 오랜 시간에 걸쳐 매우 독특한 문화로 바뀌게 된다. 공통 언어이기에 단어나 문장이 유사하게 번역된다고 장담할 수는 없다. 영

[68] Kwok Leung, Rabi S. Bhagat, Nancy B. Buchan, Miriam Erez, and Cristina Gibson, "Culture and International Business: Recent Advances and Their Implications for Future Research," *Journal of International Business Studies* 36 (2006), pp. 357 – 78.

[69] Ralph Linton, *The Study of Man* (New York: Appleton-Century-Crofts, 1936), p. 327.

국인과 미국인이 모두 영어를 구사하지만, 그들의 문화는 문구 하나가 서로에게 다른 의미를 가질 정도이고 심지어는 완전히 다르게 곡해될 수 있을 정도로 충분히 다르다. 영국에서는 엘리베이터(elevator) 대신에 리프트(lift)라 부르고 미국인이 화장실(bathroom)을 말할 때는 일반적으로 변소(toilet)를 의미하나 영국에서는 욕조에서 목욕을 할 수 있는 공간을 의미한다. 나를 쫓아온 스파이(The Spy Who Shagged Me)라는 영화 제목은 미국인들에게 큰 감흥을 주지 못했으나 영국 소비자에게는 큰 의미가 있다(역자 주: shag라는 의미의 차이로 인해 발생.) 실제로 인류학자인 홀(Edward Hall)은 미국인과 영국인은 확실하게 생각되는 문화적 유사성들 때문에 서로를 이해하는데 더 큰 어려움을 가지도 있다고 경고하였다.

유럽의 커져가는 경제 통합은 "유럽 소비자"라는 단어를 만들어냈다. 유럽에서 사업하는데 방해가 되는 대부분은 유럽연합이 형성됨으로써 사라졌거나 사라질 것이다. 그러나 유럽 시장에 꼭 진입하고자 하는 마케터 입장에서는 경제적으로 유럽이 통합되었다 하더라도 소비자들의 필요와 욕구도 통합되었다고 결론지어서는 안 된다. 유럽연합의 회원국 간 문화적 차이들을 개선하는데 여러 세기가 소요될 것이다.[70] 미국 자체로는 매스컴과 신속한 교통으로 인해 완벽한 동질화를 부정하는 많은 하위문하를 가지고 있다. 미국의 남부가 모든 면에서 문화적으로 북동부 혹은 중서부 지역과 같다고 주장하는 것은 어리석은 생각이다. 이는 독일의 통일이 40년간의 정치적 · 사회적 분리로부터 일어난 모든 문화적 차이들을 없앴다고 가정하는 것만큼이나 어리석은 생각이다.

마케터는 제안된 제품이나 서비스 측면에서 각국을 완벽하게 평가해야하며 "한 국가에서 팔리는 제품이 다른 국가에서도 팔린다."라고 생각해서는 안 된다. 전 세계에 걸친 매스컴과 국가 간의 경제적 · 사회적 상호의존성이 증가함에 따라 국가 간의 유사성은 증가될 것이고 공통적인 시장 행동과 필요와 욕구는 계속해서 발전될 것이다. 이 과정이 발생함에 따라 실제로는 존재하지도 않는 유사성들에 좀 더 의지하게 될 것이다. 자신의 고유한 욕구와 개성에 맞추어 문화의 수용과 적응이 일어나고 사용자의 편의에 맞추어 문화가 수정된다는 것을 기억하는 마케터는 현명하다고 할 수 있다. 따라서 겉으로는 비슷해 보이는 것이 문화적인 의미에서는 다를 수 있다.

변화에 대한 저항

인류문화의 특징은 변화가 일어난다는 것이다. 20년이 지난 잡지들을 읽어보면 사람들의 습관, 미각, 스타일, 행동 그리고 가치들이 일정하지 않고 지속적으로 변화한다는 걸 알 수 있다. 그러나 이런 점진적인 문화적 성장은 일정한 저항 없이 발생하지 않는다. 새로운 방식, 새로운 생각 그리고 새로운 제품들은 사람들에게 받아들여

[70] Tuba Ustuner and Douglas B. Holt, "Dominated Consumer Acculturation: The Social Construction of Poor Migrant Women's Consumer Identity Projects in a Turkish Squatter," *Journal of Consumer Research* 34 (2007), pp. 41 – 56.

MTV의 Mom in Mumbai(과거의 인도 봄베이). 문화는 변화한다. 의복과 심지어 주요 도시의 이름까지도 변화한다. 그렇다 하더라도 현지인들에 의하면 공식적인 변경에도 불구하고 많은 사람들이 아직도 뭄바이(Mumbai)를 봄베이(Bombay)라고 부른다고 한다.

지기 전에 일단 의심 속에 휩싸인다. 게다가 서로 다른 문화속의 사람들은 서로 다른 저항을 보여준다는 연구가 있다.[71]

새로운 패턴들에 대한 저항의 정도는 상황에 따라 다르다. 어떤 상황에서는 새로운 구성요소들을 빠르고 완벽하게 받아들이며, 다른 상황에서는 저항이 너무 강해서 받아들여지지 않는다. 새로운 것이 오래된 것을 얼마나 철저하게 변화시키는지 뿐만 아니라 어떤 종류의 혁신이 어느 정도로 받아들여질지 결정하는 가장 중요한 요인은 특정 주제에 대한 관심 정도다. 즉 혁신이 어느 정도로 파격적인가는 머지않은 장래에 수용 가능한 가치와 행동양식에 달려 있다. 그 동안의 관찰에 따르면 가장 기꺼이 받아들여지는 혁신은 사회 내에서 가장 큰 흥미를 끌면서도 가장 최소로 파괴적인 문화들이다. 예를 들어 유럽 일부에서의 급속한 산업화는 시간과 직장여성과 관련되어 오랫동안 명예롭게 인식되었던 많은 사고방식들을 변화시켜왔다. 현재는 시간을 절약해 삶을 좀 더 생산적으로 만드는 방법에 관심이 있는데, 여유 있는 대륙의 삶은 사라지고 있는 중이다. 이런 시간에 대한 의식으로 인해 몇 년 전이라면 대부분의 사람들로부터 저항을 불러일으켰을만한 많은 혁신들이 아주 빠르게 받아들여지고 있다. 즉석음식, 노동력 절감 장치 그리고 패스트푸드 레스토랑 등과 같이 노동과 시간에 대한 태도 변화를 반영하는 것들이 빠르게 받아들여지고 있다.

[71] Mark Cleveland, Michel Laroche, and Nicolas Papadopoulos, "Cosmopolitanism, Consumer Ethnocentrism, and Materialism: An Eight-Country Study of Antecedents and Outcomes," *Journal of International Marketing* 17, no. 1 (2009), pp. 116–46; Gerald J. Tellis, Eden Yen, and Simon Bell, "Global Consumer Innovativeness: Cross-Country Differences and Commonalities," *Journal of International Marketing* 17, no. 2 (2009), pp. 1–22.

혁신을 받아들이는 과정을 이해하는 것은 마케터에게는 매우 중요하다. 마케터는 어떤 것이 받아들여지기까지 수세기 혹은 수십 년을 기다릴 수 없으나 제한된 재무자원과 예상되는 이익회수 기간 내에서 받아들일 수 있도록 해야 한다. 계획된 사회변화라는 개념에 관심을 가진 일단의 사회학자들이 통찰력 있는 방법론을 제시하고 있다. 역사적으로, 대부분의 문화적 수용과 그에 따른 변화는 의도적인 계획 없이 발생한다. 그러나 변화를 발생시키고 이를 인정받는 기관이 의도적으로 노력한 결과로서 사회 내의 변화가 점차 일어난다. 이를 계획된 변화라 부른다.

계획적 문화변화와 비계획적 문화변화

LO5
계획된 변화에 따른 결과를 이해한다.

한 사회에서 계획된 변화를 가져오는 첫 번째 단계는 어떤 문화적 요인들이 혁신과 갈등을 발생시켜 문화수용에 대한 저항을 불러일으키는지 판단하는 것이다. 다음 단계는 이런 갈등 요인들을 문화 수용에 대한 장애물이 아닌 변화를 위한 자극으로 변화시키는 노력이다. 마케팅 목표를 달성하고자 하는 마케터들은 저개발 사회의 사람들이 잡종 곡물이나 더 나은 위생 방식, 개선된 농경기술 혹은 단백질이 풍부한 식단 등을 받아들이도록 시민운동가가 사용하는 것과 같은 의도적인 접근방식들을 차용하여 사용할 수 있다.[72]

마케터는 특정 문화에 혁신을 소개할 때 두 가지 중 하나를 선택할 수 있는데, 변화가 일어날 때까지 기다리거나 변화를 촉진시키는 것이 그것이다. 전자는 해당되는 문화에 대해 자신들의 혁신 가치가 증명되는 중요한 문화적 변화를 희망적으로 기다리는 것이다. 후자는 새로운 생각 · 제품과 관련되어 있으며 또한 저항극복을 위해 의도적으로 착수하는 것과 수용률을 높일 수 있는 변화를 일으키는 것과 관련되어 있다. 예를 들어 일본의 피델리티 자산운용사는 동경의 신주쿠 역 앞에 텐트를 설치하였다. 그리고 일본인의 투자 방식에 좀 더 빠른 변화를 주기 위해 출퇴근하는 사람들에게 투자와 관련된 전단지를 뿌려대고 일본어로 된 온라인 증권 거래 서비스(WebXpress)를 시현하였다. 그러나 앞에서 언급한 바와 같이 대부분의 외국 기업들이 피델리티의 사업방식을 목표로 삼을 정도로 빠른 변화는 일어나지 않았다.

모든 마케팅 노력으로 변화가 받아들여져야 한다고 요구하는 건 절대 아니다. 사실 매우 성공적이고 아주 경쟁적인 마케팅은 **문화적합성**이라는 전략에 의해 완성된다. 근본적으로 이 전략은 시장에 이미 출시된 유사한 제품을 현존하는 문화적 규범과 가장 적합한 방식으로 마케팅을 수행하여 저항을 최소화시키는 것과 관련되어 있다. 그러나 마케팅 프로그램이 성공을 위해 문화적 변화에 기대는 경우, 기업은 시장에서 받아들여질 상황을 비계획적 변화라는 전략에 맡길 수 있다. 즉 그냥 제품을 시장에 도입하고 희망을 가지고 기다리는 것이다. 또는 기업은 **계획적 변화**라는 전략을

[72] Two very important books on this topic are Everett M. Rogers, *Diffusion of Innovations*, 4th ed. (New York: The Free Press, 1995), and Gerald Zaltman and Robert Duncan, *Strategies for Planned Change* (New York: John Wiley & Sons, 1979).

구사할 수도 있다. 이는 사전에 정해진 마케팅 목표에 대해 저항하는 문화적 단면들을 의도적으로 변화시키는 것이다.

비계획적 문화변화의 사례는 제2차 세계대전의 종전으로 빵과 유유가 소개된 이후 일본인들의 식단이 어떻게 변화하였는가를 살펴봄으로써 가능하다. 대개 생선을 주식으로 하는 대부분의 일본인은 근래 들어 야채 섭취량을 능가할 정도로 동물성 지방과 동물성 단백질의 섭취량을 증가시켜 왔다. 전통적인 일본 김밥만큼 맥도날드 햄버거를 섭취하고 있으며 미국 햄버거가 많은 전통 일본음식들을 대신하고 있다. 버거킹은 일본의 토종 레스토랑 체인점인 연어 버거(연어고기, 치즈, 김, 마요네즈 그리고 햄버거빵 모양의 밥으로 구성된 버거), 가지 버거와 기타 메뉴를 가진 모리나가 러브(Morinaga Love)를 인수하였다. 이 체인점들은 개조되어 연어 버거 대신에 버거킹 햄버거인 와퍼를 팔고 있다.

서구화된 식단은 많은 일본인에게 비만을 가져왔다. 이런 추세에 따라 일본인들은 체중을 줄이기 위해 저칼로리, 저지방 식품을 구매하고 헬스클럽에 구름같이 모여든다. 미국 점령군이 빵, 유유 그리고 스테이크를 일본 문화에 가져옴으로서 이런 모든 일들이 시작되었다. 일본인에 대한 이러한 영향은 의도적인 것은 아니었지만 변화가 일어났다. 새로운 식단을 도입하는 것이 의도적인 것이었다면, 즉 계획된 변화에 의한 전략이었다면 식단변화의 저항요인들을 식별하고 저항을 극복한 이후 마지막으로 변화과정을 가속화시킬 수 있는 몇 가지 조치들이 취해졌을 것이다.

마케팅 전략은 승인, 저항 혹은 거부라는 측면에서 문화적으로 판단되어질 것이다. 마케팅 노력들이 문화와 얼마만큼 상호작용하는지의 여부가 성공과 실패의 정도를 결정한다. 매우 빈번하게 많은 마케터들이 현지국에서 자신들이 미치는 영향력의 범위를 잘 인식하지 못하고 있다. 계획적 변화전략이 시행된다면 마케터는 이러한 행동의 결과를 밝혀내야할 의무가 있다.

요약 Summary

마케팅 전략과 계획을 준비하는 국제 마케터에게 문화의 기원(지리, 정치경제, 기술 그리고 사회제도)과 구성요소들(문화적 가치, 의식, 상징, 믿음 그리고 사고방식)을 완벽하고 깊이 있게 이해하는 것은 매우 중요한 장점 중 하나가 된다. 마케터는 시장에 제공하는 제품을 통제할 수 있으나(기업의 촉진, 가격 그리고 유통방식 등을 통해) 자신들의 계획을 실행하는데 영향을 미치는 문화적 환경은 단지 제한적으로 통제할 수 있다. 마케터들은 자신들의 마케팅 계획에 미치는 모든 영향을 통제할 수 없으므로 통제가 불가능한 문화적 구성요소들과 마케팅 계획들이 가지는 궁극적인 영향을 예측하려는 노력을 기울여야 한다. 그리고 이런 예상불가 또는 통제 불가의 구성요소들은 마케팅 목표 달성을 방해하지 않는 방식으로 이루어져야 한다. 마케터들은 자신의 제품이나 마케팅 프로그램을 좀 더 빨리 받아들이게 하는 변화에 영향력을 행사할 수 있다.

통제 불가의 시장 요소들이라는 측면에서 마케팅 전략을 계획하는 것은 국내시장에서도 필요하다. 그러나 기업이 국제적으로 활동하는 경우, 각각의 새로운 환경들은 마케터에게 익숙하지 않으며 심지어는 마케터가 알아채지도 못하는 요인들에 영향을 받으며 이런 상황은 마케터의 업무를 좀 더 어렵게 만든다. 따라서 통제 불가능한 특성에 대처하려면 외국 문화를 충분히 이해하려는 특별한 연구와 노력이 필요하다. 아마도 국제 마케터가 꼭 가져야 하는 모든 수단들 중 다른 문화에 공감할 수 있는 능력이 가장 가치가 있다고 말해도 과언이 아닐 것이다. 이어지는 장들에서 문화의 구성요소들을 좀 더 심도 있게 다룰 것이다. 특별히 다음 장에서는 사업관행, 정치 문화 그리고 법률 문화를 다룬다.

주요용어 Key Terms

문화(Culture)
문화적 적합성(Cultural congruence)
문화적 수용(Cultural borrowing)
미학(Aesthetics)
의식(Rituals)
사회제도(Social institutions)
계획된 변화(Planned change)
문화적 민감성(Cultural sensitivity)
언어적 거리(Linguistic distance)
문화적 가치(Cultural values)

질문 Questions

1. 위에서 제시한 주요용어들을 정의하라.
2. 변화의 동인으로서 마케터가 수행하는 역할은 무엇인가?
3. 국제 마케터가 취할 수 있는 세 가지 문화 변화 전략에 대해 논의하시오.
4. "문화는 모든 마케팅 활동에 스며들어 있다"라는 말에 대해 논의하시오.
5. 국제 마케터에게 문화적 동감이 중요한 이유는 무엇인가? 문화적 공감은 어떻게 획득되는가?
6. 국제 마케터가 문화 학습에 신경을 써야 하는 이유는 무엇인가?
7. 문화의 일반적인 정의는 무엇인가? 문화는 어디에서 오는가?
8. "특정 사회의 구성원들은 자신들이 공통으로 직면한 문제들에 대한 해결책을 다른 문화로부터 수용한다." 이 말은 어떤 의미인가? 마케팅에 중요한 점은 무엇인가?
9. "미숙한 마케터는 유사하지만 서로 다른 문화의 특성으로 인해 보통은 존재하지 않는 유사성이라는 환상을 가지게 된다." 예를 들어 논의하시오.
10. 인류학자가 보는 문화의 구성요소들을 서술하시오. 마케터는 이러한 제도들을 어떻게 활용할 수 있는가?
11. 사회제도는 다양한 방식으로 문화와 마케팅에 영향을 준다. 예를 들어 논의하시오.
12. "마케팅은 마케터의 노력, 경제적 조건 그리고 기타 문화 구성요소들 간의 세 가지 측면에서의 상호작용 결과이다." 이에 대해 논의하시오.
13. 국제마케팅에서 언어로 인해 발생되는 문제들은 특히 어떤 것이 있는가? 이에 대해 논의하시오.
14. 잠재시장에 대한 문화적 분석을 준비해야 하는 상황이라면 여러분은 무엇을 해야 하는가? 각각의 단계에 대해 개요를 설명하고 간단하게 논평하시오.
15. 문화는 역동적이다. 문화는 어떻게 변화하는가? 변화가 저항을 겪지 않고 실제로는 선호되는 사례가 있는가? 이를 설명하고 마케팅과의 연관성은 무엇인지 설명하시오.
16. 문화적 변화에 대한 저항이 어떻게 제품 도입에 영향을 주는가? 국내 마케팅에서도 유사한 것들이 있는가? 예를 들어 설명하시오.
17. 혁신은 기능적 혹은 역기능적으로 묘사된다. 각각의 예를 들어 설명하시오.
18. 다국적 기업은 혁신의 직접적인 영향(제품안전, 성능, 기타 등등)을 넘어서는 혁신 결과에 아무런 책임이 없다는 말에 대해 변호하시오.
19. 외국 문화에 소개된 제품이 역기능적인 결과를 가져온 사례를 들고 그러한 역기능적 결과의 제거방법과 여전히 수익성 있는 제품으로서 어떻게 할지에 대해 기술하시오.

CHAPTER 5

문화, 경영 스타일 그리고 비즈니스 시스템

개요 CHAPTER OUTLINE

글로벌 관점: 금발머리 여성은 일본에서 더 유리한가?

문화적응의 필요

- 문화적응의 정도
- 문화적 필수, 문화적 선택 그리고 문화적 배타성

미국문화가 경영 스타일에 미치는 영향

세계의 경영 스타일

- 권위와 의사결정
- 경영자의 목표와 열망
- 의사소통 유형
- 형식적 절차와 속도
- 피타임 대 엠타임
- 협상의 주안점
- 마케팅 지향성

국제경영에서의 성적 편견

기업윤리

- 부정부패의 정의
- 뇌물에 대한 서구적 관점
- 뇌물: 변주곡
- 윤리적 · 사회적으로 책임감 있는 결정
- 문화가 전략적 사고에 미치는 영향

종합 : 관계 지향적 문화 대 정보 지향적 문화

주요 학습과제 CHAPTER LEARNING OBJECTIVES

LO1 문화적 차이에 대한 적응의 필요성과 이유를 이해한다.

LO2 전 세계 경영 스타일이 왜 그리고 어떻게 다른지에 대한 이유를 이해한다.

LO3 국가 간 성적 편견의 범위와 시사점을 이해한다.

LO4 기업윤리에서 문화적 차이의 중요성을 이해한다.

LO5 관계 지향적 문화와 정보 지향적 문화의 차이점을 이해한다.

글로벌 관점 Global Perspective

금발머리 여성은 일본에서 더 유리한가?

한 미국인 중역은 "저의 첫 번째 일본 출장은 몇 가지 이유들로 재앙 수준이었습니다. 최소 20명의 사람들이 매일 저를 구경하기 위해 회의장을 들락거려서 회의가 매끄럽게 진행되지 못했습니다. 여자를 협상 테이블에서 보는 것은 흔한 일이지만 일본 기준으로 볼 때 장신(맨발로 172센티미터)의 젊은 금발머리 여성이 토론을 이끄는 장면은 대부분의 일본 남성들에게 흔치않은 경험이니까요."

"내가 포드의 수석대표였지만 일본인들은 내게 직접 이야기하는 것을 피하기 위해 무던히도 노력하였습니다. 협상 테이블에서 나는 의도적으로 저의 팀 중간(대변인이 착석하는 전략적 좌석)에 앉았습니다. 일본인 수석대표는 제 건너편에 착석하지 못하고 두 자리 건너에 앉았습니다. 또한 그 누구도 저를 언급하거나 질문을 하지 않았습니다. 적어도 저의 팀 모두(남자들)에게는 하였으나 저는 아니었습니다. 그들은 제 이름을 말하거나 저의 존재를 인정하지 않았습니다. 가장 당황스러운 점은 일본인들이 모두 저를 보고 비웃는 것처럼 보였습니다. 제조물 배상과 같은 심각한 주제를 이야기 하고 있는 상태에서 제가 어떤 주장을 하거나 질문을 하면 일부 일본인들은 웃기 시작하였습니다."

다른 사례는 장난감과 소비자 행동에 관련된 것이다. 여러 해 동안 일본에서 팔리는 바비 인형은 미국에서 팔리는 것과 다른 모습이었다. 바비 인형은 아시아 스타일의 이목구비, 검은 머리 그리고 일본인의 영향을 받은 패션을 갖추고 있었다.

그런데 7년 전에 마텔은 전 세계적으로 소비자 조사를 실시하였고 놀라운 사실을 알게 되었다. 금발머리와 푸른 눈으로 대표되는 원조 바비 인형은 헐리우드 만큼이나 홍콩에서 잘 팔린다는 사실이었다. 최소한 홍콩의 마케팅 연구보고서가 맞는다는 전제하에 어린 여자애들은 바비 인형이 자신들을 닮지 않은 것을 개의치 않았다.

"이 모두는 환상과 머리카락에 관한 것입니다."라고 마텔사의 아시아 담당 부장인 브뢰거(Peter Broegger)가 밝히고 있다. "금발머리 바비는 미국만큼 아시아에서도 잘 팔립니다."

그래서 마텔은 550억 달러짜리 글로벌 산업의 변하지 않는 기본적 원칙들 중 하나를 다시금 고려하게 되었다. 이 원칙은 다른 국가에 사는 어린이들은 서로 다른 장난감을 원한다는 것이었다. 이 원칙은 아이, 부모 그리고 특히 회사에게는 매우 중요한 시사점이었다. 과거에 마텔, 하스브로 그리고 레고와 같은 거대 기업들은 다양한 종류의 장남감과 놀이기구 등을 생산했다. 그러나 마텔은 전 세계적으로 하나의 버전만으로 마케팅을 하는 그들과는 다른 방향으로 나갔다. 판매는 정점에 이르렀고 바비 인형에 헬로키티 의상이나 새로운 비디오 게임인 아이디자인(iDesign)같은 것들을 포함시켰다. 현재 50살임에도 바비 인형은 다시 돈을 벌고 있다.

출처: James D. Hodgson, Yoshihiro Sano, and John L. Graham, *Doing Business with the New Japan, Succeeding in America's Richest International Market* (Latham, MD: Rowman & Littlefi eld, 2008); Lisa Banon and Carlta Vitzthum, "One-Toy-Fits-All: How Industry Learned to Love the Global Kid," *The Wall Street Journal*, April 29, 2003, p. A1; Andrea Chang, "Barbie Brings in the Bucks," *Los Angeles Times* , January 30, 2010, p. B3.

다른 나라에서 협상을 하는 미국인에게 가장 큰 문제는 인내심이다. 시간을 너무 의식하는 미국 협상가들에게 가장 잘 통하는 것은 지연전술이라는 것을 미국인을 제외한 세상 사람들은 다 알고 있다.

문화와 그에 속한 모든 구성요소들은 경영 스타일과 비즈니스 시스템에 깊은 영향을 준다. 이는 별로 새로운 생각이 아니다. 독일 사회학자 막스 베버는 이미 1930년에 이를 뒷받침하는 좋은 사례를 제시하였다.[1] 문화는 일상의 경영활동에 대한 기준을 수립할 뿐만 아니라 가치와 동기부여의 일반적인 형태를 만들어낸다. 임직원들은 자신들의 사회 유산으로부터 자유로울 수 없고 자신들이 성장한 문화의 구성요소들로부터 완전히 벗어날 수 없다.

예를 들어 미국에서는 개인주의와 서부개척이라는 역사적 관점에서 사유재산과 기업이익이 성공을 측정하는 지배적 수단으로서 나타나고 있다. 일본은 사방이 바다로 둘러싸여져 있으며 천연자원이 부족하여 해외무역에 의존해야만 하는 현실 때문에 개인과 기업의 성공기준을 일체성, 집단에 대한 복종 그리고 높은 고용률을 유지할 수 있는 사회 역량에 초점을 두게 하였다. 근로자와 사회의 다른 구성원들을 위한 최소한의 복지에 대한 가부장적 관심과 혼합되어 남유럽의 봉건적인 배경은 개인과 기업 양자 모두의 힘과 권위를 유지하는 것을 강조하는 경향을 만들었다. 다양한 연구들이 북미 사람들을 개인주의자들로, 일본인을 합의지향적이고 집단에 헌신하는 것으로 그리고 중부 유럽인과 남부 유럽인을 사회적 지위를 의식하는 엘리트주의자로 인식하고 있다. 이러한 묘사들이 전형적이긴 하지만 기업행위와 관행들에서 명백하게 드러나는 문화적 차이들을 설명해주고 있다. 이러한 차이점들은 4장 표 4.3의 홉스테드 지수와 매우 일치하고 있다.[2]

외국의 사업관행들에 대한 지식과 공감이 부족하면 성공적인 사업관계 측면에서 극복하기 힘든 걸림돌에 직면하게 될 수 있다. 기업들은 다른 기업문화를 가진 상대방이 자신들과 유사할 것이라는 생각을 가지고 전략을 구상하고 동일한 이해관계, 동기부여 그리고 목표에 의해 움직인다(그들도 우리와 다르지 않다는 생각을 가지고). 이런 방식이 어떤 점에서는 사실이라 하더라도 차이점들을 충분히 숙지하지 않고 적절히 대응하지 못한다면 그 차이점들 때문에 절망감, 적절하지 못한 의사소통 그리고 사업기회의 실패를 놓칠 수 있다.

특정 국가에 존재하는 경영문화(사업문화, 경영 가치 그리고 사업 방식과 행동양식 등)에 대한 지식과 차이점을 기꺼이 수용하려는 의향은 국제시장에서 성공하는데 중요하다. 마케터들이 기본적인 사고 유형, 현지 사업의 속도, 종교적 관행, 정치 구조 그리고 가족애에서 드러나는 차이점에 유연 할 수 없다면 성공적인 상거래를 이끌어내기 어려울 것이다. 그러한 상황에서 여러 형태의 방해요인들이 나타나

[1] Max Weber, *The Protestant Ethic and Spirit of Capitalism*(London: George Allen & Unwin, 1930, 1976).

[2] Geert Hofstede, *Culture's Consequences*, 2nd ed. (ThousandOaks, CA: Sage, 2001).

는데 단순히 상대방이 우리를 이해한다고 해서 자신의 사업상 제안이 받아들여지는 것은 아니다.

이번 장은 경영 스타일과 관련된 문제들에 특히 초점을 두고 있다. 문화적응의 필요성에 대한 분석 이외에 이번 장은 경영 스타일과 경영윤리에서의 차이점들을 검토하고 문화가 전략적 사고에 미치는 영향에 대해 논의하는 것으로 결론을 대신할 것이다.

문화적응의 필요

LO1
문화적 차이에 대한 적응의 필요성과 이유를 이해한다.

문화적 적응은 국제마케팅에서 중요한 개념이고 적응하고자 하는 마음은 아주 중요한 자세이다. 문화적응 혹은 최소한 문화수용은 크고 작은일 모두에 필요하다.[3] 사실 작고 의미 없이 보이는 상황들이 종종 아주 중요한 경우가 있다. 이질적인 문화에 대한 인내심을 넘어서는 그 무엇인가가 필요하다. 적극적으로 받아들인다는 것, 즉 열려있는 인내심 또한 필요하다. 이렇게 적극적으로 받아들이는 것을 통하여 문화적 적응이 더 쉬워진다. 왜냐하면 타인의 관점에 대한 공감은 문화적 차이점들을 충족시킬 수 있는 아이디어로 이어지기 때문이다.

문화 적응에 대한 지침으로, 외국에서 개인, 기업 혹은 정부 당국자들을 대면해야 하는 모든 사람들이 기억해야 할 10가지 기준이 있다. 첫 번째 개방적인 인내심, 둘째 유연성, 셋째 겸손, 넷째 정의감/공정성, 다섯째 변화하는 속도에 대한 문화적 적응력, 여섯째 호기심/흥미, 일곱째 해당 국가에 대한 지식, 여덟째 타인에 대한 호감, 아홉째 존경을 이끌어내는 능력, 열째, 환경에 자신을 통합시킬 수 있는 능력이다. 간략하게 말해서 훌륭한 국제 마케터가 되기 위해 좋은 임원이 가져야할 특성에 문화적응이라는 특성을 추가한 것이라고 볼 수 있다. 이상의 10가지는 논란의 여지가 없다. 한 평론가가 지적하듯이 "이 지침들은 보이 스카우트가 지켜야 할 12가지의 규약에 가깝다." 이 장을 읽어보면 이상의 10가지들은 우리가 종종 간과해서 넘기지만 확실하게 지켜야할 것들임을 알 수 있다.

문화적응의 정도

문화적으로 적응한다는 것은 기업임원들에게 자신의 방식을 저버리거나 현지 관습에 맞게 변화하도록 요구하는 것이 아니다. 그보다는 임원들은 현지관습을 잘 인식하고 오해를 불러일으킬 수 있는 차이점들을 기꺼이 받아들일 줄 알아야 한다. 효과적인 문화적응의 핵심은 자신의 문화에 대한 명확한 의식과 문화차이가 본의 아니게 현지인들의 분노, 절망 그리고 오해를 일으킬 수 있다는 점을 인식하는 것이다. 자기준거기준(self-reference criterion)은 특히 기업의 사업관행에서 나타나기 시작한다. 외국 상대방의 관습을 이해하지 못한다면 상대방의 행동을 우리에게만 익숙한 측면에서 판단할 가능성이 높다. 예를 들어 미국인 관점에서는 사업관련 미팅 도중 자주 말을 끊는 브라질 임원이 매우 무례하게 보일 수도 있지만, 사실 그러한 행동은 대화

[3] Emily Maltby, "Expanding Abroad? Avoid Cultural Gaffes," *The Wall Street Journal*, January 19, 2010, p. B5.

의 조화로운 운용에 대한 문화적 차이일 뿐이다.

문화적응에서 중요한 것은 자신이 속한 국가의 국민으로 남으면서도, 문화적 차이들을 기꺼이 수용하고 그러한 차이점들에 대한 이해를 증진시키는 것이다. 성공적인 마케터는 중국에서는 논쟁에서 이기지 않고 자신의 견해를 피력하는 것이 중요하다는 것을 알고 있다. 설령 비판하라고 해서 비판하더라도 이는 현지인들의 체면을 구기는 일이 된다. 독일에서는 특별히 상대방의 허락 없이 성을 빼고 이름을 부르는 것은 무례한 일로 간주된다. 대신에 사람들을 성과 함께 ~씨, ~부인, ~양이라고 부른다. 브라질에서는 현지인들이 대화도중 신체적 접촉 때문에 상처 입을 필요는 없다. 이런 관습은 개인적 공간을 침해하는 것이 아니라 브라질식의 인사법이고 요점을 강조하는 방식이며 호의와 우정을 나타내는 표현이다. 중국인, 독일인 혹은 브라질 사람은 당신이 자신들처럼 행동할 것이라고 기대하지 않는다. 결국 당신은 한국사람이지 중국인, 독일인 혹은 브라질 사람이 아니다. 오히려 한국인이 한국인의 성공에 기여한 방식들을 포기하는 것 또한 어리석은 일이다. 다른 나라 사람들이 자신의 방식을 포기하는 것 또한 똑같이 어리석은 짓이다. 서로 다른 문화가 만났을 때 개방적 인내심과 서로간의 차이점들을 받아들이려는 적극성이 필요하다. 문화적 차이와 그 차이점들을 수용하는데 실패했을 경우 예측 가능한 결과를 의식한다면 마케터는 끝없이 다양한 종류의 관습들을 평가하여야 한다. 어디서 시작해야 하는가? 꼭 지켜야 할 관습은 어떤 것인가? 어떤 부분을 무시할 수 있는가? 다행스럽게도 문화 간에 분명히 존재하는 수많은 차이점 중에서 몇 가지만 문제가 된다.

문화적 필수, 문화적 선택 그리고 문화적 배타성

상거래 관습들은(business customs)은 필수, 선택 그리고 배타성으로 구분될 수 있다. 필수란 꼭 인식되어야 하고 수용해야 하는 관습을 의미한다. 선택은 적응에 도움이 되긴 하지만 꼭 필수적이지는 않은 관습을 의미한다. 배타성은 외부인이 참여해서는 안 되는 관습을 의미한다. 국제적인 마케터는 문화적 필수, 문화적 선택 그리고 문화적 배타성의 미묘한 의미 차이를 제대로 인식해야 한다.

문화적 필수 **문화적 필수**는 성공적 관계를 맺기 위해 성취하거나, 따르거나 혹은 피해야 하는 상관습이자 그에 대한 기대치이다. 성공적인 사업가는 관시(guanxi)[4]라는 중국어, 일본어의 인간관계(ningen kankei) 그리고 중남미의 친구(compadre)라는 단어를 알고 있다. 이 모든 단어들은 우정, 인간관계 혹은 신뢰의 획득 등을 의미한다.[5] 또한 성공적인 사업가는 어떤 문화에서는 효과적인 사업 협상을 벌이기전에

[4] Alaka N. Rao, Jone L. Pearce, and Katherine Xin, "Governments, Reciprocal Exchange, and Trust Among Business Associates," *Journal of International Business Studies* 36 (2005), pp. 104–18; Kam-hon Lee, Gong-ming Qian, Julie H. Yu, and Ying Ho, "Trading Favors for Marketing Advantage: Evidence from Hong Kong, China, and the United States" *Journal of International Marketing* 13 (2005), pp. 1–35.

[5] Srilata Zaheer and Akbar Zaheer, "Trust across Borders," *Journal of International Business Studies* 37 (2006), pp. 21–29.

친선을 다지는 것이 가장 중요하다는 것을 잘 알고 있다.

비공식적 토론, 즐거움, 공통의 친구, 접촉 그리고 단지 다른 사람들과 시간을 보내는 것 등의 일들이 관시, 인간관계, 친구 및 기타 신뢰관계를 발전시키는 방법들이다. 성공하기 위해 우정이 중요시되는 사회에서 사업가는 교우관계 발전에 투자되는 시간들을 가볍게 생각하면 안 된다. 우정을 통해 현지 판매상이 더 많은 매출을 올리도록 동기부여하고 최종 소비자와의 올바른 관계 정립을 돕는데 이는 장기적으로 더 많은 매출로 이어진다. 당연히 제품, 가격 그리고 애프터서비스는 경쟁력이 있어야 하지만, 관시(guanxi), 인간관계(ningen kankei) 그리고 친구(compadre)를 보유한 마케터는 우위에 서게 된다. 우정 혹은 교우관계의 형성은 많은 문화권에서 필수적인 것이다. 우정 혹은 교우관계가 형성이 안 되는 경우 효과적인 사업 관계를 확보하고 발전시키는데 필요한 기본적인 문화적 필요조건들인 신뢰와 수용(acceptance)을 얻지 못하는 위험을 감수해야 한다.

교우관계 형성의 중요성은 아무리 강조해도 지나치지 않는다. 특히 가족관계가 친밀한 국가에서는 특히 그렇다. 예를 들어 외부인은 중국에서 누구와 사업을 진행할지에 대해 결정할 때 중요성의 순서로 보면 기껏해야 다섯 번째에 해당한다. 첫째가 가족이고, 그 다음은 친인척(사촌, 사돈의 팔촌 등), 고향 이웃들 그리고 학교 동문 순이고 신뢰관계가 형성된 후에야 마지못해 외부인의 순서이다.

개인의 품행이 어떤 문화에서는 다른 문화권에서 보다 더 중요하다. 예를 들어 아무리 절망적인 상황에서도 인내심 없이 목소리가 높아지거나 대중 앞에서 다른 사람의 잘못을 지적하는 행동은 절대 받아들여질 수 없다. 어떤 문화에서는 그러한 행동은 당신을 세련되지 못한 사람으로 치부하는 정도지만 다른 문화에서는 사업계약이 끝장날 수도 있다. 아시아 문화에서는 거래 상대방의 체면을 유지해주는 것이 필수적이다. 중국에서 목소리를 높이거나, 공공장소에서 중국인에게 고함을 치거나 혹은 동료 앞에서 잘못을 지적하는 일은 상대방의 체면을 잃게 하는 것이다.

문화적 인식이 복잡한 이유는 한 문화에서 반드시 피해야 할 것이 다른 문화에서는 꼭 해야 하는 일이라는 점이다. 예를 들어 일본에서 심각하게 눈을 마주치는 것은 무례한 것으로 간주되어 꼭 피해야 하는 사항이다. 그러나 아랍과 중남미 임원들에게는 강렬하게 눈을 마주치는 것이 중요하고 그렇지 않으면 회피적이고 믿음직하지 못한 인상을 심어줄 수 있는 위험성이 있다.

문화적 선택 **문화적 선택**은 문화적으로 이방인인 사람들이 꼭 그럴 필요는 없지만 따르거나 참여하고픈 관습 혹은 행동영역과 연관되어 있다. 즉, 의문의 여지가 있는 관습을 존중한다는 것은 딱히 중요하지는 않지만 나쁘지도 않다. 관습의 대부분이 여기에 해당한다. 손님을 맞이하기 위해 특정 문화에서 용인되는 상대방 남자에 대한 키스를 할 필요도 없고, 정중하게 거절할 수 있는 상황이라면 입맛에 맞지 않는 음식을 먹을 필요도 없으며, 건강상의 이유, 개인적 그리고 종교적 이유로 술을 같이 마

중국 북경: 북경 인민문화궁전에서 열린 유럽연합–중국 간 비즈니스 정상회담 후 앙겔라 마르켈 독일 총리와 원자바오 중국의 총리가 건배를 하고 있다. 이 정상회담은 당시 맺어진 수입 쿼터 협정에 따라 통관되지 못하고 유럽 항구에 쌓여진 채 남겨져있던 800백만 벌의 의류 관련 무역 갈등의 해소에 따라 이루어졌다. 반 정도 마시는 것은 문화적 선택사항이지만, 이 경우에는 한 모금 정도 입에 대는 것이 필수적이라고 할 수 있다.

실 필요도 없다. 그러나 위와 같은 선택사항들에 대해 참여하겠다는 상징적 시도는 호의적일뿐만 아니라 우호적 관계를 형성하는데 도움을 준다. 이는 마케터가 해당 문화를 학습하였다는 것을 보여준다. 일본인들은 서구 사람들이 절을 할 거라고 기대하지도 않을뿐더러 일본인 간에 절을 하는 풍습을 이해할 수 있을 거라고 기대하지 않는다. 그러나 일본인은 상징적으로 절을 하는 행동을 일본 문화에 대한 이해와 세심함을 표시하는 것으로 보며, 호의가 담긴 손짓으로 인식한다. 이는 탄탄하고 신뢰할 수 있는 관계 정립을 위한 길을 닦는데 도움을 준다.

한 국가 내의 문화적 선택이 다른 어떤 국가에서는 필수적인 것일 수도 있다. 예를 들어 어떤 국가에서는 권유받은 음료수에 대해 기꺼이 받아들이거나 정중하게 혹은 요령 있게 거절할 수 있지만, 다른 경우에는 음료수를 권한다는 것이 특별한 의식으로서 이를 거절한다는 것은 상대방을 모욕하는 것이 된다. 체코에서는 사업관련 미팅의 초반에 제공되는 반주나 기타 음료는 비록 오전일지라도 호의와 신뢰를 형성하는 방식중의 하나이다. 이는 당신이 친구로서 환영받고 있음을 의미한다. 따라서 건강상의 이유나 종교상의 이유로 거절한다는 것을 명확하게 상대방 체코인에게 의사표시를 하지 않는 한 꼭 받아들여야 한다. 중국인과의 사업관련 미팅에서 끝없이 이어지는 건배와 함께 많은 양의 술을 마시는 저녁 만찬이 자주 포함되곤 한다. 유리잔을 들어 건배하는 것은 필수이지만, 마시는 것은 선택사항이다. 일정 수준의 우정과 신뢰를 형성하는 중요한 의식의 일부분으로서 아랍인들은 커피를 권할 수도 있다. 한 모금을 마시는 척하더라도 받아들여야 한다.

문화적 선택은 시각적으로 가장 차이가 나는 관습이라서 더욱 명백하다. 불명확한 문화적 선택사항과 문화적 배타적 사항들을 준수하는 것이 더 중요하다.

문화적 배타성 **문화적 배타성**은 외국인에게는 제외되지만 현지인에게는 독점적으로 존재하는 관습 혹은 행동양식을 의미한다. 예를 들어 무슬림처럼 행동하는 기독교인은 모하메드를 따르는 이들에게는 불쾌할 수 있다. 현지 사람들 사이에서는 용납이 되더라도 특정 국가의 정치, 풍습 그리고 특이사항들(외국인에게 특이한)에 대하여 희화하거나 비판하는 외국인도 비슷하게 불쾌하다. 오래된 속담에 진실이 있는데, "내가 내 동생을 욕할 수 있으나 당신이 내 동생을 욕한다면 필히 나랑 싸우게 될 것이다." 현지인들에게만 독점적으로 내재된 문화적 특성들은 많지 않지만 외국인은 현지인들에게 독점적인 문화특성들에 참여하는 것을 삼가야 한다.

외국인 관리자들은 문화적으로 필수적인 것들, 선택적인 것들 그리고 독점적인 것들을 언제 다루어야 하는지에 대해 파악할 수 있을 만큼의 통찰력과 각각에 대하여 반응할 수 있는 융통성이 필요하다. 필수적인 문화나 독점적인 문화는 흔하지 않으나 가장 모욕적인 행동들은 그런 것들을 인식하지 못해서 나온 결과들이다. 무례를 범하는 것에 대하여 집착할 필요는 없다. 대부분의 분별 있는 사업가들은 상대방이 가끔 저지르는 실수를 감안해준다. 그러나 실수가 적을수록 좀 더 부드러운 관계가 만들어질 것이다. 그런데 외국인 파트너와 관계가 좋다면 그 사람에게 언제 어떻게 잘못 행동했는지에 대해 알려 달라는 것도 좋은 방법이다.

미국 문화가 경영 스타일에 미치는 영향

미국 문화와 경영 스타일에 관심을 가져야 할 이유가 최소 세 가지가 있다. 첫째, 미국 독자의 경우 의사결정과 행동들에 영향을 미치는 문화 요소들을 인식하는 것이 중요하다. 그러한 자기인식은 미국 독자들이 다른 문화와 연관된 일에 대하여 적응을 시켜준다. 둘째, 미국 문화에 생소한 독자들의 경우 미국으로부터 온 사업 동료를 더 잘 이해하는데 유효하다. 미국시장은 세계에서 가장 거대한 수출시장이고 이러한 지식들이 여러 국가에 걸친 사업 수행 시 좀 더 인내심을 가질 수 있도록 도움을 준다. 셋째, 1980년대 일본 경영관행이 모든 곳에서 복제되었듯이 1990년대 이래로 미국 비즈니스 문화는 세계 여러 곳에 수출되었다. 미국 환경에서 발전된 경영관행들이 모든 곳에서 유용하거나 적절한 것은 아니지만 이점은 분명하다. 미국인들의 기본적 사항들을 이해하는 것은 미국적 관행을 적용하고, 변경하고 거부할지에 대한 의사결정을 할 때 많은 도움이 된다는 점이다. 피터 드러커(Peter Drucker)의 말처럼 정말 "다른 사람들은 다르게 관리되어야 한다."[6]는 말이 맞는 것 같다.

미국 문화에 기반을 둔 규범적인 측면 중 어느 것이 가장 중요한가에 관해서는 여러 의견들이 있다. 서로 다른 문화를 미국문화와 평가할 때 가장 빈번히 발생하는 일들이 다음에 제시되어 있다.

- "운명의 주관자"라는 입장
- 사회적 행동의 도구로서 독립적인 기업
- 실적에 의한 인재선발과 보상
- 객관적 분석에 기반을 둔 의사결정
- 폭 넓은 의견수렴을 거친 의사결정
- 진보를 위한 끊임없는 탐구
- 효율성을 창출하는 경쟁

"운명의 주관자"라는 정신은 미국 경영 사상의 매우 근본적인 부분이다. 간단히 말하면 사람들은 자신의 운명에 심대한 영향을 미칠 수 있어야 한다는 것이다. 사람들은 자신의 운명을 통제해야 한다. 이런 견해는 운이 개인의 미래에 영향을 미칠 수

[6] Peter F. Drucker, *Management Challenges for the 21st Century* (New York: HarperBusiness, 1999), p. 17.

있지만, 지속적인 노력과 근면, 기대에 대한 책임감 그리고 시간의 효율적 사용도 똑같이 사람들로 하여금 자신의 운명을 통제할 수 있게 해준다는 태도를 반영한 것이다. 대조적으로, 많은 문화권에서는 삶에 대해 좀 더 운명론적인 부분에 치우치는 경향이 있다. 그런 문화에서는 개인적인 운명은 높은 존재에 의해 결정되고 무슨 일이 일어날지에 대해 통제할 수 없다고 믿고 있다.

개인이 자신의 운명을 통제할 수 있다는 미국인의 생각은 계획, 통제, 감독, 책임, 동기부여, 작업일정, 마감시한 등에 대한 접근방식에 영향을 준다. 미국이 개인주의 영역에서 홉스테드 지수가 가장 높다는 4장의 내용을 다시 생각해볼 수 있다.[7] 집단적이고 운명론적 믿음을 가진 사회에서는 이러한 기업관행들을 따라할 수는 있으나 최종 결과물에 대한 생각은 달라진다. 결국, 미래가 통제할 수 없는 높은 존재에 의해 결정된다면 개인적 노력들이 어떻게 차이점을 만들 수 있겠는가?

미국기업들이 근본적으로 가지고 있는 개념은 독립적 기업은 사회활동을 위한 중요한 수단이라는 생각을 받아들인다는 것이다. 기업은 내부규정과 지속성을 가진 사회단위로서 또한 독립적이고 활력 넘치는 사회제도의 일부분으로서 인식된다. 이런 인식은 회사에 기여해야 한다는 강한 의무감에서 나올 수 있다. 실제로 가족, 친구 그리고 회사를 위한 최선의 행동으로부터 벗어나게 할 수 있는 행동들보다 기업이 우선순위가 될 수 있다. 이런 생각은 일과 직장보다는 일상적인 생활에서 인간관계가 더 중요하다고 확실하게 믿고 있는 멕시코인과 다양한 이해 관계자들이 매우 중요하다고 생각하는 중국인들 혹은 기업들이 가진 태도와는 상당한 대조를 보여준다.

실적에 의한 인재선발과 보상이 이루어져야 한다는 믿음은 자신의 운명을 개인이 통제할 수 있다는 견해와 일치한다. 선발, 승진, 동기부여 혹은 해고를 결정하는 미국 경영자들은 어떤 일에 대하여 최고의 자격을 갖춘 사람을 선발하고 그들의 실적이 기대 수준을 만족하는 한 그들의 고용수준을 유지하고 승진기회를 지속시켜 주어야할 필요가 있음을 강조한다. 교우관계나 가족의 유대관계가 조직의 활력보다 더 중요한 다른 문화권에서는 미국기업들의 선발, 조직화 그리고 동기부여와는 매우 큰 차이가 있다. 어떤 국가에서는 많은 수의 가족과 친척들을 최대한 취직시키기 위해서 조직을 확장 한다. 실적보다는 개인적 연고나 교우관계에 바탕을 두고 승진이 이루어졌다는 것을 누군가 알게 된다면 아주 기본적인 동기부여 수단이 사라진다. 그러나 다른 많은 문화에서는 특정 집단의 사회적 압박이 강한 동기부여를 만든다. 심지어는 미신이 인재선발에 있어 중요한 역할을 하기도 한다. 일본에서는 사람의 혈액형이 채용결정에 영향을 주기도 한다.[8]

경영관련 의사결정을 객관적인 분석에 기초하고 관리자는 매우 과학적이어야 한

[7] Hofstede, *Culture's Consequences*.

[8] David Picker, "Blood, Sweat, and Type O," *The New York Times*, December 14, 2006, p. C15.

"개인이 진정으로 사회의 이익을 추구하기보다는 개인의 이익을 추구하는 것이 종종(frequently) 사회의 이익 추구에 더 효과적이다"라는 아담 스미스와 "탐욕은 좋은 것이다"라는 고든 게코(영화 월스트리트의 주인공)와의 차이점은 무엇인가? 답은 문법상의 부사의 사용이다. 스미스는 "항상(always)," "대부분의 경우(most of time)," 혹은 심지어 "자주(often)"라는 말을 사용하지 않았다. 그는 "종종(frequently)" 이라고 말했다. 현재 월스트리트에서는 이런 중요한 차이점을 무시하고 있다.

다는 미국적 믿음은 의사결정의 객관성과 자료의 정확성에 대한 미국 경영자의 태도에 깊은 영향을 미친다. 판단과 직관이 의사결정에 있어 중요한 수단이지만 대부분의 미국인 경영자들은 의사결정은 정확한 관련 정보에 기반을 두고 증명되어야 한다고 믿고 있다. 그래서 미국 경영에서는 조직 내 모든 계층에서의 정보 수집과 자유로운 정보 흐름을 강조하며 사업관련 의견이나 결정에 대한 평가 시 솔직한 의사표현을 강조한다. 다른 문화에서는 의사결정에 대한 사실적이고 합리적으로 증명하는 것이 미국에서만큼 중요하지는 않다. 그런 문화권에서는 심지어 자료의 정확성과 적정한 보고가 전제조건이 아닐뿐더러 현재의 자료조차 대부분 소수의 사람들만 열람한다. 미국 경영의 대표적인 특징인 표현의 솔직함과 자료 취급에서의 개방성을 다른 문화권에서는 쉽게 적용시킬 수 없다.

의사결정시 폭 넓은 공유가 필요하다는 생각은 개인이 자신의 운명을 통제하고 실적에 의한 승진이라는 견해와 양립될 수 있다. 미국기업들의 의사결정이 민주적으로 이루어지지 않더라도 조직의 구성원 각자는 자신들의 지속적인 발전을 위해 의사결정을 할 필요가 있고 이를 요구해야 한다는 강한 신념을 가지고 있다. 그래서 의사결정은 분권화되고 의사결정에 대한 책임감뿐만 아니라 의사결정을 위해 필요한 능력도 조직의 말단에 부여된다. 많은 문화권에서 의사결정은 높은 수준으로 중앙집권화 되어 있고 이는 부분적으로 회사 내 소수의 사람만이 의사결정을 위한 권리와 능력을 보유하고 있다고 믿기 때문이다. 중동에서는 예를 들어 최고경영자만이 의사결정을 내린다.

미국 경영제도의 근저에 갈려있는 중요한 가치는 진보를 위한 끊임없는 탐구라는 개념에 잘 나타나 있다. 상대적으로 미국은 항상 시민 운동가들의 사회였다. 사회 각계각층에서 항상 되묻는 것은 "더 잘되게 할 수 없을까?"이다. 그러므로 경영이라는 개념은 변화는 정상적일 뿐만 아니라 필수적인 것이며, 변화에는 어떠한 성역도 없고 진보는 매우 중요하다는 신념에 잘 반영되어 있다. 결과가 중요한 것이다. 결과를 도출하기 위해 어떤 관행을 꼭 변화시켜야 한다면 그 변화는 적절한 것이다. 다른 문화권에서는 지배층의 힘과 권력의 기반이 변화에 있지 않고 현재 상태의 유지를 위해서 안정적 사회구조가 필요하다는 전제 위에 있다. 어떤 사회의 사람들이 진보를 주장한다는 의미는 권력층이 실패했음을 의미한다. 하층민이 진보를 주장하는 것이 위험을 알리거나 역동적인 개인으로 인식되기 보다는 타인의 사적영역에 대한 위협으로 비추어질 수 있다.

아마도 서구 경영 관행에 있어 가장 중요한 기반은 효율성, 진보, 개혁 등을 창출하는데 경쟁이 중요하다는 개념이다. 고든 게코는 영화 월스트리트에서 다소 진부하지만 과장되게 말했다: "탐욕은 좋은 것이다." 아담 스미스는 국부론에서 영어에서 가장 주요한 문장중의 하나를 적었다: "개인이 진정으로 사회의 이익을 추구하기 보다는 개인의 이익을 추구하는 것이 종종 사회의 이익 추구에 더 효과적이다."[9] 이 "보이지 않는 손"이라는 개념은 경쟁행위를 정당화 한다. 왜냐하면 경쟁은 사회와 그 사회의 조직을 발전시키기 때문이다. 영업사원간의 경쟁(예를 들어 이 달의 판매왕)은 좋은 것인데 이는 경쟁이 더 나은 개인성과를 촉진하고 따라서 기업의 성과도 좋아지기 때문이다. 그러나 다른 문화권의 경영자와 정책입안자들은 이 "탐욕은 좋은 것이다."라는 말에 동의하지 않는다. 협력이 더 중요하며 효율성은 거래비용을 줄임으로서 달성할 수 있다는 것이다. 이런 후자의 견해는 중국이나 일본과 같은 집단적인 문화에서 지배적이다.

세계의 경영 스타일[10]

LO2

전 세계 경영 스타일이 왜 그리고 어떻게 다른지에 대한 이유를 이해한다.

국제경영에서 맞닥뜨리는 다양한 조직구조, 경영가치 그리고 경영행태로 인해 사업수행 방식은 많은 차이가 있다.[11] 해외시장 진출 시 마케터가 얼마나 철저하게 준비했는지에 상관없이 접촉 단계에서의 상이성, 의사소통의 주안점, 속도 그리고 해외시장 진출기업이 갖추어야 하는 형식상의 절차 등과 마주칠 때 일정 수준의 문화적 충격이 발생한다. 판매활동상의 상호작용과 협상과 같은 의식절차가 그러하듯이 윤리적 기준이 문화마다 큰 차이가 있다. 대부분 국가에서 국제무역업자 또한 높은 수준의 정부 간섭에 마주칠 가능성이 높다. 4장에서 논의한 홉스테드의 문화적 가치의 4가지 영역중 개인주의/집단주의 지수(IDV)와 권력거리 지수(PDI)는 특히 상이한 문화권에서 사업 방식을 검증하는 것과 관련 있다.

권위와 의사결정

사회적 신분과 지위의 당위성(PDI: prominence of status and position)을 결정하는

[9] Adam Smith, *The Wealth of Nations*, Book IV (1776; reprint, New York: Modern Library, 1994), p. 485.

[10] A Web site that provides information about management styles around the world is www.globalnegotiationresources.com.

[11] Sam Han, Tony Kang, Stephen Salter, and Yong Keun Yoo, "A Cross-Country Study on the Effects of National Culture on Earnings Management, " *Journal of International Business Studies* 41 (2010), pp. 123–41.

사업규모, 소유권, 공적 신뢰성 그리고 문화적 가치들이 상호 결합되어 사업의 의사결정 권한구조(structure of authority)에 영향을 미친다. 덴마크와 이스라엘과 같이 평등한 사회(PDI가 낮은)보다 사회적 신분과 지위의 당위성(PDI)이 높은 멕시코와 말레이시아 같은 국가에서 사업파트너와 고객의 지위와 신분을 이해하는 것이 훨씬 중요하다. 사회적 신분과 지위의 당위성이 높은 국가에서는 하급자는 상사에게 맞서지 못하는 경우가 많으나 사회적 신분과 지위의 당위성이 낮은 국가에서는 그러한 일이 자주 발생한다. 글로벌 환경 하에서 국제경영자는 의사결정을 복잡하게 하는 다양한 의사결정 권한형태에 직면한다 하더라도 대부분은 세 가지 대표적 유형들이 변형된 것에 불과하다. 고위 경영자에 의한 의사결정, 분권화된 의사결정 그리고 위원회(혹은 집단) 의사결정이다.

고위 경영자에 의한 의사결정은 가족 혹은 친인척에 의한 소유권에[12] 의해 소유자에게 절대적인 통제권을 부여하는 경우나 중앙집권적인 의사결정이 가능할 정도의 소규모 기업에서 일반적으로 목격된다. 유럽의 많은 기업들은(프랑스 기업들과 같이) 질투심이 날정도로 강력한 통제를 행사하는 최상위 소수의 사람들이 의사결정 권한을 틀어쥐고 있다. 토지가 권력이며 준봉건적 전통이 강한 멕시코와 베네수엘라와 같은 국가의 경영 스타일은 독재적이고 가부장적인 것이 특징이다. 이런 문화에서는 중간 관리자의 의사결정 참여는 크게 강조되지 않는다. 가족의 주류 구성원들이 생산성을 높이는 것보다는 가족 구성원들의 이익을 중요시하는 의사결정을 내리는 경향이 있다. 일반적으로 경영의 실제적인 노하우가 없는 정치인이 내린 의사결정을 따라야만 하는 정부 소유 기업들에서도 이런 경향이 있다. 중동국가에서는 최상위자가 모든 의사결정을 내리고 그들은 의사결정 권한이 있는 다른 임원들하고만 상대하는 것을 좋아한다. 따라서 그곳의 사람들은 상대방의 직무나 직함보다는 개인 그 자체를 상대로 사업을 한다.

기업이 성장하고 전문 경영인이 발전됨에 따라 분권화된 의사결정으로의 이동이 일어나고 있다. 분권화된 의사결정은 서로 다른 지위를 가진 임원들이 자신이 맡고 있는 사업기능에 대한 권한 행사를 가능하게 한다. 앞서 언급한 것 바와 같이 이러한 접근법은 고도의 경영 시스템을 발전시킨 미국의 대기업이 가지는 전형적인 접근방식이다. 미국 기업인들은 중간 관리자와 협상을 하고 직무를 담당하는 개인을 상대하기 보다는 그 개인이 속한 조직의 직함이나 지위를 우선적으로 고려한다.

위원회의 의사결정은 집단이나 합의로 이루어진다. 위원회는 집권화 혹은 분권화 체제 모두에서 작동하지만 위원회 경영의 개념은 최고 경영자의 개인적 기능이나

[12] Several researchers have empirically demonstrated the infl uence and downside of such authority structures. See Kathy Fogel, "Oligarchic Family Control, Social Economic Outcomes, and the Quality of Government," *Journal of International Business Studies* 37 (2006), pp. 603–22; Naresh Kharti, Eric W. K. Tsang, and Thomas M. Begley, "Cronyism: A Cross-Cultural Analysis," *Journal of International Business Studies* 37 (2006), pp. 61–75; Ekin K. Pellegrini and Terri A. Scandura, "Leader-Member Exchange (LMX), Paternalism, and Delegation in the Turkish Business Culture: An Empirical Investigation," *Journal of International Business Studies* 37 (2006), pp. 264–79.

CROSSING BORDERS 5.1 시어머니를 때리지 마세요.

중국 문화속의 복잡함과 집단주의는 계층에 대한 풍성한 화제를 제공한다. 공자의 조언을 조금 보태면 신분관계는 중국의 사업체계를 이해하는 중요한 요소가 된다. 공자의 가르침은 1911년까지 2,000년간 중국 교육의 근간이었다. 공자는 다섯 가지 기본적인 관계를 정의하였다. 부자유친, 군신유의, 부부유별, 장유유서, 붕우유신. 마지막을 제외하고는 모든 관계가 계층적이다. 공자는 신하, 아내, 자식 그리고 어린 동생은 통치자, 남편, 부모 및 형들이 베푸는 자비심에 대한 보답으로 복종하고 충성하라고 가르친다. 이러한 수직적인 관계에 대한 엄격한 고수는 공자시대의 내전과 폭력에 대한 해결책으로서 사회적 조화를 만들어 냈다.

자신의 상위자에 대한 복종과 존중은 중국 문화에서 강력한 가치를 가지게 하였다. 쳉 가족의 이야기는 사회적 위계와 권력의 역사적 특징을 설명해준다.

1865년 10월 쳉한쳉(Cheng Han-cheng)의 아내는 매우 무례해서 시어머니를 때릴 정도였다. 이 일은 극악무도한 범죄로 간주되어 다음의 형벌이 내려졌다. 어머니 앞에서 산채로 쳉과 그의 부인의 가죽이 벗겨지고 그들의 가죽은 여러 도시의 입구에 걸리고 뼈는 소각되었다. 쳉의 가까운 친척들 중 가장 연장자인 종조부는 참수형을 당하였고, 쳉의 삼촌과 두 명의 형제들, 그리고 쳉 씨족의 우두머리는 교수형에 처해졌다. 쳉의 장모는 "딸의 교육을 게을리 한 죄"라는 글귀를 이마에 새겨 넣은 채 일곱 개의 성을 끌려 다녀야 했다. 쳉의 장인은 곤장 80대를 맞고 3,000리 밖으로 유배되었고 쳉 가문의 수장은 곤장 80대를 맞고 흑룡강으로 유배되었다. 마을의 교육 담당 관리는 곤장 60대를 맞고 1,000리 밖으로 쫓겨났다. 쳉의 9살 난 아들은 개명되어 고을의 수장에게 위탁되었다. 쳉의 토지는 영원히 불모지로 남았다. 이 모든 내용이 비석에 새겨졌고 비석의 탁본은 제국 전체에 보내졌다.

여러분의 자식들이 이 내용을 읽었으면 좋겠다는 생각이 든다! 그러나 좀 더 심각하게는 정부 당국이 위계질서를 파괴한 쳉 부인의 잘못을 전체 사회 네트워크가 책임지게 한 점에 주목해야 한다. 신분은 중국인들에게는 조롱거리가 아니다. 중국인과 사업 협상 시에는 임원의 나이와 서열 그리고 신분을 나타내는 다른 상징들을 심각하게 고려해야 한다. 미국의 비공식적 행위와 평등주의는 태평양 서쪽에서는 잘 통하지 않는다.

출처: Dau-lin Hsu, "The Myth of the 'Five Human Relations' of Confucius," *Monumenta Sinica* 1970, pp. 29, 31, quoted in Gary G. Hamilton, "Patriarchalism in Imperial China and Western Europe: A Revision of Weber's Sociology of Domination," *Theory and Society* 13, pp. 393–425; N. Mark Lam and John L. Graham, *China Now, Doing Business in the World's Most Dynamic Market* (New York: McGraw-Hill, 2007).

이미 언급한 분권화된 의사결정 방식과는 매우 다르다. 아시아의 문화와 종교는 조화와 집단주의를 강조하는 경향이 있으므로 매우 폭넓은 집단 의사결정이 아시아에서는 놀라운 일도 아니다. 일본 사회 구조는 서열과 위계의 강조에도 불구하고 기업들은 집단 참여, 집단의 조화 그리고 집단 의사결정을 강조한다. 다만 이는 최고 경영층에게만 국한한 것이다.

이 세 가지 권위 체계가 마케터에게 어떤 독창성과 적응능력을 요구하는지 명확하다. 권위적이거나 위임이 강조되는 사회의 경우에 권한을 가진 개인을 구분해내는 것이 중요한 문제이다. 위원회 의사결정방식에서는 위원회의 모든 구성원들이 논의가 되고 있는 문제의 결과에 대한 장점을 확신해야만 한다. 이러한 각각의 상황들에 대한 마케팅 접근방식은 다르다.

경영자의 목표와 열망

관리자의 훈련과 배경(예를 들어 문화적 환경)은 그들의 개인적인 인생관과 사업적인 관점에 영향을 미친다.[13] 전체적으로 사회는 사회적 서열 혹은 경영진의 신분을

---

[13] Ted Baker, Eric Gedajlovic, and Michael Lubatkin, "A Framework for Comparing Entrepreneurship Processes across Nations," *Journal of International Business Studies* 36 (2005), pp. 492–504.

정립하고 문화적 배경은 기업가 사이에서 열망과 목표들의 형태를 결정한다. 한 보고서에 따르면 재무적으로 앵글로 아메리칸의 영향을 받는 스칸디나비아 기업들은 최고경영자의 보수가 더 높은 걸로 나왔고, 이는 부분적으로 해고위험의 증가에 대한 추가적 지불을 반영한 것이다.[14] 이러한 문화적 영향은 혁신, 신제품 그리고 외국인과 거래 시 관리자들의 태도에 영향을 준다. 다른 경영 스타일을 완벽히 이해하려면 개인이 가지는 가치를 제대로 인식해야 하는데 이 개인의 가치는 보통 기업조직의 목적과 기업 내 퍼져있는 관행에 반영되어 있다. 외국기업을 상대할 때 마케터는 특히 경영진의 다양한 목표와 열망들을 잘 인식하고 있어야 한다.

직업 안정성과 이동성 개인의 직업 안정성과 이동성은 인간의 기본적인 동기부여와 직접적으로 연관되어 있기에 경제와 사회 전반에 걸친 시사점을 제공한다. 안정성이란 단어의 의미는 다소 애매모호하나 이 모호성이 경영활동의 다양성에 대한 단초를 제공해준다. 어떤 누군가에게는 안정성이란 높은 연봉과 교육 훈련의 기회 및 여러 계열사로 이직할 수 있는 능력을 의미한다. 다른 누군가에게는 안정성이란 평생직장을 의미하며 또 다른 누군가에게는 적절한 퇴직연금과 복지혜택을 의미하기도 한다. 프랑스와 이탈리아 같은 높은 계층적 구조를 가진 유럽계 기업들은 매우 가부장적이고 개인은 거의 평생 동안 직장을 한 군데만 다니게 된다. 예를 들어 영국에서 경영자는 개인의 성취와 자율성을 중요시하지만, 프랑스 경영자들은 관리감독 역량, 건전한 기업 정책, 복지혜택, 직업 안정성 그리고 쾌적한 근무환경을 선호한다. 프랑스 경영자들은 영국보다 이동성이 적다. 결론적으로 한 연구에 따르면 이러한 차이점은 일반적이다. 자신의 기업에 대한 근로자들의 헌신은 개인주의가 높고 권력거리가 낮은 국가에서 더 높게 나타난다.[15]

개인적 삶 다수의 개인들에게 있어서 한 개인 혹은 한 가족의 훌륭한 삶은 이익, 안정성 혹은 다른 목표들보다 우선시 된다.[16] 데이비드 맥클랜드(David McClelland)[17]가 개인적 열망에 대해 전 세계에 걸쳐 조사한 연구에 따르면 특정 국가의 문화는 이익이나 성취보다는 훌륭한 개인적 삶이 훨씬 더 중요한 덕목으로 간주된다. 고대 그리스의 쾌락주의적 관점에 따르면 노동이 즐거움이나 훌륭한 개인적 삶을 추구하는데 방해가 되는 바람직하지 못한 요인으로 포함시키고 있다. 반대로 막스 베버(Max Weber)[18]에 따르면 근면성실로 대표되는 프로테스탄트 윤리는 미국인의 비즈니스

[14] Lars Oxelheim and Trond Randoy, "The Anglo-American Financial Infl uence on CEO Compensation in non–Anglo-American Firms," *Journal of International Business Studies* 36 (2005), pp. 470–83.

[15] Ronald Fischer and Angela Mansell, "Commitment across Cultures: A Meta-Analytic Approach," *Journal of International Business Studies* 40 (2009), pp. 1339–58.

[16] David Gautheir-Villars, "Mon Dieu! Sunday Work Hours Upset French Devotion to Rest," *The Wall Street Journal*, July 24, 2009, online.

[17] David C. McClelland, *The Achieving Society* (New York: The Free Press, 1985).

[18] Weber, *The Protestant Ethic.*

표 5.1
연간 근로시간

출처: OECD, Labor Market Indicators, 2010.

국가	시간
영국	1670
캐나다	1736
독일	1433
네덜란드	1392
일본	1785
노르웨이	1411
미국	1794
한국	2305
멕시코	1871
이탈리아	1824

전통의 뿌리이자 생활의 일부분이다. 일본인에게 개인의 삶은 기업의 삶을 의미한다. 많은 일본 근로자는 자신의 일을 인생 전반에서 가장 중요한 부분으로 간주한다. 일본의 직업의식은 회사에 대한 충성심에서 유래된 것이고 종종 회사와 근로자를 하나로 인식하는 결과를 초래하였다. 이러한 개념이 대다수의 일본인에게는 맞는 이야기이지만 장기간의 경기침체는 일본인들의 승진 유형에 영향을 미쳤고[19], 일본의 기업 엘리트라는 측면에서 나온 "샐러리 맨"이라는 단어는 조롱의 대상이 되어버렸다. 일본의 기업문화는 강력한 애사심으로 이어진 종신고용으로부터 점차 멀어지고 있다. 현재 심지어 일본의 사무실 예의조차 높은 원유가격으로 인해 무너지고 있다. 이제 일본인들은 기온이 약 섭씨 28도 정도만 되면 단정하게 잠근 단추위에 맨 넥타이도 벗어버린다.

표 5.1을 참조하면 서로 다른 문화권에서 일과 개인적 삶과의 상충관계를 측정할 수 있다. 참고로 여기서는 1주일을 40시간으로 하고 여기다 곱하기 50주를 하면 2,000시간과 같다.

미국인들의 근로시간은 유럽인들보다는 매우 높고 한국 사람보다는 한참 적은 중간정도에 해당한다. 대부분의 미국인은 약 2주간의 유급휴가를 가지는 반면에 유럽인들은 4주에서 6주를 가진다. 대부분의 아시아인은 토요일에 근무를 한다. 중국의 경우 숫자를 제시하지 않았지만 자유기업제도로 인한 압박으로 인해 근로시간은 증가하고 스트레스도 높아져 가고 있다. 그러나 그림에 나타나지 않은 끔찍한 자료는 다른 곳에서는 근로시간이 줄어가고 있지만 미국의 근로시간은 1990년보다 36시간이나 증가했다는 사실이다. 막스 베버에게 감사해야할지는 모르겠지만 2020년에는 얼마나 될까 우려스럽다.

[19] George Graen, Ravi Dharwadkar, Rajdeep Grewal, and Mitsuru Wakabayashi, "Japanese Career Progress: An Empirical Examination," *Journal of International Business Studies* 37 (2006), pp. 148–61.

CROSSING BORDERS 5.2 미국인 여행자와 멕시코 어부

미국 여행자가 멕시코의 조그만 해안 마을 부두에 가게 되었고 그곳에는 한명의 어부가 탄 조그만 보트가 있었다. 조그만 보트에는 예닐곱 마리의 큰 황다랑어가 있었다. 여행자는 질 좋은 생선들을 칭찬하였고 그것들을 잡는데 얼마나 걸렸는지 물어보았다.

멕시코 사람이 대답하기를, "잠깐이요."

여행자가 다시 묻기를, "좀 더 바닷가에 머물렀으면 더 많이 잡았을 텐데요?"

멕시코 사람이 대답하기를, "이 정도면 우리 식구 먹여 살리는데 충분해요."

또 여행자가 "그러면 남는 시간에 무얼 하세요?"라고 질문을 하였다.

멕시코 사람은 "고기를 조금 잡는 대신에 늦잠도 자고 애들하고 놀아주고, 아내인 마리아와 낮잠도 즐기고, 매일 저녁마을을 산책하면서 와인도 마시고, 그리고 친구들과 기타도 치기 때문에 하루가 아주 바빠요."라고 대답하였다.

여행자는 냉소적으로 말하길, "내가 도와줄 일이 있을 것 같네요. 우선 낚시에 좀 더 많은 시간을 투자하고 거기서 나온 수익으로 좀 더 큰 보트를 사세요. 좀 더 큰 보트에서 나온 수익으로 보트 여러 대를 살 수 있지요. 결국에는 어선 선단을 가지게 될 겁니다. 당신이 잡은 고기를 중간상인에게 파는 대신에 가공 공장에 직접 납품하고, 궁극적으로는 통조림 공장을 소유하게 됩니다. 제품, 가공공정 그리고 유통과정을 손에 쥐게 되는 거지요. 그러면 이 조그만 마을을 벗어나 수도인 멕시코시티로 이사를 한 다음에 로스앤젤레스(LA)로 이사하고 마지막으로는 뉴욕에서 번창한 기업을 운영할 수 있습니다."

멕시코 어부가 질문하기를, "그게 얼마나 걸리지요?"

여행자가 "15년에서 20년이요."라고 대답하였다.

"그런데 그 다음은요?"라고 어부가 물어보았다.

여행자는 웃음을 터트리며 말하기를 "이 부분이 가장 좋은 부분인데, 운대가 맞으면 기업을 주식시장에 상장시켜 부자가 되어 수백만 달러를 벌 수 있지요."

"수백만 달러?.... 그 다음은요?"

미국인이 말하기기를, "그러고 나서는 은퇴를 해야겠지요. 조그만 해안가 마을로 이사를 해서 늦잠도 자고, 낚시도 조금하고, 손자들과 놀아주고, 부인과 낮잠도 즐기고, 저녁에 산책하면서 와인 한잔 걸치고 친구들과 기타를 치는 겁니다."

출처: Author unknown.

소속과 사회적 수용 몇몇 국가에서는 이웃이나 동료직원을 받아들이는 것이 사업에서 중요한 목표이기도 하다. 아시아적 관점은 일본에서 집단의사결정이 매우 중요하다는 사실에 잘 반영되어있다. 이에 일본인들은 집단과 하나가 되는 것에 큰 의미를 둔다. 일본에서 직업이 무엇이냐고 물었을 때 운전사, 엔지니어 혹은 화학자라는 말 대신에 직장 이름인 스미토모나 미쓰비시 혹은 마쯔시다 라고 대답할 정도로 집단 인식은 매우 중요하다.

권력과 성취 몇몇 국가에서 기업 경영자에 의한 권력 추구가 존재하지만, 권력은 중남미국가에서 더 큰 동기부여 수단이다. 중남미에서는 많은 기업 수장들이 이익 지향적일뿐만 아니라 또한 사회적 · 정치적 지도자가 되기 위해 자신의 사업적 신분을 이용한다. 조금 이르기는 하지만 미국의 경영연구소들은 권력뿐만 니라 성취에 대한 동기 또한 관련되어 있다고 한다. 성취를 측정하는 방법 중의 하나는 은행의 잔고이며 다른 하나는 높은 신분상의 서열이다. 이 두 가지는 특히 미국에서 그 연관성이 높다.

의사소통 유형

인류학 교수로서 이종문화간의 관계분야에서 오랜 기간 동안 정부와 기업을 위해 컨설팅을 수행한 에드워드 홀(Edward T. Hall)은 의사소통은 단지 언어적인 것뿐만 아

사무실 공간배치를 보면 알 수 있는 것이 미국의 칸막이는 개인주의가 반영되어 있고 일본의 사무실 배치는 집단주의를 반영하고 있다.

니라 많은 다른 요소들과 관련되어 있다고 말한다.

1960년에[20] 하버드 비즈니스 리뷰에 실린 그의 논문인 "해외사업에서의 침묵의 언어(The Silent Language of Overseas Business)"는 읽어볼 가치가 충분하다. 이 논문에서 시간, 공간, 사물, 우정 그리고 합의 등의 상징적 의미(**침묵의 언어**)를 기술하고 그 의미가 여러 문화에 걸쳐 어떻게 변화하는지 묘사하였다. 1960년에 홀(Hall)은 인터넷이 가져온 혁신에 대해 예견하지는 못했다. 그러나 이종 문화간의 의사소통에 관한 그의 모든 생각들은 인터넷에도 적용된다. 우선 대면 의사소통(face-to-face communication)에 관해 논의해보고 다음으로 전자매체로 넘어가고자 한다.

대면 의사소통(face-to-face communication) 어떤 언어도 손쉽게 다른 언어로 번역될 수 없는데 그 이유는 단어의 의미가 언어 간에 큰 차이가 있기 때문이다. 예를 들어 "결혼"이라는 단어는 설령 정확하게 번역된다 하더라도 서로 다른 언어에서는 매우 다른 의미를 함축할 수 있다. 어떤 언어에서는 사랑을 다른 언어에서는 제한을 의미할 수 있기 때문이다. 언어는 외국에서 사업을 하는 마케터의 기본적인 의사소통 방법이지만 관리자들, 특히 미국에서 파견된 관리자들은 최소 한 개의 외국어도 구사할 수 없으며 언어의 미묘한 차이에서 나오는 암묵적인 내용과 정보까지 이해하는 미국인 관리자는 매우 적다.

홀(Hall)[21]은 장기간의 인류학적 현장연구에 기반을 두고 고배경과 저배경의 연속선상에 11개의 국가를 표시하였다(그림 5.1 참조). 고배경 문화에서 의사소통은 문맥(누가 말하는가, 언제 말했는가, 어떻게 말했는가)이나 의사소통의 비구어적 측

[20] *Harvard Business Review*, May–June 1960, pp. 87–96.

[21] Edward T. Hall, "Learning the Arabs' Silent Language," *Psychology Today*, August 1979, pp. 45–53. Hall has several books that should be read by everyone involved in international business, including *The Silent Language* (New York: Doubleday, 1959), *The Hidden Dimension* (New York: Doubleday, 1966), and *Beyond Culture* (New York: Anchor Press-Doubleday, 1976).

그림 5.1

배경, 의사소통 그리고 문화: 에드워드 홀의 척도

Note: Patterned after E. T. Hall.

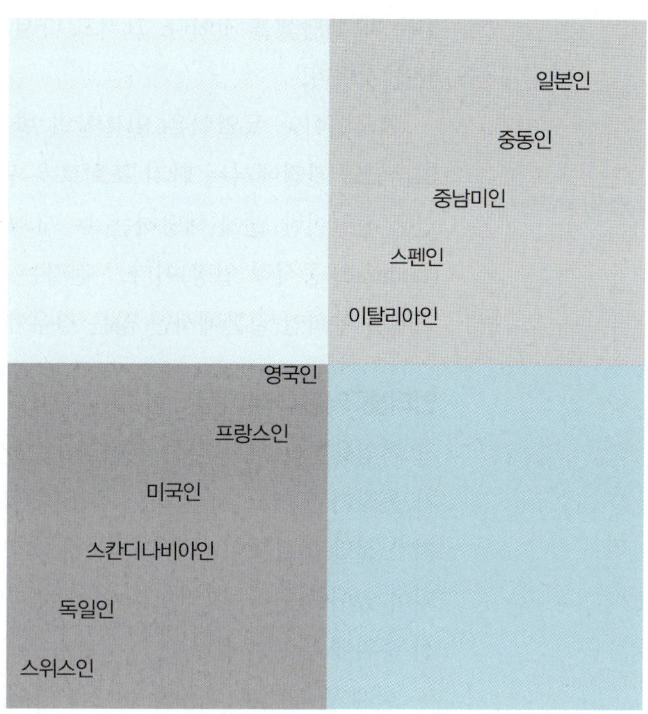

면에 많이 의존한다. 그러나 저배경 문화에서는 명시적이고 구어적으로 표현된 의사소통에 더 많이 의존하고 있다.

의사소통 유형의 고배경/저배경 차원의 간단한 사례는 로스앤젤레스에서 있었던 사업관련 저녁식사를 묘사한 국제마케팅 임원의 묘사를 보면 알 수 있다. "나는 독일 고객을 LA공항 근처의 호텔에서 만나 저녁으로 무얼 먹을 것인가 물어보았다. 그는 '지역 특산물'이라고 답했다. LA지역의 특산물은 멕시코 음식이다. 나는 멕시코 음식인 타코(taco)를 먹어보지 못한 사람을 본 적이 없었다. 우리는 산타모니카의 훌륭한 멕시코 식당으로 갔고 거기서 과카몰리(guacamole), 살사(salsa), 엔칠라다(enchiladas), 부리또(burito) 등을 모두 먹었다. 식사가 끝나고 저녁이 어떠했는지 물어 보았는데 그는 다소 조용히 말하였다. '별로였습니다.'"

그 미국인은 자기 고객의 정직한 그러나 너무나 직설적인 대답에 어리둥절했을지 모른다. 그러나 그 미국인은 독일인의 솔직성을[22] 잘 알고 있었기에 가볍게 웃어 넘겼다. 아주 낮은 저배경 문화를 가진 독일인은 다른 어떤 사회적 속내를 가지지 않고 단지 정보를 전달했을 뿐이다. 대부분의 미국인들은 "아주 훌륭하긴 한데 조금 맵네요" 정도의 대답으로 충격을 완화시킨다.

그리고 고배경 지향적인 일본인은 "아주 훌륭했습니다. 감사합니다."라고 속내를

[22] Interestingly, the etymology of the term "frankness" has to do with the Franks, an ancient Germanic tribe that settled along the Rhine. This is not mere coincidence; it's history again infl uencing symbols (that is, language)!

감춘 채 대답했을 것이다. 그러고 나서 일본인은 다시는 멕시코 음식을 주문하지 않았을 것이다.

미국인이나 독일인은 일본인의 반응이 진실되지 않은 것으로 볼 수도 있으나 일본인의 관점에서는 단지 조화로운 관계를 유지하고자 하는 것이다. 실제로 일본인은 진실이란 말에 해당하는 두 개의 단어가 있다. **혼네**(honne, 진심)와 **다테마에**(tatemae, 공식적 입장)이다.[23] 전자는 정보를 전달하고 후자는 관계를 유지시킨다. 고배경 사회인 일본에서는 많은 경우에 다테마에가 더 중요하다.

인터넷 커뮤니케이션 비투비(B2B) 웹사이트의 메시지는 기업의 연장선상에 있고 기업을 대표하는 다른 것들과 마찬가지로 사업적 관습에 민감하다. 일단 메시지가 올라가면 어느 시간 어느 장소에서도 읽을 수 있다. 따라서 의도되지 않은 메시지가 전달될 확률이 매우 크다. 웹사이트에는 자신의 고유한 언어와 문화가 잘 반영되어 있어야 한다. 그러므로 언어는 기업 웹사이트의 실행가능성을 검증할 때 최우선 순위에 두어야 한다.

현재 웹 사이트 내용의 78%는 영어로 추산되지만 단지 인터넷 이용자중 35% 만이 영어 전자우편의 메시지를 이해할 수 있다. 유럽기업을 연구한 자료에 따르면 기업은 웹사이트 상에서 모국어로 손님들을 응대해야 한다고 강조한다. 조사에 참여한 유럽 상위 관리자중 3분의 1은 인터넷상에서 영어를 사용하는데 부정적이었다. 그들은 자신들의 중간 관리자가 인터넷 상에서 사업이 가능할 정도의 영어실력이 없다고 판단하기 때문이다.

영어사용을 금지한 프랑스의 경우는 좀 더 극단적인 사례이다. 프랑스 재무성은 프랑스의 공공 서비스 관련 모든 공식적인 서식에서 스타트업이나 전자우편과 같은 일반적인 비즈니스 영어 단어를 사용하지 말 것을 명령하였다.

아이비엠(IBM)이나 호텔 체인인 매리어트 같이 기업 특유의 웹 사이트를 가지는 것이 문제의 해결책이다. 예를 들어 델 컴퓨터는 자신들의 기업 고객들을 위해 12가지의 언어로 된 프리미엄 웹사이트를 개설하였다.

다수 기업은 웹사이트 번역에 특화하고 있다. 덧붙여 기업의 메시지를 다른 언어로 번역해주는 소프트웨어 프로그램도 존재한다. 그러나 기계로 특정 언어를 번역하면 문화적 · 언어적인 정확성 측면에서 문제의 소지가 있다. 제대로 번역이 되지 않는다면 영어 문구의 번역은 기업에 악영향을 주거나 당황스럽게 만들 수 있다. 이런 문제를 해결할 수 있는 방법 중 하나는 복잡한 문구, 숙어 혹은 속어가 없는 번역하기 쉬운 영어체로 번역 대상이 되는 문장을 준비하는 것이다. 불행하게도, 어떤 기계 번역도 언어나 구문의 사소한 의미차이까지도 번역해낼 수는 없다.

---

[23] James D. Hodgson, Yoshihiro Sano, and John L. Graham, *Doing Business with the New Japan* (Boulder, CO: Rowman & Littlefi eld, 2008).

기업을 대표하는 직원들 모두가 외국 고객이나 사업 파트너들의 문화를 이해하고 언어를 유창하게 말할 수 있다면 그것이 이상적이라 할 수 있다. 그러나 대부분의 기업들에게 그 일은 불가능하다. 기업이 진정한 의미의 글로벌화를 원한다면 모든 사람들이 자신의 언어로 기업의 웹사이트에 접근하는 것이 불가능하지만은 않다.

언어 친화적인 것에 덧붙여 웹사이트는 상징, 아이콘 그리고 원치 않는 메시지를 전달할 수 있는 기타 비구어적인 표현들을 잘 조사해야 한다. 예를 들어 서로 손바닥을 마주치는 하이파이브와 같은 아이콘은 그리스에서는 무례한 것이다. 엄지와 검지를 오므리는 OK 사인 같은 이미지는 브라질에서는 방문자를 화나게 하는 짓이다. 검지와 중지를 교차시키는 평화의 표시가 영국에서는 상스러운 의미가 된다. 아메리칸 온라인(AOL)의 "편지가 도착했습니다(You've Got Mail)"는 유럽 사람들에게 빵조각으로 보인다. 색상도 또한 문제의 소지가 있다. 초록색은 중서부 유럽에서는 성스러운 색상으로서 웹사이트의 배경화면과 같은 하찮은 것에 사용되면 안 된다.

마지막으로 관리자들의 전자우편 사용과 이용률 또한 문화에 영향을 받는다. 즉 고배경문화의 기업인들은 저배경 문화의 사람들보다 미디어를 덜 사용한다. 실제로 일본어의 언어구조는 인터넷 기술이 자국 내에서 확산되는데 걸림돌이었다.[24] 더 나가 홍콩의 기업인들은 얼굴을 맞대는 것보다 전자우편을 이용한 협상에 덜 적극적이었다.[25] 고배경 문화에서는 문맥상의 정보가 매우 중요하기에 단순히 컴퓨터로 전달될 수 없는 것이다.

형식적 절차와 속도

미국에서 사업적 관계의 상징인 가벼운 비공식적 행위와 조급함은 다른 나라 기업인들이 생각하기에 다분히 미국인만의 것이다. 한 독일인 임원은 인디애나의 고객기업 직원이 자신의 성을 빼고 이름만 불렀을 때 적지 않게 당황했다고 한다. 그는 말하길, "독일에서는 어떤 사람을 10년 이상 알고 지내지 않으면 그런 식으로 행동하지 않고 하급자일 경우에는 절대 그러지 못합니다." 그러나 이런 명백한 비공식성이 업무에 대한 책임감의 결여를 의미하지는 않는다. 영국과 미국 기업 관리자들을 비교하면 영국 임원은 미국인 관리자가 사업에 열정적으로 참여하는 것을 다음과 같이 평하였다. "칵테일파티나 저녁식사 중에도 미국인들은 계속해서 업무 중이다."

최근에 북유럽사람들이 미국적인 태도를 보인다고 해도 그들이 "미국화" 되었다고 생각하면 안 된다. 한 작가가 말하길, "많은 나라에서 사업차 만난 사람을 성을 빼고 이름만 부르는 것이 미국식의 예의 없는 짓으로 간주되더라도, 프랑스만큼 이를 부도덕하게 보는 나라도 없을 것이다." 프랑스에서는 형식적 절차가 아직도 중요하다. 여러 해 동안 같이 붙어서 일을 한 사이라 할지라도 공식적인 대명사로 상대방을

[24] Ibid.

[25] Guang Yang and John L. Graham, "The Impact of Computer-Mediated Communications on the Process and Outcomes of Buyer–Seller Negotiations," working paper, University of California, Irvine, 2010.

호칭하곤 한다. 프랑스는 미국보다 홉스테드의 권력거리 지수(PDI)가 더 높고 이러한 차이점들은 문화적 오해를 불러일으킬 수 있다. 예를 들어 격식을 차리지 않는 미국의 방식과는 대조적으로 형식적인 절차를 중요하게 생각하는 프랑스의 사업관행들은 서열을 보여주고 싶은 프랑스 사람들의 욕구와 이를 대단치 않게 여기는 미국인의 경향을 상징적으로 보여주고 있다. 그래서 미국인들은 프랑스인들을 고상한 체하는 속물이라 하고 프랑스인들은 미국인들을 거칠고 세련되지 못하다고 생각한다.

조급함과 참을성 없음은 중동에서 사업을 시도하는 북미 사람들이 범하는 가장 공통된 실수일 것이다. 대부분의 아랍인들은 자신과 거래를 하고자 하는 사람과 최소한 이전에 2~3번 이상 만나지 않는 한 사업에 대한 심각한 토론을 하지 않으려 한다. 따라서 협상기간이 장기화될 수 있다. 아랍인들은 준비가 되었다고 판단되면 빠른 의사결정을 내리나 마감시한에 쫓기는 것도 별로 좋아하지 않는다.

KPMG(세계적인 회계법인)의 쿠웨이트 사무소에 근무하는 임원급 파트너인 피트 마빅(Peat Marwick)은 많은 미국인 사업가들의 "급하게 방문하기" 방식에 대해 다음과 같이 이야기 하고 있다. "서구에서는 역동적 활동이라고 간주되는 것이 여기서는 단지 무례한 것으로 여겨질 수 있다."

최대한의 성공을 기대하는 마케터는 외국 임원들에 대해 해당 외국 임원들이 수용할 수 있는 방식으로 대해야 한다. 중남미인은 교우관계에 깊이 의존하지만 이런 교우 관계는 그들 방식에 의해 성립된 것이어야 한다. 즉 천천히 상당히 오랜 기간 동안 형성된 교우관계. 전형적인 중남미인은 사업에 착수하는데 시간이 걸리고 시간에 쫓기는 것을 싫어한다. 중남미 문화와 잘 어울리기 위해서 마나나(manana: tomorrow, 내일)만으로 충분하다. 사람들이 시간을 어떻게 인식하는가라는 점에서 미국 경영자와 다른 문화권 경영자와의 몇몇 차이점들을 설명해볼 수 있다.

피타임 대 엠타임

미국과 같은 앵글로 문화권의 경영자들은 중남미나 아시아 문화권 출신 관리자들보다 시간 관리에 더 많은 신경을 쓰는 것으로 연구되어왔다.[26] 예를 들면 중남미 문화에 대한 고정 관념은 "중남미 사람들은 항상 지각한다."이고 중남미 사람들이 미국 사람을 바라보는 시각은 "미국인은 항상 서두른다."이다. 일부는 사실이지만 다 옳은 애기는 아니다. 그러나 미국은 매우 시간지향적인 사회(시간은 돈이다)이며, 중남미 문화권은 시간은 즐기는 것이지 소비하는 것이 아니라는 것이 정답이다.

홀(Hall)은 두 가지 시간체계를 정의하였다. **단일형 시간개념(monochronic time)**과 **복합형 시간개념(polychronic time)**. 엠타임(*M-Time*) 혹은 단일형 시간개념은 대부분의 북미, 스위스, 독일 그리고 스칸디나비안 국가의 특성이다. 이러한 서

---

[26] Glen H. Brodowsky, Beverlee B. Anderson, Camille P. Schuster, Ofer Meilich, and M. Ven Venkatesan, "If Time Is Money Is It a Common Currency? Time in Anglo, Asian, and Latin Cultures," *Journal of Global Marketing* 21, no. 4 (2008), pp. 245–58.

구 문화들은 한 번에 한 가지 일에 집중하는 경향이 있다. 시간을 잘게 쪼개고 신속성에 많은 관심을 가지고 있다. 엠타임은 시간을 단선적인 방식으로 사용되고 유형적인 것처럼 느끼기 때문에 시간을 절약한다, 시간을 낭비한다, 시간을 준수한다, 시간을 보낸다. 그리고 시간을 잃어버리다와 같이 표현한다. 대부분의 저배경 문화는 엠타임에서 이루어진다. **피타임**(*P-Time*) 혹은 **복합형 시간개념**은 고배경 문화권에서 더 지배적인데 이런 문화권에서 거래가 성사되려면 시간에 맞추는 것보다 사람에 맞추는 것이 더 중요하다. 피타임은 여러 가지 일이 한꺼번에 이루어지고 사람들의 많은 참여가 이루어진다는 것이 특징이다. 피타임은 교우관계가 성립되는 것을 허용하고 고배경 문화의 일부분으로서 전체적인 맥락을 이해하는 것이 중요하다.

미국과 브라질에서의 시간 엄수에 대한 인식도를 조사한 연구에 따르면 브라질 시계는 미국시계보다 덜 정확하고 공공장소에서 시계를 찾아보기가 미국보다 더 힘들다. 또한, 브라질인들 스스로 자신들을 지각쟁이(late arrivers)라고 묘사하며 미국인들보다는 정각 도착 혹은 지각이라는 개념에 더 많은 유연성을 두고 있다. 단연히 지각하는 것에 큰 신경을 쓰지 않으며 자신들의 지각원인에 대해 핑계를 많이 대는 경향이 있다고 한다.[27] 표 5.2는 31개국을 비교하고 있다. 31개국에서 사업에 필요한 면허를 취득하는데 소요되는 일수를 예측하기 위한 측정지수 개발에 초점이 맞추어져 있다.[28]

요점을 바로 애기하고 일에 즉시 착수하고자 하는 미국인의 특징은 직접성과 더불어 엠타임 문화의 상징이라 할 수 있다. 피타임 체계는 느슨한 시간 계획, 개인적인 깊은 관계, 두고 보며 기다릴 줄 아는 태도를 생기게 한다. 예를 들어 대화를 나누는 두 명의 중남미 동료는 자연스럽게 결론이 나기 전에 갑자기 대화가 중단되는 것보다는 다음 약속에 늦는 것을 택할 것이다. 시간상의 정각과 지각이라는 개념이 좀 더 느슨한 것이 피타임의 특징이다.

피타임 문화권에서는 작업 중단이 자주 발생하고 이를 예상할 수 있다. 마나나라는 개념은 인간의 행동이 시계처럼 예측가능하지 않다는 것으로서 내일(manana)까지 일을 미루는 것이 그리 큰일이 아니다.

대부분의 문화는 피타임과 엠타임이 혼재되어 있으나 이상적인 시간개념이라는 측면에서는 좀 더 피타임적이거나 엠타임적인 경향을 가지고 있다. 일본의 경우가 이 사례에 해당하는데 일본에서 회의 약속은 엠타임 기반 하에서 철저히 시간이 지켜지는 반면에 일단 회의가 시작되면 피타임적으로 회의가 진행된다. 일본인이 보기에 미국인 기업가는 시간에 너무 얽매여 있고 스케줄과 마감시한에 쫓기기 때문에

---

[27] Robert Levine, *The Geography of Time* (New York: Basic Books, 1998).

[28] Runtian Jing and John L. Graham, "Regulation vs. Values: How Culture Plays Its Role," *Journal of Business Ethics* 80, no. 4 (2008), pp. 791–806.

표 5.2

상대적인 속도

31개국의 전반적인 삶의 속도를 순위로 나타냄[세 가지 측정치의 조합:(1) 도심 거주민이 60피트(약 18.3m)를 걷는데 걸리는 시간(분) (2) 우체국 직원이 우표를 판매하는데 걸리는 시간(분) 그리고 (3) 공공장소에 설치된 시계의 분단위 정확성]

출처: Robert Levine, "The Pace of Life in 31 Countries," *American Demographics*, November, 1997. Copyright © 2010 Crain Communication. Reprinted with permission.

전반적인 속도	국가	60피트 걷기	우체국 서비스	공중 시계
1	스위스	3	2	1
2	아일랜드	1	3	11
3	독일	5	1	8
4	일본	7	4	6
5	이탈리아	10	12	2
6	영국	4	9	13
7	스웨덴	13	5	7
8	오스트리아	23	8	9
9	네덜란드	2	14	25
10	홍콩	14	6	14
11	프랑스	8	18	10
12	폴란드	12	15	8
13	코스타리카	16	10	15
14	대만	18	7	21
15	싱가포르	25	11	4
16	미국	6	23	20
17	캐나다	11	21	22
18	한국	20	20	16
19	헝가리	19	19	18
20	체코공화국	21	17	23
21	그리스	14	13	29
22	케냐	9	30	24
23	중국	24	25	12
24	불가리아	27	22	17
25	루마니아	30	29	5
26	요르단	28	27	19
27	시리아	29	28	27
28	엘살바도르	22	16	31
29	브라질	31	24	28
30	인도네시아	26	26	30
31	멕시코	17	31	26

쉽게 우정을 발전시키지 못한다.

엠타임과 피타임에서 온 기업가들이 만났을 때 조화로운 관계 형성을 위해서는 약간의 조정이 필요하다. 예를 들어 회의 시간이 멕시코 기준[29]인지 미국 기준인지 명확히 함으로써 의사표현의 명료성을 확보할 수 있다.

[29] Ken Ellingwood, "Just Late Enough to Be Early," *Los Angeles Times*, September 12, 2009, pp. A1, A25.

사우디아라비아에서 성공적으로 근무했던 한 미국인은 여행 시 준비할 일들이 많다는 것을 느꼈다고 한다. 사무실에서는 피타임 문화권의 친구들이 도착할 때까지 할 수 있는 다른 스케줄을 준비해 놓고 있어야 한다. 미국인 관리자가 배워야 할 중요한 것 중의 하나는 현지 시간에 맞추지 못하는데서 오는 분노와 좌절감을 피하기 위해 피타임에 적응하는 것이다. 그러나 글로벌 시장이 확대됨에 따라 많은 피타임 문화권 출신의 많은 사업가들이 엠타임에 적응해가고 있다.

협상의 주안점

사업 협상은 아마도 가장 기본적인 상업적 의식이라 할 수 있을 것이다. 앞에서 이야기한 모든 상행위 관습과 문화의 차이점들은 사업수행의 여러 단계 중 협상단계에서 가장 명확하고 빈번하게 그 역할을 수행한다. 사업 협상의 기본적인 구성요소는 어떤 국가에서든지 동일하다. 협상은 제품, 제품의 가격 및 제반 조건, 제품과 연관된 서비스 그리고 마지막으로 공급자와 고객과의 교우관계와 연관되어 있다. 그러나 협상과정이 복잡하거나, 다른 문화권 출신의 사람들과 협상 시에는 오해를 불러일으킬 수 있는 위험의 소지가 많다는 점을 기억해야 한다.

사람들 한명 한명이 협상 테이블에 응하는 태도는 참가자들이 알지 못하는 다양한 문화적 요소와 관습들에 영향을 받는다. 협상 회담 안건에 대한 참가자들의 이해와 해석을 결정하는 것은 협상참가자의 자기준거기준(SRC: self-reference criteria)인데 이로인해 상황을 평가할 때 서로 상대방을 공격하거나 타인의 동기를 오해할 가능성이 특히 높아진다.

협상의 일반적인 규칙 중의 하나는 먼저 "너 자신을 알라"이고 그 다음은 "상대방을 알라"이다. 주의를 기울이지 않는다면 각자가 가진 자기준거기준이 작동하기 시작한다. 상관습과 문화가 어떻게 협상에 영향을 미치는지가 19장의 중심내용이다.

마케팅 지향성

기업의 마케팅 지향성의 정도는 기업의 이익과 정(+)의 방향으로 상관관계가 있다. 미국기업들이 이러한 개념을 점점 포함시키고 있지만(일반적으로 마케팅 분야에서)[30] 다른 국가의 기업들은 좀 더 전통적인 생산 지향성(소비자들은 널리 보급되는 제품들을 선호한다), 제품 지향성(소비자들은 최고의 품질, 성능 혹은 혁신적 특성을 갖춘 제품들을 선호한다) 그리고 판매 지향성(재촉하지 않고서는 소비자와 기업 모두 충분한 구매를 하지 않는다)에서 벗어나지 못하고 있다. 예를 들어 많은 국가에서 기술진들이 기업 이사회를 장악하고 제품 지향성에 초점을 맞춘다. 그러나 수익성이 좋은 미국기업들은 매장에서 재무 부서원들까지 모든 조직 구성원들이 마케팅 정보(소비자의 선호, 경쟁자의 활동상황 그리고 규제기관의 결정들)를 생산하고 전파시키며 그에 대응하도록 권장하거나 보상을 받도록 강력한 마케팅 지향성을 받아들였다.

---

[30] John F. Gaski and Michael J. Etzel, "National Aggregate Consumer Sentiment toward Marketing: A Thirty-Year Retrospective and Analysis," *Journal of Consumer Research* 31 (2005), pp. 859–67.

최근에 연구자들은 문화적인 설명 등 여러 복잡한 이유로 마케팅 지향성이 미국 이외의 국가에서는 드물다는 것을 실증적으로 증명하였다.[31] 그리고 글로벌 기업의 경우 다양한 사업 조직전반에 걸쳐 마케팅 지향성을 북돋우는 것이 어려울 수 있다.[32]

국제경영에서 성적 편견

LO3
국가 간 성적 편견의 범위와 시사점을 이해한다.

남성 경영자에 대한 근거 없는 믿음과 함께 여성 경영자에 대한 성적 편견을 가진 몇몇 국가들로 인하여 미국 다국적기업들은 여성에게 국제적인 업무를 부여하는데 주저하고 있다.

여성이 미국 노동력의 절반 이상을[33] 차지하고 있지만 여성은 국제적인 업무에 배정된 전체 피고용자중 상대적으로 낮은 비율(20% 미만)을 차지하고 있다. 그 원인으로 여성이 외국에서 성공하기 위한 능력 부족이 가장 많이 언급된다. 한 임원의 말을 인용하면, "전반적으로 미국의 여성 임원들은 미국인 남성 임원보다 외국에서 주어진 업무에 대해 성공적이지 못하다." 많은 사람들이 불행하게도 그러한 태도를 공유하고 있고 남성 중심적인 사회에서 여성의 전통적인 역할은 현지국 동료들과의 성공적인 업무관계 수립을 어렵게 한다. 사람들이 자주 하는 질문 중의 하나가

여성에 대한 성적 학대를 방지하는 두 가지 방법. 동경의 세계은행에서 컨설턴트로 근무하는 미카 콘도 쿠니에다는 "저는 오전 7시 20분에서 9시 20분 사이에 운행하는 여성전용 특별 지하철을 이용합니다. 이 열차는 치한들이 여성들을 더듬고 성추행을 한다는 여성들의 불만으로 2005년에 만들어졌습니다. 저도 어렸을 때 몇 번 그런 일을 당했고 지금 생각해도 수치스러운 기억입니다. 극심하게 혼잡한 지하철 내에서 타인들의 움직임에 대해 어떤 식으로 위치를 잡아야 하는지를 배워야 했습니다. 지금은 여성 전용 시간대에 무심코 차량에 올라탄 남자들이 매우 당황해하는 것을 보곤 합니다!"[34] 사우디아라비아 리야드에서 찍힌 사진과 같이 코란에서도 온몸을 옷으로 가리도록 구체적인 명시를 하고 있다.

[31] Sin et al., "Marketing Orientation"; John Kuada and Seth N. Buatsi, "Market Orientation and Management Practices in Ghanaian Firms: Revisiting the Jaworski and Kohli Framework," *Journal of International Marketing* 13 (2005), pp. 58–88; Reto Felix and Wolfgang Hinck, "Market Orientation of Mexican Companies," *Journal of International Marketing* 13 (2005), pp. 111–27.

[32] Paul D. Ellis, "Distance, Dependence and Diversity of Markets: Effects on Market Orientation," *Journal of International Business Studies* 38 (2007), pp. 374–86.

[33] "We Did It!" *The Economist*, January 2, 2010, p. 7.

[34] "Eye on the World," *Marie Claire*, April 2007, p. 134.

CROSSING BORDERS 5.3 비록 느리지만 문화는 변화한다.

서울

한국의 기업문화 중에서 유서 깊은 문화인 회식과 관련해서 온라인 게임 기업의 38살 관리자는 한 달에 두 번 10명의 팀원을 데리고 업무 종료 후 음주 회식을 한다. 그는 팀원들에게 음주를 열심히 권하는데 여기에는 주량이 맥주 두 잔으로 음주를 싫어하는 29살의 그래픽 디자이너도 포함된다. 그녀는 어느 날 밤 "술을 안마시면 나한테 물먹을 수도 있다."라는 소리를 상사로부터 들었다.

음주를 거부하면 그녀의 경력에 흠집이 생길까봐 두려워 술을 마셨다. 그러나 결국 더 이상 술을 마실 수 없어 그녀는 사직하게 되고 회사를 상대로 소송을 걸었다. 5월에 서울고등법원은 부하 직원에게 술을 강요하는 것은 불법이라고 판결하고 해당 남성 관리자에게는 인격침해로 유죄판결을 내렸다. 2004년에 법원은 그녀에게 미화 32,000달러를 지불하도록 명령하였다.

이 판결은 한국의 회사생활에서 여성의 비중이 증가하는 증거이며 한국 사회에서 일어나고 있는 변화를 확인할 수 있는 사건이었다. 기업 내에 여성 전문가가 증가함에 따라 한국 기업은 음주 태도 변화를 시작으로 기업문화 혁신에 노력하고 있다.

동경

카요코 무라의 경험은 여성 근로자들에 대한 일본 기업의 전향적인 태도변화를 설명해준다. 무라가 16년 전 회계 일을 그만두었을 때 거대 식품기업인 카고메(Kagome)는 이를 만류하지 않았다. 그녀는 결혼 준비 중이었고 그녀와 남편이 거주하는 동경으로 이직시켜 줄 것을 회사에 요청할 수 있는 분위기가 아니었다.

그러나 지난 여름 이제 44살이 되어버린 무라를 카고메의 동경 사무실에서 찾았고 그녀가 일했던 바로 그 업무를 다시 해주기를 요청했다. 회사는 그녀가 컴퓨터 시스템에 익숙해지도록 시스템 엔지니어까지 붙여주었다. 카고메는 일주일에 3일 6시간 근무하는 파트타임직을 요청했고 무라는 이를수락 하였다. "우리가 교육 훈련에 많은 시간과 비용을 지불한 후 사직하는 많은 여성들이 있습니다. 회사 입장에서 그들을 다시 고용하지 않는다는 것은 자원의 낭비입니다."라고 카고메의 여성 대변인인 토모코 손은 밝혔다.

오슬로

2008년 초반 노르웨이의 공기업은 이사회 임원 중 최소 40% 이상을 여성으로 채워야 했다. 2003년 법령이 통과되기 전에는 이사회의 단지 7%만이 여성이었다. 그러나 그림 5.2에서 보듯이 2008년에는 75개 기업이 주어진 할당량을 채우진 못했지만 이 숫자가 36%로 빠르게 증가하였다. 스타톨리(Statoli)의 이사회 의장인 그레이스 렉스턴 스카우겐은 여성이 가지는 장점을 다음과 같이 설명한다: "여성은 남성보다 자신의 업무를 더 잘 수행해야 한다고 생각하며, 또 사람들에게 어려운 질문들을 물어볼 수 있는데 그 이유는 사람들이 여성들은 잘 모를 거라고 생각하기 때문에 편하게 질문할 수 있는 것이다." 렉스턴 스카우겐은 노르웨이에서 2007년 최고의 이사회 의장으로 선출되었다.

출처: Norimitsu Onishi, "Corporate Korea Corks the Bottle as Women Rise," *The New York Times*, June 10, 2007, pp. 1, 4; Miho Inada, "Japanese Companies Woo Women Back to Work," *The Wall Street Journal*, July 23, 2007, pp. B1, B3; Siri Terjesen and Val Singh, "Female Presence on Corporate Boards: A Multi-Country Study," *Journal of Business Ethics* 85 (2008), pp. 55–63; "We Did It!" *The Economist*, January 2, 2010, p. 7.

과연 여성 관리자가 많지 않은 문화권에 여성 임직원을 파견했을 때 그곳의 현지인들과 사업수행이 가능할지에 대한 것이다. 여성 관리자를 인정하지 않는 국가의 사람들은 외국인 여성 관리자도 인정하지 않을 것이라는 생각이 몇몇 사람들에게는 논리적으로 들린다.

아시아, 중동아시아 그리고 중남미와 같은 여러 문화에서 고위 여성 임원을 찾기 힘들고(그림 5.2 참조) 남성과 여성은 다르게 취급받는다. 게다가 여성과 남성 지도자의 이상적인 리더십 또한 문화마다 다르다.[35]

[35] Lori D. Paris, Jon P. Howell, Peter W. Dorfman, and Paul J. Hanges, "Preferred Leadership Prototypes of Male and Female Leaders in 27 Countries," *Journal of International Business Studies* 40 (2009), pp. 1396–405.

그림 5.2

여성 임원의 비율

출처: Siri Terjesen and Val Singh, "Female Presence on Corporate Boards: A Multi-Country Study," *Journal of Business Ethics* 85 (2008), pp. 55–63.

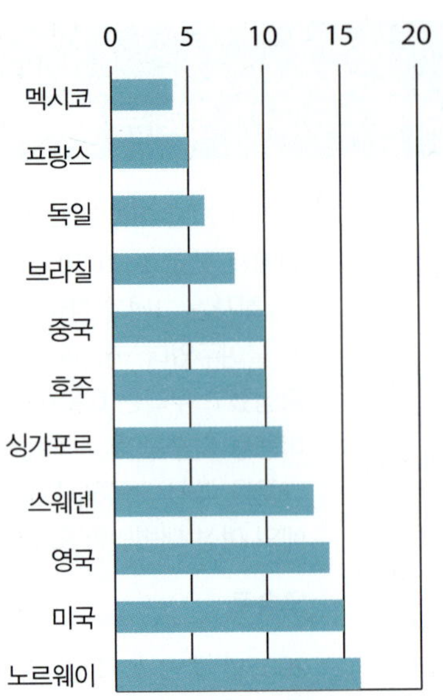

실제로 최악의 신문 머리기사는 "100만 명의 여성들이 사라지는 곳, 아시아"이다. 이 기사는 1991년 인터네셔널 헤럴드 트리뷴지(IHT)[36]에 실린 것으로 전 세계 성비가 대략 여아 100명당 남아가 105명이라는 점을 지적하고 있다. 그러나 미국과 일본과 같이 여성이 남성보다 장수하는 나라에서는 인구 구성비가 대략 여성 100명당 96명이 남성이다. 현재 다른 아시아 지역에서 여성 100명당 남성의 수는 한국 102명, 중국 103명, 인도 109명, 그리고 파키스탄 106명이다. 이 기사는 태어나면서부터 시작되는 여성에 대한 체계적인 차별을 설명하고 있다. 현재 전 세계에서 불법적인 태아 감별 후 낙태 결정을 위해 사용되는 초음파 진단 기구가 아직도 사용되고 있고 이러한 여성들에 대한 편견은 심각한 여성 부족 현상을 만들어 내고 있다.

해외의 여성에 대한 심각한 편견에도 불구하고 외국 여성 임원들에 대한 편견은 과장되어 있다. 또한 자국 여성에 대한 대우가 필연적으로 외국 여성 기업인을 그 국가에서 어떻게 대우하는가를 나타내는 척도는 아니라고 주장하는 연구결과들도 있다. 서로 다른 문화권에서 남성과 여성이 동일하게 인식된다는 말은 사실이 아니지만, 그러한 인식의 차이들로 인해 여성 관리자가 외국의 근무지에서 성공할 수 없다고 주장하는 것은 옳지 않다.

국제경영에서 성공의 열쇠는 대부분 기업의 지원 여부에 전적으로 달려 있다. 여성 관리자가 제대로 교육을 받고 회사로부터의 지원을 받는다면 그 여성 관리자는 회사의 대표로서 적절한 존경을 받을 수 있다. 여성 관리자가 국제경영에서 성공하기 위해서는 해당 여성 관리자가 일하고 있는 문화권에서 바로 신뢰감을 얻을 수 있도록 적당한 직함과 지원 체계 및 보고 체계를 마련해주어야 한다.[37] 간단히 말해, 기업조직의 힘으로 여성 관리자에 대한 저항을 없애거나 예상보다 줄일 수 있다. 일단 사업 협상이 시작되면 계약 체결에 대한 의지와 서로에 대한 존경심의 정도가 증가될 수도 감소될 수도 있는데 이는 성별과 상관없이 협상에 참여한 사람들의 사업 역량에 달려있다. 한 기업체의 여성 임원이 지적하듯이 "여성 임원에게 국제 업무의 가장 어려운 측면은 파견된 뒤의 문제가 아니라 파견될 수 있냐는 것이다."

독일을 제외한 대부분의 유럽 국가에 있는 모든 직급의 여성 관리자의 수를 미

---

[36] See January 7, 1991, p. 1.

[37] Nancy J. Adler, *International Dimensions of Organizational Behavior* (Mason, OH: Southwestern College Publishing, 2007).

국과 비교해볼 수 있다. 국제노동기구(ILO)는 전체 관리자 자리 중에 여성의 비중이 미국은 43%, 영국은 33% 그리고 스위스에서는 28%라고 발표했다. 그러나 독일에서는 상황이 다르다. 한 경제관련 출처에 따르면 독일 여성 임원의 관리자 비중은 9.2%를 차지하고 승진경쟁에서 남성 동료들로부터 강한 저항에 직면하게 된다고 한다. 그러나 몇몇 독일 기업들은 상황을 호전시키려는 노력을 하고 있다. 여성을 임원으로 승진시키기 위하여 루프트한자 항공사와 7개 다른 기업들이 택한 방법은 소위 교차 멘토링(cross-mentoring)이라 불리는 제도이다. 특정 기업의 고위 임원이 다른 회사의 여성 관리자들에게 조언을 해주는데 이는 기존의 남성 관리자들이 성공적으로 승진 사다리를 오르는 것을 가능케 해준 오래된 남성 위주의 네트워크를 여성 관리자들이 이용할 수 있도록 도와주는 노력이다.[38]

세계 시장의 글로벌화가 이루어지고 국제 경쟁이 심화됨에 따라 미국 기업들은 신입직원부터 최고경영자까지 최고 인력들로 자신들을 대표할 필요가 생겼다. 한 연구에 따르면 글로벌 기업들은 고위급 임원들에게 국제적 경험을 요구한다. 국제적 경험을 보유한 임원들은 승진 가능성이 높고 더 높은 보상을 받으며 그리고 더 오랜 기간 재임기간을 가진다. 국제적 경험의 부족이 미국 경제계의 유리천장(여성차별) 철폐노력에 구조적 장벽으로 작용해서는 안 된다. 단순히 성별을 이유로 인재들의 모집단을 제한하는 것은 근시안적인 생각이다. 좋은 소식은 세계적으로 여성 관리자들과 관련된 많은 문제들이 개선되고 있고 다국적 기업에서 성(性)과 관련된 연구 주제들도 많은 주목을 받고 있다.[39]

이 장 초반에 나온 포드 자동차의 여성 임원은 어떠한가? 그녀는 그 이야기를 들려줄 때 그리 즐겁지 않았다. 그러나, 다른 사람들(동료, 그녀의 상위 감독자 그리고 일본 측 상대방)의 말에 따르면 첫 번째 접촉만 가지고만 본다면 일본 내에서 성공하기가 어려운 상황이었다. 그녀가 지속적으로 효과적인 업무가 가능했던 이유는 그녀의 동료인 남성 직원들의 강력한 지원과 일본에서 인간관계의 중요성을 잘 인식하고 있었기 때문이다. 그녀는 다음과 같이 설명하고 있다.

> 역시 일본인 고객과 일하는 내 남편과 나는 제휴기업인 마즈다 직원들이 디트로이트를 방문할 때 대표적인 미국 식사를 제공하기로 했다. 그래서 우리는 3명을 집에 초대하였다. 우리는 이런 행동이 서로를 잘 알 수 있는 친밀한 방식이라고 생각했고 일본

[38] For broader information about global women's equality (including scores for economic participation and opportunity), go to http://www.weforum.org for the *World Economic Forum's Gender Gap Index*, 2007. On the economic opportunity scale, the United States ranks third, Norway eleventh, Germany thirty-second, Japan eighty-third, and Saudi Arabia one hundred-fi fteenth, last on the list of 115 countries.

[39] For example, see K. Praveen Parboteeah, Martin Hoegl, and John B. Cullen, "Managers' Gender Role Attitudes: A Country Institutional Profi le Approach," *Journal of International Business Studies* 39, no. 5 (2008), pp. 795–813; William Newburry, Liuba Y. Belkin, and Paradis Ansari, "Perceived Career Opportunities from Globalization Capabilities and Attitudes towards Women in Iran and the U.S.," *Journal of International Business Studies* 39, no. 5 (2008), pp. 814–32.

인들에게 담백한 미국 가정식 요리를 제공하였다. 저녁 무렵 소문이 났고 저녁 식사에는 13명이 모였다. 그들은 자신들을 스스로 초대한 것처럼 미팅을 바꾸고 심지어는 시카고 자동차 전시회에서 비행기를 타고 온 사람도 있었다. 우리는 즐거운 시간을 보냈고 그들은 처음으로 나를 사업 동료이자 어머니와 아내인 사람으로 보기 시작했다. 우리는 가족과 사업 얘기를 했지만 세부적인 내용이 아닌 세계 경제와 자동차 산업 일반에 대해 이야기를 나누었다.[40]

기업윤리

LO4
기업윤리에서 문화적 차이의 중요성을 이해한다.

무엇이 옳고 적정한 것인가라는 도덕적 의문은 국내 마케터들에게 많은 딜레마를 제기한다. 한 나라 안에서조차 윤리적 기준은 정의하기 어렵고 항상 명확한 것은 아니다. 기업윤리 문제는 국제시장에서 대단히 복잡한데 그 이유는 가치판단이 다양한 문화집단 사이에서 매우 다르기 때문이다.[41] 한 국가에서 옳다고 상식적으로 받아들여지는 것이 다른 나라에서는 전혀 받아들여지지 않을 수 있다. 물론 예외도 있는데 적어도 한 연구에 따르면 윗사람을 설득하는 도덕적 규범은 41개국에 걸쳐 상대적으로 일관되게 나타난다.[42] 예를 들어 고가의 사업상 선물은 미국에서 일반적으로 비난받을 행동이지만 세계의 많은 나라에서는 선물이 받아들여질 뿐만 아니라 오히려 선물을 기대하기도 한다.[43]

부정부패의 정의

실제로 언어에 관해 논의했던 바와 같이 부정부패라는 단어의 의미는 전 세계에 걸쳐 상당히 다르다. 마르크시즘이 여러 관점에서 교육체계상의 중요한 부분이었던 옛 공산주의 국가들에서는 이익이 부정부패의 한 종류로 비추어진다.

미국 경영자들이 필수적이라고 생각하는 것을 다른 사람들은 착취의 표시라고 생각한다. 미국인에게 아주 중요한 개인주의도 부정부패의 한 종류로 비추어질 수 있다. 일본에는 "모난 돌이 정 맞는다."라는 표현이 있다. 인도에서는 많은 사람들이 인도사회의 쇠퇴를 엠티비(MTV)에서 조장되는 만연한 소비지상주의의 결과라고 생각한다. 이번 세기에 접어들면서 나타난 만연한 소비지상주의는 미국 경제 부흥의 한 요인이기도 하다. 어떤 나라에서는 성적이고 폭력적인 내용으로 가득한 미국의 성인용 영화만큼 사악한 것도 없다. 중국 정부는 중국에서의 포교 활동과 종교적 활

---

40 Hodgson, Sano, and Graham, *Doing Business with the New Japan*.

41 Pallab Paul, Abhijit Roy, and Kausiki Mukjhopadhyay, "The Impact of Cultural Values on Marketing Ethical Norms: A Study in India and the United States," *Journal of International Marketing* 14 (2006), pp. 28–56; Jatinder J. Singh, Scott J. Vitell, Jamal Al-Khatif, and Irvine Clark III, "The Role of Moral Intensity and Personal Moral Philosophies in the Ethical Decision Making of Marketers: A Cross-Cultural Comparison of China and the United States," *Journal of International Marketing* 15 (2007), pp. 86–112; Srivatsa Seshadri and Greg M. Broekemier, "Ethical Decision Making: Panama-United States Differences in Consumer and Marketing Contexts," *Journal of Global Marketing* 22 (2009), pp. 299–311.

42 David A. Ralston, Carolyn P. Egri, Maria Teresa de la Garza Carranza, and Prem Ramburuth, and 44 colleagues, "Ethical Preferences for Infl uencing Superiors: A 41 Society Study," *Journal of International Business Studies* 40 (2009), pp. 1022–45.

43 See http://www.ethics.org and http://www.business-ethics.org for more pertinent information.

교황 베네딕트 16세는 해리포터 책과 영화가 그들이 제대로 성장하기 전에 어린이들이 가지게 될 그리스도교 정신을 심각하게 왜곡시킬 수 있다고 저술하였다. 그러는 사이 안토니오 반데라스는 마드리드에서 슈렉2를 개봉할 때 나타나 유럽 사람들이 쉽게 그 영화를 받아들일 수 있도록 하였다. 어떤 경우든 어린아이들을 대상으로 하는 제품과 서비스는 전 세계 부모와 규제 당국으로부터 특별한 주목을 받기 마련이다.

동을 파괴적이고 잠재적 위험이 있는 것으로 간주한다. 아프리카 사하라 사막 이남의 많은 사람들은 서구의 지적 소유권 관련 법규가 수백만 명을 치료할 수 있는 에이즈(AIDS) 치료약의 보급을 방해하는 일종의 착취라고 간주한다. 1997년에서 1998년 사이의 금융위기 기간 중 많은 동남아시아 정부 지도자들은 환투기를 최악의 부정부패로 매도하였다.

마지막으로 초반에 언급한 2003년 바비 인형의 동질화 현상을 기억해보자. 이 책의 전편에서 예측한 내용들은 다음과 같다. "요즘 일본에서 바비 인형이 인기가 많다. 이런 애정이 오래가기를 바라지만 그럴지는 자신할 수가 없다. 한 논문에서 마텔이 아이들을 대상으로 마케팅 조사한 결과를 기술하였다. 그러나 부모에 대해 마케팅 조사를 하였다는 언급은 없었다.[44] 가슴이 큰 노란머리의 인형을 자신들의 아이들에게 파는 행위는 일부 아시아인 부모들 그리고 아마도 공무원들에게도 부정부패로 받아들여질 수 있다고 확신한다. 특히 미국이 군사적 그리고 경제적 패권을 추구하는 국가로 인식되는 국가에서는 미국의 상징에 대한 강한 반발이 나타날 것이다. 바비 인형, 지아이 죠, 그리고 다른 장난감을 조심하라고."

마텔에 대한 우리의 비판은 세 가지 점에서 정확하다고 할 수 있다. 첫째, 글로벌 표준화가 이루어진 후에 전 세계적으로 바비 인형의 매출은 감소하였다. 둘째, 부모와 정부가 반발을 하였다. 가장 큰 사건은 사우디아라비아 정부의 바비 인형 금지 정책이다. 사우디 정부는 선행의 보급과 악의 예방을 목적으로 하는 사우디 위원회의 웹사이트에서 다음과 같이 강조하였다. "노출이 심하고 민망한 자세와 액세서리 그

[44] Lisa Bannon and Carlta Vitzthum, "One-Toy-Fits-All," *The Wall Street Journal*, April 29, 2003, p. A1.

글로벌 경제와 중국의 수출이 침체됨에 따라 북경에서는 내수 소비에 의한 성장 엔진의 회복이라는 희망을 가지고 특정 조건에 부합하는 경우 자동차와 부동산 취득에 대한 세제 감면을 시행하였다. 오른쪽을 보면 10월 어느 날 바비 인형을 판매하는 가게 밖에서 남자와 여자가 휴식을 취하고 있다. 노란 머리의 바비 인형이 중국의 아이들을 타락시키지 않은 게 확실하다.

리고 기타 장신구를 가진 유대 바비 인형은 변태적인 서구의 퇴폐를 보여주는 대표적인 상징이다. 바비 인형의 위험성을 잘 인식하고 조심해야 한다."[45] 셋째는 마텔의 전략은 오히려 다민족으로 구성된 브랏츠, 라잔느 그리고 중동지역에서 풀라를 판매하는 경쟁자인 MGA 엔터테인먼트의 매출을 증가시켜 주었다. 라잔느와 풀라는 둘 다 무슬림 소녀와 부모를 염두에 두고 디자인 되었다.

풀라는 빨간색으로 부분 염색한 허리길이의 검은 머리, 갈색 눈동자를 가진 둥근 얼굴, 황갈색 피부, 바비보다 작은 가슴 그리고 팔꿈치와 무릎을 가리는 의상을 가지고 있다. 8장의 마케팅 조사와 관련해서 이 주제를 다시 다루기로 하고 지금부터는 바비 인형에서 또 다른 부정부패의 한 종류인 뇌물로 주제를 전환하고자 한다.

뇌물에 대한 서구적 관점

엔론, 월드콤 그리고 매도프 사건 전에, 대부분의 미국인에게 부정부패란 단어의 의미는 뇌물이었다. 요즈음에는 사기죄가 지금은 미국 신문의 주요기사로 자리 잡고 있다.[46] 그러나 독일의 거대기업인 지멘스와 뇌물 수수혐의로 사형된 중국의 식품의약청 최고위 공무원이 연관된 사례에서 보듯이 외국의 고위층과 관련된 뇌물사건의 사례들은 국제경영의 법적 · 윤리적 복잡성을 두드러지게 한다. 1970년대 국제시장에 참여했던 미국 기업들이 외국에서 정치적인 대가를 지불한 것이 공개적으로 폭로됨에 따라 뇌물은 전 미국의 화제가 되었다. 당시에 미국에는 외국에서의 뇌물금지를 규정한 법규가 없었다. 그러나 미국의 증권거래위원회(SEC) 규정은 상장된 기업에 대해서는 모든 기업 비용에 대한 정보를 대중에게 공개할 것을 요구하고 있다. 지불

[45] "Saudis Bust Barbie's 'Dangers,'" *CBS News*, September 10, 2003.

[46] Robert J. Rhee, "The Madoff Scandal, Market Regulatory Failure and the Business Education of Lawyers," *Journal of Corporation Law* 35, no. 2 (2010), pp. 363–92.

표 5.3

국제투명성기구의 부패인식지수

숫자가 클수록 뇌물 수수가 덜 만연되어있다는 의미임. 상위 25개국과 하위 25개국은 다음과 같다; 최근의 완전한 자료는 http://www.transparency.org 참조

출처: Corruption Perceptions Index 2009. Used by permission of Transparency International. The most recent updated Index is available at http://www.transparency.org.

순위	국가	CPI 점수	순위	국가	CPI 점수
1	뉴질랜드	9.4	154	파라과이	2.1
2	덴마크	9.3	154	예멘	2.1
3	싱가포르	9.2	158	캄보디아	2.0
4	스웨덴	9.2	158	중앙아프리카 공화국	2.0
5	스위스	9.0	158	라오스	2.0
6	핀란드	8.9	158	타지키스탄	2.0
6	네덜란드	8.9	162	앙골라	1.9
8	호주	8.7	162	콩고 브라자빌	1.9
8	캐나다	8.7	162	콩고 민주공화국	1.9
8	아이슬란드	8.7	162	기니비사우	1.9
11	노르웨이	8.6	162	키르기스스탄	1.9
12	홍콩	8.2	168	부룬디	1.8
12	룩셈부르크	8.2	168	적도 기니	1.8
14	독일	8.0	168	기니	1.8
14	아일랜드	8.0	168	이란	1.8
16	오스트리아	7.9	168	아이티	1.8
17	일본	7.7	168	투르크메니스탄	1.8
17	영국	7.7	174	우즈베키스탄	1.7
19	미국	7.5	175	차드	1.6
20	바베이도스	7.4	176	이라크	1.5
21	벨기에	7.1	176	수단	1.5
22	카타르	7.0	178	미얀마	1.4
22	세인트루시아	7.0	179	아프가니스탄	1.3
24	프랑스	6.9	180	소말리아	1.1
25	칠레	6.7			

내용이 적정하게 공개되지 않았기에 많은 기업 임원들이 미국 증권거래위원회(SEC) 규정 위반혐의로 기소될 운명에 처해있었다. 이 일은 공시를 하지 않은 사실보다 더 크게 주목 받았는데 그 이유는 윤리에 관한 기본적인 의문에 국가적인 관심이 쏠렸기 때문이다. 재계의 변명은 뇌물이 전 세계 어디서나 생활방식의 한 부분이라는 것이다. 뇌물을 주지 않으면 사업을 할 수 없다는 것이다. 뇌물관련 의사결정은 윤리적으로 올바른 것과 기업에 필요한 이익간의 상호충돌을 발생시킨다. 많은 글로벌 경쟁자들은 뇌물이 사업 목표 달성을 위한 필요 수단이라고 인식하고 있다. 미국 기업들의 가장 큰 불만은 다른 국가들은 미국처럼 엄격한 법규를 가지고 있지 않다는 것이다. 미국이 전 세계적인 뇌물금지법을 옹호함에 따라 경제협력개발기구(OECD), 미주기구(OAS) 그리고 유엔민사처(UNCAC)의 회원국들로부터 일련의 합의를 이끌어낼 수 있었다. 거래 방식에 대한 오랜 고민 끝에 뇌물과 기타 다른 형태의 부정부패는 점차 범죄시되고 있다.

세계 지도자들은 민주주의란 자기 정부의 도덕성에 대해 국민들이 가지는 신뢰 수준에 달려있고 뇌물이 경제 자유화를 해친다는 것을 깨닫기 시작했다. OAS, OECD 그리고 UNCAC의 활동은 전 세계 교역 국가들 대부분으로 하여금 과거 보다 더 높은 수준의 윤리적 행동을 의무적으로 요구한다.

국제투명성기구(Transparency International)[47]라 불리는 국제기구는 "효과적인 법률, 정치 그리고 반부패 프로그램을 수립하고 수행하는 정부들을 독려하는 국가적 또는 국제적 연대를 통하여 부정부패를 추방하기 위한 목적을 가지고 있다." 많은 학자들이 정보의 이용가능성과 낮은 수준의 부정부패 수준 간의 명확한 관계를 찾아냄으로써 "국제투명성기구"가 매우 통찰력 있는 기관임을 증명하였다.[48] 국제투명성기구의 다양한 활동들 중의 하나는 기업가, 정치 분석가 그리고 일반 대중들을 설문 조사하여 180개국의 부패지수를 결정하는 것이다. 표 5.3의 일부에서 보이듯이 부패인식지수(CPI)에서 10점 만점에 9.4를 받은 뉴질랜드가 부정부패가 가장 적은 나라로 인식되고 1.1을 받은 소말리아는 가장 부패한 나라로 인식되었다. 국제투명성기구는 또한 뇌물이 오가는 22개국의 순위를 매기는데 표 5.4에 모두 소개되어 있다. 국제투명성기구의 의도는 악당들을 드러내서 그들을 비난하고자 하는 것이 아니라 건설적인 행동으로 이어질 수 있는 공공의식을 제고시키는 것이다. 사람들이 예견했듯이 낮은 점수를 받은 국가는 그리 기분이 좋지 않겠으나 그 효과는 국민들의 분노를 일으키고 세계 여러 나라 국회에서 논쟁을 불러 일으켰다. 그게 바로 국제투명성기구의 목적이다.

국제투명성기구의 부패인식지수에서 가장 주목할 만한 자료는 일본인데 1998년 5.8점에서 2009년 7.7점으로 지난 수세기 빠르게 성장하였다. 비교대상으로 미국은 같은 기간 동안에 7.5점을 계속해서 유지해왔다. 크고 부유한 국가 중 이렇게 빨리 순위가 상승한 국가는 드물다. 국제투명성기구에 따르면 최소한 현재 미국이 일본보다 더 부패한 국가다. 중요한 수출국인 두 나라간의 차이가 미미해도 일본을 부패한 국가라고 비난하던 나이 많은 미국인들에게는 이 수치가 당황스럽기만 하다.

실지로 일본은 사람들이 생각하기에 뇌물에 호의적인 관계 지향적 문화를 가지고 있음에도 일본이 비즈니스 체계에서 부정부패를 성공적으로 감소시킨 것은 매우 놀랄만한 일이다. 마지막으로 비평가들은 이상하게도 앞서 언급한 OECD 반뇌물 회의(일본과 미국은 1999년에 가입하였다)형태와 같은 외부 압력의 영향에 대해서는 말이 없다. 오랜 기간 이를 지켜본 관계자는 일본에서의 주요한 변화는 이와 같은 외부의 영향이 크다고 주장한다. 그래서 1999년~2001년은 일본 입장에서 부정부패와의 싸움에서 중요한 전환점이다.

---

47 http://www.transparency.org.

48 Cassandra E. DiRienzo, Jayoti Das, Kathryn T. Cort, and John Burbridge Jr., "Corruption and the Role of Information," *Journal of International Business Studies* 38 (2007), pp. 320–32.

표 5.4

국제투명성기구의 뇌물공여지수*

점수가 높을수록 국제적으로 낮은 수준의 뇌물 공여를 의미함.

출처: Reprinted from Bribe Payers Index. Copyright © 2009, Transparency International: the global coalition against corruption. Used with permission. For more information, visit http://www.transparency.org.

순위	국가	2008
1	벨기에	8.8
1	캐나다	8.8
3	네덜란드	8.7
3	스위스	8.7
5	독일	8.6
5	일본	8.6
8	호주	8.5
9	프랑스	8.1
9	싱가포르	8.1
9	미국	8.1
12	스페인	7.9
13	홍콩	7.6
14	남아프리카공화국	7.5
14	한국	7.5
14	대만	7.5
17	브라질	7.4
17	이탈리아	7.4
19	인도	6.8
20	멕시코	6.6
21	중국	6.5
22	러시아	5.9

* 다음과 같은 질문을 하고 그에 대한 응답에 근거하여 작성됨: 귀하가 잘 알고 있는 사업 분야에서 다음 중 어떤 국가의 기업들이 귀하의 국가(응답자의 국가)에서 사업권을 획득하거나 유지하기 위하여 뇌물을 지불하거나 지불할 의사가 있다고 생각하십니까?

국제투명기구의 부패인식지수는 뇌물의 원인과 결과에 대한 학문적 연구에도 유용하다는 것이 증명되었다. 4장(그림 4.2)의 문화 기원과 구성요소에 관한 내용과 일관되게 정치 경제적 측면에서 저소득 국가와 과거 공산국가의 뇌물 수준이 더 높았다. 덧붙여 좀 더 집단적(IDV)이고 권력거리(PDI)가 먼 국가일수록 뇌물 수준이 더 높다는 것이 밝혀졌다. 게다가 기업들은 뇌물수준이 높고 미국의 해외부정거래방지법(Foreign Corrupt Practices Act)과 같은 법적 제한이 많은 해외국가에서 사업하기를 주저한다.[49] 그리고 일반적으로 기업들은 부정부패가 만연한 국가에 투자하는 것을 기피하는 경향이 있다.[50]

[49] H. Rika Houston and John L. Graham, "Culture and Corruption in International Markets: Implications for Policy Makers and Managers," *Consumption, Markets, and Culture* 4, no. 3 (2000), pp. 315–40; Jennifer D. Chandler and John L. Graham, "Relationship-Oriented Cultures, Corruption, and International Marketing Success," *Journal of Business Ethics* 92(2) (2010), pp. 251–67.

[50] Utz Weitzel and Sjors Berns, "Cross-Border Takeovers, Corruption, and Related Aspects of Governance," *Journal of International Business Studies* 37 (2006), pp. 786–806; Alvaro Cuervo-Cazurra, "Who Cares about Corruption," *Journal of International Business Studies* 37 (2006), pp. 807–22.

마지막으로 다국적기업의 임원들이 부정부패가 심한 국가에서 윤리적으로 행동함으로써 현지국의 기업들이 좀 더 윤리적인 기업행위를 수행하는데 자극을 준다.[51]

뇌물: 변주곡

뇌물은 법과 관련된 주제이지만 뇌물에 대한 서로 다른 태도를 이해하기 위해 문화적 배경에서 뇌물을 바라보는 것 또한 중요하다. 문화적으로 뇌물에 대한 태도는 사람마다 매우 다르다. 어떤 문화에서는 뇌물을 받는 것에 대해 좀 더 개방적인 반면에 미국과 같은 나라에서는 그러한 행동은 공개적인 멸시를 받는다. 그러나 미국 기업들은 도덕과는 거리가 멀다. 국제투명성기구의 C학점(7.2)은 적정하다고 생각한다. 아무리 최소한으로 생각해도 정치적 힘이 있는 사람이 국민의 이익을 희생하여 불법적인 계약으로 자신들의 부를 늘이는 것을 적절하다고 생각하는 사람들은 그 어떤 나라에도 없다. 뇌물의 문화를 이해하기 위한 첫 번째 단계는 뇌물이라는 단어로 묶을 수 있는 다양한 변형들을 고찰해보아야 한다. 이런 광의의 의미에서 뇌물이란 매수 또는 직무상 부당 취득에서 사업을 원활하게 하려는 윤활유(급행료)까지 다양하다.

뇌물과 직무상 부당 취득 뇌물과 직무상 부당 취득간의 구별은 어떤 행동이 자발적 금전제공에 의한 것인지 누군가의 요구에 의한 것인지에 달려 있다. 불법적인 이득을 목적으로 누군가에 의해 자발적으로 제공된 지불은 **뇌물**이다. 예를 들어 기업의 임원이 원래보다 관세를 적게 낼 목적으로 수입되는 물품의 공식적 품목분류를 불법적으로 변경하는 대가로 정부 관리에게 금전을 제공하는 것은 뇌물이다. 그러나 요직에 있는 누군가의 강압 하에 법적으로 권리가 있는 것들을 취하고자 하는 사람으로부터 금전지불이 이루어졌다면 이는 직무상 **부당 취득**이다. 한 국가의 재무 장관이 수백만 달러의 계약을 무효화시킬 수 있다고 협박하여 많은 금액을 요구하는 것은 직무상 부당 취득의 사례이다.

표면적으로는 직무상 부당 취득은 도덕적으로 그리 나쁜 것처럼 보이지 않는다. 왜냐하면, “돈을 안주면 계약을 할 수가 없어요.” 혹은 “그 나쁜 공무원이 그렇게 하게 만들었어요.” 등의 변명이 가능하기 때문이다. 그러나 그것이 법적으로는 몰라도 도덕적으로는 옳은 것이 아니다. 물론 미국에서는 이마저 법적으로 옳지 않은 행동이다.

급행료와 매수 뇌물의 또 다른 변형은 **급행료**와 매수의 차이이다. 급행료는 이러한 종류의 뇌물이 법적으로 금지되어 있지 않은 국가에서 하급 관리자들에게 주는 상대적으로 소액의 현금, 선물, 혹은 서비스와 관련되어 있다. 이러한 선물의 목적은 해당 공무원이 정상적이고 법적으로 문제가 없는 일들을 서둘러 처리하게 하거

[51] Yadong Luo, “Political Behavior, Social Responsibility, and Perceived Corruption: A Structural Perspective,” *Journal of International Business Studies* 37 (2006), pp. 747–66; Chuck C. Y. Kwok and Solomon Tadesse, “The MNC as an Agent of Change for Host-Country Institutions: FDI and Corruption,” *Journal of International Business Studies* 37 (2006), pp. 767–85.

나 좀 더 빠르게 진행하게 하기 위함이다. 이런 관행은 세계 여러 나라에서 일상적이다. 하루 종일 걸리는 트럭 하역작업이 몇 시간 내에 이루어질 수 있도록 부두 하역노동자가 좀 더 빨리 일을 하도록 건네는 소액의 금전지불은 급행료의 한 사례이다.

반대로 **매수**는 뇌물 공여자의 이익을 대변하여 공무원이 불법적인 일을 하도록 유혹하기 위한 목적을 가지고 상대적으로 큰 금액을 전달하는 것과 관련 되어 있다. 급행료 성격의 금전 지불은 일을 좀 더 빨리하거나 좀 더 효과적으로 수행하려는 목적이지만 매수는 공무원의 관심을 돌리거나, 직무를 수행하지 못하게 하거나 혹은 법을 어기도록 요구한다.

대리인 보수 뇌물로 보이기도 하고 그렇게 보이지 않기도 하는 세 번째 유형의 금전 지불은 대리인에게 지급하는 보수이다. 특정 국가의 규칙과 법규에 대해 알지 못할 때 그 국가에서 기업을 대표하도록 대리인들이 고용된다. 예를 들어 건축 법규 변경을 위한 항소를 위해 소송절차를 모르는 사람보다 변호사가 더 효과적으로 그리고 완벽하게 일을 마칠 수 있다는 생각 하에 변호사가 고용되기도 한다. 이러한 관행이 보통은 적법하고 유용하기도 하지만 만약 대리인의 보수 일부가 뇌물에 사용되었다면 중개인의 보수는 불법적으로 사용된 것이다. 미국 법에서는 대리인이 뇌물을 주려고 하는 의도를 알고 있는 공무원은 기소를 당하거나 징역형에 처해질 수 있다. 미국의 해외부정거래방지법은 미국 기업들이 공개적으로 뇌물을 공여하고 의식적으로 대리인의 보수 중 일부를 뇌물로 사용하는 것 그리고 뇌물의 중간 매개체로 중개인을 이용하는 것을 금지하고 있다.

변호사, 대리인 및 유통상인 등은 단순히 불법적인 대금지불의 매개체 역할을 할 수 있다. 그 과정은 국가마다 다른 법조문으로 인해 더 복잡해진다. 한 국가에서 불법이라고 부르는 것이 다른 국가에서는 못 본채 받아들여지기도 하고 또 다른 국가에서는 불법이기도 하다.

뇌물이라는 문제에 대해 완전무결한 해답은 없다. 정치적인 뇌물과 다른 형태의 금전지급에 대한 윤리를 일반화시키는 것은 어렵지 않다. 금전을 지불하느냐 혹은 하지 않느냐가 기업의 이윤을 결정하는 상황에서 돈을 지불하지 않는 의사결정을 내리는 것은 더 쉽지 않다. 서로 다른 문화권에서의 윤리적 기준과 도덕수준의 다양성으로 인해 국제경영과 관련된 윤리와 실용주간의 딜레마는 OECD, UN 그리고 OAS 회원국 간의 반부패 협정이 완벽하게 실행되고 다국적 기업들이 직무상 부당이득이나 다른 종류의 뇌물 제공을 거부하기 전까지는 해결될 수가 없다.

미국의 임원들과 기업들이 외국 정부의 관료들에게 뇌물을 공여하는 것을 금지시킨 해외부정거래방지법은 긍정적인 결과를 가져왔다. 미 상무부의 최근 수치에 따르면 1994년 이래로 미국기업은 뇌물을 공여하는 대신에 미화 1,450억 달러에 상당하는 294개의 주요 해외 상거래 계약에서 손을 떼었다. 이 정보는 과거에 인용된 학계에서 나온 증거와 일치한다. 뇌물을 제공하는 미국 기업의 감소를 나타내주는 많은 보고서들이 있지만 어떤 기업들에게는 계약이라는 미끼가 거부하기에는 너무 강력한 경우도 있다. 록히드(Lockheed)는 1970년대에 문제의 소지가 있는 미화 2,200만 달러를 일부 정치인에게 지불하였다. 좀 더 최근에 록히드사는 이집트 군대에 미화 7,900만 달러짜리 3대의 화물기 납품 로비를 위해 이집트 국회의원들에게 180만 달러의 뇌물을 제공한 혐의에 대하여 유죄를 인정하였다. 록히드는 미화 2,500만 달러의 벌금을 지불하고 록히드는 3년간 화물기 수출을 금지 당하였다. 1970년대 록히드의 행동은 미국의 해외부정거래방지법의 통과에 큰 영향을 미쳤다. 록히드는 현재 미국의 어떤 대기업보다도 광범위한 윤리와 법률에 대한 교육 훈련 프로그램을 운영하고 있다.

법규와 제재만으로 부정부패를 끝장 낼 수 있다는 가정은 순진한 생각이다. 부패에 대해 맞서고자 하는 구매자, 판매자 그리고 정부가 윤리적 · 사회적으로 내리는 책임 있는 결단만이 변화를 일으킬 수 있다.

윤리적 · 사회적으로 책임감 있는 결정

윤리적 · 사회적으로 책임 있는 행동 방식은 국내 · 외 모든 기업 행위의 특징이어야 한다. 의도적인 법규 위반, 환경 파괴, 타인의 권리 침해, 부당하게 남을 이용하는 것 혹은 신체적인 손상 등과 같은 문제점들에 대해 우리들 대부분은 사회적으로 책임감 있고 윤리적으로 적절하게 대응하는 법에 대해 선천적으로 잘 알고 있다. 그동안 일부 학자들과 실무자들만이 정치, 부정부패 그리고 기업의 사회적 책임간의 복잡한 관계들에 대한 관심을 갖기 시작했다.[52] 불행하게도 이 어려운 주제들은 명확하지도 않고, 단순히 옳고 그름의 문제도 아니지만 문화적 가치의 차이는 경영자의 판단에 영향을 미친다.[53] 많은 국가에서 국제 마케터들은 여러 가지 잡다한 상황과 관련된 딜레마에 직면하게 되는데 현지 법규가 존재하지 않거나, 현지 관행이 특정 행동을 용인하는 상황들이다. 또한 특정 관행의 준수를 거부하는 기업들보다 필요하면 모든지 한다는 의식을 가진 기업들이 더 선호되는 상황도 포함한다. 요약하면 사회적으로 책임 있고 윤리적으로 행동한다는 것은 국제 마케터들에게 단순한 일이 아니다.

정상적인 경영 활동에서는 의사결정, 정책 수립, 경영활동 수행 시 5개의 큰 범주 안에서 여러 가지 어려움들이 발생한다. (1) 고용정책과 관행 (2) 소비자 보호 (3)

[52] Peter Rodriguez, Donald S. Siegel, Amy Hillman, and Lorraine Eden, "Three Lenses on the Multinational Enterprise: Politics, Corruption, and Corporate Social Responsibility," *Journal of International Business Studies* 37 (2006), pp. 733–46.

[53] David A. Waldman, Mary Sully de Luque, Nathan Washburn, Robert J. House, Bolanle Adetoun, Angel Barrasa, Mariya Bobina, Muzaffer Bodur, Yi-jung Chen, Sukhendu Debbarma, Peter Dorfman, Rosemary R. Dzuvichu, Idil Evcimen, Pingping Fu, Mikhail Grachev, Roberto Gonzalez Duarte, Vipin Gupta, Deanne N. Den Hartog, Annebel H.B. de Hoogh, Jon Howell, Kuen-yung Jone, Hayat Kabasakal, Edvard Konrad, P. L. Koopman, Rainhart Lang, Cheng-chen Lin, Jun Liu, Boris Martinez, Almarie E. Munley, Nancy Papalexandris, T. K. Peng, Leonel Prieto, Narda Quigley, James Rajasekar, Francisco Gil Rodriguez, Johannes Steyrer, Betania Tanure, Henk Theirry, V. M. Thomas, Peter T. van den Berg, and Celeste P. M. Wilderom, "Cultural Leadership Predictors of Corporate Social Responsibility Values of Top Management: A GLOBE Study of 15 Countries," *Journal of International Business Studies* 37 (2006), pp. 823–37.

환경보호 (4) 정치자금 지원과 특정 국가에서의 정치적 활동 참여 (5) 인간의 기본적 권리와 근본적인 자유. 많은 국가에서 법은 윤리적 혹은 사회적 책임의 최소한의 경계를 규정해주고 있으나 법은 누군가의 사회적 혹은 개인적인 도덕성이 시험받는 기본적 토대일 뿐이다. "통제를 위한 법적 근거가 없다."라는 말은 어떤 행동이 불법은 아니라는 의미이지만 그 행동이 도덕적으로 혹은 사회적으로 정당하다는 의미는 아니다. 윤리적 기업 행위는 보통 법 혹은 "통제를 위한 법적 근거가 없다."보다 더 높은 수준에서 존재한다. 사실 법은 사회가 비윤리적이거나 사회적으로 무책임하다고 간주하는 과거 행위들을 적어 놓은 것뿐이다.

훌륭한 기업 윤리에 대한 최고의 지침은 아마도 윤리적인 기업의 리더들이 만들어 놓은 사례들일 것이다. 그러나 다음의 세 가지 윤리적 원칙들은 마케터가 옳고 그름을 구분하고, 해야 할 일이 무엇인지 판단하게 하고 그리고 자신의 행동을 적절하게 정당화시킬 수 있는데 도움을 주는 큰 틀을 제공한다. 간단히 소개하면 다음과 같다.

- **공리주의 윤리관**. 어떤 행동이 공공선(common good) 혹은 모든 구성원들의 이익에 최대한 기여하였는가?
- **당사자 기본 권리**. 어떤 행동이 관련된 타인의 권리를 존중하였는가?
- **공정성 혹은 공평성**. 어떤 행동이 관련자 모두의 공정성 혹은 공평성 기준을 존중했는가?

이 질문들에 대한 답들이 마케터가 어떤 결정이 유익한지 혹은 해로운지 그리고 옳고 그름 및 행동의 결과가 윤리적 사회적으로 책임감 있는지 정도를 판단하는데 도움을 준다. 최선의 방법은 다음과 같은 질문을 해 보는 것이다: 합법적인가? 옳은 일인가? 주주에게, 회사 관리자들에게 그리고 대중에게 알릴 수 있는가?

미국은 분명 국제 뇌물 거래에 대해 반대하는 활동들을 주도해왔지만, 유럽기업들과 기관들은 "기업의 사회적 책임"이라 부르는 활동을 촉진시키기 위하여 확실히 더 많은 노력과 시간을 투자하였다. 예를 들어 유럽 기업의 사회적 책임(CSR Europe: Corporate Social Responsibility Europe)이라는 감시 그룹은 파리 외곽에 있는 인시아드 경영대학원(INSEAD: the European Institute of Administrative Affairs)과 협조하여 여러 영역에서 투자 매력도와 긍정적인 기업 행위 간의 상관관계를 연구하고 있다. 그들의 연구에서 기업의 사회적 책임과 유럽 기관투자기관들의 지분투자 선택과는 매우 강한 연관관계가 있음을 밝혀냈다.[54] 그러나 그렇다고 해서 유럽기업들만이 부정행위를 저지르지 않는다는 의미는 아니다. 우리는 미래에 전세계적으로 기업의 사회적 책임에 대한 감시와 측정에 집중할 수 있는 더 많은 노력을 기대한다.

[54] See http://www.csreurope.org.

마지막으로 정부, 기업 그리고 개인적 주도(initiative)의 수준별로 주목할 만한 반부패전쟁의 세 가지 사례들을 소개하면 첫째, 노르웨이 정부는 대량의 원유로부터 발생한 대규모의 이익을 윤리적 기업들에게만 투자한다. 노르웨이 정부는 최근 자신들의 윤리적 기준에 맞추어 월마트, 보잉, 록히드 마틴과 같은 기업들로부터 자금을 철수시켰다.[55] 두 번째로 세계적 건설회사인 플러(Fluor Corp.)의 대표이사인 알랜 보크만(Alan Bokemann)은 자신의 회사에 만연한 부정부패에 신물이 났다. 그는 자신의 경쟁자들과 같이 기업들이 운영하는 반뇌물 프로그램의 효과성을 판단하기 위해 외부 감독관 프로그램을 제안하였다.[56] 세 번째는 2001년에 알렉산드라 뢰이지(Alexander Wrage)는 메릴랜드 주 애나폴리스(Annapolis)에 위치한 비영리기관인 국제 탐지협회(Trace International)를 설립하였고, 이 기관은 잠재적 외국 고객들에 관한 부정부패 관련 보고서와 여건이 어려운 지역에 있는 기업에 몸담고 있는 임월들을 위한 교육을 제공하고 있다.[57] 이 모든 노력들은 크게 칭찬받을 만하다.

문화가 전략적 사고에 미치는 영향

레스터 서로(Lester Thurow)는 문화가 기업 전략에 대한 경영자의 사고에 어떻게 영향을 미치는지에 대해 매우 세세한 설명을 제공해준다.[58] 현재 다른 학자들도 심도 있게 그의 이론을 검토 중이다.[59] 레스터 서로는 영미식의 "개인주의적" 자본주의와 일본과 독일의 "사회주의적" 형태의 자본주의를 구분하였다. 후자의 두 국가에서의 사업 체계는 정부, 경영진 그리고 노동자 간의 협력을 특징으로 하는데 일본에서는 더욱 그러하다. 대조적으로 노동자, 경영진 그리고 정부 간의 적대적 관계는 영국에서는 일반적이고 특히 미국에서 더 심하다. 홉스테드의 연구결과에 반영된 문화적 차이점들을 보면 개인주의(IDV) 지수 점수는 미국이 91점, 영국이 89점, 독일이 67점 그리고 일본이 46점이다.

또한 미국, 독일 그리고 일본 기업들의 성과를 비교하면 이 차이점들에 대한 증명이 가능하다.[60] 개인주의적 문화가 적은 곳에서는 노동자와 경영진이 서로 협력하는데, 독일에서는 노동자가 기업 이사회에 참여를 하고 일본에서는 경영진이 노동계의 복지수준에 책임을 진다. 노동자의 복지수준이 일본과 독일기업들에게는 더 중요

---

[55] Mark Landler, "Norway Tries to Do Well by Doing Good," *The New York Times*, May 4, 2007, pp. C1, C4.

[56] Katherine Yung, "Fluor Chief in War on Bribery," *Dallas Morning News*, January 21, 2007, pp. 1D, 4D.

[57] Eamon Javers, "Steering Clear of Foreign Snafus," *BusinessWeek*, November 12, 2007, p. 76. Also see http://www.traceinternational.org.

[58] Lester Thurow, *Head to Head* (New York: William Morrow, 1992).

[59] Gordon Redding, "The Thick Description and Comparison of Societal Systems of Capitalism," *Journal of International Business Studies* 36, no. 2 (2005), pp. 123–55; Michael A. Witt and Gordon Redding, "Culture, Meaning, and Institutions: Executive Rationale in Germany and Japan," Journal of International Business Studies 40 (2009), pp. 859–85.

[60] Cathy Anterasian, John L. Graham, and R. Bruce Money, "Are U.S. Managers Superstitious about Market Share?" *Sloan Management Review* 37, no. 4 (1996), pp. 67–77.

일자리 구함: 중국 이주 노동자들이 2010년 어느 월요일에 사천 성 청도시에서 취업을 위해 자신의 이력을 알리고 있다. 중국정부는 올해 구직을 위해 이주하는 노동자의 총수가 최소 2,500만 명이 될 것이라고 예상하고 있다.

한 문제이므로 노동자들의 임금은 장기적으로 안정적인 편이다. 미국 방식의 해고는 사실 바람직하지 못하다. 미국의 노동자와 경영진간의 관계에 대한 개인주의적 접근방식은 상호 적대적이다. 즉 각자가 알아서 해결하는 방식이다. 대규모 손해가 발생하는 파업과 대량의 해고로 미국 기업은 매우 불안정한 성과를 만들어낸다. 최근의 연구에 따르면 글로벌 투자가에게 안정성은 중요한 투자 기준이다.[61]

약 2000년경에 미국인들은 경쟁을 최선의 방법이라고 강조했으며 전 세계의 사업 관행들은 이와 같은 미국식 모델로 수렴하는 것 같다. 그러나 아담 스미스가 경쟁을 정당화하는데 있어서 사용한 핵심단어는 "종종(frequently)"이라는 단어이다. 여기서 아담 스미스의 말을 다시 반복하면 "개인이 진정으로 사회의 이익을 추구하는 것보다는 개인의 이익을 추구하는 것이 종종(frequently) 사회의 이익 추구에 더 효과적이다." 아담 스미스는 "종종(frequently)"이라고 썼지 항상(always)이라고 쓰지 않았다. 개인적인 경쟁주의는 경제 호황기에는 들어맞는 이야기이다. 1990년대 후반 동안 미국기업들은 일본기업들과 유럽기업들을 압도했다.

경기 하강기의 경쟁적인 문화는 별로 아름답지 않다. 예를 들어 1990년대 말과 2000년대 초 상업용 비행기 산업의 붕괴과정에서 보잉사의 불안정성과 해고는 직원들과 현지 주민들뿐만 아니라 주주들에게도 많은 손해를 주었다. 2008~2009년의 극적인 경기하락기간 동안 미국기업들에[62] 비해 아시아 기업들은 해고를 기피하고

[61] Vincentiu Covrig, Sie Tin Lau, and Lilian Ng, "Do Domestic and Foreign Fund Managers Have Similar Preferences for Stock Characteristics? A Cross-Country Analysis," *Journal of International Business Studies* 37 (2006), pp. 407–29; Kate Linebaugh and Jeff Bennett, "Marchionne Upends Chrysler's Ways," *The Wall Street Journal*, January 12, 2010, pp. B1, B2.

[62] Evan Ramsatd, "Koreans Take Pay Cuts to Stop Layoffs," *The Wall Street Journal*, March 3, 2009, online.

일본의 20여 년간에 걸친 경기침체 후에 종신고용이라는 사회적 암묵적 계약이 약화되고 있다. 이런 변화는 구직자들을 절망으로 이끄는 빈번한 기업 해고와 동경시내 우에노 공원의 천막촌에 잘 반영되어 있다. 그러나 일본 역사상 가장 최악의 시기임에도 일본의 실업은 미국 경제 침체기의 해고 수준과 노숙자에 비교하면 미미한 수준이다.

미국의 경영사례를 부정적으로 생각했다.[63] 또한 중국 문화권에서 일반적인 네 번째 유형의 자본주의를 언급할 필요가 있다.[64] 좀 더 기업가적인 접근방식과 기업들 간의 조율 원칙으로서 관시(guanxi: 개인적 인간관계)[65]의 중요성이 중국의 독특한 특징이다. 문화를 가지고 이 네 번째 유형의 자본주의를 예견할 수 있다. 중국 문화는 권력거리(PDI)가 높고 개인주의(IDV)가 낮으며 관시의 개념에 포함된 높은 수준의 상호 호혜성은 기존의 자료들과 잘 일치한다.

종합: 관계 지향적 문화 대 정보 지향적 문화

LO5
관계 지향적 문화와 정보 지향적 문화의 차이점을 이해한다.

매우 빈번하게 여러 연구들이 홀의 고배경/저배경 개념과 홉스테드의 개인주의/집단주의와 권력거리 지수의 높은 상관관계에 주목하고 있다. 예를 들어 권력거리에서 높은 점수를 개인주의에서는 낮은 점수를 보여주는 아랍의 고배경 문화와는 다르게 미국의 저배경 문화는 상대적으로 권력거리에서 낮은 점수를, 개인주의에서는 높은 점수를 보여준다. 이 결과가 홉스테드가[66] 방대한 자료를 통해 나타난 문화의 차원들을 명명하고 이를 발전시킨 홀의 생각에 기반을 두고 있다는 점을 감안하

[63] "China Rethinks the American Way," *BusinessWeek*, June 15, 2009, p. 32.

[64] Don Y. Lee and Philip L. Dawes, "Guanxi, Trust, and Long-Term Orientation in Chinese Business Markets," *Journal of International Marketing* 13, no. 2 (2005), pp. 28–56; Flora Gu, Kineta Hung, and David K. Tse, "When Does Guanxi Matter? Issues of Capitalization and Its Darkside," *Journal of Marketing* 72, no. 4 (2008), pp. 12–28; Roy Y. J. Chua, Michael W. Morris, and Paul Ingram, "Guanxi vs. Networking: Distinctive Confi gurations of Affect- and Cognition-Based Trust in the Networks of Chinese vs. American Managers," *Journal of International Business Studies* 40, no. 3 (2009), pp. 490–508.

[65] Mark Lam and John L. Graham, *Doing Business in the New China, The World's Most Dynamic Market* (New York: McGraw-Hill, 2007).

[66] Hofstede, *Culture's Consequences*.

표 5.5
문화의 차원: 종합

정보 지향적 문화	관계 지향적 문화
저배경	고배경
개인주의	집단주의
낮은 권력거리	높은 권력거리(성별도 포함)
뇌물은 보편적인지 않음	뇌물이 보편적임*
영어로부터 가까운 언어적 거리	영어로부터 먼 언어적 거리
직설적 언어	우회적 언어
단일형 시간개념	복합형 시간개념
인터넷	개인적 만남
어떤 일의 현상 자체를 중요시함	어떤 일의 이면적(배경적인)인 부분을 중시

* 싱가포르, 홍콩, 일본 그리고 칠레는 여기에 있는 모든 규칙에 적합하지는 않다. 네 개의 문화 모두가 대부분 관계 지향적 문화라는데 동의한다.

면 그리 놀랄 일만은 아니다. 실제로 고배경/저배경, 개인주의 그리고 권력거리의 세 가지 차원은 상관계수가 $r = 0.6$ 이상인데 이는 이 세 가지 차원 모두가 크게는 같은 개념을 측정하고 있다는 것을 의미한다.[67] 같은 방식으로 이 세 가지 차원에 대해 영어에 대한 언어적 거리와 국제투명성기구의 부패인식지수를 비교해보면 이 다섯 개의 차원간의 매우 유사한 상관관계를 찾아볼 수 있다. 그리고 다른 사업 문화의 차원들에 대한 조합은 아직 없지만 비슷한 유형으로 나타날 것이 확실하다(표 5.5 참조).

이런 유형들이 드러날지 확실하지 않지만 생각해볼 만하다. 모든 문화가 정확하게 각각의 문화 차원들에 적합하지는 않다. 그러나 이를 종합해보는 것은 매우 중용하다. 이를 통해 4장과 5장에 기술된 다양한 문화 차이들에 대해 간단하지만 논리적인 사고방식을 파악할 수 있다. 예를 들어 미국문화는 영국과 비슷하게 낮은 수준의 저배경과 개인주의 그리고 낮은 수준의 권력거리, 단일형 시간개념, 언어적으로 직설적인 그리고 전경(foreground, 前景)을 중시하는 전통을 가진 문화이고[68] 경쟁을 통해 성취하는 문화이다.

따라서 이 책에서는 지금부터 이런 문화를 정보 지향적 문화로 분류하고자 한다. 그 대신에 일본 문화는 고배경, 집단주의, 높은 권력거리, 영어로부터 언어적 거리가 멀고, 부분적으로는 복합형 시간개념, 언어적으로는 직설적인, 이면적인 사항들을 중시하는 문화이다. 또한 일본 문화는 거래비용의 감소를 통해 효율성을 얻는다. 따라서 관계 지향적 문화로 분류하는 것이 적절하다. 미국과 일본은 둘 다 소득 수준이 높은 민주주의 국가이지만 문화적 특성들은 다소 다르다. 두 문화는 서로 다른 부

[67] This continuum has also been labeled "social context salience" by H. Rika Houston and John L. Graham, "Culture and Corruption in International Markets: Implications for Policy Makers and Managers," *Consumption, Markets, and Culture* 4, no. 3 (2000), pp. 315–40.

[68] Richard E. Nisbett, *The Geography of Thought* (New York: The Free Press, 2003).

분에 중점을 두고 효율성을 얻는다. 일본인들은 거래비용 감소에 좀 더 중점을 두고 미국적 사업 체계는 경쟁에 더 많은 비중을 둔다.

문화적 차이들을 종합해보는것이 경영적 측면에서 매우 유용한 점은 익숙지 않은 문화에 대한 예측을 가능하게 해준다는 것이다. 다음의 3가지 측정치를 참고로 고객과 사업 파트너들이 어떻게 생각하고 행동하는지에 관한 단서를 얻을 수 있다. 홉스테드는 78개의 국가와 지역들에 대한 점수를 제공했는데 이 장 끝에 부록으로 포함시켰다. 이 목록에서 특정 국가를 찾아보고 특정 시장 혹은 그곳 사람들에 대한 정보를 파악할 수 있다. 누군가는 트리니다드(미국령 섬 나라)가 정보 지향적이고 러시아가 관계 지향적 문화를 가지고 있음을 알 수 있을 것이다. 더욱이 모든 국가, 모든 사람에 대해 언어적 거리(영어뿐만 아니라 어떤 언어도 기준점이 될 수 있다)의 측정치들을 적용할 수 있다. 그래서 자바어를 모국어로 사용하는 사람은 관계 지향적이라고 예상할 수 있다.

마지막으로 "문화가 왜 중요한가?(Culture Matters)"[69]라는 중요한 책의 발간에 힘입어 우리는 많은 용기를 얻었다. 우리는 이 책의 제목이 주는 감성적인 부분에 확실히 공감하며 이 책이 오랜 전 막스 베버와 다른 연구자들이 시작했던 문화의 광범위한 영향에 대한 사람들의 관심을 다시 불러일으키는데 도움을 줄 수 있기를 희망한다.

[69] Lawrence I. Harrison and Samuel P. Huntington (eds.), *Culture Matters* (New York: Basic Books, 2000).

요약 Summary

세계적 관점에서 기업 경영의 유형은 서로 다르다. 어떤 문화는 정보와 경쟁의 중요성을 강조하고 다른 문화는 관계와 거래비용 감소에 더 무게를 둔다. 그러나 간단한 정답은 없으며 문제없이 일반화할 수 있는 유일한 방법은 외국에서 근무하고 있는 관리자들은 현지의 기업 환경에 세심한 주의를 기울이고 필요시 외국 환경에 적응하는 것이다. 불행하게도 적응이 필요한 시기를 안다는 것은 쉽지만은 않다. 어떤 경우에는 문화 적응이 선택사항이지만 다른 경우에는 실제로 바람직하지 않다. 진입하고자 하는 문화를 이해한다는 것은 앞으로의 계획을 세우는데 건실한 기초가 된다.

기업 행위는 많은 부분이 기업이 활동하는 기본적인 문화적 환경에서 파생되고 다양한 문화와 그에 딸린 하위문화들 사이에서 마주치는 극단적인 다양성에 영향을 받기 쉽다. 환경적 고려는 태도, 행위 그리고 외국 기업가들의 전망에 심각한 영향을 준다. 이러한 경영자들의 동기부여 유형들은 부분적으로 자신들의 개인적 배경, 직업상의 위치, 권한의 원천 그리고 개인적 성격 등에 달려 있다.

동기 부여의 유형은 변화하기 때문에 외국에서 사업하는 방식들 또한 영향을 받는다. 어떤 국가의 마케터들은 경쟁으로 번창하지만 다른 곳에서는 경쟁을 없애기 위해 모든 노력을 기울인다. 어떤 국가의 중앙집권적 의사결정 지향성은 다른 나라의 민주적 분권화와는 극명하게 대비된다. 접촉하는 수준, 윤리적 지향성, 협상 전망, 사업 관련 모든 부분이 국제적으로 변화하는 것이 특징이다. 국제 마케터는 기업 행위의 어떤 측면도 당연한 것으로 받아들여서는 안 된다.

최근에 부상하는 새로운 유형의 국제 기업가들은 문화적 변화에 대한 민감성을 강조하는 것 같다. 그러나 민감성만으로는 충분치 않다. 국제무역은 항상 주의를 기울여야 하고 필요한 경우 적응할 준비가 되어 있어야 한다. 꼭 인식해야 할 점은 한 국가에서 아무리 오래 있어도 외부인이 현지인이 될 수 없으며, 많은 국가에서 항상 외부인으로 취급받는다는 것이다. 마지막으로 한 문화에 대한 지식이 다른 곳에서도 받아들여질 것이라고 가정하는 것은 매우 중대한 실수다.

주요용어 Key Terms

문화적 필수(Cultural imperative)
문화적 선택(Cultural elective)
문화적 배타(Cultural exclusive)
공리주의 윤리 원칙(Principle of utilitarian ethics)
묵시적 언어(Silent languages)
엠타임(M-time)
피타임(P-time)
공정성 혹은 공평성의 원칙(Principle of justice or fairness)
뇌물(Bribery)
급행료(Lubrication)
매수(Subornation)

질문 Questions

1. 위에서 제시한 주요용어들을 정의하라.
2. "외국 문화를 인내하는 것 이상이 필요하다; '다르지만 평등한'이라는 개념을 긍정적으로 수용할 필요가 있다." 이 말을 설명하라.
3. "오늘날의 기업 지향적인 세계 경제에서 문화 자체가 기업 활동과 기업 관행에 의해 크게 영향 받는다는 것을 명심해야 한다." 이를 논평하시오.
4. "외국에서 사업을 수행하면서 마케터는 경영의 목적과 포부가 변화한다는 것을 특히 인식하고 있어야 한다."이를 설명하시오.
5. 외국 출장 중 맞닥뜨릴 수 있는 독특한 기업 관습들에 대비할 수 있는 방법들에 대해 얘기해 보시오.
6. 기업의 관습과 국가의 관습은 서로 밀접하게 연관되어 있다. 어느 부분에서 두 관습이 일치하고 달라지는가? 어떻게 동일한 부분과 다른 부분을 구분할 수 있는가?
7. 문화적 필수, 문화적 선택 그리고 문화적 배타 관련된 현지 혹은 외국의 사례를 들어 보시오. 왜 예를 든 부분이 각각의 범주에 들어맞는지 설명하시오.
8. 서로 다른 사회에서 최고 경영진의 권위적 역할들을 비교하시오. 권위에 대한 다른 견해가 마케팅 활동에 어떻게 영향을 미치는가?
9. 출세지향적 유형(aspirational pattern)에 대해서도 같은 방식으로 설명하시오.
10. 국제경영활동 수준이 빠르게 높아짐에 따라 기업 관습에 어떠한 영향이 예상되는지 설명하시오.
11. 외국 학생이 처음 독자의 국가를 방문했을 때 느꼈던 문화적 충격의 유형을 물어 보시오.
12. 개인 소유와 가족 소유를 구분하고 분권화된 의사결정과 위원회 의사결정을 구분하시오.
13. 고객 기업의 규모는 어떤 방식으로 기업 행위에 영향을 미치는가?
14. 국제경영에서 세 가지 의사결정 권한 유형들을 비교하시오.
15. 기업 관습이 경쟁구조에 어떻게 다양하게 영향을 미치는지 설명하시오.
16. 기업 임원이 경영 스타일 차별화의 중요성에 관심을 가지는 것이 왜 중요한지 설명하시오.
17. 관계 지향적 문화 출신의 사람이 정보 지향적 문화에서 온 사람들과 상대할 때 명심해야할 주의사항들에 대해 말해 보시오.

18. 정치자금 공여는 문제의 소지가 많다. 뇌물을 주어야 될 상황이 닥친다면 어떻게 대응하는가? 지불을 거절하면 미화 100억 달러짜리 계약을 따낼 수 없다는 것을 알고 있다면 어떻게 하겠는가?
19. 다음 단어들을 구분하시오.
    뇌물
    직무상 부당 취득
    급행료
    매수
20. 피타임과 엠타임을 구분하시오.
21. 약속시간을 지키는 것과 관련 피타임 사람이 엠타임 사람과 어떻게 다르게 반응하는지 설명하시오?
22. "법은 사회가 비윤리적이거나 사회적으로 무책임하다고 생각하는 과거 행위들의 표현이다."는 무슨 의미인가?
23. 옳고 그름을 구분하는데 도움을 주는 세 가지 윤리적 원칙들은 무엇인가?
24. 국제투명성기구의 웹사이트를 방문해서 표 5.3과 5.4에서 표시된 국가들의 부패지수가 어떻게 변화해왔는지 확인하시오. 국제투명성기구의 자료은행을 조사한 후 그러한 변화의 원인들을 설명하시오. 웹사이트 주소는 http://www.transparency.org이다.
25. 윤리적 행위의 근간으로서 "통제를 위한 법적 근거가 없다."라는 말의 장단점에 대해 토의하시오.
26. "기업의 홈페이지는 기업의 대문이고 이 출입구의 범위는 글로벌해야 한다."이 말을 토의하시오. 주요 다국적기업들의 홈페이지들을 방문한 후 글로벌 시장으로 향해 있는 그들의 홈페이지를 평가하시오.
27. 쉘(Shell)과 나이키(Nike)사의 홈페이지를 방문하고 그들이 서술한 기업 가치들을 비교하시오. 각각이 얘기하는 중요 주제들은 무엇인가? 그들이 서술한 내용들이 윤리적으로 그리고 사회적으로 책임감 있는 의사결정을 위한 지침으로서 유용하다고 생각하는가?
28. 아무 웹사이트나 방문해서 나이키사의 인권침해에 연관된 최근 뉴스들을 찾아보라. 기업 가치에 대한 나이키사의 진술을 확인하고 나이키사의 기업 가치에 대한 진술과 인권침해에 대해 의견을 적으시오.

부록: 지역 및 국가별 지수 점수

국가	권력거리	불확실성회피	개인주의/집단주의	남성성/여성성	장기/단기 지향성	모국어	영어와의 거리
아르헨티나	49	86	46	56		스페인어	3
호주 전체	36	51	90	61	31	영어	0
호주원주민	80	128	89	22	10	호주어	7
오스트리아	11	70	55	79	31	독일어	1
방글라데시	80	60	20	55	40	벵갈어	3
벨기에 전체	65	94	75	54	38	네덜란드어	1
네덜란드어 사용자	61	97	78	43		네덜란드어	1
프랑스어 사용자	67	93	72	60		프랑스어	3
브라질	69	76	38	49	65	포르투갈어	3
불가리아	70	85	30	40		불가리아어	3
캐나다 전체	39	48	80	52	23	영어	0
프랑스어 사용자	54	60	73	45	30	프랑스어	3
칠레	63	86	23	28		스페인어	3
중국	80	30	20	66	118	만다린어	6
콜롬비아	67	80	13	64		스페인어	3
코스타리카	35	86	15	21		스페인어	3
체코공화국	57	74	58	57	13	체코어	3
덴마크	18	23	74	16	46	덴마크어	1
에콰도르	78	67	8	63		스페인어	3
에스토니아	40	60	60	30		에스토니아어	4
핀란드	33	59	63	26	41	핀란드어	4
프랑스	68	86	71	43	39	프랑스어	3
독일	35	65	67	66	31	독일어	1
영국	35	35	89	66	25	영어	0
그리스	60	112	35	57		그리스어	3
과테말라	95	101	6	37		스페인어	3
홍콩	68	29	25	57	96	광동어	6
헝가리	46	82	80	88	50	헝가리아어	4
인도	77	40	48	56	61	드라비다어	3
인도네시아	78	48	14	46		바하사어	7
이란	58	59	41	43		페르시아어	3
아일랜드	28	35	70	68	43	영어	0
이스라엘	13	81	54	47		유대어	5

국가	권력거리	불확실성회피	개인주의/집단주의	남성성/여성성	장기/단기 지향성	모국어	영어와의 거리
이탈리아	50	75	76	70	34	이탈리아어	3
자메이카	45	13	39	68		영어	0
일본	54	92	46	95	80	일본어	4
한국(남한)	60	85	18	39	75	한국어	4
룩셈부르크	40	70	60	50		룩셈부르그어	1
말레이시아	104	36	26	50		말레이어	7
몰타	56	96	59	47		몰타어	5
멕시코	81	82	30	69		스페인어	3
모로코	70	68	46	53		아랍어	5
네덜란드	38	53	80	14	44	네덜란드어	1
뉴질랜드	22	49	79	58	30	영어	0
노르웨이	31	50	69	8	44	노르웨이어	1
파키스탄	55	70	14	50	0	우르두어	3
파나마	95	86	11	44		스페인어	3
페루	64	87	16	42		스페인어	3
필리핀	94	4	32	64	19	타갈로그어	7
폴란드	68	93	60	64	32	폴란드어	3
포르투갈	63	104	27	31	30	포르투갈어	3
루마니아	90	90	30	42		루마니아어	3
러시아	93	95	39	36		러시아어	3
엘살바도르	66	94	19	40		스페인어	3
싱가포르	74	8	20	48	48	만다린어	6
슬로바키아	104	51	52	110	38	슬로바키아어	3
남아프리카	49	49	65	63		아프리카어	1
스페인	57	86	51	42	19	스페인어	3
수리남	85	92	47	37		네덜란드어	1
스웨덴	31	29	71	5	33	스웨덴어	1
스위스 전체	34	58	68	70	40	독일어	1
독일어 사용자	26	56	69	72		독일어	1
프랑스어 사용자	70	70	64	58		프랑스어	3
대만	58	69	17	45	87	대만어	6
태국	64	64	20	34	56	태국어	7
트리니다드	47	55	16	58		영어	0
터키	66	85	37	45		터키어	4

국가	권력거리	불확실성회피	개인주의/집단주의	남성성/여성성	장기/단기 지향성	모국어	영어와의 거리
미국	40	46	91	62	29	영어	0
우루과이	61	100	36	38		스페인어	3
베네수엘라	81	76	12	73		스페인어	3
베트남	70	30	20	40	80	베트남어	7
유고슬라비아 전체	76	88	27	2		세르보크로아티아어	3
크로아티아 사용자 (자그레브)	73	80	33	40		세르보크로아티아어	3
세르비아어 사용자 (베오그라드)	86	92	25	43		세르보크로아티아어	3
슬로베니아 사용자 (류블랴나)	71	88	27	19		슬로베니아어	3
지역							
아랍 국가들	80	68	38	53		아랍어	5
동 아프리카	64	52	27	41	25		8
서 아프리카	77	54	20	46	16		8

CHAPTER 6

정치적 환경: 중요 관심사

개요 CHAPTER OUTLINE

주요 학습과제 CHAPTER LEARNING OBJECTIVES

LO1 주권의 의미와 주권이 국가 정책의 안정성에 미치는 영향을 학습한다.

LO2 각기 다른 정부형태, 정치정당, 민족주의, 특정국가에 대한 혐오 그리고 무역 분쟁이 어떻게 해외 마케팅 환경에 영향을 주는지 이해한다.

LO3 글로벌 기업 활동에 수반되는 정치적 위험과 안정성에 영향을 주는 요인을 이해한다.

LO4 국제마케팅에서 정치적 구조의 중요성과 정치적 구조가 외국인 투자에 미치는 영향을 이해한다.

LO5 정치 · 사회적 시민운동가와 폭력 및 테러리즘이 국제 경영활동에 미치는 영향을 이해한다.

LO6 정치적 취약성을 어떻게 평가하고 감소시킬 것인가를 이해한다.

LO7 정부가 외국인 투자 장려정책을 장려하는 배경과 방법을 이해한다.

글로벌 관점 Global Perspective

바나나 무역 분쟁

정치적 보복으로 치키타(Chiquita) 바나나가 손상을 입기보다는 이태리의 프로슈또 파르마(Prosciutto Parma)햄과 프랑스 핸드백 그리고 독일의 목욕 오일과 비누가 타격을 입었다. 더불어 중남미산 바나나보다 카리브해산 바나나를 편애하는 유럽 연합의 바나나 수입 정책에 대한 미국 정부의 보복으로 인하여 유럽의 다수 제품은 100% 수입 관세로 타격을 받았다. 미국은 바나나를 수출하지 않지만, 미국 정부는 지난 7년간 무역 전쟁에 개입해왔으며, 그 결과 유럽과 미국의 중소기업들이 수백만 달러의 비용을 치러야 했다. 하지만 어떻게 이것이 가능할까? 해답은 정치에 있다!

예컨대 소기업인 레하(Reha Enterprises)는 독일에서 수입한 목욕 오일과 비누 그리고 기타 제품들을 판매한다. 그들의 가장 인기 있는 제품인 허브거품 비누에 대한 관세는 5%에서 100%로 증가했다. 6개월간 관세는 1,851달러에서 37,783달러로 1,941%의 세금이 증가했다. 총 매출이 연간 100만 달러 이하인 소기업들에게 이는 심각한 타격을 주었다. 레하가 "바나나 전쟁"에 대한 소식을 들었을 때, 그는 자기 지역의 하원의원, 상원의원, 미국 무역 대표부(USTR) 모두에 전화를 걸었다. 미국 무역 대표부에 그가 처한 어려움을 설명하자 거기 있던 한 관리자는 놀라움을 표시했다. "그들은 내가 아직도 수입을 하고 있다는데 놀라더군요." 왜냐하면 미국 무역 대표부는 관세로 인하여 이 산업이 완전히 사라질 것으로 생각했기 때문이다. 그것이 바로 그들의 의도였으며, 이는 물론 레하도 없어진다는 것을 의미하는 것이다.

사실상 레하가 무역 전쟁에 휩쓸린 것은 레하의 잘못이라는 말을 들었다. 그는 질레트(Gillette)와 마텔과 같이 워싱턴에서 열린 청문회에 참석했어야 했다. 그랬다면 그의 제품들은 아마도 무역보복 대상 목록에서 제외될 수도 있었을 것이다. 최초에 보복 관세를 겨냥했던 의류에서부터 난로, 유리 크리스마스 장식, 인형 그리고 볼펜까지 많은 유럽 제품들에 대한 관세가 면제되었다. 대기업들, 무역관련 그룹 그리고 국회의원들의 적극적 로비로 원래 무역제재 대상으로 거론되던 수입 제품들이 이 목록에서 제외되었다. 미국 무역 대표부는 관보에 보복 대상 수입품 목록을 발표하면서, 이로 인해 영향을 받는 기업들은 청문회에서 증언하도록 했다. 안타깝게도, 레하는 관보를 보지 못했다.

이 사례에서, 레하는 워싱턴에 로비스트를 고용하여 정보를 얻었어야 했다는 말도 들었다. 하지만 연간 100만 달러 이하의 매출을 기록하는 회사에게 이는 말도 안 되는 이야기다. 비공개 조건으로 미국 무역 대표부로부터 들은 다른 조언은 송장의 세관번호를 변경하여 관세 적용을 받지 않는 수입제품으로 보이도록 하라는 것이었다. 그러나 적발된다면 과중한 벌금형 또는 징역감이다. 유럽의 소기업들 역시 관세 때문에 어려움을 겪으면서 이와 유사한 문제들에 직면하였다.

이러한 바나나 전쟁은 어떻게 시작되었을까? 유럽 연합은 미국 기업들에 의해 유통되는 중남미 바나나보다 유럽 기업들에 의해 유통되는 과거 유럽의 식민지들인 카리브해와 아프리카산 바나나들에게 유리한 수입 쿼터와 관세를 부과했다. 이에 미국의 치키타 바나나와 돌푸드(Dole Food) 회사는 유럽연합의 "불법 무역 장벽" 때문에 유럽 시장에서 연간 5.2억 달러의 손해를 입었다고 주장하면서 미국 정부에 도움을 요청했다. 미국 정부는 불법 무역 장벽이 미국 기업들의 사업에 손해를 끼친다는데 동의했고 지목된 유럽 수입제품들에 100% 관세를 부과시켰다. 이와 동시에 치키타 바나나의 연간 정치 활동 기부금이 1991년 40,000달러에서 1998년 130만 달러로 증가했다.

이러한 분쟁의 결과 중남미 바나나에 대한 높은 관세

와 유럽의 과거 식민지들에서 생산된 바나나에 대한 무관세 수입쿼터 문제에 대해 합의가 이루어졌다. 그러나 2007년 이 문제는 바나나가 관련된 다른 문제로 옮겨갔다. 이는 중남미산 바나나가 길고 곧았지만 카리브해와 아프리카산 바나나는 짧고 많이 굽어있다는 것이었다. 운송업자들이나 도매업자들은 이러한 굽어진 바나나를 선호하지 않기 때문에(재고를 쌓아놓는데 있어 비효율적이기에), 이전 식민지 바나나는 인기가 없다. 그리고 유럽 위원회에 의해 채택된 새로운 법안에 따르면, 바나나는 "비정상적 뒤틀림"이 없어야 한다고 명시하였다. 이에 굽은 바나나를 생산하는 업체들은 합의사항 자체를 취소할 것을 협박하였다. 이 때문에 2007년경 이 문제에 개입된 당사자들 모두는 지금까지의 검토가 매우 호소력이 없다고 생각했다.

하지만 바나나 분쟁은 결국 행복한 결말로 끝났다. 2009년, 제네바에서 개최된 한 회의에서 16년간의 바나나 분쟁은 마침내 해소되었다. 유럽 연합은 미국 기업들이 중남미에서 재배한 바나나에 대한 수입 관세를 없애 버린 것이다.

출처: "U.S. Sets Import Tariffs in Latest Salvo in Ongoing Battle over Banana Trade," *Minneapolis Star Tribune*, March 4, 1999; Timothy Dove, "Hit by a $200,000 Bill from the Blue," *Time*, February 7, 2000, p. 54; Jeremy Smith, "EU Heading for Trade Crunch over Bananas," *Reuters*, November 14, 2007.

내수기업이나 다국적기업 또는 기업 규모에 상관없이 모든 기업은 그들이 활동하는 지역의 정치적 환경에 영향을 받는다. 국제경영 환경의 중요한 현실 중 하나는 본국 정부와 현지국 정부가 통합적 동반자라는 점이다. 정부는 특정 상황에서 야기된 문제들을 해결하기 위한 정책들을 도입하고 추구함으로써 그 국가를 둘러싼 환경에 대응한다. 기업 활동에 정부의 정책이나 태도가 반영되는 이유는 특정 정부가 그들의 자원과 정치적 철학을 고려하여 국가적 이익을 어떻게 최고로 증진시킬 것인가를 고민하고 있기 때문이다. 정부는 자신들의 기호에 따라 기업 활동을 장려하고 지원, 제지 또는 금지함으로써 통제를 가한다.

특정 국가가 자신의 정치적 경계 내에서 기업 활동을 승인하거나 금지하며 자국민들의 사업 장소를 통제하는 등의 국가 주권은 국제법상 인정을 받는다. 그러므로 국가의 정치적 환경은 국제 마케터들에게 하나의 중요한 고려사항이다. 이번 장은 국제시장을 평가할 때 더욱 두드러지게 나타나는 몇 가지 정치적 고려사항들에 대해 학습한다.

국가의 주권

LO1
주권의 의미와 주권이 국가 정책의 안정성에 미치는 영향을 학습한다.

국제법에서 주권국가는 독립적이며 모든 외부적 강압으로부터 자유로우며 다른 국가들과 법적 평등성을 가진다. 또한 자국의 영토를 통치하며 자신들만의 정치적, 경제적 그리고 사회적 구조를 결정한다. 그리고 다른 국가들과의 협약을 체결할 수 있는 권한을 가진다. **주권**이란 다른 국가에 대해 특정한 나라가 행사하는 권력과 자국민들에게 행사하는 최고의 권력 모두를 지칭한다.[1] 국가는 국민이 되기 위한 자격요건을 정하고 지리적 경계를 정의하며 무역과 사람들의 이동 그리고 국경선을 넘나드는 상품들을 통제한다. 또한 국민은 심지어 외국에 있는 경우에도 자신이 속한 국가

[1] For those interested in learning more about the concept of sovereignty, see Stephen D. Krasner (ed.), *Problematic Sovereignty* (New York: Columbia University Press, 2001).

미국 대통령 버락 오바마, 이탈리아 실비오 베를루스코니 총리 그리고 러시아의 드미트리 메드베데프 대통령이 세계 경제의 위기를 타개하기 위해 영국 런던에서 열린 G-20 회담에서 카메라를 향해 웃고 있다. G-20 정상들은 "보호무역주의 타개"를 위한 공동성명서에 서명했다. 2009년 4월의 합의는 연간 12% 가량의 성장감소를 나타낸 세계무역불황의 최악의 순간을 나타내고 있다. 이날 기념행사는 1930년대 대공황을 극단적으로 악화시킨 스무트-홀리 관세 법안으로부터 성공적으로 벗어난 것을 상징한다.

의 법을 따라야 한다. 대부분의 국제무역 분쟁은 한 국가의 법이 국경을 넘어서 다른 국가로 확장되는 것과 관련이 있다. 이는 특히 다른 나라가 그들의 주권을 손상시킨다고 생각할 때 현실화된다.

한 국가는 다른 국가들과 공존하기 위해 자신의 주권 일부를 약화시킬 수도 있다. 유럽연합, 북미자유무역협정(NAFTA), 북대서양조약기구(NATO) 그리고 세계무역기구 (WTO)[2]에 공동의 유익한 목표를 위해 회원국으로 참여하는 것은 각국이 주권 일부를 포기하는데 자발적으로 동의한 예다.

G20 국가수반들은 세계 무역량이 12% 감소한 2009년 경제위기 상황에서 "보호무역주의"를 극복하기 위해 2009년 4월 중요한 협정을 맺었으며 각국은 주권 일부를 양보했다. 대공황 시기에 시행되었던 스무트-홀리 법안에 대한 나쁜 기억 때문에 참석자들은 이 협정을 진심으로 축하하였다. 앞의 그림은 이를 잘 보여준다.

한편 그림 1.2에서 지적된 바와 같이, 국제정치 무대에서 미국의 국제제휴에 대한 참여는 놀라울 만큼 미미하다. 사실상 미국은 국제조약 분야에서 포린 팔러시(Foreign policy: 외교정책 잡지) 순위에 속한 72개국 중 이란과 이스라엘(68번째)과 함께 하위에 속하며, 오직 홍콩과 대만[3]을 앞설 뿐이다. 특히 교토 의정서에 따른 기후변화협약이나 국제형사재판소 문제는 폐기물 관리를 위한 바젤 협약과 같은 조약들과 함께 부시 정권에 의해 거부되었다. 국제적으로 해당 협정들이 평화와 상호간의 이해를 이끄는 측면에서 미국의 이러한 소극적인 국제정치 참여는 더욱 이해하

[2] "Global Trade Talks Founder on Farm-Subsidy Issues," *The Wall Street Journal Online*, June 21, 2007.

[3] Measuring Globalization," *Foreign Policy* , November/December 2007, pp. 68–77.

기 어렵다.[4] 다행히 오바마 대통령은 국제 협력과 협정들에 대해 좀 더 긍정적인 방향을 제시하였으며, 이는 지구촌의 다른 국가들로부터 환영받고 있다.

국가의 주권 일부를 양도하는데 동의하는 국가들은 너무 많은 것을 포기해야 하는 것이 아닌가 하는 두려움을 가지고 있다. 예컨대 일부 국가는 국제무역기구(WTO)가 지금까지의 역사상 국가 주권에 가장 큰 위협이라고 간주하고 있다. 국제무역기구의 규정을 준수하는 것은 불가피하게도 어느 정도의 국가 주권 상실을 의미한다. 회원국들은 자국의 법에 우선하는 국제계약과 중재절차를 따르도록 서약하기 때문이다. 유럽연합이 중남미산 바나나에 대한 낮은 관세와 할당량(글로벌 관점 참고)을 거부했을 때 미국과 유럽연합 양자 간의 논란 중 하나가 주권이었다. 그리고 미국이 한국과 페루와 맺은 자유무역협정을 비평하는 사람들은 미국의 주권 희생이 너무 크다고 주장한다.

외국기업의 투자도 주권에 대한 하나의 위협으로 인식될 수 있고, 이를 반대하는 정치적 집단들의 표적이 될 수 있다. 중국해양석유총공사(CNOOC)의 유노콜(Unocal, 미국의 대규모 석유회사) 인수는 이러한 이유로 무산됐다. 미국 은행들은 2008년 주택담보대출 사태 동안 현금 유동성을 확보하기 위해 막대한 해외자금을 유치하며, 특히 미국 정치인들이 탐탁지 않게 생각하는 일부 국가의 자본을 유입했다 – 이는 소위 "국부펀드"라 불리는 것으로 중국과 중동지역 국가들에 의해 통제되는 막대한 규모의 펀드이다.[5] 또한 미국 의회는 중국에 통화절상을 요구했으나, 이는 중국 정부와 기업들이 미국 자산을 더 쉽게 사들이도록 만들었다.[6] 당연히 중국 정부는 통화가치 상승 압박을 정치적으로 받아들여 주권에 대한 하나의 위협이라고 저항했다. 반면 역설적으로 미국인들은 공공부분 투자를 가로막는 멕시코 정부의 정책을 비난한다. 멕시코는 전력 수요의 충족과 국가의 과부하 전송망을 개선하기 위해 민간 발전소가 필요하다. 이에 멕시코 정부는 국가의 전기 독점을 뛰어넘어 거대 멕시코 제조 기업에 전기를 판매할 발전소를 세우기 위해 벨기에 기업과 계약을 체결했다. 그러나 멕시코 헌법은 공공시설에 대한 사적 소유를 제한하며 예외가 필요한 경우 2/3 이상이 참석하는 의회 투표가 필요하다. 제도혁명당(PRI)은 멕시코에서 보호되고 있는 에너지 산업을 개방하려는 이러한 시도를 주권에 대한 공격으로 보아 해당 계약을 막았다. 이 같은 충돌의 가장 흥미로운 부분은 주권은 특정 기업이 사업을 운영하는 곳의 환경 평가 시에 중요한 요소라는 것이다.

[4] John L. Graham, "The Big Secret of World Peace," *Journal of Commerce*, February 13, 1995, OPED page; John L. Graham, "Trade Brings Peace," in J. Runzo and N. Martin (eds.), *War and Reconciliation* (Cambridge: Cambridge University Press, 2011); Thomas L. Friedman, *The World Is Flat* (New York: Farrar, Straus, and Giroux, 2005).

[5] Peter S. Goodman and Louise Story, "Overseas Investors Buying U.S. Holdings at Record Pace," The *New York Times*, January 20, 2008, pp. 1, 14.

[6] "Lost in Translations," *The Economist*, January 19, 2008, pp. 73–75.

정부정책의 안정성

다국적기업에게 이상적인 정치여건은 안정적이고 우호적인 정부다. 안타깝게도, 정부는 항상 안정적이고 우호적이지 않다. 또한 안정되고 우호적인 정부라 할지라도 계속 그러한 상태를 유지하지는 않는다. 반대 정당이 권력을 잡으면 정부 운영철학의 급격한 변화가 발생한다.[7] 민족주의자나 이익 집단의 압력 또는 악화된 경제상황이나 외국인 투자에 대한 편견 그리고 다른 국가와의 분쟁 등이 있기 때문이다. 그리고 이러한 점들은 모두 특정 정부의 안정성에 영향을 미칠 수 있는 주제들이다. 해외사업은 다양한 국가별 기준에 영향을 받기 때문에, 각 국가 정부의 안정성과 우호성은 지속적인 기업 관행의 입장에서 평가되어야 한다.

국제경영 활동과 관련된 가장 큰 정치적 관심사는 현재의 정부가 시행하는 정책들의 안정성 문제다. 새로운 정당의 당선으로 정부는 바뀔 수 있지만[8] 다국적기업은 법치 유지여부와 행동규범이나 규칙의 지속성에 관심을 가지고 있다. 선거나 쿠데타로 정부가 바뀐다고 해서 항상 정치적 위험 수준이 변화하는 것은 아니다. 예컨대 이탈리아에서는 2차 대전 이후로 50개 이상의 다른 정부가 수립되었다. 이렇게 이탈리아에서의 정치적 소란은 계속되었지만, 기업 활동은 여느 때처럼 계속해서 진행되고 있는 중이다. 반대로, 인도 역시 이탈리아처럼 1945년 이래로 수많은 정부가 수립되었으며 그 중 몇몇 정부는 외국인 투자와 시장개방에 호의적이었지만 여전히 많은 국가정책이 외국인투자에 적대적인 상태다. 유권자들의 투표에 대해 직접적인 책임을 지지 않으면서 자리가 유지되는 고위 공무원들은 선거에 의해 선출된 정부가 바뀌어도 이전 정책들을 고수했다. 인도에서는 심지어 경제 개혁을 선호하는 당이 집권한 후에도 관료조직은 오래된 중앙집권적 경제기획자들로 충원되었다.

위의 사례와 달리 외국기업에 대한 급격한 정책 변화는 상당히 안정된 국가에서 발생할 수도 있다. 위에서 언급한 것과 같은 정당인 제도혁명당(PRI)은 1929년부터 2000년까지 멕시코에서 집권했다. 집권 기간 동안 외국인 투자자들에 대한 정치적 위험의 범위는 외국인 투자 자산의 몰수부터 NAFTA 가입과 외국인 투자와 무역에 대한 개방정책까지 다양하다. 최근 몇 해, 제도혁신당은 외국인 투자로 인해 안정된 정치적 환경을 만들었는데 이는 초기의 몰수정책이나 괴롭힘과는 반대되는 정책이다. 그러나 2000년 선거가 시작되면서, 세디요(Emesto Zedillo) 대통령에 의한 제도혁명당의 엄청난 변화는 멕시코 정책에 새로운 시대를 출현시켰다. 1929년 이래로, 멕시코 대통령은 그의 선임자에 의해 별다른 도전 없이 선출되었다. 그러나 세디요 대통령은 한 명의 후보를 지명하는 것을 거부함으로써 이러한 절차에 변화를 주었다. 대신에 그는 공개 예비 선거로 후보를 정하도록 했다. 이는 70년 만에 처음 있는

---

[7] Sabrina Tavernise, "Debate Intensifies in Turkey over Head Scarf Ban," *The New York Times*, January 19, 2008, p. A5.

[8] Sebastian Moffett, "Japanese Prime Minister Steps Down after Less than One Year in Office," *The Wall Street Journal Online*, September 12, 2007.

혼란스러운 상황 : 지진발생 후 첫 번째 일요일 오전 9시에 아이티의 수도 포르토프랭스는 쓰레기 더미를 뒤지는 군중으로 가득 찼다. 구경꾼들도 무리에 합류하고 있다.

일이었다. 네 명의 후보자 중, 제도혁명당은 라바스띠아 오초아(Labastida Ochoa)를 선택하였고 반대당인 국민행동당[9]은 당선 가능성이 희박하다고 여겨졌지만, 결과적으로 대통령에 오른 비센테 폭스(Vicente Fox)를 선택했다. 폭스 후보 이전에 국민행동당은 국회와 주 정부에서 지난 수년간 세력을 얻고 있었지만 2000년 선거까지 단 한 번도 대선에서 승리하지 못했다.

일부 아프리카 국가들은 끊임없는 내란과 영토분쟁 그리고 군사정권 때문에 정치적으로 불안정하다. 비교적 안정적인 케냐 또한 2008년 정치폭력으로 모든 영역의 경제성장이 크게 붕괴되었다.[10] 시에라리온 공화국(Sierra Leone)은 지난 5년간 정치적으로 혼란스러웠으며, 가장 최근의 쿠데타는 이 나라의 짧은 민주주의의 경험을 종식시켰다. 쿠데타 이후 곧 내란이 터졌으며 UN 평화 유지군이 안정을 유지해야 했다. 이처럼 소수민족들 간의 전쟁이 일곱 개의 국가를 휩쓸었던 중앙아프리카는 세계에서 가장 정치적으로 불안정한 지역 중 하나다. 이 때문에 아프리카는 악순환의 고리에 갇혀있다. 아프리카 국가들의 발전에는 외국인 직접투자가 필요하다. 그러나 투자자들은 불안정한 국가를 조심스럽게 보게 되고 이것이 바로 대부분의 아프리카의 현실이다.[11] 최근 세계은행의 연구 결과는 사하라 사막 남쪽의 아프리카 47개국들의 외국인 직접투자 금액은 연간 20억 달러 미만이라고 밝혔다. 이는 멕시코

[9] PAN stands for Partido Accion National. PAN and PRI are the largest of eight political parties in Mexico.

[10] Michela Wrong, "Kenya's Turmoil Cuts off Its Neighbors," *Los Angeles Times*, January 14, 2008, p. C4.

[11] Visit http://www.eiu.com for abstracts of the Economist Intelligence Unit's country reports of current political and economic data. Some information on this site is available for a fee only, but other sources are free.

같은 개발도상국이 유치한 투자금액의 1/10 정도다.

특정 국가에서 사업운영이 가능하고 이윤창출의 가능성이 존재한다면 다국적기업은 장기적인 예측 가능성과 안정성이 존재하는 한 어떤 정부 형태를 가지든 상관없이 기업 활동을 전개한다. 예컨대 펩시콜라는 소련이 세계에서 가장 극단적인 정치구조로 되어 있을 때도 그곳에서 이윤을 창출했다. 공산당 붕괴 몇 해 전, 펩시콜라는 소련 정부와 큰 이익이 되는 연계무역을 진행했다. 즉 러시아 보드카와 펩시 시럽을 바꾸어 그 당시 법적으로 복잡했던 금융 거래를 피할 수 있었다.[12]

소련과 멕시코같이 사회경제적, 정치적 환경은 계속 바뀐다. 국제시장 불안정성에는 다섯 가지 주요 정치적 이유가 있다. (1) 일부 정부 형태가 가진 본질적인 불안정성, (2) 선거기간 동안 무역환경에 막대한 영향을 미치는 정당의 변화, (3) 높은 민족주의 가능성, (4) 특정 국가들에 대해 존재하는 악의, (5) 무역 분쟁 등이 그것이다.

정부형태

LO2

각기 다른 정부형태, 정치정당, 민족주의, 특정국가에 대한 혐오 그리고 무역분쟁이 어떻게 해외 마케팅 환경에 영향을 주는지 이해한다.

기원전 500년경 고대 그리스 사람들은 정부의 세 가지 기본적인 형태를 제시하고 이를 비판했는데, 그것은 한 명에 의한 통치, 소수에 의한 통치 그리고 다수에 의한 통치였다. 현대적 용어로는 군주정치(또는 절대왕권), 귀족정치(또는 과두정치) 그리고 민주주의다. 고대 페르시아의 군주인 키루스 2세(Cyrus the Great)는 정부의 목표가 사람들을 섬기기 위한 것이지 그 반대가 아니라고 주장했다. 키루스 2세의 생각은 대부분의 현대 국가들의 헌법에 깊숙이 새겨져 있다. 2차 세계 대전 이후 식민주의가 사라지고 1990년경 공산주의가 무너지면서 시장경제 민주주의가 아리스토텔레스, 키루스 등의 시대 이후 정부를 향한 모든 비판에 대한 최고의 해결책이라는 데 전 세계가 동의하는 것처럼 보였다.[13]

따라서 세계 200개 이상의 독립국 대부분은 18세 이상을 위한 보통 선거권 제도를 가진 최소 명목적으로나마 국민을 대표하는 정부를 가지고 있다. 10% 정도의 국가는 투표를 의무로 하고 있으며 나머지는 자발적이다. 몇몇 국가들은 보통 선거와 관련해서 다소 비정상적인 선거법들을 가지고 있다. 볼리비아에서는 기혼이라면 18살에 그리고 미혼이라면 21살에 투표를 할 수 있다. 페루에서는 경찰과 군인은 투표할 수 없다. 크로아티아에서는 직업이 있다면 16살에 투표할 수 있다. 레바논에서는 적어도 초등 교육 이상의 여성들만 투표할 수 있다(남성은 모두 투표할 수 있다). 반면 사우디아라비아에서는 여성들은 투표를 할 수 없다. 표 6.1은 민주주의라는 일반적 통념과 다른 정부구조를 가진 국가의 목록을 보여준다. 나이지리아, 케냐, 방글라데시, 베네수엘라, 조지아 그리고 키르기스스탄과 같이 민주주의를 외면하고 독재정

---

[12] Visit the Pepsi Web site in Russia for a history of Pepsi in Russia, Pepsi advertising in Russia, and other information: http://www.pepsi.ru.

[13] Francis Fukuyama, *The End of History and the Last Man* (New York: The Free Press, 1992).

표 6.1
다양한 정부형태

출처: http://www.cia.gov/cia/publications/factbook/, 2008.

국가	정부형태
아프카니스탄	이슬람 공화국
벨라루스	명목상 공화국, 실제는 독재국가
보스니아와 헤르체고비나	연방 민주공화국
버마(미얀마)	군사정권
캐나다	의회 민주주의 연방
중국	공산당 정부
콩고	독재정권이지만 대의정치로 변화하는 중
쿠바	공산당 정부
이란	신정국가
리비아	현재 과도정부가 구성된 국가
북한	공산당 정부–일당 독재
사우디 아라비아	군주제
소말리아	상시 정부가 없으며 의회 연립정부 형태로 변화 중인 국가
수단	권위주의 체제로 군사정권이 통치
영국	입헌군주제
미국	연방 공화국
우즈베키스탄	공화국이지만 권위적 대통령이 통치하며, 행정부에 권력이 집중
베트남	공산당 정부

치로 통치되는 국가들이 더 큰 문제이다.[14] 아이티 정부는 2010년의 대지진에 의해 완전히 붕괴하였다.[15] 또한 헤리티지 재단에 따르면 미국은 2008~2009년 경제부양책에 대한 통제효과로 인해 미국 역사상 "경제 자유"에 있어 가장 큰 후퇴를 경험했다.[16] 그러는 동안 세계는 아마도 정치 · 경제적 변화에 있어서 역사상 가장 큰 실험을 목격하였는데 공산주의 몰락 후 벌어진 러시아의 급진주의식 개혁과 중국의 점진주의식 개혁 간의 경주이다.[17]

미국 중앙정보부[18]는 각국이 자신들의 헌법에 표면적으로 기술한 것과는 다른 차원에서 각국의 정부형태들을 분류해오고 있다. 예를 들어 코란 해석에 근거한 이슬람적 정부원칙들을 법규화 했다고 인식하기에 미 중앙정보부는 이란을 "신정 공화국"

[14] "Crying for Freedom," *The Economist*, January 16, 2010, pp. 58–60.

[15] Marci Lacey, "Haiti's Icon of Power, Now Palace for Ghosts," *The New York Times*, January 23, 2010.

[16] Terry Miller, "The U.S. Isn't as Free as It Used to Be," *The Wall Street Journal*, January 20, 2010, p. A17.

[17] Brian Bremmer, "The Dragon's Way or the Tiger's?" *BusinessWeek*, November 20, 2006, pp. 55–62; N. Mark Lam and John L. Graham, *Doing Business in China Now, The World's Most Dynamic Market* (New York: McGraw-Hill, 2007).

[18] http://www.cia.gov/cia/publications/factbook/, 2010.

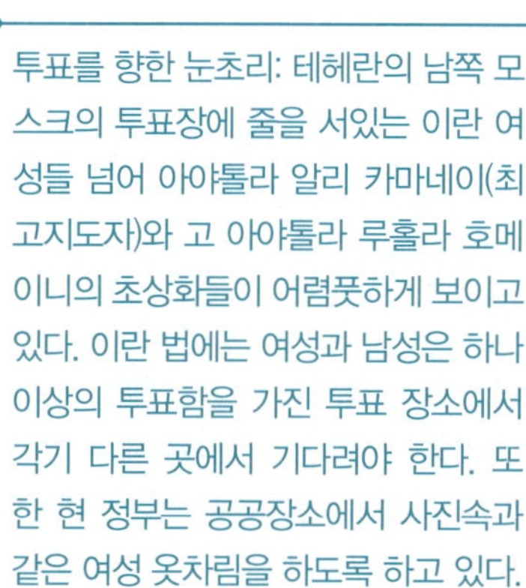

투표를 향한 눈초리: 테헤란의 남쪽 모스크의 투표장에 줄을 서있는 이란 여성들 넘어 아야톨라 알리 카마네이(최고지도자)와 고 아야톨라 루홀라 호메이니의 초상화들이 어렴풋하게 보이고 있다. 이란 법에는 여성과 남성은 하나 이상의 투표함을 가진 투표 장소에서 각기 다른 곳에서 기다려야 한다. 또한 현 정부는 공공장소에서 사진속과 같은 여성 옷차림을 하도록 하고 있다.

으로 정의하고 있다. 이곳에서는 정당들의 활동이 허용된다 하더라도 정당들은 정치적 힘이 약하다. 대신 이란의 최고지도자가 누가 이란에서 대통령에 입후보할 것인가를 포함하는 정부의 모든 중요 의사결정을 통제한다.

정당

전 세계 주요 정당들의 철학을 이해하는 것은 경영자들에게 특히 중요한데, 그 정당들 중의 한 정당이 지배 권력이 되어 전반적인 사업 환경의 풍토를 바꿀 수 있기 때문이다.[19] 정부를 통치함에 양당제가 자리 잡은 국가에서는 각 정당의 정책방향에 대해 숙지하는 것이 중요하다.[20] 예컨대, 영국은 외국 무역에서 전통적으로 노동당이 보수당보다 더 많은 규제를 두었다. 노동당이 권력을 차지했을 때 수입에 제약이 있지만 보수당은 외국 무역을 자유롭게 하는 경향을 보인다. 따라서 영국에 있는 외국계 기업들은 보수당의 자유로운 무역정책과 노동당의 제약적인 무역정책 간의 변화를 예상할 수 있다. 물론 미국에서도 민주당 의회는 공화당 정권의 부시 행정부가 협상한 자유무역 협정을 비준하는 데 반대했었다.[21]

통찰력 있는 다국적 기업 경영자는 정치 환경에 대한 적절한 정보를 입수하기 위하여 정치적 상황에 대한 모든 측면을 이해하여야 한다. 정부 정책에 대한 예측 불가능성과 격변성은 그 원인이 무엇이든 간에 투자에 저해가 된다. 즉, 한 국가의 정치

[19] Paul M. Vaaler, Burkhard N. Schrage, and Steven A. Block, "Counting the Investor Vote: Political Business Cycle Effects on Sovereign Bond Spreads in Developing Countries," *Journal of International Business Studies* 36, no. 1 (2005), pp. 62 – 88.

[20] Joy C. Shaw, "Taiwan's KMT Wins Big in Legislative Elections," *The Wall Street Journal Online*, January 12, 2008.

[21] Steven R. Weisman, "Bush in Accord with Democrats on Trade Pacts," *The New York Times*, May 11, 2007, pp. 1, C7.

CROSSING BORDERS 6.1 코카콜라는 돌아왔지만 비밀은 아직도 지켜지고 있다.

지난 100여 년간 코카콜라 생산기법은 비밀로 보호되었다. 그러나 인도정부는 코카콜라에게 생산기법을 공개하든지 자국에서의 활동을 중단하든지 두 가지 중 하나를 택일할 것을 명령했다. 소위 7-X라고 알려진 성분은 코카콜라의 독특한 맛의 원천이다. 인도의 식품산업 담당자는 의회 보고에서 코카콜라 인도 자회사의 지분 60%를 인도 사람에게 넘기고 1978년 4월까지 콜라 생산기술을 양도해야지, 그렇지 않으면 코카콜라는 문을 닫게 될 것이라고 말했다.

인도시장은 코카콜라 전체 매출의 1% 미만이었지만 8억이라는 거대한 인구를 생각할 때 잠재적 성장 가능성이 높은 곳이었다. 인도정부는 콜라의 주요 원재료 수입을 금지했으며, 당시까지 5만 개 이상의 도시에서 팔리던 생수병만큼이나 많은 제품들을 보유한 코카콜라는 인도시장에서 짐을 싸서 떠나야 했다. 당시 인도의 산업부 장관은 코카콜라의 행동에 대해 "이번 일은 우선순위는 낮지만 높은 수익을 창출하는 개발도상국에서 활동하는 다국적 기업들이 급성장 후 어떻게 현지기업들을 농락하는지 보여주는 대표적인 사례를 제공해준다"고 밝혔다.

16년이 지난 지금 외국기업 투자를 바라보는 인도의 태도는 변했으며, 코카콜라 역시 콜라제조공법의 공개 없이 다시금 인도시장에 진출했다. 한편 코카콜라가 추방된 지난 16년 동안 펩시콜라는 인도에서 26%의 시장점유율을 달성했다. 그러나 인도시장은 코카콜라와 펩시 모두를 위한 잠재적 성장 가능성이 충분히 있기 때문에 큰 문제 되지 않는다. 현재 인도인구 한 명당 콜라 소비량은 8온스짜리 병을 기준으로 파키스탄의 12병, 멕시코의 500병과 비교해 3병에 불과하다. 더 나아가 코카콜라는 인도의 정치적 취약점에 따른 문제를 예방하기 위해 현지의 콜라 병입회사(Bottler subsidiary) 지분 49%를 기관투자자와 직원들에게 판매하였다. 코카콜라는 이러한 움직임이 코카콜라 현지법인의 일부를 인도인들이 소유하게 하고자 하는 인도정부의 의도를 어느 정도 잠재울 것으로 기대한다. 즉 코카콜라는 경영 활동의 현지화에 대한 조치를 취한 것이다.

그럼에도 인도시장은 여전히 험난하다. 최근의 전 세계적인 매출과 수익 측면의 회복에도 불구하고 인도 현지에서는 수질문제, 가격 경쟁, 농약 사용의 우려 그리고 서늘해진 날씨 등이 코카콜라 판매에 타격을 주었다. 그러나 "샤커(shocker)"의 인도 에너지 드링크 시장 진입 실패 이후에 코카콜라의 두 번째 시도인 번(Burn)이라는 새로운 에너지 음료 브랜드의 성공적 출시를 기원하고 있다.

출처: Craig Simons, "India Coke Plant Still Closed as Water Woes Argued," *Atlanta Journal-Constitution*, December 16, 2007, p. F1; "Coke India Chief Bullish on India Becoming Top 5 Global Market," Asia Pulse, January 15, 2008; "Coca-Cola: A Second Shot at Energy Drinks," *MarketWatch: Global Round-Up*, January 2010, p. 39.

철학과 사고방식을 평가하는 것은 시장 잠재성 측면에서 해당 정부의 안정성과 매력도를 판단하는 데 중요하다.

민족주의

모든 국가에 어느 정도 존재하는 경제적 · 문화적 민족주의는 사업 환경 평가시 또 다른 중요 요소이다. **민족주의**는 국가적 자존심과 일치성에 대한 강렬한 감정으로서 한 국가의 사람들이 그들의 국가에 자부심을 느끼는 것이다. 만약 호감가지 않는 외국투자자본이 자국에 소소한 괴롭힘과 통제를 가하게 되면 그 국민의 자존심이 외국기업에 반대하는 정서로 나타날 수 있다.[22] 경제적 민족주의는 그들이 거주하는 국가의 주권과 자신들의 경제적 이익을 동일시하기 때문에 국가 경제의 독립성 유지를 주요한 목표 중 하나로 삼고 있다. 즉 국익과 안보가 국제관계보다 더 중요하다.

민족주의의 느낌은 다양한 방식으로 나타나며, "바이 아메리카(Buy America)"와 같은 국산품 애용운동, 수입 제한, 관세 부과 그리고 기타 무역 장벽이 있다. 그러한 민족주의는 또한 외국 투자에 대한 억제로 이어지는데, 보통 의심이 가는 외국

[22] David Pierson, "China Pursues Oil on U.S. Turf," *Los Angeles Times*, October 22, 2009, pp. B1, B4.

인 투자는 곧 강도 높은 감시와 통제의 대상이 된다. 일반적으로 특정 국가가 일부 외부 세력이나 국내 경제 하락 등에 대해 위협을 느낄수록 민족주의적 성향이 더욱 높아지게 된다.

2차 대전 이후 많은 독립국이 수립되고 그 국가들이 경제적 독립을 모색하고 있을 때 호전적 민족주의가 만연했다. 외국기업에 대한 자산몰수, 투자규제 정책 그리고 산업의 국유화는 전 세계적으로 공통된 현상이었다. 이 기간에 인도는 코카콜라와 IBM 그리고 수많은 기타 기업들에 이러한 정책을 강요했다. 이에 다수의 기업들은 적대적인 경제적 환경의 불확실성에 대응하기보다는 인도시장 포기를 선택했다. 수많은 중남미 국가들에서도 유사한 일들이 만연했으며 이는 외국투자에 대한 수용과 심지어 몰수 사태까지 불러 일으켰다.

1980년대 후반에 호전적인 민족주의는 수면 밑으로 가라앉았다. 오늘날에는 경제 발전을 위협하는 지배적 폭군으로 두려움의 대상이 되었던 외국인 투자가가 필요한 자본투자를 수행해주는 원천으로 인식되고 있다.[23] 민족주의는 상황과 태도의 변화에 따라 다르게 나타난다. 그래서 현재 환영받는 기업이 상황이 바뀌어 민족주의에 시달리거나 또는 그 반대가 될 수도 있다.

비록 호전적인 경제 민족주의는 약해졌지만 이러한 정서는 경제적으로 번영한 국가에서도 나타난다. 미국이 대 일본 무역 적자의 균형을 잡기 위해 일본에 쌀을 좀 더 수입할 것을 강요했을 때, 일본에서 민족주의가 최고조에 이르렀다. 자급자족, 자국산 쌀에 대한 자부심 그리고 일본 농부들의 복지에 대한 우려와 같은 일본인들의 뿌리 깊은 사고가 7~8년간 있었던 쌀 관련 정책의 변화에 대한 저항을 불러 일으켰다. 심지어 일본이 쌀 수확량 부족으로 수입쌀을 소비하던 시기에도 모든 외국산 쌀을 판매 전에 일본쌀과 혼합하는 정책을 취하였다.

특정 국가를 대상으로 한 두려움/적대감

마케터들은 민족주의의 두 형태, 즉 모든 해외국가에 대한 적대감과 하나의 특정 국가를 향하는 적대감을 혼동해서는 안 된다. 도요타는 1980년대 후반과 1990년대 초반에 미국에서 이를 혼동하는 실수를 저질렀다. 일본 자동차의 미국 내 판매가 하락할 때 도요타는 그 원인을 민족주의로 보고 이에 대응하는 광고를 제작했다. 그러나 독일 차는 판매 하락 문제가 분명 민족주의 문제가 아니라고 판단하였다. 이 문제의 적절한 정의는 "일본에 대한 미국인들의 두려움"이었다. 실제로 당시 미국인들은 소련의 군사적 위협보다 일본의 경제적 위협을 더 큰 것으로 간주했다. 이에 도요타 측에서는 수백만 달러짜리 광고를 제작해 캠리(Camrys)가 켄터키에 있는 공장에서 미국인들에 의해 만들어지고 있다는 것을 보여주었으나 이 광고는 미국인들에게 일본이 미국을 "식민지로 만들고 있다"는 두려움을 더욱 강화시켰을 뿐이다.

---

[23] Muammar el Qaddafi , the leader of Libya, has changed his approach to international relations from supporting terrorism to supporting trade, for example. See "Rehabilitating Libya," *The New York Times* (editorial), January 8, 2007, p. 14.

'세계는 상품이 아니다', '누가 프랑스를 죽이는가?', '미국의 전략' 그리고 '일 없네! 엉클샘(미국정부)' 등의 프랑스 인기 도서들은 미국에 대한 프랑스인들의 적대감을 보여준다. 비록 미국의 영화, 패스트푸드, 드라마 등에 열광하고 월마트에서 물건을 사는 프랑스에서 이러한 태도는 이상해 보일지 몰라도 특정 국가를 향한 적대감(원인이야 어찌 됐던)은 정치적 환경의 중요한 일부이다. 미국 역시 같은 종류의 부정적 성향이 있다. 미국–이라크 전쟁에 대한 프랑스와 미국의 견해 차이는 미국인들에게 악감정을 일으켰다. 미국인들은 프랑스 와인, 치즈 그리고 심지어 미국인이 생각하기에 프랑스산이라고 생각되는 제품의 구매를 거부했다. 분명한 점은 이처럼 만약 특정 국가가 그들의 안녕에 사회적, 문화적, 경제적 또는 정치적 위협을 느낀다면 자국 시장과 경제에 대한 외국기업의 침투를 참을 나라는 없다는 점이다.

무역 분쟁

좁은 범위의 무역 분쟁도 궁극적으로 국제시장에 더욱 큰 혼란을 줄 수 있다. 이번 장의 시작에서 우리는 좋은 예로 바나나를 살펴보았다. 2010년의 국제분쟁 사안 중 일부는 다음과 같다. 중국 위안화의 평가절하 문제, 일본의 소고기 수입 금지 조치, 국제무역기구(WTO) 규칙에 명백히 위반되는 중국 정부의 보조금 지급 문제, 선진국의 농가 보조금 지급 문제 그리고 장기간의 보조금 지급문제로 긴장감이 계속되었던 에어버스와 보잉 간의 분쟁 등이 있다. 이런 분쟁들의 계속적인 발생은 국제무역의 여러 측면들에 영향을 미칠 것이나 최소한 우리의 관점에서는 세계무역기구의 분쟁 해결절차에 따라 차분하게 처리될 것으로 보인다.

글로벌 기업 활동의 정치적 위험

LO3
글로벌 기업활동에 수반되는 정치적 위험과 안정성에 영향을 주는 요인을 이해한다.

주권 분쟁, 상이한 정치 철학 그리고 민족주의는 글로벌 경영의 위험을 높이는 요인이다. 이러한 위험들로는 몰수나 가혹한 조치 그리고 비교적 덜 하지만 기업 활동에 직접적인 영향을 미치는 외환 관리, 수입제한, 가격통제 같은 규제들이 있다. 처음부터 공식적으로 항상 환영받지는 못한다 하더라도, 사회적 혹은 정치적 시민운동가들은 정부가 사업을 해롭게 할 수 있는 행동들을 하도록 자극할 수 있다. 모든 정치적 위험 중에서 가장 손해가 큰 것은 적절한 보상금 혹은 보상금 자체도 없이 회사지분을 정부에 양도하게 만드는 행위들이다.

몰수, 수용 그리고 내국화

LO4
국제마케팅에서 정치적 구조의 중요성과 정치적 구조가 외국인 투자에 미치는 영향을 이해한다.

가장 위험한 정치적 위험은 **몰수**이다. 이는 무보상으로 한 회사의 자산을 압류하는 것이다. 두 개의 가장 눈에 띄는 미국 소유권 관련 몰수는 피델 카스트로가 쿠바 지도자가 되었을 때 그리고 이란의 팔라비 왕조가 무너졌을 때 발생했다. 몰수는 1950년대와 1960년대, 많은 후진국이 실제적으로는 비효율적임에도 불구하고 이를 경제성장의 한 방법으로 생각했을 때 가장 성행했다.

몰수보다는 덜 강하나, 여전히 심각한 방법인 **수용**은 정부가 투자 자산을 몰수하지만 이에 대해 어느 정도 보상을 하는 것이다. 예컨대 2008년 베네수엘라의 차베스 정권은 멕시코의 시멘트 기업인 세멕스(CEMEX)가 투자한 시설을 수용하면서 협상 가격을 지급했다.[24] 보통 수용된 투자는 국유화한다. 즉, 정부가 운영 주체가 된다. 위험의 세 번째 유형은 **내국화**이다. 이는 투자 대상국 정부가 외국기업의 경영에 현지인의 소유지분을 늘리고 정부의 개입을 더욱 늘리는 법령 등을 공포해서 점차 외국인 투자를 국가 소유와 통제로 전환할 때 발생한다. 내국화의 궁극적 목표는 외국 투자자들의 소유권, 경영권 그리고 이윤을 현지국 정부와 더욱 많이 공유하게 하는 것이다.

수용과 현지화는 경제 발전의 해답이 아니다. 도리어 이러한 조치는 종종 비효율적이고 기술이 부족한 경쟁력 없는 사업들을 국유화하도록 했다. 몰수와 수용의 위험들은 지난 20년간 줄어든 것으로 보이는데(중남미, 특히 베네수엘라를 제외하고),[25] 왜냐하면 경험상 정부의 인수조치 이후에 원하던 혜택이 거의 없었기 때문이다.[26] 오늘날 국가들은 보통 투자를 받아들이는 조건으로서 소유권 공유, 현지 원재료 사용, 노동 및 경영 계약 체결, 수출 판매액의 이익분배 공유 등을 제시한다. 사실상 이러한 조건을 수용하는 외국기업은 내국화 되는 것과 같다.

국가들은 이제 외국인 투자를 경제성장의 수단으로 본다. 세계는 점차 상호의존적 경제가 되고 있다. 이에 한국, 싱가포르, 대만과 같은 국가들의 경제적 성공은 대부분 외국인 투자와 관련이 있다. 외국인 투자를 제한하거나 금지했던 국가들도 이제 자본과 기술의 필수 요소로 외국 투자자들을 인식하여 이들을 유치하려고 노력하고 있다. 또한 각국은 경쟁력을 강화하고 외국 자본을 유치하기 위한 수단으로 전기통신, 방송, 항공사, 은행, 철도 그리고 기타 국가 소유 기업을 민영화하기 시작했다.

민영화의 이득에는 여러 가지가 있다. 예컨대 멕시코에서는 국영 전화기업의 민영화 결과로 새로운 전기 통신 시스템의 직접적인 투자를 통해 절실히 필요했던 수백만 달러의 자본을 받는 등 거의 즉각적인 이득을 얻었다. 이와 유사한 전개가 브라질, 아르헨티나, 인도 그리고 수많은 동유럽 국가들에서 나타났다. 역설적으로 초기에 수용되고 국영화된 많은 사업이 현재 민영화되고 있다.

경제적 위험

비록 몰수와 수용 등 외국에서 사업하는 데 존재하던 위험이 줄어들고 있음에도 여전히 다국적기업은 사전 경고 없이 발생할 수 있는 다양한 경제적 위험들에 직면하고 있다. 각국 정부는 외국기업의 사업 활동을 여러 이유로 제한한다. 자국의 초기산업, 즉 경쟁력이 충분하지 못한 기업을 보호하기 위해, 부족한 외화 보유액을 보존하기 위해, 세수를 올리기 위해, 불공정한 무역 관행에 보복하기 위해, 국가 안보를 위

[24] Steven Bodzin, "Cemex Handing Plants to Chavez," *The Globe and Mail*, August 28, 2008, p. B5.

[25] Simon Romero, "Chavez Takes over Foreign-Controlled Oil Projects in Venezuela," *The New York Times*, May 2, 2007, p. A3.

[26] Marla Dickerson, "Woes Mount for Mexico's State Oil Titan," *Los Angeles Times*, January 2, 2008, pp. C1, C4.

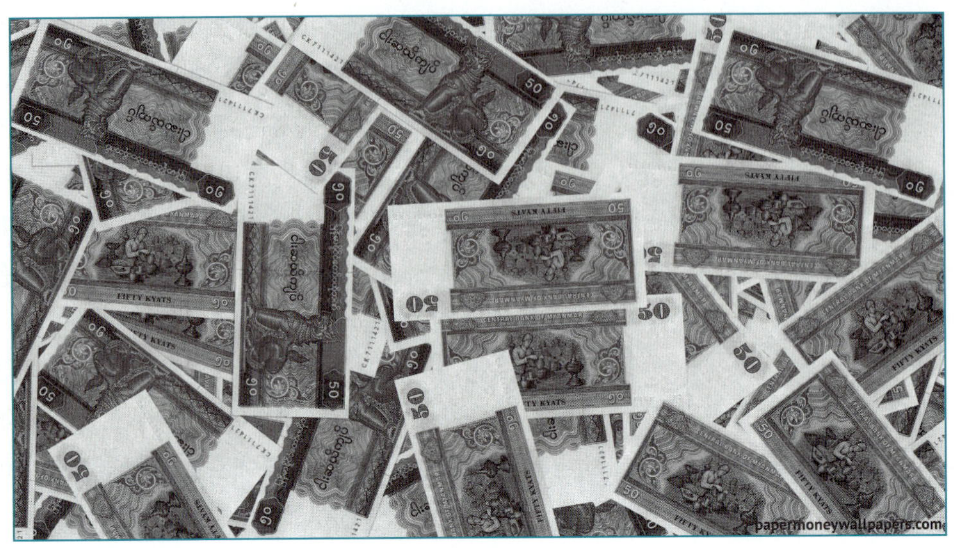

그림 6.1

복잡한 미얀마 환율제도

외환 관리는 필수품이나 사치품 같은 특정 제품의 무역을 규제하기 위해 복수 환율 제도를 운영하는 데까지 확대된다. 필수품은 가장 낮은 환율을 적용받지만, 사치품은 높은 환율을 적용받는다. 예컨대 미얀마는 자국 화폐인 차트(Kt)에 세 가지 환율제도, 공식 환율(1$ = 6Kt), 시장 환율(1$ = 100–125Kt) 그리고 수입관세 환율(1$ = 100Kt)을 두었다. 차트화는 화폐로서 환율을 가지고 있지 않았다. 즉 외국으로 자금을 보낼 때 필요한 공식적인 교환비율이 없었다. 이에 투자자들은 과중한 세금부담과 이익송금의 어려움이 컸었다. 이러한 환율제도에서는 세금 부담이 매우 클 수 있다. 실례로 135,000차트의 이익은 공식 환율(1$ = 6Kt)을 적용할 때 22,500달러의 가치가 있다. 그러나 시장 환율을 적용하면 투자자는 실제로 1,000달러의 이익만을 얻는다. 두 환율의 차이로 투자자는 있지도 않은 21,500달러의 세금을 물어야 하기 때문이다. 이게 얼마 전까지 미얀마에서 있었던 이상한 현실이다.

출처: "Myanmar's Crumbling Kit," Asiaweek, March 2, 2001, p. 8; Michael Vatikiotis, "Neighbors Lean on Myanmar," *International Herald Tribune*, February 2, 2005, p. 7; "Myanmar Military Confirms No Change in Fuel Rations," *Dow Jones International*, December 31, 2007.

해 제한한다. 경제적 위험들은 많은 다국적기업이 피할 수 없는 현실이다. 이는 또한 정치적 환경이 주는 위험의 연장선에 있으므로 다국적기업에 영향을 미친다.

외국환 관리 외국환 관리는 한 국가의 외화 보유분 부족 때문에 발생한다. 외화 보유액 부족이나 대규모 자본이 유출될 때 정부는 필요불가결한 사용처에 사용할 외환을 확보하기 위해 정치적으로 가장 취약한 기업들을 대상으로 자본 이동을 관리한다. 외국 투자자들은 가치손상 없이 본국으로 혹은 제3국으로 이익송금을 자유롭게 할 수 있어야 하는데 현지국 통화의 인위적 평가절하가 발생하면 예기치 않은 손실이 발생한다. 그림 6.1은 외환 관리가 다국적기업의 이익에 어떻게 영향을 미치는지 말해준다. 많은 국가가 외환규제를 유지하고 있으며, 경제발전에 문제가 있거나 외화 비축량이 상당히 감소하면, 태환성(convertibility)에 대한 통제가 재빠르게 시행된다.

국산부품 의무사용 법규 국산부품의 구매를 강요하기 위해 필수 공급품의 수입을 제한하는 것 외에, 각 국가들은 보통 자국 내에서 판매되는 제품 일부에 국산부품을 사용하게 한다. 예컨대 태국은 모든 유제품에 사용되는 우유 중 적어도 50% 이상을 지역 낙농가로부터 구매하도록 한다. 일반적인 생각과 달리, 현지 국산부품 의무사용 요구는 제3세계 국가에만 있는 것은 아니다. 유럽 연합은 해외자본이 소유한 제조업체가 "해외 현지 조립(screwdriver operations)" 상태로 제품을 생산할 때 45%의 국산부품 사용을 의무화하도록 하고 있으며, 북미자유무역협정(NAFTA)은 회원국들로부터 오는 모든 차량에 대해 62%의 국산부품 사용을 요구한다.

수입 제한 원재료, 기계 및 예비 부품에 대한 선택적 수입제한은 외국기업이 현지에서 더 많은 부품을 구매함으로써 현지국의 산업을 위한 시장을 만들어 내도록 강요하기 위한 일반적인 방법이다. 비록 이러한 제한이 국내 산업 발전을 위한 노력임

미국이 쿠바 경제를 봉쇄한 결과, 현재 쿠바에서는 독일 벤츠사의 새로운 외교관 차량(검정 번호판)이 출시되고 중국산 체리 큐(붉은색 임시 번호판)라는 신차가 출시된 반면 미국 자동차로는 중고엔진을 부착했음이 분명한 1957년형 쉐보레(노란색 번호판)만이 남아있다. 아시아와 유럽의 다양한 신차들은 하바나 도심을 오가고 있지만, 미국 자동차는 찾아보기 어렵다.

에도 불구하고 그 결과는 대개 기존 산업의 경영을 방해한다. 현지에 충분한 역량을 가진 부품공급업체가 없으면 문제가 발생할 수 있기 때문이다.

세금 관리 세금은 외국인 투자의 통제수단으로 사용될 때 일종의 정치적 위험으로 분류되어야 한다. 정치적 위험으로서 세금은 경고 없이 그리고 상식적인 수준 이상으로 증가할 수 있다. 예컨대 인도는 펩시와 코카콜라의 병에 담아 판매하는 모든 탄산음료에 40%의 세금을 부과했다. 그리고 다른 측면의 공격도 있었는데, 인도는 오클라호마주 툴사(Tulsa)에 있는 항공 예약 서비스인 세이버(Sabre)의 데이터 센터에서 온라인으로 판매되는 여행 항공권에 4,000만 달러의 세금을 징수하려고 시도 중이다. 인도 정부는 세이버의 툴사 컴퓨터 처리시설과 인도의 여행사 데스크톱 컴퓨터 간에 발생하는 자료의 흐름을 이유로 세이버가 인도에 고정 사업장을 가지고 있다고 주장한다. 자본부족으로 지속적인 위협을 받는 저개발국가의 일부 정부 관리자들은 운영자금 확보를 위해 성공한 외국기업에 대한 부당한 세금 부과를 쉽고 빠른 수단으로 보고 있다. 인터넷 산업 성장이 중요해지면서, 각 국가는 풍부한 국가수익의 원천으로서의 인터넷 거래를 확실하게 장악하려 할 것이다.

물가 통제 의약품, 식품, 휘발유 그리고 차량과 같이 대중적 관심이 높은 주요제품들에 대해서는 보통 물가통제를 수행하게 된다. 인플레이션 상황에서 적용되는 물가통제는 생활비를 조정하는 데 사용될 수 있다. 또한 물가통제는 외국기업이 지역경제에 이익이 되는 방향으로 재화를 판매하도록 강요할 때 사용될 수도 있다. 따라서 다국적기업은 현지에서 가격통제와 같은 부작용에 직면하게 되면 신규자본의 투자를 천천히 진행하거나 또는 심지어 멈출 수 있다.

노동 문제 여러 국가에서 노동조합은 경영층으로부터 특별한 양보를 얻으려 정부를 효과적으로 이용하고 있다. 노동조합에는 해고금지, 이윤의 공유 그리고 매우 특별한 서비스들이 제공된다. 사실상 많은 국가에서 국내 노동공급을 소화하기에 가장 적합한 대상으로 외국기업을 고려하기도 한다. 프랑스에서는 100% 고용에 대한 믿음이 거의 종교적이며, 규모에 상관없이, 특히 외국기업에 의한 해고는 국가 위기로 받아들인다. 반면에, 일부 다국적기업은 현지 노동조합보다 더욱 강할 수 있다는 점 또한 잊지 말아야 한다. 예컨대 월마트는 노동조합 설립을 막기 위해 퀘벡에 있는 매장 하나를 폐쇄했다.

정치적 제재

경제적 위험 외에도 하나 또는 여러 국가가 다른 국가를 배척하게 되면 국가 간 무역이 멈추거나 특정 제품의 거래에 대해 제재가 발생한다. 미국의 쿠바 경제 봉쇄와 인권문제 위반국가에 대한 제재 입장은 일부 비판을 받고 있다. 그러나 미국은 쿠바와 이란을 여전히 배척하고 있다.[27]

역사적으로 정치적 제재는 목표달성에 그리 효과적이지 못한데, 특히 다른 주요 국가의 무역업체들이 이러한 제재를 무시할 때 더욱 그렇다. 예컨대, 중국은 최근에 이란과 700억 달러 규모의 천연가스 수입 계약을 체결했다. 쿠바, 북한, 이란은 정치제재가 효과를 발휘하지 못한 경우다. 도리어 변화를 강요하기 위해 바람직하지 못한 제재를 지속적으로 가함으로써 정치적 제재의 한복판에서 볼모로 잡혀 있는 개인과 기업들에게 상처를 주고 있다.[28]

정치 · 사회적 시민운동가와 비정부기구

보통 정부의 공식적인 제재가 없더라도 **정치 · 사회적 시민운동가**(PSAs)들은 정상적인 무역 흐름을 방해할 수 있다. 정치 · 사회적 시민운동가들은 평화로운 변화를 추구하는 활동부터 변화를 위한 폭력과 테러 활동까지 다양하다. 조직력이 갖추어진다면 정치 · 사회적 시민운동가들은 더욱 성공적인 활동을 수행할 것이다.

[27] Ginger Thompson, "Imposing Conditions, OAS Lifts Its Suspension of Cuba," *Washington Post*, June 4, 2009, online.

[28] Barbara Demick, "North Koreans' Misery Amplified a Hundredfold," *Los Angeles Times*, February 3, 2010, pp. A1, A7.

CROSSING BORDERS 6.2 무역은 채찍이 될 수 없으며, 오직 당근이 될 뿐이다.

토머스 제퍼슨이 미국 외교정책의 한 방법으로 무역 봉쇄 조치를 제안한 때는 1807년이었다. 그는 고집스러운 당나귀 같은 영국과 프랑스 사이의 분쟁에 미국이 개입되는 것을 막으려 했다. 강력한 해군력이 없었으므로 제퍼슨은 양국과의 무역을 당근으로 사용하기보다 봉쇄하는 것으로 돌파구를 찾았다. 그는 모든 무역을 중지시킴으로써 무역을 채찍으로 사용했다. 그러나 이러한 정책은 영국과 프랑스를 변화시키지 못했고 도리어 미국 북동부 연안의 무역업자들을 위태롭게 했다. 제퍼슨의 무역 봉쇄 조치는 15개월 만에 무너졌다. 그리고 역설적으로 영국의 미국 해역 권리침해 문제는 1812년 전쟁에 승리함으로써 해결되었다.

지난 세기에 있었던 무역 봉쇄 조치를 살펴보면 다음과 같다. 1940년 미국은 일본에게 중국에서 철수하라고 요구하며, 휘발유와 금속의 무역을 봉쇄했지만 뒤이어 진주만 공격이 발생했다. 1948년 이래로 아랍 국가들은 이스라엘을 배척했다. 이 지역 국가들의 무역이 대부분 근접국과 이루어진다는 점을 고려하면 이러한 조치가 얼마나 많은 지역 내 갈등을 지속적으로 조장했을지 놀라울 뿐이다. 그러나 이스라엘은 여전히 건재하다. 1959년 피델 카스트로가 쿠바 혁명에 성공한 후 50년간 미국은 쿠바 설탕과 담배(시가)의 무역을 봉쇄했지만, 카스트로는 여전히 쿠바를 통치하고 있다. 1973년 중동의 석유 수출국 기구(OPEC)가 석유 생산량을 줄인 것은 이스라엘을 지원하는 미국을 압박하기 위한 것이었다. 그러나 미국 달러는 여전히 빠른 속도로 이스라엘에 유입되고 있으며, 현재는 이집트에도 들어가고 있다.

1979년 미국은 소련이 아프가니스탄에서 물러날 것을 주장했다. 물론 소련은 이를 거부했다. 이에 미국은 모스크바 올림픽에 불참했으며, 소련에 곡물과 기술 판매를 금지했다. 그러나 소련은 이후 10년간 아프가니스탄 침공을 멈추지 않았다. 또한 소련과 동맹국은 1984년 LA 올림픽 참가를 거부했다. 첨단기술 봉쇄정책도 별반 성과가 없었다. 1970년대 중반 캐터필러(Caterpillar)의 샌디에고 사업부는 소련과 체결한 천연가스 수송관 서비스 계약을 놓쳐 버려 수백만 달러의 손실을 보았다. 이러한 손실은 회복할 수 없었는데, 이는 소련이 유지와 정비를 직접 수행할 수 있었기 때문이다. 심지어 기술판매의 봉쇄에도 1989년 모스크바 무기연구소는 서방 기업인 IBM과 애플은 물론 일본과 대만의 우수한 첨단 컴퓨터를 모두 보유하고 있었다.

아마 1980년대 남아프리카 공화국 대상의 무역 봉쇄정책은 인종차별정책의 종식을 앞당겼던 것 같다. 그렇지만 이라크에 가해진 10년간의 무역봉쇄가 그들의 정책 변화에 얼마나 영향을 주었는지는 의심스럽다. 아이들을 죽이는 데 사용할 무기를 판매하며, 사담 후세인은 1,200만 달러짜리 생일 파티를 즐겼기 때문이다. 아니 사실대로 말하자면 중동지역 평화를 위한 가장 좋은 처방은 모든 무역 봉쇄를 없애는 것이다.

20세기 말에 별반 소용이 없던 무역 봉쇄정책을 없애기 위한 큰 발전이 있었다. 아마 가장 중요한 진전은 미국 상원과 대통령이 중국을 영구적 정상 무역 관계(PNTR) 국가로 승인한 일일 것이다. 한편 또 다른 주요 진전으로는 베트남, 북한, 이란, 쿠바 등에 가해진 무역 제재 중 일부를 완화한 것이다. 이제 미국인들은 피스타치오 견과류와 양탄자를 이란으로부터 사올 수 있다. 또한 주목할 만한 것은 이제 미국 기업들은 하바나에 의료 약품과 서비스를 판매할 수 있다는 것이다.

이렇게 유사한 당근 정책은 이제 미얀마, 앙골라, 리비아, 수단, 시리아 같은 국가로 확대되어야 한다. 여전히 인권문제, 언론자유, 민주주의 등의 가치는 한 목소리로 크고 확실하게 말해야 한다. 그러나 이를 위해 폭탄을 투하하는 대신 컴퓨터와 인터넷 연결망을 판매해야 한다. 순항 미사일 하나의 가격은 애플 컴퓨터 2,000대와 같다. 가장 초보적 수준에서도 강압적 정책은 효과가 없다. 이는 무역을 통해 가능하다.

출처: John L. Graham, "Trade Brings Peace," in Joseph Runzo and Nancy M. Martin (eds.), *War and Reconciliation* (Cambridge, MA: Cambridge University Press, 2011).

프랑스 농부들은 가장 재미있는 시위방법을 가지고 있다. 아마 이러한 시위방법은 미국이 수출한 '동물 농장'이라는 영화에서 영감을 얻었는지 모른다. 어쨌든, 프랑스 농부들은 음식을 던지며 시위하는 것을 좋아한다. 그림에서는 맥도날드를 향해 토마토를 던지고 있다. 그들은 또한 자국의 무역장관에게 양고기를 던지며 시위한다.

새로운 평화적 시위의 힘

나는 국민들이 결국에는 우리 정부보다 평화촉진을 위해 더 많은 일을 할 것으로 믿습니다. 진정으로 정부는 사람들이 평화를 가질 수 있도록 국민들의 길에서 옆으로 비켜나야 할 정도로 사람들은 평화를 강렬히 원하고 있습니다.

– 드와이트 디 아이젠하워 –

최근에 타이베이에는 일본 고기잡이 어선의 해역 침범에 항의하며 어민들이 농어를 군국주의의 상징인 욱일승천기에 던지는 시위가 있었다.

평화는 정치인들이 정한다고 오는 것이 아니라 국민들이 원할 때 조성되는 것이다. 이러한 생각은 새로운 것이 아니다. 칼 포퍼의 '열린사회와 그 적들'[29]과 조나단 쉘의 '정복되지 않는 세계'[30]에서 이미 같은 주장이 있었다. 지금 세계에는 가혹한 무역제재와 군사적 충돌이 있다. 이 때문에 사람들에게 국제적 관계와 글로벌 신념을 위한 실행 가능한 대안들에 대해 알리는 것이 중요하다.[31]

다양한 시위를 조직하는 사람들(정치 · 사회적 시민운동가들)은 시위에서 중요한 두 가지를 이해하고 있다. 첫째, 많은 수의 사람들이 참여해야 하고, 둘째 기억에 남을 사진을 남겨야 한다.

한 농부가 브뤼셀의 유럽연합 집행위원회 본부에서 우유가격 하락에 대해 시위하는 도중 경찰을 향해 우유를 뿌리고 있다. 유럽의 낙농가들은 우유가격 하락에 대응하기 위해 더 많은 보조금을 요구하고 있다. 암소 젖이 환상적으로 분사되고 있다.

유럽의 해적당 회원들이 베를린 테겔(Tegel) 공항에서 시민의 사생활을 침해할 수 있는 정부의 전신 스캔 계획에 항의하기 위해 속옷차림의 시위를 하고 있다.

이 페이지에는 우리가 선호하는 사진들 몇 개가 있다. 아래 사진을 보면 해양 환경보호단체(Sea Shepherd Conservation Society) 회원들이 일본 포경선에 강제로 올라타려는 장면을 보여준다. 이러한 물리적 방법은 용납될 수 없다. 사유재산을 침해하거나 폭력을 사용하는 것은 결코 정당화될 수 없다. 그들은 통합 마케팅 커뮤니케이션에 관한 창의적 사고의 결여를 한심하게 보여줄 뿐이다.

세계 환경의 날, 인도 인민당의 시민운동가들이 악마 가면을 쓰고 보팔시(Bhopal)에 있는 미국 다국적 농약 기업인 유니온 카바이드(Union Carbide)시설 앞에서 반정부 구호를 외치고 있다. 이들은 화학적 폐기물에 인도 정부가 관심을 두게 하고 이 지역에서 유해폐기물 정리를 요구하기 위해 시위하고 있다. 1984년 있었던 유니온 카바이드사의 농약 폐기물 유출은 세계 최악의 사고 중 하나였다. 이 사고로 3,000명의 사람이 목숨을 잃었으며 수천 명이 질병의 고통 속에 살게 되었다.

그들은 누군가에는 해적이며 또 동시에 누군가에게는 인질이었다. 매우 우호적이던 국제적 여론이 등을 돌릴 수 있는지 보여주는 사례는 남극에 있던 일본 포경선에 강제로 침입함으로써 세계적 관심을 끌었던 두 명의 포경 반대 활동가들의 행동이다.

[29] Karl R. Popper, *The Open Society and Its Enemies*, 5th ed. (Princeton, NJ: Princeton University Press, 1966).

[30] Jonathan Schell, *The Unconquerable World: Power, Nonviolence, and the Will of the People* (New York: Metropolitan Books, 2003).

[31] Taken from John L. Graham, *Trade Brings Peace*, 2011.

LO5
정치 · 사회적 시민운동가와 폭력 및 테러리즘이 국제 경영활동에 미치는 영향을 이해한다.

앞서 그림들을 보면 시위대들은 자기주장의 정당성을 알리기 위해 창조적인 방법을 사용한다. 이전과 같은 폭력적인 의사전달 방식은 이제 설 자리를 잃어가고 있다.

가장 효과적이면서도 잘 알려진 정치 · 사회적 시민운동가의 행동은 제3세계 시장에 유아식을 판매하고 있는 네슬레(Nestle)에 대한 것이다. 네슬레 제품에 대한 세계적 불매운동은 네슬레의 마케팅에 상당한 변화를 불러왔다. 보다 최근에, '버마의 독립을 향하여(Free Burma Campaign, FBC)'라는 활동은 미국의 여러 의류기업들이 미얀마로부터의 직물수입을 멈출 정도로 충분한 압력을 행사하였다. 또한, 미국 대학의 시민운동가들은 펩시콜라 음료와 펩시가 소유한 피자헛 및 타코벨 판매장에 대해 불매운동을 벌였다. 이들은 해당 기업의 활동이 미얀마에 최악의 인권상황이 만들어지는 데 도움을 주고 있다고 주장했다. 불매운동 결과는 펩시가 투자한 미얀마 합작 사업에서 투자액을 회수하고, 미얀마 시장에서 철수했어야 할 만큼 심각했다. 이런 활동 때문에 발생하는 미국에서의 잠재적 손실이 미얀마 투자로 발생할 잠재적 이윤을 능가하기 때문이다. 네덜란드의 하이네켄과 덴마크의 칼스버그와 같은 맥주 기업들도 이와 유사한 이유로 미얀마로부터 철수했다.

세계화는 광범위한 문제를 동반하며 많은 정치 · 사회적 시민운동가들 또한 이러한 문제에 관심을 두고 있다. 1999년 WTO 회담 동안 시애틀에서의 시위나 워싱턴 DC에서 세계은행과 국제통화기금(IMF)에 저항한 시위 그리고 기타 국가에서 발생한 유사한 시위들은 글로벌 경제에 관한 우려가 증가하고 있음을 보여주고 있다. 그들이 잘못 인도하는 것이든 또는 단순히 "괴짜"이든, 정치 · 사회적 시민운동가들은 대중적 여론을 형성시키는 강력한 세력이 될 수 있으며, 나이키, 맥도날드, 네슬레 같

케냐를 강타한 정치적 재앙: 케냐 키베라(Kibera)지역의 빈민가인 나이로비에서 야당 지도자인 라일라 오딩가(Raila Odinga)의 지지자들이 케냐 연안을 거쳐 우간다로 가는 열차의 선로를 떼어내고 있다. 이와 관련된 충돌로 12명의 인명피해가 있었다. 이러한 사태는 동아프리카 국가들의 경제와 사회 발전에 확실히 큰 타격을 줄 것이다. 이제 사람들은 급증하고 있는 온실로부터 수확한 꽃을 아직 건재한 남부 나이로비 공항과 고속도로를 이용해 유럽 전역에 판매할 수 있기를 바랄뿐이다. 꽃 수출은 한때 번영했던 케냐 경제의 핵심적 수익원이다.

은 기업들이 인식한 것과 같이 없어지면 안 되는 중요한 정치적 세력이다.

인터넷은 정치 · 사회적 시민운동가들이 자신들이 주최하는 활동의 명분이 무엇이든지 간에 이를 세계에 퍼뜨리는 데 효과적인 도구가 되었다. 미국–이라크 전쟁에 대한 항의집회 동안, 시민운동가들은 전 세계 600개 도시에서 항의시위를 조직하고 관련 정보를 쉽게 퍼뜨릴 수 있었다. 같은 기간(2003년)에 구글에는 "평화집회"라는 검색어에 788,000개의 결과(2008년에는 약 660,000)가 나타났다. 여기에서 평화집회와 관련한 간단한 뉴스정보, 평화집회 조직의 웹사이트, 평화를 위한 온라인 청원, 평화운동에 자금을 후원하는 방법 그리고 어떻게 국회의원들에게 서한을 보내야 하는지 등의 내용을 살펴볼 수 있다.

보통 정치적 행동주의와 연관된 **비정부기구**(NGO)는 정부의 정책 결정에 점차 영향을 주고 있다.[32] 많은 비정부기구들이 평화적 항의, 로비 그리고 심지어 정부기관들과의 협조에 참여하고 있다. 또한 많은 비정부기구들이 지구 일각에 만연한 인류의 고통을 완화하는 데 참여하고 있다. 일부 비정부기구들은 세계적인 인정을 받고 있다. 적십자(Red Cross)와 붉은 초승달(Red Crescent), 국제사면위원회(Amnesty International), 옥스팜(Oxfam), 유니세프(UNICEF), 헤비타트(Habitat for Humanity) 등은 그들의 훌륭한 업적과 정치적 영향력 그리고 심지어 그들의 브랜드 인지도에 있어 좋은 사례가 될 것이다.[33]

폭력, 테러 그리고 전쟁

비록 정부가 수행하지 않는다고 해도, 폭력은 다국적기업 활동의 정치적 취약성을 평가하는 데 있어서 고려해야 하는 또 다른 위험이다. 전 세계적으로 매년 수천 건의 테러공격에 따른 희생자가 지속적으로 발생하고 있다.[34] 테러리즘은 다양한 목적 때문에 발생한다. 다국적기업을 정부와의 관계에서 난처해지게 하려고 테러대상으로 삼기도 하며, 활동자금 충당을 위해 다국적기업 임원을 납치해서 몸값을 요구할 때도 있다. 또한 다국적기업과 직접적인 관련이 없는 정치 · 사회적 분쟁에서 목표 달성을 위해 그리고 2011년 9월 11일 사태와 같이 특정 국가에 테러를 가하기 위해 다국적기업을 이용한다.

9 · 11 사건은 미국의 국내외 모든 측면에서 사업비용을 증가시켜 왔다. 국제정세에서 미국 같은 국가가 패권을 강화할수록 해당 국가의 다국적기업은 다양한 불확실성에 직면하게 된다. 이는 정치적 폭력의 증가에서부터 신흥시장의 투자위험까지

---

[32] Hildy Teegen, Jonathan P. Doh, and Sushil Vachani, "The Importance of Non-Governmental Organizations (NGOs) in Global Governance and Value Creation: An International Business Research Agenda," *Journal of International Business Studies* 35, no. 6 (2004), pp. 463 – 83.

[33] See the excellent book by John A. Quelch and Nathalie Laidler-Kylander, *The New Global Brands: Managing Non-Governmental Organizations in the 21st Century* (Mason, OH: South-Western, 2006).

[34] John M. Glionna, "Twin Hotel Blasts Kill 9 People in Indonesian Capital," *Los Angeles Times*, July 17, 2009, p. A25.

표 6.2
미 국무부의 여행 주의 지역 (최근게시된순서)

출처: http://travel.state.gov/travel/,2010.

아이티	차드	콜롬비아
파키스탄	말리	기니
수단	스리랑카	레바논
소말리아	네팔	코트디보와르
모리타니	알제리	필리핀
부룬디	인도네시아	콜롬비아
코트디보와르	예멘	필리핀
소말리아	네팔	아프가니스탄
이라크	시리아	

여러 분야에 걸쳐있다. 지난 30년간, 미국에 대한 테러리스트의 공격 중 80%가 다국적기업을 대상으로 일어났다. 9 · 11사건 이후, 맥도날드, 케이에프씨, 피자헛 등을 대상으로, 터키, 사우디아라비아, 러시아, 레바논, 중국 등을 포함한 10개국 이상에서 폭탄 테러가 있었다. 대부분 공격이 급진적인 이슬람 집단과 관련되어 있었다. 다국적기업 활동이 점차 테러대상이 될 것이라는 예측에는 두 가지 이유가 있다. 첫째, 정부기관보다 방어가 취약하고, 둘째 다국적기업 활동의 상징성 때문이다. 테러리즘과 기타 폭력의 위협에 대해 여러 국가는 자국의 관련 부처 웹사이트에 여행 경고문을 공고하고 있다. 그러나 많은 여행객은 그러한 경고를 보통은 무시해버린다.[35]

냉전을 끝으로 전쟁은 계속 줄어들고 있다. 비록 대부분 국가의 정치가들이 자신들의 정치적 힘을 강화하기 위해 '외국인 혐오'를 이용하고 있기는 하지만, 다른 나라

공산당 정부가 있는 쿠바에서는 민간 광고가 금지되어 있다. 사진에는 하바나 중심가에 걸린 한 표지판이 보이는데, 여기서 5명의 쿠바인을 앞세운 정치적 광고를 볼 수 있다. 사진 속 표지판에 있는 5명은 간첩 활동으로 미국 감옥에 갇힌 쿠바인들이다. 쿠바정부는 이들이 쿠바를 침공할 불순한 의도를 가진 미국 남부 플로리다 지방의 테러조직에 침투한 영웅이라고 보고 있다.

[35] "Who Do We Trust?" *Condé Nast Traveler*, March 2005, pp. 53 – 62.

그림 6.2

전 세계 군사적 충돌 추세

출처: The International Peace Research Institute, Oslo, http://www.prio.no 2010.

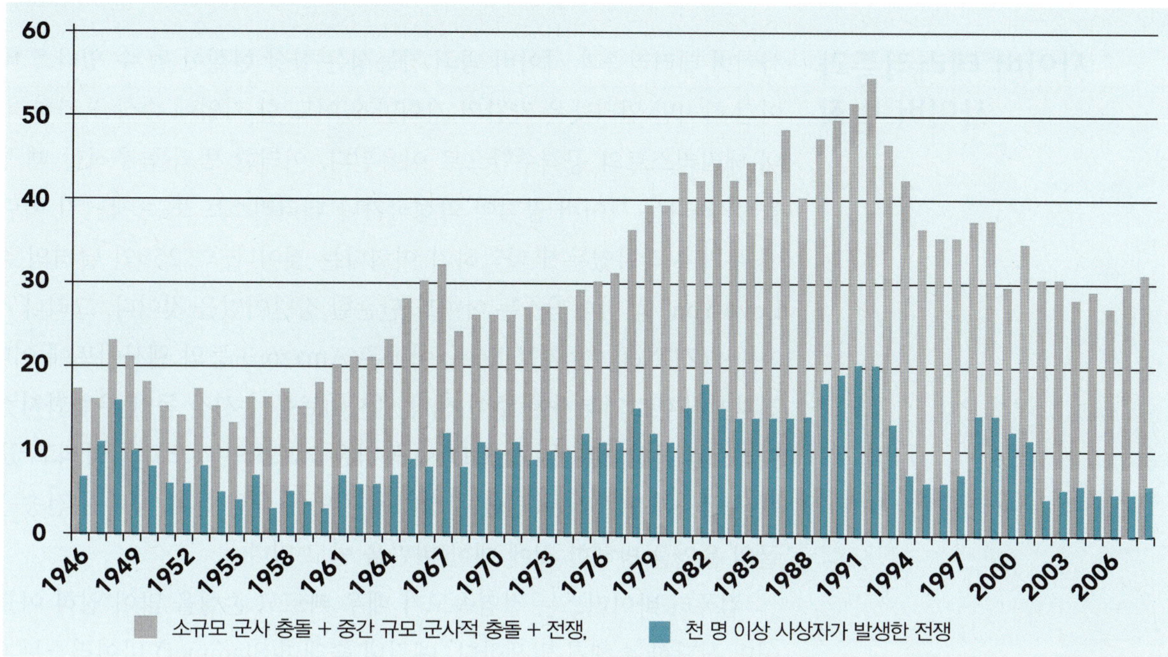

를 공격하는 폭력적 위협은 빠르게 감소하고 있다. 일부 사람들은 인공위성을 무기로 사용하는 우주전쟁을 예상하기도 하지만, 현재 유인 우주정거장에서 벌어지는 국가 간의 협동은 우주전쟁 가능성이 매우 희박함을 보여준다.[36] 1996년, 정치 과학자인 새뮤얼 헌팅턴(Samuel Huntington)[37]은 문명의 충돌을 예상했다. 그의 시각에서 세계는 이미 아홉 개의 문명으로 나누어져 있었다. 이는 서구, 중남미, 아프리카, 이슬람, 중국, 힌두, 동방정교, 불교도 그리고 일본이다. 이러한 예언은 세계가 머지않아 무역에 기반을 둔 세 개의 영향권(일본, 유럽 연합, 미국)에 의해 지배될 것이라고 예상한 1990년도 초의 여러 주장과 비슷하다. 그러나 두 부류의 주장은 모두 WTO의 성과나 미국과 한국처럼 빠르게 성장하는 양자 간 무역협정의 성공을 간과하고 있다. 또한 그림 6.2에서 포함된 사실들은 분명 문명 간에 있을 새로운 충돌에 대한 예측들이 빗나가고 있음을 보여준다. 비록 2010년에 진행되는 여섯 개의 전쟁들 중 세 개(아프가니스탄–파키스탄, 예멘–사우디아라비아, 이라크–미국)는 국제적이었음에도 나머지 세 개(소말리아, 수단, 멕시코 마약 전쟁)는 내부적 혼란 때문이다. 21세기에 평화나 기업 활동을 위협하는 요인은 국가 대 국가, 또는 문명 대 문명의 군사행동보다 내전과 테러리즘이다. 또한 국가 간 갈등은 협상을 통해 해결될 수 있다.

[36] "Disharmony in the Spheres," *The Economist*, January 19, 2008, pp. 25–28.

[37] Samuel P. Huntington, *The Clash of Civilizations and the Remaking of the World Order* (New York: Simon and Schuster, 1996); Fouad Ajami, "The Clash," *The New York Times*, January 6, 2008.

소련의 평화로운 해체, 체코와 슬로바키아의 분리 독립, 동 · 서독의 통일, 영국에 의한 중국으로의 홍콩 이양, 중국과 대만 간의 무역 거래[38] 그리고 영국과 스코틀랜드 간의 평화적 논의[39]들이 평화적 갈등 해결의 좋은 사례로 볼 수 있다.

사이버 테러리즘과 사이버 범죄

사이버 테러리즘과 사이버 범죄 가능성은 항상 현실이 될 수 있다.[40] 비록 초기 단계이긴 하지만 인터넷은 약간의 기회만 있어도 한 기업에 손상을 가하려는 외국 및 국내 테러리스트의 공격수단으로 이용된다. 이러한 범죄를 추적할 때 발생하는 문제들 중 하나는 사이버 공격이 악성국가나 테러리스트 또는 장난기 어린 컴퓨터광 중에 누가 시작하였는지 파악하기 어렵다는 것이다. 약 250억 달러의 손해를 입힌 "I Love You" 웜 바이러스는 아마도 단순한 장난이었을 것이다. 그러나 시엔엔(CNN), 지디넷(ZDNet), 야후(Yahoo), 아마존(Amazon) 등의 웹사이트에 어마어마한 양의 전자메시지로 과부하를 주어 해당 웹사이트를 수시간 동안 무력화시켰던 멜리사 바이러스와 분산거부서비스(DDos) 공격은 의도적인 것으로 파악되고 있다. 더욱 최근에 중국정부는 분리 독립을 주장하는 지역에 대한 문자 메시지 전송을 차단하고 구글의 운영을 방해한 것에 대한 비판을 받고 있다.[41]

컴퓨터 바이러스는 전염속도가 매우 빠르고 손실을 많이 입혀 이를 멈추기 전에 이미 상당한 손해가 발생한다. 예컨대 슬래머(Slammer) 바이러스는 인터넷 서비스를 느리게 한다. 그리고 슬래머 공격을 1분만 받아도 8.5초마다 그 수가 배가 되기 때문에 10분 이내에 75,000개 이상의 컴퓨터가 감염된다.[42] 웜 고너(Goner worm) 바이러스 역시 유럽과 북미에서 수천만 대의 컴퓨터를 감염시킨 후, 하룻밤 사이에 호주까지 전염되어 정부기관, 금융 및 제조 사이트 그리고 적어도 25개의 다국적기업에 타격을 주었다. 괴롭힘을 주기 위해 장난을 친 것인지, 아니면 해커에 의한 것이든지 간에 이러한 사건은 사이버테러리즘의 도구들이 특정 기업, 특정 산업 혹은 특정 국가의 기반시설에 상당한 피해를 줄 만큼 발전했음을 보여준다.

빈번한 사이버 공격의 우려가 증가하면서 다국적기업과 여러 정부는 사이버 범죄를 논의하기 위해 소집된 선진 8개국 정상회담(G8)[43]을 열었다. 그리고 그들은 늘어나는 사이버 범죄의 위협과 싸우기 위해 정부, 인터넷 산업 그리고 인터넷 사용자들 간의 협력에 대한 긴급한 필요성을 공식적으로 천명했다. 인터넷이 성장하면서, "모든 테러리스트와 무정부주의자, 도적 그리고 PC와 초고속 광랜을 가진 문제아들이

---

38 "Reunifi cation by Trade?" *The Economist*, August 8, 2009, pp. 37 – 38.

39 "Straining at the Leash," *The Economist, The World in 2009*, November 19, 2009, p. 98.

40 "Overseas Security Threats to U.S. Business Cited," *Los Angeles Times*, December 28, 2007, p. C2.

41 Johanna Neuman, "Google's China Move Wakes Washington," *Los Angeles Times*, January 15, 2010.

42 For more information, see http://www.silicondefense.com.

43 The Group of 8 (G8) Nations consisted of government representatives from Britain, Canada, France, Germany, Italy, Japan, Russia, and the United States who convene periodically to examine issues that affect the group. Most recently the group has been expanded to the G20.

가상 전쟁을 벌이고 실질적인 해를 가하는 것은 오직 시간문제"이다.[44]

정치적 취약성 평가

LO6
정치적 취약성을 어떻게 평가하고 감소시킬 것인가를 이해한다.

수많은 정치 철학, 경제제도의 변형 그리고 문화적 차이들이 존재하듯이 한 기업의 정치적 취약성에는 많은 이유가 있다. 어떤 기업은 정부의 특별한 관심을 받기에 다른 기업보다 정치적으로 더 취약할 수 있다. 이런 특별한 관심은 기업에게 긍정적 혹은 부정적 결과를 줄 수 있다.

안타깝게도 특정기업과 그들 제품이 정치적 관심의 대상인지 아닌지를 판단하기 위해 마케터가 따라야 할 절대적인 지침은 없다. 우선순위가 높은 산업부분에 대한 투자에 관심이 있는 국가라면 이러한 산업에 있는 기업들을 위해 세금, 관세, 쿼터, 외환 관리 그리고 투자에 대한 기타 장애물 등을 면제해 주는 정책을 시행할 것이다. 인도는 외국인 투자유치와 수출 증가를 목적으로 새로운 무역정책을 공표했는데, 여기에는 사회기반시설을 유지하고 개발하는 기업에 대한 규제완화와 세금우대 내용이 포함되어 있다. 이와는 반대로, 우선순위가 높지 않거나 정부가 환영하지 않는 제품을 판매하는 기업은 예상하지 못한 정부규제에 자주 직면한다.

관련사례로 중국 시장에서 깡통을 생산 · 공급하던 콘티넨털캔(Continental Can Company) 합작법인은 중국의 경제침체기에 일련의 규제들에 직면하였다. 중국정부는 깡통에 담긴 음료를 매우 소비적인 제품으로 보고 모든 국가 행사에서 이의 사용을 금지하도록 요구하였다. 깡통을 제조하기 위한 알루미늄과 기타 자재들에 대한 관세는 두 배로 올랐으며, 깡통에 담긴 음료에 새로운 관세가 부가되었다. 콘티넨털캔의 입장에서는, 몇 년 후 이익을 창출할 가능성이 있던 투자가 중국정부의 태도 변화로 수익가능성이 사라졌다.

정치적으로 민감한 제품과 제반 관련 문제

비록 한 제품의 취약성을 판단하기 위한 특정 공식은 존재하지 않지만 어떠한 제품이 정치적으로 민감한지에 대한 경향을 파악하는데 도움을 주는 일반적인 항목들이 있다. 환경, 환율, 국가 · 경제 안보, 국민들의 복지(특히 어린이들– 5장에 있는 사우디아라비아에서의 바비인형 이야기를 상기할 필요가 있다)에 영향을 미치는 제품이나 그렇게 인식되는 제품들은 정치적으로 민감하다. 더불어 대중에 많이 노출되거나 공공분쟁을 일으킬 만한 것과 제품의 원산지와 연관된 문제는 정치적으로 민감할 가능성이 높다.

가시성이 높아야 하는 패스트푸드 연쇄점은 반외국기업 단체에 자주 빌미를 제공하곤 한다. 인도에서는 시위대들이 외국인 투자는 첨단기술에만 제한되어야 한다고 주장한 몇 달 후 정부 당국은 건강상의 이유(두 마리의 파리가 주방에서 발견되었다)를 들어 케이에프씨(KFC)를 폐쇄했다. 시위 농민집단의 지도자는 이렇게 말했

[44] Mark Mazzetti, "Senators Warned of Terror Attack by July," *The New York Times*, February 3, 2010, p. A6.

표 6.3
실패 위험이 높은 나라들 (실패에 가까운 순서)

출처: From Foreign Policy, "Failed States Index," May/June 2009, online. Copyright 2009 by Foreign Policy. Reproduced with permission of *Foreign Policy* via Copyright Clearance Center.

소말리아	중앙아프리카공화국	나이지리아
짐바브웨	기니	에티오피아
수단	파키스탄	북한
차드	코트디부아르	예멘
콩고공화국	아이티	방글라데시
이라크	미얀마	동티모르
아프가니스탄	케냐	

다. "인도는 정크푸드에 대한 외국인 투자를 필요로 하지 않는다." 케이에프씨는 이후 법원의 명령에 따라 다시 영업을 재개할 때까지 영업을 하지 못했다.

건강은 종종 공개적 논쟁의 주제이며, 건강 관련 제품은 정치적으로 민감할 수 있다. 유럽 연합은 10년 넘게 호르몬을 주입한 쇠고기를 금지해 왔다. 그리고 이러한 조치가 건강상 문제인지 아니면 단순히 유럽 쇠고기 산업을 보호하기 위한 것인지에 대해서 의문이 제기되었다. 세계무역기구는 1989년, 그러한 금지에 과학적 근거가 없다고 결론 내렸다. 그럼에도 유럽은 아직 해당 금지조치를 폐지하지 않고 있다. 세계무역기구의 지시 이행을 꺼려한 것은 유럽에서 유전자변형(GM)식품에 대해 반대가 있었기 때문이며, 실제로 유전자변형식품은 유럽에서 판매가 금지되었다. 이렇게 반유전자변형식품에 대한 여론이 매우 높아지자 유니레버(Unilever)사는 영국에서 판매하던 모든 제품에 유전자변형 성분의 사용을 중단한다고 발표했다. 또한 맥도날드, 피자헛, 윔피(Wimpy)햄버거, 버거킹 등을 포함한 11개의 주요 레스토랑 기업들은 유전자변형식품을 사용하지 않고 있다. 미국에서는 유럽의 우려만큼 유전자변형제품에 대한 여론 수위가 높진 않지만 많은 미국 기업이 이러한 반대여론을 사전에 무마하기 위해 유전자변형식품의 도입을 늦추고 있다. 유럽의 강력한 여론에 두려움을 느낀 맥도날드는 미국에서 판매하는 감자튀김에도 유전자변형 재료의 사용을 중지하기로 결정하였다.

정치적 위험 예측

정치적 위험의 정성적 측정에 추가하여 많은 기업들이 체계적 방법을 도입해 정치적 위험을 측정하고 있다.[45] 정치적 위험 평가는 정치적 불안정성을 예측하기 위한 노력으로 경영진이 현재 및 미래의 국제경영 활동 의사결정에 미치는 정치적 위험의 잠재적 영향력을 인식하고 평가하는 것을 돕는다. 국제 마케터에게 가장 큰 위험 중의 하나는 실패한 정부로부터 발생하는 실제적인 위협으로 이는 시장과 사람들에게 혼돈을 일으킨다. 포린 팔리시(Foreign Policy)란 잡지는 "국가실패지수"[46] 순위를 정하여 발표하고 있는데 12개의 기준을 사용하고 있다. 이러한 기준에는 인구 문제, 두뇌 유출, 불평등한 경제성장 등이 있다(표 6.3 참고).

[45] See http://www.prsgroup.com for a wealth of information on political risk assessments.

[46] "The Failed States Index," *Foreign Policy*, July/August 2007, pp. 54–65.

CROSSING BORDERS 6.3 현지화와 후원을 통한 정치적 위험 극복

한 전문가는 맥도널드가 진출한 국가들은 서로 공격을 하지 않는다고 주장하였다. 그러나 아마 유고슬라비아는 예외가 될 것 같다.

유고슬라비아를 대상으로한 나토 연합군 공군의 폭격이 있던 78일간 중 대부분의 경우에 맥도널드는 정상적으로 영업했다. 그러나 단 하룻밤의 사건으로 맥도널드는 15개 매장을 한때 폐쇄했다. 나토 연합군의 침략과 범죄에 저항하라는 국영언론에 자극받아 열정적 애국심으로 집결한 젊은 폭도들이 6개의 맥도널드 매장을 공격해서 창문을 깨고 모욕적 내용을 벽과 문에 낙서했다. 이런 공격이 있고 일주일 뒤 맥도널드는 다시 매장을 열었으며, 이때 기존의 마케팅 전략에 현저한 변화를 주었다. 맥도널드는 미국적 색채를 뒤로 숨겨버렸다.

맥도널드는 매장을 다시 열면서 세르비아인의 역경을 인식하고 있음을 알리는 홍보를 시작했다. 한 매장에서 "맥도널드는 여러분과 운명을 함께 할 것입니다." 라는 간판을 내걸었다. 이 홍보의 핵심적인 내용은 맥도널드가 유고슬라비아 기업으로 이곳에 있다는 점을 알리는 것이었다. 이에 맥도널드 매장은 '맥 컨트리(McCountry)'라는 유고슬라비아 돼지고기와 파프리카를 넣은 저가메뉴를 출시했다. 돼지고기는 세르비아인에게 가장 일반적인 육류였기 때문이다.

맥도널드 관리자는 "우리가 필요했던 것은 유고슬라비아 사람들이 맥도널드를 자국 기업으로 인식하게 하는 것이었다."라고 말했다. 그는 맥도널드의 세르비아화라는 홍보를 계획하여 지휘했다. 이런 의도를 확실하게 하기 위해 그들은 맥도널드 로고에 전통 세르비아 문양을 활용했다. 전통적 상징의 이용은 최근의 다시 고조되고 있는 세르비아 민족주의를 느끼게 해주었다. 이 점에서 현지 관리자는 이렇게 말했다. "전통 문화유산을 상징으로 사용한 점은 현지기업으로서의 우리의 자긍심을 보여준 것이었다."

더불어 맥도널드는 반-나토 주제의 베오그라드 마라톤 참가자들에게 3,000개의 햄버거를 무료로 제공했다. 그리고 전체 햄버거 판매금액 중 1디나르(dinar, 유고 화폐)를 나토 공습의 피해자를 돕는 적십자 활동에 기부한다고 밝혔다. 또한 반-나토 집회 참석자들에게 치즈버거를 무료로 지원했다.

전쟁이 끝나고 맥도널드는 이러한 활동의 효과를 톡톡히 누렸다. 각 매장의 현금 등록기는 전쟁 이전 수준으로 울려댔다. 매장은 전국으로 퍼져 나갔으며, 빅맥과 프렌치 프라이를 먹으려는 사람들이 떼를 지어 몰려들었다. 이제 빅맥을 먹는 현지 청소년들은 이렇게 말한다. "나는 맥도널드가 미국과 상관없는 우리나라 제품이라고 생각해요." 현지의 이러한 목소리들은 맥도널드에게 감미로운 음악처럼 들렸을 것이다.

이후 2009년 맥도널드는 전쟁으로 파괴된 보스니아와 헤르체고비나 진출을 위해 협상을 시작했다. 당분간, 맥도널드에게 평화는 계속될 것처럼 보인다.

출처: Robert Block, "How Big Mac Kept from Becoming a Serb Archenemy," *The Wall Street Journal*, September 3, 1999; John Kozak, "McDonald's Can't Serve Up World Peace," *The Guardian*, April 26, 2005, p. 27; "McDonald's Arrives in Sarajevo, Bosnia and Herzegovina," *Property Xpress*, October 9, 2009, online.

정치적 위험의 평가는 한 기업이 투자할 때 발생할 수 있는 정치적 위험의 수준을 예측하는 데 사용된다. 그리고 한 기업이 감당할 수 있는 정치적 위험의 양을 결정하는 데 도움을 준다. 이전 소련과 중국의 환경은 일부 기업에 상당히 높은 위험이었을 것이다. 그러나 강력하고 건실한 재무여건을 가진 기업은 미래에 이익을 줄 수 있는 위험 국가들에 장기적 투자를 할 수 있다. 또한 한 연구에 따르면 미국과 일본 경영자와 비교해서 프랑스 경영자의 시장진입 결정은 외국시장의 정치적 위험에 대한 우려에 더 영향을 받는다고 밝히고 있다.[47] 경제가 성장하고 위험이 낮아질 때를 대비하여 초기위험을 감수하고자 하는 것이다.

소련의 정치 · 경제적 변화 이후 발생한 혼란의 시기에 새롭게 나타난 공화국들은 외국인 투자를 갈망했다. 그러나 해당 국가들의 정치적 위험은 많은 투자자들이 '

[47] Jennifer D. Chandler and John L. Graham, "Relationship-Oriented Cultures, Corruption, and International Marketing Success," *Journal of Business Ethics* 92, no. 2 (2010), pp. 251 – 67.

기다리며 지켜본다'는 태도를 취하게 만들었다. 반면 이렇게 말한 경영자도 있다. "만약 미국 기업들이 모든 문제가 해결될 때까지 기다린다면 다른 누군가가 우리 사업을 낚아채 갈 것이다." 분명, 이전 소련이나 중국에 투자하는 대다수 기업들은 즉각적 이익을 기대하지 않았다. 그들은 미래에 투자하고 있는 것이다. 해외시장에서 활동하는 마케터에게 필요한 시장분석 자료에는 마케팅 계획의 실행결과로 발생할 수 있는 정치적 영향을 평가해 주는 내용이 포함되어 있어야 한다. 이는 일부 마케팅 활동이 다른 무엇보다 정치적 요소에 더 영향을 받기 때문이다.

정치적 취약성의 감소

특정 기업은 자신들이 활동하고 있는 국가의 정치적 환경을 직접 통제하거나 바꿀 수 없다. 그럼에도 특별한 사업상 노력으로 정치적 위험의 영향력을 줄이기 위한 조치를 취할 수 있다.

외국 투자자들은 현지 노동력을 희생해서 피투자국가의 부를 착취하고 오로지 자신들의 이익만을 위해 활동한다는 비난을 받는다. 이러한 관점은 최근 페루 대통령의 연설에서 잘 나타난다. "우리는 수십 년간 막대한 외국인 투자를 유치해 왔으나, 페루는 발전하지 않았다. 따라서 외국인 자본으로 하여금 이제 우리정부와 사회가 원하는 목표를 만족시키도록 만들어야 한다."

이러한 이미지가 남아있는 한, 외국인 투자자들을 위한 정치적 풍토는 계속해서 적대적으로 남을 것이다. 기업들은 현지시장에서 자신들의 활동이 경제적, 정치적 그리고 현지 국민의 삶의 수준을 향상시키지를 관리해야 한다. 정부와 다국적기업 간의 관계는 다음과 같은 상황에서 대체로 긍정적이 된다. 만약 외국인 투자가 (1) 수출을 증가시키거나 수입 대체 효과를 일으켜 국제수지를 개선할 때, (2) 현지 생산자원을 사용할 때, (3) 자본과 기술을 현지에 이전할 때, (4) 일자리를 창출할 때, (5) 세금으로 이바지 할 때 등이다.

경제적 기여 이외에도 기업의 자선활동 또한 현지 국민에게 긍정적 인상을 만들어 내는 데 도움을 준다. 많은 다국적기업은 사회적 활동을 통해 현지국에 이득을 주려고 노력한다. 예컨대, 개발도상국이 정교한 기술적 도움을 원한다는 것을 알게 된 마이크로소프트는 멕시코에서 정부 서비스의 인터넷 시스템 구축 거래의 일부로서 기술개발과 인력양성에 1억 달러 이상의 투자를 약속했다. 인터넷 하드웨어 분야의 선두주자인 시스코(Cisco Systems)는 150개국에서 컴퓨터 네트워크망을 구축하기 위해 대학과 고등학교 학생들을 훈련하는 10,000개의 학원들을 운영하는 비영리 기관과 협력하고 있다. 중국에서 프록터 앤드 갬블(Procter & Gamble)은 지역 학교와 대학의 지도자 양성 교육에 도움을 주고 있다. 그리고 말레이시아에서는 모토로라와 인텔이 지역 노동자들의 기술강화 훈련 계획을 만들어 사용하고 있다.

제약 기업인 머크(Merck)는 아프리카와 중남미에서 사상충증(Onchocerciasis) 치료약을 개발했다. 사상충증은 일부 아프리카 국가들에 있는 강둑을 따라 발견되는 흑색의 날벌레에 물렸을 때 인간에게 전염되는 질병이다. 기생충이 침투하여 번식하면서 최대 15년간 몸속 전체에 퍼지게 되고, 그 결과 피부 발진, 심한 가려움 그리고 외관의 손상이나 시력 상실이 발생한다. 반면 일 년에 한 번 약을 먹게 되면 이러한 질병을 예방할 수 있는 것으로 증명되었다. 머크는 이 질병치료에 필요한 수백만 회분의 약을 기부하였다.[48]

비록 다국적기업이 현지에서 훌륭한 기업시민이 되기 위해 노력함에도 불구하고 그들의 실패사례를 끝까지 찾아내어 희생양으로 만들려는 정당들이 종종 있다. 이들은 다국적기업 활동의 사실여부를 떠나 대중 여론을 다국적기업의 부정적인 측면에 집중시킴으로써 자신들의 이익을 추구한다. 반면 현지에 깊게 뿌리를 내리거나 기업전략이 현지국의 장기 목표와 일치한다는 본보기를 보여주는 다국적기업들은 긍정적인 인상을 현지국민에게 보여줄 좋은 기회를 가진다. 성공한 다국적기업 임원들은 이렇게 말한다. "아마도 지금과 같은 시기에는 글로벌 시민의식이 여느 때보다 중요합니다."[49] 다국적기업의 최선의 방어책은 지역시민의 삶을 개선하는 데 적극 참여하는 것이다. 현지국의 사회 및 경제적 목표와 선량한 기업시민에 초점을 맞춘 기업활동에 추가하여 다국적기업은 정치적 취약성과 위험을 최소화할 수 있는 다른 전략들도 사용할 수 있다.

합작기업

현지 또는 다른 제3국의 다국적기업과 함께 정치적 괴롭힘에 영향을 적게 받는 합작기업을 설립할 수 있다. 두 가지 경우 모두 기업의 재무적 노출은 감소한다. 또한, 현지인과의 합작을 통하여 다국적기업에 대한 악감정을 최소화하는 데 도움을 받을 수 있으며, 다른 제3국 다국적기업과의 합작을 통하여 제3국의 협상력을 추가로 활용할 수 있다.

투자 기반 확대

현지투자를 위한 자금을 조달할 때 여러 투자자와 은행을 포함시키는 것도 정치적 위험을 줄일 수 있는 전략이다. 이러한 접근은 정부가 국유화나 다른 위협을 할 때마다 해당 투자자나 은행의 힘을 개입시킬 수 있다는 장점이 있다. 특히 해당 전략은 은행이 현지국가에 대한 대출이 있을 때 더욱 강력한 힘을 발휘한다. 정부가 수용이나 기타 유형의 인수조치로 위협을 가할 때 자금을 조달한 은행이 해당 정부에 실제적인 영향력을 행사하기 때문이다.

라이선싱

라이선싱은 일부 기업이 현지 진출에 따른 위험을 제거하기 위한 전략의 일환으로 자신의 기술이용을 허가해주고 사용료를 받는 방법이다. 라이선싱은 자신들의 기술이 독특하고 현지국의 위험이 큰 상황에서 효과적일 수 있다. 물론 이 방법도 일부 위험이 있을 수 있다. 기술사용을 허가받은 사람들이 이에 상응하는 보수 지급을 거

---

48 David Shook, "Merck Is Treating the Third World," *BusinessWeek Online*, October 10, 2002.

49 Susan E. Reed, "Business; Technology Companies Take Hope in Charity," *The New York Times*, March 23, 2003, p. 17.

부할 수 있기 때문이다.

계획된 내국화 진출 국가의 정부가 다국적기업 운영에 현지인의 참여를 요구할 때 가장 효과적인 장기대책은 계획된 단계적 철수인데, 이는 계획적 내국화와 같은 말이다. 이 방법은 기업들이 선호하는 방법은 아니다. 그러나 정부 주도의 내국화라는 대안은 몰수만큼 비참할 수 있다. 잠재적인 내국화에 대한 합리적인 대응으로서 계획된 내국화는 이익을 창출하는데 적절한 방법이 될 수 있으며, 외국 투자자에게 운영상 편의를 제공할 수 있다. 본질적으로 계획된 현지화란 기업 운영의 모든 단계에 걸쳐 현지 국민의 점차적인 참여를 의미한다.

정치적 협상 다국적기업은 잠재적인 정치적 위험을 피하기 위하여 로비와 기타 정치적 협상에 참여한다.[50] 마텔(Mattel)은 중국에서 제조한 장난감들의 불량품 회수조치를 발표하며 중국에 사과를 표명했다. 마텔은 불량품 제조가 제조상의 오류보다는 마텔의 디자인 오류 때문에 발생한 결함이라고 말했다.[51] 그렇게 함으로써 마텔은 (1) 그들의 가치사슬상 크고 중요한 모든 부분을 보호하고, (2) 중국에서의 제조관행에 영향을 주기보다는 그들의 디자인과 품질검사 과정을 고치는 것이 쉬울 것이라는 점을 인식하며, (3) 미국기업으로는 유례없이 그들 스스로 과실을 공개적으로 인정했다. 태평양 반대편에서는 도요타가 병든 미국 경쟁사들을 "돕기" 위하여 미국 시장에서 자동차 가격을 올리기로 한 적이 있다.[52] 또한, 일본 정부는 미국 자동차 기업들이 고전을 면치 못하던 과거에 일본산 자동차 수출에 할당량을 부과하기도 했다. 그리고 미국과 유럽의 비판이 증가함에 따라 중국은 직물수출 할당량 부과와 환율 조정에 동의했다. 이런 정치적 협상에서 남는 중요한 질문은 '언제' 행동을 취할 것인가이다. 일반적으로 기업의 사회적 책임에 대한 동기를 바라보는 시각이 다소 냉소적인 것은 기업들이 기업의 사회적 책임과 관련된 활동들을 외국인들과 외국정부들에 대한 협상카드로 사용하기 때문이다.[53]

정치헌금 정치적 취약성을 다룰 수 있는 또 하나의 접근방식은 정치헌금이라 할 수 있다. 이는 다국적기업을 대신하여 중재 역할이 가능한 사람들에게 자금을 지급함으로써 정치적 위험들을 줄이려는 노력이다. 이러한 선택은 일반적으로 좋은 방법은 아니다. 그러나 경쟁자가 이러한 방법을 사용할 가능성은 항상 존재한다. 그리고 정치헌금이나 뇌물수수는 다양한 문제들을 해결하기 위해 사용되어 왔다. 다국적기업의 관리자가 종종 직면하게 되는 이러한 결정들은 다음과 같다. 다국적기업의 경영자들이 자주

---

[50] Amy J. Hillman and William P. Wan, "The Determinants of MNE Subsidiaries' Political Strategies: Evidence of Institutional Duality," *Journal of International Business Studies* 36, no. 3 (2005), pp. 322–40.

[51] "Mattel Apologizes to China over Recall," *Associated Press*, September 21, 2007.

[52] "Toyota May Raise Prices to Avoid Backlash," *Associated Press* , April 26, 2005.

[53] Daniel Franklin, "Just Good Business," *The Economist*, January 18, 2008, pp. 1–24.

모두가 이익을 얻는 정치 · 경제적 지원의 실행

일본정부는 탄자니아 사파리 공원의 주요 관광지역을 연결하는 새로운 고속도로 건설비용을 부담하였다. 이로써 외국인 관광은 더욱 효율적이고 안전하게 되었으며, 사진에 있는 키보(Kibo는 탄자니아 최고의 기업 중 하나다.)같은 탄자니아 기업에 이익이 되었다. 또한 이 작업에 참여한 일본의 설계업자, 컨설턴트 그리고 시공사들도 많은 돈을 벌었다. 그리고 최종적으로는 마쿠유니(Makuyuni)와 응고롱고로(Ngorongoro) 동물보호구역을 왕복하는 이 관광도로에서 운행되는 도요타 랜드크루저 차량의 보험비용을 낮추면서 마침내 투자금을 회수했다.

직면하게 되며 윤리적 문제를 야기하게 되는 의사결정에는 가혹한 세금이나 시장에서의 퇴출을 피하고자 해당 국가의 지도층에 돈을 건네거나, 판매계약의 승인을 보장받기 위해 중개인에게 수수료를 지급하고 다양한 기업 활동을 효과적으로 펼치기 위하여 현지인들에게 금전적 격려를 제공하는 일 등이 그러하다. 그러나 이러한 행동에는 윤리적 문제가 뒤따른다.

뇌물수수는 자국과 외국 모두에서 마케터에게 문제가 될 수 있다. 비록 그것이 현지에서는 일반적 관행이라 할지라도 자국법상 뇌물수수가 불법일 수 있기 때문이다. 또한 정치헌금은 단기적인 이익을 제공할지는 모르나 장기적으로 봤을 때 위험이 매우 크다. 따라서 뇌물수수는 옹호될 수 없는 선택이다. 이러한 문제는 5장과 7장에서 더 자세히 살펴볼 수 있다.

정부의 장려책

LO6

정부가 외국인 투자 장려정책을 장려하는 배경과 방법을 이해한다.

대부분의 정부는 외국인 투자를 방해하기도 하지만 또한 장려하기도 한다. 사실 동일국가 내에서도 일부 외국기업은 정치적 문제로 어려움을 겪지만, 다른 외국기업은 정부의 보호 아래 특혜를 받고 있을 수 있다. 그 차이는 외국기업의 활동이 현지국의 이익에 도움이 되는가에 대한 평가에 달려있다.

외국인 투자를 장려하는 가장 중요한 이유는 자국의 경제발전을 가속화시키기 위함이다. 많은 국가가 경제적 목표달성을 위한 가이드라인에 따라 외국인 투자를 장려한다. 다국적기업이 시장 활동을 허가받기 위한 요구조건으로는 지역고용의 창출, 기술의 이전, 수출촉진 및 활성화, 현지국가 산업의 성장과 발전촉진, 외환 보유 혹은 이상에서 언급한 요구조건들의 조합 등이 있다. 최근 중국과 인도 그리고 과거 소련 지역 투자에는 외국인 투자가들이 해당 국가의 경제적 목표에 기여해야 하는 특정내용을 요구하는 조항이 들어 있다.

요약 Summary

현지의 정치적 환경을 올바르게 이해하는 것은 해외 경영활동을 하는 모든 마케터가 시장평가를 할 때 필수적인 일이다. 현지정부가 기업 활동, 특히 외국기업의 활동에 관여한다면 일반적으로 국내 환경보다 더욱 큰 적응이 필요하다. 외국기업은 자신들의 활동이 현지에 정치적으로 받아들여지도록 노력해야 한다. 그렇지 않을 때는 암묵적으로 다양한 정치적 괴롭힘을 당할 수 있다. 더구나 정부가 이러한 괴롭힘을 강요하기도 한다. 이때 해외시장의 마케터들은 정부정책 지속성의 불확실성이란 문제에 자주 직면한다. 정부의 정치철학이 변하면, 과거 정부로부터 인정받던 기업의 활동이 다른 정부 아래에서는 바람직하지 못하게 되는 경우가 있다. 그러나 외국기업이 현지 경제의 자산이 되거나 정치권과 시민사회 운동가들이 제기한 문제에 창조적으로 대응하면 적대적 정치 환경도 활동의 방해요소가 될 수 없다. 또한 현지국가의 경제발전에 외국기업의 활동이 필수적이라면 해당 정부는 종종 다른 기업과는 다르게 차별적인 보호를 제공한다.

주요용어 Key Terms

주권(Sovereignty)
민족주의(Nationalism)
몰수(Confiscation)
수용(Expropriation)
내국화(Domestication)
정치 · 사회적 시민운동가들(PSAs, Political and social activists)
비정부기구(NGO, Nongovernmental organizations)

질문 Questions

1. 위에서 제시한 주요용어들을 정의하라.
2. 왜 국가는 수용보다 내국화 정책을 사용하는가?
3. "해외지역에서 사업 활동을 수행할 때 인식해야 하는 중요한 사실 중 하나는 사업수행에 대한 권한이 진출 현지국 정부로부터 간섭받을 수 있다는 점이다."를 논하시오.
4. 한 나라의 정치적 풍토를 평가하는데 고려할 중요 요소들은 무엇인가?
5. 실제적인 지식으로 현지국 정당의 정치철학을 이해하는 것이 왜 중요한지 토론하시오.
6. 정치권력의 변화가 어떻게 투자자에게 영향을 주는지 토론하고 예를 제시하시오.
7. 정부의 불안정성을 유발하는 가장 공통적 요인을 토론하시오.
8. 정부의 불안정성이 어떻게 현지 판매활동에 영향을 주는지 토론하시오.
9. 기업의 해외활동에서 가장 자주 직면하는 정치적 위험이 무엇인지 토론하시오.
10. 몰수는 기업의 해외활동에 가장 큰 정치적 위험이다. 그렇다면 기업 활동의 결과로 이러한 위험을 줄이는 방법을 토론하시오.
11. 외환관리가 어떻게 국제기업 활동을 방해하는지 토론하시오.
12. 다른 국가의 정부들이 어떻게 외국인 투자를 장려하는지 토론하시오.
13. 대한민국 정부의 외국인 투자 장려책을 토론하시오.
14. 대한민국 정부가 외국인 투자를 활성화하는 동기를 설명하시오.
15. 정치적 취약성을 줄일 수 있는 기업의 수단을 토론하시오.
16. 마케팅 관점에서 한 국가를 선택해서 정치적으로 분석하시오.

17. 교재에서 폭력이 국제기업 활동에서 정치적 동기의 위험이 된다고 설명한 점을 논하시오.
18. 최근에는 몰수나 수용과 같은 정치적 위험이 과거보다 줄었다는 근거가 있다. 그렇다면 왜? 그리고 어떠한 정치적 위험이 몰수나 수용을 주로 대체하고 있는가?
19. 정치 · 사회적 활동가 집단의 정보를 찾아서 이들의 활동이 국제경영에 미칠 잠재적 문제점을 간략히 서술하시오.
20. 본 장에서 논의한 기업들이 바나나 전쟁에서 입은 피해를 최소화 할 방법을 논하시오.
21. 본 장의 내용으로 유추할 수 있는 기업의 윤리적 및 사회적 책임 문제를 토론하시오.

CHAPTER 7

국제 법률 환경: 게임의 법칙 준수

개요 CHAPTER OUTLINE

주요 학습과제 CHAPTER LEARNING OBJECTIVES

- **LO1** 현재 사법제도의 네 가지 전통을 이해한다.
- **LO2** 법적분쟁 시 재판관할권의 중요 요인들에 대해 학습한다.
- **LO3** 다양한 분쟁해결방법을 학습한다.
- **LO4** 지적재산권의 국제적 보호와 관련된 독특한 문제점들을 이해한다.
- **LO5** 저작권침해와 위조의 방지에 대해 학습한다.
- **LO6** 진화하는 인터넷 관련 법규들을 학습한다.
- **LO7** 국가 간 법적 차이점과 이 차이점들이 국제마케팅 계획에 미치는 영향을 이해한다.
- **LO8** 해외에서 활동 중인 미국기업들에게 적용될 수 있는 미국 법률들을 이해한다.
- **LO9** 국가 간 상품 이동에 필요한 절차들을 학습한다.

글로벌 관점 Global Perspective

파자마 범죄

다음 여섯 개의 주요 머리기사는 미국법과 현지법 그리고 다국적기업이 상호 충돌하는 경우에 발생할 수 있는 복잡한 관계를 잘 묘사하고 있다.

- "월마트, 쿠바산 파자마에 대한 금수조치를 위반하다."
- "월마트, 쿠바산 파자마를 판매선반에서 치워버림으로써 논쟁을 촉발시키다."
- "캐나다, 많은 이해관계가 걸린 파자마 게임에서 외교적 비용을 지불하며 미국과 도박을 벌이다."
- "쿠바산 진퇴양난 : 파자마를 잡아당기다가 월마트가 곤경에 빠지다."
- "캐나다, 쿠바산 파자마에 대한 월마트의 움직임을 조사하다."
- "월마트, 쿠바산 파자마 판매 재개."

미국기업들이 쿠바와 거래하는 것을 금지하는 금수조치에 대한 논쟁과 금수조치가 캐나다에서도 강제로 이행될 수 있는가에 대한 관심이 고조되었다. 월마트는 쿠바산 파자마를 캐나다에서 팔고 있었다. 미국인 월마트 관리자가 원산지를 파악한 후 해당 파자마를 매장에서 치울 것을 지시하였는데, 미국기업 혹은 미국기업의 해외 자회사가 쿠바와 거래하는 것을 금지하는 미국법(헬름즈-버튼법: Helms-Burton Act)에 위반되었기 때문이다. 캐나다는 자국민에게 미국법을 적용시키는데 몹시 화가 났다. 캐나다인들은 자신들이 쿠바산 파자마를 구매할 수 있는 선택권이 있다고 생각했다.

월마트는 미국과 캐나다 사이의 상호 충돌하는 법규정 사이에서 난처해졌으며, 캐나다와 미국의 외교정책은 미국의 치외법권에 대해 서로 반목하게 되었다. 캐나다에 있는 월마트가 계속해서 이 파자마를 판매한다면 이는 미국법을 어기는 것이 되고 월마트는 100만 달러 정도의 벌금구형과 함께 월마트의 경영자가 수감당할 수도 있게 된다. 그러나 월마트가 본국에서 지시받은 대로 캐나다 매장에서 파자마를 빼면 캐나다법에 따라 120만 달러의 벌금형에 처해지게 된다. 캐나다 정부당국과 협의 후에 월마트는 파자마 판매를 재개하였다. 캐나다는 미국이 캐나다 기업(캐나다 월마트는 미국 월마트의 자회사이다)에 미국법률을 적용하려는 시도에 화가 난 반면에 미국은 월마트가 쿠바에 대한 무역제재를 어김으로서 미국법을 어겼다고 주장하였다. 이 상황은 법적 환경과 국제마케팅의 현실을 보여준다. 즉 외국에서 사업을 수행하는 기업은 본국의 법률과 현지국의 법률 모두로 부터 영향을 받을 수 있다. 최종적으로 미국 연방정부는 2003년에 월마트와 협의를 마쳤으며, 이후 파자마 범죄는 막을 내렸다. 그러나 앞 장에서 제시된 것처럼 미국정부와 쿠바정부 간에는 아직도 합의가 이루어지지 않고 있다.

출처: *Boston Globe*, March 3, 1997; *St. Louis Post-Dispatch*, March 9, 1997; *Washington Post*, March 14, 1997, p. A6; *The Wall Street Journal*, March 14, 1997, p. B4; John W. Boscariol, "An Anatomy of a Cuban Pyjama Crisis," *Law and Policy in International Business*, Spring 1999, p. 439; William Booth and Mary Beth Sheridan, "Cuba Detains U.S. Government Contractor," *Washington Post* , December 13, 2009, p. A12.

여러분은 판돈이 크고, 표준화된 규칙도 없으며, 새로운 선수가 들어올 때마다 규칙이 바뀌고, 분쟁이 일어났을 때 누가 옳은지를 상대선수의 규칙에 따라 판단한다면 그 게임을 어떻게 하겠는가? 이런 상황은 국제적인 법적 환경을 상당히 잘 묘사하고 있다. 외국과의 사업거래를 관리하는 통일된 단일 국제상법이 존재하지 않기 때문에 국제 마케터들은 자신들이 기업을 경영하는 각국의 법규에 특별한 관심을 기울여야 한다.[1] 프랑스 고객과 거래를 하는 미국기업은 두 개 재판관할권(미국과 프랑스), 두 개의 세무제도, 두 개의 사법제도 그리고 각국의 상법보다 더 중요한 유럽공동체(EU)와 세계무역기구(WTO)의 초국가적인 일련의 법규와 규정들에 신경을 써야만 한다. 이 상황은 일본, 독일 그리고 기타 다른 나라에서 사업을 할 때도 비슷하다. 한 국가 내에서 혹은 여러 국가 간에 걸친 기업 활동을 통제하는 법률들은 국제경영에서 법률적 환경의 필수적인 구성요소이다.

국가마다 서로 다른 사법제도는 너무 이질적이고 복잡해서 개별국가의 법률을 모두 살펴보는 것은 이 책의 범위를 벗어난다. 그러나 대부분 국제마케팅 거래에서 공통적으로 적용되는 주제는 있으며, 이는 해외사업 수행 시에 특별히 주의를 기울여야 할 문제들이다. 재판관할권, 분쟁해결, 지적재산, 미국의 치외법권, 인터넷 관련법규 그리고 기타 복합적 문제를 이 장에서 논의하고 있으며, 이는 국제적인 법적 환경에 대한 폭넓은 시각을 제공해준다. 지면상 그리고 논의대상의 제한으로 인하여 세부적인 설명에는 한계가 있지만 이 장에서 설명되는 내용들은 외국에서 사업을 수행할 때 현지법률에 대한 전문적인 조언을 확보하는 것이 매우 현명한 결정이라는 결론을 독자들이 내릴 수 있도록 해준다. 사법제도의 근간에 따라 어떻게 법이 제정되고, 해석되며 그리고 판결이 내려지게 되는지에 영향을 미친다. 따라서 서로 다른 사법제도를 논의하는 것이 출발점이 된다.

사법제도의 기반

LO1
현재 사법제도의 네 가지 전통을 이해한다.

다음과 같은 네 가지 전통들이 세계 각국의 사법제도 기반을 형성하고 있다. (1) 영국법률에서 파생되어 영국, 미국, 캐나다[2] 그리고 영국의 영향을 받은 기타 국가들에 자리 잡은 영미법, (2) 로마법률에서 파생되어 독일, 일본, 프랑스, 非이슬람 국가 그리고 非마르크스주의 국가에 자리 잡은 대륙법, (3) 코란의 해석에서 파생되어 파키스탄, 이란, 사우디아라비아 그리고 기타 이슬람국가들에 자리 잡은 이슬람법, (4) 러시아 및 구 소련연방 국가들과 동부유럽, 중국 그리고 기타 마르크스-사회주의 국가들의 경제적, 정치적 그리고 사회적 정책들에 적용되고 있는 마르크스-사회주의 사법제도. 이러한 국가들은 자신들만의 고유한 자유경제제도로 전환되어 글

[1] Ilan Greenberg, "American Snared in Kazakh Legal Dispute," *The New York Times*, April 23, 2007, p. A11; Lorraine Woellert, "Made in China. Sued Here." *BusinessWeek* , July 9 and 16, 2007, p. 9.

[2] All the provinces of Canada have a common-law system with the exception of Quebec, which is a code-law province. All the states in the United States are common law except Louisiana, which is code law.

그림 7.1

국가별 100,000명 당 변호사 수

출처: Kana Inagaki, "Major Legal Reforms Expected to Bring Wave of New Lawyers in Japan," Associated Press, August 22, 2007; Randy Peerenboom, "Economic Development and the Development of the Legal Profession in China," presentation at Oxford University, 2006; Council of Bars and Law Societies of Europe, http://www.ccbe.edu, 2010; http://www.oab.org.br, 2010; http://www.abanet.org, 2010.

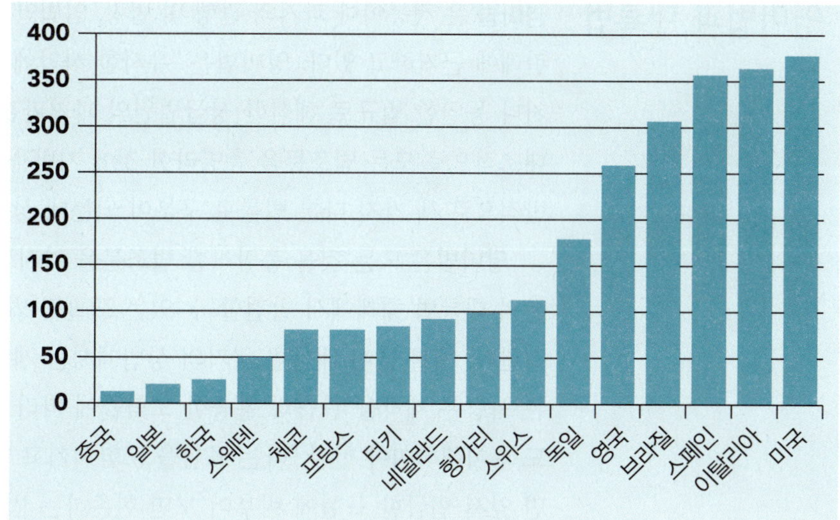

로벌 시장에 진입하면서 사법제도도 마르크스-사회주의 교리로부터 진화하고 있다. 중국은 중국의 헌법에 기초하여 중국의 특성을 반영한 사회주의 사법제도를 도입할 것이라고 발표하였다.

이 네 가지 사법제도간의 차이점은 이론적인 중요성 이상의 의미를 갖는데 그 이유는 정당한 법적절차라는 것이 이러한 사법제도 안에서 혹은 사법제도 간에도 매우 다르게 나타나기 때문이다. 한 국가의 법률이 위의 네 가지 사법제도 중 하나에 근거하고 있다 하더라도 각 법률의 개별 해석은 파키스탄에서 볼 수 있는 이슬람법의 원리주의적 해석에서부터 영미법과 대륙법이 모두 반영되어 여러 사법제도가 조합되어 있는 미국에 이르기까지 매우 다를 수 있다.

각국의 사법제도의 중요성을 측정하는 한 가지 방법은 1인당 변호사 수이다. 그림 7.1에 나타난 수치를 가지고 판단해보면 미국은 다른 어떤 국가보다도, 특히 중국보다도, 상거래 분쟁해결을 위하여 더 많이 사법제도에 의존하고 있음을 알 수 있다. 중국의 사법제도는 단지 30년밖에 안 된다. 1980년대에 중국은 3,000명의 변호사만 있었으나, 지금은 그 숫자가 150,000명에 육박하고 있다. 법학대학원의 수는 1976년 8개에서 현재는 거의 600개로 급속히 성장하였다.[3] 일본의 사법제도는 중국보다 상대적으로 더 많이 발전되어 있다.

그럼에도 일본의 경제가 글로벌 경제에 더 많이 통합됨에 따라 변호사 수요는 급증하고 있다. 현재 약 23,000명의 변호사가 있으며, 일본정부는 이 숫자를 2018년까지 50,000명 이상으로 증가시키려고 하고 있다.[4]

[3] Randy Peerenboom, "Economic Development and the Development of the Legal Profession in China," presentation, Oxford University, 2006.

[4] Kana Inagaki, "Major Legal Reforms Expected to Bring Wave of New Lawyers in Japan," *Associated Press*, August 22, 2007.

영미법과 대륙법

영미법[5]은 전통이나 과거의 관행 및 법령, 입법안, 판결안 해석에 대해 법원이 판단한 판례에 근거하고 있다. 영미법은 "유사한 사안에 대해 기존의 관행적 법리를 적용하거나 동일한 법규로 해석한 상급법원의 과거판결을 기준으로 해석"한다. **대륙법**[6]은 대조적으로 모든 법조문을 총망라한 것에 기반을 둔다. 대륙법에서는 사법제도가 일반적으로 세 가지 다른 법률로 구분이 되는데 상법, 민법 그리고 형법이다.

영미법은 모든 것을 총망라한 법조문을 가지고 있지 않다. 반면에 대륙법은 대부분의 대륙법 체계에서 발견할 수 있는 포괄적 법조항의 결과물을 완전한 것으로 인식한다. 예를 들어 대륙법 국가의 상법에서는 계약을 규제하는 법에 "계약을 이행하는 사람은 계약을 관습과 훌륭한 도덕률에 따라 성립된 것으로 보고 선의에 부합하도록 이행하여야 한다."라는 표현을 포함시키고 있다. 즉, 대륙법이 포괄적이긴 하지만 앞서 언급한 표현에 비추어 보면 현존하는 법조문하에 모든 것을 포함시키기 위해서는 약간의 광범위한 해석도 가능하다.

상법의 근본적인 기반은 법원결정에 의해 정해지는 영미법이지만 영미법 국가에서도 상법을 명문화시키기 위한 조치들을 취하고 있다. 이런 새로운 통일성에 대한 사례는 미국 연방정부의 통일상사법전(Uniform Commercial Code: 미국의 상법은 각 주마다 다른데 이를 통일한 법전이다)을 미국의 대부분 주들이 받아들이고 있다는 것이다. 미합중국의 상법이 미국 통일상사법전으로 어느 정도 성문화되고 있지만 해석의 기본적인 철학은 영미법에 뿌리를 내리고 있다.

이후 지적재산권 보호에 관한 부분에서 다시 언급되겠지만, 지적재산을 규제하는 영미법 체계와 대륙법 체계의 법률 간에는 놀랄만한 차이점들이 존재한다. 영미법 체계 하에서는 소유권이 사용에 의해 성립한다. 대륙법 체계 하에서는 소유권이 등록에 의해 결정된다. 몇몇 대륙법 국가들에서는 적정한 공증이나 등록절차를 거치지 않으면 어떤 종류의 합의는 강제이행이 불가능하다. 그러나 영미법 국가에서는 대륙법 국가에서 강제이행이 불가능한 합의라도 그 합의를 증명하는 객관적 증거만 있다면 법적 구속력이 있다. 모든 국가는 영미법과 대륙법 구성요소를 모두 가지고 있지만 계약, 매매 약정 그리고 기타 법적 문제에 대한 해석에 있어서는 영미법 체계와 대륙법 체계 간에 차이가 크기 때문에 특정국가의 사법제도에만 익숙한 국제 마케터는 아주 기본적인 법적 의문점이라 할지라도 변호사를 고용해서 도움을 받아야 한다.

두 사법체계의 기초적인 차이점들이 어떤 어려움을 야기하는가에 대한 또 다른 사례는 계약의 이행에 관련된 것이다. 미국의 영미법 하에서는 계약 당사자 일방 어느 쪽도 합리적으로 예견할 수 없는 매우 이례적인 자연현상과 같이 불가항력으로 계약이행이 불가능하지 않는 한, 계약의 이행불능은 필연적으로 계약 조항의 준수의

[5] Also known as English law.

[6] Also known as the Napoleonic Code.

무를 면책시키지 않는다. 그러므로 홍수, 번개, 지진 그리고 유사한 사건들은 일반적으로 불가항력으로 인식된다. 대륙법에서 불가항력은 자연재해에만 국한되지 않으며 노조파업이나 폭동 같은 "자연재해는 물론 예측 불가능한 인간 행위로 인한 계약 이행에 대한 불가피한 방해"까지 그 개념이 확장된다.

다음 상황을 가정해보자. 특정 수량의 직물을 인도하는 계약이 맺어졌다. 첫째 경우는 판매자가 인도를 하기 전에 지진으로 직물이 소실되어 계약 이행이 불가능해졌다. 두 번째 경우는 스프링클러 시스템의 배관이 동파되어 직물이 침수되어 손실된 경우이다. 각각의 경우에 상품손실이 계속되고 상품인도는 불가능하다. 이 경우에 해당하는 당사자들은 계약 이행불능을 이유로 계약상의 의무를 면책받을 수 있는가? 해답은 어떤 사법제도를 적용하는가에 달려있다.

첫 번째 경우 지진은 영미법과 대륙법 모두에서 불가항력으로 인정되고 이행불능은 계약 준수의무의 면책사항이다. 두 번째 경우 영미법 국가들의 법원은 아마도 동파가 예상되는 기후지역에서는 수도배관의 파열이 불가항력에 해당하지 않는다고 판결할 수 있다. 그러므로 이 경우는 이행불능은 계약조항의 준수의무에 대해 면책사항이 되지 않는다. 이행불능의 범위가 상당히 넓은 대륙법 하에서는 손실이 불가항력이라고 판결될 것이므로 계약준수 의무로부터 벗어날 수 있다.

이슬람법

이슬람법 샤리아(Shari'ah)의 기반은 코란 해석이다. 이슬람법은 인간행동을 규제하는 법의 세속적 측면뿐만 아니라 종교적 책임과 의무도 포함하고 있다. 넓은 의미에서 이슬람법은 모든 개인들의 구체적인 사회적 · 경제적 행동 유형들에 대해 기술한 일체의 시스템이다. 이슬람법은 재산권, 경제적 의사결정 그리고 경제적 자유의 유형들과 같은 주제들을 포함한다. 이슬람 체계에서 최우선 목표는 사회정의이다.

이슬람법의 독특한 측면들 중에 하나는 이자지불 금지이다. 이슬람 계약법은 어떤 거래도 리바(riba)가 전혀 없어야 한다고 명시하고 있다. 리바는 과도한 유예기간을 통한 불법 이익으로서, 즉 이자 혹은 고리대금으로 정의된다. 이자를 주고받는 것을 금지하는 것은 이슬람 체계의 핵심이다. 그러나 이슬람의 기타 원칙들은 위험 공유, 개인의 권리와 의무, 재산권 그리고 계약의 신성함을 지지하고 있다. 이슬람 체계는 사회적 이익을 위한 평등과 공정성을 높이기 위해 윤리적, 도덕적, 사회적 그리고 종교적 차원을 강조한다. 이슬람 사법제도의 또 다른 원칙은 이슬람법에 위반되는 활동들에 대해 투자를 금지하고 있는 것이다. 예를 들어 술, 도박 그리고 카지노를 취급하는 기업에는 어떤 투자도 금지된다.

아랍 에미리트의 두바이에서 은행업무를 하려면 이슬람법과 관습에 대한 이해가 필요하다. 이자지급 금지와 술과 도박과 관련된 기업에 대한 투자 금지는 은행업무에 영향을 미치는 이슬람법의 두 가지 교리이다.

이자지불 금지는 은행업과 기업관행에 심각한 영향

을 준다.[7] 그러나 일부 수용 가능한 관습들을 통해 이슬람법을 준수하면서도 상거래가 가능하다. 이슬람법에 이자지급은 금지되어 있으므로 부동산 담보대출은 어렵다. 따라서 부동산 구입자는 금융업자를 이용해야 한다. 금융업자는 부동산을 구입한 후 구매자들에게 원금상환을 전제로 재판매를 한다. 이자를 부과하는 대신에 금융업자는 부동산을 높은 가격에 팔거나 혹은 똑같은 가격에 판매하되 이자에 해당되는 부분을 회수하기 위해 추가적인 지급을 요구할 수 있다. 금융거래에서 이슬람법을 준수하는 또 다른 방법은 원가에 이윤을 붙이는 방법인 무라바하(murabaha)와 리스(lease)거래 형태인 이자라(ijara)가 자주 사용되는 방식이다. 무라바하와 이자라 모두 판매가격 혹은 리스지급에 상호 합의한 이윤을 포함시키는 방식이다. 이런 방식은 대출자와 대출기관이 공평하게 이익뿐만 아니라 손실까지도 공유할 수 있게 해줌으로써 이슬람법인 샤리아의 요구사항을 준수할 수 있게 해준다. 또한, 이 방법은 경제활동에서 부의 축적과 분배과정을 공정하게 만들어 주며 실질적인 생산성을 대표할 수 있게 해준다. 아주 엄격한 원리주의자들은 이런 방식들에 대해서도 언짢아하지만 관행적으로 사용되고 있으며, 이슬람법의 엄격성이 다른 비(非)이슬람 사법제도와 조화를 이룰 수 있다는 것을 보여주는 좋은 본보기가 된다.

이슬람법은 코란의 해석에 기반을 두고 있으므로 국제 마케터는 해당 지역의 교리에 대한 지식을 가지고 각각의 지역에서 이슬람법이 해석되는 방식을 이해해야만 한다. 각 지역의 법원들은 원리주의자들(코란에 써져 있는 문구 그대로 해석하는)의 관점에서 이슬람법을 해석하기도 하고 좀 더 폭넓은 해석을 하기도 한다. 기업들은 어떤 지역에서는 계약서상에 명시된 대금지급 연기에 따른 이자지급을 현지 당국자가 기꺼이 허용하기도 하며 또 어떤 지역에서는 계약서상의 모든 이자지급 조항을 삭제하고 이와 비슷한 "자문료"로 대체되는 것을 경험하기도 한다. 가끔 정부 당국자는 계약을 무효화하고 모든 이자지급은 불법이라고 선언할 수 있다. 이슬람법 국가에서 사업을 수행하는 마케터는 이런 중요한 사법제도에 대해 잘 알고 있어야 한다.

마르크스-사회주의 원리

사회주의 국가들은 비(非)마르크스 국가들과의 교역을 좀 더 직접적으로 수행하기 위하여 활발한 국제상거래 참여를 허용하는 상법제도를 발전시킬 필요성을 느끼게 되었다. 각국의 사정이 다르고 시장주도 경제하의 경제발전단계에도 차이가 있었기 때문에 이들 국가들의 상법제도의 발전유형은 매우 다양하다. 예를 들어 체코 공화국이나 폴란드 같은 중부유럽 국가들은 공산주의 정권이 들어서기 이전에 포괄적 대륙법에 기초한 사법제도를 보유하고 있었기 때문에 2차 세계대전 이전에 가지고 있었던 이러한 상법조문들을 개정하고 이에 따라 법률을 다시 제정하였다. 그 결과로 이들 국가들은 다른 국가들에 비해 훨씬 용이하게 새로운 사법제도로 옮겨 갈 수 있

[7] Sugata Ghosh, "Government Asks RBI to Draw up Roadmap for Islamic Banking," *Economic Times*, July 6, 2005.

었다. 반면에 러시아와 대부분의 구소련 연방국가들 그리고 중국은 상법제도 전체를 처음부터 다시 세워야만 했었다. **마르크스–사회주의 원리**에 따르면 법은 지배적인 경제상황에 엄격히 종속되는 것이라는 전제하에 사유제도, 계약, 입법과정 그리고 기타 사법제도와 같은 기본적인 명제를 발전시켜야만 했다. 그러나 중국과 러시아는 자신들의 정치경제적 성장에 각각 다른 입장을 유지해왔다. 러시아는 민주주의 제도로 전환되고 있으며, 중국은 사회주의 제도를 기반으로 한 혼합경제체제를 채택하여 민간부문을 활성화시키려는 노력을 하고 있다. 다시 말해 중국은 "사회주의법에 의해 국가기능을 수행하며 사회주의적 민주주의와 정치문화발전에 기여"하려고 노력하고 있다. 이러한 과정들은 매우 더디며 간혹 중단되기도 하지만 두 나라는 매우 적극적으로 법률을 제정하고 있다. 그러나 중국의 경우 수백 개에 이르는 무역에 관한 새로운 법률과 규정을 시행하고 있지만 명확하지 않은 법조문과 새로운 법률을 위한 실행기관의 부족, 분쟁해결과 집행에 대한 비효율적인 기준적용 등으로 실행에 어려움을 겪고 있다. 좋은 사례로 인터넷에 국가기밀법을 적용하여 사이버 세상에서 벌어지고 있는 일들을 중국정부가 통제하려는 비효율적인 시도를 살펴볼 수 있다. 국가기밀의 정의는 그 범위가 광범위해서 관계당국이 승인하지 않고 공개되는 모든 정보를 의미한다.

애매모호하게 작성된 법률들이 구체적인 실행방법 없이 통과되었다는 점에서는 러시아도 중국과 비슷하다고 할 수 있다. 법률들이 세세하지 못한 러시아 상황은 무질서한 것으로 비춰질 수 있다. 예를 들어 상거래 관련비밀을 불법적으로 수집하거나 전파시키는 행위는 불법이지만 어떤 것이 상거래 비밀인지 정확하게 정의해 놓은 법규가 없다. "심대한 손실"을 일으키는 저작권법 위반은 열거되어 있지만 얼마나 많은 손해가 "심대한" 것인지에 대해서는 명확한 정의가 없다. 중국과 러시아는 많은 동유럽지역 국가들과 같이 새로운 상법제정에 도움을 받을 수 있는 역사적 유산이 없으므로 많은 어려움을 겪고 있다.

국제 마케터는 여러 국가에서 사업을 수행할 때 영미법, 대륙법, 이슬람법 그리고 사회주의적 사법제도간의 차이점들에 대한 주의를 기울여야 한다. 특정 국가에서 계약의 주요원칙에 따른 권리들 혹은 다른 기타 법률적 서류들이 다른 국가에서의 권리들과는 아주 다를 수 있다. 비록 두 국가가 같은 사법제도를 유지하고 있다 할지라도 두 국가 간의 법률에 큰 차이가 있을 수도 있음을 명심해야 한다. 그러므로 마케터에게 가장 중요한 문제는 어떤 국가의 사법제도가 무엇이든지간에 사업을 규제하는 법률들은 서로 다를 수 있음을 예상해야 한다.

국제적인 법적분쟁의 재판관할권

LO2

법적분쟁 시 재판관할권의 중요 요인들에 대해 학습한다.

상거래 분쟁발생 시 어떤 국가의 사법제도가 재판 관할권을 가지는지를 결정하는 것은 국제마케팅이 가지는 또 다른 문제이다. 자주 범하는 실수는 서로 다른 국가의 국민들 간에 발생한 분쟁이 어떤 초국가적인 사법제도에 의해 판결이 내려질 수 있다고 생각하는 것이다.

불행하게도 서로 다른 국가에 속한 국민들 간에 발생하는 상거래 관련 법적분쟁들을 다루는 사법기관은 존재하지 않는다. 이는 아마도 헤이그에 소재한 국제사법재판소(World Court)나 유엔의 공식조직인 국제사법재판소(International Court of Justice)와 같은 국제적인 법정의 존재로 야기된 혼란일 것이다. 위의 재판소들은 주권국가들 간의 국제적인 분쟁을 다루지 개별 기업이나 개인 간의 분쟁은 다루지 않는다.

법적분쟁은 세 가지 상황에서 발생할 수 있다. 정부와 정부, 기업과 정부 그리고 두 기업 간의 분쟁이다. 국제사법재판소(World Court)는 정부 간의 분쟁에 대해 판결을 내리는 반면 기업과 정부 그리고 기업과 기업 간의 분쟁은 어느 한 당사자가 관련되어 있는 국가의 법원이나 중재를 통하여 해결되어야만 한다. 상거래 분쟁이 국가 간의 국제적인 문제와 관련없으면 국제사법재판소 혹은 이와 유사한 상설 국제사법재판소는 그 문제들을 다루지 않는다. "국제 상법"이 존재하지 않기에 국제 마케터는 모든 관련 국가들의 사법 제도를 살펴보아야 한다. 본국의 법률과 현지국의 법률 모두를 살펴보아야 한다.[8]

국제 상거래 분쟁이 관련 당사국 중 한 곳의 법률에 의해 해결되어야 하는 경우에 논란의 가장 큰 중심은 "어떤 법이 적용되어야 하는가이다." 재판관할권은 보통 다음 세 가지 방식으로 결정된다. (1) 계약서에 포함된 재판관할권 조항에 근거 (2) 어디에서 계약이 성사되었는가에 근거 (3) 계약조항이 어느 곳에서 이행되었는가에 근거 등이다.

상거래를 증명하는 계약서 혹은 법적 서류에 재판관할권 조항이 명시되어 있으면 가장 확실한 결정이 내려질 수 있다. 다음과 같은 유사한 문구가 있으면 상호합의가 이루어지지 않은 경우 관할권을 정할 수 있다.

> 당사자는 이 계약이 미합중국 오레곤주에서 체결되었음에 동의하고 이 계약 및 이 계약으로부터 발생하는 당사자 간의 권리, 의무 관계는 미합중국 오레곤주법에 의하여 해석된다.

이 조항은 만약 분쟁이 발생하면 오레곤주의 법이 적용됨을 의미한다. 고소인이 제3국에서 소송을 하더라도 오레곤주법에 따라 판결이 내려지게 된다. 해외에서 일어나는 법적인 문제에 분별력 있게 대처하기 위한 확고한 의지와 협조로 각국 법원들은 해당 국가의 법에 근거하여 판단을 내리는 관례를 만들어 왔다. 그래서 오레곤주의 피해 당사자가 위에 언급한 조항이 담긴 계약에 대해 멕시코에서 멕시코인에게 소송을 제기하면 멕시코 법원은 보통은 오레곤주법에 따라 판결을 내린다. 물론

[8] For a legal and thorough discussion of the globalization of jurisdiction, see Paul Schiff Berman, "The Globalization of Jurisdiction," *University of Pennsylvania Law Review*, December 2002, p. 311; Yadong Luo, "Transactional Characteristics, Institutional Environment, and Joint Venture Contracts," *Journal of International Business Studies* 36, no. 2 (2005), pp. 209–30.

사전 당사자 간의 합의나 다른 근거에 의해 오레곤주법이 지배적으로 적용되어야 한다는 전제가 있어야 한다.

국제분쟁의 해결

LO3
다양한 분쟁해결방법을 학습한다.

매수자의 대금지급 거부, 저급한 제품품질, 상품의 인도지연 등 상거래에서 문제가 발생하는 경우 국제 마케터에게는 어떤 자원이 활용가능한가? 모든 분쟁에서 첫 번째 단계는 비공식적으로 문제를 해결하려고 노력하는 것이다. 그러나 실패하면 국제 마케터는 좀 더 단호한 행동을 취해야 한다. 이런 행동은 조정, 중재, 혹은 마지막 수단으로 소송의 형태를 띤다. 대부분 국제 기업가는 법정 고소보다는 중재로 해결하는 것을 선호한다.

조정

상거래에서 발생하는 대부분의 분쟁은 비공식적으로 해소된다. 그러나 해결이 안 될 것 같으면 **조정**은 분쟁해결의 중요한 첫 단계가 될 수 있다. 화해라고도 알려져 있는 조정은 분쟁해결을 위해 제3자에게 이견을 조정해달라고 요청하는 당사자 간의 합의이지만 법으로 강제할 수 없다. 조정관의 기능은 당사자들이 해결책에 동의할 의도를 가지고 있는 것으로 인식하고 쌍방의 의견을 주의 깊게 청취하며 실제적인 다양한 대안들과 해결가능성들을 명확히 탐색하고 논의하는 것이다. 중재나 소송과는 다르게 조정과정은 사적인 것으로 당사자들과 조정관의 모든 회의는 비밀에 부친다. 당사자들이 주장한 사항들은 뒤에 이어질 수 있는 소송이나 중재에서 증거로 사용될 수 없으며 공개되지도 않는다. 조정과정의 과거 성과를 보면 매우 뛰어나서 대다수의 분쟁이 해결점을 찾아 분쟁 당사자들 간에 거래가 다시 재개되곤 한다.

특히 조정은 중국인 사업 파트너와의 분쟁을 해결하는데 효과적인 것으로 인식되는데 그 이유는 중국인들은 중재보다는 조정이 덜 위협적이라고 느끼기 때문이다. 중국인들은 분쟁이 일어나는 경우 비공식적이고 우호적인 협상이 문제해결을 위해 우선적으로 사용되어야 한다고 믿고 있다. 이것이 실패한다면 조정을 시도해야 한다. 사실 몇몇 중국 기업들은 중재에 먼저 의지하는 기업들과 거래하는 것을 회피한다. 조정은 공식적일 수도 비공식적일 수도 있다. 조정을 하는 제3자에 동의하는 양 당사자들은 비공식적 조정을 요구할 수 있다. 중국에서 공식적 조정은 조정을 위해 한 명 혹은 두 명의 조정관을 할당하는 북경조정센터(Beijing Conciliation Center)와 같이 조정위원회의 후원 하에 이루어진다. 합의에 도달하면 서명된 합의서를 기반으로 조정문건이 작성된다. 조정이 중국에서 분쟁을 해결하기 위한 우호적인 방편일 수 있으나 법적 구속력이 있는 것은 아니다. 따라서 만일을 대비해 모든 합의사항들이 조정합의서에 포함되어야 한다. 경험적으로 조정합의서에 중재조항을 삽입하면 필요시 중재단계로 좀 더 쉽게 옮겨갈 수 있다.

중재

조정이 사용되지 않거나 합의에 도달하지 못하면 다음 단계는 중재이다. 다른 방법이 실패했을 경우 중재는 국제 상거래 분쟁을 해결하기 위해 소송보다 더 선호되는 방법이다. 일반적인 **중재**과정은 먼저 해당 사건과 이해관계가 없는 관련지식 보유자가 해당 사건이 중재할 가치가 있는지를 판단한다. 이후 당사자들의 이행합의를 도출하는 판결을 제공해줄 심판관을 관련 당사자들이 선정하는 것이다. 비공식적인 중재도 효과가 있으나 대부분의 중재는 특히 상거래의 분쟁해결을 목적으로 조직된 좀 더 공식적인 국내외 중재단체들의 지원 하에 이루어진다. 이 단체들은 중재과정에 대한 공식적인 규정과 경험이 풍부한 중재자들을 보유하고 있다. 대부분의 국가에서는 공식적 중재에서 내려진 결론이 법적인 구속력을 가진다.

중재제도가 인기를 얻음에 따라 각 국가와 기관들은 다수의 중재센터들을 설립하고 있다. 해당조직들은 사건해결을 위한 표준화된 규정과 처리과정을 채택하고 있으나 각각은 고유의 장 · 단점 가지고 있다. 대표적인 단체들은 다음과 같다.

- 범미주 상사중재위원회(The Inter-American Commercial Arbitration Commission)
- 캐나다–미국 상사중재위원회(The Canadian-American Commercial Arbitration Commission)
- 런던중재법원(The London Court of Arbitration)
- 미국중재협회(The American Arbitration Association: www.adr.org)
- 국제상공회의소(The International Chamber of Commerce: www.iccwbo.org)

공식적 중재기관에 의해 사용되는 절차는 비슷하다. 국제상공회의소 규정에 따른 중재는 대부분의 기관들이 어떻게 운영되는가를 보여주는 대표적 사례이다. 중재요청이 처음 받아들여지면 국제상공회의소는 먼저 분쟁당사자 간의 조정을 시도한다. 이것이 실패하면 중재절차가 개시된다. 원고와 피고가 각각 그들의 사건을 변호할 자격을 갖춘 중재인을 한명씩 선임한 이후, 국제상공회의소 산하 국제중재재판소(ICC Court of Arbitration)가 명망 있는 변호사, 법학자, 교수들의 명단에서 선택된 한 명을 세 번째 중재인으로 선임한다.

과거 중재에서 보여준 국제상공회의소의 효과는 대단하다. 국제상공회의소가 중재에 관여한 사건들의 사례로 영국기업과 일본 제조업체간의 계약이 있다. 영국기업은 개당 80센트의 가격으로 100,000개의 플라스틱 인형을 구매하기로 합의하였다. 이 계약을 바탕으로 영국기업은 상품을 인수하기도 전에 개당 1달러 40센트에 모든 물량을 판매하였다. 인형들을 인도하기 전에 일본 제조업체는 파업을 맞게 된다. 파업해결을 위해 비용이 추가되어 영국기업은 인형의 인도 가격이 80센트에서 1달러 50센트로 올랐다는 연락을 받게 된다. 영국기업은 일본 제조업체가 80센트에 제품을 인도해 주겠다고 약속했으므로 이 가격에 제품을 인도해야 한다는 입장을 유지했다. 각자는 자신이 옳다고 확신하고 있었다.

CROSSING BORDERS 7.1

체스케 부제요비체, 민영화, 상표 그리고 블라인드 미각 테스트- 이 모든 것들이 앤호이저부시와 어떤 공통점을 가지고 있는가? 버드와이저가 공통점이다.

앤호이저부시는 현지 맥주업체가 "버드와이저 부두바르(Budweiser Budvar)"를 생산하는 체코의 소도시인 체스케 부제요비체에서 대규모의 홍보(PR)광고를 시작하였다. 앤호이저부시는 도시의 중심도로를 따라 나무를 심고, 막 사업을 시작하는 창업가들에게 경영자문을 제공하고, 시민들에게 무료 영어교육을 실시할 수 있는 새로운 문화공간을 제공하였으며, 이러한 미래의 협력 가능성이 가지는 장점들에 대해 신문지상에 대규모 광고를 게재하였다.

앤호이저부시의 목적은 체코정부가 체코의 국영기업인 주식회사 부데요비츠키 부드바르(Budejovicky Budvar)를 민영화하려고 하자 이 회사의 지분 일부를 확보에 필요한 지지를 얻기 위한 것이었다. 왜 앤호이저부시는 자신의 이틀 치 생산량 정도인 연간 500,000배럴의 맥주를 생산하는 회사에 관심을 가지게 되었을까?

두 가지 이유에서 지분 일부를 소유하는 것이 앤호이저부시 입장에서는 매우 중요했다. 유럽에서 신규시장을 찾고 있었으며, 기존 유럽시장에 버드와이저 상표로 진출하고 싶어 했다. 그럼 이런 일들은 어떤 관계일까? 부데요비츠키 부드바르 회사가 버드와이저 상표명을 이미 보유하고 있었기 때문에 앤호이저부시는 유럽에서 그 상표를 사용할 권한이 없었다. 앤호이저부시의 홍보계획은 효과가 없었는데 왜냐하면 체코사람들은 부드바르를 집안의 가보같이 소중하게 생각했기 때문이다. 체코의 수상이 공개적으로 미국 투자가들에게 체코에 투자해달라고 요청했지만 체코의 버드와이저는 정부의 민영화 대상목록에 없었다. "미국의 자본력을 믿지만 미국 맥주의 품질에는 신뢰가 가지 않습니다."

앤호이저부시는 1876년 독일계 이민자가 미국 세인트루이스에 세운 가족기업형태의 맥주기업이다. 이후 버드와이저라는 상표의 맥주를 처음으로 생산 · 판매하면서 이 이름을 사용하기 시작하였는데, 체코의 맥주공장은 이보다 19년 후에야 설립되었다. 그러나 체코는 콜롬버스가 신대륙을 발견하기 이전부터 이 상표를 사용하였고 버드와이저란 이름도 부드바르시의 원래 이름인 부드바이즈(Budweise)에서 가져온 것이라고 주장하였다. 즉 버드와이저는 앤호이저부시가 버드와이저를 만들기 수백 년 전부터 그 지역에서 생산되는 맥주들을 통칭해서 부르는 이름이었다는 것이다.

앤호이저부시는 북미에서는 버드와이저라는 상표로 맥주를 판매하고 있지만 유럽에서는 체코가 상표의 사용권한을 가지고 있었기 때문에 부시(Busch)라는 상표명으로 판매를 하였다. 외교적 수단과 홍보가 효과가 없으면 다음 단계는 무엇인가? 두 당사자는 버드와이저라는 상표명과 그것에서 파생된 버드(Bud)라는 상표에 대한 권리를 누가 가지고 있는가에 대해 법적인 논쟁을 벌였다. 전 유럽에 걸쳐 40개 이상의 소송과 40개 이상의 행정심판청구가 진행 중이다. 미국법률은 미국에서 앤호이저부시의 버드와이저 상표를 인정하였기 때문에 체코기업은 미국에서 체크바르(Czechvar)라는 상표로 맥주를 판매하였다.

체코맥주는 주로 37개 유럽국가에 수출되고 있으며, 앤호이저부시는 전 세계에 걸쳐 70개국 이상에서 판매를 하고 있다. 앤호이저부시는 홍콩시장에서 체코맥주 판매금지를 요청하였고 헝가리에서는 이를 관철시켰으며 영국과 미국에서 이와 유사한 소송을 제기하였다. 앤호이저부시는 체코맥주가 메릴랜드주에서 "버드와이저 부드바르"라는 상표로 맥주를 수입판매하였다고 주장한다. 또한 체코맥주가 앤호이저부시 제품의 상표를 흉내내어 미국 맥주 소비자를 현혹시키며 미국기업의 성공에 빌붙어 수익을 올리고 있다고 주장한다.

체코정부는 와인에 지역명을 사용하는 승인방식과 유사한 방식의 상표보호를 맥주에도 적용해 줄 것을 세계국제무역기구(WTO)에 청원하였다. 즉, 프랑스의 샴페인 지방에서 만들어진 탄산와인에게만 합법적으로 샴페인이라는 명칭을 붙일 수 있듯이, 체스케 부제요비체에서 주조된 맥주만이 버드와이저라 이름 붙일 수 있으며 체코의 다른 도시인 플젠(Pilzen)에서 생산된 맥주만 필스너라고 이름 붙일 수 있다는 얘기이다. 그러나 이 요청이 받아들여지기 어려운 이유는 필스너는 이미 그런 종류의 맥주에 대한 일반적인 지칭이 되어버렸고, 샴페인 지방에서만 나는 포도와 달리 맥주에 들어가는 몰트와 홉은 체스케 부제요비체에서만 나는 것이 아니기 때문이다.

버드와 버드와이저 상표의 독점적 사용에 대한 권리에 대한 법적다툼은 전 세계로 퍼져 나갔다. 지금까지 이런 전술은 두 당사자 모두에게 그렇게 효과적이지 못했다. 영국 고등법원은 두 회사 모두에게 버드와 버드와이저를 사용할 수 있도록 판결한 반면에 스위스 고등법원은 앤호이저부시가 스위스에서 버드라는 상표를 사용하지 못하도록 결정하였다.

누가 최고인가는 맛으로 결정난다. 두 맥주 모두 아주 많은 사람들을 팬으로 가지고 있다. "맥주의 왕"이라는 오래된 표어에 걸맞게 미국 버드와이저는 전 세계에서 가장 많이 팔리는 맥주이다. 왕족을 위해 맥주를 만든 지역에서 유래된 "왕들의 맥주"라는 별명을 가진 체코맥주는 독일과 다른 유럽지역에서 인기가 높다. 세인트루이스의 신문사는 어떤 맥주가 더 나은가를 판단하기 위해 눈을 감고 맥주를 시음하는 블라인드 미각 테스트를 주최하였다. 결과는 부드바르가 이겼다. 그리고 최근에 유럽인들이 한 번 더 이겼다. 2009년에 앤호이저부시는 벨기에 루뱅(Leuven)에 글로벌 본사가 소재한 인베브(InBev, 구 인터브루)에 합병되었다.

부드바르의 역사에 대한 이해와 공장 견학은 부드바르 홈페이지(www.budvar.cz)를 참고하라.

출처: *A1* Stamborski, "Battle of the Buds: Taste Testers Say That Budvar Is Better," *St. Louis Post-Dispatch*, November 28, 1999, p. E1; "Prime Minister Says Budvar Will Stay Czech," *Modern Brewery*, March 2000; Gregory Cancelada, "Czech Brewery Retains Right to Use 'Budweiser' and 'Bud' Trademarks," *St. Louis Post-Dispatch*, February 17, 2003; http://www.AB-Inbev.com, 2010.

대륙법에 익숙한 일본인들은 파업이 자신들의 통제밖에 있어서(불가항력) 원래 계약 조항의 준수의무를 면책 받을 수 있다고 생각했다. 영미법에 익숙한 영국인은 파업은 불가항력이 아니라 사업에서 자주 있는 일이라고 생각하기에 일본인의 사유를 받아들이지 않았다. 중재나 소송 이외의 다른 방법으로는 사건이 해결될 수 없었다. 그들은 중재를 선택하였다. 국제상공회의소는 양 당사자의 의견을 청취할 중재인을 임명하고 두 당사자들이 손해를 비율대로 공동부담할 것을 판결하였다. 양 당사자는 중재결정에 만족했고 비용이 많이 드는 소송을 피할 수 있었다. 대부분 중재는 성공적이지만 이 성공은 쌍방이 중재인의 판결을 기꺼이 받아들이려는 의지에 달려있다.

계약서와 기타 법적인 서류들은 분쟁해결을 위한 중재에 대해 구체적으로 명시한 조항들을 포함해야 한다. 대표적인 중재 조항은 다음과 같다.

> 본 계약으로부터 발생하는 분쟁은 국제상공회의소의 국제중재규칙에 따른 중재를 통하여 결정된다.

계약 조항에 중재인의 수, 중재장소(도시 혹은 국가) 그리고 중재언어를 포함시키는 것 또한 유용하다.[9]

계약서의 중재조항이 문제발생의 소지를 없애 주지만 가끔 중재에서 합의된 사항들을 강제하는 것이 어려울 수 있다. 중재조항은 두 가지 조항에 대해 합의가 필요하다. (1) 분쟁사건들을 특정 중재재판소의 규정과 절차에 따라 중재에 의해 해결하는 것을 합의하고, (2) 중재결과에 따른 지급판정의 준수를 합의한다. 계약 당사자들이 합의사항을 준수하지 못했을 때 문제가 발생한다. 기업들이 중재인의 지명을 거부하거나, 중재를 거부하거나 혹은 중재로 지급이 결정된 이후 지급이행을 거부할 수 있다. 대부분의 국가들에서는 중재조항을 인정하고 있고 그 국가 내에서는 법적으로 강제할 수 있다. 해외에서의 중재결정을 법적으로 인정하는 해외중재판정의 승인과 집행에 관한 1958년 뉴욕협약(the Recognition and Enforcement of Foreign Arbitral Awards)을 120개 이상의 국가들이 비준하였다. 뉴욕협약 하에서 협약 조인국의 법원들은 협약국가들에서 내려진 해외중재판결을 자동으로 인정한다. 뉴욕협약 이외에 미국은 또한 많은 중남미 국가가 회원국인 "국제중재에 관한 범 미주 협약"의 당사자이다. 또한 미국은 중재결정의 법적이행 조항이 포함된 다수의 쌍무협정 당사자이다. 모든 노력이 실패하면 문제분쟁 해결을 위한 마지막 단계는 소송이다.

소송

법원에서의 소송은 여러 이유로 회피된다. 여러 국가에 걸친 소송을 지켜본 대부분의 사람들은 승소해도 별 이익이 없다고 생각하는데 소송사건들로 인해 발생하는 비용의 증가, 시간의 지체 그리고 정서상의 악화는 사람을 더 답답하게 만들기 때문이다.

[9] The American Arbitration Association, www.iccwbo.org (select Arbitration).

일례로 인도에서는 300만개 이상의 소송사건들이 밀려 있고 민간 당사자 간의 계약 위반 소송은 10년 이상 걸린다. 최선의 조언은 소송보다는 가능한 합의를 하라는 것이다. **소송**을 억제하는 기타 이유는 다음과 같다.

- 부정적인 인상을 남기거나 홍보에 나쁜 영향을 줄 것이라는 두려움.
- 외국법원에서의 불공평한 대우(소송으로 의도적 불공정 대우가 있을 수 있다는 두려움은 타당한데, 그 이유는 법원의 결정이 무역 문제나 국제경영거래의 복잡한 내용들에 대해 정통하지 못한 배심원이나 판사에 의해 내려질 수 있기 때문이다.).
- 중재를 통해 합의될 수도 있는 판결을 소송에서 얻기 어려울 수도 있다는 생각.
- 법적인 조치가 나오기 전까지 상대적으로 높은 비용과 시간이 소요됨. 수십억 달러의 냉난방 시스템을 제조 판매하는 림(Rheem Manufacturing Company)이라는 기업은 소송보다 중재를 선택함으로서 비용과 시간을 절반가량 줄일 수 있었다.
- 기업기밀의 유출. 중재나 조정과 다르게 소송은 소송과 관련된 정보들이 대중에게 공개된다.

한 관계자는 모든 분쟁이 합의되려면 4가지 단계를 거쳐야 한다고 주장한다. 첫째, 피해를 입은 당사자를 달래도록 노력한다. 만약 이것이 실패하면 조정이나 중재를 수행한다. 마지막으로 소송이 이어진다. 마지막 단계는 모든 수단이 실패했을 때만 취해진다. 어떤 경우에는 문제해결위주의 접근방식이 소송이 진행 중인 분쟁에 대해서도 타당성을 가질 수 있을 것이다.[10] 국내외의 어느 분쟁 상황에서도 이런 접근 방식은 현명한 것이다.

지적재산권 보호: 특수한 문제

LO4

지적재산권의 국제적 보호와 관련된 독특한 문제점들을 이해한다.

기업들은 자사 제품의 품질을 상징적으로 나타내는 상표 혹은 브랜드에 많은 금액을 쏟아 붓고 있으며 소비자들이 자신들의 브랜드를 구매하도록 다양한 특성들을 가진 제품을 디자인하고 있다. 경쟁자에 대해 자사가 우위를 가질 수 있도록 신제품 개발, 생산공정 개발, 설계 그리고 제조기법에 대한 연구에 수백만 달러 이상을 투자하고 있다. 이러한 지적재산과 같은 산업재산들은 기업의 매우 중요한 자산들이다. 코닥, 코카콜라 그리고 구찌와 같은 브랜드 이름, 제로그라피(Xerography, 건식 전자사진 복사의 한 방식)와 같은 생산공정, 컴퓨터 소프트웨어 등은 매우 가치 있는 자산들이다. 한 금융기관이 예상하기를 말보로 브랜드의 가치는 330억 달러, 켈로그는 90억 달러, 마이크로소프

[10] Chang Zhang, David A. Griffi th, and S. Tamer Cavusgil, "The Litigated Dissolution of International Distribution Relationships: A Process Framework and Propositions," *Journal of International Marketing* 14, no. 2 (2006), pp. 85 - 115.

트는 98억 달러 그리고 리바이스는 50억 달러의 가치가 있다. 이 모든 상표들은 지적재산권 침해를 경험해 보았다. 정상적인 경우 다른 기업들이 특정 기업의 자산을 침해하지 못하도록 재산권은 법적으로 보호를 받는다. 그러나 기업들은 저작권 침해와 불법복제를 지속적으로 감시해야 한다. 저작권 침해와 복제의 빈도가 증가함에 따라 기업들은 저작권 침해를 막을 수 있는 신기술을 개발하고 있지만 불법복제에 대한 비난여론에도 불구하고 가장 정교한 보안장치에 대한 기술적 공격은 줄어들지 않고 있다.[11]

불법복제와 저작권 침해

불법복제로 저작권을 침해 당하는 상품들을 다양한 산업에서 발견할 수 있다−의류, 자동차 부품, 농화학제품, 의약품, 서적(물론 여러분이 읽고 있는 이 책도 포함),[12] 레코드, 필름, 컴퓨터 소프트웨어, 휴대전화,[13] 유아용품 그리고 자동차 그 자체.[14]

추정치에 따르면 카르티에(Crtier)나 롤렉스(Rolex) 같은 유명 스위스 시계제품들은 연간 1,000만개 이상 위조되어 판매되고 있는데, 이에 따른 불법적인 순이익이 최소 500백만 달러 이상이다. 정확하지는 않지만 허가 없이 사용되고 있는 미국특허, 상표 그리고 저작권으로 인한 손실액도 연간 3,000억 달러를 넘어선다. 이 말은 2백만 개의 일자리가 사라짐을 의미한다. 자체개발에는 비용이 많이 들지만 복제해서 인터넷을 통해 판매하기는 쉬운 소프트웨어, 음악 그리고 영화들도 불법복제의 아주 매력적인 대상이 된다. 불법으로 복제된 CD음악의 판매는 연간 50억 달러를 상회하고 매년 6%씩 성장하는 것으로 추정한다. 미국에서 500달러에 판매되는 미국 소프트웨어의 복제판을 동아시아에서는 10달러에 구매할 수 있다. 무역기관인 상업용 소프트웨어 연합(Business Software Alliance)은 소프트웨어 기업들이 2009년에만 아시아−태평양 지역에서 연간 165억 달러를 손해보고 있고, 유럽에서는 164억 달러 그리고 북미에서는 94억 달러를 손해보고 있다고 주장하고 있다. 관련 기사로 판단해보면 중국이 저작권 침해의 가장 큰 문제라고 결론내릴 수 있다. 그러나 중국은 표 7.1의 최악의 20개 저작권 침해국가 목록에서 빠르게 빠져나왔다. 이 글을 쓰는 시점에 중국은 27위에 위치하고 있고, 저작권 침해는 최근 몇 년 전의 92%에서 79%로 감소하였다. 더욱이 소프트웨어 저작권 침해로 미국에서 발생하는 손실은 세계에서 가장 높은 84억 달러인데 중국이 근소한 차이인 76억 달러로 2등을 차지하고 있다. 이러한 중국의 발전은 주로 교육 프로그램, 법적인 강제 그리고 마이크로소프트와 레노버와의 역사적인 합의에 따른 결과다. 2004년과 2009년 사이 소프트웨어 저작권

[11] Eric Schine, "Faking out the Fakers," *BusinessWeek* , June 4, 2007, pp. 75−79; Ethan Smith, "Napster Format Shift Would Enable More Players," *The Wall Street Journal*, January 7, 2008, p. B2.

[12] Don Lee, "Ripping Off Good Reads in China," *Los Angeles Times*, April 24, 2005, pp. C1, C10.

[13] "Talk Is Cheap," *The Economist*, November 21, 2009, p. 68.

[14] Mark Landler, "Germans See Imitation in Chinese Cars," *The New York Times*, September 12, 2007, p. B3.

표 7.1

최상위 20개국과 최하위 20개국의 컴퓨터 소프트웨어 저작권 침해 비율

출처:
From 2010 BSA and IDC Global Software Piracy Study, Business Software Alliance. Reprinted with permission. Seventh Annual BSA/IDC Global Software Piracy Study (Washington, DC: Business Software Alliance, 2010), www.bsa.org/globalstudy. One hundred two countries and regions are ranked.

저작권 침해 비율 최상위 국가		저작권 침해 비율 최하위 국가	
그루지야	95%	미국	20%
짐바브웨의	92	일본	21
방글라데시	91	룩셈부르크	21
몰도바	91	뉴질랜드	22
아르메니아	90	호주	25
예멘	90	오스트리아	25
스리랑카	89	벨기에	25
아제르바이잔	88	핀란드	25
리비아	88	스웨덴	25
벨라루스	87	스위스	25
베네수엘라	87	덴마크	26
인도네시아	86	영국	27
베트남	85	독일	28
우크라이나	85	네덜란드	28
이라크	85	캐나다	29
파키스탄	84	노르웨이	29
알제리	84	이스라엘	33
카메룬	83	아일랜드	35
나이지리아	83	싱가포르	35
파라과이	82	남아프리카공화국	35

침해 분야에서 의미 있는 감소를 이룬 기타 주목할 만한 국가들(예: 러시아 11% 감소, 브라질 10% 감소, 일본과 베트남 7% 감소, 인도 11% 감소)도 살펴볼 수 있다.[15]

최근 조사에 따르면 마이크로소프트와 같은 몇몇 기업에는 어느 정도의 저작권 침해가 그 기업에 실제적인 도움이 된다고도 한다. 미래에 구매로 이어지는 시제품 체험과 같은 맥락이다. 새로운 버전의 제품이 출시되면 자연스럽게 구매로 이어질 수도 있다. 특히 저작권 침해에 대한 세계무역기구(WTO)의 규정을 법적으로 이행시키는 중국과 같은 나라에서는 저작권 침해 제품들에 의해 길들여진 소비자들이 실제로 새로운 버전에 돈을 기꺼이 지불하기도 하고 또한 그럴 능력도 가지게 되었다.

불법복제 CD, 장난감 그리고 유사 제품들이 기업 매출에 수십억 달러의 손해를

[15] *Sixth Annual BSA and IDC Global Software Piracy Study* (Washington, DC: Business Software Alliance, 2009), http://www.bsa.org/globalstudy; Howard W. French, "China Media Battle Hints at Shift on Intellectual Property," *The New York Times*, January 6, 2007, p. A3; Bruce Einhorn and Steve Hamm, "A Big Windows Cleanup, China Is Discovering that It Pays to Sell PCs that Contain Legitimate Microsoft Software," *BusinessWeek*, June 4, 2007, p. 80.

끼치고 제품의 브랜드 이미지에 손상을 주지만 위조된 약품은 아주 심각한 건강상의 위험을 초래할 수 있다. 콜롬비아에서는 화이자(Pfizer)가 만든 인기 있는 진통제인 포스탄500과 감기약인 드리스탄(돌렉스로 알려진 상표명이 없는 약)을 하루에 20,000정 이상을 불법 복제 생산하는 현장이 조사관에 의해 발각되었다. 모조품 알약들은 진품 약의 모양을 복제하기 위해 붕산, 시멘트, 마루 왁스, 활석가루 그리고 납 함량이 높은 황색 염료 성분을 함유하고 있었다.

모조 의약품들은 진품과 똑같은 효능을 가진 것부터 전혀 효능이 없거나 오히려 몸에 해로운 물질들을 함유한 것까지 다양하다. 제약협회의 추정에 따르면 연간 3,270억 달러 상당의 의약품 중 2%인 6억 달러어치가 위조품이다. 일부 아프리카 지역과 남아메리카지역에서는 60% 정도가 가짜다. 세계건강기구(WHO)는 미국에 수입되는 대량의 의약품들 중 8%가 가짜이거나, 의약품 승인을 얻지 못했거나 혹은 기준 이하의 제품들이다.

또 다른 문제는 위탁제조업체와 불법적인 판매자간의 충돌이다. 중국에서는 뉴밸런스 운동화와 똑같은 모조품을 과거에 뉴밸런스 운동화 공급업자였던 위탁제조업체가 생산하고 있다. 그들은 20달러 미만에 팔리는 진품아닌 진품들을 시장에 쏟아내고 있다. 유니레버는 상하이에 위치한 공급업자 중 하나가 비누를 주문량 이상으로 초과 생산하여 소매업자들에게 직접 판매하는 것을 발견했다. 피앤지(P&G)의 한 중국 공급업체는 다른 회사에 자사의 빈 샴푸용기를 팔았는데 그 회사는 여기에 다시 가짜 샴푸를 채워 팔았다. 지적재산의 불법복제와 저작권 침해도 문제지만, 부적절한 재산권 보호와 함께 특정국가의 법 구조로 인해 발생하는 지적재산의 법적사용권리 상실 가능성도 또 다른 문제라 할 수 있다.

마지막으로 다국적기업들이 현재의 지적재산 제도를 자신들에게만 유리하도록 너무 지나치게 밀어붙여 왔다고 비판하는 사람도 있음을 밝혀둔다. 특히 바로 뒤에서 자세하게 논의되긴 하겠지만 세계무역기구의 무역관련 지적재산권에 관한 협정(WTO TRIPS)과 같은 것이 대표적 사례이다.[16] 비판적인 사람들은 기업들의 지적재산에 대한 과도한 제재가 지적재산법이 의도한 복합적인 혜택과 창조성을 제한한다고 주장하고 있다. 이런 사람들은 지적재산법에 반대하는 반독점법을 지지하며 해당 논쟁을 계속 이어가고 있다.

부적절한 권리보호

세계시장에서 지적재산권을 적절하게 보호하지 못하면 잠재적 수익성이 높은 시장에서 법적권리를 상실할 수 있다. 특허, 제조공정, 상표, 저작권 등은 모든 국가에서 가치가 있기 때문에 다른 기업들이 라이선스나 적절한 보상 없이 이를 도용하고 상

[16] Susan Sell, *Power and Ideas, North–South Politics of Intellectual Property and Antitrust* (Albany: State University of New York Press, 1998); Susan Sell, *Intellectual Property Rights: A Critical History* (Boulder, CO: Lynne Rienners Publishers, 2006).

업적으로 활용할 수 있다.[17] 더욱이 이런 기업들은 다른 기업의 제품을 생산 · 판매하거나 상표를 사용하는 것에 더하여 자신의 나라에서 이러한 권리들에 대한 소유권마저 가지고 있는 것을 발견할 수 있다.

기업이 자신의 상표사용에 대한 법적권리를 상실한 이후 해당 상표를 사용하기 위하여 다른 기업에 로열티를 지불하거나 상표를 다시 되사와야만 했던 다수의 사례를 찾아 볼 수 있다. 지적재산권 보호조치들이 적절하게 이루어지지 않는 이유는 여러가지가 있다. 자주 발생하는 실수 중 하나는 미국에서 보호받았던 특정기업의 권리가 세계 다른 나라에서도 보호받을 수 있으며 필요한 경우에는 정당한 소유권도 주장할 수 있다고 착각하는 것이다. 이런 잘못된 생각은 일본에 진출한 맥도날드 사례에서 찾아볼 수 있는데, 맥도날드 진출 이전에 한 일본인은 맥도날드의 황금색 아치상표를 자국에 등록해 버렸다. 많은 비용과 장기간에 걸친 법적대응 이후에야 맥도날드는 일본에서 자신들의 상표에 대한 독점적 사용 권리를 되찾을 수 있었다. 이렇듯 공개되지 않은 금액을 지불하고 자신들의 상표를 다시 사들인 이후에야 맥도날드는 자신들의 상표보호를 위한 좀 더 적극적인 프로그램을 시작하였다.

어떤 한국기업은 유사한 방식으로 코치(Coach) 상표를 핸드백과 가죽제품에 합법적으로 사용하고 있다. 이 한국기업은 코치상표를 코치보다 먼저 등록했고 따라서 한국에서 해당상표를 사용할 법적인 권리를 보유하고 있었다. 이에 따라 겉보기에 미국제품과 유사한 코치상표의 서류가방을 한국에서는 135달러에 구입할 수 있는 반면에 미국에서는 320달러를 지불해야 했다. 이 한국기업과 일했던 한 미국인 변호사는 해외기업이 한국에서 순진하게 유통 혹은 라이선스 계약을 체결한 이후 해당 한국회사가 자신의 명의로 상표등록을 하도록 내버려 두는 경우를 자주 보았음을 강조하고 있다. 이후 해당 한국기업은 상표등록을 협상에 유리한 지렛대로 사용하거나 혹시 협상에 실패하게 되더라도 해외기업에게 상표를 되팔 것이다. 다수 기업은 자신들의 지적재산을 적법하게 보호하기 위한 적절한 조치들을 취하지 못하고 있다. 이런 기업들은 우선사용에 의해 소유권이 인정되는 영미법 원칙들이 특정 국가에서는 적용되지 않는다는 것을 이해하지 못하고 있다. 또한, 특정국가의 등록으로 합법적 소유권을 인정받았다고 해서 해당 소유권이 외국에서도 자동적으로 인정되지는 않는다는 사실도 모르고 있다.

우선사용과 등록

영미법 국가인 미국에서는 지적재산의 소유권이 **우선사용**에 의해 성립되는데, 이는 누구든지 먼저 사용하였다는 것이 증명되면 당사자가 정당한 소유권자로서 인정을 받는다는 것을 의미한다. 이에 반해 많은 대륙법 국가에서는 소유권의 우선사용보다

[17] John Hagedoorn, Danielle Cloodt, and Hans van Kranenburg, "Intellectual Property Rights and the Governance of International R&D Partnerships," *Journal of International Business Studies* 36, no. 2 (2005), pp. 156 – 74.

는 **등록**을 먼저 하는 것으로 해당 권리가 성립되는데, 이는 상표나 다른 재산권을 먼저 등록하는 자가 정당한 소유권자로서 인정을 받는다는 것을 의미한다. 예를 들어 요르단에서는 누구든지 특정상표를 먼저 등록하는 사람이 해당 상표의 정당한 소유자가 될 수 있다. 따라서 패스트푸드 레스토랑인 맥도날드, 마이크로소프트 그리고 식료품점인 세이프웨이(Safeway)의 상표는 모두 법적으로 요르단인들이 보유하고 있다. 스페인에서 나이키는 대법원 판결까지 가는 장기간에 걸친 법적분쟁에도 불구하고 스포츠 의류부문에서 나이키 상표를 사용할 수 있는 권한을 상실하였다. 스페인의 시데스포츠(Cidesport)는 1932년부터 스포츠 의류에 나이키라는 상표를 사용해 왔으므로 미국 나이키의 스포츠의류 판매를 중지시키는 소송을 제기하였다. 그러나 시데스포츠는 나이키 상표로 스포츠 신발은 생산하지 않았으므로 미국 나이키는 계속해서 스페인에서 자신의 상표를 사용하여 스포츠 신발을 판매할 수 있었다. 특정기업이 상표나 브랜드명을 자신들이 처음으로 사용하였음을 증명함으로써 다른 나라에서도 소유권이 항상 성립될 수 있다고 확신하는 것은 옳지 못하며 이에 따라 자신의 자산들을 잃어버릴 수도 있다.

기업들은 최초 등록 이외에도 등록과 관련된 또 다른 문제에 직면할 수 있다. 중국은 지적재산권 보호를 지속적으로 발전시켜 왔으며 일반적으로 "우선발명"이라는 개념을 인정하고 있다. 이에 따라 중국기업들은 다른 나라에서 발명된 제품들에 대한 특허를 가질 수 있게 되었는데, 공개된 제품설명서를 이용하여 원래의 제품에 대한 역설계(reverse engineering)나 재생산을 한 이후에 원래의 발명가보다 먼저 해당 제품을 중국에서 등록하기만 하면 된다. 라트비아(Latvia)와 리투아니아(Lihtuania)에서는 상표와 브랜드명의 중복등록을 허용하고 있다. 한 화장품 제조업체는 니베아(Nivea)와 니베야(Niveja) 상표 모두를 1986년 구 소련연방 시절에 등록하였고 1992년에 라트비아에서 다시 등록하였으나 한 라트비아 기업도 1964년부터 니베야(Niveja)라는 스킨크림을 등록하여 판매하고 있었다. 소련 혹은 라트비아 당국자 그 누구도 이 두 회사를 알지 못했었다. 등록 신청자는 이미 등록되어 있는 유사한 상표들에 대해 자발적으로 정보를 제공할 의무가 있다. 이 사건은 라트비아 대법원까지 올라갔다. 지적재산권 보호에 대한 가장 최선의 방법은 등록이라 할 수 있다. 다수의 국제협약은 회원국들에게 "동시등록"에 대한 권리를 규정하고 있다.

국제협약

많은 국가들이 지적재산권에 대한 보호와 상호인식을 목표로 국제협약에 참여하고 있다. 세 가지 주요 국제협약은 다음과 같다.

1. 일명 파리협약이라 불리는 산업계 지적재산권 보호를 위한 파리협약(The Paris Convention for the Protection of Industrial Property)은 미국을 포함 100여 개국이 참여하고 있다.
2. 미주협약(The Inter-American Convention)은 미국과 중남미 국가들이 참여하고 있다.

3. 국제상표등록사무소(The Bureau for International Registration of Trade-marks)를 세운 마드리드협약(The Madrid Arrangement)에는 26개의 유럽국가들이 참여하고 있다.

추가적으로 UN의 세계지적재산권기구(WIPO: The World Intellectual Property Organization)는 지적재산권 보호에 대한 홍보와 회원국들의 상호 협조를 바탕으로 다양한 다자간 협약을 관리하는 역할을 맡고 있다.[18]

또한, 유럽에서는 두 개의 다국 간 특허협의를 통하여 특허절차를 간소화하고 있다. 첫째는 특허협력조약(PCT: Patent Cooperation Treaty)으로 회원국들에 대한 특허적용과정을 보다 용이하게 만들기 위한 것이다. 이 협약은 미국에서 접수된 신청서 하나로 특허협력조약(PCT)하의 다수 국가들에서 특허보호를 추진할지 혹은 그만둘지를 평가하는데 도움을 받을 수 있도록 다른 특허들에 대한 포괄적 범위의 국제조사 보고서를 제공하고 있다. 둘째는 유럽특허협약(EPC: European Patent Convention)으로 한 국가에서 국제특허를 신청하면 전체 유럽특허가 되는 지역 특허체계가 구축되어 있다. 기업들은 일부 회원국에서만 상표 혹은 브랜드명을 보호할 수 있도록 해당 국가시스템을 이용하는 것과 27개 모든 국가에서 보호를 신청하는 것 중 하나를 선택할 수 있다. 상표보호는 10년 동안 효력이 있고 갱신이 가능하지만 5년 이내에 해당 상표를 사용하지 않으면 상표의 사용권한은 박탈당한다. 특허 혹은 상표가 승인되면 신청서에 명기된 모든 개별 국가에서 신청된 특허 혹은 상표는 자국 내에서 보호받는 것과 같은 동일한 효력을 가지게 된다.

세계무역기구의 무역관련 지적재산권에 관한 협정(TRIP: Agreement on Trade Related Aspects of Intellectual Property Rights)은 지적재산권과 관련된 가장 포괄적인 다자간 협정이라 할 수 있다. 무역관련 지적재산권에 관한 협정(TRIP)은 현재까지의 국제협약에 포함된 지적재산권에 대한 모든 범위의 보호기준을 규정하고 있다. 무역관련 지적재산권에 관한 협정(TRIP)에 따르면 참여 국가는 첫째, 최소한 2006년 보호기준을 준수하고, 둘째, 지적재산권 이행을 위한 절차와 구제제도를 확립하고 셋째, 무역관련 지적재산권에 관한 협정(TRIP)과 관련된 세계무역기구의 분쟁해결 절차에 따른다는 세 가지 주요 조항을 회원국들에게 요구하고 있다.[19]

대부분 국가에서는 상표, 특허 및 다른 지적재산권들을 등록한 이후에 해당 권리를 체계적으로 사용해야 하며 적절한 관리도 수행해야 한다. 미국은 특허기간 동안 특허받은 대상이 제조되거나 팔리지 않아도 개인의 특허가 유지되는 몇 안 되는 국가 중 하나다. 다른 국가에서는 특허에 따른 독점의 대가로 특허권자가 인력을 고용해야 하므로 특정기간 동안(대체로 1년에서 5년이며 평균 3년) 제품을 생산해야

[18] Visit http://www.wipo.org, the home page of the WIPO, for detailed information on the various conventions and the activities of WIPO.

[19] For a discussion of TRIPs, visit http://www.wto.org and select Intellectual Property.

한다. 만약 이 기간 중에 특허가 상품화되지 않으면 특허는 공유재산으로 귀속된다.

이 규정은 상표에서도 마찬가지이다. 특정국가 내에서 상표등록을 하고 제품을 판매하지 않으면 기업은 해당 상표에 대한 권리를 박탈당할 수도 있다. 맥도날드가 베네수엘라에서 이 문제에 봉착했다. 맥도날드 상표는 대륙법 국가인 베네수엘라에서 적절하게 등록되어 있었지만 2년 이상 동안 그 상표를 사용하지 않았다. 베네수엘라에서 등록된 상표는 2년 안에 사용되어야 하며 그렇지 않으면 그 권리가 사라진다. 따라서 한 베네수엘라인이 황금색 아치를 가진 "미스터 맥도날드"를 베네수엘라에서 경영하게 되었다. 이 베네수엘라 기업에 이의를 제기하기 위하여 미국 맥도날드는 희생이 큰 법적투쟁을 벌여야 한다.

각국은 기업들이 지적재산권 침해자들을 법정에 세워서라도 기업의 지적재산을 활발하게 관리하기를 기대하고 있다. 권리 침해나 저작권 침해가 발생하는 국가에서는 해당 정부가 협조하는 대규모 조치가 수행될 때 관리가 성공할 수 있는데 이는 어려운 일이다. 몇몇 국가에서 협조가 부족한 것은 지적재산권을 어떻게 바라보는가에 대한 문화적 차이에 기인하고 있다. 미국에서 지적재산권 보호의 목적은 발명을 북돋우며 혁신적인 사업을 보호하고 적절히 보상하고자 하는 것이다. 한국의 지적재산권에 대한 태도는 한 사람의 새로운 생각을 통하여 모두에게 혜택이 주어져야 한다는 것이다. 일본은 기술을 보호하는 것보다는 공유하자는 의도를 가지고 있다. 발명을 통해 개발된 기술은 상호협력을 촉진시키는 방식으로 경쟁자들 사이에 빠르게 전파되어 더 큰 국가적 목적에 봉사할 수 있도록 해야 한다. 이러한 태도들을 고려하면 지적재산을 보호하고자 하는 열의가 부족한 것이 더 잘 이해가 된다. 미국은 특허 보호의 강력한 지지자로 많은 국가들이 권리 침해와 저작권 침해 사건들의 관리에 있어서 점점 더 협조적으로 되어가고 있다고 주장하고 있다. 수세기에 걸친 논쟁 끝에 유럽연합(EU) 장관들은 특허발명에 대한 유럽대륙차원의 공통적의 시스템에 동의하였다. 유럽연합 국가의 모든 언어로 신청서를 작성해서 제출하는 대신에 어느 언어든지 영어, 프랑스어 혹은 독일어 중 한 가지 언어로만 작성해서 제출하면 된다. 마지막으로 현재 사법제도가 발전하고 있는 중국에서는 당국자들이 외국기업들의 희생을 대가로 중국기업들의 특허를 강화하기 시작했다.[20]

지적재산권 보호를 위한 기타 경영관리상의 접근방법

LO5
저작권침해와 위조의 방지에 대해 학습한다.

중국과 같은 국가에서 활동하면서 권리를 침해받고 있는 미국기업들을 위해 전통적이지만 다소 약한 해결방법이 있다. (1) 미연에 방지하는 것, 즉 해당 국가에 대리인을 선정하여 부지런히 지적재산권을 등록하라. (2) 협상과 대안적 분쟁해결을 모색하라. (3) 해당 국가 정부 당국자에게 이의를 제기하

[20] "Battle of Ideas," *The Economist*, April 25, 2009, p. 68.

어떤 시각에서 보는가에 따라 저작권 침해 그리고/또는 개혁에는 세 가지 측면이 존재한다. (1) 미국 젊은이들, 특히 대학생들은 지적재산권과 관련된 현재의 이행수단들에 대해 반대시위를 하고 있다. 안대를 한 학생이 전직 법무장관인 알베르토 곤잘레스가 주최하는 강연에 참여하고 있다.[21] (2) 중국은 저작권 침해에서 가장 큰 골칫거리이다. 사진을 보면 영화배우 청룽(成龍)이 중국정부의 지적재산권 침해에 대한 강력한 단속의지를 지지하고 있다. 역사적으로 미국, 일본 그리고 대만의 지적재산권 침해자들은 각국의 지적재산 관련 산업들이 발전함에 따라 지적재산권에 대한 감시자로 변해왔다.[22] 중국의 예술인, 연구자 그리고 창업가들이 보호 가치가 있는 새로운 아이디어들을 발명해냄에 따라 다음 세기 안에 이런 현상이 중국에서도 똑같이 일어날 것이다. (3) 사하라 사막 이남의 많은 아프리카 지역과 다른 개발도상국들은[23] 제약회사들의 가격정책과 지적재산권 보호정책으로 후천성면역결핍증이 더 심각해졌다고 믿고 있는데 이러한 후천성면역결핍증은 경제 · 보건적 측면에서 큰 재앙이다.[24] 시위자들이 남아프리카 공화국의 행정수도인 프레토리아(Pretoria)에서 미국 대사관을 향해 행진을 하고 있다.

라. (4) 미국 정부나 세계무역기구에 이의를 제기하라. 이런 전통적인 전략 이외에도 위조 브랜드에 대한 소비자 동기를 좀 더 잘 이해하기 위한 연구가 진행되고 있으며[25], 기업 내 창의적인 사고를 가진 사람들이 고안한 몇 가지 새로운 생각들을 바로 다

[21] Lorenzo Munoz and Jon Healey, "Students Do Not Share Gonzales' View on Piracy," *Los Angeles Times*, April 29, 2005, pp. C1, C9.

[22] N. Mark Lam and John L. Graham, *China Now, Doing Business in the World's Most Dynamic Market* (New York: McGraw-Hill, 2007).

[23] Amelia Gentleman, "Battle Pits Patent Rights against Low-Cost Generic Drugs," *The New York Times*, January 30, 2007, p. C5; "Clinton, Drug Companies Strike Deal to Lower AIDS Drug Prices," *The Wall Street Journal*, May 8, 2007.

[24] John E. Cook and Roger Bate, "Pharmaceuticals and the Worldwide HIV Epidemic: Can a Stakeholder Model Work?" *Journal of Public Policy & Marketing* 23, no. 2 (2004), pp. 140 – 52

[25] Keith Wilcox, Hyeong Min Kim, and Sankar Sen, "Why Do Consumers Buy Counterfeit Brands?" *Journal of Marketing Research* 46, no. 2 (2009), pp. 247 – 59..

음에 간략하게 기술하고자 한다.[26]

마이크로소프트 중국의 소프트웨어 저작권 침해에 대한 빌 게이츠의 협상전략은 그의 두뇌와 통찰력 그리고 인내를 잘 보여주는 것이다. 1998년 워싱턴 주립대학교에서의 인터뷰 도중 우연하게 이 전략이 드러났다.

> 중국에서는 매년 300만개의 컴퓨터가 팔리지만 사람들은 소프트웨어를 사지 않는다. 하지만 언젠가 중국인들도 소프트웨어를 사게 될 것이다. 그들이 소프트웨어를 훔치고자 한다면 우리 것을 훔치기를 원한다. 중국인들에게 일종의 중독현상이 생길 것이고 그러고 나면 우리는 다음 세기 안에 어떤 것을 챙길 수 있을 것인지 알 수 있을 것이다.

그런데 이런 마케팅/제품 시험방식이 작동하는데 채 10년이 걸리지 않았다. 2006년 4월 18일 후진타오 주석이 빌게이츠와의 저녁식사를 위해 워싱턴주 레드몬드(Redmond)를 방문하기 하루 전날, 마이크로소프트는 중국기업인 레노버의 컴퓨터에 탑재될 12억 달러어치의 소프트웨어 계약서에 서명을 하였다.

필립스 네덜란드의 필립스 연구소는 개방형 혁신의 원조라 할 수 있다. 30년 전 필립스는 새로운 아이디어를 개발하고 마케팅하기 위하여 "파트너링(Partnering)"[27]이라는 개념을 창안했다. 필립스에게 개방형 혁신이란 자신들만의 아이디어만 개발하고 마케팅 하는 것이 아닌 연구개발 파트너로부터 아이디어를 구매하고 마케팅 파트너에게 아이디어를 파는 것이다. 중국에서 지적재산을 개발하고 보호하기 위한 필립스의 혁신적인 접근방식이 다음 프로젝트에 잘 나타나 있다. 2008년 올림픽을 위한 양방향 모바일 디지털 서비스를 개발하기 위한 피닉스 계획(PHENIX Initiative)은 상업적 연구개발 프로젝트였다. 프랑스 텔레콤 회사에 의해 주도된 피닉스 계획은 유럽인과 중국인 및 양국 정부조직들로부터 금융과 기술적 측면의 협조가 필요했다.

이미 많은 미국기업이 중국에 디자인과 연구개발 센터를 설립하였지만 첨단기술 수출에 대한 미국정부의 규제와 미국인 중역들의 경쟁적인 불안감은 미국기업이 중국에서 피닉스 계획과 같은 제휴에 참여하는 것을 방해하고 있었다. 따라서 유럽이나 아시아의 경쟁자들과 비교해 볼 때 중국과 일정거리를 두는 미국기업이 중국에서 개발할 수 있는 기술의 수와 기술보호수준에는 한계가 있었다. 게다가 중국정부에게 "우리의 지적재산을 보호할 것이다."라는 미국의 항변은 중국의 당국자와 대중들 모두에게 착취자의 외침으로 들린다.

---

[26] See Lam and Graham, *China Now*, for more details.

[27] "What's Mine Is Yours," *The Economist*, May 30, 2009, p. 80.

워너브라더스(Warner Brothers) 마지막으로 지적재산이 풍부한 기업들이 가장 오래된 가격정책을 활용하여 현재 혹은 가까운 미래에 중국에서 돈을 벌 수 있는 훌륭한 방법을 제안하고자 한다. 시장이 수용할 수 있는 금액을 요구하라. 중국정부가 WTO/TRIP 협정에 협조적으로 변화된다 하더라도 중국 소비자들은 자신들이 "합리적"이라고 생각하는 금액이 책정될 때까지 외국의 지적재산들을 창의적으로 복제할 것이다. 실제로 논란은 있지만 중국 워너브라더스의 최근 마케팅 전략에 대해 박수를 보낸다. 그들은 중국에서 DVD 가격을 반으로 줄여 1.88달러에 팔았으며, 자신의 제품들을 극장에서 상영 직후 며칠 이내로 세계에서 가장 빠른 유통속도로 판매하였다.

이러한 가격접근 방식은 우리가 오랫동안 주장해왔던 개발도상국의 상대적 소득수준에 기반을 둔 조정가격정책과 많이 일치한다. 즉 중국인 입장에서 공정가격은 미국과 중국 소비자들의 소득과 구매력 차이를 고려한 것이어야 한다. 예를 들어 2007년경 구매력평가 지수에 따른 미국과 중국의 1인당 GDP 비율은 약 40,000달러 대 6,500달러였다. 아마존닷컴에서 팔리는 10달러짜리 CD를 중국에서 조정된 가격으로 환산하면 합리적인 가격은 약 1.5달러이다. 그리고 우리가 특히 주목하는 부분은 중국에서 워너브라더스가 행운의 가격을 만들기 위해 1.5달러에 0.38달러를 추가하여 1.88달러(8의 중국어 발음은 부유함을 뜻하는 부(富)와 비슷)의 가격을 책정하여 전략적으로 미묘한 차이를 만들어 냈다는 것이다.

워너브라더스는 또한 중국의 유니온 부레(Union Voole)와 협력하여 고품질의 DVD 대여시장을 개척하기 위하여 노력하고 있다. 또한, 1달러 미만의 저렴한 가격에 여러 번 볼 수 있는 주문형 비디오(VOD) 시스템은 인터넷으로 유통하고 있다.[28]

인터넷 관련법규: 미해결 과제

LO6
진화하는 인터넷 관련법규들을 학습한다.

속성상 인터넷은 정치적 혹은 국가적 경계가 없는 글로벌 사업이라 할 수 있다. 이러한 글로벌 접근성은 인터넷의 장점이기도 하지만, 현재의 법규는 인터넷의 독특한 특성과 그와 관련된 활동들을 명확하게 다루지 있지 못하기 때문에 글로벌 접근성이 문제를 발생시키기도 한다. 현행 법률들은 명확하지 않으며 도박, 도메인 명칭의 보호, 세금, 국경을 넘어서는 거래에 대한 재판 관할권, 계약문제와 저작권 침해[29] 그리고 검열과 같은 과제들을 완전하게 다루고 있지 못하고 있다. 2010년 구글과 중국정부 간의 공개적인 논쟁은 인터넷 검열에 대한 중요한 사례라 할 수 있다.[30] 유럽연합, 미국 그리고 기타 다른 많은 국가들은 현행법에서 명확하게 다루고 있지 못한 수많은 법적문제를 처리할 법안들을 입

[28] Dawn C. Chmielewski, "Warner Takes New Tack against Piracy," *Los Angeles Times*, November 4, 2008, pp. C1, C6.

[29] "The Spider and the Web," *The Economist*, August 29, 2009, p. 49.

[30] "Google and China, Flower for a Funeral," *The Economist*, January 16, 2010, pp. 41 – 42.

안중이다. 그러나 이러한 법률들이 전 세계적으로 동일하게 적용되지 않는다면 개별 국가들의 법규에 의존해야 한다.[31] 중국과 같이 이제 막 성장하기 시작한 사법제도에 인터넷 산업의 전례 없던 역동성이 추가된다면 결국 심각한 규제환경이 조성되게 될 것이다. 중국은 현재 문자 메시지를 검열하고 감독하기 시작하였다.[32] 그러나 심화되고 있는 중국 관료주의에서 가장 흥미로운 대결은 중국에서 가장 인기 있는 월드오브워크래프트 온라인 버전을 어떤 부처가 규제할 것인지를 결정하는데 대한 것이다.[33] 중국의 신문출판총국(GAPP)과 문화부는 이러한 규제에 대한 2개의 관련당사자들이다. 확실한 것은 블리자드(Blizzard Entertainment)는 블리자드의 중국 사업에 대한 통제권을 이들 두 부서가 공유하지 않기를 바라고 있다는 것이다.

도메인 명칭과 사이버 스쿼터

웹사이트 도메인 명칭은 등록이 쉽고 등록비용이 저렴하기 때문에 수천 개의 도메인 명칭이 마구잡이로 등록되는 불행한 사태가 발생하였다. **사이버 스쿼터(CSQs: Cybesrsquatters)**는 서술명사나 지역명칭, 종족명칭, 약물명칭 그리고 이와 유사한 기술어들을 등록하고 높은 가격에 팔 수 있을 때까지 도메인 명칭을 보유하는 것을 의미한다. 예를 들어 사이버 스쿼터는 "www.themortgage.com"을 50만 달러에 매각하였고, 현재까지 최고의 매각가격은 "www.business.com"이라는 도메인에 대한 750만 달러이다. 사이버 스쿼터가 특정기업이 소유하기를 원하는 도메인 명칭을 먼저 등록하였다면 매입하는 방법밖에 없다.

사이버 스쿼터의 또 다른 전략은 친숙한 이름이나 잘 알려진 상표를 먼저 등록하는 것이다. 이로 인하여 인터넷 사용자들은 본래 가고자 하는 목적지로 이동하지 못하고 다른 곳을 방문하게 되거나 경쟁사 제품들을 구입하게 된다. 세계에서 가장 큰 온라인 경매 사이트인 이베이는 "www.ebay.ca"를 먼저 등록한 캐나다 노바스코샤(Nova Scotia)주에 있는 한 창업가와 분쟁에 휘말리게 되었다. 결국 이 미국 기업은 새로이 출시하는 캐나다 웹사이트에 "www.ebay.ca"를 사용하지 못하고 "www.ca.ebay.com"을 사용하다 나중에야 해당 웹사이트의 사용권리를 확보하였다. 현재 이들 두 개의 웹 주소는 모두 같은 사이트로 이동시켜주고 있다.

사이버 스쿼터는 인터넷에 접속하는 사람들이 자신의 사이트 혹은 다른 경쟁사의 사이트로 잘못 접속하도록 유도하기 위하여 잘 알려진 브랜드나 상표를 등록하기도 한다. 예를 들어 어떤 성인 웹사이트가 "www.candyland.com"을 등록하였을 때, "Candy Land"라는 어린이용 게임을 출시하고 있던 미국 완구업체 하스브로는 자신의 소비자들이 성인 웹사이트로 갈 수 있을 것이라는 불안감으로 해당 웹사이트가 없

[31] Jefferson Graham, "File-Sharing Beat Goes On," *USA Today*, June 29, 2005, p. 3B.

[32] Sharon LaFraniere, "China to Scan Text Messages to Spot 'Unhealthy Content,'" *The New York Times*, January 20, 2010, p. A5.

[33] Michael Wines, "Online Warfare Prompts an Offl ine Clash in China," *The New York Times*, November 7, 2009, p. A4.

잠재고객들이 북경에 있는 마이크로소프트 전시관을 방문하고 있다. 중국 블로거들이 마이크로소프트의 서비스를 사용하여 메시지를 입력할 때 "민주주의," "자본주의" 혹은 "인권"과 같은 용어들을 입력하면 노란색 불빛이 들어오면서 다음과 같은 경고가 컴퓨터 화면에 나타난다. "이 메시지에는 금지어가 포함되어 있습니다. 금지된 표현을 삭제해 주십시오." 마이크로소프트는 현지 법률을 준수하고 있으며, 중국의 고객들에게 가장 유용한 서비스를 지속적으로 제공한다고 설명하면서 이런 종류의 검열에 동의하였다. 비판적인 사람들은 이에 동의하지 않기에 논쟁은 계속되고 있다.

어지길 원했다. 해결책은 해당 웹사이트를 없애도록 소송을 진행하거나 해당 도메인 명칭을 매입하는 두 가지 선택이 있었다. 하스브로는 소송을 선택했고 법원은 성인 웹사이트가 직접적으로 상표권을 침해한 것은 아니지만 하스브로의 명성과 게임에 피해를 주었다고 판단하여 하스브로의 손을 들어주었다. 현재 해당 사이트는 하스브로 사이트로 바로 이동시켜준다.

패러디 사이트, 시위 사이트 그리고 증오 사이트 등이 포함된 다른 사이버 스쿼터들은 기업에게 매우 심각한 위협을 줄 정도로 자신의 권리를 남용하고 있다. 이에 대한 좋은 예로 "www.walmartsucks.org"를 들 수 있는데, 이 사이트는 월마트에 대해 아주 비판적인 곳이다. 이런 종류의 웹사이트는 예방하기 어려운데 이는 언론자유의 권리가 보호되기 때문이다. 월마트가 취할 수 있는 유일한 방어행동은 사이버 스쿼터가 자신의 사이트로 인터넷 접속자들을 이동시키기 위해 월마트 상표를 사용하는 행위에 이의를 제기하는 것이다.

인터넷에 올린 내용이 본국에서는 적법하나 다른 국가에서는 불법인 경우 이를 인터넷 사이트에 게재한 기업과 해당 정보에 소송이 진행되는 경우를 적지 않게 살펴볼 수 있다. 예를 들어 영화에 나체 장면이 나오는 것을 금지하고 있는 특정 국가에서는 나체 장면이 나오는 영화를 제작한 미국 영화사가 기소될 수 있다. 영화사뿐만 아니라 인터넷 서비스 공급업체에도 해당 영화사 웹사이트에 게재된 장면을 이유로 책임을 물을 수 있다. 국민들을 위협하고 검열하기 위하여 언론자유를 보호하는 법률을 약화시키거나 아예 없앤 국가와 같은, 언론자유를 제한하는 법을 가진 국가의 작가와 출판사들은 명예훼손죄로 고소당할 수도 있다.[34] 인터넷 출판사와 개인 웹사이트 소유자들은 자신의 기사가 세계 어느 곳에서든 다운로드 될 수 있다는 이유 때문에 일부 혹은 다수의 사법기관으로부터 명예훼손죄로 고소당할 수 있다는 사실을 두려워한다. 명예훼손 혹은 제조물 책임과 관련된 소송의 가능성 때문에 기업들은 자발적으로 자신들의 웹사이트를 선택된 몇몇 국가에서만 제한적으로 접속이 가능하도록 한다. 인터넷은 명예훼손으로부터 자유로운 영역이 아니다.

대다수 국가의 법원은 온라인 활동이 어디서 시작되었든 상관없이 자신의 지역에 해롭다고 판단하거나 온라인 활동의 당사자가 결과적으로 자신의 행동이 해롭다

[34] Mark Magnier and Joseph Menn, "As China Censors the Internet, Money Talks," *Los Angeles Times*, June 17, 2005, pp. A1, A14.

는 것을 알고 있었거나 인지하고 있었어야 한다고 판단하면 해당 온라인 활동에 대한 재판 관할권을 주장하는 경향이 있다. 하지만 대부분은 한 국가에만 국한된 것이 아닌 전 세계에 걸쳐 적용될 수 있도록 사려 깊게 제정된 법률들이 필요하다는 사실에 동의한다.

국제상공회의소가 100명의 지도적인 위치에 있는 기업가들을 조사한 결과, 3분의 1이상이 인터넷 활동과 관련된 법적 불확실성이 "중요한 사업결정"에 영향을 미친다고 응답하였다. 국제상공회의소에 따르면 수많은 온라인 무역상들은 가장 직접적인 효과가 명백함에도 불구하고 자국 이외에서의 판매활동을 꺼리고 있다.

세금

전자상거래의 또 다른 곤란한 문제는 세금징수와 관련이 있다. 전형적인 세금제도에서는 특정 경제 활동이 어디에서 일어나는가를 파악하는 것이 중요하다. 그러나 인터넷은 개인 사업자가 동시에 다수의 국가에서 사업을 할 수 있게 해주므로 세금 징수의 시점과 장소 그리고 주체가 누구인가 하는 점들이 전 세계 모든 국가의 공통 관심사가 되고 있다. 과거에는 특정 국가가 주된 고정사업장으로 정해지면 기업은 해당 국가 내에서 하나의 과세대상으로 여겨졌다. 그러나 인터넷에서는 서버 혹은 웹사이트를 하나의 고정사업장으로 볼 것인지 명확하지 않다. 세무당국이 강력히 추천하고 있는 대안 중 하나는 서버들을 "가상현실의 고정사업장"으로 정하여 현지에서 세금을 부과하는 것이다.

가상공간에서 언제 그리고 어디서 판매가 발생하는가를 정확하게 파악하는 일은 어렵다. 또한, 납세자들의 거래를 포착할 수 없다면 어떤 세금도 징수하기 어렵다. 전통적인 판매방식에서는 소매상이 세금을 거두면 되지만, 한 국가에 판매자가 있고 다른 국가에 구매자가 있는 인터넷 사이트에서는 누가 세금을 거두어야 하는가? 하나의 대안으로 페덱스(FeDex)와 같은 운송회사나 신용카드회사가 세금을 징수하게 하는 것을 생각해볼 수 있겠지만, 누구나 알다시피 그 어떤 회사도 이 제안을 기꺼이 받아들이지 않고 있다.

유럽연합위원회는 인터넷, 텔레비전 혹은 라디오를 통해 유럽연합 소비자들에게 인도되는 서비스에 대한 부가가치세를 해외기업들이 직접 징수하도록 하는 지침에 대한 계획을 발표하였다. 이에 따르면 유럽연합 내에서 인터넷을 통한 매출이 100,000유로(약 125,000달러) 이상인 해외기업들은 유럽연합 내 최소 한 개 국가에 등록을 하고 등록한 해당 국가의 세율(대략 15%에서 25%)에 따라 부가가치세를 징수해야 한다.

이 세금은 공평성에 근거하여 정당화되고 있다. 즉, 유럽기업들은 유럽연합 소비자들에게 부가가치세를 부과해야 한다. 반면에 같은 소비자에게 서비스를 제공하는 해외기업들에는 관세가 면제된다. 그러나 미국기업들은 이 제안을 "인터넷 보호주의"라고 부르면서 반대하고 있다. 유럽연합의 계획이 현재는 제안수준에 머물고 있지만 유럽연합의 세무당국자들은 조만간 자신들의 몫을 챙길 수 있을 것이다.[35] 인터넷 과세에 대한 가장 이상하고 지독한 사례는 프랑스에서 찾을 수 있다. 프랑스 문화부는 구글, 마이크로소프트, 아메리칸 온라인 그리고 페이스북과 같은 미국기업들을 겨냥해 프랑스의 영화, 음반 그리고 출판업 분야에 속한 다국적기업 신규 자회사들의 온라인 광고수익에 대해 과세하고 있다.[36]

분쟁에 대한 재판관할권과 계약효력

상행위와 관련된 현재의 법률들이 인터넷 및 이와 관련된 활동들의 독특한 특성을 정확하게 다루지 못하고 있다는 것을 여러 나라들이 인식함에 따라 점진적으로 인터넷 관련법규들이 만들어지고 있다. 가장 문제가 되는 두 영역은 서로 다른 국가에 소재한 당사자 간의 법적 분쟁에서 누구의 법을 따를지 결정하는 문제와 전자적 의사소통을 통한 계약효력의 성립에 관한 것이다. 유럽연합의 경우 회원 국가들의 법률이 매우 상이하여 이러한 차이들을 조정하여 통일된 규정을 만드는데 매우 큰 어려움을 겪고 있다. 예를 들어 브뤼셀 등 유럽국가의 수도들에서 논의 되고 있는 규제의 초안에는 소비자 보호를 위해 공급자에게 27개의 다른 국가들의 법(어떤 것은 매우 이상한)을 준수할 것을 요구하는 내용이 들어 있다. 여기에는 사소한 광고제한 사항부터 프랑스로의 수출여부와 상관없이 계약서에 무조건 프랑스어를 포함시키는 프랑스의 규정까지 다양하다.

유럽위원회는 판매자가 광고를 통해 소비자를 유혹하거나 접근하지 않는 한 본국의 규정에 따라 거래를 할 수 있도록 하는 전자상거래 규정을 채택하였다. 따라서 대부분의 법적소송은 소비자가 거주하는 국가에서 이루어지게 될 것이다. 이는 기업이 특정국가에서 소비자를 적극적으로 찾아 나설 때 해당 기업은 소비자가 위치한 국가의 소비자 보호법을 기꺼이 준수해야만 한다는 논리가 바탕에 깔려있다. 27개국 회원국 모두가 이 규정을 채택할지는 미지수이다.

유럽위원회는 정보사회의 기술적 기반에 대한 전체적인 규제의 틀을 재검토하기 시작했다. 유럽위원회는 전자상거래를 전통적인 상행위와 대등한 입장에서 다룬다는 의도를 가지고 다양한 입법안들에 대한 작업을 시작했다. 첫 번째 단계 중의 하나는 법정 밖에서 소규모 분쟁 해결을 쉽게 해주는 'EEJ net'이라는 별칭을 가진 유럽 차원의 컴퓨터 네트워크를 도입하는 것이었다. 상품인도, 불량품 혹은 명세서와 차이가 나는 제품들에 대한 문제들을 회원국내에 위치한 한 곳의 정보센터 혹은 연락처를 통하여 한 번에 처리할 수 있다. 소비자들은 상품 공급업체의 소재지 국가 내에서 소송이외의 분쟁해결제도를 통해 불만을 제기하는데 필요한 정보와 도움을 얻을 수 있다.

---

[35] For a report on a resolution on cross-border tax issues proposed by the OECD, see "OECD Launches Project on Improving the Resolution of Cross-Border Tax Disputes," http://www.oecd.org, and select Taxation. The OECD proposes a variety of issues related to the Internet, all of which can be found at this site.

[36] "France and the Internet, Helicopters at the Ready," *The Economist*, January 16, 2010, pp. 63 – 64.

전자상거래에서 계약효력의 성립을 위한 의미 있는 진전이 이루어지고 있다. 예를 들어 인도는 최근에 전자우편을 법적효력이 있는 매체로, 전자수단의 계약을 법적 이행이 가능한 계약으로 그리고 전자서명이 법적 구속력이 있음을 인정하는 법안들을 통과시켰다. 몇몇 국가는 영국과 유사한 법안을 이미 채택했거나 준비 중인데 이 법안은 온라인 계약서에 사용되는 전자서명을 서면으로 된 원본 계약서처럼 법적 구속력이 있는 것으로 인정한다.

국가 간의 상법

LO7
국가 간 법적 차이점과 이 차이점들이 국제마케팅 계획에 미치는 영향을 이해한다.

하나의 국가 이상에서 사업을 영위하는 경우 마케터는 서로 다른 사법제도들에 대해 주의해야 한다. 이런 문제는 마케터가 여러 국가에서 시행될 공통적인 마케팅 계획을 세울 때 특히 문제가 된다. 언어와 관습의 차이에 대해 순응한다 하더라도 각국의 법률적 차이들은 여전히 마케팅 계획에 문제를 안겨준다

마케팅 법규

모든 나라는 촉진, 신제품 개발, 상표표시, 가격책정 그리고 유통경로와 관련한 마케팅 활동들을 규제하는 법률들을 가지고 있다. 보통은 시장 간 차이점들이 거래 당사자들(특히 관리자들과 그들의 회사)에게 문제를 발생시킨다. 일례로 미국은 인간의 장기매매를 허용하지 않고[37] 다양한 질병 치료제를 개발하기 위한 의료연구에 인간 줄기세포의 사용을 금지하고 있다.[38] 다른 국가들은 다른 법률을 가지고 있다.[39] 이 두 가지 주제와 관련된 윤리는 매우 논란이 많고 국제적 차원에서 생각한다면 문제는 더욱 복잡해진다. 현재 인간장기의 국제적 거래의 경우 유럽인들은 장기이식을 위해 외국으로 합법적인 여행을 할 수 있다. 그러나 유럽연합 의회는 이를 범죄행위로 다루는 것을 고려하고 있다. 미국정부는 규제가 없는 다른 국가의 연구자들이 줄기세포 분야에서 중요한 발전을 거듭함에 따라 줄기세포분야의 연구 규제에 대한 법률의 완화를 고려중이다.

느슨한 법집행과 더불어 마케팅 관련 법규가 몇 개 안되는 국가도 있다. 또한, 아주 엄격한 법집행을 위해 복잡하고 세세한 규정들을 가지고 있는 국가도 있다. 예를 들어 스웨덴은 1991년에 아동들을 대상으로 하는 모든 텔레비전 광고를 금지시켰다. 그리스, 노르웨이, 덴마크, 오스트리아 그리고 네덜란드도 아동들을 대상으로 하는 모든 광고를 금지시켰다. 최근에 유럽연합 집행기관은 아동을 대상으로 하는 모든 종류의 음료광고와 과자광고를 금지시키도록 압박하였고, 이에 화답하여 펩시콜라(PepsiCo)는 자발적으로 어린이 대상 광고를 제한하였다.[40] 같은 시기에 미국의

---

[37] Nancy Scheper-Hughes, "Organs without Borders," *Foreign Policy*, January/February 2005, pp. 26 – 27.

[38] Robert L. Paarlberg, "The Great Stem Cell Race," *Foreign Policy*, May/June 2005, pp. 44 – 51.

[39] Amelia Gentleman, "Transplant Scheme Preys on Poor Indians," *International Herald Tribune*, January 30, 2008, p. 2.

[40] Andrew Ward and Jeremy Grant, "PepsiCo Says It Has Curbed Advertising to Children," *Financial Times*, February 28, 2005, http://www.FT.com.

식품업계는 이런 흐름에 반대하는 주장을 하였다. 1970년대 후반에 미연방거래위원회(U.S. Federal Trade Commission)와 사탕제조업체 그리고 완구제조업체들은 아동을 대상으로 하는 광고제한에 대해 유럽과 비슷한 조치를 취했었다. 당시 해당 산업에 속하는 기업들은 어느 정도 이에 동의하였지만 이후 1980년대에는 이러한 약속들이 무시되기 시작하였다. 지속적으로 아동비만은 모든 부유한 국가에서 중요한 공중보건상의 쟁점이 되어가고 있으며, 이에 따라 이러한 발전들을 추적해보는 것은 흥미로운 일일 것이다.

서로 다른 국가 간에는 동일한 행위에 대한 법의 해석과 집행에 큰 차이를 보이는 경우가 종종 있다. 유럽연합에서 판매촉진을 규제하는 법들은 이러한 다양성에 대한 좋은 사례를 제공해준다. 오스트리아는 경품혜택, 무료선물 혹은 무료쿠폰들을 현금할인으로 간주하여 이를 금지시킨다. 핀란드에서는 공짜라는 단어가 없고 소비자들의 구매행위를 강압하지 않는 한 경품혜택을 상당한 수준에서 수행할 수 있다. 또한, 실질적인 여러 이유로 프랑스에서 경품혜택은 불법이며 따라서 이를 규제한다. 왜냐하면 원가 이하로 판매하거나 다른 제품을 구매하는 조건으로 선물이나 경품을 제공하는 것이 불법이기 때문이다. 프랑스 법률은 합법적으로 4주에서 6주까지 지속되는 할인행사를 7월과 8월, 1년에 두 번만 허용한다. 이 행사는 인기가 많아 라디오나 텔레비전에 광고되기도 하고 많은 군중을 통제하려 경찰들이 투입되기도 한다. 한 조사에 따르면 프랑스인 중에서 40% 이상이 이 할인 기간에 쓸 돈을 1년 동안 별도로 챙겨두고 있으며, 56%는 할인 기간에 구매하기 위해 필수품에 대한 소비를 줄이기도 한다. 마케팅 활동에 대한 많은 제한조치들이 약화되고 있다는 사실은 좋은 소식이다. 가장 최근에는 휴일 판매[41]와 연장된 영업시간[42]이 유럽의 몇몇 국가들에서 허용되기 시작했다. 중국에서는 매리 케이(Mary Kay, 미국 화장품 방문 판매회사)와 같은 기업들에게 특히 영향을 주는 직접마케팅에 관한 일부 규제를 완화하고 있다.[43]

가장 자연스러우면서 효과적인 표현수단인 다양한 비교광고에 관한 법률은 중요한 장애물 중 하나이다. 독일에서는 경쟁자는 법원에 가서 은유적 방식이든 혹은 명백한 방식으로든 어쨌든 더 좋다는 증거를 비교광고한 상대방 기업에게 요청할 권리가 있기 때문이다. 캐나다에서는 판결이 더욱 엄격하다. 대중들을 상대로 하는 어떠한 표현도 거짓이거나 왜곡되지 않았음을 보장하기 위하여 모든 주장과 진술들은 검증되어야 한다. 이러한 주장이나 진술들을 제품 판매 시 구두로 전달해서는 안되며, 대중들이 볼 수 있는 모든 것(판매 책자에 포함되어 있는 것을 포함해서 상품 라벨,

[41] Cecilie Rohwedder, "Achtung Christmas Shoppers!" *The Wall Street Journal*, December 24, 2007, pp. B1, B2.

[42] Marcus Walker, "Longer Store Hours in Germany," *The Wall Street Journal*, January 8, 2007, p. A5.

[43] Katherine Yung, "Mary Kay Sales Plans Get Beijing Blessing," *Dallas Morning News*, December 5, 2006, pp. D1, D7.

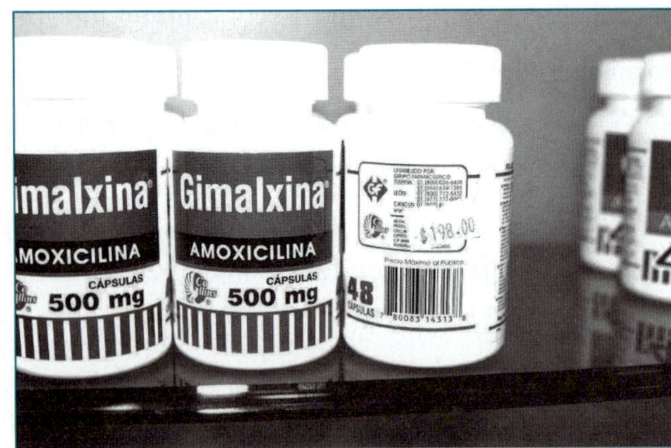

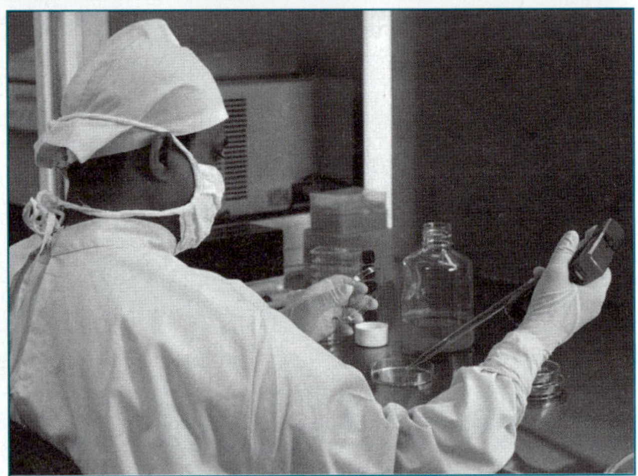

의료서비스 마케팅에 관한 법규는 세계적으로 매우 다르다. 멕시코에서는 가끔 효과가 강력한 약품들을 구매하는데 처방전을 요구하지 않는 경우가 있다. 칸쿤공항의 약국에서는 사진에서처럼 여행자들이 할인된 가격에 판매선반에서 항생제를 구매할 수 있다. 품질이 중요하지 구매 가능성이 중요한 것은 아니다. 필리핀과 다른 개발도상국에서는 암시장에서 신장을 구매할 수 있다. 국제가격은 약 2,000달러이다. 그러나 미국법률은 인간장기의 매매를 금지하고 있다. 한국은 미국에서 연방법으로 제한하고 있는 줄기세포 연구를 지원하고 있다.

책, 신문, 잡지 등에 끼워진 삽입광고 및 기타 광고의 형태 등)에 포함되어 있어야 한다. 해당되는 진술이 거짓인지 혹은 소비자를 기만하고 있는지 판단함에 있어 캐나다 법원은 진술자체의 문자 그대로의 의미뿐만 아니라 진술에 포함된 "전반적인 느낌"도 고려하고 있다.[44] 사람들은 특정 진술이 합리적인 사람 누구라도 오해할 수 있도록 되어 있다면, 해당 진술은 사람들을 호도하고 있다는 "순진한 사람 기준(Credulous Person Standard)"을 캐나다 법원이 적용하기를 기대하고 있다. 핵심은 미국에서 용인되고 있는 관행인 과장된 광고문구가 캐나다에서는 소비자를 현혹하는 거짓된 것으로 해석될 수 있다는 것이다. "캐나다에서 최고로 강력한 구동축"이라는 진술은 그 구동축이 캐나다에서 팔리는 그 어떤 구동축보다 더 강하다는 확실한 증거를 해당 광

[44] Richard W. Pollay, "Considering the Evidence, No Wonder the Court Endorses Canada's Restrictions on Cigarette Advertising," *Journal of Public Policy & Marketing* 23, no. 1 (2004), pp. 80 – 88.

고주가 가지고 있지 않는 한 사람들을 호도하는 것으로 판단될 수 있다.

중국은 외국기업의 사업방식에 대한 통제를 위해 다양한 법규들을 실험하고 있다. 몇몇 실험은 매우 잘 진행되어가고 있지만, 다른 몇몇 실험은 좋지 않게 진행되고 있다. 또한, 외국 광고회사를 통제하는 것과 같은 몇몇 법규는 완화되고 있다. 그럼에도, 광고와 프로그램 내용에[45] 대한 검열은 지속적인 우려의 대상이다. 여성생리대, 치질약 그리고 무좀연고와 같은 "불쾌한" 제품들의 텔레비전 광고는 하루 세 번의 식사시간에는 허용되지 않고 있다.[46] 중국 당국자는 미국 NBA 클리블랜드 캐벌리어스(Cleveland Cavaliers)의 농구선수인 르브론 제임스(LeBron James)의 나이키 텔레비전 광고를 금지하고 있는데 그 이유는 "중국의 모든 광고는 국가의 품격과 이익을 지켜야 하고 조국의 문화를 존경해야 한다는 규정을 위반하였다."는 것이다.[47] 쿵푸사범과 싸움을 하고 있는 레브론의 모습은 공자의 나라에서는 적절하지 않다. 또한, 잡지사들에게는 모호한 표현의 영어 명칭을 직역하라는 지시를 내렸다. 그래서 코스모폴리탄(Cosmopolitan)은 "여성경향(Trends Lady)"으로, 우먼즈 데이(Women's Day)는 "건강의 친구"로 그리고 에스콰이어(Esquire)는 "남성경향(Trends Man)"이 되었다. 영화 아바타는 중국정부의 지원을 받은 공자의 일생을 담은 중국영화들과 스크린 확보경쟁을 벌였다. 짧은 기간이었지만 토종영화가 "적절한" 상영시간을 확보할 수 있도록 아바타는 3D로만 상영되는 것으로 허가를 받았다.[48] 건스 앤 로지즈(Guns N' Roses)의 앨범은 중국의 민주주의라는 제목 때문에 중국에서 금지되었다.[49] 이러한 국가 간의 다양한 법규들은 광고, 가격정책, 매매계약 그리고 기타 상행위까지 확대된다. 실제로 여러 연구는 정부정책이 기업의 마케팅 지향적 활동을 사전에 차단시키는 것[50]을 포함한 다양한 경로[51]로 기업의 성공적 마케팅 활동에 영향을 미친다고 주장하고 있다.

유럽연합은 조만간 공통의 상법을 가질 것이라는 희망을 보여주고 있다. 이러한 희망에 대한 첫 번째 시도로 독일, 오스트리아, 벨기에는 보수적인 법규정에 기초하

---

[45] "Bond in Beijing," *The Wall Street Journal*, January 31, 2007, p. A12; Don Lee and Jim Puzzanghera, "China Closing Curtains on U.S. Movies," *Los Angeles Times*, December 12, 2007, pp. C1, C4; Geoffrey A. Fowler, "Online-Video Firms Brace as China Tightens Rules," *The Wall Street Journal*, January 4, 2008.

[46] Geoffrey A. Fowler, "China Cracks Down on Commercials," *The Wall Street Journal*, February 19, 2004, p. B7.

[47] "China Bans Nike's LeBron Commercial," *Associated Press*, December 6, 2004.

[48] Ben Fritz and David Pierson, "Chinese Pull an 'Avatar' Switch," *Los Angeles Times*, January 19, 2010, p. B6.

[49] James T. Areddy, "Guns N' Roses New Album Is Up Against a Chinese Wall," *The Wall Street Journal*, November 22, 2008, online.

[50] Rilian Qu and Christine T. Ennew, "Developing a Market Orientation in a Transitional Economy: The Role of Government Regulation and Ownership Structure," *Journal of Public Policy & Marketing* 24, no. 1 (2005), pp. 82 – 89.

[51] Stefan Stremersch and Aurelie Lemmens, "Sales Growth of New Pharmaceuticals across the Globe: The Role of Regulatory Regimes," *Marketing Science* 28, no. 4 (2009), pp. 690 – 708.

2,000개의 신규고용을 창출할 수 있는 재활용 산업의 포괄적인 발전을 정부에 요구하고 있는 홍콩에서 그린피스 시위자가 플라스틱 쓰레기통 안에서 밖을 응시하고 있다. 그린피스의 연구에 따르면 홍콩의 18,200개 쓰레기통 중에 단지 148개만이 분리수거칸을 가지고 있는 것으로 나타났다. 따라서 폐기물의 감소, 재생 그리고 재활용을 위한 종합시스템을 구축하기 위하여 현재의 폐기물 관리절차들을 수정할 것을 정부에 요구하고 있다.

고는 있지만 마케팅 촉진활동을 다루는 범유럽 차원의 마케팅 촉진 관련 규정을 조율하자고 제안하였다. 그러나 이 제안은 그 속에 담긴 복잡한 제한규정으로 인해 몇몇 그룹들로부터 강력한 반대에 직면하고 있다.[52]

그러는 동안 다른 그룹들은 미국, 유엔 그리고 세계무역기구를 포함하는 좀 더 광범위한 마케팅 법규정의 조율을 추진하고 있다. 유럽연합이 가끔씩 경제협력에 대한 멋진 그림을 보여주기는 하지만 27개의 상이한 사법제도 뿐만 아니라 27개의 서로 다른 국가, 문화 그리고 언어와 마주해야 하는 현실은 여전히 존재한다. 비록 2000년에 독일의 몇몇 복잡한 무역관련 법률이 폐지되었지만 관련업계에서 자금지원을 받는 불공정경쟁퇴치센터(the Center for Combating Unfair Competition)와 같은 그룹들은 계속해서 현재 상태를 유지하고자 주장하고 있다. 관련된 독일법이 폐지되기 이전에 이 센터는 연간 1,000건의 소송을 접수하였는데, 이 중에는 커피 10잔을 구입한 고객들에게 1잔의 무료커피 쿠폰이나 제과를 제공한 식료품점을 추방하자는 내용도 포함되어 있다.

유럽연합이 완전하게 통합된 통일된 상법이라는 목표를 달성하지 못하고 있지만 유럽사법재판소(European Court)는 글로벌 경쟁을 저해하는 개별 국가의 법률들을 지속적으로 폐지하고 있다. 최근 유럽사법재판소는 프랑스 화장품 제조기업이 우편을 통하여 독일에서 판매가 가능하며 원래의 가격에서 할인된 가격으로 제품들을 광고할 수 있다고 판결하였는데, 이는 관련 독일법과 직접적으로 상충되는 것이다. 단일유럽시장법안(Single European Market Act)이 시행됨에 따라 수십 년 동안 존재해왔던 많은 법적 · 통상적 차이점들이 사라지고 있다. 매우 놀라운 것은 식품, 소프트웨어, 자동차 그리고 기타 제품들을 위해 유럽연합이 만든 기준이 미국 제품기준에도 영향을 미치고 있다는 점이다. 유럽연합 이전에 유럽 각국들이 가지고 있었던 매우 다양한 소비자보호 기준을 조정하여 미국기준보다 더 엄격한 규정이 만들어졌다. 그 결과 많은 미국제품들은 유럽기준에 부합되게 재설계되어야 했다. 예를 들어 캐리어(Carrier)에어컨은 유럽의 재활용법에 부합되도록 재설계되었다. 마이크로소프트는 소프트웨어 개발사들과의 계약을 수정했다. 인터넷 서비스 공급업자들은 소비자들에게 보다 다양한 기술적 선택범위를 제공해야 했다. 그리고 맥도날드는 해피밀에 포함된 플라스틱 완구를 없앴으며 전 세계 매장에서 모든 유전자 조작 감자들을 퇴출시켰다. 이 모든 변화는 유럽연합의 기준과 미국의 기준을 조정해야 하는 필요성 때문에 생긴 것이다.

[52] "EU Sets Cap on TV Ads and Product Placement," *International Herald Tribune*, November 14, 2006, p. 16.

그린마케팅 법규

다국적기업들은 환경을 주제로 하는 다양한 법률들이 제정되는 상황에 처해 있다. 환경에 대한 전 세계적인 관심은 산업공해, 유해폐기물 그리고 만연한 삼림벌채 문제를 넘어 소비재와 직접 관련이 되는 사항도 포함될 정도로 확대되고 있다. 그린마케팅 관련법들은 환경 친화적 제품과 제품포장, 제품포장의 고형 폐기물 관리에 대한 영향에 초점을 두고 있다.

독일은 포장재 관리와 재활용을 규제하는 가장 엄격한 그린마케팅 법안들을 통과시켰다. 제품포장에 관한 새로운 3단계 법률이 도입되었다. 첫 번째 단계는 대형 나무상자, 드럼, 팔레트 그리고 스티로폼 등 모든 운송용 포장재는 사용된 후에 그 생산자와 유통업자가 재활용을 위해 다시 수거하도록 하고 있다. 두 번째 단계는 생산업자, 유통업자 그리고 소매업자들이 반납되는 모든 2차 포장재들을 수거해야 하며, 이에는 골판지 상자, 투명 포장용기, 도난방지용 포장, 자판기용 용기 그리고 판매촉진 목적의 포장들이 포함된다. 세 번째 단계는 생산업자, 유통업자 그리고 소매업자들은 반납되는 모든 판매 포장재들을 수거해야 하며 여기에는 깡통, 플라스틱 유제품 용기, 호일 포장, 스티로폼 포장 그리고 시리얼 상자와 같은 종이팩 등이 포함된다. 소매업자들에게 판매포장의 수거를 의무화하는 것은 자발적 그린닷컴 프로그램(green dot com program, 캐나다를 비롯하여 유럽 33개국이 참여하는 패키지 포장 재생 프로그램)이 자리 잡을 때까지 연기되었다. 그린닷컴 프로그램에서는 쓰고 남은 포장재들을 소비자의 집이나 지정된 지역의 수거장소에서 정기적으로 수거하는 제조업체들을 직접 확인할 수 있다.

재활용품 재생은 상품포장을 넘어 자동차 산업으로까지 확대되었다. 2006년 이후 유럽연합에 소재한 제조기업들은 자신들이 생산한 더 이상의 잔존가치가 없는 자동차를 회수하고 이에 따르는 적절한 폐기처분 비용을 지불해야 한다. 유사한 방식으로 자동차 고철의 85%는 미래에 사용될 수 있도록 재생되어야 한다.

또한, 많은 유럽국가는 환경보호의 일정기준을 충족하는 좀 더 환경 친화적인 제품을 구별하기 위한 제도도 고안하였다. 이 기준들을 충족하는 제품들에는 "에코라벨"이 부여되며, 제조업체는 소비자들에게 자사의 제품이 환경 친화적 제품이라는 것을 알릴 수 있도록 에코라벨을 제품포장에 붙일 수 있다. 유럽연합은 모든 신규지침의 공표, 환경마크제도 그리고 기타 환경 법안들을 조율하는데 더욱 더 적극적이다. 환경마크제도와 유럽연합 상품포장법은 13장 소비재 부분에서 더 자세하게 논의될 것이다.[53]

[53] For information on the EU's environmental directives, as well as other information about the European Union, visit http://www.europa.eu.int. This address will take you to the home page, where you can search for topics and visit various information sources about the European Union.

외국의 독점금지법

독점금지법은 미국을 제외하고 20세기 대부분의 기간 동안 거의 모든 국가에서 그 존재가 아예 없었거나 있어도 시행되지 않았다. 그러나 유럽연합[54], 일본 그리고 다른 여러 나라들이 미국을 모방하여 자신들의 독점금지법을 시행하기 시작하였다. 반독점, 가격차별, 공급제한, 끼워팔기 등은 유럽재판소가 중형을 내리는 사안들이다. 예를 들어 피앤지(Procter & Gamble)는 독일의 위생용품 제조업체인 쉬겐단쯔(VP-Schickedanz AG)의 인수를 승인받기 위하여 생리대 브랜드인 카밀리아를 생산하는 독일 내 사업부 중 하나를 매각하기로 합의하였다. 이는 피앤지가 쉬겐단쯔를 인수할 경우 기존에 보유하고 있던 카밀리아 브랜드와 함께 독일 여성 위생용품 시장의 60%와 스페인 시장의 81%를 통제할 수 있다는 것에 대한 우려 때문이었다. 좀 더 최근에 유럽연합은 유럽지역의 마케팅 활동에서 자신의 독점적 지위를 남용한 인텔에게 14억5천만 달러의 벌금을 부과하였다. 또한, 인텔은 관련법 규정에 따라 자신의 마케팅 전략과 운영활동을 수정하였다.[55]

미국정부는 외국기업이 미국회사를 인수하려고 하면 적극적으로 개입하고 있다. 드라이어스 그랜드 아이스크림(Dreyer's Grand Ice Cream)을 28억 달러에 인수하려는 네슬레의 제안은 미국에서 고급 아이스크림의 경쟁을 약화시키고 가격을 상승시킨다는 것을 이유로 반대함에 따라 난관에 봉착했다. 기업들은 때때로 하나 이상의 국가에서 독점금지법으로 기소를 당한다. 마이크로소프트는 미국에서 제기된 반독점 고발에서 일부 승소하였지만 유럽연합에서는 윈도우 운영체제 때문에 반경쟁 혐의로 고발되었다. 이때 마이크로소프트에 법적제재를 가함으로써 유럽 소프트웨어 기업들에 어떤 경쟁상의 혜택이 있는지를 기초로 한 광범위한 조사가 이루어졌다. 미국기업들은 시어도어 루즈벨트(Theodore Roosevelt)대통령이 반트러스트법(anti-trust law)을 제정한 그날 이후부터 반독점금지법 위반에 시달려 왔지만 지구 저편의 다른 나라에서는 사정이 달랐다. 유럽지역에서는 유럽연합 초기시기에 독점금지법이 입법될 때까지 독점금지법 위반이 존재하지 않았다. 그리고 지금은 중국이 이 게임에 뛰어들기 시작했다. 중국 상무부의 반독점 부서는 자신들의 첫 번째 사건을 심사했고 결국 앤호이저-인베브 합병을 승인했다.

현지국에서 미국 법률의 적용

LO8
해외에서 활동 중인 미국기업들에게 적용될 수 있는 미국 법률들을 이해한다.

모든 정부들은 국내외를 막론하고 자신들의 정치 · 경제적 이해관계에 관심이 있다. 본질이 무엇이든지간에 국가적 이익을 명백히 위협하는 특정행동이나 행위는 정부의 통제대상이 된다.

본국의 정치적 경계를 벗어난다고 해서 본국의 법률로부터 면제를 받는 것은 아

[54] Charles Forelle, "Microsoft Yields in EU Antitrust Battle," *The Wall Street Journal*, October 23, 2007; Charles Forelle, "EU Probes Pharmaceutical Industry on Dwindling New Patents, Drugs," *The Wall Street Journal*, January 16, 2008.

[55] Charles Forrelle and Don Clark, "Intel Fine Jolts Tech Firm," *The Wall Street Journal*, May 14, 2009, pp. A1, A14.

니다. 사업이 수행되는 국가와는 상관없이 모든 미국 국민은 미국의 특정법률에 저촉받게 된다. 미국 본토에서 미국기업들에게 불법인 사항은 해당 기업이나 자회사 그리고 미국 기술이 라이선스되고 있는 관련 해외지역에서도 미국법에 의해 불법으로 간주될 수 있다.

뇌물 수수, 적성국과의 교역, 미국 경제에 부정적으로 영향을 미치는 사업합작, 아랍 보이콧(Arab boycott, 이스라엘 및 이스라엘에 지점을 둔 외국회사와의 무역 및 커뮤니케이션에 대한 불매동맹)과 같은 허가되지 않은 보이콧에 참여, 혹은 미국의 이익에 반한다고 인정되는 기타 활동들을 금지시키는 법률은 영업장소를 불문하고 미국기업, 그 자회사 그리고 라이선시(Licensee)들에게 적용된다. 그러므로 항상 외국에 거주하고 있는 미국인들은 현지국의 법률뿐만 아니라 본국의 법도 잘 살펴보아야 한다.

미국 영토 밖에서 일어나는 행위들에 대한 미국 재판관할권에 대한 문제는 "사법권의 객관적 이론(objective theory of jurisdiction)"이라는 오랜 국제법 전통을 적용시켜 법원에서 결정된다. 이 개념은 미국 법원의 사법권 이외의 지역에서 발생된 행위라도 그 행위가 본국 안에서도 영향력을 발생시킨다면 사법권을 가질 수 있다는 것을 의미한다. 유일한 예외로 현지법에 의한 강제이행으로 위반사항이 발생한 경우는 예외로 인정받는다.[56]

해외부정거래방지법

5장의 미국 해외부정거래방지법(FCPA: Foreign Corrupt Practices Act)은 미국기업이 외국의 공무원, 선거 입후보자, 정치 정당들에게 뇌물을 공여하는 것을 불법으로 규정하고 있다. 뇌물을 공여했거나, 뇌물 공여를 인가 또는 인지하고 이에 참여해서 유죄로 드러난 미국기업의 기업 임직원과 그 대리인에 대해서는 많은 벌금이 부과된다. 그러나 급행료부터 직무상 부당취득까지 다양한 뇌물은 비록 불법이라지만 많은 나라에서 일반적인 기업관행이기도 하다.[57]

최초의 미국 해외부정거래방지법은 불명확한 점들이 있었으며 초기 규정에 대한 해석은 매우 협소하였고 혼란스러웠다. 미국의 포괄적통상경쟁력법(the Omnibus Trade and Competitiveness Act, 미국경제의 경쟁력 강화와 불공정 무역국에 대한 보복 조치에 관한 법률)의 연이은 개정으로 가장 문제가 되는 두 가지 쟁점사항이 명확해졌다. 기업임원의 책임이 "불법적인 대금지불을 인지해야 할 이유를 가진 것"에서 "불법 대금지불을 인지하거나 혹은 인가하는 것"으로 변경되었다. 추가적으로 서류 처리, 비자의 날인 그리고 검사 일정 등과 같은 일상적인 정부활동을 수행하는 현지 공무원들을 격려하기 위해 지급된 소액의 금전(급행료 혹은 촉진료)은 해당국가

---

56 "InBev-Anheuser-Busch: China's First Public Merger Decision Under the AML," *Venulex Legal Summaries* Q4 (2008), pp. 1 – 3.

57 For discussions of the FCPA, updates, and other information, visit the FCPA home page at http://www.usdoj.gov/criminal/fraud/fcpa.html.

CROSSING BORDERS 7.2 국제 마케터가 외면하고 싶은 기사

즉시배포 고객관계관리부(CRM)
2005년 5월 20일(금) 전화(202) 514-2008
WWW.USDOJ.GOV 청각장애 전화 (202) 514-1888

DPC(천진)주식회사, 미국 해외부정거래방지법 위반으로 기소

워싱턴 DC의 법무부 형사계 차관보 서리인 존 릭터(John C. Richter)는 당일 로스앤젤리스에 본사를 둔 다이그노스틱 프로덕트 코퍼레이션(Diagnostic Products Corporation)의 중국 자회사인 DPC(천진)를 미국 해외부정거래방지법 위반혐의로 형사 기소하기로 했다고 발표하였다. 혐의내용은 중화인민공화국 국영병원의 의사와 실험실 연구자들에게 불법적인 수수료 명목으로 약 160만 달러에 해당하는 뇌물을 지급한 사실이다. 의료진단 장비를 제조 · 판매하는 이 회사는 혐의내용에 대해 유죄를 인정하여 내부통제 시스템을 신설하고 지속적인 범죄수사와 미국 증권거래위원회 조사에 협조하기로 합의하였다. 독립적인 준법 감시인들이 새로이 선임되어 기업의 준법 프로그램을 감사하고 새로운 내부정책과 절차의 시행을 감독하게 된다. DPC(천진)는 2백만 달러에 해당하는 형사상의 벌금을 지불하기로 합의하였다.

이 뇌물들은 해당 병원들과 사업발굴과 이의 유지에 1991년 후반부터 2002년까지 지급된 것으로 추정된다. 법원에 기록된 진술서와 수사기록에 따르면 DPC(천진)는 중화인민공화국의 특정 병원에 근무하는 실험실 연구원과 의사들에게 해당 병원들이 DPC(천진)의 제품과 서비스를 구매하는 조건으로 현금을 지급하였다. DPC(천진)의 지사장이 승인한 이런 관행은 중화인민공화국 정부당국이 소유한 병원들에 고용된 사람들, 즉 미국 해외부정거래방지법에 정의된 "외국 공무원"에 해당하는 사람들과 연관되어 있다.

대부분의 경우 이 뇌물들은 해당 병원의 특정 부서의 구매결정을 장악하고 있는 사람들에게 DPC(천진) 영업직원들이 현금으로 직접 전달하였다. DPC(천진)는 이 거래를 장부에 "판매비"라고 기록하였다. DPC(천진)의 지사장은 이 판매비가 포함된 DPC(천진)의 재무제표들을 정기적으로 작성하여 본사에 제출하였다. 또한 이 지사장은 다음 분기나 혹은 내년도 DPC(천진)의 판매비에 대한 예산승인을 요청하였는데 여기에는 해당 병원의 공무원들에게 지급할 금액이 포함되어 있었다.

1991년 후반부터 2002년 12월까지 보통 매출비용의 3%에서 10% 사이를 지급한 이 수수료를 다 합치면 대략적으로 총 1,623,326달러이고 매출에서 발생한 이익은 약 200만 달러이다.

DPC(천진)의 모기업인 다이그노스틱 프로덕트 코퍼레이션은 미국 증권거래위원회가 당일 앞서 기소한 미국 해외부정거래방지법 집행절차 대상이다. 미국 증권거래위원회는 다이그노스틱 프로덕트 코퍼레이션에게 미국 해외부정거래방지법을 위반하는 행위를 즉각 멈추고 약 280만 달러의 불법취득 이익을 반납할 것을 명령하였다. 이 금액은 해당 불법을 저지르는 기간 동안 회사가 중국에서 기록한 순이익에다 판결 이전의 이자를 합산한 금액에 해당한다.

에서 관행적인 것이라면 그 자체로는 불법이 아니다.

해외부정거래방지법이 미국기업에 불리한지에 대해서는 논쟁의 여지가 있다. 어떤 사람은 뇌물이 일반화된 국가에서는 미국기업의 국제거래가 불리해질 것이라고 주장하고 있지만 다른 사람들은 부정적인 영향은 미미하며 실제로는 미국기업들이 그런 관행을 거부하기 쉽도록 만들어 준다고 주장하고 있다. 아마 진실은 그 두 주장 중간 어디인가에 있을 것이다. 대부분의 미국기업들은 합법적으로 사업하고 있다는 데 동의하고 있으며, 몇몇 연구에서는 선진국과 개발도상국에 대한 수출이 호조를 보이는 것을 근거로 초기에 우려했던 바와는 다르게 미국 해외부정거래방지법이 다국적기업의 이익에 반하지 않는다는 것을 보여준다.

미국기업들이 아주 부패한 국가들에서도 부정부패에 의존하지 않고 경쟁하며 생존해 나가는 것처럼 보이지만 법위반 사실이 없거나 법위반으로 벌금을 부여받지 않고 있다는 의미는 아니다. 예를 들어 미국의 한 환경 관련 토건회사는 계약을 체결하기 위해 이집트 정부 관리에게 뇌물을 준 것이 발각되었다. 이 회사는 앞으로 미국 해외부정거래방지법을 위반 하지 않을 것을 약속하고 400,000달러의 민사상 벌금을 지불했고, 미국 법무부에 조사비용을 변제하였다. 더욱이 이 기업은 미국 해외부정거래방지법을 준수하기 위한 내부절차를 수립하고 매 5년마다 준수여부에 대한 확인서를 제공하기로 하였다. 최근에 더 많은 벌금을 낸 기업들도 있으며 미국 법무부는 탁월한 교육훈련과정을 갖춘 기업들은 기소하지 않기로 합의하였다.

해외시장에서 적용되는 미국 독점금지법

미국 독점금지법의 시행은 국제상거래에서 두 가지 목적을 가지고 있다. 첫째는 국내 경쟁자뿐만 아니라 외국의 경쟁자에 의해 만들어진 제품과 아이디어로부터 혜택을 받게 함으로써 미국 소비자들을 보호하는 것이다. 외국 생산자와의 경쟁은 제품의 주요 원천이 수입이거나 한 개 기업이 국내 산업을 지배하고 있을 때 중요하다. 이 주제는 많은 합작회사와 관련 있는데 특히 외국 경쟁기업과 합작회사를 설립하고자 하는 미국기업이 미국 시장에서 미국 본사의 경쟁을 제한하는 상황을 만들어낼 경우에 그러하다. 독점금지법의 두 번째 목적은 사적으로 도입된 경쟁 제한으로부터 미국의 수출과 투자기회를 보호하기 위해서이다. 제품, 서비스 혹은 자본을 수출하고 있는 미국에 기반을 둔 모든 기업들은 실력으로 경쟁할 수 있어야 하고 더 큰 규모의 혹은 원칙을 무시하는 경쟁자들에 의해 도입된 제약으로 미국기업들이 경쟁에서 배제되면 안 된다는 것이 주관심사이다.

재판관할권과 미국 독점금지법의 적용방식에 대한 문제들에 대한 질문은 빈번하지만 명확하지 않은 답변들뿐이다. 최종적인 판단근거는 셔먼법(Sherman Act)의 1항과 2항의 해석에 달려 있다. 1항에서 "미국 주 사이의 혹은 외국 국가와의 상거래 혹은 무역을 제한하는 모든 접촉, 담합 혹은 공모는 본 조항에 의거 불법임을 공표한다."라고 명시되어 있다. 2항은 "미국 주 사이의 혹은 외국과의 상거래나 무역의 어떤 부분이라도 독점화하기 위해 다른 개인 혹은 집단과 독점화, 독점화 시도, 담합 혹은 공모하는 것"을 독점금지법 위반이라고 규정한다.

미국 법무부는 미국 독점금지법을 해외 활동에 적용하는 것은 재판관할권과 관련해서 몇 가지 문제가 있다는 것을 인식하고 있다. 또한, 독점금지법의 이행이 반드시 외국 주권의 이해를 침해하지 않아야 한다는 점도 인식하고 있다. 그러나 동시에 미국 독점금지국(Antitrust Division)은 자국 또는 외국에서 미국의 상거래에 예측가능하고 중대한 영향을 주는 해외거래를 통제하는 책임을 지고 있다. 이러한 상거래가 발생하면 미국 법무부의 독점금지국에 의해 미국법률이 적용된다.

불매운동(보이콧) 금지법

불매운동 금지법(Antiboycott Law)에[58] 따르면 미국기업들은 승인받지 않은 외국의 불매운동(보이콧)에 참여하는 것이 금지되어 있다. 나아가 미국기업들은 보이콧

[58] The antiboycott law applies only to those boycotts not sanctioned by the U.S. government. Sanctioned boycotts, such as the boycotts against trade with Cuba and Iran, are initiated by the United States and must be honored by U.S. fi rms.

에 협조하라는 어떤 요구에 대해서도 이를 보고해야 한다. 보이콧 금지법은 이스라엘 기업에 대한 아랍연맹의 보이콧에 대한 대응책이다. 아랍연맹은 이스라엘을 3단계로 보이콧했다. 최초 보이콧은 아랍국가들과 이스라엘의 직접적인 교역을 금지하였고, 두 번째 보이콧은 이스라엘과 사업을 하는 기업들과 아랍동맹이 거래하는 것을 금지시켰으며, 세 번째 보이콧은 이스라엘 기업과 거래하는 기업들과 아랍국가들이 사업하는 것을 금지시킨 것이다.[59]

아랍연맹의 불매운동 지시를 준수하지 않는 기업들은 블랙리스트에 올라가며 해당 기업들은 아랍연맹의 회원국들과의 거래에서 제외된다. 그러므로 미국기업들은 이러지도 저러지도 못하는 상황이다. 미국기업이 이스라엘과 거래를 하면 아랍연맹은 그들과 사업을 하지 않을 것이며 미국기업이 아랍연맹회원국과의 거래를 위해 이스라엘 기업과의 거래를 거부하면 미국법률을 위반하는 형국이 된다.[60] 이스라엘과 거래를 했던 한 병원용품 공급기업은 아랍연맹의 블랙리스트에서 빠져 나오려 이스라엘에 위치한 공장을 폐쇄한 혐의로 기소되었다. 조사가 이루어진 후에 이 회사는 유죄를 인정하고 660만 달러의 벌금을 물었으며, 2년간 시리아와 사우디아라비아에서 영업을 금지 당하였다. 제3국으로 선적된 특정 제품들이 이스라엘이 원산지도 아니고 이스라엘에서 선적된 것도 아니며 이스라엘에서 생산된 어떠한 원료도 포함하지 않았다는 증명서를 단순하게 발행만 한 화물운송 주선인도 적은 액수이기는 하지만 12,000달러의 벌금형에 처해졌다.

미국 법률의 치외법권

미국 법률의 치외법권에 관한 주제는 미국 다국적기업들에 특히 중요한데 그 이유는 확장된 미국 사법권을 다른 나라의 국가수반들은 골치거리로 생각하기 때문이다. 외국정부는 미국정부 정책이 미국 다국적기업들을 통해 자신들의 경제에 영향을 주는 것을 두려워하고 있다.[61]

특히 문제가 되는 경우는 미국법률이 현지국의 경제적 혹은 정치적 목표들과 충돌하는 경우이다. 현지국 정부가 합작기업에게 자신들의 국가에서 사업하기를 요구하고 미국 법무부는 미국의 반경쟁적인 효과 때문에 그러한 합작투자를 금지하거나 제한하는 경우에 갈등이 발생한다. 현지국은 이러한 영향력의 행사를 미국에 의한 간섭의 증거라고 간주한다. 미국 다국적기업이 대적성국 통상법(US Trading with the

---

59 For those non-U.S. companies trading with the Arab League and complying with the boycott, each was required to include a statement on shipping invoices. On an invoice for 10 busses to be shipped from Brazil to Kuwait, the following statement appeared: "We certify that we are the producer and supplier of the shipped goods; we are neither blacklisted by the Arab Boycott of Israel nor are we the head offi ce branch or subsidiary of a boycotted company. No Israeli capital is invested in this fi rm, no company capital or capital of its owners is invested in any Israeli company; our products are not of Israeli origin and do not contain Israeli raw material or labor."

60 For a list of current cases against fi rms violating antiboycott law, visit http://www.bxa.doc.gov and select Antiboycott Compliance, then Antiboycott Case Histories.

61 Anthony Ferner, Phil Almond, and Trevor Colling, "Institutional Theory and the Cross-National Transfer of Employment Policy: The Case of 'Workforce Diversity' in U.S. Multinationals," *Journal of International Business Studies* 36, no. 3 (2005), pp. 304–21.

Enemy Act)위반을 이유로 판매를 금지시키는 경우 현지국 정부는 미국 외교정책의 치외법권적 적용에 대해 적대적으로 반응한다. 이번 장의 글로벌 관점에서 다루어진 월마트 캐나다의 사례는 미국법의 치외법권과 이것이 주요 다국적기업뿐만 아니라 우호적 인접국가에 어떤 영향을 주는지를 잘 설명해준다.

흥미로운 진전이 있었는데 다국적기업은 외국정부의 인권남용에 책임을 지게 되었다. 한 미국 다국적기업이 억압정권과 거래한 혐의로 미국 법원에 고발되었다. 유노콜(Unocol Corporation)은 유노콜을 위한 송유관 건설을 돕기 위해 농부들을 총으로 위협하여 강제 이주시킨 미얀마(과거 버마)군사정권과 함께 사업을 한 혐의로 피소되었다. 유노콜은 물론 혐의를 부정하였다. 이 소송사건은 "외국인 불법피해자를 위한 배상청구법(Alien Tort Claims Act)"에 근간을 두고 있는데, 이 법은 영국에서 갓 독립한 미국이 유럽의 해적 혹은 암살자들을 숨겨주지 않겠다며 유럽을 안심시키려는 의도로 제정된 것이다. 이 법은 외국인이 국제법(the law of nations) 위반에 대해 미국법원에서 소송을 제기하는 것을 허락하고 있다. 아이비엠(IBM), 시티은행(Citibank) 그리고 코카콜라(Coca Cola)와 같은 기업들은 폭압적인 외국정부의 잘못으로 인하여 자신들이 막대한 손해배상금을 지불하여 큰 타격을 입을 수도 있을 것이라고 우려하고 있다. 노무 관련 변호사들은 다국적기업들이 제3세계에서 더 많은 소송에 직면하게 될 것이라고 경고하고 있다.

특정 해외활동의 의도가 무역을 제한하는 것이었다면 미국법을 적용하는 것에 조그마한 의문도 가질 수 없을 것이다. 그러나 그 의도가 합리적인 기업거래를 포함하고 있다면 의문이 있을 수 있다. 미국정부가 미국기업들로 하여금 다국적기업이 되라고 권장한다면 미국정부는 미국법과 현지국가 정부의 법이 충돌이 생겼을 때 이러한 차이점들을 해결하는 조항을 만들 필요가 있다.

수출제한

LO9
국가 간 상품이동에 필요한 절차들을 학습한다.

미국은 수출거래에 대해 공식적 혹은 특별한 승인을 요구하고 있지 않지만 특정 상품과 특정 도착지에 대해서는 수출허가 혹은 승인을 요구한다. 미국으로부터의 상품이나 기술관련 자료의 수출, 외국 도착항으로부터 다른 외국 도착항으로 재수출되는 미국 원산지의 제품과 기술관련 자료, 외국에서 수출용으로 제품을 만들기 위하여 사용되는 미국산 부품과 부속 그리고 어떤 경우에는 미국산 기술 관련 자료로 만들어진 외국 제품, 수출을 위한 특별허가나 승인이 필요한 품목들은 미국 상무부 산하 산업안보국(BIS, the Bureau of Industry and Security)이[62] 수출승인을 통제하고 있다.

미국으로부터의 수출량과 수출기업의 수는 지난 수십 년 동안 괄목할 만한 성장을 보여왔다. 수출과 관련된 많은 문제점들과 혼란을 완화하고 수출절차를 간소화하기 위하여 미국 상무부는 **수출관리규정**(*EAR: Export Administration Regulation*)이

[62] Formerly known as the Bureau of Export Administration (BXA).

라고 알려진 보완된 수출규정을 발표하였다. 이는 특별수출승인통제 항목들 중 많은 항목들을 삭제하고 특별 항목들(대부분 국가안보, 핵확산 금지, 테러리즘 혹은 생화학 무기와 연관되어 있는 항목들)에 승인을 집중시킴으로써 수출승인과정의 속도를 높이기 위함이다. 이러한 변화들과 함께 수출업자의 책임도 크게 증가하였는데, 현재 수출업자는 자신이 수출관리규정을 준수하였음을 스스로 보증해야 한다.

수출관리규정은 국가안보, 외교정책 그리고 핵확산금지에서 미국의 이해에 기여하려는 의도로 만들어졌으며 어떤 경우에는 미국의 국제적 의무수행에 기여하기도 한다.[63]

또한, 수출관리규정은 북미산 향나무와 같이 공급부족인 상품들을 통제하지 않고 수출함으로써 발생할 수 있는 부정적인 영향으로부터 미국을 보호하기 위한 일단의 수출통제제도들도 포함하고 있다. 도착지에 대한 승인이 불필요한 항목들은 "NLR(no license required)"이라는 표기를 수출신고서(Shipper's Export Declaration)에 표시하고 선적할 수 있다. 첨단 기술제품들에 대한 특별한 제한들은 최근에 완화되었으며 이런 현상이 새로운 흐름의 서곡이 되기를 기대한다.[64]

국가보안법

미국기술을 라이선싱하는 미국기업들과 그들의 외국소재 자회사들 혹은 외국기업들은 미국의 안보에 영향을 미친다고 미국정부가 판단하는 국가들에게는 제품을 판매할 수 없다. 더욱이 그 책임은 제품 이동과 관련된 중개인의 수와는 상관없이 제품의 최종 도착지까지 확대된다.

지난 세기 미국안보에 중요한 위협으로 여겨지던 구 소련연방, 중국 그리고 기타 공산주의 국가들에게 미국의 민감한 기술이 확산되는 것을 방지하기 위하여 방대한 수출통제제도들이 만들어졌다. 전략적 가치와 군사적 가치를 보유하고 있다고 여겨지는 상품들의 수출통제는 매우 엄격했다. 그러나 냉전이 종식됨에 따라 수출통제는 1999년 무렵까지 체계적으로 완화되었다. 이후 1999년에 미국 의회위원회는 중국간첩들에게 무책임하게 민감한 기술을 이전하려던 미국 항공기업들에 대한 보고서를 발표하였고, 보고서 발표 이후 방위산업에 적용이 가능한 제품이나 기술의 수출을 제안하는 법률들이 다시 통과되었다.

2001년 9월11일에 발생한 세계무역센터 테러 사건은 대량살상무기(WMD: weapons of mass destruction)와 관련된 다른 제한들을 추가시켰다. 하지만 불행하게도 대량살상무기에 사용되는 많은 제품들은 이중목적으로 사용가능하기에 통제하기가 어렵다. 즉, 대량살상무기의 제조에도 사용되지만 합법적인 사용처도 가지고

[63] For a primer on Commerce Department export controls, see "Introduction to Commerce Department Export Controls," http://www.bis.doc.gov, and select Export Control basics

[64] James Auger, "United States to Ease Technology-Export Restrictions," *Global Insight Daily Analysis*, January 23, 2008. We note that other countries also restrict exports for a variety of reasons. For example, see "Russian Government Mulls Additional Grain Export Restrictions," *Russia and CIS General Newswire, Interfax*, November 15, 2007.

있기 때문이다. 예를 들어 국제연합(UN)의 금수조치에도 불구하고 의료용기기의 수출이 허용된 이라크에서는 의료혜택을 핑계로 담석제거용 기계 6대를 구입하였다. 제조업체는 사담 후세인이 이라크 국민들의 담석관련 질병에 우려하고 있다는 주장을 받아들여 의료기계들을 선적하기 시작하였다. 그러나 이 의료기계들의 필수부품들은 원자핵융합 무기들의 연쇄반응을 일으키는데 사용이 가능한 고정밀 전기스위치들이다. 120개의 스위치들에 대해 "여분의 부품"이라는 명목으로 주문이 들어오자 이에 대한 위험이 발각되었고 선적은 중지되었다.

셀 수 없이 많은 이중목적을 가진 기술들이 미국으로부터 수출되었다. 이중목적을 가진 수출을 판단하기 어려운 것은 구매자의 의도를 판단하기 어렵기 때문이다. 실리콘 그래픽스(Silicon Graphics)는 비군사용으로 합법적 사용의도를 가졌다는 러시아 핵연구소에 컴퓨터 관련장비를 팔았다. 그러나 법무부는 이 판매가 민간과 비민간 활동 모두가 관계되어 있는 국영시설에 대해 이루어진 것이므로 실리콘 그래픽스는 정확한 수출승인을 신청했어야 했다고 판정을 내렸다. 따라서 실리콘 그래픽스는 1백만 달러의 벌금과 각각의 수출 위반에 대해 50만 달러의 벌금을 각각 지불하였다. 국가보안법은 미국 기업, 그 자회사, 합작회사 혹은 라이선시들이 미국정부로부터의 특별승인 없이 통제품목들을 판매하는 행위를 금지하고 있다. 대적성국 통상법을 위반한 결과는 매우 심각할 수 있다. 벌금형, 징역형 그리고 외국기업의 경우에는 경제 제재 등이 있을 수 있다.

수출이 통제되는 이유로는 인권의 보호와 증진을 위해, 외교정책을 강제하는 수단으로서, 국가적 부족 현상, 기술을 통제하기 위해[65] 그리고 정부가 자국의 이익을 보호하는데 필요하다고 생각되는 기타 많은 이유가 있다. 지난 몇 년간 미국정부는 남아프리카와의 교역을 제한(인권)하였고 소련의 아프간 침공을 이유로 소련연방에게 밀의 판매를 제한(외교정책)하였다. 최근에 미국정부는 이란과의 교역을 제한(외교정책)하고 첨단 전기기술의 판매를 제한(기술통제)하였으며, 미국에서 사용허가가 나지 않은 살충제의 수출을 금지하였다(수입식품에 남아 있는 승인되지 않은 살충제 잔유물이 돌아오는 것을 피하고 소위 독극물의 순환[circle of poison]으로부터 미국 소비자들을 보호하기 위한 목적).

이 경우들 모두, 기업이 어디에서 운영되는가는 상관없이 미국법률은 미국기업들을 규제한다.

수출규정의 파악

수출승인 규정을 준수하는 첫 번째 단계는 제품에 대한 적정한 승인사항을 파악하는 것이다. 미국으로부터 수출되는 제품들은 제품, 도착지, 최종용도 그리고 최종사용자에 따라 일반 수출승인이나 인증 수출승인을 필요로 한다. 일반승인은 수출관리

[65] Deborah Zabarenko, "U.S. Policy Curbs Global Space Cooperation," *Reuters* , June 23, 2005; "U.S. in Talks with Boeing over Sensor Sales to China," *Reuters*, July 7, 2005; "Space Station, No Plan B for Outer Space," *The Economist*, March 12, 2005, pp. 75–76.

CROSSING BORDERS 7.3 정치와 안보가 혼재된 결과

THE COX REPORT

THE UNANIMOUS *and* BIPARTISAN REPORT *of the* HOUSE SELECT COMMITTEE ON U.S. NATIONAL SECURITY *and*

1999년 콕스보고서(the Cox Report)가 발간되었는데, 여기에는 미국에 대한 중국의 군사적 공격가능성에 대한 충격적인 주장이 담겨있다. 보고서 마지막 페이지의 장황한 문구들은 이 보고서가 주장하고자 하는 요지를 잘 보여주고 있다.

중국의 목표: 미국

"만장일치의 초당적 콕스보고서는 미국의회에서 나온 역사상 가장 충격적인 문서들 중의 하나이다–중화인민공화국이 파괴, 첨단기술 절취 그리고 핵무기 도전의 대상으로 미국을 어떻게 겨냥해왔는가를 충격적으로 설명하고 있다. 공산국가인 중국이 미국의 최고 군사적 경쟁자로서 구 소련연방을 어떻게 대체해왔는지 그리고 미국 도시들의 목표로 핵미사일을 설정하는 수단들을 어떻게 획득했는지를.........."

그 당시 이 보고서는 본질적으로 정략적이고 피상적이라는 이유로 광범위한 비판을 받았다. 더욱이 9.11 사태는 이 주장들을 기껏해야 한물간 것으로 만들었다. 그러나 중국에 대한 정치적 공격과 첨단기술제품 및 전문기술에 대해 복합적으로 개편된 판매규제는 세계에서 가장 빠르게 성장하는 시장에서 미국의 매출을 장기적으로 위축시키는 효과를 가져왔다. 1999년 중국의 상품수출시장에 대한 미국 점유율은 10%에서 8%로 하락했고 경쟁력 감소는 계속해서 일어나고 있다.

U.S. Share of Chinese Merchandise Imports

12.0, 10.0, 8.0, 6.0, 4.0, 2.0, 0.0

1985, 1987, 1989, 1991, 1993, 1995, 1997, 1999, 2001, 2003, 2005

출처: *The Cox Report* (Washington, DC: Regency, 1999); N. Mark Lam and John L. Graham, *China Now, Doing Business in the World's Most Dynamic Market* (New York: McGraw-Hill, 2007).

규정에 따른 통제대상이 되지 않는 특정 품목들의 수출을 승인하는데 이용되며, 단순한 제품종류, 가격 그리고 목적지만 신고하면 된다. 공식적인 신청에 의해 발행되는 인증 수출승인은 수출관리규정에서 명시된 구체적인 제한범위 내에서 수출을 허가하는 구체적인 서류이다.

수출승인이 필요한지를 판단하는 의무는 수출업체에게 있다. 이것이 핵심이며 요구되는 수출승인의 유형과 해당 항목이 선적될 수 있는가를 판단할 때 필요한 절차는 다음과 같다:

- 수출업자는 물품 수출시 수출통제분류번호(ECCN, the Export Control Classification Number)라고 알려져 있는 분류번호를 정확하게 선택해야 하는 책임이 있다. 수출통제분류번호(ECCN)는 해당 항목의 수출 가능상태를 알려주는 상무부 통제목록(CCL, the Commerce Control List)의 설명으로 이어진다.
- 수출업자는 해당 항목이 화생방 무기에 사용되는 것과 같이 최종 사용 제한이 있으면 상무부 통제목록(CCL)에서 선택을 해야 한다. 수출업자는 또한 해당 제품이 이중목적이 있는지, 즉 해당제품이 상업적으로 혹은 다른 제한된 용도로도 사용가능한지를 판단해야 한다.
- 수출업자는 최초 구매자가 누구였는지 상관없이 제품의 최종 사용자와 최종 사용처를 판단해야 한다. 이 단계는 해당 제품의 최종 목적지가 승인되지 않은 사용자나 사용처인지를 판단하기 위해 제품의 최종 사용자와 사용처를 주의 깊게 조사하는 것을 포함한다. 미국법률은 기업들에 소비자들이 구매 제품을 불법적인 목적으로 사용하거나 승인되지 않은 최종 사용자에게 재판매하는 것을 인지하게 된다면 수송중단을 요구한다.

수출업자가 접하게 되는 운영원리와 같은 자세한 수출활동은 뒷부분에 설명하고 있다. 적절한 수출통제분류번호(ECCN)를 설정하고 최종 사용처와 최종 사용자의 의도를 평가하기 위해 수행되는 절차들을 확인하는 것도 중요하지만 수출업자가 미

중국 공군장교들이 북경 훈련소에 위치한 최신 지휘센터 장비들을 이용하여 훈련을 수행하고 있다. 중국은 대만총통이 타이페이와 북경의 관계를 "특수한 국가 대 국가의 관계"로 보아야 한다고 선언한 이후, 중국과 대만간의 긴장이 높아진 상황에서 새로운 형태의 장거리 지대지 미사일 시험발사를 성공시켰다. 가장 최근에 중국과 미국은 두 나라 모두 "궤도를 벗어난 자신들의 위성들"을 미사일로 요격하고 있다.[66] 장거리 미사일에 사용되는 대부분의 전자기술들은 이중목적을 가지고 있다. 즉 이 기술들은 군사적으로도 상업적으로도 응용이 가능하다. 제한된 이중목적을 보유한 제품들의 최종 사용자가 수출제한규정들을 준수하고 있는지를 보장해야 하는 것은 수출업자의 의무사항이다.

[66] "China Confirms Anti-Satellite Test to US, Says Not a Threat," *AFX UK Focus*, January 22, 2007; Yochi J. Dreazen, "U.S. Missile Hits Satellite–Military Strike Raised Hackles in China; Test Charges Denied," *The Wall Street Journal*, February 22, 2008, p. A9.

국 상무부 산하 산업안보국과 의견이 일치하지 않을 경우를 대비하여 기록을 잘 관리하는 것이 매우 중요하다. 처벌은 수출특혜의 거부, 벌금 혹은 둘 다를 포함할 수 있다. 예를 들어 매사추세츠 피츠필드(Pittsfield)의 한 거주자에게 5년간의 수출특혜 거부명령이 내려졌는데 필요한 수출승인을 받지 않은 채 루마니아에 150개의 시위 진압용 방패를 불법적으로 수출한 혐의가 인정되었기 때문이다. 선적 당시에 시위 진압용 방패는 외교 · 정책적 이유로 전 세계적인 통제가 이루어지고 있었다.

수출승인신청정보망, 수출승인신청조회시스템, 품목분류를 위한 전자요청 및 약식네트워크 신청절차

수출승인을 획득하는 절차를 처음 읽으면 따분한 면도 있지만 네 가지 전자서비스들이 서류작업을 올바르게 해주고 수출승인을 획득하는데 걸리는 시간을 줄여준다.

- **수출승인신청정보망**(ELAIN, Export License Aplication and Information Network)은 허가받은 수출업자가 인터넷을 통해 슈퍼컴퓨터를 제외하고 모든 자유세계 진영의 국가들로 향하는 상품들에 대한 수출승인신청서를 제출할 수 있게 해준다.
- **수출승인신청조회시스템**(STELA, System for Tracking Export License Applications)은 신청서를 조회할 수 있는 자동 음성인식 시스템으로서 전자식 전화기로 접근이 가능하다. 이 시스템은 신청자들에게 그들의 수출승인과 분류번호 신청 상태를 알려주고 1년 365일 24시간 동안 이용가능하다. 수출승인신청조회시스템은 수출자에게 무조건부 승인을 득한 제품들을 선적할 수 있는 권한을 부여한다.
- **품목분류를 위한 전자요청**(ERIC, Electronic Request for Item Classification)는 수출승인신청정보망(ELAIN)의 보조적 서비스로서 수출자가 인터넷을 통해 미 상무부 수출관리국에게 상품분류요청서를 제출할 수 있게 해준다.
- **약식네트워크 신청절차**(SNAP, Siplified Network Application Process)는 서면승인절차를 대체하는 것으로서 수출업자가 수출신청서와 재수출신청서, 고성능 컴퓨터 통지서 그리고 상품분류요청서를 인터넷으로 제출할 수 있게 해준다. 제출확인이 당일 이루어지며 수출승인과 기타 확인서들의 전자복사본을 온라인에서 얻을 수 있다. 약식네트워크 신청절차(SNAP)은 미 상무부가 서류기반에서 디지털 기반으로 부서를 변화시키는 과정에서 만들어진 산물이다.

요약 Summary

기업들은 성공적인 마케팅 프로그램을 발전시키는 과정에서 많은 문제에 봉착한다. 전 세계 다양한 사법제도와 그것들이 기업거래에 미치는 영향들은 쉬운 문제가 아니다. 정치풍토와 마찬가지로 문화적 차이, 지역적 위치, 상이한 사업문화 그리고 경제발전 단계를 고려해야 하고 분쟁 시 법적 대응책, 지적재산권의 보호, 미국법률 이행의 확장성 그리고 미국과 기타 국가들의 독점금지법안의 시행과 같은 문제도 고려해야 한다. 중요한 마케팅 임무는 이런 저런 환경적 요인들로 인해 상황을 호전시킬 수 있거나 최소한 부정적인 영향은 받지 않을 수 있는 마케팅 계획을 수립해야 한다는 것이다. 국제법상에서 아직까지 새로운 부분은 인터넷으로 성격상 새로운 법적 문제들을 만들어내고 있으며, 이들 대부분은 아직까지 적절하게 다루어지지는 않고 있다. 하나는 확실한데 인터넷에서 현재 존재하는 자유는 오래지 않아 희미한 기억이 될 것이라는 점이다. 서로 다른 법률과 사법제도에 의해 발생되는 다양하고 많은 문제들은 해외 마케팅 활동의 모든 단계에 걸쳐 복잡한 국제 법적환경에 정통한 변호사를 고용하는 것이 가장 현명한 방법이라는 점을 보여주고 있다.

주요용어 Key Terms

영미법(Common law)
대륙법(Code law)
이슬람법(Islamic law)
마르크스-사회주의 원리(Marxist – socialist tenets)
조정(Conciliation)
중재(Arbitration)
우선사용(Prior use)
소송(Litigation)
등록(Registration)
사이버 스쿼터(Cybersquatters, CSQs)

질문 Questions

1. 위에서 제시한 주요용어들을 정의하라.
2. 국제 마케터는 법적분쟁이 발생하였을 때 어떤 사법제도에 관할권이 있는지를 어떻게 판단하는가?
3. 국제상법의 상태를 설명하시오.
4. 계약서상의 재판관할 조항의 한계점들에 대해 설명하시오.
5. "사법권의 객관적 이론(objective theory of jurisdiction)"이란 무엇인가? 외국에서 사업을 하는 기업들에게 어떻게 적용되는가?
6. 국제상거래에 따른 법적분쟁들은 소송보다 법정 밖에서 타협하는 것이 왜 더 좋은지에 대한 이유들을 토론하시오.
7. 국제상거래 분쟁에 대한 정식 중재재판소의 판결 이후에 일반적으로 따라야 하는 절차를 설명하시오.
8. 지적재산권은 무엇인가? 국제마케팅을 수행하는 기업이 왜 지적재산권을 보호하기 위한 특별한 절차를 밟아야 하는가?
9. 많은 대륙법 국가에서 우선사용보다는 등록이 지적재산권의 소유권을 성립시킨다. 이에 대해 논평하시오.
10. 상표, 특허 그리고 저작권에 대한 다양한 국제협정들이 존재함으로써 국제 마케터에게 유리한 점은 무엇인가?
11. "국제 마케터가 가지는 법적 환경은 추가적으로 중요한 측면을 가지게 된다. 왜냐하면 외국과의 사업거래를 다루는 하나의 통일된 국제상법이 없기 때문이다." 이에 대해 논평하시오.
12. 상업적 분쟁을 해결할 때 중재보다 조정이 나은 이유는 무엇인가?
13. 조정과 중재를 구분하시오.
14. 당신이 유명한 자동차 부품회사의 기업 간 전자상거래 부서(B2B)를 총괄하는 부사장이라고 가정하자. 사이버 스쿼터가 이미 당신 회사이름으로 도메인을 등록하였다. 기업 도메인을 확보하기 위해 당신은 어떤 선택이 가능한가? 당신이 도메인 이름을 세계적으로 보호하기 위해 취해야 할 절차들을 토론하시오.
15. 자신의 웹사이트에 올린 정보에 책임을 져야 하는 사이트 소유자와 관련한 주제를 논의하시오.
16. 사이버 스쿼터는 어떤 동기를 가지고 있는지 토의하시오. 사이버 스쿼터에 대항하려면 기업은 어떤 의지를 가져야 하는가?

제3편

글로벌 시장에서의 기회 평가

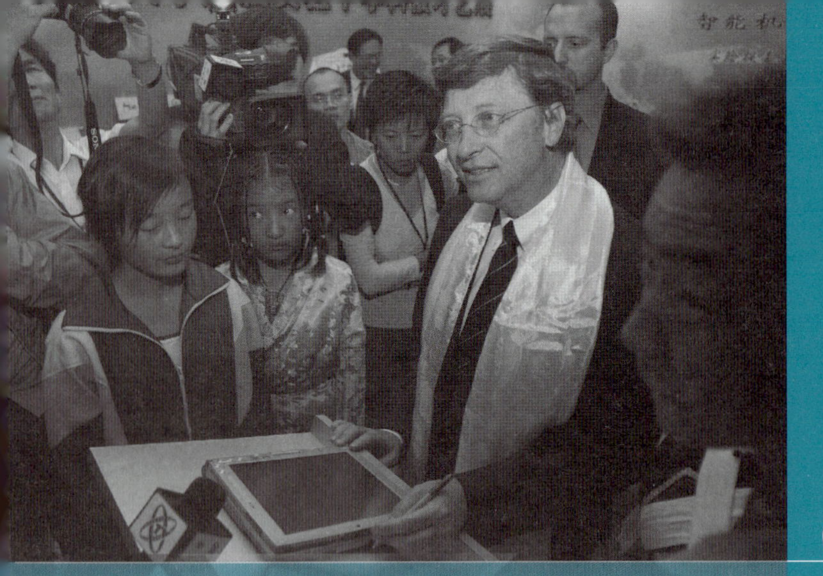

CHAPTER 8

마케팅 조사를 통한 글로벌 비전의 개발

개요 CHAPTER OUTLINE

주요 학습과제 CHAPTER LEARNING OBJECTIVES

- LO1 해외 조사에서 문제 정의에 대한 중요성을 인식한다.
- LO2 2차 자료의 이용가능성과 이용에 따른 문제를 이해한다.
- LO3 2차 자료원에 대해 학습한다.
- LO4 정량적 및 정성적 조사 방법을 학습한다.
- LO5 문화차이를 고려한 표본추출과 저개발 국가에서의 표본추출 문제를 이해한다.
- LO6 수집된 정보를 어떻게 분석하고 이용할 것인가의 문제를 학습한다.

글로벌 관점 Global Perspective

일본 – 세계시장의 시험시장

오후 10시 51분 일본 동경, 약 2분여에 걸친 짧은 시간 동안에 휴대폰을 이용한 구글(Google) 사이트 검색이 폭주하였다. "우리는 매우 놀랐습니다. 스팸인가? 아니면 시스템 에러인가?" 일본 구글 모바일(Google Mobile)의 최고경영자 켄 토쿠세이(Ken Tokusei)의 말이다. 일본의 종합통신 서비스기업인 케이디디아이(KDDI)에 긴급 문의한 결과 스팸도 시스템 에러도 아닌 것으로 나타났다. 사실은 수백만의 휴대폰 이용자들이 유명 TV쇼인 "결혼도 못한 남자(The Man Who Couldn't Marry)"의 주제가를 무료로 다운로드하여 자신의 휴대폰 수신음으로 사용하기 위해 구글 사이트에 접속한 것이었다. 이들의 구글 사이트 접속의 주요목적은 전화 벨소리를 다운로드 받을 수 있는 웹 주소를 검색하기 위한 것이었다.

이와 같은 접속량의 순간적인 폭주는 토쿠세이와 그의 직원들에게 대단히 충격적인 일이었다. 이들은 휴대폰을 이용한 인터넷 검색에서 이용자들의 위치 장소가 어디인지를 파악하는 것이 매우 중요하다고 인식하고 있다. 공식적인 통계를 보면 일본 사용자들은 주로 자신이 현재 위치하고 있는 도시지역의 위치조회나 기차탑승을 위한 열차시간표 조회 또는 가장 가까운 야키토리(yakitori) 식당의 주소들을 검색하는데 많은 관심을 가지고 있는 것으로 나타나고 있다. 케이디디아이(KDDI)의 자료는 많은 일본인들이 자신의 집 소파에 편안하게 앉아 구글의 모바일 검색을 이용할 뿐만 아니라 긴자 거리 모퉁이에서도 검색을 한다는 것을 보여준다.

일본의 휴대폰 사용자 집단은 거대 인터넷 기업들에 많은 것을 시사하고 있다. 이동통신 검색기술을 개선하기 위해 노력하는 구글에게 일본은 거대한 시험장소가 되고 있는데, 일본의 1억 명에 육박하는 휴대폰 사용자들은 지구상에 존재하는 휴대폰 사용자 집단 중 가장 다양하며 동시에 가장 독특한 집단이기 때문이다. 구글이 다른 나라에서도 다양한 실험을 진행할 수 있겠지만, 일본인들은 개인용 컴퓨터처럼 첨단기술 기반의 휴대폰으로 인터넷을 즐겨 사용하기 때문에 고정망 광대역 통신(fixed-line broadband)과 통신 속도를 비교해 볼 수 있어 매우 중요하게 취급되고 있다. 또한 일본인 사용자들은 이상과 같은 서비스를 수년간에 걸쳐 지속적으로 사용하고 있기 때문에 휴대폰 관련 웹사이트의 다양성도 매우 풍부하다고 할 수 있다.

패션에 심취한 쇼핑중독자 집단이 거주하고 있는 동경은 서구 디자이너들에게 매우 유명한 도시로 오랫동안 각인되어 왔다. 양복과 넥타이는 샐러리맨들의 제복으로 확실히 인식되고 있다. 그러나 제복을 벗고 고쓰 롤리(Goth-Loli) 복장으로 바꿔 입는 여학생들보다도 훨씬 빠르게 유행주기가 반복되는 동경의 티니 밥퍼스(teeny-boppers)들에게는 독창성 이외에는 아무 것도 적수가 되지 못한다(Little Bo Peep이 Sid Vicious를 만났다고 생각해 보라). 미국과 영국기업들에게 이 젊은이들은 또 다른 유행을 찾는 소비자에게 재사용할 수 있는 아이디어를 제공하는 진원지가 되고 있다(CROSSING BORDERS 13.3 참조).

한편 요령 있는 해외기업들은 단순히 동경의 유행을 수출하는 대신, 일본을 새로운 개념을 시험할 수 있는 장소로 이용하기 시작하였다. 이들 기업들은 글로벌 시장에 제품을 출시하기 이전에 일본에 먼저 제품을 출시하였으며, 더 많은 서구 소매점들이 동경에 새로운 할인점들을 개점하여 유행을 살펴보고 있다. 오하이오주(Ohio)에 기반을 둔 아버크롬비 엔드 피치(Abercrombie & Fitch)와 스웨덴(Sweden)의 에이치 엔드 엠(H&M; Hennes & Mauritz)은 2008년 동경에 자신의 매장을 개장하였으며, 스페인(Spain)의 자라(Zara)는 향후 3년 동안에 50개 이상이 되는 매장의 수가 2배가량 증가할 것으로 예상하고 있다. "25년 또는 30년 전에는 세계의 주요 기업들이 자신들의 신제품을 뉴욕에서 시험하였다." 프랑스 패션기업인

찰스 쥬르당(Charles Jourdan)에서 20년 이상 근무한 미추루 사쿠라바(Mitsuru Sakuraba)의 말이다. "이제는 일본이 새로운 시험시장으로서의 위상을 가지고 있다."

일부 서구기업들은 자신보다도 일본시장을 더 잘 이해할 수 있는 현지 파트너와 계약을 맺고 있다. 영국의 운동화 및 운동복 브랜드인 골라(Gola)는 일본의 유로퍼시픽(Europacific Ltd.)과 손을 잡고 동경에 기반을 둔 패션 운동화 소매점을 개장하였다. 유로퍼시픽은 골라의 디자인을 일본시장에 맞게 변경하였으며, 몇 년 전에는 여성을 대상으로 하는 무릎이 덮이는 복싱용 부츠에 대한 아이디어를 제안하기도 하였다. 이 제품은 10대와 20대 초반의 일본 젊은이들에게 폭발적인 인기를 끌어 골라가 이 제품을 다른 시장에도 출시하게 하는 계기를 마련해 주었다. "이 제품들은 유럽에서도 엄청나게 팔릴 겁니다." 유로퍼시픽 이사 스티브 스네던(Steve Sneddon)의 말이다.

출처: Hiroko Tashiro, "Testing What's Hot in the Cradle of Cool," *BusinessWeek*, May 7, 2007, p. 46; Kenji Hall, "Japan: Google's Real-Life Lab," *BusinessWeek*, February 25, 2008, pp. 55 – 57.

정보는 성공적인 마케팅 전략 개발과 일반적인 마케팅 실수를 피하는데 유용하고 중요한 요인이다.[1] 정보는 시장기회를 탐색하기 위한 일반적인 정보로부터 제품개발, 판매촉진, 유통 및 가격 등에 의사결정을 수행하는데 필요한 특별한 시장정보까지 그 폭이 매우 광범위하다. 정보는 신뢰할 수 있는 시장조사 대행업체로부터 얻어지기도 하지만 기업 내부의 마케팅 조사 담당자들로부터도 얻을 수 있다. 그러나 때로는 최고위층 경영진이 수많은 과업을 처리하거나, 핵심적인 고객과 대화하면서 또는 기업이 활동하는 시장지역을 직접 살펴보면서 정보를 얻어야 한다.[2] 기업이 국제시장을 포함하여 자신의 사업범위를 확장시키고자 할 때 즉각적으로 필요한 유용한 정보들은 많아지기 마련이다. 실제로 일부 조사자들은 급속하게 성장 중인 개발도상국가에 진출할 것을 주장하기도 하는데, 해외시장에 처음으로 진출하게 되는 기업의 경영자들은 해외시장에서 가장 힘들고 모호한 의사결정 문제 중 하나와 마주치게 된다. 마케터는 시간과 비용 및 현재 상황에 따른 각종 제약사항에도 불구하고 가능한 가장 정확하고 신뢰할 수 있는 자료를 확보해야 한다.

마케팅 조사는 전통적으로 마케팅 의사결정에 유용한 정보를 제공하려 자료를 체계적으로 수집하고 기록하고 분석하는 작업으로 정의할 수 있다. 미국 오하이오주(Ohio)의 콜럼버스(Columbus)에서 수행되든 스리랑카(Sri Lanka)의 콜롬보(Colombo)에서 수행되든 조사 과정이나 방법은 기본적으로 동일하나 추가적인 2가지 복잡한 문제가 **국제마케팅 조사**에 포함되게 된다. 첫째, 필요한 정보가 문화적 장벽을 뛰어넘어 전달되어야 한다는 점이다. 다시 말해 미국 시카고(Chicago)에 있는

[1] Sudita Basu, John Dickaut, Gary Hecht, Kristy Towry, and Gregory Waymire, "Record Keeping Alters Economic History by Promoting Reciprocity," *PNAS* 106, no. 4 (2009), pp. 1009 – 14.

[2] Peter Drucker's wisdom improves with age. In his *The Wall Street Journal* article of May 11, 1990 (p.A15), he eloquently makes the case for direct observation of the marketplace by even the most senior executives. For the most substantive argument in that same vein, see Gerald Zaltman's description of emotional aspects of managerial decision making in "Rethinking Market Research: Putting People Back In," *Journal of Marketing Research* 34 (November 1997), pp. 424 – 37. Executives also learn about the "big picture" of the international business environment from mass media sources. Unfortunately, the effort to collect news around the world is shrinking fast as newspapers continue to cut reporting staffs, particularly at their international bureaus.

최고 경영자가 사무실 책상을 떠나 소비자와 만날 수 있는 시장에서 시간을 보내도록 만드는 것은 매우 중요한 일이다. 면밀하게 작성된 마케팅 조사 보고서를 읽어보는 것도 중요하지만, 대기업의 최고수준 의사결정은 항상 최고경영층이 시장과 소비자를 직접 대면하여 얻는 판단에 기초하여 이루어져야 한다. 위의 왼쪽 그림과 오른쪽 그림은 빌 게이츠(Bill Gates)와 스티브 잡스(Steve Jobs)가 아시아와 유럽을 방문하여 시장을 이해하는 가장 직접적인 방법인 소비자들과의 대화를 통하여 무엇인가를 배우고 있는 장면이다. 해외방문 일정은 매우 힘들게 진행되지만 이러한 해외방문을 통하여 해외 공급자와 해외 파트너, 해외 소비자 그리고 해외의 정책입안자들과 직접적인 대면접촉이 가능하여 자신들의 해외시장을 보다 잘 이해할 수 있게 된다. 가장 최근에는 마이크로소프트(Microsoft)의 멕시코 진출 20주년 기념식장에서 빌 게이츠(Gates)가 멕시코 축구 국가대표 선수인 라펠 마르퀴즈(Rafael Marquez)와 엑스박스 360(Xbox 360) 게임기를 사용하여 축구경기를 하다 패하였다. 우리는 매우 놀랐다. 그가 게임에 져 준 것일까?

경영자는 자신들의 조사 문제를 중국 광주에 있는 소비자들이 이해할 수 있도록 번역할 수 있어야 하며, 그 이후에는 중국인들의 응답을 미국인이 이해할 수 있도록 적절한 형식(예를 들어 보고서나 자료모음집 등)으로 다시 재번역할 수 있어야 한다. 다행스럽게도 이러한 문화간 차이를 고려해야 하는 의사소통 작업에 경험이 많은 기업 내부 담당자나 조사 대행업체들이 존재하고 있다.

둘째, 조사 기법이 적용되어야 하는 해외시장 환경들이 국내시장과는 다르다는 점이다. 이러한 점은 국제마케팅 조사자에게 새롭거나 이국적인 조사 기법을 요구하는 것이 아니라, 전반적으로 이국적인 상황에서 다양한 조사 기법들을 적용하고 시험하는데 필요한 상상력과 재치를 개발해야 한다는 점을 말해준다. 해외 마케팅 조사를 수행하는데 따르는 사소한 문제들은 개별 국가별로 매우 다양하다. 해외 환경에서 필요로 하는 정보의 종류가 다르다는 점이 종종 강조되고 있다. 이는 적절하고 이용 가능한 조사 방법이나 기법의 다양성이 부족하며 동시에 그 과정이 매우 어렵기 때문이다.

이 장에서는 국제 마케터가 해외시장에서 정보를 수집할 때 마주칠 수 있는 운영상의 문제들을 다루고자 한다. 특히 미국 이외의 다른 환경에서 조사를 수행할 때 매우 까다롭게 느껴지는 자료수집 및 산출과 관련된 내용들을 중점적으로 설명하고자 한다.

국제마케팅 조사의 폭과 범위

국내시장 조사와 해외시장 조사의 본질적인 차이점은 기업이 필요로 하는 해외시장의 조사 범위가 매우 광범위하다는 것과 조사 결과의 불확실성 수준이 매우 높을 수 있다는 것이다. 조사는 필요한 정보의 종류를 기초로 하여 세 가지 형태로 구분할 수 있다. (1) 국가나 지역/시장에 대한 일반적인 정보 조사, (2) 특정국가나 시장의 사회적, 경제적, 소비자 측면 및 산업 등에 대한 예상 추세에 따라 미래 마케팅 요구사항을 예측하는데 필요한 정보 조사, (3) 4PS(제품, 촉진, 유통, 가격) 의사결정을 수행하고 관련 마케팅 계획을 수립하는데 필요한 특정시장에 대한 정보 조사 등이다. 국내활동에서 가장 중점을 두어야 하는 것은 특정시장에 대한 정보수집, 즉 세 번째 종류에 관한 것인데 이러한 자료들은 종종 2차 자료원에서 수집이 가능하다.

국가별 정치적 안정성과 문화적 성향 그리고 인구통계학적 특성 등 요인들은 국내마케팅 조사 부서에서는 일반적으로 수집할 필요가 없는 정보이나, 해외시장환경을 평가하기 위해서는 대단히 필수적인 정보라 할 수 있다. 국제마케팅 조사의 광범위한 조사범위를 반영한 유니시스의 계획 절차(Unisys Corporation's planning step)는 다음에 제시된 정보형태를 수집하고 평가하기 위한 것이다.

1. **경제적 정보와 인구통계학적 정보** 경제성장, 인플레이션, 경기순환 추세 및 다음과 같은 일반적인 자료들: 개별제품들을 위한 수익성 분석, 특정산업에 대한 경제적 분석, 대외경제 분석, 미국과 주요 해외시장을 위한 주요 경제지표와 이주, 이민 및 노인인구변화 등과 같은 인구변화 추세.
2. **문화적, 사회학적 및 정치적 여건** 개별사업들에 영향을 미칠 수 있는 비경제적 조건들에 대한 일반적인 검토. 보다 명확한 주제와 함께 사회생태학, 안전 및 여가시간과 이들이 개별 사업에 미치는 잠재적인 영향력 등을 포함.
3. **시장상황 개요** 해외시장을 포함한 세분시장에 대해 개별사업들이 직면하게 되는 시장상황에 대한 세부적인 분석.
4. **기술적 환경 요약** 제품분류에 따른 개별사업 관련기술에 대한 현재 상황의 요약.
5. **경쟁상황** 경쟁자의 판매 수익, 시장과 제품 세분화 방법 및 국제사업 범위에 대한 명백한 전략 검토[3].

이처럼 깊이 있는 정보들은 확실한 마케팅 의사결정을 위해 필수적이다. 국내시장을 대상으로 하는 마케터는 이상과 같은 대부분 정보를 자신이 활동한 단일시장에서 수년간의 경험에서 얻을 수 있겠지만, 해외시장에서는 이러한 정보들이 각각의

[3] Apparently companies engage in corporate espionage. See Evan Ramstad, "Chip Executives Arrested in South Korea," *The Wall Street Journal*, February 3, 2010; John J. Fialka, "Hugger-Mugger in the Executive Suite," *The New York Times*, February 2, 2010, p. W10. Apparently governments also get into the industrial competitive intelligence game. Associated Press, "China Denies U.S. Trade Espionage," *The Wall Street Journal*, July 20, 2009.

신규시장별로 별도로 수집되어야 한다.

완벽한 정보와 수집할 수 있거나 이용할 수 있는 정보 사이에는 근본적인 차이점이 존재한다. 해외마케팅에 참여하고 있는 많은 기업들은 수집된 정보의 유용성만을 가지고 의사결정을 수행하지 않는다.[4] 비용과 시간 그리고 인적 요인들이 중요한 변수들이다. 일부 기업들은 정보에 공감하지도 않으며 조사 실행을 위한 적절한 시간과 비용도 투자하지 않는다. 하지만 해외마케팅에 더 많이 몰입되어있거나 실패로 인한 비용증가를 염려하는 기업이라면 조사에 보다 많은 관심을 기울여야 한다.

조사 과정

마케팅 조사는 항상 시간과 비용의 부족 및 현 상황에 따르는 각종 제약사항 아래에서 수행된다. 성공적인 조사를 위해서는 필수적으로 자료를 수집하고 분석하기 위한 체계적이고 질서 있는 접근방식이 요구된다. 특정한 조사 프로그램이 뉴욕(New York)에서 실행되든 뉴델리(New Delhi)에서 수행되든지에 관계없이 **조사 과정**은 다음 단계를 따라야 한다.

1. 조사 문제를 정의하고 조사 목표를 설정하라.
2. 조사 목표를 달성시켜줄 수 있는 정보의 원천이 어디 있는지를 밝혀내라.
3. 조사를 수행하는데 필요한 비용과 수익을 고려하라.
4. 1차 자료와 2차 자료, 또는 이 모두를 활용하여 적절한 자료를 수집하라.
5. 조사 결과를 분석하고 이해하고 요약하라.
6. 조사 결과를 의사결정자에게 효과적으로 전달할 수 있도록 노력하라.

모든 국가에 적용되는 조사 프로그램의 절차가 유사하다 하더라도 문화나 경제발전수준 등과 같은 차이 때문에 실제 조사 프로그램의 적용에 있어서는 많은 변화와 문제가 발생하게 된다. 영국이나 캐나다에서 발생할 수 있는 조사 문제는 미국과 유사한 반면에 독일이나 남아프리카 공화국 또는 멕시코에서 발생할 수 있는 조사 문제는 판단하기 어려울 만큼 다양하게 나타난다. 따라서 이러한 문제는 조사 과정의 첫 단계인 문제정의 부분에서 명확하게 구분되어야 한다. 다음 부분에서는 국제마케팅 조사자가 겪게 되는 다양한 어려움들이 무엇인지를 설명하고 있다.

문제의 정의와 조사 목적의 설정

LO1
해외 조사에서 문제 정의에 대한 중요성을 인식한다.

기업 내부적 자료원에 대한 검토 이후의 조사 과정은 조사 문제를 정의하고 특정한 조사 목표를 설정하는데서 시작된다.[5] 여기에서 가장 어려운 문제는 조사 목표를 잘 설정할 수 있도록 애매모호한

[4] Bent Petersen, Torben Pedersen, and Marjorie A. Lyles, "Closing the Knowledge Gaps in Foreign Markets," *Journal of International Business Studies* 39, no. 7 (2008), pp. 1097 – 113.

[5] Scholars in the fi eld also struggle with defi ning the problem. See Mike W. Peng, "Identifying the Big Question in International Business Research," *Journal of International Business Studies* 35, no. 2 (2004), pp. 99 – 108; Susan B. Douglas and C. Samuel Craig, "On Improving the Conceptual Foundations of International Marketing Research," *Journal of International Marketing* 14, no. 1 (2006), pp. 1 – 22.

사업문제들을 명확하게 구분하여 이를 이해할 수 있는 수준으로 변환시켜야 한다는 것이다. 이를 위한 시작 단계로 조사자들은 제시된 전반적 문제들에서 모호한 사항이 무엇인지를 확실하게 이해하는 과정을 거쳐야 한다. 조사 문제를 막연하게 정의하여 문제가 발생한 사례로 러시아 항공사인 아에로플로트(Aeroflot)사례를 살펴볼 수 있다. 아에로플로트는 비행안전기준과 서비스 신뢰도가 낮다는 오랜 불명예를 개선시키고자 하는 마케팅 목표 달성을 위해 위하여 브랜딩(branding) 연구를 수행하였다. 이러한 목표설정은 국제마케팅 조사자에게 매우 어려운 과제이다.

먼저, 조사에서 가장 결정적인 문제는 해외시장에 대해 보다 비판적인 입장이 될 가능성이 높다는 것인데, 이는 친숙하지 않은 환경에서 문제에 대한 정의가 명확하지 않을 가능성이 높기 때문이다. 조사자는 지역문화가 특정문제에 미치는 영향력을 예상하지 못했든지 자기준거기준을 잘 이해하지 못했든지 간에 자국 환경조사에서 그랬던 것처럼 문제를 잘 정의해야 한다. 미국기업이 실패한 해외사업을 평가하기 위해 조사가 수행되었지만, 이때 제시된 조사문제가 해외시장보다는 미국시장에 보다 적절했다는 것을 발견할 수 있다.

이에 대한 실례로 긴 줄을 서서 기다리는 사람들이 즐거움을 유지할 수 있도록 하려는 디즈니(Disney)의 수년간에 걸친 모든 조사와 경험은 프랑스 파리에서 디즈니랜드를 운영하는데 따른 조사 문제를 예상하는데 아무런 도움이 되지 않았다. 디즈니의 경험은 미국이나 동경의 디즈니랜드(Tokyo Disneyland)에서처럼 줄서기를 할 때 협조적이며 질서정연한 특성을 보이고 있는 상대적으로 동질적인 고객들에게서 얻어진 것이었다. 실제로 대부분의 영국인들과 독일인들도 동일하다고 할 수 있다. 그러나 스페인이나 이탈리아와 같은 국가에서의 줄서기에 대한 규칙은 꽤 많이 다르다고 할 수 있다. 따라서 줄을 설 때 개별국가에 속한 유럽인들 간에 "전쟁"을 방불케 하는 새로운 현상들이 목격되었다. 이렇듯 다양한 국적을 지닌 고객들에게 서비스를 제공할 때 발생할 수 있는 문제를 잘 이해하고 관리하기 위해서는 새로운 사고방식이 필요하다. 즉, 자기준거기준(SRC)을 배제하고 올바른 조사 문제를 제기하는 것이 조사 문제를 공식화시키는 단계에서 중요한 사항이다.

해외 조사에서 발생할 수 있는 또 다른 어려움은 관련 있는 모든 요인을 충분히 고려하지 않은 상태로 조사 문제를 정의하는 데서 찾아볼 수 있다. 관련 있는 모든 요인이 충분히 고려된 정보는 익숙하지 않은 문화적 배경을 가진 해외시장에서 발생 가능한 위험을 상쇄하는데 유용하다. 따뜻한 유제품 음료에 대한 소비행태와 소비특성을 조사하는 문제에 대해 고려해 보자. 영국에서는 따뜻한 유제품 음료가 안락하고 편안한 상태를 만들어 주어 수면을 유도해 준다고 인식하고 있으므로 주로 잠자리에 들기 전에 소비되고 있다. 그러나 태국사람들은 동일한 종류의 따뜻한 유제품 음료를 직장에 출근하는 아침시간에 주로 마시고 있는데, 이는 이 제품이 활력을 불어넣어 주어 생활에 자극을 준다고 생각하기 때문이다. 만약 어떤 사람이 미국시장에 대한 경험만 가지고 있다면 이 문제는 더 모호해질 수 있다. 따뜻한 유제품 음료가 아침시간이든 저녁시간이든 관계없이 추운 기후와 관련이 있거나, 하루 중 매 시간마다 서로 다른 이유로 소비된다고 생각할 수 있기 때문이다. 조사자가 확실하게 문제를 정의하려면 응답 가능한 전체 범위를 충분히 고려할 수 있을 만큼 폭 넓게 사고하며 자신이 가진 자기준거기준이 만들어 낼 수 있는 모호한 상황에 대한 가능성을 경계해야 할 것이다.

실제로 이러한 모호함은 마텔(Mattel Inc.)을 어려움에 처하게 만들었다. 마텔은 몇몇 국가에서 어린이 대상의 표적 집단을 활용하여 범세계적 조사 프로그램을 수행하였다. 이때 마텔은 고객맞춤형 인형생산을 줄이고 있었으며, 문화적 차이를 고려한 제품수정 없이 바비인형(Barbie)을 전 세계적으로 판매하는 것에 반대하는 현지 관리자들의 충고를 무시하고 있다는 사실을 발견하였다. 현지 관리자들의 충고를 무시한 것뿐만 아니라 바비인형에 대한 부모들의 의견을 무시한 것도 대단히 위험한 일이었다. 어린아이들은 금발의 바비인형을 좋아한다고 하더라도 부모들은 그렇지 않았다. 불행하게도 저자들이 본서의 이전 판에서 바비인형에 대해 예측했던 일들이 정확하게 현실로 나타났다. 우리는 이전 판에서 마케팅 조사의 실패 때문에 금발의 바비인형 판매가 몇몇 해외국가에서 극적으로 하락할 것이라 언급하였다.

조사 문제의 적절한 정의와 확실한 목표의 수립이 끝나면 조사자는 필요한 정보가 이용 가능한지에 대해 고려하여야 한다. 만약 자료가 이용가능하다면, 다시 말해 자료가 어떤 다른 기관이나 조직에 의해 벌써 수집되어 있다면, 조사자는 이러한 **2차 자료원**을 참고해야 한다.

2차 자료의 이용가능성과 그에 따른 문제

LO2

2차 자료의 이용가능성과 이용에 따른 문제를 이해한다.

미국정부는 미국과 관련된 종합적인 통계자료를 제공하고 있다. 정기적인 인구통계조사를 통하여 미국의 인구, 주택, 사업 및 농업부분 등에 대한 자료를 제공하고 있는데, 일부 자료는 100년 이상 축적된 자료를 제공하기도 한다. 상업적 자료제공업체, 무역 관련협회 및 사업자 그룹, 주정부 및 지방정부 등도 조사자에게 미국시장에 대한 상세한 정보를 제공하는 추가적인 정보원천이 된다. 미국 마케팅 조사자들에게 종종 문제가 되는 것은 제공되는 수 많은 자료들을 모두 자세하게 살펴보아야 한다는 것이다!

자료의 이용가능성

실제로 미국에서 이용 가능한 마케팅 관련 자료의 양이나 질이 다른 나라에 비해 훨씬 풍부하지만, 다른 나라에서도 이러한 상황은 점차 개선되고 있다.[6] 일본은 이용 가능한 마케팅 관련 자료의 양과 품질 측면에서 미국을 바짝 추격하고 있으며, 몇몇 유럽 국가에서도 자료를 수집하고 분석하는 일이 매우 쉬워지고 있다. 실질적으로,

[6] "The Government and the Geeks," *The Economist*, February 6, 2010, pp. 65 – 66.

CROSSING BORDERS 8.1 두통이 있으세요?, 아스피린을 두알 복용하고 편히 누워 계세요.

제목과 같은 조언은 100년 전에 아스피린(aspirin)을 개발하였던 바이엘사(Bayer)가 위치한 독일이나 미국과 같은 국가에서는 꽤 좋은 효과를 보고 있다. 그러나 전 세계 다른 지역의 사람들은 이런 두통약 처방이나 병의 원인에 대한 서구인들의 시각을 공유하지 않는다. 중국인, 필리핀인, 한국인, 일본인 그리고 동남아시아 사람들을 포함하는 다수의 아시아인들은 두통과 같은 질병의 원인이 음(yin)과 양(yang)의 기운 간에 조화가 깨져서 발생한다고 믿고 있다. 음(yin)의 기운은 여성적이며 수동적인 기운으로 어둡고 춥고 습한 특성을 갖고 있다. 반면에 양(yang)의 기운은 남성적이며 능동적인 기운으로 밝고 따뜻하고 건조한 특성을 갖고 있다. 모든 일들은 이들 두 가지 기운의 조화에 따라 발생하며 두통과 같은 나쁜 일은 두 가지 기운 중 하나가 다른 것보다 더 많아질 때 발생하게 된다. 침술이나 뜸술(쑥이나 다른 약용식물 가루를 뜨겁게 하여 피부에 부착)을 일반적인 치료방법으로 사용하고 있다. 라오스 사람들은 질병은 몸에 있는 32가지의 정기(精氣) 중 하나를 잃거나 주술사의 주문에 의해 생긴다고 믿고 있다. 라오스에서 질병의 정확한 원인은 신선한 달걀을 깨서 나온 노른자의 상태를 살펴보고 판단하게 된다. 세계의 다른 지역, 즉 멕시코나 푸에르토리코(Puerto Rico)에서는 질병이 몸속의 네 가지 체액(따뜻하고 습한 혈액, 따뜻하고 건조한 황담즙, 차갑고 습한 점액, 차갑고 건조한 흑담즙)중에서 한 가지가 불균형하게 되면 발생된다고 믿고 있다. 심지어 매우 과학적인 다수의 미국인들도 종종 질병을 인간에게 올바른 행동을 하게 하려고 "신이 주시는 계시"라고 믿고 있다.

현재 바이엘사는 아스피린을 대장암이나 심근경색과 같은 만성질환의 예방약으로 마케팅하고 있다. 그러나 바이엘사가 진출하였거나 진출하고자 하는 다수의 해외시장에서 해당 국가의 전통적 치료방법에 추가할 수 있는 치료약으로 아스피린이 활용될 수 있도록 아스피린의 용도를 어떻게 그리고 얼마나 확대시킬 수 있는지에 대한 마케팅 조사를 적절히 수행하는 것은 매우 중요한 사항이 될 것이다. 다시 말해, 작은 흰색의 혼합 알약이 점액이나 흑담즙에 효과를 잘 발휘할 수 있는지를 살펴보아야 한다는 것이다.

출처: Larry A. Samovar, Richard E. Porter, and Lisa A. Stefani, *Communication between Cultures*, 3rd ed. (Belmont, CA: Wadsworth Publishing, 1998), pp. 224–25; the direct quote is from N. Dresser, *Multicultural Manners: New Rules for Etiquette for a Changing Society* (New York: John Wiley & Sons, 1996), p. 236; see also "Aspirin Truly Merits Consideration as One of the Wonders of World," *Star-Ledger*, September 18, 2007, p. 67.

비록 일부 자료이긴 하지만, 앞에서 언급된 몇몇 유럽 국가에서 수집되는 자료의 품질은 미국을 훨씬 능가하고 있다.[7]

그러나 기타 다른 국가에서 쓸모 있는 자료를 수집할 수 있게 된 것은 최근의 일이다. 국제연합(UN: United Nations)이나 경제협력개발기구(OECD: Organization for Economic Cooperation and Development)와 같은 국제기구들의 지속적인 노력으로 전 세계적으로 이러한 상황이 개선되고 있는 중이다.

또한, 잠재적으로 마케팅 실행가능성이 높아진 동유럽 국가들의 출현에 따라 다수의 민간과 공공기관들이 해당 시장에 대한 포괄적인 시장자료 부족상황을 해소할 수 있도록 정보수집에 많은 투자를 하고 있다. 일본의 일부 소비재 생산기업들은 공동으로 기업수준의 시장 조사 활동을 수행하기 위하여 동유럽 지역 각지에 조사센터를 공동 설립하였다. 다른 지역에서와 마찬가지로 동유럽 지역에서 시장 활동을 계속한다면 시장정보의 양과 질은 개선될 것이다. 러시아 소비자들에 대한 데이터베이스를 구축하기 위하여 콜로라도주(Colorado) 덴버(Denver)에 위치한 한 기업은 새로운 조사방식을 이용하였다. 모스크바(Moscow)의 콤소몰스카야 프라우다

[7] See GIS analyses based on the 2000 Census in China at http://www.geodemo.com, Demographic Consulting, Inc.

(Komsomolskaya Pravda) 신문을 통해 기업 설문조사에 응답할 용의가 있는지에 대한 설문조사를 수행한 것이었다. 350,000명(3,000명은 등기우편을 통하여 응답)의 러시아 소비자들이 마케팅 설문조사에 응답할 용의가 있다고 대답하였다. 자료의 이용가능성, 신뢰성, 비교가능성에 대한 문제와 2차 자료 인증 문제는 다음 절에서 논의할 것이다.

자료의 이용가능성에 대한 또 다른 문제는 조사자의 언어능력과 관련이 있다. 예를 들어 일본시장에 대한 온라인 자료나 문서자료가 아무리 방대하다 하더라도 이러한 자료들을 이용하기 위해서는 필수적으로 일본어를 읽을 수 있어야 한다. 이러한 문제는 당연한 것처럼 보이겠지만, 해외자료를 활용하여 적절한 기업전략을 수행하고자 하는 사람들은 자신의 조사 팀에 적합한 언어를 구사하는 원어민이 꼭 필요하다는 점을 이해해야 한다.

자료의 신뢰성

확실한 의사결정을 위한 자료들의 신뢰성 수준이 매우 낮은 경우도 있다. 공식적인 통계자료들은 때때로 너무 낙관적이며 객관적 현실을 반영하기보다 국가의 위신을 반영하는 경우가 있으며, 징세 구조나 세무 공무원에 대한 두려움 등이 자료에 악영향을 미치기도 한다.

저개발 국가에만 국한된 사항은 아니지만, 대체로 이러한 국가들은 지나치게 낙관적이며 신뢰도가 떨어지는 자국관련 경제 자료들을 발표하는 경우가 있다. 중국의 국가통계집행국(National Statistics Enforcement Office)은 최근 몇 개월 전에 시작한 통계오류자료 단속강화기간을 통하여 오류가 있는 60,000건의 통계보고서를 적발해 내기도 하였다.[8] 더 최근에는 중국 국가 통계국(National Bureau of Statistics)의 국장이 부패 스캔들에 연루된 것으로 드러나 자리에서 물러나기도 하였다.[9] 이익을 위해서 또는 실패를 감추기 위해서 지방관리, 공장 관리자, 농공 단지 내 기업, 기타 모든 곳에서, 생산율에서 출생률에 이르는 모든 내용을 조작하고 있다. 예를 들어 1년 생산량이 2천만 달러라고 보고된 석유화학공장의 실제 1년 생산량은 보고된 것보다 50%나 적은 1천 320만 달러에 불과한 경우도 있었다. 마지막으로 독자들이 2000년까지의 통계자료를 신뢰한다면 홍콩에 살고 있는 중국인들은 세계 최대의 오렌지 소비자들이라 할 수 있다. 홍콩에 살고 있는 중국인들은 1인당 연간 64파운드의 오렌지를 소비하고 있는 것으로 나타나고 있는데, 이는 많은 미국인들이 연간 소비하는 오렌지 물량의 거의 2배에 육박하는 수치이다. 그러나 홍콩으로 수입되는 오렌지의 절반가량, 즉 액수로는 약 3천만 달러에 이르는 오렌지가 실제로는 미국산 오렌지를 합법적으로 유통시킬 수 없는 중국의 기타 지역으로 흘

[8] Mark L. Clifford, "How Fast Is China Really Growing?" *BusinessWeek*, March 10, 2003, p. 65; "The Art of the Chinese Massage," *The Economist*, May 23, 2009, p. 82.

[9] "Chinese Statistics Chief Fired in Scandal Inquiry," *International Herald Tribune*, October 20, 2006, p. 3.

러 들어갔다.

마케팅 자료에 대한 의도적 오류는 선진국에서도 심심치 않게 발견할 수 있다. 심지어 OECD 국가들에서도 종종 신문 발생부수가 고의로 과대평가되어 발표되고 있다. 또한, 유럽연합(EU)의 조세정책은 수집되는 자료의 정확성에 영향을 미치기도 한다. 생산량에 대한 통계치도 종종 정확하지 않게 조사되는데, 이는 유럽연합 각국들이 일종의 수출보조금 지급을 허용하고 있기 때문이다. 이런 "왜곡된 통계자료"에 대해 안다는 것은 2차 자료를 활용하여 시장수요를 예측하고 평가하고자 하는 마케터에게는 매우 중요하다.

자료의 비교가능성

LO3
2차 자료원에 대해 학습한다.

이용 가능한 자료에 대한 비교가능성 문제는 해외 마케터가 직면할 수 있는 세번째 문제점이라 할 수 있다. 미국에서는 사회경제학적 요인과 각종 사업지표들에 대한 신뢰성과 타당성을 갖춘 최신 자료들을 즉시 이용할 수 있다. 그러나 다른 국가, 특히 저개발 국가의 자료들 다수는 오래된 자료거나 계획성 없이 부정기적으로 수집된 자료일 수 있다. 일반적으로 많은 국가들이 경험하는 사회경제학적 특성의 급격한 변화는 통화량 문제를 중요한 것으로 만들었다. 다수 국가가 현재 시점에서 신뢰할 수 있는 자료를 수집해 놓는다 하더라도 이와 관련한 자료를 지난 시기별(연대별)로 잘 정리해 놓지 않았다면 현재 시점의 자료와 비교 불가능할 것이다. 자료의 비교가능성 문제는 최고의 전문 조사 기관이 수집한 국가별 자료에서도 문제가 될 수 있으므로 기업 경영자는 이 문제에 대해 자신의 거래처에 문의하여 조언을 받는 것이 좋다.

자료의 비교가능성과 관련된 또 다른 문제는 자료의 수집 및 정리에 대한 관례적 방식에 대한 것이다. 특정가치에 대해 너무나도 자주 서로 다른 범주를 대상으로 자료를 조사하거나 혹은 동일 범주 내에서도 너무 넓은 범위를 대상으로 자료가 조사되고 있다. 예를 들어 슈퍼마켓(supermarket)이라는 용어는 전 세계적으로 매우 다양한 의미로 쓰이고 있다. 일본에서 슈퍼마켓의 의미는 미국에서 사용되는 슈퍼마켓의 의미와 꽤나 다르다고 할 수 있다. 일본의 슈퍼마켓은 일반적으로 2층 또는 3층 건물에 위치하고 있다. 여기에는 식품류, 일용필수품, 의류 등을 각 층에서 판매하고 있다. 일부에서는 심지어 가구류와 가정용 전자제품, 문구류 및 스포츠용품까지 함께 판매하고 있으며, 일부는 식당까지 갖추고 있다. 일반적으로 미국에서 사용하는 소매점, 쇼핑센터와 백화점 명칭을 일본에서는 다르게 사용하고 있다.

2차 자료의 타당성

여기에서 논의되는 문제점들은 특정 정보원천을 이용할 때 고려해야 하는 것들이다. 미국을 포함한 다수의 국가들은 자료수집 및 자료준비에 관한 높은 기준을 갖추고 있지만, 일부 자료원에서 생성된 2차 자료들에 대해서는 상당히 주의 깊게 검토하고 이해해야 한다. 실무적인 관점에서, 다음에 나오는 질문들을 통해 해당 2차 자료원의 신뢰성을 효과적으로 판단해야 한다.

1. 해당 자료를 누가 수집하였는가? 특정사실을 고의적으로 잘못 전달할 만한 어떤 이유가 존재하는가?
2. 해당 자료는 어떤 목적을 위하여 수집되었는가?
3. 해당 자료는 어떻게 (어떤 방법론을 이용하여) 수집되었는가?
4. 해당 자료를 이미 잘 알려진 자료원이나 시장요인들에 비추어 볼 때 내적 일관성이 있으며 논리적인가?

이미 잘 알려져 있는 다른 타당성 있는 자료와 특정 2차 자료를 비교하여 해당 2차 자료의 일관성을 점검해보는 것은 매우 효과적이며 일반적으로 이용되는 타당성 판정방법이다. 예를 들어 조사자가 유아용품 판매 자료를 검토해 보기 위하여 가임연령에 속한 여성의 수나 출생률을 비교해 본다든지 아니면 병원 침상 수를 검토해 보기 위하여 관련 병원용 장비 판매량을 살펴보는 방식이 이에 속한다. 또한 이러한 상호관련 있는 변수들의 비교는 수요평가나 판매예측에도 대단히 유용하다. 많은 다른 자료들에도 존재하는 경우지만, 본서 4장과 5장에 소개된 홉스테드(Hofstede)의 자료가 진부하다고 생각할 수 있지만 다양한 종속변수의 비교를 통해 여전히 유효하므로 문화적 가치에 대한 홉스테드의 측정과 다른 유사 변수들의 측정을 비교할 만하다.[10]

해당 국가의 경제발전 수준이 높아짐에 따라, 일반적으로 2차 자료의 이용가능성과 정확성도 증가하게 된다. 예외의 경우도 있는데, 인도는 다른 나라에 비해 경제발전 수준이 낮지만 정부가 수집한 자료의 정확도와 완벽함은 매우 높은 수준이라고 할 수 있다.

안정적인 경제성장을 위해 광범위하고 정확한 국가통계가 필요하다는 점을 인식하는 국가들은 고품질의 통계자료 수집에 대한 관심을 높이고 있다. 국가통계의 품질향상에 대한 이러한 관심으로 지난 25년간 자료의 이용가능성은 획기적으로 발전하게 되었다. 만약 이용 가능한 자료가 없거나 2차 자료원이 불충분하다면 1차 자료의 수집이 필요하다.

본장의 후반부에 있는 부록에는 웹사이트를 포함하여 다양한 국제마케팅 주제와 관련된 포괄적인 2차 자료원에 대한 목록이 수록되어 있다. 실질적으로 국제마케팅 관련 모든 이용 가능한 2차 자료들은 인터넷을 통해 검색하여 확보할 수 있다. 예를 들어 국제금융, 인구통계학적 자료, 소비, 수출 및 수입에 대한 대부분의 자료들이 단일 정보원인 미국 상무부(U.S. Department of Commerce) 인터넷 사이트 www.stat-usa.gov를 통하여 이용가능하다. 또한 기타 정부기관과 연구소 및 상업적 자료

[10] Linhui Tang and Peter E. Koveos, "A Framework to Update Hofstede's Cultural Values Indices: Economic Dynamics and Institutional Stability," *Journal of International Business Studies* 39, no. 6 (2008), pp. 1045 – 64; Robbert Maseland and Andre van Hoorn, "Explaining the Negative Correlation between Values and Practices: A Note on the Hofstede-GLOBE Debate," *Journal of International Business Studies* 40, no. 3 (2009), pp. 527 – 32.

원들도 인터넷을 이용하여 접근이 가능하다. 독자들은 www.mhhe.com/cateora15e 사이트를 방문하여 추가적인 정보를 이용할 수 있다.

1차 자료 수집: 정량적 조사와 정성적 조사

LO4 정량적 및 정성적 조사 방법을 학습한다.

모든 이용 가능한 2차 자료원을 탐색해 보아도 조사 문제를 해결하기에 여전히 부족하다면 조사자는 **1차 자료**(다시 말해, 특정 조사 과제를 위해 즉시 이용할 수 있도록 특별히 직접 수집된 자료)를 수집해야 한다. 조사자는 적절한 시장정보를 얻기 위해 판매 대행업체, 유통업체, 중간상 및 소비자들에게 질문 하기도 한다. 마케팅 조사 방법은 정량적 조사와 정성적 조사 2가지 방식으로 분류할 수 있다. 마케터는 이러한 2가지 방식을 모두 활용하여 시장관련 지식을 획득하는데 관심을 가져야 할 것이다.

정량적 조사란, 일반적으로 다수의 응답자를 대상으로 구조화된 질문들에 대해 특별한 응답형태(가령 예/아니오 등)나 미리 준비된 보기에서 선택하도록 하는 응답형태를 통하여 구두질문 또는 설문지를 이용하여 조사하는 방식이다. 구조화된 질문들은 응답자의 행동이나 의견, 태도, 동기 및 인구통계학적 특성들을 조사하기 위해 설계된 것들이다. 정량적 조사는 마케터에게 세부적인 측정치를 제공할 수 있으며, 설문조사를 통하여 수집된 응답들은 퍼센트(%), 평균 또는 기타 통계수치로 요약될 수 있다. 예를 들어 응답자의 76%는 A제품을 B제품보다 더 선호한다 등등. 이중 설문조사 방식은 가장 일반적인 정량적 조사 방법으로 개인 면담, 우편, 전화 및 최근에는 인터넷을 이용한 설문지 조사방식을 대표적인 조사도구로 사용하고 있다.

치밀하게 설계된 시험 등과 같은 과학적인 연구는 공학자나 화학자에 의해 전 세계의 제품시험연구소에서 수행된다. 그러나 제품설계나 규격 등은 소비자의 이용환경에 따라 개발되며 시험을 거치게 된다. 따라서 이러한 부분에는 종종 설문조사를 통해 수집된 소비자의 의견이 종합되어 반영되어야 한다.

이러한 종류의 마케팅 조사에 대한 대표적인 사례는 일본의 수도 동경에서 살펴볼 수 있다. 일본인들은 욕실과 화장실 변기분야 기술에 있어 세계 최고수준을 자랑한다. 일본에서 이 분야의 가장 큰 선두기업은 토토(Toto)로서 매년 제품개발과 시험을 위하여 수백만 달러를 지출하고 있다. 수천 명의 인원이 최고의 화장실 변기형태에 대한 자료를 수집(설문조사 기법을 활용하여)하고 있으며, 기업내부에 설치된 "인간공학연구소(human engineering laboratory)"에서는 지원자들이 토토의 목욕통에 앉아 자신의 머리에 전극장치를 부착하고 "목욕이 인체에 미치는 효과"를 실험하기 위한 뇌파를 측정하고 있다. 토토는 현재 자신의 첨단기술 기반 화장실 변기제품(실제로 일본에서 소개된 저기술 기반 제품과 비교하여) 중 하나를 미국시장에 소개하고 있다. 이 제품은 600달러의 가격에 앉을 수 있는 변기좌석과 뚜껑 및 제어판으로 구성되어 있으며 미국인들이 일반적으로 사용하는 양변기에 부착할 수 있도록 되어 있다. 이 제품은 변기좌석을 따뜻하게 덥힐 수 있으며 악취제거용 송풍기가 부착되어 있다.

정성적 조사란, 질문이 제시되었을 때 이 질문들은 해당 주제나 사물에 대한 응답자 개인의 생각이나 느낌을 반영할 수 있는 비구조화된 심도 깊은 주관식 질문들이다. 일반적으로 소비자의 특정제품에 대한 최초 인상이 유용하게 이용된다. 또한, 제품선택 또는 제품이용 상황에서 소비자를 직접 관찰하는 방법도 마케팅 조사의 또 다른 중요한 정성적 접근방식 중 하나이다. 한 사람의 조사자가 미국과 일본의 병원에서 약 2개월에 걸쳐 실제 출산상황을 관찰하였는데, 이는 의료 서비스의 수출에 대한 시사점을 얻기 위한 것이었다. 닛산 자동차(Nissan Motors)는 조사자를 미국인 가정에서 생활하도록 하여(약 6주에 걸쳐 미국가정에 방을 임대하였음) 미국인들이 자동차를 실제로 어떻게 이용하는지를 직접 관찰하도록 하였다. 가장 최근에는 영국 소매업체인 테스코(TESCO)가 조사 팀을 실제 미국가정에서 생활하도록 하여 미국인들의 쇼핑 행위를 직접 관찰하도록 하였는데, 이는 월마트(Wallmart)나 다른 쟁쟁한 경쟁자들이 포진하고 있는 미국 슈퍼마켓 시장에 새롭게 진출하려 시도한 것이었다.[11] 엔더슨 월드와이드(Anderson Worldwide), 나이넥스(Nynex) 및 텍사스 상업은행(Texas Commerce Bank) 등은 인류학자를 고용하였는데, 이는 관찰조사와 심층면접조사 등 자신의 마케팅 조사를 수행할 전문가를 확보하기 위한 조치였다. 정성적 조사는 사람들이 표본으로 제시된 대상의 어떤 점을(자신들의 관점, 자신들의 느낌, 자신들의 느낌과 생각에 대한 역동적 상호작용, 자신들의 태도나 의견, 자신들의 행동에 따른 결과) 좋아하는지 이해하려 수행한다. 정성적 조사의 가장 대표적인 조사방식은 표적집단면접법(focus group interview)이다. 그러나 종종 개인에 대해 심층면접조사(in-depth interview)를 수행하는 것이 경제적인 방법이 될 수도 있다.

정성적 조사는 국제마케팅 조사에서 보다 분명하게 문제를 도출하고 정의하며 후속 조사에서 수행하여야 할 적합한 문제를 결정하려 사용한다. 또한, 광고 메시지 아이디어를 활성화시키며 관련분야 시장에 대해 흥미를 느끼고 있는 조직의 이해도를 높이려 사용한다. 예를 들어 캐터필러 트랙터 회사(Caterpillar Tractor Company)의 부서 중 하나인 솔라 터빈 인터내셔널(Solar Turbines International)에 속한 핵심 경영진 소그룹은 전 세계에 분포해 있는 자신의 사무소로 핵심 소비자들을 초청하여 심층면접조사를 수행하였다. 당시 기업의 재무관리 담당자와 제품 생산 엔지니어들 간에는 심각한 토론이 진행되고 있었는데, 이는 기업이 개발 중에 있던 새로운 크기의 가스-터빈 엔진에 관한 잠재적 사용용도와 이에 따른 수요를 예측하기 위한 것이었다. 핵심 소비자들과의 심층면접조사를 통하여 확보된 자료

---

[11] Cecillie Rohwedder, "Tesco Studies Hard for U.S. Debut," *The Wall Street Journal*, June 28, 2007, pp. B1, B2.

와 시사점들은 기업 내부에서 거시경제학적 모델을 통한 긍정적 수요량 예측이 매우 타당하다는 것을 입증해 주었다. 이후 수백만 달러가 투자된 해당 프로젝트가 실행되었다. 또한 심층면접조사 기간 동안에 개별 소비자들이 새로운 제품 특성을 직접 제안하기도 하였다.

또한, 정성적 조사는 사회문화적 요인들이 행동방식에 미치는 영향을 확인하는데 도움을 준다. 정성적 자료수집에서 발견한 개념과 이들 간의 적절한 관계를 정량화시키기 위해 설계된 후속 연구에서 시험해야 할 조사 가설을 개발하는데도 도움을 준다. 프록터 앤드 갬블(Procter & Gamble)은 이러한 방식의 조사에 선구자이다. 이 기업은 약 70년 동안 소비자의 반응을 체계적으로 수집하였다. 또한, 이 기업은 중국에서 최초로 소비자 대상 심층면접조사를 수행한 기업이다. 1990년대 중반에 이 회사는 중국 보건부(Ministry of Health)와 공동으로 현재 수백만 명이 참여하고 있는 치과위생 프로그램을 개발하기도 하였다.

정량적 조사와 정성적 조사의 결합은 종종 소비자 대상 시장뿐만 아니라 기업 간 거래 시장(BtoB market)에도 꽤 유용한 것으로 입증되고 있다. 한 연구에 따르면 일본인들은 투자정보서비스를 구매하기 위하여 기업체보다는 개인 위탁인을 미국보다도 훨씬 더 많이 이용하고 있는 것으로 나타났다.[12]

미국과 일본에서 진행된 면접조사 기간 동안에 기업 경영진들이 제시한 다양한 의견들은 정량적 조사결과를 이해하는데 부적절한 것으로 판명되었으나, 경영자를 위한 시사점과 향후 조사를 위한 아이디어는 제공하고 있는 것으로 나타났다. 마찬가지로 일본 동경에서 영업담당 관리자들을 대상으로 시행된 심층면접조사 결과 덕분에 일본의 영업 대리점들이 개인별로 지급되는 금전적 보상정책을 활용하지 않는 이유를 이해하는데 많은 도움을 주었다.[13]

다음 부분에서는 문화 및 언어 다양성의 어려움이 있는 국제마케팅 조사에서 활용할 수 있는 조사 방법들을 소개한다.

1차 자료 수집의 문제

해외 국가에서 1차 자료를 수집하면서 겪을 수 있는 어려움의 정도와 국내에서 겪을 수 있는 어려움의 정도에는 차이가 있다. 조사 문제를 결정한다는 것은 문제를 잘 정의하고 목표를 적절하게 수립한다는 것을 의미하는데, 중요한 조사의 성공은 조사 목표에 잘 부합되는 실제 자료를 수집할 수 있는 조사자의 능력에 달려 있다. 국제마케팅 조사에서 1차 자료 수집에 수반되는 대부분의 문제는 국가별 문화 차이와 함께 설문지 번역이 부적절하여 응답자가 자신의 의견을 제대로

[12] R. Bruce Money, "Word-of-Mouth Referral Sources for Buyers of International Corporate Financial Services," *Journal of World Business* 35, no. 3 (Fall 2000), pp. 314 – 29.

[13] R. Bruce Money and John L. Graham, "Sales Person Performance, Pay, and Job Satisfaction: Tests of a Model Using Data Collected in the U.S. and Japan," *Journal of International Business Studies* 30, no. 1 (1999), pp. 149 – 72.

전달할 수 없거나 억지로[14] 응답할 가능성과 관련 있다.

의사전달능력

제품이나 개념에 대한 자신의 태도나 의견을 나타낼 수 있는 능력은 응답자의 해당 제품이나 개념에 대한 유용성이나 가치를 인식할 수 있는 역량에 달려 있다. 자신의 주변인들이 제품을 사용하지 않거나 아예 이용해 본적이 없는 사람들은 제품 이용에 대한 이해가 부족하여 해당 제품에 대한 필요성, 태도 및 의견을 표현하기 어렵다. 예를 들어 사무용 컴퓨터가 어떤 이익을 주는지 모르는 사람은 해당 제품에 대한 정확한 느낌을 표현하기 어려울 것이며, 새로운 컴퓨터 소프트웨어 패키지 구매에 대해서도 구매 의도나 구매 의향(긍정, 부정)에 대한 적절한 정보를 제공할 수 없을 것이다. 보다 복잡한 개념을 가진 대상에 대해서는 응답자의 적절한 의견이나 반응을 얻어내기 위한 조사 설계가 더욱 어려워진다. 이러한 환경에서는 국제마케팅 조사자의 창의적 역량이 시험받게 된다.

의사소통이 어려운 소비자들을 이해하는데 많은 경험을 가진 기업 중 하나는 거버(Gerber)이다. 유아들은 자신들의 의견을 가지고 있지만 대화가 통하지 않으며 더욱이 설문지에는 응답조차 할 수 없다. 수 년에 걸쳐 거버는 유아 및 어머니들과 대화하며 그들을 관찰하는 것이 매우 중요한 마케팅 조사라는 것을 발견하였다. 한 연구를 통하여 거버는 모유를 먹는 유아들이 조제분유를 먹는 유아들보다 고형식품에 더 빨리 적응한다는 것을 발견하였는데, 이는 모유를 생산하는 당사자인 어머니가 무엇을 먹느냐에 따라 모유의 맛이 달라지기 때문이다. 예를 들어 어머니가 최근 마늘을 먹었을 경우에 유아는 더 오랜 시간 더 높은 강도로 젖을 빠는 것을 발견할 수 있었다. 또 다른 연구에서는 전 세계에 걸쳐 아이들의 젖 떼는 방법을 조사하였다. 인도의 아이들에게는 손가락에 렌즈콩(lentils)을 쥐어주며, 나이지리아 아이들에게는 할머니가 손에 든 깔때기를 통하여 발효된 수수를 먹이는 것을 발견하였다. 아시아 열대지역 일부에서는 어머니가 식물을 잘게 씹어 자신의 입에서 아이의 입으로 넣어주는 것으로 조사되었다. 미국에 살고 있는 히스패닉계(hispanic) 어머니들은 다른 비히스패닉계(non-hispanic) 어머니들에 비해 유아들에게 훨씬 더 일찍부터 음식물을 먹이는 경향이 있으며 이는 1살이 지나도 지속되는 것으로 나타났다. 이러한 모든 조사 결과는 제품이 해당 시장에 적합한지를 기업이 결정하는데 많은 도움을 주고 있다. 예를 들어 폴란드와 일본에서 각각 인기 있는 채소가 곁들인 토끼고기와 냉동건조 정어리 반찬의 쌀밥을 미국의 식품가게 선반에서는 쉽게 찾을 수 없다.

응답의지

마케팅 조사에서 응답자가 자신의 의견을 제대로 전달하지 못하거나 억지로 응답하게 되는 상황에 대한 가장 좋은 설명으로 문화적 차이를 살펴볼 수 있다. 남성 역할

---

[14] Fang Wu, Rudolf R. Sinkovics, S. Tamer Cavusgil, and Anthony S. Roath, "Overcoming Export Manufacturers' Dilemma in International Expansion," *Journal of International Business Studies* 38 (2007), pp. 283 – 302.

에 대한 질문, 성별에 기반한 개인적 질문의 적정성 그리고 성별 구분과 관련된 다른 문제들은 응답자의 응답 의지에 영향을 미칠 수 있다.

일부 국가에서는 남편이 돈을 벌 뿐만 아니라 심지어 돈을 어떻게 정확하게 쓸 것인지도 마음대로 결정한다. 왜냐하면 가정의 소비생활을 관리하는 사람은 남편으로 어떤 제품을 선호하며 얼마나 살 것인지를 결정하는 것은 부인이 아니라 남편이기 때문이다.

또한 어떤 국가에서는 남성이나 다른 이방인들과의 인터뷰에 여성들이 절대로 응하지 않는다. 프랑스계 캐나다 여성들은 질문 받는 것을 좋아하지 않으며, 질문에 대해서도 매우 말을 아끼는 편이다. 어떤 사회에서는 남성이 자신의 면도습관이나 선호하는 옷 상표에 대해 남과 의논하는 것이 자신의 품위를 떨어뜨리는 행동이라 생각하는데, 여성이 질문자라면 더 말할 필요도 없다.

미국에서 조세사정(tax assessment)이 연상되는 어떤 주제든 이를 얘기하는 사람은 바로 세무서 직원으로 의심받는다. 그러나 많은 국가의 국민들은 미국 국민들처럼 세금 납부에 대한 법적 · 도덕적 책임을 느끼지 않는다. 따라서 조세회피는 많은 국가에서 필요한 것으로 받아들여지고 있으며 능숙하게 조세를 회피하는 것이 자랑꺼리가 되곤 한다. 이러한 인식이 팽배한 지역에서는 세금부과가 정부당국에 의해 자의적으로 책정되므로 결과적으로 불완전하며 잘못된 정보들을 더 많이 양산하게 된다. 최근의 인구통계 조사에서 인도정부가 발견한 문제 중 하나는 임대인들이 자신들의 임대주택에 거주하고 있는 실제 세입자 수를 숨기기 위하여 세입자 수를 고의로 축소하여 신고한다는 것이었다. 왜냐하면 임대인들은 불법적으로 주거시설을 임대하였으므로 세무당국에 자신들의 행위를 숨기고 싶었기 때문이다.

미국에서 주식이 공개된 기업은 증권거래위원회(SEC)에 주기적으로 활동사항을 보고해야 한다. 그러나 다수의 유럽국가에서는 기업 활동관련 같은 정보가 좀처럼 공개되지 않으며, 공개된다 하더라도 매우 거센 저항에 부딪히게 된다. 예를 들어 독일에서는 선반에 있는 재고품에 대한 상점내부 조사와 판매정보 조사를 수행하기 위하여 상인들의 협조를 얻어내려 노력하였으나, 상인들의 의심과 비밀유지에 대한 강한 전통 때문에 거센 저항에 부딪혔다. 그러나 이러한 거센 저항은 문제에 한발 한발 다가서려는 조사자들의 의지에 의해 극복되었다. 상인들이 조사자를 신뢰하게 되고 정보수집의 가치를 깨닫게 되자 이후 점점 더 많은 정보들을 수집할 수 있게 되었다. 조사응답에 따른 사업자들의 저항 이외에도 저개발 국가의 지역 정치인들은 자신들의 체제를 전복시킬 위험이 있다고 믿는 조사에 대해 간섭하고자 하며 결국 이러한 조사를 금지시키거나 방해하려 할 것이다. 하지만 현지 정치인과 잠깐만 같이 얘기를 나누면 이러한 간섭을 예방할 수 있다.

이상과 같은 문화적 차이가 마케팅 조사과정을 더욱 어렵게 만들지만 마케팅 조사는 충분히 가능하다. 어떤 공동체에서는 해당 공동체의 유명인을 이용하여 마케팅

자정의 뉴델리(New Delhi) – 고객 응대 서비스와 전화조사 조사가 저임금의 영어 사용권 국가 위주로 운영되고 있다. 이러한 외주에 따른 비용절감 문제는 문화적 차이가 있는 의사소통 상황에서 발생할 수 있는 소비자 불만을 고려하여 균형 있게 다루어져야 한다. 특히 자발적 응답이 필요한 마케팅 조사에서는 더욱 그러하다.[15]

조사를 충분히 수행할 수 있으며, 다른 상황에서는 해당 시장에 지식을 가진 전문가나 해당 지역의 학생들을 조사자로 이용할 수 있다. 상대적으로 간접적인 측정기법과 비전형적인 자료 분석방법이 보다 유용할 경우도 있다. 한 연구에서 일본의 슈퍼마켓 구매자들에게 스타킹 구매에 대해 의사결정 할 때 직접적으로 상표의 국적(국내 또는 해외)이 중요한 요인이냐고 질문하면 상대적으로 그렇지 않다고 응답하는 반면 직접적인 질문방식이 아닌 쌍대 비교법(paired-comparison)방식으로 조사하면 상표의 국적이 구매 의사결정에 가장 중요한 요인으로 나타난다.

현장 조사에서의 표본추출

LO5

문화차이를 고려한 표본추출과 저개발 국가에서의 표본추출 문제를 이해한다.

표본추출에서 가장 큰 문제는 적합한 인구통계학적 자료가 부족하다는 것과 의미 있는 표본을 선별해낼 수 있는 이용 가능한 목록이 부족하다는 점을 들 수 있다. 만약 지금 당장 신뢰할만한 목록이 존재하지 않을 경우 표본추출은 보다 복잡하게 되며 신뢰할 수 없게 될 것이다. 조사에 필요한 전화번호부, 상호참조 주소록, 인구조사 표준지역에 대한 자료 및 상세한 사회/경제적 인구특성 자료 등이 현재 시점에서 없는 경우가 많다. 조사자는 표본의 특성과 통계모수를 추정해야 하며, 때때로 정확한 추정을 위하여 아주 적은 양의 기초자료만을 활용해야 하는 경우도 있다.

일부 중남미 도시와 멕시코 및 아시아 도시들에서는 시가지 표시지도를 이용할 수 없어 혼란이 더욱 가중되며, 일부 아시아의 대도시 지역에서는 거리가 구획되어 있지 않으며 주소가 없는 주택도 있다. 이와는 반대로 일본과 대만에서는 조사에 매

[15] Frank Alpert, Michael Kamins, Tomoaki Sakano, Naoto Onzo, and John L. Graham, "Retail Buyer Beliefs, Attitudes, and Behaviors toward Pioneer and Me-Too Follower Brands: A Comparative Study of Japan and the United States," *International Marketing Review* 18, no. 2 (2001), pp. 160–87.

우 긍정적인 측면 중 하나가 존재하는데, 이는 정확한 개인별 인구통계자료가 이용 가능하다는 것이다. 이러한 국가들에서는 가구에 변동이 발생한 후 수도, 가스, 전기, 교육 등 공공서비스를 이용하려면 사전에 중앙정부기관에 최신 정보를 제출하도록 되어 있다.

조사에 활용되는 다양한 의사소통 수단들(우편, 전화, 대인면접조사, 인터넷)이 가진 효과성은 제한적이라 할 수 있다. 다수의 국가에서 전화기를 보유한 사람은 매우 적기 때문에 전화를 이용한 조사방법은 부유한 사람이 목표 집단이 아니라면 실질적으로 가치가 없다고 할 수 있다. 스리랑카에서는 전체 인구의 19% 미만이 유선전화기를 보유하고 있으며, 7% 미만이 인터넷을 이용하고 있다. 다시 말해, 스리랑카에서는 이들만이 부유한 사람들이라는 의미이다.

표본추출 기법의 적정성은 사회 및 경제적 상세 정보의 부족 때문에 영향을 받을 수 있다. 예를 들어 전체 인구에 대한 연령파악이 되지 않는다면 조사자는 조사가 필요한 연령기준을 대표하는 표본을 정확하게 파악할 수 없을 것인데, 이는 구성된 표본에 연령분포를 비교해 볼 수 있는 기준이 전혀 없기 때문이다. 그러나 상세한 정보가 부족하더라도 표본추출을 못하는 것은 아니다. 상세 정보가 부족한 많은 조사자들은 확률적 표본추출 기법을 대신하여 시장지역이나 사람들이 많이 모이는 공공장소에서 표본을 추출하는 임의표본 추출방법을 이용하기도 한다.

맥도널드는 표본추출 문제로 곤란을 겪었다. 맥도널드는 남아프리카 공화국과 같이 급성장하고 있는 신흥시장에서 자신의 상표권을 지키기 위하여 법정투쟁을 벌이고 있었다. 맥도널드의 주장 중 하나는 남아프리카인들 사이에 맥도널드라는 상표명이 이미 회자되고 있다는 것이었다. 이를 증명하기 위해 2차례의 조사를 수행하여 여기서 나온 증거를 법정에 제출하였는데, 해당 내용은 조사 표본에 속한 응답자들의 대다수가 맥도널드라는 이름을 이미 들어본 적이 있다고 응답하였으며 기업로고도 이미 인지하고 있다는 것이었다. 그러나 이 재판을 담당한 대법원 판사는 이러한 증거를 그리 좋지 않게 생각하였는데, 이는 조사 표본이 남아프리카 공화국 인구의 79%를 차지하는 흑인이 아닌 주로 교외주택에 거주하는 "부유한 백인"이 대상이었기 때문이다. 이러한 표본추출상의 오류를 이유로 판사는 맥도널드 사건을 기각시켜 버렸다.

불충분한 우편 수신자 명단과 부족한 우편 서비스 체계는 조사자들이 우편을 이용한 조사를 수행하는데 문제를 일으킬 수 있다. 예를 들어 니카라과(Nicaragua)에서는 우편물 배송이 1주일 정도 지연되는 것은 일반적이며 편지가 오로지 우체국을 통해서만 배달되기 때문에 예상 우편 회수율도 매우 저조하다. 각국의 형편없는 우편 서비스 체계에 더하여, 해외국가로부터 우편조사 결과가 회수될 때 배송과 회수에 소요되는 시간이 장기화 됨에 따라 우편조사는 더 어려워진다. 이때 항공우편이 시간을 크게 단축 시킬 수 있지만 상당한 비용 상승을 초래할 수 있다.

CROSSING BORDERS 8.2 프랑스는 특별하다.

그날 아침 신문에 "클라우드 컴퓨팅(cloud computing)"이라는 용어가 전면에 나왔다. 필요할 때 인터넷에 접속하여 바로 이용할 수 있는 컴퓨터 활용기술에 대한 영어 명칭을 변경하기 위하여 지난 18개월을 연구한 결과 informatique en nuage라는 용어가 제출되었다. 이 용어의 문자 그대로의 의미는 "인터넷 환경에서의 컴퓨터 이용(computing in cloud)"이다. 프랑스의 용어 및 신조어 총괄 위원회(General commission of Terminology and Neology: 17명의 교수와 언어학자, 과학자 및 전직 외교관으로 구성)는 루브르(Louver) 박물관이 한눈에 내려다보이는 장소에 이 용어를 승인하기 위해 모였다.

인터넷 시대에 프랑스 언어 관련 사항들을 지키기는 쉽지 않다. 지난 몇 년 동안 프랑스 관료들은 영어 명칭과 동일한 의미를 가지는 프랑스 명칭을 계속해서 만들어 내기 위하여 매우 열심히 노력하였다. 많은 프랑스인들이 "le weekend"와 "un surfer"라고 말하고 있지만, 이 용어의 정확한 번역은 fin de semaine(주말)와 aquaplanchiste(수상용 보드)이다. 어떤 창업기업은 jeune pousse, 즉 어린 새싹(pousse라는 용어는 식물의 새싹을 의미)이라는 용어를 제안하였으며, 월드와이드웹(World Wide Web)은 toile d'araignee mondiale(글자 그대로 하면 범세계적 거미줄 망; global spider web)라고 번역하였다.

그러나 기술의 발전으로 새로운 영어식 표현은 인터넷상에 매우 빠르게 확산되고 있으며, 이는 프랑스인들을 매우 곤란하게 만들고 있다. "클라우드 컴퓨팅(informatique en nuage)"이나 "포드캐스팅(podcasting; diffusion pour baladeur)"과 같은 프랑스 동의어가 공인되어 인정받기 위해서는 3개 기관의 승인, 즉 정부 장관실의 허가와 프랑스어 및 프랑스어 방언을 위한 정부 총괄 대표단이 제시한 규정에 따라야 한다. 이 과정은 수년간에 걸친 언어학적 모험이 될 것이다. 57세의 공무원으로 정부 총괄 대표단의 수장을 맡고 있는 자비에르 노스(Xavier North)는 "정확성을 기하는 것에 타협이 있을 수 없다"라고 말하고 있다.

프랑스어를 위한 정부 총괄 대표단은 자신의 웹사이트를 통하여 프랑스인들에게 비치 발리볼(beach volleyball), 비치 테니스(beach tennis), 비치 하키(beach hockey) 등의 용어가 정확하지 못하다는 점을 알리고 있다. 정부 총괄 대표단은 이들 스포츠에 대한 인기가 더욱 높아지고 있으며, "사람들은 ....에 있는 경기장에서 경기를 개최한다."라고 정의하고 있다. 즉 이들 스포츠는 필수적으로 해변에서만 개최될 필요가 없기 때문에, 해변이라는 용어는 "모래 위에서(sur sable)"라는 용어로 대체되어야 한다는 것이다. 이에 따라 프랑스의 용어 및 신조어 총괄 위원회는 hockey sur sable, tennis sur sable, volley sur sable로 바꿀 것을 권고하였다.

프랑스의 이러한 노력은 일부분에서 성공하기도 하였다. 국제전기기술위원회(International Electrotechnical Commission)가 최근에 작성한 보고서를 보면, "영어는 전적으로 의사소통에 사용되는 반면 영어와 프랑스어는 기술직들에게 평범하게 사용되고 있다는 결론을 얻을 수 있다."라는 문구를 찾아볼 수 있다. 물론 우리는 이상과 같은 인용 문구가 정확히 무엇을 의미하는지 확신할 수 없기 때문에, 프랑스 관리들에게 어떻게 진심어린 축하를 보내야 할지 모르겠다.

출처: Max Colchester, "The French Get Lost in the Clouds over a New Term in the Internet Age," *The Wall Street Journal*, October 14, 2009; Hans Teichmann, "Language Selection Policies in International Standardization: Perceptions of the IEC Member Countries," *International Journal of IT Standards & Standardization Research* 7, no. 2 (2009), pp. 23–42.

언어와 이해력

해외조사에서 가장 보편적인 문제점은 언어장벽이라 할 수 있다. 서로 다른 관용구와 정확한 번역의 어려움은 필요한 정보를 얻고 응답자의 대답을 이해하는데 문제를 발생시킨다.[16] 부정문으로 이루어진 설문항목과 같은 것들은 어떤 특정문화에서는 적합한 측정척도 유형이지만 다른 문화에서는 문제가 될 수 있다.[17]

모든 언어에서 동일한 의미를 가진 개념은 존재하지 않는다. 예를 들어 가족이라는 단어만 하더라도 국가별로 서로 다른 의미를 함축하고 있다. 미국에서는 일반적

[16] Shi Zhang and Bernd H. Schmitt, "Creating Local Brands in Multilingual International Markets," *Journal of Marketing Research* 38 (August 2001), pp. 313 – 25.

[17] Nancy Wong, Aric Rindfl eisch, and James E. Burroughs, "Do Reverse-Worded Items Confound Measures in Cross-Cultural Research? The Case of the Material Values Scale," *Journal of Consumer Research* 30, no. 1 (June 2003), pp. 72 – 91.

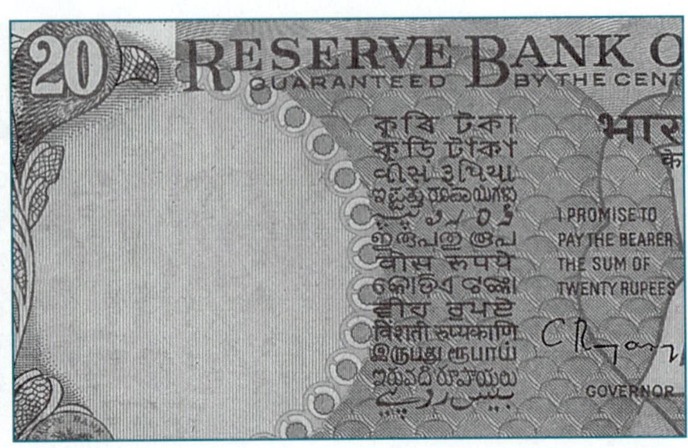

마케팅 조사자는 인도에서 언어의 다양성 문제를 고려해야 한다. 인도에서 쓰이는 영어를 제외한 13개 주요 언어들이 20루피 지폐에 순서대로 제시되어 있다.

으로 부모와 자녀들을 의미하지만, 이탈리아와 다수의 중남미 국가들에서는 부모와 자녀, 조부모, 삼촌, 조카, 사촌, 기타 등등을 의미한다. 또한, 가족 구성원 명칭이 가진 의미도 이들 명칭이 사용되는 맥락에 따라 국가마다 다르다고 할 수 있다. 이탈리아 문화권에서는 이모나 삼촌이라는 단어는 모계 쪽 혹은 부계 쪽에 사용되는 가에 따라 서로 다른 단어가 사용된다. 애정이라는 개념은 보편적인 것이지만 이것을 표현하는 방식은 각 문화마다 다르다고 할 수 있다. 서구에서는 애정 표현으로 입맞춤을 사용하지만, 많은 동양권 문화에서는 이것이 낯선 것이며 심지어 일부에서는 금기시되고 있기도 하다.

글을 읽고 쓸 줄 아는 능력은 또 다른 문제를 만든다. 일부 저개발 국가에서의 높은 문맹률은 설문지를 활용한 조사를 불가능하게 만든다. 또한, 이러한 국가들에서는 방언사용 문제와 서로 다른 언어의 사용 문제도 범국가적인 설문조사를 불가능하게 만든다. 인도에서는 14개에 이르는 공식 언어가 사용되고 있으며 비공식 언어는 이보다 더 많다. 한 조사자는 국제조사에서 발생하는 언어 차이나 문맹률과 같은 어려움을 극복하기 위하여 독일 동부지역에서 실시된 상표 선호도 조사에서 제품사진으로 질문을 하고 얼굴사진으로 응답을 하게 하였다. 또한, 다른 조사자들도 응답을 이끌어내기 위하여 사진이나 그림조각과 같은 다양한 비언어적 기법들을 사용하고 있다.[18]

더불어 조사자들은 한 가지 언어로 번역된 것이 해당 언어를 쓰고 있는 모든 지역에서 충분히 통용될 것이라 가정해서는 안된다. 예를 들어 멕시코의 한 조사자는 베네주엘라(Venezuela)에서 사용하기 위하여 할인점(outlet)이라는 단어의 번역을 요청하였는데, 이 단어는 소매할인점(retail outlet) 등에서 쓰이는 것과 동일하

[18] Gerald Zaltman, "Rethinking Marketing Research: Putting the People Back In," *Journal of Marketing Research* 34 (November 1997), pp. 424 – 37.

다. 그러나 베네주엘라 사람들은 번역된 단어를 전기 콘센트(electrical outlet), 바다와 연결되는 강줄기(outlet of river into ocean), 집 뒤쪽의 테라스로 연결되는 통로(passageway into patio)의 개념으로 이해하였다. 재미있기는 하지만 이 용어는 사용할 수 없었다. 따라서 목표시장의 원어민에게 번역된 단어나 용어의 "최종검토"를 받는 것은 꼭 필요한 것이다.

모든 국가에서 조사용 설문지를 포함한 모든 마케팅 의사소통수단들은 완벽하게 작성되어야 한다. 만약 그렇지 않으면 소비자나 고객들은 정확하게 응답할 수 없거나 심지어 응답 자체를 할 수 없게 된다. 해당지역 언어를 쓰는 원어민에 의해 작성되거나 검토된 설문지라도 종종 실수가 발생되곤 한다. 심지어 우량기업인 아메리칸 에어라인(American Airlines)도 스페인어 설문지를 이용하여 스페인과 멕시코로 여행하는 승객을 대상으로 한 고객 만족도 조사에서 실수를 저질렀다. 예를 들어 기내식 선호도에 대한 질문에서 혼동이 발생하였는데, 스페인 승객들은 오렌지 주스를 'zumo de naranja'라고 주문하는 반면에 멕시코 승객들은 오렌지 주스를 'jugo de naranja'라고 주문하기 때문이다. 이런 확실히 미묘한 차이점들은 스페인어를 사용하는 사람들에게는 문제가 되지 않는다. 마케터는 잘못된 번역을 빨리 찾아낼 수 있도록 역번역, 병렬번역 및 탈중심화와 같은 3가지 서로 다른 번역방법을 이용해야 한다.

역번역(Back Tarnslation) **역번역**이란 설문지를 구성하는 하나의 언어를 다른 언어로 번역한 이후, 이를 다시 다른 사람이 원래의 언어로 재번역하게 하여 재번역된 내용과 원래의 설문지 내용을 비교하는 것을 의미한다. 이러한 과정은 설문지가 응답자들에게 공개되기 전에 오역이나 잘못 이해된 문장들이 있는지를 검증하기 위한 것이다. 광고문구와 관련된 한 연구를 살펴보면, 어떤 청량음료 기업이 호주에서 대단히 성공적이었던 "자기야, 속이 아주 시원해(Baby, it's cold inside)"라는 광고 문구를 홍콩에서도 사용하고 싶어 하였다. 이를 위해 이 광고 문구를 한 사람의 번역가로 하여금 영어에서 광동어로 번역하게 하였고, 이후 다른 번역가로 하여금 광동어에서 영어로 재번역하게 하였는데 해당 문구가 다음과 같이 번역된 것을 발견하였다. "작은 모기야, 속이 아주 차갑구나(Small mosquito, on the inside it is very cold)". 비록 홍콩에서는 "작은 모기"가 "작은 아이"를 의미하는 구어체적 표현으로 쓰인다 하더라도, 광고제목이 원래 의도했던 의미와는 완전히 다르게 번역된 것을 알 수 있다.

병렬번역(Parallel Translation) 역번역이 항상 정확한 번역을 보장해주지는 않는데, 이는 사용된 2개의 언어 모두에서 공통적으로 사용되고 있는 관용구 때문이다. **병렬번역**은 이러한 문제들을 해결해 준다. 병렬번역과정에서는 2명 또는 그 이상의 인원이 역번역을 수행하며, 이후 각자의 번역결과를 비교하고 차이점을 논의한 후에 가장 적절한 번역을 선택하게 된다. 최근에 조사자들은 이러한 과정을 사전검증단계

일본 쿄토에 있는 2학년 학생들이 일본어의 복잡성을 경험하고 있다. 교실에서 학생들은 쇼오(shou)라고 발음되는 200개가 넘는 글자들 중 일부를 쓰고 있다. 일본어에는 15,000개에 달하는 간지문자(Kanji characters)가 있는데, 이 문자들은 중국어에서 차용한 것이다. 영어와 다른 일본어의 구조상의 차이점은 설문지를 번역하는데 가장 어려운 부분이라 할 수 있다.

에 포함시켜 반복적으로 번역수정을 할 수 있도록 확대할 것을 주장하였다.[19]

탈중심화(Decentering) **탈중심화**로 알려진 3번째 방법은 역번역의 변형이라 할 수 있다. 이것은 하나의 설문지에 대해 번역과 재번역을 반복적으로 수행하는 방식으로 각각의 번역에 다른 번역가가 동원된다. 예를 들어 어떤 번역가가 영어판 설문지를 프랑스어판 설문지로 번역하고 나면, 이후 다른 번역가가 이를 다시 영어판으로 번역하게 한다. 이러한 2가지 영어판 설문지를 비교하여 차이가 발생하면 최초 영어판 설문지를 수정하게 되며 이러한 작업을 계속 반복하게 된다. 만약 계속해서 2개의 영어판 설문지에 차이점이 발견되면, 이때는 2번째 영어판(영어→프랑스어→영어) 설문지를 수정하며 이후 이 설문지에 대한 번역과 역번역의 과정을 반복적으로 수행하게 된다. 탈중심화 번역과정은 다른 번역가들에 의해 수행된 영어와 프랑스어의 반복된 번역과 역번역 과정의 결과로 영어판 설문지가 동일해질 때까지 계속해서 반복 수행되게 된다. 이 과정에서 최초로 작성된 설문문항이 수정되면 이러한 수정된 내용의 최종판을 설문조사에 이용하게 되는데, 수정된 최종판의 번역은 2개 언어 모두에서 거의 동일하게 된다.

이러한 절차에도 설문지의 적절한 번역과 해당언어의 완벽한 사용은 성공적인 조사 설계에 매우 중요하다. 문화 및 국가차이로 번역에 따른 혼란은 조사자뿐 아니라 응답자에게도 문제가 될 수 있다. 적절한 영어 단어로 작성되지 않은 질문이나 영어 속어의 사용 또는 생략된 표현 등은 그 자체로 틀리거나 모호한 의미로 해석될 수 있다. 이러한 예로 앞에서 살펴본 '리테일 아울렛(retail outlet)'에서의 '아울렛(outlet)' 표기를 들 수 있다. 여기서 문제는 직역의 문제가 아니라 질문에 사용된 단어를 어떻게 번역하였는가와 관련이 있다. 즉, 설문조사를 위한 질문에 구어체적 단어나 속어를 사용하지 않고 정확한 단어를 사용하여 번역되었는지가 매우 중요하다. 리더스 다이제스트(Reader's Digest)가 서유럽 지역에서 소비자 행동연구 조사의 대표적 실수를 살펴보면, 조사결과 프랑스와 독일의 소비자들은 이탈리아 소비자들보다 더 많은 스파게티를 소비하고 있는 것으로 나타났다. 이러한 조사결과는 "포장되어 있으

[19] Susan P. Douglas and C. Samuel Craig, "Collaborative and Iterative Translation: An Alternative Approach to Back Translation," *Journal of International Marketing* 15, no. 1 (2007), pp. 30–43.

며 상표가 있는 스파게티"를 얼마나 구입하느냐와 같은 이상하고 잘못된 질문에 의해 응답된 결과를 기초로 하였기 때문이다. 대부분의 이탈리아 소비자들은 포장하지 않은 스파게티를 구매하는 반면 프랑스나 독일 소비자들은 상표가 있는 포장된 스파게티를 주로 구매한다. 따라서 이러한 결정적 차이 때문에 이탈리아 소비자들의 스파게티 구매량이 적은 것으로 나타난 것이다. 상표가 있는 포장된 스파게티를 소비자들이 얼마나 많이 구매하는지를 파악하고자 하는 것이 조사의 목표였다면 해당 조사결과는 타당한 것이 될 것이다. 그러나 리더스 다이제스트의 조사목표는 소비자들이 얼마나 많은 양의 스파게티를 구매하는가에 관한 것이었기 때문에 이 자료는 잘못된 것이다. 조사자들은 항상 자신들이 올바른 질문을 하고 있는지를 확인해야 한다.

문화적 차이를 고려한 마케팅 조사문제는 자료가 수집되고 난 이후에 다루어야 한다. 예를 들어 일본 소비자들은 미국 소비자들에 비해 보수적으로 평가척도에 응답하는 경향이 있다고 알려져 있다. 다시 말해 1점이 "매우 만족", 7점은 "매우 불만족"과 같이 7점 척도로 질문하였을 경우 일본인들은 일반적으로 중간점(다수가 3점이나 5점으로 응답)에서 응답하는 성향이 있는 반면 미국인들은 양 극단점수(다수가 1점이나 7점으로 응답)에 응답하는 경향이 있다는 것이다. 이와 같은 응답편차는 비교가능성(comparability)을 최대화할 수 있도록 통계적인 표준화 절차를 이용하여 조정 작업을 수행해야 한다.[20] 몇몇 번역 문제는 기타 통계적 접근방법을 통하여 사후에 발견하거나 줄일 수 있다.[21]

다문화간 조사: 특수문제

기업이 글로벌 사업자가 되고 다수 국가에 걸친 다양한 분야의 마케팅 믹스(4Ps) 표준화를 위해 노력하게 되면 다문화간 조사는 더욱 중요하게 된다. 이때 기업은 어느 정도의 마케팅 믹스 적응이 적절한지를 결정하는 것이 필요하다.[22] 따라서 기업이 마케팅 전략 측면의 표준화를 수행하기 전에 다양한

[20] Hans Baumgartner and Jan-Benedict E. M. Steenkamp, "Response Styles in Marketing Research: A Cross-National Investigation," *Journal of Marketing Research* 38 (May 2001), pp. 143–56; Martijin G. De Jong, Jan-Benedict E. M. Steenkamp, Jean-Paul Fox, and Hans Baumgartner, "Using Item Response Theory to Measure Extreme Response Style in Marketing Research: A Global Investigation," *Journal of Marketing Research* 45, no. 1 (2008), pp. 260–78.

[21] S. Durvasula, R. G. Netemeyer, J. C. Andrews, and S. Lysonski, "Examining the Cross-National Applicability of Multi-Item, Multi-Dimensional Measures Using Generalizability Theory," *Journal of International Business Studies* 37 (2006), pp. 469–83; Martijin G. De Jong, Jan-Benedict E. M. Steenkamp, and Jean-Paul Fox, "Relaxing Measurement Invariance in Cross-National Consumer Research Using a Hierarchical IRT Model," *Journal of Consumer Research* 34 (2007), pp. 260–72; Yi He, Michael A. Merz, and Dana L. Alden, "Diffusion of Measurement Invariance Assessment in Cross-National Empirical Marketing Research: Perspectives from the Literature and a Survey of Researchers," *Journal of International Marketing* 16, no. 2 (2008), pp. 64–83; Martijn G. de Jong, Jan-Benedict E. M. Steenkamp, and Bernard P. Veldkamp, "A Model for the Construction of Country-Specifi c Yet Internationally Comparable Short-Form Marketing Scales," *Marketing Science* 29, no. 4 (2009), pp. 674–89.

[22] Amanda J. Broderick, Gordon E. Greenley, and Rene Dentiste Mueller, "The Behavioral Homogeneity Evaluation Framework: Multi-Level Evaluations of Consumer Involvement in International Segmentation," *Journal of International Business Studies* 38 (2007), pp. 746–63.

문화에 걸친 시장특성들을 유사성과 차이점의 측면에서 비교 해보아야 한다. 지금까지 살펴본 내용들은 동일 문화권내에서 조사를 수행하는데 따른 어려움들이었다. 다양한 다문화 연구를 하게 되면, 동일 문화권 조사수행에서 나타난 어려움들이 문화적 다양성들과 만나게 되어 더욱 복잡한 문제가 된다.[23]

다문화간 조사(multicultural research)는 서로 다른 언어, 경제상황, 사회구조, 소비자 행동 및 태도방식을 가지는 국가들을 대상으로 조사를 수행하게 된다. 문화적 차이를 고려한 조사를 계획할 때 중요한 것은 이러한 차이들을 어떻게 고려할 것인가 하는 점이다.[24] 명심해야 할 매우 중요한 사항은 다양한 문화에 적용되는 조사를 계획할 때 조사결과의 비교가능성(comparability)과 등가성(equivalency)을 확실하게 고려해야 한다는 것이다. 이러한 차이는 개별국가에 대해 서로 다른 조사방법을 적용해야 한다는 것이다.

일부 사례에서는 전체 조사 설계가 국가별로 서로 다르게 되었을 때 조사결과의 비교가능성이 가장 높다는 것을 보여주고 있다. 예를 들어 중남미국가에서는 소비자들을 표적집단 면접조사(focus group interview)나 심층면접조사(in-depth interview)에 참여시키는 것이 매우 어려운데, 이는 중남미사람들이 상업적 조사나 시간가치에 대해 다른 지역사람들과 다른 관점을 가지고 있기 때문이다. 또한 미국 사업가들과 비교하여 일본인들은 우편을 이용한 조사에 잘 응답하지 않는 경향이 있다. 이 문제와 관련하여 일본에서 설문지를 배포하고 수집하는데 이용할 수 있는 다양한 대안적 방법들에 관한 2개의 연구가 최근 수행되었다. 이중 첫 번째 연구는 소매점 구매자들의 선도 브랜드(pioneer brand)에 대한 태도를 조사하기 위한 것이었다. 미국에서는 이 조사를 위하여 전국적인 슈퍼마켓 구매자 목록을 이용하여 표본을 추출한 뒤 우편을 통하여 설문지를 배포하고 수집하도록 하였다. 반면에 일본에서는 16개 주요 슈퍼마켓 체인점들을 통하여 소비자들에게 직접 설문지가 배포되었으며 수집은 일본의 조사자들에게 직접 우편을 통하여 제출하도록 하였다. 두 번째 연구는 미국과 일본 영업사원들의 직업 만족도를 비교하기 위하여 수행되었다. 미국에서는 기업 내부우편 시스템을 통하여 설문지가 배포, 수집되도록 하였으며, 일본에서는 영업직 훈련 프로그램 참가자를 대상으로 훈련 프로그램 기간 동안에 참가자들에게 직접 설문하여 수집되는 방식으로 진행되었다. 이처럼 2가지 연구의 조사자들이 비교연구(comparative studies)에서 조사결과의 품질을 떨어뜨릴 수도 있는 서로 다른 자료배포 및 수집방법을 선택하였다 하더라도, 조사자들이 선택한 이러한 접근방식은 실질적인 조사를 수행하는데 가장 최선의 실행방안이라 할 수 있다.

---

[23] Masaski Kotabe, "Contemporary Research Trends in International Marketing," in *Oxford Handbook of International Business*, 2nd edition, ed. Alan Rugman (Oxford: Oxford University Press, 2009), Chapter 17.

[24] James Reardon, Chip Miller, Bram Foubert, Irena Vida, and Liza Rybina, "Antismoking Messages for the International Teenage Segment: The Effectiveness of Message Valence and Intensity across Different Cultures," *Journal of International Marketing* 14, no. 3 (2006), pp. 114–36.

문화적 차이를 고려한 조사를 완벽하게 수행하게 되면 국제마케팅 조사에서 요구되는 풍부한 조사자원을 활용하는 좋은 사례가 될 것이다. 그러나 다양한 문화에 걸쳐 수집된 자료이기 때문에 자료의 신뢰성 문제라는 또 다른 문제가 발생하게 된다. 문화적 차이를 고려해서 조사에 충분한 주의를 기울이지 않으면 표본추출 오류나 기타 문제가 발생할 뿐만 아니라 다양한 문화적 상황에서 측정항목의 타당성이 검증될 수 없다는 다수의 증거들이 있다.

인터넷 조사: 기회의 증가

인터넷 이용에 대한 전 세계적인 성장세를 따라 잡는다는 것은 현실적으로 불가능하다. 저자들이 이 글을 쓰고 있는 현재에도 200여 개국 이상에서 18억명 이상의 인구가 인터넷을 이용하고 있다. 미국에는 전 세계 인터넷 이용자의 1/6과 함께 인터넷 호스트의 50% 이상이 있다. 인터넷 시장의 급속한 성장은 이제 중국에서도 목격할 수 있으며 최종적으로 집계된 중국의 인터넷 이용자 수는 3억 7천 500만 명에 이르고 있다.[25]

미국을 제외한 전 세계 인터넷 이용 증가추세는 미국의 거의 2배에 육박하고 있다. 코스타리카(Costa Rica)와 같은 국가의 인터넷 이용 증가율은 지역정부가 컴퓨터를 "교육용 기자재"로 재분류하여 모든 컴퓨터 대외 수입에 대한 관세를 폐지하는 정책적 결정이 내려지면서 더욱 촉진되고 있다. 전 세계적인 인터넷 이용자의 인구통계학적 정보를 살펴보면. 60%가 남성이며 40%는 여성이다. 이용자들의 평균 연령은 32세 정도이다. 이용자의 60% 정도는 전문대학교 이상의 교육을 받았으며 평균 수입액은 60,000달러 정도이다. 이용시간은 1주일에 2.5시간 정도로서 인터넷으로 이메일과 정보탐색을 주로 한다. 언어별 홈페이지(home pages) 비율은 영어 80%, 일본어 4%, 독일어 3%, 프랑스어 2%, 스페인어 1%, 기타 다른 언어들은 각각 1% 미만이다.

인터넷은 많은 기업에 다양한 국제마케팅 조사를 위한 중요한 신규 수단을 제공하고 있다. 실제로 마케팅조사 전문가들에 대한 설문조사에 따르면 산업에 가장 중요한 영향을 미친 것으로 인터넷과 세계화를 들고 있다. 새로운 제품 컨셉과 광고문구들이 인터넷을 통한 소비자 의견수렴으로 검증되고 있다. 범세계적인 소비자 패널들은[26] 국제적인 표본을 이용하여 마케팅 프로그램의 검증에 많은 도움을 주고 있다. 국제조사에서는 다음과 같은 최소 8가지 용도로 인터넷이 활용되고 있다.

1. **온라인 설문조사와 구매자 패널(Online surveys and buyer panels)** 참여에 대한 보상이 주어질 수 있으며, 참여자들은 우편이나 전화조사방식보다 훨씬 저렴한 비용으로 더 나은 "분기(branching)" 능력(이전 질문에 기초하여 다

[25] Euromonitor.com, 2010.

[26] Information regarding worldwide Internet panels is available at http://www.decisionanalyst.com.

른 질문을 계속 물어보는 것)을 제공한다.

2. **온라인 표적집단(online focus groups)** 이 목적을 위해 온라인 게시판을 이용할 수 있다.
3. **웹 방문자 추적(web vistor tracking)** 인터넷 서버가 자동으로 인터넷 방문자들의 방문 사이트가 어디인지를 실시간으로 추적한다.
4. **광고 측정(advertising measurement)** 인터넷 서버가 다른 사이트로 연결되는 것을 추적할 수 있기 때문에 이런 장점을 활용하여 광고가 잘 활용되고 있는지를 측정할 수 있다.
5. **소비자 인식 시스템(customer identification systems)** 다수의 기업들이 소비자들의 방문이나 구매기록을 시간경과 순서로 추적할 수 있도록 허용할 것을 요청하는 등록절차 프로그램을 설치하고 있는데, 이러한 등록절차를 통하여 가상 패널(virtual panel)이 만들어진다.
6. **이메일 마케팅 목록(e-mail marketing lists)** 소비자들이 이메일에 등록할 때, 향후에 인터넷을 통하여 직접적으로 마케팅을 받을 것인지를 질문할 수 있다.
7. **임베디드 조사(embedded research)** 인터넷은 소비자들의 전통적인 경제적 역할(단순 소비)을 제품과 서비스에 대한 정보탐색, 다양한 구매대안들에서의 쇼핑 비교, 서비스 제공자와 직접적인 상호작용, 소비자-브랜드 관계유지 등과 같이 다양한 역할로 계속해서 변화시켜 주고 있다. 이러한 다양한 인터넷 과정들은 마치 그 자체가 조사과정인 것처럼 보이기나 느껴지기도 한다. 이 방법은 소비자들의 실제구매 및 이용 상황에 보다 직접적으로 적용될 수 있으며, 전통적인 조사방식보다 소비자의 실제적인 경제행위에 더 밀착되어 조사를 수행할 수 있다. 일부 기업은 온라인을 통하여 소비자들이 직접 제품 디자인을 할 수 있도록 선택권을 부여하기도 하는데-이는 궁극적으로는 제품개발을 목적으로 하는 조사에 활용한다.
8. **온라인 민족지학(netnography)으로 알려져 있는 관찰조사(observational research)** 인터넷 대화방, 블로그 및 개인 웹사이트를 통하여 소비자들의 제품 및 서비스에 대한 평가의견을 체계적으로 관찰할 수 있다.

인터넷이 지속적으로 성장하고 있어 현재보다 더 많은 조사방법이 적용가능해질 것이라는 점은 분명하다. 또한 새로운 번역 프로그램의 등장이 인터넷을 통한 마케팅 의사소통수단이나 조사에 미치는 영향도 매우 흥미롭다. 이제 기업들은 설문지 조사를 위해 "당신의 만족수준을 평가하시오"와 같은 공통된 문구를 포함하는 번역 서비스를 제공하고 있다.[27] 어플리케이션 서비스 공급기업이 제공하는 번역정보자

[27] See, for example, http://www.markettools.com.

료실을 이용함으로써 다양한 언어의 설문조사도 더욱 빠르게 진행할 수 있을 것이다. 마지막으로 고려사항이 많은 국제마케팅 상황에서 개인 사생활 보호 문제는 현재에도 그렇지만 앞으로도 계속 다양한 인적, 법적 문제가 발생할 것이다. 국제 마케터가 당면한 성가신 도전과제는 사생활 보호문제와 협조적인 소비자나 소비자그룹 확보 문제를 다양한 문화적 관심에서 바라보아야 한다는 것이다.

인터넷을 활용하여 1차 조사를 수행할 수 있다는 것은 대단히 흥미로운 사항 중 하나이다. 그러나 인터넷 응답자만을 단일 모집단으로 이용하는데 따른 잠재적 오차 때문에 일부에서는 심각한 한계가 발생하기도 하며, 기업마다 수집된 정보를 활용하여 자신의 경쟁우위로 만드는 역량에도 매우 큰 차이가 있다.[28] 그럼에도 국가별로 인터넷에 접속하는 전체 인구는 더욱 많아지고 있으므로 인터넷은 1차 조사를 위한 보다 정밀한 도구가 될 것이다. 또한 인터넷은 다양한 국가에서 보다 유연성 있게 자료를 수집할 수 있는 다양한 방법 중 하나로 이용될 수 있을 것이다.

오늘날 국제마케팅 조사에서 인터넷이 가진 진정한 힘은 아주 손쉽게 2차 자료에 접근할 수 있다는 점에 있다. 2차 자료들은 몇 년 전까지만 해도 인쇄된 형태로 이용할 수 있었지만, 현재는 인터넷 접속을 통하여 쉽게 이용 가능하며 대부분의 경우 필요한 즉시 이용이 가능하다. 2년 또는 3년이 지난 낡은 자료를 찾기 위하여 참고도서의 낱장을 뒤적이는 대신에 독자는 인터넷을 이용하여 최신 자료를 바로 찾아볼 수 있다. 'www.stat-usa.gov'와 같은 인터넷 사이트에서 미국 정부가 발행한 거의 모든 정보를 찾아볼 수 있다. 만약 독자가 미국으로 운송하기 위하여 선적된 특정 제품의 수량이 얼마인지 알고 싶다면 해당 제품의 수입관세나 수출면허의 취득 여부를 살펴보면 되는데, 이러한 모든 정보는 컴퓨터를 이용하여 위에 있는 사이트에서 찾아보면 모두 나와 있다. 다양한 사기업들이 온라인을 통하여 국제마케팅 정보를 제공하고 있는데, 본장 마지막에 나와 있는 부록을 자세히 살펴보면 된다.

시장수요 예측

2009년의 전례 없는 세계무역의 붕괴에 대해 국제적인 경제예측 전문가들은 매우 다양하고 암울한 주요 기사들을 내놓았다. 몇 가지를 살펴보면 "경제에서 무엇이 잘못되고 있는가,?" "안개 속에서의 기업경영," "인기가 사라진 전략적 계획." 등이다.[29] 현재의 제품 수요를 평가하고 미래의 수요를 예측하기 위해서는 신뢰할 수 있는 역사적 자료가 필요하다.[30] 앞에서도 언급하였듯이 2차 자료의 품질과 이용가능

[28] Tho D. Nguyen and Nigel J. Barrett, "The Knowledge-Creating Role of the Internet in International Business: Evidence from Vietnam," *Journal of International Marketing* 14, no. 2 (2006), pp. 116–47.

[29] "What Went Wrong with Economics?" *The Economist*, July 18, 2009, pp. 11–12; "Managing in the Fog," *The Economist*, February 28, 2009, pp. 67–68; Joann S. Lublin and Dana Mattioli, "Strategic Plans Lose Favor," *The New York Times*, January 25, 2010, p. B7.

[30] Although more than 20 years old, still the best summary of forecasting methods and their advantages, disadvantages, and appropriate applications is David M. Georgoff and Robert G. Murdick, "Manager's Guide to Forecasting," *Harvard Business Review*, January–February 1986, pp. 110–20.

성은 종종 불확실하다고 할 수 있다. 그럼에도 시장규모의 예측은 효과적인 계획을 세워 수행되어야 한다. 이상과 같은 한계에도 수요예측에 관한 일부 접근방식은 최소한의 자료만을 가지고도 이용 가능하다. 이러한 접근방식은 의미 있는 대체자료를 찾거나 필요로 하는 경제적, 지리학적, 인구통계학적 관계에 대한 근사치를 찾을 수 있는 해당 조사자의 능력에 따라 성공여부가 판가름 나게 된다.

필요한 통계자료를 이용할 수 없을 때에는 해당 지역의 생산량에 수입량을 더하고, 여기에 수출량과 현재의 재고수준을 고려하여 최적의 근사치를 산출할 수 있다. 이러한 근사치 추정에 투입되는 자료들은 쉽게 구할 수 있는데, 이는 이러한 자료들이 일반적으로 국제연합(UN)이나 다른 국제기구들로 부터 제공되기 때문이다. 일단 판매량 추세가 세워지면 일련의 역사적 데이터들이 미래 성장예측지의 추정에 사용된다. 그러나 직접적인 보간법(외사법)을 사용해야 하는 상황에서 평가자는 바로 직전 과거시기의 추세들이 미래에도 지속될 것이라 가정해야 한다. 그러나 이러한 가정도 문제가 될 수 있는데, 과거시기에 매우 중요하고 예외적인 사건, 즉 2009년의 세계무역의 붕괴와 같이 긍정적이든 부정적이든, 이런 사건이 포함되어 있을 경우에 그렇다.[31] 급속한 경제성장이 이루어지고 있는 나라들에 대한 추정수치들은 이들 나라들의 급격한 성장률을 잘 반영하지 못하기 때문에 적절하게 조정되어야 한다. 해외시장에 대한 높은 불확실성과 제한적인 자료로 인하여 국제 마케터는 수요를 예측하는 다음과 같은 2가지 방법을 이용해야 하는데, 이는 전문가 의견과 유추법(analogy)이다.

전문가 의견

다양한 시장수요 예측문제에서 특히 해외시장에 대한 수요예측을 처음 시도해보는 마케터에게는 **전문가 의견** 방법이 권장된다. 이 방법에서 전문가들은 시장규모나 성장률에 대한 자신들의 의견을 제출하여 종합하게 된다. 여기서 전문가들은 기업에 속한 판매 관리자나 외부 컨설턴트 또는 정부 관리가 될 수 있다.

전문가 의견이 수요를 예측하는데 기여하는 가장 중요한 장점은 이 방법이 바로 **삼각측량(triangulation)**을 사용한다는 것이다. 다시 말해 서로 다른 예측 원천들에서 제시된 예측수치들을 비교하여 본다는 것이다.

시나리오 개발은 중국이나 러시아 같은 신흥시장의 회계서비스 수요를 예측하거나 홍콩 여행업계에 미칠 수 있는 사스(SARS)의 영향력을 예측하기 위해 노력하는 것과 같이 매우 모호한 시장예측 상황에서 유용하게 사용될 수 있다. 게다가 이전 시기에 대한 통계적인 분석은 근본적으로 취약하다 할 수 있는데, 이는 사스(SARS)처럼 심각한 사건들의 잠재적인 영향력을 모두 파악할 수 없기 때문이다.[32]

---

[31] Don E. Schultz, "Is This the Death of Data," *Marketing News*, September 15, 2009, p. 19.

[32] Pierpaolo Andriani and Bill McKelvey, "Beyond Gaussian Averages: Redirecting International Business and Management Research toward Extreme Events and Power Laws," *Journal of International Business Studies* 38 (2007), pp. 1212–30.

시장에 대한 다양한 지식과 풍부한 경험을 가진 전문가들은 시장수요 성장이나 시장 안정성에 심각한 위협이 될 수 있는 사건들을 예측하는데 매우 유리하다고 할 수 있다.

유추법

시장수요 예측에 대한 또 다른 기법은 **유추법(analogy)**에 의한 예측이라 할 수 있다. 이 방법은 각국의 경제적 발전정도를 비교하여 대체로 유사한 방식으로 다른 국가들의 제품수요도 파악할 수도 있다고 가정하는 방식이다.[33] 이 방법의 사용을 위하여 우선 예측할 항목과 해당 국가에서 유추법의 기본단위로 사용할 측정변수[34] 사이의 관계를 잘 규정해야 한다. 알려진 관계가 성립되면, 평가자는 이미 알려진 상황과 대상국가와의 유사점을 이끌어 낸다. 예를 들어 어떤 기업이 매출액에 대한 자료가 불충분한 X 국가의 음료수 시장에 대한 잠재 성장률을 예측하고 싶은데, 이웃의 Y 국가 음료수 시장에 대한 자료를 보유하고 있다고 가정하자. Y 국가의 1인당 음료수 소비량 증가율은 Y국의 1인당 국민소득(GDP) 증가율을 이용하여 예측하는 것이 가능하다고 알려져 있다고 할 때, X 국가의 국민소득(GDP) 증가율을 알고 있다면 Y 국가에서 사용되는 1인당 음료수 소비량 증가율과 1인당 국민소득 증가율의 관계를 활용하여 X 국가의 1인당 음료수 소비량 증가율을 예측하는 것이 가능하다는 것이다.

유추법을 사용하기 위해서는 매우 신중을 기해야 하는데, 이는 이 방법이 비교에 사용된 변수(위의 예에서 1인당 국민소득) 이외에 다른 요인들, 예를 들어 소비자의 입맛, 세금문제, 판매방식, 제품의 효용, 소비행태 등도 비교대상이 되는 국가 간에 유사하다고 가정하기 때문이다.[35] 예를 들어 1,300만 명의 무선 인터넷 프로토콜(WAP: Wireless Access Protocol) 이용자를 가진 일본을 활용하여 유럽지역의 무선 인터넷 프로토콜(WAP) 이용자 수를 예측하게 되면 매우 과대평가된 수치가 나타난다. 유럽지역의 실제 사용자 수는 2백만 명으로 예측치인 1,000만 명보다 적게 나타났다. 또는 미국의 개인용 컴퓨터나 휴대전화기에 대한 타당성 있는 채택률을 살펴보기 위하여 그림 8.1에 나타난 다른 4개 국가들의 채택률을 참고로 하여 예상할 수

---

[33] Such an approach is now being used to predict the depth of the housing market decline in the United States and other markets by making comparisons to the housing boom – bust cycle experienced by Japan in the 1980s and 1990s. See Robert J. Shiller, "Things that Go Boom," *The Wall Street Journal*, February 8, 2007, p. A15.

[34] These variables may include population and other demographics or usage rates or estimates, and so forth. Using combinations of such variables is also referred to as a *chain-ratio* approach to forecasting.

[35] Gerard J. Tellis, Stefan Stremerch, and Eden Yin, "The International Takeoff of New Products: The Role of Economics, Culture, and Country Innovativeness," *Marketing Science* 22, no. 2 (2003), pp. 188 – 208; Sean Dwyer, Hani Mesak, and Maxwell Hsu, "An Exploratory Examination of the Infl uence of National Culture on Cross-National Product Diffusion," *Journal of International Marketing* 13, no. 2 (2005), pp. 1 – 27; Roger J. Calantone, David A. Griffi th, and Goksel Yalcinkaya, "An Empirical Examination of a Technology Adoption Model for the Context of China," *Journal of International Marketing* 14, no. 4 (2006), pp. 1 – 27.

도 있다. 애플 컴퓨터가 미국 자료를 이용하여 일본의 수요량을 예측하는데 어떤 도움을 받을 수 있겠는가? 유추법의 명백한 약점에도 불구하고 이 방법은 자료가 제한적일 때 상당히 유용할 수 있다.

이 부분에서 논의되고 있는 모든 시장 수요예측방법들은 직접적인 시장조사 결과를 대신해 줄 수 없다. 직접적으로 시장수요를 예측할 수 있는 가장 최선의 방법은 거시경제학적 데이터베이스 활용과 잠재적인 소비자나 현재 소비자의 인터뷰 조사를 결합시켜 사용하는 것이다. 삼각측량(triangulation)방법은 최선의 차선책이 될 수 있으며, 정보원천과 방법들 간의 불일치 문제는 현재와 미래시점의 예측 노력에 중요한 질문을 던져주고 있다.[36]

적절한 자료원천들이 이용가능하게 되면, 다중회귀분석이나 투입−산출분석(input-output analysis)같은 좀 더 발전된 방법을 사용할 수도 있다.

마지막으로 수요 예측은 매우 어려운 작업이며 동시에 중요한 경영 활동이란 점은 두말할 필요가 없을 것이다. 모든 사업계획은 아무도 알 수 없는 미래예측에 전적으로 의존한다. 심지어 최고의 기업이라 하더라도 큰 실수를 저지르곤 한다.

수집된 정보의 분석과 이해에 대한 문제

자료가 수집되고 난 이후의 조사과정 마지막 단계는 앞서 설정되었던 마케팅 문제를 고려하여 수집된 정보를 분석하고 이해하는 것이다. 조사자에 의해 수집된 1차 자료와 2차 자료를 단순하게 이용하기에는 한계점이 너무 많다. 따라서 조사자는 마지막 분석단계에서 이러한 요인들을 충분히 고려하여 경영 의사결정을 위한 의미 있는 정보나 조언을 제공하여야 한다.

해외시장에 대한 정보를 액면 그대로 받아들이는 것은 현명하지 못한 짓이다. 단어가 가지는 의미, 제품에 대한 소비자 태도, 응답자의 태도, 응답자가 처한 상황 등에 따라 조사결과가 왜곡될 수 있다. 문화나 전통이 정보를 주고자 하는 응답의지에 영향을 미치는 것처럼 이들은 주어져 있는 정보에도 영향을 미친다. 신문발행부수, 독자와 청취자에 대한 연구, 소매 할인점 수, 판매규모 등은 해당 지역의 사업상황에 따라 충분히 왜곡될 수 있다. 이와 같은 차이에 잘 대처하기 위하여 해외시장 조사자는 의미 있는 마케팅 정보를 생성할 수 있는 다음과 같은 3가지 역량을 잘 갖추고 있어야 한다.

첫째, 조사자는 자신이 활동하는 시장지역의 문화에 대해 높은 수준의 이해력을 갖추고 있어야 한다. 조사결과를 분석하려면 사회적 관습, 의미, 최근 분위기, 해당 사회의 사업관행이나 하층구조 등을 완벽하게 이해하고 있어야 한다. 어떤 수준에서는 해외시장에서 수행된 조사결과의 완벽한 해석을 위해 해당 목표시장의 현지인을

[36] A.N.M. Waheeduzzaman, "Market Potential Estimation in International Markets: A Comparison of Methods," *Journal of Global Marketing* 21, no. 4 (2008), pp. 307 – 20.

그림 8.1

(a)개인용 컴퓨터와 (b)휴대전화기의 확산율(단위: 1,000명)

출처: World Bank, *World Development Indicators 2010* (Washington, DC: World Bank, 2010); Euromonitor.com, 2010.

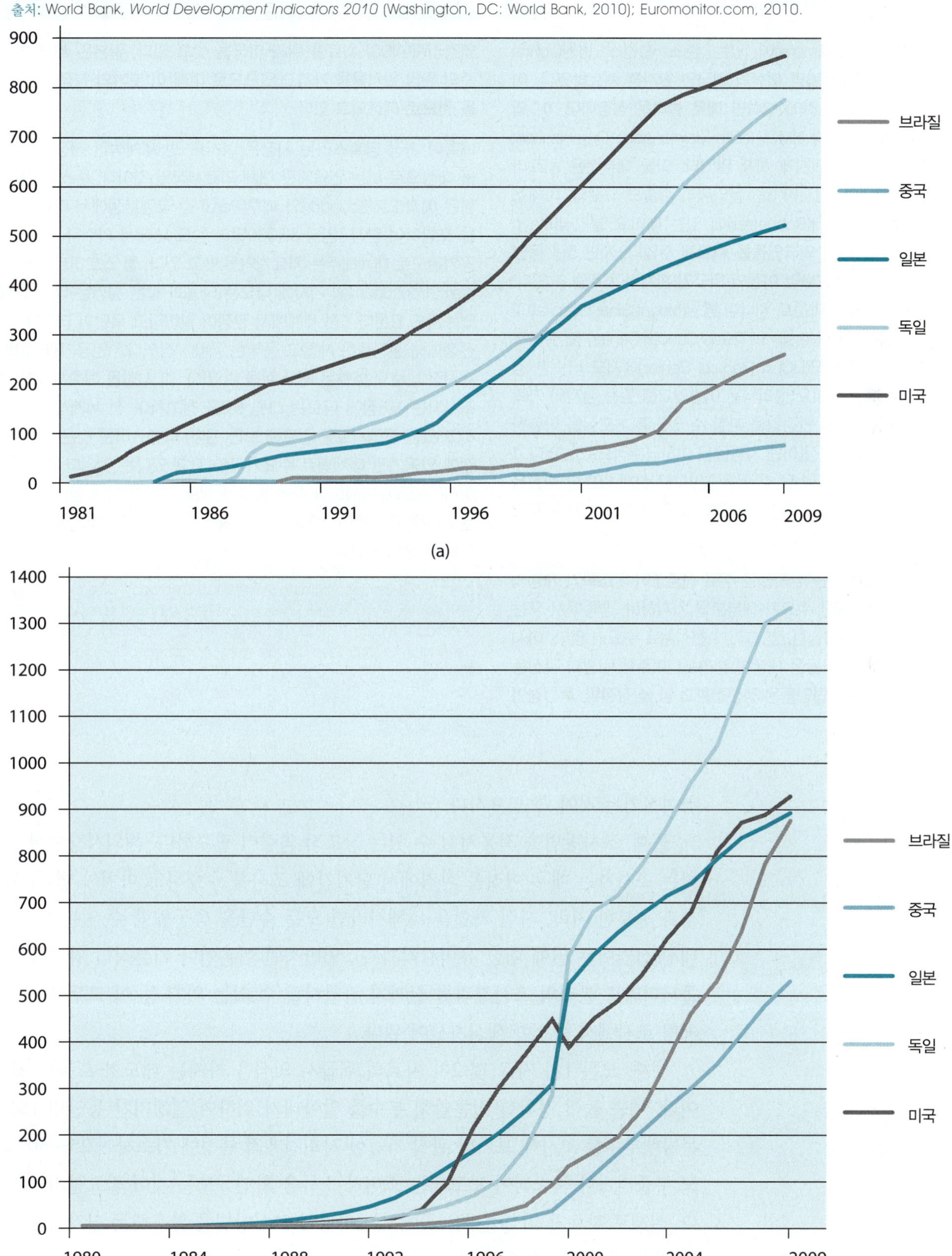

CROSSING BORDERS 8.3 글로벌 의료시장의 예측

2000년에 볼티모어(Baltimore)에 있는 존스 홉킨스 병원(Johns Hopkins Hospital)은 7,500명 이상의 외국인 환자를 치료하였다. 이는 1994년 600명이었던 것에 비하면 매우 놀라운 성장이다. 이 외국인 환자들은 보험회사나 HMO(Health Maintenance Organization; 미국 건강보험 기구)도 귀찮게 하지 않았다. 이들 대부분은 치료비를 현찰로 지불하였다. 심지어 3만 달러짜리 수술도 그랬다. 미네소타주(Minnesota) 로체스터(Rochester)에 있는 메이요 클리닉(Mayo Clinic)은 지난 수십 년간 외국인들을 치료해 주었다. 지난 5년 동안 15%가 증가하여 연간 1,000명 이상의 외국인 환자가 치료받고 있다. 마이애미(Miami)에 있는 마운트 시나이 병원(Mount Sinai Hospital)과 텍사스 대학교 암센터(University of Texas Cancer Center) 및 캘리포니아 주립대학교 의료센터(UCLA Medical Center)에서도 비슷한 경우를 찾아볼 수 있다. 메이요 클리닉은 이슬람교를 믿는 환자와 가족들이 정서적으로 더 많은 안정감을 가질 수 있도록 기도실을 마련하기도 하였다. 급속하게 성장(어떤 사람들은 기하급수적으로 늘었다고 말한다)한 것은 맞지만, 지속될 수 있을 것인가? 실제 필요한 직원을 채용하고 병실 수를 늘리기 위한 의사결정을 위해 이상과 같은 수요를 예측하는 것은 대단히 부담스러운 작업이다.

멕시코와 중남미에서 오는 환자들은 주로 전염병이나 소화기 계통의 질병과 암의 치료를 위한 수요가 대부분을 차지하며, 중동에서 오는 환자들은 유전질환, 심장질환, 암 그리고 천식치료 수요가 많다. 아시아에서 오는 부유한 환자들은 대부분 캘리포니아주에서 암과 관상동맥 치료를 받고 있다. 유럽인들은 정신질환과 암, 심장질환, 후천성면역결핍증(AIDS) 치료를 위해 미국을 찾고 있다. 일본은 세계 최고수준의 위암 완치율을 가지고 있으므로 미래 이 분야의 성장이 매우 높을 것으로 예상되고 있다.

예측이 가장 당혹스러운 시장은 아마도 전 세계적인 전쟁 부상자들을 대상으로 하는 인공기관 대체 의료시장일 것이다. 존스 홉킨스 병원은 에콰도르(Ecuador)와 페루(Peru) 간 국경분쟁에서 다친 군인들을 포함하여 환자 1인당 35,000달러 한도 내에서 의수나 의족 등 인공기관으로 대체해주는 치료계약을 맺고 있다. 월 스트리트 저널(The Wall Street Journal) 기사에 나오는 다음과 같은 설명은 다소 과장되었는지도 모른다. "전 세계에서 전쟁이 일어나고 폭탄이 터지고 있다. 전쟁피해 환자들은 새롭고 풍부한 틈새시장이다." 인공기관 대체 의료시장의 수요 예측은 매우 쉬울 수 있다. 이 시장을 예측하고자 하는 조사자는 제6장에 나오는 그림 6.2를 참고하여 전 세계적으로 발생하고 있는 전쟁자료를 검토해 보면 된다. 다행스러운 것은 2010년 이전에 인공기관 대체의료 수요가 떨어지고 있다는 것이다. 그러나 아이티(Haitian) 대지진과 같은 슬픈 현실로 인하여 이 재앙에서 살아남은 사람들을 위한 40,000건 이상의 인공기관 대체치료가 필요할 것으로 예상되고 있다.

출처: "U.S. Hospitals Attracting Patients from Abroad," *USA Today*, July 22, 1997, p. 1A; Ron Hammerle, "Healthcare Becoming a Lot Less Local," *Modern Healthcare*, March 20, 2000, p. 40; Tom Philips, "Haiti Earthquake Creating a Generation of Amputees, Doctors Warn," *Manchester Guardian*, January 21, 2010.

참여시키는 것이 꼭 필요하다.

둘째, 조사방법을 적응시킬 수 있는 창조적 역량이 필요하다. 해외시장에서 활동하는 조사자는 매우 어려운 환경에서 단기간에 조사를 수행하고 마쳐야 한다. 독창성과 풍부한 지략, 사실 확인을 위해서라면 모든 수단을 총동원할 수 있는 의지, 인내심(심지어는 일에 대한 유머감각까지), 일반적인 여론이나 기본적인 가정들과 충돌되더라도 본래의 조사결과를 끝까지 관철시킬 수 있는 의지 등 이 모두가 해외마케팅 조사에서 중요한 핵심자산이 된다.

셋째, 모든 1차 자료 및 2차 자료의 취급시 의심을 가지는 태도가 도움이 될 것이다. 예를 들어 정확한 신문발행 부수를 알아내기 위하여 일정기간 동안의 1회 신문발행부수를 조사해 보거나 관찰 가능한 사회경제적 특성에 기초하여 25~50% 정도 부풀리거나 축소되어 보고되는 소비자 소득을 확인해보는 것이 필요할지도 모른다. 실제로 자료가 의심스러운 곳에서는 다양한 조사방법을 활용하는 삼각측량과 같은 것이 결정적일 수 있다.

이러한 필수불가결한 특성들은 해외마케팅 조사자는 현지인들이거나 아니면 수집된 1차 자료 및 2차자료를 현지 환경을 고려하여 정확하게 평가할 수 있는 현지인에게 조언을 받을 필요가 있다는 것을 보여준다. 더욱이, 조사방법이나 분석의 정교함과는 상관없이 직접 관찰을 위해 현장에 뛰어드는 의사결정권자를 대체할만한 것은 없다.

마케팅 조사 시행과 관련된 책임

참여하고 있는 해외마케팅 규모나 정도에 따라 해외시장 조사를 필요로 하는 기업은 해외에 기반을 둔 대행사나 조사가 필요한 국가에 지점을 가진 국내기업에 의존하게 된다. 기업 자체조직을 이용하거나 기업 자체조직이 외부 대행사의 협조를 얻어 연합형태로 조사를 시행할 수 있다.

조사기능의 분권화 추세는 누가 봐도 분명하다. 효율성 관점에서 현지지역 분석가는 기업의 조사담당 직원보다 신속정확하게 정보를 제공할 수 있다. 조사기능의 분권화가 가진 명백한 장점은 시장에 보다 가까운 곳에서 조사기능을 관리할 수 있다는 것이다. 실무자, 현지 관리자나 소비자들은 시장에서 중요한 세부사항들에 대해 보다 정확한 지식을 가지고 있으며, 대부분의 해외시장 특성인 다양성을 충분히 공감하고 있다. 조사기능 분권화의 약점 중 하나는 본국에 있는 본사 경영진과 의사소통이 충분히 되지 않을 가능성이 있다는 것이다. 또 다른 약점은 글로벌 표준화와 같은 의사결정을 수행할 때 거대시장에서 나온 조사결과를 부적절하게 적용할 수 있다는 점이다. 다시 말해 특히 미국과 같은 거대시장에서는 보다 정교한 조사절차와 대규모 표본크기가 필요하며, 작은 국가에서 적합했던 간단한 조사방법을 가지고 수행된 조사결과는 종종 왜곡되어 나타난다.

다양한 국가조사를 위한 서로 다른 접근방식의 종합적인 분석결과는 각국에 속한 지역 조사자가 자신의 고객기업과 지역의 조사기업 간에 긴밀한 조화를 이끌어내

포드(Ford)와 필립스(Philips)는 유럽지역의 기술 및 소비자에 대한 기록을 축적하고 글로벌 시장에 출시할 제품을 개발하기 위하여 독일 아헨(Germany, Aachen)에 연구센터를 두고 있다. 연구센터 인근 지역인 벨기에, 네덜란드, 독일에는 최고 수준의 공과대학교들이 자리 잡고 있다.

는 방식이 가장 최선이라는 것을 보여주고 있다. 이러한 조화는 조사 설계에서부터 자료수집과 최종분석에 이르는 전체 조사과정에서 매우 중요하다. 또한 분석을 2단계로 수행하는 것이 필요하다. 먼저 개별국가 수준에서는 개별국가에 속한 모든 조사문제를 고려해야 하며, 다음으로 다국적 수준에서는 모든 문제가 아닌 고객의 목표를 충족시킬 수 있는 형태로 정보를 추출해내야 한다. 이러한 2단계 분석은 하나보다는 둘이 낫다거나 다문화적 자료이해를 위해서는 다문화적 투입이 필수적이라는 측면에서 지지를 받고 있다. 다양한 문화에 대한 자료를 단지 한사람이 분석한다면 그 사람이 가진 자기 자신만의 준거기준을 가지고 자료를 해석할 것이기 때문에 자기준거기준에 따른 위험이 발생할 수 있다. 자기준거에 따른 오차는 조사 설계 및 설문지 작성, 자료의 해석 등에 영향을 미칠 수 있다.

만약 특정기업이 전문적인 마케팅 조사기관이 필요하다면 다수의 주요 광고대행기업과 조사기관들이 전 세계에 걸쳐 지점 및 지사를 설치해 두고 있기에 충분히 활용가능하다. 게다가 해외에 기반을 둔 조사기관 및 컨설팅 기업들도 매우 건실하게 성장 중에 있다. 세계에서 가장 큰 마케팅 조사기관(매출액 기준으로) 10개 중 4개는 미국에 있으며, 3개는 영국에, 1개는 프랑스, 1개는 독일, 나머지 1개는 네덜란드에 있다. 최근 수치를 보면 중국에는 400개 이상의 마케팅 조사기관이 있으며 이들은 매우 빠르게 성장하고 있다. 독특한 문화를 이해하는 것이 필수적인 일본에 위치하고 있는 전문적인 마케팅 조사기관들의 수준은 세계 최고라고 할 수 있다. 최근 연구에 따르면 일본기업에게 적용되는 조사기법은 미국기업에 적용되는 것과 유사하나, 일본기업은 미국기업에 비해 수요예측, 유통경로와 판매조사에 더 많은 비중을 두고 있는 것으로 나타나고 있다. 전 세계적인 마케팅 조사기관에 대한 명단은 매년 4월에 **마케팅 뉴스**(Marketing News)의 광고부록 형태로 출판되고 있다.

국제마케팅 조사와 관련한 중요 문제의 증가로 이들 활동에 대한 정부의 잠재적 통제도 증가하고 있다. 여러 국가에서 인터넷 보급 확대로 소비자 행동에 대한 기업들의 자료수집능력이 증가하고 있어 소비자의 사생활 보호문제는 정부의 새로운 감독대상이 되고 있다.

의사결정권자와의 의사소통

LO6
수집된 정보를 어떻게 분석하고 이용할 것인가의 문제를 학습한다.

본장에서 논의된 대부분의 내용들은 소비자, 고객 및 경쟁자들로부터 정보를 수집하거나 또는 소비자, 고객 및 경쟁자들에 대해 정보를 수집하는 것에 관한 것들이다. 그러나 확실하게 인식해야 할 점은 정보 수집은 단지 필요한 것의 절반에 불과하다는 것이다. 수집된 정보를 분석하고 이해하여 경영진(의사결정권자)에게 시기적절하게 전달하는 것이 필요하다.[37] 높은 수준의

[37] Anne L. Souchon, Adamantios Diamantopoulos, Hartmut H. Holzmuller, Catherine N. Axxin, James M. Sinkula, Heike Simmet, and Geoffrey R. Durden, "Export Information Use: A Five-Country Investigation of Key Determinants," *Journal of International Marketing* 11, no. 3 (2003), pp. 106–27.

국제정보시스템 설계능력은 기업이 세계화를 지속시킬 수 있는 중요한 경쟁도구이므로 이에 맞추어 기업자원은 계속 투자되어야 한다.[38]

종종 최고 경영층이라고 불리는 의사결정권자들은 조사문제를 정의하고 그 내용을 결정하는데 직접적으로 관여할 뿐만 아니라 필요한 경우(특히 새로운 해외시장에서)에는 실무현장에서 직접 시장을 살펴보고 고객의 소리를 듣는 역할을 수행해야 한다. 따라서 최고경영자는 최고의 마케팅 보고서도 제시해 줄 수 없는 시장에 대해 자신만의 "감(感)"을 가지고 있어야 한다.

마지막으로 국제 마케터는 고객에 대한 최선의 정보를 얻는데 추가적인 어려움을 겪고 있다. 마케팅조사는 가장 기본적인 수준에서 볼 때 고객과의 의사소통이다. 마케팅 의사결정권자들은 어떻게 하는 것이 고객에게 도움이 되는지에 대한 질문을 가지고 있으며, 이러한 질문은 종종 설문지나 조사기관들에 의해 제시되어 답을 얻기도 한다.

심지어 경영자와 고객 모두가 같은 언어로 이야기하며 같은 문화권에 속해 있어도 의사소통이 어려울 수 있다. 다시 말해 고객들이 경영자의 질문사항을 잘못 이해하거나 경영자가 고객의 응답을 잘못 이해할 수 있다는 것이다. 특히 언어나 문화적 장벽이 존재할 경우, 정보가 잘못 전달될 가능성은 매우 극적으로 높아지게 된다.

2010년 토요타(Toyota)의 자동차 가속장치 결함사건 만큼 위와 같은 의사소통상의 문제점을 잘 설명해주는 사례는 없을 것이다. 아무리 훌륭한 기업이라도 큰 실수를 저지를 수 있다. 토요타는 미국에서 자신의 가속장치 제품결함에 대한 충분한 정보를 수집하지 못하였다. 이 때문에 세계에서 가장 우수한 자동차회사는 미국에서 연간 판매수입과 자신의 브랜드 자산 가치에서 수십억 달러의 손해를 보았다. 그 당시 토요타 내부에서 있었던 근본적인 의사소통상의 문제를 살펴보면 다음과 같다.

> 경영관리실패에 따른 위기에는 문화적 요인이 자리 잡고 있다. 장인정신과 품질에 집착하는 국가에서 제품결함을 실토함으로써 느껴야 하는 수치심과 당혹감이 발표와 책임추궁을 미루게 하였다. 토요타와 같이 최고의 지위에 있는 기업은 위기상황이 되면 더 많이 추락할 수 있다. 결함이 있는 자동차를 만들었다는 수치심 때문에 이 제품을 토요타가 만들지 않고 다른 기업이 만들었다고 추정하였으며, 기업홍보(PR)측면에서 계속된 실수로 토요타가 얼마나 위기에 대응할 능력이 없는지와 얼마나 이 사건에 당황하고 있는지가 드러나게 되었다. 게다가 종업원들의 정체성은 자신의 기업 이미지와 매우 밀접하게 연결되어 있었고, 소비자를 염려하기보다는 기업 충성도가 우선시되었다.
>
> 또한, 기업 내부의 존경에 대한 문화 때문에 조직의 하급자들은 상급자에게 의문을 제

[38] Nicoli Juul Foss and Torben Pedersen, "Organizing Knowledge Processes in the Multinational Corporation: An Introduction," *Journal of International Business Studies* 35, no. 5 (2004), pp. 340 – 49; Ram Mudambi and Pietro Navarra, "Is Knowledge Power? Knowledge Flows, Subsidiary Power and Rent-Seeking within MNCs," *Journal of International Business Studies* 35, no. 5 (2004), pp. 385 – 406.

기하거나 이 문제에 대해 상급자에게 보고하는 것을 더욱 어렵게 만들었다. 그리고 합의를 중요시하는 문화는 조직이 협동정신(teamwork)을 발휘하는데 큰 자산이 되기도 하지만 무엇인가 결정하거나 계획할 때에는 오히려 장애요인이 될 수도 있다. 이러한 문화적 성향은 전 세계 어느 곳에서도 없는 일본 기업문화의 매우 독특한 특징으로써 위기상황을 극복하고 대응하는데 심각한 방해요인으로 작용하였다.[39]

저자들은 여기에 더하여 문화적 배경에 관한 설명을 추가하고자 한다. 일본인들은 나쁜 소식을 피하고 싶어 하는 성향이 있다. 실제로 일본인들은 진실에 대해 다테마에(tatemae)와 혼네(honne)라는 2가지 단어를 사용한다. 다테마에는 대중들에게 보여주는 체면치레용 진실이며 혼네(honne)는 진짜 속마음용 진실을 의미하는데, 위험하지만 일본기업 내부에서나 일본기업 간에 형성되는 모든 중요한 사회적 관계에서는 이러한 성향이 적용된다.[40] 이와 같은 내적인 의사소통 문제는 한국과 베트남과 같이 위계적이며 관계지향적인 문화를 갖고 있는 국가에서도 나타난다.[41] 조사자들은 의사소통기회의 증가, 대면접촉 의사소통 기회의 증가,[42] 정보공유에 대한 종업원 보상,[43] 문화적 동질성[44] 등과 같이 다국적기업 내부의 의사소통을 더 원활하게 해주는 다양한 요인에 대해서도 알고 있어야 한다. 또 다른 연구는 "요동치는 세계 환경"[45]과 같이 의사소통을 제한하는 요인들을 예로 들며 토요타가 이러한 문제의 가장 극명한 사례에 정확하게 해당된다고 설명하고 있다: 세계무역의 급속한 추락과 토요타의 품질문제에 따른 제품판매 부진 문제.

이러한 문제는 조사 대행기관이 개입되었을 때 더욱 악화될 수 있다. 가능한 4가지 종류의 기업–대리점–고객 관계가 그림 8.2에 제시되어 있다. B와 C를 선택한 기업들은 다양한 의사소통 연결점에 대한 문화적 장벽들을 보다 적절하게 관리할 수 있다. 다시 말해 이 2가지 경우에는 공통적인 기업문화를 가지고 매일 발생하는 작업을 공동으로 수행하는 기업 내부의 사람들 사이에 문화적 장벽이 놓여 있다는 것이

---

[39] See the excellent article by Jeff Kinston, "A Crisis Made in Japan," *The Wall Street Journal*, February 6 – 7, 2010, pp. W1 – 2.

[40] James Day Hodgson, Yoshihiro Sano, John L. Graham, *Doing Business in the New Japan* (Boulder, CO: Rowman & Littlfi eld, 2008).

[41] Malcolm Gladwell, *Outliers* (New York: Little Brown, 2008); John U. Farley, Scott Hoenig, Donald R. Lehmann, and Hoang Thuy Nguyen, "Marketing Metrics Use in a Transitional Economy: The Case of Vietnam," *Journal of Global Marketing* 21, no. 3 (2008), pp. 179 – 90.

[42] Niels Noorderhaven and Anne-Wil Harzing, "Knowledge-Sharing and Social Interaction within MNEs," *Journal of International Business Studies* 40, no. 5 (2009), pp. 719 – 41.

[43] Gary Oddou, Joyce S. Osland, and Roger N. Blakeney, "Repatriating Knowledge: Variables Infl uencing the 'Transfer' Process," *Journal of International Business Studies* 40, no. 2 (2009), pp. 181 – 99.

[44] Martin S. Roth, Satish Jayachandran, Mourad Dakhli, and Deborah A. Colton, "Subsidiary Use of Foreign Marketing Knowledge," *Journal of International Marketing* 17, no. 1 (2009), pp. 1 – 29.

[45] Ruby P. Lee, Qimei Chen, Daikwan Kim, and Jean L. Johnson, "Knowledge Transfer between MNCs' Headquarters and Their Subsidiaries: Infl uences on and Implications for New Product Outcomes," *Journal of International Marketing* 16, no. 2 (2008), pp. 1 – 31.

그림 8.2

국제마케팅 조사에서 문화적 장벽 관리하기

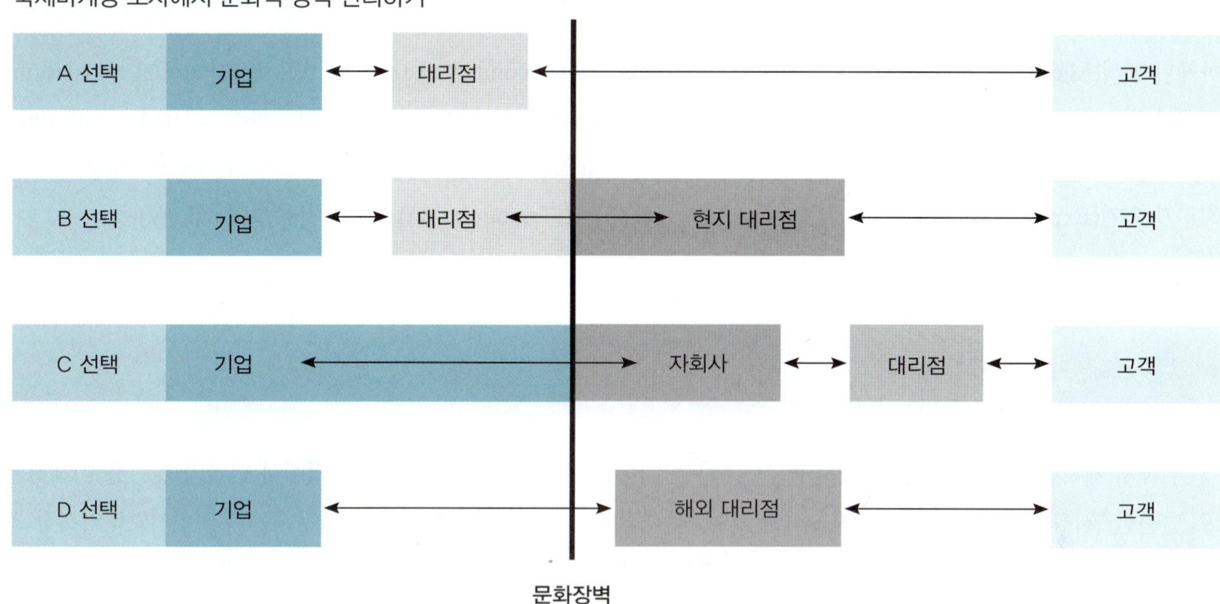

다. B 선택 기업에서 번역(광의의 의미에서-다시 말해, 설문지와 보고서 작성 모두)은 국제마케팅 조사 대행기관과 기업 구성원들 간에 공동으로 수행되게 된다. C 선택 기업에서 번역은 기업 내부에서 관리된다. 그리고 A와 D 기업은 모두 문화적·조직적 장애를 동시에 가지고 있기 때문에 의사소통이 이루어지지 않을 가능성이 매우 높아진다. 사실 A와 D 선택 기업의 기업-대리점-고객관계에서의 고려사항은 광고 및 유통경로 관리와 같은 기업과 고객 간 의사소통문제에 더 적합하다고 할 수 있으며, 이러한 독특한 국제거래 문제는 다음 장들에서 다시 살펴보도록 할 것이다.

요약 Summary

시장조사 기능의 기본적인 목표는 보다 정확한 의사결정을 내릴 수 있도록 경영진에게 정보를 제공하는 것이다. 이러한 목표는 국내마케팅이나 국제마케팅이나 동일하다. 그러나 해외마케팅 조사에서는 국내에서 발생하는 문제와는 다른 목표를 달성해야 한다.

조사자에게 정보를 제공하는 소비자의 태도는 문화에 따라 다르다고 할 수 있다. 해외시장정보 수집을 위한 조사는 의도된 자료가 잘 수집되며, 응답자의 사생활이 받지 않도록 조심스럽게 계획되어야 한다. 1차 자료수집에 대한 문화적·경영적 한계에도 다수 해외시장에서는 2차 자료가 대단히 부족하며 신뢰성도 낮다. 이러한 문제를 극복하고 성공적인 국제마케팅 조사를 수행하기 위하여 다음과 같은 3가지 주요사항을 제시할 수 있다. (1) 조사팀에 해외문화를 이해하는 원어민을 포함시킬 것, (2) 다차원적인 방법과 삼각측량 방법을 이용할 것, (3) 필요할 경우에 해외시장에서 고객과 직접 대화하거나 직접 관찰할 수 있는 의사결정자인 최고 경영진을 포함시킬 것.

주요용어 Key Terms

마케팅 조사(Marketing research)
국제마케팅 조사(International marketing research)
조사 과정(Research process)
전문가 의견(Expert opinion)
2차 자료(Secondary data)
1차 자료(Primary data)
역번역(Back translation)
삼각측량(Triangulation)
병렬번역(Parallel translation)
다문화간 조사(Multicultural research)
탈중심화(Decentering)
유추법(Analogy)

질문 Questions

1. 위에서 제시한 주요용어들을 정의하라.
2. 단순한 "시장진입" 의사결정이 "지속적인 기업 활동" 의사결정으로 전환되기 위하여 필요한 서로 다른 정보 및 자료 형태에는 어떤 것들이 있는지 토의해 보자.
3. 국제마케팅 조사의 폭과 범위에 대해 토의해 보자. 국제마케팅 조사의 범위가 일반적인 국내마케팅 조사의 범위보다 넓은 이유는 무엇인가?
4. 유능한 조사자는 시간과 비용의 제약 하에서도 최고로 정교하며 적절한 기법 또는 방법을 활용하여 최신의 정보를 제공하는 능력을 가지고 있다. 이를 논해 보자.
5. 국제마케팅 조사자의 임무는 무엇인가? 국제마케팅 조사자의 임무가 해외환경에 의해 어떻게 복잡하게 되는가?
6. 조사과정별 각 단계를 토의해 보고, 적절한 사례를 제시해 보자.
7. 해외마케팅 조사에서 조사문제를 공식화(정의 및 결정)시키는 것이 왜 어려운지를 토의해 보자.
8. 해외시장에서 2차 자료 수집문제를 토의해 보자.
9. "많은 문화권에서 개인 정보는 지극히 개인적인 것이며 결코 다른 사람들과 공유되어서는 안된다." 이 문제를 토의해 보자.
10. 1차 자료수집 과정에서 언어와 질문을 이해하는 능력으로 인하여 발생하는 문제는 무엇인가? 해외시장 조사는 이러한 어려움을 어떻게 극복할 수 있는가?
11. 정확한 설문지 번역을 위하여 탈중심화를 어떻게 이용할 수 있는지 토의해 보자.
12. 정성적 조사가 정량적 조사보다 언제 더 효과적인지를 토의해 보자.
13. 표본추출은 시장조사에서 중요한 문제가 될 수 있다. 이 문제를 토의해 보자.
14. 하나의 국가를 선택하라. 선택한 국가에 대한 아래의 정보와 관련된 2차 자료들을 인터넷을 통하여 검색하여 현재부터 최소한 5년 이전까지 정보들을 정리해 보자.

    주요 수입량 / 주요 수출량
    1인당 국민소득(GDP) / 국가 수반
    주요 도시들과 인구 수 / 주요 농작물 수확량

15. "해외시장 조사자는 의미 있는 마케팅 정보를 생성할 수 있는 3가지 필수적인 역량을 가져야 한다." 이러한 역량들은 무엇인가? 토의해 보자.

부록: 2차 자료원

대부분의 마케팅 조사에서 이용 가능한 2차 자료를 활용한 분석은 매우 유용하며 저비용으로 이용할 수 있는 첫 번째 방법이라 할 수 있다. 상세한 시장정보에 대한 정보격차가 여전히 존재하기는 하지만 자료의 이용가능성과 신뢰성이 지속적으로 향상되고 있다. 국제사업에 활용할 수 있는 정보를 수집하고 발표하는 주요 기관들에 대한 소개가 다음에 제시되어 있다.

A. 국제마케팅을 위한 웹사이트

1. www.stat-usa.gov STAT-USA는 인터넷에서 이용할 수 있는 가장 중요한 단일 정보원이다. STAT-USA는 상무부 소속의 경제통계실(Economics and Statistics Administration)이 형식상의 저렴한 이용료를 받고 National Trade Data Bank, Economic Bulletin Board, Global Business Procurement Opportunities 등을 포함한 전 세계적 범위의 광범위한 정부주도 경영, 경제, 무역정보 데이터베이스를 작성하여 제공하고 있다.
2. www.trade.gov/index.asp 상무부 소속 국제무역실(International trade Administration) 웹사이트는 무역 관련 사건, 무역통계, 관세 및 세금, 마케팅 조사 등의 수출지원제도 관련내용들을 제공하고 있다.
3. www.usatradeonline.gov 18,000개 이상의 상품에 대한 수입 및 수출정보를 제공하고 있다. 이 사이트를 이용하려면 반드시 가입절차를 거쳐야 한다.
4. www.census.gov/foreign-trade/www/ 미국 인구조사국(U.S. Census Bureau)이 다양한 국제무역통계를 제공하고 있다.
5. www.cia.gov/library/publicatons/the-world-factbook/ 미국 중앙정보부(CIA)의 World Factbook에서 이용할 수 있으며, 기타 적절한 무역정보를 제공하고 있다.
6. www.customs.ustreas.gov 미국 관세청(U.S. Customs Service)이 통관절차와 규정 등에 대해 소개하고 있다.
7. www.opic.gov 미국 해외민간투자공사(Overseas Private Investment Corporation; OPIC)가 자신의 서비스와 관련된 정보를 제공하고 있다.
8. www.exim.gov 미국 수출입은행(The Export-Import Bank of United States; Ex-Im Bank)이 미국정부가 제공하는 무역금융 서비스와 관련된 정보를 제공하고 있다.
9. www.imf.org 국제통화기금(International Monetary Fund; IMF)이 자신에 대한 정보와 국제적인 은행 및 금융 업무에 대한 정보를 제공하고 있다.
10. www.wto.org 국제무역기구(World Trade Organization; WTO)가 자신의 활동과 관련된 제반정보를 제공하고 있다.
11. www.oecd.org 경제협력개발기구(Organization of Economic Cooperation and Development; OECD)가 자신의 정책과 29개 회원국에 대한 정보를 제공하고 있다.

12. www.jetro.go.jp 일본무역진흥회(Japan External Trade Organization; JETRO)가 제공하는 일본시장 관련정보에 대한 최대의 자료원이다.
13. www.euromonitor.com Euromonitor는 국제무역 및 마케팅에 대한 각종 자료 및 보고서를 제공하는 기업이다.
14. publications.worldbank.org 온라인에서 제공되는 세계개발지수(World Development Indicators; WDI)는 세계은행(World Bank)이 제공하는 광범위한 개발 관련 데이터베이스로서 600개 이상의 지수와 208개 국가의 경제지표 및 18개 지역의 소득관련 정보를 담고 있다.
15. University-based Web sites. 미시건 주립대학교(Michigan State University)의 국제경영 교육 및 연구센터(Center for International Business of Education and Research)에서 운영하는 대학교 운영 사이트 중 최고의 사이트이다.
16. www.worldchambers.com 세계 상공회의소 연대(World Network of Chambers of Commerce and Industry)가 전 세계 상공회의소 소개 및 관련 자료를 제공하고 있다.
17. http://world.wtca.org 세계무역센터협회(World Trade Center Association)가 수출지원제도, 무역업체 안내, 교육훈련 프로그램, 무역사절단 등 미국 세계무역센터가 제공하는 서비스에 대한 정보를 제공하고 있다.
18. www.worldtrademag.com 세계무역(World Trade) 잡지에서 발행하는 국제무역 관련 공산품, 일반상품 및 서비스에 대한 연감(Resource Guide)이다.
19. www.mhhe.com/gilly15e 본 교재의 출판사에서 본 교재와 병행하여 활용할 수 있도록 운영하는 온라인 학습센터로서 교수 및 학생을 위한 다양한 수업활용 자료들을 제공하고 있다.

B. 미국정부 자료

미국정부는 미국기업들의 경영활동이 국제무역 분야에서 보다 활발해질 수 있도록 실질적인 지원활동을 수행하고 있다. 해외사업에서 미국기업들의 사업기회를 확대시키기 위하여 미국정부는 해외시장 분석가들이 이용할 수 있도록 상당히 많은 양의 일반시장정보 및 특수시장정보를 생성하고 있다. 미국정부에서 제공하는 주요한 정보제공 원천은 미국기업들이 다양한 방법으로 서비스를 제공받을 수 있도록 활동하고 있는 미국 상무부(Department of Commerce)라 할 수 있다. 첫째, 여기서 제공하는 정보와 지원정책들은 워싱턴 디씨(Washington D.C.)에서 직접 상담을 통하여 이용가능하거나 아니면 미국 주요도시에 설치되어 있는 상무부 소속의 국제무역실(International Trade Administration) 지역 사무소를 통하여 이용가능하다. 둘째, 상무부는 국제무역 진흥을 위하여 무역관련 협회, 상공회의소 및 기타 무역과 관련된 정보와 상담, 지원정책을 수행하는 다수의 기관들과 밀접한 관계를 유지하며 업무를 수행하고 있다. 셋째, 상무부는 저렴한 비용으로 무역관련 업무에 관심이 있는 사람들이 이용할 수 있는 광범위한 정보를 출판하고 있다.

1. **National Trade Data Bank(NTDB).** 상무부는 위에서 언급된 다양한 자료원천들을 제공하는 것과 동시에 추가적으로 국가무역자료은행(NTDB)의 전산화된 정보시스템을 활용하여 정보를 제공하고 있다. 국가무역자료은행(NTDB)은 17개 미국 정부기관이 수집한 국제무역 및 수출촉진 관련 자료들을 한 번에 찾아볼 수 있게 만든 자료원천이다. 매월 정보가 최신으로 갱신되며 인터넷을 통하여 이용자들은 100,000개 이상의 무역관련 자료를 검색할 수 있다. 국가무역자료은행(NTDB)에는 상품별 및 국가별로 다음과 같은 최신의 미국 수출입 관련조사 자료가 수록되어 있다. CIA가 제공하는 World Factbook 내용 전체; 미국 및 해외 Commercial Service 기관이 발간하는 최신의 시장조사보고서; 미국제품을 수입하는데 관심이 있는 55,000개 이상의 해외에 거주하는 개인 및 기업 이름과 주소를 담고 있는 Foreign Traders Index 내용 전체; 미국 국무부(State Department)가 발행하는 경제정책 및 무역관례에 대한 국가 보고서; Export Yellow Pages가 제공하는 A Basic Guide to Exporting과 National Trade Extimates Report on Foreign Trade Barriers같은 발간물; Export Promotion Calendar; 기타 다양한 다른 자료들. 또한 국가무역자료은행(NTDB)에서는 미국 전역에 산재해 있는 900개 이상의 연방 자료보관소 및 도서관 자료들을 이용할 수 있다. 추가적으로 상무부는 다른 정보서비스를 이용할 수 있는 중개역할도 수행하고 있다. 이를 통하여 다른 다양한 미국 정부기관이 제공하는 상담이나 정보를 제공받을 수 있다. 예를 들어 국무부, 인구조사국 및 농무부(Department of Agriculture)가 해외사업에 관심이 있는 미국 사업가들을 위해 제공하는 각종 서비스 및 정보에 대한 가치 있는 지원이 제공되고 있다.
2. **www.export.gov/tradeleads/index.asp** 이 웹사이트를 통하여 독자는 Export.gov가 제공하는 무역업체 안내 데이터베이스에 접속할 수 있는데, 여기에는 미국 Commercial Service가 전 세계에 걸쳐 수집한 사전검증이 된 실시간적인 무역업체 소개 자료와 정부 입찰정보가 제공되고 있다. 또한 당신은 이 사이트를 통하여 무역업체를 검색할 수도 있으며 새로운 무역업체가 등록되었을 때 명단을 통보받을 수도 있다.
3. **buyusa.gov** 미국 Commercial Service가 제공하는 각종 서비스에 대한 상세한 정보를 제공받을 수 있다.

C. 기타 자료

1. **기업주소록(Directories)**
   a. *Directory of American Firms Operating in Foreign Countries*. New York: World Trade Academy Press. 전 세계 125개국에서 활동하고 있는 미국기업의 해외자회사나 지점에 대한 내용이 알파벳 순서로 수록되어 있다. 또한 국가별 해외활동이 수록되어 있다.
   b. *Directory of United States Importers and United States Exporters*. New

York: Journal of Commerce. 연간 간행물(또한 CD 제공). 검증된 약 6,000개 이상의 실질적인 무역활동을 수행하는 무역업체들의 개요에 대한 정보가 수록되어 있다. 또한 이 연간 간행물에는 상품분류코드(Commodity Code number)에 연동된 제품 소개서와 함께 세관정보, 해외 영사관 및 대사관과 국제은행에 대한 정보가 수록되어 있다.

c. *Encyclopedia of Global Industries*. Detroit: Gale. 활발한 거래가 이루어지고 있는 125개의 국제적인 산업정보와 시장 지분 관련정보가 알파벳 순서로 소개되고 있으며, 통계수치, 그래프, 표와 차트 등을 포함하는 심층정보가 제공되고 있다.

d. *Export Yellow Pages*. Washington DC: Venture Publishing-North America; 미국 상무부의 Office of Export Trading Company Affairs와 국제무역실이 공동으로 제작하고 있는 연간 간행물이다. 미국을 제외하고 전 세계 12,000개에 이르는 수출서비스 제공업체와 무역업체, 대행업체 및 유통업체와 기업들에 대한 상세한 정보를 제공하고 있는데, 제품/서비스 소개와 알파벳 순서에 따른 소개도 제공하고 있다.

e. *World Directory of Trade and Business Associations*. London: Euromonitor, 1995(또한 CD 제공). Euromonitor가 발행하는 다양한 분야의 출판목록을 담고 있으며, 출판물에 대한 상세한 내용과 함께 출판목적과 목표가 소개되고 있고, 향후 조사에 출판물이 지원되는지의 여부도 제공되고 있다.

2. 마케팅 편람(Marketing Guides)

a. *Exporters Encyclopaedia*. Wilton, CT: Dun & Bradstreet. 연간 간행물. 5개 영역에 걸친 광범위한 전 세계적인 마케팅 정보를 제공하고 있다. 이중 2번째 영역은 "수출시장"에 관한 것으로 220개국에 걸친 중요한 시장정보(수입, 환전규정, 선적 서비스, 통신관련 자료, 우편관련 자료, 통화, 은행, 대사관 등)를 제공하고 있다. 다른 영역들은 일반적인 수출정보를 제공하고 있다. 아시아-태평양, 유럽, 라틴 아메리카 지역에 관한 정보도 이용할 수 있으며, 개별국가에 대한 수출 가이드도 제공하고 있다.

b. *U.S. Custom House Guide*. hightstown, NJ: K-III Dictionary Co. 연간 간행물. 수입관련 주요 7개 영역에 대한 광범위한 정보를 제공하고 있다. 수입방법 입문, 수입 항구에 대한 영역, 정보안내 서비스, 관세율(미국 관세율과 연동된), 특별조항 및 일반관리조항, 통관규정, 수입화환 예시.

3. 국제경영/경제자료와 고객맞춤형 보고서를 제공하는 일반적 정보원천. 이러한 웹사이트들은 조사 요구사항이 매우 많으며 예산투입을 많이 할 수 있는 기업들이 이용 가능하다.

a. Economist Intelligence Unit www.eiu.com Economist Intelligence Unit(EIU)는 “전 세계 200개국 이상에서 8개 주요 산업분야에 대한 정보 분석과 예측을 지속적으로 수행하는 기업”이라고 스스로를 설명하고 있다. 또한 EIU는 “경영자가 정보에 기초하여 사업 의사결정을 수행할 수 있도록 온라인, 출판물, 고객맞춤형 조사뿐만 아니라 경영자들 간의 각종 회의주선 및 정보교환을 통하여 신뢰할 수 있는 정보를 제공”할 수 있도록 돕고 있다고 명기하고 있다. EIU는 매우 높은 수준의 분석정보를 제공하고 있다. EIU 제품은 판매(연간 정기구독 형태로 4회)되며 제공정보의 서론부분을 확인할 수 있고 예비조사가 제공된다. 분석목표로 삼고 있는 산업분야에 대해서는 중급정도의 수준이나 매우 도움이 되는 정보들을 EIU에서 발견할 수 있다.

b. Oxford Analytica Oxford Analytica는 “옥스퍼드 대학교 1,000여 명의 부교수급과 전 세계에 걸친 다른 주요 대학교 및 연구소들과의 네트워크를 보유한 국제적이며 독립적인 컨설팅 기업”이라고 스스로를 설명하고 있다. 미국 중앙정보국(CIA)의 Factbook이 쉐보레 수준의 자료를 제공한다면 EIU는 캐딜락 수준의 자료를 제공하며 Oxan(Oxford Analytica)은 람보르기니 수준의 자료를 제공한다. 이용료는 매우 비싸나 고객이 요구하는 내용에 따라 달라진다. 현재 공개적으로 접근 가능한 정보원들 중에서 Oxford Analytica는 가장 우수한 정보원 중 하나라 할 수 있다. Oxford Analytica의 명성은 “세계적인 중요 사건에 대한 시기적절하며 권위 있는 분석을 기업 경영자 또는 정부 관료들에게 제공하기 위하여 출중한 실력을 갖춘 전문연구자들을 적극적으로 활용하는 역량”에서 발생하며, “아이디어(연구)와 기업 사이에 독특한 가교역할을 수행”하고 있다고 설명하고 있다. 고객들의 평가를 살펴보면 Oxford Analytica는 전문성을 확보하기 위해 최선을 노력을 다하고 있으며 이미 이러한 수준을 확보하고 있는 것으로 보인다.

CHAPTER 9

경제발전과 아메리카 대륙

개요 CHAPTER OUTLINE

주요 학습과제 CHAPTER LEARNING OBJECTIVES

LO1 무역관계와 마케팅 실행에서 표준 시간대의 중요성을 이해한다.

LO2 국제마케팅에 영향을 미치는 정치 · 경제적 변화에 대해 이해한다.

LO3 국가의 경제수준과 마케팅 과업과의 관련성을 이해한다.

LO4 아메리카 대륙 국가들의 다양한 경제발전 단계에 대해 학습한다.

LO5 경제성장 요인들과 경제발전에서의 역할을 이해한다.

LO6 국가경제의 발전과 성장에 대한 마케팅의 기여에 대해 학습한다.

LO7 아메리카 대륙 국가들에 대한 기본적 시장지표에 대해 학습한다.

LO8 아메리카 대륙 국가들 간 무역연합체 결성의 중요성 증가를 이해한다.

글로벌 관점 Global Perspective

시차 부적응? – 조지 클루니가 비행 중에 얻게 된 증상 (영화 "Up In the Air"에서)

전문 의학용어인 시차 부적응(Desynchronomisis)은 흔히 쓰는 시차 부적응(jet lag)이라는 말보다 훨씬 불길하게 들린다. 이를 무엇이라 부르든지 간에 시차 부적응은 강력한 힘을 가진다. 브리태니커 백과사전(Encyclopedia Britannica)은 이를 다음과 같이 설명하고 있다.

> 생리적 비동기화(physiological desynchronization)는 지구의 자오선(동쪽–서쪽)을 따라 여행할 때 경험하는 서로 다른 표준 시간대(time zone)로 인해 발생한다. 시차 부적응의 크기와 정도는 얼마나 많은 표준 시간대를 지나갔는가와 함께 여행의 방향에 따라 달라진다. 대부분의 사람들은 동쪽 방향으로 여행할 때 시차 부적응을 더 많이 경험한다(예를 들어 동쪽으로 갈수록 도착지역 현지시간이 짧아진다). 시차 부적응에 따른 증상으로는 극심한 피로, 수면 장애, 주의력 장애, 방향감각 상실, 불안함, 무기력증, 소화기 장애 및 식욕부진 등이 있다.[1]

그럼에도 어떤 국제경영진은 이러한 시차 부적응에 꽤 잘 적응하고 있다.

페덱스(FedEx)의 국제마케팅 수석 부회장인 라즈 수브라마니암(Raj Subramaniam)은 18년간 멤피스 본사에서 근무한 시간과 거의 같은 시간을 해외지역에서 활동했다. 실제로 홍콩과 토론토에서는 장기간의 파견근무를 수행하기도 했다. 2006년 그가 테네시로 돌아온 이후부터는 페덱스의 글로벌 마케팅 계획과 고객서비스 관리를 위해 전 세계에 흩어져 있는 해외사무소들을 방문하면서 장거리를 이동하였다. 이는 그에게 적절한 일정이었으며 이러한 일정으로 기존에 가보았던 곳이 아닌 새로운 도시를 방문할 수 있는 기회를 가졌다.

경험이 많은 해외 출장자는 성공적인 여행을 위한 자신들의 비밀을 다음과 같이 얘기한다. "당신이 출장지에서 할 수 있는 최악의 행동은 단순히 호텔에 머물며 생수를 마시면서 창밖을 쳐다보기만 하는 것이다."

1. 출장일수? 나의 경우 1년 중 125일 정도가 출장이며 이중 100일은 해외 출장이다.
2. 이용하는 항공사? 보통 나는 캐세이 패시픽(Cathay Pacific), 에미레이트(Emirates), 브리티시 에어(British Airway) 등을 이용한다. 이들은 직항편과 훌륭한 서비스를 제공하였다. 나는 적당한 식사를 하고 책을 읽으며 잠에 들기를 기대한다. 이 항공사들은 내가 요구하는 간단한 행복을 위해 최상의 서비스를 제공한다.
3. 비행시간? 비행시간은 당신을 구속하는 전기적 장치들(핸드폰, 인터넷 등)을 단절하고 독서를 할 수 있는 최고의 시간이다. 지금 외교 전문지인 포린어페어(Foreign Affairs)지에 실린 몇 가지 주제를 따라잡고 있다.
4. 여행에 대한 조언? 짐은 가볍게 하고 편한 운동화를 챙겨라. 여행이란 시차 부적응과 동일한 의미이다. 그래서 나는 목적지에 도착하면 내가 할 수 있는 최대한 빨리 실내 체육관을 찾는다.
5. 선호하는 호텔? 나는 홍콩의 콘라드(Conrad)호텔을 선호한다. 보통 LA발 비행기를 타면 오전 5시 30분에 홍콩에 도착하고 호텔에는 오전 6시 30분에 도착한다. 그리고 바로 실내 체육관으로 향한다. 그 후 오전 7시 30분에 빅토리아 항만이 보이는 59층에서 아침식사를 하고 오후 9시에는 사무실로 향한다. 모든 것이 순조롭게 진행된다.

[1] http://www.Britannica.com, 2010.

일부 해외출장자들은 해외여행에서 어려운 시간을 보내기도 한다. 비즈니스 트래블러스 닷 컴(Businesstravellers.com)의 공동편집장인 벤자민 사우던(Benjamin Southan)은 자신의 이야기를 상세히 들려준다.

> 시드니에서의 일이다 · · · 시차 적응이 잘 되지 않아 새벽 4시에 일어난 나는 아침운동(달리기)을 통해 시차 부적응을 잘 이겨낼 수 있을 것이라 생각했다. 그러나 나는 여행 가방을 허술하게 꾸리는 바람에 운동용 양말을 챙기지 않았고 반팔 옷도 없었다. 그래도 나는 운동용 양말 없이도 잘 뛸 수 있을 거라 생각을 했고 가지고 있던 반바지를 입고서 뛰기로 했다. 이렇게 아침운동을 시작했는데, 이는 큰 실수였다. 내가 선호하던 헐렁한 옷들은 달리기에 적합하지 않았고, 양말을 신지 않은 발은 준비운동을 할 때부터 이미 신발에 쓸려 따가웠다. 그리고 오전 5시였지만 날씨는 매우 따스했다. 게다가 단거리 달리기를 할 생각이었으므로 지도도 챙기지 않고 운동을 나갔다. 15분 정도 항구를 따라 달렸다가 다시 돌아 나오면서 지름길일 것이라 생각한 길로 나오는데 발이 아파오기 시작했다. 이것이 두 번째 큰 실수였다. 한 시간쯤 지났을 때 결국 탈진해버렸다. 내 생각에 살기 좋은 킹 크로스(King Cross) 지역을 반은 뛰고 나머지 반은 절뚝거리며 돌아다녔다. 양말도 없이, 땀에 젖은 티셔츠에, 한손으로는 반바지 한쪽을 잡고, 다시 항구방향으로 돌아나가는 길을 물을 수 있는 사람을 못 만나면 어떻게 하나 매우 불안해했다.
>
> 마침내 내가 길을 찾아 호텔로 돌아왔을 때, 호텔의 프론트 담당자는 지극히 사무적인 걱정과 한심하다는 표정을 오가며, 그래도 호텔로 돌아온 것을 축하했다. 나는 다른 손님들이 아침식사를 하러 내려올 때 엘리베이터에 올랐다. 이후 내 호텔방문에 '방해하지 마시오!'란 팻말을 걸어두고서 침대에서 벗어나지 못했다. 나는 시드니에서 적응하기 위해 계획된 일정을 시작하기 전에 하루를 쉬었다. 이 일이 이번 여행에서 내가 시차 부적응 때문에 겪었던 마지막 문제였다. 20시간의 수면 이후 겨우 일어나 호텔 미니바의 초콜릿 과자와 음료를 먹기 위해 걸음을 옮긴 것이 전부였다. 물론 체중관리에 전혀 도움이 안 되는 일들이다.

출처: Benjamin Southan, "Fit to Drop," *Business Traveller* (UK/Europe Edition), October 2009, p. 82; Eugenia Levenson, "Road Warrior," *Fortune* , April 27, 2009, p. 24.

표 9.1

표준 시간대에 따라 대략 구분되는 세 가지 지역별 무역지대

지역	인구	국내총생산(GDP)
아메리카 대륙	9.1억	19.1조$
유럽, 아프리카, 중동	19억	19.6조$
아시아 태평양	35억	12.5조$

출처: World Bank, 2010.

LO1

무역관계와 마케팅 실행에서 표준 시간대의 중요성을 이해한다.

표준 시간대는 큰 차이를 만들어 낸다. 시차 부적응은 중요한 문제이다. 표준 시간대를 가로질러 일어나는 화상 회의들은 단순한 불편함의 정도를 넘어 서는데, 이러한 일들은 수면과 가정생활을 방해한다. 실제로 저자들의 연구에서 국제 마케터들이 극복해야 하는 세 가지 종류의 거리(물리적 거리, 표준 시간대 그리고 문화적 거리)에 대해 이야기한 바 있으며, 이중 표준 시간대는 마케터들의 해외사업 활동의 성공에 가장 큰 영향을 미치는 요소이다.[2] 게다가 대부분 국가는 인접한 국가와 좋은 무역관계를 유지하고 있다. 따라서 21세기에도 계속해서 확장될 경제성장과 글로벌 무역

[2] Jennifer D. Chandler and John L. Graham, "Relationship-Oriented Cultures, Corruption, and International Marketing Success," *Journal of Business Ethics* 92(2) (2010), pp. 251 – 67.

의 상호 연관된 형태를 살펴볼 수 있을 것이다. 중요한 무역블록을 포함하는 3대 다국적 시장지역이 있는데, 이는 아메리카, 유럽 그리고 아시아이다. 유럽인은 아프리카나 중동지역과 유사한 표준 시간대를 사용하므로 많은 이점을 누리고 있다. 각각의 무역블록은 미국, 독일 그리고 일본 등과 같이 선진 공업국가들, 급속한 공업화가 이루고 있는 브라질, 러시아, 선진 공업국에 근접한 중국 같은 국가들 그리고 마지막으로 경제개발은 진행 중이지만 아직까지 미미한 성장률을 보이는 국가로 구성되어 있다. 표 9.1은 각 무역블록들의 포괄적인 통계량을 보여준다.

많은 미국기업의 국제적 활동이 이러한 지정학적 혹은 시간대별 제약 하에 이루어지고 있다. 예를 들어 퀵실버(Quicksilver)는 세 군데 지역거점에 기반을 두고 자신의 글로벌 활동을 펼치고 있다. 아메리카 지역을 위한 지역거점(여기서 기업본사 기능도 담당)으로 미국 캘리포니아 서남부 도시인 헌팅턴 비치(Huntington Beach), 유럽지역을 담당하기 위한 지역거점으로 프랑스의 생쟝 드 루즈(St. Jean De Luz) 그리고 아시아/태평양 지역을 담당하기 위한 지역거점으로 호주 뉴 사우스 웨일주(New south Wales)의 아발론(Avalon)이다. 퀵실버는 2009년 총 20억달러의 전 세계 매출액 가운데 약 47%는 아메리카 시장에서, 40%는 유럽 그리고 13%는 아시아–태평양 지역에서 달성하고 있다.

각 지역별 시장에 관한 설명은 9장~11장에 제시되어 있다. 이번 장에서는 먼저 경제발전과 마케팅에 대해 논의하고, 이후 아메리카 대륙에 대한 상업적 사업기회를 논의해 보고자 한다. 미국과 캐나다는 부유한 반면에, 대부분 아메리카 지역 국가는 사실상 "개발도상국"이란 설명이 더 잘 어울리며, 일부 국가는 실제로 매우 빠른 경제성장을 보이고 있다. 이어서 10장에서는 지역경제 및 정치협력의 좋은 사례인 유럽연합(EU)에 논의를 집중하고 유사한 표준 시간대에 인접한 기타 유럽국가들, 아프리카 그리고 중동지방 국가들에서의 보다 광범위한 기회를 논의하고자 한다. 11장에서는 지구 대부분의 인구가 밀집되어 있는 활력 넘치는 아시아–태평양지역에서의 기회들을 분석하고자 한다.

마케팅과 경제발전

LO2
국제마케팅에 영향을 미치는 정치 · 경제적 변화에 대해 이해한다.

수년 전만 하더라도 개발도상국들의 대부분이 외국의 자본 및 투자에 적대적이었으며, 일부는 해외무역에 강력한 법적 규제를 적용하곤 했다.[3] 그러나 이제 자신의 경제 상태에 만족하는 일부 국가를 제외한 대부분의 국가들은 그 어느 때보다도 세계 소비시장의 일부분으로서 경제성장과 생활수준의 개선 및 더 나은 삶을 위한 기회를 찾기 위해 노력하고 있다.[4] 미국 상무부(Department of Commerce

[3] James C. McKinley Jr., "For U.S. Exporters in Cuba, Business Trumps Politics," *The New York Times*, November 12, 2007, p. A3.

[4] Stephen Kotkin, "First World, Third World (Maybe Not in That Order)," *The New York Times*, May 6, 2007, p. 7.

estimates)에 따르면 중남미와 기타 신흥시장들은 향후 20년간 혹은 그 이상 기간에 전 세계 성장의 75% 이상을 담당할 것으로 보고 있다. 사회주의에서 시장주도경제로의 전환과 무역의 자유화, 개발도상국 투자정책의 변화 그리고 공기업의 민영화와 지속적인 지역 시장동맹체들의 발전은 21세기 국가 간의 무역에 변화를 줄 것이다.

아르헨티나, 브라질, 멕시코, 중국, 한국, 폴란드, 터키, 인도 그리고 베트남[5]과 같은 국가들은 신흥시장에서 거대시장으로 변화하였으며, 경제성장에서 인상적인 전환을 보여주었다. 이들과 기타 국가들은 제품과 서비스에 대한 끝없는 수요를 창출하며 변화하고 있다. 국가들이 번성하고 전 세계 정보통신망에 접속을 통해 각국의 국민들이 새로운 사고와 생활방식에 노출됨에 따라 오랜 고정관념과 전통, 습관은 사라지거나 완화되고 있고, 새로운 유형의 소비자 행동방식이 나타나고 있다. 중국의 고급차 시장[6], 고급 화장품인 에이본(Avon)의 한국 진출, 월마트(Walmart) 할인매장의 아르헨티나, 브라질, 멕시코, 중국, 태국 진출, 소고기를 사용하지 않는 인도의 맥도널드(McDonald) 빅맥(Big Mac) 제품, 동유럽에서 판매되는 월풀(Whirlpool)의 식기세척기와 세탁기, 미국 냉동 제빵제과업체인 사라 리(Sara Lee)의 인도네시아 진출, 암웨이(Amway) 제품의 체코 진출 등은 신흥시장에 대한 새로운 기회를 보여주고 있다.

LO3
국가의 경제수준과 마케팅 과업과의 관련성을 이해한다.

특정국가의 경제수준은 해외 마케터가 마케팅 과업을 수립하고 적용하는데 있어 가장 중요한 환경적 요인이 된다. 특정국가의 경제발전 단계는 해외사업 활동[7]에 대한 태도에 영향을 미치며, 제품에 대한 수요와 국가내의 유통시스템 구축 및 전체 마케팅 과정에 영향을 미치게 된다.[8] 정적인 경제에서는 소비방식이 경직되어 있으며 마케팅은 공급을 위한 노력 그 이상을 기울이지 않는다. 그러나 활력적인 경제시장의 소비방식은 급격한 변화를 보인다.[9] 마케팅은 지속적인 변화에 발맞추어 새로운 소비수준에 적합한 노력을 제공해야 하며, 시시각각으로 변하는 시장의 필요와 요구에 대응하도록 노력해야 한다. 현재의 경제발전 수준은 시장에 존재하는 시장잠재력의 종류와 정도를 잘 알려주지만, 마케터는 경제의 역동성에 대한 지식을 통해 경제변화와 신흥시장에 잘 대응할 수 있다.[10]

---

5 "WTO—Landmark of Vietnam's 20–Year Renewal Process," *Asia Pulse*, January 2, 2008.

6 Jason Leow and Gordon Fairclough, "Rich Chinese Fancy Luxury Cars," *The Wall Street Journal*, April 12, 2007, pp. B1, B6.

7 Terrance H. Witkowski, "Antiglobal Challenges to Marketing in Developing Countries: Exploring the Ideological Divide," *Journal of Public Policy & Marketing* 24, no. 1 (2005), pp. 7 – 23.

8 Ramarao Desiraju, Harikesh Nair, and Pradeep Chintagunta, "Diffusion of New Pharmaceutical Drugs in Developing and Developed Nations," *International Journal of Research in Marketing* 21, no. 4 (2004), pp. 341 – 57.

9 Seung Ho Park, Shaomin Li, and David K. Tse, "Market Liberalization and Firm Performance During China's Economic Transition," *Journal of International Business Studies* 37 (2006), pp. 127 – 47.

10 Kevin Zheng Zhou, David K. Tse, and Julie Juan Li, "Organizational Changes in Emerging Economies: Drivers and Consequences," *Journal of International Business Studies* 37 (2006), pp. 248 – 63.

경제발전은 일반적으로 특정국가의 생산성 향상을 의미하는 국민 1인당 국내총생산(GDP)이나 국민총소득(GNI)의 증가를 의미한다.[11] 또한 국민 1인당 국내총생산(GDP)이나 국민총소득(GNI) 증가를 통해 증가된 소득이 얼마나 광범위하게 분포하고 있는지를 이해할 수 있다. 오늘날 가장 일반적인 경제발전의 정의는 급속한 경제성장과 소비자 수요의 증가(한 세기보다는 수 십년 이내에 성취 또는 향상)를 의미하는 경향이 있다.

경제발전의 단계

국제연합(UN)은 특정국가의 경제발전 단계를 해당국가의 산업화 수준을 기초로 분류하고 있다. 이러한 국가별 경제발전 단계에는 총 세 가지가 있다.

선진국(MDCs: More-Developed Countries). 캐나다, 영국, 프랑스, 독일, 일본, 미국과 같이 고도로 산업화된 국가들로 높은 1인당 국민소득을 갖고 있다. 표 9.2는 아메리카 대륙에 있는 인구가 많은 대부분 국가들의 생활수준을 보여주고 있는데, 국가 간 비슷한 크기에도 불구하고 발전정도의 차이가 확연하다. 가장 낮은 수준의 발전정도에 머물고 있는 국가들은 유로모니터 인터내셔널(Euromonitor International)이나 세계은행(World Bank)과 같은 국제적인 자료원천들에 자료들을 적절하게 수집하거나 보고하지 않는다는 점에 주목하게 될 것이다.

표 9.2

아메리카 대륙에서 인구가 가장 많은 8개 국가의 생활수준

출처: Euromonitor International 2010.

국가명	인구 수 (백만)	1인당 GDI	1,000명당 의료 시설		컬러 TV	냉장고	샤워시설
			의사 수	입원실 침대 수			
미국	307	$46,662	2.4	3.1	99	100	99
브라질	194	$ 7,627	2.0	–	96	93	81
멕시코	109	$ 9,805	2.0	1.6	95	85	81
콜롬비아	46	$ 4,063	1.5	1.3	91	71	99
아르헨티나	41	$ 7,492	3.2	2.0	96	92	96
캐나다	34	$39,401	2.2	3.3	99	100	99
페루	29	$ 4,120	1.3	1.4	56	39	70
베네주엘라	29	$ 12,438	1.3	–	92	97	74

[11] Gross domestic product (GDP) and gross national income (GNI) are two measures of a country's economic activity. GDP is a measure of the market value of all goods and services produced within the boundaries of a nation, regardless of asset ownership. Unlike GNI, GDP excludes receipts from that nation's business operations in foreign countries, as well as the share of reinvested earnings in foreign affi liates of domestic corporations. In most cases and for most applications, the differences between the two are insubstantial. For example, the World Bank reports GDP for China in 2008 as $4.33 trillion and GNI as $4.37 trillion.

개발도상국(LDCs: Less-Developed Countries). 세계무역에 갓 입성한 국가들로 산업화가 진행 중인 국가들이다. 대부분의 국가들은 아시아나 중남미에 속하며, 상대적으로 낮은 수준의 1인당 국민소득을 갖고 있다.

후발개발도상국(LLDCs: Least-Developed Countries). 산업화가 진행되지 않은 국가로 농업중심이며 농촌의 인구가 사회를 대표한다. 극단적으로 낮은 1인당 국민소득수준을 가지며 세계무역에 거의 참여하지 않는다. 이러한 후발개발도상국들은 보통 중앙아프리카나 아시아 일부 지역에 위치하고 있다. 사회불안 또는 잠재적인 사회불안이 종종 이들 후발개발도상국과 관련되어 있다.

사실 이러한 국제연합의 분류체계는 급속한 산업화가 수행되는 세계에 적용하기에는 적절하지 않다고 비판받고 있다. 게다가 개발도상국으로 분류된 많은 국가들이 굉장히 급속한 성장률로 산업화된 것에 비해 다른 국가들은 보수적인 경제 성장률로 천천히 경제성장이 진행되고 있다. 표 9.2는 아메리카 대륙에서 인구가 가장 많은 8개 국가 간의 소득수준과 소비자들이 가진 자산의 차이를 보여주고 있다.

급속한 경제성장과 산업화를 경험한 국가들 중 개발도상국 또는 선진국의 분류기준에 정확하게 들어맞지 않는 국가들이 있는데, 이들은 **신흥공업국(NICs: Newly Industrialized Countries)**으로 분류할 수 있다. 이러한 국가들은 자신들이 목표로 하는 산업분야에서 급속한 성장을 이루었으며 1인당 국민소득은 여타 개발도상국들의 수준을 훨씬 뛰어넘는다. 이들은 무역거래관련규제를 철폐하고 상당한 시장경제 개혁을 이룩하였다. 결과적으로 이들은 무역과 해외직접투자(FDI) 두 가지 모두를 끌어들였다. 칠레, 브라질, 멕시코, 한국, 싱가포르 그리고 대만과 같은 국가들이 이에 해당된다. 이러한 신흥공업국들은 철강, 자동차, 기계설비, 의류, 전자제품 등과 같이 많은 제품들을 수출하는 어마어마한 수출국들이 되었고 동시에 엄청난 양을 수입하는 국가가 되었다.

LO4
아메리카 대륙 국가들의 다양한 경제발전 단계를 학습한다.

브라질은 세계무역에서 신흥 공업국의 중요성이 높아지고 있는 것을 보여주는 좋은 사례라 할 수 있다. 알코올 기반 연료부터 탄소강 제품까지 모든 것을 수출하고 있다. 브라질산 오렌지 쥬스, 가금류, 대두류 그리고 무기들(브라질은 세계 6위의 무기수출국)은 해외시장에서 미국제품들과 경쟁하고 있다. 브라질의 항공기 제조업체인 엠브라에르(Embraer)는 60개국 이상에 항공기를 수출하고 있으며, 미국과 기타 국가들에서 사용되는 근거리 통근용 항공기 시장에서 중요한 위치를 차지하고 있다. 자동차 산업에서도 브라질은 세계적 경쟁자다. 브라질은 연간 20만대 이상의 승용차, 트럭 그리고 버스들을 제3세계 국가들로 수출하고 있다. 폭스바겐은 300만대가 넘는 비엠 비틀(VM Beetles) 자동차를 브라질에서 생산하고 있으며, 골프(Golf)와 파사트(Passat) 자동차를 생산하는 프로젝트에 5억달러 이상을 투자하였다. 최근 폭스바겐은 중국 파트너와 5억달러규모의 자동차 부품 판매계약 체결을 발표하였다. 제

커피의 전 세계 가격수준은 브라질의 커피생산(왼쪽)에 따라 거의 항상 결정되고 있다. 이제 이러한 상업적 지배력은 다음의 두 가지 사항에 의해 도전받고 있다. 첫째, 베트남이 새롭게 커피생산(오른쪽)에 참여하자 세계 커피가격은 1997년 파운드당 1.85달러에서 2001년 0.5달러로 대폭락 하였다. 또한 스타벅스(Starbuck's)는 브라질과 전 세계 커피생산의 역사적 중심인 상파울로 중심지에 매장을 여는 등 커피 소매유통에 대한 글로벌 시장규칙을 바꾸고 있다.(아래)

네럴 모터스(General Motors)는 6억달러를 투자하여 "산업공단"(이곳에는 델파이(Delphi), 리어(Lear), 굿이어(Goodyear)와 같이 제너럴 모터스의 생산라인에 부품을 공급하는 17개 공급업체들의 공장들이 모여 있다.)을 구성하였다. 대체로 자동차와 자동차 부품 생산업체들은 아르헨티나, 브라질, 파라과이 및 우루과이로 구성된 자유무역공동체인 남미공동시장(Mercosur)의 2억 인구를 겨냥하여 28억달러 이상을 투자하고 있다.

경제성장 요인들

LO5
경제성장 요인들과 경제발전에서의 역할을 이해한다.

일부 국가가 성공적이며 급속한 성장을 이루는 것에 비해 다른 국가는 어째서 비슷하거나 보다 풍부한 자원을 가지고도 성장하지 못하는가? 어떤 분석가는 빠른 성장이 특정한 문화적 가치에 기인한다고 주장하고 있으며, 다른 분석가는 값싼 노동력에 기인하고, 또 다른 분석가는 교육수준이나 낮은 문맹률에 기인한다고 주장하고 있다. 확실히 이 모든 요소들은 성장에 기여하고 있지만, 확실히 지금 성장하고 있는 국가들에게는 존재하나 상대적으로 경제성장을 누리지 못하는 국가들에게는 결핍된 또 다른 중요한 요인이 있다.

신흥공업국들의 경제성장이 확대되는 시기에 존재하였던 요인들은 다음과 같다.

- 정책수행에 대한 정치적 안정성은 경제발전에 영향을 미친다.

- 정치적 및 법률적 개혁. 구체적으로 정의되지 않거나 강제력이 약한 계약 및 재산권은 최빈국들에서 볼 수 있는 일반적인 특징이다.
- 기업가정신. 신흥공업국 모두에서 자기 소유 및 의지로 운영되는 자유기업들은 새로운 경제성장의 씨앗이 된다.
- 계획. 특정정책과 연계된 관찰 가능하고 측정 가능한 개발목표에 따른 중심계획이 준비되어 있어야 한다.
- 외부지향성. 효율성을 증가시키며 경쟁에 따른 지속적인 차별화가 제공되는 내수시장과 수출시장 모두를 위한 생산에 초점을 맞추고 있다.
- 생산요소. 만약 생산요소(토지[천연자원], 노동력, 자본, 경영 그리고 기술 등)가 부족한 환경이더라도 이러한 요소들은 개발목적에 맞추어 해외에서 쉽게 들여올 수 있다.
- 성장을 목표로 한 산업. 기회가 존재하는 분야에서 전략산업과 국제무역정책들이 결정되었다. 핵심 산업들이 세계시장에서 더 나은 위치를 차지할 수 있도록 목표 산업분야에 자원들이 집중되었다.
- 높은 국내 저축율과 사회기반시설, 교통, 주택 교육, 훈련에 대한 직접적인 자본투자를 강화할 수 있도록 동기를 부여하였다.
- 국가예산이 바닥남에 따라 국영기업(SOEs)의 민영화가 추진되었다. 민영화로 인해 필요한 전략분야에 투자해야 하는 국가자본을 상당량 줄일 수 있었으며 지속적인 미래 국가자원의 손실도 보존할 수 있다. 종종 산업이 민영화되면서 새로운 현대적인 투자자들이 나타남에 따라 새로운 경제성장이 가능해진다.

마지막 요소는 최근 들어 매우 크게 성장하고 있는 낮은 관세로 접근가능한 시장이다. 많은 국가들이 초기 경제성장을 이루는 동안 최초로 개방된 거대시장은 미국이었고, 이후 유럽시장이 가세하였으며, 현재는 세계무역기구(WTO)의 기본적인 원칙에 합의한 세계의 많은 국가가 그 자리를 차지하고 있다.

관례적으로 생각해 볼 때 경제성장이 오직 공업성장으로부터 시작되는 것으로 생각할 수도 있겠지만, 칠레의 경우 경제성장이 농업성장과 발전으로부터 시작될 수도 있음을 보여주었다. 칠레 경제는 1987년 이후 약 7.2%의 평균 성장률을 보였고 중남미 경제 중 해외투자에 있어 가장 위험이 낮은 국가 중 하나였다. 그러나 1976년 이후 칠레가 무역을 개방했을 때 제조업 부문의 상대적인 규모는 1973년의 국내 총생산(GDP) 비율 27.3%보다 낮아져 2010년의 절반 규모에도 미치지 못했다.[12] 반면에 농업의 경우는 쇠퇴하지 않았다. 농업 수출업자들은 멋진 성과를 보여주었다. 칠레는 1960년대 세계 과일시장에서 미미한 수출국이었으나 2000년에는 세계 최대의 과일 수출국이 되었다. 정교한 생산기술과 경영방법이 가정용 포도, 와인, 연어양식

[12] World Bank, "World Development Indicators," 2010.

및 다양한 종류의 반가공 농업제품들에 적용되었다. 1980년대 초에 시작된 연어양식은 칠레의 주요한 수출품목이 되었다. 미국으로 수출되는 연어는 연간 40,000톤이다. 반면 미국의 연간 양식연어 생산량은 31,000톤이다. 또한 칠레는 양식장에서 길러지는 연어들을 먹이기 위한 사료를 수출하는 주요한 수출국이기도 하다.

칠레의 생산기술은 생산성 향상과 높은 소득을 보장하게 되었다. 이러한 경험은 제조업만이 국가를 경제적으로 성장시킬 수 있는 유일한 방법이 아님을 보여주고 있다. 이는 계속해서 변화된 취향을 수용하고 지속적으로 기술을 발전시키며 천연자원으로부터 경제적으로 번영하는 새로운 방법을 모색하는 과정에서 나온 것이다. 오늘날의 칠레와는 대조적으로 전통적인 농업에 기초하고 있는 경제들은 한 가지 작물에만 의존하는 경우가 많고 20년이 지난 현재까지도 여전히 똑같은 의존성을 보이고 있다. 이러한 경제적 편협성은 불과 수십년 전의 칠레에서도 살펴볼 수 있는데, 당시 칠레는 구리에 높은 의존성을 보이고 있었다. 칠레 경제가 구리에 대한 의존성을 넘어 경제적으로 확장하기 위해서, 칠레는 사과를 수출하기 시작했는데 이것이 가장 잘한 일이었다. 경제가 성장함에 따라 칠레정부는 보다 나은 교육과 사회기반시설에 투자하고 기술을 향상시켜 포도나 와인, 연어, 토마토 페이스트와 같은 또 다른 경제분야를 발전시킬 수 있었다.

지역협력과 시장개방 역시 경제발전에 중요한 영향을 미친다. 10장에서 보다 자세히 논의하겠지만, 만약 어떤 국가가 선호하는 지역무역연합에 접근할 수만 있다면 다국적 시장지역의 참여국이 되는 것이 필수적이다. 2003년 칠레와 2005년 중미국가들(바나나 생산업자들을 포함해서)은 같은 방식으로 미국과 자유무역협정(FTA)을 체결하였다.[13]

정보기술, 인터넷 그리고 경제발전

이전에 논의했던 경제성장 요인에 추가하여 국가의 정보기술(IT) 부문에 대한 투자는 경제성장의 또 다른 중요한 요인이다. 핸드폰[14], 인터넷 그리고 정보기술의 또 다른 진보는 개발도상국 경제에 보다 부유한 국가들을 따라잡을 수 있는 기회를 제공하였다.[15] 새롭고 혁신적인 전자기술은 선진국뿐만 아니라 개발도상국에서도 지속가능한 미래의 중요 요인이 되었다.

인터넷은 거래비용을 낮추고 수직적 통합으로 규모의 경제효과를 감소시킬 수 있으며, 심지어 몇몇은 기업의 경제적 최적 규모(economically optimal size)도 줄일 수 있다고 주장하고 있다. 낮아진 거래비용으로 아시아나 중남미의 소규모 기업들이 서로 협력하여 세계시장에 진출할 수 있게 되었다. 신흥 경제권의 보다 소규모 기

---

[13] "Chile and U.S. Sign Accord on Free Trade," *The New York Times*, June 7, 2003, p. 3; David Armstrong, "CAFTA Signed into Law," *San Francisco Chronicle*, August 3, 2005, p. C1.

[14] Nandini Lakshman, "Nokia: Lessons Learned, Reward Reaped," *BusinessWeek*, July 30, 2007, p.32.

[15] Simon Cox, "High-Tech Hopefuls, A Special Report on Technology in India and China," *The Economist*, November 10, 2007, pp. 1 – 25.

업들도 이제 글로벌 시장에 진입하여 제품을 판매하고 있다. 이제는 이런 활동이 보다 쉬워지고 있는데, 예를 들어 홍콩의 한 양복 재단사는 자신이 수작업으로 제작한 정장을 멤피스에 있는 한 임원에게 판매할 수 있다. 부유한 국가들은 부유한 고객들을 바로 곁에 두고 있다는 이점을 갖고 있었는데, 인터넷 발전의 가장 큰 이점들 중 하나는 이러한 기존의 이점들이 거래비용의 감소로 인해 무너지고 있다는 점이다.

인터넷의 발전은 개발도상국들에게 새로운 기술의 전파 속도를 높여 주어 경제성장 과정을 가속화시키고 있다. 수많은 개발도상국들이 철도, 전화, 전기의 혜택을 누리는데 수십 년이 걸린 것과는 대조적으로 인터넷은 중남미와 세계의 다른 지역에 급속도로 전파되고 있다. 정보기술은 국가경제의 도약과 활성화를 가능하도록 해주었으며, 높은 문맹률을 가진 사람들을 컴퓨터를 능숙히 다루는 사람들로 비약적으로 전환시키고 있다.

핸드폰과 다른 무선기술들은 유선전화 서비스가 지원되지 않는 지역에 고비용의 통신기반시설을 구축해야 할 필요성을 크게 감소시켰다.[16] 예를 들어 베네수엘라의 카라카스(Caracas)에는 500만 도시인구의 절반 가량이 유선전화 배선이 깔려있지 않은 빈곤지역에서 살아가고 있다. 따라서 처음에는 선불카드식 핸드폰 서비스가 많은 지역주민들에게 제공되었다. 그러나 인터넷은 상대적으로 값싼 비용으로 혁신적인 서비스를 도입하게 해주었다. 다수의 개발도상국에 있는 텔레센터(telecenters)는 공중전화와 팩스, 컴퓨터 및 인터넷 서비스를 제공하여 학생들이 온라인으로 책을 읽고, 지역의 기업가들이 잠재적 사업파트너를 물색할 수 있도록 도와주고 있다. 벨기에(Belgium)의 의료 전문가는 강의실과 수술실을 연계한 인터넷 비디오를 통하여 세네갈(Senegal)의 현지 의사들이나 외과의들의 훈련을 도울 수 있으며, 그들에게 인터넷 접속을 통하여 의학전문잡지나 의학 관련 자료들을 이용할 수 있도록 하고 있다. 직접 세네갈로 가서 그들을 가르친다는 것은 엄두도 낼 수 없을 만큼 많은 비용이 든다. 그러나 인터넷 기술을 이용하면 실질적으로 비용이 들지 않는 것이나 마찬가지이다.

개발도상국들의 목표

경제발전과 마케팅의 완벽한 평가에는 기본적인 사실관계와 함께 경제발전 목표에 대한 간략한 검토가 먼저 이루어져야 한다. 대부분의 개발도상국들에게 기본적인 목표는 산업화이다.[17] 대부분의 국가들은 경제성장에서 경제적 목표달성 뿐만 아니라 사회적 성취도도 함께 고려한다. 양질의 교육, 보다 효과적이고 더 우수한 정부, 수많은 사회적 불균형의 제거 그리고 도덕적 · 윤리적 책임의 향상 등이 개발도상국들이 기대하는 것들이다. 따라서 경제성장만이 경제발전의 목표가 될 수 없으며 사회적 성취도도 동시에 고려되어야 한다. 사회적 성취도와 관련하여 브라질이 2012년 올림픽을 준비하기 위해 엄청난 노력을 기울였던 것을 생각해 볼 필요가 있다.

[16] Jack Ewing and Edel Rodriguez, "Upwardly Mobile in Africa," *BusinessWeek*, September 4, 2007, pp. 64–71.

[17] "Chocolate, Thinking out of the Box," *The Economist*, April 7, 2007, p. 65.

표 9.3

아메리카 대륙에서 인구가 가장 많은 8개 국가의 사회기반시설

출처: Euromonitor International, 2010..

국가	철도 여행 (일인 당 km)	승용차 (1,000 명당)	에너지 소모량 (1인당 석유 이용 톤수)	컴퓨터 (1,000명 당)	핸드폰 (1,000 명당)	식자율 (%)	대학생 수 (1,000명당)
미국	27	430	7.5	867	929	100	47
브라질	93	105	1.2	260	876	92	29
멕시코	–	147	1.6	163	163	93	23
콜럼비아	0.2	42	0.7	111	111	94	25
아르헨티나	198	138	1.9	105	105	98	38
캐나다	43	555	9.9	1085	1085	100	34
페루	5.3	24	0.6	154	154	93	22
베네수엘라	–	78	2.9	130	130	95	40

해외기업들은 외부인이기 때문에 현지국 정부가 가진 목표와 자신의 목표가 상충되는 것을 두려워하고 있다. 1950년대와 1960년대에 많은 다국적기업들은 진출국의 자원을 무단으로 사용하여 자원의 약탈자로 인식되었다. 또 다른 다국적기업들은 엄청나게 높은 무역장벽과 수입 할당제(쿼터)에 직면하였고 해외투자는 금지되거나 좌절되었다. 오늘날 해외 투자자는 경제발전에서 필수적인 파트너이다. 국영기업은 경험적으로 볼 때 대부분의 국가에서 실망스러운 결과를 보여주었다. 국영기업이 잘못 경영되면 경제성장을 가속화시킬 수 있는 동력이 되기보다는 오히려 국가자원을 비효율적으로 고갈시킬 수 있다. 따라서 많은 국가들이 산업 규제를 완화하고 해외 투자를 받아들이며 무역장벽을 낮추고 국영기업의 민영화를 수행하고 있다. 이러한 민영화 추세는 최근 들어 선진 산업국가 뿐만 아니라 개발도상국들에게도 나타나는 주요한 경제현상이다.

사회기반시설과 발전

사회간접자본 또는 사회기반시설의 확장정도는 한 국가의 경제발전 지표들 중 하나이다. **사회기반시설**은 다양한 산업 활동에 기여할 수 있는 자본재의 종류를 의미한다. 한 국가의 사회기반시설에는 포장도로, 철도, 항구, 통신망, 금융전산망, 에너지 공급체계[18] 그리고 물류거점[19] 등이 포함되는데, 이러한 사회기반시설은 생산과 마케팅을 지원하기 위해 모두 필수적인 것들이다. 사회기반시설의 품질은 한 국가의 잠재적 경제성장과 기업이 효율적으로 사업을 수행할 수 있는 역량에 직접적으로 영향을 미친다. 표 9.3은 아메리카 대륙에서 가장 인구가 많은 8개 국가의 사회기반시설을 비교해서 보여주고 있다.

[18] "Chavez Declares an 'Electricity Emergency' in Venezuela," *Reuters*, February 9, 2010, online.

[19] Chris Kraul and Marcelo Soares, "Brazil's Frayed Wires Finally Short Out," *Los Angeles Times*, November 12, 2009, p. A22.

사회기반시설은 마케터가 통제할 수 없는 요인이다. 예를 들어 적절한 수송시설이 없다면 물류비용은 상당히 증가될 수밖에 없으며, 특정시장의 경우에는 아예 제 기능을 수행할 수 없을 것이다. 적절하게 교육훈련을 받은 인적자원이 부족하다면 국민들(식자층)과의 의사소통이 어려울 뿐만 아니라 검증된 현지 마케팅 담당자를 확보해야 하는 기업 활동에도 어려움이 가중된다. 마케터에게 중요한 문제는 기업이 시장을 효율적으로 활용하는데 있어 해당국가의 사회기반시설이 영향을 미치는지의 여부이다. 사업의 효율성은 광고대행사, 창고보관시설, 신용카드 및 은행 관련 시설, 마케팅조사 대행사, 만족할만한 전문적인 중간유통업체 등과 같은 금융적상업적 사회기반시설이 존재하느냐 그렇지 않느냐에 영향을 받는다. 일반적으로 덜 발전된 국가일수록 사업 수행에 필요한 사회기반시설을 충분하게 보유하지 않은 경우가 많다. 따라서 개발도상국에서 사업을 수행하는 기업들은 때로는 기존의 사회기반시설 수준에 맞추어 자신들이 시장에 공급하는 제공물들과 주장하는 내용들을 수정해야 한다.

사회기반시설이 인구성장과 경제성장을 충분히 지원하지 못하는 경우, 해당 국가들은 경제성장의 기반을 점차 잃어간다. 공산품을 생산할 수 있는 능력을 가진 국가가 사회기반시설의 부족으로 인해 수출을 제대로 수행하지 못할 수도 있다. 예를 들어 멕시코 경제는 이미 구식이 된 수송체계 때문에 활력이 떨어지고 있다. 도로와 항만시설은 충분하지 않으며 철도는 1910년 혁명 이후 현대화가 거의 이루어지지 않았다. 표 9.3을 보면 이러한 문제들을 가진 국가들을 살펴볼 수 있다. 만약 멕시코에 고속도로(이마저 좋은 상태는 아니지만)가 없었다면 멕시코의 경제발전은 중단되었을지도 모른다. 멕시코의 고속도로는 지속적으로 철도보다 수송량이 더 많았다. 다른 중남미 국가들도 이보다 상황이 좋지 않다. 컴퓨터를 실은 컨테이너를 일본의 요코하마(Yokohama)에서 8,900마일 떨어진 미국 마이애미(Miami)로 운송하는 비용보다 마이애미(Miami)에서 3,900마일 떨어진 칠레의 샌안토니오(Saint Antonio)로 수송하는 운송요금이 오히려 1,000달러 더 비싼 이유는 낮은 수심의 항만과 부족한 항구시설 때문이다.

마케팅의 기여

LO6

국가경제의 발전과 성장에 대한 마케팅의 기여에 대해 학습한다.

국가목표를 달성하는데 마케팅은 얼마나 중요한가? 불행하게도 마케팅(혹은 유통)은 경제계획에서 항상 중요하게 고려되지 않는다. 경제계획 입안자들은 마케팅 지향적이라기보다는 생산 지향적인 경우가 많으며, 유통을 무시하거나 경제활동에서 대수롭지 않게 생각한다. 이러한 태도로 인하여 경제계획 입안자들은 유통의 효율성 문제보다 보통 생산, 투자, 금융에 관한 문제들에 더 많은 관심을 기울인다.

마케팅은 생산능력과 소비자 수요 간의 경제적 중재자이다. 더 많은 생산과 더 많은 소비간의 균형을 창출할 수 있는 마케팅 과정은 경제성장의 결과인 생산물의 효율적인 이용에 매우 중요한 요소이다. 효율적인 유통 및 유통경로 체계와 모든 관련되는 행위들은 생산능력과 소비자 필요, 욕구, 구매력과 같은 자원들을 의미 있게 연결해준다.

개발도상국에서의 마케팅

마케터는 정교하고 복잡한 마케팅 전략들을 저개발국에 동일하게 적용할 수 없다.[20] 마케팅 노력은 반드시 각각의 개별 상황과 환경에 맞추어야 한다. 홍보판촉 전략의 경우 문맹률이 5%인 경우와 50%인 경우 각각 매우 다를 수밖에 없다. 최저생활수준을 보이는 시장에서 가격결정은 부유한 사회에서의 가격정책과 확연히 달라야 한다. 마케터는 개발도상국의 잠재성을 평가하기 위해 반드시 시장발전의 현재 수준과 해당 시장의 수용성 정도에 대한 고려와 함께 기업 자신의 역량이나 상황을 고려해야 한다.[21]

시장발전 수준

시장발전 수준은 대략 경제성장 단계와 일치한다. 표 9.4는 경제성장에 따른 마케팅 과정의 다양한 단계를 보여주고 있다. 이 그림은 이상적인 진화과정을 보여주는 고정된 모형이다. 이전에 논의한 바와 같이, 경제협력과 지원, 기술변화 그리고 정치적, 사회적, 문화적 요소들은 이러한 진화과정에 분명한 차이를 야기할 수도 있다. 그러나 표 9.4는 마케팅과 경제성장 간의 관계논리와 상호의존성에 보다 집중하고 있다. 더욱 선진화된 경제에서는 보다 다양한 마케팅 기능이 요구되며 보다 세련되고 특화된 마케팅 기능이 수행되어야 한다.

국가가 발전함에 따라 유통경로의 구조도 발전한다. 소매분야에서는 전문점과 슈퍼마켓, 하이퍼마켓 등이 나타나고 영세 소매업체나 현지 브랜드 점포들은 대형 유통업체들에 의해 도태된다. 다시 말해, 유통점포의 숫자는 줄어들지만 점포당 판매 규모는 커진다. 또한 생산자로부터 도매상과 소매상에 이르기까지 잘 정의된 유통경로구조가 발전하여 수입업과 유통업 사이의 전체 기능을 담당하는 것으로 간주되던 전통적인 수입 대리점들을 대체한다.

광고대행사, 마케팅조사기관, 수리서비스[22], 특화된 소비자 금융기관[23] 그리고 보관 및 창고설비들은 시장 확대와 경제의 특정 요구사항들을 충족시켜주는 기관들이다. 이러한 기관들은 그냥 생기는 것이 아니며 이에 따르는 필요한 마케팅 구조 또한 그냥 만들어지는 것이 아니다. 그러므로 경제 분석에 요구되는 마케터의 직무 중 일부는 해외의 어떤 환경이 유용할지와 정해진 목표를 달성하기 위해 어느 정도의 조정이 필요한지를 결정해야 한다. 마케터는, 일부 개발도상국의 경우, 현대적인 시장체계의 기반을 구축해야 하는 경우도 있다.

특정국가의 시장체계를 평가하는데 있어 표 9.4가 가지는 한계점은 해당 시장체

---

[20] Y. Luo, "Market-Seeking MNEs in an Emerging Market: How Parent – Subsidiary Links Shape Overseas Success," *Journal of International Business Studies* 35, no. 4 (2003), pp. 290 – 309.

[21] Donna L. Paul and Rossitza B. Wooster, "Strategic Investments by US Firms in Transition Economies," *Journal of International Business Studies* 39 (March 2008), pp. 249 – 66; "Indian Retailing, Getting Cheaper and Better," *The Economist*, February 3, 2007, pp. 64 – 65.

[22] Ian Alum, "New Service Development Process: Emerging versus Developed Markets," *Journal of Global Marketing* 20, no. 2/3 (2007), pp. 43 – 56.

[23] Katrijn Gielens and Marnik G. Dekimpe, "The Entry Strategy of Retail Firms into Transition Economies," *Journal of Marketing* 71 (2007), pp. 196 – 212.

표 9.4

마케팅 과정의 진화

단계	하위단계	사례	마케팅 기능	마케팅 기관	경로 통제	주요한 지향점	가용자원	참고
농업과 천연자원	자급자족	유목민 혹은 사냥부족	없음	없음	전통적 권한	자급	노동 토지	노동집약적 조직화된 시장 없음
	잉여 원자재 상품	커피나 바나나와 같은 농경경제	교환	소규모 상인, 거래자, 품평회, 수출–수입	전통적 권한	기업가적 상업적	노동 토지	노동과 토지 집약적. 지역시장 수입지향
제조	소규모	가내수공업	교환 물적유통	상인, 도매상, 수출–수입	중개상	기업가적 재무적	노동, 토지, 기술, 수송	노동집약적 제품표준화와 등급화 국가적, 지역적, 수입 시장
	대량생산	1885년–1914년의 미국 경제	수요창출 물적유통	상인, 도매상, 거래자, 특화된 기관	생산자	제조와 재무	노동, 토지, 기술, 수송, 자본	자본집약적 제품차별화 국가적, 지역적, 수출시장
마케팅	상업화	1915년–1929년의 미국 경제	수요창출 물적유통 시장 정보	대규모, 소매체 인망	생산자	기업가적 상업적	노동, 토지, 기술, 수송, 자본, 의사소통	자본집약적 유통구조의 변화 국가적, 지역적, 수출 시장
	대량 유통	1950 이후 현제까지 미국 경제	수요창출 물적유통 시장정보 시장과 제품계획, 발전	유통경로의 통합, 특화된 중간상의 증가	생산자 소매상	마케팅	노동, 토지, 기술, 수송, 자본, 의사소통	자본과 토지집약적 급속한 제품혁신 국가적, 지역적, 수출 시장

CROSSING BORDERS 9.1 제3세계에서의 마케팅: 교육, 가격책정 그리고 지역사회의 활용

개발도상국에서 수행되는 마케팅의 도전과제 중 상당부분은 익숙하지 않은 제품을 소개하고 해당 제품을 사용하게 하며 그 제품을 적절한 규모로 주문하게 하는 것이다. 예를 들어 많은 중남미의 고객들은 7온스짜리 샴푸를 구매할 형편이 되지 못했다. 그래서 질레트(Gillette)는 1/2온스짜리 플라스틱 병에 샴푸를 담아 판매하였다. 그리고 브라질에서는 라이트 가드(Right Guard, 땀냄새 제거용품)를 금속 캔에 넣는 대신 플라스틱 튜브에 담아 팔았다.

그러나 제3세계 지역에서 질레트에게 가장 어려웠던 일은 남자들이 면도를 하게 하는 것이었다. 이동식 홍보 수단이라 불리는 이동식 극장을 이용해서 촌락들을 돌며 영화와 더불어 매일 면도해야 할 필요성을 알리는 영상물들을 상영했다. 남아프리카와 인도네시아에서는 수염을 기른 당황한 남자들을 라커룸에 입장시켜 깨끗하게 면도한 남자들을 보여주면서 어떻게 면도해야 하는지를 보여주었다. 멕시코에서 보여준 영상에서는 잘생긴 보안관이 여자를 납치한 강도를 쫓는 장면이 나온다. 보안관은 선로에 멈춰 서서 그의 면도기에 이중면도날을 끼우고 얼굴에 비누거품을 칠하고 면도를 한다. 당연히 마지막에는 매끄러운 얼굴의 보안관이 납치된 여자를 구출한다. 포장된 면도날들을 판매하기 위해 면도하지 않은 이들에게 매끈한 얼굴로 느낄 수 있는 즐거움을 먼저 교육함으로써 질레트는 개발도상국에서 성장전략을 추구했다.

질레트가 면도에 대한 것이었다면, 콜게이트-파모리브(Colgate-Palmolive)는 구강청결에 대해 광고했다. 비디오가 장착된 차량을 인도의 시골지역으로 보내어 치약사용의 장점과 올바른 칫솔질에 대한 정보를 전달하기 위해 제작된 영상물을 보여주었다. 콜게이트-파모리브의 인도지역 마케팅 담당자는 "만약 인도사람들에게 치약을 먼저 보여 주었다면 이것으로 무엇을 해야 하는지 몰랐을 것이다."라고 말한다. 이 지역 사람들은 치약의 용도와 이 제품의 사용법에 대한 교육이 필요하다. 브라질의 한 시골지역에서는 치약 소비가 6년 동안 두 배로 늘어나기도 했다.

출처: David Wessel, "Gillette Keys Sales to Third World Taste," *The Wall Street Journal*, January 23, 1986, p. 30; "Selling to India," *The Economist*, May 1, 2000; Raja Ramachandran, "Understanding the Market Environment of India," *Business Horizons*, January/February 2000, p. 44; Euromonitor International, 2010.

계가 끊임없이 변화하고 있다는 것이다. 연속되는 개별 성장단계들을 마치 지질학처럼 깔끔하고 간결하게 설명하기 위해 마케팅 발전이 가지는 역동적인 본성을 지나치게 단순화시켰다. 따라서 어떤 사업들은 얼마나 잘 계획되었는지에 상관없이 성공하지 못할 수 있다. 시장발전을 가속화시킨 중요요인은 국가 또는 국가 내 일부지역들이 18세기부터 21세기의 20년 기간 동안에 추진하였던 기술의 활용이라 할 수 있다.

많은 개발도상국의 마케팅 구조는 동시에 여러 단계에 걸쳐 있다. 전통적인 소규모 소매상의 기능이 현대적인 시장과 함께 나란히 발전해온 것을 살펴보는 것은 어렵지 않다. 이러한 상황은 특히 식료품 소매업에서 보다 명확한데, 인구 중 상당수가 농산물 가판대에서 식품을 구매하는 지역에서 동시에 미국과 같은 현대적인 슈퍼마켓에서 농산물의 판매가 이루어진다.

개발도상국의 수요

표 9.5의 자료를 통해 국가들 간의 다양한 소비행태를 알 수 있다. 개발도상국의 경우 식료품의 지출이 높은 반면, 부유한 국가들의 경우 주택마련에 대한 지출비중이 더 크다. 또한 미국의 경우 건강용품과 의료서비스와 관련된 다양한 민간부문의 의료제도에 많은 지출을 하고 있음을 알 수 있다. 4장을 상기해보면 많은 부유한 국가들은 세금으로 운영되며 정부가 관리하는 의료제도를 갖추고 있어, 특히 일본과 같은 나라의 국민들이 보다 건강하고 장수하는 것을 알 수 있다. 또한 부유한 국가들은 개발도상국에 비해 여가활동에 더 많은 비용을 지출하고 있다.

표 9.5
아메리카 대륙에서 인구가 가장 많은 8개 국가의 소비행태

출처: Euromonitor International, 2010.

		가계 지출($/1인당)								
국가	가구당 가족 수	식료품	술과 담배	의류비	주택 비용	건강제품, 의료서비스	교통	통신비	여가활동	교육비
미국	2.6	2174	618	1159	5998	5956	3332	720	2959	701
브라질	3.6	1257	96	168	758	224	226	279	173	365
멕시코	3.9	1277	130	154	726	260	939	95	136	212
콜롬비아	3.8	871	150	130	447	376	318	109	161	154
아르헨티나	3.7	820	135	292	621	153	517	149	356	47
캐나다	2.6	2082	890	937	5064	1343	3287	500	2173	372
페루	4.1	809	55	159	274	170	255	85	66	207
베네수엘라	4.5	2206	228	310	913	363	719	383	293	475

2009년 에콰도르(Ecuador)에서 모노폴리 보드게임을 처음 시판한 파커 브라더스(Parker Brothers)의 역설적 상황은 상당히 재미있다. 라파엘 코레아(Rafael Correa) 대통령이 새로운 반독점법들을 선포한 바로 직전 연도에 제품을 출시했기 때문이다. 라파엘 대통령은 카를로스 슬림(Carlos Slim)이 소유한 대기업인 멕시칸 텔레멕스(Mexican Telemex)가 자국의 에콰도르 텔레콤(Ecuador Telecom)을 인수하는데 대응한 것이다.

개발도상국에서 시장잠재력을 판단하는 것에는 또 다른 어려운 점들이 남아있다. 대부분의 어려움은 각국마다 상이한 다음과 같은 세 가지 형태의 시장이 공존하기 때문에 발생하게 된다. (1) 전통적인 시골/농촌 부문, (2) 현대적 도시/고소득 부문, (3) 낮은 소득수준의 도시빈민가들로 대표되는 상당히 규모가 큰 과도기적 부문으로 나눌 수 있다. 수도권 중심지역에 위치하고 있는 현대화된 지역에는 공항과 국제호텔, 새로운 공장들 그리고 다수의 서구화된 중산층이 거주하고 있다. 전통적 농촌 부문은 과거에도 그랬듯이 시골 전원지역에서 농업을 주업으로 하고 있다. 현대

화된 지역 바로 인근에 위치하고 있는 과도기적 지역은 농촌에서 대도시로 변화하는 중이다. 생산 및 소비 형태는 이들 세 지역 간에 모두 다르다.

중남미는 최근 인구가 6억 명에 달하고 있으며, 중산층을 구매력 지수(purchase price parity)[24]로 평가한 경우, 1인당 소득이 5,000달러에서 20,000달러인 계층으로 볼 때 중남미 인구의 2/3 가량은 중산층에 속한다고 할 수 있다. 현대화된 지역의 제품과 서비스에 대한 수요는 선진국과 유사하다. 그러나 과도기적 지역과 농촌지역에 거주하고 있는 2억 명 가량이 소비하는 수요품목들은 보다 최저생활수준에 적합하고 특화된 것들이다. 개발도상국 시장을 관찰한 한 전문가는 이렇게 말했다. "낙후된 농촌지역의 소비자들은 다수의 공산품 없이도 건실한 삶을 살 수 있다. 치약, 설탕, 커피, 세수비누, 목욕비누, 등유 등 삶에 필요한 모든 필수품들은 도심지역이나 준도심지역에 사는 사람들을 위한 것이다." 21세기의 가장 위대한 도전과제 중 하나는 개발도상국의 과도기적 부문을 관리하고 마케팅하는 것이다. 대도시의 빈민가는 순조로운 경제발전을 위한 가장 큰 문제꺼리가 되고 있다.

중남미에서 가장 소득수준이 낮은 계층을 중심으로 한 마케팅 연구노력이 증가하고 있다. 예를 들어 콜롬비아(Colombia) 보고타(Bogota)에 있는 맥캔 월드그룹(McCann Worldgroup, 글로벌 거대광고기업인 인터퍼블릭 그룹[Interpublic Group]의 소유)은 "바리오(Barrio)"라고 불리는 새로운 사업부서를 만들었다. 이 새로운 사업부서는 2년간 2억5천만 달러가 투입된 마케팅 조사사업을 기반으로 설립되었는데, 해당 조사사업은 맥캔이 중남미의 월평균 소득 350달러에서 700달러 사이의 가정에 직원을 파견하여 일주일 동안 함께 생활하도록 하였다. 맥캔은 700시간에 달하는 동영상과 수천 개의 설문조사 결과를 축적하여 빈곤지역에 거주하는 고객들이 어떤 행동을 하는지를 명확히 파악하고자 하였다. 맥캔의 중요고객 중 하나인 니도 린데스 디아리오(Nido Rindes Diario)는 네슬레(Nestle)의 가루분유를 생산하고 있다. 그런데 이 회사는 단지 아기에게만 집중하여 편협하게 시장을 이해하고 있었다. 중남미 빈곤층 사람들에게 음식은 바로 생존이라는 조사결과를 바탕으로 새로운 개념의 제품 포지셔닝을 개발하였다. 한 중역은 "이 시장조사를 통하여 식품이 하루를 잘 살아가고 아프지 않게 일할 수 있도록 해주는 육체적 기운과 힘을 의미한다는 것을 알았다."고 설명하였다. 따라서 제품의 유용성을 가족 전체에게 알리기 위하여 트럼펫과 봉고드럼을 사용한 배경음악과 함께 높은 생산성과 장기간에 걸친 지속성을 의미하는 '린데(rinde)'라는 스페인어를 사용한 라디오 광고를 제작하였다. 이러한 라디오 광고방송을 통해 고객들에게 자신들의 제품과 투입된 비용 모두가 "더 많은 생산성"[25]을 의미할 수 있도록 한 것이다.

---

[24] There are many ways to defi ne "middle class." See "Who's in the Middle," *The Economist Special Report on the New Middle Class*, February 14, 2009, p. 4.

[25] Antonio Regalado, "McCann Offers Peek at Latin America's Poor," *The Wall Street Journal*, December 8. 2008, p. B6.

중남미와 다른 지역의 신흥시장에서 미래에 수익을 얻을 수 있는 기업들은 사업 초기 수익이 불투명하고 시장상황이 어려울 때 투자를 감행한 기업들이다. 일부 개발도상국에서는 마케터가 현대적인 시장체계의 기반부터 조성해야 하는 경우도 있는데, 그렇게 함으로써 언젠가는 높은 수익을 얻을 수 있는 발판을 마련할 수 있기 때문이다. 발전 초기단계에는 투자대비 수익이 낮을 수밖에 없지만 시장 수익성이 좋아지기를 기다렸다가는 아예 시장진입이 불가능한 폐쇄된 시장만 남는다.

거대 신흥시장

이전에 언급한 것처럼, 미국 상무부는 향후 20년간 세계무역성장의 75% 이상이 130개국 이상의 개발도상국으로부터 창출될 것이라고 예상하고 있다. 특히 이러한 개발도상국 중 일부 핵심국가들이 성장의 50% 이상을 주도할 것으로 설명하고 있다.[26] 또한 미상무부 조사관들은 전 세계 인구의 50%와 선진국 국내 총생산(GDP)의 25%를 차지하고 있는 **거대 신흥시장(BEMs)**으로 분류되는 국가들의 수입량이 2010년에 선진국의 50%에 육박할 것으로 예상하고 있다. 거대 신흥시장은 2조달러가 넘는 국민 총생산(GDP)과 이미 독일과 영국을 합친 만큼의 많은 생산량을 기록하고 있으며 수출량은 유럽과 일본을 합친 것보다 더 많다.[27]

거대 신흥시장은 다음과 같은 공통적인 중요 특성들을 가지고 있다.

- 모두 국토가 매우 넓은 나라들이다.
- 많은 인구가 거주한다.
- 다양한 제품군을 위한 상당한 규모의 시장이 형성되어 있다.
- 의미 있는 발전을 위한 강한 잠재력과 성장률을 가지고 있다.
- 경제개혁을 위한 확실한 사업들을 수행하고 있다.
- 인근지역 국가들에 주요한 정치적 중요성을 가진다.
- "지역 경제의 원동력" 이다.
- 이들 국가의 성장에 따라 인근지역 시장의 추가적인 성장과 확장이 가능하다.

인도, 중국, 브라질, 멕시코, 폴란드, 터키 그리고 남아프리카는 미국 상무부가 거대 신흥시장으로 분류한 주요한 국가들로,[28] 위의 기준들이 일반적인 것임에도 불구하고 모든 국가들이 이 기준을 만족하지는 않는다. 이집트, 베네수엘라 그리고 콜롬비아와 같은 국가들은 가까운 장래에 분명 거대 신흥시장에 포함될 것이다. 이상의

[26] Debabrata Talukdar, Sumila Gulyani, and Lawrence F. Salmen, "Customer-Orientation in the Context of Development Projects: Insights from the World Bank," *Journal of Public Policy & Marketing* 24, no. 1 (2005), pp. 100–11.

[27] C. K. Prahalad and Allen Hammond, "Serving the World's Poor, Profi tably," *Harvard Business Review* 80, no. 9 (September 2002), pp. 24–32.

[28] William J. Holstein, "Emerging Markets, Emerging Giants," *The New York Times*, April 22, 2007, p. 4.

국가목록은 매우 유동적인데, 이는 일부 국가들의 경우 경제 침체로 제외될 것이고 또 다른 일부는 경제상황이 변함에 따라 목록에 포함될 것이기 때문이다. 거대 신흥시장에서 사업수행이 이루어지도록 하는 강력한 유인수단은 수출입은행의 대출과 정치적 위험을 담보하는 보험을 이 지역에 유치하는 것이다.

거대 신흥시장은 자신보다 작은 시장이나 비슷한 규모의 시장보다 더 많이 수입한다는 점에서 다른 개발도상국들과 다르다. 이들 국가들이 경제성장을 시작함에 따라 자국의 생산시설을 확충하고 사회기반시설을 개발하기 위하여 자본재에 대한 수요가 증가하고 있다. 이들 국가의 경제활동 증가는 더 많은 일자리 창출과 아직 현지 생산이 이루어지지 않는 제품들을 구매할 수 있는 더 많은 수입을 의미한다. 따라서 이들 국가들의 경제가 발전함에 따라 제품 및 서비스에 대한 수요가 성장하게 되고 그만큼 수입량도 늘게 된다. 거대 신흥시장의 상품 수입량은 1990년에 비해 훨씬 많은 거의 1조달러에 육박할 것으로 예상된다. 만약 서비스에 대한 수요가 증가한다면 전체 수입량은 이보다 더 많은 수조 달러대를 넘어서게 될 것이다.

다수의 거대 신흥시장 국가들은 현대적인 사회기반시설이 부족하기 때문에 대부분의 성장률은 정보통신, 환경기술, 수송, 에너지 기술, 의료관련 기술 그리고 금융서비스와 같은 부문에서 기대되고 있다. 거대 신흥시장 국가들에서 나타나고 있는 상황들을 분석해보면 제2차 세계대전 이후 유럽재건 기간에 나타났던 엄청난 수요증가와 유사한 상황이라 할 수 있다. 유럽이 사회기반시설과 산업기반을 회복시키는 동안 자본재 수요가 폭발적으로 증가하였다. 보다 많은 자본이 경제에 투입되면서 소비자들의 제품에 대한 수요도 급격히 증가하였다. 십년 이상, 유럽은 급격히 늘어나는 공산품 및 소비재 수요를 충족시킬 수 있는 공급을 자체적으로 하지 못했다. 따라서 해당기간 동안 미국이 주요 공급자가 되었는데, 이는 미국을 제외한 대부분의 다른 국가들이 당시 경제재건 중이거나 저개발 국가들이었기 때문이다. 이러한 수요를 충족시키면서 미국은 전례 없던 어마어마한 경제적 호황을 경험하게 되었다. 본장의 뒷부분에서 다루게 되겠지만, 거대 신흥시장 지역의 소비재 시장과 각 세분시장들은 이미 호황을 누리고 있는 중이다. 그러나 제2차 세계대전 이후의 상황과는 달리, 일본, 중국, 유럽, 신흥 공업국(NICs) 그리고 미국이 이들 거대한 신흥시장을 놓고 첨예한 경쟁을 펼치고 있다.

아메리카 대륙[29]

아메리카 대륙 내에서 미국, 캐나다, 중미 그리고 남아메리카 국가들은 상호무역관계에 대해 많은 논쟁을 벌여왔다. 따라서 유럽과 마찬가지로 아메리카 대륙의 국가들은 다양한 모든 종류의 경제협력협정들에 참여하고 있다. 여기에는 가장 거대

[29] For a comprehensive list of all trade agreements in the Americas, with links to specifi c documents, visit http://www.sice.oas.org and select Trade Agreements.

한 규모의 북미자유무역협정(NAFTA), 남미공동시장(Mercosur) 그리고 미국-중미 자유무역협정-도미니카공화국 자유무역협정(DR-CAFTA)이 포함된다.

북미자유무역협정

북미자유무역협정이 체결되기 이전, 미국과 캐나다는 세계 최대의 쌍무협정을 체결하고 있었다. 또한 서로가 서로에게 가장 큰 무역상대국이었다. 그러나 이러한 독특한 무역관계에도 불구하고 관세와 기타 무역장벽들이 많은 상업적 활동을 방해하고 있었다. 따라서 양국은 무역거래를 보다 활성화시키기 위하여 양국 간의 모든 무역장벽을 제거하는 미국-캐나다 자유무역지대(CFTA: United States-Canada Free Trade Area)를 수립하였다. 미국-캐나다 자유무역지대는 모든 재화와 서비스를 대상으로 거대한 단일 상업시장을 창출하였다. 미국과 캐나다 간 협정은 유럽공동체(European Community)와 같은 관세동맹이 아니었다. 어떤 종류의 경제 및 정치단체도 포함되지 않았으며, 단지 관세와 무역장벽을 제거하는 것이 목적이었다.

미국-캐나다 양국 간에 자유무역지대(CFTA)협정이 비준되고 얼마 지나지 않아 멕시코가 미국과 자유무역관계를 체결할 의사가 있음을 발표하였다. 멕시코의 제안에 미국이 긍정적으로 화답하면서 미국과 멕시코 간 자유무역지대 형성에 대한 논의가 시작되었다. 미국과 멕시코는 지난 수십 년 간 강력한 무역관계를 가지고 있었지만, 멕시코 대통령인 카를로스 살리나스 데 고르타리(Carlos Salinas de Gortari)가 미국과 캐나다를 상대로 자유무역협정을 추진하고 있다고 발표하기 전까지는 한 번도 공식적으로 자유무역협정에 대한 의사를 표출한 적이 없었다.

멕시코와 다른 두 국가 간의 경제적 격차에도 불구하고 세 나라가 이러한 동맹을 원하는 데에는 이유가 있었다. 캐나다는 고도로 산업화된 경제와 풍부한 자원이 있

지리적 근접성은 멕시코 바하 칼리포니아(Baja California)주에 거주하는 멕시코인들이 샌디에고(Sna Diego) 인근에서 파드레스(Padres) 야구팀의 경기를 관람할 수 있게 해주고 있다. 이 야구팀은 멕시코 티후아나(Tijuana)시의 쇼핑센터인 플라자 리오(Plaza Rio) 바로 인근에서 성공적으로 매장을 운영하고 있다. 역사적으로 프란치스코 수도회 소속의 파드레 후니페로 세라(Padre Junipero Serra) 신부는 1700년대 후반에 과거 스페인계 캘리포니아 지역인 이들 지역에 수도원을 설립하기 위해 방문하였다. 북미자유무역협정(NAFTA)은 타코벨이 멕시코에 재진출하도록 해주었다. 사진 속 점포는 멕시코 몬테레이(Monterrey)에 위치하고 있다. 타코벨은 1992년 북미자유무역협정 발효 이전에 멕시코에 진출했다가 실패한 바 있다.

CROSSING BORDERS 9.2 타코벨(Taco Bell)의 재도전

이 제목은 패스트푸드 기업이 억울한 재대결 시합을 벌이는 것처럼 들린다. 타코벨은 자신의 이름이 태동한 멕시코 시장에 처음 진출한 이후 15년 만에 다시 진출하였다. 멕시코 문화 옹호자들은 그들의 재진출이 스타벅스(Starbucks)와 서브웨이(Subway), 케이에프씨(KFC) 등 이미 진출한 미국기업들로 넘쳐나는 멕시코 사회에 더없는 모욕으로 받아들였다. "이것은 마치 북극에 얼음을 가져오는 것과 같다." 라고 대중문화 역사가인 카를로스 몬시바이스(Carlos Monsivais)는 말했다.

2007년 9월말 타코벨은 멕시코 몬테레이 북부지역에 개장한 1호 매장에서 지극히 "미국적인" 패스트푸드라는 이미지를 심기 위해 자신의 메뉴에 치즈, 사워크림(sour cream), 다진 고기와 토마토를 얹은 감자튀김을 추가하였다. 영업담당 총괄이사인 스티븐 페퍼(Steven Pepper)는 각종 튀김류와 소프트 아이스크림 판매를 제외하고 "모든 메뉴는 미국 메뉴를 그대로 가져온 것이다."라고 말하였다.

일부 메뉴는 문화적 반감을 줄이기 위하여 이름을 바꾸었다. 미국에서 "타코스(tacos)"라고 불리는 주요 메뉴를 "타코스타다스(tacostadas)" 라고 바꾸었다. 새롭게 지은 메뉴 이름은 딱딱하고 납작하게 구운 옥수수 반죽 위에 각종 고명을 올려 만든 멕시코 음식인 "토스타다(tostada)"에서 가져온 것이다. 멕시코인들이 다수의 미국 패스트푸트점을 이용하는 동안에도 "타코(taco)"는 항상 국민음식의 위치를 유지해 왔다. 멕시코인들은 타코를 하루 종일 어디에서나 먹는데 아침에는 거리 노점상에서 간단히 포장하여 먹고, 밤에는 불빛이 화려한 도심의 타코 전문식당인 타케리아(taqueria)에서 살사(salsa) 소스를 가득 뿌려 먹는다.

타코벨은 자신들의 메뉴를 애써 멕시코 전통음식처럼 보이려고 위장하지 않는다. 타코벨은 반쪽짜리 신문광고를 통하여 "타코벨이 '타케리아'가 아니라는 것은 한번만 보면 충분히 알 수 있다. 타코벨은 멕시코 음식인 척 하지 않는 새롭고 대안적인 패스트푸드이다"라고 밝혔다. 대부분의 미국계 식당들이 브리또(burritos)와 고디타스(gorditas), 차루파(chalupas)와 같은 멕시코 전통음식이름을 자신들의 메뉴이름으로 그대로 사용하고 있는 상황에서 이런 광고 메시지는 점심시간에 멕시코시티(Mexico City)의 전통 타케리아에 앉아 식사를 하는 39세의 직장인인 마르코 프라고소(Marco Fragoso)와 같은 멕시코인들에게 엇갈리는 의미를 주고 있다. 프라고소가 말하길, "저것들은 타코가 아니에요. 그저 반으로 접어놓은 토스타다스일 뿐이죠. 매우 불쾌해요."

타코벨은 1992년 멕시코시티의 케이에프씨(KFC) 프랜차이즈 인근에 소수의 점포를 개장하여 화려하게 진출하였으나 초기에 실패한 경험을 가지고 있다. 현재 타코벨은 케이에프씨, 피자헛(Pizza Hut)과 함께 얌!(Yum!, 뉴욕거래소에 상장되어 있는 세계 최대의 외식업체로서 얌은 맛있다는 영어 감탄사임)의 계열사이다. 그러나 당시 멕시코인들은 외국계 체인점에 익숙하지 않았고 경제적으로도 위기에 몰린 상황이었으며 북미자유무역협정(NAFTA) 또한 발효되지 않은 상태였다. 타코벨은 채 2년을 채우지 못하고 멕시코시장에서 철수하였다. 이후 자유무역협정이 발효되고 이민이 증가하면서 멕시코에서 미국 브랜드는 흔한 것이 되었고, 이것은 멕시코 사람들의 옷을 입는 방식과 말하는 방식 등 모든 부분에 많은 영향을 미치게 되었다.

얌!의 그래험 알렌(Graham Allen) 회장은 2년간의 시장조사 끝에 이번에는 멕시코시장에서 성공할 수 있겠다는 확신을 가지게 되었다. 타코벨은 현재 또 다른 몬테레이 교외에 두 번째 매장을 개장하고 있으며, 첫해에만 8개에서 10개 사이의 매장을 개장할 예정에 있고, 향후 매장 수를 300개 정도까지 늘려나갈 생각이다. 처음에는 직영점으로 운영할 예정이나, 향후에는 프랜차이즈 형태로 매장을 운영해 갈 계획이다.

출처: Michael Arndt, "Tacos without Borders," *BusinessWeek*, September 3, 2007, p. 12; Mark Stevenson, "Another Run for the Border," *Los Angeles Times*, October 15, 2007, p. C4.

었으나, 인구가 적은 관계로 내수시장이 매우 작았다. 반면에 멕시코는 자국의 경제성장을 위하여 투자와 기술, 수출 및 기타 경제유인정책이 절실하게 필요했다. 멕시코는 원유가 풍부하고 인구가 급격히 증가하였지만, 이러한 급격한 인구증가에 따른 일자리 창출능력이 구직자 증가속도를 따라가지 못하였다. 또한 미국은 자원(특히 원유)과 시장이 필요하였다. 이들 세 국가들은 세계시장에서의 효과적인 경쟁을 위하여 서로가 절실히 필요하였으며, 보호주의 압력으로부터 예전부터 상대국 시장에서 누려온 시장지위를 상호간에 안전하게 보장해 줄 필요가 있었다. 이후 1994년 북미자유무역협정이 비준되면서 3억6천만의 인구와 6조달러의 국내 총생산(GDP)을 가진 거대 단일시장이 형성되게 되었다.

북미자유무역협정은 15년 이내에 세 국가 모두에서 모든 관세와 무역장벽을 철폐할 것을 요구하고 있으며, 2008년부터는 모든 관세장벽이 공식적으로 철폐되었다.[30] 아직까지 멕시코 트럭과 운전자들에게 무료로 미국 도로 진입을 허용하는 것과 같은 문제에서 일부 의견차이가 남아 있긴 하다. 하지만 북미자유무역협정은 모든 분야에서 북미지역의 전반적인 경제활동을 증진시키는 종합적이고 포괄적인 무역협약이라고 할 수 있다.

표 9.6은 북미자유무역협정의 주요 조항들을 보여주고 있다. 캐나다, 멕시코 및 미국 사이의 무역 및 투자 장벽 제거는 세계에서 가장 크고 부유한 시장을 형성하였다. 이러한 국가 간 협력은 합법과 불법이민으로 오랫동안 갈등이 지속되어온 이 지역의 문제도 개선시키는 것으로 나타났다. 또한 북미자유무역협정은 월마트(Walmart)가 멕시코에 진출하고, 멕시코의 거대 유통업체인 히간떼(Gigante)가 미국으로 진출할 수 있도록 길을 열어주었다. 이 밖에 엔터테인먼트와 의료관련 분야 등을 포함한 두 국가 간의 다양한 서비스 교류도 날로 번창하고 있다.

이와 함께 의류와 신발공장을 아시아에 두고 있는 미국과 외국인 투자자들은 자신들의 생산시설을 멕시코로 이전하기 시작하였다. 예를 들어 고급 속옷 생산기업인 빅토리아 시크릿(Victoria's Secret)은 새로운 제조시설을 멕시코시티 근처에 설립하였다. 이 기업은 이전에 자신들의 제품생산을 위해 아시아 지역의 기업들과 협력관계를 유지해 왔었다. 멕시코 평균 임금이 스리랑카(Sri Lanka) 노동자 한 달 임금의 세 배에 달하는 환경에도 불구하고, 이 기업이 멕시코로 공장을 옮기는 결정을 하게 된 이유는 상품을 스리랑카의 콜롬보(Colombo)에서 미국으로 수송하는 것보다 멕시코시티에서 미국으로 수송하는 과정이 훨씬 더 저렴하며 빠르기 때문이다. 상품견본을 만드는데 걸리던 시간이 몇 주에서 불과 며칠로 단축되었다. 게다가 멕시코에서 만들어진 상품에는 관세도 부과되지 않았다. 예전처럼 스리랑카에서 제품을 가져와야 했다면 19%의 관세를 물어야 했을 것이다.

전 세계 기업들이 멕시코에 가전제품, 이동통신, 석유화학 그리고 기타 다양한 분야에 대한 집중적인 자본투자를 수행하면서 1995년 이후 멕시코의 해외직접투자유치 액은 연평균 11억달러에 달하고 있다. 이러한 투자의 대부분은 멕시코에 공장을 설립하여 나머지 북미 지역 및 성장 중에 있는 중남미 국가들을 위한 수출생산기지를 만들기 위한 것이다.

한때 두려웠던 실업률도 예상만큼 심각하지 않았는데, 그 이유는 루슨트 테크놀로지(Lucent Technologies)와 같은 기업들이 북미자유무역협정으로 인해 발생할 예상이익을 바탕으로 마킬라도라(maquiladora)에 공장을 설립하였기 때문이다.

[30] Jenalia Moreno, "Trade Tariffs End, Marking a NAFTA Milestone: U.S., Mexico Tout New Growth, but Some Farmers Feel Squeezed Out," *Houston Chronicle*, January 2, 2008.

표 9.6
NAFTA의 주요 조항

시장접근	향후 10년 동안 캐나다, 멕시코 그리고 미국에서 거래되는 북미지역의 모든 공산품에 대한 관세를 철폐하기로 한다. 캐나다와 미국 간의 모든 무역거래 중에 아직 면세되지 않은 부분은 미국-캐나다 자유무역협정(CFTA)에서 정한 바에 따라 면세한다. 멕시코는 미국으로부터 수입되는 공산품에 대한 관세를 50% 즉시 삭감하고 남은 관세는 향후 15년에 걸쳐 단계적으로 철폐해야 한다.
비관세 장벽	멕시코는 관세철폐에 이어 비관세 장벽과 기타 불공정한 무역제한들을 제거해야 한다. 특히 미국 수출업자는 멕시코가 자국시장으로 수입되는 수입품을 규제하던 쿼터제 등 수입허가와 관련된 제도가 사라짐에 따라 곧바로 이익을 실현할 수 있게 된다. 또한 북미자유무역협정은 현지부품 조달, 현지 제조 및 수출실적 등과 같이 미국 수출업자들의 수출을 제한해 왔던 다수의 멕시코 측 장벽들을 철폐하기로 한다.
원산지규정	북미자유무역협정은 북미지역에서 생산된 제품들의 관세만 줄이는 것으로 한다. 엄격한 원산지 규정에 따라 생산품이 북미자유무역협정의 어떤 관세조항에 적합한지 결정된다. 원산지 규정은 북미자유무역협정에 해당하지 않는 제품들이 환적이나 별도의 공정을 통해 무상으로 이익을 얻는 것을 막기 위한 것이다. 예를 들어 일본은 멕시코(즉, 북미지역)에서 일정 비율의 부품을 조달하지 않는 한 미국과 캐나다의 관세 및 수입제한을 피할 목적으로 멕시코에서 자동차를 생산할 수 없다. 제품이 면세되기 위해서는 북미지역으로부터 상당한(62.5%) 수준의 현지조달이 있어야만 한다. 왜냐하면 북미자유무역협정의 원산지 규정은 미국-캐나다 자유무역협정(CFTA)의 규제들 보다 더 단순하고, 더 명확하게 그리고 더 엄격하기 때문에 북미자유무역협정은 미국-캐나다 자유무역협정보다 우선 적용된다.
세관행정	캐나다, 멕시코 그리고 미국은 북미자유무역협정에서 정한 바에 따라 세관절차와 제반규정을 동일하게 두는 것에 합의하였다. 동일화된 세관절차는 북미자유무역협정 국가에서 활동하는 수출업자들이 세 나라의 서로 다른 세관절차로 인해 각각에 필요한 활동을 준비할 필요가 없도록 하기 위한 것이다. 원산지 규정에 관한 서류와 기록을 관리하고 구분하는 대부분의 절차들은 북미자유무역협정의 세 국가 모두에서 동일하게 적용된다. 또한 세 국가는 북미자유무역협정의 원산지 규정을 특정 제품에 어떤 관세를 적용할지에 대해 우선 적용한다.
투자	북미자유무역협정은 멕시코에 대한 제품과 서비스 무역을 제한하는 투자조건들을 제거하도록 규정하고 있다. 철폐된 규정들 중에는 외국투자자에게 일정비율의 제품과 서비스 수출만 허용하던 조건과 경쟁업체에게 기술을 이전해야 하는 조건 및 수출량의 일정비율로 수입을 제한한 조건들이 포함된다.
서비스	북미자유무역협정에서는 서비스 관련 무역거래에 대한 최초의 종합적인 기준이 만들어졌다. 미국과 캐나다의 금융기관들이 멕시코에 단독투자 자회사를 설립할 수 있도록 하였으며 기존에 제공되던 모든 서비스와 규정들을 그대로 적용할 수 있도록 하였다. 북미자유무역협정은 국제적인 트럭, 버스, 철도업체에게 멕시코 시장의 개방을 허용하도록 규정하고 있으며, 이전에 멕시코에 진입할 때 멕시코 운송업체에게 화물을 넘기도록 했던 기존의 규제를 철폐하여 미국기업들이 시간과 비용을 절약할 수 있도록 규정하고 있다. 또한 멕시코 국경을 오가며 화물과 승객수송을 담당하는 미국의 트럭 및 버스운송업체들이 자국의 운전기사와 장비를 사용할 수 있도록 보장하고 있다.
지적 재산권	북미자유무역협정은 지적 재산권을 보호할 수 있도록 쌍방 혹은 국제적으로 최고수준의 기준을 마련하고 있다. 협약은 특허, 상표권, 저작권, 영업기밀, 반도체 직접회로, 북미영화들의 저작권, 컴퓨터 소프트웨어 및 음반에 대해 규정하고 있다.
정부조달	북미자유무역협정은 정부조달과 관련된 투명하고 예측가능한 절차를 마련하여 북미지역 정부조달시장에 대한 공정하며 완전한 경쟁을 보장하고 있다. 멕시코의 페멕스(PEMEX: 국영석유기업), 멕시코 연방 전력청(CFE: 국영전력기업) 및 기타 정부소유 기업들은 미국과 캐나다의 공급업체들에게 납품 권리를 허용해야 한다.
표준규정	북미자유무역협정은 무역을 방해하는 표준의 사용과 기술규제들을 금지한다. 하지만 북미자유무역협정 규정들은 미국과 캐나다가 기존에 가지고 있던 건강, 환경, 안전관련 규제들을 낮출 것을 요구할 수 없으며, 또한 각국의 건강과 안전관련 규정을 충족하지 못하는 제품의 수입을 요구하지 않는다.

이 공장들은 아시아 공급업체로부터 부품 수입 비율을 줄이고 미국의 공급업체로부터 더 많은 부품을 공급받았다. 2백만달러 규모의 디렉토리 카드(directory card) 제조사인 마일스 프레스(Miles Press)는 루슨트로부터 받은 주문량이 불과 몇 달 만에 20% 증가하였다. 또한 7억달러 규모의 부품공급업체인 버그 일렉트로닉스(Berg Electronics)는 루슨트의 과달라하라(Guadalajara)공장에 대한 내년도 자사매출이 세 배 정도 증가할 것으로 예상하고 있다. 이러한 파급효과는 미국의 서비스 부문

CROSSING BORDERS 9.3 펩시콜라를 선호하는 캐나다의 퀘벡(Quebec) 주

1980년대까지만 해도 퀘벡주에서는 코카콜라가 독보적인 위치에 있었다. 따라서 미국의 광고 대행사인 제이 월터 톰슨(J. Walter Thompson)의 캐나다 광고 담당자들은 모험을 하기로 결정하였다. 코카콜라와 펩시콜라의 일반적인 기존 광고관행은 단순하게 미국의 광고 문구를 프랑스어로 번역하는 수준에 불과하였다. 하지만 시장에서 계속 2등에 머물러 있던 펩시콜라에게는 창의적 사고가 필요했기 때문에 정량적인 연구에 기초하여 광고 담당자들은 새로운 광고소구를 설정하였다. 바로 '코미디(comedy)'이다.

이는 위험한 도전이었다. 펩시는 일부 퀘벡사람들에게는 겸손함의 의미로 받아들여지고 있지만, 프랑스어가 주 언어가 아닌 사람들이 퀘벡사람들을 경멸스럽게 묘사하는데도 사용되고 있었기 때문이다. 만약 이러한 마케팅 계획이 퀘벡사람들에게 불쾌감을 주게 된다면 펩시는 시장에서 버림받게 될 것이었다.

"1980년대 퀘벡의 젊은 세대는 · · · 그들만의 최고 연예인이 따로 있었으며, 퀘벡만의 생활방식이 생겨나기 시작했다." 캐나다 광고시상식인 세시(Cassies)에 출품할 때 제이 월터 톰슨이 발표한 내용이다. "시장조사를 통하여 퀘벡주 목표 집단이 느끼고 있던 내면의 자신감을 파악할 수 있었다 · · · 퀘벡은 독특한 문화를 가지고 있었기 때문에 자신들만의 유명 연예인들로 구성된 엔터테인먼트 체계가 자리 잡고 있었으며," 특히 코미디 분야에서는 더욱 그러했다. "그들의 코미디 스타일은 전형적인 퀘벡의 고정관념들을 이용하여 새롭게 떠오르는 젊은 세대들의 스트리트 스마트(street-smart ; 책으로 얻은 지식이 아닌 세상물정에 밝은 참지식) 문화를 재정립하는 것이었다."

텔레비전 풍자물인 딩 그리고 동(Ding et Dong)에서 부조리적인 웃음으로 유명한 끌로드 모이에(Claude Meunier)를 선택하였다. 모이에가 출연한 광고는 펩시에 대한 깊은 사랑으로 치료가 불가능한 삶에 환희(joie de vivre)를 느끼고 있다는 내용이 주요 주제였다. 모이에(Meunier)의 30초짜리 영상은 1985년 처음 공개되었고, 퀘벡인들만이 공감할 수 있는 다양한 인물들과 웃음들을 선보였다. 이는 대성공을 거두었다.

같은 해인 1985년에 펩시콜라는 코카콜라와 거의 대등한 위치가 되었다. 그리고 1986년 드디어 코카콜라의 거센 반격에도 불구하고, 마침내 다윗(David)이 골리앗(Goliath)을 이기게 되었으며 이후 매년 성장하였는데, 1985년에서 1993년 사이에 화제가 되었던 6개 광고는 십중팔구 펩시콜라의 것이었다.

"퀘벡인들은 다국적기업들이 자신들에게 다가서고 자신들을 이해하기 위해 자신들과 같은 언어를 쓰고 같은 억양으로 말하려는 시도를 하는 등 수고를 아끼지 않고 있다는 생각을 가지고 있다."라고 캐나다 마케팅 교수인 루크 듀퐁(Luc Dupont)는 말한다. 또한 펩시콜라가 코카콜라라는 큰 바다에서 판매전쟁을 치루고 있는 모습이 마치 퀘벡인들이 영어의 바다에 홀로 서 있는 것 같다는 정서를 자극하였다. 듀퐁(Dupon) 교수는 다음과 같이 말하고 있다. "퀘벡인들은 무의식적으로 2등 제품들을 찾으려는 경향이 있다." "부조리한 것에 대한 풍자적 웃음과 이에 따른 삶의 환희에 더하여 퀘벡인들은 '이곳에서 우리는 다르다. 우리는 변화를 만들었다.'라고 말하기를 좋아한다."

모이에가 등장하는 광고는 지난 18년 동안 지속되었으며, 이는 1990년대 초반 매주 월요일 저녁 600만 가구 중 400만이 시청하였던 퀘벡주의 인기 시트콤 라 쁘띠 비(La Petite Vie)에서 모이에가 인기스타가 되면서 가능하였다. 모이에의 펩시콜라 광고는 1993년 캐나다 광고대상인 쎄시의 광고 부문에서 최우수상을 수상했다.

오늘날 코카콜라는 여전히 전 세계 시장 판매량의 51%를 석권하고 있으며, 펩시콜라는 22%만을 차지하고 있다. 하지만 퀘벡주에서 청량음료 시장의 20%를 차지하는데 그친 코카콜라에 비해 펩시콜라는 61%의 시장점유율을 유지하고 있다. 이러한 확실한 격차는 북미시장 어디에서도 찾아 볼 수 없다. "펩시콜라의 광고는 우리 스스로가 다르다는 인식을 갖게 하는데 큰 도움을 주었다. 사실은 그리 크게 다른 것도 없는데 말이다."라고 듀퐁(Dupont) 교수는 말했다. 이 교수는 또한 오늘날 펩시콜라의 모이에 광고가 각종 교재에 등장하여 강의에 활용되고 있으며, 여기서 우리는 시대조류에 맞추어 목표시장에 어떻게 적응하고 변화시킬 수 있는가에 대해 배워야 한다고 말하고 있다.

가장 최근에 나온 펩시콜라 광고가 현재까지 최고가 아닐까 싶다. 확실하게 이국적인 스칸디나비아 사람으로 보이는 한 여행객이 미스터 빈(Mr. Bean)과 같은 멍청한 얼굴로 퀘벡주 외곽의 한 간이음식점으로 걸어 들어간다. 그리고는 실수로 코카콜라를 주문한다. 순간 간이음식점에는 정적이 흐른다. 숲에 있던 야생동물들도 움직임을 멈춘다. 퀘벡주의 교통흐름도 정지한다. 사람들은 자신들의 머리를 창문 밖으로 내밀고 있다. 이때 웨이터가 파란색과 빨간색의 캔음료를 따서 남자에게 건네는데, 이 스칸디나비아 여행객이 다음과 같이 외친다. "아! 여기 펩시가 있네요!"

펩시콜라는 올해 1934년에 문을 연 퀘벡주 몬트리올(Montreal) 공장(미국 이외에 준공한 첫 번째 공장)의 75주년 기념행사를 가졌다. 그리고 새로운 로고와 광고를 공개할 계획이다. 또한 4천만달러를 몬트리올 생산 공장에 투자할 것이며, 인근 생산 공장에 총 1,200명을 추가로 고용할 생각이다. 이러한 투자와 함께 스포츠 및 문화행사(퀘벡시의 펩시콜라 운동 경기장과 몬트리올에서 열리는 펩시포럼)에 많은 자금을 후원하고 있는 것 또한 펩시콜라의 성공요인 중 하나이다.

또 한 가지 알아둘 것은 바로 퀘벡주를 상징하는 깃발이 파란색과 흰색인데 캐나다의 국기는 빨강과 흰색이다. 이어지는 16장에서 다루겠지만 색깔에 대한 선호가 때때로 아주 큰 차이를 낳는다.

출처: Konrad Yakabuski, "How Pepsi Won Quebec," *The Globe and Mail*, August 28, 2008, p. B1-2; Rene Bremmer, *The Gazette*, July 11, 2009, online.

고용에서도 잘 나타나고 있다. 완구 제조업체인 피셔 프라이스(Fisher-Price)는 미국시장을 대상으로 하는 장난감 제조설비를 홍콩에서 몬테레이로 옮겼다. 멕시코에서 제조된 피셔 프라이스 제품을 미국으로 운송하는 세라돈 트럭 서비스(Celadon Trucking Services)는 800명의 운전기사를 새로 고용하였다.

하지만 연이은 인터넷 기업들의 붕괴에 따른 미국의 장기적인 경기침체로 인해 마킬라도라 공장들이 급소한 비율로 문을 닫고 있었다. 제조업체들은 중국, 과테말라, 베트남과 같이 임금이 저렴한 국가들로 시설을 옮겼다. 또한 최근에는 세 국가의 실업률 상황이 나빠지면서 멕시코 농장노동자들이 북쪽으로 이주하는 것을 제한하는 이민자 규정이 제정되기도 하였다.[31] 그럼에도 불구하고 북미자유무역협정에 대한 비평가들의 암울한 예측이 사실이라는 증거는 없다.[32] 소비자 수익에 관한 보편적 평가척도인 구매력지수로 환산한 1인당 소득수준은 세 국가 모두에서 꾸준하게 증가하고 있다. 멕시코는 1994년 7,110달러에서 2008년에 14,270달러로, 캐나다는 같은 기간 동안 21,050달러에서 36,220달러로, 미국은 26,230달러에서 46,970달러로 증가하였다.[33]

북미자유무역협정은 여전히 진행 중이며, 어떠한 평가를 내리기에는 이른 감이 없지 않다. 유럽연합은 50년이 넘는 세월 동안 좋고 어려운 시기를 견디며 존재해 왔다. 이와 비교해 볼 때 북미자유무역협정은 이제 막 시작단계일 뿐이다. 향후 세 국가의 경제관계는 조용하지만 이익이 되는 방식으로 더욱 밀접하게 연결될 것이다. 따라서 북미자유무역협정에 대한 객관적인 평가는 적어도 향후 20년 정도는 더 지켜보아야 가능할 것이다.

미국–중미 자유무역협정–도미니카공화국 자유무역협정

LO7 아메리카 대륙 국가들에 대한 기본적 시장지표에 대해 학습한다.

2005년 8월, 조지 부시(George Bush) 미국 대통령은 코스타리카, 도미니카공화국, 엘살바도르, 과테말라, 온두라스, 니카라과 그리고 미국 간의 포괄적인 자유무역협약에 서명하였다.[34] 이 협약에는 일곱개 조약국들 간의 무역촉진과 고용증진을 위한 광범위한 관세축소 정책이 포함되어 있었다. 미국–중미자유무역협정–도미니카공화국 자유무역협정(DR-CAFTA)은 전체 아메리카 대륙 국가들이 참여하는 최종적인 자유무역협정 목표에 한 발 더 전진하였다는 또 다른 중요한 의미가 있다. 표 9.7은 무역협정을 맺고 있는 아메리카 대륙 국가들에 대한 목록이다. 이 통계자료에는 국제 마케터들이 해당 국가시장의 매력도를 평가하는데 필요한 기초지표들이 포함되어 있다.

---

[31] P. J. Huffstutter, "Hiring Foreign Farmworkers Gets Tougher under New Rule," *Los Angeles Times*, February 12, 2010, p. B2.

[32] Eduardo Porter, "NAFTA Is a Sweet Deal, So Why Are They So Sour?" *The New York Times*, February 11, 2008, p. A24.

[33] World Bank, 2010.

[34] Beyond NAFTA and DR-CAFTA, the United States has free trade agreements approved for 10 other countries: Australia, Bahrain, Chile, Israel, Jordan, Morocco, Oman, Peru, and Singapore. Agreements with Colombia, South Korea, and Panama await Congressional approval.

표 9.7

아메리카 대륙 시장지역에 대한 기초적인 시장평가지표

() = 2004년~2009년 사이의 연평균 성장률

무역협정	국가	인구 (백만)	GNI (천만 $)	제품 수출* (천만 $)	제품 수입* (천만 $)	사업수행 편의성 지수	1인당 GNI($)	인터넷 사용자 (1,000명당)
(북미자유무역협정) NAFTA	미국	306.6(0.9)	14306.6(4.0)	1068.3(5.6)	1566.1(1.3)	3	46662(3.1)	741(2.3)
	멕시코	108.6(1.1)	1068.8(1.1)	299.3(4.1)	233.9(3.5)	55	9805	230(6.5)
	캐나다	33.7(1.0)	1325.9(1.0)	313.3(−0.4)	319.6(3.1)	8	39401(5.2)	769(3.1)
미국-중미자유무역협정-도미니카공화국 자유무역협정 (DR-CAFTA)	과테말라	14(2.5)	37.6(9.7)	2.4(−4.2)	10.7(6.4)	117	2678(7.0)	184(24.6)
	코스타리카	4.6(1.5)	28.3(9.7)	8.7(6.6)	11.3(6.4)	120	6172(8.1)	398(13.8)
	엘사바도르	6.6(0.4)	21.5(7.0)	3.8(3.6)	6.9(1.7)	81	3489(6.6)	175(12.5)
	니카라과	5.7(1.3)	5.8(6.3)	1.4(13.6)	3.5(9.4)	113	1008(4.9)	48(15.7)
	온드라스	7.5(2.0)	14.5(11.6)	2.7(10.2)	6.3(8.5)	136	1948(9.4)	112(27.7)
	도미니카 공화국	10.1(1.4)	43.5(17.1)	6.6(2.2)	18.1(15.9)	102	4309(15.4)	296(27.3)
	미국				상동			
(카리브공동체) CARICOM	앤티카 바부다	.09(1.2)	(7.4)	.08(7.4)	.8(12.1)	44	12595(6.1)	811(27.2)
	바하마	.34(1.2)	7.4(3.8)	.54(2.6	2.3(4.0	59	21503(2.5)	462(9.8)
	바베이도스	.26(0.3)	2.9	.3(3.8)	1.5(1.2)	–	11154	801(6.2)
	벨리즈	.31(2.1)	1.3(6.1)	.3(9.0)	.9(11.0)	75	4091(3.9)	151(21.2)
	도미니카	.07(−0.3)	.4(6.9)	.04(0.1)	.2(10.0)	76	5254(7.2)	829(22.4)
	그라나다	.10(0.3)	.6(8.3)	.06(8.3)	.4(8.6)	88	5926(8.0)	240(4.2)
	가이아나	.76(0.0)	1.1	.8(7.2)	1.4(16.2)	98	1447	293(9.1)
	아이티	10.0(1.6)	7.0	.6(10.6)	1.7(5.9)	154	700	112(25.0)
	자메이카	2.7(0.5)	11.3(3.3)	1.4(−0.4)	4.5(3.5)	67	4143(2.8)	663(10.5)
	세인트키츠네비스	.05(1.3)	.5(7.6)	.04(−3.2)	.3(9.7)	70	10062(6.2)	327(5.7)
	세인트 루시아	.17(1.0)	1.0(5.5)	.1(11.8)	.7(9.7)	34	5530(4.5)	618(23.6)
	세인트 빈센트 그레나딘	.11(0.1)	.6(8.6)	.05(7.6)	.04(−3.2)	62	5423(8.5)	663(55.2)
	수리남	.52(1.0)	2.7	1.9(16)	1.4(13.2)	148	5192	112(12.9)
	트리니다드토바고	1.3(0.4)	20.6(9.9)	18.1(23.2)	7.7(9.8)	78	15404(9.4)	183(8.4)
(중남미통합연합) LAIA, aka ALADI	아르헨티나	40.3(1.0)	302.2(15.9)	55.7(10.0)	38.9(11.6)	112	7492(14.8)	811(140.)
	볼리비아	9.8(108)	15.6(13.2)	4.7(17.2)	4.2(18.2)	158	1582(11.2)	143(26.3)
	브라질	193.7(1.1)	1477(18.1)	151.1(9.3)	127.5(15.2)	127	7627(16.9)	452(18.8)
	콜롬비아	45.7(1.5)	185.5(14.6)	33.3(15.4)	35.6(16.3)	49	4063(12.9)	475(39.1)
	쿠바	11.2(0.0)	–	3.3(9.1)	13.4(22.8)	–	–	143(11.2)
	에콰도르	13.6(1.1)	38.5(10.4)	13.3(11.4)	14.7(12.4)	133	2824(9.2)	109(17.6)
	멕시코				상동			
	파라과이	6.3(1.8)	16.3	3.4(15.7)	8.7(23.0)	122	2587	112(26.5)
	페루	29.0(1.4)	119.5	25.1(14.4)	20.2(11.4)	65	4120	269(17.7)
	우루과이	3.4(0.2)	30.5(19.3)	5.8(14.5)	7.4(18.8)	109	9079(19.1)	448(21.3)
	베네주엘라	28.6(1.7)	355.5(26.7)	95.4(22.9)	38.6(18.3)	178	12438(24.5)	313(30.0)

* 현재 미국달러화 기준

출처: Euromonitor International, 2010; World Bank, 2010

이 중에서 가장 유용한 자료는 아마도 마지막 4번째 열에 있는 지표들일 것이다. 수입시장규모, 사업수행 편의성, 자본과 통신 등 사회기반시설을 포함하는 자원이용 가능성, 사업수행 편의성 지수[35]는 '사업시작', '자산등록', '계약이행' 등 서로 다른 10개 지표를 기반으로 순위를 매겨놓은 것이다. 자세한 내용은 www.doingbusiness.org에서 확인할 수 있다.

남미공동시장[36]

LO8
아메리카 대륙 국가들 간 무역연합체 결성의 중요성 증가를 이해한다.

남미공동시장(아르헨티나, 볼리비아, 브라질, 칠레, 파라과이, 우루과이)은 북미자유무역협정에 이어 아메리카 대륙에서 두 번째로 큰 공동시장 협정이다. 남미공동시장의 법률적 토대가 된 아순시온 조약(Treaty of Asuncion)은 1991년에 서명되어 1995년 공식 발효되었다. 이 조약은 통일된 역외 공동 관세와 함께 실질적으로 재화와 자본, 노동 그리고 서비스의 자유로운 이동이 허용되는 공동시장에 대한 열망에서 시작되었다. 남미공동시장 회원국들은 세금과 기타 정책사항 등에 대한 각국의 주권상실을 염려하여 유럽연합(EU)의 각종 위원회와 같은 중앙집권적인 조직을 보유하지 않도록 협의하였다.

시작 단계부터 남미공동시장은 남아메리카에서 가장 영향력 있고 성공적인 자유무역지역이 되었다. 1996년에는 볼리비아와 칠레가 남미공동시장에 추가되었고, 이로써 2억2천만의 인구와 국내 총생산(GDP) 1조달러의 세계에서 세 번째로 큰 자유무역지역이 되었다. 최근에는 에콰도르와 콜롬비아가 준회원이 되었고 베네수엘라가 그 뒤를 따르고 있다. 멕시코는 참관국 지위를 부여받고 있다. 남미공동시장은 기대했던 것 이상의 큰 성공을 거두고 있다. 이러한 성공은 회원국 정부들이 자동차 및 섬유산업에 대해 가지고 있던 상이한 경제정책으로 발생되는 매우 까다로운 문제들을 해결하고자 하는 의지가 있었고, 병목현상을 초래했던 시대에 뒤떨어진 국경통관 절차를 개선하여 국경을 자연스럽게 넘나들 수 있도록 자발적으로 협력해 주었기 때문에 가능했다. 무역과 통신을 위한 사회기반시설과 도로시설의 부족을 해결하는 문제가 가장 어려운 과제였다.

남미공동시장은 협정에 다른 국가나 무역집단들이 적극적으로 참여하도록 설득하고 있다. 예를 들어 멕시코와는 자유무역 프로그램 구성을 위한 집중적인 논의를 진행하고 있으며, 캐나다와는 자유무역협정에 대해 협의하고 있다. 또한 칠레와 남미공동시장은 점진적으로 상호간의 무역을 자유화시키는 방안을 논의하고 있다.

한편, 1999년 이후로 유럽연합과 남미공동시장 간 자유무역협상이 꾸준히 진행되고 있는데, 이는 최초의 지역 대 지역의 자유무역 합의이다. 협정의 토대는 1995년에 만들어졌는데, 협력, 무역, 시장접근, 지적 재산과 정치적 대화 등 모든 분야에 걸쳐 장기적으로 단일화를 이루는 것이 목표이다. 두 지역연합의 목적은 세계에서

[35] Euromonitor International, 2010.

[36] See http://www.mercosur.org.uy/.

가장 큰 자유무역지역을 형성하는 것이다. 남미공동시장에 속한 국가들에게 가장 큰 이점은 유럽시장 수출에서 막대한 비중을 차지하는 농산물 및 농산물 가공제품에 대한 무역장벽이 사라진다는 점이다. 반면 유럽연합에게는 자국의 중요 보호 산업인 농업분야를 브라질과 아르헨티나에게 개방해야 한다는 점이 걸림돌로 작용할 것이다. 그럼에도 불구하고 유럽연합의 한 관리는 유럽연합이 이미 농업분야의 공동정책을 개정하려는 움직임이 있음을 지적하고 있다. 협상과정이 쉽지 않겠지만, 남미공동시장과 유럽연합은 합의점에 도달할 수 있을 것이다. 다음 부분에서는 남미공동시장이 아메리카 대륙, 보다 정확히는 남미 자유무역지역(SAFTA: South American Free Trade Area)의 형성에 대한 논의에서 실질적인 수장의 역할을 맡게 된 내용에 대해 살펴볼 것이다.

중남미의 진전

지난 30년 동안 중남미의 정치와 경제에는 많은 변화가 있었다. 대부분의 국가들은 군부독재에서 민주적인 정부로 바뀌었고, 광범위한 무역 및 경제적 자유화 물결이 기존의 중남미 경제구조를 대체하였다. 물론 베네수엘라와 같이 최근에 이러한 흐름에 역행하고 있는 몇몇 국가들은 제외하고 말이다. 정부소유의 국영기업들이 민영화되고 경제, 통화, 무역관련 정책들이 개편되고 있는 모습들은 과거에 만연해 있던 수입대체 및 보호주의와 같은 내부지향적인 정책들이 변화하고 있음을 보여준다. 20세기 대부분의 기간 동안 아메리카 대륙 국가들은 정부가 경제전반을 관리하고 감독해 왔으나, 현재에는 정부가 소유한 국영기업들이 민간으로 이양되는 것이 하나의 추세가 되고 있다. 한때 정부가 소유하여 관리하는 것이 경제성장에 이상적이라고 여겨지던 때가 있었다. 그러나 경제성장의 이면에는 공공기관에 팽배하였던 관료주의와 복잡하고 예측하기 어려운 환경규제들, 국내의 민간기업과 해외사업자에 대한 명백한 배척 그리고 비효율적인 공공기업과 같은 문제들이 있었다. 무역과 정치에 대한 변화의 바람은 이제 사회주의 국가인 쿠바에까지 불고 있다.[37]

이러한 변화와 개혁에 대한 지속성이 경제 및 정치적으로 모두 격변기였던 지난 20년 동안 일부 국가에서 평가되었다. 1997년도 아시아의 경제위기와 지금까지 계속되고 있는 러시아의 금융위기는 아르헨티나, 브라질 그리고 멕시코에 영향을 미쳤다. 러시아 통화의 평가절하와 채무불이행은 브라질의 금융상황을 급격하게 악화시켰다. 자본과 투자가 급격히 빠져나갔고 결국 브라질 통화가 평가절하 되었다. 브라질의 경제침체(브라질 통화의 평가절하)로 인해 아르헨티나의 수출량이 감소하였고 경제성장이 둔화되었다. 멕시코는 러시아의 채무불이행으로 인한 위기를 부분적으로 타개해 나갈 수 있었는데, 이는 1990년대 초반 대규모 평가절하와 경제침체를 겪으면서 부채구조 개선과 사업구조조정을 시행한 덕분이었다. 그러나 중국 제조업체들과의 경쟁으로 북미자유무역협정 가입시점에서 예상하였던 경제성장은 기대 밖

[37] Katherine Yung, "When Cuba Opens Up . . . " *Dallas Morning News*, March 11, 2007, pp. D1, D6.

의 낮은 성장률을 보이고 있다. 다른 중남미 국가들은 경제침체와 연이은 평가절하로 인하여 많은 고통을 겪었으며 정치적인 불안으로까지 이어졌다. 그럼에도 불구하고 중남미는 지속적으로 경제개혁을 단행하고 있다. 마지막으로 표 9.7에는 반영되지 않았지만 2008년~2009년의 경기후퇴로 인하여 개발도상국들의 경제적 불안감이 오랫동안 지속되어 왔음에도 불구하고 미국이나 캐나다에 비하여 놀라운 회복력을 보여 주었다.[38]

중남미의 경제협력

잘 알려진 북미자유무역협정과 남미공동시장 이외의 다른 중남미 시장연합들(표 9.7)의 성공 정도는 매우 다양하게 나타나고 있다. 엄청난 해외부채, 보호주의 경제체제, 세 자리 수의 물가상승과 기간산업에 대한 정부소유 그리고 산업의 과도한 규제 등으로 대부분의 중남미 국가들은 경제적 혼돈이 지속되는 상황에 있다. 이러한 상황하에서 회원국 간의 무역 또는 통합은 부진할 수밖에 없었다. 그러나 앞에서도 말했듯이 북미자유무역협정과 남미공동시장의 성공에 자극받은 중남미는 경제기적을 달성할 수 있다는 낙관론이 넘실대고 있으며, 중남미의 최남단 아르헨티나에서 브라질의 리오그란데(Rio Grande)까지 경제 및 정치개혁에 박차를 가하고 있다. 이러한 시장지향적인 개혁들과 함께 이웃국가들과 무역을 활성화 시키겠다는 강한 열망은 오래된 협약들을 재검토하거나 새로운 협력을 구성하도록 만들고 있다. 다수의 무역연합들이 남미공동시장 혹은 유럽연합과 관계를 형성하기 위한 방법을 모색하고 있다.

중남미 통합연합(LAIA: Latin American Integration Association) 스페인어

사람들이 중국에서 제조된 버스를 타기 위해 하바나 시내에서 줄을 서 있다. 중국은 쿠바와 중남미 통합연합 회원국과 우방인 사회주의 국가를 포함한 여러 개발도상국의 사회기반시설에 막대한 판매와 투자를 수행하고 있다.

[38] "Counting Their Blessings," *The Economist*, January 2, 2010, pp. 25–28; Jack Ewing, Vikas Bajaj, and Keith Bradsher, "An Uneven World of Debt," *The New York Times*, February 8, 2010, pp. B1, B3, B6.

약자인 ALADI[39]로 보다 잘 알려진 중남미 통합연합의 장기적인 목표는 단계적이고 지속적으로 중남미 공동시장을 구축해 나가는 것이다. 중남미 통합연합이 이보다 앞선 중남미 자유무역지대(LAFTA: Latin America Free Trade Area)와 차이를 보이는 가장 중요한 측면은 중남미 통합연합 회원국 각각의 경제발전 정도에 따라 차등적인 정책이 적용된다는 것이다. 해를 거듭하면서 회원국들은 협의를 통해 선택된 제품에 대한 관세를 낮추고 수입제한에 따른 무역압박을 해소하며 현지부품 요구와 수입면허 및 기타 무역장벽들을 제거해 나가고 있다. 중남미 통합연합의 가장 주요한 특징은 바로 회원국들 중 두 국가가 쌍무협정을 맺는 것을 허용하는 조항이 있다는 것이다. 단, 이러한 쌍무협정은 중남미 통합연합 회원국들 사이에서만 논의될 수 있다.

카리브공동체(CARICOM: Caribbean Community and Common Market)[40]
카리브 자유무역협정의 성공으로 카리브공동체가 탄생하였다. 카리브공동체의 회원국들은 진정한 지역통합을 위해 지속적으로 노력하고 있다. 단일시장경제를 목표로 2000년 카리브 단일시장과 경제공동체(CSME: CARICOM Single Market and Economy)를 설립하여 전체 회원국 간의 공통화폐 발행을 목표로 하고 있으며, 이러한 목표달성을 위해 역외 공통관세 제도를 도입하였다. 카리브공동체는 지속적으로 다른 중남미 무역연합들과의 협력을 강화하고 있으며 쿠바와 무역협정을 체결하였다.

북미자유무역협정에서 미주자유무역지대 혹은 남미자유무역지대로?

북미자유무역협정 초기, 자유무역지역을 알래스카에서부터 아르헨티나까지 확장하려는 청사진이 제시되었다. 이는 북미자유무역협정 회원국을 칠레를 시작으로 남미 전체로 계속 확대하면서 2005년까지 미주자유무역지대(FTAA)를 완성하려던 계획이었다. 그러나 현재와 같은 상황에서는 향후 미주자유무역지대(FTAA)가 구성될지, 아니면 북미의 세 국가로 구성된 북미자유무역협정과 브라질과 남미공동시장 회원국들로 구성된 남미자유무역지대(SAFTA: South American Free Trade Area)가 분리되어 구성될 것인지 의문스럽다. 이러한 문제에 대한 해답은 부분적으로 미국의 오바마(Obama) 대통령의 정책과 신속한 입법처리 결과에 달려있다.

마케팅 관련 전략적 시사점

아메리카 대륙과 전 세계 신흥시장의 부상으로 소득수준이 증가하면서 최저생계 수준을 벗어나 경제적으로 풍요로워진 엄청난 수의 소비자가 등장하였다. 국가가 발전되어 감에 따라 소득은 변화하고, 인구집중이 시작되며, 더 나은 삶에 대한 기대가 높아지고, 사회기반시설이 진화하며, 사회적 자본 투자가 증가하게 된다. 그 결과로 시장행위가 변화하며 공통적인 취향과

[39] http://www.aladi.org, 2008.
[40] http://www.caricom.org, 2008.

욕구를 가진 실질적인 소비자 집단(예를 들어 세분시장)이 생겨나게 된다.[41]

소득이 증가하게 되면 비누에서 자동차에 이르기까지 모든 부문에서 소득수준에 따른 새로운 수요가 창출된다. 게다가 대가족은 가처분 소득이 보다 높은 가구로 전환될 수 있다. 예를 들어 중남미와 아시아의 젊은 직장인들은 대체로 결혼 이전까지 부모에게서 독립하지 않기 때문에 집세를 낼 필요가 없다. 따라서 자유로운 소비가 가능한 소득이 증가하게 되어 가정의 구매력 증가에 기여할 수 있다. 1인당 소득수준이 낮은 국가들은 다양한 제품들을 위한 잠재시장이다. 소비자들은 놀라울 정도로 자신에게 정말 중요한 물건을 찾아서 구매하는 재주가 있다. 미국에서 최초의 위성방송 수신기는 애팔래치아(Appalachia)지역의 가장 빈곤한 지역에 세워졌다. 이와 유사하게 멕시코에서도 컬러텔레비전을 보유한 가구의 수가 샤워기를 설치한 가구 수보다 많았다.

소득이 중산층 수준으로 증가하게 되면, 일회용 기저귀로부터 자동차에 이르는 모든 제품군에서 이전보다 더 값비싼 제품에 대한 수요가 증가하게 된다. 신흥시장 중산층의 소득은 미국 중산층보다 적지만, 이들의 소비방식이 다르기 때문에 신흥시장의 중산층이 미국의 비슷한 소득수준 계층보다 더 많은 소비를 하는 경향이 있다. 예를 들면 신흥시장의 중산층은 두 대의 자동차나 교외에 집을 갖고 있지 않으며 일부는 의료 및 주택에 대한 보조금을 받고 있지만, 자신들의 여유자금을 냉장고, TV, 라디오, 좋은 옷, 특별한 선물 등에 소비하고 있다. 표 9.5를 보면 가구소득의 일정비율이 다양한 등급의 제품과 서비스에서 소비되는 것을 알 수 있다. 신흥시장의 경우 선진국에 비해 더 많은 비율의 가구소득이 식생활에 소비된다. 그러나 신흥시장에서 그 다음으로 소비지출이 많은 가전제품과 기타 내구재들에 있어서는 신흥시장과 선진국 모두에서 별반 차이가 없다. 그러나 새롭게 등장한 부유층의 소비는 다르게 나타난다. 새롭게 등장한 부유층은 그들의 부를 과시하고 싶어 한다. 그들은 자신들의 지위를 드러낼 수 있는 롤렉스(Rolex) 시계나 루이비통(Louis Vuitton) 지갑, 메르세데스-벤츠(Mercedes-Benz) 자동차를 원한다.

한 분석가에 따르면 특정국가의 1인당 국가 총생산(GNP) 수준이 5,000달러를 넘어가면 사람들은 좀 더 브랜드를 고려하며 현지 브랜드보다는 누구나 알고 있는 해외 브랜드를 찾는 경향이 있다고 한다. 1인당 국가 총생산(GNP) 수준이 10,000달러가 되면 사람들은 동일한 해외정보를 가진 비슷한 소득수준 집단에 포함되게 된다. 즉 이들은 공통적인 제품과 브랜드에 대한 정보를 함께 공유하는 동질적 소비자 집단인 "10,000달러 클럽"에 포함되게 된다. 이들은 글로벌 소비자가 된 것이다. 만약 어떤 기업이 10,000달러 클럽이 가진 전략적 시사점을 적절히 이해하지 못한다면 세계에서 가장 빠르게 성장하는 글로벌 소비자 집단에 다가설 수 있는 기회를 놓

[41] Peter G. P. Walters and Saeed Samiee, "Marketing Strategy in Emerging Markets: The Case of China," *Journal of International Marketing* 11, no. 1 (2003), pp. 97 – 106.

치게 될 것이다. 전 세계의 10억이 넘는 인구가 이제 10,000달러 이상의 소득수준을 가지고 있다. 이러한 10억 소비자들이 가진 공통점을 찾아내는 기업들은 글로벌 브랜드로 성장할 수 있는 가능성 있는 시장을 찾게 될 것이다.

시장은 급격하게 변화하고 있으며 유사한 소비방식을 가진 구분 가능한 세분시장이 다양한 국가에 걸쳐 나타나고 있다. 21세기의 성장 지역은 바로 신흥시장이 될 것이다.

요약 Summary

다양한 필요와 욕구를 지닌 보다 많은 소비자들이 참여하면서 지속적으로 확대되는 세계 무역은 기존의 무역방식과 무역동맹들을 시험하고 있다. 현재와 미래의 국제 마케터들은 급격한 시장변화에 반드시 대응할 수 있어야 하며, 끊임없이 진화하는 소비자 집단의 새로운 추세들을 예측할 수 있어야 한다. 오늘날 시장과 관련된 많은 진실들이 미래에는 역사적인 신화가 될 수도 있다.

급격한 세계적 정치변화와 기술수준 및 범위의 증가 그리고 경제성장률의 향상은 최근 몇십년 사이에 많은 국가들의 삶의 수준을 과거 두 세기에 맞먹는 급격한 발전을 이루도록 해주었다. 개별 국가들의 생산능력이 향상되면서 경제의 모든 면이 향상되었다. 이러한 정치적, 사회적, 경제적인 흐름은 세계 곳곳에 영향을 미치고 있으며 마케팅 측면에 막대한 변화를 불러일으키고 있다. 또한 정보기술의 영향으로 모든 국가의 경제성장이 빨라지고 있다. 마케터들은 개별 경제수준에 충실하게 맞춰진 마케팅 방법을 고안하는 것에 집중해야 한다.

브라질과 기타 중남미 국가들은 해외직접투자와 국제무역의 개방 등 급격한 정치 · 경제적 변화를 겪어왔다. 신흥시장들은 아직 일부 특정사항에 따른 문제들이 남아있긴 하지만, 광범위한 제품들을 위한 현재와 미래의 가장 각광받는 시장이다. 신흥시장은 다국적기업들에게 새로운 시장기회를 제공한다. 지리적 근접성과 무역에 대한 경제적인 이점은 아메리카 대륙 국가들의 시장통합을 지속적으로 촉진시킬 것이다.

주요용어 Key Terms

경제발전(Economic development)
사회기반시설(Infrastructure)
신흥공업국가(NICs)
거대 신흥시장(BEM)

질문 Questions

1. 위에서 제시한 주요용어들을 정의하라.
2. 경제성장 정도를 생활수준 향상에 대한 적절한 고려 없이 전반적인 국가 총생산(GNP)의 측정만으로 설명이 가능한가? 자세히 논의하라.
3. 보다 부유한 국가들의 기술적 지원프로그램들이 어째서 전형적으로 유통문제를 무시하거나 경제개발 계획에서 이를 부차적인 문제로 치부한다고 생각하는가?
4. 마케팅 과정의 진화를 각각의 단계별로 설명하라. 각각의 단계에 맞는 특정 국가들을 대입하라.
5. 한 국가가 특정 경제단계에서 다른 단계로 발전함에 있어

마케팅의 일반적인 영향은 무엇인가?

6. 농업 및 원자재 단계의 경제발전 국가를 선택하여, 해당 국가가 제조업 단계국가로 진화했을 때 마케팅에는 어떤 변화가 일어날 것인지를 논의하라.
7. 특정국가 내 산업재의 잠재성에 대한 마케팅 발전 각 단계의 결과는 무엇인가? 또한 소비재의 경우에는 어떠한가?
8. 경제발전이 국제마케팅에 미치는 유의성에 대해 논의하라. 경제발전에 대한 지식이 세계 마케팅 환경 평가에서 왜 중요성을 가지는가? 토론하시오.
9. 인터넷은 경제성장 과정을 촉진한다. 토론하시오.
10. 정보통신 혁명이 최빈국에 미치는 영향에 대해 토론하시오.
11. 경제발전의 세 가지 단계에서 각각의 단계마다 특정 국가 하나를 선정하라. 각 국가들에 있어 기본적으로 존재하는 마케팅 기관과 이들이 어떻게 발전의 단계를 달리했는지를 개략적으로 서술하고 왜 그런지 설명하시오.
12. 해외 마케터는 경제발전을 왜 학습해야 하는가? 토의하시오.
13. 특정 경제의 성장에 있어서 사회기반시설은 중요하다. 이에 대해 논하시오.
14. 경제적으로 성장하는 국가들의 목표는 무엇인가? 이를 어떻게 마케팅과 접목시켜야 할 것인가? 논하시오.
15. 본 장에서 제시된 성장요인들을 이용하여, 멕시코와 브라질의 급속한 경제성장을 위하 전망을 평가해 보라. 어떠한 요인이 멕시코나 브라질의 문제점이 될 것인가?
16. 경제발전에서 마케팅의 역할은 무엇인가? 마케팅이 경제발전에 기여하는 점을 논하시오.
17. 거대 신흥시장(BEM)의 경제 및 무역 측면의 중요성에 대해 논하시오.
18. 개발도상국에서는 중산층이 등장하여 많은 변화가 일어나고 있다. 논하시오.
19. 시장의 요구와 필요 및 이들을 만족시키는 역량은 경제와 문화 및 마케팅 노력의 상호작용의 결과라 할 수 있다. 논하시오.
20. 멕시코에 대한 마케팅의 전략적 시사점에 대해 논하시오.
21. 미국이 남미자유무역지대(SAFTA)에 포함되지 않았을 때의 결과를 논해보시오.
22. 북미자유무역협정(NAFTA)의 전략적 마케팅 시사점을 논하시오.
23. 북미자유무역협정(NAFTA)과 남미공동시장(Mercosur)의 웹사이트를 방문하여 원산지 표시제를 확인하라. 어떤 집단이 가장 자유로운 원산지 표시제를 시행중인가? 왜 그러한 차이가 생기는가?
24. 북미자유무역협정(NAFTA)은 협정이 체결된 이후 수년이 지났다. 이 협정은 어떻게 수행되었는가? 조약의 초기조항들을 나타낸 표 9.6을 다시보고 인터넷을 이용해 이 조항들이 지금 얼마나 잘 지켜지고 있는지를 확인하라.

CHAPTER 10

유럽, 아프리카 그리고 중동

개요 CHAPTER OUTLINE

주요 학습과제 CHAPTER LEARNING OBJECTIVES

LO1 경제동맹의 이유에 대하여 학습한다.

LO2 국제적 협력의 유형에 대하여 학습한다.

LO3 유럽연합의 진화에 대하여 이해한다.

LO4 동유럽과 구소련 국가들의 자유시장 체제 수용에 따른 무역 유형의 진화에 대하여 이해한다.

LO5 지역 마케팅을 위한 전략적 시사점을 학습한다.

LO6 유럽/아프리카/중동지역에서 마케팅 기회의 규모와 본질을 파악한다.

글로벌 관점 Global Perspective

자유무역은 과연 중동에 평화를 가져다 줄 것인가?

유럽대륙의 경제는 제2차 세계대전 이후 완전히 파괴되었으며, 유럽의 사회적 기관과 정치적 기관들은 심각한 불안정성의 위험에 직면했다. 유럽의 지도자들은 전쟁의 폐허로부터 재건 필요성을 깨닫고 있었기에 그들 지역의 번영, 안정 그리고 평화를 확고히 하려 새로운 종류의 국제기관 수립이 필수적이었다. 이러한 기관 중 첫 번째가 1952년 프랑스, 서독, 이탈리아, 벨기에, 네덜란드 그리고 룩셈부르크의 석탄과 철강 산업의 통합을 위해 설립한 유럽석탄철강공동체(European Coal and Steel Community)이다. 이러한 소규모 경제적 상호의존경험을 바탕으로 50여 년이 지난 후에는 27개 회원국과 3개의 후보국으로 이루어진 유럽연합(European Union)이 탄생하였다. 경제는 급성장하였으며, 더 중요한 점은 평화가 지속되고 있다는 점이다.

이러한 접근법이 전쟁의 상처가 깊은 중동에서도 작용할 수 있을까? 중동연합(Middle Eastern Union)의 가능성과 잠재성을 생각해보자. 문제의 핵심은 바로 예루살렘(Jerusalem)이다. 이 성스러운 옛 도시는 많은 사람에게 신앙적 의미를 가지고 있다. 기독교 신자들에게 이곳이 성스러운 이유는 바로 예수와 직결되기 때문이다. 유대인들에게 이곳은 비단 국가의 중심에 그치는 것이 아니라 더 중요한 사실은 종교적 측면에서 그들에게 핵심적 장소이다. 무슬림들에게는 단지 메카(Mecca)와 메디나(Medina) 정도가 예루살렘보다 더 중요한 영적 장소이다. 그리고 이러한 영적 의미로 대변되는 땅을 둘러싼 싸움은 끊임없이 계속될 것으로 보인다.

예루살렘은 문제해결의 가장 중요한 부분이 될 수 있다. 그러나 현재 일상적으로 벌어지는 로켓과 폭탄들 그 이상을 생각해보아야 한다. 또한, 안전하게 번영하는 평화로운 장소를 꼭 상상해 보아야 한다. 국제적 성지를 한번 상상해 보자. 아마도 이 오래된 도시는 불교신자들이나 노르웨이인 또는 국제연합(UN)에 의해 관리될 수 있다. 이스라엘은 이 새로운 도시의 서쪽에 넓은 수도를 가지게 되고, 팔레스타인은 동쪽의 일부를 점유하게 될 것이다.

종교적 순례는 아마도 이스라엘과 팔레스타인 양국과 이를 둘러싼 지역 경제를 살릴 수 있을 것이다. 그 가능성을 상상해 보라! 최근 가장 극심한 폭력사태 이전인 2000년 이스라엘의 관광수입은 32억 달러에 달했다. 캘리포니아 오렌지카운티에 위치한 디즈니랜드와 비교해 보라. 디즈니랜드에서는 연간 1,000만 명의 방문객이 입장료, 음식 그리고 기념품에 각각 1인당 100달러 정도를 쓴다. 교통비와 숙박비, 인근의 식당 수익들을 합산하면 애너하임(Anaheim) 지역으로 연간 들어오는 수입은 수십억 달러를 넘어설 것이다.

많은 기독교 신자들은 성묘의 교회(the Church of the Holly Sepulcher, 예수의 묘지 위에 세워진)를 찾는다. 또한, 통곡의 벽(the Wailing Wall)은 유대인들에겐 가장 성스러운 장소이다. 무슬림들은 바위 사원(Dome of the Rock, 모하메드가 이 곳 바위 위에서 기도하다가 천사 가브리엘을 통해 천국을 방문하게 되었다)에 모여든다. 이 세 곳을 모두 방문하는 여행자라면 가장 깨달음이 많은 여행자일 것이다. 디즈니사는 방문객들의 대기행렬 문제에 대해 조언을 해줄 수 있고, 일주일 24시간 개방함으로써 시차적응에 실패한 순례자들을 끊임없이 유명한 장소들로 끌어 모을 수 있을 것이다. 그리고 이 오래된 도시의 외곽엔 베들레햄(Bethlehem), 헤브론(Hebron), 나사렛(Nazareth), 예리코(Jericho), 갈릴리 바다(Sea of Galilee), 사해(Dead Sea) 그리고 홍해(Red Sea) 등 명승지들이 있어서 여행객들의 확실한 관심을 끈다. 만약 모든 일들이 제대로만 이루어진다면, 10억 달러에서 20억 달러가량의 연간 수익을 예상할 수 있는데, 이는 이스라엘 현재 국내총생산(GDP)의 약 10~15%에 해당한다.

동쪽으로 가면, 새로운 히자즈 철도 회사(Hijaz Railway Corp.)가 있어서 이미 이란과 요르단을 시리아를 거쳐서 연결하고 있으며, 이라크, 터키 그리고 유럽까지 잇는 경로를 계획 중인데, 이 모든 일들이 바로 순례관광을 위한 것이다. 제1차 세계대전 동안 아라비아의 로렌스(Lawrence of Arabia)가 무기와 병력을 운반하는데 사용하기 전에 실제로 이 철도의 원래 목적은 바로 순례자들이 다마스쿠스(Damascus)부터 메디나까지 갈 수 있도록 하는 것이었다. 최근 기업 경영자들은 테헤란(Tehran)에서부터 암만(Amman)까지 2일 간의 여행에 대해 약 100달러 정도의 비용이 들고, 이란의 시아파 무슬림들이 이 지역에 있는 그들의 성지로 몰려들 것이라고 생각한다. 이 철도를 동예루살렘까지 연장하는 것이 안 될 이유가 없다.

만약 예루살렘이 2020년 올림픽 개최지가 된다면 어떨까? 이는 추가적으로 50억 달러의 수입을 얻을 수 있을 것이다. 또한 일면 금전적 문제를 차치하고서라도 1972년 뮌헨(Munich)에서 발생한 테러사건과 함께 2020년 예루살렘 올림픽과 연관한 심정적인 측면을 같이 고려해 보자. 그리고 금전적인 부분을 다시 접어 두고, 다윗, 예수 그리고 모하메드가 걸었던 길을 좇으면서 자신들 신앙심의 원천을 방문하는 수백만의 영적 행렬의 장관을 상상해 보자.

이러한 작은 환상들은 이스라엘과 팔레스타인을 잇는 평화로운 정치적 경계가 되어 오슬로 협정(Oslo Accords, 이스라엘과 팔레스타인이 「영토와 평화의 교환」을 원칙으로 맺은 평화협정)을 재차 확인할 수 있을 것으로 보인다. 이는 이 지역의 모든 상업적 보이콧을 종식시킬 수 있을 것으로 생각된다. 팔레스타인 사람들은 이스라엘에서 일하기 위해 국경을 넘다가 피격 당하는 위험을 부담하지 않아도 될 것이다. 네슬레 같은 기업은 이 지역에서 그들의 분산된 공장 운영을 통합할 수 있을 것이다. 미국이나 여타 국가들은 이 지역으로 선박 한 척 분량의 무기 대신 많은 수의 관광객을 보낼 것이다. 예루살렘은 개방되고 국제적인 도시가 될 것이며 무엇보다 중요한 것은 예루살렘 전체가 온전한 옛 도시가 될 수 있을 것이다. 이 지역의 모든 국가 간의 자유무역과 여행은 모두에게 새로운 방향으로의 번영을 이끌어주게 될 것이다.

마지막으로 퓰리처상 수상자인 제레드 다이아몬드(Jared Diamond)가 지적한 바와 같이, 중동은 역사적으로 비옥한 초승달 지대로서 문명의 요람과 같은 역할을 했으며, 이는 이 지역의 오랜 혁신과 무역에 따른 것이었다. 누구나 이 지역에서의 자유무역이 무엇을 만들어낼 수 있는지 상상해볼 수 있다.

출처: John L. Graham, "Trade Brings Peace," paper delivered at the Global Ethics and Religion Forum; Clare Hall, Cambridge University conference, *War and Reconciliation: Perspectives of the World Religions*, May 26, 2003, Cambridge, England; Jared Diamond, *Collapse: How Societies Choose to Fail or Succeed* (New York: Viking, 2005).

앞서 언급한 유럽석탄철강공동체의 성공에 이어 유럽경제공동체(European Economic Community)가 비준된 1958년에 글로벌 경제의 진화가 시작되었고, 궁극적으로 현재의 유럽연합으로 나아가는 단계를 밟았다. 이전까지 회의론자들은 이러한 실험적 연합은 절대로 성공할 수 없으며 금방 허물어질 것이라고 예견했다. 이러한 단일시장이 출범하기 전까지 미국, 일본 그리고 다른 국가들은 여타의 동맹에 대해 진지한 생각을 하지 않았다. 남미, 아시아 그리고 종국적으로 소련연방 국가들까지도 계획경제로부터 자유시장으로 변해가는 추세와 맞추어 공동시장의 출범은 전 세계에 무역동맹과 자유시장을 형성하는 동력을 일으키는 토대를 만들어냈다. 글로벌 시장이 진화함에 따라 다국적 역내시장의 일부가 되고자 하는 강한 열망과 함께 경제 및 정치체제의 변혁이 이루어지면서 국가들은 점차 자유시장 체제를 받아들였다. 수백 년간 내려온 오래된 전통이 변화하고, 법에 의해 해결되지 않던 이슈들이 수용할 만한 해결책으로 타결되어지고, 정부와 금융시스템은 구조조정 중에 있으며, 기업들은 새로

옛 도시 예루살렘에서는 그리 오래 걷지 않아도 무슬림((the Dome of the Rock), 유대인(the Wailing Wall) 및 기독교 신자들(the Church of the Holy Sepulchre) 각각의 최고의 성지들을 접할 수 있다. 이 지역에서의 평화는 종교 관광업에 큰 수입을 가져올 것이다.

운 경쟁과 무역 패턴에 맞도록 재정비되고 있다.

다국적 역내시장(multinational market regions, 지역 간 무역과 관세 장벽을 감소시킴으로써 상호 경제적 이익을 추구하는 국가들의 그룹)의 성장과 진화는 오늘날 글로벌 경제의 가장 중요한 추세라고 할 수 있다. 조직 구성은 시장 지역마다 상당히 다양하나, 다국적 협력의 보편적인 목표는 참여국들의 경제적 이익과 참여국간[1], 그리고 참여국 내[2]의 연계된 평화 구축이다. 전 세계는 경제적 동맹을 통해 자유경제시장의 확대를 추구하는 경제적 협력과 협정으로 넘쳐나고 있다. 실제로 국제연합(UN)의 192개 회원국들이 기울이는 노력의 일환은 상호간 경제 개발을 포함하고 있으며, 153개 회원국과 30개 참관국으로 이루어진 세계무역기구(WTO)는 오로지 회원국들 간의 무역을 보다 효율적으로 이끄는 것을 목적으로 한다.

지역경제협력협정(Regional economic cooperative agreements)은 제2차 세계대전 이후 논의되어왔다. 유럽연합은 지구상에서 가장 성공적이고 가장 규모가 큰 역내시장이며 가장 중요한 경제 협력의 선례이다. 다국적 역내시장은 거대한 시장을 형성시켜 국제경영에 있어서 중요한 잠재적 기회를 제공하고 있다. 단일유럽시장

[1] By far the strongest evidence for the "trade causes peace" notion is that provided by Solomon W. Polachek, "Why Democracies Cooperate More and Fight Less: The Relationship between International Trade and Cooperation," *Review of International Economics* 5, no. 3 (1997), pp. 295 – 309; additional evidence is supplied at http://www.cpbp.org, click on Peace Monitor, then Countries; Jonathan Schell, *The Unconquerable World* (New York: Metropolitan Books, 2003); Thomas Friedman, *The World Is Flat* (New York: Farrar, Straus, and Giroux, 2005).

[2] Studies of the causes of civil wars supports their belief; see Paul Collier, "The Market for Civil War," *Foreign Policy*, May/June 2003, pp. 38 – 45.

이라는 유럽연합의 장기 목표를 실현하는 것이 1980년대 후반에 명확해지자 몇몇 새로운 동맹의 창설과 함께 경제협력에 대한 새로운 관심이 뒤따랐다. 미주 대륙의 북미자유무역협정(NAFTA)과 남미통합연합(LAIA: Latin American Integration Association), 아시아 환태평양 지역의 동남아시아국가연합(ASEAN: Association of Southeast Asian Nations)과 아시아태평양경제협력체(APEC: Asia-Pacific Economic Cooperation) 등은 모두 새로 생겼거나 재정비된 연합체들로서 다국적 역내시장의 강점과 중요성을 확보해가고 있다.

경제 협력이 증가하는 추세와 더불어 글로벌 경쟁 하에서 이러한 협력의 효과에 대한 관심이 커지고 있다. 정부와 기업들은 유럽연합과 북미자유무역협정 그리고 또 다른 경제협력단체들이 역내의 경제교류에 대해서는 장벽을 철폐하고 역외국들에 대해서 보호 장벽을 치는 지역적인 무역블록을 형성하는 것에 대해 우려를 표하고 있다. 그러나 각각의 무역 그룹들이 지속적으로 또 다른 그룹들과 새로운 협정들을 맺어감에 따라 네트워크화한 글로벌 경제와 자유무역이 확대하고 있음은 확실하다. 그 혜택의 몫이 소비자의 것임은 분명하지만 반면에 글로벌 기업들은 극심한 글로벌 경쟁 환경에 직면하고 있다.

존재 이유

LO1 경제동맹의 이유에 대하여 학습한다.

성공적인 경제동맹은 그 성공의 기반으로서 호혜적인 경제적, 정치적, 문화적 그리고 지리적 요인들을 필요로 한다. 이러한 모든 요건들이 갖추어져 있어서 어려운 점을 극복할 수 있다고 하더라도, 하나의 요인에서 문제가 생겨도 경제동맹의 실패를 야기할 수 있다. 일반적으로 경제동맹의 장점은 명확하고 특별해야 하고, 국가들이 그들의 국가 주권 일부를 포기하기에 앞서 장점이 단점보다 매우 크다는 점이 분명해야 한다. 아프리카나 남미에서 형성된 많은 연합들은 거의 성공하지 못했는데 이는 생각할 수 있는 이득이 주권의 일부를 포기에 따른 불이익을 상쇄하기에 충분하지 않았기 때문이다.

경제적 요인

모든 형태의 경제동맹은 개발과 시장기회의 확대를 위해 공감대를 형성한다. 통상적으로 참여국들에 대한 특혜관세 조치와 역외국들에게는 공동관세 장벽을 통해, 또는 두 가지 모두를 통해 시장들이 확대된다. 시장확대가 되면, 이 보호받는 시장은 관세동맹 안에서 생산한 제품들에 대해 특혜조치와 확실한 유통망을 제공함으로써 내부 경제 발전을 자극하고, 소비자들은 참여국들이 부여한 낮은 내부 관세로부터 경제적 이득을 얻는다. 모두 그런 것은 아니지만 대부분의 경우 시장확대에 의해 국내 생산업체들에 좀 더 많은 경제적 안전성을 제공하기 때문에 외적 그리고 내적 장벽들은 감소한다.[3]

---

[3] Michele Fratianni and Chan Hoon Oh, "Expanding RTAs, Trade Flows, and the Multinational Enterprise," *Journal of International Business Studies* 40, no. 7 (2009), pp. 1206–27.

상호 보완적인 경제적 기반을 가진 국가들은 공동시장의 발전과 운영에 있어 마찰을 겪을 우려가 적다. 그러나 경제동맹이 살아남기 위해서는 반드시 경제적 분쟁을 해결할 수 있는 협정과 작동원리가 있어야 한다. 덧붙여 경제적 통합의 총 이득은 회원국들이 새로운 무역 관계에 적응하는 동안에 발생하는 개별적인 이해관계를 반드시 능가해야 한다. 유럽연합은 다양한 경제 수준, 독특한 통화시스템, 선진적 농업 기반 및 상이한 천연자원을 가진 국가들을 포함하고 있다. 유럽연합이 직면한 문제의 대부분이 농업과 통화정책에 걸쳐 일어났다는 점이 중요하다. 유럽공동체(현재는 유럽연합) 초기에 농업분쟁은 흔한 사안이었다. 영국은 프랑스산 가금류 수입 배제를 시도했고, 프랑스는 이탈리아산 와인수입을 금지했으며, 아일랜드는 여타 다른 회원국의 계란과 가금류의 수입을 막았다. 이런 모든 사례들은 건강과 안전상의 문제로 조치된 것이지만, 실제로 더 강력한 동기는 바로 국내시장 보호라는 구시대적 정책의 지속 때문이었다. 이러한 일상적인 소규모 분쟁들이 경제동맹의 견고함을 시험하고 있다. 유럽연합의 사례에서 유럽위원회(European Commission)는 분쟁을 해결하고 유럽연합 규정을 위반한 국가들을 기소하는 역할을 하는 기구였다.

정치적 요인

국가들 간의 정치적 순응과 양보는 초국적 시장 협정의 발전을 위해 또 다른 기본요건이다. 참여국들은 그들 국가 주권의 일부를 포기하기에 앞서 비슷한 수준의 열망과 일반적인 공존가능성을 지녀야 한다. 국가의 주권은 국가의 가장 소중히 여기는 전유물 중 하나이므로 협력을 통해 확실하고 분명하게 국가지위가 향상될 경우만 포기할 수 있는 것이다.

경제적 요인의 고려사항들이 관세동맹 형성에 가장 기본적인 기폭제이지만 정치적 요인도 마찬가지로 중요하다. 원래 유럽연합 국가들이 뭉치기 시작한 것은 소련연방의 거대한 정치적 및 경제적 힘의 외부 위협에 일부 대응하기 위함이었다. 서유럽 국가들은 러시아 앞에서 통일된 전선을 구축하기 위해 유럽국가들 간 다툼을 해결하고자 하였다. 공산주의자들의 위협은 사라졌지만 경제적 통합의 모든 이득을 충분히 달성하기 위한 정치적 단합의 중요성이 유럽 국가들을 연합하게 하는 원인이 되었다.

지리적 · 시간적 근접성

지리적 · 시간적 근접성은 관세동맹의 회원국들이 협력하는데 있어서 절대적인 요소라고 볼 수는 없지만, 이러한 근접성은 공동시장의 기능과 역할을 촉진시킨다. 실제로 최근 연구에서는 물리적인 거리보다 표준시간대[4] 간의 차이가 더 중요함을 보여주고 있다. 즉, 무역은 시차가 많이 나는 지역과의 무역보다 북-남 방향으로 동시간대에 좀 더 쉽게 이루어지는 경향이 있다. 그러나 (어떠한 마케팅 시스템에서도 기본

---

[4] Contrast Jared Diamond's *Guns, Germs, and Steel* (New York: W. W. Norton, 1999) and Jennifer Chandler and John L. Graham, "Relationship-Oriented Cultures, Corruption, and International Marketing Success," *Journal of Business Ethics*, 92 (2010), pp. 251 – 67.

이 되는) 운송 네트워크는 인접한 국가일수록 상호의존적으로 더욱 발달하게 된다. 또한 인접한 이웃 국가들 간에 보다 가까운 경제적 통합을 추진하는데 있어서 합법이던 불법이던 이민과 관련 문제들이 중요하다. 유럽연합의 가장 중요한 강점들 중 하나는 바로 운송 네트워크인데, 영국과 프랑스간의 터널 개통은 이 공동시장을 더욱 결속시켰다. 지리적으로 멀리 떨어져 있는 국가들은 경제적 결합을 시도함에 있어 극복해야 할 큰 장벽을 가지고 있는 셈이다. 그러나 통신기술과 운송의 효율성이 증가함에 따라 이러한 요인들의 중요성은 점차 감소하고 있는 것처럼 보인다.

문화적 요인

앞 장에서 언급한 바와 같이 미국은 북미자유무역협정과 미국–중미자유무역협정–도미니카공화국 자유무역협정(DR-CAFTA)과 같은 다자간 협정에 이어서 양자 간 자유무역협정을 진전 중에 있고 몇몇 국가들과는 체결하였다. 그러나 일반적으로 문화적 유사성은 다른 국가들과의 경제적 협력의 충격을 완화시키는 효과가 있다. 문화가 유사할수록 협정의 성공 가능성이 높아지는데 이는 회원국들이 다른 회원국들의 전반적인 생각이나 관점을 이해할 수 있기 때문이다. 유럽연합의 경우 거대한 문화적 다양성이 존재함에도 불구하고 핵심 국가들은 오랜 세월 정립된 기독교적 유산을 공유하고 있으며, 공통적으로 자신들이 유럽인임을 인지하고 있다. 그러나 심지어 이러한 다양성 측면이 유럽연합에 터키를 참여시키고자 협상하는 과정에서는 중요하지 않을 수 있다. 문화의 일부분인 언어는 유럽연합 국가들이 예측했던 만큼 큰 문제를 만들지 않았다. 왜냐하면 거의 대부분 유럽인은 최소한 두 개 또는 세 개의 언어를 비즈니스에서 구사할 수 있으므로 유럽에서 언어적 다양성은 무역에 크게 방해가 되지 않았다.

다국적 협력의 유형

LO2 국제적 협력의 유형에 대하여 학습한다.

당연히 일반적인 수준에서 세계무역기구(WTO)는 역사상 가장 중요하고 포괄적인 무역협정이라고 할 수 있다. 현 시점에서 러시아는 세계무역기구(WTO)에 조만간 가입할 것으로 보인다.[5](러시아는 2011년 12월 16일 154번째 세계무역기구(WTO) 회원국으로 공식 가입하였음). 그러나 세계무역기구(WTO) 이외에도 다국적 시장 그룹들(다국적 역내시장들)은 참여국들 간의 협력, 의존성 및 상호관계 수준을 다양화하면서 상이한 형태들로 나타나고 있다. 지역경제통합은 5개의 기본적인 그룹으로 나눌 수 있으며, 여기에는 최소한의 통합 정도만을 요구하는 지역 협력에서 궁극적 정치동맹 통합까지 포함된다.

지역 협력 그룹 가장 기본적인 경제적 통합과 협력은 '개발을 위한 지역 협력(RCD : Regional Cooperation for Development)'이다. 개발을 위한 지역 협력(RCD) 협

[5] Stephen Castle, "EU to Fast-Track Russia on WTO," *International Herald Tribune*, January 26 – 27, 2008, p. 13.

정 하에서 각국 정부는 경제에 유익한 기본 산업을 발전시키기 위해 공통으로 참여할 것을 합의한다. 각국은 새로운 합작투자에 대한 재정적인 참여와 투자에 따른 생산물의 일정 비율의 구매를 합의한다. 오리노코 강(Orinoco River)에 수력발전소를 건설하는 콜롬비아와 베네수엘라 간의 프로젝트가 하나의 사례로서 건설비용을 분담하고 생산된 전기도 공유했다.

자유무역지대 자유무역지대(FTA)는 개발을 위한 지역 협력(RCD)에 비해 협력과 통합의 정도가 높다. 자유무역지대는 두 국가 또는 그 이상의 회원국들이 역외국들에 대해 독자적인 관세율을 유지하는 한편 참여국들 간에는 관세와 비관세장벽을 낮추거나 철폐하기로 한 협정이다. **자유무역지대(FTA)**는 본질적으로 회원국들에게 상품과 서비스 흐름에 지장을 주는 장벽을 없애 거대시장을 제공하는 것이다.[6]

관세동맹 관세동맹은 경제협력의 다음 단계를 말한다. 이는 감축하거나 제거된 내부 관세를 통해 자유무역지대의 이익을 향유하면서 비동맹국으로부터 수입되는 제품에 공동역외관세를 부과하는 것이다. 관세동맹은 자유무역지대(FTA)가 공동시장을 위한 협력의 논리적 단계라고 볼 수 있다. 유럽연합은 공동시장이 되기 이전에는 관세동맹이었다. 프랑스와 모로코, 이탈리아와 산마리노 그리고 스위스와 리히텐슈타인 간의 관세동맹이 그 사례이다.

공동시장 **공동시장** 협정은 역내 무역에 있어서 모든 관세와 기타 제한조치들을 철폐하고, 일련의 공동 역외관세를 채택하며, 회원국들 간 자본과 노동의 자유로운 이동을 제한하는 모든 조치들을 제거한다. 그러므로 공동시장은 제품 뿐 아니라 서비스(노동 포함) 및 자본에 대한 공동의 장터인 것이다. 이는 통합된 경제이며, 정치동맹에서 정치적 단일성 정도만 부족한 상태이다. 1957년 유럽경제공동체(EEC : European Economic Community)를 설립한 로마 조약(Treaty of Rome)은 공동 역외관세와 역내시장 관세, 쿼터 그리고 기타 무역장벽들의 점진적인 철폐를 요구했다. 이 조약은 또한 서비스, 노동 그리고 자본의 이동에 대한 제재 철폐, 담합 금지, 통화정책과 재정정책의 공동보조, 농업정책의 공동화, 역내산업발전을 위한 공동 투자자금의 활용 그리고 임금과 복지 지출에 대한 유사한 규정을 요구했다. 유럽경제공동체(EEC)는 정치연합 기능까지 확장한 유럽연합을 탄생시킨 마스트리히트 조약(Maastricht Treaty)이 있기까지 존속했다.

정치동맹 지역협력이 가장 완벽하게 통합된 형태가 바로 **정치동맹**이다. 정치동맹은 자발적이던 강제적이던 간에 완벽한 정치적 및 경제적 통합을 포함한다. 가장 주목할 만한 강제적 정치동맹은 소련에 의해 조직된 중앙 통제식 국가그룹인 동유럽경

[6] The European Free Trade Area is a good example. See http://www.efta.int/, 2010.

제상호원조회의(COMECON: Council for Mutual Economic Assistance)였다. 소련의 해체와 동유럽 블록의 독립으로 인해 동유럽경제상호원조회의(COMECON)는 소멸되었다.

국가들의 연방(commonwealth)은 경제통합으로 분류할 수는 있지만 가장 느슨한 형태의 관계를 제공하는 자발적 조직이다. 영연방(British Commonwealth)은 영국과 과거 대영제국의 일부였던 국가들로 이루어져 있다. 영국이 영연방 국가들에게 전혀 정치적 영향력을 미치지 못함에도 불구하고 이들 국가들 중 몇몇은 아직도 영국 군주를 자신들의 상징적 지도자로 인식하고 있다. 영연방 회원국들은 영국과의 무역에서 특혜관세를 받아왔으나 영국이 유럽공동체에 가입함으로써 모든 특혜관세가 없어졌다. 연방은 가장 약한 수준의 정치동맹으로 볼 수 있으며 대부분 경제적 역사와 전통 차원에서 그 근간을 두고 있다. 영연방의 국가수반은 3년마다 모여 그들이 공통으로 직면한 무역과 정치적 이슈들을 토론하지만 제기된 어떠한 결정이나 지시사항에 대한 준수의무는 자발적으로 판단할 수 있다.

두 개의 새로운 정치동맹이 1990년대에 생겼는데, 과거 소련의 연방국들로 구성된 독립국가연합(CIS: Commonwealth of Independent States)과 유럽연합이다. 유럽연합은 유럽공동체 12개 국가들이 **마스트리히트 조약**을 비준함으로써 창설되었다. 회원국들은 경제와 정치 통합의 대의를 위해 참여하였다. 이 조약은 회원국들 전체를 통해 제품, 인력, 서비스, 자본의 자유로운 이동, 단일 통화, 국방을 포함한 공동외교 및 안보 정책, 단일 사법 제도 그리고 범죄, 테러 및 이민문제에 대한 경찰과 기타 당국 간의 협력을 허용하고 있다. 이 조약의 모든 조항들이 보편적으로 수용된 것은 아니지만 해가 갈수록 유럽연합 회원국들은 경제적으로나 정치적으로 점차 결속력을 높이고 있다. 경제동맹 및 통화동맹으로 자리 잡고 있고 모든 참여국이 단일 통화를 사용하고 있기 때문에 유럽연합은 또한 정치동맹으로 나아가고 있다.

글로벌 시장과 다국적 역내시장

시장의 세계화, 동유럽 블록의 독립된 시장경제체제로의 전환, 소련이 독립 국가들로 해체, 경제협력을 향한 전 세계적 추세 그리고 글로벌 경쟁의 심화는 시장 잠재성을 국가 차원이 아니라 지역 차원에서 검토하도록 한다.

본 내용은 유럽, 아프리카 그리고 중동 지역의 시장 및 역내시장에 대한 기본적인 정보와 자료들을 보여주고 있다. 이 지역들 각각에 대해 현존하는 경제협력 협정들을 검토할 것이다. 독자들은 국가들 간 협력적 협정과 동맹 상태가 세계 일부 지역에서 매우 유동적으로 일어나고 있음을 인식해야 한다. 수많은 동맹들이 좌초하고 중단되거나 또는 완전히 다른 형태로 변모할 수도 있다. 현재 반영구적 집합체로 안정화하기 위한 형성 과정을 거치고 있는 다수의 새로운 무역동맹에는 아마도 수십 년의 시간이 필요할지 모른다.

유럽

유럽 내에서는 모든 형태의 역내시장이 존재한다. 유럽연합, 유럽경제지역(European Economic Area) 그리고 유럽자유무역연합(European Free Trade Area, 정식 명칭은 European Free Trade Association으로 사용함) 등이 가장 협력적인 집합체이다(표 10.1과 그림 10.1 참조). 소련 붕괴 직전에 독립하여 새로이 자본주의 경제로 편입한 동유럽 국가들과 발트 해 연안 3국들은 경제적으로 중요해지고 있다. 핵심 과제는 바로 이들의 경제발전과 유럽연합과의 경제적 제휴로 귀결된다. 동시에 유럽 지역에는 독립국가연합(CIS)이 있다. 과거 구소련 12개 국가들로 구성된 아직 검증되지 않은 신생 연합으로서 이 연합체가 다른 역내시장 사이에서 현재의 형태로 자리를 차지할 수 있을지는 미지수이다.

유럽통합

LO3
유럽연합의 진화에 대하여 이해한다.

모든 역내시장 중에서 유럽연합만큼 협력의 안전성을 이루거나 경제적으로 중요한 동맹은 없다(표 10.2). 출범부터 유럽연합은 완전한 경제통합, 궁극적으로는 정치동맹의 목적의 달성을 위해 꾸준한 발전을 이루어왔다. 그러나 유럽인을 포함한 많은 사람들은 유럽경제공동체나 자주 언급되었던 유럽공동시장의 성공에 거의 희망을 걸지 않고 있었는데, 그 이유는 공동체에 내주어야만 하는 국가의 주권 수준과 통합이 야기하는 문제점들 때문이었다. 결국 1,000년이 넘게 지속되어 온 경제적 분리주의를 극복해야만 했고, 유럽공동시장은 다분히 이질적이다. 언어와 문화의 차이, 개별 국가의 이해관계, 정치적 상이성 그리고 현지국 시장을 보호하도록 고안된 수백년간 이어져온 오래된 규제조치들이 존재하고 있다.

바르샤바(Warsaw) 사람들은 이 사진이 제국주의의 두 가지 상징을 담고 있다고 말한다. 소련의 독재자 이오시프 스탈린(Joseph Stalin)은 폴란드 국민들에게 1950년대 시대적 위대한 건축물을 주었다라고 하지만, 폴란드 국민들은 이 악명 높은 문화과학궁전(Palace of Culture and Science)을 영화관(Kinoteka)과 사무용 건물로 변경하였다. 다른 하나는 코카콜라와 그들의 새로운 통제 수단인 강력한 광고이다. 세계화에 대한 논쟁은 현재도 진행 중이다.

역사적으로 표준(standards)은 시장접근을 효과적으로 제한하는데 활용되었다. 독일은 자국에서 판매하는 맥주에 대해서 오직 물, 호프, 맥아 그리고 효모만으로 양조할 것을 강제하는 순수성 유지법(purity law)을 제정하여 유럽의 다른 국가들로부터 자국의 맥주시장을 보호했다. 이탈리아는 자국의 파스타 시장을 보호하기 위해 파스타는 반드시 듀럼 밀(durum wheat)로만 만들도록 하였다. 그런데 유럽사법재판소(European Court of Justice)는 맥주 및 파스타 규정을 무역 위반으로 간주하여 폐지하였다. 이러한 규제적 표준들은 다른 유럽 국가들을 포함한 모든 국가들의 경쟁제품들을 자국 시장에서 경쟁하지 못하게 만든다. 이러한 문화적, 법적 그리고 사회적 차이점이 극복될 수 있다는 점에 대해 의구심을 품고 있는 회의론자들은 통일 유럽에 대한 희망을 가지지 않았다. 하지만 이러한 회의론이 틀렸음이 입증되었다. 오늘날 유럽연합이 경이로운 발전을 얼마나 많이 이루었는가 보

표 10.1

유럽 역내시장의 기초 시장 지표

(괄호 안)은 2004년부터 2009년까지의 연평균 성장률

연합체	국가 (가입년)	인구 (백만)	국민 총 소득* (10억 달러)	제품 수출* (10억 달러)	제품 수입* (10억 달러)	사업 수월성 순위	1인당 국민총소득* (달러)	인터넷 사용자 수 (1,000명당)
유럽연합(EU)								
	벨기에(창설국)[e]	10.6(0.5)	469.8(5.3)	381.5(4.5)	356.9(4.6)	20	44068(4.8)	735(6.5)
	덴마크(1973)	5.5(0.3)	319.5(5.4)	93.3(4.3)	84.1(4.7)	5	57968(4.9)	868(2.6)
	독일(창설국)[e]	82.0(-0.1)	3328.8(3.7)	1137.8(4.6)	950.5(5.8)	27	40521(3.8)	785(5.2)
	그리스(1981)[e]	11.3(0.4)	326.4(7.3)	20.2(5.8)	60.0(2.7)	100	29010(6.9)	359(12.3)
	스페인(1986)[e]	45.5(1.5)	1368.9(6.9)	217.2(3.8)	295.8(2.8)	51	30072(5.4)	627(9.3)
	프랑스(창설국)[e]	62.4(1.6)	2697.4(5.3)	474.9(2.4)	534.3(4.6)	31	43089(4.6)	591(8.5)
	아일랜드(1973)[e]	4.4(2.0)	197.2(4.5)	116.6(2.1)	61.2(-0.8)	7	44327(2.4)	703(15.3)
	이탈리아(창설국)[e]	60.1(1.7)	2085.4(3.9)	408.2(3.0)	415.7(4.0)	74	34726(3.2)	518(2.0)
	룩셈부르크(창설국)[e]	0.5(1.2)	43.2(7.7)	12.5(0.5)	15.3(-1.9)	53	99970(6.4)	844(5.3)
	네덜란드(창설국)[e]	16.4(0.2)	799.2(5.0)	435.2(6.5)	383.5(6.2)	28	48700(4.8)	530(4.5)
	오스트리아(1995)[e]	8.4(0.6)	374.6(5.5)	132.2(3.4)	138.8(4.1)	26	44682(4.8)	633(3.4)
	포르투갈(1986)[e]	10.7(0.4)	232.3	44.0(5.9)	69.8(7.2)	48	21682	444(8.9)
	핀란드(1995)[e]	5.4(0.4)	245.8(5.2)	60.4(-0.2)	61.3(3.9)	14	46167(4.8)	847(3.8)
	스웨덴(1995)	9.2(0.5)	413.5(3.0)	131.6(1.3)	148.6(3.6)	17	44939(2.5)	839(0.4)
	영국(1973)	6.16(0.6)	2231.3(0.0)	358.0(0.5)	485.6(1.0)	6	36215(–0.7)	836(5.9)
	체코공화국(2004)	10.3(0.2)	44.7(11.5)	114.7(11.3)	105.5(9.1)	66	17269(11.2)	578(12.5)
	에스토니아(2004)	1.3(-0.3)	17.7(9.2)	9.0(8.8)	10.2(4.1)	22	13317(9.5)	724(7.9)
	사이프러스(2004)[e]	0.9(1.1)	22.4	1.5(6.0)	10.0(12.2)	36	25732(7.0)	434(6.3)
	라트비아(2004)	2.6(-0.6)	25.2(13.4)	7.2(12.6)	9.1(5.3)	29	11194(14.0)	641(14.2)
	리투아니아(2004)	3.3(-0.6)	35.4(9.9)	16.5(12.1)	18.4(8.3)	25	10582(10.6)	569(14.4)
	헝가리(2004)	10.0(-0.2)	142.3	84.6(9.0)	77.9(5.5)	41	14230	592(16.1)
	몰타(2004)[e]	0.4(0.4)	2.3(6.2)	2.6(-0.3)	4.2(2.0)	–	5741(5.8)	530(8.9)
	슬로베니아(2004)[e]	38.0(-0.1)	517.4	140.0(1.13)	146.5(10.9)	72	13605	550(13.4)
	슬로바키아공화국 (2004)	2.0(0.3)	45.8(7.3)	22.9(7.6)	23.7(6.1)	57	22635(7.0)	524(7.5)
	불가리아(2007)	7.5(-0.7)	44.7(12.4)	17.1(21.3)	23.8(10.5)	42	5950(13.1)	337(16.1)
	루마니아(2007)	21.4(-0.3)	192.0	41.2(11.9)	54.6(10.8)	45	8971	312(21.0)
유럽연합 후보국								
	크로아티아	4.4 (0.1)	66.9	9.7 (3.9)	110	21.3 (5.1)	15636	557 (12.5)
	마케도니아	2.0 (0.1)	9.4	2.8 (11.1)	5.1 (11.6)	69	4673	452 (16.4)
	터키	71.5 (1.3)	785.5	103.9 (10.5)	138.2 (7.2)	63	10910	388 (22.7)

연합체	국가 (가입년)	인구 (백만)	국민 총 소득* (10억 달러)	제품 수출* (10억 달러)	제품 수입* (10억 달러)	사업 수월성 순위	1인당 국민총소득* (달러)	인터넷 사용자 수 (1,000명당)
유럽자유무역연합(EFTA)								
	아이슬란드	0.3 (2.0)	11.4 (2.1)	3.8 (5.8)	3.3 (2.8)	11	5386 (4.1)	675 (3.2)
	리히텐슈타인	.04 (0.9)	–	–	–	–	–	662 (0.6)
	노르웨이	4.8 (1.0)	382.5 (8.1)	120.6 (7.9)	69.8 (7.4)	10	79709 (7.1)	869 (2.9)
	스위스	7.6 (0.5)	533.5	169.1 (7.5)	148.6 (6.1)	19	64015	796 (3.5)

* 현재 미국 달러(U.S. $)

e 유로 존(Eurozone).

출처: Euromonitor International, 2010; World Bank, 2010.

그림 10.1

유럽경제지대 : 유럽연합, 유럽자유무역연합(EFTA) 및 관련국들

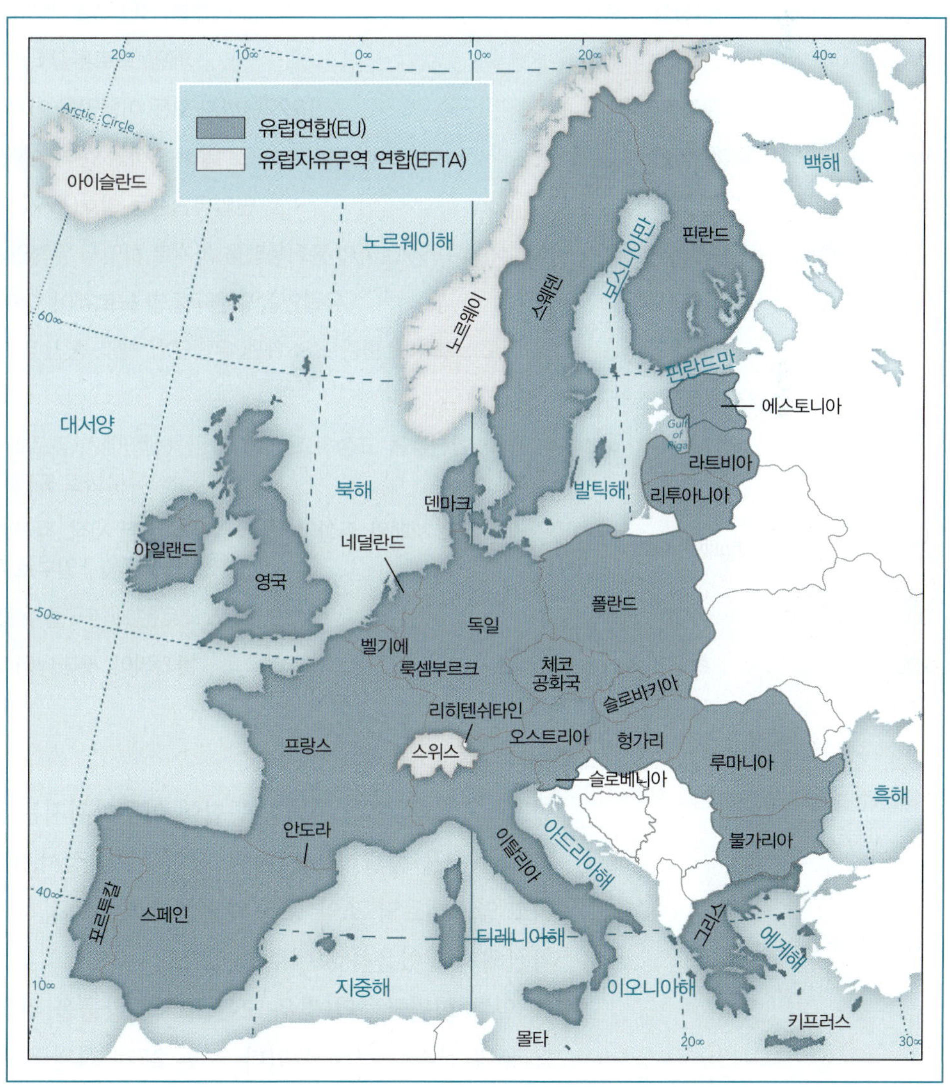

표 10.2

유럽석탄철강공동체(European Coal and Steel Community)로부터 통화동맹(Monetary Union)까지

출처: "Chronology of the EU," http://www.europa.eu.int/ (select Abc). Reprinted with permission from the European Communities.

1951	파리조약	유럽석탄철강공동체(ECSC)(설립국가 : 벨기에, 프랑스, 독일, 이탈리아, 룩셈부르크, 네덜란드)
1957	로마조약	유럽경제공동체(EEC)의 청사진
1958	유럽경제공동체	ECSC 설립국가들로부터 비준을 받아 공동시장 형성
1960	유럽자유무역연합	오스트리아, 덴마크, 노르웨이, 포르투갈, 스웨덴, 스위스, 영국에 의해 설립
1973	확대	덴마크, 아일랜드, 영국 EEC에 가입
1979	유럽통화시스템	유럽통화단위(ECU) 생성. 영국을 제외한 모든 회원국들이 그들의 환율을 특정 범위 내에서 유지하기로 합의
1981	확대	그리스 EEC에 가입
1985	1992년 단일시장 프로그램	프로그램 이행을 위한 행동 백서를 유럽의회에 제출
1986	확대	스페인, 포르투갈 EEC 가입
1987	단일유럽의정서	1992년까지 모든 이행안을 마치기로 하면서 비준
1992	유럽연합 조약	마스트리히트조약으로 알려진 바와 같이 경제통화동맹(EMU)을 위한 청사진
1993	유럽 1992	단일유럽행동 발효(1992년 1월 1일)
1993	유럽연합	1999년까지 통화동맹을 하기로 하면서 유럽연합 조약(마스트리히트조약) 발효
1994	유럽경제지대	유럽연합 회원국들과 노르웨이, 아이슬란드로 EEA 구성
1995	확대	오스트리아, 핀란드, 스웨덴 유럽연합 가입. 중앙 및 동유럽으로 확대하기 위한 절차 수립
1997	암스테르담 조약	
1999	통화동맹	환산율을 고정하고 은행 및 금융산업에서 유로화 사용. 소비자 가격을 현지 통화와 유로화로 표기
2002	지폐와 주화	유로 지폐와 주화가 1월 1일부터 순환 시작. 각국별 지폐와 주화에 대한 법적 지위가 2002년 7월 1일부로 무효화
2004	확대	10개 새로운 회원국들 유럽연합 가입
2007	확대	불가리아, 루마니아 가입

면 알 수 있다. 아직 완벽한 통합이 이루어지지는 않았지만 유럽연합 구조에 대한 검토, 회원국을 총괄하는 지휘권, 단일유럽의정서, 유럽경제지대, 마스트리히트조약 그리고 암스테르담 조약 등은 완전한 경제적 · 정치적 통합의 최종 결과물이 현재 점점 확실해지고 있음을 보여주고 있다.

일부 회원국들의 경우 모든 조치사항들을 완전히 이행하고 있지는 않지만 이들도 분명 진전을 보이고 있다. 모든 27개 회원국들에서 아직 시행하지 않고 있는 조치사항 비율은 극적으로 줄어들고 있다. 조세제도는 이행이 지체되고 있어 이에 대

유럽 의회는 매달 이 곳 벨기에 브뤼셀(Brussels)에서 3주간 회의를 가지며 그 후 프랑스 스트라스부르(Strasbourg)로 옮겨 일주일간 회의를 이어간다. 4주차 회의를 위해 이동하는 불편함을 감수하는 것은 프랑스의 자존심을 살려주기 위한 것일까? 아니면 그 곳의 치즈가 더 맛있기 때문인가?

한 시정이 지속적으로 필요한 분야 중 하나였다. 예를 들어 자동차에 대한 부가가치세와 등록세는 한때 룩셈부르크에서는 15% 정도였지만 덴마크에서는 218%에 달하였다. 따라서 덴마크 하데르슬레우(Haderslev)에서 중형 벤츠 자동차를 구입할 경우 9만 달러의 비용이 드는데, 이는 겨우 30마일 남쪽에 위치한 독일의 플렌스부르크(Flensburg)에서의 가격보다 거의 3배를 지불하는 셈이었다. 혼다(Honda) 시빅(Civic)의 경우 영국 소비자들은 유럽대륙 소비자들에 비해 89%나 더 많은 비용을 지불해야 했다. 스웨덴에서 스카치 위스키의 세금은 이탈리아에서 부과되는 금액의 9배인 18달러였다. 증세와 관련 권한이 유럽과 같은 국민국가(nation-state)에서는 신성한 권력임에도 유럽연합 재무장관들이 이러한 이슈들을 제기하고 일부 진전을 이루었다. 법률 제정에 관한 완전한 이행은 향후 수년이 걸릴 것으로 예상된다. 모든 제안들이 타협점을 찾은 것은 아니지만 통합 프로그램이 구축되어져 돌이킬 수 없는 속도로 발전하고 있다.

유럽연합[7]

유럽연합 기관들 유럽연합 기관들은 행정부, 입법부 그리고 사법부를 가진 연방 형식으로 구성되어 있는데, 각각 유럽연합집행위원회(European Commission), 각료이사회(Council of Ministers), 유럽의회(European Parliament) 그리고 유럽사법재판소(Court of Justice)가 있다. 이들의 의사결정 절차들은 법적 지위를 가지며, 공동정책 분야에 광범위한 영향력을 미친다. 유럽연합은 (1) 회원국들을 직접적으로 구속하고 회원국들의 법률과 동일한 효력을 지닌 규정(regulations); (2) 마찬가지로 회원국들을 구속하되 회원국들이 실행 수단을 선택할 수 있는 지침(directives); (3) 정

[7] http://europa.eu.int, 2008.

부, 기업, 또는 개인들을 대상으로 지정된 당사자들만 구속하는 결정(decisions) 등 세 가지 법률적 수단을 사용한다. 해가 갈수록 유럽연합은 전체 회원국들에 걸쳐 그 권한을 점점 확대해가고 있다.

유럽연합집행위원회는 정책을 개시하고 회원국들의 준수 여부를 감독하며, 법률과 정책들의 실행을 제안하고 감시한다. 위원회 회원들은 오로지 유럽연합의 이익을 위해서만 행동하고, 이들의 책무는 유럽연합 규칙과 공동시장의 원칙이 존중되고 있는지를 확실히 하는 것이다. 예를 들어 이 위원회는 최근 선 마이크로시스템즈(Sun Microsystems)를 오라클(Oracle)에 매각하는 것은 승인했지만,[8] 구글(Google)과 여타 기업들의 고객정보 보관기간을 축소시키도록 압력을 가하는[9] 별도의 행동을 취하였다.

각료이사회는 유럽연합의 의사결정기구이며, **단일유럽의정서**의 사항들을 토론하여 결정하고 유럽연합 회원국들을 구속함으로써 수용하게끔 만드는 임무를 맡고 있다. 이사회는 만장일치에 의해서만 조정할 수 있는 제품과 서비스에 부과되는 세금을 제외하고 다수결 찬성에 의해 모든 제안사항들을 법으로 제정할 수 있다. 예를 들어 이사회는 회원국들에게 비준을 받기 위해 제출된 마스트리히트조약의 초안을 작성하였다.

유럽의회는 원래 대부분의 유럽연합 법률을 판정하는 자문 역할만을 수행했다. 현재는 법률 입법화를 착수할 수 있는 권한은 없지만 법률을 수정하고 채택할 수 있다. 또한 의회는 광범위한 예산권을 가지고 있어서 유럽연합의 주요 비용 지출에 관여할 수 있다.

유럽사법재판소(ECJ)는 유럽연합의 대법원으로서, 유럽연합 법률 사항들의 해석과 유효성에 대한 각국 법원의 요청에 대해 로마조약과 양립할 수 없는 각국의 특정 조치들의 적법성에 대해 이의를 제기하고 판결을 통과시키는 책임을 지고 있다. 이 재판소의 결정은 최종 판결이며 각국 법원이 항소할 수 없다. 예를 들어, 화장품 회사인 에스티 로더(Estee Lauder Companies)는 독일 법원이 내린 자신의 크리니크(Clinique) 제품 판매 금지 결정을 철회해줄 것을 유럽사법재판소(ECJ)에 항소했다. 독일법원은 제품 이름이 의학적 치료를 암시함으로써 독일 소비자들을 호도할 수 있다고 판결했다. 유럽사법재판소(ECJ)는 크리니크가 다른 회원국에서 소비자들에게 혼동을 주지 않고 판매되고 있다고 지적하면서 에스티 로더에게 승소 판결을 내렸다. 이 결정은 매우 주목할 만한 사례가 되었는데, 많은 회원국이 그들의 시장을 보호하려고 고안한 비관세 무역장벽과 본질적으로 유사한 법률을 가지고 있었기 때문

---

[8] Matthew Saltmarsh, "Sale of Sun Micro to Oracle Wins Approval of Europeans," *The New York Times*, January 22, 2010, p. B2.

[9] Eric Pfanner, "In Europe, Challenges for Google," *The New York Times*, February 2, 2010, pp. B1, B5.

CROSSING BORDERS 10.1 번역 상의 오류

유럽인들이 유럽연합을 반기지 않는 이유로 선언문을 포함 여러 가지가 있다. 관찰력이 뛰어난 교수들은 이른바 유럽연합의 베를린 선언문(Berlin Declaration)을 정치적 번역으로 생각하고 있다. 구체적으로 말자하면 교수들은 선언문의 덴마크와 영국식 번역이 원래 독일어의 감성적 측면을 경시하고 있다고 주장한다. 유럽연합 회원국들이 행복(happiness)이라는 점에서 결속되어 있다고 명시하는 대신에 번역문은 그들이 보다 나은(for the better) 또는 공익을 위해(for the common good) 통합하였다고 언급하고 있다.

유럽연합 대변인은 그 문구가 각국 정부들로부터 동의를 받았다고 논박한다. 선언문의 독일어식 번역은 "유럽연합의 시민인 우리는 우리의 행복을 위해(zu unserem Gluck) 통합한다."라고 되어 있다. 논란은 마지막 문구에서 시작되었는데 영국식으로는 "우리의 행운/행복으로 통합한다(united in our fortune/happiness)."와 같이 번역될 수 있다. 하지만 영국식 번역에서는 "유럽연합의 시민인 우리는 보다 나음(for the better)을 위해 통합한다."라고 되어 있다.

덴마크에서 "행복(Gluck)"이라는 단어는 "공익을 위해(for the common good)"라는 의미의 "Vor faelles bedste"로 대체되었다. 코펜하겐(Copenhagen) 대학의 헤닝 코프(Henning Koch) 교수는 덴마크 신문 폴리티켄(Politiken)에서 감정이 절제된 번역이 우연의 일치일리가 없다고 말했다. 그는 "번역가들이 독일어에 능숙하지 않았다면 그것은 내게 큰 충격일 수 있다. 따라서 이것은 정치적 번역이다."라고 말했다. 거싱(Gushing)은 덴마크 사람들은 감성적인 용어들을 우려하는 것 같다고 덧붙였다.

런던대학교 독일어 학과장 루딩거 고너(Rudinger Gorner) 교수는 선언문의 영국식 번역을 주시하면서 헤닝 코프의 의견에 동의하였다. 그는 선언문에서 사용된 독일어 문구는 "우리가 통합한 것은 정말 다행스러운 일"임을 암시한다고 BBC에서 말했다. 대신 그는 "영문 의역은 분명히 그 의미를 경시한 것이다. 만일 누군가 독일어의 감성을 표현하기를 원했다면 그렇게 할 수 있었다는 점은 의심의 여지가 없다."라고 말했다. 또한 그는 영문 번역이 "미래에 발생할 무엇인가를 제안한다."는 점에서 미묘한 차이가 있음을 언급했다.

유럽연합의 재정립에 초점을 두고 있는 유럽연합통합 회의론자 두뇌집단(Eurosceptic thinktank Open Europe)의 매츠 퍼슨(Mats Persson)은 선언문 번역 전반에 걸쳐 명백한 논쟁이 있음을 인정하면서 "사람들이 의미의 미묘한 차이를 수용하기 위해 최대한 가능한 여지를 남겨둔다는 것은 지극히 당연한 일이다."라고 했다. 그는 또한 "스웨덴 번역은 상당히 어설프게 보인다. 베를린 선언문은 정치적 타협을 반영한 결과물이며, 이것이 번역에 반영되어 있다."라고 언급했다.

마지막으로 유럽연합 정상회의 대변인은 모든 선언문의 번역은 공식적인 것이었고, 회원국들의 국가 대표단들이 이에 동의했다고 밝혔다.

출처 : "EU Effusion 'Lost in Translation,'" *BBC News*, March 27, 2007; D. Cooper, "Berlin Declaration Bypasses EU's Citizens," *Financial Times* , June 23, 2007, p. 8.

이다. 만약 에스티 로더에 반하는 독일 법원의 결정이 유지되었다면 기업들은 동일한 방식으로 다른 국가의 시장에 자사 제품들을 출시하는 것이 어려웠을 것이다. 이는 유럽연합에서 유럽사법재판소(ECJ)의 힘과 비관세 무역장벽을 제거하는 역할을 단편적으로 보여준 하나의 예다.

경제통화동맹(EMU) 마스트리히트조약의 한 조항인 경제통화동맹(EMU, 유럽통화연맹이라고 불리기도 함)은 유럽연합의 단일통화인 유로(euro) 창설에 대한 한도를 정립했고, 실행일정을 준비하였다. 2002년에 중앙은행이 설립되었고, 전환율이 정해졌으며, 유로 지폐와 주화의 유통 준비를 마쳤고(표 10.3 참조), 참여 회원국들의 기존 지폐와 주화는 법적 지위를 상실했다. 이 동맹에 참여하기 위해서 회원국들은 재정 적자, 부채 및 인플레이션을 포함하여 몇몇 재정적 및 경제적 기준에 대해 엄격한 제한사항을 충족해야 한다. 2001년 1월 1일 유로화 사용에 동참한 12개 회원국들은 오스트리아, 벨기에, 핀란드, 프랑스, 독일, 그리스, 아일랜드, 이탈리아, 룩셈부르크,

표 10.3
유로

출처: Euro, http://www.europa.eu. int/euro. Reprinted with permission from the European Communities.

지폐(Notes) 유로 지폐는 500, 200, 100, 50, 20, 10, 5유로로 액수가 표시된 다른 색깔과 크기의 총 7종류이다. 디자인은 유럽의 건축 유산을 상징하고 있는데 앞면의 창문과 출입구는 유럽연합에서의 개방성과 협력의 정신을 상징한다. 뒷면은 특정 시대의 다리를 포함하고 있는 것이 특징이며, 이는 유럽인들과 세계인들 사이의 소통에 대한 은유적 표시이다.

주화(Coins) 유로 주화는 2유로, 1유로 그리고 50, 20, 10, 5, 2, 1센트로 액수가 매겨진 총 8가지로 구성되어 있다. 모든 주화는 일반적인 유럽인의 얼굴과 함께 유럽연합기의 별들이 붙여진 선을 배경으로 한 유럽연합 지도를 담고 있다. 주화 앞면에는 각 회원국들이 스페인 국왕 또는 국가적인 영웅 등과 같이 자신들의 주제로 장식할 예정이다. 이러한 디자인과 관계없이 모든 주화는 모든 회원국들에서 동일한 가치를 가지고 사용할 수 있다.

기호(Sign) 유로화의 기호(그래픽 심볼)는 유럽문명의 시초와 유럽이라는 단어의 첫 번째 글자를 참고하여 그리스 문자인 엡실론(e)에서 영감을 얻었다. 이것은 알파벳 대문자 E 위에 두 개의 명확한 평행선이 가로지르는 모양새이다. 두 개의 수평선은 유로의 안정성을 상징하는 의미이며, 공식적인 약어 표기는 "EUR"이다.

2,500년간 사용하던 드라크마(drachma) 대신 유로화를 채택하기 위해서 그리스인들에게 홍보가 이루어졌다. 사진에서 보이는 아테네 신타그마 광장(Athens's Syntagma Square)의 트럭은 비디오 프로젝터와 유로화에 대한 정보 안내판을 장치하고 새로운 통화를 사람들에게 알리기 위해 그리스의 40개 도시를 돌아다녔다.

네덜란드, 포르투갈 그리고 스페인이었다. 덴마크는 2000년도에 통화동맹에 참여하지 않기로 투표를 통해 결정했으며, 영국과 스웨덴은 아직 결론을 내리지 않았다. 덴마크의 유로화 사용에 대한 거부는 유럽연합의 미래에 대한 광범위한 논의를 촉발시켰다. 반 유로화 옹호 세력들이 거부감을 나타낼 때 경제적 논쟁보다는 브뤼셀의 지역적 간섭(유럽연합 본부의 개입)과 유럽의 초 국가화에 대한 공포를 내세웠다. 그러나 2007년 슬로베니아 그리고 2008년에는 몰타와 사이프러스가 그들의 통화를 유로화로 바꾸었다. 나머지 국가들은 미국 달러화에 대한 유로화의 상대적 강세를 고려하여 유로화를 따를 것인지[10] 아니면 거부할 것인지를[11] 선택할 수 있다.

40여 년간 운영된 유럽공동체의 고유 규칙은 현재 유럽연합이 직면한 문제점들을 다루는데 부적합하다는 것이 입증되었다. 유로화와 경제통화동맹으로의 전환을 관리하면서 또한 유럽대륙에 직접적으로 영향을 미치는 외교정책에 한 목소리를 내면서 현재 27개국(표 10.1 참조)을 넘어서는 참여국 수의 확대는 회원국들 사이에 더 큰 합의가 필요하고 따라서 유럽연합 기관들에게 더 많은 책임과 권한이 요구되어지는 사안들이다. **암스테르담 조약**은 유럽연합 기관들의 권한을 증가시켰고, 통화동맹에 의해 나타난 변화와 새로운 회원국들의 가입을 받아들이기 위해 고안되었다.

유럽연합의 확대 유럽연합의 확대 과정은 유럽연합 의제에서 가장 중요한 안건이었다. 예정보다 빨리 2004년도에 새로운 10개국이 유럽연합에 가입하였고, 불가리아

[10] "Cyprus, Malta Change to the Euro," *The Wall Street Journal* (online), January 2, 2008.

[11] Andrew E. Kramer, "Seeing Trouble in Greece, Baltic States Rethink Euro Plans," *The New York Times* , February 12, 2010, pp. B1, B6.

CROSSING BORDERS 10.2 드라크마(Drachma)의 종말

2001년 1월 1일 그리스가 공식적으로 유럽연합에 가입하면서 유럽의 가장 오래된 통화이자 2,500년 동안의 전쟁과 경제 혼란 속에서도 살아남은 화폐인 드라크마를 단계적으로 폐지하기 시작했다. 아래의 내용은 그 역사를 보여준다. 메간 존스톤(Megan Johnston)

출처: March 2001 *Money*. Used by permission of *Money* magazine.

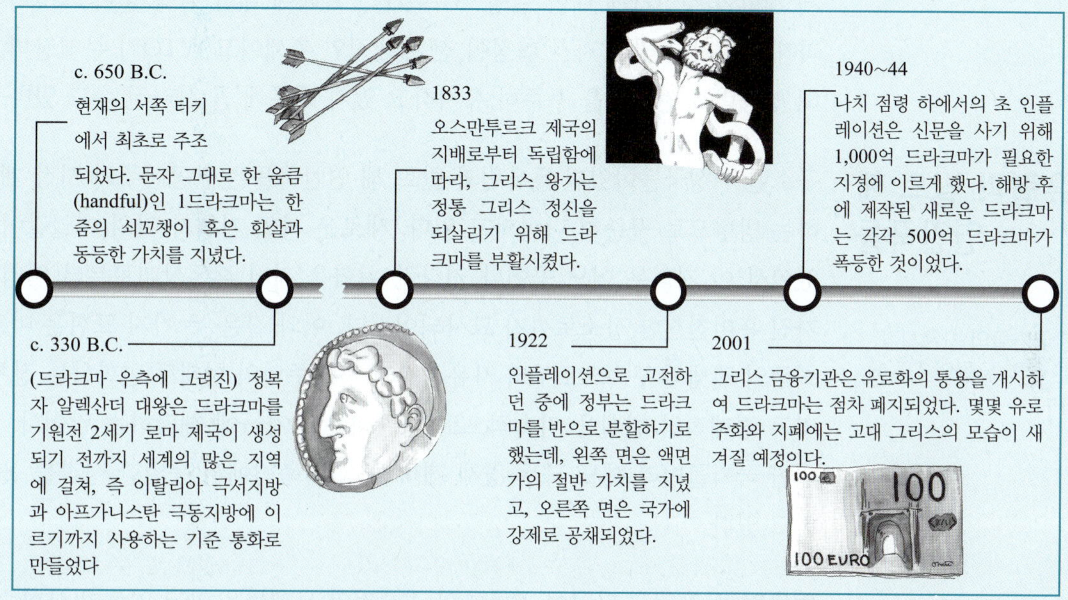

와 루마니아가 일정대로 2007년 합류했으며, 터키, 마케도니아 그리고 크로아티아와는 논의가 진행 중이다. 터키와의 협상은 기복이 있기는 했으나, 대다수가 무슬림 국민인 터키는 이러한 새로운 개방[12]으로부터 경제적 혜택을 얻었다. 유럽연합 대부분이 걱정하는 관심사는 과거 소련연방 국가인 신규 회원국이나 후보국의 사람들이 취약한 국경선을 넘어오는 사례가 급증하고 유럽연합 내 서쪽 안쪽까지 깊숙이 들어올 수 있는 불법이민에 대한 예측때문이다. 유럽연합은 국경 봉쇄를 강력하게 요구하고 있지만 새로운 회원국들과 후보국들은 이웃 국가들과의 관계를 위태롭게 할 수 있다는 점을 들어 이를 주저하고 있다. 더 나아가 유럽연합은 국경을 폐쇄하더라도 저렴한 노동력의 유입에 두려움을 가지고 있다. 동맹 가입 신청국들은 일단 회원국으로 가입하면 자국 국민들이 유럽연합 어느 곳에서도 일할 수 있어야 한다고 주장하는 반면 유럽연합은 노동력의 자유로운 이동 전에 상당 시간의 유예 기간을 원하고 있다.

2007년 유럽연합은 50주년을 기념했다. 대다수 사람들은 잦은 전쟁과 이에 수반하는 경제적 · 사회적 고난에서 살아왔던 수많은 사람들에게 평화와 번영을 가져

[12] Stanley Reed, “Turkey Turns Outward,” *BusinessWeek*, October 12, 2009, pp. 40 – 41.

다 준 유럽연합의 엄청난 성공에 동의하는 듯하다. 반면 2008~2009년의 세계적 불황은 유럽연합의 통합을 더디게 하는 단기적 과제들을 보여주었는데, 조기 회복[13]은 2009년 말에 교착상태에 머물렀고[14], 아일랜드, 포르투갈, 스페인 그리고 특히 그리스[15]는 지속적인 문제에 빠져있다. 향후 50년 간 유럽연합이 직면한 장기 과제들은 3가지 범주로서 (1) 유럽연합의 경제적 성과 향상 (2) 유럽연합의 정치적 측면을 어떻게 제한할 것인가에 대한 결정 (3) 추가적 확대에 대한 결정 등이 그것이다. 마지막 과제는 다자간 및 양자간 협정이 전 세계적인 추세이고 WTO가 무역장벽 감소를 위해 영향력과 견인력을 꾸준히 유지하고 있기 때문에 곧 사라질 수도 있다.

동유럽과 발트 해 연안국들

LO4
동유럽과 구소련 국가들의 자유시장 체제 수용에 따른 무역 유형의 진화에 대하여 이해한다.

구소련 위성국들이었던 동유럽과 발트 해 연안국들은 탈공산주의 시장 개혁을 정립하는 방향으로 꾸준히 나아가고 있다. 새로운 사업 기회가 거의 매일같이 등장하고 있어서 이 지역은 어느 곳이나 커다란 위험을 지닌 혼돈상태로부터 엄청난 기회를 가진 흥미진진한 장소로까지 묘사되어진다. 이와 같은 두 가지 표현은 마르크스-사회주의 체제의 구속으로부터 자유시장과 자본주의의 형태로 변화하는 정치, 사회 그리고 경제적인 현실을 지속적으로 재편해온 국가들에 해당하는 말이다. 그러나 이러한 국가들이라 해도 모두 경제 개혁과 성장 측면에서 동일한 성과를 올리지는 못하고 있다.[16]

동유럽 동유럽은 각국이 저마다의 경제적인 문제들을 안고 있으며 사회주의에서 시장 주도적인 경제로 진화하는 단계가 다르기 때문에 몇몇 핵심을 빼놓고 일반화하는 것은 위험한 시도이다. 대다수의 동유럽 국가들은 국영기업을 민영화하고, 자유시장 가격체제를 수립하고, 수입통제를 완화하고, 인플레이션과 씨름하고 있다. 하지만 시장경제로 향하는 경로가 매우 다르기 때문에 그 진척 수준은 각각 다르다. 주요 변화들을 신속하게 받아들인 체코 공화국[17] 같은 국가들은 정부가 내부적으로 구조조정을 할 때까지 민영화를 보류했던 헝가리, 폴란드, 루마니아와 같은 국가들에 비해 진척 성과가 더 좋았던 것으로 보인다. 이러한 신속한 움직임으로 인해 정부 정책자나 전문가들이 아닌 혁신적인 시장 세력들의 자발적인 주도로 재편이 이루어진다. 반면 더딘 길을 택했던 국가들은 공산주의 시절의 관료들에게 시장경제로의 이행을 미루

[13] Marcus Walker and David Gauthier-Villars, "Europe Recovers as U.S. Lags," *The Wall Street Journal*, August 14, 2009, pp. A1 – 2.

[14] Paul Hannon, "Euro-Zone Economy Stumbles," *The Wall Street Journal*, February 12, 2010, online.

[15] Nicholas Kulish, "Germany, Forced to Buoy Greece, Rues Euro Shift," *The Wall Street Journal*, February 11, 2010, pp. A1, A3.

[16] Clifford J. Schultz II, Timothy J. Burkink, Bruno Grbac, and Natasa Renko, "When Policies and Marketing Systems Explode: An Assessment of Food Marketing in the War-Ravaged Balkans and Implications for Recovery, Sustainable Peace, and Prosperity," *Journal of Public Policy & Marketing* 24, no. 1 (2005), pp. 24 – 37.

[17] Judy Dempsey, "In a Car, a Lesson in Russian-European Trade," *The New York Times*, January 1, 2008.

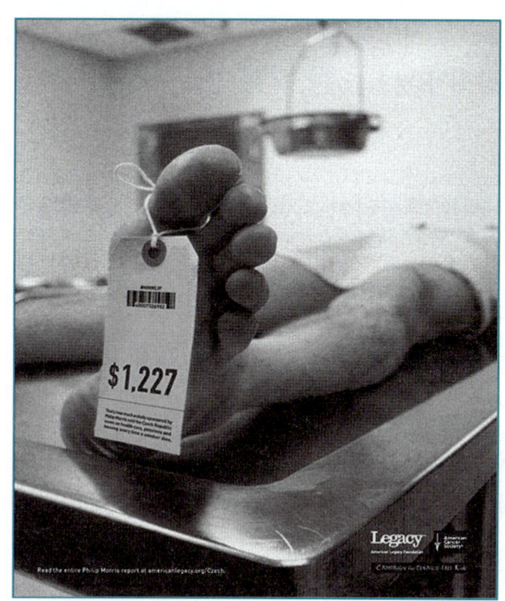

선진국의 담배 수요가 감소함에 따라 제조업자들은 신흥국가에 마케팅 노력을 더욱 기울이고 있다. 실제로 최근 필립 모리스(Philip Morris)는 흡연자 한 명이 사망할 때마다 체코 정부가 1,227달러의 비용을 절감한다는 예측 보고서를 발표하였다. 분명 필립 모리스는 이 소름끼치는 연구가 대민관계에 줄 영향을 충분히 고려하지 않았다.

거나 심지어 취소하게끔 하였다.

유고슬라비아는 민족 간의 분리로 인한 내부 갈등으로 혼란을 겪은 결과, 네 개의 공화국(크로아티아, 슬로베니아, 마케도니아 그리고 보스니아/헤르체고비나)이 연방에서 분리 독립하였으며 세르비아와 몬테네그로만이 유고슬라비아 연방 공화국으로 남게 되었다. 분리 직후 크로아티아와 보스니아/헤르체고비나 간의 파괴적인 민족전쟁이 발발하였으며 이로 인해 그들의 경제는 심각하게 훼손되었다. 현재 국제연합(UN) 평화유지군의 관리 하에서 일시적인 평화가 유지되고는 있지만 크로아티아와 보스니아의 경제는 사실상 역대 최악의 상황을 맞고 있다. 최근에는 세르비아의 코소보(Kosovo) 지역도 독립을 선언함에 따라 이 지역의 정치적인 긴장 상태가 지속되고 있다.[18]

그럼에도 불구하고 동유럽 대부분의 국가들은 시장지향적인 제도들을 수립해 나가고 있으며 진보적 시장경제를 따르기 위한 법안을 채택하며 발전을 거듭하고 있다. 체코 공화국, 헝가리, 슬로바키아 공화국 그리고 폴란드는 경제협력개발기구(OECD) 회원국이 되었다.[19] 경제협력개발기구(OECD) 합류는 이들 국가들이 경제를 현대화하고 안정적인 거시경제 정책들과 시장지향적인 구조 개혁을 유지하는 이 기구의 의무를 수용한다는 의미이다. 또한 이 네 개의 국가들은 2004년에 유럽연합에 가입하였으며, 불가리아와 루마니아도 2007년에 유럽연합 회원국이 되었다. 그리고 이들 국가들은 자신들의 발전하는 민주주의와 외교 및 안보정책에 있어서 서구적 방식으로 안정되기를 열망하고 있다.

발트 해 연안국들 발트 해 연안국들–에스토니아, 라트비아 그리고 리투아니아–은 올바른 정책들이 만들어 낼 수 있는 차이를 보여주는 좋은 사례들이다. 세 국가들은 모두 비효율적인 산업과 소련식의 지시적인 경제체제 등 대략적으로 과거의 유사한 유산에서 출발하였다. 에스토니아는 소련 화폐인 루블화와의 관계를 끊고, 토지와 기업을 사유화하였으며, 상태가 열악한 은행을 도태시키고, 세 국가 중에서 가장 자유화한 무역제도를 채택함으로써 재빠르게 우위를 점하였다. 에스토니아의 경제 성장은 라트비아와 리투아니아보다 손쉽게 앞서 나갔다. 1991년 독립을 되찾은 이후 에스코니아의 경제 개혁 정책은 자유화되고 관세가 거의 없는 개방형 시장 경제를 이끌었다.

라트비아와 리투아니아는 꾸준한 진척을 보여 왔으나 구소련 국가들에서 나타났던 공통적인 문제들, 즉 정부의 관료주의, 부정부패 그리고 조직범죄 등은 지속되고 있다. 이러한 이슈들은 미국의 무역과 투자에 가장 중요한 걸림돌이다. 정부기관들

[18] Tracy Wilkinson, "Kosovo Takes a Big Leap of Faith," *Los Angeles Times*, February 18, 2008, pp. A1, A6.

[19] http://www.oecd.org.

과 모든 주요 정치 정당들은 자유시장 체제를 지지하지만, 관료층의 하부구조 단계에서는 소련식 방법론과 규제적 관행의 잔재가 남아 있다. 모든 발트 해 연안국들은 모두 세계무역기구(WTO) 회원국이며 2004년 유럽연합에 가입하였다.

독립국가연합

유럽(그리고 아시아)에는 소련 해체 이후 새로 부상하여 지속되고 있는 또 다른 무역 그룹이 있는데 바로 독립국가연합(CIS: Commonwealth of Independent States)[20] 이다. 미카엘 고르바초프(Mikhail Gorbachev)에 대한 쿠데타가 실패한 이후 일련의 사건들로 인해 구소련(USSR)은 완전히 해체되었다. 구소련에서 가장 먼저 분리 독립을 선언한 공화국들은 몇몇 서방국가들로부터 빠르게 공식 인정을 받은 발트 해 연안국들이었다. 신흥독립국들(NIS: Newly Independent States)로 알려진 구소련의 나머지 12개 공화국들이 총괄하여 독립국가연합을 재결성하였다(표 10.4 참조).

[20] http://www.cisstat.com, 2008.

표 10.4

독립국가연합의 기초 시장 지표

(괄호 안)은 2004년부터 2009년까지의 연평균 성장률

국가	인구 (백만)	국민 총 소득* (10억 달러)	제품 수출* (10억 달러)	제품 수입* (10억 달러)	사업 수월성 순위(달러)	1인당 국민 총 소득*	인터넷 사용자 수 (1,000명 당)
러시아	141.9 (0.3)	1557.2	300.8 (11.9)	190.3 (14.3)	118	10966	285 (17.3)
우크라이나	45.9 (0.7)	116.1 (12.6)	40.3 (4.3)	44.7 (9.1)	145	2527 (13.3)	232 (17.1)
벨라루스	9.7 (0.4)	50.0 (16.7)	21.5 (9.3)	27.1 (10.5)	82	5169 (17.1)	317 (4.8)
아르메니아	3.0 (0.1)	12.4	0.6 (3.3)	3.2 (18.5)	50	3873	81 (10.5)
몰도바	3.6 (−1.2)	5.4 (12.6)	1.3 (5.3)	3.1 (11.9)	108	1485 (13.9)	391 (29.8)
아제르바이잔	8.7 (1.1)	41.0	27.3 (48.8)	5.3 (8.6)	38	5330	132 (21.7)
우즈베키스탄	27.5 (1.1)	27.9	10.6 (29.8)	8.3 (18.8)	146	1022	108 (33.1)
투르크메니스탄(연합회원국, 2005년 탈퇴)	5.1 (1.4)	17.1	9.0 (20.7)	4.8 (12.4)	—	3633	20 (21.2)
타지키스탄	7.0 (1.5)	5.0	1.3 (6.9)	2.9 (19.8)	164	751	97 (62.7)
카자흐스탄	15.8 (1.1)	83.2 (15.6)	43.5 (16.7)	29.4 (18.2)	64	5276 (14.4)	23 (46.2)
키르기스스탄	5.5 (1.2)	4.6 (16.6)	1.1 (9.2)	3.0 (25.9)	80	832 (15.3)	181 (28.9)
그루지아 (외부 방위조약, 2006년 탈퇴)	4.4 (0.3)	12.6	1.2 (13.0)	4.5 (19.3)	16	2931	95 (18.6)

* 현재 미국 달러(U.S. $)

출처: Euromonitor International, 2010; World Bank, 2010.

CROSSING BORDERS 10.3 가스관 통과 거부

러시아와 우크라이나는 천연가스 공급에 대해 치열하게 논쟁 중이며 이러한 긴장상태가 장기화한다면 유럽에 대한 러시아 연료의 공급은 어려워질 가능성이 높다. 러시아의 거대 천연가스 회사인 가즈프롬(Gazprom)은 우크라이나 정부(Kiev)에게 새로운 계약을 체결하고 6억 달러의 부채를 갚도록 요구하면서 우크라이나에 공급하는 가스의 양을 이틀 동안 두 차례 대폭 줄였으며 추가적인 공급 감소가 이어질 수 있다고 경고했다. 우크라이나의 국영 에너지 기업인 나프토가즈(NAK Naftogaz)는 부족분을 보충하기 위해 유럽 고객으로 가는 러시아 천연가스의 통과 물량에 손을 대겠다고 위협했다. 적어도 초기에는 가스 공급에 있어 문제가 없었다.

유럽 에너지위원회 위원인 안드리스 피에발그스(Andris Piebalgs)와 유럽연합 의장국 슬로베니아의 경제부 장관인 안드레즈 비자크(Andrej Vizjak)는 유럽연합에 대한 가스 공급은 정상적으로 이루어져야 한다고 주장했다. 가즈프롬의 공급 중단에도 불구하고 나프토가즈는 따뜻한 기후와 충분히 비축해둔 천연가스를 통해 당분간은 우크라이나 내의 공급 부족 사태나 수출 물량에 차질이 없다고 말했다. 그럼에도 불구하고 최근의 최후통첩은 가즈프롬이 가격 분쟁으로 우크라이나에 대한 선적 물량을 중단했을 때 유럽 공급도 중단되었던 2006년 1월의 위기가 재현될 것이라는 공포를 일으켰다. 가즈프롬이 곧바로 공급을 재개하긴 했으나, 이 사건을 계기로 가스 공급자로서 가즈프롬의 신뢰도는 전 유럽에 걸쳐 우려를 낳았다. 유럽은 전체 가스 사용량의 약 25%를 러시아로부터 공급받고 있으며 상당량이 우크라이나를 관통하는 가스 송유관으로 수송되고 있다.

러시아 관료들은 현재의 이러한 긴장상태가 순수하게 경제적인 문제라고 주장하고 있으며 우크라이나 정부가 부채에 대한 타협안 이행에 실패했기 때문이라고 비난하고 있다. 비평가들은 가즈프롬의 위협이 우크라이나와의 정치적 긴장관계가 높아지고 있는 상황에서 발생했음을 주목하면서 러시아 정부가 가스 공급을 정치적 무기로 이용하고 있다고 맹비난하였다. 그러나 아직도 두 국가의 정상인 블라디미르 푸틴(Vladimir Putin)과 빅토르 유스첸코(Viktor Yuschenko)는 서로의 입장 차이를 해결하지 못하였다.

출처 : Gregory L. White, "Gas-Supply Battle Escalates between Russia, Ukraine," *The Wall Street Journal* (online), March 4, 2008; "Heading into 2010: Key Risks to Watch," *Emerging Europe Monitor: Russian and CIS*, January (2010), pp. 4–5.

망치와 낫이라는 구소련의 상징은 러시아에 있는 자유기업의 상표들로 대체되었다. 여기 상트페테르부르크(St. Petersburg)의 주요 상점거리를 코카콜라(Coca-Cola)의 빨간 우산과 함께 나이키(Nike Sport) 상표가 점령하고 있다.

독립국가연합(CIS)은 상호간 국경이 개방되어 있으며, 약하고 느슨한 수준의 경제 및 정치 연합으로서 중앙 정부는 없다. 연합 협정의 주요 조항들은 모든 소련 법들을 폐지하고 구체제의 권력을 맡게 되었는데, 여기에는 가격 정책의 자유화를 포함한 전면적인 경제 개혁 추진, 루블화 사용을 계속하되 새로운 통화의 허용, 유럽연합식 자유무역협회 결성, 핵무기의 공동관리 구축 그리고 소련의 모든 외교조약들과 부채 의무를 이행하는 것이 포함되어 있다.

독립국가연합(CIS) 12개국들은 중앙계획적인 공통의 역사를 가지고 있으며, 긴밀한 협력을 통해 시장경제로의 변화를 보다 수월하게 진행할 수 있었다. 그러나 경제정책, 통화 개혁 그리고 군부 통제 등 전반에 걸친 서로 다른 시각은 그들을 분열시킬 수 있다. 독립국가연합(CIS)을 어떻게 조직화할 것인가와 독립국가연합(CIS)의 가장 중요한 것은 무엇이 될 것인가에 대해서는 모두 짐작만 할 뿐 누구도 확실히는 모른다.

다섯 개의 중앙시아 공화국들이 그런 것처럼 세 개의 슬라브 민족 공화국인 러시아, 우크라이나 그리고 벨라루스는 공통의 관심사와 역사를 가지고 있다. 그러나 독립국가연합(CIS)의 이들 두 핵심 그룹간의 유대관계는 매우 약하며 그저 구소련의 회원국들이라는 점에서만 공통분모를 가지고 있다. 현 시점에서 러시아로부터 우크라이나로 수송되는 가스의 가격과 지불과정에 대해 두 국가는 심각한 분쟁에 휩싸여있다.[21] 독립국가연합(CIS)이 안정적인 회원국 관계와 목표를 구축한다는 점에 대해서는 공고 하지 못했지만 결코 해체되지는 않는다.[22] 러시아의 블라디미르 푸틴(Vladimir Putin)은 독립국가연합(CIS)에 새로운 관심을 표명했으며, 독립국가연합(CIS)의 결성 이후 러시아가 막아왔던 자유무역지역이 현실화할 가능성이 있다.

기존의 공화국들 중에서 아제르바이잔, 그루지아 그리고 아르메니아는 구소련 탈퇴 이후 경제적으로 가장 성공한 국가들이다. 구소련 붕괴 이후 이들 국가의 경제는 구소련 시절 가장 융성하였던 규모의 절반 아래로 축소되었다. 그러나 현재 이들 국가는 지속적으로 상업적 부활의 신호를 보여주고 있으며, 인텔과 같은 상징적인 다국적기업들이 이 지역에 투자하였다. 러시아는 초기에 심각한 경제 문제를 겪었음에도 불구하고 방대한 에너지 자원을 성공적으로 활용하여 현재는 광범위한 분야에서 탄탄한 성장을 구가하고 있다.[23] 심지어 디즈니 방송 채널도 가까운 시일 내에 이곳으로 진출할 예정이다.[24] 독립국가연합(CIS) 모든 회원국들은 경제 성장을 이룩하였으며, 인플레이션은 가장 높은 타지키스탄의 5.9%와 가장 낮은 카자흐스탄의 0.2% 사이에서 유지되고 있다.

아프리카

아프리카 여러 국가들의 시장 개발 활동들은 대단히 많은 시도가 있었음에도 불구하고 진척이 거의 없다는 점으로 특징지을 수 있다. 모로코를 제외한 아프리카의 모든 국가들은 정의가 명확하지 않은 아프리카 연합(African Union)에 가입하고 있으며,[25] 이들 국가는 표 10.6에 나타나있다. 쌍무협정[26]을 포함하여 아프리카 국가들 사이에는 200개의 다른 경제 협정이 있는 것으로 추산된다. 많은 수와 종류의 형식적인 조직만 있을 뿐, 최근 수십 년간 아프리카의 특성이라고 할 수 있는 정치적 불안정[27]과 그 동안의 불안정한 경제 기반으로 인해 실질적인 경제통합은 거의 이루어지지 않았다. 국제연합아프리카경제위원회(ECA: United Nations Economic Commission for Africa)는 수많은 회의를 개최하였으나 정부의 경험부족, 자원의 미개발, 노동문제 그리고 만성적인 제품 부족으로 매번 성과를 보지 못하였다.

[21] Andrew Osborne, "Ukraine Natural-Gas Dispute Intensifi es," *The Wall Street Journal*, March 4, 2008, online.

[22] The Economist Intelligence Unit, "Kazakhstan: Transport and Communications," *Views Wire*, September 1, 2005, p. 15.

[23] "Gazprom Eyes 10% of French Gas Market in 4 – 5 Years," *Dow Jones International News*, January 3, 2008.

[24] Dawn Chmielewski, "Russia Next Frontier for Disney Channel," *Los Angeles Times*, December 17, 2008, p. C3.

[25] "Get Still More Serious," *The Economist*, February 6, 2010, p. 14.

[26] Isaya Muriwo Sithole, "Zimbabwe, SA in Perspective," *All Africa*, September 2, 2005, p. 16.

[27] Adam Nossiter, "Nigeria Fills Void with Acting Leader," *The New York Times*, February 10, 2010, p. A4.

세계에서 1인당 소득수준이 가장 낮은 아프리카 국가들에서조차 핸드폰 서비스의 이용이 가능하다.

서아프리카경제공동체(ECOWAS: Economic Community of West African States), 남아프리카개발공동체(SADC: Southern African Development Community) 그리고 동아프리카공동체(EAC: East African Community)[28]는 가장 활동적인 세 개의 지역 협력체이다. 서아프리카경제공동체(ECOWAS) 15개 국가의 국내총생산 합계는 600억 달러 이상이며 완전한 경제통합을 이루기 위해 부단히 노력 중이다. 1997년에 있었던 제20회 서아프리카경제공동체(ECOWAS) 정상회의에서는 지역 화폐 통합으로의 완전한 이행과 서아프리카 단일통화의 최종 채택을 역점 사안으로 하여 일부 지역의 경제통합과 개발을 가속화하는 계획을 승인하였다. 그러나 불행하게도 서아프리카경제공동체(ECOWAS)는 재정난, 내부 갈등 그리고 일부 국가들의 불성실한 참여로 인해 지속적인 어려움을 겪고 있다. 결성 이후 30년이 지났지만 서아프리카경제공동체(ECOWAS)의 조약과 많은 목표들 그리고 15년 동안 세 단계에 걸쳐 달성하려 한 목표들 중 실제로 달성한 것은 전무하며 자유무역의 꿈도 지연된 채 남아있다.

남아프리카개발공동체(SADC)는 아프리카 지역 협력체 중 가장 선진적이고 실행가능한 공동체이다. 14개 회원국들은 풍부한 천연자원과 2억이 넘는 인구를 포함하여 660만 제곱킬로미터에 달하는 광대한 면적의 국토를 품고 있다. 이 지역 제일의 경제국가인 남아프리카공화국은 1,600억 달러가 넘는 국내총생산(GDP)과 남아프리카개발공동체(SADC) 시장점유율의 76.8%를 차지하고 있다. 몇 년 간의 협상 끝에 남아프리카개발공동체(SADC) 11개국은 8년 안에 최소한 관세의 85%를 점차적으로 폐지하고 2012년 말까지 모든 관세를 철폐하는 것을 목표로 하는 자유무역협정을 승인했다.

남아프리카공화국의 경제성장은 인종차별정책인 아파르트헤이트(apartheid)의 공식적인 철폐와 선진 국가들과의 거래를 금지시켰던 경제 금수조치를 국제연합(UN)이 해제함에 따라 빠르게 상승하고 있다. 베트남과 달리 남아프리카공화국은 급속한 경제 성장을 추진할 수 있는 산업기반을 가지고 있기 때문에 앞으로 10년 안에 국민총생산(GNP)를 두 배로 늘릴 가능성이 있다. 남아프리카공화국은 또한 공항, 철도, 고속도로, 통신 등 발달된 사회기반시설도 갖추고 있다. 규모가 매우 작아서 독립적으로 활동하기 어렵지만 남아프리카공화국과 연계하면 성공할 수 있는 주변의 아프리카 국가들에게 도움이 되는 기반으로서 이러한 인프라 시설이 중요하다.

[28] "It May Really Happen," *The Economist*, January 2, 2010, p. 36.

표 10.5

아프리카 연합국들과 다른 시장 그룹들의 기초 시장 지표

(괄호 안)은 2004년부터 2009년까지의 연평균 성장률

국가	인구 (백만)	국민 총 소득* (10억 달러)	제품 수출* (10억 달러)	제품 수입* (10억 달러)	사업 수월성 순위	1인당 국민 총소득* (달러)	인터넷 사용자 수 (1,000명 당)
알제리	34.9 (1.5)	171.9	67.1 (15.8)	34.5 (14.0)	134	5060	110 (19.0)
앙골라[3]	18.5 (2.8)	71.0	40.8 (25.8)	15.9 (19.1)	170	4627	39 (52.8)
베닌[2]	8.9 (3.3)	6.7	0.6 (15.8)	11.2 (17.9)	172	771	21 (12.2)
보츠와나[3]	1.9 (1.4)	12.7	3.8 (1.4)	4.3 (6.0)	39	6808	46 (6.9)
부르키나파소[2]	15.8 (3.5)	7.9 (9.9)	0.6 (3.7)	1.7 (6.2)	155	500	11 (2.3)
브룬디[4]	8.3 (3.0)	1.3 (15.2)	0.06 (4.9)	0.4 (18.7)	177	158 (11.8)	9 (21.4)
카메룬	19.5 (2.3)	23.1	4.4 (12.0)	4.3 (12.4)	167	1238	49 (37.9)
카보베르데[2]	0.5 (1.5)	1.7	0.03 (16.5)	0.8 (14.0)	147	3468	291 (40.5)
중앙아프리카 공화국	4.4 (1.9)	2.0 (9.2)	0.2 (6.6)	0.3 (15.2)	183	50 (7.2)	52 (18.3)
차드	11.2 (2.9)	6.7	2.8 (20.4)	0.7 (11.4)	176	755	16 (34.3)
코모로	0.7 (2.3)	0.5	0.01 (5.3)	0.2 (17.8)	153	824	42 (26.0)
콩고민주 공화국[3]	66.0 (2.9)	10.2 (10.4)	3.5 (13.8)	4.0 (14.9)	182	154 (7.3)	7 (29.0)
콩고	3.7 (2.0)	7.7 (18.5)	7.3 (16.6)	2.4 (21.2)	179	2084 (16.2)	62 (42.1)
코트디부아르[2]	21.1 (2.3)	22.4	9.4 (6.2)	6.7 (9.2)	163	1137	44 (39.0)
지부티	0.9 (1.8)	1.0	0.08 (14.6)	0.7 (21.7)	157	1032	22 (13.9)
이집트	76.7 (1.9)	164.2	22.2 (23.6)	45.1 (28.5)	116	2133	190 (27.7)
적도기니	0.7 (2.7)	11.9	11.0 (19.2)	1.8 (3.1)	169	11668	21 (19.4)
에리트레아	5.1 (3.3)	1.6	—	—	175	331	39 (27.2)
에티오피아	82.8 (2.6)	26.5	1.7 (20.9)	9.3 (24.8)	111	320	6 (30.0)
가봉	1.5 (1.9)	6.0	6.3 (11.6)	1.9 (9.5)	151	4490	76 (20.6)
잠비아[2]	1.7 (2.9)	0.7	0.01 (5.2)	0.3 (4.7)	135	471	88 (21.6)
가나[2]	23.8 (11.2)	15.9	5.1 (15.6)	9.5 (18.4)	87	690	53 (25.4)
기니비사우[2]	1.6 (2.3)	0.4	0.1 (1.9)	0.2 (9.7)	181	273	25 (6.9)
기니[2]	10.1 (2.2)	4.2	1.3 (11.8)	1.6 (18.9)	171	434	11 (16.6)
이란	74.2 (1.2)	336.9 (16.0)	113.5 (22.2)	52.7 (10.5)	142	4540 (14.7)	360 (18.9)
이라크	30.7 (2.2)	—	64.8 (32.1)	20.1 (14.6)	158	—	9 (48.2)
이스라엘	7.4 (1.7)	187.5 (8.9)	41.6 (4.2)	46.8 (3.0)	30	25322 (7.0)	306 (6.8)
요르단	6.3 (3.2)	22.9 (14.6)	6.0 (8.8)	15.3 (13.4)	104	3627 (11.1)	289 (20.0)
케냐[4]	39.8 (2.7)	31.4 (14.3)	5.0 (13.1)	11.6 (20.6)	104	790 (11.3)	95 (25.6)
쿠웨이트	2.4 (2.6)	112.5 (11.7)	62.4 (16.9)	17.1 (6.2)	52	46033 (8.9)	442 (9.6)
레소토[3]	2.1 (0.9)	2.0	0.9 (5.1)	2.0 (6.6)	128	946	40 (12.7)
라이베리아[2]	4.0 (4.2)	0.7	0.7 (5.2)	12.4 (20.5)	159	229	11 (104.0)

국가	인구 (백만)	국민 총 소득* (10억 달러)	제품 수출* (10억 달러)	제품 수입* (10억 달러)	사업 수월성 순위	1인당 국민 총소득* (달러)	인터넷 사용자 수 (1,000명 당)
리비아	6.4 (2.0)	101.4	41.6 (15.3)	7.7 (4.1)	—	15920	57 (9.9)
마다가스카르[3]	19.6 (2.8)	8.8	1.2 (4.6)	4.0 (19.1)	144	469	18 (27.5)
말라위[3]	15.3 (2.8)	2.9 (9.3)	0.9 (14.0)	1.9 (15.4)	131	190 (6.3)	23 (45.6)
말리[2]	13.0 (2.4)	8.5	1.6 (10.5)	2.5 (13.2)	162	688	12 (23.3)
모리타니	3.3 (2.5)	2.8	2.1 (23.3)	1.7 (11.4)	161	893	26 (39.6)
모리셔스[3]	1.3 (0.7)	8.9 (6.9)	2.4 (3.8)	4.9 (12.0)	24	6869 (6.1)	315 (10.3)
모로코[1]	32.0 (1.2)	91.4 (8.5)	15.4 (9.2)	34.4 (14.0)	130	2858 (7.2)	388 (27.3)
모잠비크[3]	22.9 (2.4)	8.7	24 (10.6)	3.6 (1.4)	140	447	18 (21.6)
나미비아[3]	2.2 (2.0)	8.1 (7.0)	3.1 (10.9)	4.9 (15.0)	54	3742 (5.0)	59 (9.0)
니제르[2]	15.3 (3.9)	5.3	0.8 (30.0)	1.4 (14.3)	174	365	7 (29.2)
나이지리아[2]	154.7 (2.4)	197.3	68.6 (17.1)	35.6 (20.2)	174	1273	89 (47.2)
오만	2.8 (2.1)	51.1 (16.1)	24.7 (13.1)	18.3 (15.7)	37	17970 (13.7)	113 (45.4)
르완다[4]	10.0 (2.5)	4.4	0.3 (24.7)	1.3 (35.0)	143	458	13 (25.2)
상투메 프린시페	0.2 (1.6)	0.2	0.01 (13.8)	0.1 (22.1)	180	1085	160 (3.8)
사우디아라비아	25.7 (2.2)	379.0 (8.5)	271.4 (16.6)	94.3 (16.1)	15	14735 (6.1)	321 (25.7)
세네갈[4]	12.5 (2.7)	8.4	2.1 (7.1)	5.3 (13.2)	152	768	100 (17.9)
세이셸[3]	.09 (0.6)	0.8	0.3 (2.4)	0.8 (11.2)	105	9649	384 (10.3)
시에라리온[2]	5.7 (2.9)	1.9	0.2 (8.3)	0.6 (15.0)	156	351	3 (5.2)
소말리아	5.7 (2.9)	1.9	0.2 (8.3)	0.6 (15.0)	156	351	3 (5.2)
남아프리카 공화국[3]	50.1 (1.1)	270.4 (5.0)	62.6 (6.3)	66.6 (6.9)	32	5396 (3.9)	88 (3.4)
수단	42.3 (2.2)	52.4	12.1 (26.2)	7.9 (14.1)	149	1413	97 (65.1)
스와질란드[3]	1.2 (1.2)	2.7	1.7 (2.5)	2.2 (2.2)	114	224	45 (7.0)
시리아	21.9 (3.4)	54.1	13.3 (12.5)	17.1 (15.2)	138	2601	197 (35.4)
탄자니아[3,4]	43.7 (2.9)	19.9	2.5 (11.1)	6.1 (17.5)	126	321	14 (9.2)
토고[2]	6.6 (2.5)	2.8	0.7 (42)	1.5 (10.4)	166	437	56 (8.1)
튀니지	10.3 (1.0)	37.6 (6.8)	13.7 (7.3)	17.9 (6.9)	73	3659 (5.8)	389 (31.8)
우간다[4]	32.7 (3.3)	14.2	1.9 (24.4)	5.1 (24.0)	106	459	100 (69.2)
아랍에미리트 연합	4.6 (3.2)	103.9	205.3 (17.7)	139.5 (14.1)	47	38463	888 (24.2)
예멘	23.6 (2.9)	26.2 (14.9)	8.6 (13.0)	9.3 (18.4)	103	1110 (11.6)	20 (1.6)
잠비아[3]	12.9 (2.4)	13.0	4.2 (21.9)	4.2 (15.9)	99	893 (15.0)	64 (25.9)
짐바브웨[3]	12.5 (0.0)	3.2	1.7 (1.9)	2.2 (0.4)	160	274	130 (14.7)

* 현재 미국 달러(U.S. $)
1.모로코는 1984년 아프리카 연방 창설국으로부터 탈퇴
2.서아프리카경제공동체(ECOWAS) 회원국
3.남아프리카개발공동체(SADC) 회원국
4.동아프리카공동체(EAC) 회원국

출처: Euromonitor International, 2010; World Bank, 2010..

낙관적인 경제 전망, 안정적인 사회정치 환경 그리고 우호적인 투자환경을 조성하려는 장기 목표를 유지하면서 민영화와 규제 철폐 사안들에 대해 고심하는 남아프리카공화국의 강력한 노력은 무역, 투자 및 합작투자의 기회를 모색하고 있는 미국 기업들에게 좋은 징조이다. 남아프리카공화국은 훌륭한 잠재성장력을 지닌 거의 3,000억 달러에 달하는 적정규모의 국내시장을 보유하고 있고 점차 자유시장의 방향으로 나아가고 있다. 그러나 수년간의 고립, 기존의 내부지향적인 교역과 투자정책, 낮은 저축률 그리고 저조한 생산성을 지닌 대규모의 비숙련 노동력 등으로 인해 아직은 충분히 그 잠재성을 발휘하지 못하고 있다.

남아프리카공화국은 새로운 거대신흥시장(BEM: Big Emerging Market)이 될 수 있는 잠재성이 있으나, 이러한 성장을 위해서는 정부의 정책과 다른 정부들 및 다국적기업들의 투자가 뒷받침되어야 한다. 외국 투자자들은 다양한 수준에서 상당한 규모의 투자를 통해 그 변화를 이끌고 있다.

아프리카의 역설적인 상황 중 하나는 이 대륙에 엄청난 자원이 매장되어 있음에도 불구하고 대다수의 사람들은 절대 빈곤에 빠져있다는 사실이다.[29] 반면 동아시아 지역은 자원에 있어서 매우 부족하지만 지난 몇 십년간 엄청난 경제성장을 이룩했다. 예를 들어 옛 자이르(Zaire)였던 콩고민주공화국과 같이 1950년대 몇몇 아프리카 국가들은 대한민국과 같은 동아시아 국가들과 동일한 소득수준이었으나 천연자원은 훨씬 풍부하였으므로 아시아 국가들보다 더욱 번성할 것으로 기대되었다. 동아시아 국가들이 일정 부분 문화 및 역사적 장점을 잘 활용했다는 것은 의심할 여지가 없을지라도 이들의 경제성장에는 아프리카에는 없는 다른 검증된 요인들이 존재한다. 동아시아 국가들의 외향적이고 시장기반 경제정책은 교육 및 보건 중심의 정책과 결합하여 성공의 원동력으로 작용하였다. 최근의 신흥공업국들은 이러한 성공모델을 다양한 형태로 따르고 있다.

인터넷은 또한 경제발전의 근본적 기반인 교육을 촉진시킨다. 자금부족을 겪으며 장비가 열악한 24개 아프리카 대학을 전 세계 강의실 및 도서관과 연결해주는 아프리카 가상 대학교(African Virtual University)는 컴퓨터 과학, 컴퓨터 공학이나 전자공학 등의 학위를 주고 있다. 남아프리카공화국의 학교 네트워크 프로그램(South Africa's School Net program)은 1,035개 학교를 인터넷으로 연결하고 있으며, 정부의 원거리 교육 프로그램(Distance Education Program)은 지방 학교에 멀티미디어 교육을 지원하고 있다. 하나의 예로서 구글(Google)[30]과 여타 기업들 역시 스와힐리어 기반의 콘텐츠 구축에 투자하고 있다.

---

29 "Kenya, Going Up or Down?" *The Economist*, June 9, 2007, pp. 49 – 50.

30 Noam Cohen, "Hungry for Content, Google Tries to Grow Its Own in Africa," *The New York Times*, January 25, 2010, p. B3.

중동

중동은 성공적인 역내시장을 결성하는 것에 적극적이지 않다. 아랍공동시장(Arab Common Market)은 역내자유무역이라는 목표를 세웠지만 성공하지 못했다. 22개 아랍 국가들의 경제를 통합하는 것이 궁극적인 목적이지만 경제통합을 가시화하기 전에 국경분쟁의 긴 역사와 이데올로기적 차이를 극복해야 할 것이다. 그 구상은 아직 현존하지만 아랍 외무부 장관들의 회담을 통해 여전히 논의 중이다. 아랍 걸프 국가들, 이집트 그리고 모로코는 범 아랍 자유무역지대(GAFTA: Greater Arab Free Trade Area)라고도 불리는 아랍자유무역지대협정을 추진하고 있다. 2005년의 이 협정은 아직도 초기 실행단계에 있기 때문에 성공여부는 미지수이다.

이란, 파키스탄 그리고 터키로 구성된 기존의 지역협력개발기구(RCD: Regional Cooperation for Development)는 지역 협력체 명칭을 경제협력기구(ECO: Economic Cooperation Organization)로 변경하였다. 재조직 이후 아프가니스탄과 새로 독립한 국가들 중 6개국이 경제협력기구(ECO)에 가입하였다. 지역협력개발기구(RCD)가 처음 결성되었을 때 기본적인 산업 생산 발전은 인상적인 행보를 이루었으나, 이란 혁명으로 인해 모든 경제 활동이 중단되었다. 경제협력기구(ECO)의 최우선 목적은 지역협력의 토대를 닦기 위한 사회기반시설의 개발이다. 불행히도 경제협력기구(ECO) 회원국들 간의 무역 규모는 경제협력기구(ECO) 전체 무역의 겨우 7% 정도만을 차지하고 있다. 그러나 최근 경제협력기구(ECO)는 무역을 신장시키기 위해 관세 및 비관세 장벽을 줄이기로 합의했다고 발표하였다.

이 지역의 또 다른 움직임은 이란이 주도하고 있는데, 이슬람 국가들로 구성된 공동시장인 이슬람협력기구(OIC: Organization of the Islamic Conference)의 창설이다. 이슬람 국가들이 다음 회의에서 논의할 안건들은 이슬람협력기구(OIC) 회원국들 간의 특혜관세제도와 보험, 운송 및 통과화물에 대한 상업 서비스의 확대이다.

두 개의 거대신흥시장에서 신구(Old and New)의 만남이 이루어지고 있다. 15세기까지 거슬러 올라가면 이스탄불의 그랜드 바자르(Grand Bazaar)는 세계에서 가장 크고 오래된 시장이다. 현재의 이스탄불에서는 고객을 두고 그랜드 바자르와 거의 모든 곳에 진출한 맥도날드 사가 경쟁하고 있다. 사진의 배경에는 1616년에 지어진 블루 모스크(Blue Mosque)가 희미하게 보인다. 물론 카이로 근처 기자(Giza)에 있는 피라미드들은 훨씬 더 오래된 것들이다. 하지만 새로운 건축기법과 발전양상이 그 곳에서도 또한 스카이라인을 함께 형성하고 있다.

CROSSING BORDERS 10.4 미국에서 두바이를 거쳐 이란으로의 밀수 경로

어떤 배의 선장이 나에게 밀수할 물건이 있는지 묻는다. 우리는 길게 늘어져 있는 분주한 두바이 만(Dubai Creek)의 사이드 항구 옆에 서 있다. 사실 이 곳은 작은 만이 아니라 페르시아 만(Persian Gulf)으로 물이 흘러들어가기 전에 복잡하게 얽힌 반짝이는 고층빌딩을 따라 약 8마일 정도 펼쳐진 지역으로 쓰레기가 떠다니고 기름기가 낀 더러운 수로이다. 3월, 햇빛은 작렬하고 있고 공기에서는 디젤 연료 냄새가 난다. 선장의 이름은 칼리드(Khaled)이며, 그는 배로 9시간 소요되는 북동쪽 약 100마일 거리의 이란의 반다르 아바스로 향한다. "우리는 일주일 내로 떠납니다."라고 그가 말한다.

밀수를 묻는 질문을 듣는 것은 흔한 일이며, 주변을 걸으며 선원들과 대화하는 동안 많이 언급된다. 선장들이 무기, 담배, 마약, 심지어는 핵 장비까지 나르고 있다는 소문이 있다. 눌린 코와 담배로 누렇게 된 치아를 가진 이란의 전직 택시기사인 칼리드는 자신의 60피트 크기의 다우 배(dhow)를 가리킨다. 평평한 바닥, 급한 경사의 뱃머리, 유리창이 있는 조타실 그리고 찌그러진 선체는 마치 전쟁을 치른 듯한 형상이다. 십여 척의 다른 배들은 4~5피트 깊이의 물에 정박되어 있는데 대부분 이란이 목적지이다. 흔들리는 크레인, 빠르게 움직이는 화물 트럭 그리고 수많은 항만 인부들이 산더미 같은 상자들과 가전제품들을 나르느라 혼란스러운 풍경이다.

칼리드가 가까이 다가와 솔직하게 이야기한다. "내 배에는 많은 미국 제품들이 있어요." 뱃전에 놓인 수십 개의 상자들 중에서 대략 절반 정도가 미국 제품들이라고 추정한다. 이른바 불량국가로 지정되었기 때문에 미국의 강력한 무역 금수조치가 있음에도 불구하고 이 모든 것들이 이란으로 흘러 들어간다.

그러나 칼리드 배의 짐들은 아무런 표시도 없거나 간단하게 아랍에미리트연합(U.A.E)이라고 적혀 있다. 미국 제품들이 모든 일을 조용히 처리하기 위해 라시드 항구(Port Rashid)와 두바이 화물터미널 제벨 알리(Jebel Ali)에 도착했을 때 칼리드의 상사가 그 화물을 재포장해 둔 것이었다. 다른 항구 쪽 선장들은 더 노골적이다. 캐리어(Carrier) 에어컨 박스들과 크레스트(Crest) 치약 상자들이 있고, 그 열 멀리 아래에는 굿이어(Goodyear) 타이어 더미와 함께 블랙 앤 데커(Black & Decker)와 코카콜라(Coca-Cola) 상표가 있는 상자들을 볼 수 있다. 또한 어림잡아 200개 정도의 신형 휴렛 패커드(Hewlett-Packard) 일체형 프린터가 놓인 팔레트와 제록스(Xerox) 복사기도 보인다. 또 다른 이란인 선장에게 이 모든 물품들이 미국의 적에게 가느냐고 물어보니 "이것은 사업입니다. 하지만 미국 대통령에게는 말하지 말아주세요."라고 대답이 돌아온다.

미국 상품이 이란으로 판매되는 것을 막으려는 제재에도 제품들은 여전히 그곳에 있다. 미국의 제재조치는 1979년 인질사건으로 처음 이란에게 가해졌다. 현재의 금수조치는 1987년 시작되어 그 이후 강도가 세졌고, 국제연합(UN)의 제재가 더해졌다. 의료물품 공급을 포함하여 몇 가지 예외사항 이외에 미국 기업들은 이란에 제품을 판매하거나 이란에 제품을 판매하려고 하는 기업들에게 의도적으로 물품을 공급하는 것이 금지된다. 제재조치는 미국 재무부와 상무부에 의해 집행되며 위반할 경우 민형사상의 처벌을 받는다. 미국 기업들은 이란으로 직접 물건을 보내는 것이 허용되지 않는다고 할지라도 아랍에미리트연합은 현지 유통업자들에게 동일한 제한을 두지 않는다. 시간이 흐르면서 이러한 허점은 대중들의 시선 밖에서 주로 운영하는 암거래를 낳았다. 이러한 밀수산업의 규모는 해마다 수십억 달러에 달하는 것으로 추산되며, 금액의 상당 부분이 미국 기업들에게 직접 흘러 들어온다. 매년 미국은 두바이로 더 많은 제품을 보내고, 두바이는 차례차례 더 많은 제품을 이란으로 보낸다.

출처: Christopher S. Stewart, "Axis of Commerce," *Conde Nast Portfolio* , September 2008, pp. 112–19.

이슬람협력기구(OIC)는 전 세계 60개 이슬람 국가들과 6억 5천만 무슬림을 대표하고 있다. 회원국들의 막대한 천연자원, 상당한 자본 그리고 저렴한 노동력은 이슬람협력기구(OIC)의 강점으로 알려져 있다.

물론 이란의 지속적 혼란과 이라크 및 아프가니스탄의 전쟁은 이 지역의 정치와 경제 관계 형성에 걸림돌이 되고 있다. 중국과 마찬가지로 이란 정부는 정치적 시위를 차단하기 위해 인터넷 소통을 방해하고 있다.[31] 이란에 대한 미국의 금수조치와 이란과 연관된 기업 및 경영진에 대한 제재에도 불구하고[32] 미국 상품들은 여전히 이란으

[31] Nazila Fathi, "Iran Disrupts Internet Communications," *The New York Times*, February 11, 2010, p. A6.

[32] Mark Landler, "U.S. Penalizes Companies Tied to Iran Corps," *The New York Times*, February 11, 2010, p. A6.

당신은 두바이를 특이한 곳이라고 생각할 수도 있다. 아랍에미리트연합의 회원국으로 대단히 호화롭고 건축학적으로 장관을 이루는 장소인 두바이는 부동산 붕괴 직전의 불안정한 상태에 놓여있다. 두바이 전경의 변화는 아마도 우주에서 바라보는 것이 적합할 듯하다. 국제우주정거장에서 바라본 두바이 해안 사진이 여기 있다. 사진 왼쪽에는 인공적으로 조성한 팜 주메이라 섬(Palm Jumeirah islands)이 있다. 오른쪽에는 조성 중인 세계 지도 모양의 300개 인공 섬이 보이며 모두 개인 소유이다.

로 밀수되고 있다. 두바이의 사이드 항구(Port Saeed)로부터 이란 남부의 반다르 아바스(Bandar Abbas)에 이르는 100마일 뱃길은 주요 밀수 통로로 여겨진다.[33] 아랍에미리트연합(U.A.E.: United Arab Emirates) 중 하나인 두바이는 중동의 국제투자 중심지이다.[34] 그러나 에미리트는 2008~2009년 세계경제 하락과 함께 활발하던 부동산 상거래가 붕괴하면서 상당한 어려움을 겪었다. 무역이 이 지역에 평화를 가져다 줄 수 있다는 희망적인 조짐들은 있다. 일단의 이란 경영자들이 자국에 현대식 경영대학을 설립하는데 강한 관심을 가지고 있다는 것이 하나의 예이다.[35]

시장 통합의 시사점

경제통합에 대한 지역 간의 차이 정도는 뚜렷하다. 앞에서 언급했듯이 유럽연합은 세계의 선두주자로서 다른 지역의 변화 과정을 이해하고 예측하는 최적의 모델 역할을 담당한다. 국제 마케터들은 통합의 초기 단계에 있는 다른 지역으로의 진입과 운영을 고려할 때 그 곳에서 배운 교훈을 유용하게 사용할 수 있을 것이다.

전략적 시사점

LO5
지역 마케팅을 위한 전략적 시사점을 학습한다.

전 세계 시장의 양상은 역내시장으로 국가들이 연합함으로써 크게 변화하고 있다. 역내시장은 국제적인 경영을 수행하는 기업들에게 있어서 국가별 관세 장벽과 제한이 줄어들거나 철폐함으로써 훨씬 확대된 시장으로 접근할 수 있도록 명백한 기회를 제공한다. 따라서 생산, 자금조달, 노동 그리고 마케팅 결정들은 전 세계가 그룹화한 역내시장으로 재편되었음을 고려해야 한다.[36]

기업들이 점차 강해지고 커진 역내시장을 다루는데 있어 더욱 능숙해짐에 따라

[33] Christopher S. Stewart, "Axis of Commerce," *Conde Nast Portfolio*, September 2008, pp. 112–19.
[34] Stanley Reed, "Why Dubai Matters," *Bloomberg BusinessWeek*, December 14, 2009, pp. 34–40.
[35] Stanley Reed, "Reading Keynes in Tehran," *Bloomberg BusinessWeek*, February 15, 2010, p. 31.
[36] Fratinanni and Oh, "Expanding RTAs."

세계적인 경쟁은 지속적으로 심화해 갈 것이다. 예를 들자면, 통합된 유럽에서 미국의 다국적 기업들은 확대된 유럽 기업들에 비해 초기에 우위를 점하였는데, 이는 미국 기업들이 크고 다양한 시장에서 마케팅을 함에 있어 더 숙련되어 있었고 유럽을 하나의 시장으로 바라보는데 익숙하기 때문이다. 미국 기업들은 대부분의 유럽연합 기업들이 다투었던 것과 달리 차별화된 가격정책과 관리를 통해 많은 통화들을 취급함에 있어 다국적 조직의 번거로운 짐을 벗어버렸다. 그러나 미국 기업의 우위는 단지 일시적이었는데, 유럽 기업들이 단일 유럽시장의 이득을 예측하여 인수 · 합병 그리고 합작투자를 통해 운영을 통합했기 때문이었다. 개별 국가 시장들이 공동시장이라는 우산 아래에 합쳐진다고 하더라도 국제경영 관리자들은 아직도 언어, 관습 그리고 불안정성이라는 동일한 문제에 직면하고 있다. 하지만 장벽들이 낮아지고 다국적 시장들이 하나의 공동시장으로 간주됨에 따라 글로벌 시장은 한 단계 더 가까이 현실로 다가올 것이다.

사업 활동에 대한 규정은 역내시장 전반에 걸쳐 강화되고 있으며, 각 시장은 현재 특별히 사업과 관련한 경영 및 관리 기구를 두고 있다. 시장을 구성하는 과정에서 역내에 공통으로 적용되는 규칙과 규정은 종종 개별 국가들이 가지고 있는 것보다 더욱 복잡해진다.[37] 그러한 새로운 시장을 상대함에 있어 어려움과 복잡한 문제들이 있지만 이것이 영리한 국제 마케터들에게 주는 중요한 의미는 지속적인 기회와 잠재적인 이윤이 존재한다는 것이다.

기회 경제 통합은 거대한 시장들을 형성한다. 규모가 너무 작아서 신경을 쓰기 어려운 많은 개별 국가 시장들은 협력할 수 있는 국가들과 시장을 결합할 때 새로운 차원의 가능성과 중요성을 가지게 된다. 거대한 시장은 대량 생산과 대량 유통에 익숙한 기업들에게 특히 중요한데 이는 규모의 경제와 마케팅 효율성을 달성할 수 있기 때문이다. 경쟁이 매우 심한 시장에서 향상된 효율성으로부터 파생된 이윤은 보다 낮은 가격으로 구매력의 증가를 유도함으로써 나타나게 된다.

대부분의 역내시장들은 그들의 협력적 노력의 일환으로 경제성장을 조성하기 위한 조정 프로그램을 가지고 있다. 그러한 프로그램들은 구매력을 증가시키고, 지역사회기반시설을 향상시키며, 경제발전을 조성함으로써 마케터들에게 유리한 방향으로 작용한다. 통합으로 인해 발생하는 문제점이 있다고 하더라도 자유무역에 따른 경제적 이익은 실로 엄청나다.

서로 다른 국가 표준에 맞는 다양한 상품 개발을 위한 대규모 비용을 크게 절약할 수 있다.[38] 필립스(Philips)와 기타 유럽 기업들은 유럽의 상이한 통신망에 대한

---

[37] Kevin J. O'Brien, "EU Considers a Telecommunications 'Superregulator,'" *International Herald Tribune*, August 13, 2007, p. 10.

[38] John W. Miller, "EU Food-Safety Agency Backs Products from Cloned Animals," *The Wall Street Journal*, January 12, 2008, online.

공동 전환시스템을 개발하기 위해 총 200억 달러를 투자했다. 이 수치는 미국이 공동 시스템을 위해 30억 달러, 일본이 단일 시스템을 위해 15억 달러를 투자한 것과 비교가 된다.

시장 장벽 역내시장의 초기 목적은 역내에서 활동하는 기업들을 보호하는 것이다. 표면적 목적은 시장 내에 있는 기업들이 역내시장의 다른 국가들과 거래할 때 혜택을 주는 것이다. 역내시장에서의 지역 간 및 국가 간 무역 패턴을 분석한 결과 그러한 목적은 달성된 것으로 나타난다.

역내시장에서 생산설비에 투자할 의향이 있는 기업들은 그 시장의 일부가 되기 때문에 보호무역대책으로부터 혜택을 볼 수 있다. 그러나 수출업자들은 매우 어려운 입장에 놓이게 된다. 이러한 전망은 유럽연합에 있는 자신들의 수출시장을 지키기 위해 유럽에 투자할 필요성을 가진 미국 수출업자들이 직면한 것이다. 소규모 기업들에게 유럽연합 표준에 적응하는 것은 큰 문제가 될 수 있다. 하나 또는 두 개의 유럽연합 회원국에 판매하거나 그 곳에서의 표준을 충족하고자 하는 기업은 유럽연합 전체의 공동 표준이 채택되면 기존의 표준을 바꿔야 하거나 시장에서 퇴출당하는 상황에 처할 수도 있다.

튀김그릇을 묶기 위한 호스와 가스를 배출하는 가스 가전제품 제조업자는 가장 큰 고객 중 한 업체로부터 맥도날드(McDonald's)가 영국 매장에서 더 이상 그 제품을 사용하지 않기로 했다고 알려왔을 때 그러한 문제점에 직면하게 되었다. 동일한 상황이 유로 디즈니(EuroDisney)에서도 발생했다. 불행하게도 공동 표준을 만들 때 다국적 기업과 유럽 기업들만 참여하였고 결국 그들은 자신에게 유리하도록 표준을 설정하였다. 소규모 기업은 변화 또는 철수 두 가지 선택만을 할 수 있을 뿐이다. 이러한 특별한 사례에서 볼 때 경쟁업체들은 시장에서 그 기업을 퇴출시키기 위해 작업을 했던 것으로 보인다. 그러나 그 기업이 그들의 시장에 진입하기 위해 개별 국가들과 호환성 및 장비의 맞춤형 설치에 대한 부분을 함께 작업했다는 의심의 여지가 많다.

시장 지표

LO6
유럽/아프리카/중동 지역에서 마케팅 기회의 규모와 본질을 파악한다.

여기에서는 각 지역에서 인구가 가장 많은 여덟 국가의 시장 규모와 특징을 반영한 기초 지표들을 세 개의 표로 나타내었다. 이 표들을 살펴보면, 생활수준, 사회기반수준 그리고 소비자의 구매력이 크게 차이가 나는 것을 볼 수 있다. 미국의 경우 이러한 격차는 위도에 따라 다르게 나타나고 있는데 적도에서 떨어질수록 경제 발전이 큰 것으로 보인다. 또한 아프리카와 중동 지역의 개발이 안 된 국가들의 경우 군데군데 수치가 비어 있는 것이 보인다. 정치적인 불안정성이나 기타 위험들에 대한 직접적인 측정은 하지 않았다. 이에 대한 내용은 5장이나 17장에서 찾아볼 수 있다.

표 10.6은 국가별 생활수준을 비교한 것이다. 놀랍게도 1인당 국민총소득(GNI)이 독일의 경우 40,000달러가 넘고 콩고민주공화국은 200달러가 되지 않는다. 러시아, 터키 그리고 이란은 상대적으로 급속한 성장을 보이고 있다.

표 10.6

유럽/아프리카/중동 지역의 8대 인구 거대국가 생활수준

국가	인구 (백만명)	1인당 국민 총 소득	1,000명당 의료 시설		가정 내 보유율(%)		
			의사	병상 수	컬러 TV	냉장고	목욕시설
나이지리아	155	$ 1,273	0.4	—	34	23	63
러시아	142	10,966	4.4	9.6	97	97	63
에티오피아	83	320	—	—	—	—	—
독일	82	40,521	3.6	8.2	98	99	99
이집트	77	2,133	0.6	2.4	87	93	78
이란	74	4,540	0.9	—	—	—	—
터키	72	10,910	1.6	2.9	93	98	80
콩고민주공화국	66	154	—	—	—	—	—

출처: Euromonitor International, 2010.

표 10.7은 국가 별로 사회기반시설의 정도를 비교한 것이다. 여기에서도 북부와 남부의 큰 격차를 확인할 수 있다. 여기에서 아마도 가장 흥미로운 부분은 이란의 힘을 각각에 반영시킨 값, 특히 대학생 수에 대한 부분이다. 최근의 정치적인 시위를 촉발시킨 것도 이 대학생들이다. 이를 통해 미래에 개발의 기회들이 생기고 좋은 마케터를 활용할 수 있는 기회가 생긴다면 이 마지막 대학생 수는 희망의 열쇠가 될 수도 있다.

표 10.8는 소비의 유형을 간략하게 열거한 것이다. 에티오피아와 콩고민주공화국

표 10.7

유럽/아프리카/중동 지역의 8대 인구 거대국가 사회기반시설

국가	철도 여행 (1인당 여행거리 km)	1,000명당 승용차	에너지 소비 (석유 환산 톤)	1,000명당 컴퓨터 사용자	1,000명당 핸드폰 사용자	식자율	1,000명당 대학생 수
나이지리아	1	12	—	16	500	74%	5
러시아	1262	194	4.9	166	1434	100	56
에티오피아	0.4	1	—	9	50	41	3
독일	944	491	3.8	779	1336	100	28
이집트	768	30	1.0	60	649	73	34
이란	200	24	2.7	111	753	87	27
터키	75	93	1.5	76	983	90	26
콩고민주공화국	—	2	—	—	184	79	1

출처: Euromonitor International, 2010.

표 10.8

유럽/아프리카/중동 지역의 8대 인구 거대국가 소비 유형

		가정 내 지출비용(1인당 달러)								
국가	가족 수	식품	주류,담배	의류	주택	건강 제품, 서비스	교통	통신	여가	교육
나이지리아	4.9	1779	15	43	113	28	45	13	13	24
러시아	2.7	1068	87	431	489	142	999	161	327	75
에티오피아	5.3	—	—	—	—	—	—	—	—	—
독일	2.8	2628	819	1153	5757	1117	3074	703	2165	159
이집트	4.1	716	42	120	391	85	62	43	47	72
이란	3.8	656	13	125	761	180	129	88	106	44
터키	3.9	1466	242	347	1630	130	838	262	129	116
콩고민주공화국	3.6	—	—	—	—	—	—	—	—	—

출처: Euromonitor International, 2010.

에서 체계적인 기초 소비자 연구를 진행한다는 것은 어려운 일이기 때문에 대략적으로 추정만 해볼 뿐이다. 터키에서 교육에 투자한 돈을 보면 그 미래가 밝아 보인다. 독일의 1인당 술과 담배 소비지출은 연간 819달러 정도인데, 이 수치는 에티오피아의 연간 1인당 소득의 두 배가 넘고 콩고민주공화국의 네 배보다 큰 액수라는 사실은 매우 충격적이다. 물론 독일을 비난하는 것은 아니며 또 다른 예로 캐나다는 향정신성물질에 더 많은 지출을 하고 있다(이전 장의 표 9.5 참조). 같은 사람으로서 이렇게 극명하게 생활수준이 다르다는 사실은 이해하기 어렵다.

마케팅 믹스 시사점

기업들은 단일 유럽시장 형성에 따른 시장변화를 예측하고 자신들의 마케팅 믹스전략을 조정한다. 과거에는 기업들이 유럽의 각 시장 별로 다른 가격정책을 적용하였고 이는 국가 간의 비관세 장벽에 의해 유지될 수 있었다. 저렴한 가격의 제품이라도 다른 시장에 수입될 때는 더 비싼 가격이 된다. 예를 들어 현재 콜게이트-팔모리브(Colgate-Palmolive)는 유럽 전 지역에 자사의 치약을 동일한 가격으로 판매하고 있지만, 과거에는 콜게이트(Colgate) 치약을 개별시장별로 다른 가격에 판매하였다.

베데다스 샤워 겔(Beddedas Shower Gel)의 경우에도 독일에서는 중간 정도의 가격을 유지하였으나, 영국 시장에는 동일한 제품을 비싼 가격으로 판매하였다. 특정상품이 저렴하게 책정된 시장에서 비싼 값을 받을 수 있는 다른 시장으로 자유롭게 이동할 수 없었던 과거에는 이처럼 개별시장별로 다른 가격책정이 가능했었다. 그러나 지금은 유럽연합 조항에 의해 특정시장에서 저렴하게 판매하는 물건을 더 값

비싼 가격으로 판매되고 있는 다른 시장으로 자유롭게 이동하는 것을 막을 수 없게 되었다. 이로 인하여 특정국가에서 저렴하게 구입한 물건을 비싸게 팔리고 있는 다른 국가로 수입하여 판매하는 병행수입이 증가하고 있다. 기업이 병행수입으로 인한 손실을 회피하기 위해서는 역내 모든 회원국에 가격을 표준화해서 적용하는 것이 하나의 해결 방법이 될 수 있다. 역내 통화가 유로로 단일화된 이후에 소비자들은 가격에 차이가 발생하는 상품의 종류와 지역을 보다 쉽게 알 수 있게 되었다. 더욱이 단일 유로화를 통해 기업들은 유럽 공동시장을 대상으로 상품을 온라인으로 판매하기가 매우 간단해졌다. 이러한 변화들을 생각해 볼 때, 단일통화는 결과적으로 유럽에서의 기업 경쟁을 보다 공정하고 합리적으로 만들었으며, 이에 따라 기업 간의 경쟁은 더욱 치열해졌다.

기업들은 가격정책을 통일하면서 광고 및 판촉에 더욱 많은 노력을 집중하기 위하여 자신들이 생산하던 브랜드의 수를 줄였다. 네슬레는 유럽연합에서 판매하던 몇 개의 요거트 브랜드를 하나로 줄였다. 유니레버도 1,600개에 달하던 브랜드를 400개의 핵심 브랜드만을 남기고 모두 걸러내었다. 이를 통해 유럽연합과 다른 글로벌 시장을 아우르는 마스터 브랜드를 만들 계획이다. 유럽통합에 따른 가장 주요한 이점은 소매 단계의 경쟁에서 살펴볼 수 있다. 유럽지역에는 중소규모의 아울렛을 유지시킬 수 있는 통합적이고 경쟁력을 갖춘 유통 시스템이 없다. 그러나 국경의 개념이 사라지면서 소매상들의 경쟁은 심화되었고 유럽 전역을 대상으로 운영되는 유통경로들이 생겨났다.

마지막으로 국제 마케터들은 세계 곳곳에서 일어나고 있는 시장통합을 긍정적인 측면에서 살펴보아야 한다. 인접한 국가 간의 무역은 항상 중요하다. – 거리가 멀수록 차이도 커진다. 다시 말해서 지역통합을 통해 세계무역 시스템이 세계화되고 통일화되고 있다. 이는 궁극적으로 경영비용을 감소시키고 소비자에게 보다 많은 선택의 폭을 주며 기업에게는 커다란 시장기회를 제공하게 된다.

요약 Summary

역내시장은 제2차 세계대전을 거치면서 성공과 위험으로 극명하게 갈라졌다. 경제 협력을 위한 다양한 시도는 그 성공과 실패의 정도가 다양하게 나타났지만 성공의 정도와 상관없이 경제 통합은 마케터들에게 커다란 기대를 주었다. 이러한 지역 통합의 양상은 국가와 지역을 계속해서 무역 협정으로 묶을 것이며 이는 결과적으로 가까운 미래에 소비자들이 지배하는 완전한 세계시장을 형성할 것이다.

기업들은 협력을 통한 효율적인 판매와 생산으로 경제적인 효과를 얻을 수 있다. 판매의 효율성은 거대 시장과 심화된 경쟁구도, 개인소득의 증가 그리고 다양한 심리학적 요인의 영향을 받는다. 생산의 효율성은 특화생산과 큰 시장 규모를 통한 대량생산 그리고 생산 요소의 자유로운 이동으로 달성될 수 있다. 국가 간의 정치적인 협력은 경제 통합을 가속화 한다. 정치적 협력을 통한 안정성과 평화는 국민들 못지않게 마케터에게도 매우 중요하다.

역내시장의 마케팅은 역내의 기업과 역외의 기업들의 관점에서 연구되었다. 각 관점에서의 문제점과 기회는 조금씩 다른데, 기업의 위치와는 상관없이 역내시장은 규모를 확대하고 심은 창의적인 마케터들에게는 엄청난 기회이다. 시장의 통합은 개별 국가의 작은 시장에서는 적용할 수 없었던 새로운 전략의 도입을 가능하게 하며 새로운 시장으로의 진출을 경제적으로 가능하게 한다. 동시에 시장의 통합됨으로써 지역 보호주의로 인해 지역 내 경쟁이 심화한 반면에 지역 대 지역의 보호주의는 더욱 강화될 수 있다. 남미공동시장(Mercosur)과 아세안 플러스 쓰리(ASEAN+3) (다음 장 참고)는 갈수록 커지는 경제 협력과 통합의 중요성을 강조하고 있다. 이러한 발전을 통해 국제 마케터들은 커다란 시장기회에 도전할 수 있다.

마지막으로 유럽/아프리카/중동 지역은 소득수준과 문화적인 측면에서 다양성이 크게 나타나는 곳으로서 이곳의 국제 마케팅 관리자들에게 수많은 기회를 제공하고 있다.

주요용어 Key Terms

다국적 역내시장(Multinational market regions)
마스트리트 조약(Maastricht Treayt)
자유무역지대(FTA)(Free trade area)
단일유럽의정서(Single European Act)
관세동맹(Customs union)
공동시장(Common market)
유럽 의회(European Parliament)
정치동맹(Political union)
암스테르담 조약(Amsterdam Treaty)

질문 Questions

1. 위에서 제시한 주요 용어들을 정의하라.
2. 국제 마케터 입장에서 역내시장으로 인한 문제점과 혜택에 대해 구체적으로 설명하시오.
3. 역내시장의 정치적인 기능에 대해 설명하시오.
4. 역내시장의 성공 혹은 실패를 결정하는 요인들은 무엇인가?
5. 역내시장의 성공적인 구축에 기여하는 요건들의 마케팅 시사점을 설명하시오.
6. 미국이 만약 관세 장벽이 있는 개별 국가로 구성된 곳이라면 시장에 어떠한 현상이 나타나겠는가?
7. 지역경제통합을 위해 어떤 종류의 준비가 필요할 것이라고 생각하는가?
8. 자유무역지대와 공동시장의 차이점은 무엇인가. 이 차이의 마케팅적 시사점을 설명하시오.
9. 유럽연합의 목표는 완전한 공동시장을 구성하는 것이다. 이러한 경제 통합은 반드시 정치적인 통합이 뒷받침 되어야만 가능한 것인가에 대해 논하시오.
10. 유럽 위원회, 각료이사회 그리고 유럽연합의 유럽사법재판소(Court of Justice)는 지난 십년간 영향력이 커졌다. 어떻게 생각하는가?
11. 역내시장을 조직할 수 있는 논리적 바탕이 있는 세 국가를 골라 지역무역그룹으로서 그들 국가의 양립가능성에 대해 설명하시오. 역내시장 구성과정의 다양한 어려운 점을 정리해 보시오.
12. 유럽연합에 대한 미국의 수출은 앞으로 점점 줄어들 것으로 예상된다. 기업이라면 이러한 상황을 타개하기 위해 어떠한 마케팅 행동을 펼치겠는가?
13. 역내시장은 역동적이고 커다란 성장 가능성을 갖고 있기 때문에 특히 외부에서 새로운 기업들이 앞 다투어 진출할 것으로 보인다. 토론하시오.
14. 관세동맹과 정치동맹의 차이는 무엇인가?
15. 왜 아프리카 국가들은 경제 연합을 구성하는데 어려움을 겪고 있는가?
16. 동유럽의 국가들을 유럽연합으로 포함시킨 결정이 어떠한 영향을 미칠 것인지 토론하시오.

CHAPTER 11

아시아-태평양 지역

개요 CHAPTER OUTLINE

글로벌 관점: 월마트, 타이드 및 삼사주(三蛇酒)

아시아-태평양지역의 역동적 성장

- 대중화권
- 일본
- 인도
- 아시아의 네 마리 호랑이들
- 베트남

피라미드 하부시장

시장 측정지표

아시아-태평양 무역 연합

- 아세안과 아세안+3
- 아시아-태평양 경제협력기구

중국 내부의 다양성에 대한 초점

- 동북지역: 전통의 산업 중심지
- 북경-천진
- 상해와 양자강 삼각주
- 주강 삼각주
- 또 다른 10억 명
- 대중화권 내 사업협상방식 차이
- 대중화권의 마케팅 기회

주요 학습과제 CHAPTER LEARNING OBJECTIVES

LO1 아시아-태평양지역 내의 역동적 성장에 대해 학습한다.

LO2 일본의 중요성과 성장 둔화를 이해한다.

LO3 피라미드 하부시장의 중요성을 학습한다.

LO4 지역 전반에 걸친 다양성을 이해한다.

LO5 아시아-태평양지역 내 국가 간 상호연관성을 이해한다.

LO6 중국 내부의 다양성을 이해한다.

글로벌 관점 Global Perspective

월마트, 타이드 및 삼사주(三蛇酒)

개발도상국 시장들은 급격한 산업화, 산업재와 소비재 시장의 성장 및 신규 해외 투자의 기회들을 경험하고 있다. 다음 사례를 잘 살펴보자. 중국의 명절인 구정 전 며칠 동안의 쇼핑기간 동안 월마트 슈퍼센터의 통로에서 음식과 주방용품들 그리고 의류들을 꽉 채운 카트를 밀며 저렴한 상품을 찾아다니는 사람들로 북적이는 모습을 살펴볼 수 있다. 이런 모습은 미국 중부의 여느 월마트에서나 있을 법한 연휴 전의 쇼핑 혼잡일 수도 있지만, 이곳의 쇼핑객들은 중국의 신흥부자들이다. 슈퍼센터는 음식과 생활필수품에 많이 지출하는 중국 소비자들에게 인기가 많은 곳임을 보여주고 있다. 월마트는 특별 할인뿐 아니라 사회적 지위도 부여하는 회원카드를 제공하여 사회적 지위와 관련된 중국적 감각을 활용하였다.

선반에는 캠벨(Campbell) 스프와 바운티(Bounty) 종이수건 및 마른생선과 매실장아찌가 함께 진열되어 있다. 한 선반에는 중국 남부의 아침식사로 인기 있는 여러 상표의 죽 제품들이 높이 쌓여있으며, 다른 선반에는 남유(nam yue) 땅콩과 죽순 통이 있다. 상점 가장 안쪽에 자리잡고 있는 주류 코너에는 독한 술 속에 꼬여서 죽은 뱀의 사체가 들어 있는 삼사주(三蛇酒, three-snake rice wine)라 불리는 뱀술이 있다. 중국 내 월마트 판매 상품 중 약 95%는 현지에서 공급된다. 작은 아파트에 거주하는 소비자들을 대상으로 커다란 접이식 사다리나 1년 치 분량의 간장을 파는 노력들은 이제 사라졌다.

현재 월마트는 중국에서 운영되는 150개 매장을 포함하여 전 세계 15개 국가에서 8,000개 이상의 매장을 운영하고 있다. 국제적인 경영활동으로 인하여 매출과 수익은 급속히 성장하고 있으며, 특히 중국의 세계무역기구(WTO) 가입 이후 중국시장에 대한 확장은 지속적으로 수행되고 있다. 월마트의 한 중역은 다음과 같이 말한다. "만약 중국의 모든 사람들이 매일 머리를 감는다면, 당신은 중국에서 얼마만큼의 샴푸를 팔 수 있을지를 상상하기조차 힘들 것이다."

중국시장은 진입이 어려우며 많은 회사들에게 장기간의 이익이 발생하지 않는 시장일 수 있다. 대부분의 해외 소매업체들은 미국과는 아주 상이한 아시아적 방식과 소비자 기호에 대해 학습 중이다. 예를 들어 프라이스마트(Pricesmart)는 선반을 가득 채울 정도의 배달물량을 예상하여 대형 트럭을 수용할 수 있는 두 군데 대형 적하장(loading dock)을 갖춘 북경매장을 설계하였다. 그러나 프라이스마트가 깨달은 것은 중국 유통업자들이 자동차 트렁크나 세 발 자전거 위 또는 일반 자전거 뒤에 끈으로 묶어 물건을 싣고 온다는 것이었다.

피앤지(Procter & Gamble)는 가루로 된 타이드(Tide) 세제를 대량으로 공급하였으나 중국의 숨 막히는 여름 습도로 인하여 세제들이 거칠고 커다란 덩어리로 변하는 것을 발견하였다. 다량의 주방용 종이수건과 일회용 기저귀를 재고로 보유하는 것도 효과가 없었다. 대부분의 고객들은 주방용 종이수건이 무엇인지 몰랐고 일회용 기저귀는 너무 비싼 사치품이었다. 포장크기도 문제였다. 미국식의 대용량 포장은 중국의 작은 아파트에는 맞지 않았다.

출처: Keith B. Richburg, "Attention Shenzen Shoppers! U.S. Retail Giants Are Moving into China, and Finding the Learning Curve Formidable," *Washington Post*, February 12, 1997; David Barboza, "The Bold Struggle for China's Belly," *The New York Times*, March 6, 2003, p. C1; http://www.walmartstores.com, 2010.

LO1
아시아-태평양 지역 내의 역동적 성장에 대해 학습한다.

21세기에 접어들면서 아시아-태평양 지역은 역동성이 넘쳐나기 시작했다. 미국, 유럽 및 아프리카의 경제성장률이 한 자리에 머무는 동안 아시아-태평양지역에서는 두 자리의 연간 성장률이 흔한 것이 되었다. 경제기적은 1970년대 일본에서 시작되어 1980년대에 아시아의 네 마리 호랑이에 의해 진행되었고, 지금은 대중화권(Greater China)과 아시아-태평양 지역 전체에서 이루어지고 있다. 실제로 아시아-태평양 지역의 마케터들은 "세계화, 도시화와 다문화 경험"이라는 공통성에 기초하여 "초국가적 아시아 세계라는 이미지"를 만들어내는 새롭고 강력한 아시아 브랜드[1]를 개발하고 있다. 3장에서 밝힌 것처럼, 아시아-태평양 지역은 지난 500년 동안 뒤쳐졌다. 그러나 지금은 급속한 경제성장과 함께 세계 인구 절반의 거주지로서 많은 기회가 있는 지역이 되었다.

아시아-태평양지역의 역동적 성장

아시아는 과거 30년 동안 세계에서 가장 빠르게 성장한 지역이며 지속적인 장기 경제전망도 탁월하다. 1996년부터 아시아의 주요 경제성장국들(일본, 홍콩, 한국, 싱가포르, 대만)은 아시아의 주식시장붕괴로 이어진 심각한 금융위기를 경험했다. 금융긴축정책, 달러화의 가치상승 그리고 수출 감소 모두가 경기침체에 기여했다. 이러한 경기침체에도 아시아 경제가 2000년까지 세계 생산량의 29%를 차지할 것이라고 했던 1993년의 국제통화기금(IMF) 예측은 정확했다. 새로운 제품과 기술의 원천으로서 또한 방대한 소비자 시장으로서 아시아 국가들(특히 태평양 둘러싸고 있는 국가들)은 성큼 성큼 자신들의 걸음을 걷기 시작했다.

대중화권

대중화권(The Greater China)이라는 단어는 중화인민공화국(PRC)과 중화민국(ROC, 혹은 대만) 모두를 나타낸다. 중국은 1949년에 두 개의 국가로 나뉘었으며 각 정부는 상대방의 영토가 자신들에게 속한 것이라고 주장하고 있다. 분쟁은 오늘날까지 계속되고 있다. 1945년 국제연합(UN)의 창립 구성원으로 참여한 것은 중화민국이었지만 1971년 UN 안전보장이사회 상임이사국에 중화인민공화국이 참여하면서 공식적으로 그 지위를 인정받고 있다. 오랜 기간 논쟁 당사자들의 관계는 정치적으로는 어렵고 군사적으로는 위험했다. 그러나 21세기 들어 과거의 적대적 이웃이었던 양국 간 직접무역이 극적으로 증가하였고 이는 모든 동아시아 지역에서 역사적 긴장상태를 많이 완화시켜주고 있다.

중화인민공화국(PRC) 미국과 일본을 제외하면 중화인민공화국(PRC)만큼 중요한 단일시장은 없다. 중국이 선진산업국들과의 경제적 관계형성을 적극적으로 추

[1] Julien Cayla and Giana M. Eckhardt, "Asian Brands and the Shaping of a Transnational Imagined Community," *Journal of Consumer Research* 35 (2008), pp. 216 – 30.

진한 이후 보여준 경제적 · 사회적 변화는 한편의 드라마라 할 수 있다.[2] 사회주의와 함께 자본주의적 요소를 많이 포용한 중국의 이중적인 경제시스템은 1970년 이후 해외자본 도입에 따른 기회 확대로 매년 10%에 가까운 국민총생산(GNP)성장이라는 경제적 번영을 창출하였다. 대부분의 시장 분석가들은 중국이 향후 10년에서 15년간 평균 8%에서 10%의 성장을 할 것으로 예측하고 있다. 이만한 성장률이라면 2015년의 중국 GNP는 미국의 GNP와 동등해진다. 이러한 예상성장률은 중국 정부의 산업에 대한 규제완화 역량, 현대적 기술의 도입, 잉여인력을 보유한 비효율적 국유기업의 민영화 그리고 지속적인 해외자본 유치에 달려있다. 21세기 들어 중국의 성장은 놀랍다. 2009년에 중국은 독일을 넘어 세계에서 가장 큰 수출국이 되었으며,[3] 특히 개발도상국에 대한[4] 사회기반시설 개발을 통한 공격적인 마케팅은 매우 인상적이다.

2000년에 일어난 두 가지 큰 사건은 중국경제에 엄청난 영향을 끼쳤다. 중국의 세계무역기구(WTO) 가입과 미국이 중국과의 정상무역관계를 영구적 정상무역관계(PNTR)로 전환하는 것을 승인한 것이 그것이다. 중국과의 영구적 정상무역관계 수립과 세계무역기구 가입으로 기존의 미국 상품과 서비스에 부과되던 수입 장벽이 사라졌다. 미국은 이미 30년 이상 지속해온 중국에 대한 시장접근정책 유지와 영구적 정상무역관계를 지속할 의무가 있다. 중국은 몇 년에 걸친 일정연기 끝에 세계무역기구의 조항들을 준수하기 시작하였으며 전 세계와 연결되는 시장경제를 만들겠다는 전폭적이며 번복할 수 없는 약속을 하였다.

많은 사람이 걱정하는 문제는 중국이 과연 수입품에 부과하는 높은 관세를 낮추도록 하는 세계무역기구 규정의 준수 여부이다. 세계무역기구는 이러한 합의 규정의 이행을 강제하지는 못한다. 과거의 많은 합의 경험에 비추어보면 몇몇 규정을 준수하는 것은 거의 불가능해 보인다. 중국의 몇몇 양보는 1979년까지 거슬러 올라가는 지키지 못 할 약속들의 반복이었다. 미국은 과거 일본과의 경험에 비추어 중국과의 관계에서 가장 어려운 일은 아직 발생하지 않았음을 알고 있다. 미국 수출품에 대한 시장개방 약속은 합의이행으로 가는 기나긴 노력의 시작일 뿐이다.

중국은 크기, 다양성[5] 그리고 정치 조직 때문에 하나의 국가라기보다는 일단의

[2] "How China Runs the World Economy," *The Economist*, July 30, 2005, pp. 11, 61–63; Keith Bardsher, "China's Trade Surplus Near Record Last Month," *The New York Times*, March 13, 2007, p. C3.

[3] Judy Dempsey, "China Passes Germany as World's Top Exporter," *The New York Times*, February 10, 2010, p. B9.

[4] Vikas Bajaj, "China Builds, India Frets," *The New York Times*, February 16, 2010, pp. B1, B2; Stanley Reed and Dexter Roberts, "Red Star over Iraq," *Bloomberg BusinessWeek*, February 1 & 8, 2010, pp. 44–47.

[5] Diversity across regions also provides other dimensions suitable for market segmentation. See Kineta H. Hung, Flora Fang Gu, and Chi Kin (Bennett) Yim, "A Social Institutional Approach to Identifying Generation Cohorts in China with a Comparison with American Consumers," *Journal of International Business Studies* 38 (2007), pp. 836–53.

지역 복합체로 생각하는 것이 편리하다. 따라서 중국을 위한 한 가지만의 성장전략은 없다. 각 지역은 경제적으로 다른 단계에 있으며, 각 지역과 세계와의 관계 또한 다르다. 각 지역은 고유한 투자방식과 서로 다른 세제를 가지고 있으며 정책에 있어서도 자치권을 가지고 있다. 이렇듯 각 지역의 개별적인 특색에도 모든 지역은 북경의 중앙정부와 연결되어 있다. 중국 내의 다양성은 본장의 마지막에서 다시 다루도록 한다.

중국이 원활한 경제성장을 이루기 위해서는 두 가지 중요한 단계를 거쳐야 한다. 이는 인권문제와 사법제도의 개정이다. 인권문제는 미국과의 관계에서 난제가 되어 왔으며 이는 종교의 자유 부재, 1989년 천안문 학살, 반정부 인사의 투옥과 같은 반체제 탄압 그리고 중국과 티베트의 관계 때문이다. 미국정부가 영구적 정상무역관계를 체결하기로 결정한 것은 부분적으로는 세계시장에서 중국의 중요성이 커지고 있으며 다른 한편으로는 한 가지 문제로 중국과의 관계를 악화시키기에는 중국과의 무역이 가치가 크기 때문이다. 하지만 이 문제는 미국 내부에서 뿐만 아니라 미국과 중국 간의 관계에서도 민감한 문제로 남아 있다.

이러한 긍정적인 변화에도 중국 사법제도에서 보호받지 못하는 미국기업들은 주중 미국대사관에 항의하고 있고 이는 계속 늘어나는 추세를 보인다. 북경, 상해, 광주 등의 대도시 밖에 위치한 기업들은 지역 이기주의와 보호주의 때문에 현지 파트너가 있음에도 불구하고 사업을 하는데 어려움을 겪고 있다. 많은 외국기업이 정치적 영향력을 가진 중국 현지기업과의 관계에서 피해를 입고 있고 이러한 중국 현지기업은 소송을 당해도 자신들이 원하는 판결을 끌어낼 수 있는 영향력을 가지고 있다.

실제로 두 개의 중국이 존재한다. 하나는 화가 치밀고 관료주의적이며 끝이 안 보이게 줄줄 새는 돈구멍을 가진 중국이며 또 다른 중국은 거대한 신흥시장이다. 전자는 오래된 중국으로 공산당의 경제계획 조직을 장악한 권력자가 자동차, 화학, 통신사업 등 정치적으로 중요한 사업 분야에만 다국적기업을 유치하고 있다. 많은 기업이 현지 공무원에게 약탈당하고 정치적 변화에 따라 이중의 손해를 보고 있으며 잘못된 파트너십 때문에 기술을 도둑맞는다. 후자는 패스트푸드부터 샴푸까지 소비재 분야의 산업이 폭넓게 성장하는 시장주도경제의 신흥 중국이다. 보호주의가 엄격한 분야에서도 지방정부, 경쟁 부처, 심지어 군대가 북경의 기술전문관료(technocrat)들의 권위에 도전하면서 진입장벽이 무너지고 있다.

정보기술만큼 규제의 변화를 잘 보여주는 산업은 없다. 중국 정책입안자들은 한때 개인용 컴퓨터와 소프트웨어 수입을 제한시켜 자국 산업을 촉진하려 했지만 정작 중국인들은 밀반입한 수입품을 선호했다. 북경은 결국 규제를 완화하였고 현재 시장을 지배하는 것은 마이크로소프트의 개인용 컴퓨터 운영체제이다.

중국의 시장근대화 계획은 곧 1,000억불이 넘는 장비와 기술의 수입을 필요로 하고 있다. 실제로 중국은 현재 미국에 이어 2번째로 큰 개인용 컴퓨터 시장이다.

아이비엠(IBM)은 효과적인 마케팅과 서비스 제공이 10년 가까이나 어려웠던 상황에서 중국 철도부(Railway Ministry)와 합작사업을 추진하는 대담한 행보를 취하였는데[6], 이 합작사업으로 "블루 익스프레스(Blue Express)"라는 서비스 센터가 설립되었다. 이 계약으로 전국의 기차역에 아이비엠의 서비스 센터망이 구축되었고, 각 서비스 센터망을 통하여 24시간 이내로 필요한 부품을 중국 각지에 보낼 수 있게 되었다. 반면에 경쟁자들은 몇 주일 전부터 화물 공간을 예약해야만 했다. 또한, 철도부의 300명이 넘는 컴퓨터 엔지니어들이 아이비엠 제품의 고객서비스를 도와주고 있다.

아이비엠과 다른 마케터들의 이러한 혁신적인 사고는 보다 효과적인 시장체계의 발전을 가속화시키고 있다.[7] 아이비엠의 서비스 센터는 중요한 마케팅 활동인 판매 이전 및 이후 시점에 대해 효과적인 서비스를 구축한 좋은 사례라 할 수 있다. 피자헛, 맥도날드, 케이에프씨 등 프랜차이즈 사업에 고용된 수 많은 직원을 위한 경영역량강화훈련은 연수생들이 진급이나 이직을 통하여 자신들이 습득한 전문지식을 중국 전역의 마케팅 시스템으로 전파시키는 역할을 수행하고 있다. 중국의 기타 중요 시장으로는 의료서비스[8]와 환경 분야[9]가 있다.

특히 소비자가 과도한 절약정신과[10] 외국인 혐오[11]등의 문화적 장벽을 극복한다면, 장기적으로 중국의 경제력은 수출국으로서 뿐만 아니라 광대한 시장[12]으로서의 역할도 수행할 것이다. 미국의 경제력은 경제의 원동력인 자원, 생산성 그리고 광대한 내수시장에서 비롯되었다. 중국의 미래 잠재력은 내수시장이 주도하는 미국경제와 수출이 주도하는 일본 경제보다 나을 수 있다. 중국은 경제적 낙원도 불모지도 아니다. 중국은 사회주의 시장체제로부터 새로운 규칙이 만들어지고 있는 미완성의 혼합경제체제로의 뼈아픈 변화를 겪고 있는 상대적 빈곤 국가이다. 물론 중국에 가장 큰 위협은 빠른 경제성장[13]과 함께 동반되어 나타나는 경제적 변동성이다. 중국 정부

---

[6] MNCs are becoming more creative in their approaches to investment and operations in developing countries. See Ravi Ramamurti, "Developing Countries and MNEs: Extending and Enriching the Research Agenda," *Journal of International Business Studies* 35, no. 4 (2004), pp. 277 – 83.

[7] Klaus E. Meyer, "Perspectives on Multinational Enterprises in Emerging Economies," *Journal of International Business Studies* 35, no. 4 (2004), pp. 259 – 76.

[8] David Pierson, "Waiting for Care in China," *Los Angeles Times*, February 11, 2010, pp. A1, A10.

[9] Jonathan Ansfi eld with Keith Bradsher, "China Gives Fuller View of Pollution in Its Waters," *The New York Times*, February 10, 2010, p. A9; Keith Bradsher, "China Leading Race to Make Clean Energy," *The New York Times*, January 31, 2010, pp. 1, 8.

[10] Ian Buruma, "Battling the Information Barbarians," *The Wall Street Journal*, January 30 – 31, 2010, pp. W1, W2.

[11] Patricia Jiayi Ho and J. R. Ho, "GM's China Sales Surge," *The Wall Street Journal*, January 4, 2010, online; Todd Woody, "Pasadena Firm Lands, Solar Deal in China," *Los Angeles Times*, January 10, 2010, pp. B1, B4.

[12] David Pierson and Barbara Demick, "Thrifty Chinese Resist Enticements to Spend," *Los Angeles Times*, February 13, 2010, pp. B1, B5.

[13] Michael Forsythe and Kevin Hamlin, "The Building Bubble in China," *Bloomberg BusinessWeek*, March 1, 2010, pp. 18 – 19.

가 이러한 문제점을 잘 해결하길 기대해 본다.

홍콩 홍콩은 155년간의 영국 지배 이후 1997년 중국으로 반환되며 중화인민공화국의 특별행정구역(SAR: Special Administrative Region)이 되었다. 홍콩 특별행정구역의 기본법은 홍콩에 높은 수준의 자치권을 보장하는 중국의 "1국가, 2체제" 합의를 위한 법적 기반이다. 반환 이전 홍콩 사람들이 누려온 사회제도와 경제제도, 생활양식 및 권리와 자유는 최소 50년간 유지되게 되어 있다. 홍콩정부는 외국정부와 쌍무협정을 체결할 수 있고(이후에 북경으로부터 승인을 받는), 독자적으로 중요한 경제결정을 내릴 수 있다. 북경의 중앙정부는 특별행정구역의 외교와 국방만을 책임진다.

홍콩달러는 계속 자유롭게 태환이 가능하며 외국환 및 금의 거래와 증권시장은 이전처럼 운영될 예정이다. 홍콩은 법적권리가 보장되는 자유사회이다. 홍콩 특별행정구역 정부는 일반적으로 민간부문의 두드러진 역할을 강조하는 자유주의적 경제정책 방식을 유지할 것이다. 첫 번째 실험은 1997년 홍콩의 금융시장 붕괴가 세계 금융전반에 파문을 일으키고 중국 본토의 이해관계를 직접적으로 위협했을 때였다. 북경의 당국자들은 당시 침묵을 지켰다. 단지 홍콩 당국이 문제를 해결할 수 있다는 자신감을 북경당국은 표현했을 뿐이다.

중국이 홍콩에게 스스로 위기상황을 해결할 수 있도록 한 결정은 중국이 홍콩에게 많은 것을 기대하고 있다는 것과 함께 둘의 관계가 잘 유지되고 있음을 보여주는 것이다. 특히 홍콩은 지난 몇 년간 중국본토의 공장과 사회기반시설에 1,000억 달러가 넘는 돈을 투자한 가장 큰 투자자라는 점이다. 홍콩 주식시장은 중국의 몇몇 대규모 국영기업의 가장 주된 자금 원천이다. 예를 들어 차이나 텔레콤은 홍콩주식시장에서 기업공개를 통해 40억불의 자금을 모았다.

대부분의 사업 문제는 분명한 원칙과 투명한 거래 등과 같은 근본적인 개념이 홍콩과 본토에서 서로 다르게 이해되기 때문에 발생한다. 많은 사람은 홍콩지역의 자유방임적 방식과 활기 넘치는 자본주의 그리고 도전정신이 북경의 철권 공산당 지도자들에게는 참을 수 없는 것이라고 생각한다. 세세한 부분적인 변화를 제외한다면 반공산주의자들조차 북경이 "1국가, 2체제" 합의를 충실히 존중하고 있다는 것을 인정하고 있다.

대만, 중화민국(ROC: Republic of China) 중국 본토와 대만의 경제적 관계는 양측이 세계무역기구에 가입한 이후 지속적으로 개선되고 있다. 현재 양측이 세계무역기구 조항을 이행하면서 많은 규제가 풀리고 있으며 직접무역이 진행되고 있다. 그렇다고 양측이 과거에는 무역을 하지 않았다는 말은 아니다. 대만기업들은 500억 달러가 넘는 돈을 중국에 투자하였으며, 대략 250,000개 정도의 대만계 공장들이 중국수출의 약 12% 정도를 담당하고 있다. 홍콩지사를 통한 경제활동을 고려한다면

2마리의 대왕 팬더(Panda)인 4살 된 수컷 레레(Le Le)와 2살 된 암컷 야예(Ya Ye)가 팬더 익스프레스라고 명명된 페덱스(FedEx) 비행기에 실리고 있다. 두 팬더는 10년간의 장기임대를 위해 중국에서 테네시 주의 멤피스(Memphis) 동물원으로 항공 운송되고 있다. 운송물품이 팬더이든, 속달 운송물품이든, 저가 운송물품이든지간에 페덱스는 210개국 이상에서 고부가가치 화물들을 문에서 문으로 배달하는 방식(door to door)으로 운송하고 있다. 또한 페덱스(FedEx)로고의 E와 X 사이에 자리한 움직임을 함축한 흰색 화살표에 주목할 필요가 있다. 중국은 팬더를 무역에 대한 보상으로 사용할 뿐만 아니라 상대 국가를 유혹할 때도 사용한다. 실제로 중국은 "팬더 외교"를 1,400년 넘게 사용하고 있다! 2006년 두 마리의 팬더를 대만에 제공하려 했으나 거절당했다. 당시 두 마리의 팬더는 "트로이의 팬더" 라고 불리었다. 이후 2008년 대만의 신정부가 한 쌍의 팬더를 수락하였고 현재 타이페이 동물원에 있다.

실질적인 무역 추정액수는 이보다 더 높을 것이다. "삼통(Three Direct Links: 운송, 무역, 통신)"의 수립과 같은 좀 더 현실적인 틀에서 미래지향적인 "하나의 중국(One China)" 논쟁을 정리하는 것이 최선일 것이다. 양국이 세계무역기구에 가입하였고 세계무역기구 규정에는 회원국들이 무역분쟁과 기타 문제에 대하여 의사소통할 것을 요구하고 있으므로 삼통 관련 문제는 양안(중국 본토와 대만)이 꼭 풀어야 할 문제들이다. 결론적으로 무역은 양안의 욕구를 잘 충족시켜준다.

중국은 무한대에 가까운 값싼 노동력과 엔지니어링 재능을 가지고 있어 대만기업이 자국에서 생산할 때 겪는 원가 상승요인을 해결할 수 있는 기회를 제공한다. 또한, 대만의 기술집약적 기업도 중국시장 진출을 꾀하고 있다.

북경의 경우 포화상태의 국영기업들이 감원을 할 때 대만기업들은 이들에게 많은 일자리를 제공해주는 역할을 하고 있다. 또한, 대만기업은 중국이 세계무역기구의 회원국으로서 필요한 최신기술과 관리체계를 전달해준다. 이런 상황에 비추어 대만은 계속해서 동아시아 경제의 중요한 부분을 차지할 것이다.[14]

일본

LO2
일본의 중요성과 성장 둔화를 이해한다.

1970년대와 1980년대 일본의 급성장은 세계를 놀라게 했다. 그 후 1990년대 초반 들어 일본경제는 또 한번 놀라운 충격을 주었다. 오래된 엔진이 갑작스럽게 느려지면서 털털거리며 멎는 것 같은 느낌이었다. 일본의 경기침체가 시작되었으며, 이는 멈추지 않고 지속되었다. 관찰 가능한 사실에 기초하여 4가지 경기침체 원인이 제시

[14] Alex Frangos, "Thailand, Taiwan Post Strong GDP Growth," *The Wall Street Journal*, February 22, 2010, online.

되었다. (1) 잘못된 경제정책 (2) 무능력한 정치제도 (3) 글로벌 상황에 따른 어려움 (4) 문화적 억제(cultural inhibition).

이 네 가지는 각각 논리적 근거와 지지기반을 가지고 있다. 한 가지씩 자세히 살펴보도록 하자.

잘못된 경제정책 많은 구체적 사실들이 1990년대 일본의 경제적 고통을 묘사하고 있지만 주식시장 붕괴만큼 이를 잘 설명해주는 것은 없을 것이다. 1990년대 초반 니케이(Nikkei)지수는 35,000이 넘는 수준에서 13,000대 이하로 하락했다. 지금 이 글을 쓰고 있는 시점에는 10,000 수준을 헤매고 있다. 심각하게 부풀려진 일본의 부동산 가치도 비슷하게 쇠퇴하였다. 일부 미국인을 놀라게 할 정도로 거대했던 일본으로의 자본유입은 완전히 말라버렸다. 그 결과 한때 거의 두 자리 수의 연간 성장률을 기록하던 일본경제는 허덕거리기 시작했고, 처음엔 제로 성장률을 조금 상회하다가 후에는 마이너스 성장률을 기록하며 1998년의 경기불황에 들어서게 되었다.

이러한 경기불황을 잘 알고 있지만 1990년대 일본의 상황은 독특하게 10년이 넘게 지속되었다. 대부분 경제학자들은 잘못된 경제정책이 경제후퇴의 시발점이자 지속의 원인이라고 말하고 있다. 경제학자는 이런 현상을 친절하고 간결하게 거품의 붕괴라고 설명하였다. 하지만 왜 거품이 생기고 왜 붕괴하였는가? 가장 일반적인 대답은 다음과 같다. 수십 년간 빠른 속도로 성장한 일본경제는 국가적으로 지나친 자만심을 가지게 되었고 그 결과 과도한 위험을 감수하기 시작했다. 과도한 차입은 한계투자(marginal investment) 수준을 끌어올렸다. 결국 대출기관들은 일본경제를 "신뢰단계"에서 "주의단계"로 평가하였다. 주의단계로 들어서자 전체적으로 부풀려진 경제구조가 거의 순식간에 무너졌다. 주의단계는 소비자 수준으로까지 번지게 되었다. 소비성향의 축소와 상품 수요의 감소로 생산량과 고용이 감소하였다. 일본 실업률은 한 번도 경험해보지 못한 수준까지 상승하였지만 그보다 큰 피해는 국가적인 자신감의 상실이었다.

일본에서는 세계 최상급 은행과 같은 대출기관들이 큰 피해를 보았다. 경제가 붕괴됨에 따라 은행들의 대출자산에는 빨간 줄이 그어졌다. 대출이 제한되자 경제회복에 필요한 자본원천이 고갈되었다. 한 분야가 무너짐에 따라 다른 분야가 무너지면서 실질적인 국가적 위기가 닥쳤다.

이 모든 것을 주시하며 미국 당국과 경제학자들은 개선책을 제시하지 않을 수 없었다. "매우 엄격한 방안이 필요하다"라는 외침이 태평양을 건너 메아리쳤다. 미국의 고위층에서는 할 만한 충고였지만, 이는 대규모의 급작스러운 변화에 거부감을 가지고 있는 일본 문화의 편향성에 대한 무지를 반영한 것이다. 일본은 안정성을 최우선시 한다는 점을 항상 기억하라. 위와 같은 문제의 일부분은 대부분 경제학자가 일본경제의 전반적인 경제적 성과와 성장률의 급격한 하락, 세제수입 그리고 디플레이션

그림 11.1
일본의 국민1인당 국민총소득(GNI)
(현재 국제 달러 기준)

출처: World Bank, 2010.

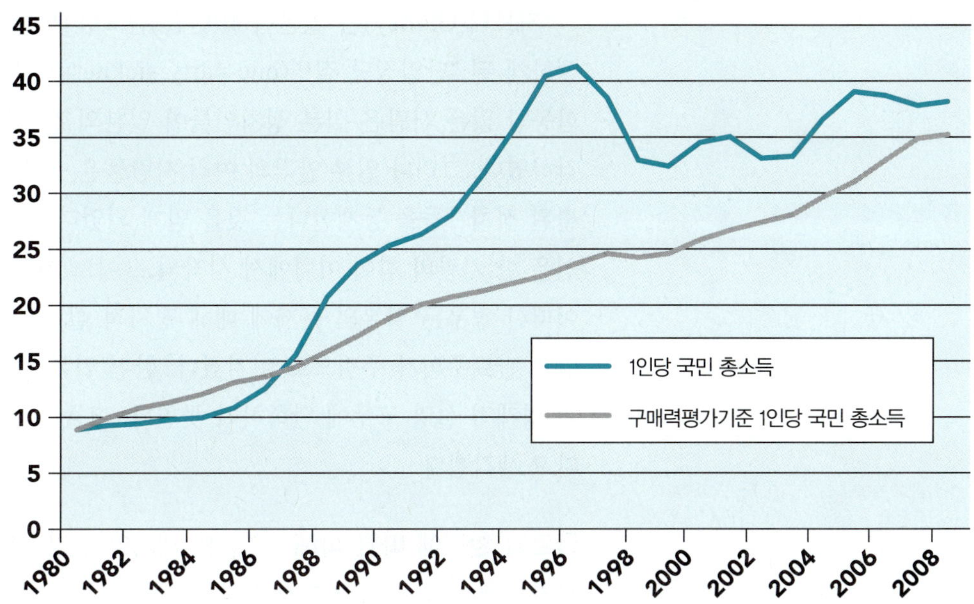

의 잠재적 재앙이 초래하는 결과에만 초점을 맞추었다는 것이다. 따라서 대부분 경제학자는 일본의 경제 기적의 다른 부분을 놓쳤던 것이다. 그림 11.1을 참조해보자.

구매력평가를 고려한 국민 1인당 국내총생산(GDP)을 감안하면 1990년대 일본의 성장은 단지 불안정하게 흔들렸을 뿐이다. 즉, 디플레이션을 고려한 구매력평가 기준으로 계산을 해야 하고 이는 평균적인 일본국민의 복지수준을 반영한다. 국민 1인당 소득이 하락하였지만 물가도 떨어졌다. 우리는 한국경제가 가파르게 하락하였던 아시아 금융위기에서 일본이 대부분 피해갈 수 있었던 것을 살펴볼 수 있다. 실제로 이런 관점에서는 일본경제의 안정성은 기적적이며 특히 1997년 이웃국가들의 경제적 어려움과 함께 1990년대 초반 주식과 실물시장의 하락을 고려한다면 더욱 그렇다. 뉴욕증권거래소와 부동산시장이 함께 동시에 60%가량 하락한다면 미국의 경제성과가 어떻게 반응할지는 상상하기 어렵다.

정치적 이유 일본의 위기에 대해 경제학자들의 시각만이 있는 것은 아니다. 정치전문가 또한 이에 대한 의견을 제시하였다. 그들은 두 가지 주요한 원흉을 찾았다.

첫 번째 원흉: 장기간에 걸쳐 단단히 집권하고 있는 자유민주당
두 번째 원흉: 완고한 일본의 관료주의

1970년대로 거슬러 올라가 일본관련 권위자였던 프랭크 지브니(Frank Gibney)는 일본과 관련된 독창적인 책을 저술하였다. 당시 그는 책의 제목을 "취약한 초강대국(The Fragile Superpower)"이라고 지었다. 당시에 급격하게 부상하던 일본의 가까운 미래에 대한 그의 통찰력은 1990년대 위기가 오면서 입증되었다. "취약한(Fragile)"이라는 이름은 적절한 것으로 판명되었다.

지브니(Gibney)는 일본이 40년간 견고하게 다져진 정치적 동맥경화에 의해 발생하게 된 "단일정당 질병(one-party sickness)"의 희생자라고 새롭게 평가하였다. 한동안 많은 사람은 일본 정치인들이 일본의 강력한 관료주의에 책임이 있다고 생각하였다. 그러나 일본 안팎의 여러 사람들은 실제로는 직업 관료가 선거에 의해 선출된 정치가들을 통제한다는 것을 믿게 되었다. 물론 합의주의 사회에서 특히 외부인은 한 기관의 힘이 어디에서 시작되고 어느 기관에서 끝나는지 구분하기 어렵다. 어떠한 경우든 일본의 문제에 대해 정치적 설명을 제시했던 사람들에겐 위의 자민당과 관료주의가 주범으로 여겨졌다. 한편 일본 내부의 다른 사람들은 정치적 설명과 경제적 설명 모두에 만족하지 못한다. 그들은 좀 더 근본적인 원인을 찾아야 한다고 생각한다.

글로벌 환경에 따른 피해 일본의 세기말적 경제문제에 대한 세 번째 설명은 통제 불가능한 다음 세 가지 환경과 관련되어 있다. 첫째, 서유럽의 인구와 같이 일본의 인구는 미국에 비해 빠른 속도로 줄고 있다. 2005년경 미국의 출산율이 최고조에 달했을 때 일본과 유럽인들은 10년이나 앞서 인구감소와 노령화에 맞추어 경제적, 정치적, 문화적 체제와 사회제도들을 조정하고 있었다. 그리고 이 조정과정에는 많은 비용이 소요된다. 2015년경이면 미국에서 얼마나 큰 비용을 치르게 될지 알 수 있다.

둘째, 일본은 정보화시대에 치명적인 약점을 가지고 있다. 바로 복잡한 언어다. 일본어가 가진 세 가지 종류의 자모구조는 소프트웨어 혁신을 방해할 뿐만 아니라 일본어의 언어학적 구조가 가진 근본적인 간접성도 전자적인 정보의 흐름을 방해하고 있다. 따라서 일본은 1990년대 말 미국경제를 위태로울 정도로 절정에 이르게 했던 정보기술의 폭발적 증가에도 느리게 대처할 수밖에 없었다. 우리는 이제 일본의 소프트웨어 산업이 발전하여 일본어가 가지는 디지털 시대의 한계들을 줄여줌에 따라 일본이 정보화 시대를 서서히 따라잡고 있다고 말하고 싶다. 또한, 9 · 11 사태로 해외여행이 감소되었으며 이로 인해 일본인들은 이메일이나 다른 전자통신매체에 좀 더 익숙하게 되었다.

셋째, 미국 베이비부머 가정들의 소비량이 절정에 달하고 실제적인 석유가격이 역사상 가장 낮아짐에 따라 1990년부터 2007년 동안 스포츠형 다목적 차량(SUV)의 수요가 폭발적으로 증가하였다. 1980년대 일본의 경제성장을 이끌었던 일본의 자동차회사들은 미국의 스포츠형 다목적 차량(SUV)시장에 뒤늦게 뛰어들었다. 혼다 역시 그러했고, 이는 단기적으로는 일본에게 상당한 경제적 약점이 되었다. 하지만 대형차종에 대한 투자를 꺼렸던 점이 이제는 일본 자동차회사들에게 큰 강점이 되고 있다. 이들이 일본의 재기를 새롭게 이끌고 있다고 말할 수 있다. 다만 도요타가 예전의 영광을 되찾는다고 가정했을 경우이다.

문화적 설명 1990년대 중반, "문화적 인과관계(The cultural causation)"라고 불

리는 이론이 알려졌다. 이 이론은 다음과 같다. 제2차 세계대전 직후 산산이 부서진 일본은 범국가적으로 국가재건이라는 목표 아래 일치단결하였다. 이 목표는 수십 년에 걸쳐 극적인 경제발전의 동기부여가 되었다. 그 후 1980년대 후반 일본 국민들은 한발 물러서서 자신들이 이루어 놓은 뛰어난 업적을 볼 수 있었다. 일본인들은 자신들이 갈망하던 목표에 다다랐다고 쉽게 결론지었으며, 이제 그들에게 주어진 질문은 "좋아! 다음은?"이라고 생각했다.

일본인들은 그 어떤 사회보다도 공동노력을 기울이는데 익숙하다. 그들은 동일한 목표에 함께 최선을 다하는 것에서 동기를 부여받는 것처럼 보인다. 문제는 일본에서 그러한 목표가 사라졌을 때 발생한다.

1990년대의 일본문제에 대한 문화적 설명에 동의하는 사람들도 국가적 목표의 부재에만 원인이 있다고 생각하지 않는다. 20세기 전반에는 강력한 기업구조를 만드는 것이 지속적인 성공의 핵심 사항이었다. 이 후 글로벌 경쟁이 도래함에 따라 이러한 유연하지 못한 기업구조는 방해요소가 되었다. 기업구조가 아닌 민첩함이 필수요소가 되었다. 앞서 말한 것과 같이 미국의 기업들은 대규모의 구조조정과 폭풍 같은 인수와 합병 그리고 통합을 통해 이러한 민첩성의 요구에 부응하였다. 종신고용, 업적위주가 아닌 연공서열의 성과평가, 발주자와 하청업자간의 호혜적인 충성심 그리고 기타 여러 가지 일본의 기업관행들이 환경변화를 반영하는 적절한 기업정책을 수립하기 어렵게 하였다. 즉, 미국의 기업들이 일본의 기업들보다 새로운 경제 환경에 좀 더 잘 적응할 수 있었다.

일본은 21세기의 두 번째 10년 동안에도 경제성장 둔화를 겪을 것으로 예상된다. 비록 대기업들이 야심차게 새로운 성장계획[15]을 갖고 있다고 하더라도 경제적 혼란스러움은 실업과 함께 소용돌이칠 것이며,[16] 덧붙여 도요타의 2010년 품질문제는 토요타가 일본경제에 중요한 공헌을 하지 못하게 하였다. 하지만 전 세계 경제학자들과 정부는 노령화와 경기후퇴에 대응하기 위하여 최초로 전략적인 국가부채 증가를 활용한 일본의 정책을 본보기로 삼고 있다.[17]

인도

대부분의 개발도상국들에서 빈번한 무역제한, 경제에 대한 통제조치, 폐쇄적 시장구조, 외국인 투자에 대한 적대감 등을 완화시켰던 변화의 물결이 마침내 인도에도 도달하게 되었다. 1950년 독립이후, 세계에서 가장 큰 민주주의 국가였던 인도는 경제성장 측면에서는 다른 경제개발도상국들에게 좋은 본보기는 아니었다. 그러나 이제는 편협한 기존정책들을 벗어던지며 경제적으로 중요한 후발 개발도상국 중 하나가

[15] Mariko Sanchanta, "High-Speed Rail Approaches Station," *The Wall Street Journal*, January 26, 2010, online.

[16] David McNeill, "In Bleak Economy, Japanese Students Grow Frustrated with Endless Job Hunt," *Chronicle of Higher Education*, February 7, 2010, online.

[17] Tomoyuki Tachikawa, "Exports Boost Japan's GDP Growth," *The Wall Street Journal*, February 15, 2010, online.

인도의 과학자들은 세계적 수준이지만 인도 제약 산업(소유권 제한, 가격통제 그리고 취약한 지적 재산권 제약이 존재)은 중국과 같은 개방형 신흥경제와 비교하여 혁신과 국제투자의 이점들을 얻지 못하고 있다.

되었다. 결과적으로 인도는 수입 대체정책과 자유 시장에 대해 혐오적인 정책 때문에 경제성장이 매우 제한적으로 이루어졌었다. 다른 아시아 국가에서는 해외자본을 선호하는 반면 인도에서는 해외자본을 기피하였다. 따라서 인도에서는 새로운 식민주의의 선봉장처럼 보였던 다국적기업들을 그 동안 기피하였다. 섬유제품 이외에 인도산 제품을 팔 수 있는 해외시장지역은 동유럽과 구 소련연방을 제외하고는 소수에 그쳤다.

그러나 이제 시대가 바뀐 지금, 영국으로부터 정치적 독립을 쟁취한 인도는 가장 중대한 전환의 시기를 맞고 있다. 투자여건 개선을 위한 다음과 같은 다섯 가지 핵심사항들이 발표되었다. 여기에는 투자 환경의 개선, 포괄적 세계무역기구 관련 전략의 개발, 농업과 식품가공업 및 소규모 산업의 개혁, 불필요한 관료주의 제거, 기업지배구조의 개선 등이 포함된다.

- 단순히 국영기업들의 지분을 매각하는 것이 아닌 국영기업의 민영화를 시도하고 있다. 인도정부는 소위 전략적 투자자라 불리는 이들에게 경영통제권을 이양하기 위하여 정부소유 주식을 51% 이하로 줄이려고 한다.
- 통신 분야를 규제하였던 정부조직을 재정비하고 국영기업이 누려온 독점지위를 없애는 중이다.
- 수입에 대한 양적규제 완화를 위하여 미국과 무역협정에 서명하였다.
- 석유분야 개혁을 위한 현재 기조를 유지하고 있다.
- 국내 장거리 전화 서비스, 부동산 및 소매분야의 외국인 직접투자 개방을 계획하고 있다.

인도의 지도자들은 "감자 칩이 아닌 컴퓨터 칩"과 "메이드 인 인도(swadesh)경제"를 주장하는 외국인 투자관련 구호로부터 조용하게 일정거리를 유지했다. 새로운 경제 방향은 극단적으로 치닫고 있었던 자급자족적 경제철학을 조정하고 세계에 인도시장의 개방을 약속하였다. 현재의 인도는 지금 제2의 남미 혹은 중국처럼 비춰지고 있다.

한편, 아직도 외국인 투자자[18]들과 인도의 개혁자들은 다양한 문제에 직면해 있다. 비록 인도정부는 과거정부의 제한조치들을 없애는 개혁을 수행하고 있지만 경쟁이 배제된 채 안전한 관세장벽 뒤에서 편하게 살고 있는 산업 참여자들뿐만 아니

[18] Matthew Dolan and Eric Bellman, "Ford Makes Push to Boost Asian Presence," *The Wall Street Journal*, September 23, 2009, pp. A1–2.

라 관료들, 노동조합원 및 농부들로부터의 저항에 시달리고 있다. 많은 인도인들의 마음속에서 사회주의는 아직 죽지 않았으며 종교, 윤리 그리고 기타 정치적 열정 등도 불타오르고 있다.

여러 가지 이유로 인도는 여전히 어려운 사업 환경을 가지고 있다.[19] 관세는 400%에서 최대 65%로 낮추어졌지만, 다른 전 세계 개발도상국들의 평균수준보다는 상당히 높다. 지적재산권의 불충분한 보호 또한 심각한 걱정거리로 남아있다.

인도 연방정부와 지방정부의 관료들이 가지는 반사업적인 태도는 잠재적 투자자들을 지속적으로 방해하고 있고 그들의 일상적 영업활동을 방해하고 있다. 인도의 정책입안자들은 부실 국영기업의 매각과 유연한 노동법의 도입 그리고 금융업계의 규제철폐를 지연시키고 있다.

더불어, 만연한 부패와 뿌리 깊은 뇌물공여는 많은 거래들을 복잡하게 하고 비용을 상승시킨다. 인도에 대해 저명한 한 권위자는 부정부패 관행이 보시(baksheesh) 혹은 사례금과 같은 전통적 관습에 따른 것이 아니라 정치체제의 하부에서 상부까지 만연한 체계적이고 구조적이며 불명예스러운 부패라고 선언하고 있다. 그럼에도 미국 제조업체들을 대상으로 실시한 한 조사에 따르면, 인도에서 사업을 하는 응답자들 중 95%가 사업을 더 확대할 계획이라고 응답하고 있으며, 아무도 인도를 떠날 것이라고 응답하지 않고 있다. 그들은 인도의 값싸고 질 좋은 노동력과 거대시장의 잠재력에 중독되어 있다.

현재 10억 이상의 인구가 살고 있는 인도는 중국에 이어 두 번째로 큰 규모이며, 두 나라 모두 엄청나게 저렴한 노동력 집단을 보유하고 있다. 인도에는 미국 총인구수에 맞먹는 2억 5천명의 중산층이 있다. 이들 중산층 중 많은 사람은 대학을 졸업했으며, 그 중의 40% 정도는 과학과 공학 분야에 대한 학위를 가지고 있다. 인도는 다양한 기초산업을 확보하고 있으며 컴퓨터 소프트웨어 부분에서는 세계적인 중심지가 되어가고 있다. 인도는 현재 정보 기술의 호황을 누리고 있다. 인도 회사들은 밀레니엄 버그(Y2K)를 해결하기 위해 적시에 컴퓨터 네트워크 오류를 제거함으로써 해외 기업들 사이에서 명성을 쌓은 뒤, 현재 애니메이션 작품부터 차세대 무선전화기에 사용되는 브라우저 및 전자상거래 웹사이트까지 모든 부분에서 공급자 역할을 하고 있다. 앞에서 언급했듯이, 인도는 미국 실리콘밸리[20]에 기술인재들을 송출하고 있으며, 요즘은 이들 중 많은 사람들이 그들 소유의 정보통신 회사를 설립하기 위해 고국으로 돌아오고 있다. 또한, 국가입지상의 경쟁우위가 생겨나게 되었다. 즉 시차로 인해 미국인들이 자고 있을 동안에도 인도에서는 잠들지 않은 다른 영어 사용자들이 있어 미국을 위해 일주일 내내 그리고 하루 종일 서비스를 가능하게 하고 있다.

---

[19] Mehul Srivastava, "What's Holding India Back," *BusinessWeek*, October 19, 2009, pp. 38 – 44.

[20] William M. Bulkeley, "IBM to Cut U.S. Jobs, Expand in India," *The Wall Street Journal*, March 26, 2009, p. B1.

CROSSING BORDERS 11.1 인도의 사회 기반시설

인도에서는 전기로 생산되는 29,000메가와트 보다 더 많은 30,000메가와트의 에너지를 동물들이 만들어낸다

인도 내 거의 모든 주에서 소의 도살을 종교적으로 금지해 놓았기 때문에 인도는 세계에서 가장 많은 소(대략 3억 6천만 마리)를 보유하고 있다. 거세한 수송아지들은 밭을 갈고, 수차를 돌리고, 분쇄기와 탈곡기 작업을 하고, 무엇보다 수레를 끄는데 이용된다. 1947년 인도 독립 이후로 수송아지가 끄는 수레의 수는 두 배로 증가하여 1,500만 대에 달했다. 수송아지들은 비록 거리로는 단거리이지만 철도 시스템 전체보다 더 많은 중량을 수송하고 있다. 인도의 많은 시외 지역에서 수송아지가 끄는 수레는 물건을 운송하는 유일한 실제적 수단이다.

추가로, 인도의 소들은 많은 양의 대변을 만들어 내고 이것이 굳으면 퇴비와 가정 연료로 사용된다. 한 마리의 소는 하루에 평균 3kg 정도로 추정되는 무게의 대변을 만들어 낸다. 몇몇 연구들은 이러한 형태의 에너지가 10,000메가와트에 상당하는 것이라고 말한다.

비록 인도 농부들이 밭을 경작하고 수레를 끄는데 있어 기계사용을 선호하지만, 거세한 수송아지들을 포함한 다양한 짐 끄는 짐승들의 수요는 여전히 많다. 농부들이 운송수단으로서 동물을 기계로 바꾸는 데 시간이 오래 걸리고 좋은 품종의 짐승들이 퇴화하거나 멸종할 것에 대한 우려가 있기에, 인도 정부는 최고의 품종을 보존하기 위한 인공수정 프로그램을 개발하고 있다.

출처: "Bullock Manure," *The Economist*, October 17, 1981, p. 88; S. Rajendran, "India: Scheme to Preserve Local Cattle Breed on Anvil," *The Hindu*, August 9, 1997; "Not Enough Bulls to Till the Land," *Times of India*, May 9, 2000; Randeep Ramesh, "India's Drivers Feel the Need for Speed," *The Guardian*, December 6, 2007, p. 29.

인도는 미국 캘리포니아의 실리콘밸리에서 많은 성공신화들을 써내려가고 있을 뿐만 아니라(인도인은 실리콘 밸리 인력 중 30% 이상을 차지하고 있다) 인도 내부에서는 급속하게 증가하는 인터넷에 대한 열광을 목격할 수 있다. 인도 기업가들과 자본가들은 뱅골 지역에 "사이베라베드(Cyberabad)"라고 불리는 인도 스타일의 실리콘 밸리를 만들고 있다. 이 지역의 수출은 연간 50%씩 증가하고 있고 노동자들은 각각 매년 $27,000의 가치를 만들어내고 있는데, 이는 1인당 국내총생산(GDP)이 약 1,000 달러인 나라에서 놀라운 수치라고 할 수 있다. 10년이라는 짧은 기간 동안에 인도 소프트웨어 산업에는 약 1,000개의 회사들에 대략 280,000명의 소프트웨어 엔지니어들이 종사하고 있다. 또한, 인도 대기업은 해외에서 자신들의 사업영역을 확장해나가고 있다.[21]

아시아의 네 마리 호랑이들

1980년대와 1990년대 사이에 아시아에서 가장 급격하게 성장한 국가는 종종 아시아의 **4마리 호랑이**(또는 4마리의 용)라고 불리는 그룹으로 홍콩, 한국, 싱가포르 그리고 대만이다. 종종 "아시아의 기적"이라고 묘사되는 이들 국가들은 아시아에서 일본을 제외하고 개발도상국의 위치에서 신흥공업국으로 옮겨간 첫 번째 나라들이라 할 수 있다. 게다가 각 국가들은 자신들의 세력권 안에서 다른 국가들의 경제활동과 관련된 무역과 개발에 지대한 영향을 끼치고 있다. 급격한 경제성장과 지난 10년 동안 지속되어 온 아세안 회원국들의 지역적인 영향은 미국 통상대표부로 하여금 자

[21] Mehul Srivastava and Moira Herbst, "The Return of the Outsourced Job," *Bloomberg BusinessWeek*, January 11, 2010, pp. 16 – 17.

유무역협정을 추구하도록 만들었으며, 싱가포르는 이미 미국과 자유무역협정을 체결하였다. 나중에 언급되겠지만 싱가포르는 산업재의 어마어마한 시장이며 중요한 신흥 소비시장이다.

네 마리 호랑이들은 급속히 산업화하고 있고 아시아의 다른 나라들과의 무역활동도 확대하고 있다. 일본은 한때 이 지역에서 지배적인 선도적 투자자였으며 중국, 대만, 홍콩, 한국 그리고 이 지역 기타 국가들의 경제 발전에 있어서 중요한 역할을 맡았었다. 그러나 다른 아시아 나라들의 경제가 부강해지고 산업화됨에 따라 일본을 제외한 이들 아시아 국가들이 경제 리더로써 더 중요해지고 있다. 예를 들어 한국은 중국 북부지역과 구 소련연방과의 통상관계의 중심에 있다. 한국의 영향력과 무역은 중국에서 가장 생산성 있는 두 곳의 경제자유특구인 광동성과 복건성까지 뻗어 있고, 또한 아시아 지역 내의 투자에서도 점점 더 중요한 역할을 하고 있다.

한국은 석유화학제품, 전자 기술, 기계 그리고 제철과 같은 첨단기술제품들을 수출하고 있으며 이것들은 일본, 미국 등과 직접적인 경쟁을 하고 있다. 소비재 부분에서 현대, 기아, 삼성 그리고 엘지는 미국에서 팔리고 있는 자동차, 전자레인지, 텔레비전 등에서 친숙한 한국상표들이다. 한국은 또한 상당한 규모의 해외투자를 하고 있다. 한 한국회사는 미국에 마지막으로 남아있던 텔레비전 제조업체인 제니스(Zenith)의 58% 지분을 사들였다. 하지만 동시에 한국은 많은 자본설비와 공장운영에 필요한 부품들을 일본과 미국에 크게 의존하고 있다.

베트남

베트남 경제와 사회기반시설은 20여 년의 사회주의와 베트남 전쟁으로 파괴되었지만, 8천8백만 이상의 인구는 엄청난 성장을 위한 준비를 하고 있다. 미국과 베트남 간의 쌍무 무역협정은 베트남을 정상무역관계 상태로 이끌었고, 미국에 수입되는 베트남 제품에 적용되는 관세를 평균 40%에서 3% 이하로 낮아지게 하였다. 예를 들어 베트남 커피는 현재 거의 대부분의 미국 식료품 저장고에 있으며, 세계 커피시장

베트남에는 자동차가 많이 없다. 하노이에서는 쵸코파이를 포함한 거의 모든 것을 오토바이가 배달한다.

CROSSING BORDERS 11.2 농촌 생활에서 정보 기술이 가지는 장점들

방글라데시에 있는 델로라 베굼(Delora Begum)의 가정집 사무실은 골판지 모양의 강판과 건초로 이루어진 오두막으로서 바닥은 진흙이고 화장실은 없으며 수돗물은 흐르지 않는다. 환경은 초라하지만 그녀는 "폰레이디(Phone lady)"로 성공적인 기업가가 되었고 그녀의 지역 내 지위는 높아졌다. 모두 세련된 노키아 핸드폰 때문이다. 베굼은 1999년에 핸드폰을 얻었다. 그녀의 전화 부스는 이동식이다. 낮 동안은 마을의 지저분한 도로 위 가판대가 전화 부스가 되며, 밤 동안에는 전화하는 사람들이 핸드폰을 사용하기 위해 그녀의 집에 들른다.

그녀를 통하여 전화통화가 가능해진 이후에, 많은 마을 사람들의 수입과 삶의 질은 매우 개선되었다. 벽돌 공장 관리자는 벽돌공장의 용광로를 위한 기름과 석탄을 주문하기 위해 다카까지 2시간 반 정도 버스를 타고 갔어야만 했다. 이제 그는 격주로 가는 그 여정을 가지 않아도 된다. "저는 뭔가 필요하거나 어떤 문제가 생기면 단지 전화만 걸면 돼요." 한 목수는 현재 나무의 시가를 체크하기 위해 핸드폰을 사용함으로써 자신이 만드는 가구에서 높은 수익을 확보하였다.

마을의 유일한 공공 전기통신망이 세상과 마을을 연결해주어 이제 마을사람들은 그들을 착취하려 하는 악명 높은 중개업자들을 배제시킨 채 자신들의 쌀과 야채에 대한 공정한 가치를 알 수 있다. 주민들은 은행거래를 하거나 먼 도시의 의사와 상담할 수 있게 되었고, 총 인구 중 오직 45% 만이 읽고 쓸 수 있는 나라에서 핸드폰은 편지를 써주는 서기를 없앨 수 있게 하였다. 또한, 핸드폰 주인들은 1년에 $1,100씩 수익을 올린다. 이 금액은 방글라데시 연간 1인당 국민소득의 두 배이다.

그랜드 코스트 피싱 오퍼레이터(Grand Coast Fishing Operators)협동조합의 조합원들이 그날 잡은 생선을 시장에 팔기 위해 생선에 소금을 뿌리고 훈제할 때, 이런 행동들이 가상공간과는 아주 상관없는 얘기처럼 들리겠지만, 여성 조합원들에게 인터넷은 아주 요긴하다. 이 협동조합은 웹사이트를 만들어 7,350명의 조합원들이 자신들의 생산물을 홍보하고 수출 시장을 모니터하며 세네갈 시장에 도착하기 이전에 해외 구매자들과 가격 협상을 할 수 있게 해주었다. 정보기술은 농어촌 마을 사람들의 경제적 지위를 향상시켰다.

출처: Miriam Jordan, "It Takes a Cell Phone," *The Wall Street Journal*, June 25, 1999, pp. B1; 7; World Bank, "World Development Indicators," 2010.

에서의 급격한 가격 하락을 유발하고 있다.

만약 베트남이 다른 동남아 국가들과 같은 유형의 경제발전경로를 따른다면, 베트남은 또 다른 아시아의 호랑이가 될 수 있다. 베트남은 그렇게 되기 위한 성공요인들을 많이 보유하고 있다. 교육 수준이 높고 동기부여가 잘된 인구와 경제성장에 헌신적인 정부가 그 요인이다. 그러나 열악한 사회기반시설, 심한 정부규제, 열악한 산업기반, 중국과의 자원 경쟁[22], 주로 해외에서 공급받는 자원과 기술부족 등을 포함한 몇몇 요인들은 경제발전에 장애가 될 수 있다. 베트남에 공급되는 대부분의 자원과 기술은 아시아 호랑이들 중 3개국(대만, 홍콩 그리고 한국)에 의해 공급되고 있다. 또한, 인텔 같은 미국 회사들 또한 통상 금지령의 해제로 대규모 투자를 시작하고 있다.

피라미드 하부시장

LO3 피라미드 하부시장의 중요성을 학습한다.

프라할라드(C. K. Prahalad)와 그의 동료들은 전 세계적으로 연간 소득이 $1,200 이하인 40억의 사람들로 구성되는 **피라미드 하부시장(BOPMs)**[23]이라는 새로운 개념을 소개했다. 이 시장은 국경에 의해서 정의되는 것이 아니라 여러

[22] Edward Wong, "Vietnam Enlists Allies to Stave Off China's Reach," *The New York Times*, February 5, 2010, p. A9.

[23] C. K. Prahalad, *The Fortune at the Bottom of the Pyramid* (Philadelphia: Wharton School Publishing, 2005).

위의 그림은 경제적 발전의 시작을 보여준다. 인도의 라흐토라(Lahtora)에 있는 시골 학교의 교육 환경은 매우 열악한데, 탄자니아(Tanzania)의 교육 여건은 더욱 더 심각한 상태에 있다. 하지만 이런 환경 속에서도 두 곳의 학생들은 배움에 강한 열망을 가지고 있다.

나라들에 걸쳐 있는 빈곤지역으로 정의할 수 있다. 물론 이러한 40억의 소비자들은 앞서 언급한 국제연합 분류체계에 따른 저개발국과 후발도상국, 특히 남아시아와 사하라 이남지역 아프리카에 집중되어 있다.

프라할라드가 주장하는 기본요점은 피라미드 하부시장의 소비자들이 자원이 부족(돈과 기술)하며 이들을 위한 적정한 제품과 서비스(좀 더 부유한 소비자를 위해 개발되었기에)가 부족하다고 오해한 국제 마케터들이 피라미드 하부시장을 상대적으로 무시했다는 것이다.

세 가지 사례는 피라미드 하부시장이 지닌 상업적 가능성과 장기적인 잠재력을 보여준다. 글로벌 기업이자 멕시코의 시멘트 회사인 시멕스(CEMEX)는 빈곤층을 위해 주거용 주택을 건설해주는 수익성 높은 프로그램을 개발하였는데[24], 이 프로그램에는 획기적인 설계와 자금 조달 그리고 유통체계가 포함되어 있다. 유사한 예로, 인도의 아라빈드 안과병원(Aravind Eye Care System)은 빈곤층의 맹인문제에서 시작되었다. 이 병원은 혁신적인 경영조직(환자의 신원 확인부터 수술 후 관리까지)을 개발하여 소비자에게는 더 나은 시력을 제공할 뿐만 아니라 기업에게는 이익을 제공하고 있다. 마지막으로, 세계경제에 대한 명저의 저자인 피에트라 리볼리(Pietra Rivoli)[25]는 소규모 기업가들이 동부 아프리카에 미국의 낡은 중고 티셔츠를 제공한 사례를 서술하고 있다. 이 세 가지 사례는 모두 전 세계의 최저 소득계층에게 적합한

[24] Geri Smith, "Hard Times Ease for a Cement King," *BusinessWeek* , November 9, 2009, p. 28.

[25] Pietra Rivoli, *The Travels of a T-Shirt in the Global Economy* (New York: Wiley, 2005).

그림 11.2

피라미드 하부시장 클러스터의 역동적 변화

출처: Eric Arnould and Jakki J. Mohr, "Dynamic Transformation for Base-of-the-Pyramid Market Clusters," *Journal of the Academy of Marketing Science* 33, no. 3 (July 2005). Reprinted by permission of Springer.

Note: BOPM = bottom-of-the-pyramid market.

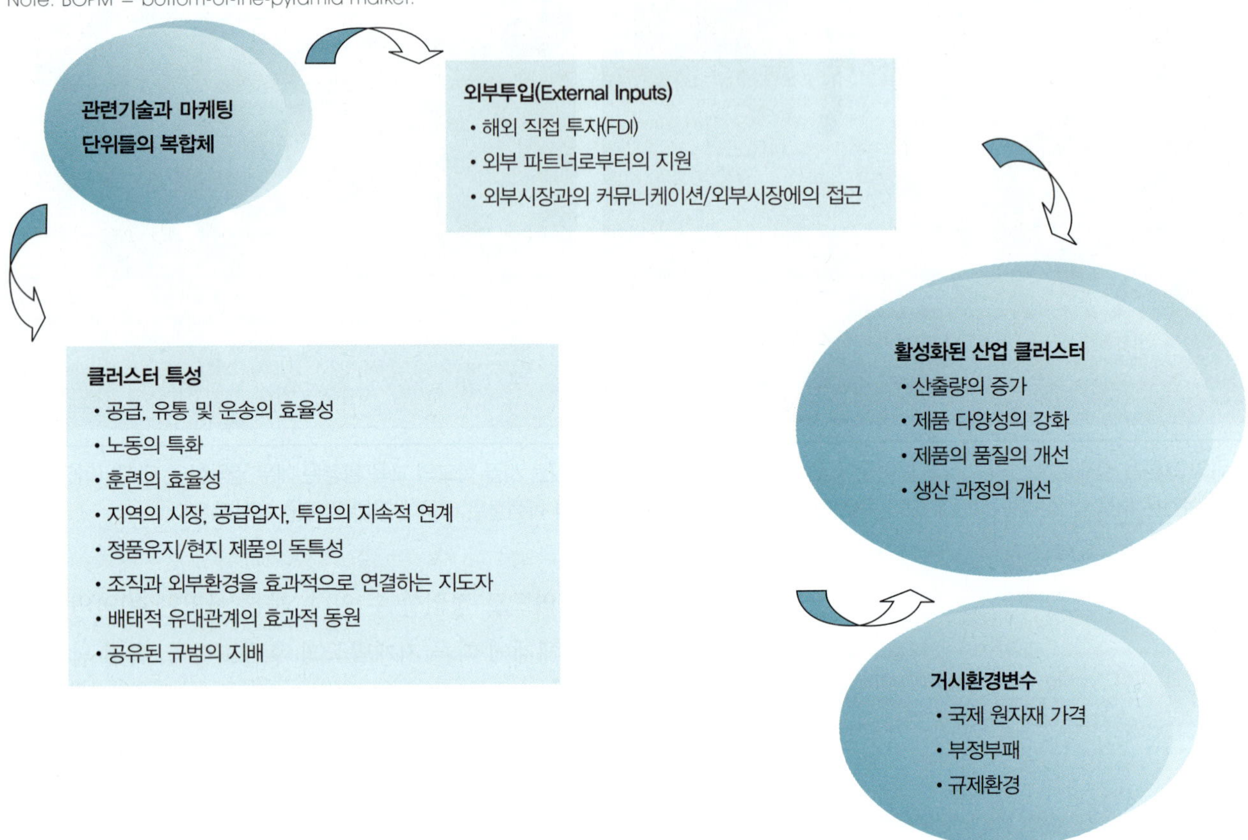

제품, 서비스, 연구조사 및 판매촉진의 조합을 포함하고 있다.

서부 아프리카의 가죽세공업 발전에 대한 종합적인 연구를 통해 피라미드 하부시장(BOPMs)에서 새로운 산업과 시장을 창출해 낼 수 있는 새로운 모델을 제시하였다.[26] 저자는 산업 클러스터가 어떻게 진화하는지, 또한 이 산업 클러스터가 어떻게 외부투자로부터 후원을 받을 수 있는지에 대해 기술하고 있다. 그림 11.2는 저개발 국가에서 실행가능한 산업 클러스터를 설립하는 데 필요한 구성요소와 과정을 보여준다. 가죽세공업 장인들은 서로 간에 그리고 판매자, 소비자, 가족들과 네트워크를 형성하고 협력해야 하는데,[27] 이는 생산, 국내외 유통[28]과 기타 마케팅 활동의 효율성을 달성하기 위함이다. 산업 클러스터의 활성화 핵심은 일련의 클러스터 특성, 외부

[26] Eric Arnould and Jakki J. Mohr, "Dynamic Transformation for Base-of-the-Pyramid Market Clusters," *Journal of the Academy of Marketing Science* 33, no. 3 (July 2005), pp. 254–74.

[27] Madhu Viswanathan, "Exchanges in Marketing Systems: The Cases of Subsistence Consumer-Merchants in Chennai, India," *Journal of Marketing* (2010), online.

[28] Jagdish Bhagwati, *In Defense of Globalization* (Oxford: Oxford University Press, 2004).

로부터의 투입과 거시경제 환경요인들이다. 아래에 제시된 계획은 피라미드 하부시장에서 마케팅을 통한 고무적인 경제발전을 위한 점검표의 역할을 할 것이다. 또한 개발도상국 내부로부터의 경제발전과 성장을 촉진하는 좋은 방법은 네트워킹을 갖춘 기업가적 활동이며 마케팅 또한 중요하다.

방글라데시(Bangladesh)의 민간 상업기관인 그라민 은행(Grameen Bank)은 300개의 마을에 전화를 제공하는 프로그램을 개발했다. 방글라데시에는 인구 1,000명당 고작 8개의 전화선이 있고, 이는 세계에서 가장 낮은 전화보급률 중 하나이다. 새로운 네트워크는 전국적인 것으로 모든 마을 사람들이 반경 2km내에서 전화를 이용할 수 있도록 추진 중이다. 전화보급은 크게 확대되어 지난 4년간 1,000명당 4명에서 1,000명당 63.5명으로 늘어났다.[29]

시장 측정지표

LO4
지역 전반에 걸친 다양성을 이해한다.

표 11.1에서 11.3는 아시아–태평양 지역에서 가장 인구가 많은 8개 국가들의 근본적인 시장 측정지표(fundamental market metrics)를 보여준다. 국가별로 사람들의 삶의 방식이 크게 다양하다는 점에 주목해야 한다. 그리고 남북간의 격차 역시 분명하다는 것에 다시 한 번 주목할 필요가 있다. 첫 번째 표에서 가장 눈에 띄는 것은 방글라데시의 초라한 소득에 비해 일본의 소득이 압도적으로 높다는 것이다. 또한 표를 통해 세계에서 가장 긴 수명을 가능하게 하는 일본 의료제도의 전반적인 우수함을 알 수 있고, 중국과 베트남을 통해 공산주의 체제가 건강을 강조한다는 것 역시 확인할 수 있다.

표 11.1

아시아–태평양 지역 8대 인구조밀국의 생활수준

출처: Euromonitor International, 2009.

국가	인구 (백만)	국민1인당 GNI*	인구 1,000명당 의료시설		가정소유 %		
			의사	병원 침대	컬러 텔레비전	냉장고	샤워실
중국	1,328	3,324	1.5	2.9	97	60	45
인도	1,169	1,016	0.6	–	34	18	46
인도네시아	230	2,197	0.2	–	87	25	52
파키스탄	181	925	0.8	0.6	37	39	74
방글라데시	162	576	0.3	–	–	–	–
일본	128	41,500	2.2	13.8	99	99	100
필리핀	92	1,919	0.01	1.0	90	48	87
베트남	88	1,056	0.7	2.6	86	30	40

*현 미국달러환율 기준

29 World Bank, "World Development Indicators," 2008.

표 11.2

아시아-태평양 지역 8대 인구조밀국 사회기반시설

출처: Euromonitor International, 2009.

국가	철도이용 (국민1인당 이용 km)	인구 1,000명당 승용차 소유수	에너지 소비량 (석유 1톤 기준)	인구 1,000명당 컴퓨터 사용수	인구 1,000명당 휴대폰 사용수	식자율 (%)	인구 1,000명당 대학생 수
중국	525	20	1.6	77	532	95	17
인도	613	15	0.4	41	386	67	12
인도네시아	98	17	0.6	34	788	92	14
파키스탄	163	6	0.4	6	588	58	2
방글라데시	25	1	0.1	37	352	55	6
일본	3,115	446	3.9	524	894	100	23
필리핀	1	8	0.3	121	831	94	29
베트남	48	2	–	157	1,020	92	27

표 11.2는 국가들 간의 사회간접기반시설을 비교하여 보여주고 있다. 일본의 철도 시스템은 세계에서 최고인 반면 필리핀의 사람들은 보트나 버스로 다닌다는 것을 알 수 있다. 또한, 자동차를 가지고 있는 베트남 사람은 매우 적어서 대부분 오토바이로 다닌다. 호치민시의 정신없이 바쁜 도로에서 오토바이 한대에 다섯 식구가 타

인도 구 델리(Delhi)시의 거리에 무질서하게 건설된 도로상황을 보면 고가도로의 필요성을 쉽게 알 수 있다. 타타 자동차의 2,500달러 차인 나노의 출시는 교통 혼잡을 더 악화시킬 뿐이다. 인도 역사상 가장 비싼 공공사업인 델리, 뭄바이, 첸나이 및 캘커타를 잇는 4차선 고속도로를 중심으로 한 도로혁명으로 인도는 시간당 80km이었던 속도제한을 100km로 올렸다. 하지만 여기서 궁금한 점은 교통경찰이 거리의 수많은 신성한 소들을 고속도로 진입차선에서 치우는 방법이다.

표 11.3

아시아–태평양 지역의 8개 인구조밀국의 소비 유형

출처: Euromonitor International, 2009.

국가	가정당 인원수	가정 지출(1인당 $)								
		음식	술,담배	옷	주거	건강제품, 서비스	교통	통신	여가생활	교육
중국	3.4	43	34	112	157	114	46	147	37	82
인도	5.3	212	18	25	73	24	90	20	12	16
인도네시아	3.4	588	75	52	230	34	48	23	28	91
파키스탄	7.2	291	16	35	133	47	32	4	1	18
방글라데시	6.0	–	–	–	–	–	–	–	–	–
일본	2.5	3,303	743	658	5916	1,034	2,423	910	2,694	507
필리핀	4.8	456	19	29	270	42	103	8	6	58
베트남	4.4	285	19	29	30	54	103	10	10	51

고 있는 것을 보면 놀랍다. 대학교육을 강조하는 필리핀과 베트남 양국 모두 미래 성장에 좋은 조짐을 보인다.

표 11.3은 간략하게 소비유형을 열거하고 있다. 물론 일본이 눈에 띄게 우세하다. 또한, 교육을 강조하는 정도에서 중국과 인도의 차이에도 주목할 필요가 있다.

아시아–태평양 무역 연합

LO5
아시아–태평양 지역 내 국가 간 상호 연관성을 이해한다.

기술과 시장측면에서 미국과 유럽에 수십 년간 의존해왔던 아시아–태평양 지역의 국가들은 다음 단계의 경제적 도약을 준비하고 있다. 이는 아시아–태평양 지역내부의 국가들로부터 지원받은 무역, 투자 및 기술에 의해 주도되고 있다. 아직까지 그 수는 적지만 아시아에서 신흥 산업국가들 간의 무역협정은 아시아 지역 전체에 무역지대를 형성하려는 움직임을 보이며, 그 중심에는 중국과 일본[30]이 있다.

지난 수년 간, 미국은 일본의 가장 큰 무역파트너였다. 그러나 이제 일본기업 입장에서 전략적으로 무역과 해외직접투자와 관련된 중국과 동남아시아 시장의 중요성이 갈수록 더 중요해지고 있다. 일단 일본이나 제3의 시장으로 이들 지역의 저렴한 노동자원이 이동하게 되면 해당 국가들은 존속가능한 시장으로 여겨진다. 더욱이 제조업 전반에 걸친 수많은 일본의 투자는 현지고객의 구매를 자극하고 정교한 현지 생산과 공급자 네트워크 개발에 초점을 맞추고 있다.

현재 아시아–태평양 지역의 무역협정들로는 다국적 무역그룹으로서 아세안 자

[30] Carlos H. Conde, "China and ASEAN in Services Pact," *The New York Times*, January 15, 2007, p. C2.

유무역지역(AFTA)으로 발전하고 있는 아세안(ASEAN), 아세안 회원국들과 중국, 일본, 한국의 장관들을 포함하는 포럼인 아세안+3(ASEAN+3) 그리고 해마다 이 지역의 경제 발전과 협력을 토론하려 모이는 포럼인 아시아-태평양경제협력체(APEC)가 있다.

아세안과 아세안+3

아세안은 아시아에서 중요한 다국적 무역그룹이다.[31] 다른 모든 다국적 시장그룹들과 마찬가지로 아세안은 회원국 간의 경제체제 통합을 위한 시도에서 여러 문제점과 실패를 겪어왔다. 초기 경제성장의 대부분은 아세안 그룹의 외부에서 시작되었다. 회원국들이 수출해야 하는 제품의 종류, 천연 자원 그리고 회원국들이 보유한 자원들 간의 유사함이 아세안 내부무역의 초기 노력을 방해했기 때문이다. 아세안이 처음 출범했을 때 회원 국가들이 지역 내 무역을 촉진시키기 위해 산업기반을 확장하고 다양화하고자 취한 행동으로 지역 내의 가장 빠른 경제성장과 회원국 간의 무역증가(표 11.4 참조)를 가져왔다.

아세안 국가들의 엄청난 경제성장과 함께 그들이 저렴한 노동력의 안정적 공급처에서 산업화 국가로 변화한 이유를 설명하는 4개의 주요사건이 있는데 다음과 같다.

(1) 경제규제 완화, 자유화 그리고 민영화를 위한 아세안 정부들의 공헌
(2) 원자재 기반 경제에서 제조업 기반 경제로 전환하기로 결정
(3) 비교우위를 가지고 있는 부품생산에 특화하기로 결정(이 비교우위는 다양한 산업적 산출물을 창출하고 무역 기회를 증가시켰다.)
(4) 생산역량의 향상과 신규산업 발전에 필요한 기술과 자본의 주요 공급자로서 일본의 출현[32]

유럽연합처럼 초국가적 정부를 모방하려는 시도는 없지만 매년 아세안 회원국의 관계는 더욱 더 긴밀해지고 있다. 아세안 비전 2020은 아세안 회원국들이 수용했던 역내 목표 중에서 가장 외부 지향적인 공약이다. 가능한 신속히 아세안 자유무역지대를 시행한다는 약속은 미래 통합을 위한 중요한 목표 중 하나이다. 이 목표를 향해 10개의 아세안 국가들은 중국, 호주 및 뉴질랜드와의 공식적인 무역협정에 서명했다.

유럽연합과 마찬가지로 아세안 내부의 기업들은 자유무역지역에서 활용할 수 있는 운영계획안을 만드는 중이다. 관세 차별이나 비관세 장벽 없이 지역전체에 판매를 수행할 수 있게 되면 마케팅 믹스의 여러 부분에 중요한 영향을 줄 수 있는 변화가 발생할 것이다. 관세제한으로 어쩔 수 없이 정해지기보다는 가장 비용효율성이 높은 지역에 유통이 집중될 수 있다. 또한, 브랜드 표준화가 필요한데 이는 대형 소

[31] See http://www.aseansec.org; "Ajar for Business," *The Economist*, January 9, 2010, p. 44.

[32] Shisei Kaku, "Japan Walks the Path of Peace," *The Age*, September 6, 2005, p. 13.

표 11.4

아시아 태평양 시장그룹의 기초적인 시장 측정지표

(괄호 안에는) = 2004~2009의 연평균 성장률이 비율로 표시되어 있음

출처: Euromonitor International, 2010 and World Bank, 2010.

협회	나라	인구 (100만)	국민총소득 (10억$)	상품수출액 (10억$)	상품 수입액 (10억$)	기업환경평가 지수	1인당 국민총소득	인터넷 사용자 (1000명당)
아세안 자유무역지역(AFTA)								
	브루나이	0.4(2.0)	11.5	10.2(17.7)	2.6(9.6)	94	30032	755(15.4)
	캄보디아	14.8(1.6)	9.2	3.9(7.0)	6.3(14.6)	139	651	7(17.3)
	인도네시아	230.0(1.2)	505.2(15.5)	118.0(10.8)	92.7(11.0)	129	2197(14.1)	154(42.6)
	라오스	6.1(1.8)	5.0	1.2(26.7)	1.6(17.3)	165	837	26(47.9)
	말레이시아	28.1(1.9)	195.6(10.6)	152.6(3.9)	120.2(2.7)	21	6960(8.5)	646(9.2)
	미얀마	50.0(0.8)	29.7(23.0)	4.3(12.4)	9.2(33.2)	–	594(22.0)	1(33.2)
	필리핀	92.1(2.0)	176.8(13.5)	38.6(–0.5)	49.6(3.2)	141	1919(11.3)	73(6.6)
	싱가포르	4.7(2.1)	166.6(10.1)	269.2(8.4)	244.3(8.3)	1	35402(7.8)	701(2.3)
	태국	64.7(0.7)	246.1(9.2)	147.8(9.0)	126.7(6.1)	12	3801(8.4)	254(17.9)
	베트남	87.6(1.3)	92.5(15.7)	55.8(16)	68.2(14.5)	91	1056(14.2)	286(29.9)
아세안+3								
	중국	13280.5(0.5)	4414.8(18.0)	1185.8(14.9)	986.8(11.9)	86	3324(17.4)	283(31.2)
	일본	127.6(0.0)	5295.2(2.4)	577.4(0.4)	548.9(3.8)	13	41500(2.5)	724(3.1)
	한국	48.7(0.3)	821.7(2.6)	372.5(7.6)	314.3(7.4)	23	16857(2.3)	783(2.4)

*현 US 달러 기준

말레이시아의 쿠알라룸푸르(Kuala Lumpur)에서 제조되는 부품처럼 부가가치가 크고 운송시간이 중요한 부품들은 DHL 국제특급서비스 보잉 737이 제공하는 급송 항공화물 서비스가 필수적이다.

비자가 조금씩 국가적 수준에서 구매하기 보다는 지역적 수준에서 구매할 것이기 때문이다. 가격책정도 좀 더 동일해질 수 있는데 이는 관세의 차이로 국가 간 중요한 가격차이가 발생할 때 나타나는 밀수와 병행수입이 감소할 것이기 때문이다. 결론적으로 마케팅이 좀 더 지역적이면서도 중앙집권적으로 관리될 수 있을 것이다.

1997년에서 1998년의 아시아 금융위기 결과로 아시아의 무역과 통화문제를 다루는 **아세안+3**(아세안에 중국, 일본 그리고 한국이 추가)이 만들어졌다. 서방자본이 위기의 한가운데서 아시아를 빠져나감으로써 문제가 더욱 커졌다고 느낀 대부분의 동아시아 국가들은 서구로부터 버림받고 이용당했다고 생각하였다. 미국이 태국에서

그랬던 것처럼 선도적인 금융기관들은 당시에 구제금융에 참여하지 않았거나 현실성 없는 해결안들을 제시하였다. 이러한 결과로 각 국가의 외교 및 재무장관들로 구성된 아세안+3이 만들어졌으며, 매년 아세안 회의 이후 모임을 가지고 있다. 첫 모임은 회원 국가들이 외환선물 공격으로부터 자국의 통화의 방어를 위해 회원국 간의 외환 보유고를 공유하는 시스템을 논의하였다. 일시적이긴 하지만, 아세안+3 회원국들은 공동시장과 심지어 단일통화 또는 동북아시아와 동남아시아를 포괄하는 새로운 아시아 독립체에 대해서도 회의를 가졌다. 동남아시아와 동북아시아 사이의 친밀한 유대관계는 세계경제에서 아시아의 역할을 강화하고 세 개의 중요한 경제블록을 구성하려는 단계로 볼 수 있다.

아시아-태평양 경제협력기구

환태평양지역에서 중요한 그룹 중 하나는 **아시아-태평양 경제협력기구**(APEC: The Asian-Pacific Economic Cooperation)이다.[33] 1989년도에 형성된 아시아-태평양 경제협력기구는 무역개방 및 경제협력에서 상호 이익을 논의하기 위해 미국과 캐나다를 포함한 지역 내의 주요 정부들을 위한 공식적인 조직이다. 아시아-태평양 경제협력기구는 독특한 포럼으로서 무역 자유화와 경제협력을 증진시키기 위한 중요 원동력으로 발전했다. 아시아-태평양 경제협력기구는 환태평양 안에 있는 모든 중요한 국가들을 포함하고 있다. 여기에는 러시아에서부터 칠레 그리고 호주와 같이 세계에서 가장 역동적이고 빠르게 성장하는 국가들이 포함되어 있다. 아시아-태평양 경제협력기구의 보편적 목표는 무역개방, 경제협력, 지역 성장과 발전의 유지, 다자간 무역 체제의 강화 및 다른 경제에 장애가 되지 않으면서 투자와 무역장벽을 제거하기 위한 노력들이다. 매년 아시아-태평양 경제협력기구 회원국의 대표들은 그들이 직면한 문제를 논의하고, 국가 간 경제성장의 상호 의존성 증가에 따른 문제해결책을 제안하고, 무역장벽을 낮추는 방안에 대한 모색을 지속적으로 수행하고 있다. 아시아-태평양 경제협력기구는 자유무역지대로 발전하기에는 아직 멀었지만 일부 회원국들의 반대에도 불구하고 매번 회의를 거듭할수록 한 단계씩 발전하고 있다.

중국 내부의 다양성에 대한 초점

LO6
중국 내부의 다양성을 이해한다.

우리는 중국 내 다양성을 간략하게 설명하면서 이번 장을 마무리하고자 한다. 물론 우리는 인도에 대해서도 비슷한 설명을 할 수 있다. 양쪽 모두 유럽연합보다 두 배 많은 인구와 미국보다 세 배 많은 인구를 가지고 있다. 혹은 일본[34], 베트남 그리고 인도네시아와 같은 다른 큰 나라들과의 문화와 경제 차이를 고려해 볼 수도 있다. 그러나 이 책의 지면제약과 중국경제의 폭넓은 다양성과 빠른 지배력을 감안하여 대중화권(The Greater China)

[33] See http://www.apec.org.

[34] Shinobu Kitayama, Keiko Ishii, Toshie Imada, Kosuke Takemura, and Jenny Ramaswamy, "Voluntary Settlement and the Spirit of Independence: Evidence form Japan's 'Northern Frontier,'" *Journal of Personality and Social Psychology* 91, no. 3 (2006), pp. 369 – 84.

을 선택했다.[35]

오늘날의 중국은 상호 경쟁적이고 보완적인 경제적 "춘추전국시대 국가(진[秦]왕조가 2,200년 전에 통일을 이루기 이전의 시대)"로 나뉘어 있다. "춘추전국시대 국가"들 중에서 네 지역의 경제가 태평양의 해안가를 따라 북쪽에서부터 남쪽까지 수립되어 있다.

- 전통적인 산업 중심지인 동북 3성 지역(요녕성, 길림성 및 흑룡강성)과 이 지역의 중심으로서 해안도시인 대련시
- 중국 북쪽의 정보화 기술의 통로인 북경-천진 지역
- 신흥 정보통신(IT) 공업중심지가 있는 소주가 위치한 대상해(the Greater Shanghai) 지역으로 알려진 양자강 삼각주
- 정보통신(IT) 산업의 세계적 제조 기반인, 홍콩, 마카오, 광주, 심천을 포함하는 주강 삼각주

현재 이들 네 지역에는 중국 본토 인구의 4분의 1가량(3억명 이상)이 거주하지만, 중국 국내총생산(GDP)의 절반 정도를 차지한다. 이 지역의 1인당 국민 소득은 $6,000 이상으로(구매력 평가기준으로는 $12,000) 대략 중국 평균의 두 배 정도이다. 표 11.5에 지역, 성, 도시에 따른 경제적 차이를 제시해 놓았다. 상해 지방 사람들은 남쪽 내륙의 귀주보다 8배나 많은 소득을 얻고 있으며, 1인당 국민 소득은 과거 중국과 분리되었던 홍콩, 마카오 그리고 대만이 제일 높다.

경제적인 다양성을 넘어 중국인들은 중요한 민족적 · 언어적 차이도 보이고 있다(그림 11.3 참조). 한족이 인구의 90% 이상을 구성하고 있으며 장족, 만주족, 회족, 묘족, 위구르족, 토가족, 몽골족, 티베트족, 백족, 동족, 요족, 조선족 등 상당한 규모의 소수민족들이 있다.

중국에서 표준말은 표준 만다린어이지만, 56개 이상의 방언과 기타 언어가 전국적으로 사용된다. 물론 한자는 거의 누구나 읽을 수 있지만, 다른 방언들은 대부분 서로 이해하지 못하고 있다. 이런 공용어의 부재가 중국의 텔레비전과 라디오 광고주들에게는 다양한 문제가 되고 있지만 인쇄매체에서는 큰 문제가 되지 않는다. 예를 들어 중화인민공화국에 있는 3,000개 이상의 텔레비전 방송국은 방송 프로그램과 광고를 만다린어로 방송하도록 국가광파전영전시총국(광전총국, State Administration of Radio, Film, and Television)으로부터 통제받고 있다. 그러나 중앙정부의 이러한 지시는 현지어와 방언이 프로그램의 내용과 상업적 메시지를 소비자에게 좀 더 잘 전달할 수 있기 때문에 자주 묵살된다. 특히 광동지역에서는 현지 광동어를 강조하는 풍조가 높다. 광동의 텔레비전 프로그램은 대개 광동어로 되어있으나, 대부분

[35] The concept of The Greater China combines the PRC and Taiwan. This combination politically is a matter of ongoing debate, but we adopt it to be comprehensive in our discussion.

표 11.5
중국의 행정구역

출처: All China Data Center (http://www.chinadataonline.org), for year 2009, accessed in 2010.

주요경제지역	성과 기타 도시	인구(백만)	GDP(10억US$)	1인당 GDP(US$)
중국 동북지역	요녕성	43.2	204.1	4716
	길림성	27.4	97.3	3551
	흑룡강성	38.3	112.2	2930
북경-천진 IT 지대	북경[2]	17.6	160.8	9283
	천진[2]	12.3	101.4	8432
양자강 삼각주	상해[2]	18.9	201.4	10654
	장수	77.2	460.8	5971
주강 삼각주	광동	96.4	528.3	5477
	홍콩[4]	7.0	2156	30755
	마카오[4]	0.5	14.2	40390
기타	하남성	94.9	262.2	2757
	산동성	94.7	456.8	4811
	사천성	81.9	191.9	2341
	하북성	70.4	229.7	3283
	호남성	64.1	174.3	2729
	안휘성	61.3	136.4	2230
	호북성	57.1	163.3	2857
	저장성	51.8	308.1	5954
	광서장족자치구[1]	48.6	104.1	2140
	운남성	45.4	83.4	1844
	강서성	44.3	102.7	2341
	귀주성	37.9	52.6	1333
	섬서성	37.7	110.6	2934
	복건성	36.3	160.8	4436
	산서성	34.3	99.5	2905
	중경시[2]	28.6	88.2	3084
	감숙성	26.4	45.7	1731
	내몽고[1]	24.2	131.5	5445
	대만[3]	23.0	383.3	16987
	신장위구르자치구[1]	21.6	57.5	2671
	해남성	8.6	22.3	2593
	영화회족자치구[1]	6.8	18.1	2662
	청해성	5.6	14.6	2607
	티벳자치구[1]	2.9	6.0	2068

[1]. 자치구
[2]. 도시
[3]. 중화민국의 지방
[4]. 특별 행정 구역

그림 11.3

대중화권의 지도(Map of Greater China)

출처: Reprinted courtesy of Oriental Travel - offers tourist information and reservation services for worldwide travelers to the Greater China region. http://www.orientaltravel.com.

의 상업적 메시지는 만다린어로 되어있다. 라디오 프로그램과 광고는 둘 다 만다린어로 방송되는 경향이 있다. 게다가 광동지역의 많은 주민들은 위성 TV로 시청하는 광둥어로 된 홍콩 대중매체에 큰 관심을 갖고 있다. CROSSING BORDERS 11.3에 흥미로운 추가정보가 있다.

동북지역: 전통적 산업 중심지

1970년대와 1980년대에 중국 동북지역은 국가 산업과 기술의 중심이었다. 그때 많은 석유화학, 철강, 중공업 관련 국영기업들이 계획경제하의 중국의 생산을 지배했다. 동북지역의 성장은 여전히 중요하지만, 중국이 공산주의에서 자유기업 지향적으로 바뀌면서 중국의 다른 3개 주요 지역의 경제성장은 동북지역을 넘어서고 있다.

중국 동북지역에 속한 세 지방인 요녕성(4,320만 명)과 길림성(2,740만 명), 흑룡강성(3,830만 명)은 오랫동안 문화와 정치경제 측면에서 응집력 있는 대표적 집단이었다. 실제로 이 지역의 상호연관성의 강도는 이 지역을 각각의 성으로 불리기보다는 동북지방 혹은 동북 3성이라고 불리는 것에 잘 나타나 있다.

마지막으로 이 지역의 가장 중요한 장점은 중국의 가장 중요한 산업국들과 나란히 인접해 있다는 점이다. 수세기 동안 많은 상품과 아이디어가 이 국경을 넘나들었고 방대한 규모로 계속 지속될 것이다. 요령성은 일본과, 길림성은 한국과 그리고 흑룡강성은 러시아와 가장 가까운 경제적 유대관계를 가지고 있다.

경제적인 기회와 접근성 때문에 이 지역의 학생들은 외국어 시간에 영어 대신 일본어나 러시아어를 공부한다. 이 지역에 거주하는 200만의 소수 민족인 조선족과 함

CROSSING BORDERS 11.3 중국 방언을 다루는 것과 관련된 논평

중국의 국가광파전영전시총국(광전총국)이 짜증나는 방언사용을 없애기로 결심하였다. 광전총국의 웹사이트에 올라온 짧은 뉴스에서 광전총국의 대변인은 텔레비전 드라마에서는 만다린어만을 사용해야 하는 규정을 거듭 강조하고 있다. 광전총국의 대변인 주홍은 다수의 텔레비전 프로그램들에서 방언을 많이 사용하고 있으며, 몇몇 프로그램들은 국가적인 만다린어 사용을 장려하지 않고 국가규칙에 어긋나는 너무 길고 지나친 방언을 사용하고 있다고 말했다. 덧붙여 이 같은 관행은 심미적인 측면에서도 시청자에게 영향을 끼친다고 주장하였다.

또한, 주홍 대변인은 지방 라디오, 영화, 텔레비전 관련 정부기관과 프로듀서들이 텔레비전 시리즈에서 만다린어 사용과 관련된 광전총국 조항 #560(2005년)을 엄격히 따라야 하며 완성된 쇼에 대한 철저한 검토도 필요하다고 말했다. 즉 정상적인 상황 하에서 제작된 프로그램들은 만다린어를 주로 사용해야 한다는 것이다.

주홍 대변인은 또한 지방 뮤지컬을 제외한 텔레비전 프로그램들이 만다린어를 주로 사용하여야 한다고 말했다. 일반적으로 방언과 비만다린어는 사용되지 말아야 한다. 주요 혁명 드라마나 역사적 주제를 다룬 텔레비전 프로그램과 교육적인 내용의 아동 프로그램 및 쇼프로그램 등은 만다린어만을 사용하여야 한다. 또한 텔레비전 프로그램에서 묘사된 지도자들은 만다린어만을 사용하여야 한다.

지역 방언들은 만다린어로 이루어진 대화에 색깔을 더하기 위해 사용될 순 있지만 주연배우들은 표준적인 대화를 만다린어로 해야 한다. 이러한 조건은 모택동(하남성 출신)과 등소평 (사천성 출신)과 같은 중국의 많은 건국 지도자들의 정확한 실물 묘사에 어려움을 주고 있다.

좀 더 일상적인 상황으로 중국과 대만을 중심으로 활동하는 화물 운송회사가 자신의 경쟁사 직원이 나이 많은 여성에게 전달할 소포가 있다고 말하는 장면이 포함된 광고를 하였다. 이 광고에서 그녀는 만다린어를 이해하지 못하였고 불운한 그 배달원은 몇 번이고 같은 말을 반복해야 했다. 광고주 회사의 배달원은 당연히 그녀가 사용하는 알맞은 방언을 이용해 단번에 소포를 전달하는 장면을 연출하였다.

출처: Joel Martinsen, "Too Much Dialect on the Small Screen," Danwei.org, July 17, 2009; "Chinese Dialects and Accents," tvtroes.org, accessed 2010.

께 한국어 또한 널리 쓰인다. 이 지역의 중국어 방언은 만다린어와 유사하나 약간의 동북억양이 섞여있다.

이 지역에 대한 일본의 영향은 만주국의 꼭두각시 황제를 통해 중국 북부의 많은 부분을 일본 제국주의가 통제하던 1930년대로 거슬러 올라간다. 50년 뒤인 1980년대에 일본과 중국의 상거래 관계는 재개되었고 중국의 성장과 함께 꽃을 피웠다. 1980년대 이래로 이 지역으로 일본투자가 흘러들어왔고 일본은 현재 중국에게 미국보다 더 중요한 무역 상대국이다.

요동반도의 남쪽 끝에 있는 대련은 양국 관계의 핵심이다. 이 도시의 항만시설(싱가포르 회사가 관리하는)은 세계에서 가장 크고 현대화된 것 중 하나이다. 일본에서 4시간 비행거리이고, 고급 노동력과 저렴한 부동산이 일본의 첨단기술 투자를 끌어들이고 있다. 도시바, 캐논, 마쯔시다와 같은 기업들은 수 많은 중국 노동자를 고용하며 수천의 일본 관리자와 기술자가 대련에 거주하고 있다. 이 모든 상호작용들이 70,000명의 중국인들이 일본어를 유창하게 말하게 되면서 더욱 쉬워졌다. 최근 들어 대련은 수십 년간의 산업발전으로 인한 환경피해를 많이 회복하게 되었고 전 세계적인 첨단기술과 소프트웨어 기업들이 빼곡히 들어서게 되었다.

요령성과 길림성 모두 북한과 국경을 맞대고 있으며, 두 지역은 모두 상당수 조선족들의 거주지이다. 중국 소재 200만 명의 조선족 중 약 60% 가량이 길림성에 거주한다. 한국은 이러한 문화적 연계성을 이용해왔고 특히 2002년 이후 집중적으로 길림성에 투자해 왔다.

중국은 러시아와 국경을 가장 길게 맞대고 있으며, 거리는 약 4,600마일 정도이다. 국경지역 중 상업적으로 가장 중요한 지역은 흑룡강 인근에 위치해 있다. "작은 모스크바"라고 불릴 정도인 성도 하얼빈은 러시아로부터의 영향을 오랫동안 받아왔다. 이는 건축양식과 소비유형(보드카와 아이스크림이 인기 있다)에서 명백히 나타나며, 하얼빈의 주민들은 러시아어에 상당히 능통하다. 비록 접경지역의 긴장은 항상 고조되어 있지만, 현재 두 나라는 에너지 자원의 교류 측면에서 더욱 밀접하게 상호협력하기 시작하였다. 특히 러시아산 원유는 동북지방의 가파른 성장세를 뒷받침하기위해 이 지역에 빠르게 유입 중이다.

북경-천진

중앙집권적 경제계획은 인구 2,990만 명의 이 지역을 단순한 중국의 정치적 중심지가 아니라 연구개발의 중심지로 만들었다. 중심업무지역(CBD), 중관촌(중국의 실리콘 밸리로 알려짐) 그리고 가장 최근의 올림픽 선수촌은 독특한 정치적, 문화적 배경을 지닌 중국의 수도 북경의 산물들이다. 북경과 연안에 닿아있는 천진 사이의 75마일의 통로에는 5,000개의 중국 첨단산업관련 기업들이 자리하고 있으며, 여기에는 레노보(Renovo)와 1,000개의 국제적인 정보통신 기업들이 위치해 있다. 이 지역의 핵심은 높은 수준의 양질의 교육이다. 북경대와 칭화대는 이 지역의 70여개 대학 중에서 가장 명문이다. 북경 중심업무지역(CBD)의 개발은 맨하튼, 파리 그리고 일본의 중심업무지역들과 경쟁하겠다는 야심찬 목표 하에 지속되고 있다.

중국 공군장교들이 북경에 위치한 훈련학교의 최신 관제센터에서 훈련수업을 받고 있다. 대만의 총통이 대만과 북경사이의 관계가 "특별한 국가 대 국가의 관계"로 인식되어야 한다고 선언한 이후 중국과 대만 사이의 긴장상황이 고조되었다. 이를 이유로 중국은 자국영토 내에서 최신식 지대지 장거리 미사일 시험발사를 성공적으로 실시하였다. 가장 최근에는 중국과 미국 모두 자신들의 "고장난" 인공위성을 미사일로 격추시켰다.[36] 장거리 미사일에 사용되는 대부분의 전자기술은 군 · 민간 겸용으로 해당 기술이 군사와 민간 모두에 적용될 수 있는 것이다. 규제 대상이 되는 군 · 민간 겸용의 제품을 사용하는 최종 소비자가 수출규제를 지키도록 보장해야 하는 것은 수출자의 책임이다.

[36] "China Confi rms Anti-Satellite Test to US, Says Not a Threat," *AFX UK Focus* , January 22, 2007; Yochi J. Dreazen, "U.S. Missile Hits Satellite – Military Strike Raised Hackles in China; Test Charges Denied," *The Wall Street Journal*, February 22, 2008, p. A9.

천진은 상해와 북경에 이어 세 번째로 큰 공업 도시이자 또한 가장 빠르게 성장하는 곳이다. 주요 산업은 자동차, 전자제품, 금속 그리고 석유화학물질이다. 정보통신, 바이오기술, 의약 그리고 그린에너지의 개발 또한 새로이 부각되고 있다. 모토로라의 천진 경제기술개발지역에 대한 막대한 투자가 세계에서 가장 많은 휴대폰 제조 활동을 가능하게 하였다.

상해와 양자강 삼각주

제2차 세계대전 이전에 상해는 아시아–태평양의 가장 중요한 무역과 금융의 중심지였다. 21세기 현재 상해는 홍콩, 싱가포르, 도쿄, 로스앤젤레스를 포함하는 몇몇의 경쟁지역 사이에서 그 위상을 회복하고 있다. 상해는 지난 20년 간 주요 산업에서 르네상스를 겪었다. 전통적으로 낮은 부가가치 제조업인 직물과 중장비제조 산업 대부분이 중국 서부로 근거지를 이동함에 따라 상해에서 쇠퇴하였다. 현재는 중간 정도의 부가가치를 창출하는 산업이 상해의 산업 고용의 대다수를 차지하고 있다. 하지만 자동차조립 산업과 컴퓨터, 원격통신 장비, 집적회로 제조와 같은 첨단산업에 새로운 주안점을 두기 시작하였다.

중국의 지속적 경제성장과 세계무역기구 가입은 상해의 무역과 금융 중심지로서의 위상을 높이는데 일조하였다. 상해 시민의 총소득 중 절반은 은행, 소매업, 금융거래, 보험, 부동산개발과 같은 금융서비스 산업에서 발생한다. 상해 주식 거래소는 홍콩과 심천을 따라잡을 가능성이 있는 것으로 보인다. 상해는 광범위한 산업기반과 양자강 삼각주부터 중국의 내륙지방 깊숙이까지 뻗어있는 양자강 유역의 상호보완적인 경제자원들을 가지고 있으며 북경으로부터 강력한 지지도 받고 있다. 실제 중국 상무성 보고서에 따르면 해안에서 떨어진 도시 가운데 가장 빠른 대미수출 성장세를 보이는 도시로서 닝보, 청도 그리고 우한을 들고 있는데 이들 모두 상해와 연결되는 양자강 계곡 상류지역에 자리 잡고 있다.

북경에서 크리스마스트리를 배달하고 있다. 1970년대 후반, 중국의 개방개혁과 종교에 대한 통제 완화 이후로 기독교인이 200만에서 50,00만으로 늘어났다. 비록 종교자유에 대한 제한이 지속되고 있기는 하지만 경제적 자유가 커짐에 따라 정치적인 자유 역시 동반상승하고 있다.

200 제곱마일의 면적과 200만 이상의 인구를 가진 푸동은 상해의 도심 중앙을 가로지르는 황포강의 동쪽 제방지역에 자리 잡고 있다. 새로운 공항 건설과 푸동 신지구의 빠른 성장세는 대상해(The Greater Shanghai)지역의 현대화와 새천년 시대 경제파워로서 중국의 부상을 효과적으로 보여준다.

상해 서쪽으로 자동차로 한 시간 거리에 위치한 소주는 가장 인기 있는 제조업 중심지 중 하나로 부상하고 있다. 소주는 상해–남경 고속도로로 두 시간 거리인 성도 남경을 대신하여 장수성 최고의 경제 및 대외무역 중심지가 되었다. 지난 10년간 외국인 투자자(특히 10,000개의 대만계 회사)들이 소비재부터 첨단기술 제품에 이르는 모든 제품을 생산하기 위한 시설들을 건설하였다. 대만에서 온 250,000명 이상의 관리자와 엔지니어들이 현재 이 지역에 거주하고 있다. 소주는 현재 중국 도시의 전반적인 경쟁력 순위에서 10위를 차지하고 있다.

주강 삼각주

주강 삼각주 지역은 500만 이상의 주민을 지닌 3개의 도시(홍콩, 광주 그리고 심천)와 주민 100만 이상의 5개 도시(주해, 혜주, 불산, 중산 그리고 동관) 그리고 마카오처럼 약 50만 정도의 주민을 보유한 몇몇 도시를 포함하고 있다.

홍콩과 인접하고 있는 신흥도시이자 불과 20년 전만 해도 어촌이었던 심천은 성도인 광주가 지역경제를 이끌어 나갈 수 있도록 도와주고 있다. 1980년에 심천은 중국의 첫 번째 특별경제구역으로 개발되었다. 1980년 심천에 거주하고 있던 인구는 겨우 30만이었다. 현재 인구는 700만에 달하며 이는 이 도시가 제조와 운송거점으로 가진 중요성과 매력을 잘 보여준다. 국제 서비스 중심지인 홍콩과의 접근성은 심천의 이점 중 하나이다. 광범위한 산업의 제조기반을 갖춘 심천은 글로벌 시장 진출을 위한 무역거점으로 홍콩을 이용할 수 있다. 또한, 외국기업들은 홍콩을 통해 심천에 공산품을 제공할 수 있다. 심천의 주요 외국인 투자자인 홍콩기업들은 다국적기업들과 전략적 협력관계를 형성하고 있다. 본토에서의 경험, 국제환경에의 노출, 뛰어난 사업재능을 지닌 홍콩기업들과 인재들은 해외기업들이 심천에서 투자위험과 경영위험을 줄이도록 도와주고 있다.

또 다른 10억 명

지금까지는 중국 연안의 산업화되고 비교적 부유한 사람들로 구성된 중국 전체인구의 1/4에 대해서 다루었다. 하지만 외국인 혹은 외국문화를 찾아보기 힘든 중국의 시골지역은 아직 글로벌 경제에 참여하지 못하고 있다. 중국 중앙정부 역시 이 지역에 주의를 기울이고는 있지만 그리 많은 관심을 두고 있지는 않다. 이 지방에 있는 10억 명의 인구는 보통 중앙정부 예산의 10% 정도를 배정받는다. 이 금액은 교외 지역의 도로, 용수, 전력공급, 학교 그리고 병원에 투자되는 비용으로 1인당 기껏해야 100달러 정도로 계산된 것이다.

대부분의 지역개발은 사천성(8,190만명)내의 중경시(2,860만) 같은 큰 지방자치구역과 도시에 집중되어 있다. 제2차 세계대전 당시 중국의 수도이기도 했던 이 도시는 상해의 양자강으로부터 1,500마일 상류에 위치하고 있다. 중경 주민의 평균 소득은 2009년에 3,000달러 가량이었으며 주변 시골지역의 평균 소득은 250달러 가량이었다. 하지만 정부는 사실 이 지역에 많은 돈을 쓰고 있지 않다. 대신에 다국적기업들이 지역개발에 투자하고 있었다. 일례로 브리티시 페트롤리움(BP)은 2,000억 달러 규모의 화학공장을 세웠으며 볼보(Volvo)는 S40모델을 생산하기 시작하였고 야마하(Yamaha)는 근처에 오토바이 제조공장을 세웠다. 아직 해야 할 일이 많이 남아있긴 하다. 하지만 동부해안 지역의 노동력 부족으로 인해 이 지역의 임금이 상승하면서 중국 서부지역으로 시장이 확대되고 있다. 지금으로서는 속도가 문제이다. 피라미드 하부시장을 대상으로 하는 마케팅을 여기에 적용할 수 있다.

미국의 세계 최대 패스트푸드 체인점인 얌!브랜드(Yum!Brands)는 중국에서 빠른 성장을 꾀하고 있다. 총 650개 도시에서 2,870개의 레스토랑에 더하여 2009년에는 500개의 KFC, 피자헛, 타코벨의 신규점포가 만들어졌다. 경쟁사인 맥도날드 또

CROSSING BORDERS 11.4 문화 변화, 남쪽으로부터의 기념일

26세의 재무 분석가인 필립 정(Philip Cheng)은 지난 4번의 밸런타인데이(Valentine's Day)를 그의 여자 친구인 몰리 램(Molly Lam)과 함께 보냈다. 작년에 그들은 상해에 함께 가서 유명한 도시경관 사진도 찍고 훌륭한 이탈리안 레스토랑에서 낭만적인 식사도 즐겼다.

그러나 올해 이 젊은 커플의 밸런타인데이 계획은 정(Cheng)의 50세 어머니 때문에 이전에 없던 어려움에 봉착하게 되었다. 수십 년 만에 처음으로 올해의 밸런타인데이가 중국 최대의 명절인 설날과 일치하게 된 것이다. 대부분의 중국인 가족에게 설날은 온 가족이 모이고 성대한 음식을 함께 나누는 중요한 가족행사이다. 정(Cheng)의 어머니 또한 계획을 갖고 있었다. 정(Cheng)의 선택은? 가족 아니면 여자친구?

중국 설날은 음력을 기준으로 해마다 바뀐다. 1953년부터 2048년 사이 설날과 밸런타인데이가 단 한번 겹쳐지는 올해는 설날과 밸런타인데이를 모두 경축하는 홍콩에서 유서 깊은 중국과 서양의 전통 사이에서 서로 우위를 점하려는 다툼이 발생하게 되었다. 이번주 초에, 정과 그의 두 여동생은 어머니로부터 설날저녁 가족 모임을 잊지 말라는 문자메시지를 받았다. 정의 어머니인 애나(Anna)는 "우리가 가족이지만 각자 일이 바쁜 나머지 서로 얼굴 보기도 쉽지 않구나. 이런 명절을 빌어서라도 식사를 함께 하는 것이 우리에게 중요하다고 생각한단다."라고 말했다.

정(Cheng)은 한숨 섞인 목소리로 말했다. "이 메시지를 휴대폰에서 보았을 때, 저는 믿을 수가 없었어요. 저는 벌써 그날을 여자 친구와 함께 보내기로 계획하고 있었거든요." 중국 본토의 한 신문은 두 날짜가 겹치는 것에 대해 둘이 하나가 되는 서양의 명절과 가족이 재결합하는 설날이라는 명절이 충돌하는 것이라고 말했다.

날짜가 겹치는 현상은 밸런타인데이와 중국의 설날을 연중 가장 큰 돈을 벌 수 있는 기회로 생각하는 식당 주인들과 꽃가게들도 절망에 빠뜨렸다. 홍콩 화훼조합의 회장인 엘리자베스 쯔(Elizabath Tse)는 "이것은 우리 산업에 불어오는 태풍과 같다"고 말했다. 그녀는 밸런타인데이가 일요일이므로 남편과 남자친구들은 책상 위에 놓인 꽃의 종류를 실제 신분의 상징으로 보는 중국에서 부인이나 여자 친구 사무실에 꽃을 보낼 필요가 없다고 말했다. 그녀는 설날에는 많은 사람이 친지를 방문하고 절에 가기도 하며 또한 밖에서 근사한 저녁식사를 하러 가면서도 "많은 사람들이 '꽃에 돈을 쓰지 말고 그냥 저녁 식사나 해요.'라고 말한다."는 것이다.

중국 본토에서는 밸런타인데이를 축하하는 것이 최근의 현상이지만, 최근 설문조사에 의하면 5%의 응답자가 음력 설날을 쇠는 대신 연인과 함께 시간을 보낸다고 하였고, 또 다른 5%는 괴로움과 혼란스러움을 인정했다. 본토 우한의 34세 텔레콤 마케팅 매니저인 엘사 마(Elsa Ma)는, 약혼자와 만난 지 8개월 만에 처음으로 그의 가족을 만나고 설날을 축하하는 긴 한주를 보내려고 약혼자의 고향으로 떠날 예정이다. 하지만 그녀는 밸런타인데이도 포기하지 않았고 "우리에게 이 역시 중요하다"라고 말했다. 또한 "아침에 일어나면 그의 부모님을 뵙겠지만 우리는 하루 종일 우리끼리 시간을 보낼 겁니다." 라고 말했다.

더 오랜 기간 밸런타인데이를 기념하였던 홍콩에서는 일부 레스토랑들이 평상시 제공하던 로맨틱 메뉴를 제공하고 있다. 페닌슐라 호텔(Peninsular Hotel)의 프랑스식 레스토랑인 가디스(Gaddi's)는 밸런타인데이를 위한 프릭스 픽스(Prix fixe)라는 메뉴를 1인당 370달러에 제공한다.

주강 삼각주 유역의 속담에는 "그들은 북경에서 규칙을 만들고, 우리는 여기서 그 규칙을 해석한다."라는 말이 있다. 중국의 변화는 항상 남에서 북으로 진행되어 갔는데, 이는 전자가 외국문물에 더 많이 노출되어 있고 적어도 지난 3세기 동안은 그러한 현상이 지속되었기 때문이다. 크리스마스와 밸런타인데이가 중국 북부에서 인기를 얻고 있는 중이지만, 370달러라는 돈이 1인당 연평균소득의 25%에 달하는 귀주에서 1인당 370달러의 식사가 유행하기까지는 시간이 좀 더 걸릴 것으로 보인다.

출처: N. Mark Lam and John L. Graham, *China Now, Doing Business in the World's Most Dynamic Market* (New York: McGraw-Hill, 2007); Jonathan Cheng, "In Hong Kong, Love's at War with Tradition," *The Wall Street Journal*, February 13, 2010, online.

한 비슷한 속도로 확장을 계획하고 있다. 중국 중앙지역에서 매장선정시에는 지역의 소득수준을 우선적으로 고려한다. 이 지역에 대한 KFC의 입지선정은 시사하는 바가 크다. 최근 결과에 의하면 감숙성 지역의 10개 중 9개 점포는 성도에 있고 호북성 지역의 39개 중 28개 점포 역시 성도인 우한에 위치하고 있다. 그리고 사천성 지역의 25개중 17개 점포가 청두에 위치한다.

시골 지역의 경제적 불균형이 확산됨에 따라 지방의 불안감이 증폭되고 있고 새로운 통신기술들이 이러한 차이를 보여주고 있다. 인구의 4분의 3이 위치한 이 지역들의 발전은 매우 어려운 문제이며 잠재적인 사회적 마찰의 규모도 두려울 정도로 크다. 이 지역에서 외국 기업들을 위한 기회는 부산하고 바쁜 동부해안의 그것과는 많이 다르다.

중국의 저렴한 생산비용과 경쟁하기는 매우 어렵다. 하지만 생산량보다 매우 적은 가처분 소득, 저장시설의 부재, 엉뚱한 시장으로 배송되기 일쑤인 운송체계의 문제점과 거래 중개인이 없는 국가에서의 마케팅을 상상해보라. 그러한 상황이 개발도상국들에 존재한다면 마케팅과 경제발전은 느려진다. 어느 정도까지는 이러한 문제점이 중국과 구소련의 많은 공화국들에 존재한다. 예를 들어 중국에서는 빈약하거나 존재하지 않는 유통망 때문에 대부분의 13억 잠재 소비자들에 대한 접근이 용이하지 않다. 중국의 실제 소비재 시장은 아마 부유한 도시의 25%정도밖에 되지 않을 것이다. 효과적인 상품유통을 위한 유통망과 구조가 부족하기 때문에 기업들은 빈약한 사회기반을 보충할 충분한 자원이 필요하다.

대중화권 내 사업협상방식 차이

19장에서 우리는 좀 더 자세히 다른 문화권에서의 협상방식의 차이와 고정관념의 위험성을 논의할 것이다. 여기서는 간략하게 대중화권 6개 지역에만 집중할 것이며 열거된 다양한 지역들에서 온 사람들이 다음에 요약된 민족적 특징과 정확히 일치하지 않기를 희망한다.[37] 여기서 우리의 목적은 단순히 중국 사업 문화의 폭넓은 행동방식을 보여주는 것이다.

동북지역 협상가 솔직담백은 남쪽지역 사업가들이 동북지역 협상가들에게 가지는 고정관념이다. 양자강 상류의 동북 3성 지방의 협상가들은 확실히 근면하고 능숙한 사업가들이다. 그들은 일반적으로 정직하고 꾸밈이 없다. 그들의 위험감수성과 창의성 또한 잘 알려져 있지 않다.

북경지역 북경지역의 협상가들은 비상식적인 관료주의에 따른 나태함과 제국주의적 관점으로 인해 다소 독창적인 창의력이 부족하다고 알려져 있다. 이들은 대화의 틀을 먼저 정의하기 때문에 그 틀에서 벗어나는 방법을 생각하는데 익숙하지 않다. 그러나 중국의 수도와 인근지역에서 일하는 초국적 관리자들이 늘어남에 따라 이러한 일반화에 대한 주의가 특히 필요하다.

상해지역 상해지역의 협상가들은 중국에서 현명하다는 명성이 있다. 그들은 외향적이고 허풍이 심하며 통이 큰 사람들이다. 그들은 당신을 여러 방면으로 감동시키려고 할 것이며, 이러한 모습은 다른 중국지역에서는 볼 수 없는 광경이다. 그들에게

[37] See N. Mark Lam and John L. Graham, *China Now: Doing Business in the World's Most Dynamic Market* (New York: McGraw-Hill, 2007).

는 모든 것이 가능하다. 그들은 매우 창의적인 생각을 가진 사람들이다. 하지만 그 무엇보다도 그들은 출세했으며, 본토에서 주류인 사업그룹이다.

주강 삼각주 남쪽 중국인들은 항상 외국의 영향을 가장 가깝게 받았으며, 이로 인해 특별한 형태의 기업가정신과 자발성이 생겨났다. 이 협상가들은 상대적으로 정직하고 솔직하다는 평판이 있다. 그러나 이들은 상해 사람들보다는 덜 계산적이다. 하지만 그들은 우수한 상인들이며 특히 단기적 이익에 관심이 많다.

홍콩 홍콩의 사업문화는 중요한 사업방식에서 다른 중국에 관한 일반적인 설명들과 차이를 보인다. 홍콩에서 상대하는 거의 대부분의 중국인들은 두 언어를 사용하며 최소한 영어는 유창하게 할 수 있다. 오히려 당신보다 영어를 더 잘 할 수 있다. 홍콩의 경영진들이 영어를 배웠듯이 그들은 영국문화도 흡수하였다. 그러나 대부분의 홍콩 경영진들은 광동어를 모국어로 사용한다. 세계의 중국어 사용자들 사이에서도 광동어는 가장 거친 방언이다. 거의 대부분의 경우 다툼이 있는 것처럼 들린다. 하지만 당신이 화를 내게 되면 양쪽 테이블에서 체면을 잃게 되며 대부분 거래는 끊어지게 된다. 마지막으로 겸손과 간접적인 행동은 중국의 북쪽보다 남쪽에서 더욱 강조된다.

대만 대부분의 다른 중국인들은 대만인들의 행동과 언어 모두가 가장 보수적이라고 생각한다. 다시 말해 유교적 영향이나 만다린어 사용 모두가 지배적인 역할을 수행하고 있다는 것이다. 그 결과 대만인들에게는 나이, 서열 그리고 가족이 제일 중요한 역할을 한다. 기업은 상사가 직접 관리하며 의사결정은 독재적인 방식으로 이루어진다. 관리자들은 동시에 현실적이고 실용적이지만 때때로 대담하다.

대중화권의 마케팅 기회

모든 사람은 중국 시장이 크고 성장이 빠르다는 것을 알고 있다. 한편 우리는 이러한 큰 기회의 땅에 경제적 복지, 문화 그리고 정치적 구조에 차이가 있다는 것을 배웠다. 북경과 상해 같은 부유한 도시들은 사치품의 접근 가능성이라는 측면에서는 파리, 뉴욕 혹은 동경 등과 비교될 수 있다. 경제개발 측면에서 중국은 "매우 발전된 선진국"이라 생각될 정도로 거대하고 부유하다. 미국처럼 호화로운 자동차는 해안가에서 더 잘 팔리고 트럭은 서부 시골지역에서 더 잘 팔린다. 몇몇 서부 시골지역은 "낙후된 후진국"이라 표현할 수 있다. 그러나 중국에서 미국처럼 같은 제품의 화장품과 샴푸를 전국적으로 판매할 수는 없다.

미국 상무부는 미국 수출업체가 매력적으로 다가갈 수 있는 상업적 분야를 다음과 같이 나열하고 있다. 자동차, 부품, 저공해 석탄, 건설기계설비, 교육과 훈련서비스, 기계설비, 해양산업, 건강산업, 물과 폐수관리, 철도장비, 재생 에너지 그리고 친환경 건물 분야이다. 협상 테이블에서만 빼고 이러한 산업재들을 중국에서 마케팅할 때 문화적 차이를 크게 고려할 필요는 없다. 하지만 소비재 제품을 판매할 때에는 통합적 마케팅 커뮤니케이션 전략 및 전술에서 언어와 가치기반의 조정, 이 두 가지가 필요하다.

마지막으로, 중앙정부의 마케팅 정책과 규정들은 지방자치단체의 정책 및 규정들과 비교하여 적은 영향력을 행사하고 있다. 규정 자체는 지방마다 다를 수 있으며, 이의 해석 및 집행은 각성 정부와 자치단체 수준에서 지역가치 및 관리자별로 달라질 수 있다. 중국에서는 지역적 차이를 이해하는데 시간을 할애해야 하며 유통 파트너 및 정부관계자들과 좋은 인간관계를 구축하는 것이 성공을 위해 중요하다. 이 마지막 조언은 모든 시장에서 적용되는 것이기는 하지만, 중국시장의 다양성은 앞으로 수십 년 동안 국제 마케터들의 인내와 지속성에 도전해 올 것이다.

요약 Summary

아시아-태평양 지역은 9~11장에서 다루어진 세 지역 중 가장 역동적인 지역이라 할 수 있다. 이 지역은 지구 전체인구의 반 이상이 거주하며, 여러 가지 원인으로 높은 경제성장을 보이고 있다. 특히 중국과 인도는 지난 5년간 두 자리 수의 성장률을 기록하였고, 2008년에서 2009년 사이 경기침체를 겪은 미국과 유럽보다 더 좋은 경기상황을 보여주었다. 그러나 한국과 싱가포르, 대만 그리고 특히 일본의 경제성장은 미진한 상태로 남아있다.

다양한 경제개발 상황은 국제 마케터에게 다양한 기회를 제공한다. 이러한 기회에는 사회기반시설의 개발, 새로운 산업시장 및 거대한 소비자 시장 등이 포함된다. 일본과 많은 국가의 고소득 소비자는 사치품 시장이 매우 중요함을 보여준다. 피라미드 하부시장을 향한 마케팅과 같은 새로운 개념들은 대부분 남아시아 지역에 적용된다. 아시아-태평양 지역의 국가들은 아세안(ASEAN)+3과 아시아-태평양 경제협력기구(APEC) 같은 두 가지 주요 무역공동체에 가입되어 있다. 마지막으로 우리는 중국의 시장, 산업 그리고 문화의 다양성에 대해 다루었다.

주요용어 Key Terms

대중화권(大中華; The Greater China)
아시아-태평양 경제협력기구(APEC)
아시아의 네 마리 호랑이들(Four Asian Tigers)
피라미드 하부시장(Bottom-of-the-pyramid)
구매력평가지수(Purchase price parity, PPP)
아세안(ASEAN)
아세안+3(ASEAN+3)

질문 Questions

1. 위에서 제시한 주요용어들을 정의하라.
2. 지난 500년간 위축되었던 중국경제가 왜 지난 20년간 성장하였는지 설명하시오.
3. 일본경제는 왜 쇠퇴하였는가?
4. "아시아의 네 마리 호랑이들"의 빠른 성장을 설명하시오.
5. 인도와 중국의 성공적인 성장과 잠재력에 대해 비교해보시오. 각각의 장점과 단점을 열거해 보시오.
6. 마케터가 마르크시즘 사회주의 국가를 시장으로 고려할

때, 직면할 수 있는 문제점을 논의해 보시오.

7. 대중화권에 있어서의 시장기회와 어려움은 무엇인가?
8. 미국과 중화인민공화국 사이의 강력한 교역관계를 둘러싸고 일어나는 정치적 주제에는 무엇이 있는가?
9. 중국과 인도에서 다국적기업이 수행하는 전략의 세 가지 예시를 간략하게 기술하시오.
10. 미국이 중국의 급부상에 대해 염려해야 하는가? 그렇다면 혹은 그렇지 않다면, 그 이유는 무엇인가?
11. 중국과 인도가 일본과 한국의 성장경로를 따를 수 있다고 생각하는가? 앞서 제시된 국가들 간의 유사점과 각각의 독특한 특성은 무엇인가?
12. 방글라데시 시장에 진입하는데 있어 기회와 위협은 무엇인가?
13. 중국과 중국의 북방 이웃나라간의 경제적 상호작용을 기술해 보시오.
14. 중국과 미국기업의 해외마케팅 전략의 유사점과 차이점은 무엇인가?
15. 미국, 유럽 그리고 중국이 일본의 지난 20년간의 경험으로부터 배울 수 있는 것은 무엇인가?

제4편

글로벌 마케팅 전략의 개발

Chapter

CHAPTER 12

글로벌 마케팅 관리: 계획과 조직

개요 CHAPTER OUTLINE

글로벌 관점: 또 다른 보물을 판매하는 영국

글로벌 마케팅 관리

- 네슬레 방식: 혁명이 아닌 진화
- 글로벌 마케팅 편익

글로벌 시장을 위한 계획 활동

- 기업의 목표와 자원
- 국제 몰입수준
- 계획과정

시장진입 전략 유형

- 수출
- 계약을 통한 방법
- 전략적 국제제휴
- 해외직접투자

글로벌 경쟁을 위한 조직화

- 의사결정 위치
- 집권적 조직과 분권적 조직

주요 학습과제 CHAPTER LEARNING OBJECTIVES

LO1 글로벌 마케팅 관리와 국제마케팅 관리의 차이점을 학습한다.

LO2 기업의 목표달성을 위한 계획의 필요성을 이해한다.

LO3 시장진입전략의 각 유형별 중요요인을 학습한다.

LO4 전략적 국제 제휴의 중요성 증가를 이해한다.

글로벌 관점 Global Perspective

또 다른 보물을 판매하는 영국

교미비행(mating dance)은 일반적으로 길지도 않으며 대규모로 진행되지도 않는다. 9월 초에 크라프트(Kraft)가 영국 기업인 캐드버리(Cadbury)를 인수하기 위해 최초로 제안한 가격은 거의 170억 달러에 육박하였다. 이후 11월 9일까지 공식적인 인수제의와 인수포기에 대한 공방이 이어졌다. 이 인수제안에 대해 좋지 않은 말장난들이 쏟아져 나왔다(예를 들어 "캐드버리[Cadbury]는 크라프트[Kraft]의 입찰 제안에 씁쓸해하고 있다".) 이러한 논란은 익명의 거대한 미국기업이 위대한 영국기업을 파산시키려 하고 있으며, 영국인들에게 크라프트의 치즈위즈(Cheez Whiz)와 젤로(Jell-O)제품을 판매하기 위하여 데리밀크(Dairy Milk)초콜릿과 크림에그(Creme Egg)를 포기하도록 강요하고 있다는 내면의 공포가 반영된 것이었다.

일련의 연구들에 따르면 전체 인수 · 합병의 3/4 정도가 주주에게 전혀 이익이 되지 않으며, 오히려 절반 이상의 경우에는 주주의 부를 감소시키는 것으로 나타났다. 예를 들어 퀘이커(Quaker)와 스내플(Snapple)의 합병, 다임러 벤츠(Daimler-Benz)와 크라이슬러(Chrysler)의 합병, 타임워너(Time Warner)와 에이오엘(AOL)의 합병의 경우가 그것이다. 특히 국경을 넘어 사람들에게 사랑받는 브랜드에 대한 적대적 인수제의가 이루어질 때 더욱 위험한 것으로 알려져 있다.

크라프트와 캐드버리의 거래는 실패할 수밖에 없는 것처럼 보였다. 캐드버리의 사장인 토드 스티저(Todd Stizer)는 자신의 기업이 거의 2백 년 전 퀘이커교인(Quacker)들이었던 설립자들의 영향을 받았으며, 지금까지도 그들에 의한 영향력이 조직에 스며있는 "근본주의적 자본주의(principled capitalism)"와 같은 독특한 방식을 가진 대표적 기업이라는데 동의하고 있다.

초콜릿 생산기업은 자신의 고객과 매우 독특하며 친밀한 관계를 유지하며 성장하는데, 이러한 이유로는 부분적으로 초콜릿 제품이 대부분의 어린 시절, 낭만, 사랑 및 축제의식과 관련이 되어 있기 때문이며, 또 다르게는 초콜릿에 대한 기호가 어머니의 품속에서 만들어지기 때문이다. 대부분의 영국인들은 허쉬초코바(Hershey bars)를 정말 싫어한다. 영국 초콜릿 기업의 거인인 캐드버리는 수년 동안 자신의 독자적인 영역을 지배하여 왔다. 영국인들은 1905년부터 데리밀크 제품을, 1923년부터 크림에그 제품을 그리고 1929년부터는 크런치(Crunchies) 제품을 계속해서 먹어 왔다.

크라프트와 캐드버리의 합병은 썩은 이빨과 같은 거대 조직을 만들 수 있는데 이 조직은 연간 500억 달러의 매출과 함께 모든 시장에서 상당한 가치를 지닌 브랜드로서 중국시장에서 잃어버린 사업기회를 회복할 수 있는 기회이기도 하다. 크라프트는 유럽본토에서 강력한 영향력을 가지고 있으며 150여개 국가에서 운영되고 있다. 캐드버리는 대영제국이 한때 지배했던 지역들(캐드버리는 인도 시장의 70%를 차지하고 있다)에서 존경받고 있으며, 다른 지역(특히 브라질과 멕시코)에서도 사랑받고 있다. 또한 캐드버리는 인도의 소매상들과 아프리카 일부 지역에서 타의 추종을 불허하는 유통 시스템을 구축하고 있다. 회의론자들이 말하는 바와 같이, 특히나 초콜릿바나 구이에그(gooey egg)처럼 까다로운 과자제품을 생산하는 거대 브랜드를 합병하는 것은 브랜드를 강화시키는 것이 아니라 파괴하는 것이라는 지적이 옳을 수도 있다. 하지만 이러한 합병으로 글로벌한 맛의 제국을 건설할 수 있는 기회를 획득할 수 있다는 점도 알아야 한다.

최종적으로 2010년 1월에 교미비행의 결실이 맺어지게 되었으며 현금과 주식을 포함하여 총 190억 달러 규모였다. 물론 이와 같은 대규모 인수가 최종적으로 승인을 받기 위해서는 승인 이전에 미국과 영국 양국에 있는 반독점 규제 당국의 감사를 받아야 한다. 이러한 최종 혼인(

대규모 인수합병)계약을 좋아하지 않을 사람 중에 하나는 웨렌 버핏(Warren Buffett)으로, 버크셔웨어 헤서웨이 그룹(Berkshire Hathaway group)은 크라프트 주식의 9.4%를 소유하고 있다. 아마도 버핏이 이 결정에 참여할 수 있었다면 버핏은 크라프트가 지불해야 하는 190억 달러의 지참금(인수비용)이 너무 많다고 반대표를 던졌을 것이다.

출처: "Food Fight," *The Economist*, November 7, 2009, p. 63; Graeme Wearden, "Warren Buffett Blasts Kraft's Takeover of Cadbury," guardian. co.uk, January 20, 2010.

시장 확대에 따른 글로벌 경쟁심화에 직면한[1] 다국적 기업들은 자신들의 마케팅 전략[2]과 기업 구조를 변화하고 있다. 기업의 목표는 글로벌 시장지역에서 기업 경쟁력을 향상시키며 기회를 활용할 수 있는 적절한 시장지위를 확보하는 것이다. 표준화 대 적응화, 집중 대 분산 그리고 통합 대 독립성 유지와 같은 중요한 전략적 선택을 위한 통합적 의사결정이 이루어져야 한다.[3] 특히 국경의 존재의미가 퇴색하고 있는 상황에서 전통적인 경쟁 및 조직개념에 대한 유연하고 새로운 사고방식을 가질 수 있도록 해주는 협력적인 대규모 국제기업 네트워크가 증가하고 있는 것을 살펴볼 수 있다.[4]

북미 및 유럽기업들에 대한 최근 연구에서 거의 75%에 이르는 기업들이 자신의 업무과정을 개편하고 있고, 대부분의 기업들이 전략계획 프로그램을 공식화시키고 있으며, 비용 경쟁력 유지가 기업 마케팅 전략의 가장 중요한 외적 요인이라는 점을 보여주고 있다. 변화는 거대 다국적기업에게만 국한되는 것이 아니라 중간 규모와 소규모 기업들에게도 요구되고 있다.

사실 소규모 기업은 유연성을 가짐으로써 글로벌 시장수요를 반영할 수 있으며 거대 다국적기업보다도 더 빨리 자신의 프로그램을 재정립할 수 있다. 글로벌 시각을

[1] Yadong Luo and Rosalie Tung, "International Expansion of Emerging Market Enterprises: A Springboard Perspective," *Journal of International Business Studies* 38 (2007), pp. 481 – 98; Peter J. Buckley, L. Jeremy Clegg, Adam R. Cross, Xiin Liu, Hinrich Voss, and Ping Zheng, "The Determinants of Chinese Outward Foreign Direct Investment," *Journal of International Business Studies* 38 (2007), pp. 499 – 518; Daphne W. Yiu, ChingMing Lau, and Garry D. Bruton, "International Venturing by Emerging Economy Firms: The Effects of Firm Capabilities, Home Country Networks, and Corporate Entrepreneurship," *Journal of International Business Studies* 38 (2007), pp. 519 – 40; Igor Filatotchev, Roger Strange, Jennifer Piesse, and Yung-Chih Lien, "FDI by Firms from Newly Industrialized Economies in Emerging Markets: Corporate Governance, Entry Mode, and Location," *Journal of International Business Studies* 38 (2007), pp. 556 – 72.

[2] Thomas Hutzschenreuter and Florian Grone, "Product and Geographic Scope Changes of Multinational Enterprises in Response to International Competition," *Journal of International Business Studies* 40, no. 7 (2009), pp. 1149 – 72; Yaron Timmor, Samuel Rabino, and Jehiel Zif, "Defending a Domestic Position against Global Entries," *Journal of Global Marketing* 22, no. 4 (2009), pp. 251 – 66.

[3] Lewis K. S. Lim, Frank Acito, and Alexander Rusetski, "Development of Archetypes of International Marketing Strategy," *Journal of International Business Studies* 37 (2006), pp. 499 – 524.

[4] B. Elango and Chinmay Pattnaik, "Building Capabilities for International Operations through Networks: A Study of Indian Firms," *Journal of International Business Studies* 38 (2007), pp. 541 – 55; Victor K. Fung, William K. Fung, and Yoram (Jerry) Wind, *Competing in a Flat World* (Upper Saddle River, NJ: Wharton School Publishing, 2008).

가지는 것은 쉽지만 새로운 접근방식(협력적인 관계 형성부터 기업 활동범위의 재정립까지)을 수행하기 위해서는 계획과 조직 그리고 수행의지가 필요하다.

이 장은 글로벌 마케팅 관리, 글로벌 시장에서의 경쟁, 전략계획 그리고 시장진입 전략의 유형들에 대해서 논의할 것이다. 또한 효과적인 국제적 또는 글로벌 조직에 기여하는 요인들을 규명할 것이다.

글로벌 마케팅 관리

LO1
글로벌 마케팅 관리와 국제마케팅 관리의 차이점을 학습한다.

1970년대에 시장 세분화 논의는 "표준화 대 적응화"라는 개념으로 진행되었다. 1980년대에는 "글로벌화 대 현지화" 그리고 1990년대에는 "글로벌 통합 대 현지 대응"의 개념으로 진행되었다. 소비자 기호가 글로벌하게 동질화되는 현상을 마케팅 믹스의 글로벌 표준화 문제에 적응시킬 것인지 여부가 근본적인 문제로 대두되었다. 특히 1990년대에 전례 없이 광범위한 도달범위를 가진 인터넷 혁명으로 인하여 해묵은 논란은 새로운 방향으로 전개되었다.

최근까지도 일부기업들은 "글로벌"한 것을 최선의 가치로 여겼다. 예를 들어 트윅스 쿠키바(Twix Cookie Bars)의 최고 경영층은 자신들의 첫 번째 글로벌 캠페인을 새로운 글로벌 광고대행기업인 그레이 월드와이드(Grey Worldwide)와 공동으로 진행하였다. 분석에 따르면 글로벌 캠페인은 아마도 트윅스에게 적절한 것처럼 보인다. 그러나 다른 방향으로 나아가는 기업들을 살펴보자. 리바이스 청바지(Levi's jean)는 최근 전세계적으로 점차 그 명성을 잃어가고 있다. 포드(Ford)는 마쯔다(Mazda) 브랜드 단 하나만 인수할 것을 결정하였지만, 피에스타(Fiesta)는 전 세계적으로 판매가 이루어지고 있다.[5] 그리고 모든 면에서 진정한 글로벌 기업인 코카콜라(Coca-Cola)는 인도에서 두 가지 상표–코크와 떰즈업(Coke and Thums Up)–로 제품을 판매하고 있다. 코카콜라 최고경영자는 다음과 같이 설명하고 있다. "코크는 현실과 상충되는 점과 타협해야 한다. 세계의 많은 지역에서 소비자들은 더욱 까다로워지고 있으며 한 푼이라도 더 아끼려고 노력하고 있고 국수주의적인 경향은 더욱 심화되고 있기 때문에 코카콜라 제품군이 아닌 자신의 취향에 맞는 현지 음료를 더 많이 소비하려고 한다."

현지화에 대한 이러한 회귀(回歸)경향은 부분적으로 인터넷을 통한 고객 맞춤형 제작의 효율성 증가와 함께 생산과정의 유연성 증가에 따른 것이라 볼 수 있다. 실제로 "대량 맞춤제작"의 가장 좋은 사례로 제품 재고를 전혀 가지지 않으면서 주문이 있을 때에만 개별 컴퓨터를 제작하는 델(Dell) 컴퓨터를 들 수 있을 것이다. 또한 가장 결정적인 것은 노동조합원, 환경운동가 및 소비자들과 함께 2000년 시애틀(Seattle)에서 개최된 세계무역기구(WTO) 연차회의에서 제기된 글로벌화 논리에 대한 확실한 거부 움직임을 이유로 들 수 있을 것이다. 글로벌 표준화가 위험하며 또한 어렵

[5] David Kiley, "One Ford for the Whole Wide World," *BusinessWeek*, June 15, 2009, pp. 58–60.

인도에서는 청량음료 제조 기업들 간에 첨예한 경쟁이 펼쳐지고 있다. 위의 사진을 보면 코크(Coke)와 펩시(Pepsi)가 함께 어우러져 타지마할(Taj Mahal)의 아름다운 경관을 망치고 있다. 그림에서 코크의 빨간색이 경쟁자들 사이에서 어떻게 두드러지게 보이는지를 평가해보자. 물론 현재 코카콜라는 인도에서 시장지배적인 현지 브랜드로 떰즈업(Thums Up) 제품을 판매하고 있다. 이것은 코카콜라가 전 세계에 적용하고 있는 전략이다. 인도나 다른 개발도상국가에서 공통적으로 인식하고 있는 코코의 빨간색은 제품 진열대에서나 외부 광고에서 매우 중요한 경쟁우위로 작용하고 있다. "장마비/번개(monsoon/thunder)"와 같은 슬로건(Slogan)은 도대체 누구에게서 빌려왔는지를 알 수 없다.

다는 것을 보여주는 다양한 실증연구들이 존재하고 있음에도[6] 문헌상에서 상반되는 결과 또한 나타나고 있다.[7] 마지막으로 표준화 전략을 수행하는 기업으로 유명한 마텔(Mattel)이 금발 바비인형에 대한 글로벌 표준화 전략을 성공시키지 못했다는 사실도 살펴볼 수 있다. 저자들은 본서의 이전 판에서 디즈니가 중국의 뮬란(Mulan),

[6] Carl Arthur Solberg, "The Perennial Issue of Adaptation or Standardization of International Marketing Communication: Organizational Contingencies and Performance," *Journal of International Marketing* 10, no. 3 (2002), pp. 1–21; Marios Theodosiou and Leonidas C. Leonidou, "Standardization versus Adaptation of International Marketing Strategy: An Integrative Assessment of the Empirical Research," *International Business Review* 12 (2003), pp. 141–71; Joan Enric Ricart, Michael J. Enright, Panjak Ghemawat, Stuart L. Hart, and Tarun Khanna, "New Frontiers in International Strategy," *Journal of International Business Studies* 35, no. 3 (2004), pp. 175–200.

[7] Oliver Schilke, Martin Reimann, and Jacquelyn S. Thomas, "When Does International Marketing Standardization Matter to Firm Performance?" *Journal of International Marketing* 17, no. 4 (2009), pp. 24–46.

디즈니(Disney)의 공주컬렉션 상품들이 뉴욕 자비츠 컨벤션 센터(Javits Convention Center)에서 개최된 국제 라이선싱 전시회에 진열되어 있다. 다양한 민족 범위의 제품군을 가진 디즈니에 대한 바비인형(마텔)의 경쟁적 대응을 지켜보는 것은 매우 흥미로울 것이다.

아랍의 쟈스민(Jasmine)등과 같이 문화적으로 더 다양한 "디즈니의 공주들"이라는 제품군을 가지고 있어 바비인형보다 훨씬 더 좋은 접근방식을 취하고 있다고 정확하게 예측하였다. 브랏츠(Bratz)와 디즈니의 공주들이 새로운 "인형전사"들의 전쟁에서 승리하였다 하더라도, 의문은 완전히 해결되지 않고 있다. 이와 관련하여 마텔(Mattel)은 최근 브랏츠 상표의 소유자인 MGA와 벌인 디자인 도용관련 소송에서 승리하였다. 그러나 캘리포니아(California)주 대법원은 항소기간 동안에 브랏츠 인형을 판매할 수 있도록 허용하였다.[8]

사실 표준화 대 적응화 논쟁은 그 자체가 미국 경영자와 학계의 자문화중심주의를 대표하는 훌륭한 사례라 할 수 있다. 즉 유럽인들이나 일본인들은 시장을 국제적인 것으로 정의하고 있기 때문에 미국이라는 거대시장에서 필요로 하는 특수한 요구사항들은 시작단계에서부터 다시 고려되어야 할 것이다. 오로지 미국에서만 국제시장에서 필요로 하는 요구사항들을 부차적인 것으로 생각한다.

게다가 풍부한 시장정보 덕분에 마케터들은 항상 정확하게 시장을 세분화할 수 있다. 단지 제조업이나 금융관련 관리자들만이 규모의 경제 때문에 표준화 문제를 다루고 있다. 마케팅 관점에서 "맞춤형 생산(customization)"은 항상 최고의 가치로 여겨지고 있다.[9] 만약, 소비자 만족이 목표라면 이상적인 시장 세분화 크기는 단지 하나라 할 수 있다. 어떤 전문가에 따르면 "미래를 내다보며 상황을 적극적으로 주도하는 기업은......[표준화와 현지화] 과업을 동시에 수행할 수 있는 능력과 의지를 가

[8] Ann Zimmerman, "Maker of Bratz Dolls Wins a Legal Reprieve," *The Wall Street Journal* , December 11, 2009, p. B10.

[9] Peggy A. Cloninger and Ziad Swaidan, "Standardization, Customization and Revenue from Foreign Markets," *Journal of Global Marketing* 20 (2007), pp. 57 – 70.

지고 있다."라고 말하고 있다.[10]

글로벌 시장들은 계속 동질화 되어가고 있으며 동시에 다양화되고 있기 때문에 최고의 기업들은 주요 시장세분화 변수인 국가단위에 집중하는 함정에서 벗어나야 한다는 것이다. 또 다른 시장세분화 변수들, 예를 들어 본서 제11장에서 중국 내부의 다양성에 관한 내용을 다루면서 사례로 인용하였던 기후, 언어집단, 미디어 이용습관(media habits), 나이,[11] 소득수준 등이 보다 중요해지고 있다. 트윅스 제조업체는 가장 최근의 시장세분화 실행에서 국가단위 대신에 미디어 이용습관을 고려하고 있는 것으로 알려지고 있다. 한 CEO는 다음과 같이 미디어기반의 시장세분화에 대해 동의하였다: "미디어는 이익공동체를 아주 더 작게 나누어주고 있으며, 청취자들이 어느 나라에 있건 간에 이들에게 접근하는데 보다 더 많이 중요해지고 있다. 오늘날 미디어 기업들은 다양한 수단들, 즉 TV나 라디오와 같은 방송, 케이블, 온라인, 인쇄물, 영화, 3–D를 포함하는 최신의 휴대용 디지털 미디어들을 활용하여 자신의 컨텐츠들을 소비자들에게 전달하고 있다. 또한 광고주들도 자신의 목표고객에게 접근하기 위하여 위에서 언급된 다양한 수단들을 활용하고 있다." 아마도 일부 계층에게만 유명한 이탈리아 상표가 가장 좋은 사례가 될 것이다. 살바토레 페르가모(Salvatore Ferragamo) 구두와 구찌(Gucci)의 가죽제품 그리고 페라리(Ferrart) 자동차는 전 세계적으로 가장 소득이 높은 세분시장(계층)에 판매되고 있다. 실제로 이들 세 기업들의 미국 판매량은 이탈리아 판매량보다 훨씬 많다.

21세기에 있어 표준화 대 적응화 문제에 답하기란 쉽지 않다.[12] 오히려 국제 마케터는 어떻게 하는 것이 시장을 세분화하는데 가장 효율적인 방법인가를 질문하는 것이 더욱 중요할 것이다.[13] 국가단위는 특히 미국인에게는 가장 명백한 시장세분화 변수였다. 그러나 보다 나은 의사소통 시스템이 등장함으로써 국경범위는 무의미해지고 있으며 글로벌 시장을 구분하는 또 다른 척도들이 부각되고 있는 중이다.

네슬레 방식: 혁명이 아닌 진화

네슬레는 확실하게 표준화 대 적응화와 같은 논쟁에 신경 쓰지 않았다. 네슬레는 1866년 창업시기부터 영유아용 조제분유 기업으로서 이미 국제화되어 있었다. 1920

[10] Masaaki Kotabe, "Contemporary Research Trends in International Marketing: The 1960s," Chapter 17 in *Oxford Handbook of International Business* , 2 nd edition, Alan Rugman (ed.) (Oxford: Oxford University Press, 2008). Also consistent are the fi ndings of Shouming Zou and S. Tamer Cavusgil, "The GMS: A Broad Conceptualization of Global Marketing Strategy and Its Effect on Firm Performance," *Journal of Marketing* 66, no. 4 (October 2002), pp. 40 – 57.

[11] Dannie Kjeldgaard and Soren Askegaard, "The Glocalization of Youth Culture: The Global Youth Segment as Structures of Common Difference," *Journal of Consumer Research* 33 (2006), pp. 21 – 27.

[12] Aviv Shoham, Maja Makovec Brencic, Vesna Virant, and Ayalla Ruvio, "International Standardization of Channel Management and Its Behavioral and Performance Outcomes," *Journal of International Marketing*, 16, no. 2 (2008), pp. 120–51.

[13] Amanda J. Broderick, Gordon E. Greenley, and Rene Dentiste Mueller, "The Behavioral Homogeneity Evaluation Framework: Multi-Level Evaluations of Consumer Involvement in International Segmentation," *Journal of International Business Studies* 38 (2007), pp. 746–63.

년에는 브라질, 호주, 미국에서 제품을 제조하고 있었으며 홍콩에 수출하고 있었다. 오늘날에는 193개국에서 걸쳐 489개 제조공장을 보유하고 있으며 8,500여개 이상의 제품을 판매하고 있다. 네슬레는 세계에서 가장 큰 영유아용 조제분유와 일반분유, 즉석커피, 초콜릿, 스프와 생수 생산기업이다. 아이스크림 부분에서는 세계에서 2번째이며, 시리얼(cereals) 부분에서는 켈로그(Kellogg company)에만 뒤처져 있고 랄스톤 퓨리나(Ralston Purina)와는 대등하다. 네슬레 제품은 캘리포니아주(California) 비버리 힐스(Beverly Hills)에 있는 가장 최고수준의 슈퍼마켓에서 판매되고 있으며, 나이지리아의 오두막 구멍가게에는 집에서 키운 토마토와 양파 옆에 네슬레의 고체형 수프제품(bouillon cubes)이 판매되고 있다. 북한에 네슬레의 판매 대리점은 없지만 네슬레 제품은 어쨌든 북한 상점에 진열되어 판매되고 있다.

"네슬레 방식(The Nestlé Way)"은 확실하게 자신의 시장을 지배하는 것이다. 네슬레의 전반적 전략은 다음의 4가지로 요약될 수 있다. (1) 장기적 사고와 계획, (2) 분권화, (3) 전문 분야에 집중, (4) 현지 기호에 적응이 그것이다. 네슬레가 어떻게 활동하는지 보고 싶다면 이전 소련 경제권에서 가장 큰 시장 중 하나였던 폴란드(Poland)에 진출한 방식을 살펴보면 된다. 네슬레 경영진은 처음에 폴란드에 공장을 설립하고 제품 인지도를 끌어올리기 위하여 많은 시간이 소요될 것으로 생각하였다. 따라서 네슬레는 "혁명이 아닌 진화" 전략에 따라 폴란드에서 2번째로 많은 초콜릿 판매기업인 고프라나(Goplana)를 인수하였다(판매량 1위 기업을 인수하려 하였으나 실패하였다). 네슬레는 고프라나 인수 이후 2년에 걸쳐 네슬레 표준에 충족될 때까지 두 달마다 조심스러운 작은 변화를 통하여 최종제품을 수정하였으며 네슬레 브랜드 인지도를 높여갔다. 총력을 기울인 마케팅 활동과 함께 이러한 노력들로 인하여 네슬레와 시장 1위 기업인 웨델(Wedel) 사이의 격차는 놀랄 만큼 줄어들었다. 또한 네슬레는 멕시코, 인도 및 기타 지역의 우유 사업에도 진출하였고, 우유의 품질과 양을 증가시키고 더 좋은 사료와 보다 위생적인 환경에서 생산된 우유를 구매하려 전문가들을 농장에 직접 파견하여 폴란드 농부들을 지원하였다.

중동시장에 대한 네슬레의 노력은 폴란드보다 더 장기간에 걸쳐 수행되었다. 중동지역의 매출액은 네슬레 전 세계 매출액의 2%에 불과하며, 개별 시장들은 상대적으로 매우 규모가 작다. 게다가 이 지역은 지역적 갈등으로 인하여 국가들 간의 대부분의 무역이 원활하지 않은 실정이다. 그럼에도 불구하고 네슬레는 이 지역의 갈등상황이 머지않아 끝날 것으로 예상하였고, 그러한 시기가 왔을 때 중동지역 전체에 자신의 제품을 판매할 준비가 되어 있어야 한다고 생각하였다. 이에 따라 네슬레는 5개 국가에 걸쳐 언젠가 기회가 왔을 때 중동 전체에 다양한 제품을 공급할 수 있도록 생산시설 네트워크를 설립하였다. 아이스크림의 경우에는 두바이(Dubai)에, 수프와 시리얼의 경우에는 사우디아라비아(Saudi Arabia)에 생산시설을 설립하였다. 이집트에 있는 생산시설은 요거트(yogurt)와 고체형 수프제품(bouillon cubes)을 위한 것이며, 터키(Turkey)의 생산시설은 초콜릿 제품을 위한 것이었다. 마지막으로 시리아(Syria)에서는 케첩과 맥아를 섞은 초콜릿 에너지 식품, 즉석면, 기타 식품들을 위한 생산시설을 설립하였다. 만약 이 지역 국가들 간에 갈등상황이 줄어들게 된다면, 네슬레는 자신의 생산시설 네트워크를 활용하여 이 지역 국가 전체에 완벽한 제품군들을 즉시 공급할 수 있게 될 것이다. 당분간은 해당 생산시설들이 위치해 있는 국가에서 생산된 대부분의 제품들은 해당 국가에 판매될 것이다.

다수의 기업들에게 이러한 장기적 전략의 실행은 수익성이 낮아 매력적이지 못하겠지만, 네슬레는 현지의 원료를 사용하며, 해당시장이 소비할 수 있는 제품만을 생산하였기 때문에 이러한 전략의 실행이 가능하였다. 예를 들어 시리아 생산시설에서 사용된 토마토와 밀은 이 지역의 주요 농업생산물이다. 시리아에 대한 무역제한 조치가 계속 유지된다고 하더라도 시리아에는 시리아 생산시설이 생산해낸 케첩과 국수 그리고 기타 제품을 구매할 수 있는 1,400만의 인구가 있다. 이들 5개 국가에서는 모두 네슬레라는 이름과 함께 새가 둥지에 앉아 있는 네슬레의 고유상표를 모든 제품에 사용하고 있다.

네슬레는 자기 자신을 "매시간 소비자들의 생활 전반에 대해 전 세계 소비자들의 요구와 기호를 충족시킬 수 있도록 완벽한 식음료 제품군을 제공하기 위하여 진정으로 헌신하고 있는 유일한 기업"이라고 홍보하고 있다.

글로벌 마케팅 편익

일부 기업은 전 세계 지역시장에서 균형 잡힌 진정한 글로벌 사업 활동을 수행하고 있다. 그러나 거대한 국제 세분시장을 발견하게 된다면 생산과 마케팅에서의 규모의 경제실현이 다국적기업에게 매우 중요한 경쟁우위가 될 수 있다.[14] 이러한 측면에서 전동공구와 전기제품 및 다른 소비제품을 생산하는 블랙 엔드 데커(Black & Decker)는 범 유럽지역을 대상으로 하는 전략을 수행하게 되면서 생산부분에서의 비용절감이 매우 중요하다는 사실을 인식하게 되었다. 이 기업은 유럽시장용 모터 크기별 종류를 260개에서 8개로 줄었으며, 15개의 서로 다른 모델을 8개로 축소하였다. 이와 비슷하게 포드(Ford)는 다양한 국가에 걸친 제품개발 및 구매와 공급 활동을 통합했을 때 연간 30억 달러 이상을 절감할 수 있을 것으로 예상하였다. 마지막으로 일본 국내기업들이 초반에는 일본의 휴대폰 시장을 한동안 석권하였지만 국제 경쟁자들이 더 많은 해외진출을 통해 발전된 기술을 가지고 일본기업들에게 도전을 하고 있다.

마케팅 활동의 협력 및 통합을 향상시켜 다양한 국가에 지식과 노하우를 이전시

[14] Natalia Vila and Ines Kuster, "Success and Internationalization: Analysis of the Textile Sector," *Journal of Global Marketing* 21, no. 2 (2008), pp. 109 – 26; Amar Gande, Christopher Schenzler, and Lemma W. Senbet, "Valuation Effects of Global Diversifi cation," *Journal of International Business Studies* 40, no. 9 (2009), pp. 1515 – 32.

CROSSING BORDERS 12.1 스웨덴식 테이크아웃(Swedish Takeout)

50년 전 스웨덴(Sweden) 남부의 산림지역에서 미래 소매업의 개념을 변화시키며 이전에 존재하지 않았던 시장범주에서 거대시장을 창조하게 되는 작은 혁명이 일어났다. 변화를 불러 일으킨 장본인은 바로 스웨덴의 가구 소매업체이자 유통업체인 이케아(IKEA)로 이들은 가구를 집으로 가져가 스스로 조립하도록 하는 실질적인 아이디어를 창안해 내었다. 이케아는 전 세계시장을 대상으로 합리적인 가격에 혁신적으로 디자인된 가구와 실내 장식용품들을 판매하고 있다.

이케아란 이름은 잉바르 캄프라드(Ingvar Kamprad)–IKEA의 IK은 잉바르 캄프라드의 이니셜–에 의해 1943년 스웨덴 아군나르드(Agun-naryd)에서 정식으로 등록되었다. 잉바르가 가구시장에 진출한 것은 1950년이며 처음으로 제품 카탈로그를 발행한 것은 1951년이었다. 최초의 매장은 알름훌트(Almhult)에서 1958년에 개점하였다. 1년 후 이 매장은 엄청난 인기를 누리게 되어 이곳으로 방문하기 위해 장거리를 여행하는 사람들을 위한 식당도 추가로 개설하였다.

이케아는 1985년에 미국으로 진출하였다. 이케아가 글로벌화 되었다고는 하지만 당시 대부분의 활동은 유럽지역에서 이루어졌으며 유럽지역의 매출은 기업 전체매출의 85%에 이르는 70억 달러에 이르렀다. 특히 기업매출의 거의 25%는 독일 매장에서 발생된 것이었다. 이러한 매출수준은 북미자유무역협정(NAFTA) 국가들에서 발생된 10억 달러 수준과 비교될 만하다.

미국시장에서의 성장이 상대적으로 느렸던 한 가지 이유는 이케아의 매장들이 네덜란드를 기반으로 하는 상호 연동되는 이케아 시스템에 의해 매장이 운영되었기 때문인데, 이 프랜차이즈 시스템에서는 프랜차이즈에 가입하고 싶어 하는 잠재적인 가맹점들(개인이나 기업)의 재무 상태나 소매방식에서의 검증된 경험 등에 대해 세심하게 검토하는 방식을 취하고 있다. 덴마크에 기반을 둔 이케아 그룹은 네덜란드의 자선재단이 소유한 비공개 기업 집단으로 구성되어 있으며, 100개 이상의 매장을 운영하고 있다. 이 그룹에서는 이케아 제품을 개발하고 구매하고 유통시키며 판매하고 있는데 오직 이케아 매장에서만 이용이 가능하다. 이케아 부품은 65개국에 걸친 2,400개 이상의 공급자로부터 구매되고 있으며, 전 세계 14개 유통센터로부터 운반되어 오고 있다. 중국과 러시아로부터 목재의 30% 정도를 구매하고자 하는 목표는 아직까지 달성하지 못하고 있지만 노력은 계속되고 있다.

이케아의 저가격은 기업정책 차원에서 만들어지고 있다. 심지어 카탈로그상의 가격도 1년 동안은 올리지 않는 것을 고수하고 있다. 몇 년 전에는 적정 가격의 제품을 생산하고자 하는 이케아의 의지 때문에 우연찮게도 대표적인 환경운동 기업이 되기도 하였다. 비용절감에 더하여 원재료와 포장방식을 최소화시키고자 하는 노력으로 인하여 천연자원 문제를 다루게 된 것이다. 환경보호주의에 대한 입장은 이케아에서 통합적으로 다루어야 할 과제로 남아 있다. 기업의 카탈로그도 심지어 완전히 재활용하고 있으며 필름방식보다는 디지털 방식을 이용하여 만들고 있다.

러시아 최초의 이케아 매장은 2000년에 개장하였는데, 개장 당일 이케아 매장에 들어가려면 1시간을 기다려야 했다. 고속도로에는 자동차들이 수마일이나 늘어서 있었으며, 4만 명 이상의 고객이 매장을 가득 메우고 제품을 구매하였다. 해당 매장은 지금도 여전히 1주일에 10만 명 이상의 고객이 방문하고 있다. 이케아는 러시아에서 원대한 계획을 가지고 있다. 기업 관계자는 이케아의 간편한 선반과 주방, 욕실 및 침실제품들이 구 소련시절 이후 제대로 수리 받지 못한 러시아의 수백만 가구에 공급될 수 있을 것으로 보고 있다. 이제 이케아는 중국의 가장 큰 대도시에 5개의 새로운 매장을 개장하고 있다.

출처: Colin McMahon, "Russians Flock to IKEA as Store Battles Moscow," *Chicago Tribune*, May 17, 2000; "IKEA to March into China's Second-tier Cities [Next]," *SinoCast China Business Daily News* , August 6, 2007, p. 1; "IKEA Struggles to Source Sustainable Timber," *Environmental Data Services*, July 2009, p. 22.

키는 것은 글로벌 기업 활동에 매우 유익하다.[15] 자신의 마케팅 활동상의 장점을 글로벌하게 다양화시키는 것은 이제 해외시장 진출에 대한 새로운 접근방식이라 할 수 있다.[16] 유니레버(Unilever)는 2개의 자회사에서 개발한 2개의 글로벌 제품군을 성공적

[15] Nigel Driffi eld, James H. Love, and Stefan Menghinello, "The Multinational Enterprise as a Source of International Knowledge Flows: Direct Evidence from Italy," *Journal of International Business Studies* 41, no. 2 (2010), pp. 350 – 59.

[16] Janet Y. Murray and Mike C. H. Chao, "A Cross-Team Framework on International Knowledge Acquisition on New Product Development Capabilities and New Product Market Performance," *Journal of International Marketing* 13 (2005), pp. 54 – 78; John Cantwell, "Location and the Multinational Enterprise," *Journal of International Business Studies* 40, no. 1 (2009), pp. 35 – 41; Peter J. Buckley and Niron Hashai, "Formalizing Internationalization in the Eclectic Paradigm," *Journal of International Business Studies* 40, no. 1 (2009), pp. 58 – 70.

으로 출시하였다. 유니레버의 남아프리카 자회사는 임펄스 바디 스프레이(Impulse body spray)제품을 개발하였으며, 유럽 자회사는 유럽의 경수(센물; hard water)에서도 효과적으로 세척이 되는 세제제품을 개발하였다. 미국의 알루미늄 제조기업인 알코아(Alcoa)의 미국 근로자들은 일본 합작파트너가 일본에서 생산한 너무나도 완벽한 알루미늄 판재표본을 살펴보고는 일본인들이 우수한 생산품만 선택적으로 골라서 표본을 제시하였다고 의심하였다. 곧 이어 일선 작업자들이 기술습득을 위하여 일본의 파트너사 공장으로 파견되었고, 이후 이 기술은 미국 내 생산 활동으로 이전되었다. 이와 같은 지식이전에 따른 이익으로 알코아는 "감시감독을 위하여" 해외로 관리자를 파견하는 정책을 변경시켜 일선 작업자들과 관리자들이 새로운 기술과 공정을 습득할 수 있도록 이들을 해외지역으로 파견하는 정책을 운영하게 되었다.

글로벌 마케팅을 통하여 마케터들은 가장 힘든 고객들과 만날 수 있게 된다. 예를 들어 다양한 제품 및 서비스 제품군에서 일본 소비자들은 까다롭기로 유명하다. 소비자들의 요구사항 때문에 일본 제품과 서비스들은 세계 최고의 품질을 가질 수 있게 되었다. 이러한 고객들을 위한 치열한 경쟁덕분에 일본은 기업들에게 고기술 제품이나 서비스에 대한 최고의 시험장소가 되고 있다.

기업의 활동 시장이 다양해지면 추가적인 재무적 이익을 획득할 수도 있다.[17] 많은 글로벌 기업들에게 시장 포트폴리오의 확장은 수익 및 기업 활동의 안정성 제고에 도움을 준다.[18] 글로벌 마케팅 활동을 수행하는 기업들은 아시아 지역시장 진출초기 단계보다도 1990년대 후반의 아시아 지역시장 침체시기에 어려움을 덜 겪을 수 있었다. 다양한 글로벌 시장에서 활동하는 기업들은 자신의 재정 상태를 변화시킬 수 있는 또 다른 유용한 방법을 이용할 수 있다. 예를 들어 전 세계에 걸쳐 세금과 관세율은 항상 변화하기 때문에 대부분의 글로벌 기업들은 이러한 점을 이용하여 자신의 이익과 관련된 복잡한 문제를 조절할 수 있다.

글로벌 시장을 위한 계획 활동

계획 활동은 기업의 미래를 체계적으로 접근하는 방식이라 할 수 있다. 기업의 강점과 약점, 목적 및 달성하고자 하는 소기의 목표와 더불어 외부요인들과 통제 불가능한 요인들에 대한 관리가 계획 활동에서 이루어진다. 또한 국제시장에서 특정목표 달성을 위한 기업자원의 투입도 고려

[17] N. Capar and M. Kotabe have noted that for services fi rms, the relationship between international diversifi cation and fi rm performance can be curvilinear (that is, both not enough and too much are bad); see "The Relationship between International Diversifi cation and Performance in Service Firms," *Journal of International Business Studies* 34, no. 4 (2003), pp. 345 – 55; Protiti Dastidar, "International Corporate Diversifi cation and Performance: Does Firm Self-Selection Matter?" *Journal of International Business Studies* 40, no. 1 (2009), pp. 71 – 85.

[18] Lee Li, Gongming Qian, and Zhengming Qian, "Product Diversifi cation, Multinationality, and Country Involvement: What Is the Optimal Combination?" *Journal of Global Marketing* 20 (2007), pp. 5 – 25; Tess Stynes and Paul Ziobro, "McDonald's Sales Rise Despite U.S. Weakness," *The Wall Street Journal*, February 9, 2010, online.

CROSSING BORDERS 12.2 전 세계 파트너를 위한 애플 매장

애플(Apple)은 아이폰(iPhone) 출시 이후 매우 빠르게 움직이고 있으며, 미국과 유럽지역 사용자를 위한 유통망을 구축하고 있다. 고인이 된 스티브 잡스(Steve Jobs)는 지구 동쪽으로 사업영역을 확장시키고자 했는데, 세계에서 가장 거대하고 세련된 휴대폰 시장 중 하나인 일본시장에 진출하기 위한 계획을 수립하였다.

잡스는 일본의 지배적인 통신 사업자를 통하여 일본시장에 아이폰을 공급하기 위한 계약을 논의하기 위하여 NTT 도코모(DoCoMo)의 사장인 마사오 나카무라(Masao Nakamura)를 만났다고 알려져 있다. 또한 이들 정보원들은 애플이 일본의 3위 통신 사업자인 소프트뱅크(Softbank Corp.)와도 대화를 나누었으며, 이를 위해 양사의 경영진들이 캘리포니아주(California) 쿠퍼티노(Cupertino)에 있는 애플 본사에서 몇 차례 회합을 가졌다고 전해진다. 애플의 입장에서 볼 때, 일본에서 무선사업자 파트너를 확보하는 것은 제품이 출시되는 2007년 6월 말과 2008년 후반기 사이에 1,000만대의 아이폰을 판매하여 글로벌 휴대폰 사업에서 1%의 지분을 확보한다는 애플의 공공연한 목표를 달성하기 위한 매우 중요한 과정이라 할 수 있다.

미국 다음으로 세계에서 두 번째로 큰 경제권을 자랑하는 일본은 강력한 아이팟(iPod) 제품 지지기반을 가지고 있을 뿐만 아니라, 거의 1억 명에 육박하는 휴대폰 이용자들이 평균 2년에 한번 꼴로 새로운 휴대폰을 구매하는 시장이기 때문에 대단히 매력적인 시장이라 할 수 있다. 또한 일본 소비자들은 디지털 텔레비전, 카메라, 음악과 같은 진보된 기능을 사용할 수 있는 고가의 휴대폰을 구매하기 위하여 수백 달러를 쏟아 붓는데 익숙해져 있다.

그러나 아직까지 일본은 애플이 진입하기에 어려운 시장이라 할 수 있다. 10개 이상의 일본 휴대폰 제조업체가 일본 소비자들의 취향에 맞는 휴대폰을 개발하기 위하여 3개의 주요 통신사업자들과 긴밀하게 협력하고 있기 때문이다. 과거에 해외 휴대폰 제조업체들은 일본 진출을 꺼려했으며, 특히 일본 소비자들이 편리하게 사용할 수 있는 일본 통신 사업자가 개발한 독자적인 휴대폰 인터넷 기술이나 이메일 소프트웨어 등 일본 특유의 스타일이 반영된 핵심요소들을 탑재하지 않는 휴대폰을 했음에도 불구하고 적게나마 성공한 것에 만족해야 했다.

아이폰은 머나먼 나라까지 진출하여 성공을 거두게 되었다. 애플은 2007년 9월 하순까지 총 140만대의 아이폰을 판매하였다. 이러한 제품판매 수치는 낙관적인 전망을 제시했던 월스트리트의 예상에는 미치지 못한 것이지만, AT&T라는 최대 가입자를 보유한 통신 사업자 단독으로 아이폰을 판매한 미국에서는 가장 많이 팔린 스마트폰이 되었다.

결국 애플은 일본의 소프트뱅크 및 홍콩의 차이나 유니콤(China Unicom)과 파트너 관계를 형성하였으며, 판매에 가속도가 붙어 미래에도 지속적으로 잘 될 것으로 예상하고 있다.

출처: John Markoff, "A Personal Computer to Carry in a Pocket," *The New York Times*, January 8, 2007, pp. C1, C3; Yukari Iwatani and Nick Wingfield, "Apple Meets with DoCoMo, Softbank on Launching iPhone in Japan," *The Wall Street Journal* (online), December 18, 2007; Philip Michaels, "Apple: What Recession?" *Macworld*, January 2010, p. 16.

하게 된다. 다른 말로 계획 활동은 일어나지 않을 수도 있는 어떤 일을 일어나게 만드는 것이라 할 수 있다.

계획 활동은 국제적 기능의 급속한 성장, 시장들의 변화, 경쟁증가 및 서로 다른 국가시장의 격변과 같은 도전 등을 감안해야 한다. 계획은 기업의 목적 및 건전하고 운영 가능한 마케팅 프로그램을 개발하기 위한 역량과 함께 외부적인 국가 환경변수들의 변화를 동시에 고려해야 한다.[19] 전략적 계획은 기업의 경쟁우위와 수익증가를 위하여 기업자원을 제품과 시장에 투입하는 것을 고민하게 한다.

[19] Wade M. Danis, Dan S. Chiaburu, and Majorie A. Lyles, "The Impact of Managerial Networking Intensity and Market-Based Strategies on Firm Growth during Institutional Upheaval: A Study of Small and Medium-Sized Enterprises in a Transition Economy," *Journal of International Business Studies* 41, no. 2 (2010), pp. 287 – 307.

계획 활동은 목표 형성과 이를 달성하기 위한 방법들과 관련되어 있는데, 계획 활동은 과정(process)이자 철학(philosophy)이다. 구체적으로 계획 활동은 전사적, 전략적 및 전술적 계획 활동으로 분류할 수 있다. 국제적인 **전사적 계획 활동**은 필수적으로 장기적인 관점에 대한 것이며 기업 전반에 걸친 전반적 목표를 통합적으로 다루게 된다. **전략적 계획 활동**은 최상위 수준의 경영관리에 대한 것으로 제품, 자본, 연구 및 기업의 장 · 단기 목표를 다루고 있다. **전술적 계획 활동** 또는 시장 계획 활동은 특정 시장을 위한 전략적 계획 활동을 수행하는데 사용되는 특정 활동과 자원분배와 연관되어있다. 전술적 계획은 현지에서 마케팅 및 광고촉진 활동 목적으로 수립된다.

계획 활동을 통하여 다국적 기업이 가질 수 있는 주요한 장점은 기업 활동과정에 대한 원칙을 가질 수 있다는 것이다. 계획 활동 과정에 따라 과업을 수행하는 국제 마케터는 마케팅 문제와 시장기회를 분석할 수 있는 체계를 가지게 되며 서로 다른 국가시장에서 수집된 정보를 통합할 수 있는 기초를 마련하게 된다. 계획 활동 과정에서 계획 그 자체는 매우 중요한데, 계획을 통하여 의사결정자는 마케팅 프로그램 성공에 영향을 미치는 모든 요인들을 분석할 수 있게 되며 마케팅 프로그램 달성에 책임감을 가질 수 있게 되기 때문이다. 성공적인 계획 활동을 위한 또 다른 핵심 사항은 경영층의 몰입과 국제사업에 대한 가치 지향성을 포함하는 전반적인 기업목표를 평가하는 과정에서 찾아볼 수 있다. 마지막으로 계획 활동 과정은 조직학습의 중요 수단이 된다.

기업의 목표와 자원

기업목표를 설정함으로써 국내 및 국제사업부의 지향성을 명확하게 파악할 수 있으며, 일관된 정책들을 수행할 수 있다. 기업목표가 잘 설정되지 않으면 기업은 서둘러 진출한 해외시장에서 주요한 기업목표와 충돌되거나 아니면 기업목표와 동떨어진 활동만을 하게 된다.

해외시장의 기회가 기업목표와 항상 일치하지는 않는다. 아마도 목표를 바꾸거나 국제사업의 규모를 변경시키거나 또는 사업자체를 포기해야 할지도 모른다. 한 시장에서 장기적인 전망 없이 즉각적인 수익발생의 기회가 있다면 다른 시장에서는 이와 반대의 경우가 생길지도 모른다. 오로지 기업목표가 명확한 경우에만 이상에서 제시된 다양한 차이들을 효과적으로 관리할 수 있게 된다.

국제 몰입수준

국제기업이 수행하는 계획에 따라 해당 경영관리에 대한 심리적 몰입수준인 국제화 정도가 결정되게 된다. 이러한 기업의 몰입수준은 기업의 특별한 국제 전략이나 의사결정에 영향을 미치게 된다. 기업목표가 수립된 이후에는 성공적인 국제사업을 위한 기업의 몰입수준이 어떻게 되어야 하는지에 대해 결정하는 것이 필요하다. 달러 결제조건의 투자 몰입수준, 국제조직을 관리하기 위한 인원 수준, 해외투자에 따른 수익을 현실화시키기 위하여 얼마나 오래 동안 시장에 머물러 있어야 하는지 등

을 결정하는 것이다.[20]

기업의 미래 전망이 불확실하게 되면 해당 시장에 소극적으로 진출하거나 비효율적인 마케팅 방법, 유통경로 또는 조직형태를 이용할 가능성이 높기 때문에 모기업에 의해 전사적인 몰입과 지원이 이루어진다 하더라도 결국 실패하게 된다. 일부 장기 마케팅 계획은 주요 경영진의 전반적인 지지가 필요하며 판매성장에 대한 목표가 현실화되기 위해서는 일정시간의 경과가 필요하다. 가끔 무계획적인 해외진출이 성공하기도 하지만 그렇지 않은 경우가 더 많으며, 결국 시장성공을 위해서는 장기간에 걸쳐 해당시장에 대한 기업의 몰입이 요구된다고 할 수 있다.[21]

마지막으로 여러 새로운 연구들이 다국적기업은 자신들의 사업범위를 확장시킬 때 강력한 지역적 선호도가 있음을 보여주고 있다.[22] 이러한 지역적 선호도는 문화적 거리[23] 및 일부 심리적 거리와 관련[24]되어 발생하는 문제 때문이며, 특히 표준시간대(time zones)를 넘어 사업 활동에 따른 어려움과 관련이 있다.[25] 앞에서 언급한 바처럼 대다수의 국가와 기업들은 자신의 이웃들과 무역을 하고 있다. 다른 연구보고서는 기업이 특수한 지역에서 클러스터를 형성하여 활동함으로써 경쟁우위를 획득하고 있다는 것을 보여주고 있다.[26] 동의할 수 없는 부분도 있긴 하지만,[27] 연구자

[20] Orly Levy, Schon Beechler, Sully Taylor, and Nakiey A. Boyacigiller, "What We Talk about When We Talk about 'Global Mindset': Managerial Cognition in Multinational Corporations," *Journal of International Business Studies* 38 (2007), pp. 231 – 58.

[21] Thomas Hutzschenreuter, Torben Pedersen, and Henk W. Voldberda, "The Role of Path Dependency and Managerial Intentionality: A Perspective on International Business Research," *Journal of International Business Studies* 38 (2007), pp. 1055 – 68.

[22] Luis Felipe Lages, Sandy D. Jap, and David A. Griffi th, "The Role of Past Performance in Export Ventures: A Short-Term Reactive Approach," *Journal of International Business Studies* 39 (2008), pp. 304 – 25.

[23] John H. Dunning, Masataka Fujita, and Nevena Yakova, "Some Macro-Data on the Regionalization/Globalization Debate: A Comment on the Rugman/Verbeke Analysis," *Journal of International Business Studies* 38 (2007), pp. 177 – 99; Ricardo G. Flores and Ruth V. Aguilera, "Globalization and Location Choice: An Analysis of U.S. Multinational Firms in 1980 and 2000," *Journal of International Business Studies* 38 (2007), pp. 1187 – 210; Simon Collinson and Alan M. Rugman, "The Regional Nature of Japanese Multinational Business," *Journal of International Business Studies* 39 (2008), pp. 215 – 30.

[24] Jody Evans, Felix T. Mavondo, and Kerrie Bridson, "Psychic Distance: Antecedents, Retail Strategy Implications, and Performance Outcomes," *Journal of International Marketing* 16, no. 2 (2008), pp. 32 – 63.

[25] Lazlo Tihanyi, David A. Griffi th, and Craig J. Russell, "The Effect of Cultural Distance on Entry Mode Choice, International Diversifi cation, and MNE Performance: A Meta-Analysis," *Journal of International Business Studies* 36 (2005), pp. 270 – 83; Thomas Hutzschenreuter and Johannes C. Voll, "Performance Effects of 'Added Cultural Distance' in the Path of International Expansion: pp. 53 – 70. The Case of German Multinational Enterprises," *Journal of International Business Studies* 39 (2008), pp. 53 – 70.

[26] Joseph Johnson and Gerard J. Tellis, "Drivers of Success for Market Entry into China and India," *Journal of Marketing* 72, no. 3 (2008), pp. 1 – 13; Jennifer D. Chandler and John L. Graham, "Relationship-Oriented Cultures, Corruption, and International Marketing Success," *Journal of Business Ethics* 92, no. 2 (2010), pp. 251 – 67.

[27] Elizabeth Maitland, Elizabeth L. Rose, and Stephen Nicholas, "How Firms Grow: Clustering as a Dynamic Model of Internationalization," *Journal of International Business Studies* 36 (2005), pp. 435 – 51; Gongming Qian, Lee Li, Ji Li, and Zhengming Qian, "Regional Diversifi cation and Firm Performance," *Journal of International Business Studies* 39 (2008), pp. 197 – 214; Stephanie A. Fernhaber, Brett Anitra Gilbert, and Patricia P. McDougall, "International Entrepreneurship and Geographic Location: An Empirical Examination of New Venture Internationalization," *Journal of International Business Studies* 39 (2008), pp. 267 – 90.

들은 글로벌 전략의 존재에 대해 의문을 제기하고 있으며 포춘 500대 기업(Fortune 500)에 속하는 단지 9개의 미국기업만이 자신의 글로벌 사업범위에 대해 "글로벌"이라는 용어를 쓸 만한 자격을 가지고 있는 것으로 보인다.[28] 현재 기업들이 전략적 선택으로 특정지역에 초점을 맞춘다는 것에는 동의할 수 있지만, 이전 장들에서 언급했던 것처럼 무역계약, 무역거래 및 기업전략에서 글로벌화가 견실하게 성장하고 있다는 것이 대세임을 언급하고 싶다. 경쟁과 새로운 글로벌 의사소통의 수월함으로 인하여 경영자들은 전 세계적 범위에 걸쳐 글로벌 마케팅을 더 많이 수행하도록 요구받고 있다.

계획과정

LO2
기업의 목표달성을 위한 계획의 필요성을 이해한다.

기업이 현재 다수 국가에서 마케팅을 수행하든지 아니면 해외시장에 최초로 진출하든지간에 계획 활동은 사업성공을 위한 필수요소라 할 수 있다. 최초로 해외시장에 진출하는 마케터는 어떤 시장에서 무슨 제품을 개발해야 하는지와 어떤 수준의 자원몰입을 수행해야 하는지를 결정해야 한다. 이미 해외진출을 수행하고 있는 기업이라면 기업의 노력과 자원을 국가들과 제품들 사이에 어떻게 할당해야 하는지를 결정하는 것이 가장 필요하며, 새로운 세분시장을 개발해야 할지 아니면 기존 시장에서 철수를 고민해야 할지, 혹은 제품의 개발지속과 중단여부를 결정하는 것이 필요하다. 국제적인 사업기회와 위험을 평가하고 해당 사업기회를 활용할 수 있는 전략적 계획을 개발하려면 일련의 지침과 체계적인 절차가 필요하다.[29] 그림 12.1에는 다수 국가에서 활동하는 다국적 기업을 위한 체계적인 계획 활동 지침이 제시되어 있다.

1단계: 예비 분석과 심사 – 기업과 국가 니즈의 일치 기업이 새롭게 국제마케팅을 수행하든지 혹은 이미 진행 중이든지 간에 상관없이 잠재시장에 대한 평가는 계획 활동과정의 첫 단계라 할 수 있다. 국제 계획활동과정의 첫 단계에서 가장 중요한 것은 투자가 수행될 국가시장이 존재하는지를 확인하는 것이다. 기업의 강점과 약점, 제품, 기업철학, 사업운영 형태[30] 및 목적 등이 해당 국가에서 필요한 각종 요인들 및 시장 잠재성과 잘 조화되는지를 살펴보아야 한다.[31] 계획 활동 과정의 첫 부분에서 특정 국가의 미래 잠재성이 충분하지 않을 경우 이러한 국가를 제외시키기 위하여 국가별 분석과 검토가 필요하다. 신흥시장의 경우에는 고유한 문제들이 있는데

[28] Thomas Osegowitsch and Andre Sammartino, "Reassessing (Home–) Regionalization," *Journal of International Business Studies* 39 (2008), pp. 184 – 96.

[29] Alan M. Rugman and Alain Verbeke, "The Theory and Practice of Regional Strategy: A Response to Osegowitsch and Sammartino," *Journal of International Business Studies* 39 (2008), pp. 326 – 32.

[30] Gabriel R.G. Benito, Bent Petersen, and Lawrence S. Welch, "Towards More Realistic Conceptualizations of Foreign Operation Modes," *Journal of International Business Studies* 40, no. 9 (2009), pp. 1455 – 70.

[31] Namrata Malhotra and C. R. (Bob) Corredoira, "An Organizational Model for Understanding Internationalization Processes," *Journal of International Business Studies* 41, no. 2 (2010), pp. 330 – 49.

그림 12.1

국제적 계획 과정

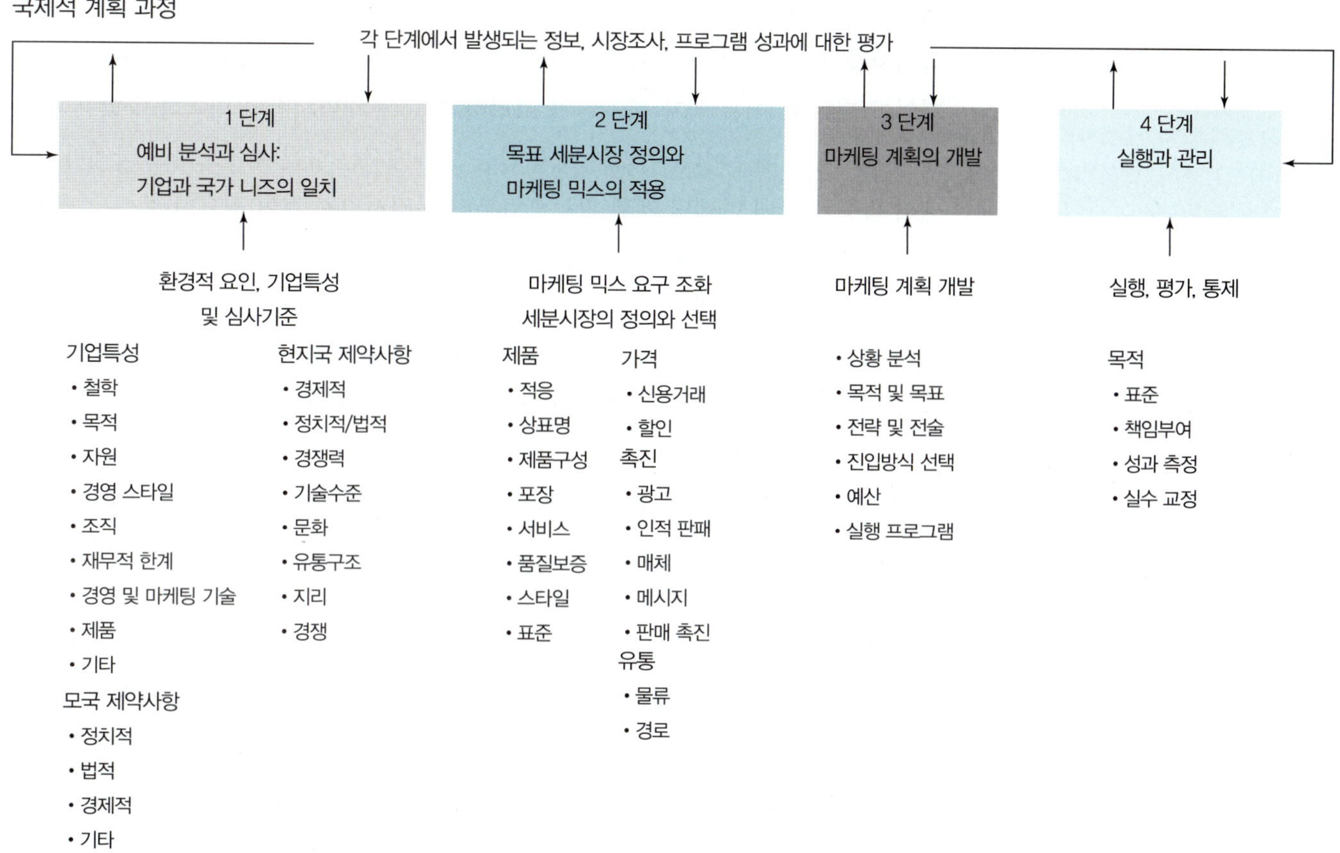

부족한 마케팅 기반시설 및 부적절한 유통경로가 여기에 해당되며, 국가별로 소득수준과 유통경로도 매우 다양하다.

다음 단계는 특정 국가시장의 장래성 평가기준을 설정하는 것이다. 이러한 평가기준들은 기업의 목적, 자원 및 기타 기업역량과 한계점 등을 분석하여 결정하여야 한다. 해외시장 진출이유를 명확히 하는 것이 중요하며 해당 투자에 따른 예상수익도 중요하다. 또한 기업의 국제사업에 대한 몰입수준과 기업이 해외로 진출하려는 목적도 평가기준을 설정하는데 대단히 중요하다. 시장 잠재성에 대한 최소요구 수준, 수익에 대한 최소요구 수준, 투자 대비 수익률(ROI: return on investment), 수용 가능한 경쟁수준, 표준이 되는 정치적 안정성 정도, 수용 가능한 법적요구 수준 및 기타 기업제품에 적절한 측정치들이 평가기준의 좋은 예라 할 수 있다.[32]

평가기준이 설정되고 나면 기업 활동계획이 수립된 국가의 환경에 대한 철저한 분석이 수행되어야 한다. 이러한 환경에는 앞서 언급된 통제 불가능한 요인들과 함

[32] Kevin Zheng Zhou, James R. Brown, Chekitan S. Dev, and Sanjeev Agarwal, "The Effects of Customer and Competitor Orientations on Performance in Global Markets: A Contingency Analysis," *Journal of International Business Studies* 38 (2007), pp. 303 – 19.

께 본국 제약사항과 진출 현지국의 제약사항, 마케팅 목표 및 각 계획 활동의 시작단계에서 고려된 한계점 또는 강점 등이 포함된다. 통제 불가능한 환경에 대한 이해가 국내시장의 계획 활동에서도 중요하였지만 국제마케팅에서는 보다 복잡하며 중요한 과업이 되는데, 이는 국제 마케터가 고려하고 있는 개별시장의 익숙하지 않은 환경적 제약사항들 때문이다. 이러한 계획 활동 단계에서는 다른 무엇보다도 국제마케팅 계획 활동을 국내 마케팅 계획 활동으로부터 분리시키는 것이 필요하다.

1단계의 결과는 특정 국가시장의 잠재성 평가에 필요한 기초정보를 마케터에게 제공하고, 향후 분석에 필요한 환경적 요인들이 무엇인지를 확인해 주며, 마케팅 믹스의 표준화 가능성 여부 및 마케팅 믹스가 어떻게 현지시장 요구에 적응할 수 있을 것인지 등을 결정해주고, 마케팅 실행 계획을 개발하고 적용할 수 있도록 만들어 준다.

1단계에서 생성된 정보는 미국에서 소매 가전제품 판매 선두업체인 라디오 샤크(Radio Shack)의 해외진출 시행착오와 같은 실수를 예방해준다. 라디오 샤크는 서유럽 지역을 대상으로 최초로 국제마케팅을 수행하였다. 그런데 목표시장의 통제 불가능한 요인들을 적절히 분석하였다면 회피할 수도 있었던 일련의 값비싼 실수를 저질렀다. 라디오 샤크는 네덜란드(Holland)에서 자신의 첫 번째 크리스마스 판촉행사를 추진하였는데, 네덜란드의 성 니콜라스 축일(St. Nicholas Day)을 잘못 인지하였고, 결론적으로 네덜란드에서는 12월 25일이 아닌 12월 6일에 선물을 주고받는지를 몰랐다. 또한 많은 국가의 다양한 법적 문제도 마케팅 계획을 어렵게 하였다. 독일법원은 독일내의 점포들에서 손전등을 무료로 제공하는 경품행사를 즉각 중지할 것을 명령하였는데, 이는 경품행사가 독일의 판매법을 위반하기 때문이었다. 벨기에(Belgium)에서는 모든 점포의 외부간판에 정부의 납세필증 인지(tax stamp)를 부착해야 한다는 현지법을 간과하였기 때문에 어렵게 선발된 다수의 신규 점포들이 개점 이후 곧바로 문을 닫아야 했다.

1단계에서의 완벽한 분석으로 의사결정자들은 선택된 국가의 목표시장 및 세분시장에 필요한 특별한 과업을 보다 많이 이해할 수 있으며, 해당 시장에서의 문제와 기회가 무엇인지를 판단할 수 있고, 마케팅 프로그램을 입안하는 과정을 시작할 수 있게 된다.

2단계: 목표 세분시장의 정의와 마케팅 믹스의 적용. 2단계의 목적은 마케팅 믹스를 구성하는 요인들에 더 세부적인 검토를 수행하는 것이다. 목표시장이 선택되고 나면 1단계에서 생성된 자료들을 고려하여 마케팅 믹스를 평가해야 한다. 이 단계에서 잘못된 의사결정을 수행하면 목표시장에 부적합한 제품을 선택하게 되거나 가격결정, 광고 및 판매촉진 활동에서 값비싼 실수를 저지르게 된다. 2단계의 주요 목표는 기업 목적이나 목표를 효과적으로 달성할 수 있도록 통제 불가능한 외부환경 요인들이 제공하는 문화적 제약사항에 마케팅 믹스가 적절히 적응할 수 있도록 조정

일반적으로 하나의 문이 닫히면 하나의 문이 열린다고 하지만, 사실 2개의 문이 모두 열리는 경우도 종종 있다. 중국에서 모든 차를 맛볼 수 있음에도 북경의 자금성(Forbidden City)에서 거의 8년 동안 모카 프라푸치노 커피를 구매할 수 있었다는 것은 특히 놀라운 일이다. 노란색 지붕은 황제의 영역을 상징한다. 그러나 우리는 1400년대에 황제가 자신의 궁궐을 건축하면서 커피를 판매하는 장소를 마음속에 담아두었다고 생각하지는 않는다. 중국은 600년이 지난 이후에 WTO에 가입하게 되면서 전 세계의 프랜차이즈 기업들에게 신흥시장으로 엄청나게 각광받게 되었다. 그러나 중국 내의 다른 240개 스타벅스(Starbucks) 매장들과는 달리 이곳은 중국 매체들의 엄청난 항의를 유발시킨 유일한 매장으로 결국 2007년 여름에 폐쇄되었다. 중국의 자금선 매장이 실제로 금단의 장소가 된 약 한달 이후에 스타벅스의 러시아 최초 매장이 모스크바(Moscow)에서 문을 열었다. 모스크바의 추운 오후에 러시아인들과 외국 관광객들은 스타벅스와 맥도날드의 맥카페(McDonald's McCafe) 두 곳 중 어디에서 카푸치노 커피(cappuccino)를 구매할지 선택할 수 있다. 이 두 매장은 모스크바의 가장 유명한 전통 상점가인 알바트(Arbat)에 각각 몇 블록 떨어져 있다. 중국에서의 경험으로 미국기업들은 이제 붉은 광장(Red Square) 주변에 매장을 열지 않을 만큼 충분히 똑똑하다.

하는 것이다.[33]

네슬레(Nestle)가 이용한 과정은 2단계에서 수행해야 하는 분석형태를 잘 설명해주고 있다. 각 제품 관리자들은 1단계에서 생성한 것보다 더 많은 자료가 수록된 국가별 보고서(fact book)를 가지고 있다. 이러한 국가별 보고서는 문화적인 내용들과 관련이 있는 다양한 문제들에 대한 분석내용을 담고 있다. 독일에서 커피제품을 담당하고 있는 제품 관리자는 다양한 문제에 대한 해답을 찾아야 한다. 독일에서 커피제품은 소비재 중 어느 정도의 순위에 위치해 있는가? 독일의 소비시장 1인당 수준은 높은 것인가 낮은 것인가?(이는 보다 복잡한 문제와 연결된다. 스웨덴의 1인당 연간 커피소비는 12.6Kg이며, 미국은 4.4Kg, 일본은 단지 3.6Kg.)[34] 원두커피와 굵게 간 커피, 분말형태의 커피 등과 같이 커피제품은 어떤 형태로 이용되는가? 만약 굵게 간 커피제품이라면 얼마나 끓여서 만들어야 하는가? 어떤 종류의 커피제품이 선호되는가? 콜롬비아 커피를 가지고 만든 브라질식 산토스(Santos) 커피 아니면 아이보리 코스트(Ivory Coast)의 로부스타(robusta) 커피? 얼마나 볶아져야 하는가? 사람들은 진하게 볶은 색깔의 커피를 선호하는가? 아니면 연갈색의 커피를 선호하는가?(네슬레의 일회용 커피 색깔은 해당 국가에서 선호되는 커피색에 최대한 가깝도록 만들어진다.)

이상에서 제시된 문제들을 포함한 응답결과를 바탕으로 네슬레는 200가지 종류의 일회용 커피, 즉 중남미계 국가에서 선호되는 흑갈색의 진한 에스프레소(espreso)

---

[33] Thomas L. Powers and Jeffrey J. Loyka, "Adaptation of Marketing Mix Elements in International Markets," *Journal of Global Marketing* 23, no. 1 (2010), pp. 65 – 79.

[34] International Coffee Organization, http://www.ico.org, 2008.

커피로부터 미국에서 인기 있는 연한 브렌드(blends) 커피까지 모두를 생산하고 있다. 전 세계에 위치한 4개 연구소에서 새로운 색깔, 향 그리고 맛을 가진 커피제품을 시험하기 위하여 연간 5,000만 달러정도의 커피가 소비되고 있다. 독일 사람들은 커피를 점심 이후에 마시는가? 아니면 아침나절에 마시는가? 블랙커피로 마시는가? 아니면 크림이나 우유를 섞어 마시는가? 독일 사람들은 저녁에도 커피를 마시는가? 커피를 달콤하게 마시는가?(프랑스는 아침나절에는 우유와 함께 커피를 마시고 정오에는 블랙커피로 마신다. 다시 말해 프랑스에서는 서로 다른 2가지 종류의 커피를 모두 마신다는 것이다.) 사람들은 몇 살 때부터 커피를 마시기 시작하는가? 프랑스에서는 커피가 전통적인 음료로 취급되는가? 차를 마시는 부모세대에 저항하기 위하여 커피를 마시는 영국 젊은이들은 단순히 저항의 의미로 커피를 마시는가? 일본에서는 커피를 선물용으로 주로 소비하는가? 차를 주로 마시지만 커피소비가 호황기를 맞고 있는 일본에서 네슬레는 커피를 꽃이나 초콜릿을 대신할 수 있는 고급 선물용품으로 취급하고자 하였으며, 이를 위하여 네스카페(Nescafe)를 저녁 만찬이나 생일파티에서 예쁜 포장에 담아 선물하도록 구성하였다. 이러한 심도 있는 정보를 파악하여 제품 관리자는 개별 국가의 국가별 보고서(country fact book)의 의미를 마케팅 믹스에 어떻게 반영해야 하는지 고려할 수 있어야 한다.

또한, 2단계에서 마케터는 다양한 국가시장에 적용할 마케팅 전술이 무엇인지를 결정할 수 있어야 한다. 다양한 국제시장에 걸쳐 유사한 세분시장을 찾을 수 있다면 마케팅 프로그램상의 규모의 경제(economies of scale)를 획득할 수 있는 기회를 얻을 수 있기 때문이다. 네슬레의 경우 시장조사를 통하여 영국과 일본의 젊은 커피 소비층이 유사한 커피 소비동기를 가진 것을 확인한 이후 이러한 기회를 포착할 수 있었다. 결론적으로 네슬레는 이들 모든 시장에서 결국 동일한 메시지를 사용하고 있다.

2단계 분석결과를 통한 특정국가의 진입을 위해서는 마케팅 믹스에 급격한 적응이 필요하여 진입결정 자체를 포기할 수도 있다. 예를 들어 시장의 요구를 충족시키기 위하여 제품의 물리적 크기를 줄여야 할 경우에 더 작은 크기의 제품을 추가적으로 생산하는데 투입되는 비용이 해당 시장진입에 진입하여 얻는 수익보다 더 많을 수도 있다. 아니면 수익을 창출하기 위한 가격대가 특정시장의 주요 소비층이 부담할 수 있는 가격대보다 너무 높을 수도 있다. 만약 가격을 인하할 방법이 없다면 높은 가격에 따라 시장 잠재성은 매우 떨어질 것이기 때문에 해당 시장에 대한 진입 의사결정의 정당성이 사라진다.

2단계에서는 다음과 같은 3가지 주요 질문에 대해 대답해야 한다.

1. 다양한 국가에 걸쳐 공통적인 마케팅 믹스 전술을 적용할만한 세분시장이 존재하는가?
2. 문화적/환경적 적응이 마케팅 믹스의 성공적인 도입을 위해 필요한가?

3. 시장진입에 따른 수익이 적응을 위해 투입되는 비용보다 높은가?

2단계 분석결과에 기초하여 제외시켜야 할 국가가 어디인지를 살펴보는 2번째 국가별 검토가 수행되어야 한다. 다음의 계획 활동 과정은 마케팅 계획의 개발에 대한 것이다.

3단계: 마케팅 계획의 개발 계획활동과정의 3단계에서는 목표시장이 단일국가에 대한 것이든 글로벌 시장상황에 대한 것이든 상관없이 목표시장에 대한 마케팅 계획을 개발한다. 마케팅 계획은 시장상황에 대한 분석부터 시장진입방법의 선택과 해당 시장을 위한 특별한 실행방안을 개발하는 것으로 마무리한다. 이러한 특별한 계획에는 누가, 무엇을, 어떻게, 언제 해야 하는지 등의 내용이 포함되어야 하며, 예산과 판매 및 수익에 대한 예상도 포함되어야 한다. 2단계에서와 마찬가지로 기업의 마케팅 목적이나 목표가 해당 시장에서 충족되지 않을 것으로 판단되면 특정시장에 대한 진출결정을 포기할 수도 있다.

4단계: 실행과 관리 저자들은 앞서 계획 활동 과정이 순차적인 단계로 구성되는 것으로 얘기하고 있지만, 계획 활동 과정은 대단히 역동적이며 각 단계들 사이에서 지속적인 정보들과의 상호작용 변수집단이 만들어지게 된다. 각 단계들은 효율적이고 체계적인 계획 활동을 위한 중요한 진행방향이 되는 것이다.

3단계에서 특정국가 혹은 지역으로 "진출"한다는 의사결정이 내려지게 되면 그에 따른 계획의 실행과 성공적 마케팅 참여가 시작된다. 그러나 계획 활동 과정은 여기서 끝나는 것이 아니다. 모든 마케팅 계획은 실행되는 동안에 조정활동과 통제가 필요하다.[35] 많은 기업들에서 마케팅 계획이 실행되는 동안에 철저한 통제가 이루어지지 않으며, 심지어 지속적인 감시활동도 수행되지 않는 경우도 있다.[36] 통제가 성공의 열쇠인데도 말이다. 평가와 통제 시스템은 성과–목표 지향적인 활동을 필요로 하는데, 다시 말해 계획을 실행하다보면 성과에 대한 기준이 하향될 수 있기 때문이다. 또한 이러한 시스템은 합리적인 성과척도를 이용할 수 있을 것으로 가정하고 있다. 글로벌 활동은 매우 어려운 것이지만 국제마케팅의 복잡성을 조정하고 통제해야

[35] Luis Filipe Lages, Carmen Lages, and Cristiana Raquel Lages, "Bringing Export Performance Metrics into Annual Reports: The APEV Scale and the PERFEX Scorecard," *Journal of International Marketing* 13 (2005), pp. 79 – 104; David Smith, "A Cross-Cultural Classifi cation of Service Export Performance Using Artifi cial Neural Networks: Japan, Germany, United States," *Journal of Global Marketing* 20 (2006), pp. 5 – 20; Rosane K. Gertner, David Gertner, and Dennis Guthery, "The Implications of Export Performance Measurement for the Signifi cance of the Determinants of Export Performance: An Empirical Investigation of Brazilian Firms," *Journal of Global Marketing* 20 (2006), pp. 21 – 38; Adamantios Diamantopoulos and Nikolaos Kakkos, "Managerial Assessments of Export Performance: Conceptual Framework and Empirical Illustration," *Journal of International Marketing* 15 (2007), pp. 1 – 31.

[36] Christian Homburg, Joseph P. Cannon, Harley Krohmer, and Ingo Kiedaisch, "Governance of International Business Relationships: A Cross-Cultural Study on Alternative Governance Methods," *Journal of International Marketing* 17, no. 3 (2009), pp. 1 – 20.

하는 과업은 매우 중요한 경영관리 활동이다.

계획 활동 과정과 평가 및 통제 시스템을 최적화시키게 되면 의사 결정자는 기업의 계획을 성공적으로 수행하는데 영향을 미칠 수 있는 모든 요인들에 관심을 가질 수 있게 된다. 또한 이러한 최적화는 모든 국가시장을 관찰할 수 있는 기반을 제공해 주며, 통합된 전 세계적 단위에서 국가시장들의 상호관련성을 인식할 수 있도록 도와준다. 본서의 6번째 부분인 "국제마케팅 전략수립지침(Country Notebook) – 마케팅 계획 개발을 위한 안내서"에 나온 내용들을 따른다면 국제 마케터는 전략적 계획 활동을 실행할 수 있다.

계획 활동 과정에서 정보가 생성되고 국가시장이 선택되고 나면 진입방식이 결정되어야 한다. 진입방식을 선택하는 것은 매우 중요한 기업 의사결정인데, 이는 이러한 의사결정에 따라 기업의 사업 활동이 정의되며, 해당 시장과 관련된 이후의 모든 의사결정이 영향을 받기 때문이다.

시장진입 전략 유형

기업은 다음에 제시되는 수출, 계약을 통한 방법, 전략적 제휴 그리고 해외 직접투자 4가지 해외시장 진입방식 중 하나를 선택할 수 있다. 이러한 해외시장 진입방식들은 주식거래 여부에 따라 좀 더 세부적으로 분류할 수 있다. 기업이 특정 진입방식을 이용하기 위하여 투입하는 자본의 양은 기업이 특정 진입방식을 수행하는데 따르는 위험과 수익 및 통제에 영향을 미친다. 예를 들어 간접수출은 자본투자가 필요 없는 방식이기 때문에 위험과 수익률이 낮고 통제가 적게 이루어지는 반면 직접투자는 4가지 진입방식 중 가장 많은 자본투자가 필요하기 때문에 위험이 높은 대신에 가장 많은 통제와 높은 잠재적 수익률이 가능하다고 할 수 있다.

대부분 기업은 일반적으로 수출로 해외진입을 시작한다. 이후 판매수익이 증가하면 그림 12.2의 순서대로 진입전략을 선택하게 된다.[37] 성공적인 소규모 기업들은 특히 초기 시장진입에 따른 재무적 위험을 감소시킬 수 있는 인적 네트워크와 상업적 관계 개발에 능숙하다. 또한 다수 해외시장에서 얻은 경험[38]으로 이용 가능한 진입전략의 종류를 증가시킬 수 있다. 실제로 다양한 국가시장에서 활동하는 기업들은 더 다양한 진입전략을 활용할 수 있는데 이는 개별 국가시장들이 서로 다른 조건들을 가졌기 때문이다.[39] 예를 들어 펜실베니아주(Pennsylvania)에 있는 제이엘지(JLG

[37] Harry G. Barkema and Rian Drogendijk, "Internationalizing in Small, Incremental or Large Steps?" *Journal of International Business Studies* 39 (2008), pp. 1132 – 48.

[38] Susan Freeman, Ron Edwards, and Bill Schroder, "How Smaller Born-Global Firms Use Networks and Alliances to Overcome Constraints to Rapid Internationalization," *Journal of International Marketing* 14 (2006), pp. 33 – 63; Nicole E. Coveillo, "The Network Dynamics of International New Ventures," *Journal of International Business Studies* 37 (2006), pp. 713 – 31.

[39] Taewon Suh, Mueun Bae, and Sumit K. Kundu, "Smaller Firms' Perceived Cost and Attractiveness in International Markets," *Journal of Global Marketing* 21 (2007), pp. 5 – 18; Anna Nadolska and Harry G. Barkema, "Learning to Internationalise: The Pace and Success of Foreign Acquisitions," *Journal of International Business Studies* 38 (2007), pp. 1170 – 86.

그림 12.2
시장진입 전략 유형

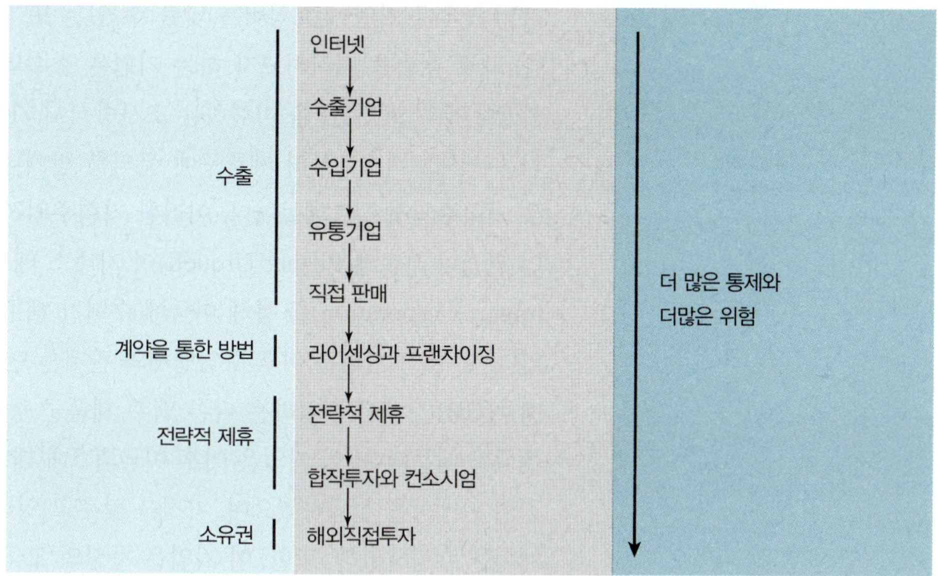

Industries)는 자체추진식 항공기 구조물(체리 수확기)을 생산하여 이를 전 세계에 판매하고 있다. 이 기업은 실제로 1970년대에 스코틀랜드와 호주에서 생산 활동을 수행하였지만 1990년대에는 공장을 폐쇄할 만큼 어려웠다. 그러나 기업의 국제적인 판매는 다시 급성장하였다. 유럽사업의 성장은 중간상을 없애는 유통경로의 간소화를 통하여 이루어졌다. 독일, 노르웨이, 스웨덴과 영국에서는 자신의 대리점을 통하여 판매하고 있다. 제이엘지(JLG)는 태국과 브라질에서 현지기업과의 합작투자를 통하여 대리점 운영을 수행하고 있으며, 이들 지역에서 유통 문제가 발생한 때에도 견실한 판매를 이루었다. 이 기업은 문제가 있었던 스코틀랜드와 이탈리아, 남아프리카 공화국에서도 판매와 서비스를 수행하고 있다.

수출

LO3 시장진입전략의 각 유형별 중요요인을 학습한다.

수출은 글로벌 경제활동의 약 10%를 차지하고 있으며,[40] 직접수출 방식과 간접수출 방식으로 나눌 수 있다. **직접수출**은 해외 소비자에게 기업이 직접 판매하는 방식이다. 직접수출 방식은 처음 해외로 진출하는 기업들이 가장 일반적으로 선택하는 방식인데 이는 재무적 손실 위험이 최소화되기 때문이다. 반면 **간접수출** 방식은 기업이 자국에서 중간상(수입업자 또는 유통업자)에게 제품을 판매하면 중간상이 이를 수출하게 되는 방식이다. 해외 고객들에게 판매하려 제품을 구입하는 중간상에는 월마트(Walmart)나 시어스(Sears) 같은 대형 양판점, 도매상, 무역회사와 기타 업체들이 포함된다.

수출을 시작하는 동기는 국내에서 제품 공급이 시장수요보다 많아 이를 해소하

[40] Nicholas C. Williamson, Nir Kshetri, Tim Heijwegen, and Andreea Fortuna Schiopu, "An Exploratory Study of the Functional Forms of Export Market Identifi cation Variables," *Journal of International Marketing* 14 (2006), pp. 71–97.

려는 경우나 기업이 고정비를 낮출 수 있는 또 다른 사업 활동을 필요로 하는 경우다. 새로 수출을 시작하고자 하는 기업은 소수의 해외시장에 더욱 집중[41]하여 해당 시장에서 학습 기반[42]을 마련하는 조사방식이 가장 적합하다. 수출시작 단계에서 기업은 해외고객으로부터 제품구매 문의를 받거나 해외 수입업자의 제안에 대해 매우 기회주의적으로 행동한다. 이러한 기회주의적 동기는 체코의 존경받는 맥주기업인 필스너 우르켈(Pilsner Urquell)이 기네스 베스 수입맥주(GBIC: Guinness Bass Import Corporation)를 통해 미국에 수년간 맥주를 판매하였던 사례에서 살펴볼 수 있다. 이 체코 기업은 이후 수입업체와 관계를 단절하였는데, 이는 기네스 베스 수입맥주(GBIC)에서 수입하는 다른 맥주 제품군 중에서 자신의 제품이 크게 주목받지 못했기 때문이다. 이 기업은 이후 미국의 5대 대도시 지역을 관리할 수 있는 24개의 직영 판매망을 설립하였으며, 가격을 낮추고 영국계 광고홍보기업과 글로벌 미디어 계획을 수립하였다. 또한, 이 기업은 자신의 모국인 체코의 다른 맥주들도 수입하여 판매하기 시작하였다.

수출은 강력한 마케팅 관련 역량을 보유한 국제화된 기존 기업들도 이용하는 방식이다.[43] 미국 대기업 중 일부는 수출방식을 자신의 주요한 해외시장 진입방식으로 활용하고 있다. 미국의 최대 수출기업인 보잉(Boeing)이 가장 좋은 예라 할 수 있다. 수출기법과 수출 과정에서 중간상을 이용하는 것과 관련된 문제는 제15장에서 더 자세히 다룬다.

인터넷 인터넷은 해외시장 진입방식으로 그 중요성이 높아지고 있다. 인터넷 마케팅 초기에는 판매가 주요 대상이었다. 그러나 놀랄 만큼 많은 수의 기업들이 다른 국가 고객들의 주문을 인터넷을 통하여 받기 시작하였는데, 이것이 국제 인터넷 마케팅(IIM: International Internet Marketing) 개념이라 할 수 있다. 화상회의 장비를 재판매하는 통신판매기업인 픽처폰 다이렉트(PicturePhone Direct)는 미국 북동부 지역에 고객이 집중되어 있을 것으로 예상하고 인터넷에 자신의 판매 카탈로그를 등록하였다. 그런데 이 기업은 깜짝 놀랄 경험을 하게 되는데, 픽처폰 다이렉트의 영업담당 관리자들이 이스라엘과 포르투갈, 독일에서 주문요청을 받았기 때문이다.

다른 기업도 이와 유사한 경험을 갖고 있으며 자신의 다국어 웹사이트에 특정 국가를 목표로 하는 인터넷 카탈로그를 활발하게 개발하고 있다. 델(Dell)컴퓨터는 인

[41] Lance Eliot Brouthers, George Nakos, John Hadarcou, and Keith D. Brouthers, "Key Factors for Successful Export Performance for Small Firms," *Journal of International Marketing* 17, no. 3 (2009), pp. 21 – 38.

[42] Joseph Johnson, Eden Yin, and Hueiting Tsai, "Persistence and Learning: Success Factors of Taiwanese Firms in International Markets," *Journal of International Marketing* 17, no. 3 (2009), pp. 39 – 54.

[43] Chris Styles, Paul G. Patterson, and Farid Ahmed, "A Relational Model of Export Performance," *Journal of International Business Studies* 39, no. 5 (2008), pp. 880 – 900.

터넷을 통하여 컴퓨터를 판매하는 전략을 가지고 있으며, 해외 사이트에서도 이러한 전략을 확대 적용하고 있다. 델컴퓨터는 인터넷을 통하여 말레이시아, 호주, 홍콩, 뉴질랜드, 싱가포르에서 컴퓨터를 판매하고 있으며, 다른 아시아 국가에서도 인터넷의 "가상점포"를 통하여 제품을 판매하고 있다. 델은 인터넷 판매방식을 유럽에도 적용하고 있다.

아마존닷컴(Amazon.com)은 국제 인터넷 마케팅(IIM) 게임에 확실하게 참여하고 있다. 아마존닷컴은 애플(Apple) 컴퓨터의 경영진을 고용하여 국제사업에서 빠른 성장을 추구하고 있다. 독일과 영국에서 서적과 CD를 판매하는 전자소매사업 사이트를 개설한 이후 단지 15개월 만에 새롭게 개설된 아마존닷컴 해외 사이트는 이들 국가에서 가장 많은 접속이 이루어지는 사이트가 되었다. 가장 수익성이 높은 전자소매사업을 운영하는 기업들 중에는 이전에 카탈로그 판매기업이었던 랜즈 엔드(Land's End)와 엘엘빈(L.L. Bean)이 포함되어 있다. 흥미로운 것은 랜즈 엔드의 해외시장 성공이 독일에서 예상치 못한 문제를 만나면서 좌절될 위기에 처하게 되었다. 독일법률은 "광고 속임수(advertising gimmicks)"를 금지하고 있으며, 독일의 규제당국은 랜즈 엔드의 "무조건 평생보장" 광고에 문제가 있음을 지적하였다. 실제로 랜즈 엔드는 이에 대해 독일 대법원까지 항소하는 등 모든 수단을 동원하였지만 결국 패소하였다. 또한 유럽연합이 채택하고 있는 인터넷 판매에 대한 불확실한 세금부과 때문에 이 문제에 대한 더 많은 관심이 지속적으로 제기되고 있다.

2장에서 살펴본 바처럼 국제마케팅에서 인터넷이 미치는 전반적인 영향력은 아직까지 확실하지 않다. 그러나 국제 인터넷 마케팅(IIM)은 소규모 기업이든 큰 기업이든지 간에 관계없이 대안적인 마케팅 전략으로서의 의미를 가진다고 할 수 있다. 마스터카드(MasterCard)나 비자(Visa)와 같은 신용카드 기업들과 유피에스(UPS)나 패드럴 익스프레스(Federal Express)와 같은 국제운송 서비스 기업들의 국제사업 활동범위가 연결된다면 해외국가로의 운송은 매우 손쉽게 이루어질 수 있을 것이다.

직접 판매 첨단기술 제품이나 고가의 산업제품들을 해외에서 판매하려면 특히 직접영업을 수행하는 인력이 필요할 것이다. 이러한 요구사항을 충족시키기 위하여 해당 시장의 규모나 예상되는 잠재수익에 따라 해당 지역에서 선발하거나 본국에서 파견한 관리자 및 인원을 투입하여 해외에 사무실을 설립하여야 할 것이다. 이러한 국제 판매관리에 대한 세부 내용들은 17장에서 보다 자세하게 다루어진다.

계약을 통한 방법

계약을 통한 방법은 기업들 간에 주식거래 없이 해외시장에서 장기적인 관점에서 거래관계를 형성하는 방법이다. 이러한 계약을 통한 방법에는 기술이나 공정과정, 상표 및 인적자원에 포함된 기술의 이전 등이 포함된다. 간단하게 이 방법은 자본적 개념보다는 지식이전을 주로 다루는 것이라 할 수 있다.

라이선싱 다수의 자본투입 없이도 해외에 진출할 수 있는 방법이 바로 **라이선싱**이라 할 수 있다. 특허권, 상표권 및 기술(공정)이용에 따른 권리 등이 해외 라이선싱의 대상이 될 수 있다. 라이선싱은 소규모 또는 중간 규모의 기업들에게 국한되지는 않지만 이들에게 대단히 매력적인 전략이라 할 수 있다. 해외시장 진출에 라이선싱을 이용하는 대표적인 산업의 예로 텔레비전 프로그램 제작업과 제약업을 들 수 있다. 이들이 해외영업을 위해 라이선싱을 단독으로 사용하는 예는 드물다. 해외진출 방법으로 라이선싱을 이용하기보다는 일반적으로 수출이나 다른 생산 활동과 함께 보조적인 수단으로 활용한다. 라이선싱의 장점은 자본이 부족할 때와 수입제한 등으로 다른 진출수단을 활용할 수 없을 때, 해당 국가가 외국인 소유권에 대해 민감하게 반응할 때, 특허권이나 상표권이 보호받을 수 있을 때 유용하다는 것이다. 라이선싱의 단점은 잘못된 파트너의 선택, 품질 및 기타 생산문제 발생, 지불상의 문제, 계약 집행 그리고 마케팅에 대한 통제력의 상실 문제 등을 들 수 있다.

해외진출 방법으로써 라이선싱은 적은 수익성을 보장하지만 위험과 운영상의 골치 아픈 문제는 직접투자에 비해 훨씬 적다고 할 수 있다. 라이선싱은 지적재산권을 자산화시키는 합법적인 방법이며, 목표국가의 경제상황을 활용할 수도 있다. 라이선싱은 여러 형태로 나누어진다. 자신의 생산 공정에 대한 노하우를 활용할 수 있는 권리를 부여하거나, 상호 사용권한 부여, 수입 제품의 유통권리 보장 등이다. 이러한 라이선싱 권리는 엄격히 통제되기도 하며 자율적으로 운영되기도 하는데, 만약 라이선시(licensee)가 필요한 역량을 보유하고 있다면 막대한 자본이나 인적투입 없이도 라이선싱의 권리를 확장해주기도 한다. 모든 라이선싱이 성공적이지는 않는데, 이는 라이선싱 수혜자를 찾아내고 감독하고 고무시키는데 대한 부담이 있기 때문이다. 라이선싱 계약의 지속성은 기술이나 시장이 가진 불확실성 정도에 크게 좌우된다. 불확실성이 보다 높아지면 계약기간은 짧아지는 경향이 있다.[44]

프랜차이징 프랜차이징은 프랜차이저(Franchiser)가 제품, 시스템, 경영관리 서비스 등에 대한 표준적인 일괄 서비스를 제공하는 라이선싱의 한 형태로서 최근에 급속히 성장하고 있으며, 프랜차이지(Franchisee)는 이에 대해 시장지식, 자본 및 경영에 참여하는 인적자원을 투입하게 된다. 프랜차이지에게 제공되는 서비스의 조합은 프랜차이징이 수행되는 해당 지역시장의 조건에 따라 유연하게 변화될 수 있으며, 프랜차이저는 이에 대해 합리적인 수준의 관리(통제)를 수행하게 된다. 프랜차이저는 최종 판매시점까지 제품 마케팅에 대한 전반적인 관리를 수행할 수 있다. 프랜차이징은 매우 중요한 수직적 시장통합 형태라 할 수 있다. 잠정적으로 프랜차이즈 시스템은 제공되는 기술 및 서비스의 표준화와 운영상의 분권화를 효과적으로 연결시

[44] Marshall S. Jiang, Preet S. Aulakh, and Yigang Pan, "Licensing Duration in Foreign Markets: A Real Options Perspective," *Journal of International Business Studies* 40, no. 4 (2009), pp. 559 – 77.

이곳 터키 이스탄불의 센츄리 21(Century 21) 부동산 사무실에서 흑해(Black Sea)의 전경에 어울리는 집을 찾는데 도움을 받을 수 있다. 또한 요르단 아콰바(Aquba)의 홍해(Red Sea) 바로 건너편, 이스라엘의 에이라트(Eilat)에 있는 KFC에서 즐겁게 튀김 닭 조각을 판매하는 것을 볼 수 있다.

켜 주는 방법을 제공해 주게 된다. 이러한 형태는 국제마케팅에서 점점 더 중요한 방식이 되어가고 있다. 어떤 경우에 프랜차이징은 전통적인 사업 활동에 막대한 영향을 미치기도 한다. 예를 들어 영국에서는 패스트푸드(fast foods)와 관련된 연간 프랜차이즈 매출이 거의 20억 달러에 육박하고 있으며, 이는 전체 외식 비중에서 30%를 차지하는 수준이다. 프랜차이징 성공에 영향을 미치는 주요 요인들로는 감시비용(물리적, 문화적 거리에 기초한), 프랜차이저의 국제경험과 신규 진출시장에서의 브랜드 가치 등이라 할 수 있다.

1970년대 이전에는 국제 프랜차이징이 주요한 사업 활동에 포함되지 않았다. 국제 프랜차이징 연합회(International Franchising Association)의 조사에 따르면, 연합회 회원기업의 단지 14%만이 미국 이외의 지역에서 프랜차이징 사업을 수행하고 있었으며, 이들 대부분은 캐나다에 있는 것으로 나타났다. 이제는 수십만 개의 미국 기업 프랜차이즈가 전 세계에 분포하고 있다. 프랜차이즈 사업에는 청량음료, 모텔(Best Western International과 같은 회원중심으로 운영되는 조직을 포함하여), 소매업, 패스트푸드, 자동차 임대, 자동차 관련 서비스, 레크리에이션 서비스 및 프린트숍에서 간판을 제작하는 점포에 이르기까지 다양한 사업관련 서비스를 포함하고 있다. 캐나다는 미국 프랜차이즈 기업들에 가장 중요한 시장이며 다음으로 일본과 영국이 중요시장이라 할 수 있다. 아시아 환태평양 지역은 프랜차이즈 기업들이 미래 확장을 위해 아시아 시장을 주목할 만큼 급속한 성장세를 보여주고 있다.

21세기말 전환기의 일시적인 글로벌 경기침체 시기에도 불구하고 프랜차이징은 여전히 가장 빠르게 성장하는 시장진입전략으로 예상되고 있다. 프랜차이즈는 동유럽, 러시아의 옛 공화국들 그리고 중국과 같은 신흥 시장경제지역들에 진입하는 해외 유통기업들이 선택하는 최우선 방식이었다. 러시아 모스크바에 있는 맥도날드(첫 번째 점포는 700개의 내부좌석과 27개의 계산대가 설치되었다)와 중국에 있는 케

CROSSING BORDERS 12.3 피자 제왕이 되려는 사람들

피자 판매점이 인도 전역에 빠르게 생겨나고 있다. 수랏(Surat), 코치(Kochi), 부바네쉬와르(Bhubaneshwar)에 있는 피자 애호가들의 기다림은 마침내 끝이 났다. 가정배달을 전문으로 하는 도미노(Domino) 피자는 이제 인도 전역에 180개 매장을 가지고 있으며, 얌!(Yum!)브랜드 소속인 피자헛(Pizza Hut)은 163개에 이르는 자신의 매장을 더 많이 늘려 나가고 있다. 첸나이(Chennai)에 기반을 둔 피자코너(Pizza Corner)는 인도 남부지역을 기반으로 운영되었으나, 이제는 과감하게 북부지역으로 진출하고 있다. 벌써 북부지역인 델리(Delhi)에만 3개 매장을 열었으며 매장수를 8개까지 늘려나갈 계획이다.

도미노 피자가 인도의 모든 민족들을 대상으로 피자를 판매하려고 노력하는 동안에, 피자헛은 인도인들에게 변형된 중국식 피자를 소개하고 있다. 이것은 지극히 "동양적인" 피자로 피자에 올라가는 고명으로 매콤한 중국식 양념과 파, 참깨 등을 사용하고 있다. 이 제품은 인도인들의 중국음식에 대한 유별한 사랑에 기초하여 개발된 것이다. 이것으로 피자헛이 향신료가 가득한 인도식 피자에 신경을 쓰지 않는다고 말할 수는 없을 것이다. 이러한 "동양적인" 피자 이외에도 피자헛은 향신료가 가득한 인도식의 파니르 티카 피자(spicy paneer tikka pizza)도 제공하고 있다. 밀크쉐이크(milk shakes)도 물론 메뉴에 포함되어 있다. 최근 들어 인도 우유생산 기업들은 피자와 아이스크림 시장 모두에서 시장지분을 확보하고 있다. 상황은 빠르게 흥미로워지고 있다. 두 개의 강물은 결코 만날 수 없을 것이라고 이야기한 영국의 시인 키플링(Kipling)의 예언에도 불구하고, 피자의 인도화가 실제로 여기에서 이루어지고 있다.

출처: Smita Tripathi, "Butter Chicken Pizza in Ludhiana," *Business Standard*, June 17, 2000, p. 2; Rahul Chandawarkar, "Collegians Mix Money with Study Material," *Times of India*, June 22, 2000; Thomas L. Friedman, *The World Is Flat* (New York: Farrar, Straus, and Giroux, 2005); "Dominos Pizza India Plans 500 Stores in Country," *Indian Business Insight*, February 14, 2008, p. 20; Julie Jargon and Arlene Chang, "Yum Brands Bets on India's Young for Growth," *The Wall Street Journal*, December 12, 2009, p. B1..

이에프씨(북경에 위치하고 있는 케이에프씨 매장은 전 세계 매장 중에 가장 높은 판매 성장률을 보여주고 있다)가 대표적인 경우라 할 수 있다. 미국 국내에서 프랜차이징을 성장시킨 것과 동일한 요인들이 해외시장에서도 프랜차이징의 성장을 이끌고 있다. 프랜차이징은 적은 자본투자를 통하여 신속한 확장을 원하는 기업들에 매우 매력적인 기업조직 형태라 할 수 있다. 프랜차이징 시스템은 프랜차이저의 지식과 프랜차이지의 투자지역 관련 지식 및 기업가 정신이 결합될 수 있다. 해외의 법률이나 규정들은 프랜차이징에 대단히 우호적인데, 이는 프랜차이징이 해당지역 국민의 소유권과 운영권을 인정해주며, 해당지역 국민들의 취업을 촉진시키기 때문이다.

미네아폴리스(Minneapolis)에 기반을 둔 릴오비츠(Lil'Orbits)[45]는 창업자들에게 도넛 제조장비와 재료를 판매하는 기업으로 소규모 기업이 어떻게 라이선싱과 프랜차이징을 활용하여 해외시장으로 진출할 수 있는지를 보여주는 대표적인 사례라고 할 수 있다. 릴오비츠는 1.5인치짜리 도넛을 생산하는 도넛제조 장비를 판매하고 있다. 미국 내 구매자들은 로열티나 프랜차이즈 요금을 지불하지 않고 도넛제조 장비와 재료를 해당기업으로부터 직접 구매하고 있다. 대부분의 구매자들은 작은 상점이나 소규모 매대(kiosk)를 가지고 있으며, 도넛을 집으로 가져갈 수 있도록 12개 묶음으로 포장하여 판매하거나 음료수와 함께 낱개로도 판매하고 있다.

[45] Ikechi Ekeledo and K. Sivakumar, "The Impact of E-Commerce on Entry-Mode Strategies of Services Firms: A Conceptual Framework and Research Propositions," *Journal of International Marketing* 12, no. 4 (2004), pp. 46 – 70.

미국에서의 성공에 힘입어 릴오비츠는 해외국가에 제품과 서비스를 홍보하는 잡지인 커머셜 뉴스 유에스에이(Commercial News USA)에 자신의 광고를 실었는데, 놀랍게도 400건 이상의 문의가 쇄도하였다. 이러한 호응에 힘입어 릴오비츠는 로열티와 프랜차이즈 요금을 받는 국제 프랜차이즈 사업을 시작하였다. 이제 국제 프랜차이즈 시스템 유통전문기업들이 잠재적인 고객들에게 릴오비츠의 장비와 재료들을 판매하고 있다. 이러한 유통전문기업들은 릴오비츠에게 프랜차이즈 요금을 지불하며, 릴오비츠로부터 장비와 재료를 직접 구입하거나 아니면 릴오비츠가 로열티를 받고 있는 기업들로부터 장비와 재료를 구입하고 있다. 이러한 진입전략은 기업들이 최소한의 자본투자로 해외시장에 진출하는 것을 가능하도록 도와준다. 릴오비츠는 전 세계 80여개 국가에 20,000개 이상의 점포를 확보하고 있으며, 기업전체 사업의 60% 정도를 해외시장에서 수행하고 있다.

프랜차이징을 활용하면 최소한의 자본투자로 재빠른 해외진출이 가능하다 하더라도 프랜차이지에게 제공해야 하는 서비스와 관련된 비용은 발생하게 된다. 예를 들어 전 세계의 서로 다른 미각을 충족시키기 위하여 릴오비츠는 미국에서 판매되는 도넛보다 덜 달며 패스트리를 보다 많이 닮은 도넛을 개발해야 했다. 다른 문화적인 차이도 물론 충족시켜야 했다. 예를 들어 프랑스와 벨기에의 소비자들은 릴오비츠(Lil'Orbits)라는 상호를 발음하지 못했기 때문에 대신에 오르비(Orbie)라는 상호를 사용하였다. 서로 다른 입맛을 충족시키기 위하여 토핑(topping)도 변화시켜야 했다. 토핑으로 계피맛이 나는 설탕이 가장 많이 사용되지만, 중국에서는 계피가 약재로 사용되기 때문에 설탕만을 사용하였다. 지중해 지역인 그리스에서는 벌꿀을 좋아하며 스페인에서는 초콜릿 시럽이 인기가 있다. 프랑스에서는 입자가 굵은 설탕보다는 가루설탕이 더 인기가 있으며 접시에 담는 대신에 고깔모양의 코누코피아(cornucopia) 컵에 담아 도넛을 먹는 것을 좋아한다.

전략적 국제제휴

LO4
전략적 국제 제휴의 중요성 증가를 이해한다.

전략적 국제제휴(SIA: Strategic International Alliance)는 둘 또는 그 이상의 기업들이 공통의 목표달성을 위하여 상호필요에 따라 협력하며 위험을 분산시킬 목적으로 사업관계를 형성하는 것을 의미한다. 전략적 제휴는 지난 몇 십년동안 글로벌 마케팅 관리측면의 경쟁전략으로서 그 중요성을 계속해서 높여가고 있다. 전략적 국제제휴는 기업의 약점을 보완하며 경쟁적 강점을 증대시키는 방법으로 이용되고 있다. 다시 말해 전략적 국제제휴는 상호보완성이 핵심사항이다.[46] 기업들이 전략적 국제제휴에 참여하는 데에는 몇 가지 이유가 있는데, 신규시장으로 신속하게 진입할 수 있는 기회 획득, 신기술에 대한 접근,[47] 보다 효과적인 생산 및 혁신방안의 활용, 마케

---

[46] Eric Fang and Shaoming Zou, "Antecedents and Consequences of Marketing Dynamic Capabilities in International Joint Ventures," *Journal of International Business Studies* 39, no. 1 (2008), pp. 1–27.

[47] http://www.lilorbits.com, 2005.

스카이 팀(Sky Team) 전략적 제휴에 포함된 미국의 노스웨스트 항공(Northwest Airlines)과 덴마크의 케이엘엠(KLM) 항공은 발권, 예약, 기내식 서비스, 화물운송 및 공항 이용시간 등 많은 사업 활동 부분을 공유하고 있다. 글로벌 항공산업은 지속적으로 통합되고 있으며, 보다 많은 전략적 파트너 관계가 형성되기도 하고 사라지기도 한다. 실제로 델타 항공(Delta Airlines)은 노스웨스트 항공을 인수하였으며, 머지 않아 암스테르담(Amesterdam)에 있는 스키폴공항(Schiphol Ariport)의 활주로를 케이엘엠과 공동으로 이용할 것이다.

팅 비용 감소, 전략적 경쟁위치 이동, 추가적인 제품[48] 및 자본원천에 대한 접근 등이 그것이다. 마지막으로 전략적 국제제휴가 기업의 수익성 향상에도 훌륭하게 기여하고 있다는 것을 보여주는 다양한 증거들이 있다.[49]

가장 대표적인 전략적 국제제휴는 항공 산업에서 살펴볼 수 있다. 아메리칸 항공, 캐세이 패시픽, 브리티시 항공, 일본 항공, 핀에어, 멕시카나, 말레브, 이베리아, LAN, 로얄 요르디안, 콴타스 항공이 공동으로 원월드 얼라이언스(Oneworld Alliance)를 형성하여 비행일정과 마일리지 프로그램을 통합하여 운영하고 있다. 원월드 얼라이언스(Oneworld Alliance)와 경쟁관계에 있는 전략적 국제제휴로는 스타 얼라이언스(Star Alliance: 유나이티드, 콘티넨탈, 루프트한자가 주도하는)와 스카이팀(SkyTeam: 에어프랑스, 델타, KLM이 주도하는)을 들 수 있다. 이러한 항공사들의 전략적 국제제휴에는 공동의 목적이 숨어 있다. 한 기업의 약점을 다른 기업의 강점으로 상쇄하려는 목적, 기업 혼자서 목표를 달성하기 위해서는 시간과 비용이 많이 소요되며 위험하므로 이를 회피하려는 목적, 협력하지 않으면 획득할 수 없는 각자의 강점을 공동으로 이용하고자 하는 목적 등이다. 예를 들어 최근 스타 얼라이언스(Star Alliance)는 글로벌 항공산업의 혼란시기에 새로운 전략적 혁신방법으로 비행기를 공동으로 구매하는 방안을 모색하기 시작하였다. 특히 어려운 시기에 제휴 관계는 더욱 강화되는데, 일본 항공은 "외부인"인 델타항공보다는 같은 원월드 회원사인 아메리칸 항공과 현재의 인수 · 합병 투자 논의를 더욱 비중 있게 진행하고 있다.[50]

씨-이토(C-Itoh, 일본), 타이슨 푸드(Tyson Foods, 미국)와 푸르부멕스(Provemex, 멕시코)는 여러 가지 이유로 전략적 국제제휴를 활용하고 있다. 이 전략적 제

[48] John Hagedoorn, Danielle Cloodt, and Hans van Kraneburg, "Intellectual Property Rights and the Governance of International R&D Partnerships," *Journal of International Business Studies* 36 (2005), pp. 175 - 86; Marjorie A. Lyles and Jane E. Salk, "Knowledge Acquisition from Foreign Parents in International Joint Ventures: An Empirical Examination of the Hungarian Context," *Journal of International Business Studies* 38 (2007), pp. 3 - 18; Masaaki Kotabe, Denise Dunlap-Hinkler, Ronaldo Parente, and Harsh A. Mishra, "Determination of Cross-National Knowledge Transfer and Its Effect on Innovation," *Journal of International Business Studies* 38 (2007), pp. 259 - 82.

[49] Janet Y. Murray, Masaaki Kotabe, and Joe Nan Zhou, "Strategic Alliance - Based Sourcing and Market Performance: Evidence from Foreign Firms Operating in China," *Journal of International Business Studies* 36, no. 2 (2005), pp. 187 - 208.

[50] Mariko Sanchanta and Mike Esterl, "JAL Stays in AMR Alliance, Delta Out," *The Wall Street Journal*, February 7, 2010, online.

휴는 일본식의 야끼도리(yakitori; 다양한 양념을 얹어 대나무 막대에 끼워 구운 닭고기 조각을 판매)를 일본과 다른 아시아 국가로 수출하기 위한 목적으로 체결되었다. 개별 기업은 각자의 목표를 가지고 이 전략적 제휴에 참여하여 자신의 역할을 담당하고 있다. 씨-이토의 목표는 야끼도리를 저가로 공급할 수 있는 방법을 찾는 것인데, 이는 야끼도리 제조가 매우 노동 지향적인 성격을 띠고 있어 점차로 많은 비용이 소요되므로 일본에서 이를 생산하는 것은 경쟁력이 없기 때문이다. 타이슨의 목표는 자신의 흑색 닭고기를 판매할 새로운 시장을 개척하는 것으로 미국시장의 닭고기 소비 대부분이 흰색의 닭고기로 이루어지고 있기 때문이다. 타이슨은 미국에서 공급하고 남은 흑색 닭고기의 일부를 아시아에 수출하면서 씨-이토가 공급대상기업을 확장하려 한다는 것을 알게 되었다. 그리고 타이슨도 씨-이토와 같이 고임금 비용문제에 직면하고 있었다. 푸르부멕스는 단순히 닭을 사육하고 도살하는 것을 넘어 해외시장을 겨냥한 보다 고부가가치의 제품을 생산하는 것이 목표였다. 푸르부멕스는 이 제휴관계에 경쟁력 있는 저임금 노동력을 제공할 수 있었다.

이러한 제휴관계로 이들 기업은 모두 이익을 누릴 수 있었다. 푸르부멕스는 야끼도리에 사용될 흑색 닭고기에서 뼈를 발라내는 노하우를 획득할 수 있었으며 자신의 사업 활동을 수직적으로 통합할 수 있었고 수익성 있는 해외시장에 진출할 수 있는 발판을 마련할 수 있었다. 타이슨은 이전보다 더 많은 잉여 닭다리 소비시장을 확보할 수 있었으며 아시아 시장에서 더 많은 시장 점유율을 확보할 수 있었다. 씨-이토는 자신의 거대한 유통 및 마케팅 네트워크에 경쟁력 있는 가격의 야끼도리 제품을 지속적으로 공급할 수 있게 되었다. 따라서 개별적인 강점을 가진 이들 세 기업들은 각자의 역할을 수행하면서 각자 이익을 취할 수 있는 성공적인 제휴관계를 형성하게 되었다.

또한, 많은 기업은 더 경쟁력 있는 전략적 위치를 확보하기 위하여 또는 단일화된 시장에서 기대되는 이익을 획득하기 위하여 전략적 국제 제휴에 참여하기도 한다. 이에 대한 사례로서 제너럴 밀즈(General Mills)가 급속히 성장하고 있는 유럽지역의 아침식사용 시리얼 시장에 참여하기 위하여 네슬레와 함께 씨리얼 파트너스 월드와이드(Cereal Partners Worldwide) 제휴관계를 형성한 것을 살펴볼 수 있다. 유럽지역의 시리얼 시장은 유럽인들의 건강에 대한 관심증가로 아침식사를 계란이나 베이컨에서 건조한 시리얼 제품으로 전환하는 추세에 힘입어 수천만 달러 규모가 될 것으로 예상되었다. 제너럴 밀즈의 미국내 주요 경쟁자는 켈로그(Kellogg)로 유럽지역에는 1920년대부터 진출하고 있었으며 유럽시장의 절반 정도를 장악하고 있다.

제너럴 밀즈가 사전 준비 없이 시장에 진입하였다면 대단히 많은 비용을 지불해야 했다. 시리얼 제품은 값싼 원료를 사용하기는 하지만 대단히 자본집약적이며 마케팅 집약적인 사업이라 할 수 있다. 따라서 이익을 실현하려면 대단히 많은 판매량을 가져야 한다. 켈로그도 최근에 들어서야 유럽지역에서 의미 있는 수익을 거두기 시작하였다. 제너럴 밀즈가 자신의 목표를 달성하려면 유럽지역에 거대한 생산시설과 판매망을 확보하여야 한다. 게다가 켈로그가 가진 수퍼마켓에 대한 지배력은 쉽게 넘어설 수 있는 것이 아니었다. 이러한 문제를 네슬레와의 합작투자를 통하여 해결하고자 하였다. 네슬레는 제너럴 밀즈가 부족한 모든 것을 갖추고 있는 기업이었다. 인지도 높은 브랜드, 생산 네트워크, 강력한 유통 시스템이 그것이다. 만약 네슬레가 부족한 것이 하나 있다면 제너럴 밀즈가 제공해 줄 수 있는 강력한 시리얼 브랜드만 없다는 것이다.

이러한 거래관계는 두 기업 모두에게 상호 이익이 되는 것이었다. 제너럴 밀즈는 자신의 독점적인 생산설비를 포함하는 시리얼 생산기술에 대한 지식과 검증된 좋은 브랜드 그리고 소비자에게 시리얼 제품을 어떻게 판매해야 하는지에 대한 자사의 기법을 네슬레에게 제공하였다. 네슬레는 제품박스에 자신의 브랜드를 사용하게 해주었고, 소매점포에 제품을 공급할 수 있도록 하였으며 제너럴 밀즈 시리얼 제품을 생산할 수 있는 생산시설을 제공하였다. 이와 함께 씨리얼 파트너스 월드와이드는 유럽지역을 넘어 자신들의 마케팅 노력을 확장하려는 계획을 시행하였다. 아시아와 아프리카, 중남미 아메리카 지역에서 씨리얼 파트너스 월드와이드는 중요한 경쟁적 우위를 획득할 수 있었는데, 이는 네슬레가 이 지역의 지배적인 식품공급 기업이었기 때문이었다.

국제 전략적제휴가 많이 수행되면서 이러한 제휴관계를 성공적으로 형성하기 위한 체계적인 접근방식이 필요하다는 사실이 많이 강조되고 있다. 실무에 있는 대부분의 전문가들이 동의하는 내용이 표 12.1에 제시되어 있는데, 이러한 단계를 따를 경우 성공적이며 높은 성과를 달성할 수 있는 전략적 제휴관계를 형성할 수 있을 것이다. 특히 성공적인 제휴관계를 위한 전제조건으로서 대인간 및 조직간 관계에 신뢰를 형성하는 것이 대단히 중요하다는 사실에 대부분이 동의하고 있다.[51] 물론 국제사업에서는 아무것도 보장되지 않는다. 서로 다른 윤리적 · 법적 시스템이 만나게 되면서 더욱 복잡한 문제가 발생하기도 한다.[52] 또한 표에서 제시된 모든 단계에서 가장 핵심적인 활동은 국제협상이라 할 수 있는데, 이는 제19장에서 자세히 다루도록 할 것이다.[53]

---

[51] Robert E. Spekman, Lynn A. Isabella, with Thomas C. MacAvoy, *Alliance Competence* (New York: Wiley, 2000).

[52] Alaka N. Rao, Jone L. Pearce, and Katherine Xin, "Governments, Reciprocal Exchange and Trust among Business Associates," *Journal of International Business Studies* 36 (2005), pp. 104 – 18; David A. Griffi th, Matthew B. Myers, and Michael G. Harvey, "An Investigation of National Culture's Infl uence on Relationship and Knowledge Resources in Interorganizational Relationships between Japan and the United States," *Journal of International Marketing* 14 (2006), pp. 1 – 36; Srilata Zaheer and Akbar Zaheer, "Trust across Borders," *Journal of International Business Studies* 37 (2006), pp. 21 – 29.

[53] Kam-hon Lee, Gong-ming Qian, Julie H. Yu, and Ying Ho, "Trading Favors for Marketing Advantage: Evidence from Hong Kong, China, and the United States," *Journal of International Marketing* 13 (2005), pp. 1 – 35.

표 12.1
전략적 제휴 수립절차

주요 관계 활동	대표적 행위, 상호작용, 활동들	핵심 관계 기술
소개받기(Dating)	고위 경영진의 개인적 네트워크 활용 문의에 어떻게 대응할지 생각하기 가능성을 어떻게 찾아낼지 생각하기	좋은 레이더, 좋은 관계임을 자각
생각하기(Imaging)	가능성에서 현실적인 측면을 찾아보기 함께 할 수 있는 공유된 비전 만들기 신뢰할 수 있는 고위 경영자를 포함시키기	친밀감 형성
시작하기(Initiating)	핵심 경영진을 활동하도록 만들기 대면시간을 통해 신뢰 쌓기	신뢰 형성
대면하기(Interfacing)	다양한 수준에서 개인적 관계형성을 촉진하기 파트너 시설을 둘러보고 기술적 대화를 수행하기 사교관련 시간과 사업관련 시간을 적절히 섞기	파트너십 형성
시행하기(Committing)	각 경영자가 제휴를 위해 완전하게 몰입하고 있다는 것을 보여주기 힘든 선택을 수행하는데 내재된 갈등 관리하기 제휴의 현실과 이러한 관계를 인정하기	몰입
미세조정하기(Fine-tuning)	성숙하고 안정적인 관계에 의존하기 미래 후임자와 상호작용 및 관계를 촉진하기	동반성장

출처: Adapted from Robert E. Spekman, Lynn A. Isabella, with Thomas C. MacAvoy, *Alliance Competence* (New York: Wiley, 2000), p. 81. Reproduced with permission of John Wiley & Sons, Inc.

국제합작투자. 해외시장 진입방법으로써 국제합작투자(IJV: International Joint Venture)는 최근 30년 동안 가장 많이 활용된 방법이다. 국제합작투자는 파트너의 실질적인 자본참여에 의해 정치적 · 경제적 위험을 줄일 수 있다는 장점 이외에도 법률적인 문제와 함께 문화적인 장벽이 존재하는 시장에 진출할 때 기존 기업을 인수하는 방법보다 훨씬 덜 위험한 방법이 된다.

합작투자는 전략적 제휴나 기타 협력관계와는 다른데, 합작투자는 두 개 또는 그 이상의 기업이 참여하여 실질적이며 독립적인 법적 실체를 갖는 기업을 만드는 것을 의미한다. 합작투자는 다국적 기업이 현지 기업의 지분을 소수 보유하는 것과는 다르다.

합작투자의 4가지 특성을 정리하면 다음과 같다. (1) 합작투자기업은 모기업과 분리되어 법적실체를 갖는 독립적 기업이다. (2) 합작투자경영은 각 파트너의 의견이 공유되어 이루어진다. (3) 개인 간의 파트너 관계가 아니라 기업이나 공인기관 또는 정부처럼 법적으로 허가된 실체간의 파트너 관계이다. (4) 각 파트너의 지분소유를 인정한다.

그러나 국제합작투자는 운영하기가 매우 어렵다. 훌륭한 파트너의 선택과 경영자간의 관계의 질을 향상시키는 것이 국제합작투자를 성공으로 이끄는 중요 요인이라 할 수 있다. 이외에도 몇 개의 요인들이 국제합작투자를 성공 혹은 실패로 이끈다. 파트너들 간의 기업 통제권 분배,[54] 파트너와의 관계,[55] 제도적(법적) 환경,[56] 마케팅 역량,[57] 경험,[58] 및 파트너들 간에 지식 공유수준[59] 등을 들 수 있다. 이러한 복잡성에도 거의 대부분 기업이 국제적으로 최소한 하나 이상의 국제합작투자에 참여하여 실질적인 활동을 하고 있다. 많은 기업들이 거의 10여개 이상의 합작투자에 참여하고 있기도 하다. 컨퍼런스 보드(Conference Board)의 최근 연구에 따르면 포춘 500대 기업(Fortune 500)의 거의 40% 정도가 하나 또는 그 이상의 국제합작투자에 참여하고 있는 것으로 나타나고 있다. 특히 통신업 시장과 인터넷 시장의 경우에는 합작투자를 점점 더 많이 선호하고 있다.

아시아 환태평양 지역에서 활동하는 미국기업들은 낯선 법적, 문화적 장벽에 대응하기 위하여 기존기업을 인수하는 방식인 합작투자를 선호하고 있다. 현지 파트너들은 종종 법적분규를 해결해 주기도 하며 이방인 기업이 현지 문화의 미묘한 차이를 이해할 수 있도록 도와주기도 한다. 합작투자는 국제 마케터에게 다음과 같은 상황에서 대단히 매력적인 방안이 될 수 있다. 특정기업이 현지 파트너의 특별한 기술을 효과적으로 활용하고자 할 때, 마케터가 파트너의 현지 유통시스템에 효과적으로 접근하고자 할 때, 완전소유 자회사 방식이 금지된 시장에 진출하고자 할 때, 관세나 쿼터제도 등으로 보호되는 시장에 진출하고자 할 때, 해외진출을 수행하기에 기업의 자본이나 인적역량이 부족할 때 등이다.

아시아 지역에서 가장 주목받는 시장으로 여겨지는 중국[60]은 국제합작투자를 허용한 이후 30년 간 50,000개 이상의 합작투자 기업이 설립되었다. 중국에서 합작투

[54] Chris Styles and Lis Hersch, "Relationship Formation in International Joint Ventures: Insights from Australian-Malaysian International Joint Ventures," *Journal of International Marketing* 13 (2005), pp. 105 – 34.

[55] Jeffrey Q. Bardon, H. Kevin Steensma, and Marjorie A. Lyles, "The Infl uence of Parent Control Structure on Parent Confl ict in Vietnamese IJVs: An Organizational Justice – Based Contingency Approach," *Journal of International Business Studies* 36, no. 2 (2005), pp. 156 – 74.

[56] Barden, Steensma, and Lyles, "The Infl uence of Parent Control Structure on Parent Confl ict"; Yaping Gong, Oded Shenkar, Yadong Luo, and Mee-Kau Nyaw, "Human Resources and International Joint Venture Performance: A System Perspective," *Journal of International Business Studies* 36 (2005), pp. 505 – 18; Rene Belderbos and Jianglei Zou, "On the Growth of Foreign Affi liates: Multinational Plant Networks, Joint Ventures, and Flexibility," *Journal of International Business Studies* 38 (2007), pp. 1095 – 112.

[57] Eric (Er) Fang and Shaoming Zou, "Antecedents and Consequences of Marketing Dynamic Capabilities in International Joint Ventures," *Journal of International Business Studies* 40, no. 5 (2009), pp. 742 – 61.

[58] Sengun Yeniyurt, Janell D. Townsend, S. Tamer Cavusgil, and Pervez Ghauri, "Mimetic and Experiential Effects in International Marketing Alliance Formations of U.S. Pharmaceuticals Firms: An Event History Analysis," *Journal of International Business Studies* 40, no. 2 (2009), pp. 301 – 20.

[59] Yadong Luo, "Transactional Characteristics, Institutional Environment, and Joint Venture Contracts," *Journal of International Business Studies* 36, no. 2 (2005), pp. 209 – 30; Changhui Zhou and Jing Li, "Product Innovation in Emerging Market-Based International Joint Ventures: An Organizational Ecology Perspective," *Journal of International Business Studies* 39, no. 7 (2008), pp. 1114 – 32; Jean-Paul Roy and Christine Oliver, "International Joint Venture Partner Selection: The Role of the Host-Country Legal Environment," *Journal of International Business Studies* 40, no. 5 (2009), pp. 779 – 802.

[60] Timothy J. Wilkinson, Andrew R. Thomas, and Jon M. Hawes, "Managing Relationships with Chinese Joint Venture Partners," *Journal of Global Marketing* 22, no. 2 (2009), pp. 109 – 20.

자가 인기 있는 여러 이유 중 하나는 합작투자가 중국의 높은 관세를 회피할 수 있는 좋은 방법이기 때문이다. 즉 합작기업이 부품이나 원재료의 수입을 통하여 경쟁력 있는 가격우위를 획득할 수 있기 때문이다. 단순하게 완제품을 수입하는 것보다는 중국 파트너와 함께 수입한 부품을 현지에서 조립한다면 중국의 저임금 노동력으로 인하여 추가적인 비용절감을 실현할 수 있다. 따라서 다수의 서구기업들은 단순한 수입으로는 실현이 불가능할 수 있는 가격으로 중국에서 판매하고 있다.

컨소시엄 컨소시엄(consortia)은 합작투자와 유사하나 다음과 같은 2가지에서 차이를 보이고 있다. (1) 컨소시엄에는 보통 아주 많은 수의 기업들이 참여하며, (2) 종종 그 누구도 아무런 활동도 하지 않는 국가나 시장에서 사업 활동을 수행한다. 컨소시엄은 재무자원이나 경영자원을 공동으로 투자 관리하거나 위험을 줄이기 위하여 수행된다. 종종 거대한 건설사업 프로젝트가 컨소시엄 계약에 의해 수행되는데, 이때 서로 다른 전문성을 가진 주요 계약자들이 기업별로 수행할 과업을 결정하고 이에 따라 각자의 활동을 수행하게 된다. 일반적으로 하나의 기업이 선도기업 역할을 수행하거나 아니면 원래 기업들과는 독립적인 별개의 새로운 기업을 설립하여 사업을 수행하기도 한다.

의심의 여지없이 가장 유명한 국제 컨소시엄으로 에어버스(Airbus)를 들 수 있다. 에어버스는 보잉(Boeing)의 유럽 경쟁자로 글로벌 상업용 항공기 시장에서 보잉과 경쟁하고 있다. 에어버스는 원래 4개의 주요한 유럽계 우주항공 기업들이 공동사업을 수행하기 위해 설립한 기업으로 상업용 항공기를 생산한다. 2000년에 이들 4개 기업은 보잉과의 경쟁에서 우위를 점하기 위한 운영 효율성을 증가시킬 목적으로 컨소시엄을 글로벌 기업으로 전환시키는데 동의하였다. 그동안에 보잉은 새로운 787 드림라이너 항공기(Dreamliner aircraft)를 개발하기 위하여 자신만의 컨소시엄을 구성하였다.[61]

시마테크(Sematech)는 가장 유명한 또 다른 컨소시엄으로 원래는 미국 내 사업만을 위하여 구성되었다. 텍사스주(Texas) 오스틴(Austin)에 있는 시마테크는 연구개발 컨소시엄(R&D consortium)으로 1980년대에 일본에게 빼앗겼던 반도체 개발과 판매우위를 되찾기 위한 목적으로 설립되었다. 참여기업으로는 아이비엠(IBM), 인텔(Intel), 텍사스 인스트루먼트(Texas Instruments), 모토로라(Motorola)와 휴렛-패커드(Hewlett-Packard)를 들 수 있다. 그러나 20세기 말에 시마테크는 사업영역을 국제시장으로 확장하였다. 몇 개의 미국계 참여기업들을 제외시키고 대신에 대만, 한국, 독일, 네덜란드 기업을 컨소시엄에 참여시켰다(끝까지 일본은 제외시켰다). 그리고 자신의 사업투자 포트폴리오에 더 광범위한 국제기업들을 참여시키면서 계속해서 컨소시엄을 확장시켜 나가고 있다.

---

[61] Yan Zhang, Haiyang Li, Michael A. Hitt, and Geng Cui, "R&D Intensity and International Joint Venture Performance in an Emerging Market: Moderating Effects of Market Focus and Ownership Structure," *Journal of International Business Studies* 38 (2007), pp. 944–60.

모든 전략적 국제제휴에서 파트너간의 조정(조화)은 대단히 민감한 문제이다. 일부 분석가들은 보잉의 787 드림라이너 항공기 컨소시엄에 포함되어 있는 기업범위가 국제적으로 너무 넓기 때문에 신형 제트엔진 생산에 차질이 빚어지고 있다고 평가하고 있다. 또한 제휴 파트너들이 계약을 지속적으로 유지시키기 어려울 만큼 기업을 둘러싼 주변 환경이 변화하기도 하는데 이러한 기업 간 제휴관계도 짧게 끝나게 된다. 포드(Ford)와 닛산(Nissan)은 1992년에 머큐리 빌리저(Mercury Villager)와 닛산 퀘스트(Nissan Quest)로 불리는 미니밴을 생산하기 위하여 합작투자를 결정하였다. 해당 미니밴은 미국시장에서 자연스럽게 성공하는 것처럼 보였지만, 2002년에 합작투자 기업은 미니밴 생산을 중단하였다. 원래 계약보다 2년 더 빨랐다. 이제 닛산은 프랑스 자동차 제조기업인 르노(Renault)가 운영하고 있으며, 미국시장에서 독자적인 미니밴을 생산 · 판매하기 시작했다. 제너럴 모터스(General Motors)가 대우(Daewoo)와 합작투자를 수행했을 때, 합작투자의 목적은 아시아 시장에서 영향력이 있는 시장지위를 확보하기 위한 것이었다. 반면에 대우의 합작투자 목적은 자신의 자동차 생산기술을 향상시키기 위한 것이었는데, 합작투자가 종료된 시점에서 제너럴 모터스는 자기 자신이 새로운 글로벌 경쟁자를 키웠다는 것을 깨달았다.

네슬레는 다불 인디아(Dabur India)와의 분쟁으로 좋지 않은 기업폐쇄를 경험하였다. 스위스 기업이 60%를 소유하고, 인도 기업이 40%를 소유하는 조건으로 비스킷 생산 합작투자기업인 엑셀시아 푸드(Excelcia Foods)가 설립되었다. 두 기업 간에 신랄한 비난이 오고 간 이후, 다불 인디아는 네슬레가 소수지분권의 권리를 침해하고 합작투자기업의 경영을 잘못하고 있다는 내용의 탄원서를 인도정부에 제출하였다. 특히 다불 인디아는 네슬레가 의도적으로 엑셀시아를 파산상태로 몰아가고 있으며, 이는 네슬레가 "비경쟁 의무를 벗어나 향후 다른 브랜드를 이용하여 인도 비스킷 시장에 진출하기 위한 목적"에 따른 것이라고 의심하였다. 이에 대해 네슬레는 모든 문제가 파트너 상호 합의하에 수립된 사업계획을 인도 파트너가 수행할 수 없을 만큼 무능하였기 때문이라고 반박하였다. 결국 이 분쟁은 법정소송을 통하지 않고 네슬레가 다불 인디아의 지분 40%를 사들이면서 해결되었는데, 네슬레는 지분매입 직후 기업구조조정 대신에 엑셀시아를 폐업하였다.

해외직접투자

해외시장 개발 및 진입의 4번째 방법으로 해외직접투자를 들 수 있는데, 이는 해외국가에 대해 직접적인 투자를 수행하는 방법을 의미한다. 특정지역의 저임금 노동력 확보, 높은 수입관세의 회피, 비싼 운송비용의 절감, 원재료나 기술의 확보 또는 특정시장에 진출하여 기업을 운영할 목적 등으로 직접투자를 수행한다.[62] 직접투자를

[62] Sunil Venaik, David F. Midgley, and Timothy M. Devinney, "Dual Paths to Performance: The Impact of Global Pressures on MNC Subsidiary Conduct and Performance," *Journal of International Business Studies* 36 (2005), pp. 655 – 75; Tony S. Frost and Changhui Zhou, "R&D Co-Practice and 'Reverse' Knowledge Integration in Multinational Firms," *Journal of International Business Studies* 36 (2005), pp. 676 – 87.

수행하는 기업은 해당 지역의 현지 기업체를 사들이거나 아니면 전혀 새로운 기업을 설립하는 방식으로 사업을 진행한다. 현지 기업들은 직접투자 자체가 주는 효과 이외의 다른 중요한 이익을 얻을 수 있는데, 실질적이고 중요한 기술을 이전받을 수도 있으며,[63] 더 다각화된 소비자들에게 수출할 수 있는 역량을 획득할 수도 있다.[64] 다른 해외진입 방식들과 비교하여 직접투자의 구조와 성과에 영향을 미치는 몇 가지 요인들을 살펴보면 다음과 같다. (1) 진입시점(최초로 진입하는 기업은 이점을 가질 수도 있으나 그만큼 위험이 커질 수도 있다.), (2) 복잡성의 증가와 예기치 못한 계약 상황, (3) 거래비용(transaction cost) 문제, (4) 기술과 지식의 이전 문제,[65] (5) 제품 차별화 정도, (6) 투자 이전의 경험과 인수 기업의 문화적 다양성 문제,[66] (7) 광고 문제와 기업 평판에 따른 장애요인 등이 그것이다. 이러한 고려사항들과 위험들은 해외투자와 관련된 의사결정을 더욱 어렵게 만든다. 그러나 당혹스럽고 어려운 각종 법률관련 제한사항들[67]이 WTO의 출범과 기타 국제조약들의 체결로 인하여 점차 완화되고 있으며, 더욱 더 많은 대기업들이 시장진출방법으로써 직접투자를 선택하는 추세가 점차 증가하고 있다.

회원국들끼리는 무관세이나 역외기업들에게는 공동 관세를 적용하는 자유무역지역의 증가로 인하여 직접투자를 수행할 수 있는 기회가 더욱 더 많아지고 있다. 일본기업들과 경쟁하고 있는 한국의 삼성은 북미자유무역협정(NAFTA) 체결 이후 텔

[63] Donna L. Paul and Rossitza B. Wooster, "Strategic Investments by US Firms in Transition Economies," *Journal of International Business Studies* 39 (2008), pp. 249 – 66.

[64] Jasjit Singh, "Asymmetry of Knowledge Spillovers between MNCs and Host Country Firms," *Journal of International Business Studies* 38 (2007), pp. 764 – 86.

[65] Hongxin Zhao, Yadong Luo, and Taewon Suh, "Transaction Cost Determinants and Ownership-Based Entry Mode Choice: A Meta-Analytic Review," *Journal of International Business Studies* 35, no. 6 (2004), pp. 524 – 44; Henrik Bresman, Julian Birkinshaw, and Robert Nobel, "Knowledge Transfer in International Acquisitions," *Journal of International Business Studies* 41, no. 1 (2010), pp. 5 – 20; Julian Birkinshaw, Henrik Bressman, and Robert Nobel, "Knowledge Transfer in International Acquisitions: A Retrospective," *Journal of International Business Studies* 41, no. 1 (2010), pp. 21 – 26.

[66] Lilach Nachum and Cliff Wymbs, "Product Differentiation, External Economies, and MNE Location Choices: M&A Global Cities," *Journal of International Business Studies* 36 (2005), pp. 415 – 34; Rajesh Chakrabarti, Swasti Gupta-Mukherjee, and Narayanan Jayaraman, "Mars-Venus Marriages: Culture and Cross-Border M&A," *Journal of International Business Studies* 40, no. 2 (2009), pp. 216 – 36; Jonas F. Puck, Dirk Holtbrugge, and Alexander T. Mohr, "Beyond Entry Mode Choice: Explaining the Conversion of Joint Ventures into Wholly Owned Subsidiaries in the People's Republic of China," *Journal of International Business Studies* 40, no. 3 (2009), pp. 388 – 404; Mary Yoko Brannen and Mark F. Peterson, "Merging without Alienating: Interventions Promoting Cross-Cultural Organizational Integration and Their Limitations," *Journal of International Business Studies* 40, no. 3 (2009), pp. 468 – 89; Taco H. Reus and Bruce T. Lamont, "The Double-Edged Sword of Cultural Distance in International Acquisitions," *Journal of International Business Studies* 40, no. 8 (2009), pp. 128 – 36; Bulent Aybar and Aysun Ficici, "Cross-Border Acquisitions and Firm Value: An Analysis of Emerging-Market Multinationals," *Journal of International Business Studies* 40, no. 8 (2009), pp. 1317 – 38; Udo Zander and Lena Zander, "Opening the Grey Box: Social Communities, Knowledge, and Culture in Acquisitions," *Journal of International Business Studies* 41, no. 1 (2010), pp. 27 – 37.

[67] Desislava Dikova, Padma Roa Sahib, and Arjen van Witteloostuijn, "Cross-Border Acquisition Abandonment and Completion: The Effect of Institutional Differences and Organizational Learning in the International Business Service Industry, 1981–2001," *Journal of International Business Studies* 41, no. 2 (2010), pp. 223 – 45.

레비전 산업의 중심지가 되어가고 있는 멕시코(Mexico) 티후아나(Tijuana)지역에 텔레비전 수상기를 생산하는 공장을 5억 달러를 들여 설립하였다. 일본의 첨단기술 기업인 교세라(Kyocera)는 퀄컴(Qualcomm)의 소비자용 무선 전화기 사업을 인수하였는데, 이는 미국시장에 신속하게 진입하기 위한 목적이었다. 야후!(Yahoo!)는 10억 달러를 들여 자신의 중국 경쟁자인 알리바바(Alibaba)의 지분 40%를 사들였다. 마지막으로 네슬레는 아세안(ASEAN) 자유무역지역에 제품을 공급하기 위하여 태국에 새로운 우유공장을 설립하였다.

오늘날 글로벌 기업들의 특징은 전 세계에 걸친 생산시설의 설립이다.[68] 이러한 추세는 자유무역에 방해가 되는 요인들이 사라지면서 더욱 증가할 것이며, 비용효율성이 있는 지역이라면 어디라도 상관없이 생산시설을 설립할 수 있다. 진입방식과 파트너 선택 의사결정은 매우 중요한데, 이러한 의사결정의 결과에 따라 특정국가 시장에서의 기업 활동이 매우 큰 영향을 받을 수 있기 때문이다. 또한 진입방식에 대한 의사결정은 미래의 의사결정에도 영향을 미친다. 이는 각각의 진입방식에는 일정수준 이상의 자원투입이 수반되기 때문에 적절한 고민이나 대안 없이 진입방식을 변경하게 되면 이전에 투입되었던 시간과 자금의 손실이 매우 심각하기 때문이다.

글로벌 경쟁을 위한 조직화

국제마케팅 계획에는 목표달성을 위해 투입하는 자원의 최적화 방안이 포함되어야 한다. 이런 의미에서 조직화 계획에는 조직배치 형태와 경영관리 과정 및 책임소재와 범위에 대한 내용이 포함되어야 한다. 또한, 조직에는 해당 기업특유의 광범위한 특성들을 반영해야 할 필요가 있다. 예를 들어 조직 규모, 정책관련 의사결정 수준, 지휘계통의 범위, 스태프 조직의 지원, 천연자원, 인적자원 및 협력업체 구성,[69] 통제의 정도, 의사결정 스타일에서의 문화적 차이,[70] 집권화 정도 및 마케팅 몰입에 대한 형태나 수준 등이 그것이다. 따라서 표준적인 조직구조를 개발하기란 매우 어렵다.[71] 매우 야심찬 국제기업의 계획도 명령계통의 혼선, 부족한 의사소통, 본사와 해외자회사 간의 협력 부족 문제로 예상보다 성공

---

[68] Jason Dean and Jonathan Cheng, "Meet Jack Ma, Who Will Guide Yahoo in China," *The Wall Street Journal*, August 12, 2005, pp. B1, B3.

[69] Zuohao Chun Zhang and Flora F. Gu, "Intra– and Interfi rm Coordination of Export Manufacturers: A Cluster Analysis of Indigenous Chinese Exporters," *Journal of International Marketing* 16, no. 3 (2008), pp. 108–35.

[70] Shichun Xu, S. Tamer Cavusgil, and J. Chris White, "The Impact of Strategic Fit among Strategy, Structure, and Processes on Multinational Corporation Performance: A Multi-Method Assessment," *Journal of International Marketing* 14 (2006), pp. 1–31.

[71] Gerald Albaum, Joel Herche, Julie Yu, Felicitas Evangelista, Brian Murphy, and Patrick Poon, "Differences in Marketing Managers' Decision Making Styles within the Asia-Pacifi c Region: Implications for Strategic Alliances," *Journal of Global Marketing* 21 (2007), pp. 63–72; Alain Verbke and Thomas P. Kenworthy, "Multidivisional vs. Metanational Governance of the Multinational Enterprise," *Journal of International Business Studies* 39, no. 6 (2008), pp. 940–56; Beibei Dong, Shaoming Zou, and Charles R. Taylor, "Factors that Infl uence Multinational Corporations' Control of Their Operations in Foreign Markets: An Empirical Investigation," *Journal of International Marketing* 16, no. 1 (2008), pp. 98–119.

하기 어려운 경우가 많다.[72]

국내와 해외 마케팅 활동을 효과적으로 통합시키는 단일 조직구조는 아직 개발되지 않았다.[73] 기업들은 자신의 국내 마케팅 노력을 약화시키지 않으면서도 자신의 제품이나 서비스에 내재된 잠재적 해외진출 가능성을 극대화 시킬 필요가 있다. 일반적으로 기업들은 다음의 3가지 대안 중 하나로 자신의 조직구조를 만들게 된다. (1) 전 세계에 대한 제품판매 책임을 지는 글로벌 제품별 단위부서, (2) 정해진 지역 내부의 모든 제품 및 기능 활동에 대한 책임을 지는 지리적 단위부서, (3) 중앙 집중적인 기능별 스태프에 의해 집중화된 판매 · 마케팅 활동의 수행, 혹은 지리적 활동과 글로벌 제품관리를 혼합시킨 매트릭스 조직 등이다.

글로벌 제품 단위부서의 구조를 채택하는 기업들은 일반적으로 빠른 성장경험을 갖고 있으며 풍부하고 다양한 제품군을 가지고 있다. 제너럴 일렉트릭(General Electric)이 대표적인 예라 할 수 있으며, 제너럴 일렉트릭은 자신의 글로벌 사업 활동을 6개의 제품단위 부서가 담당하도록 구조화시켰다. 기반시설 사업부, 산업용품 사업부, 상업적 금융서비스 사업부, 엔비씨 유니버설(NBC Universal) 사업부, 건강의료 사업부, 소비자 금융 사업부로 나뉜다.[74] 또한 지리적 단위 부서 조직구조는 국가 또는 지방정부와 친밀한 관계를 유지할 필요가 있을 때 가장 좋은 방식이라 할 수 있다.

매트릭스 조직형태(세 가지 조직구조 중에서 가장 범위가 넓은)는 기업이 글로벌 경쟁을 위해 조직을 재구축해야 할 때 가장 널리 활용되고 있다. 매트릭스 조직구조는 기능별 활동과 제품 및 지리적 부서활동 간에 갈등상황이 발생하는 경우에 이를 적절히 관리할 수 있도록 해준다. 매트릭스 구조는 경험 및 자원, 전문성, 기술, 정보 등을 글로벌 사업 단위들이 적극적으로 공유할 수 있도록 설계된다. 이 조직구조의 핵심은 더 나은 의사결정을 하는 것인데, 이는 기능별 활동, 제품, 및 지리적 요인에 영향을 미치는 다양한 관점들을 검토하고 공유하자는 것이다. 또한 매트릭스 조직은 스스로 글로벌 활동을 수행하며 글로벌 필요요건을 갖추고 있는 소비자들을 더 많이 접촉할 수 있게 해준다.

기업은 제품라인에 따라 조직되지만 개별 제품군 아래 지리적 하위부서를 둘 수도 있다. 이들 모두는 기능별 직원의 지원을 받아 업무를 보강할 수 있다. 그림 12.3는 이러한 내용을 그림으로 보여주고 있다. 국제적인 사업을 수행하고 있는 대기업들

---

72 Ingmar Bjorkman, Carl F. Fey, and Hyeon Jeong Park, "Institutional Theory and MNC Subsidiary HRM Practices: Evidence from a Three-Country Study," *Journal of International Business Studies* 38 (2007), pp. 430 – 46.

73 Claude Obadia and Irena Vida, "Endogenous Opportunism in Small and Medium-Sized Enterprises' Foreign Subsidiaries: Classifi cation and Research Propositions," *Journal of International Marketing* 14 (2006), pp. 57 – 86.

74 Kelly Hewett and William O. Bearden, "Dependence, Trust, and Relational Behavior on the Part of Foreign Subsidiary Marketing Operations: Implications for Managing Global Marketing Operations," *Journal of Marketing* 65, no. 4 (October 2001), pp. 51 – 66.

그림 12.3

제품, 지역 및 기능을 결합시킨 마케팅 조직 계획 그림

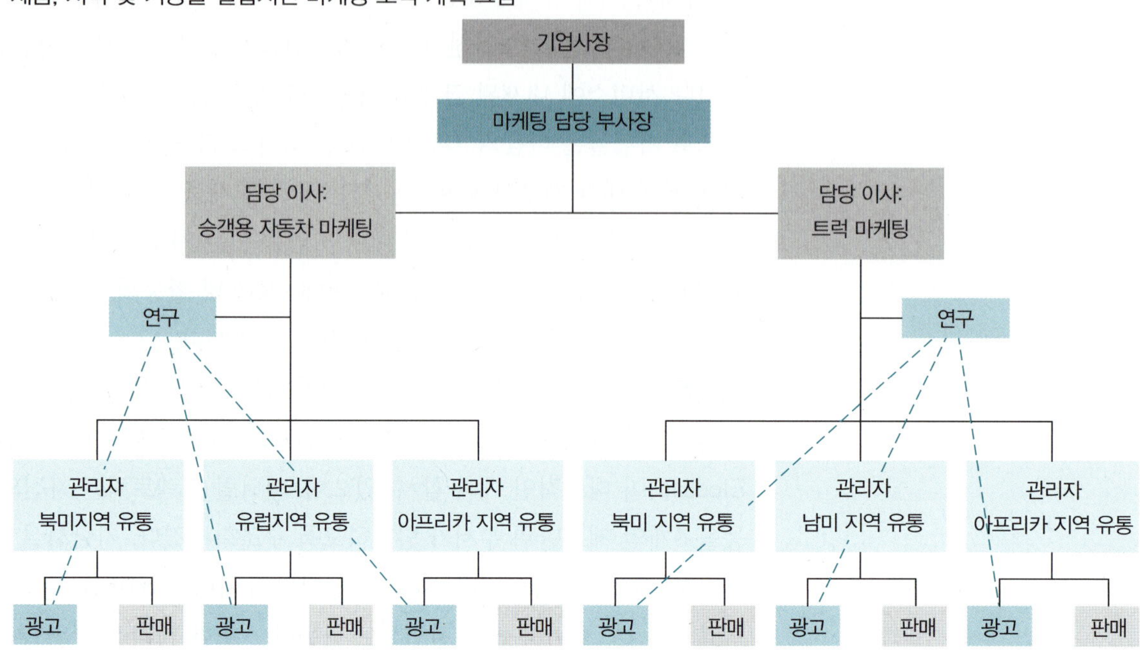

대부분은 이러한 기본적 조직배치를 바탕으로 이를 적절히 수정하여 활용하고 있다.

격동하는 글로벌 시장은 기업이 매우 유연한 조직구조를 가지도록 만들고 있다. 43개에 이르는 미국 대기업에 대한 연구에 따르면, 해당 기업들은 국제사업 활동을 수행하는 5년 동안 총 137번의 조직 변화를 계획한 것으로 나타났다. 이러한 조직변화의 내용에는 국제적인 의사결정을 집중시키는 문제, 글로벌 단위부서를 만드는 문제, 핵심센터(center for excellence)를 형성하는 문제, 국제사업부를 설립하는 문제 등이 포함되어 있다. 바슈롬(Bausch & Lomb)은 위에서 제시된 연구에 포함된 기업 중 하나이다. 바슈롬은 국제사업 단위부서를 없애고 전 세계를 관장하는 3개의 지역단위 시스템과 4개 핵심제품라인의 글로벌 마케팅과 생산전략을 감독하기 위한 사업관리위원회를 신설하였다. 바슈롬의 목표는 본사활동을 지역단위들과 단절시키지 않으면서도 더 잘 수행하려는 것이다.

조직구조에 관계없이 다음 2가지 요소들을 추구하고자 하는 경향이 높아지고 있다. 첫째는 단일 장소(중심지)에서의 지휘 및 통제, 둘째는 현지 기업들로 구성된 보다 분권화된 네트워크를 기반으로 하는 단순 라인조직의 형성이 그것이다.

의사결정 위치

의사결정이 어디에서 이루어져야 하는지, 누가 의사결정을 해야 하는지, 어떤 방법으로 의사결정을 수행해야 하는지에 대한 고려사항들이 조직전략의 핵심적 요소라 할 수 있다. 의사결정이 기업 본부에서 수행되어야 하는지, 국제사업 본부에서 수행되어야 하는지, 지역적 사업 단위에서 수행되어야 하는지, 아니면 국가단위 또는 현지 단위에서 수행되는지와 같은 경영관리정책이 명확하게 결정되어야 한다. 대부분

의 기업들은 각 수준에서 지출할 수 있는 자금에 한계를 가지고 있다. 정책, 전략 및 전술적 의사결정에서 수행할 수 있는 의사결정 수준도 결정되어야 한다. 전술적 의사결정은 일반적으로 국가별로 중복되지 않는 범위에서 가장 하위의 단위부서에서 수행되어야 한다. 이러한 지침을 따르기 위해서는 본사 경영자들이 자신의 현지 관리자들의 전문성을 신뢰해야만 가능할 것이다.

집권적 조직과 분권적 조직

다국적기업의 본사활동을 위해 다양한 조직형태가 존재하지만, 대부분은 다음 3가지 범주 중 하나로 구성된다. 중앙집권적 조직,[75] 지역 중심적 조직,[76] 분권적 조직이다. 이들 3가지 조직형태가 모두 이용되고 있다는 사실은 3가지 조직형태 각각이 나름의 장점과 단점을 가지고 있음을 보여준다. 중앙집권적 조직의 주요 장점은 특정 지역에 있는 전문가를 이용할 수 있다는 것, 계획 활동과 적용단계 모두에서 높은 수준의 통제를 수행할 수 있다는 것 그리고 모든 기록물과 정보를 본사차원에서 집중적으로 관리할 수 있다는 것이다.

어떤 기업들은 우수한 현지 관리자를 선택하여 지나칠 정도의 분권화를 수행하고 있으며 이들 현지 관리자들에게 국가나 지역단위 사업 활동에 대한 총괄적인 책임을 맡도록 하고 있다. 경영자들은 해당 시장상황에 대해 매일 상세한 보고를 받을 수는 있지만, 모기업 입장에서 기업을 전반적으로 바라보는 시각은 부족해진다.

다수의 사례는 기업의 공식적인 조직구조가 중앙집권적이거나 분권적인 것과는 상관없이 비공식적인 조직이 모든 조직적인 시스템의 일정부분을 떠받치고 있다는 사실을 보여주고 있다. 여기서 특히 고려해야 하는 것은 의사결정이 실제로 어디에서 이루어지는지를 살펴보는 것이다. 일련의 연구들에 따르면 제품관련 의사결정이 매우 높은 수준으로 중앙집권화 되어있다 하더라도, 현지 시장에 영향을 미치는 가격결정, 광고 및 유통관련 의사결정의 실질적인 사항들은 자회사가 가지고 있는 것으로 나타나고 있다. 만약 문화에 매우 민감한 제품이라면, 이에 대한 의사결정은 더욱 더 분권화되어 수행되어야 한다.

---

[75] Rajdeep Grewal, Murali Chandrashekaran, and Robert F. Dwyer, "Navigating Local Environments with Global Strategies: A Contingency Model of Multinational Subsidiary Performance," *Marketing Science* 27, no. 5 (2008), pp. 886 – 902.

[76] Jean-Luc Arregle, Paul W. Beamish, and Louis Hebert, "The Regional Dimension of MNE's Foreign Subsidiary Localization," *Journal of International Business Studies* 40, no. 1 (2009), pp. 86 – 107.

요약 Summary

시장이 전 세계로 확장되면서 국제마케팅의 모든 수준에서 경쟁이 증가하고 있다. 최근의 경쟁상황을 잘 살펴보고 증가하는 경쟁시장에서 유리한 지위를 유지하려면 글로벌 시각이 필요하다. 글로벌 경쟁은 항상 변화하는 소비자의 요구와 빠른 속도로 발전하는 기술을 충족할 수 있도록 생산된 좋은 품질의 제품을 필요로 하고 있다. 비용억제, 소비자 만족과 엄청나게 많은 경쟁자가 의미하는 것은 국제사업 활동의 실질적인 개선에 따른 매번의 기회가 기업목표를 중심으로 검토되어야 함을 보여준다. 협력적 관계, 전략적 국제제휴, 전략적 계획 활동과 대안적인 시장진입 전략들은 글로벌 마케팅 관리 계획 활동과 조직화 측면에 적용해야 하는 중요 수단이라 할 수 있다.

주요용어 Key Terms

전사적 계획 활동(Corporate planning)
전략적 계획 활동(Strategic planning)
전술적 계획 활동(Tactical planning)
직접 수출(Direct exporting)
간접 수출(Indirect exporting)
라이선싱(Licensing)
프랜차이징(Franchising)
합작투자(Joint venture)
전략적 국제제휴(Strategic international alliance, SIA)

질문 Questions

1. 위에서 제시한 주요용어들을 정의하라.
2. 전략적 계획 활동을 정의하라. 국내마케팅과는 다른 국제마케팅을 위한 전략적 계획 활동은 어떻게 수행되어야 하는가?
3. 글로벌 시장 개념을 채택한 다국적기업(MNC)이 누릴 수 있는 이점은 무엇인지 논하시오. 국제마케팅에 대한 글로벌 접근방식을 정의하기 위해 제시된 3가지 관점을 설명하시오.
4. 기업의 계획 활동 과정에 짧은 제품수명주기가 주는 영향을 논하시오.
5. 경쟁에서 협력적 관계의 중요성은 무엇인가?
6. 국제 계획 활동 과정의 1단계와 2단계에서는 잠재적인 시장으로서 더 이상의 고려가 필요하지 않는 국가들을 구별해야 한다고 하였다. 각 단계에서 더 이상 고려하지 않을 국가를 선택해야 하는 마케터가 참고해야 하는 조건은 무엇인지 토론하시오.
7. 당신을 냉장고를 생산하는 기업의 국제마케팅 담당자라고 가정해보자. 남미지역과 유럽 지역에서 각각 하나씩의 국가를 선택하여 이들 2개 국가를 평가하는데 이용할 수 있는 검토기준을 개발하시오. 당신의 기업에 필요한 추가적인 가정이 있다면 무엇인가?
8. "일반적으로 수출마케팅과 해외마케팅을 나누어 구별하는 것은 일정 부분 비현실적이라 할 수 있다. 마케팅 관점에서 이들은 해외시장 기회를 활용하는데 이용되는 단순한 대안적인 방법들이다." 이를 토론하시오.
9. 이미 선진국인 해외시장에 진출하는 것은 상대적으로 저개발 국가시장에 진입하는 것과 어떻게 다른가?
10. 기업은 글로벌 기업으로 국제화될 때 왜 자신의 조직을 변화시키는가?
11. 국제 사업 활동에 대한 의사결정이 어디에서 수행되어야 하는지를 결정해 주는 일반적인 규칙을 작성하시오.
12. 합작투자가 인기 있는 이유를 설명하라.

13. 합작투자와 라이선싱이 조직에 미치는 영향을 비교해보라.
14. 미국 자동차 기업인 제너럴 모터스(General Motors)와 포드(Ford)의 웹 사이트를 방문하여 검색한 이후, 각각의 국제사업 참여수준을 비교하라. 당신은 이들 기업을 수출기업, 국제기업 또는 글로벌 기업 중 무엇으로 분류할 수 있겠는가?
15. 14번 문제의 웹 사이트 검색결과를 이용하여, 이들 두 기업들이 이용하고 있는 각각의 서로 다른 진입방식이 무엇인지 나열해보라.
16. 네슬레(Nestle)의 웹 사이트(www.nestle.com/)와 유니레버(Unilever)의 웹 사이트(www.unilever.com/)를 방문하여 이들 2개 기업의 국제시장 전략을 비교하라. 이 기업들이 국제마케팅에서 서로 다르게 수행하는 활동방식(제품군이 아닌)은 무엇인가?

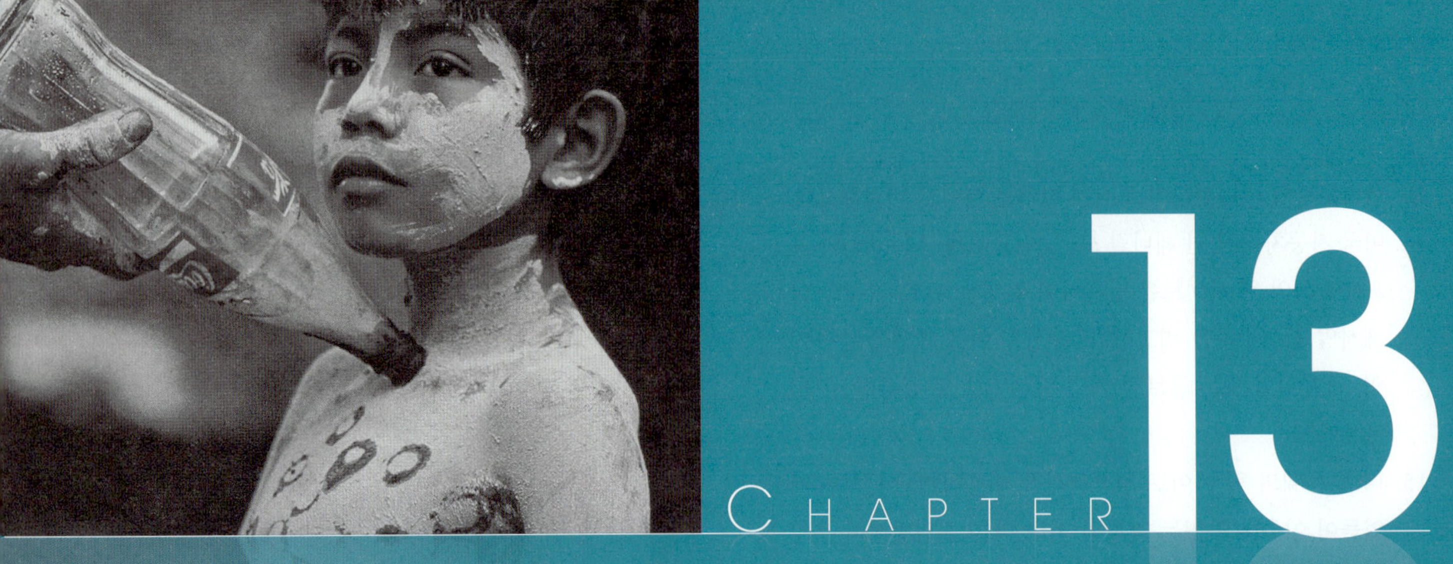

CHAPTER 13

일반고객 대상의 제품과 서비스

개요 CHAPTER OUTLINE

주요 학습과제 CHAPTER LEARNING OBJECTIVES

- LO1 목표시장에 적합한 제품 제공의 중요성을 이해한다.
- LO2 품질의 중요성과 품질의 정의를 학습한다.
- LO3 제품 적응을 위한 물리적 요구조건, 필수적 요구조건 그리고 문화적 요구조건에 대해 학습한다.
- LO4 수용에 대한 저항 극복을 위한 제품속성의 전 방위적 관찰 필요성을 이해한다.
- LO5 원산지가 제품 이미지에 미치는 효과를 학습한다.

글로벌 관점 Global Perspective

디즈니랜드가 중국에서 다시 주사위를 던지다

1955년에 미국 애너하임(Anaheim)의 디즈니랜드 개장과 더불어, 현대식 테마공원의 개념이 생겼다. 여러 가지 놀이기구들과 다양한 볼거리들 그리고 디즈니의 캐릭터들이 합쳐져서 매력적인 테마공원의 대표가 되었다. 도쿄 디즈니랜드 또한 성공을 거두었는데 디즈니사는 라이선싱을 통하여 평균정도의 수익을 거두었지만 일본 파트너는 큰 수익을 올렸다. 도쿄 디즈니랜드 방문자의 3/4은 최고의 고객인 재방문객이다.

그리고 유로 디즈니가 생겼다. 도쿄 디즈니랜드에서의 지분계약이 만족스럽지 못했기 때문에 유로 디즈니의 거래구조는 매우 다른 형태를 띠게 되었다. 디즈니사는 테마파크 자체와 더불어 인접한 호텔과 레스토랑 시설에 훨씬 많은 지분을 요구했다. 높아진 통제수준 그리고 잠재수익과 더불어 더 높은 수준의 위험이 찾아왔다.

심지어 1992년 유로 디즈니의 개장행사가 열리기도 전에, 시위자들은 디즈니의 프랑스 문화에 대한 공격을 비난하였다. 입지도 문제였는데, 대체장소였던 바르셀로나의 지중해 기후가 프랑스의 쌀쌀한 겨울 날씨보다 좀 더 매력적인 것처럼 보였다. 또한 다문화 인력과 고객 모두를 관리하는 것이 매우 벅찬 일이라는 것을 보여주었다. 예를 들어 캐리비안의 해적과 같은 쇼에 가장 적합한 언어는 영어일까 불어일까? 입장객수와 소비자 구매목표 그 어느 것도 초기에는 달성되지 않았다. 두 목표 모두 10% 정도 미달된 상태였다. 1994년 여름경에 유로 디즈니는 9억 달러의 적자를 보았다. 유로디즈니는 폐장을 심각하게 고려하게 되었다.

한 사우디 왕자가 긴급하게 현금 자금의 투입을 통한 일시적 재무 구조조정, 신임 프랑스인 최고경영자 영입 그리고 파리 디즈니랜드라는 새 명칭을 포함한 일반적 조직 개편을 가능하게 하였다. 파리 디즈니랜드는 수익성을 회복하였고 입장객수도 증가하였다. 그러나 디즈니 본사에 지급하는 로열티, 관리비 그리고 리스료에 대한 면제 기간이 끝나게 되었고 이익도 다시 떨어졌다. 디즈니의 대응은 파리의 두 번째 테마공원인 "디즈니 스튜디오(Disney Studios)"와 근린상가 및 사무단지들을 확장하는 것이었다. 2005년에 사우디 왕자는 3천3백만 달러를 또 다시 테마공원에 투자하였다.

2006년 홍콩 디즈니랜드가 영업을 시작했다. 홍콩 정부가 막대한 투자를 지원했다(필요한 30억 달러 중 거의 80%를 투자했다). 유럽에서와 마찬가지로, 고객들 대부분이 중국인이지만 문화적으로는 다양했다. 공연들은 그 지역 방언인 광동어, 표준어인 북경어 그리고 영어로 진행된다. 디즈니랜드는 2006년 520만 명의 방문객을 맞았지만, 2007년에는 400만 명으로 급격히 떨어졌다. 결과적으로 디즈니는 재무구조와 투자일정을 재조정해야했다. 긍정적인 측면은 디즈니사와 홍콩정부는 여전히 테마공원의 확장을 논의 중이며, 중국에서 고객들에게 엔터테인먼트 서비스를 온라인으로 제공하려 합작회사 계약서에도 서명하였다. 마침내 2009년 중국 정부는 약 40억 달러의 투자가 예상되는 상해 디즈니랜드를 승인하고 홍콩 기업이 이를 경영하도록 하였다. 미키마우스의 국제적 모험을 따라가보는 것은 매우 흥미로운 일인데, 마치 롤러코스터에 탄 느낌이라고 말할 수 있다.

출처: http://www.disney.go.com; "Disney to Build Hong Kong Theme Park; Euro Disney's Profit Slumped," *Dow Jones News Service*, November 2, 1999; Richard Verrier, "Saudi Prince Helps Out EuroDisney," *Los Angeles Times*, January 12, 2005, p. C2; "Hong Kong Disney Crowds Disappoint for Second Year," *Reuters News*, December 12, 2007; Ethan Smith and James T. Areddy, "China Backs Disney Shanghai." *The Wall Street Journal*, November 11, 2009, online.

최근 소비재와 고객서비스를 담당하는 국제 마케터에게 주어진 도전과 기회는 그 어느 때보다 크고 다양해졌다. 전 세계적으로 중남미, 인도, 중국과 기타 아시아 국가들, 독립 국가 연합, 동유럽 등의 신흥시장에서 새로운 고객들이 등장하고 있다. 비록 이러한 신흥 시장의 일부가 현재는 구매력이 미약하다 하더라도, 머지않아 거대한 시장으로 성장할 것이다. 산업화된 세계의 좀 더 성숙된 시장에서, 소비자의 취향이 더욱 섬세하고 복잡해지며 구매력의 증가로 새로운 수요를 만족시킬 수 있는 수단들이 소비자들에게 제공됨으로써 시장에서의 기회와 도전은 풍부해진다.

글로벌 관점에서 설명한 것처럼, 디즈니는 글로벌 소비자 시장에 대한 대표적인 미국식 수출상품이다. 디즈니 같은 기업들에는 제품과 서비스 사이의 구분이 별 의미가 없다. 디즈니의 영화 DVD는 제품인 반면, 동일한 영화를 극장에서 상영하는 것은 서비스이다. 테마 공원(국내에서 외국인 관광객을 포함하는)에서 소비자들은 입장료로 100달러 정도를 지불하지만, 입장한 소비자들은 모자, 티셔츠, 식사 등의 구매를 위해 거의 동일한 금액을 더 사용한다. 또한 영화는 관련된 장난감과 의류 및 공원의 입장 티켓 판매에 도움이 된다. 사실 서비스와 제품의 구분이 사라짐에 따라 제품과 서비스를 모두 포함하는 새로운 용어들, 예를 들어 시장 제공물(marketing offerings)[1]과 비투씨(B2C, business-to-consumer)[2] 마케팅이 새롭게 만들어졌다. 그러나 국제무역을 관리하는 정부기관은 여전히 서비스와 제품의 구분에 의문을 가지고 있다. 따라서 본 장과 다음 장에서 우리는 이것을 밝히고자 한다. 일반 소비자들에게 판매를 목적으로 미국에 수출되는 제품의 경우, 모든 제품들은 내구재(자동차와 컴퓨터와 같은), 비내구재(주로 식품, 의약품, 장난감) 그리고 서비스(예를 들어 관광과 통신) 등의 주요 3대 범주로 분류된다는 것을 유념해야 한다.

대기업들은 지향성과 전략 측면에서 글로벌해지고 있는 추세에 있다. 그러나 제품의 현지 시장적응(product adaptation)은 소규모 기업에서의 마케팅 과업만큼 글로벌 기업들에도 중요하다. 세계시장의 경쟁은 심화되고, 시장의 선호도 점점 글로벌화하므로, 일반 가정에 판매하는 것과 동일하게 내수용으로 생산되는 제품들은 글로벌 시장에서는 효과가 미흡하다. 일부 제품은 현지화 없이는 해외 시장에서 전혀 판매될 수 없다. 다른 제품은 그대로 판매될 수 있다 할지라도, 시장의 욕구(needs)를 만족시킬 수 있다면 현지 시장에서 소비자의 수용은 크게 증가한다. 경쟁상황에서 합리적 가격으로 소비자의 욕구(needs)와 바램(wants)이 반영된 품질 높은 제품과 서비스를 제공하는 것은 모든 마케팅 회사의 목표여야 한다.

[1] For example, see Philip Kotler and Kevin Lane Keller, *Marketing Management*, 13th ed. (Upper SaddleRiver, NJ: Prentice Hall, 2008).

[2] We hope that it is obvious that many of the points we make regarding the development of consumer products are pertinent to consumer services as well, and vice versa. Of course, some distinctions are still substantive. These are focused on in the section entitled “Marketing Consumer Services Globally” later in this chapter.

품질

LO1
목표시장에 적합한 제품 제공의 중요성을 이해한다.

글로벌 경쟁은 사업의 기본 신념에 새로운 무게를 싣고 있다. 글로벌 경쟁은 제품수명주기를 단축시키고 있으며 품질, 경쟁력이 있는 가격 그리고 혁신적인 제품의 중요성에 초점을 두고 있다. 시장에서의 힘은 판매자 중심에서 소비자 중심으로 이동하고 있다. 그리고 더 많은 기업들이 소비자들의 주목을 끌기 위해 경쟁하고 있어 소비자들은 더 많은 선택을 가지게 된다. 더 많은 경쟁과 더 많은 선택은 고객들에게 더 많은 힘을 부여한다. 따라서 당연히 품질을 중요시 여긴다. 고객의 제품관련 지식이 하나 혹은 잘해야 몇 가지 서로 다른 제품에 국한된 시절은 지나갔다. 최근 고객들은 무엇이 가장 좋고, 싸며, 품질이 뛰어난지를 인터넷으로 광범위하게 잘 알고 있다. 고객들은 자신이 보유한 욕구(needs)와 자원으로 품질을 정의한다. 예를 들어 로밍이 되지 않는 휴대폰은 아무리 싸더라도 일본에서 판매되지 않지만, 중국에서는 정말 잘 팔린다. 캘리포니아에 있는 회사로 인도, 베트남, 중국 등에서 로밍이 되지 않는 핸드폰을 저렴한 가격에 판매하고 있는 유티스타컴(UTStarcom) 사람들은 이점을 잘 인식하고 있다.

미국 제품들은 세계에서 늘 최고의 제품 중 하나였다. 그러나 경쟁은 미국인들에게 더 나은 제품을 만들도록 강요하고 있다. 대부분 글로벌 시장에서, 제품 가격과 품질은 구매 시 가장 중요한 핵심 요소 중 하나다. 산업재와 소비재 모두에서 특정 브랜드가 다른 브랜드보다 선호되는 이유는 경쟁력 있는 가격이 뒷받침하는 더 나은 품질 때문이다. 경쟁 도구로써 품질은 사업에서 전혀 새로운 것이 아니지만, 많은 사람은 세계 시장에서 품질이 결정적 요인이라고 생각한다. 그러나 그전에 무엇이 품질인지를 명확히 해야 할 필요가 있다.

품질의 정의

LO2
품질의 중요성과 품질의 정의를 학습한다.

품질은 시장에서 지각된 품질(market-perceived quality)과 제품의 기본적 특성이 얼마나 잘 구현되었는지를 의미하는 성과 품질(performance quality)의 두 차원으로 정의할 수 있다. 두 차원 모두 중요한 개념이다. 그러나 제품 품질에 대한 소비자의 인식은 종종 성과 품질보다는 소비자가 시장에서 지각하는 품질과 더 관련이 있다. 가격 대비 품질 적합성과 고객 만족의 관계는 항공사가 제공하는 품질과 유사하다. 기업관점(성과 품질)에서 내부적으로 보면, 항공사는 안전한 비행과 착륙이라는 품질 적합성을 달성해왔다. 그러나 소비자는 성과 품질을 당연한 것으로 기대하므로 소비자에게 품질이란 적합성(안전한 비행과 착륙) 그 이상이어야 한다. 오히려 비용, 적시 서비스, 운항 편수, 안락한 좌석 그리고 탑승수속부터 수하물 찾을 때까지의 항공사 직원들의 성과 모두가 고객이 경험하는 우수한 품질 혹은 형편없는 품질의 한 부분을 이룬다. 매일 운항하는 항공마일의 수를 고려하면, 항공 산업은 품질 적합성에 있어서 무결점에 접근하고 있다. 그러나 그 어떤 항공사도 고객 만족이라는 관점에서 완벽하다고 할 수 없다. 소비자가 시장에서 지각하는 품질 속성은 제품에 종합적으로 내재되어 있는데 이는 소비자가 기대하는 물리적(핵심) 제품과 기타 추가적 속성이다.

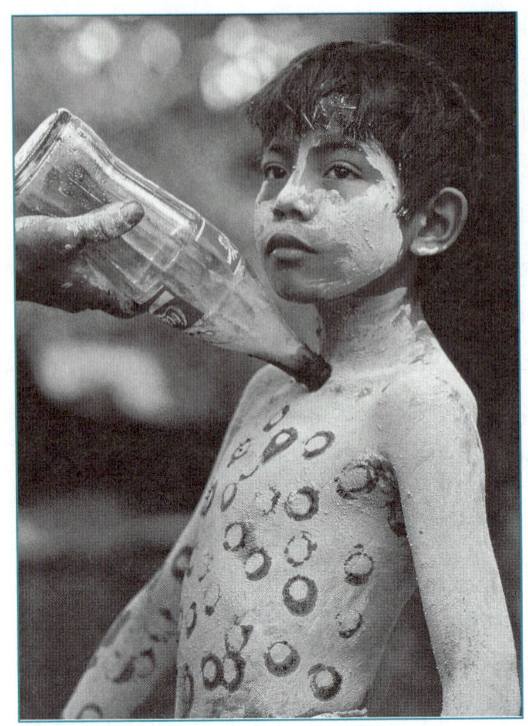

제품들은 모든 시장에서 동일한 방식으로 사용되지는 않는다. 동부 멕시코 마을의 한 소년은 비를 부르는 재규어 춤(jaguar dance)을 준비하고 있다. 진흙, 재 그리고 지구 어느 곳에서나 볼 수 있는 코카콜라병으로 최고의 표범 분장을 하고 있다. 아마도 이와 같은 가장 좋은 사례는 인도에서 찾아 볼 수 있는데, 인도 펀잡(Punjab) 주에서 전통 요구르트 음료인 라씨(lassi) 바 또는 테이블은 윗부분에 세탁물 투입구가 있는 일반 세탁기 위에 차려진다.

소비자에게 자유로운 선택을 제공하는 경쟁 시장에서, 대부분의 소비자는 성과 품질을 당연히 주어진 것으로 기대한다. 따라서 특정 제품이 일정 기준이상으로 작동하지 않으면 소비자들은 그 제품을 거부한다. 예를 들어 휘발유-전기 하이브리드 시스템을 비교해 보면, 도요타는 도심 주행에서의 연비를 절감하도록 설계되었고 지엠(GM)은 장시간 여행을 위한 고속도로 주행에서 최선이 되도록 설계되었다. 어떤 주행 시스템이 더 높은 품질을 제공해주고 있는가는 소비자의 욕구에 달려있다. 미국인들은 도로를 이용한 여행 위주의 활동들을 하는 반면, 일본 소비자들은 미국인들보다 자주 교통 체증에 놓이게 된다.[3] 성과 품질 기준을 모두 충족하는 대안 제품들이 있을 때, 선택되는 제품은 시장에서 지각된 품질 속성을 충족하는 제품들이다. 흥미롭게도, 중국의 선도적인 냉장고 제조업체는 소비자에게 문의 손잡이와 몰딩에 대한 20여가지의 다양한 색상과 질감을 제공하면서 소비자가 시장에서 지각하는 품질 속성이 중요하다는 것을 인식했다. 예를 들어 소비자는 녹색 대리석 손잡이와 몰딩을 가진 연한 황백색 냉장고를 취향에 따라 선택할 수 있다. 왜 이것이 중요한 것일까? 그 이유는 이것들이 대부분 중국 가정에서 냉장고들이 놓여있는 거실의 품격을 한 단계 끌어 올릴 수 있도록 해주기 때문이다. 중국 기업들이 다양한 제품을 제공하는 동기는 간단했다. 소비자에게 다른 종류의 품질을 경험하게 함으로써 다국적 브랜드와의 경쟁 속에서 자신들만의 차별적 포지셔닝을 하였기 때문이다.

많은 산업에서 품질은 또한 객관적인 제 3자에 의해 측정된다. 미국에서 제이디파워(J.D. Power and Associates)는 소비자 설문 방식에 기반을 둔 자동차 품질 평가를 컴퓨터 분야와 같은 다른 분야로 확장해왔다. 스웨덴에서 처음 개발된 고객만족도 지수(customer satisfaction index)는 현재 매우 다양한 소비재와 서비스에 대한 고객 만족도를 측정하기 위해 사용되고 있다.[4] 마침내, 미국 상무부는 미국기업들이 국제적으로 제공하는 품질 수준을 매년 표창하기 시작했고 리츠칼튼(Ritz Carlton) 호텔 체인은 두 번이나 영예로운 수상을 하였다.

품질의 유지

성과 품질 유지는 중요하다[5]. 그러나 성과 품질을 갖춘 제품들이 공장을 떠난 후에 유

[3] Joseph B. White, "One System, Two Visions," *The Wall Street Journal* (online), May 7, 2007.

[4] Claes Fornell, Michael D. Johnson, Eugene W. Anderson, Jaesung Cha, and Barbara Everitt Bryant, "The American Consumer Satisfaction Index: Nature, Purpose, and Findings," *Journal of Marketing* 60, no. 4(October 1996), pp. 35 – 46; http://www.cfi group.com, 2008.

[5] Duncan I. Simester, John R. Hauser, Birger Wernerfelt, and Roland T. Rust, "Implementing Quality Improvement Programs Designed to Enhance Customer Satisfaction: Quasi-Experiments in the United States and Spain," *Journal of Marketing Research* 37 (February 2000), pp. 102 – 12; Mark Landler, "Missteps Haunt Smart Car," *International Herald Tribune* , April 2 – 3, 2005, pp. 1, 4.

CROSSING BORDERS 13.1 음식의 품질에서 맛이 중요하다

음식 선호는 나라마다 다를 뿐만 아니라 그 나라 안에서도 다르다. 예를 들어 많은 베트남 사람들은 여전히 자신들이 얻을 수 있는 것은 무엇이든 먹으려 한다. 애완용 새와 개들이 요리재료가 되는 걸 피하기 위해서는 집안에서 길러야 한다. 1998년, 베트남 정부는 뱀과 고양이의 판매를 금지함으로써 그 소비를 줄이려고 했는데, 이유는 천적이 없어져 급격히 쥐가 늘어나면서 농작물에 피해를 주었기 때문이다. 하지만 농부들이 천적을 대신해서 쥐를 잡아먹었다. 쥐가 감소하면서, 이번에는 다른 맛있는 음식인 달팽이가 급격히 늘어났다.

한편, 베트남의 상업수도인 호치민시 근처에서, 실시된 최근 조사에 의하면 13.5%의 아이들은 아동비만이며, 그 수는 점점 증가하고 있다. 현지 음식점들은 가격과 호화로움으로 서로 경쟁한다. 지방 사업가인 홍 카이(Hoang Khai)는 유년시절 마땅히 외식할 곳이 없어 집안에 축하할 일이 있으면 항상 집에서 축하했던 것을 기억한다. 그는 그 모든 것을 바꾸려고 마음을 먹고, 직물사업에서 벌어들인 수익을 도시의 엘리트 사업가들에게 어울릴 만한 호화스러운 음식점에 투자했다. 금과 비단으로 둘러싸인 식민지풍의 빌라인 아우 마노 드 카이(Au Manoir de Khai)가 그 결과이다. 이곳에선 음식과 함께 수입와인이 나오는데 가격은 대부분의 베트남사람들 일 년 수입보다도 더 비싸다.

일본 북쪽에 위치한 작은 과자점 후체수도(Fugetsudo)의 아이스크림이 어떻게 베트남 지역에서도 팔리고 있는지 궁금할 것이다. 일본에서는 생선, 해삼, 고래 고기, 바다거북, 또는 체다치즈 칩 맛이 나는 아이스크림을 살 수 있다. 후체수도(Fugetsudo)의 경쟁사는 절인 난초, 닭 날개, 새우, 장어, 바지락 맛이 나는 아이스크림을 판매한다. 베스킨 라빈스(Baskin Robinson)는 일본에서 31가지 맛으로 경쟁한다. 그러나 베스킨 라빈스의 32개의 해외진출국 중에 베트남은 포함되지 않는다. 평균적인 미국 소비자는 12리터 이상의 아이스크림을 소비하고, 일본인들은 그 반 이하를 소비한다. 그렇다면 베트남은 어떨까? 단지 0.5 리터를 소비한다.

출처: "Eating Out in Vietnam," *The Economist*, December 21, 2002, pp. 49–50; Phred Dvorak, "Something Fishy Is Going On in Japan in the Ice-Cream Biz," *The Wall Street Journal*, September 4, 2002, p. 1; Eric Johnston, "Savour the Whale," *The Guardian*, July 4, 2005, p. 6; Euromonitor International, 2010; http://www.baskinrobbins.com, 2010.

통망을 통해 배송될 때 자주 손상된다. 이러한 손상은 생산이 원거리에서 이루어지는 대다수 글로벌 브랜드에서는 중요한 문제이며, 현지 시장 내 유통체계로 인해 글로벌 제품에 대한 통제도 어렵다. 마스(Mars)의 스니커즈(Snickers)와 다른 서구의 과자가 러시아에 진출했을 때, 괄목할만한 성과를 거두었다. 러시아에서 마스(Mars), 왈드바우(Waldbaur), 캐드버리(Cadbury), 토블론(Toblerone)과 같은 해외 브랜드들은 러시아에서 최고의 브랜드들이었다. 실제로 상위 10대 브랜드에 러시아 브랜드는 단지 하나만 있었다. 그러나 5년 이내에, 러시아 브랜드들은 상위 10대 브랜드 중 8곳을 차지했고, 미국 브랜드는 마스(Mars)의 도브(Dove)초콜릿 하나만 남았다.

무슨 일이 일어난 걸까? 여러 요인들이 복합적으로 미국 쵸콜릿의 하락세에 영향을 미쳤다. 우선 러시아의 레드 악토버(Red October) 초콜릿 공장은 개선을 이루어 냈는데, 제품 포장, 제품 믹스, 장비들을 현대화하여 시장을 잠식하기 시작했다. 성과 품질 또한 이슈가 되었다. 러시아가 무역을 개방하자, 외국기업들은 유통기한이 지난 저질의 재고 초콜릿을 저렴한 가격에 러시아 시장에 팔았다. 어떤 경우에는, 밀수된 초콜릿이 길모퉁이에서 팔리고 취급상의 부주의가 발생하였다. 소비자에게 초콜릿이 전달될 즈음에는 제품의 변형과 탈색이 일어나곤 했다. 서방의 초콜릿들은 러시아의 레드 악토버 초콜릿과 비교해서 품질이 형편없었다.

시장에서 소비자가 지각하는 품질 또한 이슈였다. 러시아 초콜릿의 맛은 경쟁제품과 달랐는데 그 이유는 식감을 높여주기 위해 원료배합에 있어 러시아 초콜릿은

레드 악토버(Red October) 브랜드 초콜릿(그림 내 왼쪽)은 모스크바에서 경쟁 외국기업인 네슬레(Nestle)와 마스(Mars)와의 판매 경쟁에서 계속해서 선전하고 있다. 모스크바의 한 광고회사 임원은 전 세계 유가 상승과 함께 러시아 경제가 지속적으로 성장하면서 러시아인들은 제품 선호도에서 신흥 민족주의를 경험하고 있다고 주장한다. 네슬레 초콜릿 포장지의 남성용이라는 문구가 어떤 의미를 가지는지는 모르지만 러시아에서는 확실히 먹힌다.

서구 브랜드보다 더 많은 코코아와 초콜릿 시럽을 사용하였기 때문이다. 따라서 레드 악토버 브랜드는 일반적으로 서구 브랜드보다 가격이 비싸지만 러시아인의 마음을 끌고 있다. 이 사례에서 알 수 있는 바와 같이 품질은 바람직한 정도가 아니라 글로벌 경쟁시장의 필수요건이다. 또한 제품 표준화 혹은 시장 적응의 의사결정은 품질의 전달에 결정적이다.

도요타는 오랜 기간 높은 품질의 자동차로 유명하다. 그러나 2009년, 글로벌 자동차 산업의 지배적인 위치에서(GM은 파산으로 그해 글로벌 시장점유율 1위 자리를 넘겨 주었다), 품질 유지라는 쓰나미를 겪었다. 미국에서 판매되고 있는 도요타 자동차의 가속 페달이 원활히 작동하지 않아 급가속 현상을 일으켰다. 일본 도요타 자동차 회사의 최고경영자(CEO)인 아키오 도요타(Akio Toyoda)의 증언이 포함된 미국 국회 청문회의 조사관에 따르면 이 품질 문제는 2000년 이후 미국에서 발생한 34건의 사망사고와 연관되었다. 품질 문제가 사망사고와 관련 있다는 것은 미국 법정이 판단할 문제이지만 이러한 소송사례에서 정확한 사실관계(운전자 과실 대 기계적 결함)를 명확히 밝히는 데에는 어려움이 있다. 실제로, 국립 고속도로 교통안전관리국 수치에 따르면, 포드는 2004년과 2009년 사이에 도요타보다 더 많은 급가속 결함에 불만을 제기 받았다. 그러나 미 의회의 청문회 동안 논의된 주요 주제 중의 하나는 미국 내 판매 자회사와 일본 의사결정자 사이의 내부 의사소통과 도요타가 소비자 불만에 대응하는 방식이었다. 소비자 불만과 600만대의 리콜 사이에 걸린 시간이 주요 이슈였다. 청문회 동안 미국인에게 최고경영자(CEO)인 아키오는 일본식으로 사과했다(5장 참조). 그는 다음과 같이 이야기 하였다. "도요타 뿐만 아니라 제 스스로도 완벽하지 않습니다. 우리는 우리의 문제를 회피하거나 관심없는 척 하지도 않습니다." 그러나 문제에 도요타가 관신없어 보이는 것이 도요타를 비판하는 사람들의 주된 불만이었다. 이러한 이슈를 둘러싼 소송이 앞으로 진행될 때, 그의 사과가 배심원들에게 미치는 영향을 지켜보는 일은 흥미로울 것이다. 물론, 이러한 품질 문제와 늦어진 리콜의 영향은 도요타 브랜드의 과거 충성 고객들과 여론을 대표하는 배심원단에 의해 판단될 것이다.[6]

물리적 혹은 필수적 요구사항과 시장적응

LO3

제품 적응을 위한 물리적 요구조건, 필수적 요구조건 그리고 문화적 요구조건에 대해 학습한다.

제품은 새로운 시장의 물리적 또는 필수적 요구사항에 맞추기 위해 다양하게 변화될 수 있어야 하는데, 여기에는 간단한 포장 변경에서 물리적 핵심 제품의 전체적인 재

[6] Several articles on the topic including Joseph B. White and Peter Landers, "Toyoda is Wary Star of Kabuki at Capitol," *The Wall Street Journal*, February 25, 2010, pp. A1, A7.

구성에 이르기까지 다양하다. 많은 나라에서, **제품 인증(product homologation)** 이란 용어는 지역 현지 제품과 서비스 표준이 요구하는 변화들을 기술하는데 사용된다. 최근 연구들은 제품 적응의 이유가 문화적인 이유보다는 법규정을 준수하기 위한 것이 더 많다는 사실을 재확인시켜준다.

일부 필요한 변화는 상대적으로 간단한 분석을 통해 명확해진다. 상이한 전압 체계에 따라 전기제품의 배선을 다르게 할 필요성, 현지의 기술 수준이 높지 않은 경우 제품의 단순화 가능성 혹은 현지법에 맞추어 다국어 라벨을 부착할 필요성 등은 특정 국가를 간단히 조사함으로써 알 수 있다. 예를 들어 일렉트로룩스(Electrolux)는 전기료가 비싸거나 전기공급이 부족한 아시아에서 찬물 전용 세탁기를 판매한다. 기타 필요한 변경사항들은 목표한 시장에 대한 좀 더 깊이 조사한 후에 드러날 것이다.

종종 현지 시장의 법률적, 경제적, 정치적, 기술적 그리고 기후적 요구사항들이 제품의 현지 시장적응을 좌우한다. 인도 정부가 외국인 투자를 강력하게 거부하는 기간 동안, 가능한 많은 현지의 지원을 얻기 위해 펩시콜라는 레아 펩시(Lehar-Pepsi: 힌디어로 레아는 파도를 의미함)로 제품 이름을 변경했다. 그 후 인도의 정치적 분위기가 호의적으로 반전되자 펩시콜라로 이름을 환원시켰다. 많은 국가의 다양한 법규는 일반적으로 특정 포장 크기, 안전, 품질 표준 등을 규정하고 있다. 세계보건기구(WHO)는 발암 물질이 높은 미국산 담배의 마케팅을 이제 막 규제하기 시작했다. 그러나 비디오 게임은 폭력 수준과 선정성에 따라 전 세계적으로 규제가 이루어지고 있다.

시장의 경제적 발전 정도가 낮을수록, 제품이 시장에서 받아들여지기 위해서는 더 높은 수준의 제품 적응이 필요하다. 한 연구에 따르면 열 개의 제품 중 단 하나만 아무런 제품 변경없이 개발도상국에서 판매할 수 있다고 한다. 저소득 국가에서 구매를 더 용이하게 하려면, 포장당 개수가 고소득 국가에서 제공되는 일반적인 수량보다는 감소되어야만 한다. 면도날, 담배, 껌 그리고 기타 한 포장에 여러 개를 담아 파는 제품들(multiple-pack items)은 보통 관습적으로 포장 하나에 제품이 10개 또는 20개가 들어가 있는 대신에 저소득 국가서는 포장 하나당 1개 또는 2개씩 판매되고 있다. 펩시콜라 자회사인 프리토-레이(Frito-Lay)의 제품인 치토스(Cheetos)는 한 봉지에 15그램씩 포장되며, 미국 화폐로 약 12센트인 1위안으로 중국에서 살 수 있다. 용돈이 적은 어린아이들도 이 가격에 치토스를 구매할 수 있다.

제품의 변경은 기후 차이에 적응하도록 만들 수 있다.[7] 예를 들어 지엠씨(GMC, General Motors of Canada)는 중동 국가에 수출된 수천 대의 쉐보레(Chevrolet) 자동차에서 중요한 결함들을 경험하였다. 지엠(GM)은 쉐보레가 뜨거운 날씨와 먼지

---

[7] Philip M. Parker and Nader T. Tavossoli, "Homeostasis and Consumer Behavior across Cultures," *International Journal of Research in Marketing* 17, no. 1 (March 2000), pp. 33 – 53.

가 많은 기후에 부적합하다는 것을 신속하게 파악했다. 보조 공기 필터와 다른 종류의 클러치들이 해당 결함 해결을 위해 추가되었다.[8] 유사하게, 크래커 과자는 습한 지역에서는 판지로 만든 종이 상자보다는 깡통에 밀봉해야 한다.

아마도 가장 좋은 제품 인증의 예는 중국에서 찾을 수 있다. 오레오(Oreos)는 1996년에 중국에 처음으로 진출했다. 그러나 그 후 9년간이나 회사는 중국인의 입맛에 오레오를 적응시키지 못했다. 소비자 조사 후에 가격과 포장 크기를 줄이고 설탕 양을 감소시킨 후에 현재 오레오는 중국에서 최고로 잘 팔리는 비스킷이다. 물론, 통합 마케팅 커뮤니케이션 캠페인 또한 도움이 되었다. 16장에서 이 부분을 구체적으로 다루겠다. 국제기업에 해외에서 판매하는 대부분 제품은 본국 시장으로부터 유래해서 일정 형태의 변경이 필요하므로 국제기업은 현지 시장적응을 필요로 하는 제품을 식별하는 체계적 과정이 필요하다.[9]

그린마케팅과 제품 개발

전 세계적으로, 특히 유럽과 미국에서 품질관련 이슈는 **그린마케팅(green marketing)**이다. 유럽은 강력한 여론과 환경 친화적인 마케팅과 제품에 유리한 구체적인 입법에 힘입어 녹색운동(green movement)의 선두 주자가 되었다. 그린마케팅은 다양한 마케팅 활동의 환경적 측면의 결과와 관련된 우려사항들을 점검하기 위해 사용하는 용어다. 유럽 위원회는 유럽연합(EU)을 통해 모든 종류의 포장 폐기물을 통제하는 법규를 통과시켰다. 제품 개발에 영향을 주는 주요한 두 가지 이슈는 친환경 제품에 대한 소비자의 요구와 고형 폐기물의 포장재 구성요소에 대한 통제이다.

일본 완성차 업체는 미국에서 지엠(GM)의 허머(Hummer)같은 스포츠 유틸리티 자동차(SUV)의 환경적 영향에 대한 미국 소비자의 우려가 증가함에 따라 연료 소비가 많은 미국 자동차의 약점을 이용하게 되었다. 실제로, 미국에서조차 허머는 현재 많은 수가 사라졌다. 2009년 지엠(GM)의 파산과 4달러대의 기름값은 허머를 사라지게 하는데 일조했고, 심지어 중국의 구제금융조차도 이를 살릴 수 없었다.[10]

유럽 위원회는 1992년에 운영되기 시작한 에코라벨 부착을 위한 지침을 발표했다. 지침에 따라, 제조에서 폐기물 처리까지 제품수명주기 전체를 통해 모든 중대한 환경 영향 측면에서 제품들은 평가를 받게 되었다(요람에서 무덤까지의 접근방식). 오염이 없고 생분해성으로 만들어진 세제는 주변 환경에 유출 시 유해한 세제보다 더 환경 친화적인지 아닌지도. 오존층을 파괴하지 않는 공기 분사기는 환경 친화적인 제품의 다른 예이다. 그러나 어떤 나라의 법규도 판매용 제품에 에코라벨을

---

[8] Julie Jargon, "Kraft Reformulates Oreo, Scores in China," *The Wall Street Journal* , May 1, 2008, pp. B1, B7.

[9] Magnus Hultman, Matthew J. Robson, and Constantine S. Katsikeas, "Export Product Strategy Fit and Performance: An Empirical Investigation," *Journal of International Marketing* 17, no. 4 (2009), pp. 1 – 23.

[10] Nick Bunkley, "G.M. Deal for Hummer Falls Apart," *The New York Times* , February 25, 2010, pp. B1, B4.

부착하도록 요구하지 않고 있다. 어떤 제품이 환경 친화적이라고 지정하는 것은 자발적인 것이고, 친환경적 제품의 성공은 생태 친화적인 제품 선택을 하는 소비자에 달려 있다.

에코라벨 아이디어가 소개된 이후로, 후버(Hoover) 세탁기만이 에코라벨 부착 승인을 얻은 유일한 제품이 되었다. 흥미롭게도, 에코라벨 획득으로 독일에서 후버의 시장점유율은 3배나 올랐고, 영국 세탁기 시장의 프리미엄 부문에서 점유율이 두 배가 되었다. 에코라벨 승인 과정은 많은 유럽의 제조업체들에게 쉽지 않은 것처럼 보이며, 대부분의 기업들은 그들 스스로 만든 비공식적인 상징(유사 에코라벨)을 사용하고 있다. 소비자 감시 단체인 국립 소비자 협회(the National Consumer Council)는 많은 소비자들이 수많은 상징들에 대해 혼란스러워 하며 이에 대해 냉소적이어서 소비자들이 유사한 제품들의 친환경 인증서를 비교하려는 노력을 포기하고 있다고 발표하였다.

고형 폐기물을 통제하는 제도를 의무화하는 법규들은 어떤 면에서는 자발적인 측면도 있지만 강제적인 면도 있다. 유럽연합(EU)의 법률은 제조사로부터 소비자에 이르기까지의 모든 유통 단계에서 포장재를 재활용 또는 재사용하도록 하고 있다. 최근, 포장재 무게의 50%와 65% 사이는 정상상태로 회복되어야만 하고, 포장 폐기물에 포함된 포장재 전체 무게의 25%와 45% 사이는 재활용되어야만 한다.

유통망의 각 단계는 모든 포장재와 기타 폐기물의 환원 책임이 있다. 가장 큰 문제는 고객이 집으로 가져가는 포장재이다. 법에 의하면, 만약 중앙 재활용 센터가 없다면, 소매상은 고객으로부터 모든 포장재를 수거해야 한다. 직접적인 회수를 하거나 재활용을 위해 소매상에게 환원될 필요가 없는 제조사의 제품들은 제조사가 모든 포장재의 중앙 수집 또는 거리에서의 회수 비용을 보조해야만 한다. 고형 폐기물에 대한 정치적 압박과 대중의 압박이 준법에 대한 강력한 동기부여가 된다.

비록 포장재와 고형 폐기물 관련 법규는 부담이지만 현지국의 기준을 충족할 뿐 아니라 다른 시장에도 대한 이러한 접근방식을 이전할 수 있는 성공적인 사례들이 있다. 피앤지(P&G: Procter & Gamble)는 독일에서 점증하는 수요에 대한 대응으로써 환경 관련 글로벌한 우려사항들을 통합하는 작업을 수행하였다. 고농축 형태의 섬유 유연제인 레노(Lenor)를 출시하고 포장재가 85% 정도 감소된 플라스틱 리필 파우치에 판매하였다. 이러한 움직임은 이 브랜드의 매출을 12%까지 증가시켰고, 정부규제와 시민운동가들에게 긍정적인 관계를 만들 수 있었다. 피앤지(P&G)는 레노의 성공사례를 유사한 환경 관련 압력에 직면한 미국으로 전수하였다. 섬유 유연제의 미국 브랜드인 고농축 다우니(Downy)는 75%의 포장 크기를 감소한 리필 파우치에 재포장하였다. 이를 통해 소비자 비용의 감소와 다우니의 실질적인 시장점유율을 증가시켰다. 글로벌 마케터는 그린마케팅을 유럽인들만의 문제로만 치부해서는 안 된다. 환경에 대한 고려는 세계적인 것이고, 유사한 입법 활동이 다른 곳에서

CROSSING BORDERS 13.2 독일에서는 정면 누드를 보여주는 비디오 게임은 괜찮지만, 피를 보여주는 것은 금지된다

비디오 게임의 여성 영웅인 라라 크로포트(Lara Croft)는 피 묻히는 것을 두려워하지 않는 아드레날린 광이다. 하지만 독일에서는 툼 레이더(Tomb Raider)"시리즈의 가슴이 풍만한 신인 여배우가 호랑이에게 물려도 피를 흘리지 않는다.

250억 달러 규모의 비디오게임 산업은 세계적이지만, 그 게임 자체는 세계적이지는 않다. 비디오 게임들은 독특한 문화와 다양한 시장의 전통을 반영한 것이다. 게임 공급업체는 게임 제목을 신중히 수정하고, 기타 세부사항들을 수정하여 공격적인 소재들을 순화시킨다. 또한 공격적이란 단어의 정의는 국가별로 다르다.

미국에서 판매되는 게임에서 붉은 피는 호주에서는 녹색으로 바뀐다. 유럽에서 출시되는 상의탈의 캐릭터는 미국에서는 비키니를 입혀야 한다. 미국 게임에서 인간형태의 적군 캐릭터는 독일에서 로봇으로 바뀐다. 일본게임에 나오는 격렬한 성관계 장면들은 미국 판에서는 삭제된다.

많은 나라들 중에 독일은 가장 다루기 힘든 나라 중 한 곳이라고 게임공급사들은 말한다. 독일은 50년 동안, 책, 만화, 음악, 게임을 통틀어, 거의 모든 대중매체에 관한 세계에서 가장 엄격한 품위 기준을 만들어왔다.

만약 게임에서 피가 튀기거나, 목이 베이거나, 단말마의 비명이 포함되면, 색인(the index)이라고 알려진 정부의 목록에 오르는 위험을 감수해야 한다. 색인에 오른다는 의미는, 18세 이하에게는 판매금지가 될 수 있고, 상점에서 전시될 수 없으며, 텔레비전이나 신문 또는 잡지에서 광고할 수 없다는 의미이다. 외설물 또는 전쟁미화, 나치주의 그리고 인종간의 증오를 포함하는 게임들은 위와 마찬가지로 색인 목록에 오르게 된다. 가장 최근에 독일 정부는 위와 같은 그래픽 비디오 게임을 미성년자에게 판매하는 것을 금지하는 계획을 발표했다.

마침내, 독일인들이 게임에 반대하는 다른 전술을 취하고 있음을 알게 되었다. 그것은 학생들에게 더 많은 숙제를 내어주면 게임에 소비하는 시간을 줄이게 된다는 것이다.

출처: A. Phan and S. Sandell, "In Germany, Video Games Showing Frontal Nudity Are OK, but Blood Is *Verboten*," *Los Angeles Times* , June 9, 2003, p. C1; "Germany Plans Crackdown on Violent Video Games, Films," *Deutsche Welle*, October 12, 2007; Karen Moltenbrey, "Video Game Violence: How Much Is Too Much?" *Computer Graphics World*, November 2009, p. 4; Jiri Zuzanek, "Students' Study Time and Their 'Homework Problem,'" *Social Indicators Research* 93, no. 1 (2009), pp. 111–15

도 나타날 것이다. 그러나 이러한 주제는 글로벌 마케팅을 위해 제품을 현지 시장에 적응할 필요가 있는 또 다른 한 예이다.

제품과 문화

표준화 제품과 현지 적응 제품의 복잡성을 제대로 이해하기 위해서는 문화적 영향들이 소비자의 지각된 가치와 중요도에 어떻게 결합되는지를 이해할 필요가 있다.[11] 제품은 물리적 실체 이상이다. 제품은 구매자가 얻게 되는 만족이나 효용의 묶음이다. 이러한 효용은 제품의 형태, 맛, 색상, 냄새 그리고 질감을 포함한다. 또한 실제 사용 시의 기능성, 포장, 라벨, 품질 보증, 제조사와 소매 업체의 서비스, 브랜드로 인해 즐길 수 있는 명성 또는 특별함, 제조업체의 명성, 원산지 그리고 제품의 사용이나 소유로 향유하게 되는 다른 종류의 상징적인 효용 등을 포함한다. 즉, 시장은 제품의 물리적 형태와 기본 기능 보다 더 많은 것들과 관련되어 있다.[12] 동일 문화 내에서 관습과 가치는 제품에 대한 이러한 다른 혜택의 중요성을 더 많이 부여한다. 다시

[11] Julien Dayla and Giana M. Eckhardt, "Asian Brands and the Shaping of a Transnational Imagined Community," *Journal of Consumer Research* 35 (2008), pp. 216 – 30. 12

[12] C. K. Prahalad, *The Fortune at the Bottom of the Pyramid* (Philadelphia: Wharton School Publishing, 2005).

말해, 제품은 사용자에게 제품이 제공하는 물리적 만족과 심리적 만족의 총합이다.

제품의 물리적 속성들은 일반적으로 제품의 중요 기능을 만들어내는데 필요하다. 예를 들어 자동차의 기본 기능은 A 지점에서 B 지점으로 승객을 이동하는 것이다. 이러한 능력은 중요 목적을 달성하기 위한 모터, 트랜스미션 그리고 기타 물리적 속성들을 필요로 한다. 자동차의 중요 기능 또는 물리적 속성들은 일반적으로 보행 또는 동물의 힘 이외의 방법으로 한 지점에서 다른 지점으로 이동하고자 하는 욕구가 있는 모든 국가에서 수요가 있다. 한 문화권에서 다른 문화권으로 이동할 때, 제품의 물리적 속성의 일부 변경이 필요하다. 그러나 자동차는 물리적 속성들로 소비자에게 만족을 제공하는 것만큼 심리적 속성들도 중요하다. 특정 문화권에서, 기타 자동차 속성들(색상, 크기, 디자인, 브랜드, 가격)은 A 지점에서 B 지점으로의 이동과 같은 주요 기능과는 크게 관련이 없지만 소비자 만족에 추가적 가치를 부여할 수 있다.

제품의 심리적 속성의 가치와 의미는 문화 간에 다를 수 있고, 부정적 또는 긍정적으로 지각될 수 있다. 획득한 일단의 만족감들을 극대화하고 부정적인 것들보다 긍정적인 속성들을 창출하기 위해 제품의 비물리적 특성들을 현지 적응하는 것이 필요하다. 글로벌 제품으로 자주 거론되는 코카콜라가 일본에 진출했을 때, 다이어트 코크(Diet Coke)를 코크라이트(Coke Light)로 변경해야만 했다. 일본 여성은 다이어트중이라는 것을 인정하기 싫어하는데 그 이유는 다이어트라는 생각은 질병 또는 약품을 연상시키기 때문이다. 체중 감량을 강조하는 대신에 몸매 유지를 강조한다.

반미 감정으로 코카콜라는 무슬림 소비자들과 문제가 발생하였다. 최근 최소 4개의 새로운 경쟁자들이 갑자기 튀어나왔는데 메카콜라(Mecca Cola), 무슬림 업(Muslim up), 아랍 콜라(Arap Cola) 그리고 투르카 콜라(Cola Turka)이다. 맥도날드는 맥아라비아(McArabia) 샌드위치를 출시하는 것으로 이러한 문제에 대응하였다.

이스탄불의 이 슈퍼마켓 전시대에서는 투르카 콜라가 코카콜라와 펩시콜라보다 더 넓은 판매면적을 가지고 있다. 투르카 콜라의 가격은 2리터 짜리가 2리라(lira)로서 2.05리라인 코카콜라보다 다소 저렴하다. 초기에 미국인 배우 체비 체이스(Chevt Chase)를 주인공으로 한 투르카 콜라의 텔레비전 광고는 효과가 있어 보인다.

어떤 제품의 현지 시장적응을 위해서는 제품의 심리적 측면 중 하나 혹은 전체를 변경할 필요가 있다. 제품의 의미를 자세히 살펴본 한 연구에서는 문화가 제품이 어떤지 그리고 그 제품이 어떤 만족을 주는지에 관한 개인의 지각 수준을 결정한다는 것을 보여 주었다.

소비자들의 특정 제품에 대한 수용은 제품의 물리적 속성 혹은 기계적 속성에 의해서 영향 받는 만큼 제품 개념이 그들의 규범, 가치 그리고 행동양식에 어떻게 부합하는지에 의해서도 영향을 받는다. 예를 들어 최근에 와서야 일본 소비자들은 식기 세척기에 관심을 가지게 되었다. 이는 그들의 부엌에는 별도의 공간이 없기 때문이다. 그러나 일본 화장실 용품 회사인 미쓰비시의 토토(Toto)와 다른 회사들의 소형 디자인 덕분에 식기 세척기는 일본 부엌에 새롭게 침투할 수 있었다. 참신함은 통합적(전반적)인 문화방식과 충돌이 발생하며 이러한 갈등은 언제, 어떻게 그리고 어떤 형태로 제품이 적응되어야 하는지를 결정해준다. 독실한 이슬람 신자들은 일부 금융 서비스들이 코란에 의해 명백히 금지된 고리 대금과 도박을 조장할 수 있다고 주장하기에 일부 금융서비스는 무슬림 국가에 도입되기가 어려웠다. 일본인들은 신체에 착용하는 모든 보석 장식을 혐오한다. 성경의 근본주의적 해석에 기반을 둔 금기사항들이 수립된 옛날부터 스코트족은 돼지고기 자체와 그와 연관된 제품들에 강하게 거부하였다. 필터 담배는 적어도 아시아 한 국가에서는 실패했는데 그 이유는 해당 국가의 매우 낮은 기대 수명으로 인하여 폐암의 두려움을 가장 잘 느껴야 하는 연령대의 사람들에게 담배가 공포로 자리 잡을 수 없었기 때문이다. 국제 마케터들은 이러한 종류의 모든 문제들에 대해 제품을 시장에 적응시켜야만 한다.

추가적인 시장진출시에 제품 분석을 할 때, 필요한 시장적응의 수준은 제품 사용과 소비자 지각이라는 측면에서 원래 제품이 개발되었던 시장과 새로운 시장 사이의 문화적 차이에 달려있다. 두 시장 사이의 이러한 문화적 차이가 클수록 필요로 하는 시장적응의 수준도 높아진다.

일본에서 즉석 케이크 가루가 소개되었을 때, 소비자의 반응은 뜨겁지 않았다. 일본인들은 특별한 날에만 케이크를 먹을 뿐만 아니라, 아름답게 포장된 케이크를 좋아하고 제과점에서 구입한 것을 선호한다. 일본에서 즉석 케이크의 수용은 다른 문화 차이에 의해 더욱 복잡해졌다. 많은 일본인 가정은 오븐을 가지고 있지 않았다. 이 사례의 재미있는 부분은 모든 일본인 가정이 보유한 전기밥솥에서 만들 수 있는 케이크 가루를 개발하는 것으로 그 문제를 해결하려고 시도했다는 것이다. 이러한 생각의 문제점은 일본 부엌에서는 쌀과 요리법은 강한 문화적 함축을 가지고 있고 쌀 이외에 다른 무엇인가를 밥솥에 요리하는 것은 실제로 금기시 되고 있다는 점이다. 물론, 케이크 가루가 1949년에 미국에 소개되었을 때, 미국인들도 케이크 가루를 즉시 수용하지 않았다. 주부들은, 케이크를 만들려 물만 붓는다는 것이 빵을 굽는 것처럼 보이지 않았다. 결국 계란을 추가하는 조리법으로 변경함으로써 제빵과정을 매우 중요하게 느끼게 해주었으며 미국 주부들의 마음을 얻을 수 있었다.

앞선 예들은 전형적으로 미국 이외의 문화에 대한 것이었지만, 문화적인 시장적응의 필요성은 외국 기업이 미국에서 제품을 판매할 때도 종종 필요하다. 일본의 주요 화장품 회사인 시세이도(Shiseido)는 일본에서 판매중인 동일 제품을 가지고 미국 화장품 시장에 진출하려 하였다. 800여 개의 미국 상점에서 제품이 소개된 후, 시세이도는 일본인의 화장품 취향과 미국인의 화장품 취향이 매우 다르다는 것을 깨달았다. 문제는 시세이도의 화장품은 화장 단계별로 많은 시간이 필요하지만 일본 여성들은 이것을 귀찮아하지 않았다는 것이다. 하지만 미국에서는 사정이 달랐다. 미국 제품만큼 사용이 용이한 신제품을 개발한 후에 성공을 하였다.

해외 판매용 제품의 현지 적응 문제는 본국에 신제품을 도입하는 것과 유사하다.

CROSSING BORDERS 13.3 패션의 씨앗 : 동양과 서양의 반문화 운동 그리고 일본 하라주쿠의 고스로리 스타일

새로운 아이디어는 어디로부터 오는 것일까? 그 출발부터, 하라주쿠 고스로리(Gothic Lolitas: 고딕적인 성향과 로리타적인 성향을 가진 복합적인 패션)의 하위 문화(subculture)는 전 세계 사람들을 계속해서 매료시키고 있다. 이 집단은 일본의 하라주쿠 지역으로부터 생겨나고 있는 반문화 패션 운동의 한 사례이다. 그리고 이들 각각의 집단은 시각적 메시지를 전달하는 특정한 모양으로 구분된다. 고스로리 패션은 독특한 의상 형태를 만들기 위해 일본 애니메이션과 고딕(Goth)의 요소들에 빅토리아 시대의 복장을 스며들게 하였다. 이러한 문화의 지지자들은 분기별로 발간되며 약 10만부로 추정되는 판매부수를 가진 잡지인 고스로리 바이블(Gothic & Lolita Bible)의 내용을 메모하고 그리고 자신들의 하위 문화적 정체성을 내세우기 위해 톡톡 튀는 외모에 의존하고 있다. 다른 반문화 운동과 마찬가지로, 해방, 반항 그리고 혁명에 대한 젊은이들의 환상은 국가의 문화적 방식의 변화에 내재되어 있다.

하라주쿠의 패션을 파악함으로써, 우리는 반문화 운동에서 집단 소속감과 자아개념을 좀 더 심도 있게 이해할 수 있다. 반문화의 결정체인 고스로리의 집단 내 행동과 패션은 주류 일본 문화에 대한 반대와 상징적인 저항을 나타낸다. 이러한 태도는 탈규범과 눈길을 사로잡는 스타일에 반영되어 있다.

과거에는 청소년의 하위 문화는 일반적으로 서양 사회로부터 발생하여 세계적으로 확산되었다. 그러나 하라주쿠의 하위문화는 동쪽에서 시작되어 서쪽으로 움직이는 문화적 흐름의 이동을 나타내고 있다. 하라주쿠 하위문화는 동양과 서양의 반문화 운동 간의 차이점에 대한 한 예이다. 서양 문화에서 성숙은 권위와 개성과 연관된 반면, 유교권인 일본에서는 성숙이 집단과 협력하는 능력이며, 절충을 수용하는 능력이고 그리고 사회에 대한 의무를 이행하는 능력이다. 따라서 일본 청소년 문화의 반항은 또한 성인에 대한 반항을 의미한다. 서양의 반항아 사이에서 일어나듯이 자신들의 성숙함과 독립성을 강조하기 위해 성적으로 도발적이거나 공격적인 행동에 전념하기 보다는 일본 고스로리들은 사회적 책임과 성인의 의무사항들을 충족하지 못하는 자신들의 미성숙과 무능력을 강조하기 위해 순진하고 연약한 방식으로 자신들을 드러낸다.

Japanese women in an ad for Angelic Pretty fashions appearing in the Gothic & Lolita Bible .

아마도 사회적 기대와 협조를 거부하므로 주류 일본인들은 자기 마음대로 하는 소비 행동들을 때문에 이런 하위문화를 이기적인 것으로 간주한다. 펑크(punk)와 그런지(grunge)같은 현대 서양 청소년 문화와는 달리, 고스로리 하위문화는 물질주의나 현대 소비문화의 다른 측면들을 비난하지 않는다. 대신 사진처럼 옷 한 벌이 300달러에서 1,000달러 정도의 비용이 들 수 있다. 일본사회에서는 개인 소비를 반사회적이고 부도덕한 것으로 간주한다. 이에 일본의 하위 문화는 튀는 소비에 빠짐으로써 규범적 사회 가치에 반대한다.

13세에서 30세 정도의 대부분 참가자들은 학생들이거나 매일 유니폼을 입어야 하는 직업을 가지고 있다. 일요일은 그들이 진정한 자신들이 될 수 있는 시간이라고 느낀다. 그들의 생활방식은 눈살을 찌푸리게 만드는데 기차에서 자신들의 하라주쿠 옷이 담긴 가방을 메고 공원에서 이를 갈아입음으로써 자신들의 부모가 이 옷들을 절대 알아채지 못하게 한다. 어떤 사람들은 이런 옷들을 정상적인 일상복으로 입기도 하지만 대부분의 사람들은 다른 사람들과 만나서 자신들의 패션을 자랑하고 그들과 시간을 보내기 위해 요요기 공원(Yoyogi Park)이나 진구 다리(Jingu Bridge)에 모이는 일요일에만 이 옷들을 착용한다. 일부는 새로운 트렌드를 나타내는 사진 한 장을 찾는 고스로리 바이블의 사진가들이나 관광객들과 함께 사진을 찍기 위해 가기도 한다.

출처: Kristen San Jose, working paper, Paul Merage School of Business, University of California, Irvine, 2010.

제품은 물리적인 특성들로만 평가되지 않는다. 신제품의 본질은 고객의 습관, 취향 그리고 삶의 방식에 무엇을 할 수 있는가이다. 케이크 가루 사례에서 제시된 문제점에서는 물리적 제품이나 이를 효과적으로 사용하는 것은 사용자의 능력과 크게 상관이 없다. 오히려 케이크 가루제품의 수용 또는 사용을 위해서는 올바르거나 이상적이라고 생각했던 행동양식을 뒤집을 필요가 있다는 사실과 좀 더 관련이 있다.

마지막으로, 현지 시장적응 부분에서 다소 생소하지만 재미있는 사례는 해리포터이다. 일본에서 최근 판매된 해리포터 책의 20% 정도는 영어로 된 것이었다. 일본 소비자들은 영어 학습을 보조할 수 있는 방법을 찾고 있었고 이러한 특정 욕구를 해리포터 책과 관련된 원어민 카세트 테이프가 충족시켰다. 일본인들은 해리포터 책을 단지 오락거리가 아닌 교육으로 보았다.

혁신제품과 시장적응

해외시장에 제품을 적응시키는 중요한 첫 번째 단계는 목표 시장에서 지각될 참신함(newness)의 수준을 결정하는 것이다.[13] 참신함에 대한 소비자들의 반응방식과 시장에서 제품이 가지는 참신함의 정도를 이해해야만 한다. 제품의 참신함을 평가할 때, 국제 마케터는 미국에서 제품수명주기 상에서 성숙기 혹은 심지어 쇠퇴기에 있는 많은 성공한 제품들이 다른 나라 또는 문화권에서는 새로운 것으로 인식될 수 있고 따라서 그런 경우에는 해당 제품을 혁신적인 것으로 취급해야 함을 명심해야 한다. 사회학적 관점에서는 많은 사람이 새롭게 지각하는 모든 생각이 **혁신**이다.

사람들의 혁신 수용 여부 그리고 혁신에 걸리는 시간은 제품 특성에 따라 달라진다.[14] 어떤 한 사회 체계에서 새로운 제품은 혁신이고 **혁신의 확산**(즉, 혁신이 퍼져가는 과정)에 대한 지식은 성공적인 제품전략을 개발하는데 도움이 된다. 소니 플레이스테이션 2의 미국 시장 진출을 위한 마케팅 전략은 일본에서 제품이 출시된 초기 6개월 동안 달성한 엄청난 성공을 통해 잘 알려져 있다. 마케팅 전략은 신제품 확산 정도와 속도를 통제하고 인도할 수 있다. 그 이유는 신제품 확산의 성공이 신제품의 속성들과 제품 관련 정보를 의사소통하는 능력에 달려있기 때문이다.

미국의 케이크 가루 회사는 영국 시장에 진출하였지만 제품의 새로운 점들 대부분을 조심스럽게 제거하였다. 미국에서 가장 인기 있는 케이크 가루를 출시하는 대신에, 이 회사는 500명의 영국 주부들에게 가장 좋아하는 케이크를 만들어보도록 부탁하였다. 대부분 주부가 간단하지만 매우 인기 있는 건조한 스펀지 케이크를 만들었으므로 이 회사는 비슷하게 간단한 스펀지 케이크 가루를 시장에 출시하였다. 스펀지 케이크 가루는 특별한 날을 위한 멋진 제품을 준비한다는 감성적인 측면을 훼손하지 않았다. 그리고 이 케이크 가루는 편의제품의로서 익숙한 취향과 습성을 대표한다. 그 결과 이 회사의 두 번째 제품은 단기간에 영국 케이크 가루 시장의 점유율을 30~35% 정도 확보하였다. 스펀지 케이크 가루의 아이디어가 받아들여지는 것처럼 보이자, 다른 맛의 케이크 가루를 도입하는 것이 더 쉬워졌다.

---

13 Junfeng Zhang, C. Anthony Di Benedetto, and Scott Hoenig, "Product Development Strategy, Product Innovation Performance, and the Mediating Role of Knowledge Utilization: Evidence from Subsidiaries in China," *Journal of International Marketing* 17, no. 2 (2009), pp. 42–58.

14 Changhui Zhou and Jing Li, "Product Innovation in Emerging Market-Based International Joint Ventures: An Organizational Ecology Perspective," *Journal of International Business Studies* 39, no. 7 (2008), pp. 1114 – 32.

해외 마케터의 목표는 최대한 짧은 시간에 시장에서 많은 소비자들이 제품을 수용하게 하는 것이다. 그러나 4장에서 논의되고 인용된 많은 예들에서 설명한 것처럼, 특정 문화는 신제품을 항상 받아들이지 않는다. 실제로는 신제품은 자주 저항에 부딪힌다. 비록 신제품들이 궁극적으로 시장에서 수용될 수도 있지만, 특정 문화가 신제품을 받아들이는 것을 배우는, 즉 새로운 사용법을 학습하는데 필요한 시간이 마케터에게는 매우 중요하다. 마케팅 계획은 투자와 수익성에 사용되는 시간을 반영하기 때문이다. 만약 마케터가 3년 만에 손익분기점에 도달하고 수익이 나는 매출까지 7년이 필요하다는 예상을 가지고 어떤 사업에 투자한다면 예상보다 빨리 그 사업을 접어야 될지도 모른다. 자원을 투입하기 전에 예상 수용 비율에 대해 자문해보아야 하고 더 중요한 건, 예상 수용 비율이 더디면 좀 더 빠르게 할 수 있는가를 생각해 보아야 한다. 두 질문 모두에 긍정적인 답이 나와야 한다. 이러한 질문의 해답은 혁신의 확산분야에서 이루어진 연구결과를 검토해보면 알 수 있는데, 이는 혁신이 사회체계내의 구성원들에게 전파되는 과정을 연구한 것이다.

혁신의 확산

에버렛 로저스(Everett Rogers)는 새로운 아이디어의 확산에 중요한 요소는 (1) 혁신이고, (2) 특정 경로들을 통해 의사소통이 이루어지며, (3) 오랜 시간 동안, (4) 한 사회 체계의 구성원 사이에 일어난다는 점에 주목하였다.[15] 로저스는 혁신을 다른 형태의 커뮤니케이션 연구와 차별화시키는 것은 시간 요소라는 주장을 이어갔다. 확산 연구자와 마케터의 목표는 아이디어 또는 제품의 도입과 도입된 제품의 광범위한 채택 사이의 시간차를 단축시키는 것이다. 로저스와 그외 사람들[16]은 제품혁신이 다양한 수준의 수용을 가진다는 사실과 관련된 충분한 증거를 제시하였다. 일부는 도입부터 광범위한 사용까지 확산이 수년이면 된다. 어떤 것들은 수십 년이 걸린다. 확산 형태도 상당히 다양하고, 안정적 성장은 예외적인 것이다. 첨단 기술제품은 종종 완만하게 성장하는 동안 중간 중간에 성과가 비약적으로 성장하거나[17] 혹은 광범위하게 시장에 도입된 후 초기에 하락하기도 한다. 8장에서 언급된 것처럼, 문화와 외국과의 문화적 차이점들은 신제품의 도약에 영향을 준다.[18] 또한 주변국 수용자들로부

---

[15] Everett M. Rogers, *Diffusion of Innovations* , 5th ed. (New York: The Free Press, 2003). This book should be read by anyone responsible for product development and brand management, domestic or international.

[16] Marnik G. Dekimpe, Philip M. Parker, and Miklos Sarvary, "Global Diffusion and Technological Innovations: A Couple-Hazard Approach," *Journal of Marketing Research* 38 (February 2000), pp. 47 – 59; Gerard J. Tellis, Stefan Stremersch, and Eden Yin, "The International Takeoff of New Products: The Role of Economics, Culture, and Country Innovativeness," *Marketing Science* 22, no. 2 (2003), pp. 188 – 208; Sean Dwyer, Hani Mesak, and Maxwell Hsu, "An Exploratory Examination of the Infl uence of National Culture on Cross-National Product Diffusion," *Journal of International Marketing* 13, no. 2 (2005), pp. 1 – 27.

[17] Ashish Sood and Gerard J. Tellis, "Technological Evolution and Radical Innovation," *Journal of Marketing* 69 (2005), pp. 152 – 68.

[18] Deepa Chandrasekaran and Gerard J. Tellis, "Global Takeoff of New Products: Culture, Wealth, or Vanishing Differences," *Marketing Science* 27, no. 5 (2008), pp. 844 – 60.

터의 외부효과들(spillover effects)은 확산율에 영향을 줄 수 있다. 이러한 두 요인들에 대한 분석으로 신제품 출시를 위한 이상적인 국가를 제시할 수 있다. 한 연구에 따르면 이상적 국가 후보로서 홍콩과 미국을 제시하였다.[19]

유럽에서 술의 소비유형이 수렴되는데 50년이 걸렸다. 1950년대에 미국에서 처음 소개된 전자레인지는 광범위하게 퍼지는데 거의 20년이 걸렸다. 피임용 알약은 동시대에 소개되었고 수년 만에 받아들여졌다. 교육 분야에서, 현대 수학은 미국 학교를 통해 확산되는데 5년 걸렸다. 반면 유치원이라는 교육제도가 수용되기까지는 50년 정도가 걸렸다. 확산 이론의 이해가 확산의 과정을 가속하기 위한 방법을 알려준다는 수많은 증거들이 나오고 있다. 이러한 확산 과정에 대한 지식은 실제 투자자금을 투입하기 전에 제품이 확산되는 시간을 평가할 수 있는 능력을 해외 마케터에게 제공해 준다. 또한, 이런 지식은 마케터들로 하여금 저항을 불러일으키는 제품속성들에 대해 관심을 가지게 한다. 따라서 이는 제품 수용을 촉진하고 제품에 대한 저항을 최소화하는 기회를 제공한다.

적어도 세 가지 외부 변수(지각된 새로움의 정도, 지각된 혁신의 속성들 그리고 아이디어를 소통하는 방법)가 제품 확산에 영향을 준다.[20] 제품이 혁신적이라고 더 많이 지각될수록, 시장에서 수용되어지는 것이 더 어려워진다. 본질적인 수준에서 혁신은 종종 파괴적이기 때문이다.[21] 미국의 대체연료 자동차를 생각해보자. 이러한 자동차들이 소비자들에게 인기는 있지만, 자동차 딜러들은 판매 후 서비스 수익을 감소시키는 대체연료 자동차의 저렴한 유지비용을 그리 좋아하지 않는다. 게다가 수소 연료전지를 사용하는 자동차를 지원하는 인프라를 구축하는데 비용이 많이 든다. 그런데 일부는 이러한 기술들이 미국에는 적절하지 않은 반면 중국에서는 인프라의 건설 없이 오래된 가솔린 연료 자동차를 뛰어넘을 수 있다고 주장한다.[22] 부가적으로 인터넷, 전자소매거래 그리고 의료 및 미용관련 제품과 서비스의 급속한 글로벌 확산 사례들에서 확실하게 증명된 바와 같이, 만약 마케터가 소비자의 지각체계를 이해한다면 혁신에 대한 지각도 종종 바뀔 수 있다.

혁신의 다섯 가지 특징을 분석하는 것은 제품에 대한 시장의 저항 또는 수용률을 결정하는 데 도움을 준다. 제품의 (1) 상대우위(구제품에 대한 신제품의 지각된 한계가치), (2) 공존가능성(수용 가능한 행동, 규범, 가치 등과 제품이 가지는 양립가능성), (3) 복잡성(제품 사용과 관련된 복잡성), (4) 시도가능성(제품 사용과 관련된 경

---

[19] Yvonne van Everdingen, Dennis Fok, and Stefan Stremersch, "Modeling Global Spillover of New Product Takeoff," *Journal of Marketing Research* 46 (2009), pp. 637 – 52.

[20] Anita Elberse and Jehoshua Eliashberg, "Demand and Supply Dynamics for Sequentially Released Products in International Markets: The Case of Motion Pictures," *Marketing Science* 22, no. 3 (2003), pp. 329 – 54.

[21] Jared Diamond, *Collapse* (New York: Viking, 2005).

[22] Jane Lanhee Lee, "The Leapfrog Strategy: Fuel-Cell Advocates Say China Is Uniquely Positioned to Jump Past Petroleum," *The Wall Street Journal* , July 25, 2005, p. R6.

일본인과 네덜란드인들은 화장실의 혁신에 있어 최고이다. 인구밀도가 높은 일본의 오랜 전통은 청결함, 빈번한 목욕 그리고 첨단기술을 접목한 화장실에 중점을 두는 문화를 촉진시켜왔다. 따라서 마쓰시타(Matsushita)의 변기는 사람의 체중, 체온 그리고 혈압을 측정한다. 아마 조만간 변기가 사람들의 소변에서 당과 단백질 수치를 읽어낼 것이다. 또한 네덜란드인들도 배관에 대해 많은 걱정을 하고 있는데, 이는 네덜란드의 대부분이 해수면보다 낮은데 위치해 있기 때문이다. 마스트리히트(Maastricht)의 스핑크스(Sphinx)사는 여성용 소변기를 생산하며 남자용 소변기에는 파리를 새겨 넣는다. 파리를 새겨 넣음으로써 유지관리비용을 줄여주는데 이 회사의 연구에 따르면 대부분의 남자가 파리를 조준하므로 소변이 튀는 것을 막아준다. 네덜란드인의 이 두 가지 혁신은 암스테르담 외곽의 스키폴(Schipol) 공항에서 찾아볼 수 있다.

제적/사회적 위험의 정도), (5) 관찰가능성(제품 혜택을 소통하는 것 관련된 편리성) 등이 제품의 수용 또는 저항의 정도에 영향을 준다. 일반적으로, 확산율은 상대우위, 관찰가능성, 시도가능성 그리고 공존가능성과는 정(+)의 방향으로 연관되어있지만, 복잡성과는 부(−)의 방향으로 연관되어 있다.

평가자는 평가에 중요한 것이 제품 특성에 대한 잠재적 수용자(마케터가 아닌)의 지각이라는 것을 기억해야 한다. 시장 분석가의 자기준거기준(SRC: self-reference criterion)은 제품 특성을 해석할 때 편향된 지각의 원인이 될 수 있다. 그러므로 해외 사용자의 준거틀로 제품 특성을 평가하는 대신에, 마케터는 자신의 준거로 분석할 수 있는데 이는 제품의 문화적 중요성을 잘못 해석하게 할 수 있다.

CROSSING BORDERS 13.4 차를 마시는 일본에서의 커피 판매

네슬레 경영진 및 일본 광고업체와 나의 첫 번째 회의는 매우 유익했다. 일본 고객들을 차에서 커피로 전환시키기 위해 설득하려는 그들의 전략은, 오늘날은 터무니없이 들릴지 모르겠지만, 1970년대에는 그렇게 분명하게 틀린 것만은 아니었다. 일본에서 얼마간의 시간을 보낸 후, 나는 차가 일본 문화에서는 상당히 많은 비중을 차지한다는 것을 알았지만, 이들에게 커피라는 것이 어떤 느낌인지는 전혀 알 수가 없었다. 나는 몇몇 그룹의 사람들을 모아 커피가 그들에게 어떻게 인식되는지를 알아보기로 했다. 나는 이를 통해 네슬레를 위한 문호 개방의 단서를 찾을 수 있다고 믿었다.

나는 한 그룹당 3시간짜리 회의를 편성했다. 첫 시간에, 나는 커피를 본 적이 없고, 어떻게 사용하는지에 대해 전혀 알지 못하는 다른 세상에서 온 방문객의 역할을 맡았다. 나는 커피 사용법을 이해할 수 있도록 부탁하였고, 그들의 설명을 통해 그들이 커피에 대해 어떻게 생각하는지를 알 수 있다고 믿었다.

다음 시간에, 나는 그들을 마치 초등학생처럼 바닥에 앉히고, 가위와 잡지 더미를 이용하여 커피에 대한 단어 모음집을 만들게 했다. 여기서는, 이 단어 모음들을 통해 더 많은 단서들을 얻는 것이 목적이었다.

세 번째 시간에는, 참가자들이 베개를 베고 바닥에 눕게 했다. 매 그룹마다, 약간 주춤하는 사람들이 몇 명씩 있었지만, 내가 완전히 미치지 않았음을 설득시켰다. 마음을 편하게 해주는 잔잔한 음악을 틀어주며 참여자들에게 긴장을 풀어달라고 했다. 내가 한 것은 그들의 활동적인 뇌파를 진정시켜서, 수면 직전의 평온한 단계로 유도하기 위함이었다. 그들이 이 단계에 이르면, 나는 성인시절로부터 십대시절을 지나 그들의 어린 시절로 돌아가게 한다. 그들이 어린 시절을 떠올리면, 나는 커피에 대해 다시 한 번 생각해 달라고 하고, 커피의 최초 기억(의식적으로 커피를 접한 최초 기억)과 커피에 대한 가장 중요한 기억(그 둘이 다른 것이 아니라면)에 대해 회상하도록 부탁했다.

나는 참여자들로 하여금 커피에 대한 첫 번째 기억과 그것에 부가되는 감성을 돌려주기 위해 이 과정을 설계하였다 하지만, 대부분의 경우에 그 과정은 아무런 성과도 없었다. 이 점이 네슬레에게 시사점이 매우 명확했다. 회의 첫 시간에 물어보지도 않고 알 수 있었던 것으로 일본인들은 차와 감성적으로 매우 강하게 연결되는 반면, 커피에 대해서는 기껏해야 아주 피상적인 각인을 가지고 있다. 사실상 대부분은 커피에 대해 아무런 생각도 없다.

이런 상황 아래에서 네슬레가 고객들을 차에서 커피로 전환시키는 전략은 실패할 수밖에 없었다. 차의 감동적인 여운이 그렇게 강하지 않다 하더라도 일본 문화에서 커피는 차와 경쟁할 수 없었다. 대신, 네슬레가 만약 일본시장에서 성공하려면, 바닥부터 시작할 필요가 있다. 네슬레는 일본문화에서 커피의 의미를 전달해야 한다. 또한 일본인들에게 커피에 대한 각인을 심어줘야 했다.

네슬레는 이런 정보로 무장한 채 새로운 전략을 고안했다. 차에 전념하는 나라에서 즉석커피를 팔기보다는 무카페인의 커피 향이 들어가 있는 어린이용 후식을 만들었다. 젊은 세대들은 이런 후식을 받아들였다. 커피에 대한 그들의 첫 번째 각인은 매우 긍정적이었고, 평생 가지고 갈 만한 것이었다. 이를 통해 네슬레는 일본시장에서 의미 있는 발판을 마련했다.

커피 소비는 처음으로 급증했고, 스타벅스는 네슬레의 도움에 감사해야 한다. 그러나 2005년 이후 차를 마시는 것이 조금 상승하는 동안, 1인당 커피 소비량은 일본과 미국 모두에서 정체되었다. 사실, 뜨거운 음료에 대한 수요는 유동적이라고 할 수 있다.

출처: Clotaire Rapaille, *The Culture Code* (New York: Broadway Books, 2006); Euromonitor International, 2010.

일단 분석이 이루어지면, 지각된 새로움 중 일부와 저항의 원인들은 노련한 마케팅을 통해 최소화 될 수 있다. 제품 지각이 현재의 문화 가치와 일치하면 일치할수록, 더 적은 저항과 더 빠른 제품 수용 혹은 제품 확산이 이루어진다. 마지막으로, 도입된 제품의 새로움 또는 브랜드는 중요한 경쟁 우위가 될 수 있다. 최초 진입 브랜드 우위는 보통 국내와 해외 시장 모두에서 장기적 경쟁 우위를 제공한다.[23]

[23] Gerald Young Gao, Yigang Pan, David K. Tse, and Chi Kin (Bennett) Yim, "Market Share Performance of Foreign and Domestic Brands in China," *Journal of International Marketing* 14 (2006), pp. 32 – 51.

혁신의 생산

기업[24]과 국가[25]의 독창성에 대해 몇 가지 생각해야할 점이 있다. 예를 들어 인터넷과 관련된 새로운 아이디어의 대부분은 미국에서 만들어지고 있다는 것이 놀라운 일은 아니다.[26] 미국인 인터넷 사용자는 2억 2천 7백만 명으로서 9천 2백만의 일본 사용자에 비해 그 수가 많다.[27] 마찬가지로 미국은 전반적인 연구개발비도 많다. 연구개발비는 경제협력개발기구(OECD) 회원국들 사이에서 비슷한데 국내총생산(GDP) 대비 2~3% 정도이다. 따라서 미국의 거대 경제 규모를 감안할 때 연구개발비는 일본의 2배가 넘는다. 이러한 연구개발비 지출로 미국 기업이 획득한 미국 특허 수는 일본 기업대비 세배 정도가 된다. 어떤 연구에서는 국가의 문화가 혁신성(개인주의는 창의성을 향상시킴[28])에 영향을 준다고 주장지만 다른 연구에서는 국가 문화가 아니라 기업 문화가 핵심이라고 주장한다.[29] 일본 정부는 문제를 경영훈련의 부족이라고 진단했다. 일본 기술자들은 마케팅과 기업가정신에 정통하지 않으며, 그 격차를 메우기 위해 미국식 교육 프로그램이 기록적인 속도로 만들어지고 있다. 그러나 미국의 연구개발비 지출증가는 대부분의 경쟁 국가들보다 더 느리다. 러시아, 인도 그리고 중국 등의 국가들은 지난 5년 동안 미국의 4% 연간 성장률에 비해 두 자릿수 성장을 경험하고 있다.[30] 게다가 2009년에 역사상 처음으로 미국인 거주자보다 미국에 있는 외국인 거주자들에 의해 더 많은 특허가 미국에서 등록되었다.[31]

많은 일본 기업은 미국에 디자인 센터를 설립하여 미국의 혁신성이 가지는 장점들을 취해 왔다. 가장 주목할 점은 남부 캘리포니아에는 외국 자동차 디자인 센터가 넘쳐난다는 것이다. 동시에, 미국 자동차 회사는 유럽에 디자인 센터를 설립해 왔다. 최근 연구에 따르면 혁신성은 문화마다 다르고, 기업들은 디자인 센터를 전 세계에 배치하고 있음을 보여준다. 사실, 1980년대에 포드를 구한 포드의 자동차 토러스(Taurus)는 유럽 디자인이었다.

최근 연구는 "전환 능력" 관련 주제 혹은, 시장에 혁신을 가져올 때 기업이 얻는

---

[24] Rohit Deshpandé and John U. Farley, "Organizational Culture, Innovativeness, and Market Orientation in Hong Kong Five Years after Handover: What Has Changed?" *Journal of Global Marketing* 17, no. 4(2004), pp. 53 – 75.

[25] Anyone interested in a wonderful book on this topic should read the Pulitzer Prize – winning *Guns, Germs, and Steel: The Fates of Human Societies* by Jared Diamond (New York: Norton, 1999); also see Subin Im, Cheryl Nakata, Heungsooa Park, and Young-Won Ha, "Determinants of Korean and Japanese New Product Performance: An Interrelational and Process View," *Journal of International Marketing* 11, no. 4(2003), pp. 81 – 113. Also, one approach to innovation is copying—see Dexter Roberts, "Did Spark Spark a Copycat?" *BusinessWeek* , February 7, 2005, p. 64.

[26] Thomas L. Friedman, *The World Is Flat* (New York: Farrar, Straus, and Giroux, 2005).

[27] Euromonitor International, 2010.

[28] Jack A. Goncalo and Barry M. Staw, "Individualism—Collectivism and Group Creativity," *Organizational Behavior and Human Decision Processes* 100 (2006), pp. 96 – 109.

[29] Gerard J. Tellis, Jaideep C. Prabhu, and Rajesh K. Chandy, "Radical Innovation across Nations: The Preeminence of Corporate Culture," *Journal of Marketing* 73, no. 1 (2009), pp. 3 – 23.

[30] Euromonitor International, 2010.

[31] Michael Arndt, "Ben Franklin, Where Are You?" Bloomberg *BusinessWeek*, January 4, 2010, p. 29.

성공에 초점을 맞추고 있다. 적어도 글로벌 제약 산업에서는 세 가지 주요 요인들이 변화를 주도하는 것처럼 보이는데, 이 세 가지는 인내심(특허 받은 신약을 승인받기까지 9년이 걸림), 몇 가지 중요한 혁신에 초점을 맞추는 것 그리고 경험이다.[32] 다른 연구에서는 특허 보호를 강화하는 것이 개발도상국의 기업들보다 선진국 기업들에 더 유리한 경향이 있다는 것을 보여준다.[33] 이와 같은 맥락에서 연구 결과들이 쌓인다면 정책 입안자들은 현재 지적재산권제도의 만병통치식 글로벌 응용 프로그램을 다시 재고하도록 만들 것이다.

적응을 위한 제품 구성요소 분석

LO4 수용에 대한 저항 극복을 위한 제품속성의 전 방위적 관찰 필요성을 이해한다.

제품은 다차원적이며, 제품의 모든 특성들의 총합은 소비자가 얻게 되는 만족(효용)을 결정한다. 제품이 새로운 시장에 적응될 수 있는 모든 가능한 방법들을 파악하기 위해서, 제품의 여러 차원들을 세 개의 서로 다른 구성 요소로 구분하는 것이 도움이 된다. 구체적인 내용은 그림 13.1의 **제품 구성요소 모델(Product Component Model)**에 의해 제시되고 있다. 이 모델을 사용하면 제품의 시장 수용에 영향을 주는 문화적, 물리적, 필수적 요소들의 영향을 핵심 구성요소, 포장 구성요소, 지원 서비스 구성요소에 집중시킬 수가 있다. 이러한 구성요소들은 모든 제품의 유형적 및 무형적 요소들을 포함한다. 그리고 이 구성요소들은 제품 사용으로 얻을 수 있는 시장 효용을 제공한다.

핵심 구성요소

핵심 구성요소는 필수적인 기술을 포함하는 플랫폼인 물리적 제품과 제품의 모든 디자인 및 기능상의 특징들로 구성되어 있다. 현지에서의 차이점들을 충족시키기 위해 제품의 변형에 대한 추가나 삭제는 제품 플랫폼 상에서 이루어진다. 핵심 구성요소의 플랫폼 측면에서 주요한 조정은 비용이 수반될 수 있다. 왜냐하면 플랫폼의 변경은 제품 생산 프로세스에 영향을 줄 수 있고 추가적인 자본 투자가 요구될 수 있기 때문이다.

그러나 디자인, 기능 특징, 맛, 색상 그리고 기타 측면의 변경들이 이루어지는데 이는 문화적 변형에 제품을 적응시키기 위한 목적이다. 일본에서, 네슬레는 미국에서 판매하고 있던 콘프레이크와 같은 종류를 팔았다. 그러나 일본 아이들은 콘프레이크를 아침 대신 주로 간식으로 먹었다. 규모가 더 큰 아침 식사대용 시장으로의 제품 이동을 위해, 네슬레는 시리얼을 일본인 취향에 더 적합하게 변경하였다. 일본인들은 아침식사로 밥과 생선을 먹는다. 그래서 네슬레는 다시마, 당근과 호박, 코코넛,

[32] Rajesh Chandy, Brigitee Hpostaken, Om Narasimhan, and Jaideep Prabhu, "From Invention to Innovation:Conversion Ability in Product Development," *Journal of Marketing Research* 43 (2006), pp. 494–508.

[33] Brent B. Allred and Walter G. Park, "Patent Rights and Innovative Activity: Evidence from National and Firm-Level Data," *Journal of International Business Studies* 38 (2007), pp. 878–900.

파파야 등과 같은 친숙한 맛을 가진 시리얼들을 개발했다. 그 결과 성장 중인 아침 식사용 시리얼 시장의 점유율 중 12%를 차지하였다.

신선한 오렌지 주스가 풍부한 브라질 시장에서, 제너럴 푸드(General Foods)는 오렌지 주스의 대용물로서 설탕이 가미된 분말주스인 탱(Tang)의 맛을 전통적인 오렌지 맛에서 열대과일인 패션프룻(passion fruit) 맛과 기타 다른 맛들로 변경하였다. 특정 문화의 기대를 맞추기 위해 제품의 향 또는 맛을 변경할 필요가 있다. 미국 시장에서 인기 있는 전통 소나무 향과 약간의 염소 성분 또는 암모니아를 함유한 가정용 세제가 일본에 출시되었을 때 성공적이지 못했다. 많은 일본인은 청소가 된 바닥에 머리를 가까이 두고 마루 위 담요에서 잠을 자므로 감귤류 향이 사람의 기분을 더 좋게 한다. 러버메이드(Rubbermaid)제품은 핵심 구성요소상의 조그만 변화를 줌으로써 유아용 가구의 유럽 진출 시 실패를 피할 수도 있었다. 이 회사의 유아용 가구의 색상은 유럽인들의 취향에 맞지 않았지만, 설상가상으로 이들의 유아용 침대와 유럽산 매트리스의 크기가 달랐다.

기능적 특징은 시장별로 제거되거나 추가될 수 있다. 뜨거운 물을 일반적으로 사용할 수 없는 시장의 세탁기는 히터를 기능적 특징으로 가지고 있다. 다른 시장에서는 세탁 세제와 표백제 자동 공급기를 수리상 문제의 최소화와 비용 감소를 위해 제거할 수 있다. 안전과 전기 표준, 또는 필수(인증) 요구사항을 충족시키기 위해 추가

그림 13.1
제품 구성요소 모델

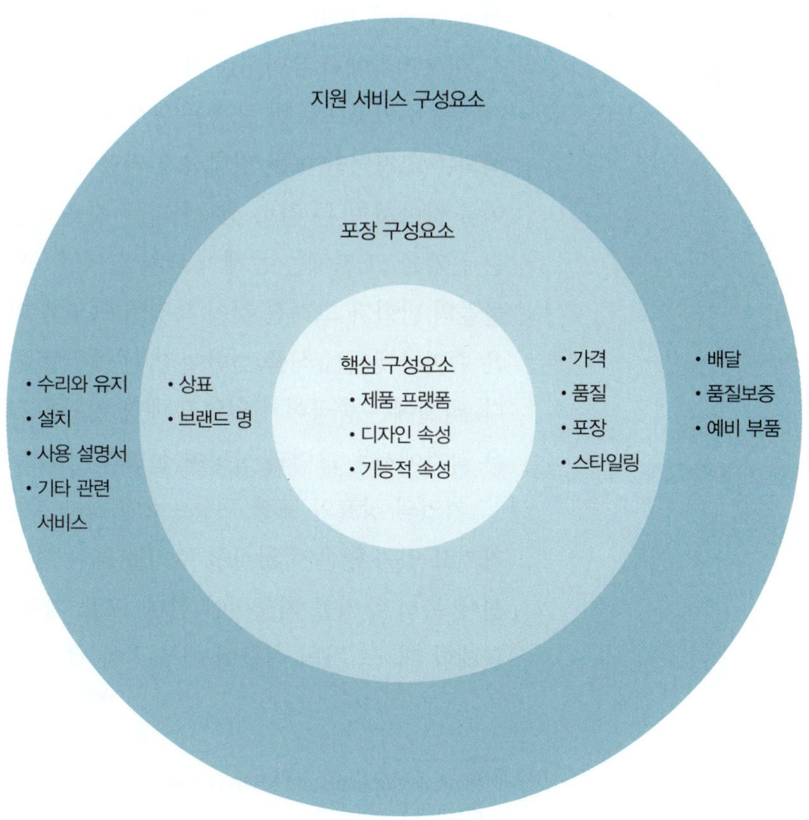

적인 변경이 필요할 수 있다. 적응을 위한 잠재적 대상으로 물리적 제품과 제품의 모든 기능적 특징들을 검토해야 한다.

포장 구성요소

포장 구성요소는 스타일 특성, 포장, 라벨, 상표, 브랜드 명, 품질, 가격 그리고 제품포장의 모든 기타 측면들을 포함한다. 애플 컴퓨터가 일본 시장에 처음으로 진출할 때, 이러한 구성 요소가 얼마나 중요한지를 어렵게 발견하였다. 애플의 매킨토시 컴퓨터 중 일부가 한 번도 사용되지 않고 반품되었는데, 고객이 설명서의 비닐포장에 손상이 있는 것을 발견했기 때문이다. 핵심 구성요소와 마찬가지로, 소비자의 눈높이에 맞추어 각 구성요소의 중요성이 제공될 수 있도록 제품의 설계가 이루어져야 한다.

포장 구성요소의 경우 임의적 변경 및 필수적 변경이 모두 빈번하게 필요하다. 예를 들어 일부 국가에서는 한 개 언어 이상의 라벨을 요구하는 반면 다른 국가에서는 외국어 포장을 엄격히 금지하기도 한다. 한편, 미국의 소비자들은 두 가지 언어로 표기된 포장에 부정적으로 반응한다는 연구가 있다.[34] 홍콩 디즈니랜드에서, 정글 크루즈(jungle cruise)의 해설은 광동어, 북경어 및 영어로 제공된다. 현재 많은 국가들이 식품에 원산지 라벨 부착을 요구하고 있다. 포장 구성요소에 의도치 않은 의미를 가진 상징이 포함될 수 있으므로 그런 경우 반드시 변경해야만 한다. 한 회사의 빨간색 원 모양의 상표가 일부 국가에서는 인기가 있었지만, 일부 아시아 국가에서는 좋아하지 않는다. 이 상표의 상징이 일본의 국기 이미지를 떠올릴 수 있기 때문이다. 노란 꽃을 사용하는 다른 회사의 상표는 멕시코에서 받아들여지지 않았는데 멕시코에서 노란 꽃은 죽음 또는 경멸을 상징하기 때문이다.

아프리카에서 유아식을 작은 병에 담아 출시했던 유명한 유아식 제조회사는 아기 사진을 주인공으로 한 포장을 완성했다. 결과적으로 이 회사는 특정 상징이 잘못 해석되는 고전적인 예를 경험하게 되었다. 이 회사는 제품 포장에 대해 소비자들이 아이를 갈아서 만든 걸로 생각한다는 것을 발견하고 경악을 금하지 못했다. 중국에서는 문맹률 그 자체는 문제가 되지 않지만, 포장에 개, 고양이, 새, 원숭이 및 기타 동물들의 만화가 그려진 것이 특징인 독일제 어린이 시리얼 브랜드인 브루젤(Brugel)은 슈퍼마켓에서 식품 선반이 아닌 애완동물용 식품 선반에 놓인 경험을 가지고 있다. 라벨에는 중국어가 없었고 매장 직원은 그 제품에 친숙하지 않았다. 문맹률이 높은 국가에서는 그림과 상징이 설명과 정보로 받아들여진다는 것을 망각하기 쉽다.

기업의 상표와 포장 구성요소의 기타 부분들이 받아들일 수 없는 상징적 의미를 가지고 있지 않은지 확실한 주의를 해야 한다. 포장에 사용된 브랜드명의 번역과 색상에 특히 주의를 기울여야 한다. 포드 자동차는 브라질에서 핀토(Pinto) 자동차를 판매할 때, 그 차의 이름이 매우 작은 남성 성기로 번역된다는 것을 곧 알게 되었다.

[34] Mahesh Gopinath and Myron Glassman, "The Effect of Multiple Language Product Descriptions on Product Evaluations," *Psychology & Marketing* 25, no. 3 (2008), pp. 233–61.

서양 국가에서 순수를 상징하는 색상인 흰색은 다른 나라에서 애도를 뜻하는 색이기도 하다. 중국에서, 피앤지(P&G)는 기저귀를 분홍색 포장지로 포장하였다. 남아를 선호하고 한 자녀만 가질 수 있는 나라에서 분홍색은 여아를 상징하므로 분홍색 포장지는 중국 소비자들로부터 외면당했다. 그 이유는 실제 여아를 가졌다 하더라도, 다른 사람들이 자기가 여아 한 명만을 가졌다는 사실을 알게 하고 싶지 않기 때문이다.

회사가 제품 포장을 현지 적응해야만 하는 이유는 수없이 많다. 일부 국가에서는 병, 캔, 포장 크기, 계량 단위 등을 법으로 규정하고 있다. 미터법을 사용하는 국가라면, 아마도 무게와 계량의 경우 미터법을 준수해야만 한다. 포장지나 라벨에다 '거대한' 또는 '점보'와 같은 단어는 불법일 수도 있다. 일부 제품에는 높은 습도나 긴 유통기한 때문에 법규상 더 튼튼한 포장을 해야 하는 경우가 있다. 앞서 언급한 바와 같이 일본인들에게 품질은 제품의 포장도 포함한다. 일본인들에게 빈약한 제품 포장은 낮은 품질이라는 인상을 준다. 제품의 포장이 시장에서 다른 사용처를 가질지를 결정하는 것도 중요하다. 레버 브라더스(Lever Brothers)는 일본에서 럭스(Lux) 비누를 세련된 박스에 포장하여 판매한다. 일본에서 판매되는 비누의 절반 이상이 일 년에 두 번 있는 선물 주는 시기에 팔리기 때문이다. 포장의 크기는 일본에서 성공을 위한 차별화 요소이다. 청량음료의 경우 일본인들의 손에 적합하도록 미국 판매용보다 더 작은 캔에 담아 판매되고 있다. 일본에서 캔 음식은 신선하지 못한 것으로 간주되며, 대부분의 음식은 신선하거나 깨끗한 포장 상태에서 판매된다. 캠벨(Campbell)이 일본 시장에 스프를 출시할 때, 비용이 더 들지만 더 청결한 방식인 비싼 캔 맥주처럼 고리를 당겨 개봉하는 방식을 사용하였다.

라벨 관련 법률은 국가마다 다르고 어떤 예측 가능한 추세를 따르는 것 같지도 않다. 예를 들어 사우디아라비아에서 제품 이름은 명확해야만 한다. 핫 칠리(Hot Chili)라고 하지 않고, 스파이스드 핫 칠리(Spiced Hot Chili)라고 해야만 한다. 베네수엘라에서는 가격이 라벨에 표시되어야 한다. 그러나 칠레에서는 라벨에 가격을 표시하거나 소매가격을 암시하는 것은 불법이다. 코카콜라는 브라질에서 다이어트 콜라로 법적 문제를 겪었다. 브라질 법에서 다이어트는 의약적인 효과를 가지고 있다고 해석을 한다. 이러한 법률 하에서는, 생산자는 모든 의약품 라벨에 일일 권장 소비량을 표시해야 한다. 코카콜라는 이러한 제재를 우회하기 위해 특별한 승인을 획득해야 했다. 최근까지 중국에서 서양 제품에는 제품 어딘가에 임시 라벨을 중국어로 작게 부착하고 외국어로 라벨을 표시할 수 있었다. 그러나 새로운 중국의 라벨 관련법에 따르면, 임시 라벨은 허용되지 않고 식품의 경우 포장에 직접 중국어로 명확하게 제품명, 성분 그리고 기타 사항들을 표시해야 한다.

서로 다른 라벨 관련 법률을 가진 다양한 시장에서 그리고 그 시장들 각각에서 초기 수요가 적은 상황에서 제품을 판매하는 경우에 라벨 관련법들은 특수한 문제를 야기한다. 예를 들어 중국에서는 유럽과 미국 스타일의 스낵 식품에 대한 수요가 있

CROSSING BORDERS 13.5 아뿔싸!(D'oh!)와 밀가루 반죽(Dough)의 차이

두바이에 기반을 둔 아랍 위성방송인 엠비씨(MBC)는 중동에 미국 팍스(Fox)사의 심슨가족(The Simpsons)을 방영하기로 결정했을 때, 해당 방송국은 심슨가족이 몇몇 근본적인 생활방식의 변화가 있어야 한다는 것을 알게 되었다.

"오마르 샴순(Omar Shamshoon)"이라 불리는 주인공은 미국 텔레비전에서 나오는 호머 심슨(Homer Simpson)과 똑같이 생겼지만, 소고기나 베이컨은 먹지 않는다. 이는 두 음식 모두 이슬람 종교에 어긋난 것이기 때문이다. 또한 더 이상 지저분한 술집에서 "못되고 아무짝에도 쓸모없는 사람들"과 빈둥거리지도 않는다. 아라비아에서 호머의 맥주는 탄산음료이고, 돼지고기 소시지는 이집트산 바비큐 소시지인 셈이다. 그리고 그가 게걸스럽게 먹는 도넛 모양의 과자는 카크(Kahk)로 불리는 아랍 전통 과자이다.

알 샴순(Al Shamshoon)이라고 불리는 아랍 판 심슨가족은 텔레비전 시청률이 가장 높은 라마단(Ramadan) 기간에 맞추어 아랍에서 첫 방영을 시작하였다. 알 샴순(Al Shamshoon)은 미국 심슨가족의 원본 애니메이션을 사용하지만, 대화는 아랍어로 더빙되었고, 대본은 아랍인 시청자에게 좀 더 쉽게 접근가능하고 받아들이기 쉽게 수정하였다.

심슨가족은 아랍에서도 제작자가 설명하듯 가정의 일반적 기능을 수행하지 못하는 "콩가루 가족"으로 표현된다. 그들은 여전히 스프링필드(Springfield)라는 도시에 살고, "오마르(Omar)"는 여전히 게으르고 그리고 지방의 원자력 발전소에서 일한다. 바트(Bart)는 "바드르(Badr)"라고 불리면서 부모님과 선생님에게는 계속 건방지고 항상 말썽을 부린다. 중동의 로버트 드니로(Robert DeNiro)라고 불리는 모하마드 헤네디(Mohamed Heneidy)같은 몇몇 유명한 이집트인 배우가 등장인물의 목소리를 맡았다.

알 샴순(Al Shamshoon)은 현재 이른 저녁의 황금시간대에 첫 시즌을 시작으로 매일 방영된다. 만약 알 샴순(Al Shamshoon)이 인기를 얻는다면 엠비씨(MBC)는 심슨가족의 다른 16개의 시즌을 아랍화 시키려고 생각하고 있다. 하지만 성공하리란 보장은 없다. 많은 아랍 블로그와 인터넷 대화창에는 알 샴순(Al Shamshoon)이 얼마나 재미없는지에 대한 얘기가 가득하다. 블로거 명칭이 "노스(Noors)"인 오만(Oman) 사람은 자신의 블로그에 다음과 같이 적어 놓았다. "심슨가족을 망쳐 놨다! 그럼, 망쳐놓고 말고, 강아지 자제분 같으니라고......왜? 왜, 왜, 왜, 왜지?!!!"

심슨가족은 다른 어떤 프로그램보다도 많은 골수팬을 가지고 있다. 방대한 온라인 커뮤니티는 원래의 심슨가족 간 대화가 번역이 될 수 있는지를 걱정한다. 한 블로거는 "'하이 디들리 호(Hi-diddly ho)', 네이버 후드(neighborhood)!를 어떻게 번역할겁니까? 아니면, 번스(Mr. Burns)씨의 대단한 명언인 '오, 그래서 대자연이 뭐 부탁할게 있데?! 글쎄, 대자연도 가뭄, 홍수 그리고 독원숭이(poison monkey)로 우리를 괴롭혔을 때, 그걸 생각했었어야지! 자연은 살아 남기위해 싸우기 시작했고, 지금은 자연이 지고 있기에 그만두고 싶어 해. 음, 그거 안됐네!'"

"니바크(Nibaq)"라는 이름을 사용하는 한 블로거가 글을 남기길, "나는 이 프로그램을 아랍어로 번역한 사람들의 노력이면 이집트인 가족이 이집트에 살면서, 종교, 삶, 일에 관한 문제를 다루면서 가족을 단결시키려고 노력하는, 본래의 좋은 방송을 만들 수도 있었다고 확신한다. 그러므로 미국산으로 이집트에서 조립된 것이 아닌 이집트산 프로그램이라고 자랑스럽게 얘기할 수 있다."

심슨가족의 영화는 2007년에 전 세계 기록을 갱신했다. 스페인 소매상 버쉬카(Bershka)는 남미, 유럽 그리고 중동 등에 진화된 심슨 티셔츠를 제공하고 있다. 사실, "D'oh (아뿔싸!)" 라는 단어가 두바이에서 dough(밀가루 반죽)로 번역되는 것을 지켜보는 것은 흥미로울 것이다.

출처: Yasmine El-Rashidi, "D'oh! Arabized Simpsons Aren't Getting Many Laughs," *The Wall Street Journal*, October 14, 2005, pp. B1, B2; "Microsoft Launches New Arabized Solutions and Localized Windows XP Theme Packs at Gitex 2005," *AME Info/Middle East Company News*, September 27, 2005; Frank Segers, "'Simpsons Movie' Reigns at Overseas Boxoffice," *Hollywood Reporter*, August 6, 2007; "Twentieth Century Fox L&M Launches The Simpsons with Bershka," *License Magazine*, March 2009, p. 15.

지만 이러한 수요는 중국시장에서 잘 발전되지 않았다. 특히 중국 법률을 충족하기 위한 라벨링 비용은 엄두도 못 낼 만큼 비싼 시장 진입 비용이 든다. 앞선 사고를 가지고 아시아에서 광범위한 유통망을 보유한 제조업체는 동일한 포장에 다른 여러 언어로 표준 정보를 제공하여 유럽연합(EU)의 요구사항에 들어맞는 표준 포장 방식을 채택하고 있다. 주어진 생산물의 목적지에 따라 그 지역에서 요구하는 사항들을 기입할 수 있도록 라벨에 일정한 공란이 있도록 디자인한다.

지원 서비스 구성요소

지원 서비스 구성요소는 수리와 유지보수, 설명서, 설치, 품질 보증, 배달, 예비 부품의 가용성 등을 포함한다. 제품 구성요소에 관심을 두지 않았으므로 그렇게 했었더라면 성공했을 많은 마케팅 프로그램들이 결과적으로 실패했다. 개발도상국에서의 수리 및 유지보수는 특히 어려운 문제다. 미국에서 소비자는 제조업체로부터 서비스를 받거나 자동차부터 잔디깎기에 이르기까지 어떤 것이든 수리와 유지보수를 위한 준비가 되어 있는 전문 서비스 소매업자로부터 서비스를 받을 수 있는 선택권이 주어진다. 제조업체 소유의 부품 대리점이든 일반 부품 대리점이든 혹은 지역 내 철물상이든 어디서든 똑같이 수리 부품을 구할 수 있다. 개발도상국과 많은 선진국의 소비자들은 미국에서와 같은 수리 및 유지보수 가능성 중 어느 하나도 없을 수 있다. 대신에 이런 국가에서는 독립된 서비스 제공업체가 브랜드와 제품 품질의 향상을 위해 이용되기도 한다.[35]

일상적인 유지보수 또는 사전 예방적 유지보수의 개념은 일부 국가에서는 그 나라 문화의 일부분이 아니다. 따라서 제품을 유지보수가 덜 필요하도록 수정해야 하고 미국에서는 당연하다고 여기는 특성들에 특별한 관심을 기울여야 한다.

한 국가의 교육 수준과 문맹률 때문에 기업은 제품 설명서를 변경하기도 한다. 한 국가에서는 간단한 용어가 다른 국가에서는 이해될 수 없는 경우도 있다. 예를 들어 아프리카의 시골지역에서는 소비자가 바세린 인텐시브 케어 로션(Vaseline Intensive Care Lotion)이 피부에 흡수된다는 것을 이해하는데 문제가 있었다. 흡수를 스며든다는 표현으로 변경된 후 혼동이 사라졌다. 브라질 사람들은 제 3 세계 국가에 판매한 정교한 군사용 전차 사용자의 낮은 기술 능력과 높은 문맹률을 성공적으로 극복하였다. 제조업체는 표준 설명서로 상세한 수리 설명이 들어 있는 비디오테이프와 비디오 카세트 플레이어를 제공하였다. 그들은 전 세계를 통해 구입 가능한 재고품과 표준화된 부품들을 사용하여 예비 부품 문제를 최소화 하였다. 물론, 다른 종류의 문화적 선호도도 서비스 설명서에서 중요한 역할을 한다.

보완적인 제품들은 첨단기술 제품의 다양한 마케팅 차원에서 더 많이 고려해야만 한다. 마이크로소프트의 가정용 게임기 엑스박스와 경쟁자들이 좋은 예이다. 일본에서 엑스박스의 매출은 소니와 닌텐도의 가정용 게임기 매출에 뒤처져 있었다. 마이크로소프트사는 일본 게이머들을 특별히 유혹할 수 있는 게임의 부재를 문제로 파악했다. 그래서 그 차이를 메우기 위해 일련의 게임들을 개발하였다. 로스트 오디세이(Lost odyssy)로 알려진 초기 롤플레잉 게임은 전부 일본인으로 구성된 팀에 의해 개발되었다.[36]

제품 구성 요소 모델은 해외 시장을 목적으로 만들어진 제품 변경 요구에 필요한

---

[35] Ikechi Ekeledo and Nadeem M. Firoz, "Independent Service Providers as a Competitive Advantage in Developing Economies," *Journal of Global Marketing* 20 (2007), pp. 39 – 54.

[36] Yukari Iwatani Kane, "Microsoft Makes Big Push to Woo Japanese with New Xbox Games," *The Wall Street Journal* (online), September 12, 2007.

CROSSING BORDERS 13.6 그래서, 당신의 컴퓨터가 고장 났습니까?

데스크 컴퓨터가 제 기능을 못하기 시작하면, 대부분의 사람들에게는 두 가지 선택이 있다. 서비스 센터에 전화를 하거나 설명서를 읽어보는 것이다. 이 두 행동들은 여러 문화에 걸쳐 일어나는 행동이다. 점점 더 많은 서비스 콜 센터의 직원들이 필리핀, 인도, 카리브 해 지역 사람들과 영어를 상용하는 개발도상국들 사람들로 채워지고 있다. 이를 통해 기업은 비용의 90% 정도를 절약할 수 있다. 하지만 소비자들의 경우 기술자와 비전문가의 틈을 메우기란 어려웠다. 현재는 이러한 상호작용에 교차 문화적 사항들이 추가된다.

적어도, 많은 제조사들은 사용자 설명서를 현지에 적응시키는데 익숙해지고 있다. 몇몇 국가들에서는 오락적 가치로 인해 사용 설명서가 대단히 소중하게 여겨진다. 번역 및 마케팅 회사인 아리엘 글로벌 리서치(Arial Global Reach)의 마이크 아담스(Mike Adams)는 다음과 같이 말하고 있다. "일본사람들은 정말 문서를 읽는 것을 좋아합니다. 하지만 그 이유는 실제로 일본 문서들은 보는 재미가 있기 때문입니다." 일본어 설명서들은 독창적인 만화들로 더 재미있게 만들어졌다. 심지어 프로그램 인터페이스는 애니메이션으로 되어있다. 마이크로소프트의 클리피 더 페이퍼클립(Clippy the Paperclip)은 꽤 많은 비난을 받는 제품인데, 일본에서는 애니메이션 돌고래로 변경하였다. "그리고 심지어 최첨단 일본인 엔지니어들도 이런 애니메이션을 보거나 접할 때 전혀 유치하다고 느끼지 않는다."

다른 나라에서 그러한 귀여운 캐릭터들을 사용 설명서에 넣으면 고객들은 그 회사의 진지함을 의심할 것이다. 중동 번역 서비스 책임자인 카티브(Mark Katib)는 미국인들처럼 그 지역 대부분의 고객들은 깔끔하고 비기술적인 설명을 선호한다고 말하고 있다. 그는 설명서의 정보가 고객들의 믿음에 지장을 주지 않고 받아들일 만한 수준인지를 점검하는데 대부분의 시간을 보낸다고 한다.

이탈리아인에게 "이런 것은 절대 하지마세요!"와 같은 명령조는 절대 사용하지 않는 것이 좋다. 그런 종류의 언어의 결과는 정확히 하지 말라는 "이런 것"을 하다가 기계를 고장 낸 이탈리아인들로부터 걸려온 전화를 받는 것이다. 대신, 이탈리아어 설명서에는 덜 요구적인 어조로 써야 한다. 예를 들면, "이렇게 하시는 것을 고려해보세요...."

독일인들은 유머가 포함된 설명서를 싫어한다. 헝가리 사람들은 그들 스스로 무언가를 고치는 것을 좋아하기에 사용설명서는 기계공작소 안내서와 비슷하다. 마지막으로, 광대역통신망(WAN, wide-area network)을 개발한 한 소프트웨어 제작사가 텍스트의 흐름을 사용해, 포장에 "완 완 완 완(WAN WAN WAN WAN)"이라고 적었다. 일본인들에게 완(WAN)은 개가 짖는 소리와 같아서, 일본에서는 자신들을 짖어 대는 개로 광고하고 있는 제품을 아무도 사려고 하지 않았다.

최신의 과학 기술 관련 전문 용어들을 다른 언어로 옮기는 것은 어렵다는 것이 여기서의 주된 요점이다.

출처: Michelle Delio, "Read the F***ing Story, then RTFM," Wired News , http://www.wired.com, June 4, 2002; Pete Engardio, Aaron Bernstein, and Manjeet Kripalani, "Is Your Job Next?" *BusinessWeek* , February 3, 2003, pp. 50–60; Alli McConnon, "India's Competition in the Caribbean," *BusinessWeek* , December 24, 2007, p. 75; Rudy Hirschheim, "Offshoring and the New World Order," *Communications of the ACM* 12, no. 11 (2009), pp. 132–35.

요소들을 점검하기에 매우 유용한 모델이다. 해외 시장 진출 시 필요한 필수적 변경과 임의적 변경을 결정하기 위해 세 구성요소 각각의 입장에서 제품들을 주의 깊게 평가하여야만 한다.

글로벌 소비자 서비스 마케팅

본 장의 시작 부분에서 언급한 것처럼, 국제 소비자 시장에 대한 제품 적응에 관한 대부분의 조언들은 서비스의 적응에도 적용된다. 더욱이 일부 서비스는 제품과 밀접하게 관련되어 있다. 좋은 예로 앞서 방금 설명한 서비스나 모스크바의 소비자에게 빅 맥(Big Mac)을 배달하는 것과 관련된 고객 서비스이다. 그러나 서비스는 무형성, 비분리성, 이질성 그리고 소멸성의 네 가지 독특한 특성으로 구분되고 특별한 사항들이 고려되어야 한다.

제품은 흔히 유형으로 분류되고 서비스는 무형으로 분류된다. 자동차, 컴퓨터 그리고 가구 등은 물리적 존재를 가진 제품의 예이다. 이러한 제품들은 소유하고 저장할 수 있는 객체이거나 사물이고 제품의 내재가치는 물리적 존재 안에 담겨져 있다. 대조적으로 보험, 드라이 클리닝, 호텔 숙박, 항공 여객 또는 화물 운송 서비스 등은 무형이고 오직 이러한 서비스가 창출되는 동안에 존재하는 서비스의 발생, 과정 그리고 수행 속에 내재가치가 있다.

서비스의 무형성은 서비스 고유의 특성이다. 서비스의 창출과 소비[37]를 분리시킬 수 없다는 측면에서 서비스는 비분리성을 가지고 있다. 서비스는 개별적으로 창출되고 따라서 독특하므로 이질성을 가지고 있다. 그리고 서비스는 저장할 수 없고 생성과 동시에 소비해야 한다는 측면에서 소멸성을 가지고 있다. 이와 대조적으로 유형 제품은 한 곳에서 생산해서 어느 곳에서든 소비할 수 있고, 표준화할 수 있으며, 품질보증이 가능하고 시간이 지나면서 유지보수가 이루어지며, 수요 변화의 예측에 따라 생산하고 저장할 수 있다.

많은 유형 제품처럼, 서비스도 구매자의 동기와 사용처에 따라 일반 소비자 서비스와 산업용(비투비, Business-to-Business) 서비스로 모두 판매 할 수 있다. 예를 들어 여행사와 항공사는 출장자에게는 산업용 서비스나 기업고객 서비스를 제공하고 일반여행자에게는 일반 소비자 서비스를 제공한다. 금융 서비스, 호텔, 보험, 법무 각각은 기업고객 서비스나 일반 소비자 서비스로 분류할 수 있다. 예상대로, 서비스의 독특한 특성 때문에 서비스 마케팅과 제품 마케팅의 차이점이 발생한다.

글로벌 시장에서 서비스 기회

모든 수출을 고려했을 때, 산업용품과 자본재를 제외하고 국제 관광은 미국의 가장 큰 서비스 수출이다. 올랜도(Orlando)나 애너하임(Anaheim)과 같은 미국 내 목적지를 방문하는 외국 관광객들의 지출은 보잉의 여객기를 해외 항공사들이 구매하는 금액의 대략 두 배이다. 작년에 전 세계적으로 관광객들은 약 3조 5천억 달러 정도를 썼다. 그리고 국제연합(UN)의 산하 기관은 2020년에 이 수치가 4배가 될 것으로 전망하고 있다. 이 관광산업은 2억 명을 전 세계적으로 고용하고 있다. 더욱이 동일한 국제연합의 산하 기관은 다음 세기에 가장 인기 있는 관광 목적지를 중국에 이어 미국, 프랑스, 스페인, 홍콩, 이탈리아, 영국, 멕시코, 러시아 그리고 체코 순으로 예측했다. 현재는 프랑스, 스페인, 미국, 이탈리아 그리고 중국이 1등부터 5등까지 차지하고 있다. 대부분의 관광객들은 현재와 같이 독일인, 일본인 그리고 미국인일 것이다. 중국인은 4번째로 큰 관광객 그룹이 될 것이다. 호주, 벨기에, 오스트리아, 일본, 홍콩 사람의 순서대로 1인당 가장 많은 금액을 패키지 관광에 지출하고 있다.[38] 현재, 일본인 관광객은 연간 150억 달러 이상으로 미국 관광 수입에 많은 기여를 하고 있다. 전반적으로 관광 사업은 2008~2009년 경기침체 기간 동안 10% 이상 감

[37] Bruce D. Keillor, G. Tomas M. Hult, and Destan Kandemir, "A Study of the Service Encounter in Eight Countries," *Journal of International Marketing* 12, no. 1 (2004), pp. 9 – 35.

[38] Euromonitor International, 2010.

소했으나 일반적인 경제처럼 이러한 감소추세가 빠르게 회복될 것으로 기대되지 않는다. 좋은 소식은 우리는 곧 리처드 브랜슨(Richard Branson, 영국 버진그룹의 창업자)의 상업용 우주비행선으로 지구를 떠났다가 다시 귀환할 수 있다는 것인데 우주를 잠깐 방문하는 가격은 대략 28만 달러 정도가 될 것이다.[39] 이 금액은 러시아 로켓으로 장거리 여행 후에 국제 우주 정거장에 잠깐 머무는데 필요한 2,000만 달러보다는 매우 적은 금액이다.

특히 경기침체 전 관광업의 극적인 성장은 국내 및 해외 고객들을 유인하기 위한 신규 여행 서비스를 개발하여 대응하도록 미국 기업과 관련 여러 기관들을 자극하였다. 예를 들어 미국 필라델피아에 있는 포시즌 호텔(Four Seasons Hotel)은 그 지역 콘서트와 박물관 관람을 포함하는 2일짜리 여행 패키지를 만들었다. 아이들을 위한 명소로서만이 아니라 플로리다 주의 올랜도는 세계적인 수준의 가수들이 공연하는 오페라 회사를 가지고 있다. 미국의 피닉스, 라스베이거스 그리고 샌디에고 시는 컨소시엄을 구성하여 한 번의 여행으로 세 도시 모두 둘러보도록 해외 여행객들의 관심을 끌기 위해 50만 달러의 마케팅 예산을 공동으로 설정하였다. 심지어 매우 작은 호텔이라 할지라도 인터넷에서 글로벌 고객들을 찾을 수 있다.

기타 상위의 소비자 서비스 수출로는 운송, 금융 서비스, 교육, 통신, 엔터테인먼트, 정보 그리고 의료산업의 순서로 얘기할 수 있다. 다음 각각의 사례를 고려해보자.

- 아메리칸 항공은 중남미 현지 항공사에 대한 투자를 통해 성장하는 중남미 여행시장의 점유율을 확보하려 집중적인 노력을 펼치고 있다.
- 현지기업과 글로벌 기업의 합작투자로 중남미에서 보험 매출이 급성장하고 있다.
- 중국에서의 금융 서비스는 빠른 속도로 제공되는 신규 서비스로 극적인 성장을 하고 있는데 투자자 정보 신규 원천과 모든 곳에 있는 현금 지급기가 그 중심에 있다. 폴란드에서도 현금 지급기는 익숙한 것이 되었다.
- 메릴린치(Merrill Lynch)는 최근 일본이 처음으로 증권 중개인과 은행들에게 진입을 허용한 후 성장하고 있는 투자 신탁 사업을 쫓고 있다.
- 67만 명 이상의 외국 학생들(10만 3천명의 인도 출신과 9만 8천명의 중국출신 학생 포함)이 2009년과 2010년 사이[40]에 미국 대학에서 공부하기 위해 약 180억 달러를 사용했다. 경영 관리자 훈련 또한 미국 기업의 실질적인 수출항목이다.[41]
- 현재, 독일, 이탈리아 그리고 스페인 등과 같은 시장에서 전화 요금은 너무 비싸

[39] John Johnson Jr., "A Giant Step for Space Tourism," *Los Angeles* Times, December 8, 2009, p. A22.

[40] Karin Fischer, "Number of Foreign Students is U.S. Hit New High Last Year," *Chronicle of Higher Education*, November 16, 2009, online.

[41] David M. Montgomery, "Asian Management Education: Some 21st Century Issues," *Journal of Public Policy & Marketing* 24, no. 1 (2005), pp. 150–54.

세계 최고의 풍경을 가진 두 장소는 보라보라(Bora Bra)가 그림자로 보이는 해수면 위의 타이티(Tahiti)와 해수면 아래에 산호초로 둘러싸인 벨리즈(Belize)이다. 이곳에 전 세계에서 관광객들이 몰려오고 있다. 캘리포니아 주의 코스타 메사(Costa Mesa)에 본사를 두고 스쿠버 다이버와 교관들을 교육 인증하는 프로 다이빙 교육협회(PADI, Professional Association of Diving Instructors)와 같은 서비스 기업들이 관광객을 찾아온다.

서 미국 기업들이 무료 상담 전화를 유지할 수 없거나 전화 주문 판매가 불가능할 정도이다. 다른 통신 시장은 해외 기업들이 기회를 창출할 수 있는 탈규제화가 이루어지고 있다. 무선 통신은 일본과 유럽에서도 접속 가능하다.

- 중남미에서 케이블 TV 판매가 폭발적이다.
- 스포츠 경기들이 전 세계적으로 판매되고 있다(로스엔젤레스의 멕시코 축구, 스코틀랜드와 터키에서의 미식축구, 멕시코에서의 미국 야구 그리고 중국에서의 프로 축구).
- 마지막으로, 미국으로 의료 서비스를 받기 위해 방문하는 외국인의 숫자만 늘어나고 있는 것이 아니라, 북미 기업들 또한 해외에 병원을 짓고 있다. 최근 일본과 스웨덴으로부터 온 두 명의 영아들은 캘리포니아에 있는 로마 린다(Roma Rinda) 병원에서 심장이식 수술을 받았다. 두 나라에서는 이런 수술이 법률상 금지되어 있다. 250개 병상 규모의 북경 토론토 국제 병원(Beijing Toronto International Hospital)이 곧 개원한다. 토론토(Toronto)에 있는 의사와의 상담을 위해 인공위성을 통한 24시간 연결도 서비스에 포함되어 있다. 아시아와 멕시코 경쟁자들 또한 이러한 글로벌 시장을 놓고 경쟁하고 있다. 심장판막 우회치환술(heart valve replacement with bypass)은 미국에서 약 75,000달러이고, 싱가포르에서 22,000달러 그리고 인도에서는 9,500달러이다.[42] 물론 이러한 추세의 부정적 측면은 장기 이식을 위한 국제적인 불법 장기매매이다.[43]

[42] Waleca Konrad, "Going Abroad to Find Affordable Health Care," *The New York Times*, March 20, 2009, online.

[43] Nancy Scheper-Hughes, "Organs without Borders," *Foreign Policy*, January/February 2005, pp. 26 – 27.

글로벌 소비자 서비스 시장의 진입 장벽

자동차 렌털, 항공 서비스, 엔터테인먼트, 호텔, 관광과 같은 대부분의 다른 서비스는 비분리성의 특성이 있어 생산과 소비가 거의 동시에 발생해야 한다. 따라서 수출은 이들 산업에서 가능한 진입방식이 아니다. 약 85%에 이르는 대부분의 서비스는 라이선스, 프랜차이즈 또는 직접투자 형태로 해외 시장에 진입한다. 글로벌 시장에서 성장하고 있는 이 분야에서 소비자 서비스를 담당하는 마케터들은 네 종류의 장벽(보호무역주의, 국경을 넘는 데이터 흐름의 통제, 지적 재산권의 보호, 적응을 위한 문화적 요구사항)에 직면한다.

보호 무역

유럽연합은 서비스 단일 시장 설립을 위한 차분한 진행을 하고 있다. 그러나 통합 과정상에서 어떻게 외국 서비스 제공자를 취급해야 할지 명확하지 않다. 단일 유럽법의 주요 개념인 호혜성과 조화는 아마도 유럽에 진입하려는 몇몇 서비스 산업을 축소하는데 이용될 것이다. 비록 프랑스 회사인 비벤디(Vivendi)의 유니버셜 스튜디오 매입으로 상황이 좀 더 재미있어지긴 했지만, 미국 영화 및 엔터테인먼트 산업이 특히 어려운 분야처럼 보인다. 유럽연합 회원국은 오락방송 시간의 최소 50%는 유럽산 프로그램으로 채운다는 확약을 하도록 요구하는 접경 텔레비전 방송과 관련된 유럽연합 지침은 유럽산 프로그램을 위한 쿼터 제도를 만들어 냈다. 유럽 연합은 유럽 프로그램을 위한 여분의 상영시간을 확보하는 것이 자신들의 문화적 정체성을 유지하기 위해 필요하다고 주장한다. 미국 영화 산업 수익의 40% 이상이 해외수익이므로 미국 영화 산업에 미치는 영향은 상당하다.

국경을 넘는 데이터 흐름의 제한

국경을 넘는 데이터 전송이라는 상대적으로 새로운 문제를 어떻게 다룰지에 대한 심각한 우려가 있다. 유럽위원회는 개인자료(예: 소득, 지출내역, 부채 상환 내역, 건강 상태, 고용)가 개인의 사생활 침해에 대한 작은 배려도 없이 기업들 사이에서 수집되고, 조작되고, 이전되는 것을 우려하고 있다. 이 위원회가 제안한 지침에는 개인 자료가 수집되거나 처리되기 전에 개별로 동의를 받도록 요구하고 있다. 다양한 범위의 미국 서비스 기업들(보험, 은행, 신용 정보 회사, 다이렉트 마케팅 회사, 여행사 등)이 이러한 지침으로부터 영향을 받을 것이다. 이 지침은 데이터 처리회사와 데이터 분석회사에 광범위하게 영향을 미칠 것이다. 왜냐하면 이 지침 때문에 컴퓨터 프로세싱을 위해 유럽의 개별 소비자들의 정보를 전자적으로 미국에 전송하는 것을 금지하기 때문이다. 자국 산업을 보호하고 다국적 기업의 활동을 방해하려는 의도처럼 대부분의 국가에서는 무언의 동기들이 모든 법률과 지침에 숨겨져 있다. 글로벌 데이터 전송 사업이 새로운 세기에서 폭발적으로 계속되듯이, 규제 당국은 위와 같은 방향으로 많은 관심을 기울일 것이다.

지적 재산권의 보호

대처하기 어려운 경쟁의 중요한 형태는 도용된 상표, 공정, 저작권 그리고 특허 등에서 발생한다. 관련 내용은 7장에서 자세히 다루어졌다. 다시 한 번 내용을 상기해 보기 바란다.

문화 장벽과 시장적응

서비스 무역은 종종 대인 접촉을 포함하므로 문화는 상품 무역보다 서비스 무역에서 더 큰 역할을 한다.[44] 이러한 사례들은 많다. 동유럽 사람들은 고객을 응대할 때 직원이 불만스러워도 밝은 미소로 응대하기를 기대하는 서구인들의 생각에 당황하게 된다. 그러나 맥도날드는 폴란드 고용인들에게 고객에게는 언제나 미소를 지으라고 요구한다. 이러한 요구사항들은 종업원들에게 인위적이고 진실하지 않은 인상을 준다. 폴란드에서는 맥도널드가 매장 관리자들이 매장 직원들이 가지고 있는 문제점들을 조사해서 문제 직원을 카운터 대신에 주방에 배치하도록 해야 된다는 사실을 알게 되었다. 인터넷을 통해 쇼핑을 하는 일본인들은 높은 신용카드 수수료 지불이나 인터넷 거래에 대한 신뢰를 가지기 보다는 현금으로 직접 지불하는 것을 선호한다.

다른 예로서, 수업시간 옆에 앉은 일본인 학생이 강사에게 구두로 반대의사를 표현하는 것을 본 적이 있는가? 교실에서의 상호작용은 전 세계적으로 매우 큰 차이가 있다. 일본에서 학생들은 수업시간에 강의를 듣고, 필기하고 그리고 수업이 끝난 후에야 질문을 한다. 특히 일본에서 수업참여를 점수로 매긴다는 것은 생각할 수도 없다. 정반대로, 스페인 사람들은 수백 명의 대형 학부수업에 익숙하므로 강의 중간에도 친구와 이야기를 하는 경향이 있다. 마찬가지로, 각국의 의료체계와 의사와 환자 간의 상호작용에도 문화적 차이가 있다. 미국인들은 담당의사에게 질문을 하고 다른 의사를 찾아가 똑같은 증상에 대해 다시 검진을 받는다. 또한, 혁신적인 의료 서비스는 광범위한 마케팅 조사에 기반을 두고 개발된다. 그러나 일본에서는 의사에 대한 환자의 존경심이 사회적 체계에 반영되어 있다. 일본인들은 의사의 지시에 잘 따르고 세계에서 수명이 가장 길지만, 일본의 의료체계는 소비자 중심의 서비스를 제공하지는 못하고 있다.

일본인들에게 장기간의 휴가는 일반적이지 않다.–보통 7일에서 10일 정도 가는 것이 일반적이다. 따라서 일본인들을 위한 휴가 패키지 일정은 빡빡하다. 일본인들은 피닉스, 라스베이거스, 산디에고 또는 로마, 제네바, 파리, 런던 등을 10일안에 여행하는 것이 이상한 일은 아니다. 포시즌 호텔 체인은 일본인 고객을 위해 특수한 베게, 기모노, 슬리퍼 그리고 차 등을 제공한다. 버진 애틀랜틱 항공(Virgin Atlantic Airways)과 기타 장거리 노선 항공사는 일본(또는 미국, 프랑스 등) 영화와 TV를 개별 승객이 볼 수 있도록 각각 터치스크린을 제공하고 있다.

---

[44] Torsten Ringberg, Gaby Odekerken-Schroder, and Glenn L. Christensen, "A Cultural Models Approach to Service Recovery," *Journal of Marketing* 71 (2007), pp. 184–214; Samart Powpaka, "Empowering Chinese Service Employees: A Reexamination and Extension," *Journal of Global Marketing* 21, no. 4 (2008), pp. 271–93; Haksin Chan and Lisa C. Wan, "Consumer Responses to Service Failures: A Resource Preference Model of Cultural Infl uences," *Journal of International Marketing* 16, no. 1 (2008), pp. 72–97; Hean Tat Keh and Jin Sun, "The Complexities of Perceived Risk in Cross-Cultural Services Marketing," *Journal of International Marketing* 16, no. 1 (2008), pp. 120–46; Edwin J. Nijssen and Hester van Herk, "Conjoining International Marketing and Relationship Marketing: Exploring Consumers' Cross-Border Relationships," *Journal of International Marketing* 17, no. 1 (2009), pp. 91–115.

CROSSING BORDERS 13.7 단지 등교하기 위해서

전 국제연합(UN) 사무총장이었던 코피 아난(Kofi Annan)도 그랬고, 멕시코의 비센테 폭스(Vicente Fox) 대통령, 자크 시라크(Jacques Chirac) 프랑스 대통령, 요르단의 압둘라(Abdullah) 국왕도 역시 그랬다. 그들은 모두 미국에서 대학을 나왔다(프랑스 대통령은 아이스크림을 퍼주는 아르바이트로 직장 경험도 하였다). 게다가 미국인 노벨상 수상자의 3분의 1은 외국 태생이다. 하지만 인재전쟁이 대테러 전쟁에 길을 내어줌으로써 외국인을 환영하던 미국대학의 분위기는 점점 위축되고 있다.

작년에 670,000명이 넘는 외국인 학생이 단과대학과 종합대학에 입학했다. 국제교육협회(IIE, Institute of International Education)에 따르면 60퍼센트가 아시아 출신인데 주로 중국과 인도에서 왔다. 4퍼센트 미만의 학생들이 중동에서 왔다. 모든 비이민 비자의 2% 미만을 학생들이 차지하고 있다(하지만 일반 관광객보다는 미국에 더 오래 머물 수 있는 권리가 주어진다). 이 유학생들은 일년에 180억 달러 정도를 학비와 생활비에 지출함으로써 고등교육을 미국의 5번째로 큰 서비스 수출로 만드는데 일조한다. 이들이 졸업한 후에 실리콘벨리에 벤처기업이 설립되면 그들은 미국경제에 큰 수익을 거두는데 도움을 준다.

2001년 9월 11일 전까지는 미국이 이러한 인적자본을 다 활용하지 못한다는 것이 가장 많은 불평이었다. 다른 나라와 마찬가지로, 외국인 학생이 졸업 후에 미국에서 일할 수 있는 기간에 제한을 둔다. 국제교육협회는 지난 10년 동안 미국의 외국인학생 시장 점유율이 40%에서 30%로 뚝 떨어진 사실에 조바심을 낸다. 이는 미국 대학의 비싼 등록금이나 유럽 및 호주와의 경쟁이 커진 것뿐만 아니라, 어려운 미국 비자 취득과정 때문이기도 하다.

주로 이슬람국인 말레이시아에서 온 대학생들의 경우, 학생비자를 취득하는 데는 예전에는 2주면 됐었지만, 최근에 말레이시아 신입생 20명은 6개월을 기다렸다. 그 학생들은 가을 학기를 수강하지 못하였다. 미전역에서 외국인 학부 학생들의 대학 응시가 줄어들고 있다. 백악관 과학 참모 마버버(John H. Marburber) 3세는 비자가 지체된 것이 일부 학생들을 배제하는 정책이 반영된 것은 아니라고 주장했다. 하지만 하원의원인 다나 로라바쳐(Dana Rohrabacher, 캘리포니아 공화당)는 이렇게 높은 비율의 외국인 학생들을 유인할 필요성을 감소시키는 것이 목적이라고 주장하였다.

이 의원의 외국인 혐오에도 불구하고, 전국의 주립대 지원이 심각하게 감소하고 있는 현실은 등록금 할인혜택을 받지 못하는 외국인 학생들을 특히 매력적인 대안으로 만들고 있다.

출처: "Student Visas: Chillier on Campus," *The Economist* , November 24, 2001, pp. 31–32; Catherine Arnst, "How the War on Terror Is Damaging the Brain Pool," *BusinessWeek* , May 19, 2003, pp. 72–73; James Boone, "Visa Crackdown Cost U.S. Cream of Foreign Students," *The Times* (London), November 29, 2004, p. 33; http://www.iie.org, 2010; "Bin Laden's Legacy," *Economist* , January 14, 2010, online.

글로벌 서비스 인력을 관리하는 것은 어려운 일이다. 유피에스(UPS)의 경우가 그렇다. 유피에스가 유럽에서 다음과 같은 충격적인 일들을 맞닥뜨렸다. 프랑스 운전기사에게 점심시간에 포도주를 마실 수 없다고 하자 운전기사는 분노했고, 영국에서는 유피에스 트럭에 운전기사의 애완견을 데려갈 수 없다고 하자 항의했고, 스페인에서는 유피에스 트럭의 색깔이 갈색인 것이 영구차와 닮았다고 하여 경악하였으며 그리고 독일에서는 1945년 이후로 2차 세계대전 시 나치 제복과 관련된 색깔로 갈색 셔츠가 인식되고 있어 종업원들에게 갈색 셔츠를 입으라고 했을 때 충격을 받았다.

미국에서 서비스 종사자들에게 지급되는 청구금액 대비 10%에서 20% 정도 되는 팁은 중요한 인센티브(장려금)이지만, 독일에서는 그렇지 않은데, 여기서는 단지 나온 금액의 소수점을 반올림한 금액만 지불할 뿐이다. 따라서 고객 만족을 더 높은 수준으로 유지하기 위해서는 국가별로 다른 세심한 서비스 직원 관리가 필요하다.

분명히 소비자 서비스의 마케팅을 위한 기회는 21세기에도 계속 성장할 것이다. 국제 마케터는 국내 매장을 방문하는 외국 고객들과 해외에서 고품질 서비스를 제공하는 것과 관련된 법적 · 문화적 어려움들에 대해 창의적으로 잘 대응해야만 한다.

국제 시장에서의 브랜드

글로벌 브랜드들은 글로벌 제품과 서비스가 모두와 관련 있다. 글로벌 브랜드는 경쟁자들로부터 차별화하고 특정 판매자의 제품 또는 서비스를 식별하기 위해 사용되는 명칭, 용어, 기호, 상징(시각적 혹은 청각적), 디자인 또는 이들의 조합이 전 세계적으로 사용되는 것으로 정의된다. 글로벌 제품의 경우처럼, 글로벌 브랜드 수립여부는 간단한 문제가 아니다. 그러나 브랜드명은 비록 비영리 분야에서도 의문의 여지가 없이 중요하다.[45] 사실 표 13.1에 상위 20개 글로벌 브랜드들의 추정 가치가 나열되어 있다. 앞 장에서 지적된 것과 같이, 브랜드명을 보호하는 것 또한 큰 사업이다.

성공적인 브랜드는 기업이 보유한 가장 가치 있는 자원이다. 브랜드명[46]은 장기간의 광고, 신용, 품질 평가, 제품 경험, 제품과 관련 시장에서의 기타 유익한 속성들을 포함한다. 브랜드 이미지는 기업의 정체성과 전략의 핵심이다. 서구 연구자들은 개성과 이미지를 잘 나타내는 전형적인 브랜드들을 보여주고 있다. 어떤 의미에서, 소비자와 브랜드의 상호작용은 대인 관계의 상호작용과 유사한데, 그 점에서 문화 차이는 큰 영향력을 가진다. 예를 들어 일본 소비자들은 프랑스 소비자들과는 다르게 코라콜라 브랜드를 보고 상호작용하므로 글로벌 브랜드라도 현지시장에 맞게 포지셔닝 되어야만 한다. 연구자들은 브랜드의 영향과 중요성이 전 세계에 걸친 문화적 가치마다 다양하다는 것을 보여준다. 따라서 고객은 제품 혜택과 세계 문화의 글로벌 맥락 하에서 자신들의 개인적 · 국가적 정체성을 정의하는 데 도움이 되는 이미지[47], 신화, 은유에 어느 곳에서나 반응한다.[48]

---

[45] John A. Quelch and Nathalie Laidler-Kylander, *The New Global Brands* (Mason, OH: Southwestern, 2006).

[46] Yih Hwai Lee and Kim Soon Ang, "Brand Name Suggestiveness: A Chinese Language Perspective," *International Journal of Research in Marketing* 20, no. 4 (2003), pp. 323 – 35

[47] Tulin Erdem, Joffre Swait, and Ana Valenzuela, "Brands as Signals: A Cross-Country Validation Study," *Marketing Science* 26 (2006), pp. 679 – 97; Aysegul Ozsomer and Selin Altaras, "Global Brand Purchase Likelihood: A Critical Synthesis and an Integrated Conceptual Framework," Journal of International Marketing 16, no. 4 (2008), pp. 1 – 28; Donald R. Lehman, Kevin A. Keller, and John U. Farley, "The Structure of Survey-Based Brand Metrics," *Journal of International Marketing* 16, no. 4 (2008), pp. 29 – 56; Julien Cayla and Eric J. Arnould, "A Cultural Approach to Branding in the Global Marketplace," *Journal of International Marketing* 16, no. 4 (2008), pp. 86 – 112; Xuehua Wang, Zhilin Yang, and Ning Rong Liu, "The Impacts of Brand Personality and Congruity on Purchase Intention: Evidence from the Chinese Mainland's Automobile Market," *Journal of Global Marketing* 22 (2009), pp. 199 – 215; Francisco Guzman and Audhesh K. Paswan, "Cultural Brands from Emerging Markets: Brand Image across Host and Home Countries," *Journal of International Marketing* 17, no. 3 (2009), pp. 71 – 86; Ralf van der Lans and 12 coauthors, "Cross-National Logo Evaluation Analysis: An Individual-Level Approach," *Marketing Science* 28, no. 5 (2009), pp. 968 – 85; Yinlong Zhang and Adwait Khare, "The Impact of Accessible Identities on the Evaluation of Global vs. Local Products," *Journal of Consumer Research* 36 (2009), pp. 525 – 37.

[48] Douglas B. Holt, "What Becomes an Icon Most?" *Harvard Business Review* , March 2003, pp. 43 – 49; Yuliya Strizhakova, Robin L. Coulter, and Linda A. Price, "Branded Products as a Passport to Global Citizenship: Perspectives from Developed and Developing Countries," *Journal of International Marketing* 16, no. 4 (2008), pp. 57 – 85; Lily Dong and Kelly Tian, "The Use of Western Brands in Asserting Chinese National Identity," *Journal of Consumer Research* 36 (2009), pp. 504 – 22.

글로벌 브랜드는 이러한 과정에서 중요한 역할을 한다. 소니, 코카콜라, 맥도날드, 도요타, 말보로의 가치는 논쟁의 여지가 없다. 세계에서 가장 가치 있는 코카콜라 브랜드의 추정 가치는 650억 달러로 평가되고 있다. 사실, 한 권위자는 브랜드는 매우 중요하므로 브랜드 가치와 같은 무형적인 것을 포함하기 위해 대차대조표의 부록으로서 가치제표(statement of value)를 기업들이 곧 도입할 것이라고 추측하고 있다. 표 13.1를 보면 자세히 알 수 있다. 한 연구자는 단기적으로 브랜드 자산 가치는 상대적으로 안정적이지만, 장기적으로는 그렇지 않다고 주장했다.[49]

49 A. Coskun Samli and Merici Fevrier, "Achieving and Managing Global Brand Equity: A Critical Analysis," *Journal of Global Marketing* 21, no. 3 (2008), pp. 207–15.

표 13.1

상위 20위 글로벌 브랜드

순위 2009/2008	2009년 브랜드가치 (백만 달러)	2008년 브랜드가치 (백만 달러)	비율변화	소유 국가	설명
1/1 코카콜라 (Coca-Cola)	68,734	66,667	3	미국	어려운 탄산 음료시장에서 코카콜라(Coke)는 빛이 났다. 칼로리가 전혀 없지만 다이어트 콜라보다 더 남성적 이미지를 가지 제로 콜라 때문이다.
2/3 아이비엠(IBM)	60,211	59,031	2	미국	아이비엠(IBM)은 청정 공기와 물, 효율적 의료관리 그리고 대중교통에 초점을 맞춤으로써 좀 더 광범위한 사업에 관여하였다.
3/2 마이크로소프트 (Microsoft)	56,647	59,007	–4	미국	마이크로소프트(Microsoft)는 처음으로 매출이 하락하였다. 그러나 또한 검색엔진(Bing)과 광고를 통해 라이벌인 애플(Apple)에 강력하게 대처 하기 시작했다.
4/4 지이(GE)	47,777	53086	–10	미국	GE는 에코매지네이션(Ecomagination) 운동으로 자신들을 녹색으로 묘사했다. 현재는 의료서비스가 충분하지 못한 시장에서 의료 솔루션사업을 추진해 나감에 따라 자신들을 건강함으로 묘사하고 있다.
5/5 노키아(Nokia)	34,864	35,942	–3	핀란드	Nokia는 스마트폰 시장에서 뒤처지고 있으나 튼튼한 제품구조, 사용 편리성 그리고 절제된 스타일로 얻은 명성은 Nokia가 대량판매 시장을 지배하는데 도움을 주었다.
6/8 맥도날드 (McDonald's)	32,275	31,049	4	미국	새로운 맥카페 커피는 매출을 늘려준 반면에 맥도날드의 가격할인은 특히 영국과 프랑스에서 상황을 더 악화시켰다.
7/10 구글(Google)	31,980	25,590	25	미국	새로운 무료서비스 덕택에 검색엔진 이상으로 발전하고 있으나, 미 연방 정부의 반독점법 감시관들의 주목을 받음으로써 Google은 호감가는 브랜드 이미지를 어떻게 유지할지가 관건이다.

순위 2009/2008	2009년 브랜드가치 (백만 달러)	2008년 브랜드가치 (백만 달러)	비율변화	소유 국가	설명
8/6 도요타(Toyota)	31,330	34,050	–8	일본	2008년에 손실을 보았고 2009년에도 다시 그럴 것 같다. 하지만 풍부한 자금력과 집중력 강한 신임경영진 덕분에 경기가 회복하면 이 거대 기업도 부활 할 것이다.
9/7 인텔(Intel)	30,636	31,261	–2	미국	인텔은 유럽에서 반독점 위반으로 14억5천만 달러의 벌금을 지불하였지만, 스마트 폰과 가전제품 분야와 같은 신규시장에 진출하려는 이 반도체 회사의 속도를 늦추지는 못하고 있다.
10/9 디즈니(Disney)	28,447	29,251	–3	미국	놀이공원의 입장객 저조와 DVD판매 실적의 저하로 피해를 입었지만 디즈니는 40억 달러에 마블(Marvel)사를 매입한 것을 포함해서 지속적으로 투자를 하고 있다.
11/12 휴렛–팩커드 (Hewlett–Packard)	24,096	23,509	2	미국	시스템 공급업체인 EDS를 매입함으로써 HP는 Dell과의 격차를 벌였고 대부분의 기술 기업들보다 경기침체에 잘 대응하였다.
12/11 메르세데스 벤츠 (Mercedes–Benz)	23,867	25,577	–7	독일	매출은 하락하였지만 공학기술의 상징으로서 신형 연비효율적인 모델로 그 명성을 유지하였다. 소형차를 제품라인에 추가할 필요가 있다.
13/14 질레트(Gillette)	22,841	22,069	4	미국	활기차게 팔리는 첨단 면도기 덕택에 매출이 급증하였지만, 질레트가 더 많은 소비자에게 다다가기 위해서는 저가 시장에서도 혁신을 이루어야 한다.
14/17 시스코(Cisco)	22,030	21,306	3	미국	인터넷 연결망 생산자 이상의 이미지로 재브랜딩 작업을 계속하고 있다. Flip 비디오를 인수함으로써 일반 소비자에게도 다가가고 있다.
15/13 비엠더블유 (BMW)	21,671	23,298	–7	독일	젊고 스포티한 소형차에도 소비자들은 프리미엄 가격을 지불한다는 것을 보여주었다. BMW는 초기의 고효율엔진 투자에 따른 혜택을 누리고 있다.
16/16 루이뷔통 (Louis Vutton)	21,120	21,602	–2	프랑스	세계최고의 이 명품 브랜드는 아시아와 중동의 신흥시장을 개척하면서 올해는 유럽에서 매출이 회복되었다.
17/18 말보로 (Marlboro)	19,010	21,300	–11	미국	자국에서 마케팅 규제가 심화됨에 따라 이 거대 담배기업은 아시아에서 러시아까지 신흥시장으로 확장을 하고 있으며 수백만 명의 흡연자를 얻을 수 있었다.
18/20 혼다(Honda)	17,803	19,079	–7	일본	지지부진한 글로벌 매출에도 불구하고 혼다의 기름을 적게 먹는 차종과 수익성 높은 오토바이로 이루어진 제품라인업은 경기침체기에 길을 밝혀주고 있다.
19/21 삼성(Samsung)	16,796	17,518	–1	한국	최고의 텔레비전 제조사 소니를 눌렀으며 휴대폰 분야에서 노키아의 유일한 적수로서 새롭게 부상하였다. 이제는 앱 스토어도 개설하였다.
20/24 애플(Apple)	15,443	13,724	12	미국	맥컴퓨터의 매출은 부진하나 3G 아이폰 덕택에 지속적으로 성장하고 있다.

출처: Burt Helm, "100 Best Global Brands," *BusinessWeek*, September 28, 2009, pp. 44–61

지엠(GM) 대우의 스파크(SPARK)(또는 마티즈: 오른쪽 사진)와 너무나 똑같이 만들어진 복제 자동차인 중국의 큐큐(QQ, 왼쪽 사진)

이 장기적이라는 것에 2008년과 2009년 사이의 경기침체기도 포함된다. 구글의 브랜드 자산 가치는 경기침체기 동안 25% 증가했지만 지이(GE)는 10% 감소했다. 그러나 가장 큰 변화는 단 일년 만에 씨티은행 브랜드 자산 가치의 49%가 감소하였으며 순위로는 19위에서 36위로 떨어졌다는 것이다.

글로벌 브랜드

글로벌 브랜드를 가진 기업들이 자신들의 브랜드를 글로벌하게 사용하려 노력하는 것은 자연스러운 일이다.[50] 사실, 글로벌 한 것으로 인식되기만 해도 판매 증가로 이어질 수 있다.[51] 인터넷과 기타 기술들은 브랜드의 글로벌화를 가속화한다. 심지어 현지 시장 조건에 적응되어야만 하는 제품이라 하더라도, 글로벌 브랜드는 신중한 검토와 함께 성공적으로 사용될 수 있다.[52] 하인즈(Heinz)는 전 세계적으로 하인즈 브랜드로 판매되는 다수의 제품을 생산하고 있다. 다수의 제품이 현지의 취향을 반영하였다. 예를 들어 영국에서 하인즈 구운 콩 피자(Heinz Baked Beans Pizza)는 출시 후 최초 6개월 만에 250만 개 이상의 피자를 판매하는 대 기록을 쌓았다. 영국시장에서, 구운 콩의 하인즈 브랜드는 가장 인기 있는 제품 중의 하나이다. 영국 소비자들은 연간 10억 5천만 달러, 개인 평균 16캔을 매년 먹는다. 다른 나라의 소비자들은 콩 피자에 그렇게 열광적이지 않음을 깨달았지만 이런 깨달음은 다른 문화와 시장에 보다 적합한 제품의 개발을 위한 아이디어 도출에 도움이 될 것이다.

글로벌 브랜드는 동일 브랜드 이름으로 다른 제품을 출시했을 때, 전세계적으로 동일한 긍정적 브랜드 연상을 통해 비용절감과 효율증대를 회사에게 제공한다. 그러

[50] Isabelle Schuiling and Jean-Noel Kapferer, "Real Differences between Local and International Brands: Strategic Implications for International Marketers," *Journal of International Marketing* 12, no. 4 (2004), pp. 97–113.

[51] Jan-Benedict E. M. Steenkamp, Rajeev Batra, and Dana L. Alden, "How Perceived Brand Globalness Creates Brand Value," *Journal of International Business Studies* 34 (2003), pp. 53 – 65; Claudiu V. Dmofte, Johny K. Johansson, and Ilkka A. Ronkainen, "Cognitive and Affective Reactions of U.S. Consumers to Global Brands," *Journal of International Marketing* 16, no. 4 (2008), pp. 113 – 35; Vertica Bhardwaj, Archana Kumar, and Youn-Kyun Kim, "Brand Analyses of U.S. Global and Local Brands in India: The Case of Levi's," *Journal of Global Marketing* 23 (2010), pp. 80 – 94.

[52] Shi Zhang and Bernd H. Schmitt, "Creating Local Brands in Multilingual International Markets," Journal of *Marketing Research* 38 (August 2001), pp. 313 – 25.

나 모든 기업이 이러한 단일 글로벌 접근 방식이 최상이라고 믿지는 않는다. 사실, 우리는 동일한 브랜드가 다른 나라에서 동일한 의미를 가질 필요가 없다는 것을 알고 있다. 동일한 브랜드를 세계적으로 사용하고 있는 리바이스(Levi's), 캐터필라(Caterpillar), 코카콜라(Coca-Cola), 켈로그(Kellog), 애플(Apple)[53] 같은 회사들뿐만 아니라, 네슬레(Netstle), 마스(Mars), 피앤지(P&G)[54] 그리고 질레트(Gillette)와 같은 다른 다국적 기업들의 일부 브랜드는 전 세계적으로 촉진활동을 하고 다른 브랜드에 대서는 특정 국가에 한해서 촉진활동을 펼친다. 모든 브랜드를 글로벌하게 만들지에 대해 의문을 제기하는 기업들은 동일한 방식을 따르고 있지는 않다.[55]

이미 특정 국가에 특화된 성공적인 브랜드명을 가지고 있는 기업들은 글로벌 브랜드의 이점과 기존 브랜드의 이점을 상실할 수 있는 위험 간의 균형을 이루어야만 한다. 그리고 일부 브랜드 이름은 쉽게 번역되지 않는다.[56] 현지 브랜드가 보유한 시장 점유율과 브랜드 선호 수준을 유지한 채 글로벌 브랜드로 재구축하기 위해 드는 비용은 장기적인 비용절감과 전 세계적으로 단일 브랜드명을 가지는 것의 장점과 상쇄될 수 있어야 한다. 글로벌 브랜드가 알려져 있지 않은 시장에서, 많은 기업들은 소비자가 원하는 제품의 현지 브랜드를 인수한 후, 현지 브랜드를 개선하고, 재포장하며 그리고 마지막으로 새로운 이미지로 재출시 한다. 유니레버(Unilever)는 헝가리 시장에서 9%의 점유율을 가지고 있는 바이오팬(Biopan)이라는 현지 분말세제 브랜드를 인수했다. 그리고 브랜드 재출시 이후 시장점유율은 25%까지 증가했다.

제품 라인에 캔디와 애완동물 사료를 포함하고 있는 미국 기업인 마스(Mars)가 글로벌 전략을 선택했을 때 마스는 강력한 현지 브랜드명까지 포함해서 모든 제품들을 하나의 글로벌 브랜드명으로 통합했다. 유럽에서 가장 큰 캔디 시장인 영국에서, 마스의 엠앤엠(M&M)은 트리츠(Treets)로 팔렸고, 스니커즈(Snickers)는 영어로 여자의 속옷을 의미하는 니커즈(knickers)와의 브랜드 연상 충돌을 피하기 위해 마라톤(Marathon)으로 팔렸다. 두 캔디 제품을 글로벌 브랜드의 우산 아래로 가지고 오기 위해서 마스는 본래의 이름으로 전환하였다. 애완동물용 사료사업부는 칼칸(Kalkan)이라는 브랜드 대신에 고양이 사료는 휘카스 앤 쉬바(Whiskas and Sheba)로, 개 사료는 페디그리(Pedigree)로 글로벌 브랜드를 채택하였다. 연간 40억 달러

[53] Deborah L. Vence, "Not Taking Care of Business," *Marketing News* , March 15, 2005, pp. 19 – 21

[54] "The Rise of Superbrands," *The Economist* , February 5, 2005, pp. 63 – 65.

[55] Prominent among those arguing against global brands are David A. Aaker and Erich Joachimsthaler, "The Lure of Global Branding," *Harvard Business Review* , November – December 1999. For an interesting view of the arguments for and against globalization of brands, see Anand P. Raman, "The Global Face Off," *Harvard Business Review* , June 2003, pp. 35 – 46.

[56] June Francis, Janet P. Y. Lam, and Jan Walls, "The Impact of Linguistic Differences on International Brand Name Standardization: A Comparison of English and Chinese Brand Names of *Fortune* 500 Companies," *Journal of International Marketing* 10, no. 1 (2002), pp. 98 – 116; Clement S. F. Chow, Esther P. Y. Tang, and Isabel S. F. Fu, "Global Marketers' Dilemma: Whether to Translated the Brand Name into Local Language," *Journal of Global Marketing* 20 (2007), pp. 25 – 38.

힌두어로 "bop to the top"을 어떻게 부를까? 디즈니 채널 월드와이드(Disney Channels Worldwide)의 리치 로스(Rich Ross)가 말하길, "현지화는 매우 중요합니다. 우리는 여러 나라에 깊숙이 침투하고 있습니다. 첫 번째 영화[High School Musical]의 경우 우리는 네덜란드 사람들을 위한 어떤 특별한 것도 하지 않았습니다. 이번 영화[High School Musical 2]에서는 조금 다릅니다." 인도의 경우 'bop to the top'은 영어로 번역하면 대략 행복이 가득한 마음이라고 번역되는 'Pa Pa Pa Paye Yeh Dil'로 바뀌었습니다. 또한 디즈니의 가장 중요한 시장 중 하나인 인도에서는 주제가인 "All for One"은 "함께 춤을 추어요"라고 번역되는 "Aaja Nachle"이 되었다.[57]

이상을 차지하고 있는 이 글로벌 사업부를 지원하려, 마스는 애완동물용 사료 브랜드 웹사이트를 개발했다. 이 사이트는 전 세계 어떤 페디그리(Pedigree) 애완동물용 사료 영업지점에서도 현지화 할 수 있는 글로벌 하부구조로 기능하고 있다. 예를 들어 페디그리 지점에서는 수의사와 고양이 소유자 모임과 같은 특정한 주제들 관련 정보와 언어들을 현지화 할 수 있다.

마지막으로, 연구자들은 글로벌 시장에서 브랜드 확장의 어려운 문제를 고심하기 시작했다. 전체론적인 사고에 강한 동방문화의 소비자들은 분석적 사고방식을 가진 서방문화의 소비자들보다 브랜드 확장을 더 잘 이해하고 음미하는 경향이 있다. 확실히 이 분야에는 더 많은 연구가 필요로 하지만, 이미 브랜드 확장의 수용측면에서 문화 간의 중요한 차이들은 쉽게 식별된다.[58]

제조업체 브랜드

제품 라인에 있어서 안정적인 글로벌 브랜드와 한 국가에 특화된 제조업체 브랜드 모두를 보유한 네슬레는 다른 전략을 사용한다. 여기서 제조업체 브랜드(national brands)란 미국 마케팅협회(AMA)의 정의를 따르면 일반적으로 넓은 지역에 걸쳐

[57] Brooks Barnes, "Bopping in 17 Languages as Disney Milks Its Hits," *International Herald Tribune*, January 29, 2008, p. 13.

[58] Alokparna Basu Monga and Deborah Roedder John, "Cultural Differences in Brand Extension Evaluation: The Influence of Analytic versus Holistic Thinking," *Journal of Consumer Research* 33 (2007), pp. 529–36; Guoqun Fu, John Saunders, and Riliang Qu, "Brand Extensions in Emerging Markets: Theory Development and Testing in China," *Journal of Global Marketing* 22 (2009), pp. 217–28; Sharon Ng, "Cultural Orientation and Brand Dilution: Impact Level and Extension Typicality," *Journal of Marketing Research* 47, no. 1 (2010), pp. 186–98.

적용하고 있는 제조업자 혹은 생산자의 브랜드를 의미한다. 네슬레 명칭은 글로벌하게 홍보되지만, 네슬레의 글로벌 브랜드 확장 전략은 두 갈래로 나뉜다. 일부 시장에서는, 가능하다면 기존의 괜찮은 제조업체 브랜드를 인수한 후 그 토대위에 자신들의 장점을 쌓아올린다. 네슬레 브랜드 군에는 약 7천 개의 현지 브랜드가 속해 있다. 인수할 만한 강력한 브랜드가 없는 다른 시장에서는 네슬레는 자신들의 글로벌 브랜드 명칭을 사용한다. 네슬레는 현지화된 브랜드, 현지인 그리고 글로벌화된 기술을 선호하는 것으로 묘사된다. 그러나 네슬레는 세계에서 가장 큰 글로벌 브랜드들을 소유하고 있다. 네스카페(Nescafe)는 그 중 하나일 뿐이다.

유니레버(Unilever)는 제조업체 브랜드와 글로벌 브랜드의 혼합 전략을 구사하는 기업이다. 유니레버는 많은 나라에서 팔리고 있는 세제인 오모(Omo) 브랜드를 폴란드에서 출시하였지만, 폴레나(Pollena) 2000이라는 현지 브랜드도 인수하였다. 두 경쟁적인 브랜드인 유니레버의 오모와 피앤지(P&G)의 아리엘(Ariel)의 강력한 출시에도 불구하고, 새롭게 단장된 폴레나 2000이 일 년 후 가장 큰 시장 점유율을 확보하였다. 유니레버는 동부 유럽 소비자들이 새로운 브랜드에 의심이 많다고 설명하였다. 또한 동부 유럽 소비자들은 자신들의 취향과 가치관을 유지하면서도 저렴한 브랜드를 원한다고 설명하였다. 폴레나 2000이 단지 저렴하므로 성공한 것이 아니라, 현지 가치관과 일치하기 때문이다.

다국적 기업들은 일부 국가에서 일어나고 있는 커져가는 민족주의적 자부심이 브랜드에 미치는 영향을 고려해야만 한다.[59] 예를 들어 인도에서는 유니레버가 서프(Surf) 세제와 럭스(Lux) 비누 혹은 라이프부이(Lifebuoy) 비누와 같은 자신들의 브랜드들이 인도 브랜드로 비춰지는 것을 매우 중요하게 생각한다. 제품과 마찬가지로 언제 브랜드를 글로벌화 할 것인가라는 질문의 답은 "상황에 따라 다르지만 시장이 알려준다"이다. 가능한 곳에서 글로벌 브랜드를 사용하고, 필요한 곳에서 제조업체 브랜드를 사용하면 된다. 마지막으로, 국가내에서도 제조업체 브랜드의 수용이 지역별로 달라진다는 증거들이 나타나고 있으며, 이는 브랜딩 전략의 좀 더 자세한 시장 세분화도 필요하다는 것을 의미한다.[60]

원산지 효과와 글로벌 브랜드

LO5

원산지가 제품 이미지에 미치는 효과를 학습한다

앞의 논의처럼, 브랜드는 맛, 디자인, 제품 성과, 품질, 가치, 명성 등에 대한 외부적 단서로 사용된다. 다시 말해, 소비자는 브랜드와 제품의 가치를 연관 짓는다. 브랜드는 소비자에게 제품에 대한 긍정적 또는 부정적 메시지를 전달할 수 있고 브랜드는

[59] Tsang-Sing Chan, Geng Cui, and Nan Zhou, "Competition between Foreign and Domestic Brands: A Study of Consumer Purchases in China," *Journal of Global Marketing* 22 (2009), pp. 181 – 97.

[60] Bart J. Bronnenberg, Sanjay K. Dhar, and Jean-Pierre Dube, "Consumer Package Goods in the United States: National Brands, Local Branding," *Journal of Marketing Research* 44 (2007), pp. 4 – 13; M. Berk Ataman, Carl F. Mela, and Harald J. van Heerde, "Consumer Package Goods in France: National Brands, Regions Chains and Local Branding," *Journal of Marketing Research* 44 (2007), pp. 14 – 20.

과거 광고와 촉진, 제품 명성, 제품 평가와 경험에 의해 영향을 받는다.[61] 즉, 많은 요인들이 브랜드 이미지에 영향을 미친다. 전 세계적으로 생산을 하는 다국적 기업들이 가장 크게 고민하는 요인 중 하나는 제품의 시장 지각에 영향을 주는 원산지 효과(country-of-origin effect)이다.

원산지 효과는 제조, 조립 또는 디자인하는 국가가 제품에 대한 소비자의 긍정적 또는 부정적 지각에 가지는 모든 영향으로 정의될 수 있다. 오늘날 글로벌 시장에서 경쟁하는 회사는 전 세계적으로 제품을 생산하고 있다. 고객이 원산지를 인식하는 순간에 생산 장소가 제품 혹은 브랜드 이미지에 영향을 줄 가능성이 있다.[62]

국가, 제품유형 그리고 기업과 그 기업의 브랜드들은 모두 원산지가 긍정적 반응을 불러일으킬지 혹은 또는 부정적 반응을 얻게 할지에 영향을 미친다. 제품과 브랜드에 미치는 원산지 효과에 대한 다양한 일반화가 성립될 수 있다.[63] 소비자는 특정 국가와 제품에 경험, 소문, 신화 그리고 제한된 정보 등에 의해 형성되어온 고정관념을 가지는 경향이 있다.[64] 다음은 매우 자주 인용되는 일반화의 일부분이다.

소비자들은 스스로가 최고로 판단하는 특정 국가와 제품 범주에 대한 광범위하지만 다소 막연한 고정관념을 가지고 있다. 영국 차, 프랑스 향수, 중국 비단, 이탈리아 가죽, 일본 전자제품, 자메이카는 럼주 등과 같은 고정 관념을 가지고 있다. 이러한 성격의 고정 관념은 전형적으로 특정 제품에 한정되고 이들 국가들로부터 생산된 다른 종류의 제품들까지 확장되지는 않는다.

이러한 유형의 고정 관념이 가지는 중요성이 최근에 강조되고 있는데 그 이유는 심각하게 변경(예를 들어 직조된)된 천의 라벨에 그 제품의 생산지를 표시하는 것을 요구하도록 미국법이 변경되었기 때문이다. 페라가모(Ferragamo), 구찌(Gucci) 그리고 베르사체(Versace)와 같은 명품 브랜드는 라벨에 중국산(Made in China)을 포함시켜야 하므로 이 영향을 받는다. 중국산(Made in China)라벨이 포함되는 순간, 195달러 이상을 호가하는 이태리산 스카프에 대한 구매충동은 사라진다. 한 구매자는 라벨에 중국산이라고만 적혀져 있지만 않으면 그 스카프가 중국에서 만들어졌는

[61] Jean-Claude Usunier and Ghislaine Cestre, "Product Ethnicity: Revisiting the Match between Products and Countries," *Journal of International Marketing* 15 (2007), pp. 32–72; Ravi Pappu, Pascale G. Quester, and Ray W. Cooksey, "Country Image and Consumer-Based Brand Equity: Relationships and Implications for International Marketing," *Journal of International Business Studies* 38 (2007), pp. 726–45.

[62] Jill Gabrielle Klein, "Us Versus Them, or Us Versus Everyone? Delineating Consumer Aversion to Foreign Goods," *Journal of International Business Studies* 33, no. 2 (2002), pp. 345–63.

[63] Peeter W. J. Verleigh, Jan-Benedict E. M. Steenkamp, and Matthew T. G. Meulenberg, "Country-of-Origin Effects in Consumer Processing of Advertising Claims," *International Journal of Research in Marketing* 22, no. 2 (2005), pp. 127–39.

[64] Saeed Samiee, Terrance A. Shimp, and Subhash Sharma, "Brand Origin Recognition Accuracy: Its Antecedents and Consumers' Cognitive Limitations," *Journal of International Business Studies* 36 (2005), pp. 379–97; George Balabanis and Adamantios Diamantopoulos, "Brand Origin Identifi cation by Consumers: A Classifi cation Perspective," *Journal of International Marketing* 16, no. 1 (2008), pp. 39–71; Alfred Rosenbloom and James E. Haefner, "Country-of-Origin Effects and Global Brand Trust: A First Look," *Journal of Global Marketing* 22, no. 4 (2009), pp. 267–79.

지의 여부에 신경 쓰지 않는다고 말했다. 아이러니한 것은 비단의 95%는 중국산인데, 중국은 최상의 비단을 만드는 나라로 유명하지만 동시에 값싼 스카프를 만드는 나라로도 유명하다. 최고의 스카프는 고급 양장점(오트쿠튀르, haute couture)의 디자이너에 의해 프랑스나 이탈리아에서 만들어진다.

자민족 중심주의는 원산지 효과를 가질 수 있다. 민족적 자긍심은 외국 제품에 대한 태도에 영향을 줄 수 있다.[65] 자사의 제품 모델 중 하나를 미국에서 거의 전적으로 생산하는 혼다는 이러한 현상을 인식하고 자사의 광고를 통해 얼마나 많은 부품이 미국에서 만들어지는지를 지적했다. 대조적으로, 적어도 2010년까지 다른 사람들은 최고의 자동차를 만드는 나라는 일본이라는 고정관념을 가지고 있다. 도요타 품질 재앙 전에 발표된 연구에 따르면 미국 자동차 기업들은 그들이 실제로 얼마나 우수한 자동차를 생산하는지의 여부와는 상관없이 일본기업 보다 퇴색된 이미지로 고생하고 있다는 것을 발견했다. 산업화된 국가, 산업화 과정의 국가 또는 개발도상국 여부에 기반을 둔 국가별 고정관념이 생성된다. 이러한 고정관념은 제품 특유의 속성이기보다는 일반적으로 한 국가에서 생산된 제품과 서비스에 대한 인식에 더 가깝다.[66] 산업화된 국가들은 최고 품질의 이미지를 가지는 반면 개발도상국에서 생산된 제품은 일반적으로 편견에 부딪힌다.

예를 들어 러시아에는 '우리의 것'과 '수입된 것'과 같이 두 종류의 제품으로 나누어진다. 러시아 사람들은 식품의 경우 신선한 자국산을 선호하지만 반면에 수입의류와 수입 공산품은 좋아한다. 러시아에서 생산함으로 인해 고객 충성도를 얻기를 바라는 기업들은 불행하게도 놀라운 경험을 한다. 러시아 소비자는 현지에서 생산된 폴라로이드(Polaroid) 카메라와 필립스(Philips) 다리미에 대해 냉담하다. 그러나 국경을 넘어 핀란드에서 생산된 컴퓨터는 높은 품질을 가진 것으로 생각한다. 러시아에서는 품질을 나타내는 척도로서 브랜드보다는 원산지가 더 중요하다. 한국 전자 제품 제조업체들은 일본제품 만큼 한국 제품도 훌륭하다는 점을 러시아 사람들에게 설득하는데 어려움을 가지고 있다. 말레이시아, 홍콩 혹은 태국 등에서 생산된 상품에 대해서는 여전히 확신이 없다. 동부 유럽은 의류에는 적합한 국가이지만, 내구재나 식품

[65] Aviv Shoham, Moshe Davidow, Jill G. Klein, and Ayalla Ruvio, "Animosity on the Home Front: The Intifada in Israel and Its Impact on Consumer Behavior," *Journal of International Marketing* 14 (2006), pp. 92–114; Peeter W. J. Verlegh, "Home Country Bias in Product Evaluation: The Complementary Roles of Economic and Socio-Psychological Motives," *Journal of International Business Studies* 38 (2007), pp. 361–73; Raymond A. Hopkins and Thomas L. Powers, "'Buy National' and Altruistic Market Segments," *Journal of Global Marketing* 20 (2007), pp. 73–90; Taewon Suh and Karen H. Smith, "Attitude toward Globalization and Country-of-Origin Evaluations: Toward a Dynamic Theory," *Journal of Global Marketing* 21, no. 2 (2008), pp. 127–40; Siew Meng Leong, Joseph A Cote, Swee Hoon Ang, Soo Jiuan Tan, Kwon Jung, Ah Keng Kau, and Chanthika Pornpitakpan, "Understanding Consumer Animosity in an International Crisis: Nature, Antecedents, and Consequences," *Journal of International Business Studies* 39, no. 6 (2008), pp. 996–1009; Rohit Varman and Russell W. Belk, "Nationalism and Ideology in an Anticonsumption Movement," *Journal of Consumer Research* 36 (2009), pp. 686–700.

[66] Jan-Benedict E. M. Steenkamp and Inge Geyskens, "How Country Characteristics Affect the Perceived Value of Web Sites," *Journal of Marketing* 70 (2006), pp. 136–50.

에서는 별로인 것으로 간주된다. 터키와 중국은 바닥에 있다.

기술이 더 필요한 제품일수록 저개발 국가나 신흥공업국에서 생산되면 제품에 대한 인식이 덜 긍정적이라고 일반화시킬 수 있다. 저개발 국가의 소비자들은 자국 내에서 만들어진 제품보다 해외에서 만들어진 제품을 더 선호하는 경향이 있다. 소비자들이 해외에서 만들어진 제품의 품질에 대한 고정관념을 가지므로 개발도상국뿐만 아니라 산업화된 국가에서도 외국제품들은 더 잘된다. 체코의 소비자들을 대상으로 한 조사에서 일본 제품의 72%가 최상의 품질을 가진 것으로 인식되었고, 독일 제품은 51%로 다음 순위를 기록했으며, 스위스 제품은 48%로 그 다음이며, 체코는 32%로 다음 순위를 기록했고 마지막이 미국으로 29%를 기록했다.

원산지 효과에 대한 마지막 일반화는 세계의 특정 지역이나 국가에서 온 제품을 둘러싼 유행과 관련이 있다. 이러한 유행은 대부분 제품 특유적인 것이고 일반적으로 일시적으로 유행을 타는 제품과 연관되어 있다. 미국 제품에 대한 유럽 소비자들의 사랑은 매우 변덕스럽다. 1990년대의 체로키 지프(Jeep Cherokees), 버드와이즈(Budweiser) 그리고 보스(Bose) 사운드 시스템에 대한 친밀감은 미국의 정치적 정책에 대한 저항으로서 미국 브랜드에 대한 노골적인 반감으로 퇴색되었다. 이러한 반응은 미국적인 모든 것에 대한 1970년대와 1980년대의 반발로 메아리쳐졌지만, 1990년대에는 미국인들도 한 몫 거들었다. 중국에서는 서양의 모든 것이 유행처럼 보인다. 서양 제품이라면 중국 내 생산 제품 가격의 3~4배라도 수요가 있다. 대부분 이러한 유행들은 수 년 후 새로운 유행으로 대체되면서 시들해진다.

지금까지 제시된 일반화에는 예외들이 있지만, 원산지가 제품이나 브랜드 이미지에 상당한 영향을 줄 수 있다는 점을 인식하는 것은 매우 중요하다. 또한, 모든 소비자가 제품의 원산지에 민감한 것은 아니다.[67] 최근의 한 연구 결과에서 소비자가 더 지식층일수록 제품의 원산지 효과에 더 민감하다는 주장이 제기되었다. 다른 연구에서는 미국 소비자 보다는 일본 소비자들이 더 원산지 효과에 민감하다는 것을 발견했으며, 이를 통해 소비자 그룹 간에 원산지 효과가 다르다는 것을 주장했다.[68] 다국적 기업은 제품 개발과 마케팅 전략에서 이러한 요인들을 고려할 필요가 있다. 왜냐하면, 한 국가에 대한 부정적인 고정관념은 효과적인 마케팅으로 이를 극복하지 않는 한 제품의 성공에 장애가 될 수 있기 때문이다.

시장이 제품에 대한 경험을 얻게 되면, 제품에 대한 부정적인 고정관념은 극복될 수 있다. 칠레에서 만든 젓가락을 일본에서 판매하는 것은 정말 이치에 맞지 않

---

[67] This appears to be less the case when professional buyers make decisions. See John G. Knight, David K. Holdsworth, and Damien W. Mather, "Country-of-Origin and Choice of Food Imports: An In-Depth Study of European Distribution Chanel Gatekeepers," *Journal of International Business Studies* 38 (2007), pp. 107–25.

[68] Zeynep Gurhan-Canli and Durairaj Maheswaran, "Cultural Variations in Country of Origin Effects," *Journal of Marketing Research* 37 (August 2000), pp. 309–17.

는 것처럼 보이지만 실제로 이런 일이 발생했다. 칠레 기업들이 제품의 품질에 대한 의심을 극복하는데 수년이 걸렸지만, 일본인들로 하여금 젓가락의 재료가 되는 칠레의 포플러 숲을 방문하도록 한 끈기와 높은 품질의 제품은 결국 이러한 의심을 극복했다. 현재, 이 회사는 젓가락 주문에 대한 수요를 충족할 수 없을 정도로 잘된다.

"국가 자산[69]"이라고 불리는 국가에 대한 고정관념은 훌륭한 마케팅으로 극복할 수 있다.[70] 시장에서 한국 브랜드에 대한 긍정적 경험이 축적되면서 한국산 자동차와 전기제품의 이미지는 미국에서 상당히 향상되었다. 가장 최근, 미국에서 중국산 제품의 안전성과 품질은 미국 브랜드가 붙은 장난감, 식품 그리고 의약품들에서 일어난 문제의 원인이었다. 레노보(Lenovo) 컴퓨터와 하이얼(Haier) 가전제품 등의 새로운 중국 브랜드들이 그들과 연관된 현재의 부정적인 국가 자산을 회피하기 위해 어떻게 하는 지를 관찰하는 것은 흥미로울 것이다. 이 모든 것들은 소니, 제너럴일렉트릭 그리고 리바이스와 같은 강력한 브랜드 구축의 중요성을 강조하고 있다. 효과적인 광고와 적절한 제품 포지셔닝은 국가적 측면에서 다소 긍정적이지 못한 고정관념을 개선하는 데 도움을 줄 수 있다.

유통업체 브랜드

소매유통업체가 소유한 유통업체 브랜드(Private Brands)가 글로벌화 여부와는 상관없이 제조업체 브랜드에 대한 도전자로서 성장하고 있다. 점포 브랜드는 미국과 비교해서 유럽에서 특별히 중요하다.[71] 영국을 포함한 많은 유럽 국가들의 식품 소매유통업 분야에서는 내국 기업들이 소유한 유통업체 브랜드들이 제조업체 브랜드에 점점 대항을 하고 있다. 블랙베리 잼과 청소기 봉투부터 훈제 연어와 햇볕에 말린 토마토까지 유통업체 라벨이 붙은 제품들이 영국의 식료품점과 다수의 유럽 대형매장들을 석권하고 있다. 유통업체 브랜드들은 영국과 스위스 시장의 약 30%와 프랑스와 독일 시장의 20% 이상을 점유해 왔다. 일부 유럽 시장에서는 유통업체 라벨이 붙은 제품의 시장점유율이 지난 5년간 두 배로 늘어났다.

영국에서 가장 큰 소매유통업체중의 하나로서 420개의 매장을 보유한 세인스베리(Sainsbury)는 자체 브랜드를 전시하기 위해 판매 전시대 중 최고 잘 팔리는 공간을 확보하고 있다. 대표적인 세인스베리 점포는 약 1만 6천여 가지 제품을 가지고 있는데, 그 중 8천여가지는 세인스베리 브랜드이다. 이러한 세인스베리 브랜드는 점포 판매액의 2/3를 차지하고 있다. 이 회사는 매년 1,400에서 1,500가지 정도의 새로운 자체 라벨(브랜드)을 의욕적으로 출시하고 있고, 더 이상 인기가 없는 수백 개의 자체

[69] Durairaj Maheswaran, "Nation Equity: Incidental Emotions in Country-of-Origin Effects," *Journal of Consumer Research* 33 (2006), pp. 370 – 76.

[70] Lys S. Amine, Mike C. H. Chao, and Mark J. Arnold, "Exploring the Practical Effects of Origin, Animosity, and Price-Quality Issues: Two Case Studies of Taiwan and Acer in China," *Journal of International Marketing* 13, no. 2 (2005), pp. 114 – 50.

[71] Tulin Erdem, Ying Zhao, and An Valenzuela, "Performance of Store Brands: A Cross-Country Analysis of Consumer Store-Brand Preferences, Perceptions, and Risk," *Journal of Marketing Research* 41, no. 1 (2004), pp. 59 – 72.

흔히 말하기를 "브랜드 하나보다는 두 개가 더 좋다." 네 개는 어떠한가? 갈라파고스(Galapagos) 군도 사이의 바다에 있는 엔데버(Endeavor)호의 레이더 돛대에 펄럭이는 네 개의 깃발은 에쿠아도르(Ecuador, 사진 상의 아래쪽), 바하마 선적의 85인승 크루즈 선박(사진 상의 오른쪽), 미국지리학협회(National Geographic Society) 그리고 린드블라드 원정대(Lindblad Expedition)를 의미한다. 후자의 두 개 깃발은 훌륭한 공동 브랜딩의 사례이다. 린드블라드 원정대가 미국지리학협회와 맺은 다각적인 전략적 제휴는 여행객들로 하여금 지구를 걱정하는 활동적이고 주목받는 개척자로서 문화자연사의 세계에 참여할 수 있게 한다. 지구의 멀리 떨어져 있는 자연 그대로의 목적지에 도달하는 혁신적 프로그램을 위한 선도적인 탐험대간의 제휴이다. 교육기반의 지속가능한 관광은 제휴가 특징이다.

라벨을 없애고 있다. 첫 해에, 이 회사는 세탁 세재인 노본(Novon) 브랜드를 출시했었다. 그리고 이 브랜드는 유니레버와 피앤지의 최고 브랜드들을 세인스베리 점포에서 최고 잘 팔리는 브랜드가 되었으며 시장 점유율 30%로 전국 두 번째를 기록할 만큼 매출이 급격하게 성장했다. 세인스베리와 같은 체인점들이 자체 브랜드에 매기는 15%의 마진은 유통업체의 영업이익 마진이 미국 경쟁사의 이익률의 8배에 해당하는 8% 정도로 높은지를 설명해준다.

유통업체의 자체 상표는 목표시장에 특히 경제적 어려움이 있는 기간에 매우 강력한 경쟁자가 된다. 구매자는 불황기에는 저렴하고 좀 더 지역적인 유통업체 브랜드의 구입을 선호한다.[72] 이러한 전략은 지역 브랜드의 이점을 누리면서 소매유통업체들로 하여금 외주 생산을 하게 만든다.[73] 유통업체 브랜드는 소매유통업체에게 높은 마진을 제공한다. 그래서 유통업체 브랜드는 좀 더 선호되는 진열 공간을 할당받고 강력한 점포 내 판매촉진을 할 수 있다. 또한 소비자에게 매력적인 가장 중요한 이유는 저렴한 가격대의 고품질 제품이라는 것이다. 유통업체 브랜드보다 낮은 마진을 소매유통업체에게 주고 프리미엄 가격으로 팔려는 전통적인 제조업체 브랜드의 특성과는 대조적이다.

시장 점유율을 유지하기 위해 글로벌 브랜드는 경쟁적인 가격을 가져야 하고, 실질적인 소비자 가치를 제공해야 한다. 글로벌 마케터는 이러한 경쟁에 비추어 자신의 브랜드 전략의 타당성을 검사해야 한다. 마케터의 이러한 노력은 글로벌 브랜드의 비용과 효율성의 이점을 더욱 매력적으로 만들 수 있다.

---

72 Lien Lamey, Barbara Deleersnyder, Marnik G. Dekimpe, and Jan-Benedict E. M. Steenkamp, "How Business Cycles Contribute to Private-Label Success: Evidence from the United States and Europe," *Journal of Marketing* 76 (2007), pp. 1–15.

73 Shih-Fen Chen, "A Transaction Cost Rationale for Private Branding and Its Implications for the Choice of Domestic vs. Offshore Outsourcing," *Journal of International Business Studies* 40, no. 1 (2009), pp. 156–75.

요약 Summary

표준화를 유발하는 시장의 세계화로 인하여 성공적인 수용을 위해 적응이 필요한 국가별 차이점들에 대해 모든 시장을 지속적으로 평가하고 균형을 이루도록 해야 한다. 글로벌 커뮤니케이션과 지구촌을 더 가깝게 만드는 기타 영향력들이 모든 문화에 걸친 인구의 상당 부문에서 취향, 욕구 그리고 가치의 동질화를 조성시킨다는 전제를 거부하기 어렵다. 그러나 동질화의 작용에도 불구하고 소비자들은 자신의 고유한 지역 문화라는 렌즈와 시장의 정교함과 발전의 단계를 통하여 글로벌 상징, 회사 이미지 및 제품 선택의 세계를 또한 바라본다는 점에 주목하는 사람들이 다수 있다. 각 제품은 제품이 접촉하는 개별 문화에 의해 어떻게 지각되는가라는 점에서 비추어 보아야만 한다. 한 집단 안에서 편안하고 수용 가능한 것이 각 집단의 인식과 경험에 따라 다른 집단에서는 완전히 새롭거나 저항에 부딪힐 수도 있다. 한 문화의 기존 제품이 다른 나라에서 혁신으로 간주될 수 있다는 점은 해외시장을 겨냥한 소비재의 개발과 계획에 중요하다. 혁신과 관련하여 제품을 분석하고 제품 구성요소 모델(Product Component Model)을 사용하는 것은 마케터에게 적응을 위한 중요한 단서를 제공해준다.

주요용어 Key Terms

품질(Quality)
그린 마케팅(Green marketing)
확산(Diffusion)
글로벌 브랜드(Global brand)
제품 인증(Product homologation)
혁신(Innovation)
제품 구성요소 모델(Product Component Model)

질문 Questions

1. 위의서 제시한 주요용어들을 정의하라.
2. 국제 마케터를 위한 수용된 제품과 글로벌 제품의 이슈를 논의하시오.
3. 원산지 효과를 정의하고 예를 드시오.
4. 본문에서 제품 지각관련 원산지 효과에 대한 일반화의 기반으로서 고정관념, 자민족 중심주의, 경제 개발의 정도 그리고 유행을 논의하였다. 각각에 대해 설명하고 예를 드시오.
5. 제품 대안에 대해 논의하고 국내 시장 확장, 다국 내 시장, 글로벌 시장 전략 등의 세 가지 마케팅 전략에 대해 논의하시오.
6. 국제 마케터가 사용 가능한 제품 전략과 차별화 촉진 전략에 대해 논하시오.
7. 국제 시장으로 진출한다고 가정하고, 제품 라인에 대한 의사결정을 위해 귀하가 취해야 할 각 단계의 개요를 만들어 보시오.
8. 제품이 해외시장에서 물리적으로 그리고 문화적으로 적응될 수 있다는 점에 대해 논하시오.
9. 제품의 3대 주요 구성요가 무엇인지 논하고, 이것들이 제품 적응에 대해 가지는 중요성에 대해 논하시오.
10. 혁신의 확산에 대한 지식이 국제 투자를 위한 제품 관리자의 계획에 얼마나 도움이 되는가?
11. 오래된 제품들이 해외시장에서 혁신적일 수 있는지에 대해 자세하게 설명하시오.
12. 어떤 제품이 댈러스에서 판매된다면, 동경이나 베를린에서도 팔릴 것이라는 것에 대해 논의하시오.

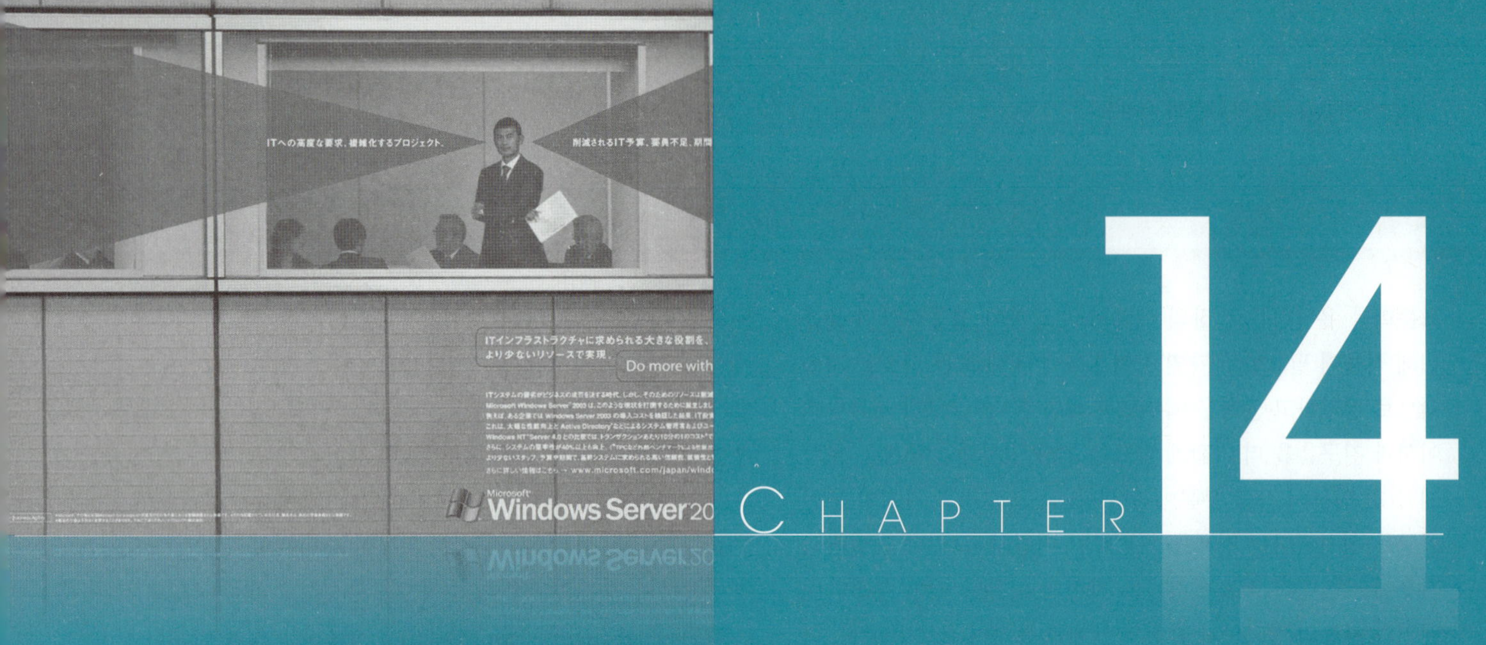

CHAPTER 14

기업고객 대상의 제품과 서비스

개요 CHAPTER OUTLINE

주요 학습과제 CHAPTER LEARNING OBJECTIVES

- LO1 산업용 시장에서 파생 수요의 중요성을 이해한다.
- LO2 기술 수준이 수요에 미치는 영향에 대해 이해한다.
- LO3 산업재의 특성에 대해 학습한다.
- LO4 아이에스오(ISO) 9000 인증의 중요성에 대해 학습한다.
- LO5 기업 서비스의 성장과 기업 서비스 마케팅의 뉘앙스에 대해 이해한다.
- LO6 산업재 촉진에 있어서 무역 전시회의 중요성에 대해 이해한다.
- LO7 산업용 제품과 서비스를 위한 관계 마케팅의 중요성에 대해 학습한다.

글로벌 관점 Global Perspective

인텔의 흥망성쇠

이 내용은 본 교재의 1999년도 수정판에 실렸던 것이다.

"앤디 그로브(Andy Grove)의 엄청난 이익 제조기, 인텔(Intel) – 향후 5년 동안 폭발적 성장을 위한 그의 계획"이라는 포춘(Fortune)지의 표지 기사와 "인텔의 앤디 그로브, 그의 마이크로칩이 세계와 세계경제를 변화시켜 왔다."라는 타임(Time)지의 올해의 남성면에 실린 기사는 인텔의 성공을 나타내준다. 1997년은 그로브가 창업을 도운 인텔의 기록적인 매출(251억 달러)과 이익(65억 달러)이 8번이나 연속으로 이루어진 해이다. 하지만 1998년 초, 세상 사람들은 세상이 인텔을 변화시킬 지에 의문을 가졌다. 1998년의 1사분기는 저조할 것이라고 판단한 인텔의 내부 자료를 바탕으로 한 예상에 기반을 두고, 이사회 의장인 그로브 회장과 그의 측근들은 아시아의 금융대폭락이 앞으로 "5년간의 폭발적 성장"을 위한 인텔의 계획에 영향이 미칠 것을 걱정하였다. 1997년 인텔의 기록적인 매출 중 30% 정도가 아시아 시장에서 발생하였다. 실제로 한 전문가는 "일찍이 어떤 뚜렷한 기술적 위협은 없다. 인텔에게 닥친 가장 큰 장기적 위협은 시장 성장의 둔화이다."라고 예측하였다. 다른 이들은 컴퓨터 산업의 과잉생산 능력에 문제가 있다고 경고하였다.

사실, 인텔은 예상실적 발표문의 면책조항(disclaimer) 부분에 훨씬 더 많은 위험 요소들을 담고 있었다. "예상과 매우 차이가 나는 실적을 가져올 수 있는 다른 위험 요인들은 다음과 같다. 기업환경과 경제적 환경 그리고 다양한 지역에서의 컴퓨터산업의 성장; 고객과 유통경로상의 적정 재고 수준의 변화를 포함하는 고객 주문 유형의 변화 그리고 개인용 컴퓨터(PC)의 계절적 구매유형의 변화; 마이크로프로세서 유형과 속도의 조합, 주기판, 기타 부품 등에서의 변화; 경쟁 칩의 설계와 제조 기술, 경쟁 소프트웨어와 호환되는 마이크로 칩과 특정 세분시장에서의 신제품 수용 등과 같은 경쟁 요소; 가격 인하 압력; 최종소비자 기호의 변화; 재고의 진부화와 재고 평가액의 변동; 소프트웨어 산업 제품의 출시시점; 신규 전략제품의 개발, 실행 그리고 초도생산과 비용 효율적 생산과정을 포함하는 기술개발의 지속적 성공; 시험생산의 실행; 과도한 생산 능력; 신규 세분시장 진입, 신규 인수기업들의 성공적 통합 및 이 기업들의 성장 관리; 오작동을 일으키는 마이크로프로세서와 기타 제품들과 관련된 예상치 못한 비용이나 기타 부정적인 영향; 해외활동과 연관된 위험; 지적재산과 고객 관련 소송; 그리고 때때로 증권거래위원회(SEC) 기업 보고서들 속에 담긴 기타 위험 요인들."

타임지의 올해의 남성부분에는 우려할 내용들이 많은데 산업용 시장의 호황 뒤에는 거품붕괴가 항상 뒤따른다는 것이 대분이다. 인텔의 성장이 정말로 5년이나 더 지속될까?

똑똑한 그로브씨가 어떻게 해서 이런 경기침체를 예측하고 비켜갈 수 없었을까? 그는 처음부터 이런 주기적 사업에 종사해본 적이 없었던 것일까? 그의 호시절은 1997년 예측이후 5년이 아닌, 3년 반 동안 지속되었다. 그리고 실패는 참혹하였다. 매출은 2001년에만 20%가 넘게 떨어졌다. 주가는 한 주당 75달러 정도의 최고가에서 20달러 밑으로 하락하였다. 회사의 가치도 덩달아 80% 수준으로 떨어졌다. 이와 함께, 11,000명이 해고되었다. 아이고! 여기서 교훈은 간단하다: 글로벌 시장을 포함한 산업용 시장은 부침이 있다는 것이다.

13장(표 13.1)에서 본 것처럼 인텔은 2009년에 다시 문제가 생겼다. 14억 5천만 달러의 유럽연합(EU) 반독점에 대한 벌금과 브랜드 자산가치의 감소가 재발한 것이 문제였다. 하지만 스마트폰과 컴퓨터로 인텔이 전략적 이동을 한 것은 박수칠 만하다. 만일 성공한다면 이 다각화는 제품과 시장의 포트폴리오를 확대시키고 매출에 있어서 더 많은 안정을 가져다 줄 것이다.

출처: David Kirkpatrick, "Intel Andy Grove's Amazing Profit Machine—And His Plan for Five More Years of Explosive Growth," *Fortune* , February 17, 1997, pp. 60 – 75; "Man of the Year," *Time* , January 5, 1998, pp. 46 – 99; Peter Burrow, Gary McWilliams, Paul C. Judge, and Roger O. Crockett, "There's Something Wrong Out There," *BusinessWeek* , December 29, 1997, pp. 38 – 49; Stephanie Clifford, "A Tech Company's Campaign to Burnish Its Brand," *The New York Times* , May 5, 2009, online.

비록 소비자들이 13장에서 기술한 대부분의 브랜드와 친숙하다고 하더라도, 이러한 제품과 서비스의 판매는 선진국 수출액에서 큰 부분을 차지하지는 못한다. 예를 들어 미국의 경우 표 14.1에 나타난 바와 같이 국제적 소비를 위한 미국의 주력판매제품은 기술이다. 자본재와 공업용 원자재와 같은 분야에서 압도적인데, 이 두 분야를 합치면 미국 모든 재화와 서비스 수출의 약 44%를 차지하고 있다.[1] 기술 수출은 소형 제품부터 대형 제품까지 모든 분야에서 나타나고 있다. 반도체와 미국의 수출 1위인 보잉 747기 같은 상업용 항공기가 그 예이다. 이 교재를 집필하는 시점에서 전세계에서 가장 가치가 높은 기업 3곳 중 2곳은 마이크로소프트사와 제너럴일렉트릭(GE)으로서 첨단 산업재 판매회사들이다.

13장에서 논의된 표준화와 시장적응의 이슈는 소비재보다 산업재 마케팅에서는 연관성이 다소 낮다. 왜냐하면 기업들에게 제품과 서비스를 마케팅 하는데 국가간

[1] Internet jargon seems to be morphing the manager's lexicon toward B2B and B2C distinctions (that is, business-to-business and business-to-consumer) and away from the traditional industrial and consumer goods distinctions. International trade statistics, categories, and descriptors have not kept up with these changes. Consequently, we use the adjectives *industrial and business-to-business* interchangeably in this book.

표 14.1

미국 수출의 주요 범주

출처: U.S. Department of Commerce, http://www.doc.gov, 2010.

주의: 미국은 매년 제품과 서비스를 약 1조 5천억 달러정도 수출한다. 서비스 수출은 실제 값 이하로 작성되었으므로, 여기서의 비율들은 제시된 각각의 범주들의 중요성에 대한 합리적 추정치를 제공해준다. 미국 상부부의 각 범주는 표의 괄호안의 종류를 포함해서 매우 많은 제품과 서비스들로 구성되어 있다.

범주	%
서비스 합계	32.6
여행(호텔 등)	5.1
여객 수송	1.7
기타 수송(운송 및 포트 서비스)	5.0
로열티와 라이선스	5.3
개인적 서비스*	14.8
• 상업적, 전문적, 기술적 서비스(광고, 회계, 법률, 건설, 엔지니어링)	
• 의료서비스	
• 금융 서비스(은행과 보험)	
• 교육과 훈련 서비스(대부분 외국 유학생 학비)	
• 엔터테인먼트(영화, 책, 음반)	
• 통신	
상품 합계	67.4
식품, 사료, 음료(밀, 과일, 고기)	6.1
산업 용품(원유, 플라스틱, 화학, 금속)	19.1
자본재(건설 장비, 항공기, 컴퓨터, 통신장비)	25.1
자동차, 엔진, 부품	5.3
소비재(의약품, 담배, 장난감, 의류)	9.7
기타 범주	2.9

* 미국 상무부는 더 이상 개인적인 서비스 범주는 통계 처리되기 어렵다고 한다. 본 자료는 처음으로 최고치였던 기록의 %를 순서대로 정리한 것이다.

CROSSING BORDERS 14.1 무역 통계의 허점.

미국 제조업자들이 자신들의 성공적인 수출을 자랑하지 않는 이유 중 하나는 그들이 더 이상 텍사스에서 물건을 파는 것과 태국에 수출하는 것을 구분하지 않기 때문이다. 즉, 판매를 엄격히 구별하지 않기 때문이다. 총매출이 중요할 뿐, 굳이 국가를 신경 쓸 필요가 없는 것이다. 결국 세상은 하나인 것이다. 또한 특정한 기업이 미국의 무역수지에 기여하는 실제 기여도를 구분하는 것은 몇몇 경우에는 매우 복잡하다. 유럽과 아시아 고객들을 위해 생산량의 절반을 수출하는 루슨트 테크놀로지(Lucent Technology)의 마이크로일렉트로닉스 그룹(Microelectronics Group)은 아주 극단적인 사례이다. 루슨트의 직접회로(IC) 웨이퍼는 종종 영국이나 중국의 연구소에서 설계되고 펜실베이니아, 플로리다 또는 아일랜드의 공장에서 생산된다. 그리고 시험검사, 절단 그리고 포장작업을 위해 방콕에 보내진다. 완성된 칩은 그 다음에 독일로 보내져 지멘스(Siemens)의 텔레커뮤니케이션 장비에 사용된다. 그 장비는 다시 벨사우스(BellSouth)로 보내져 미국 노스캐롤라이나 주의 샤롯데(Charlotte)에 설치된다.

출처: Philip Siekman, "Industrial Management & Technology/Export Winners," *Fortune* , January 10, 2000, pp. 154–63; "Lucent CEO Sees China as Important Growth Area for Global Business," *Xinhua News Agency* , August 19, 2005; John Collins, "Buying in Ideas Gives Irish Firms License to Stay Ahead," *Irish Times*, September 9, 2005, p. 6.

차이점 보다는 유사점이 더 많기 때문이다. 산업재의 고유한 특성과 고객으로서 기업들 간의 동기와 행동의 동일성은 제품과 마케팅 믹스(marketing mix)의 표준화가 다반사가 되어버린 시장을 만들어낸다. 복사기는 복사를 하기 위한 것으로 벨기에나 벨로루시(Belarus)에서 모두 똑같은 이유로 판매되고 있다. 종이 크기나 서로 다른 전원에 맞추기 위해 복사기계를 약간 수정할 필요도 있다. 그러나 기본적으로 복사기는 산업재 대부분이 그렇듯이 여러 시장에 걸쳐 표준화되어 있다. 기본적으로 주문 제작인 특수 철강, 주문형 공작 기계 등과 같은 산업재 제품에서는 시장적응이 해외시장뿐만 아니라 국내에서도 이루어진다.

두 가지 기본적 요인들이 소비재 고객들 보다 산업재 고객들 사이에서 더 크게 동질성이 나타나는 현상을 설명한다. 첫째, 제품의 고유성격이다. 산업용 제품과 서비스는 다른 제품과 서비스의 생산과정에 사용되는데, 소비재는 최종 제품으로서 개인에 의해 소비된다. 둘째, 사용자의 구매 동기 혹은 구매의도가 다르다. 최종 소비자는 만족을 추구하는 반면 산업재 소비자는 이익을 추구한다. 이러한 요인들은 특정 구매유형과 수요특성 그리고 경쟁도구로서 관계 마케팅을 강조하는 속에서 분명히 나타나 있다. 기업이 국내 혹은 해외마케팅 여부와 상관없이 비투비(B2B) 시장과 소비재 시장 간의 차이점들을 특별하게 고려할 필요가 있다.

산업재와 마찬가지로, 기업 서비스는 품질과 가치를 추구하는 매우 경쟁력 있는 성장 시장이다. 우리는 국제 무역을 생각할 때 공산품을 떠올린다. 그러나 오늘날 미국의 국제무역에서 가장 빠르게 성장하고 있는 부문은 기업 서비스로 구성되어 있다. 예를 들어 글로벌 시장에서 미국 기업에 의해 팔리고 있는 회계, 광고, 금융, 컨설팅, 건설, 호텔, 보험, 법무 그리고 교통 등이 있다. 서비스의 무형성은 서비스 제공자가 꼭 해결해야만 하는 일단의 독특한 문제들을 만들어 낸다. 더 복잡한 문제는 시장진입을 규제하는 일관된 법규의 부재이다. 산업재에 만연되어 있긴 하지만 일반적으로 보호무역은 서비스 제공자에 훨씬 더 많이 일어날 수 있다.

본 장에서는 기업고객에 제품과 서비스를 국제마케팅 할 때 발생하는 특수한 문제들, 산업용 제품과 서비스 분야에서의 품질을 향한 경쟁심화와 수요증가 그리고 글로벌 마케터 에게 주는 시사점을 논의하려 한다.

글로벌 비투비 시장의 수요

LO1 산업용 시장에서 파생 수요의 중요성을 이해한다.

산업재 시장에서 수요를 측정하는 일은 다소 큰 도박이 될 수 있다. 상해의 30km 길이의 12억 달러짜리 초고속 열차 노선이 그 예이다. 독일과 중국 합작기업의 이 제품은 대중교통에 의존적인 중국에 들어온 최초의 고속열차이다. 실제로 독일의 580억 달러 보조금 지원으로 중국은 세계에서 가장 빠르고(시속 267 마일) 가장 긴(1,339마일) 초고속 열차 서비스를 보유하고 있다. 결과가 좋지 않았던 큰 도박은 이리듐(Iridium LLC) 프로젝트였다. 72개의 위성으로 구성된 50억 달러짜리 이리듐 통신 시스템에도 불구하고 관련 핸드폰을 판매하지 못했다. 이 프로젝트는 글로벌 통신시장에 대한 수요 예측을 심각하게 잘못하였고, 결국 파산하여 2천5백만 달러에 매각되었다. 이 시스템은 미국 국방성을 주요 고객으로 겨우 명맥을 유지하고 있다. 그러나 가장 최근에, 이리듐은 다시 조금씩 살아나고 있다. 휴대전화 서비스가 이루어지지 않은 지구상의 90% 지역에서 필요로 하는 엠투엠(M2M: machine-to-machine) 상업용 가입자 시장에서의 성공적 사업추진을 위해 2009년 후반 기업공개(IPO)를 통해 2억 달러를 투자 받았다.[2]

소비자 시장과는 다르게 국제 산업재 시장에서의 수요에 영향을 미치는 세 가지 요소가 있다. 첫 번째는 산업재 시장의 수요는 그 특성상 변동성이 더 많다. 두 번째는 산업경제 개발의 단계가 산업재 수요에 영향을 미친다. 세 번째는 판매되는 제품과 서비스의 기술수준에 따라 제품판매에 더 적합한 국가들이 있다.

산업 수요의 변동성

소비재 기업은 더 많은 고객에게 노출시키는 것, 경쟁을 유지하는 것, 제품수명주기를 연장하는 것 그리고 매출과 이익을 증가시키는 것처럼 국제 시장에서 경쟁해야 할 수많은 이유를 가지고 있다. 반면 산업용 제품과 서비스를 생산하는 기업들은 해외로 진출해야 하는 추가적인 중요한 이유가 있는데, 산업재 시장의 자연적 변동성을 조절해야 하기 때문이다. 실제로 소비재 마케팅과 산업재 마케팅 사이의 가장 중요한 차이점 한 가지는 산업재 시장 고유의 주기적 수요 변동성이 크다는 것이다. 자동차, 가구 또는 가정용 컴퓨터와 같은 소비자용 내구재를 위한 수요는 매우 변덕스러울 수 있다. 그러나 산업재 시장에서 두 가지 다른 요소가 수요의 증감 모두를 심화시키는 중요한 역할을 한다. 전문적인 구매자들은 담합을 하는 경향이 있고 파생

[2] Arik Hesseldahl, "The Second Coming of Iridium," *BusinessWeek* , October 29, 2009, p. 29.

서버(Server)는 기업들에 판매된다. 따라서 서버 수요는 개인에게 팔리는 개인용 컴퓨터 수요보다 변동성이 크다. 마이크로소프트는 일본과 미국 서버 시장의 사진 광고에서 2000년 IT시장의 침체를 인식하고 있다. 두 나라에서 최고정보관리자(CIO)들은 효율성에 많은 압박을 받고 있다. 임원들은 거대 프로젝트와 감축된 예산에 직면하였다. 미국의 중역들은 다른 직원들이 모두 떠난 후 밤늦게까지 일한다. 일본에서 개인적인 성향의 젊은 임원이 창밖을 보는 것이 좀 더 집단적인 성향의 나이 든 관리자들에게는 이상하게 보일지 모른다. 그러나 마이크로소프트는 일본에서의 변화를 잘 인식하고 있다. 특히 일본에서의 정보 통신관련 의사 결정은 합의에 의한 결정보다는 집중된 형태로 이루어진다. 일본의 젊은 세대들은 사진 속의 독립적인 모습을 더 좋아할 것이다. 마지막으로 마이크로소프트의 이 윈도우 서버(Windows Server) 광고에서 미국과 일본 임원, 둘 다 창가에 서 있는 것이 우연이라고 보는가?

수요는 시장의 변화를 가속화한다.[3]

아이비엠, 애플, 에이서, 삼성 그리고 도시바 등과 같은 대형 개인용 컴퓨터(PC) 제조사들의 구매 대리인들은 자신들의 고객사를 위해 적시에 그리고 가능한 저렴하게 관련 부품들을 확보해야 하는 책임을 지고 있다. 구매 대리인들은 PC 수요와 하드디스크 혹은 마이크로프로세서와 같은 부품들의 가격을 추적 관찰하고 있으며 소비자 시장 또는 공급 가격의 변화는 곧바로 고객사들의 주문에 영향을 미친다. PC의

[3] Ilan Brat, "Crane Migration Hinders Builders," *The Wall Street Journal* , June 18, 2007, pp. B1, B2.

마이크로소프트사의 비투비(B2B) 제품을 위한 최근의 글로벌 광고는 정보기술(IT)시장의 경기침체를 전혀 언급하지 않은 채, 미국 시장에서와 마찬가지로 멕시코와 독일 시장에서 당신의 잠재력과 우리의 열정이라는 동일한 슬로건을 사용하고 있다.

수요나 부품 공급 가격의 하락은 이러한 전문가들의 구매를 중단하게 할 수도 있다. 후자의 경우, 그들은 추가 가격 인하를 기다린다. 국내 및 해외의 모든 PC 회사들의 구매 대리인이 동일한 자료를 관찰 추적하고 있기 때문에 그들은 동시에 구매를 멈추거나 증가시킨다. 140억 달러에 달하는 글로벌 해초 시장에서 2008년에 이러한 현상이 똑같이 일어났다. 특정 종류의 해초는 치약, 화장품 그리고 치킨 햄버거용 패티에 사용되고 있다. 그리고 산업용 수요의 변동으로 세 달 만에 해당 가격을 Kg 당 50센트에서 1.8달러로 올리고 다시 1달러로 올렸다.[4] 일반 소비자도 시장을 추적 관찰하고 있지만 구매 전문가들만큼은 아니다. 콜라, 의류, 자동차 등의 구매 수요는 상대적으로 더 안정적이다.

자본설비와 고가의 산업용 서비스를 판매하는 경우, 관리자들은 파생 수요의 개념을 잘 이해하고 있어야 한다. **파생 수요**는 다른 원천에 의존적인 수요로 정의될 수 있다. 따라서 보잉 747기의 수요는 전 세계적인 항공 여행 서비스 수요에서 파생된

[4] Patrick Barta, "Indonesia Got Soaked When the Seaweed Bubble Burst," *The Wall Street Journal*, October 21, 2008, online.

표 14.2
파생 수요의 예

기간	기성 유리섬유 샤워실 수요			샤워실 생산에 사용되는 기계의 수			이 기계에 대한 수요		
년	전년	금년	순변동	전년	금년	순변동	대체	신규	합계
1	100,000	100,000	–	500	500	–	50	–	50
2	100,000	110,000	+10,000	500	550	+50	50	50	100
3	110,000	115,000	+5,000	550	575	+25	50	25	75
4	115,000	118,000	+3,000	575	590	+15	50	15	65
5	118,000	100,000	–18,000	590	500	–90	–	–40	–40
6	100,000	100,000	–	500	500	–	10	–	10

출처: Adapted from R. L. Vaile, E. T. Grether, and R. Cox, *Marketing in the American Economy* (New York: Ronald Press, 1952), p. 16. Appears in Robert W. Haas, *Business Marketing*, 6th ed. (Cincinnati, OH: Southwestern, 1995), p. 115.

것이며 중국의 원유 정제소를 설계하고 건설하는 플루어(Fluor Corp.)사의 글로벌 건설과 엔지니어링 서비스 수요는 휘발유에 대한 중국 소비자의 수요에서 파생된 것이다. 소비자 수요의 미세한 변화는 관련 산업재 수요의 중요한 변화를 의미한다. 표 14.2의 경우처럼, 두 번째 연도의 샤워실에 대한 소비자 수요의 10% 증가는 샤워실 생산에 필요한 기계수요를 100% 증가시킨다. 5년째 연도의 15% 소비자 수요 감소는 샤워실 제조 기계의 수요를 완전히 없애버렸다. 보잉의 경우, 2011년 9월 11일의 테러 공격, 이와 유사한 위협의 증가 그리고 중동의 무장 갈등 등이 결합되어 전 세계적인 항공 여행(휴가 및 상업적 목적 모두)의 급격한 감소를 만들었고 이는 항공기 주문의 취소로 이어졌다. 더욱이 항공사가 주문만 취소한 것이 아니라, 자신들이 현재 보유중인 비행기들 중 일부의 사용을 중지하였다. 2003년 8월 동안, 수요가 다시 회복되기를 기다리면서 모하비(Mojave) 사막의 한 시설에 310대의 제트기 여객기들이 보관되었다. 상업용 항공기 산업은 늘 그래왔었고, 앞으로도 가장 변동성이 심한 시장 중의 하나일 것이다.

산업재 생산 기업은 이런 내재적 변동성을 관리하기 위해 여러 가지 조치들을 취할 수 있는데, 광범위한 제품범위[5]와 시장범위[6]의 유지, 호경기 때 신속한 가격 인상과 광고비 감소, 전략적 목표로서의 시장 점유율 무시, 정리해고의 자제[7] 그리고 안

[5] Nelson D. Schwartz, "Is G.E. Too Big for Its Own Good?" *The New York Times*, July 22, 2007, pp. 3–1, 3–8.

[6] Ilan Brat and Bryan Gruley, "Global Trade Galvanizes Caterpillar," *The Wall Street Journal*, February 26, 2007, pp. B1, B7.

[7] Southwest Airlines management, unlike almost all its competitors, has avoided layoffs during the recent bust in the industry. Refusing to make layoffs has been a founding principle of the organization. "Southwest Airlines December Traffi c Rose 4%," *Dow Jones News Service*, January 4, 2008.

정성에 초점을 맞추는 것 등이 있다. 경쟁자들에 대한 필승을 강조하는 기업문화를 가진 미국기업의 대부분에게는 이러한 안정화 조치들은 일반적으로 입에 발린 말에 불과하다. 반대로, 독일과 일본 기업들은 종업원과 안정성에 더 큰 가치를 두고 있으며, 일반적으로 시장의 변동성을 더 잘 관리한다.[8]

마이크로소프트사와 제너럴일렉트릭(GE)[9] 같은 일부 미국 기업은 그들이 활동하는 시장에서 포트폴리오 확장을 잘 해오고 있다. 1990년대 후반 아시아 시장의 침체는 강력한 미국 시장으로부터 다소 보완되었다. 이것은 1980년대 후반 일본 시장의 수요 증가가 미국의 침체를 상쇄한 것과 같다. 사실, 과거의 계획경제를 시장 경제로 전환하는데서 발생하는 단점들 중 이상한 점 하나는 바로 계획경제가 글로벌 시장으로 통합된 것이다. 즉, 소련 연방의 해체 전에 소련은 공산주의 블록 외부의 시장들과 아무런 관계가 없는 국가 5개년 계획에 따라 산업재를 구매했다. 기업의 수요 변동성을 약화시키는 경향이 있었던 제품주문 주기와는 별개로 이루어지는 소련의 주문 덕택에 소련에서 판매가 가능했다. 이제, 민영화된 러시아 제조업체들은 세계 각지의 경쟁사들처럼 세계시장을 관찰하고 이에 대응한다. 심화된 시장의 글로벌화는 산업용 시장의 변동성을 높일 것인데, 이는 전 세계 구매 대리인들이 더 커진 동시성을 가지고 행동할 것이기 때문이다. 이러한 내재적 변동성을 관리하는 것은 필연적으로 제품/서비스 개발을 포함한 모든 마케팅 믹스 전반에 영향을 미친다.

경제 발전의 단계

산업용 제품과 서비스의 국제 시장에 영향을 주는 가장 중요한 환경적 요소는 아마도 산업화 정도일 것이다. 비록 국가들을 일반화하는 것이 보통 경솔한 일이지만, 경제발전 정도는 한 국가의 산업재 시장에 대한 대략의 측정지표로 사용될 수 있다. 여기에서 로스토우(Rostow)[10]의 5단계 경제 발전 모델은 매우 유용하다. 산업용 제품과 서비스에 대한 수요는 다음과 같이 분류될 수 있다.

1단계(전통사회) : 가장 중요한 산업재 수요는 아프리카와 중동의 일부와 같이 천연자원 개발과 연관될 수 있다.

2단계(도약의 전제조건) : 제조업이 시작되고 있다. 주요한 사회적 욕구는 사회간

[8] Cathy Anterasian, John L. Graham, and R. Bruce Money, "Are American Managers Superstitious about Market Share?" *Sloan Management Review* , Summer 1996, pp. 667 – 77; John L. Graham, "Culture and Human Resources Management," Chapter 18 in Alan Rugman and Thomas L. Brewer (eds.), *The Oxford Handbook of International Business*, 2nd ed. (Oxford: Oxford University Press, 2008); Rajiv Srinivasan, Arvind Rangaswamy, and Gary L. Lilien, "Turning Adversity into Advantage: Does Proactive Marketing During a Recession Pay Off?" *International Journal of Research in Marketing* 22, no. 2 (2005), pp. 109 – 25.

[9] Claudia H. Deutsch, "[G.E.] At Home in the World," *The New York Times*, February 14, 2008, pp. C1, C4.

[10] Walt W. Rostow, *The Stages of Economic Growth* , 2nd ed. (London: Cambridge University Press, 1971).

접시설의 개발[11]과 연관될 것이다. 예를 들어 통신, 건설, 전력 발전 장비 및 전문 지식(기술) 등이다. 베트남이 이 단계에 해당한다.

3단계(도약) : 준 내구재와 비내구성 소비재의 제조가 시작된다. 제품 수요는 제조업을 지원하기 위한 장비나 용품과 관련되어 있다. 러시아와 동부 유럽 국가들이 이 단계에 해당한다.

4단계(성숙기로의 질주) : 한국 또는 체코와 같은 산업화된 경제이다. 일부 산업용 제품과 다양한 소비재 제품을 더 낮은 비용으로 제조하는 것에 초점을 둔다. 이러한 국가들은 모든 종류의 산업용 제품과 서비스를 구매한다.

5단계(대량 소비의 시대) : 이 국가들에서는 디자인 활동이 계속되고 제조업 기술이 발전되고 있으며, 이들 국가 대부분은 서비스 경제이다. 일본과 독일이 정확히 여기에 속하며, 이들 국가는 3단계와 5단계 국가로부터 소비재를 구매하고 5단계 국가의 공급업체로부터 대부분의 최첨단 제품과 서비스를 구매한다.

기술과 시장 수요

LO2
기술 수준이 수요에 미치는 영향에 대해 이해한다.

국가들을 그룹화하려는 다른 중요한 접근법은 기술의 사용과 이를 통해 혜택을 누릴 수 있는 각국의 능력에 기반을 두고 있다. 특히, 현재 많은 나라들은 매우 짧은 시간에 여러 경제개발 단계를 건너뛰는 경제적 지렛대(leverage)로서 기술을 사용하고 있다.[12] 아마도 이러한 개발이라는 차원에서 최고의 지표는 교육제도의 품질일 것이다. 상대적으로 낮은 수준의 1인당 국내총생산(GDP)에도 불구하고, 많은 국가들(중국, 체코, 러시아 등)은 교육을 매우 강조하고 있는데, 이러한 교육은 이전된 기술을 레버리지화 할 수 있는 잠재력을 이들 국가들에게 제공한다.

기술은 경제 성장의 핵심일 뿐만 아니라, 많은 제품들의 경우, 현재의 글로벌 시장에서 경쟁우위이기도 하다. 정밀한 로봇과 디지털 통제 시스템이 공장을 차지하면서 제조업은 더욱 과학 지향적으로 변하고 있고 값싼 노동력과 원자재에 대한 접근성의 중요성은 감소하였다. 최신 정보 기술을 개발하고 이 기술들을 응용함으로써 혜택을 얻을 수 있는 능력은 경영자, 국가 그리고 기업의 국제 경쟁력에 중요한 요소가 되고 있다. 세 가지 상호 관련된 추세가 선진 기술 제품에 대한 수요에 박차를 가하고 있다. (1) 아시아 특히 중국과 인도에서의 경제적 · 산업적 성장의 확대, (2) 소련연방의 붕괴, (3) 국영산업의 전 세계적인 민영화.

일본을 시작으로 많은 아시아 국가들은 지난 30년 동안 급속한 경제성장을 해왔다. 비록 이러한 성장이 최근 둔화되고 있지만, 이 국가들에 대한 장기적인 전망은

---

[11] Anita Chang, "China: Three Gorges Dam Impact Not That Bad," *Associated Press Newswires*, November 22, 2007.

[12] Bruce Einhorn, "The Tech Dragon Stumbles," *BusinessWeek*, May 14, 2007, pp. 44–45.

CROSSING BORDERS 14.2 민–군 복합체? 고객으로서의 군대

최초의 컴퓨터는 암호를 풀고 핵폭발 실험을 하는 용도로 사용되었다. 인터넷은 군용 연구 프로젝트에서 생겨났다. 차량용 내비게이션은 군함, 군인들, 미사일들을 안내하기 위해 궤도를 돌고 있는 인공위성들에 의지하고 있다. 조종석의 위치가 높게 설계된 보잉 747기는 군용 수송기로 설계된 것이었다. 각각의 예에서, 군용으로 만들어진 기술들이 민간인들에 의해 널리 사용되도록 개발되었다. 이런 일이 자주 발생하는 것은 놀라운 일이 아니다. 군대는 결국 고가의 새로운 기술을 위해 투자할 수 있는 부유한 고객이다. 장비들의 경량화와 소형화가 이루어짐으로써(장비들은 변함없이 이러한 변화를 겪고 있다.) 전장의 군인에게서 일반사회의 민간들에게 퍼질 수 있게 되었다.

하지만 최근 몇몇 종류의 기술들은 반대 방향으로 움직이고 있다. 미국 공군은 2,200개의 소니 플레이스테이션3(Play Station3) 비디오게임 콘솔을 주문하였으며, 이것들은 슈퍼컴퓨터의 구성요소로 사용될 것이다. 이라크와 아프가니스탄의 군인들은 애플의 아이팟과 아이폰을 번역 소프트웨어 실행과 탄도 궤적 계산에 사용한다. 엑스박스(Xbox) 비디오게임 조정기는 정찰로봇과 무인항공기를 조종하는 용도로 개조되었다. 개인용 컴퓨터의 비디오 카드를 작동시키는 그래픽 칩은 시뮬레이션을 실행하는 방위산업체에 의해 사용되고 있다.

이러한 움직임의 원인은 무엇인가? 전 세계는 1년에 1조 5,000억 달러를 국방비로 사용하고 있는데, 이는 연간 7,000억 달러 규모의 소비자 가전제품의 판매를 훨씬 초과하는 금액이다. 하지만 국방비의 아주 일부분이 전자제품 개발에 사용된다. 따라서 가전산업은 연구개발 분야에서 군대보다 훨씬 더 많은 비용을 지출하고 이러한 비용들을 훨씬 더 큰 시장(예를 들어 매년 10억대 이상의 핸드폰이 팔린다)에 분산시킬 수 있다. 전자제품 회사들은 느리고 따분한 군 조달 프로그램들보다는 신속하게 움직이는데 이들의 제품들은 더 값싸고 개량된 제품들에 의해 시장에서 교체되기까지 채 1년이 안 걸린다. 그리고 개방형 기술 표준과 오픈소스 소프트웨어의 등장은 규격화된 기술들을 다른 용도로 사용하는 것을 가능하게 하거나 새로운 방식으로 기술들을 결합시키는 것을 용이하게 만들었다(모든 플레이스테이션3은 게임기에 설치된 오픈소스 운영 시스템인 리눅스 맞춤형 버전을 탑재하고 설치될 것이며, 일반적으로 사무실에서 사용되는 네트워킹 기술인 기가비트 이더넷[Gigabit Ethernet]을 통해 연결될 것이다).

이 모든 일들은 박수를 받을 만하다. 소비자 기술이 사용되기 위해서는 더 저렴하고 더 빨라야 한다. 공군의 새로운 슈퍼컴퓨터는 동일한 성능의 이전 슈퍼컴퓨터의 1/10 가격 정도이다. 이라크에서 번역 소프트웨어 실행을 위해 아이팟을 사용하는 것은 전용장비를 구축하고 설계하는 것보다 훨씬 말이 된다. 미군은 자신의 연료 수요를 감소시키기 위해 상업적으로 사용가능한 녹색 기술을 활용하고 있다. 물론, 여기에는 규격화 접근법에 대한 한계가 있다. 즉, 탱크, 헬리콥터, 혹은 미사일 시스템 등을 조달할 방법은 없다. 그러나 현존하는 기술의 선택적 사용을 통해 군사기획자들이 쓸데없는 시간을 낭비하기보다 신기술 개발에 자신의 예산을 집중하도록 하고 있다. 소비자 가전 산업은 여러 해 동안 군 혁신의 혜택을 받아 왔다. 단지 이제 보답할 때가 된 것이다.

출처: "The Military-Consumer Complex," *The Economist*, December 12, 2009, p. 16.

훌륭하다. 일본은 아시아 지역에서 가장 선진화된 산업국가가 되었으며, 그동안 한국, 홍콩, 싱가포르 및 대만(4마리의 호랑이)[13]은 값싼 노동력의 원천에서 산업화된 국가로 성공적 이동을 하였다. 중국과 필리핀, 인도네시아, 태국, 말레이시아 등의 동남아 국가들은 현재는 일본과 미국에 공산품을 수출하는 수출국들이고, 또한 1990년대의 금융 위기를 극복한 후 이들 국가들은 더 높은 수준의 산업화를 위해 속도를 올리고 있다. 산업발전의 처음 세 단계의 각각에 속하는 국가들은 산업화의 확장을 위해 기술적으로 앞선 제품을 필요로 하는데, 이는 그들이 글로벌 시장에서 경쟁할 수 있도록 만든다. 과거 소비에트연방인 독립국가연합(CIS, Commonwealth of Independent States)과 기타 동유럽 국가들에서 시장 경제가 발전함에 따라 새로운

[13] Bruce Einhorn, "A Juggernaut in Electronics," *BusinessWeek* , June 18, 2007, p. 46.

민영기업들이 생산설비를 새롭게 하고 확장시킬 최신기술에 대한 수요를 만들어 낼 것이다. 이러한 국가들은 자신들의 산업기반의 확장과 현대적 사회기반시설을 건설하기 위한 최신 기술들을 필요로 한다.

동유럽의 민영화를 자극하는 공산주의의 몰락과 동시에 중남미는 경제회복의 희망을 가지고 국영 산업을 해체하기 시작했다. 멕시코, 아르헨티나 그리고 브라질은 국유기업 민영화에서 중남미 나머지 국가들을 선도하고 있다. 민영화를 통해 출현한 새로운 기업소유자들이 최신 기술에 많은 투자를 하기 때문에 민영화로의 이동은 산업재에 대한 엄청난 수요를 창출한다. 사우스이스턴 벨(Southestern Bell), 프랑스통신(France Telecom) 그리고 텔레폰 드 멕시코(Telefonos de Mexico)가 40억 달러를 들여 설립한 합작투자 회사인 텔멕스(Telmex)는 멕시코 전화 시스템을 최첨단으로 구축하기 위해 수백만 달러를 투자했다. 텔멕스는 폴란드에서 파라과이까지 신규 민영화 기업들이 만들어낸 대규모의 최첨단 기술시장의 성과 중 하나이다.

아시아의 빠른 경제 성장, 과거 소비에트 연방 공화국들과 동유럽 국가에서의 시장 경제 형성 그리고 중남미와 기타 지역에서의 국유 기업 민영화는 산업재와 기업 서비스를 위한 수요 확대를 21세기에도 창출할 것이다. 또한 글로벌 수요를 충족하기 위한 경쟁은 치열할 것이다. 경쟁우위를 확보한 기업들은 기술적으로 앞선 제품, 고품질 그리고 세계적 수준의 서비스를 갖춘 제품들을 가진 업체들이 될 것이다.

품질과 글로벌 표준

13장에서 논의된 것과 같이 품질 개념은 많은 요소를 포함한다. 그리고 품질의 지각은 전적으로 소비자에게 달려있다. 제품에 반영된 기술 수준, 고객 욕구를 반영한 표준과의 부합, 서비스와 후속작업 그리고 경쟁제품 대비 가격은 모두 소비자가 가지는 품질에 대한 고객 평가와 품질지각의 일부분이다. 주지한 바와 같이, 최종 사용의 차이로 인해 이러한 요구사항들은 일반 고객과 기업 고객에 따라 다르다. 해당 요인들 그 자체는 소비자들의 욕구가 다양하기 때문에 산업재 고객들 사이에서도 상이하다. 마지막으로, 최근 연구에 따르면 산업재에 대한 품질 지각 또한 기술적으로 가장 발전된 국가에서 조차도 문화적 집단 간에 다를 수 있다고 한다.[14]

비투비(B2B) 마케터는 품질의 개념을 자주 오역하곤 한다. 고도로 산업화된 시장에서의 훌륭한 품질이 산업화가 덜 된 국가의 기준에 따르면 다르게 해석될 수 있다. 예를 들어 미국 정부는 면화분야에서 살충제를 배포하는 농민들을 위한 농약 살포기를 구매해 왔다. 공급된 농약 살포기는 정기적인 윤활유 주유와 적절한 관리가 요구되는 정교한 기계장치였다. 이 농약 살포기가 가지는 기기조작의 편리함은 농민

[14] Christian Homburg, Sabine Kuester, Nikolas Beutin, and Ajay Menon, "Determinants of Customer Benefi ts in Business-to-Business Markets: A Cross-Cultural Comparison," *Journal of International Marketing* 13 (2005), pp. 1 – 31.

들에게는 상대적으로 덜 중요했다. 또한 조심스러운 윤활유 주유와 관리가 필요하다는 의미는 조금만 관리를 하지 않아도 해당 기계가 동파된다는 것을 의미했다. 결국 지방 정부는 무겁고, 작동이 어렵고 그리고 골고루 살포가 되지 않는 프랑스산 구형 살포기계로 돌아갔다. 왜냐하면 프랑스산 기계는 윤활유와 관리가 덜 까다롭기 때문이다. 이러한 상황에서, 프랑스산 기계는 관련성이 높은 품질을 보유한 것이고, 따라서 마케팅 측면에서 더 높은 품질을 보유하고 있는 것이다.

마찬가지로, 상업용 제트 여객기가 처음 개발되었을 때, 유럽과 미국의 설계는 매우 달랐다. 예를 들어 미국의 제조업체는 날개 아래에 엔진 고정 장치를 부착했고, 반면에 영국의 경쟁사는 엔진을 날개 속에 탑재하였다. 미국식 설계는 수리 및 서비스 비용을 절감하고 더 쉽게 접근하도록 만들었다. 그리고 영국식 설계는 공기저항을 감소시켜 연료비용을 절감시키도록 하였다. 두 설계 모두 각자의 시장에서 고품질이었다. 그때 당시에 미국에서는 노동력이 상대적으로 비쌌고, 영국에서는 연료가 상대적으로 비쌌다.

구매자에 의한 품질 정의

LO3 산업재의 특성에 대해 학습한다.

품질의 중요한 차원 한 가지는 제품이 구매자의 구체적인 요구를 얼마나 잘 충족시키는지이다. 제품이 사용자의 기대성능에 못 미칠 때, 제품의 빈약한 품질이 명확히 드러난다. 그러나 기대성능을 초과하는 제품 또한 빈약한 품질을 가질 수 있다. 구매자의 필요 이상으로 디자인된 제품은 불필요한 요소로 인해 보통은 좀 더 복잡하거나 가격이 높다. 많은 재화의 품질이 구체적 기대에 대한 충족이라는 측면에서 평가되는 그 이상도 그 이하도 아니다. 따라서 구매자가 시간당 5,000단위의 생산이 가능한 제품을 원하는 경우, 시간당 20,000단위를 생산하는 제품은 좋은 품질의 제품이 아니다. 그 이유는 추가적 생산능력은 구매자들의 기대 사용치를 맞추는데 불필요한 것이기 때문이다. 실제로, 이러한 점은 개인용 컴퓨터 시장에서 중요한 이슈 중 하나이다. 많은 기업 구매자들은 다음과 같은 질문을 한다. 모든 사람을 위해 1,000달러나 하는 최신 개인용 컴퓨터(PC)가 정말 필요합니까? 그리고 종종 그 대답은 아니오인데 사실 500달러짜리 컴퓨터로도 충분하다.

이러한 **가격-품질 관계**는 개발도상국가의 경제에서 마케팅을 하는데 중요한 요소이다. 특히 앞서 언급된 처음 세 단계의 경제 개발단계에서는 더욱 그렇다. 미국 시장에서 판매되는 산업재들의 표준 품질 요구사항들은 전 세계 저개발 시장에서 필요로 하는 품질과는 완전히 다른지도 모른다. 시간의 가치가 제한적이고 노동력이 풍부한 경우 노동력 절약 기능은 거의 중요하지 않다. 또한 사람들이 품질에 대한 의식이 낮고, 대량생산이 존재하지 않으며 그리고 조립과 수리작업에서 어려운 부분에 숙련공이 필요한 경우에는 오차가 적은 기계가 가지는 정밀한 능력은 가치가 적다. 구매자가 원하지 않거나 효과적으로 사용할 수 없는 기능들은 제품의 품질 평가를 향상시킬 수 없다.

이러한 구분은 품질이 중요하지 않다거나 성장하는 시장에서 최신기술이 필요 없다는 의미는 아니다. 오히려, 이것은 성장 시장에서는 구체적인 필요를 충족시킬 수 있도록 설계된 제품을 요구한다는 것을 의미한다. 특히 불필요한 기능으로 가격이 상승하는 경우에는 더욱 그러하다. 이러한 태도는 중요성 측면에서 가격을 최우선으로 생각하고 제품의 품질은 그 다음으로 생각하는 중국인 수입 관리자의 구매 행동에 관한 연구에 잘 반영되어 있다. 적시 배달은 세 번째이며 제품 스타일/기능은 조사된 17개 연구 변수 중 11번째였다. 따라서 구매자의 기대와 필요를 반영하여 설계된 제품이 품질을 갖춘 제품이다.

제품의 설계는 사용의 모든 측면을 반영하여야 한다. 기후의 극단적인 변화는 전세계적으로 작동될 수 있는 장비를 설계하는데 문제가 된다. 서유럽에서 효과적으로 기능을 하는 제품이 무덥고 건조한 사하라 지역이나 중남미의 습한 열대우림지역에서도 원활하게 작동되기 위해서는 설계상의 대규모 변경이 필요할지도 모른다. 미국의 안정적인 고속도로를 운행하도록 설계된 트럭은 지프차 운행로와 같은 중남미의 산악 지역 도로를 운행하는 데에는 분명히 어려움이 있을 것이다. 광범위한 시장에서 기능할 수 있는 제품을 만들기 위해서는 많은 변형들을 고려해야만 한다.

최근 경쟁이라는 측면에서, 기업은 시장의 본질과 제품 설계의 적합성을 고려해야만 한다. 글로벌 시장에서 효과적인 경쟁이란 과도한 설계와 비싼 가격의 제품들은 경쟁적인 가격에 고객의 요구 사양을 충족하는 제품들을 이길 수 없다는 의미이다. 성공은 고객의 필요에 적합한(어떤 사람에게는 기술적으로 발전된, 또 어떤 사람에게는 다소 덜 복잡한, 하지만 품질이 높은) 제품을 제공하는 데 있다. 현재의 글로벌 시장에서 경쟁우위를 가지기 위해서는 전사적 품질관리(Total Quality Management) 개념이 다국적기업(MNC) 경영전략의 일부분이어야 하고 전사적 품질관리는 고객과의 대화에서 시작된다. 실제로 외국인을 포함한 산업재 고객들은 더욱 더 자주 새로운 아이디어 발굴부터 시제품 개발 및 검사까지 제품개발 과정의 모든 측면에 직접적으로 관련되어 있다.

일반적인 표준의 부재는 산업재의 국제 판매에서 또 다른 문제이다. 미국은 산업용 제품 수출업체의 경우 이런 점에서 두 가지 중요한 영역의 걱정을 가지고 있다. 첫 번째는 공작기계나 컴퓨터 같이 전문성이 높은 장비 생산을 위한 일반적인 표준의 부재이고 두 번째는 영국식 측정시스템인 인치-파운드의 사용이다. 원재료와 장비의 테스트 방법, 품질관리 시스템 및 기계사양에서 상호 모순되는 표준들이 맞닥뜨린다. 또한 통신 산업에서 국가 간 표준의 커다란 차이는 해당 산업 확장에 매우 큰 문제를 야기한다.

국제기구를 통해 국제 표준을 만드는 노력들이 이루어져 왔다. 예를 들어 국제전기기술 위원회(International Electrotechnical Commission)는 공작기계에 대한 전기 설비의 표준 규격을 고민하고 있다. 이런 시도를 통해 또한 무선 통신을 위한 국제 로밍 보호망(international roaming umbrella)의 설립 방안에 대한 모색도 이루

CROSSING BORDERS 14.3 미터법에 관한 이견

캐나다에서는 다음에 나오는 신문 칼럼에서와 같이 미터법에 대한 의견이 고조되고 있다.

대중의 의지와는 상관없이 캐나다의 전통 도량형 제도가 행정 법령으로 금지되었던 시점에서 한 세대도 지나지 않았다. 셀 수 없이 많은 비용이 들었는데 대부분은 산업 분야에서 발생했지만 세금으로 걷힌 수백만 달러 이상이 오타와(Ottawa)의 미터법 정책과 홍보에 사용되었다. 우리나라 아이들에게 시도된 그 어떤 세뇌보다도 대담했던 이 프로그램이 실시된 몇 년 후에 마침내 이 '외계' 제도는 일부 진전이 있었다. 내가 '외계'라고 지칭한 것은 미터법이 프랑스의 것이기 때문이 아니라, 비인간적이기 때문이다.

미터법은 원래 피비린내 나는 프랑스 공포정치 시대의 지휘부가 도입한 것이었다. 그 후 나폴레옹 군대에 의해 유럽전역으로 퍼져나갔다. 어디를 가든지, 대중의 저항이 있었고, 그 저항이 일어난 곳은 항상 군대에 의해 진압됐다.

하지만 프랑스는 오늘까지도, 우리의 오랜 군주제 지지자들의 거점인 퀘벡(Quebec)에서처럼, 미터법 감시자와 그들의 정보원들을 피해 조용히, 피트와 인치 혹은 파운드와 온스로 계산을 하는 노동자들이 있다. 그 사람들은 석공과 목수 같은 일꾼들이다. 그들은 아쉬운 눈빛으로 자조하곤 한다.

숫자 10은 폭군시대 마법의 숫자이다. 한 번에 반으로 나뉠 수도 있지만, 삼등분할 수 없다. 소수점의 계산조차 기만하기 쉽다. 즉, 반올림을 하느냐, 하지 않느냐에 따라, 옳으면 다른 배와 거의 충돌하지 않겠지만 틀리면 다른 대양에 도착하게 된다.

미국의 미터법 지지자들은 눈에 안 띄게 변화가 일어나고 있다고 주장한다. 캘리포니아의 지지 단체인 미국 미터법 협회에 의하면 2,000개가 넘는 미국 기업들이 연구와 개발 및 그리고 마케팅에서 미터법을 사용한다고 한다. 이스트먼 코닥(Eastman Kodak)의 모든 제품 개발은 미터법으로 진행된다. 프록터앤겜블(Procter & Gamble)은 구강청결제인 스코프(Scope)를 리터로 표기된 병에 넣어 팔고 있다. 그 이유는 재무적인 것인데, 그램을 사용하는 사람과 협상할 때 파운드로 계약을 체결하는 것은 쉽지 않기 때문이다.

영국은 예상대로 미터법으로 바꾸어 휘발유를 리터로 표기하여 팔고 최근에는 슈퍼마켓에서 그램으로 표기된 물건을 판다. 하지만 소매 상인들에게는 2000년 1월 1일 전까지 유예기간을 주었다. 그러고 나서 과일이나 야채, 카펫, 블라인드, 소프트 캔디 및 고기 같은 무른 제품을 파는 모든 상인들은 미터법 단위로 물건을 팔라는 새 정부의 규정이 시행되었다.

영국의 토니 블레어(Tony Blair) 수상 정부에게 소중한 개념은 바로 유럽연합의 다른 나라들과 같이 조화를 이루는 것이다. 하지만 영국의 96,000명의 소매상인들 중 꽤 높은 비율은 이 조화를 이루는 것을 탐탁지 않게 생각하는데, 특히 독일 및 프랑스인과는 그렇다.

출처: David Warren, "Ten: The Magical Number of Tyranny," National Post (Montreal), July 8, 2000, p. A14; Cassell Bryan-Low, "Pound for Pound, A Veggie Peddler Takes on the EU–East London's Ms. Devers Snubs the Metric System; Selling by the Bowl Is Alleged," The Wall Street Journal , January 22, 2008, p. A1.

어졌다. 미국 상무부는 미국 표준을 촉진하는 프로그램에 참여했고, 여러 산업 분야의 표준을 비슷하게 하기 위한 국제적인 노력의 일환인 국제조화위원회(GHTF, Global Harmonization Task Force)의 개발에 적극적으로 참여하였다. 미국 무역 대표부 또한 표준을 맞추기 위한 협상에 참여했다. 최근 주요 협정은 여섯 분야에서 각기 다른 표준을 상호 인정하기 위해 유럽연합과 체결되었다. 이 협정들은 통신사업, 의료 기기, 전자파 적합성, 전기 안전, 소형선박 및 제약 분야에서 현재 미국과 유럽연합에서 시행중인 이중 검사와 성능검사 혹은 성능인증을 없앨 것이다. 이 협정들은 약 5백억 달러 규모의 양방향 무역에 적용되며, 2~3% 정도의 관세율 인하효과가 기대되고 있다.

표준을 설정하는 국제기구와 산업뿐만 아니라 각국은 자국의 시장에 진입하는 제품에 대한 표준을 가지고 있다. 사우디아라비아는 전구에서 레몬주스에 이르기까지 모든 제품에 대한 표준을 설정하는 작업을 하고 있고, 무역 파트너들에게 도움을 요청하고 있다. 사우디아라비아에서 첫 번째로 채택되는 표준이 전체 아랍 세계에서 채택될 가능성이 높다. 대부분의 국가들은 사우디아라비아의 표준 설정에 참여하기 위해 각국의 대표들을 파견하였다. 예를 들어 뉴질랜드는 양고기의 유통기간에 대한 표준 작성에 도움이 될 대표를 파견하였다. 불행하게도, 미국은 회담 말기까지 대표부를 보내지 못했고, 결국 수많은 표준들이 유럽과 일본 제품에 유리하도록 작성되었다. 또한 사우디아라비아는 유럽의 새로운 시설장비 표준을 채택했다. 미국의 웨스팅하우스 단일 기업이 사우디의 두 도시에서 손해를 본 금액은 미국 표준의 유통변압기 분야에서만 1천5백만 달러에서 2천만 달러였다. 미국 기업들은 이러한 표준 논의가 이루어지는 경우 조기에 참여할 필요성을 점차 깨닫게 되었다.

미국에서는 미터법으로의 전환과 국제 표준의 수용이 더디게 진행되고 있다. 의회와 산업계는 전환비용이 클 것이라는 우려로 진행을 지체시키고 있다. 그러나 미터법을 채택하지 않으면 비용이 발생할 것이다. 제너럴일렉트릭(GE)의 경우 사우디 항구로부터 수출된 전기제품이 반송되었는데 그 이유로 이 전기 제품의 연결 코드의 길이가 2미터를 요구하는 사우디아라비아의 표준과는 다른 6피트였기 때문이다.

미국 산업재 매출 중에 미터법을 쓰는 해외 고객들의 비중이 점점 높아짐에 따라 표준화를 지체하는데 따른 비용이 매우 커져만 간다. 측정에 민감한 제품들이 미국 수출의 1/2에서 2/3를 차지하고 만약 예상대로 유럽연합이 비미터법 수입품을 금지한다면, 많은 미국 제품들은 유럽연합이 새로운 경제적 도약기에 도달한 시장에 접근할 수 없을 것이다. 미국 수출의 약 1/2은 유럽연합의 새로운 표준 프로그램에 해당한다.

미국 산업계가 실행에 옮길 수 있도록 하기 위해 미국 상무부는 미국 정부에 납품하는 경우를 제외하고는 미터법을 수용하는 것이 필수적이지는 않다고 밝혔다. 모든 미국 정부의 구매는 미터법으로만 이루어진다. 연방정부의 모든 건물은 미터법 사양에 의해 설계되고 연방정부에 의해 지원되는 고속도로 건설은 미터 단위를 사용한다. 연방정부가 미국에서 가장 큰 고객이기에 이러한 연방 정부지침은 미국의 기업들을 성공적으로 미터법으로 전환시킨다. 미 국방부는 이제 모든 신형 무기 시스템에 미터법 사양을 요구한다.

연방정부의 법령에도 불구하고, 세계에서 가장 앞선 기술의 일부를 주관하는 미국 항공우주국(NASA)은 미터법의 수용에 반대하고 있다. 1,000억 달러 이상[15]이 소요된 우주 정거장 중 일부는 미터법에 의한 부품을 가지고 있지만, 대부분의 주요 구성품은 미국산이고 그것들은 인치와 파운드에 기반하고 있다. 미국 항공우주국의 변명은 생산과 설계를 변경하기에는 너무 멀리 왔다는 것이었다. 불행하게도 우주 정거장은 파트너 중 하나인 러시아와 국제적인 공조 노력을 필요로 한다는 것이다. 그

[15] The original cost estimate was $16 billion. "International Space Station Marks Its 10th Anniversary," *RIA Novosti*, January 29, 2008.

리고 이러한 의사결정은 시스템 통합에 큰 문제를 만들 수 있다. 더군다나, 1억 2천 5백만 달러짜리 화성 기후 궤도 인공위성의 1999년 실패의 원인은 미터법과 영국식 도량형이 혼재되어 사용했기 때문이다. 미국 항공우주국(NASA)은 2020년 달을 위한 다음 임무에서는 미터법을 사용하기로 동의했다.[16] 미국 항공우주국이 약속을 지킬지 계속 지켜볼 필요가 있다. 미터법이 공식적으로 존재하지 않는 두 국가가 미얀마와 미국이라는 사실은 믿기가 어렵다. 미국이 변화하지 않으면 뒤쳐질 것이 점점 분명해지고 있다.

아이에스오(ISO) 9000 인증: 국제 품질 표준

LO4
아이에스오(ISO) 9000 인증의 중요성에 대해 학습한다.

품질이 글로벌 경쟁의 지표가 됨에 따라, 기업들은 고객이 그들에게 요구하고 있는 것과 같이 공급업체로부터 표준과 일치한다는 보증을 요구하고 있다. 아이에스오(ISO) 9000[17] 인증은 기업의 주식 가격과 성과에 긍정적인 영향을 미치는 것으로 확인되었다.

구매계약 시 제품 품질 보증에 대해 필요를 충족시켜주기 위해 제네바(Geneva)의 **국제 표준화 기구(International Organization for Standardization)**에 의해 처음 만들어진 일련의 다섯 가지 국제 산업 표준(ISO 9000~9004)인 아이에스오(ISO) 9000 시리즈는 유럽연합과 기타 지역에서 사업을 할 때 필요한, 경쟁력을 갖춘 법적효과를 지닌 품질 보증 인증 프로그램이 되어 가고 있다. 원조 아이에스오(ISO) 9000 시스템은 1994년에 널리 알려졌다. 2000년에 이 시스템은 간결해졌고 2006년에 다시 한 번 더 간결해졌다. 아이에스오(ISO) 9000은 제조업체의 품질 시스템의 등록과 인증에 역점을 두고 있다. 이는 기업이 공표된 품질 기준을 만족시킬 수 있는 품질관리 시스템을 보유하고 있다는 것을 인증해주는 것이다. 아이에스오(ISO) 9000 표준은 특정 개별 제품에 적용되지 않는다. 아이에스오(ISO) 9000은 내 · 외부의 감사를 통해 특정 기업이 품질관리 시스템을 보유한다는 보증을 할 수 있도록 해주는 일반적인 표준 시스템과 관련 있다. 이것은 오직 생산과정에 대한 인증이지 제조업체가 품질 좋은 제품 혹은 서비스를 생산한다는 것을 보증하지 않는다. 이 시리즈는 세 가지 품질 시스템 모델의 설명, 품질 개념의 정의 그리고 품질 시스템에서 국제 표준을 사용하기 위한 지침을 제공한다.

아이에스오(ISO) 9000 인증을 받기 위해, 기업은 인증기업(certifying body: ISO 9000 감사를 할 수 있는 권한을 부여받은 제3자)에게 등록 평가를 시행해줄 것을 요청해야 한다. 즉, 기업의 핵심적인 사업과정을 감사하는 것을 의미한다. 평가자는 피인증 기업의 고객방문 계획부터 보고서 기록까지 모든 것에 대해 질문할 것이

[16] David B. Williams, "Metric Mission," *Science World* , April 2, 2007, p. 6.

[17] ISO 14001, a parallel environmental management standard, has not experienced the same rate of diffusion as ISO 9000. See Magali Delmas and Ivan Montiel, "The Diffusion of Voluntary International Management Standards: Responsible Care, ISO 9000, and ISO 14001 in the Chemical Industry," *Policy Studies Journal* 36 (2008), pp. 65 – 82.

아이에스오(ISO) 9000 인증을 받은 것을 매우 자랑스럽게 생각하는 코스타리카(Costa Rica), 산호세(San Jose)의 일본 공장

다. "공급업체는 약속한 납품기일을 준수합니까?"와 "고객 만족을 증명할 자료가 있습니까?"와 같은 두 가지 질문이며, 여러 이슈들을 살펴본다. 극히 작은 세부사항도 간과되지 않도록 하기 위해 종합적인 계획을 개발하는 것이 목적이다. 평가자는 경영진이 품질 매뉴얼을 작성하는데 도움을 주고, 이 작성된 품질 매뉴얼은 고객들에게 열람이 가능하도록 한다. 이를 통해 조직의 신뢰성이 증명되기를 바라는 것이다. 승인이 되면, 기업은 인증을 받는다. 매 4년마다 재인증을 위한 철저한 평가가 이루어지며, 4년 기간 중간에 중간평가가 있다.

특정 규제 제품을 제외하고, 비록 아이에스오(ISO) 9000 인증은 일반적으로 자발적인 것이지만, 유럽연합의 제조물책임 지침(EU Product Liability Directive)은 모든 기업들이 인증을 받도록 압력을 가하고 있다. 이 유럽연합 지침에 따르면 결함 있는 부품으로 고장난 제품에 의해 사람이 해를 입는다면, 수출업체를 포함한 제조업체가 오류 또는 과실여부에 관계없이 책임을 져야 한다. 따라서 자신의 제품 부품에 결함이나 미흡함이 없음을 유럽연합의 소비자들에게 확신시킬 필요가 있다. 문서화가 잘된 품질 시스템을 가진 제조업체는 제품에 결함이 없어 배상책임을 최소화할 수 있다는 것을 더 잘 증명해 보일 수 있다.

아이에스오(ISO) 9000에 대한 관심이 높은 것은 정부 규제라기보다는 시장에서의 요구사항 때문이고 아이에스오(ISO) 9000은 이제 유럽과 전 세계에서 중요한 경쟁력 있는 마케팅 도구이다.[18] 시장이 품질을 요구하고 점점 더 많은 기업들이 어떤 형태든지 전사적 품질관리(TQM)를 채택함에 따라, 제조업체들은 자신들의 공급업체들에게 아이에스오(ISO) 9000 등록을 점차적으로 요구하고 있다. 중국에서 부품을 제조하는 기업들은 아이에스오(ISO) 9000 인증이 사실상 필요하다는 것을 신속하게 알아차리고 있으며, 일본 건설 산업에서는 이제 아이에스오(ISO) 9000을 정부조달과정의 일부분으로서 요구한다. 더 많은 구매자들(특히 유럽의 구매자들)이 품질역량에 대해 국제적으로 인정된 제3자의 인증서를 보유하지 못한 제조업체들로부터 제품 구입을 거부하고 있다. 아이에스오(ISO) 9000은 공급업체의 등급을 구분하는 방법으로 사용될 수 있으며, 특히 높은 제품 신뢰도가 중요한 첨단기술 분야에서는 더 유용하다. 즉, 두 공급업체가 동일한 계약을 두고 경쟁하고 있다면, 아이에스오(ISO) 9000에 등록된 회사가 경쟁우위를 가지게 될 것이다.

[18] "China to Establish Industrial Garden in Nigeria," *Xinhua News Agency*, August 22, 2005.

비록 더 많은 국가(현재 100개 이상임)와 기업이 아이에스오(ISO) 9000 표준을 계속해서 채택한다 할지라도, 많은 이들이 시스템 자체와 이 시스템의 확산에 불만을 가지고 있다. 예를 들어 39개 전자회사는 아이에스오(ISO) 9000의 일본 소프트웨어 기준과 다툼을 벌였다. 전자회사들은 새로운 아이에스오(ISO) 보건과 안전 기준(ISO Health and Safety Standard)의 설립에 대해 저항하고 있다. 여전히 다른 사람들은 미국의 말콤 볼드리지 상(Malcolm Baldrige Award)과 함께 포괄적인 국제 표준을 요구하고 있다. 이 상은 리더십, 전략 계획, 고객과 시장 집중, 정보 및 분석, 인적자원개발, 경영관리 및 사업성과의 7가지 기준을 고려한다. 통신 산업은 최근 산업체에 특화된 티엘(TL) 9000 인증 프로그램을 공포하였는데 이는 아이에스오(ISO) 9000의 여러 측면들과 여러 다른 국제 품질 표준을 결합한 것이다.

아마도 품질 표준의 가장 적절한 유형은 미시간 대학의 경영대학과 미국 품질관리협회(American Society for Quality Control)에 의해 공동으로 개발되고 있다.[19] 설문조사 방법을 사용한, 미국 고객만족지수(ACSI: American Customer Satisfaction Index)는 미국의 상품과 서비스 중 대표적인 표본을 뽑아 고객의 품질지각과 만족도를 측정한다. 사실 이 접근방법은 스웨덴에서 개발되었고 이제는 유럽과 아시아의 국가들에서도 사용하고 있다. 미국 고객만족지수(ASCI) 접근법의 매력은 제품과 서비스 사용자에 의해 지각된 품질 결과에 초점을 맞추고 있다는 것이다. 지금까지 미국 고객만족지수(ASCI) 접근법은 소비자 제품과 서비스 맥락에만 적용되어 왔다. 그러나 고객이 품질에 대한 최고의 심판관이라는 기본적 개념은 국제 비투비(B2B) 마케팅 환경에서도 적용가능하다. 개별 산업 마케팅 기업들은 품질 개선 프로그램을 실행할 더 좋은 방법을 찾고 있는데 여기에는 미국 고객만족지수(ASCI)에 적용된 것과 유사한 기법의 사용도 포함된다.

기업 서비스

많은 산업재의 경우, 관련 서비스로부터의 수익이 제품으로부터 수익을 초과한다. 아마도 가장 명확한 사례는 휴대전화인데, 휴대전화 서비스 계약을 맺기 위해 전화기는 거의 무료로 제공된다. 또는 저렴한 프린터가 운영비용(예: 잉크 카트리지)이 포함되기 전까지 어떻게 보이는가를 고려해보자. 사실 대부분의 자본설비 제조업체의 경우, 애프터서비스(예: 유지보수 계약, 정비, 수리, 부품 교체)에서의 이익이 판매하는 기계 자체에서 나오는 이익보다 훨씬 더 높다. 또한 기업이 고객에게 자본설비를 임대하는 경우, 제품과 서비스의 구분은 거의 완전히 사라진다. 기업고객이 트럭을 임대했을 때, 차량을 구매한 것인가 아니면 운송 서비스를 구매한 것인가?

[19] Claes Fornell, Michael D. Johnson, Eugene W. Anderson, Jaesung Cha, and Barbara Everitt Bryant, "The American Consumer Index: Nature, Purpose, and Findings," *Journal of Marketing* 60, no. 4 (October 1996), pp. 35–46; http://www.asq.org, 2008; http://www.cfi group.com, 2008.

기업들은 또한 제품과 연관되지 않은 다양한 서비스들을 구매한다. 가장 좋은 예는, 현재 보잉[20]과 러시아 해군 잠수함에 의해 제공되는 바다 위에서의 위성 발사 서비스이다.[21] 또한 거대한 제트기의 공간을 한 시간 빌리는 데 24,000달러를 받는 우크라이나 화물 회사도 그렇다. 구매가 가능한 기타 전문적인 서비스는 광고대행사, 법무법인, 운송과 보험 회사, 유전 서비스, 은행과 투자 브로커[22] 및 의료서비스 등이 있다. 기업 서비스의 양쪽 범주 모두를 이 절에서 논의한다.

애프터서비스

해외에서의 효과적인 경쟁은 적절한 제품의 설계뿐만 아니라 효과적인 서비스, 신속한 배달, 지체 없는 부품 교체와 예비부품 제공 능력도 필요하다. 예를 들어 제너럴일렉트릭(GE) 의료 시스템은 자기공명영상장치(MRI)와 기타 장비를 구매한 병원을 위해 광범위한 애프터서비스(의료 서비스와 관련된 정보 기술, 교육 훈련, 부품 및 부속품 등)를 제공한다.[23] 유럽연합 지역은 경쟁이 매우 심한 지역이라서 국내 기업이나 유럽연합(EU) 기업이 해 줄 수 있는 종류와 같은 정도의 서비스를 제공하는 것이 필수적이다.

대다수 기술제품의 경우, 기꺼이 설치와 교육을 제공하고자 하는 판매자의 의지는 구매자가 다른 회사 제품보다 이 회사 제품을 선택하게 되는 결정적인 요인이 될 수 있다. 한국인과 기타 아시아 기업인들은 미국 기업으로부터 구매하는 것을 선호하지만, 일본 기업들의 뛰어난 애프터서비스로 인해 종종 일본기업으로부터 구매를 한다는 것을 인정한다. 판매자에게 기대할 수 있는 지원에 대해 미국기업들과 해외기업들 간의 자주 듣게 되는 갈등 관련 일화들은 애프터서비스와 지원의 문제점들을 잘 나타내준다. 한국 임원이 미국 엔지니어 그리고 일본인 엔지니어와 겪은 경험은 이런 상황을 대표적으로 나타낸다. 한국 전자 회사는 공장 확장을 위해 반도체 칩 제작 설비를 구입했다. 미국 엔지니어는 느릿느릿하게 설비를 설치하였고, 오후 5시에 일을 마치며 주말에는 일을 하지 않았다. 다른 설비를 설치하는 일본인들은 공장가동의 긴급성을 이해했다. 물어보기도 전에 그들은 일을 마치기 위해 밤낮으로 근무했다.

불행하게도 이러한 예는 많다. 다른 예에서, 현대 자동차는 자동차의 차체부분을 찍어내는 2대의 수백만 달러짜리 프레스 기계를 구매하였다. 그리고 이 프레스 기계들은 늦게 도착했고 심지어 기계 설치에는 더 많은 시간이 필요했다. 그리고 현대 자

[20] W. J. Hennigan, "Venture May Lose Boeing as Owner," *Los Angeles Times* , November 12, 2009, pp. B1, B6.

[21] "Sail of the Century," *The Economist*, June 18, 2005, pp. 77 – 78.

[22] John U. Farley, Andrew F. Hayes, and Praveen K. Kopalle, "Choosing and Upgrading Financial Services Dealers in the U.S. and U.K.," *International Journal of Research in Marketing* 21, no. 4 (2004), pp. 359 – 75.

[23] See http://www.gehealthcare.com, 2010.

동차는 이 기계들을 제대로 작동시키기 위해 미국인들에게 추가로 비용을 지불하였다. 미국기업에게 이러한 문제들은 사업기회의 상실을 의미한다. 한국의 최대 반도체 제조사인 삼성전자는 회사의 첫 번째 반도체 공장의 75%에 미국 설비를 사용하였다. 그러나 가장 최근에 반도체 공장 설비를 구축할 때는 설비의 75%를 일본으로부터 샀다. 물론 미국 기업들이 모두 이러한 문제를 겪는 것은 아니다. 사실 인도에서 인텔은 최근 수백 개의 서버로 구성된 인터넷 서버팜(Internet Server Farm)으로 채워진 데이터 센터를 열었다. 이미 많은 나라의 고객들이 인텔로 하여금 위와 같은 센터에서 자신들의 서버를 저장하고 연결하였으며 서비스를 받았다.

첨단 기술을 필요로 하지만 훈련된 인력이 부재한 나라에서 기술 제품들을 판매하는 경우, 고객을 위한 교육훈련은 빠르게 애프터서비스의 중요한 부분이 되고 있다. 중국은 가장 최신의 기술 설비를 요구하지만 자신들이 구입한 제품들에 대해 이해 할 수 있는 훈련된 인력들이 부족하다. 기술 장비의 일반적인 운영 기술의 결핍을 극복하도록 돕는 교육훈련 프로그램과 자기주도 학습 자료를 많이 강조하는 것은 대부분의 개발도상국가에서 필수적인 애프터서비스의 한 부분이다. 맥도날드의 햄버거 대학은 아마도 가장 유명한 국제 고객 교육훈련 센터이지만, 산업재 판매자들은 곧 이를 따라 잡을 것이다. 싱가포르[24]의 정부 그리고 대학과 함께 협력한 시스코 시스템은 이 지역에 서비스를 제공하기 위해 시스코 아카데미 트레이닝 센터(Cisco Academy Training Center)를 최초로 설립하였다. 그리고 인텔은 유럽 5개국에 e-비즈니스 솔루션 센터(e-Business Solutions Center)를 설립하였다.

건설 중장비의 해외 사용자에 대한 최근의 한 연구는 제조업체의 평판 다음으로 빠른 부품 교체가 건설 장비 구매의 중요한 요소라는 것을 밝혔다. 또한 응답자의 70%는 정품 부품의 구매가 어렵기 때문에 장비의 원 제조업체가 만든 정품이 아닌 부품을 샀다고 대답했다. 소규모 수입업체들은 미국 수출업체가 주문에 대응하지 않거나 한참 지연된 후 대응하는 것에 대해 불만이 크다. 시장유지를 위해 국내에서 예비 부품을 적시에 조달하는 미국기업들이 해외시장에서는 이를 잊고 있는 것 같다. 기업이 적절히 대응하면 그 보상은 상당하다. 미국 화학 생산 장비 제조업체들은 멕시코에서 시장을 지배하고 있다. 국제무역위원회(International Trade Administration)에 따르면, 그 이유는 빠른 배송이라고 한다. 미국 마케터에 의해 제공되는 준비된 서비스와 부품의 이용 가능성이 이 회사들에게 경쟁우위를 주고 있는 것이다.

일부 국제 마케터들은 또한 수익성이 좋은 애프터서비스 시장 참여의 기회를 포기할 수도 있다. 특정 종류의 공작 기계는 평균 수명 동안 부품을 교체하여 원래 가치를 5배 더 끌어 올린다. 그리고 이는 더 큰 시장을 의미한다. 한 국제적인 공작 기

[24] "SMEs Set to Boost IT Services in Asia," *Business Times Singapore*, August 22, 2005.

계회사는 기존의 유통경로에서 빠른 서비스와 부품의 준비상태를 강조한 유통경로로 변경함으로써 직접 서비스와 부품의 쉬운 이용 가능성의 필요성을 기회로 만들었다. 해외 시장에서 대부분의 공작 기계 제조업체들이 하는 것처럼 독립 유통업체를 통해 판매하는 대신, 이 회사는 미국에서와 같이 유사하게 회사의 여러 직영 매장과 서비스 센터들을 설립하였다. 대부분의 경쟁사들이 그들의 본사 공장으로부터 서비스 인력을 파견하는 반면, 이 기업은 자사의 현지 점포 시스템을 통해 서비스를 제공할 수 있다. 서비스 인력들이 회사의 각 지역 현지 점포 네트워크에서 서비스 요청에 빠르게 대응하기 위해 대기하고 있으며, 각 점포는 신속한 배달을 위해 가용한 표준 부품을 상당량 재고로 유지한다. 고객의 요구에 빠르게 대응한 결과, 이 회사는 공작 기계의 해외 판매에서 최고의 공급업체로 남게 되었다.

국제 소형 항공 택배 서비스와 국제 무료 전화 서비스는 부품의 배달 속도를 높이는데 도움을 주었고, 기술적인 애프터서비스를 거의 즉각적으로 가능하도록 만들었다. 대형 컴퓨터 메인 프레임 제조사인 암달(Amdahl)은 재고비용을 절감하고 고품격 고객 서비스를 보장하기 위해 거의 독점적으로 항공 배달을 이용하는데 이는 대형 경쟁사와 경쟁할 때 매우 중요하다. 항공 운송되는 빈도가 늘어나는 전자제품, 자동차 부품 그리고 기계 부품 등은 비용절감과 경쟁력 강화에 중요한 무기가 되고 있다. 기술적 조언을 먼 거리에서도 무료전화로 요청할 수 있게 하고 부품은 고객에게 즉시 항공 배달된다. 이러한 접근은 서비스 표준을 향상시킬 뿐만 아니라, 전화 응대를 위해 외국어를 할 수 있는 사람을 고용해야만 한다 하더라도 현지국에 사무실을 유지하는 것보다 비용측면에서 더 효과적이다.

애프터서비스는 강력한 고객 충성도와 매출에 중요한 영향을 미치는 기업평판의 구축에 중요할 뿐만 아니라 대체로 기계나 제품의 실제 판매보다 수익성이 항상 더 좋다.

기타 기업 서비스

LO5

기업 서비스의 성장과 기업 서비스 마케팅의 뉘앙스에 대해 이해한다.

무역은 국제 서비스에 대한 수요를 창출 한다.[25] 대부분의 기업 서비스 회사들은 해외에 진출한 자기 지역의 고객들에게 서비스를 제공하기 위해 국제 시장에 진입한다.[26] 미국의 다국적 고객사들에게 서비스를 제공하기 위해 해외 현지 제휴사를 인수하거나 지점을 설립한 초창기 기업들 중 가운데 일부가 회계, 광고 및 법무[27] 법인들이다. 호텔과 자동차 임대 대행사들은 해외까지 출장자들을 따라 다녔다. 가장 최근

[25] Perhaps one of the best examples of trade leading demand for services is the critical importance of Japanese trading companies to that country. See Anthony Goerzen and Shige Makino, "Multinational Corporation Internationalization in the Service Sector: A Study of Japanese Trading Companies," *Journal of International Business Studies* 38 (2007), pp. 1149 – 69.

[26] Lihong Qian and Andrew Delios, "Internationalization and Experience: Japanese Banks' International Expansion, 1980 – 1998," *Journal of International Business Studies* 39 (2008), pp. 231 – 48.

[27] John Tagliabue, "Law Firms from U.S. Invade Paris," *The New York Times*, July 25, 2007, pp. C1, C4.

에는 의료 서비스 제공업체들이 해외 소재 기업들을 따라 다니고 있다. 블루크로스(Blue Cross)사는 현재 멕시코에서 사업 중인 미국 기업들에게 에이치엠오(HMO, 미국의 의료보험 서비스업체) 서비스를 판매하고 있다. 한 연구에서는 이런 기업들을 **고객추종자(client follower)**라 부르며 일단 설립되면, 이들 회사들은 현지의 지역 회사들까지도 자신들의 고객층에 포함시킨다. 더 큰 기업 서비스 수요가 창출되며 글로벌 시장이 성장함에 따라 서비스 기업들은 국제 시장을 추구하게 되었다.

13장에서 언급된 것과 마찬가지로, 대부분의 일반 소비자를 대상으로 하는 서비스 기업들의 시장진입 방식은 라이선싱, 프랜차이즈, 전략적 제휴[28], 직접 서비스방식이다. 이러한 경향은 서비스의 생성과 소비를 분리할 수 없는 비분리성 때문이다. 그러나 일부 기업 서비스는 일부 유형적인 것(청사진 혹은 설계도)에 포함될 수 있는 내재적 가치를 가지기 때문에 한 나라에서 생산되어 다른 나라로 수출할 수 있다. 데이터 분석과 처리 서비스는 좋은 예이다. 분석과 처리는 미국에 소재한 컴퓨터에서 완료되어 그 결과는 인터넷을 통해 원거리에 있는 고객에게 전달된다. 컨설턴트가 고객이 있는 장소로 출장을 가서 보고서 또는 설계도의 작성과 제출을 위해 귀국함으로써 컴퓨터 아키텍처, 시스템 통합[29] 그리고 엔지니어링 컨설팅 서비스는 수출이 가능하다.

기업 서비스 회사들은 일반 상인들이 직면하는 거의 유사한 제약들과 문제점들에 직면해 있다. 보호무역주의는 국제 서비스 무역의 지속적인 확장에 가장 심각한 위협이다. 국제 서비스의 성장은 현지의 기업, 정부 및 연구자들의 관심을 집중시킬 만큼 지난 10년간 매우 빠르게 성장해 왔다. 그 결과, 외국 기업으로부터 국내 시장을 보호하기 위해 직 · 간접의 무역장벽들이 생겨났다. 유치산업의 보호에서부터 국가안보에 이르기까지 다양한 이유들이 일부 규제 관행들을 정당화하는데 사용되어 왔다. 국가 간 서비스의 자유로운 흐름을 방해하는 2,000개 이상의 장벽들에 관한 사례가 최근 미국 정부에 의해 수집되었다. 규제가 늘어남으로써 발생하는 위협에 대응하여 미국은 북미자유무역협정(NAFTA)과 관세 및 무역에 관한 일반협정(GATT)을 통해 기업 서비스 시장의 개방을 위한 협상을 성공적으로 진행하였다.

북미자유무역협정(NAFTA)과 관세 및 무역에 관한 일반협정(GATT) 전에는 서비스 무역을 공정하게 통제하는 국제적 규칙이 없었다. 서비스 기업들은 국가 간의 인력과 기술의 이동을 가로막는 복잡 다양한 국가 규제들에 직면했었다. 인력과 지적 재산권 이슈들은 성공과 실패의 주요 원동력이다. 특히 컨설팅, 엔지니어링, 교

---

[28] One Chicago law fi rm has entered into a strategic alliance with a Chinese counterpart. See Nathan Koppel and Andrew Batson, "A U.S. Law Firm Takes a New Route into China," *The Wall Street Journal*, January 30, 2007, pp. B1, B2.

[29] Janet Y. Murray, Masaki Kotabe, and Stanford A. Westjohn, "Global Sourcing Strategy and Performance of Knowledge-Intensive Business Services: A Two-Stage Strategic Fit Model," *Journal of International Marketing* 17, no. 4 (2009), pp. 90 – 105.

육, 정보기술 등과 같은 지식 기반의 서비스들에서는 특히 그러하다.[30] 미국과 다른 선진국들은 자신들의 은행, 보험회사, 건설회사, 기타 서비스 제공업체들이 전 세계로 그들의 인력, 자본 및 기술을 방해받지 않고 이동할 수 있기를 원한다. 해당 국가에서 사업을 하지 못하게 하는 것부터 전문 서비스를 제공하기 전에 모든 외국인 전문가에게 현지 언어로 면허시험을 통과하도록 하게 요구하는 것까지, 현지시장을 보호하기 위해 만들어진 제약들은 그 범위가 광범위하다. 예를 들어 아르헨티나(Argentina)에서 회계사가 부에노스아이레스(Buenos Aires)에 있는 다국적 기업 지점의 회계감사를 허가받기 위해서는 아르헨티나 고등학교 수준의 지리와 역사 교육을 받아야 한다.

국가 간의 데이터 흐름에 대한 제약들은 사업을 수행하기 위해 국가 간 데이터 전송에 의존해야 하는 통신 산업과 기타 다국적기업들 모두에게 가장 큰 잠재적 피해를 끼친다. 일부 국가들은 데이터 전송에 관세를 부과한다. 그리고 다른 많은 국가들은 정부 기관에 의한 컴퓨터 파일 검사를 강제하거나 국내 데이터 전송을 밀착 통제하기 위한 법률들을 통과시키고 있다. 많은 경우에, 국가 간의 데이터 흐름에 어떻게 세금을 부과하는 것이 최선인가를 이해하지 못하기 때문에 우려가 생긴다.

앞서 언급된 것처럼, 많은 외국인 기업들이 현지 시장을 잠식하면서 서비스 산업의 모든 영역에서 경쟁이 심화되고 있다. 외국 시장의 고객사를 따라서 해외에 진출한 뒤 국제시장으로 확대하는 관행은 미국 기업들에게만 국한되지 않는다. 독일, 영국, 일본 그리고 기타 국가의 서비스 기업들은 해외 시장에 진출하는 자신의 고객사를 따라 나간 후, 나중에는 현지 사업까지 포함할 정도로 사업을 확장한다. 미국의 통신, 광고 및 건축업과 같은 서비스 분야는 유럽과 일본 기업뿐만 아니라 브라질, 인도 및 기타 국가의 대표주자들과 중요한 경쟁에 직면하고 있다.

기업 서비스 분야의 마케팅 기회는 21세기에도 지속적으로 성장할 것이 분명하다. 국제 마케터는 해외 고객들을 위해서 그리고 해외 시장에 고품질의 기업 서비스를 제공하는데 수반되는 문화법률적 도전에 대응하기 위해 매우 창조적이어야만 한다. 당연히 국제적인 기업 서비스 회사들의 성공은 여러 문화에 걸친 사업수행에서 매우 중요한 대인관계의 구축과 유지를 위해 고급 인력(기술과 대인관계 능력 및 강력한 고객 지향성을 가진)[31]을 발굴하는 것에 달려있다. 이러한 내용은 17장과 19장에서 마지막으로 다룰 것이다.

[30] Chris Styles, Paul G. Patterson, and Vinh Q. La, "Exporting Services to Southeast Asia: Lessons from Australian Knowledge-Based Service Exporters," *Journal of International Marketing* 13 (2005), pp. 104–28.

[31] Vinh La, Paul Patterson, and Chris Styles, "Client-Perceived Performance and Value in Professional B–2–B Services: An International Perspective," *Journal of International Business Studies* 40, no. 2 (2009), pp. 274–300.

무역 전시회: 비투비 마케팅의 중요한 부분

LO6
산업재 촉진에 있어서 무역 전시회의 중요성에 대해 이해한다.

해외 산업 마케터들이 직면하게 되는 촉진 문제는 국내 마케터가 직면하는 문제와 큰 차이가 없다. 최근까지 많은 나라들에서 소수의 전문화된 광고 매체가 생겨났다.[32] 그러나 지난 10년 동안, 서유럽과 동유럽, 독립국가연합(CIS) 그리고 아시아 등의 잠재적 고객과 의사소통하는 방법을 산업 마케터에게 제공하기위해 전문화된 산업 매체가 발전되어 왔다.

인쇄 매체를 통한 광고와 디엠(DM), 웹사이트[33] 및 카탈로그 등을 통해 산업재 고객에게 도달하는 것 이외에, 무역 전시회나 무역 박람회가 해외에서 사업을 수행하는 중요한 수단이 되었다. 국제적인 홍보 활동의 일환으로, 미국 상무부는 세계의 많은 도시에서 무역 박람회를 후원하였다. 추가적으로, 대부분 국가의 현지 정부는 매년 정기적인 무역 전시회를 후원한다. 예를 들어 아프리카 국가들은 70개 이상의 산업별로 특화된 무역전시회를 주최하였다.

무역 전시회는 대부분의 국가에서 제품 판매, 잠재 고객에게 도달, 잠재적인 대리인 및 유통업체 접촉 및 평가 그리고 마케팅을 위한 가장 중요한 수단으로서의 역할을 한다. 무역 전시회 참석과 뒤이은 인적판매 노력을 성공적으로 결합한 기업들은 높은 수익성을 지속적으로 보여주었다.[34] 미국에서도 중요하지만[35], 무역 전시회는 다른 나라에서는 더 중요한 역할을 한다. 이러한 행사들은 수세기 동안 유럽에서 상거래의 중심에 있었고, 대부분의 잠재 고객들을 발견할 수 있는 곳이었다. 최신 제품의 단순한 참관뿐만 아니라 구매를 위해 참가하는 최고위 의사결정자들이 유럽 무역 전시회에 모여든다. 공식적인 사업상 약속을 잡기위해 유럽에서는 본격전인 전시회 이전에 사전 판촉활동을 하기도 한다. 유럽인에게 무역전시회의 중요성은 유럽인들이 무역 전시회 관련 이벤트 참가에 소요되는 미디어 예산의 비율과 어떻게 이 예산을 사용하는지에 반영되어 있다. 평균적으로, 유럽인들은 무역 이벤트에 자신의 연간 미디어 예산의 22%를 사용한다. 상대적으로 미국 기업들은 일반적으로 5% 미만을 사용한다. 유럽인들은 서커스 같은 우스꽝스러운 판매홍보나 영업수법에 예산을 사용하지 않는다. 그들은 차라리 심도 깊은 거래를 위한 환경 조성에 치중한다. 매년 2,000개 이상의 주요 무역 전시회가 전 세계에서 개최된다. 세계 최대 무역 박람회

[32] Of course, it should be noted that some industrial companies still use nonspecialized media, building brand awareness at all levels. Perhaps the best example is Intel's sponsorship of the offi cial Web site of the Tour de France in 2002.

[33] For illustrative examples of the burgeoning information available to industrial customers on Web sites, see http://www.caterpillar.com, http://www.fl uor.com, http://www.hewlett-packard.com, and http://www.qualcom.com.

[34] Timothy Smith, Srinath Gopalakrishnan, and Paul M. Smith, "The Complementary Effect of Trade Shows on Personal Selling," *International Journal of Research in Marketing* 21, no. 1 (2004), pp. 61–76.

[35] David Pogue, "Fixated on TVs, and What's on Them," *The New York Times* , January 10, 2008, pp. C1, C7.

에어버스 380이 돋보이는 세계 최대 프랑스 파리 항공우주전시회

인 하노버 산업 박람회(독일)에는 60만 방문객들을 위해 광범위한 산업재를 전시하는 약 6,000개 이상의 참가업체들이 모여든다.

무역 전시회는 제조업체들이 잠재적 사용자들에게 자신들의 제품을 전시하고 시연하며, 경쟁자들의 제품을 둘러볼 수 있는 시설들을 제공한다. 이러한 무역전시회는 매출을 일으킬 수 있는 기회이며 동시에 해외시장에서 반영구적 유통경로들로 이어질 수 있는 판매 대리인, 유통업자, 프랜차이즈 가맹업체 그리고 공급업체와의 관계를 형성할 수 있는 기회이다. 사실, 무역 전시회는 일부 잠재고객의 경우 접근할 수 있는 유일한 방식일지도 모른다. 무역 전시회 전문가는 무역 전시회에 나타난 사람의 80~85%가 영업사원의 전화에 절대 응하지 않는 것으로 추정하고 있다. 몇몇 웹사이트는 가상 무역 전시회로 특화되었다. 이러한 사이트는 가상으로 돌아다닐 수 있는 정교한 제품 전시부스와 멀티미디어를 포함한다. 일부 이러한 가상 무역 전시회는 실제 관련된 무역 전시회 기간 동안 단 며칠 동안만 유지된다.

무역 전시회의 수와 다양성은 너무나 많고 다양해서 이를 통해 특정 국가의 거의 모든 목표 시장을 찾을 수 있다. 가장 기억할만한 것은 2000년에 쿠바 하바나(Havana)에서 개최된 의료 엑스포이다. 이는 40년 이상 동안 미국과 쿠바 정부에 금지되었던 첫 번째 무역 전시회였다. 8,000명 이상의 쿠바인 의사, 간호사, 기술자 그리고 병원 관리자들이 참석했다. 이 최초의 이벤트는 2002년에 하바나에서 주요 식품 무역 전시회로 이어졌다. 동부 유럽에서, 박람회와 전시회는 개인 무역상, 젊은 기업가, 비 국가 단체의 대표 등을 포함하는 새로운 고객들을 만날 수 있는 기회를 기업들에게 제공한다. 러시아와 폴란드 같은 나라에서의 전시회는 개별적 마케팅 전화로 접근이 불가능한 많은 목표고객들에게 도달할 수 있는 효과적인 방법을 제공한다. 컴퓨터, 자동차 산업, 패션 및 가정용 가구 등과 같은 개별 분야에 특화된 박람회

CROSSING BORDERS 14.4 발 아프게 걸어 다닐 필요 없이 15톤 러시아 탱크를 살 수 있다면?

2000년 4월에, 가상 무역 박람회가 아이에스피 버추얼 쇼(ISP Virtual Show)에 의해 단독으로 처음 개최되었다. 이 박람회는 인터넷 서비스 제공자(Internet Service Provider)들을 겨냥한 것이었다. 사이트 주소는 ISPVirtualShow.com이다(이 사이트는 지금은 닫혀있지만, 구글로 검색해서 들어가면 여전히 둘러볼 수 있다). 이 가상 무역 박람회에 사용된 기술은 iTradeFair.com에서 제공해주었는데 한번 방문해볼만하다.

홍보기획자에 따르면 가상 무역 박람회의 이점은 실제 박람회보다 훨씬 더 크다는 것이다. 전 세계에서 온 전시업체(전시부스는 1,995불로 시작한다)들과 참관자(입장료는 99불이다)들은 이제 자신들의 개인용 컴퓨터에서 직접 출품을 하고 참석을 할 수 있다. 가상 전시회를 통한 이익은 끝이 없다. 막대한 인력과 전시 비용 절감, 부스 공간과 건물의 절약, 숙박, 항공편, 여비, 사무실 외부에서의 접대비용과 시간비용 등에서 많은 비용을 절감할 수 있다.

가상 무역 박람회는 전통적 박람회에 대한 새로운 대안을 제공한다. 첨단기술을 사용하여, 전 세계 모든 사람들이 가상 박람회에 방문할 수 있고, 과거와 같은 언어장벽 없이 자신들의 모국어를 사용하여 정보를 접근할 수 있다. 또한 만약 참관자와 전시업체가 오프라인 상에서 계속 회의를 하고 싶어 한다면, 전 세계의 모든 시간을 알려주는 시계가 약속시간을 손쉽게 잡을 수 있도록 도와준다. 마지막으로, 똑같은 무역 박람회를 매년 참석하는 지친 기업체의 임원들은 더 이상 에어컨이 없는 덥고 답답한 방에서, 턱 없이 비싼 가격의 플라스틱 도시락을 먹으며, 아픈 발로 고통스러워하지 않아도 될 것이다.

이런 홍보성 언급이 훌륭하게 들릴지는 몰라도, 우리는 가상 무역 박람회가 놓치고 있는 실제 무역 박람회의 한 단면은 비록 플라스틱 도시락이라도 음료와 식사를 같이 하며 진행되는 얼굴을 마주하는 만남과 가장 중요한 대인관계의 형성이다. 그리고 최근에, 모스크바에서 열린 컴텍(Comtek) 무역 박람회에서 15톤 급 러시아 탱크를 그의 부스에서 전시한 한 러시아 소프트웨어 개발자와 2008년 판보로우(Farnborough) 항공 전시회에서 청중을 끌기 위해 아슬아슬하게 옷을 입은 여성 무용수들을 고용한 러시아 제트 엔진 공급업체와 같은 효과를 볼 수는 없다. 판보로우 전시회 조직위가 박람회장에서 무용수를 금지한다고 하자 분노가 더 끓어올랐음을 주목할 필요가 있다. 아! 마케팅. 어쨌든 우리는 가상 무역 전시회의 새로운 촉진 방법이 어떻게 진화해 나갈지 지켜볼 것이다.

출처: "ISP Virtual Show: World's First Virtual Trade Show," *M2 Presswire*, October 26, 1999; Jeanette Borzo, "Moscow's Comtek Trade Show Confronts Internet Challenge," *Dow Jones News Service*, April 19, 2000; "ICUEE Is the Demo Expo," *Transmission & Distribution* , August 1, 2005, p. 74; "Russian Firm Banned from Using Scantily Clad Women to Lure Customers to Its Stand At Farnborough Air Show," Daily Mail (UK), July 19, 2008, online; www.iTradeFair.com, 2010.

들이 정기적으로 개최된다.

어려운 경제정치 상황에서 온라인 무역 전시회는 유용하게 되었지만, 분명 충분치 않은 대안이다. 현재 개발 중인 서비스의 좋은 사례는 CROSSING BORDERS 14.4에 나와 있다. 금세기의 전환기에서 글로벌 경제의 침체로 여행 예산은 축소되었고 사스(SARS)는 국제 무역 박람회 참관인 수를 대폭 감소시켰고 참가 취소가 일어나게 만들었다. 중동 정책에 대한 유럽연합(EU)과 미국 간의 정치 갈등으로 미 국방부가 2003년 파리 항공 전시회에 미국인들의 참가를 자제시키는 결과를 초래하였다. 보잉(Boeing), 록히드(Lockheed) 및 동종 업체들의 미국 중역들은 충실하게 행사에 참석하지 않았다. 전시회 공간은 5% 정도 감소되었고, 주문은 2001년 450억 달러에서 320억 달러로 감소되었다고 발표하였다. 이러한 중요 행사에 잠재 고객들과 섞일 수 없었던 보잉과 같은 회사의 임원들이 해외주문이라는 측면에서 치러야 할 비용이 얼마인지를 추산하는 것은 어렵다. 하지만 우리는 에어버스(Airbus)가 카타르(Qatar)와 아랍 에미리트(Arab Emirates)의 고객으로부터 수십 대의 상업용 항공기 주문을 체결하였다는 것은 잘 알고 있다. 우리가 상상할 수 있는 최상의 온라인

전시회조차도 국제 무역과 협력분야에서 이러한 뒷걸음질을 만회시킬 수는 없다.[36]

비투비 맥락의 관계 마케팅

LO7
산업용 제품과 서비스를 위한 관계 마케팅의 중요성에 대해 학습한다.

산업용 제품과 서비스의 독특성을 만들어내는 특성들은 자연스럽게 **관계 마케팅**[37]으로 이어진다. 고객과의 장기적인 관계로 정의되는 관계 마케팅은 산업재의 내재적 특성에 적합하고 비투비(B2B) 마케팅이 가능한 전략이다. 산업재 시장의 첫 번째이자 가장 중요한 특성은 구매자의 동기인데 이 동기는 바로 이익을 창출하는 것이다. 산업재는 서비스 전달이나 제조 공정에 적합하며, 이들이 기여하는 바는 그 전달 과정이나 제조 과정에 얼마나 잘 기여하는가에 따라 달려있다. 고객의 필요를 충족해야 하는 산업 마케터는 현재 존재하는 대로 그들의 필요를 이해해야만 하고, 장기적인 관계가 필요한 글로벌 시장에서 구매자들이 경쟁하면서 어떻게 변화하는지 이해해야만 한다. 글로벌 고객 관리자의 핵심 기능은 정보 수집, 고객사 직원들과의 조화 및 재구성(즉, 변화하는 경쟁 환경에 대한 경영관행과 과정의 적응)의 개념을 중심으로 다루는 것이다.[38]

글로벌 시장에서 산업재 고객의 필요는 끊임없이 변화하고 있으며, 공급업체의 제공물 또한 지속적으로 변화를 해야만 한다. 최신 기술에 대한 요구는 최초에 올바른 제품을 판매하는 문제가 아니라 시간이 지남에 따라 제품을 지속적으로 변화시키는 것을 의미한다. 관계 마케팅의 목표는 관계를 중요한 거래 속성[39]으로 만들고 이를 통해 경쟁자로부터 자신을 구별할 수 있게 하는 것이다. 관계 마케팅은 가격으로부터 서비스와 장기적인 혜택으로 초점을 이동시킨다. 관계 마케팅의 보상은 상당히 오랜 기간 동안 이익을 가져다주는 충성도 높은 고객들이다.

장기적 관계 구축에 집중하는 것은 문화가 사람과 기업 사이의 강한 유대관계를 규정하는 대부분의 국제 시장에서 특히 중요하다. 아시아나 중남미처럼 집단주의적이고 고배경 문화를 가진 나라들에서 신뢰는 상업적 관계의 중요한 측면이다. 고객과 지속적이고 친밀한 커뮤니케이션은 새로운 산업용 제품과 서비스의 개발의 가장

[36] Information about trade shows is available from the following sources: the U.S. Trade Information Center's *Export Promotion Calendar*, which lists dates and locations of trade shows worldwide; *Europe Trade Fairs* , which lists European shows, including the U.S. Department of Commerce – sponsored shows; *Trade Shows Worldwide* (published by Gale Research), a comprehensive listing of more than 6,000 trade shows worldwide; and *International Trade Fairs and Conferences* (published by Co-Mar Management Services), which lists 5,000 trade shows worldwide.

[37] Jagdish Sheth and Atul Parvatiyar, "Evolving Relationship Marketing into a Discipline," *Journal of Relationship Marketing* 1, no. 1 (2002), pp. 3 – 16; Linda Hui Shi, J. Chris White, Shaoming Zou, and S. Tamer Cavusgil, "Global Account Management Strategies: Drivers and Outcomes," *Journal of International Business Studies* (2010), online.

[38] Linda H. Shi, Shaoming Zou, J. Chris White, Regina C. McNally, and S. Tamer Cavusgil, "Global Account Management Capability: Insights from Leading Suppliers," *Journal of International Marketing* 13 (2005), pp. 93 – 114.

[39] Atul Sharma, Louise Young, and Ian Wilkinson, "The Commitment Mix: Dimensions of Commitment in International Trading Relationships in India," *Journal of International Marketing* 14 (2006), pp. 64 – 91.

중요한 원천일 것이다. 사실 일본의 전문 구매자들에 대한 최근 설문조사에서, 공급업체 선정의 핵심 요소는 일본인들이 배려(예를 들어 판매자가 불평 없이 주문을 연기해주면 보답으로 구매자가 판매자의 장기적 이익을 배려해줄 것이라고 인식하는 행위)라고 부르는 특징이었다. 장기적이고 의사소통이 충실한 관계는 국제 산업재 시장에서의 핵심 성공요소이다.

국제경영의 모든 영역에서와 마찬가지로, 인터넷은 관계 구축과 유지를 새로운 방법으로 활성화시키고 있다. 한 연구에 따르면 국제 산업재 마케팅의 이러한 측면을 관리하는 중요 측면에는 웹사이트의 디자인, 다국어로 이루어진 사이트, 문화적 고려사항 그리고 웹사이트 자체[40]를 통한 효과적인 마케팅이 포함된다. 시스코 시스템(Cisco System)은 이 분야의 선두주자이다. 시스코는 비투비(B2B) 상거래가 작용할 수 있는 하드웨어 공급뿐만 아니라 그들의 관계관리 관행과 프로세스는 산업의 선도적 모델로서 기여한다. 시스코의 해외 고객들은 웹사이트를 방문하여 제품 사양을 확인하고 주문할 수 있다. 그러한 정보는 시스코를 통해 인터넷으로 시스코 공급업체들에게 전송된다. 65%의 주문은 시스코의 공급업체로부터 시스코의 고객에게 직접 전달된다. 시스코는 이 거래에 전혀 관여하지 않는다. 주문이 이루어진 후에 제품이 생산되기 때문에 창고에 재고가 거의 쌓이지 않는다. 시스코의 성공에 힘입어, 세계의 기업들은 자사의 구조조정을 시작하고 있다.[41]

[40] Riyand Eid, Ibrahim Elbeltagi, and Mohammed Zairi, "Making Business-to-Business International Internet Marketing Effective: A Study of Critical Factors Using a Case-Study Approach," *Journal of International Marketing* 14 (2006), pp. 87 – 109.

[41] Jeff Borden, "Cisco Humanizes Technology and Connects the World," *Marketing News*, September 1, 2008, pp. 14 – 18.

솔라 터빈(Solar Turbines Inc.)

글로벌 산업재 마케터

매출의 80% 이상이 미국 이외 지역에서 나오는 솔라 터빈은 미국에서 가장 큰 글로벌 회사의 가장 큰 글로벌 자회사이다. 320억 달러가 넘는 캐터필러(Caterpillar)사의 2009년 매출의 반 이상은 미국 밖 고객들이었다. 이는 모회사를 미국의 주요 수출 기업으로 만들었다. 여기 사진은 탄자니아에 있는 세렌게티 (Serengeti) 국립공원에서 공항으로 이어지는 도로 건설 현장이다. 솔라의 산업용 가스 터빈은 석유와 가스 산업, 전기 발전 및 해양 추진 등 전 세계 86개 국가의 고객들이 사용한다. 솔라는 자사의 제품을 인터넷(www.solarturbines.com 참조)을 통해 판촉한다. 아래 사진들은 전 세계에 보내지는 브로슈어와 인쇄 매체이다.

Produisez l'énergie dont vous avez besoin tout en préservant l'air que vous respirez.

Solar Turbines
A Caterpillar Company

제품의 에너지 절약과 저공해 특성을 강조하는 프랑스 광고

SOLAR CUBRE DOS TERCIOS DE LA TIERRA.

Solar Turbines

소형 크기의 솔라 가스 터빈이 북해, 멕시코 만, 말레이시아와 중남미 연안의 해외 원유시설에 이상적이라는 브로슈어

Продукция фирмы Solar Turbines Incorporated (Солар Турбинз Инкорпорейтед)

러시아에서 40년 이상 고객관계를 지속해왔음을 보여주는 러시아어 브로슈어

프로젝트 팀

왼쪽부터 차례대로 고객, 판매 엔지니어, 응용 엔지니어, 엔지니어링과 제어 시스템

고객직원과 공급업체를 포함하는 프로젝트 팀을 통해 솔라 터빈은 자사의 제품과 서비스를 판매한다. 솔라는 전 세계에 있는 미국 고객들을 따라 해외에 진출했고 또한 외국 기업에도 제품을 판매한다.

무역 전시회를 통해 대인 판매를 하고 있는 솔라 터빈 직원

왼쪽부터 차례대로, 프로젝트 매니저, 제조 기술자, 고객 서비스, 공급업체

베네수엘라 연안의 솔라의 4천 만 달러 프로젝트 현장

애프터서비스(유지보수 계약, 점검 및 예비부품)는 산업재 제조업체 수익의 1/3 이상을 차지하고 있다. 판매한 기계가 작동을 시작하면 솔라의 영업과 서비스 노력은 멈추지 않는다는 모습을 보여주는 인도네시아의 점검 현장.

솔라의 마케팅 관계사들

솔라는 전 세계의 다양한 관계사들을 통해 제품을 판매하고 유통한다. 대부분의 기업들은 직접 전 세계에 판매하는 것을 선호한다. 그러나 솔라는 유연성을 배웠고 사업수준과 현지 법규에 기반하여 유통 의사결정을 한다.

일본 규격에 맞추기 위해 3 개의 일본 기업(미쓰이 조센, 니가따, 얀마)과 협정을 맺은 솔라

말레이시아의 솔라 유통업체 델콤(Delcom)

베라크루즈(Veracruz)에 있는 솔라의 판매 및 제조 운영 회사

장기 제휴 계약을 맺은 쉘(Shell)과 솔라의 중역들

요약 Summary

비투비(B2B) 마케팅은 고객의 정확한 요구에 세심한 주의를 필요로 한다. 산업재 시장의 경우 다양한 시장에서의 기본적인 차이는 소비재 시장보다는 덜 하지만 숨겨진 구매동기는 특별한 접근이 필요할 만큼 충분히 차이가 있다. 글로벌 경쟁으로 산업재 마케터가 구매자의 품질평가를 결정하는 각 시장의 경제와 기술 개발의 수준에 더 주의를 기울여야만 한다. 이러한 필요에 자사의 제품을 현지 적응한 기업들은 시장에서 가장 효과적인 기업일 것이다.

비투비(B2B) 시장에서 제품과 서비스에 대한 수요는 대부분의 소비재 시장에서보다 더욱 변동이 심한 것이 사실이다. 산업재의 수요는 국가 간 교육 시스템의 품질과 경제 발전 단계에 따라 다양하다. 궁극적으로, 산업용 제품이나 서비스 품질은 고객에 의해 정의되지만, 아이에스오(ISO) 9000과 같이 글로벌 품질 표준은 품질 문제에 대해 얼마나 기업이 관심을 가지고 잇는가에 대한 정보를 제공하기 위해 개발되었다. 애프터서비스는 산업재 판매의 매우 중요한 측면이다. 다른 종류의 기업 서비스(예: 금융, 법률 서비스, 광고) 수요는 전 세계에서 급성장하고 있다. 무역 전시회는 특히 비투비(B2B) 마케팅에서 중요한 촉진 매체이다.

주요용어 Key Terms

파생 수요(Derived demand)
아이에스오(ISO) 9000(ISO 9000s)
고객 추종자(Client followers)
관계 마케팅(Relationship marketing)
가격-품질 관계(Price-quality relationship)

질문 Questions

1. 위에서 제시한 주요용어들을 정의하라.
2. 소비재와 산업재 사이의 차이는 무엇인가? 그리고 산업재 마케팅을 위한 시사점은 무엇인가?
3. 경제 발전 단계가 산업재 수요에 어떻게 영향을 미치는지 논하시오.
4. 산업화는 일반적으로 국가적 이슈이고 산업재는 산업 성장에 쓸모가 있다에 대해 설명하시오.
5. 제품의 적합성은 기술적 효율성에만 의지하기보다는 해당 제품이 사용되는 일반적 환경과의 관계를 고려해야만 한다는 설명이 주는 시사점을 논하시오.
6. 왜 미국은 산업용 장비의 공통 표준 설정에 주저하는가? 이러한 논쟁이 경제적 타당한 것인가? 논하시오.
7. 서비스, 부품 교체, 표준 등은 해외 마케팅의 경쟁에서 어떤 역할을 하는가? 예를 들어 보시오.
8. 산업 무역 박람회가 산업재의 국제마케팅에서 수행하는 역할을 논하시오.
9. 다국적기업(MNC)이 아이에스오(ISO) 9000 인증을 찾는 이유를 설명하시오.
10. 유럽연합(EU)에서 판매되는 제품들에 부과되는 아이에스오(ISO) 9000의 법률적 요구사항은 무엇인가? 논하시오.
11. 아이에스오(ISO) 9000 인증을 받으면 어떤 경쟁적 결과로 이어지는지 논하시오.
12. 어떻게 산업재의 독특성이 관계 마케팅과 자연스럽게 이어지는 특성이 되는지 논하시오. 예를 들어 보시오.
13. 산업재 가격 책정 시 문제점들을 추가적으로 논하시오.
14. 가격-품질 관계는 무엇인가? 이러한 관계가 세계 시장에서 미국 기업의 경쟁적 위치에 어떤 영향을 미치는가?
15. 경제 발전의 서로 다른 단계를 가진 몇몇 나라를 선택하고 그 단계가 산업재 수요에 어떻게 영향을 미치는지를 설명하시오.
16. 영국은 인치-파운드 체계에서 미터법으로 완전히 옮겨 갔다. 이러한 변화가 전통적인 미국에 어떠한 영향을 줄 것이라고 생각하는가?
17. 미국 수출 무역 전체에 대한 국제기업 서비스의 중요성에 대해 논하시오. 대부분의 미국 서비스 기업들은 국제적으로 어떻게 될 것인가?
18. 기업 서비스를 위한 국제시장 환경에 대해 논하시오.

CHAPTER 15

국제마케팅 유통경로

개요 CHAPTER OUTLINE

글로벌 관점: 북경의 센트럴파크

유통경로 구조

- 수입지향 유통구조
- 일본의 유통구조
- 전통적 유통구조에서 현대적 유통구조로

유통형태

- 소매형태

대안적 중개인의 선택

- 국내 중개인
- 현지국의 중개인
- 정부 산하 중개인

유통경로 선택에 영향을 주는 요인

- 비용
- 필요자본
- 통제
- 적용범위
- 특성
- 연속성

유통경로 관리

- 유통 중개인 파악
- 유통 중개인 선택
- 유통 중개인에 대한 동기부여
- 유통 중개인 관계종료
- 유통 중개인 통제

인터넷

물류

주요 학습과제 CHAPTER LEARNING OBJECTIVES

- LO1 유통경로의 다양성을 이해하고 유통경로가 마케팅상의 효율성과 비용에 어떤 영향을 주는지 이해한다.
- LO2 일본의 유통구조를 이해하고 이러한 유통구조가 경쟁관계에 있는 수입업자 및 일본 소비자들에게 어떤 의미가 있는지 이해한다.
- LO3 유통형태가 국제마케팅에 전반적으로 어떻게 영향을 미치는지 이해한다.
- LO4 다양한 중개인의 역할과 이들의 장 · 단점을 이해한다.
- LO5 유통 중개인 선택과 유지의 중요성을 이해한다.
- LO6 대안적 유통수단으로서 전자상거래의 중요성을 이해한다.
- LO7 물적유통 활동 간의 상호의존성을 이해한다.

글로벌 관점 Global Perspective

북경의 센트럴파크

마케팅 믹스의 4가지(제품, 가격, 촉진 그리고 유통) 요소는 모두 소매점에게 중요한데, 특히 유통이 더욱 그렇다. 소비자에게 더 많은 혜택을 주는 "제3의 유통방식"을 만들어낸 스타벅스와 같은 기업은 결코 흔치 않다. 미국 드라마 프렌즈(Friends)를 보면 친구들은 소파에 편안히 앉아 대화를 나누며 해당 소매점이 원하는 방식으로 소비하고 있다. 그러나 북경에서는 이러한 매장의 장점이 항상 작용하지는 않는다.

스타벅스를 처음 방문한 어느 고객은 다음과 같이 기억한다. "가장 좋았던 점은 편안한 소파였다, 처음에 스타벅스를 보았을 때 들어가서 소파에 앉았다. 그러나 종업원이 나에게 와서 말하길, 커피를 마시지 않으면 여기 있을 수 없다고 했다. 그래서 나는 자리를 떠났다. 왜냐하면 그 당시에는 나와 같은 학생들에게 커피 가격은 약간 비싼 편이었다."

또 다른 고객은 다음과 같이 말했다. "스타벅스에 처음 갔을 때 아이스커피를 주문한 걸 기억한다. 그러나 커피를 마시고 난 뒤 컵 바닥에 설탕이 남아있었다. 설탕에는 수많은 종류가 있다. 나는 어떠한 종류의 설탕이 내 몸과 내 커피에 맞는지 알지 못했다. 그래서 나는 스타벅스에서 각각의 커피에 어떤 종류의 설탕이 들어가는지에 대한 서비스와 교육이 있었으면 한다."

북경에 있는 이케아(IKEA)는 대형 매장을 보유하고 있는 만큼 많은 문제를 가지고 있다.

> 토요일에 아무 계획 없이, 장신(Zhang Xin)은 그의 아내, 아들 그리고 어머니와 옷을 갖추어 입고 가족용 승용차에 올랐다. 그는 가족들을 자금성이나 만리장성에 데려갈 수도 있었지만 또 다른 인기 있는 장소를 방문하기로 했는데 그것이 바로 이케아 매장이다.

이케아 매장에서 에스컬레이터를 타고 가다보면 드러낸 배 위에 책을 얹고 전시된 침대 위에 누워있는 한 남성을 볼 수 있다. 그리고 매장 안은 노란색 쇼핑카트로 여기저기 부딪히면서 진열장 통로를 지나가는 사람들로 붐빈다. 장신은 가족들이 점심식사 후 잠깐의 휴식이 필요하다고 말했다. "우리는 재미로 여기에 온 거예요. 다른 곳에 갈 수도 있었겠지만, 그랬다면 이렇게 재미있지는 않았겠죠."

판매장소라기보다는 테마파크 분위기를 더 많이 느낄 수 있는 이케아 북경매장에 온 것을 환영한다. 스웨덴의 가구 대기업인 이케아가 1999년 처음 북경에서 개장했을 때, 이케아는 현지인들이 가장 효율적인 이 유럽 브랜드를 긍정적으로 받아주기를 희망했다. 너무 심한지는 모르겠지만 10년이 지난 후, 북경 이케아 매장은 다음과 같은 상황이 되었다.

매주, 수천 명의 구경꾼이 전시제품을 사용하기 위해 매장에 드나든다. 일부는 침대에 뛰어드는가 하면, 이불 안으로 들어가 몰래 낮잠을 자기도 한다. 또 어떤 이들은 카메라를 가져와 매장의 실내장식을 배경으로 자세를 취하기도 한다. 단지 에어컨을 즐기기 위해서 오후에 매장을 방문하는 가족들도 있다. 북경의 이케아 방문객들은 무료음료와 넓은 의자와 같이 다른 많은 나라에서는 당연한 것으로 여겨지는 서비스를 신기하게 생각하고 매우 좋아하는 것처럼 보인다. 또한 그들은 아이가 소파 위에서 뛰어놀 때 아무런 제재도 하지 않는 태평스러운 직원을 선호한다.

북경에서 이 지아(Yi Jia)라고 불리는 이케아 매장에서 물건을 구매하는 것은 부차적인 것처럼 보인다. 예컨대 여자친구와 사진 촬영을 위해 배경을 찾고 있던 서른 살의 징보(Jing Bo)는 이렇게 말한다. "여기는 경비원이 사진 찍는 것을 막지 않는 북경의 유일한 대형 매장이죠."

이케아의 성공여부는 부분적으로 얼마나 자본주의적 시대정신에 기반하고 있는가에 달려있다. 자택소유가 더 쉬워지고 수입이 증가하면서 이케아는 사무직(화이트칼라 계층)이라고 외치는, 최근 생겨난 중산층들에게 비싸지 않으면서도 현대적인 가구를 제공하고 있다. 벼락부자들과 저속한 호텔이 선호하는 프랑스식 짝퉁 디자인에서 탈피하고자 하는 사람들은 이케아의 절제된 스타일에 만족하고 있다.

"우리가 가진 가치가 변하고 있어요." 교직을 위해 하북성 인근에서 지난 5월 북경으로 옮겨온 대학 졸업생인 리지 후(Lizzy Hou)의 말이다. "우리는 현대적인 것을 원하고 이케아를 하나의 삶의 방식이라고 봅니다. 그래서 사람들은 굳이 이케아 제품을 사지는 않지만, 적어도 그 분위기를 경험해 보기를 원하죠."

이러한 얘기들에서 생각해볼 수 있는 이케아의 가능성은 바이 얄린(Bai Yalin)이 그녀의 아파트에서 한 시간 반을 운전해서 이케아 매장을 방문하는 이유이기도 하다. 그녀는 7살 난 아들과 두 명의 10대 조카들을 데리고 매장에서 하루를 보낸다. 그녀는 답답한 여름 오후 동안 이케아의 몇몇 실내공간이 아이들이 즐기기에 적합하다고 말한다. 바이는 5시간의 소풍을 면밀히 계획했다. 우선 그들은 정오에 핫도그와 소프트아이스크림을 먹었다. 그리고 그들은 침대 위에서 길고 편안한 휴식을 즐겼다. 바이는 자신의 샌들을 벗고 트롬소(Tromso) 2단 침대 위에 쭉 뻗어 눕는다. 서른여섯 살의 이 여성은 편안함을 한껏 즐기면서 그 옆을 지나가며 매트리스의 품질을 물어보는 다른 고객들의 질문에 답을 해주기도 한다. "폭신하고 좋아요. 이 가격이라면 훌륭하죠." 그녀는 가격표를 가리키며 한 젊은 여성에게 말했다. 그 후, 바이와 그녀의 가족들은 단체사진을 찍고 오후 5시에 카페테리아로 가서 버섯 볶음밥으로 식사를 했다.

바이와 같은 난방회사의 사무원으로 일하는 그녀의 남편은 이케아에서 접시와 컵 몇 개를 샀지만, 언젠가 그들이 정말로 구매하고 싶은 것은 크고 오래된 중국 가구를 대체할 DIY용 가구를 구매하는 것이다. 하지만 "오늘 우리는 아무것도 살 계획이 없었어요. 그냥 먹고 쉬는 거죠."라고 바이는 말했다.

지금 상황은 다소 실망스럽지만, 이케아 임원들은 루오(Luo)와 같은 구경꾼들이 미래의 구매자로 바뀌기를 희망하고 있다. 그것이 바로 매장에서 잠자는 고객을 쫓아내지 않는 이유다. 그리고 잠을 자는 고객들을 둘러보던 이케아의 여성 대변인 린다 수(Linda Xu)는 이렇게 말했다. "여기서 이케아의 브랜드 인지도는 굉장합니다. 그러나 어떻게 하면 사람들이 지갑을 열어 돈을 쓰게 할 것인지가 문제입니다." 월마트와 프랑스 슈퍼마켓 체인인 까르푸가 1990년 중국에 들어왔을 때, 많은 중국인은 새로

북경 이케아 매장에서 두 고객이 전시된 소파에 누워 낮잠을 즐기고 있다.

운 매장으로 몰려왔지만 단지 보고 만지기만 할 뿐이었다. 그러나 이제 수백만 명의 중국인들이 매일 그곳에서 제품을 구매한다.

이케아는 모방꾼들의 도전에도 맞서야 한다. 심지어 뻔뻔한 소비자들은 이케아와 유사한 가구를 만들기 위해 줄자로 무장한 목수들과 함께 가게를 찾는 것으로 알려졌다. 가족들과 이케아를 방문한 장(Zhang)은 자신이 이케아 가구와 유사한 텔레비전 테이블과 소파를 이미 다른 곳에서 구매했다고 말하고 있다. 그는 "같은 제품을 더 저렴한 가격에 살 수 있다면 굳이 많은 돈을 들일 필요가 없지 않나요?" 라고 말했다.

출처: Meera Venkatraman and Teresa Nelson, "From Servicescape to Consumptionscape: A Photo-Elicitation Study of Starbucks in the New China," *Journal of International Business Studies* 39, no. 6 (2008), pp. 1010–26; David Pierson, "Beijing Loves IKEA—But Not for Shopping," *Los Angeles Times*, August 25, 2009, online. For more on this topic, see also Edwin J. Nijssen and Susan P. Douglas, "Consumer World-Mindedness, Social-Mindedness, and Store Image," *Journal of International Marketing* 16, no. 3 (2008), pp. 84–107.

마케팅 목표를 달성하려면 목표시장에 적합하며 또한 적정한 가격을 가진 제품을 공급해야 한다. 또한 목표시장에 제품을 공급할 때 부적절한 유통구조를 극복하지 못하면 공급과정에서 비용적 손실이 발생할 수 있다. 이에 국제 마케터가 직면하는 어렵지만 중요한 업무는 적극적이고 신뢰할 만한 유통경로를 구축하는 것이다. 게다가 어떤 사람들은 이러한 유통경로 구축에 대한 도전 그 자체가 경제발전에 중요한 계기가 된다고 주장한다.

각각의 시장에는 다수의 공급경로를 선택할 수 있는 유통망이 있으며, 그 구조는 유일할 수도 있고, 단기적으로 고정된 것일 수 있다. 어떤 시장의 유통구조는 계층적이고 복잡하며 비효율적인데다 심지어 이상해 보일 수도 있다. 이는 시장에 처음으로 침투하려는 마케터들에게 어려움을 주는 유통구조다. 또 다른 시장에서는 주요 대도시를 제외하고 전문 중간 유통 중개인들이 거의 없다. 반면에 국제적 수준에서 이용할 수 있는 새롭게 진화된 유통구조가 전통적 유통방식과 섞여있을 수도 있다. 그러나 시장의 지배적인 유통구조와 상관없이 경쟁우위는 이용 가능한 여러 대안 중에 가장 효율적 유통구조를 수립할 수 있는 유능한 마케터들에 달려있다. 그리고 세계무역은 계속 발전하고 있는데 이를 뒷받침하는 물류 기반시설이 뒤쳐져 있을수록 새로운 유통구조를 만들어야만 하는 도전은 21세기 환경에서 더욱 커질 것이다.

본 장에서는 유통경로 결정과 관련한 기본적 내용을 살펴볼 것이다. 여기에는 유통경로의 구조, 유통의 형태, 이용 가능한 대안적 중간 상인들, 유통경로 선택에 영향을 주는 요인 등이 있다. 그리고 중개인을 탐색하고, 선택하며, 동기 부여하고 이들과의 관계를 단절하는 문제 등을 학습한다.

유통경로 구조

LO1

유통경로의 다양성을 이해하고 유통경로가 마케팅상의 효율성과 비용에 어떤 영향을 주는지 이해한다.

모든 국가와 모든 시장, 도시나 지방 또는 빈부격차와 상관없이 모든 소비자와 제품은 결국 **유통과정**을 겪는다. 유통과정은 상품의 물리적인 취급과 유통, 소유권의 이전 그리고 마케팅 전략 관점에서 가장 중요한 제조업체와 중개인 그리고 중개인과 소비자들 간의 매매 협상을 포함한다.

국제 마케터들은 수많은 정책과 전략적 유통경로의 선택문제에 직면해 있다. 이러한 문제들은 국내유통에서 마주치는 것들과 다를 바 없지만, 이에 대한 해결방법은 다르다. 국제무대에는 다양한 대안적 유통경로와 시장유형이 있기 때문이다.

각 국가의 시장에는 고유한 **유통구조**가 있는데, 이를 통해 제조업체는 상품을 사용자에게 전달한다. 국가별 유통구조 안에는 통상적인 역할과 활동을 담당하는 다양한 중개인들이 있다. 그리고 그들의 서비스는 기존의 경쟁, 시장특성, 전통 및 경제적 발전 등을 반영한다.

다시 말해, 유통경로 구성원의 행동은 문화적 환경과 마케팅 절차 간 상호작용의 결과이다. 유통구조는 많은 신흥시장에서 나타나는 미약한 마케팅 인프라에서부터 일본과 같이 고도로 복잡한 시스템까지 다양하다.

수입지향 유통구조

개발도상국에서의 전통적 유통경로는 수입제품들에 크게 의존하는 경제활동에서 발전되었다. 수입지향 또는 전통적 유통구조에서는 수입업자가 제품공급을 일정하게 통제한다. 따라서 마케팅 시스템은 소수의 부유한 소비자들에게 제한적 상품을 높은 가격에 공급하려는 방향으로 발달한다. 수요가 공급보다 많은 공급자 중심시장(seller's market)에서는 기존제품으로 집중적 성장을 추구하는 시장침투방식과 대량유통이 필요 없다. 이는 수요가 공급보다 크며 소비자는 대부분 그 수가 한정된 중개상인으로부터 공급을 받기 때문이다.

이러한 유통형태는 중개인의 발달과 그들의 역할에 영향을 미친다. 유통범위는 국가적이라기보다는 지역적이다. 그리고 시장에서 수입업자와 중개인 간의 관계는 대량 판매시스템에서 볼 수 있는 것과는 많이 다르다. 수입지향 시스템에서는 특정한 활동을 수행하는 중개인들 간의 연결고리를 통해서 혹은 자신보다 하위단계에 있는 더 작은 단위에게 판매를 수행하는 유통경로를 통해 최종 소비자에게 유통하는 것이 보편적인 개념은 아니다.

수입업자-도매업자는 전통적으로 대부분의 마케팅 활동을 수행하기 때문에 독립 중개인은 아예 없거나 불충분하다. 보통 이 독립 중개인들은 광고와 마케팅 조사, 창고업 및 보관, 운송, 자금조달 또는 고도로 발달한 마케팅 기반에서 발견할 수 있는 기타 기능을 제공한다. 그러므로 완전히 통합된 유통시스템을 지원하는 독립 중개인은 찾아보기 힘들다.

문화대혁명 이후 중국 광주에 상설된 중국 최초의 농산물 시장에서는 그림과 같이 다양한 조류 음식을 판매하고 있다. 이 시장에서 정부의 간섭을 받지 않는 중국 자유기업의 부활을 발견할 수 있다. 여기서는 모든 종류의 음식을 판매한다. 오리, 개고기, 전갈요리 그리고 도마뱀 꼬치구이까지 판매한다.

이와 반대되는 상황은 산업화가 이루어진 국가에서 일반적으로 볼 수 있는 대량소비에 따른 유통철학이다. 이러한 시장에서는 하나의 공급업체가 공급을 지배하지 않으며 공급은 주어진 범위 내에서 증가 혹은 감소할 수 있고, 이윤극대화는 생산능력에 달려있다. 일반적으로 구매자 중심시장(buyer's market)이 존재하며, 생산업체는 시장에 진입하여 제품을 소비자에게 판매하기 위해 노력함으로써 개발도상국 시장에서는 낯선 개념인 다양한 중개인을 포함하는 고도로 발달된 유통구조를 만들어낸다.

중국경제가 발전하면서 그들의 시장 시스템과 유통구조 또한 점차적으로 발전하고 있다.[1] 이미 논의된 바와 같이 중국 경제는 불균형 발전의 결과로 경제의 다양한 부분에서 그 발전 정도가 서로 다르다. 역사적으로 수입지향 기반으로 발전한 국가의 유통구조는 초기 단계에는 보통 통합되지 않은 시스템을 가진다. 다양한 전문 중개인들이 있는 일본에서는 이와는 정반대되는 유통구조도 찾아 볼 수 있다.

일본의 유통구조

LO2

일본의 유통구조를 이해하고 이러한 유통구조가 경쟁관계에 있는 수입업자 및 일본 소비자들에게 어떤 의미가 있는지 이해한다.

일본의 유통은 오랫동안 가장 효과적인 비관세장벽이었다.[2] 많은 전통적인 운영방식들이 외국과의 경쟁에서 사라지고 있고, 일본 소비자들은 여전히 저렴한 가격에 비중을 두고 있기 때문에 일본시장의 개방이 계속되고 있다. 그러나 이런 현상은 전국적 유통시스템과 같은 경제적 제도에 스며들어 있는 문화의 역할을 살펴보는 좋은 사례가 된다. 일본의 유통구조는 미국이나 유럽과 비교해 다음과 같은 네 가지 특징을 가진다. (1) 많은 소규모 소매업체들을 관리하는 다수의 소규모 중개인에 의해 지배되는 유통구조, (2) 제조업체들에 의한 유통 관리, (3) 독특한 문화에 따른 경영 철학,[3] (4) 유통시스템의 기초로서 소규모 소매업체를 보호하는 유통관련 법 등이 바로 그것이다.

일본시장의 중개인, 소매업체 및 도매업체들의 집중도는 서양의 산업국가들과 비교할 수 없다. 일본의 유통구조는 전통적으로 소규모인데 이는 소량의 상품을 자주 구매하는 소비자에게 접근성이 좋은 지역매장에서 상품을 판매하여야 하기 때문이다. 동일한 밀도의 도매업체들은 소규모 재고를 지닌 높은 밀도의 소규모 매장들에게 상품을 공급하고 있다. 따라서 상품이 소비자에게 도달하기 전에 세 군데 또는 네 군데의 중개인을 거치는 것은 흔한 일이다. 즉 제조업체에서 제1차, 제2차, 지역 그리고 지방 도매업체를 거쳐 소매업체가 마지막으로 상품을 소비자에게 전달한다. 표 15.1은 미국의 짧은 유통경로(그리고 대규모 매장)와 일본의 긴 유통경로를 비교하여 보여주고 있다.

다른 국가에도 소규모 소매점이 많지만, 일본과 미국의 소규모 매장들(9명 이하의 직원들) 사이의 중요한 차이는 총 소매 매출액 중 이들이 차지하는 비율에 있다. 일본에서는 소규모 매장이 전체 식료품 소매 매출의 59.1%를 차지하는 반면 미국에

[1] Lutz Kaufman and Andreas Jentzsch, "Internationalization Processes: The Case of Automotive Suppliers in China," *Journal of International Marketing* 14 (2006), pp. 52 – 84.

[2] For a detailed study on this subject, see Frank Alpert, Michael Kamins, Tokoaki Sakano, Naoto Onzo, and John L. Graham, "Retail Buyer Decision Making in Japan: What U.S. Sellers Need to Know," *International Business Review* 6, no. 2 (1997), pp. 91 – 104; Yoshinobu Sato, "Some Reasons Why Foreign Retailers Have Diffi culties in Succeeding in the Japanese Market," *Journal of Global Marketing* 18, no. 1/2 (2004), pp. 21 – 44.

[3] Keysuk Kim and Changho Oh, "On Distributor Commitment in Marketing Channels for Industrial Products: Contrast between the United States and Japan," *Journal of International Marketing* 10, no. 1 (2002), pp. 72 – 97.

표 15.1

3개국의 소매점 구조

출처: Euromonitor International, 2009.

	소매점		
	독일	일본	미국
식료품(Food) 매장			
슈퍼마켓과 할인점	13.7	17.0	23.5
대형매장	1.7	0.006	3.8
소규모 식료잡화점	37.0	92.5	179.6
식품/음료/담배 전문점	36.2	147.5	78.8
기타 식료잡화 소매점	4.3	76.4	7.7
비식료품(Nonfood) 매장			
혼합 소매점	3.0	11.6	40.5
건강과 미용 소매점	47.3	80.8	88.5
의류와 신발 소매점	32.2	141.5	113.7
가정 및 정원 용품 전문점	23.4	48.1	151.4
가정용 전기제품	23.6	45.6	37.4
레저 및 개인용품 소매점	53.8	49.3	152.8
기타 비-식료품 소매점	9.0	139.0	41.0

서는 이들이 전체 식료품 매출의 35.7%만을 차지하고 있다. 물론 표 15.1에서 볼 수 있는 바와 같이 일본에서는 소규모 상점의 비 식료품 판매비율 또한 불균형을 이루고 있다. 그러나 일본인들은 분명 식료품과 비 식료품 모두에서 "식품/음료/담배 전문점", "의류와 신발 소매점," 그리고 "기타" 소규모 매장을 중요시한다는 사실에 주목할 필요가 있다. 반대로 미국 유통시스템은 월마트와 타겟(Target)과 같은 대형매장을 중요시한다.

이어서 살펴볼 점은 일본 소매업에 불고 있는 새로운 변화의 바람이다. 아직까지 일본시장에는 수많은 중개인이 활동하고 있지만 대규모 할인매장 또는 전문매장이 다수의 소규모 매장을 대체하면서 소매점의 수가 점점 줄어들고 있다. 소매점 수는 2004~2009년 사이에 13% 이상 감소하였으며, 네 명 이하의 종업원을 가진 소매점 수는 15% 이상 하락하였다. 이러한 소규모 매장은 일본 소비자들에게 중요한 역할을 한다. 높은 인구밀도와 빈번하게 상품을 구입하는 습관, 서비스와 신선함 그리고 품질에 대한 강조, 도매업체들의 자금지원과 소량 상품의 수시배달 서비스 및 기타 혜택들이 결합되어 수많은 소규모 매장을 지원하고 있다.

제조업체들은 유통경로상의 다양한 업체들에게 서비스를 제공하기 위해 주로 도매업체에 많이 의지한다. 자금조달, 물적유통, 물품 보관 및 재고관리, 판촉 그리고 대금회수는 도매업체들에 의해 이루어진다. 이러한 시스템이 작동하는 것은 도매업체들과 모든 하위 중개인들이 제조업체와 하나로 엮여있기 때문이다. 이들을 묶어 놓는 것은 상품에 대한 강력한 마케팅 지원과 유통경로상의 다른 경쟁자들을 배제시키도록 설계된 일련의 사업관행과 금전적 장려정책 때문이다. 이때 도매업체들은 일반적으로 브로커 중개인처럼 행동하며 유통경로를 통해 제조업체의 지배력을 소매상까지 확장시킨다.

일본의 상거래 관습이 만들어낸 긴밀한 경제적 연대와 의존상태의 결합 그리고 긴 유통경로 구조는 충성과 조화 및 우호를 강조하는 관계지향의 경영철학을 나타낸다. 이러한 일본의 가치체계는 쌍방에게 경제적 이점이 있다고 인정되는 한 변경하기 어려운 장기적인 중개인–공급자 관계를 형성하도록 도와준다. 따라서 이러한 유통구조에서는 내부인으로 간주되는 오래된 동반자가 일반적으로 여러 가지 이점을 가지게 된다.

가격 경쟁의 부재, 값비싼 서비스 제공 그리고 기타 비효율성은 일본의 소비재 가격을 세계에서 가장 높게 만들었다. 사실 동일 환율로 급여(1인당 GDP)를 비교해 보면 미국인들이 46,716달러를 버는 반면 일본인들은 38,443달러를 번다. 그러나 이러한 급여수준으로 얼마나 구매할 수 있는가를 고려(즉 구매력등가지수로 평가한 GDP를 고려)해보면 일본인들의 구매력은 34,099달러로 떨어지게 된다.[4] 따라서 일본시장의 소비자들이 제품할인을 요구하는 풍조는 자연스러운 것이라 할 수 있다. 그럼에도 불구하고 일본 소비자들의 빈번한 소량 구매, 고가격의 개인적 서비스에 대한 선호 그리고 고품질이라고 인식하는 상품에 대한 충성도는 일본의 전통적인 유통시스템 특징들을 유지시키는 요인들이다. 또한 일본의 유통관련 법률은 대형매장의 성장과 경쟁과정에서 소규모 소매업체들에 상당한 이점을 주고 있다. 비록 많은 일본 소비자의 태도가 변화하고 있어 소매업이 쇠퇴하고 있음에도 불구하고, 앞서 언급한 요인들은 소규모 매장과 전통적 유통시스템의 지속력을 뒷받침해 준다.

일본정부는 영세 소매상인들의 요구에 따라 1974년 **대점법**(大店法)을 제정하여 관리해 오고 있다. 이는 대규모 매장으로부터 소규모 소매점을 보호하기 위한 법으로 500제곱미터가 넘는 모든 매장의 "설립, 확장, 심야 영업 및 휴일 변경" 등에 정부의 승인이 필요하도록 했다. 신규 "대규모" 매장신청에 대한 일차적인 판단은 통상산업성(MITI)이 수행한다. 그 다음에는 지역 소매점들이 대규모 매장개설에 만장일치로 동의하여야 이를 승인했다. 만약 지역 소매점들이 승인을 거부하면 대형매장 신청계획을 변경하도록 신청서를 반려하며, 반려 이후 추가적 승인절차는 10년 이상이나 걸릴 수 있다.

1989년 7월 파리에서 열린 미 · 일 정상회담에서 부시 대통령의 제안으로 채택된 미 · 일구조협의(Structural Impediments Initiatives)와 규제완화 및 월마트가 최근 일본의 유통 관행에 변화를 일으키고 있다. 이에 따라 최근 일본에는 전문할인점이 거의 모든 곳에 입점하고 있으며 관련 매장은 직접 제품을 구매하는 등 기존 유통시스템을 탈피하여 가격 인하를 위해 노력중이다. 예컨대 가전제품 할인점인 코지

[4] Constant 2000 international dollars; World Development Indicators, World Bank, 2008.

CROSSING BORDERS 15.1 미국식 대형 할인매장이 항상 성공하는 것은 아니다.

월마트, 제이씨페니(JCPenney), 오피스 디포(Office Depot) 그리고 스타벅스 등은 미국에서 성공한 운영전략을 가지고 국제무대로 진출했다. 그러나 해외시장 진출에서 중요한 점은 현지 적응이다. 따라서 많은 기업들은 현지문화와 실질적인 기업운영간의 차이에 자신들의 전략을 맞추어야 했다. 이런 전략을 개발하기 위해 다음의 세 가지 기반이 뒷받침되어야 한다.

(1) 소매업체는 현지고객이 지정하는 제품군에서 경쟁우위가 있어야 한다.
(2) 소매업체는 현지고객에게 제공하는 자신의 상품이 전달하는 가치사슬 전반에 걸쳐 비용우위가 있어야 한다.
(3) 다국적 소매업체는 현지의 환경에 따라 자신들의 계획을 시행해야 한다.

아래에서 미국 소매업체들이 위의 세 가지 측면에서 국제화 전략을 수립할 때 겪었던 문제점들을 살펴보면 다음과 같다.

- 패션의류 시장에서는 개인적 취향이 제품 구매결정에 매우 중요하다. 문화적 특징, 기후 그리고 심지어 생리적 요구 등 개별시장의 필요에 맞춘 제품이 필요하다. 꽉 조이는 의상들은 남유럽에서는 판매가 잘 되지만 북유럽으로 가면 그렇지 않다. 네덜란드 여성들은 자전거로 출근하기 때문에 조이는 의상에 불편함을 느낀다. 프랑스 남성들은 바지가 아랫단의 접힌 부분과 어울려야 한다고 주장한다. 그러나 독일 남성은 이런 문제에 신경을 쓰지 않는다. 독일에서는 레이온(rayon)과 인조섬유를 판매하는 것이 쉽지 않다. 반면 이웃 국가인 네덜란드에서는 이런 재질의 의류가 잘 판매되는데 그 이유는 가격이 저렴하기 때문이다.
- 북유럽에서 가장 인기 있는 아동복 상품은 프랑스와는 다르다. 프랑스 사람들은 보통 아이들에게 약간 어른스러워 보이는 옷을 입힌다. 따라서 프랑스에서 가장 잘 판매되는 여아용 의류는 성인여성 옷을 줄여놓은 축소판 의류라 할 수 있다.
- 기업의 운영비 또한 차이가 난다. 미국에서 시간당 7.75달러인 최저임금이 프랑스로 가면 고용주의 사회적 부담비를 포함하여 시간당 10달러 이상으로 크게 차이가 난다. 그 결과 토이저러스는 미국 매장에서 고용하는 인력의 1/3만을 프랑스 매장에 고용하고 있다.
- 월마트의 애완견 사료용 자체 브랜드 상품인 올로이(Ol'Roy)는 월마트 창업자 샘월튼(Sam Walton)의 영국산 세터 사냥개를 상표로 사용하였는데 독일에 진출한 이후 테리어(terrier)종으로 해당 상표를 대체하였다. 독일 현지 관리자가 영국산 세터보다 테리어종이 독일에서 인기가 많다고 설명했기 때문이다.
- 오피스 디포는 미국과 동일한 형태의 매장을 일본에서 폐쇄하고 대신 규모를 1/3으로 줄인 매장을 다시 열었다. 일본 고객들은 창고 같은 매장 분위기와 영어로 적힌 제품 표시에 혼란을 느꼈기 때문이다. 새롭게 개장한 매장에서는 일본 고객에게 더욱 친밀한 제품을 판매하였다. 예컨대 전형적인 미국식 세 구멍 바인더 대신 일본인에게 친숙한 두 구멍 바인더 제품을 판매한 것이다.
- 최근 세계에서 가장 큰 소매기업 2곳이 이익이 나지 않는 시장에서 철수하였다. 월마트는 독일과 한국시장에서 그리고 까르푸는 이탈리아 남부에서 매장을 철수하였다.

출처: Ernest Beck and Emily Nelson, "As Wal-Mart Invades Europe, Rivals Rush to Match Its Formula," *The Wall Street Journal*, October 6, 1999; Amy Chozick, "Foof Revives Starbucks Japan," *The Wall Street Journal Asia*, October 24, 2006, p. 19; Miguel Bustillo, "New Chief at Wal-Mart Looks abroad for Growth," *The Wall Street Journal*, February 2, 2009, online.

마(Kojima)는 "글로벌 구매"를 통해 세계에서 가장 저렴한 상품을 구매한다. 제너럴 일렉트릭(General Electric)은 코지마의 거래관계에서 640달러에 410리터의 냉장고를 제공하는데, 이는 통상판매 가격인 1,925달러에서 할인한 가격이며, 550리터 냉장고 역시 3,462달러에서 1,585달러의 할인 가격으로 제공한다.

전통적 유통구조에서 현대적 유통구조로

오늘날, 세계 경제와 정치적 변화로부터 영향을 받지 않는 국가는 거의 없다. 이러한 변화들은 유통구조를 포함하여 모든 수준의 경제구조 또한 변화시키고 있다.[5] 전통적

[5] Katrijn Gielens, Linda M. van de Gucht, Jan-Benedict E. M. Steenkamp, and Marnik G. Dekimpe, "Dancing with the Giant: The Effect of Wal-Mart's Entry into the United Kingdom on the Performance of European Retailers," *Journal of Marketing Research* 45, no. 5 (2008), pp. 519–34; Michael Etgar and Dalia Rachman-Moore, "Geographical Expansion by International Retailers: A Study of Proximate Markets and Global Expansion Strategies," *Journal of Global Marketing* 23 (2010), pp. 5–15.

유통구조는 새로운 유통형태, 유통 분야의 제휴 그리고 새로운 유통과정으로 바뀌고 있다. 비록 조금 느리기는 하지만 모든 분야에서 변화가 일어나고 있다.[6]

한 국가 내의 변화에 대한 압력은 해당 국가의 내 · 외부 모두에서 온다. 다국적기업들은 현재 비싸지만 전통적인 유통시스템을 가진 세분시장(market segments)에서 이익을 얻는 방법을 찾고 있다. 인도의 전통적 소매업체들은 새롭게 등장한 자국 및 외국 대형매장의 광범위한 유통경로에 빠르게 시장을 잃어가고 있다. 영국에서 테스코(Tesco)는 매장에 소매금융을 도입하고 있으며,[7] 앤스로폴로지(Anthropologie)사 또한 영국에서의 이러한 상황을 지켜보고 있다.[8] 방법적인 면에서도 다이렉트 마케팅, 방문판매, 대형마트, 할인점, 쇼핑몰, 카탈로그 판매, 인터넷 그리고 기타 유통방법들이 효율적 유통경로로서 소개되고 있다. 카르프는 유럽에서 이익이 감소하자 브라질의 대형마트로부터 새로운 개념인 SKU(재고보관단위)등을 도입하였다.[9] 수입업체들과 소매업체들은 또한 신제품 개발에도 참여하고 있다.[10] 예컨대 멕시코 가전제품 유통업체인 그루포 일렉트라(Grupo Elektra)는 멕시코 내부시장과 수출시장을 겨냥한 저비용 자동차 생산을 위해 북경자동차유한공사(Beijing Automobile Works Group)와 손을 잡았다.

유통부문에서 중요한 추세 중 하나는 여러 국가의 중개인들이 자신들의 다양한 차이점들을 넘어 서로 공유하는 부분이 늘어가고 있다는 점이다. 예컨대 월마트는 멕시코에서부터 브라질 그리고 유럽에서부터 아시아까지 전 세계로 확장하고 있다.[11] 거대 월마트의 유일한 실망거리는 한국에서 규모를 확대하지 못했을 뿐더러 또한 이윤도 얻지 못했다는 점이다. 2006년, 월마트는 한국에서 다섯 곳의 매장을 처분해야 했다.[12] 또한 화장품 유통기업인 에이본(Avon)은 동유럽으로 그리고 메리케이(Mary Kay Cosmetics)와 암웨이(Amway)는 중국으로 그 사업을 확장하고 있다. 그리고 의류 유통기업인 엘엘빈(L.L.Bean)과 랜즈 엔드(Land's End) 역시 성공적으로 일본시장에 진입했다. 이러한 효과들이 전통적 유통시스템 전반에 스며들면서 전 세계적으로 할인, 셀프서비스, 슈퍼마켓, 대량판매제도, 전자상거래 등의 개념을

---

[6] Suk-Ching Ho, "Evolution versus Tradition in Marketing Systems: The Hong Kong Food Retailing Experience," *Journal of Public Policy & Marketing* 24, no. 1 (2005), pp. 90–99; Ellyn Byron, "P&G's Global Target: Shelves of Tiny Stores," *The Wall Street Journal*, July 16, 2007, pp. A1, A10; Bruce Einhorn and Wing-Gar Cheng, "China: Where Retail Dinosaurs Are Thriving, *Bloomberg BusinessWeek*, February 1 & 8, 2010, p. 64.

[7] Kerry Capell, "Eggs, Bread, Milk—and a Mortgage," *Bloomberg BusinessWeek*, March 1, 2010, p. 20.

[8] Michael Arndt, "Urban Outfi tters' Grow-Slow Strategy," *Bloomberg BusinessWeek*, March 1, 2010, p. 56.

[9] Christina Passariello, "Carrefour Net Drops Amid Overhaul Effort," *The Wall Street* Journal, February 19, 2010, online.

[10] Goksel Yalcinkaya, Roger J. Calantone, and David A. Griffi th, "An Examination of Exploration Capabilities: Implications for Product Innovation and Market Performance," *Journal of International Marketing* 15 (2007), pp. 63–93.

[11] Anand Giridharadas, "Megastores Gaze Longingly at India," *International Herald Tribune*, April 2–3, 2005, pp. 13, 15.

[12] "Wal-Mart Exits Korean Market," *Los Angeles Times*, May 23, 2006, p. C3.

일반적인 것으로 만들었으며, 이러한 변화는 유례가 없던 수준으로 경쟁 환경을 심화시키고 있다.

미국 소매업체들이 유럽지역에 침투하면서 현지 소매업체들은 유럽 전역에 걸친 유통망을 형성하기 위해 과거의 경쟁업체들이나 유럽 내 다른 국가의 기업과 합병을 하고 있다.[13] 프랑스의 글로벌 유통기업인 까르푸는 "세계적 소매 선도 기업"을 만들기 위해 최고의 경쟁업체 중 하나인 프로모드(Promodes)와 합병했다. 또한 영국의 슈퍼마켓 유통기업인 세인스버리(Sainsbury)는 이탈리아의 에세룽가(Esselunga, 슈퍼마켓), 독트 프랑스(Docks de France, 대형매장, 슈퍼마켓, 할인점포) 그리고 벨기에의 델하이즈(Delhaize, 슈퍼마켓) 등과 제휴를 맺었다. 이러한 제휴는 심화되는 경쟁에 더욱 효과적으로 대응하기 위한 것으로 이들 4개 기업의 통합된 경험과 구매력은 단일화된 유럽시장과 단일화폐인 유로화 사용에 대비할 기회를 만들어 줄 것이다.

유럽 소매업체들은 유럽연합을 범유럽 확장을 위한 하나의 기회로 보지만 외국 소매업체들은 유럽시장의 높은 마진과 가격에 매력을 느끼고 있다. 미국 창고 소매업체인 코스트코(Costco)는 영국 슈퍼마켓이 발표한 높은 매출 총이익(미국의 2.5%~3%에 비해 7~8%)을 하나의 기회로 보았다. 코스트코의 가격이 애초 현지 경쟁소매업체들보다 10~20% 저렴하기 때문이다.

유럽 외부로의 확장과 더불어 새로운 형태의 소매업이 유럽 전역에서 발생하고 있다. 스페인의 가장 큰 백화점 유통업체인 엘꼬르떼 잉글레스(El Corte Ingles)는 포르투갈과 다른 유럽국가로 시장을 확대하고 있으며 처음으로 인터넷 온라인 매장을 운영하는 소매업체 중 하나이다(www.elcorteingles.es). 또한 이들은 스페인에서 두 개의 24시간 홈쇼핑 채널의 광고주이기도하다. 또한 소규모 소매업체들도 점차 외국으로 진출하고 있다.[14] 예컨대 스페인 소매업체인 망고(Mango)는 유럽의 경쟁업체들과 함께 뉴욕에 매장을 개장하면서 달러가치 하락에 따라 운영비 절감이라는 이점을 누렸다.[15]

월마트의 강점 중 하나는 인터넷 구매 관리 시스템이다. 월마트는 이러한 전산시스템을 이용해 공급업체와의 거래 효율성을 높이면서 운영비를 낮추고 있다. 사실상 월마트는 자신들의 유통시스템을 이용하여 "곤경에 처한 업체들을 구하려는" 목적으로 전 세계적으로 고전하고 있는 소매상들을 인수하고 있다. 이러한 형태의 전산시스템은 B2B와 B2C 형태의 유통구조를 인터넷상에 구축하는데도 유용하다. 예컨대 제너럴 모터스, 포드자동차 그리고 다임러 크라이슬러 등은 코비신트(Covisint,

[13] John Dawson, "New Cultures, New Strategies, New Formats, and New Relationships in European Retailing: Some Implications for Asia," *Journal of Global Marketing* 18, no. 1/2 (2004), pp. 73 – 98.

[14] Karise Hutchinson, Nicholas Alexander, Barry Quinn, and Anne Marie Doherty, "Internationalization Motives and Facilitating Factors: Qualitative Evidence from Smaller Specialists Retailers," *Journal of International Marketing* 15 (2007), pp. 96 – 122.

[15] J. Alex Tarquinio, "Foreign Shops Invade New York," *International Herald Tribune*, January 30, 2008, pp. 9, 10.

www.covisint.com)라는 온라인 사이트에서 자동차 부품을 구매하여 수백만 달러의 비용절감 효과를 거둘 수 있을 것으로 기대하고 있다. 포드사의 일반적인 부품 구매 주문에는 150달러의 비용이 드는 반면 코비신트를 이용한 실시간 주문은 약 15달러가 소요되기 때문이다. 프랑스의 시어스 로벅(Sears Roebuck)과 까르푸는 소매업체들과 공급업체들이 온라인에서 직접 거래할 수 있는 글로벌넷엑스체인지(GlobalNetXchange, www.gnx.com)를 구축했다. 웹브라우저만 있다면 어느 업체든지 상품과 서비스를 거래 혹은 경매할 수 있다. "소비재 제품 유통에서 가장 극적인 변화 중 하나"로 묘사되는 이러한 전자상거래는 판매자뿐 아니라 공급업체들의 비용도 낮춰 줄 것이다. 결론적으로 이러한 형태의 유통거래는 기존 유통 중개인들에게 많은 영향을 미칠 것이라는 점을 알 수 있다.

아마존, 델 컴퓨터, 이베이 등과 같이 국제적 전자상거래업체들은 지난 몇 년간 전통적인 소매업에 영향을 주었다. 이에 대부분의 전통적인 소매업체들 역시도 상당한 수준의 웹사이트를 운영하고 있다. 이러한 웹사이트 중 일부는 기존 오프라인 매장의 단순 확장으로 볼 수 있으며 전통 매장의 활동범위를 세계로 넓혀주고 있다. 엘엘빈, 에디 바우어(Eddie Bauer) 그리고 랜즈 엔드 등이 좋은 사례이다.

인터넷 판매에서 가장 힘든 측면 중 하나는 상품배송이다. 일본 세븐일레븐의 세븐드림(7dream)계획의 혁신적 특징 중 하나는 인터넷 주문의 배송지로 편의점을 이용하는 것이다. 일본에서 이 계획은 상당히 효과적이었다. 그 결과 일본 세븐일레븐의 소유주이며 미국 가맹점의 72%를 소유한 이토요카도(Ito-Yokado Corporation)는 이러한 방식을 미국 매장에도 적용하고 있다. 달라스 포스워트(Dallas – Fort Worth) 지역에서 위치한 250개의 세븐일레븐 매장은 전자상거래를 위한 창고가 되도록 배송 및 결제에 필요한 ATM과 유사한 장비를 설치하였다. 미국 전자상거래 배송의 근간인 페덱스(FedEx), 유피에스(UPS) 그리고 기타 운송업체들은 미국의 전자상거래

러시아 사람들이 상트 페테르부르크(St. Petersburg)에 있는 대형매장에서 주택을 개보수하는데 필요한 제품을 구매하고 있다.

업체들과 더불어 외국기업들의 해외소비자에게도 거의 동일한 서비스를 제공하고 있다. 상품이 국경을 넘는 순간 유피에스와 기타 택배기업들은 세관 및 중개 수수료를 포함하여 빈틈없는 배송 서비스를 제공한다. 이러한 서비스 기업의 대부분은 유럽과 일본에서 설립되었으며, 중남미와 중국에도 네트워크를 구축하고 있다.

이러한 흐름은 전통적인 유통과 마케팅 시스템의 변화에 영향을 줄 것이다. 최근처럼 소매업 유통에 혁신적 변화가 유입되면 새로운 소매업과 중개인 시스템이 만들어질 것이며 기존 유통기업들 역시 그들의 경쟁우위를 유지하는 방법을 모색할 것이기 때문이다. 더 나아가 개별기업 차원에서 경쟁자를 생각하는 것은 더욱 위험스러운 일이 되어 가고 있다. 일반적으로 국제경영 환경 그리고 특히 유통시스템에서는 협력적 네트워크 관점을 점차 요구하고 있다. 이제는 기업을 그들이 일부분으로 참여하고 있는 상업적 네트워크의 전체 맥락에서 이해해야 한다.[16] 그리고 기존 방식을 넘어선 새로운 유통개념이 만들어지고 관련 유통시스템이가 안정화되기 전에 이러한 변화들은 유통망 전체에 확산될 것이다. 제2차 세계대전 이후 궁극적으로 소매업체의 대형화를 이끌었던 유통시스템의 격변이 있은 후, 유통시스템의 변화를 위한 잠재력은 부족했다. 그러나 현재 일어나고 있는 변화는 지역에 상관없이 전 세계에 걸쳐 나타나고 있다.

유통형태

LO3 유통형태가 국제마케팅에 전반적으로 어떻게 영향을 미치는지 이해한다.

유통환경의 변화에 따라 새로운 유통형태가 발달하고 있지만 국제 마케터는 기본적으로 전통적 유통구조도 알고 있어야 한다. "전통적" 시스템은 하루아침에 변하지 않으며, 앞으로도 몇 년 동안 지속될 것이기 때문이다. 현재의 시장구조는 거의 모든 다국적기업들의 유통과정에 적어도 일부의 현지 중개인들이 참여하도록 강요하고 있

왼편 그림처럼 멕시코에서는 국영 석유기업(PEMEX)이 유통을 독점하고 있기 때문에 외국 석유기업이 존재하지 않는다. 그러나 말레이시아에서는 오른편 그림처럼 국영 석유기업(PETRONAS)과 엑손 모빌 같은 다국적 석유기업이 가로수 길을 사이에 두고 함께 있다.

[16] Mats Forsgren, Ulf Holm, and Jan Johanson, *Managing the Embedded Multinational: A Business Network View* (Northampton, MA: Edward Elgar, 2005); see also the associated book review by Charles Dhanarah, *Journal of International Business Studies* 38 (2007), pp. 1231–33.

다. 이는 너무 쉽게 벌어지는 일이기 때문에 외국 및 국내 유통의 구조가 비슷할 경우라도 외국의 유통경로가 국내의 동일한 유통경로와 유사하거나 똑같다고 결론을 내릴 수는 없다. 실제 유통형태의 다양한 복잡성을 알아야만 유통업무의 복잡성을 이해할 수 있다. 소매업 내부의 이질성에 대한 다음 설명들은 도매업체를 포함한 전반적 유통과정에서 유통형태가 얼마나 다양한지를 잘 보여주고 있다.

소매형태

소매업은 구조상 도매업보다 더 큰 다양성을 보인다. 이탈리아와 모로코의 소매업은 특정 품목의 상품을 다루는 전문점들로 구성되어 있지만, 핀란드에서는 대부분의 소매업체들이 보다 넓은 품목의 일반적인 상품을 다룬다. 소매업의 규모는 매일 100,000명 이상의 단골손님들이 방문하는 일본의 대형백화점 미쓰코시(Mitsukoshi)부터 3,000개의 칸막이 진열대 각각에서 한두 명의 사람이 소수 소비자만을 상대하는 나이지리아의 이바단(Ibadan)시장까지 다양하다. 또한 일부 제조업체들은 까르띠에(Cartier)나 디즈니와 같이 직영매장에서 판매하는 반면 일부 다른 업체들은 여섯 단계의 중개업자를 거쳐 제품을 판매한다.

규모에 따른 형태 소매업 규모의 다양성은 도매업과 유사하다. 표 15.2는 일부 국가에서 소비자 한 사람당 소매업체의 규모가 얼마나 다양한지를 잘 보여준다. 이러한 소매 유통구조와 이에 따른 문제점들은 소비재 상품을 판매하는 국제마케팅 기업을 실질적으로 어렵게 만들고 있다. 거대 규모의 시장지배적인 소매업체는 직접 판매가 가능하겠지만, 실제시장에서 상당한 판매량을 취급하고 있는 영세 소매업체는 일일이 접근할 적절한 방법이 없다.[17] 이탈리아에는 공식적으로 931,000개의 소매점이 있다. 이는 63명의 이탈리아 소비자당 하나의 소매점이 있다는 얘기이다. 또한 269,000개의 식료품점 중에 대규모 매장은 10,000개가 조금 안 된다. 그러므로 이탈리아 유통에서는 소규모 소매업체들이 매우 중요한 역할을 하고 있다는 점을 알 수 있다.

저개발국가에도 이와 유사한 문제점이 있다. 예컨대 남아프리카 공화국에서도 거대 슈퍼마켓에 상당한 거래집중 현상이 나타나고 있다. 남아프리카 공화국 전체 31,000개의 매장 중 1,000개 정도가 식음료 및 잡화판매의 60%를 통제하며 나머지 40% 시장을 30,000여개의 업체가 점유한다. 이러한 30,000개의 매장이 지배하는 40%의 시장에 진출하는 것은 어려운 일이다. 특히 흑인 사회에서 소매업은 소규모로 이루어진다. 담배는 보통 낱개(1개비)로 판매되며 네 개의 사과를 한 바구니에 담아 판매하는 것이 과일목록의 전부일 정도이다.

세계 전역의 소매업계에는 지난 몇 년간 활발한 변화가 있었다. 이러한 변화 정도는 경제발전 단계와 속도에 직접적인 관련이 있어 보이지만, 가장 낙후한 국가들에

[17] Tomasz Lenartowicz and Sridhar Balasubramanian, "Practices and Performance of Small Retail Stores in Developing Economies," *Journal of International Marketing* 17 (2009), pp. 59–90.

표 15.2
국가별 소매업 구조

출처: Euromonitor International, 2009.

국가	총 소매업체 수	소매업체당 이용자 수	인구 1,000명당 인터넷 사용자 수
미국	921	333	741
캐나다	161	208	769
아르헨티나	429	94	309
독일	300	270	785
러시아	470	303	285
이스라엘	48	154	306
남아프리카 공화국	117	417	88
중국	4,817	278	283
일본	849	149	724
호주	84	256	734

서도 큰 변화가 있었다. 다양한 종류의 슈퍼마켓이 선진국과 저개발국에서 성장하고 있다. 즉 분유와 통조림 칠리(Chili)제품부터 한국 TV와 DVD 플레이어까지 판매하는 할인매장이 세계적으로 번성하고 있다.

다이렉트 마케팅(Direct Marketing) 소비자에게 우편이나 전화, 방문판매 등으로 직접 판매하는 방식은 일반적으로 유통구조가 충분히 발달하지 않은 시장에서 볼 수 있는 접근방식이다. 그러나 이러한 접근방식은 대부분의 선진국 시장에서도 효과가 있다. 42개국에서 운영되는 암웨이는 다이렉트 마케팅으로 중남미와 아시아 시장에서 성공적인 확장을 이루었다. 개인들을 유통업자로 등록하여 제품판매를 수행하는 방식은 창업가가 되려는 사람들이 많은 동유럽과 기타 국가에서 특히 인기가 있는 것으로 증명되었다. 예컨대 체코 공화국에서 암웨이는 25,000명을 유통업자로 등록시켰으며, 첫 2주 동안 83달러짜리 초보자 취급 판매용품을 40,000개나 판매하였다. 에이본 역시 외국으로 확장하고 있는 미국의 또 다른 다이렉트 마케팅 기업 중 하나이다.

제품 카탈로그(catalog)를 이용한 직접판매 또한 해외시장 진출에 성공적인 방법으로 드러났다. 일본에서 이러한 방법은 기존 유통시스템이 만든 무역장벽을 무너뜨리는 중요한 방식이 되었다. 예컨대 미국 우편주문회사인 샵 아메리카(Shop America)는 일본의 세븐일레븐과 협력해서 4,000개의 세븐일레븐 매장에 카탈로그를 유통했다. 샵 아메리카는 컴팩 디스크와 캐논 카메라 그리고 롤렉스 시계 같은 제품을 동경의 점포 보다 30~50% 저렴하게 판매하였다. 캐논 오토보이(Autoboy) 카메라는 동경의 점포에서 260달러에 판매하지만 샵 아메리카 카탈로그에서는 180달러에 판매하고 있다.

많은 카탈로그 기업들은 고객들의 궁금증과 문제해결을 위하여 판매현지에 전화

CROSSING BORDERS 15.2 결과는 '불만족'이 무엇을 의미하느냐에 따라 달라진다.

암웨이의 정책은 제품에 불만을 제기한 고객들에게 이유를 묻지 않고 항상 전액 환불을 보장한다. 심지어 제품을 다 사용하고 반품하더라도 이를 받아준다. 이러한 반품정책은 고객에게 호의를 제공하는 방식이며 자사 제품을 보증하는 방식이기도 하다. 그리고 이러한 정책은 전 세계 어디에서나 동일하다. 그러나 이러한 자본주의적 사고방식이 중국에서는 다소 생소한 것이다.

암웨이의 중국 진출초기 몇 달간 상해 지역에서는 신흥계급으로 부상하는 창업가들에게 최고의 투자는 암웨이의 유통업자로서 판매할 비누와 화장품 한 상자를 84달러에 구매하는 것이었다. 암웨이 사업의 확실성에 대한 자신감이 사람들 사이에 입소문을 타고 퍼져 나갔다. 사람들은 암웨이 제품을 구매한 다음 내용물을 재포장해서 판매하고 빈 용기는 따로 반품용으로 준비했다. 어떤 사람들은 내용물을 통째로 팔아치운 후 버려진 암웨이 제품의 용기를 수거하여 청소한 다음 가방에 가득 담아 상해 암웨이 지사로 반품요청을 하고 돈을 지급받았다.

한 판매자는 이렇게 빈 용기를 8부대나 모아 거의 10,000달러를 벌었다. 심지어 암웨이 샴푸를 사용하는 이발소에서도 제품 사용 이후 빈 용기를 반품했다. 그렇게 일주일이 지나자 전체적인 반품 규모가 하루에 100,000달러에 육박했다. 이에 상해 지사장은 "우리가 너무 관대했던 것 같다."고 말했다. 이후 암웨이는 반품정책을 변경했으며, 그 결과 화가 난 수백 명의 유통업자가 현지 본사에 방문해서 암웨이가 자신들의 돈을 속여서 빼앗았다고 항의했다. 이에 암웨이는 이들을 회견장에 모아놓고 자신들이 반품정책을 폐기한 것이 아니며, 단지 기준을 강화했을 뿐이라고 설명했다. 앞으로 절반 정도 사용한 제품은 반품을 받을 것이지만 빈 용기를 반품할 때는 유통업자가 과거에도 이러한 행위가 있는지를 확인하기 위해 기록 확인을 할 것이라고 설명했다.

암웨이의 품질보증 정책은 중국에서 발생한 비상식적 결과를 예측하지 못하였다. 보통의 품질보증 정책에는 불만족 사항의 기준을 명확하게 언급하지 않는다. 그렇게 하지 않아도 서구 사회에서는 불만족의 의미를 충분히 전달할 수 있기 때문이다. 그러나 중국에서는 이러한 정책의 변화로 불만족을 느끼는 사람들이 있었다. 심지어 한 유통업자는 "손해를 감당할 여유가 안되면 영업을 하지 마라"고 항의했다. 그러나 사업 초창기 이러한 문제에도 암웨이는 중국시장을 점차로 이해하기 시작했으며, 그 결과 2008년에 20억 달러의 매출을 달성했다. 그리고 다른 다이렉트 마케팅 기업 역시 중국에서 비슷한 성공을 하고 있다.

출처: Craig S. Smith, "Distribution Remains the Key Problem for Market Makers," *Business China*, May 13, 1996, p. 4; "In China, Some Distributors Have Really Cleaned Up with Amway," *The Wall Street Journal*, August 4, 1997, p. B1; "Avon Forays into Healthcare Sector via Direct Sales," *SinoCast China Business Daily News*, January 14, 2008, p. 1; David Barboza, "Direct Selling Flourishes in China, Providing Jobs and Igniting Criticism," *The New York Times*, December 26, 2009, pp. B1, B5.

서비스센터가 필요하다는 것을 깨닫고 있다. 예컨대 한나 앤더슨(Hanna Andersson, 유아복 제조업체)은 전화주문이 어려우며 질문에 대한 응답을 얻기 어렵다는 고객들의 불평에 연간 500만 달러 이상의 매출을 창출하는 고객들을 위한 24시간 전화운영서비스센터를 신설하였다. 또한 많은 카탈로그 기업들이 카탈로그 판매를 증가시키기 위해 웹사이트를 운영하고 있다.

변화에 대한 저항 유통시스템의 효율성을 개선하려는 노력과 새로운 형태의 중개인 및 전통적인 방식들을 변화시키려는 시도는 통상 위협적인 것으로 비춰지며 이는 저항을 불러일으키게 된다. 디지털 기술의 빠른 변화와 해적판 상영물로 야기된 영화배급 산업의 구조조정이 대표적인 사례이다. 또한 기존 소매업의 입지를 보장하기 위한 많은 법률들이 존재하고 있다. 예를 들어 이탈리아에서는 새로운 소매점이 개장하기 위하여 지역 소매상들로 구성된 시 의회로부터 영업허가를 받아야 한다. 지난 2년 간 200개의 신청서가 들어왔지만 오직 10개의 새로운 영업허가만이 있었다. 이렇게 소매 혁명에 대한 저항은 어디에든 존재한다. 그러나 모든 규제와 방해에도 불구하고 셀프서비스와 할인 판매, 자유로운 매장운영 시간 그리고 대규모 판촉이 계속해서 성장발전하고 있다. 이들은 소비자에게 편리함과 더불어 다양한 고품질의 제품을 합리적인 가격으로 제공하기 때문이다. 궁극적으로 시장은 소비자가 지배하게 될 것이다.

대안적 중개인의 선택

LO4
다양한 중개인의 역할과 이들의 장 · 단점을 이해한다.

마케터는 유통 활동 전체를 자신들이 통제(자체 자회사들을 설립하여 최종 소비자에게 직접 판매함으로써)하는 것부터 중개인에게 의존하는 것까지 다양한 선택을 할 수 있다. 유통경로의 선택은 신중히 이루어져야 하는데 이는 한번 시작되면 변경하기 어려우며 만약 부적합한 것으로 드러나면 미래의 시장 점유율에 영향을 미치기 때문이다.

유통경로는 제조업체로부터 시작하여 최종 소비자에서 끝나는 모든 활동을 포함한다. 따라서 판매자는 두 개의 경로에 영향력을 발휘해야 한다. 하나는 내수시장에서 그리고 하나는 해외시장이다. 그림 15.1은 가능한 유통경로의 대안들을 보여주고 있다. 화살표는 생산업체와 각 중개인이 누구에게 판매하게 되는지를 보여준다. 판매자들은 두 국가 사이에 제품을 유통시키는 유통상을 관리하기 위해 본국에 별도의 조직을 필요로 하게 된다(일반적으로 기업의 국제마케팅 부서이다). 판매자는 해외시장에서도 최종 소비자에 제품이 공급되는 과정을 관리해야 한다. 이에 기업은 다양한 중개인들을 통해 유통과정을 통제하거나 혹은 직접 관리하기도 한다. 그렇지 않으면, 불만족스러운 유통과 마케팅 목적의 실패라는 결과를 가져올 수 있기 때문이다. 그러나 실제로 유통경로 전체에서 그러한 관여가 항상 실용적이지도 비용 효율적이지도 않다. 그러므로 중간 유통업체를 선정하고 이들을 효과적으로 통제하는 것은 유통경로를 만드는 데 매우 중요한 요인들이다.

마케터가 회사의 목표와 정책을 뚜렷이 하기만 하면 다음 단계는 유통경로를 만드는 데 필요한 특정 중개인들을 선택하는 일이 남는다. 외부 중개인은 상품의 소유권 여부에 따라 구분할 수 있다. **브로커 중개인** 또는 **대리중간상(Agent middlemen)**들은 수수료를 받고 일하며 외국에서 판매를 주선하나 상품에 대한 소유권을 갖지 않는다. 브로커 중개인을 이용함으로써 제조업체는 거래 위험에 대한 책임을 지지만 정책의 지침과 가격 설정을 제조업체가 할 수 있다. 또한 브로커 중개인에게 판매 기록과 고객정보 제공을 요구할 권리를 가질 수 있다. **딜러 중개인** 또는 **상인중간상(Merchant middlemen)**은 실제로 상품에 대한 소유권을 가지며 거래 위험을 감수하기 때문에 브로커 중개인보다 통제하기 어려운 경향이 있다. 딜러 중개인들은 자신들의 고객과 다른 국가에서의 판매를 위한 다양한 수입 및 수출 도매기능을 제공한다. 딜러 중개인들은 주로 자신들이 취급하는 제품의 판매와 이윤에 관심이 있기 때문에 제조업체의 이익을 대변하지 않는다는 점에서 문제가 있다. 판매 기업이 프랜차이즈 시스템을 이용하거나 강력하고 이윤이 높은 상표를 보유하지 않는 이상 딜

그림 15.1
국제 유통경로의 대안들

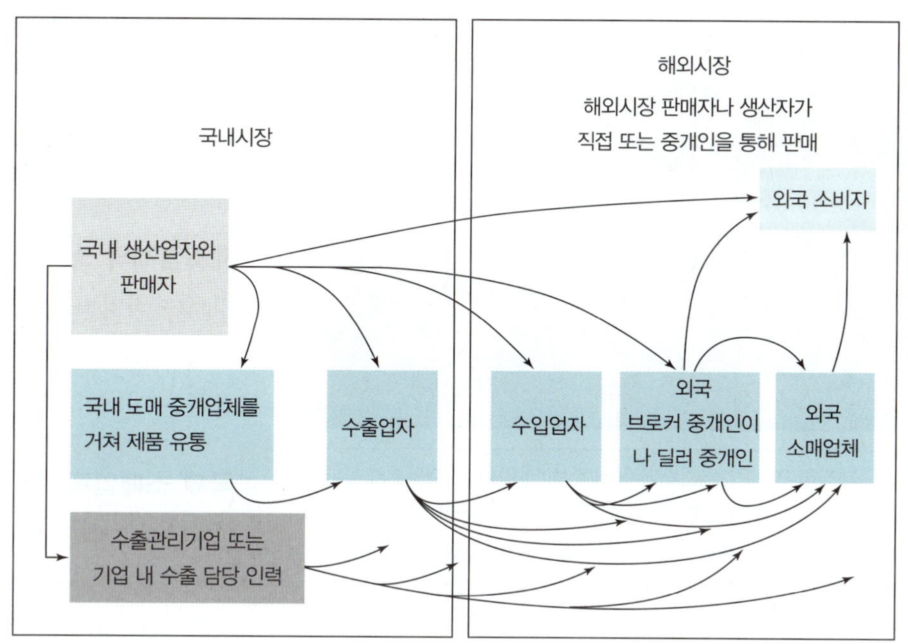

러 중개인들은 다른 모든 판매 가능한 상품을 탐색하는 등 충성도가 낮다. 반면 접촉 편의성과 신용위험의 최소화 및 해외에서 상품을 취급하는데 따르는 모든 수고를 대신해주는 점은 딜러 중개인의 대한 장점들이다.

중개인의 의미를 쉽고 정확하게 정의할 수는 없다. 또한 중개인의 의미를 이해하는데 도움을 줄 수 있는 대표적 기업유형도 드물다. 그러므로 국제 활동을 하는 기업은 중개인의 역할을 상세히 이해하는 것이 중요하다. 잘못된 허명(虛名)에 현혹되어 실질적 활동을 통제하지 못할 수 있기 때문이다. 실제로 어떤 수출업체는 브로커 중개인이지만 다른 수출업체는 딜러 중개인일 수 있다. 많은 국제 중개인들이 다양한 얼굴을 하고 있으며 오로지 특정기업과의 관계 속에서만 그들의 존재를 분명히 파악할 수 있다.

단순한 틀로 중개인의 기능을 분석해 봄으로써 유통경로의 본질을 알아낼 수 있다. 여기서는 세 가지 대안적 선택이 있다. 첫째, 제조업체의 국가 내에 있는 중개인, 둘째, 외국에 있는 중개인, 마지막으로 정부 산하 중개인(government-affiliated middlemen)이 있다.

국내 중개인

자국 중개인 또는 **국내 중개인**은 제조기업의 국가에 있으면서 국내 기반의 마케팅 서비스를 제공한다. 국내 중개인을 유통과정의 중개업체로 선정함으로써 해외시장 유통을 이들에게 맡길 수 있다. 국내 중개인은 소규모의 해외매출을 수행하는 기업과 해외시장 경험이 없는 기업들, 복잡한 국제마케팅에 당장 참여하기를 원치 않는 기업들 그리고 최소의 자금 및 관리로 외국에서의 판매를 원하는 기업들에게 다양한 이점을 제공한다. 국내 중개인을 이용할 때의 단점은 전체 유통과정에 대한 통제가

픽사가 제작한 영화인 '몬스터즈'에서 수백 개의 문과 자동분류설비가 나오는 장면을 기억해보자. 이 장면은 유럽 벨기에의 락달(Laakdal)에 있는 나이키의 배송센터를 연상하게 한다. 아시아 지역의 다양한 제조업체에서 낮은 원가로 생산되는 신발은 로테르담과 앤트워프(Antwerp) 그리고 인접한 운하를 거쳐 나이키 배송센터에 도착한다. 이 배송센터는 1,200명의 사람이 거대한 자동화 설비에서 일하고 있는데, 여기서 800만 개의 신발을 분류한 다음 트럭에 실어 전 유럽으로 운반한다. 그러나 매출이 증가한다고 해서 나이키 같은 기업이 배송센터를 확대하는 것은 아니다. 공장에서 나온 제품을 곧바로 유럽의 주요 소매 유통업체에게 운송해버리기 때문이다.

제한적이라는 점이다. 국내 중개인은 마케터가 확신이 없거나 또는 자금 및 관리투자를 최소화하기를 희망할 때 사용된다. 더욱 빈번하게 이용되는 형태의 국내 중개인은 다음과 같다.

제조업체의 소매점 수많은 제조업체의 중요한 유통경로는 직영 또는 가맹점 형태로 운영하는 소매점일 것이다. 디즈니, 베네통 그리고 수많은 정통 이탈리아 명품들은 이러한 접근방식을 취한다.

국제 소매업체 이케아, 코스트코, 시어스 로벅(Sears Roebuck), 토이저러스 그리고 월마트와 같은 다국적 소매점들이 국제적으로 확장해 나가면서 해외시장 진출을 위한 미국기업들에게는 주요 국내 중개인들이 되고 있다. 14개 국가에서 8,000개 이상의 매장을 가진 월마트는 해외시장 진출을 원하는 미국 공급업체에 매력적인 존재가 되었다. 월마트는 최소한의 경험으로 해외시장에 진입하기 위한 효과적인 방법을 제공한다. 예컨대 7,000만 달러의 매출을 올리고 있는 캘리포니아의 핸드백 제조업체인 퍼시픽 커넥션스(Pacific Connections)는 월마트와의 제휴로 아르헨티나, 브라질, 캐나다 그리고 멕시코 등의 해외시장을 개척했다. 그리고 북미자유무역협정(NAFTA)으로 무역제한이 완화되면서 새로운 다국적 소매업체들이 등장하고 있다. 멕시코의 대형 유통업체인 히간떼(Gigante)는 이러한 추세를 보여주는 좋은 예다.

수출관리기업 **수출관리기업**은 해외시장 판매규모가 비교적 작거나 자사직원을 국제업무에 투입하기 어려운 기업들에게 중요한 중개인이다. 미국에서 이러한 수출관리기업은 1명에서부터 100명까지의 규모를 가지며 수출상품의 약 10%를 처리한다.

전형적인 수출관리기업은 고객기업들의 마케팅 운영에 필수적인 부분이 되었다. 제조업체의 이름으로 일하는 수출관리기업은 저렴한 비용으로 모기업을 위해 직접적 책임감을 가진 독립된 마케팅 부서의 역할을 담당한다. 제조기업과 수출관리기업의 업무관계는 매우 긴밀하므로 보통 소비자들은 자신들이 제조기업의 수출부서와 직접 거래하고 있지 않다는 사실을 알지 못할 수도 있다(표 15.3 참고).

수출관리기업은 상품판촉과 신용관리, 물리적 운반, 시장조사, 자금정보, 특허 그리고 면허 문제를 완전히 또는 부분적으로 책임진다. 주어진 분야에서 수출관리기업의 전문성은 경험이 없는 제조업체들이 직접 수행하기 어려운 수준의 서비스를 제공

표 15.3

수출관리기업의 역할

출처:
"The Export Management Company," U.S. Department of Commerce, Washington, DC.

대부분 수출관리기업은 광범위한 서비스와 지원을 제공하며 업무 내용은 아래와 같다.
고객기업의 제품을 위해 해외시장 조사를 진행한다. 고객기업의 제품을 유통하는데 최적의 방법을 결정하기 위해 해외시장을 직접 탐방한다. 해외소재 개별국가의 필요에 따라 유통업체나 대행사를 결정하며 빈번하게는 유사한 제품을 위해 만들어진 기존의 외국 네트워크 내에서 이러한 업체를 선정한다. 고객기업의 제품을 외국의 무역전시회에 소개한다.
제품을 해외시장 고객에게 전달하는데 필요한 일상적인 업무를 처리한다. 수출신고서를 작성하고 선적과 세관 제출 문서를 담당하며, 보험, 은행업무 그리고 특수한 제품의 포장과 표시에 필요한 절차를 안내한다.
무역에 필요한 관습적인 금융조건에 맞추어 제조업체에 대금 지급을 보증하기도 한다.
제조업체와 협력하여 광고 및 판촉 인쇄물을 제작하며 이를 외국 구매자와 접촉할 때 발생하는 요구에 적합하게 변경한다.
필요한 외국어에 대한 서비스를 제공한다.
재화의 안정적인 선적을 보장하고 해외시장의 조건에 적합하게 하며 현지의 법과 무역 규범에 맞도록 한다. 여기에는 상표부착, 포장, 위생문제 그리고 국가별 전기적 특성의 차이 등이 있다. 또한 해외시장에서 특허나 상표권 보호에 필요한 조건을 조언한다

한다. 자사를 위해 제품을 구매하는 수출관리기업도 늘어나고 있지만 보통의 수출관리기업은 수수료를 받고 일한다.

수출관리기업의 가장 큰 장점 두 가지는 최소한의 투자만으로 제조기업의 국제시장 진입이 가능하다는 점과 수출업무의 관리를 위해 직원들을 투입하는 등 지출이 필요하지 않다는 점이다. 즉 관련 자금이나 관련 직원이 없는 제조기업도 해외시장을 확대하는 결과를 가져올 수 있다.

수출관리기업의 가장 큰 단점은 제품을 위해 깊이 있는 유통구조를 설립하는데 필요한 시장투자를 할 여유가 없다는 점이다. 시장에서 생존을 위해 즉시 지급할 수 있는 판매대금을 보유해야 하기 때문이다. 이러한 상황은 자사의 직원을 해당 업무에 투입할 수 있는 기업들이 확보할 수 있는 시장우위를 제공할 수 없다. 신중하게 선정된 수출관리기업은 훌륭한 효과를 낼 수 있다. 그러나 제조업체는 수출관리기업이 자신들의 수수료를 위해 매출의 외형적 증대를 좀 더 중요하게 생각한다는 점을 기억해야 한다. 즉 제조업체가 동시에 이것 저것을 생산하거나 수출관리기업이 제시한 자본금에 비해 너무 적은 수량을 만들어 낸다거나 또는 단기적으로 이윤을 내지 못한다면 수출관리기업은 해당 업체의 제품을 취급하지 않을 것이다. 이럴 때 수출관리기업은 단순히 주문을 접수하는 업체에 불과하며 국제마케팅 부서의 이상적인 대리인은 되지 못한다.

무역회사 무역회사들은 국가 간 무역발전에 중요한 중개인으로 오래되고 훌륭한 역사를 가졌다. **무역회사**들은 수많은 국가로부터 제품을 모으고 수송하며 이를 유통한다. 무역회사의 개념은 수백 년간 거의 변하지 않았다.

대규모의 무역회사들은 보통 선진국에 있다. 그들은 개발도상국에 제품을 판매하며 원자재와 가공되지 않은 제품들을 구매한다. 일본 무역회사(종합상사, sogo shosha)는 1,700년 초기부터 수입과 수출을 병행했다. 이 중 300개 기업은 일본 외부의 2,000개의 지점들에서 국제무역에 개입하고 있으며, 연간 무역량은 1조 달러 이상이다. 일본 무역회사들은 모든 일본 수입의 61%와 수출의 39%를 처리하고 있다. 이는 일본 전체 GDP의 1/5에 해당한다.

일본의 무역회사는 복잡한 일본 유통시스템에 성공적 진입을 모색하는 기업들에게는 가장 쉬운 경로 중 하나이다. 무소부재(無所不在)한 일본 무역회사들은 사실상 일본 내 모든 수준의 유통경로에서 재화의 이동을 관리한다. 이러한 무역회사는 수많은 유통업체를 관리하고 광범위한 유통경로를 유지하기 때문에 제품을 일본시장에 확실하게 보급하는데 최고의 수단을 제공한다.

미국의 수출무역회사 **미국의 수출무역회사(ETC)**법은 유사제품을 제조하는 업체들이 수출무역회사를 설립할 수 있도록 하고 있다. 이 법의 주요 목표는 제조업체와 공급업체에게 더욱 효율적인 무역관련 서비스를 제공하여 미국의 수출규모를 높이는 데 있다. 이를 위해 해당 법률은 무역자금의 이용 가능성을 높이고 반독점금지의 내용이 수출활동을 방해하지 못하도록 하고 있다. 수출무역회사법은 미국기업의 수출활동과 관련하여 사전에 공정거래법상 안전성을 획득할 기회를 제공함으로써 수출합작기업 설립에 더욱 우호적인 환경을 만들었다. 이러한 합작으로 미국기업은 규모의 경제, 위험 분산 그리고 공동의 전문 인력 활용이라는 이점을 얻었다. 또한 공동판매 정책으로 국내 경쟁업체들 간의 해외시장 경쟁을 피할 수 있다. 수출무역회사법이 통과되기 이전에는 경쟁기업들이 독점금지(공정거래법)조항을 위반하지 않고서는 수출합작을 위한 노력에 참여할 수 없었다. 수출무역회사법의 다른 중요한 조항은 금융지주회사가 수출무역회사를 소유할 수 있도록 허용하고 있다는 것이다.

수출무역회사법이 통과된 직후 여러 주요 기업들(제너럴 일렉트로닉스, 시어스 로벅, 케이마트 등)이 수출무역기업의 설립을 선언했다. 그러나 이러한 수출기업 대부분은 수출무역회사법의 보호를 요구하지 않았는데, 사업 초기에 다른 기업과 합작 사업이 아닌 독립적 운영을 하였기 때문이다. 이러한 기업은 법이 허용하는 정도까지 다른 기업에 국제 판매를 위한 기회를 제공했지만 우선적으로 자체 제품수출을 위한 무역회사로서 운영되었다. 현재까지 수출무역회사법 통과 이후에 설립된 많은 무역회사들(특히 은행 소유 기업들)은 문을 닫았거나 점차적으로 쇠퇴하고 있다.

상호보완 판매기업 다양한 국가를 포괄할 수 있을 만큼 유통역량에 여력이 있거나 광범위한 종류의 제품을 취급하고자 하는 기업 또는 마케팅 역량을 갖춘 기업은 종종 국제유통을 위해 타사 제품을 취급한다. 이러한 활동을 **보완 마케팅**이라고 하며 이는 남의 등에 업혀 이동하는 편승(piggybacking)이라고 할 수 있다. 제너럴 일렉트

일본은 국민 일인당 연간 40킬로그램의 생선을 소비하는 세계 최대의 어류 소비국이다(그림 4.2 참조). 그 결과 꽃꽂이용 꽃 가격이 네덜란드 알스메르(Aalsmeer)의 경매시장에서 결정되듯이 어류 가격은 동경에 있는 츠키지(Tsukigi) 어류경매시장에서 정해진다. 대서양에서 잡아 냉동보관 한 크고 신선한 참다랑어는 비행기 편으로 동경에 도착한다. 이러한 참다랑어는 경매시장에서 220,000달러에 거래되고,[18] 다시 비행기를 이용해 초밥요리를 고대하는 사람들이 있는 보스턴으로 돌아간다. 참치가 부족해지고 있는 이유는 아마도 이 시장이 "너무나 효율적"이기 때문인지도 모른다.

릭(GE)은 수년간 다른 업체의 제품을 유통해 왔다. 그들은 경쟁이 없으면서도 보완적이며 회사 자체의 기본유통에 힘을 더할 수 있는 제품을 받아들였다. 좋은 예로는 저개발 국가들에서 배터리를 유통하는 질레트(Gillette)사가 있으며 이러한 편승방식의 판매에 힘입어 몇 년 전 질레트는 듀라셀(Duracell)을 인수했다.

한 기업이 취급제품의 다양성을 원하거나 연중 계절에 상관없이 그들의 유통경로가 제 역할을 하기 원할 때 대부분 편승(piggybacking) 방식을 사용한다. 편승하는 유통을 위한 신제품 선정은 다음 기준에 따라 결정된다. (1) 도입할 제품이 기존제품과 관련되는지 그리고 그 제품이 기존제품에 이바지하는가? (2) 제품이 현재의 판매 및 유통경로에 적합한가? (3) 사업을 할 만큼 수익에 충분한 가치가 있는가? (4) 시장이 제품을 수용하고 이익 창출가능성이 있는가? 만약 이러한 요구사항을 만족한다면 편승방식은 유통을 담당하는 기업(carrier)과 제조업체(piggybacker) 모두에게 매출규모와 이윤을 증가시키는 하나의 타당한 방법이 될 수 있다.

제조업체의 수출대리인 제조업체의 수출대리인(MEA)은 제조업체에 판매 서비스를 제공하는 개인 중개상 또는 브로커 중개인이다. 수출관리기업과 달리 수출대리인은 제조업체의 수출부서 역할을 하지 않으며 단기간의 관계를 맺고 오직 하나 또는 두 개의 시장을 담당해서 수수료를 기반으로 일한다. 또 다른 차이로 수출대리인은 고객의 이름 대신 자신의 이름으로 사업을 한다. 그러나 제한된 운영범위 내에서 수출대리인 역시 수출관리기업과 유사한 서비스를 제공한다.

현지국의 중개인

대부분 국가에서 대리인과 딜러 중개인의 종류는 다양하지만, 유통과정에 더욱 큰 통제를 원하는 국제 마케터는 외국시장 중개인들과 직접 거래를 선택할 것이다. 현지국의 중개인과 거래를 하게 되면 유통경로가 단축되는 이점이 있으며 해당 중개인과의 거래로 현지 시장에 지속적인 접촉이 가능하다.

이렇게 현지시장 중개인과 거래하는 제조업체는 현지시장에 가까워지며 언어 및

[18] "Giant Tuna Fetches $177,000 at Japanese Auction," *Associated Press*, January 5, 2010, online.

물적유통, 의사소통 그리고 자금조달의 문제 등에 더욱 긴밀히 개입한다. 현지국 중개인들은 대리인 또는 딜러 중개인일 것이며 그들은 다양한 단계에서 모회사와 연관이 있거나 특별한 목적을 위해 임시로 고용되었을 것이다. 더욱 중요한 현지국 중개인으로는 제조업체 대리인과 외국 유통업체가 있다.

정부 산하 중개인

마케터는 모든 국가의 정부와 거래해야 한다. 그리고 정부가 사용하는 제품, 서비스, 일용품 등은 통상 중앙정부나 지방정부 산하의 중개 사무소에서 담당한다. 예컨대 네덜란드에서 중앙정부 산하의 중개 사무소는 20개 국가의 10,000개 이상의 공급업체와 거래한다. 이러한 정부 산하 중개인이 사들이는 제품의 약 1/3은 네덜란드 외부에서 생산한 제품이다. 각국 정부가 구매 대리인을 활용하는 것은 공공부문에서 직접 구매하는 것보다 효율성이 높기 때문이다. 지난 2005년 미국의 카트리나 허리케인 참사는 공공부문 대 민영부문의 효율성 문제에 중요한 가르침을 주었다. 민간 부문인 월마트가 공공부문인 미연방 긴급사태 관리청(FEMA)보다 효과적으로 원조를 기획하고 실제로 구호물품을 전달했기 때문이다.

유통경로 선택에 영향을 주는 요인

국제 마케터는 시장특성을 명백히 이해해야 하며, 유통경로 중개인 선정 이전에 유통경로의 운영정책을 확립해야 한다. 유통 중개인 선정절차에 앞서 다음과 같은 사항을 점검해야 한다.

1. 현지국 전체에 걸쳐 특정 목표시장 인식하기
2. 시장 규모, 시장점유율, 이윤 측면에서 마케팅 목표를 명확히 하기
3. 국제유통의 개발에 필요한 자금, 인적 자원 투입의 명확한 기준 정하기
4. 통제, 유통경로의 길이, 판매 조건 그리고 유통경로 소유권 확인하기

이러한 사항이 확립되고 나면 최고의 유통경로를 위한 대안적 중개인을 선택할 수 있다. 마케터들은 상품이 소비자 손에 들어갈 수 있도록 해야 하며, 모든 유통경로를 직접 관리할 것인지 일부를 다양한 중개인에게 위탁할 것인지를 결정해야 한다. 유통경로는 목표시장 규모와 경쟁 그리고 이용할 수 있는 유통 중개인에 따라 다양해질 수 있다.

유통 의사결정의 주요 요소들은 유통 중개인의 기능, 그들이 제공하는 서비스의 지급비용, 유용성 그리고 제조업체가 행사할 수 있는 통제의 정도 등이다.

기업의 전체 마케팅전략은 궁극적으로 기업 이윤을 극대화 하는 것이지만, 유통전략은 특정한 여섯 개의 전략적 목표(6C)를 가진다. 이러한 목표들은 유통전략의 여섯 가지 특징을 잘 보여주고 있다. 이는 비용(cost), 자본(capital), 통제(control), 적용범위(coverage), 특성(character) 그리고 연속성(continuity)이다. 이들 여섯 가지 특징들은 기업이 유통전략에 따라 전반적인 유통경로를 선택할 때 기업의 장기적 유통경로 정책들 내에서 그리고 경제적이면서 효과적인 유통조직을 만들어 내는 차

원에서 고려해야 한다. 또한 많은 기업들은 다양하거나 혼합적 유통경로를 사용해야 하는데 이는 하나를 선택했을 때 발생할 수 있는 기회비용 때문이다. 실제로, 일본의 쥬스코(Jusco) 슈퍼마켓 안에서 컴퓨터를 판매하는 델컴퓨터와 식품점에서 장난감을 판매하는 토이저러스가 이에 해당하는 좋은 예다.

비용 유통비용에는 다음의 2가지 종류가 있다. (1) 유통경로를 만들어 내는 데 필요한 자본 또는 투자비용, (2) 유통경로를 관리하는 유지비용이다. 후자는 기업의 판매부서 운영비용 또는 해당 상품을 다루는 다양한 중개인들의 수수료 형태가 될 수 있다. 마케팅 비용(유통비용의 상당한 부분을 차지하는)은 상품의 공장도 가격과 소비자 가격 간의 전체적 차이를 고려해서 결정해야 한다. 유통 중개인에 지급하는 비용은 상품의 운송과 저장, 신용제공, 광고, 판촉활동, 협상 등에 필요한 경비를 포함한다.

유통 중개인의 기능이나 비용을 없애기 위하여 유통 중개인을 제거할 수 있으나 창조적이면서 효율적인 마케팅은 많은 상황에서 유통비용을 줄여준다. 일부 마케터들은 사실상 그들의 비효율적인 중개인을 없애버림으로써 경로를 짧게 만들어 비용을 줄일 수 있는 가능성을 발견했다. 멕시코의 가장 큰 라디오와 텔레비전 생산업체는 낮은 가격에 제품을 판매하는 능력으로 연간 3,600만 달러의 매출을 올릴 수 있었다. 이는 기존의 유통 중개인을 없애고 자체 도매상을 설립했으며, 자신들의 이윤을 줄였기 때문이다. 그러나 대규모 국내시장에서 내부 판매 인력을 사용하는데 익숙한 많은 기업은 해외시장과 긴밀한 관계유지에 필요한 비용을 유지하기 위해서 반대로 유통경로를 늘려야 함을 인식하고 있다.

필요자본 기업들은 유통정책이 미치는 재무적 영향을 간과할 때가 많다. 이러한 영향의 중요한 요소들로는 특정 형태의 중개인을 이용하는 것에 따른 필요자본과 현금흐름이 있다. 한 기업이 자체적 유통경로를 수립했을 때, 즉 자체 판매 부서를 운영할 때 보통 가장 큰 투자가 필요하다. 유통업체 또는 중개인을 이용해 이러한 자본 투자를 줄일 수 있다. 그러나 제조업체는 일반적으로 위탁판매, 대여금, 매입자금 융자(팔릴 때까지 상품을 담보로 하는 자금 차입 방식) 또는 기타 준비에 초기 투자를 해야 한다. 코카콜라는 초기에 대부분 제휴기업이 요구한 필요자본을 제공하면서 중국에 투자했다. 그러나 곧 코카콜라는 매우 경쟁적이며 시장 점유율이 중요한 탄산음료 시장에서 자사 제품을 강력하게 유통하기 위해서는 현지 제휴기업에 의존해서는 안 된다는 것을 깨달았다. 유통에 더욱 큰 통제력을 가지기 위해 코카콜라는 경영권을 가져야 했고, 이는 더 많은 필요자본을 의미했다. 중국에서 사업하는데 가장 높은 비용 중 하나는 효과적인 유통을 유지하는 데 필요한 자본이다.

통제 기업이 유통과정에 많이 개입할수록 더 많은 통제권을 가진다. 기업은 내부의 자체 판매부서에 대한 통제권을 대부분 가지나 보통 실용적이지 않은 비용이 발생한다. 유통경로를 배치하는 형태도 각기 다른 수준의 통제를 제공한다. 유통경로가 길어질 수록, 가격,[19] 규모, 판촉 그리고 판매 대리점 유형을 통제하는 능력은 줄어든다. 만약 한 기업이 최종 사용자나 소매업체에 제품을 직접 판매할 수 없을 때, 중개인을 선정하는 중요한 기준은 마케터가 유지할 수 있는 통제의 수준이 될 것이다. 물론 국제유통의 관계에서도 위험은 존재한다. 기회주의나 이기적 이용이 바로 그것이다. 마지막으로, 통제할 수 없는 유통의 가장 놀라운 예는 물고기의 세계적인 부족 현상을 들 수 있다. 부유한 국가의 소매업체들과 유통업체들은 글자 그대로 대식가인 소비자들의 식욕을 충족시키기 위해 활동하고 있으며 그 결과 전 세계 어업이 죽어가고 있다.[20]

적용범위

유통의 또 다른 주요 목표는 각 시장에서 가능한 최대의 매출달성과 합리적 시장점유율 확보 그리고 만족스러운 시장침투를 위해 전체시장에 접근(full-market coverage)하는 것이다. 적용범위는 지리적 구분이나 시장 구분, 또는 둘 다에 의해 판단할 수 있다. 시장에서 충분한 적용범위를 확보하기 위해서는 국가와 시기에 따라 유통시스템의 변화가 필요하다. 적용범위를 고도로 발달한 지역과 그렇지 않은 시장 모두에서 확장하기는 어렵다. 전자의 이유는 높은 경쟁 때문이며 후자는 불충분한 유통경로 때문이다.

많은 기업은 전체시장에 대한 접근을 시도하지 않으며 주요 인구 밀집지역에 대한 진입을 모색한다. 일부 국가에서는 두 개 이상의 도시들이 대부분의 국가 구매력을 결정하기 때문이다. 예컨대 일본 인구의 60%가 도쿄–나고야–오사카의 지역에 살고 있는데 이들은 하나의 거대 도시라 할 수 있다.

그 반대로 주요 도시지역 밖에서 소수 전문 중개인만이 활동하는 개발도상국도 있다. 그들은 보통 소규모이며 전통적으로 이윤율이 높다. 예컨대 중국에서는 실제로 부유한 도시 대비 25~30% 이하 인구가 있는 지역에 1조 원대 이상의 개인소비자 시장이 존재한다. 심지어 중국에서는 개인 소득이 증가하더라도 유통경로의 부족으로 충분한 소득이 있는 사람 모두에게 제품을 판매하는데 한계가 있다. 이렇게 두 극단적 예에서 보듯이 기존 중개인을 활용하여 효율적인 유통경로를 만들어 내는 어려움과 높은 유통비용은 다른 마케팅 부분에서 달성한 효율성을 무의미하게 만들 수 있다.

이처럼 적용범위를 확대하기 위해 기업은 다양한 유통경로들, 즉 자체 판매부서나 제조업체 중개인 그리고 상품 도매업체 등을 이용해야 할 것이다.

특성

선택한 유통경로 시스템은 기업과 시장의 특성에 적합해야 한다. 그리고 제품의 유통에 대해 최우선으로 고려해야 할 요구사항은 다음과 같은 내용과 연관이 있다. 제

[19] Ting-Jui Chou and Fu-Tang Chen, "Retail Pricing Strategies in Recession Economies: The Case of Taiwan," *Journal of International Marketing* 12, no. 1 (2004), pp. 82 – 102.

[20] "Japan's Tuna Crisis," *The New York Times*, June 27, 2007, p. A22; Elisabeth Rosenthal, "In Europe, the Catch of the Day is Often Illegal," *The New York Times*, January 15, 2008, pp. A1, A6.

왼쪽 위에 있는 헬싱키의 스토크만 백화점(Stockmann's Department)에서는 무엇이든 살 수 있다. 남성 · 여성용 의류, 망치 같은 공구, 소프트웨어, 빵, 정원용 도구, 순록의 살코기 그리고 가구와 텔레비전, 아우디부터 애호박까지 모든 것이 여기 있다. 여기서는 심지어 고객의 우유를 위해 냉장 서비스까지 제공한다. 그러나 이 백화점에서 삼성 핸드폰을 구매할 수는 없다. 아직 한국 기업이 노키아의 본 고장에는 침투하지 못한 것이다. 그러나 오른쪽 위에 있는 파리의 까르띠에 명품 판매장에는 종류는 적지만 고가의 제품을 판매한다. 그리고 이스탄불에 있는 세계에서 가장 오래되고 거대한 덮개로 덮혀있는 왼쪽 아래의 그랜드 바자르(Grand Bazaar) 시장에서도 삼성 제품을 찾을 수 있다. 이 15세기의 시장은 불과 10마일 정도 떨어진 곳에 있는 대규모의 아크메르케즈(Akmerkez) 복합쇼핑센터라는 20세기 시장과 경쟁하고 있다. 또한 오른쪽 아래를 보면 루이뷔통(Louis Vuitton)이 모스크바 붉은 광장에서 레닌과 만나고 있다. 러시아 사람들은 800,000제곱피트 규모의 최고급 실내 매장으로 변한 과거 정부소유 백화점에 명품을 구매하러 간다. 그림에서 보듯이 루이뷔통 매장 뒤로는 성 바실리 성당(St. Basil's Cathedral)이 있으며, 붉은 광장 건너편 불과 200미터 앞에는 방부 처리한 블라디미르 일리치 레닌(Vladimir Il'ich Lenin, 1870.4.22.~1924.1.21)이 묻혀 있는 웅장한 무덤이 있다. 이 오랜 공산주의자는 자본주의 기업이 성 바실리 성당을 향한 자신의 시야를 방해하는 것이 못내 달갑지 않을 것이다. 그는 분명히 지난 17년간 중단한 이래 2008년 다시 시작한 붉은 광장의 노동절 군대 행진을 보며 위안을 얻을 것이다.

품이 부패하기 쉽거나 대량일 때, 판매 과정이 복잡할 때, 판매 서비스가 필요할 때 그리고 제품 가치 등이다.

유통경로 관리자들은 유통경로의 변화를 인지해야 한다. 또한 기업과 시장의 특성에 맞게 유통경로가 개발하는 것으로 끝이 아니다. 사실 모든 중개인은 전통적으로 자신들의 전문 제품 분야에서 유통을 해왔다. 그러나 최근에는 더욱 광범위한 제품, 대량 상품화 그리고 대량 판매 경향이 대두되고 있다. 셀프서비스와 혼합 다각화 상품계획(scrambled merchandising) 또는 할인매장의 성장을 간과해 온 기업들은 시장 점유율의 상당 부분을 상실하였다. 그들의 유통경로가 더는 시장의 특성을 반영하지 않았기 때문이다.

연속성

유통경로에는 보통 수명이 있다. 대부분의 브로커 중개인은 소상공인들이다. 특정 제품을 다루는 사업 분야에서 한 개인이 퇴직하거나 이직할 때 기업은 해당 분야에서 유통경로를 잃었음을 발견한다. 도매업체나 특히 소매업체들은 유통 사업에서 자신들 업무의 연속성을 중요하게 생각하지 않는다. 대부분의 유통 중개인은 공급업체 충성도가 낮다. 그들은 제품의 수익성이 좋은 시기에는 그 제품을 다루나 수익성 창출에 실패하는 시기에는 해당 제품을 빠르게 포기한다. 이에 비해 딜러들은 충성스러운 유통 중개인일 수 있지만 제조업체는 이들의 충성심을 다른 경쟁기업이나 유인책에 빼앗기지 않도록 유통경로에서의 상표 충성도를 확고하게 해야 한다.

유통경로 관리

국제적 유통경로를 확립하는 실제 과정은 좀처럼 쉽지 않으며, 많은 기업이 만족스러운 유통경로 구축에 필요한 능력 부족으로 국제시장을 개발하는 노력을 중단하고 있다.

유통 중개인 네트워크를 설립하기 위해서는 가능성 있는 중개인을 모색하고 기업 요구사항에 적합한 중개인을 선정해야 하며 이러한 유통 중개인과 업무관계를 확립해야 한다. 국제마케팅에서 유통경로를 만드는 과정은 일정한 틀이 없다. 기업이 그들의 유통경로로 소비자에게 더욱 가까이 가기를 원할수록 더 큰 규모의 판매 인력이 필요하다. 만약 한 기업이 특정국가에서 단지 독점 수입업체나 판매 대리인을 찾는데 만족한다면 유통경로 구축은 그렇게 어렵지 않을 것이다. 그러나 유통경로가 하위–도매업자 또는 소매업자 수준까지 내려가면 넓은 범위의 유통 업무를 맡아야 하며 이를 뒷받침하는 내부 직원이 필요할 것이다.

유통 중개인 파악

가능성 있는 유통 중개인 탐색은 시장조사와 해당 시장에서 활동하는 유통 중개인에 대한 평가기준의 결정을 병행해야 한다. 평가기준의 목록은 유통 중개인의 형태 그리고 기업과 그들의 관계 특성에 따라 달라진다. 기본적으로 이러한 목록은 네 가지 부분을 기초로 한다. 생산성이나 규모, 재무적 안정성, 관리 안정성과 역량 그리고 사업의 특성과 평판이다. 보통 유통 중개인의 실제적 또는 잠재적 생산성에 중점을 둔다.

주요 과제는 특정 유통 중개인 선정에 필요한 정보를 수집하는 것과 기업의 상품을 다룰 수 있는 유통 중개인을 발견하는 것이다. 국제적 확장을 모색하는 기업들은 다음과 같은 출처로부터 유통 중개인 목록을 작성해야 할 것이다. 상업적으로 공시된 업체 주소록, 외국 영사관, 외국에 있는 상공회의소, 유사하나 비경쟁적인 제품을 생산하는 다른 제조업체들, 유통 중개인 협회, 사업 출판물, 경영 자문역, 운송업체—특히 항공사 그리고 세계적인 기술 서비스 업체인 유니벡스(Unibex)와 같은 인터넷 기반 기업 등이 있다. 유니벡스는 B2B 상거래에 협력하는 소규모에서 중간 규모 그리고 대규모 기업을 위한 기반을 제공한다.

유통 중개인 선택

LO5
유통 중개인 선택과 유지의 중요성을 이해한다.

가능성 있는 유통 중개인을 찾는 것보다 만족스럽게 업무를 수행해 줄 것으로 기대되는 유통 중개인을 결정하는 문제가 더 어렵다. 소규모거나 가능성이 없어서 좋은 기대를 하기 어려운 유통 중개인이 많으며 더러는 유통 중개인의 재정이 부족한 것이 문제가 된다. 그리고 일부는 특별한 이유 없이 신뢰하기 어려울 수 있다. 대체로 어떤 제조업체가 외국에서 유명하지 않다면 유통 중개인의 평판이 곧 제조업체의 평판이 될 수 있으므로 잘못된 선택은 상당히 피해를 줄 수 있다.

선별 유통 중개인을 심사하고 선택할 때는 다음과 같은 활동을 전개해야 한다. 잠재력이 있는 유통 중개인에게 제품정보와 유통업체 요구사항이 담긴 예비 우편물이나 이메일 발송; 활동 범위, 기업 규모, 판매원 수, 기타 배경 정보 등 유통하려는 제품과 관련한 특정 정보를 호의적인 응답자들에게 보내어 후속조치 수행; 다른 유망 유통 중개인의 고객기업과 소비자들로부터 평판 확인; 그리고 가능하다면, 가장 기대가 큰 기업을 개인적으로 확인하는 것 등이다.

경험이 많은 수출업체는 유통 중개인을 선정하는 하나의 방법으로 해당 국가에 직접 찾아가 최종 소비자에게 최고의 유통업체를 직접 물어보라고 제안한다. 그리고 최종적인 유통 중개인을 선정하기 전에 가능성 있는 유통 중개인을 각각 방문할 필요가 있다. 또한 제조기업의 제품을 자기의 제품 마냥 받아들이고 그 제품의 성공을 개인적인 목표로 삼을 만한 유통 중개인을 찾아야 한다. 더불어 수출업체들은 고객이 추천한 유통업체 두세 곳 중 하나와 계약을 맺지 못하면 해당 국가에서는 유통업체를 선정하지 않는 것이 좋다고 강조한다. 가치 없는 유통 중개인과 거래하는 것은 매년 시간과 돈을 낭비하게 하며 나중에 좋은 유통 중개인을 만나더라도 그 중개인과 거래를 할 수가 없게 된다.

계약 잠재적 유통 중개인을 발견하고 평가한 뒤, 그들과 계약 내용을 세부적으로 논의하는 과정이 시작한다. 여기까지 기업은 구매자 입장에 있었다면 이제는 유통 중개인에게 상품 취급과 제조 기업에 실행 가능한 유통계약을 받아들이도록 설득해야 하는 판매자나 협상자의 위치로 옮겨간다. 유통계약은 제조업체와 유통 중개인의 특정 의무들을 나타내야 하는데, 여기에는 최소 연간 판매규모를 포함한다. 최소 판매규모는 유통업체 평가를 위한 기초로서 역할을 한다. 최소 판매규모를 달성하는 데 실패하면 수출업체가 계약해지 권한을 가진다.

일부 경험이 풍부한 수출업체들은 첫 계약 기간을 1년으로 할 것을 추천한다. 만약 첫 해의 수행능력이 만족스럽다면 더욱 긴 기간으로 계약을 갱신할 수 있기 때문이다. 이러한 기간제한은 계약해지를 좀 더 쉽게 해준다. 더 중요하게는 시장에서 1년간 함께 일한 뒤에야 일반적으로 더욱 적합한 계약조건으로 계약할 수 있다는 점이다.

유통 중개인에 대한 동기부여

유통수준과 개별 유통 중개인의 중요성을 확인한 기업은 유통 중개인에게 동기를 부여하기 위한 활동을 결정한다. 모든 수준에서, 유통 중개인의 동기는 분명 판매 규모와 관련이 있다. 제품에 유통 중개인의 관심과 지지를 유지하기 위해 도입할 수 있는 동기부여 방법은 다섯 개의 범주로 나눌 수 있다. 이는 재무적 보상, 심리적 보상, 의사소통, 기업 지원 그리고 기업과의 친밀한 관계이다.

분명 재무적 보상은 어떠한 유통 중개인이든 기업의 제품을 다루고 광고하기에 충분한 동기다. 이윤이나 수수료는 유통 중개인의 요구를 만족하게 하는 수준에서 정해져야 하며, 이는 판매 규모와 그들이 제공하는 서비스 수준에 따라 달라진다. 충분한 이윤과 판매 규모의 결합이 없다면, 유통 중개인은 해당 제품에 큰 관심을 두지 않을 것이다.

유통 중개인과 그들의 판매원들은 인간이기에 심리적 보상이 있고, 그들의 노력을 인정할 때 반응한다. 이 점에서 유통 중개인의 모기업 또는 지역 사무실을 방문하는 것은 그들에게 큰 영광일 수 있다. 또한 언론을 통한 홍보도 유통 중개인 사이에 호의적 의견과 적극적 업무 참여를 만들어 낸다.

모든 경우 특히나 문화적 거리가 클 때,[21] 기업은 유통 중개인들에게 편지와 소식지 그리고 정기 간행물 형태로 지속적인 의사소통을 유지해야 한다. 그리고 이러한 것은 개인적일수록 더욱 좋다. 수출업체를 다룬 한 연구에서는 제조업체와 유통업체 간의 접촉이 많을수록 유통업체의 수행능력이 좋아진다고 지적했다. 긍정적인 접촉의 빈도와 질은 자연스럽게 분쟁을 줄이고, 원만한 업무관계를 만들어 주며, 그러한 관계들은 최근의 신흥시장, 즉 관계를 중시하는 문화에서 특히 중요하다.[22]

마지막으로 기업과 유통 중개인은 상호 친밀한 관계를 설립하는데 상당한 관심을 두어야 한다. 이러한 방법들 외에도 기업은 유통업체와 분쟁이 발생할 때 이를 능숙하게 해결할 수 있어야 한다. 명심해야 할 것은 모든 세계에서 사업은 사람이 하는 것이므로 중요한 것은 그 사업에 참여하고 있는 사람이라는 점이다.

유통 중개인 관계종료

유통 중개인이 기준을 준수하지 못할 때 또는 시장상황이 변함으로써 특정 기업이 그들의 유통업체를 재편해야 할 때 해당 업체와의 관계를 끝내야 할 필요가 있다. 통상적으로 미국에서 이러한 관계의 종료는 유통 중개인의 형태에 상관없이 해고와 같은 간단한 조치만으로 끝난다. 그러나 다른 국가에서는 유통 중개인과의 계약종료를 막는 법적 보호 장치도 일부 존재한다. 예컨대 콜롬비아에서는 대리인과 계약을 끝내려면 최종합의를 위해 고객 기업은 대리인에게 그들의 연평균 보수의 10%에 그들이 일한 만큼의 연수를 곱해서 지급해야 한다.

---

[21] Carl Arthur Solberg, "Product Complexity and Cultural Distance Effects on Managing International Distributor Relationships: A Contingency Approach," *Journal of International Marketing* 16, no. 3 (2008), pp. 57–83; Chenting Su, Zhilin Yang, Guijun Zhuang, Nan Zhou, and Wenyu Dou, "Interpersonal Infl uence as an Alternative Channel Communication Behavior in Emerging Markets: The Case of China," *Journal of International Business Studies* 40, no. 4 (2009), pp. 668–89.

[22] Gerald A. McDermott and Rafael A. Corredoira, "Network Composition, Collaborative Ties, and Upgrading In Emerging Market Firms: Lessons from the Argentine Autoparts Sector," *Journal of International Business Studies* 41, no. 2 (2010), pp. 308–29.

CROSSING BORDERS 15.3 이집트 비르카시(Birqash)의 낙타시장

태양은 높이 떠있고 장사를 하기에는 지루한 하루다. 낙타 거래상도 건초와 풀을 헤치고 낙타가 우적거리며 풀을 먹는 소리를 듣는 것 외에 달리 할 것이 없어 보인다. 아쌈 아마르(Essam Ammar)는 가운에서 핸드폰을 꺼낸다. "잘 지내죠, 아메드(Ahmed), 아니, 가격을 낮출 수는 없지." 눈을 굴리며 아마르는 전화기를 귀에서 떼어 잠시 쳐다본다. 반대편에서 아메드가 말하는 소리가 허공에 울려 퍼지고 있다. 전화기 닫는 소리가 들리고 아직 정오가 지나지 않았지만 오늘은 이만 거래를 접고 철수해야 할 것 같은 분위기다.

"29년 동안 여기서 장사를 했어요," 아마르는 말했다. 그는 하얀색 끈이 달린 모자를 쓰고 가로로 줄무늬가 있는 눈보다 흰 조끼를 입고 먼지와 쓰레기를 태우는 곳 한 가운데 위험하게 서있다. "낙타 가격은 나이에 따라 정해져요, 가장 좋은 놈들은 수단에서 오고 소말리아에서 온 놈들은 여기서 잘 적응하지 못해요. 아! 그리고 만약 낙타가 물려고 하면 무조건 도망가야 해요, 이 점을 꼭 기억해요." 상인들이 그를 둘러싸고 이야기를 듣고 있다. 그들은 피로 얼룩진 기다란 가운 같은 옷을 입고 있으며 아마르의 말에 모두 고개를 끄덕인다.

카이로 북서쪽으로 20마일 떨어진 곳에 있는 비르카시 낙타 시장은 네 개의 다리와 긴 목을 가진 이 동물이 생을 마감하는 불행한 장소다. 또한 낙타를 거래하는 사람에게도 그리 좋은 장소는 아니다. 수단과 소말리아의 목동들은 낙타 가격을 올리고 있다. 그러나 거래상들은 카이로나 나일 삼각주 건너편에 있는 가난한 낙타 도축 업자에게 가격 인상을 하기는 어렵다. 이집트의 물가인상은 많은 가구에게 소고기나 양고기 가격이 너무 오를 때 전통적으로 그 자리를 대신했던 낙타고기의 구매를 막고 있다. 냉혹한 세계경제의 현실을 이 척박한 비르카시 네거리에서조차 발견할 수 있다.

"지난해에 약 5,000파운드(915달러) 정도 벌었어요. 낙타 가격은 오르지만 도축 업자는 오른 가격을 감당하지 못하고 사람들 역시 비싸진 낙타고기를 살 수 없기 때문이죠." 낙타 거래상인 아메드가 말한다. 그는 지난 몇 달간 부인을 만나지 못했다. "결혼은 했죠. 아이도 둘이에요. 그래서 내 수입에서 매주 350파운드(65달러)를 집으로 보냈어요. 그러나 지금은 150파운드(28달러)밖에 못 보내요. 내 처도 할 만큼하고 있는 거죠. 집에야 가고 싶죠. 그런데 집에 가는 기차표를 구하고 나면 우리 가족이 먹을 양식으로 두 부대의 밀 밖에 살 수 없어요."

아메드는 이집트 남부에 살고 있다. 그의 아버지 역시 낙타 거래상이었으며 그는 학교에 가본 적이 없다. 여느 마을의 소년이 그렇듯이 그는 책가방 대신 양 떼 몰이용 막대를 들고 나일강을 따라 수단에서 이집트 북쪽으로 낙타를 몰고 가거나 소말리아에서 수에즈 항구의 운송선에 도착하는 법을 배웠다. 이동 중인 그들 무리는 마치 하얀색, 베이지색 그리고 모래색과 회색으로 뒤덮인 것처럼 보인다. 또한 낙타 무역의 불가사의한 점은 어느 날은 건강하던 낙타가 다음 날에는 죽는다는 것이다.

물병과 솔을 든 소년들이 분홍색과 녹색 글자로 판매하려는 낙타에 표시하고 있다. 그들은 낙타 다리 아래로 날쌔게 움직이며 낙타에 차이지 않게 주의한다. 그들 중 일부는 어른이 되면 시장에 있는 낙타 우리를 물려받는다. 낙타 거래상은 갑자기 태어나는 것이 아니다. 그들이 태어나기 전부터 낙타 배설물을 치우고 상처 입거나 심하게 병든 낙타를 돌보았던 삼촌과 사촌들 무리에 섞여 자라나는 것이다.

"이 시장은 10~15 정도의 가구가 운영해요." 낙타 시장의 살아있는 증인이자 이 순간에도 시장 입구에서 사람들이 오가는 모습을 쳐다보고 있는 아지(Abdel Wahab Wagih)가 말한다. "보통 낙타 무역상은 아버지나 할아버지 때부터 물려받은 일이죠. 물론 요즘 세대에는 교육을 받고 대학을 졸업한 젊은이들이 있기는 하지만 그들도 결국 다시 이곳으로 와서 가족이 하는 낙타 무역을 도와요."

낙타고기 가격은 너무 올랐다. 아직 소고기나 양고기보다 싸기는 하지만 지난해 낙타고기는 1파운드에 1.80달러에서 2.90달러로 올랐다. 그 결과 많은 이집트 사람들이 낙타고기를 구매하기가 어려워졌다.

이 일도 예전에는 비교적 쉬웠다. 그러나 최근 이집트 정부는 세금을 인상하고 이집트 내로 들어오는 낙타를 엄격하게 정밀조사하는 새로운 건강규제 법안을 내놓았다. 낙타 거래상 중 일부는 밤낮으로 통관 절차를 기다린다. 이러다 보면 건강했던 낙타도 질병에 노출될 때가 있다. 어떤 거래상은 시장에 도착하기 전에 30마리의 낙타를 잃은 적이 있다. 이 모든 것이 돈이다. 잃어버린 돈.

아마르는 이렇게 말한다. "알다시피 이건 좀 이상한 일 같아요, 이집트는 가난한 나라지만 여전히 잘사는 사람이 있어요 그리고 그들은 더 부자가 되려고 해요." "어떻게 그게 가능하죠?"

그의 전화가 다시 울린다. "안녕 아메드." 아마르는 하품을 하며 자기 손톱을 검사한다. "안돼, 아메드 가격은 못 내려!"

출처: Jefrey Fleishman, "Camel Trade Runs into Sand," *Los Angeles Times*, October 23, 2009, pp. A1, A29. Copyright © 2009. Reprinted with permission.

유통 중개인과 계약을 체결할 때 적절한 법적자문은 매우 중요하다. 그러나 경험이 풍부한 국제 마케터들이 알고 있듯이 최고의 법칙은 전망 있는 유통 중개인을 사전에 조심스럽게 심사함으로써 그들과의 계약을 끝내야 할 필요성을 아예 피하는 것이다. 잘못된 유통업체 선정은 기대에 못 미칠 뿐 아니라 현지 사업의 미래와 전망에 부정적 영향을 미칠 수 있기 때문이다.

유통 중개인 통제

보통 국제 유통경로가 극단적으로 길어질수록 유통 중개인 통제가 특히 중요해진다. 기업은 마케팅 목표를 조직 내부와 외부 유통 중개인에게 명확히 전달해야 한다. 또한 평가기준은 목표 판매액, 재고 자산 회전율, 지역당 고객, 성장 목표, 가격 안정성 목표 그리고 홍보의 품질을 포함해야 한다. 문화적 차이로 말미암아 이들 모든 영역이 관리대상이다.[23]

유통시스템과 유통 중개인을 통제하는 것은 국제 활동에서 필수적이다. 첫 번째는 유통 네트워크의 통제와 관련이 있다. 이는 전체 유통시스템을 전반적으로 통제하여 제품이 계획했던 유통 중개인에 의해 확실하게 처리되어야 함을 의미한다. 일부 제조업체는 2차 도매업체나 병행수입 탓에 유통시스템에 행사하던 통제력을 잃을 수 있다.[24] 병행수입으로 인해 어떤 국가에 판매하려던 제품이 중간 유통업체를 거치면서 다른 국가로 이동하여 현지의 유통조직과 경쟁하는 문제가 발생한다.

두 번째 유형의 통제는 유통 중개인 수준에서 필요하다. 가능하면, 모기업은 유통 중개인의 판매 규모, 적용 범위, 제공 서비스, 가격, 광고, 대금 지급 그리고 심지어 이윤과 관련한 활동 등을 모두 알아야 한다. 또한 할당량을 제시하고 정기적인 보고서를 받으며 기업 대표자와의 개인적 방문은 모든 단계의 유통경로에서 중개인의 활동을 관리하는 데 효과적일 수 있다.

인터넷

LO6 대안적 유통수단으로서 전자상거래의 중요성을 이해한다.

인터넷은 다국적기업을 위한 중요한 유통 방법으로 기업과 소비자를 위한 제품거래의 원천이다.[25] 사실상 인터넷 탓에 세계적인 마케팅과 유통을 마침내 소비자가 통제한다는 주장을 할 수 있다.[26] 컴퓨터 하드웨어 및 소프트웨어 기업과 서적 및 음악 소매업체는 이러한 종류의 유통과 마케팅 방법을 가장 초기에 전자상거래를 사용한 기업이다.[27] 더 최근에는 다른 형태의 소매업과 B2B 서비스도 전자상거래를 도입했다.[28] 기술적으로 전자상거래는 하나의 직접판매 형태이다. 그러나 이러한 유통형태

23 Jody Evans and Felix T. Mavondo, "Psychic Distance and Organizational Performance: An Empirical Examination of International Retailing Operations," *Journal of International Business Studies* 33, no. 3 (2002), pp. 515 – 32; David A. Griffi th and Matthew B. Myers, "The Performance Implications of Strategic Fit of Relational Norm Governance Strategies in Global Supply Chain Relationships," *Journal of International Business Studies* 36, no. 3 (2005), pp. 254 – 69.

24 See the discussion of parallel imports in Chapter 18.

25 Vinh Nhat Lu and Craig C. Julian, "The Internet, Strategy and Performance: A Study of Australian Export Market Ventures," *Journal of Global Marketing* 21, no. 3 (2008), pp. 231 – 40.

26 "Crowned at Last, A Survey of Consumer Power," *The Economist*, April 2, 2005, insert pp. 1 – 16.

27 "A Giant Sucking Sound," *The Economist*, November 7, 2009, p. 62.

28 Carlyle Farrell, "The Role of the Internet in the Delivery of Export Promotion Services: A Web Site Content Analysis," *Journal of Global Marketing* 21, no. 4 (2008), pp. 259 – 70.

의 새로움과 독특함의 문제 때문에, 이를 다른 형태의 다이렉트 마케팅과 구별하는 것이 중요하다.

전자상거래는 인터넷(World Wide Web)을 이용해 B2B 서비스와 소비자 서비스 그리고 소비재 및 산업재를 판매한다. 전자상거래는 또한 제조업체와 소매업체, 서비스 제공업체 그리고 일부 기타 유통 중개인 및 소비자를 대상으로 직접 마케팅이 가능하다. 세계시장에 진출한 전자상거래 업체로는 온라인에서 총 판매액의 50%, 하루 매출 약 6,900만 달러를 창출하는 델컴퓨터(www.dell.com)와[29] 연간 10억 달러 이상을 판매하는 시스코(www.cisco.com) 등이 있다. 시스코 웹사이트는 14개국의 언어로 만들어졌으며, 49개국 각각을 위한 맞춤형 정보를 담고 있다. 노트북 중심의 컴퓨터 제조업체인 게이트웨이 역시 일본, 프랑스, 네덜란드, 독일, 스웨덴, 호주, 영국, 미국에서 웹사이트를 운영한다(www.gateway.com). 썬마이크로시스템즈(Sun Microsystems)와 그들의 애프터마케팅 기업인 썬익스프레스(SunExpress)는 약 3,500개의 유지보수용 제품의 정보를 현지 언어로 제공한다. 또한 썬플라자(SunPlaza)는 북미, 유럽 그리고 일본 방문자들에게 온라인에서 제품과 서비스 정보를 제공하며, 그들의 모국어로 직접 주문할 수 있도록 하고 있다.

랜즈 엔드(Lands' End), 리바이스(Levi) 그리고 나이키(Nike) 같은 소비재 기업 외에도 수많은 소규모의 잘 알려지지 않은 기업들이[30] 전통적 시장을 넘어서 인터넷에 진출하고 있다. 네덜란드의 인터넷 소비자는 캘리포니아에 있는 프라이스 포인트(Price Point)에서 산악자전거용 제동기 한 쌍을 구매할 수 있다. 그 결과 이 고객은 지역 자전거 판매장에서 190달러를 지불해야 하는 같은 제품을 130달러에 살 수 있다.

얼마 전까지 스페인 북부 도시인 팜플로나(Pamplona)에 사는 고객들은 낱장 악보를 구매하기 위해 마드리드까지 400킬로미터를 여행해야 했다. 그러나 지금은 악보를 사기 위해 대서양을 횡단하긴 하지만 길모퉁이 매장으로 가는 것보다 시간이 덜 걸린다. 그들은 인터넷을 이용해 뉴욕과 런던의 전문매장이나 전 세계 할인점으로부터 필요한 제품을 직접 구매할 수 있다.

경제성장을 위한 세 번째 동력인 서비스 산업은 인터넷을 활용한 국제적 판매에 적합하다. 모든 유형의 서비스, 즉 은행업무, 교육, 컨설팅, 소매업, 호텔, 게임 등은 세계적으로 접근 가능한 웹사이트를 이용해 마케팅 할 수 있다. 재고관리, 품질관리, 회계, 비서업무, 번역 그리고 법률 서비스 같은 전통적인 사내 업무들의 외부위탁은

[29] Evan Ramstad and Gary McWilliams, "For Dell, Success in China Tells a Tale of Maturing Market," *The Wall Street Journal*, July 5, 2005, pp. A1, A8.

[30] Oystein Moen, Iver Endresen, and Morten Gavlen, "Use of the Internet in International Marketing: A Case Study of Small Computer Software Firms," *Journal of International Marketing* 11, no. 4 (2003), pp. 129 – 49.

기업들 사이에 일반화 되었으며 이러한 서비스를 인터넷으로 제공하는 업체들 역시 국제적으로 성장했다.

또한 온라인 B2B는 세 가지 방식으로 기업들의 비용을 절감해 주고 있다. 첫째, 가장 저렴한 공급업체들을 쉽게 찾도록 해줌으로써 중개 수수료와 거래비용을 줄여준다. 인터넷 구매로 기업이 절감할 수 있는 비용은 석탄산업 2%에서부터 전자부품 산업 40%까지 다양한 것으로 밝혀졌다. 브리티시 텔레컴(BT)은 상품과 서비스를 온라인으로 구매하면 거래비용의 90%를 줄일 수 있으며 상품과 서비스의 직접 구매비용은 11%까지 줄일 수 있다고 주장한다. 부품구매를 위해 포드, 제너럴모터스, 다임러-크라이슬러(Daimler-Chrysler)가 공동 운영하는 네트워크는 차량 한 대의 생산비용을 14%까지 감소시켰다.

둘째, 공급사슬을 좀 더 유리하게 관리할 수 있다. 예컨대 시스코 발주 물량의 75% 이상이 현재 온라인에서 발생하고 있다. 이는 1996년의 4%로부터 증가한 것이다. 또한 이러한 공급사슬 연결로 시스코의 주문 소요시간은 6주/8주에서 1주/3주로 감소했으며 고객 만족도도 증가하였다.

세 번째, 전자상거래를 이용하면 더욱 엄격한 재고관리가 가능하다. 월마트는 인터넷 재고관리 시스템을 공급업체와 연결해서 제품판매가 발생할 때 자동으로 재고를 요청한다. 품절 상태를 거의 없게 하는 신속한 재고조정과 주문 · 거래비용의 절감은 월마트를 유통산업의 가장 효율적인 기업 중 하나로 만들었다.

인터넷 기반 기업을 위한 세계시장의 잠재성은 크다. 그러나 이러한 가능성은 시장에서의 적절한 위치선정[31]과 관리가 제대로 이루어질 때[32] 가능하다. 하나의 시장으로서 인터넷(WWW)은 자신들이 구매한 웹사이트의 지속적인 개선을 요구하는 까다로운 고객에게 혁신적인 구매방법을 소개하는 단계를 거치며 빠르게 움직이고 있다. 즉 전자상거래 업체는 더 큰 경쟁에 직면하고 있으며 인터넷 소비자들은 더욱 많은 선택권을 가진다. 이러한 상황은 기업이 새로운 마케팅 시대에서 성공하고자 하더라도 좋은 마케팅의 기본원칙을 간과해서는 안 된다는 것을 의미한다. 예컨대 포레스터 리서치(Forrester Research)는 미국기업들이 자신들의 인터넷 방문자 중 30%가 외국 소비자이며, 이들이 인터넷 주문의 10%를 차지할 것으로 예상됨에도 불구하고 미국기업들이 해외에서 받는 주문 중 절반정도는 소화해내지 못하고 있다는 것을 발견했다.

국내 전자상거래 업체가 국제 인터넷 시장에서 생존하기를 원한다면 전자상거래에서 볼 수 있는 몇 가지 독특한 문제들을 확인해야 한다. 이 중 국제적 법률 문제는

---

[31] Byeong-Joon Moon and Subash C. Jain, "Determinants of Outcomes of Internet Marketing Activities of Exporting Firms," *Journal of Global Marketing* 20 (2007), pp. 55 – 72.

[32] Gary Gregory, Munib Karavdic, and Shoaming Zou, "The Effects of E-Commerce on Export Marketing Strategy," *Journal of International Marketing* 15 (2007), pp. 30 – 57.

CROSSING BORDERS 15.4 인터넷 발달의 일부 어두운 측면: 인간 장기공급의 부족이 인터넷 횡재를 부른다.

전 세계적인 장기이식 수요의 증가는 인터넷 중개인들에게 새로운 기회가 되고 있다. 즉 그들은 부족한 장기를 아픈 고객들에 공급하면서 막대한 수수료를 받고 있다.

이들은 장기공급의 급격한 부족에 따른 틈새시장으로 발걸음을 옮기고 있다. 선진국에 있는 사람들은 더욱 오래 살기를 희망하지만 자동차 사망사고의 감소로 장기기증의 중요한 원천이 줄어들고 있다. 또한 장기매매는 대부분 국가에서 불법이기 때문에 매매상은 가망 있는 환자에게 자국 의료체계 밖에 있는 사람들의 장기를 연결해준다. 포브스지가 파악한 장기이식 사이트들은 어디든지 통상적인 비용보다 60~400% 비싼 가격을 제시한다. 캘리포니아의 한 매매상이 정한 가격은 신장이식이 140,000달러, 심상, 간, 허파는 290,000달러였다. 대부분의 장기이식 수술은 의료윤리 수준이 서구에 미치지 못하는 개발도상국에서 진행된다.

더욱 놀라운 점은 이식수술 거래를 선전하는 웹사이트들이 더욱 사악한 사업, 즉 지하 불법 장기밀매를 위장하기 위한 것일지도 모른다는 사실이다. 절박한 장기이식 여행자들은 보통 장기를 합법적으로 얻을 것인지, 아니면 빈곤한 네팔이나 브라질에서 대개 800달러 미만에 구매한 신장을 받을 것인지를 결정할 수 없다. 중국 당국은 2년 전만 해도 수감 중인 죄수로부터 장기를 추출했음을 공식적으로 인정했다. 그리고 최근에서야 북경시는 이러한 물의를 일으키는 방법을 중단시켰다.

출처: "Growing Organ-Supply Shortfall," *The Wall Street Journal*, January 12, 2007, p. B4 (from Forbes , January 29); "Challenge Now Is To Find Other Sources of Organs," *South China Morning Post* , October 2, 2007, p. 15.

7장에서 논의했다. 특히 급격히 성장하는 구글(Google)은 중국[33]과 이탈리아[34]로부터 검열과 기타 규제를 받고 있다.[35] 이런 종류 이외에도 다양한 문제들이 발생하는데, 이는 통상적으로 국제마케팅 활동에 참여하는 현지국가의 유통 중개인이 전자상거래에는 없기 때문이다. 직접 판매의 중요한 장점은 현지국가의 최종가격이 해당 지역의 유통 중개인을 거친 것보다 상당히 낮아지며 총비용도 낮아진다는 점이다. 그럼에도 불구하고 유망한 고객들의 질의사항과 주문을 영어로 번역해서 그들의 언어로 답하는 등의 활동(전통적으로 현지 유통업체에 의해 이루어지는)을 누군가는 해야 한다. 따라서 유통 중개인이 없을 때 판매자 또는 구매자는 유통 중개인이 수행했던 기능들을 맡아야 한다. 따라서 전자상거래 공급업체는 다음의 주제들을 중요하게 고려해야한다.

1. **문화** 문화를 다루었던 앞장의 내용들을 인터넷 사업에 적용하는 것이 중요하다. 웹사이트와 제품은 문화적으로 중립을 지키거나 시장특성에 맞추어야 하는데 이는 현지문화가 분명 영향을 미치기 때문이다.[36] 구매제품에 까다롭게 굴며 원거리 판매자와 거래행위를 꺼리는 일본 소비자들의 특성은 인터넷 마

---

[33] Juliet Ye, "Chinese Video Takes Aim at Online Censorship," *The Wall Street Journal*, February 11, 2010, online.

[34] Adam Liptak, "When Free Worlds Collide," *The New York Times*, February 28, 2010, p. Opinion 1.

[35] "Google Offers Free Web Music in China," *Los Angeles Times*, March 31, 2009, p. B3.

[36] Kai H. Lim, Kwok Leung, Choon Ling Sia, and Matthew K. Lee, "Is eCommerce Boundary-less? Effects of Individualism-Collectivism and Uncertainty Avoidance on Internet Shopping," *Journal of International Business Studies* 35, no. 6 (2004), pp. 545 – 59; Jan-Benedict E. M. Steenkamp and Inge Geyskens, "How Country Characteristics Affect the Perceived Value of Web Sites," *Journal of Marketing* 70 (2006), pp. 136 – 50.

메리어트 호텔의 인터넷 국제마케팅

인터넷은 지금까지 개발한 어떠한 매체보다도 국제적으로 텔레비전과 라디오를 뛰어넘었다. 인터넷이야말로 전 세계로 접근할 수 있는 유일한 매체다.

인터넷의 힘은 이것이 가진 독특한 특성으로부터 나온다. 이러한 특성은 다음과 같다.

- 인터넷은 하나의 플랫폼으로 문자, 소리, 영상을 수용한다.
- 한 방향이 아닌 쌍방향으로 운영할 수 있다.
- 대중 매체와 개인용 매체를 동시에 운영할 수 있다.
- 국가 간 경계에 제한받지 않고 국제적 공동체를 만들 수 있다.

이러한 속성들이 인터넷을 가장 강력한 매체로 만들었으며, 특히 국제무대에서 의사소통 능력을 비약적으로 발전시켰다. 이 모든 것은 국제 마케터들이 꿈꾸어 왔던 것이다.

그러나 이러한 특성들을 효과적으로 활용하기 위해서는 다음과 같은 실질적인 사안들을 고려할 필요가 있다.

- 전 세계에 걸친 인터넷 이용 비율에는 차이가 크다. 북아메리카 지역은 70% 이상의 인구가 인터넷을 사용하지만 아프리카에는 2% 미만의 인구만이 인터넷을 사용한다. 이러한 차이는 국제시장에서 마케팅 전략의 하나로 자리잡은 인터넷의 역할에 큰 영향을 미친다. 심지어 경제 선진국이 많은 유럽연합(EU)에서도 인터넷 이용 비율에는 차이가 있다. 네덜란드는 88% 이상이지만 벨기에는 49%만이 인터넷을 이용한다. 더불어 아프리카 전체 지역의 평균 인터넷 이용 비율은 불과 1%이다(www.internetworldstats.com 참조).
- 인터넷을 이용할 때 빠른 자료전송이 가능한 광대역의 회선과 그렇지 않은 낮은 대역의 회선에 따른 기술적 문제는 어떤 제품과 서비스를 어떻게 판매할 것인가에 대한 문제를 발생시킨다. 즉 낮은 대역의 회선을 사용하는 국가에는 고해상도 화면과 동영상 서비스의 실행 가능성이 낮다. 따라서 정성 들여 제작한 메리어트 호텔의 여행정보 관련 사진은 광대역에서는 빠르게 볼 수 있지만 낮은 대역에서는 지나치게 오래 걸린다. 그러므로 특정 시장을 대비한 인터넷 사이트가 다른 시장에는 효과가 없을 수 있다.
- 국제무대에 진출하면서 다국어 사이트를 구축해야 한다면 많은 비용이 필요할 것이다. 예컨대 메리어트는 일회성이거나 지속적인 내용을 담은 110,000쪽인 자사 웹사이트를 다국어로 번역하면서 막대한 비용을 들였다. 또한 사용자들이 이용하는 인터넷 화면을 지탱하는 기간시스템(Back-end system)의 번역을 추가로 진행하면서 비용은

르네상스(Renaissance)는 메리어트 호텔의 대표 상호다. 르네상스 호텔은 고객을 유치하기 위해 인터넷 사이트, 인쇄 홍보물, 텔레비전 그리고 옥외 광고물 등의 매체를 활용한다. 영국과 중동 그리고 중국에 배포되고 있는 르네상스 호텔의 광고에는 각각의 인터넷 웹사이트 주소가 담겨져 있다. 영국과 중동에서는 www.renaissancehotels.co.uk로 나타나며, 중국에서는 www.renaissancehotels.com.cn.이다. 비록 영국과 중동이 같은 사이트를 활용하고 있지만 광고내용은 중동지역에 보다 적합하도록 비교적 보수적인 의상을 보여준다. 또한 옆의 그림에서 르네상스 호텔이 상해거리에서 어떻게 광고를 활용하는지 볼 수 있다.

기하급수적으로 증가했다. 호텔예약화면처럼 내용의 변화가 항상 있는 사이트는 이를 조정하고 정보를 생산하는 기간시스템이 필요한데, 이를 외국어로 운영하기 위한 유지보수비용은 엄청나게 비싸다.

- 국가별로 상이한 노동비용은 결과적으로 서로 다른 투자수익률(ROI)에 영향을 미친다. 예컨대 미국에서는 메리어트 인터넷 사이트를 이용해서 고객예약을 받으면 전화예약을 이용한 것보다 1/2 정도 비용절감 효과가 있다. 그러나 이러한 논리를 제3세계 국가에 적용하기는 어렵다. 왜냐하면 이러한 국가들은 인건비가 저렴하므로 웹사이트를 구축하는 것이 적절한 조치라고 볼 수 없기 때문이다.
- 국가별로 다른 개인정보, 인터넷 접속, 인터넷 기반시설 투자도 인터넷 활용전략의 수정을 필요로 한다.
  - 개인정보. 유럽연합은 법적으로 미국보다 개인정보보호를 강하게 표방한다. 그 결과 유럽연합 지역에서 전자우편 마케팅 전략은 미국에서보다 더욱 큰 주의가 필요하다.
  - 인터넷 접속. 일부 국가는 인터넷 접속을 규제하기도 한다. 예컨대 대부분 국가에서는 인터넷 접속에 제한이 없지만, 중국은 오직 당국이 허가한 사이트에만 접속할 수 있다.
  - 인터넷 시설투자. 일부 국가는 인터넷 접속을 위한 기반시설 개발을 민간기업이 투자하도록 한다. 반면 이러한 책임이 국영통신기업에 있는 국가도 있다. 일반적으로 정부투자에 의지하는 시장은 인터넷 공간에서 더디게 움직인다.

이상의 주제와는 별도로 인터넷 진출을 심사숙고하는 기업이 직면하게 되는 가장 중요한 문제는 그들이 "해외시장을 위한 사이트"와 "외국어를 위한 사이트" 중 어떤 것을 구축할 것인지를 결정하는 문제다. 이상적인 관점에서 자원이 풍부하다면 정답은 둘 다 구축하는 것이다. 그러나 이런 선택은 자원에 제약이 있는 기업에게는 현실적이지 못하다. 이러한 상황은 메리어트에도 중요한 문제였으며 그들은 시장상황에 맞추어 차별적인 방법으로 대응했다. 일부 경우에 호텔기업은 둘 중 하나의 사이트를 활용하려고 노력한 다음에 다른 사이트를 구축하는 순서로 넘어간다. 사실 이 부분에서 메리어트의 경험은 이러한 주제를 살펴보는데 매주 좋은 사례다. 이 사례를 명확히 살펴보기 위해 메리어트가 직면했던 질문을 다음과 같이 두 개로 나누어보자.

우리(메리어트)는 생활하는 지역과 관계없이 프랑스어를 사용하는 모든 고객을 위한 사이트를 만들어야 하는가?

또는

우리는 프랑스 현지고객의 요구를 다루기 위한 프랑스어 사이트를 구축해야 하는가?

프랑스어를 사용하는 고객 전체를 상대하는 사이트를 만들면 의미 있는 이익을 얻을 수 있다. 세계적으로 중북부 아프리카와 카리브군도 주요지역을 포함하여 프랑스어를 사용하는 인구가 많기 때문이다. 그러나 이 문제에서 메리어트는 프랑스 현지고객을 위한 사이트를 만들기로 했다. 요약하면 메리어트는 다음과 같은 사항을 발견했다.

- 프랑스 현지고객의 욕구는 다른 지역, 즉 아프리카나 아이티 등지에 살며 프랑스어를 사용하는 고객과 매우 달랐다. 프랑스 사람들은 카리브 해안지역에 사는 프랑스어권 사람들과는 다른 여행지를 선호한다.
- 판촉 방법에서도 프랑스 현지고객들은 다른 프랑스어권 고객과 달랐다. 이를 보여주는 별도의 사례로써 복권행사가 있는데 이러한 판촉 방식이 미국에서는 잘 통하지만 유럽에서는 그렇지 않다.
- 또한 프랑스 시장이 다른 프랑스어권 국가를 합친 것보다 컸다. 그러므로 메리어트가 오직 하나의 프랑스어 사이트만 운영할 수 있다면 이는 프랑스어권 시장 중 가장 큰 시장, 즉 프랑스 시장에 대응하는 것이 비용측면에서 더욱 효과적이었다.

이렇게 프랑스 현지고객에게 초점을 둔 사이트를 운영하던 2009년과 2010년에 메리어트는 캐나다 퀘벡주 주정부로부터 압력을 받았다. 메리어트의 프랑스어 사이트가 캐나다 현지 고객의 욕구에 들어맞지 않다는 것이 이유였는데, 이

오른쪽 그림은 중국 컴퓨터 화면에 나오는 플래시 광고다. 마지막 광고는 방문객들에게 메리어트 사이트로 방문하여 달라고 요청한다. 메리어트는 전 세계 2,800개의 호텔로 전 세계 고객들의 방문을 유도하기 위해 11개의 웹사이트를 유지한다. 이 사이트들을 통해 미국, 영국, 아일랜드, 호주와 뉴질랜드, 프랑스, 독일, 중국, 일본, 한국, 남미국가 그리고 브라질의 고객들에게 적극 다가선다.

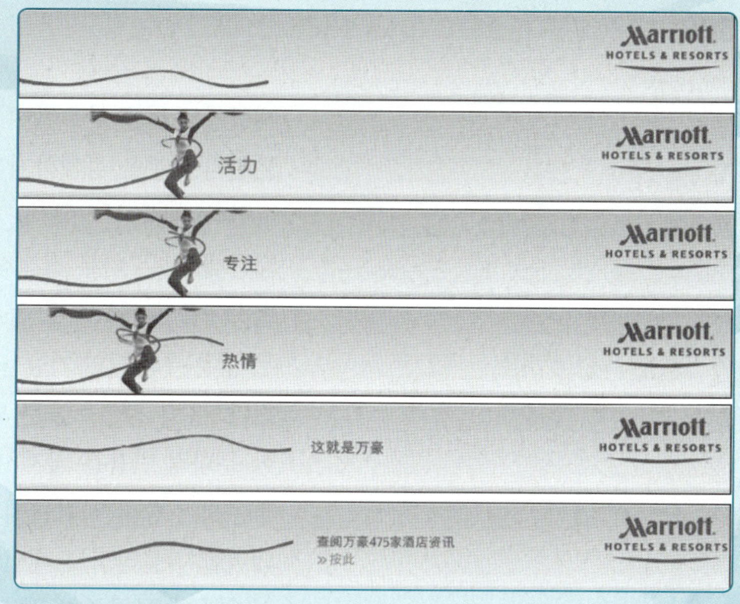

는 퀘벡 현지규범을 준수하지 않은 활동이었기 때문이었다. 메리어트는 사업에 영향을 주는 퀘벡주 주정부의 행동과 벌금에 직면한 후 프랑스어 사이트 전략을 수정하기로 했다. 그리고 캐나다 현지규범에 맞추어 전략변경을 결정하는 한편 동시에 거대한 프랑스어권 국가들(프랑스, 벨기에, 스위스, 지중해의 레반트 지역과 아프리카의 마그레브 지역)을 위한 서비스를 계속 제공했다. 현재 메리어트의 프랑스어 사이트는 프랑스어권에 제공하는 국가별 서비스로 들어가기 위한 포털역할을 하고 있다. 이러한 전략은 남미지역에서 특히 성공적이었다. 즉 모든 지역을 포괄하는 하나의 포털사이트 구축으로 전 세계에서 다른 프랑스어권 시장의 많은 고객을 상대할 수 있었다.

이처럼 메리어트의 국제무대 진출계획의 진화를 보면 시장과 언어를 조합한 접근방식이 있음을 알 수 있다. 이는 고객의 욕구를 충족할 수 있는 다양한 조합을 여러 국가에 걸쳐 알맞게 사용하는 것이다.

역설적으로, 스페인어에서 같은 문제에 직면했을 때 메리어트는 정반대의 결정, 즉 스페인어권을 위한 사이트 구축을 결정했다. 이러한 결정의 주요 이유는 다음과 같다.

- 스페인어를 사용하는 시장은 메리어트에게 그리 거대한 것이 아니었다. 비록 스페인이 그중에서 가장 경제규모가 컸지만 스페인 현지 고객 사이트를 구축하는 것이 비용측면에서 효율적이라고 볼 수 있는 호텔 규모나 웹사이트 접속이 부족했다. 이러한 특징은 다른 스페인어권 시장에서도 같았다.
- 스페인어를 사용하는 시장은 프랑스어권 시장과 달리 여행지 선택에 공통점이 컸다. 예컨대 미국은 대부분의 스페인어권 고객에게 똑같이 인기 있는 여행지다.

위의 내용과 모순되는 것이지만 남미시장 진출 초기의 메리어트 결정은 다양한 국가를 위한 사이트를 구축하는 것이었다. 그 결과 남미의 다양한 국가를 위한 8개의 스페인어 사이트를 운영했다. 그러나 곧 이러한 운영방식이 구축, 관리, 유지보수 그리고 원하던 투자이익을 얻는데 비현실적이라는 것을 발견했으며 이에 따라 단일 사이트로 운영방식을 바꾸었다. 물론 개별 시장의 성숙도나 바람직한 결과를 얻기 위한 충분한 양의 발전이 있다면 이러한 방법을 수정할 수도 혹은 수정해야 하지만 그렇게 하기까지는 시간이 걸릴 것 같다. 그때까지 메리어트는 하나의 스페인어 사이트 운영을 유지할 것이다.

요약하면, 인터넷 시장은 매우 복잡하며 계속해서 진화하고 있다. 여기에는 모든 상황을 충족하는 단일한 접근방법이란 없다. 심지어 이러한 방법이 경험에 비추어 명확한 것이라고 해도 이를 장기간 지속할 수는 없다. 따라서 대응방법의 적절한 교체와 전략적 유연성이 중요한 초점이다.

케팅이 초점을 맞추어야 할 부분이다. 심지어 일본어로 운영되는 사이트가 일본인의 기분을 불쾌하게 할 수 있다. 한 전자상거래 전문가는 다음과 같이 경고한다. 제품 설명에서, "손잡이를 왼쪽으로 돌리지 마시오."라고 말해서는 안 되는데, 이는 너무 직접적이기 때문이다. 대신 다음과 같이 말할 수는 있다: "손잡이를 오른쪽으로 돌리는 것이 훨씬 나을 것입니다." 미국 사이트들은 너무 많은 부가적인 기능을 제공하므로 수많은 유럽인에게 부정적인 영향을 미친다. 유럽 사이트들은 보다 소비자 지향적이기 때문이다. 색상에 대한 다양한 문화적 반응은 국제시장을 겨냥한 웹사이트의 잠재적 문제가 될 수 있다. 붉은색이 중국 사람들에게는 매우 좋은 것으로 간주되며 미국에서는 사랑을 의미할지 몰라도 스페인에서 붉은색은 사회주의와 관련이 있다. 웹사이트를 설계할 때 문화를 간과해서는 안 된다는 것이 핵심이다.

2. **적응** 이상적으로 웹사이트는 목표시장의 언어로 운영되어야 한다.[37] 이렇게 필요한 번역 때문에 일부 기업은 재정적으로 부담을 느낄 수도 있겠지만 적어도 사이트의 가장 중요한 부분만은 반드시 번역해서 사용해야 한다. 그러나 중요한 내용의 단순한 번역은 임시변통에 머물 수도 있다. 따라서 기업이 해외에서 장기간의 영업활동을 수행하려면 웹사이트 역시 이를 위해 개발되어야 할 것이다. 어떤 연구는 하나의 웹사이트를 최소한의 다국어로 운영하지 않는다면 판매 손실이 있을 것이라고 주장하고 있다. 언어적 그리고 문화적 차이를 극복하는 것은 기업의 책임이다. 소비자는 이 문제에 상관하지 않을 것이다. 그들은 단순히 그들의 언어를 사용하는 사이트로 가면 그만이기 때문이다. 이처럼 문화는 문제가 되며 경쟁이 증가할수록 특정국가 특정 웹사이트의 성공과 실패를 결정짓게 될 것이다.[38]

3. **현지 연락처** 해외시장에 완벽하게 몰입하는 기업은 해외에 가상적인 사무실을 만든다. 그들은 서버를 구매해서 과부하를 대비한 사이트를 만들고 이를 통하여 주요시장에 음성우편이나 팩스연락처를 제공한다. 해외 소비자들은 자신들의 국가나 그들의 언어를 사용하는 사이트에 방문할 것이기 때문이다. 일본 소비자들은 특히 반품이 얼마나 편리한지에 관심이 많기 때문에 기업들은 상품을 반품하고 수집할 수 있는 매장을 설치한다. 이렇게 매장과 웹사이트(온라인과 오프라인)를 동시에 갖춘 방식으로 기업은 큰 이익을 얻을 수 있다.

4. **결제** 소비자는 전자우편, 보안 웹사이트, 팩스 또는 전화상으로 신용카드를

---

[37] Barbar De Lollis, "Travel Firms Aim To Speak Customers' Language," *USA Today*, February 12, 2007, p. B1.

[38] Patrick Y. K. Chau, Melissa Cole, Anne P. Massey, Mitzi Montoya-Weiss, and Robert O'Keefe, "Cultural Differences in the On-Line Behavior of Consumers," *Communications of the ACM* 45, no. 10 (2002), pp. 138 – 43.

사용할 수 있어야 한다. 비록 이러한 접근방식이 중국 같이 급성장하는 시장에서는 중요한 문제였지만 이제 중국의 소비자와 은행시스템 역시 점차 이를 따라잡고 있다.[39]

5. **배송** 작은 상품의 배송에는 육상우편이 비용 상 가장 효과적이나 너무 많은 시간이 소요된다. 반면 빠르지만 비싼 페덱스, 유피에스 그리고 기타 민간배송 서비스업체들은 세계적 배송을 제공한다. 예컨대 파리에 있는 독자가 시애틀 아마존에서 톰 클랜시(Tom Clancy)의 흥행소설인 특급명령(Executive Orders)을 주문해서 읽으려면 55.52달러를 지급해야 한다. 이를 육상배송으로 4~10주 후에 받게 되면 25.52달러의 비용이 들어가는데 이는 파리서점(35.38달러에 판매하고 있는)에 지불하는 비용에 비해 상당히 저렴하다.

6. **판촉** 전자상거래에 참여하고자 하는 기업에게 인터넷은 제품판매를 위한 수단이기도 하지만 기업의 존재와 제품 및 서비스를 광고할 수 있는 수단도 된다. "무엇인가 혁신적인 일을 하면 사람들이 몰려올 것이다."라는 말이 있지만, "무엇인가 혁신적인 것"의 유용성을 목표시장에 알리지 않는 이상 혁신의 효과가 나타나지 않는 원리는 전자상거래에도 마찬가지다. 어떻게 다른 국가 방문자들을 기업의 웹사이트로 끌어들일 수 있을까? 해결책은 자국에서 하는 것과 같지만 현지 언어를 사용해야 한다. 이에 검색엔진 등록, 보도 관계자료 발표, 지역 뉴스그룹 및 포럼, 상호링크 그리고 배너광고가 전통적인 방법이다. 또한 웹사이트는 하나의 소매점처럼 보여야 하며 유일한 차이는 직접 방문하는 대신 인터넷상으로 거래를 한다는 점이어야 한다.

인터넷과 국제유통경로를 논의할 때 전통적 유통경로가 인터넷에 의해 어떻게 변화할지를 질문해야 한다. 이미 인터넷으로 대륙을 횡단하며 비교하는 구매행위는 오랜 세월동안 만들어진 상거래 유형을 바꾸고 있다. 인터넷 이전에 유럽 사람들은 해외에서 제품구매를 거의 하지 않았으며 자동차 기업들(EU 유통의 독점 금지법에서 면제된)은 최대 40%까지 가격 차이를 두고 자동차를 공급했다. 인터넷은 이러한 유통시스템을 파괴했으며 유럽 소비자들이 최적의 가격으로 쉽게 제품을 구매할 수 있게 하였다.

전통적인 유통경로도 변화하고 있지만 여전히 발전하고 있는 인터넷 또한 변화하고 있다. 오늘날 표준으로 불리는 관행들이 내일이면 쓸모없어질 수 있다. 새로운 데이터 전송수단이 만들어지며 웹에 접근하는 비용이 줄어들고 새로운 전자상거래 방법이 나타날 것이기 때문이다. 인터넷은 빠르게 성장하고 있으며 그 성장을 따라 변화하고 있다.

[39] Bruce Einhorn and Chi-Chu Tschang, "China's E-Tail Awakening," *BusinessWeek*, November 19, 2007, p. 44.

물류

LO7 물적유통 활동 간의 상호의존성을 이해한다.

기업이 단일국가에서 또 다른 단일국가로 주로 수출한다면 상품의 물리적 이동에 대한 전형적인 접근방식은 합리적 배송비용을 고려하여 정해진 시간에 안전하게 도착하는 운송방법을 선택하는 것이다. 그러나 국제무대로 진출하면 이러한 제품이동 해결방식이 판매자와 구매자에게 비용 측면에서 비효율적인 것임을 알 수 있다. 일부 국제 마케터는 판매규모를 높이는 것이 가장 어려운 것이 아니라 충분한 이윤을 남기면서도 고객이 요구한 시간에 양질의 제품을 배송하는 것이라고 말한다.[40]

다국적기업이 성장하고 확장하는 특정시점에서 물적유통 과정을 하나의 통합시스템으로 생각하지 않고서는 제품의 물리적 이동을 위한 최선의 비용해법을 얻을 수 없다. 국제 마케터가 하나 이상의 국가에서 제품을 생산하고 판매하기 시작하면 다국적기업이 된다. 이때부터 유통과정을 관리하는 종합시스템으로서 물류관리의 개념을 생각해야 한다. 여기에는 원자재의 물리적 운송, 생산공정 중에 있는 재고, 원산지에서 소비자에게 이동하는 완제품 재고와 관련 있는 모든 활동을 포함한다.[41]

물류시스템은 상품의 물리적 이동 그 이상에 개입하는 것이다. 여기에는 공장과 창고의 위치, 운송방법, 재고량 그리고 포장 등이 있다. 물적유통의 개념은 각 활동비용의 상호의존을 고려한다. 즉 하나의 물류활동 개입결정은 다른 모든 활동의 비용과 효율성에 영향을 미친다. 사실상 상호의존성 때문에 개별 활동비용의 합은 "총비용"을 의미한다.

대표적으로 항공운송의 예를 들어보면 상호의존성의 성격을 알 수 있다. 어떤 기업이 싱가포르 공장에서 미국 서해안까지 770만 달러 가치의 주변기판(Peripheral board) 44,000개의 배송하는데 소요되는 비용을 두 개의 운송방식(해상운송과 겉으로 보기에 더 비싼 항공운송)으로 비교했다. 운송비용과 운송 중 재고관리 비용만 고려하면 항공운송 비용이 해상운송보다 대략 57,000달러 더 비쌌다. 그러나 창고업과 보험 그리고 재고비용을 포함한 총 금액을 계산했더니 실제로 항공운송이 더 저렴하게 나타났는데 이는 해상운송의 물류시스템에 들어간 기타 비용 때문이었다.

이는 다음과 같은 물류비용이 추가로 발생할 수 있기 때문이다. 우선, 해상운송의 느린 속도 문제와 예측이 어려운 지연 가능성을 상쇄하고 신속한 배송일정을 위해 기업은 싱가포르와 자사 유통센터에 각각 30일 동안 재고를 계속해서 유지해야 한다. 그러므로 60일 간의 재고관리와 창고 비용(이는 실제 물류비용이다)때문에 해상운송은 항공운송보다 75,000달러 더 비싸질 수 있다. 또한 해상운송은 높은 손상비용, 보험비용, 포장비용 등을 추가로 수반할 수 있다.

물류시스템의 체계적 조사와 물류비용의 계산으로 상당한 비용을 절감할 수 있다. 전 세계에 걸쳐 생산시설과 고객을 가지고 있는 거대 다국적기업은 우선 미국 중

---

40 "Network Effects," *The Economist*, October 18, 2008, p. 76.

41 An excellent source on this subject is Donald F. Wood et al., *International Logistics*, 2nd ed. (New York: Amacom, 2002).

서부지방의 공장으로부터 가장 가까운 동부 항구로 부품들을 운송한다. 다음으로 해상운송을 이용해 희망봉(아프리카) 주위로 부품을 옮기고 마침내 아시아에 있는 공장으로 이를 전달한다. 이 과정은 총 14주가 소요된다. 이 기업은 불확실한 해상운송의 보호장치로써 상당한 양의 재고를 아시아에 유지했다. 또한 운송수단에 들어가는 비용은 가장 저렴했지만 배송지연과 신뢰할 수 없는 서비스 그리고 지속적 생산활동을 위해 긴급 항공운송을 이용해야 했다. 그 결과, 항공운송 비용은 총 수송비의 70%까지 상승했다. 그리고 이러한 물류시스템 문제를 분석한 결과 더 비싸지만, 차량수송을 이용해서 서부 항구로 부품을 수송한 뒤 해상운송으로 아시아까지 배송하는 것이 가장 저렴하다고 나타났다. 이에 새로운 물류시스템을 적용하여 운송시간을 줄였으며 배송 신뢰성을 개선하였고 아시아에서의 재고수량을 줄였다. 또한 긴급 항공운송을 제거한 새로운 유통시스템으로 연간 60,000달러의 비용을 절감하였다.

비록 이러한 비용 차이를 항상 적용할 수는 없지만, 이러한 예는 물류시스템과 총비용에서 다양한 활동의 상호의존성을 잘 보여준다. 그래서 운송방식의 변화는 제품의 포장, 취급, 재고비용, 창고보관 시간과 비용 그리고 배송비용에 영향을 미칠 수 있다.

물류활동의 핵심은 기업의 고객서비스 목표와 일치하는 최적의(가장 낮은) 유통비용을 달성하는 것이다. 만약 물류시스템 활동을 개별적인 것으로 보면(그들의 상호의존에 대한 고려 없이) 최종 유통비용은 가장 낮은 최적화 비용보다 높을 것이며 서비스 품질 역시 부정적인 영향을 받을 것이다. 더불어 상호의존적이며 종합물류 의사결정에 포함해야 하는 부가적인 변수와 비용 역시 다국적기업의 유통문제에 영향을 미친다. 따라서 다국적기업이 활동범위를 확장할수록 부가적인 변수와 비용이 유통시스템 효율성에 미치는 영향력은 매우 지대하다.

유럽연합의 가장 큰 이점은 회원국 간의 운송장벽을 허물었다는 점이다. 그 결과 물류시스템도 국가 대 국가의 접근방식보다 중점 물류 네트워크 방식이 발달할 수 있었다. 따라서 유럽에서의 물류시스템 경향은 범-유럽 유통센터로 향하고 있다. 기존 연구는 유럽에서 활동하는 기업이 20개의 창고를 3개로 줄일 수 있으면서도 같은 수준의 고객서비스를 유지할 수 있다고 밝혔다. 독일의 대형 가정용품 제조업체는 유럽 지역의 보관창고를 39개에서 10개로 줄여서 그들의 유통시스템을 개선하고 고객서비스를 강화할 수 있었다. 또한 창고 수를 줄임으로써 창고비용과 총 유통경비를 줄일 수 있었다. 이를 통하여 더 적은 재고를 유지하고 지역시장에 우수한 접근환경을 제공했다. 결론적으로 이 기업은 더욱 나은 운송 네트워크를 사용해서 고객서비스를 개선했으며 이로써 총 물류비용의 21%를 절감하였다.

요약 Summary

국제 마케터는 경제적이고 효율적인 대량의 국제유통시스템 개발을 위한 다양한 대안적 수단을 가지고 있다. 그러나 경험이 없는 기업은 방대한 유통시스템을 감당하기 어려울 수 있다. 하지만 국내외 유통시스템에서 수행할 유통기능을 자세히 분석해보면 차이점보다 유사점이 더 많다는 것을 알 수 있다. 어느 시장이나 브로커 중개인, 딜러 중개인, 정부 산하 중개인이라는 세 개의 기본적 유통대안이 있다. 많은 기업들은 국제무대 활동에 이 세 가지 유형의 중개인을 이용하며 국가와 대륙에 걸쳐 다양한 유통구조를 가진다.

국제마케팅을 처음 수행하는 기업들은 다음과 같은 지식에서 강점을 얻을 수 있다. 첫째, 국제 유통시스템에 유용한 정보나 조언에 대한 지식, 둘째, 역량 있는 중개인들에 대한 지식이다. 지난 10년간 유통 중개인의 다양성, 신뢰성 그리고 정교함이 더욱 발달했지만 전통적 유통방식은 많은 세분시장에서 중요한 유통수단으로 빠르게 떠오른 인터넷의 도전을 받고 있다. 이러한 성장과 발전은 해외시장진출에서 이전에 본적이 없는 새로운 가능성을 던져주고 있다.

주요용어 Key Terms

유통 과정(Distribution process)
유통구조(Distribution structure)
대점법(大店法, Large-Scale Retail Store Law)
브로커 중개인(Agent middlemen)
딜러 중개인(Merchant middlemen)
자국 중개인(Home-country middlemen)
수출관리기업(Export management company, EMC)
무역회사(Trading companies)
수출무역회사(Export Trading Company, ETC)
보완 마케팅(Complementary marketing)

질문 Questions

1. 위에서 제시한 주요용어들을 정의하라.
2. 일본 유통시스템의 차별적 특징을 논의하시오.
3. 일본 제조기업의 유통과정 통제방법을 토론하시오.
4. 대점법(Large-Scale Retail Store Act)과 미일구조협의(Structural Impediments Initiative)가 어떻게 일본 소매업의 변화를 불러왔는지 설명하시오.
5. "일본 소매업은 2차 대전 이후 미국 소매업의 변화와 유사한 방향으로 가고 있다."를 토론하고 예를 제시하시오.
6. 시장의 세계화, 특히 1992년 이후 유럽에서 세계화가 소매유통에 미친 영향을 토론하시오.
7. 국내 중개인의 역할이 그들의 외국 상대기업에 비해 어느 정도까지 어떻게 다른지 논의하시오.
8. 수출관리기업(EMC)를 왜 독립적 수출부서라고 부르는가?
9. 물적유통이 어떻게 유통 정책과 관계가 있는지와 상호간의 영향을 토론하시오.
10. 경제발전 수준이 어떻게 그리고 왜 유통경로에 영향을 주는지 설명하시오.
11. 어떤 상황에서 수출관리기업을 이용하는 것이 타당한가?
12. 어떤 상황에서 무역회사를 사용할 가능성이 있는가?
13. 고객으로서 정부의 중요성이 강조되는 것과 정부 산하 중개인으로부터 유통경로의 구조가 어떻게 영향을 받는가?
14. 유통경로 선택의 주요 변수들을 논하시오.
15. 고도로 발달한 국가와 저개발 국가 간에 발생할 수 있는 유통형태의 차이를 최대한 자세히 서술하시오.

16. 다음의 내용을 토론하시오. 기업이 대부분 국가의 유통경로 형태에서 처음으로 발견하는 것은 단순한 유통경로 계획으로는 충분한 시장을 담보할 수 없다는 점이다.
17. 유통경로의 폐쇄성을 극복하는 다양한 방법을 토론하시오.
18. 대규모와 소규모 유통 중개인이 양분하고 있는 시장에서 효율적으로 상품을 유통하기 위한 전략은 무엇이며, 대부분 국가에서 딜러 중개인은 어떤 특징이 있나?
19. 왜 일본의 유통경로가 폐쇄적 유통의 본보기인지 토론하시오.

CHAPTER 16

통합적 마케팅 커뮤니케이션과 국제시장 광고

개요 CHAPTER OUTLINE

글로벌 관점: 바비 vs 뮬란

국제시장에서 판매촉진 활동

국제 홍보

국제 광고

광고 전략과 목표

- 제품 속성과 편익 세분화
- 지역 세분화

메시지: 창조적 도전

- 국제광고와 커뮤니케이션 과정
- 법적 제약
- 언어 제한
- 문화 다양성
- 광고미디어 제한
- 광고제작과 비용의 제한

광고미디어 계획과 분석

- 전략적 고려사항

홍보활동과 광고 대행사

국제적 광고 규제: 광범위한 문제들

주요 학습과제 CHAPTER LEARNING OBJECTIVES

LO1 제품광고와 판촉에 영향을 주는 현지시장의 특성을 이해한다.

LO2 국제마케팅에서 판촉과 홍보활동의 강 · 약점을 학습한다.

LO3 국제 광고는 언제 가장 효과적이며 이를 언제 수정해야 하는지를 이해한다.

LO4 다국적기업과 고객 간의 커뮤니케이션 과정과 광고실패를 이해한다.

LO5 단일 유럽시장이 광고에 미치는 영향을 이해한다.

LO6 제한적인 미디어, 과도한 미디어 그리고 정부규제가 기업광고와 홍보예산에 미치는 영향을 이해한다.

글로벌 관점 Global Perspective

바비 vs 뮬란

수년간 일본에서 판매된 바비 인형은 미국의 바비 인형과는 달랐다. 일본의 바비 인형은 아시아 여성의 얼굴과 검은 머리 그리고 일본 의상을 입고 있다. 그 후 마텔(Mattel)이 전 세계적으로 소비자 조사를 시행했고 다음과 같은 놀라운 사실을 알게 되었다: 금발머리에 푸른색 눈을 가진 원래의 바비 인형은 할리우드에서 뿐만 아니라 홍콩에서도 큰 인기를 끌었다. 여자아이들은 바비 인형이 자신들의 외모와 다르다는 것을 신경 쓰지 않았다. "이 모든 인기는 그들이 가진 환상과 금발머리 때문입니다." 마텔의 아시아권 영업부장인 피터 브뢰거(Peter Broegger)가 말했다. "금발의 바비 인형은 미국 뿐만 아니라 아시아 국가에서도 판매율이 높습니다."

대규모 장난감 제조업체들은 자신들의 550억 달러 가치를 가진 세계적 산업의 기본 신조인 "다양한 국가의 아이들은 다양한 장난감을 원한다"를 다시 생각하고 있다. 이러한 영향은 아이들과 기업 모두에 중요하다. 과거에는 마텔, 해즈브로(Hasbro) 그리고 레고(LEGO)와 같은 거대기업이 다양한 종류의 장난감을 만들었다. 그러나 점차 그들은 전 세계적으로 동일한 버전의 제품을 만들어 판매하고 있다. 이러한 변화는 신속한 대규모 상품공급이라는 결과로 이어진다. 그 결과 기업들은 동일한 인형과 자동차 그리고 장난감으로 전 세계 아이들을 동시에 사로잡고 있다.

예를 들어 마텔은 분홍색 드레스 위 무릎길이까지 오는 금발머리의 라푼젤 바비 인형을 미국 포함 59개국에서 같은 날 출시했다. 이는 마텔의 가장 큰 제품출시 규모였다. 첫해에 라푼젤 바비와 관련 상품은 전 세계적으로 2억 달러의 매출을 올렸는데, 이 중 절반 이상이 해외에서 벌어들인 것이다. 이제 마텔은 더 이상 아시아 여성의 모습을 반영한 바비 인형을 만들지 않는다.

최근 두 가지의 발전이 아이들의 취향을 바꾸어 놓았다. 하나는 케이블과 위성 TV채널의 빠른 세계적 확장으로 수백만 명의 아이들이 영화와 인터넷상에서 동시에 대중적 우상들을 만난다는 것이다. 예를 들어 월트 디즈니사는 현재 미국을 제외한 67개 국가에서 24개의 디즈니 케이블과 위성채널을 운영하고 있다. 몇 해 전만 해도 단 하나의 채널도 없었다. 또 다른 발전은 월마트와 토이저러스(Toys "R" Us) 그리고 까르푸(Carrefour)와 같은 거대 소매기업들이 전 세계적으로 확장되었다는 것이다. 이러한 기업들은 해외시장에 수천 개 매장을 운영한다. 또한 점차로 대량 소매유통상들이 장난감 및 소비자 제품기업과 독점계약을 체결하면서 거대하고 통합적인 판촉활동을 하고 있다.

라푼젤 바비 인형이 한국과 중국에 처음 소개될 때 한국과 중국의 월마트는 현지여성을 고용하여 바비 인형처럼 차려입고 아이들이 올 때마다 인사하도록 했다. 그와 동시에 마텔은 텔레비전 광고를 35개국 언어로 전 세계에 걸쳐 15초, 20초, 30초 간격으로 방송하였다. 8개 국어를 지원하는 마텔의 바비 웹사이트는 라푼젤 이야기와 게임을 소개했다. '라푼젤 바비'라는 컴퓨터 만화영화를 텔레비전에서 방송했으며 전 세계적으로 비디오와 DVD로 출시하였고 심지어 일부 외국 영화관에서는 이를 상영했다.

스페인 마드리드(Madrid)에서는 제품출시와 영화개봉에 맞추어 스페인 전역의 까르푸 매장에서 머리빗 세트 및 기타 장신구들의 특별 판촉행사를 실시하였다. 영화 개봉행사에 참석한 뒤 아이들은 인형을 살 수 있었다. 이날 행사는 일부 부모들에게 마드리드에 있는 토이저러스 매장에서의 열광적인 연말 크리스마스 쇼핑을 생각나게 했는데, 그곳에서는 영화에서 봤던 용 인형, 또는 바비 랩톱 컴퓨터, 바비 주방 용품, 바비 여행 밴 그리고 기타 바비 액세서리 등을 판매하고 있다.

이슬람 국가에서 장난감을 판매하는 미국기업은 드물다. 세계에서 가장 큰 장난감 기업인 마텔 또한 판매계획이 없다. 아마도 디즈니의 '재스민' 공주는 그곳에서 잘 팔릴 수도 있을 것이다. 비록 의상이 대부분의 이슬람교도들 신앙에 적합하지 않을지라도 말이다. 재스민은 인형분야의 시장지배를 직접 겨냥한 디즈니사의 "공주" 인형시리즈 중 하나다. 그 외에도 백설공주, 포카혼타스, 뮬란 그리고 가장 최근 출시한 티아나 공주 등이 있다. 디즈니는 이러한 제품의 포장에 분홍색을 사용한다. 디즈니는 또한 유행에 민감한 바비 비평가들을 염두에 두고 제품을 출시한다. 디즈니 공주들은 보통 핸드백이나 하이힐보다는 티아라(왕관)와 지휘봉을 든다. 아이들에게 이상향이기도 한 바비는 부모들에게는 못마땅하기도 하다.

이상의 내용과 달리 사실상 안타까운 점은 마텔의 통합적 마케팅 커뮤니케이션(IMC) 계획에도 불구하고 바비의 판매율 변동성이 크다는 것이다. 간혹, 5장에서 설명한 뮬란, 브랏츠(Bratz), 풀라(Fulla) 같이 민족적 다양성을 좀 더 반영한 경쟁사 제품의 판매율이 높을 때도 있다. 최근, 주요 경쟁사인 브랏츠를 상대로 한 상표소송에서 승소한 바비사는 2009년 판매율이 12% 증가했다. 그리고 이러한 판매증가는 바비의 두 가지 중요한 전략적 변화를 반영하고 있다. (1)디즈니 공주들을 만들어 내기 위한 라이선싱을 획득하는 것과 (2)민족적으로 다양한 인형제품을 출시하는 것이다. 이에 바비 인형은 "모발에서부터 다양한 피부색까지 더욱 진짜 같은 외모를 가진다."는 장점을 내세우고 있다.

출처: Lisa Bannon and Carlta Vitshum, "One-Toy-Fits-All: How Industry Learned to Love the Global Kid," *The Wall Street Journal*, April 29, 2003, p. A1; Christopher Palmeri, "Hair-Pulling in the Dollhouse," *BusinessWeek*, May 2, 2005, pp. 76 – 77; Charisse Jones, "Disney Adds African-American Princess Tiana to Royal Family," *USAToday*, February 16, 2009, online; Mary Ellen Lloyd, "Mattel Net Rises 86% as Barbie Sales Jump," *The Wall Street Journal*, January 30, 2010, online.

LO1
제품광고와 판촉에 영향을 주는 현지시장의 특성을 이해한다.

통합적 마케팅 커뮤니케이션(IMC: Integrated Marketing Communication)의 구성요소에는 광고, 판촉, 무역 박람회, 개인 판매, 직접 판매 그리고 홍보 등이 포함된다. 글로벌 관점에서 설명한 바비의 활동 역시 대부분 이러한 요소들을 포함하고 있다. 통합적 판촉활동 모두는 제품과 서비스의 성공적 판매라는 공통 목표를 가진다. 수많은 시장에서 소비자에 적합한 커뮤니케이션 경로를 이용할 수 있을 때 성공적인 시장진입이 이루어진다. 예컨대 대부분의 장난감 제조업체는 아이들을 상대로 한 텔레비전 광고 없이는 어느 국가에서든 이윤을 남기며 판매할 수 없다는데 동의한다. 그러므로 제품과 서비스 개발부서에는 커뮤니케이션 경로에 대한 시장조사 결과를 알려주어야 한다. 한 제품이 목표시장의 요구사항을 충족시키는 경우에만 목표고객이 제품의 가치와 유용성을 잘 이해할 것이기 때문이다. 서로 다른 커뮤니케이션 경로에는 일반적으로 차별적인 메시지가 적절하며 그 반대의 경우도 마찬가지이다.

대부분 기업의 광고와 인적판매는 통합적 마케팅 커뮤니케이션에 주요 구성요소라 할 수 있다. 본 장에서는 우선 통합적 마케팅 커뮤니케이션의 다른 요소들을 간략히 논의할 것이다. 규모와 상관없이 대부분 기업은[1] 판촉과 홍보 노력 그리고 광고를 동시에 사용해서 상승효과를 얻으려 할 것이다. 그러나 본 장에서는 우선 국제 광고에 초점을 두고자 한다. 이어지는 다음 장의 주제는 글로벌 영업관리이다.

[1] Ho Yin Wong and Bill Merrilees, "Determinants of SME International Marketing Communications," *Journal of Global Marketing* 1, no. 4 (2008), pp. 293 – 306.

국제시장에서 판매촉진 활동

LO2
국제마케팅에서 판촉과 홍보활동의 강 · 약점을 학습한다.

판촉은 소비자의 구매를 촉진시키며 소매업체와 중개인의 효과와 협력을 개선시키는 마케팅 활동이다. 쿠폰 지참자에 대한 할인, 시연회(시식회), 견본품 증정, 선물, 끼워 팔기, 경진대회, 경품행사 그리고 콘서트, 올림픽, 박람회, 매장광고 전시물 같은 특별행사 후원 등은 통합적 판촉활동에서 광고나 인적판매를 보완하려는 방법이다.

판촉은 소비자와 소매업체를 대상으로 소비재 제품의 시험사용이나 즉시 구매, 소비자에 대한 매장이나 브랜드의 소개, 소매점 매장 광고물의 확보, 매장에 대한 재고확보 독려, 광고와 인적판매 노력을 지원하고 증대하려는 단기간의 노력을 의미한다. 예컨대 이집트에서 프록터 앤드 갬블(Procter & Gamble)은 자사의 세제상품인 아리엘(Ariel)을 소개하면서 "아리엘 로드쇼"를 진행했는데, 이는 이집트 인구의 절반 이상이 거주하고 있는 시골마을들의 지역시장에서 상영한 일종의 인형극이다(인어공주 스타일은 아니지만). 이 행사는 수많은 관중을 불러 모았고 사람들을 즐겁게 했으며 첨가물 없이도 우수한 세척력을 가진 아리엘을 홍보했으며 제품홍보 차량에서 정가에서 할인된 금액으로 이를 판매하기도 했다. 순회공연은 아리엘의 상품 인지도를 창출하는 것 이외에도 시골 소매업체들이 비싼 가격의 아리엘을 취급하면서 발생할 수 있는 가격저항을 극복하는데도 도움을 주었다.

광고미디어의 한계로 소비자의 접근이 어려운 시장에서는 예산 중 판촉에 할당된 부분이 증가할 것이다. 일부 저개발 국가에서 판촉활동은 시골이나 접근하기 어려운 지역의 영업활동의 주요 부분이다. 중남미 일부지역에서 펩시콜라와 코카콜라는 광고 영업예산의 일정부분을 카니발 트럭에 사용하는데 이 트럭들은 자사제품을 광고하기 위해 오지마을을 자주 방문한다. 카니발 트럭은 마을에 차를 세우고 영화를 보여주거나 다른 오락거리를 제공한다. 카니발 입장료는 지역가게에서 구입한 따지 않은 콜라병 하나다. 그리고 이 열지 않은 콜라병을 차가운 콜라 하나와 또 다른 콜라를 살 수 있는 쿠폰 한 장으로 교환해 주었다. 이러한 판촉노력은 판매를 촉진하고 지역 소매상에게 카니발 트럭의 도착을 미리 알려 제품의 재고를 유지하도록 장려했다. 이러한 형태의 판촉활동으로 한 마을에 있는 소매업체 100%에게 다가갈 수 있었다. 이와는 다른 상황에서는 홍보를 위해 마을 상인들에게 무료 견본품을 나눠주거나 상점건물 외벽을 자신들의 로고로 페인트칠하게 하였다.

신제품 혹은 시장규모가 적은 제품에 특히 효과적인 판촉도구는 견본품이다. 네슬레 베이비 푸드(Nestle Baby Foods)는 프랑스 시장의 선두기업인 거버(Gerber)와의 시장점유율 경쟁에서 이러한 문제에 직면했다. 네슬레는 상품인지도를 높이고 시장의 호의적 평판을 얻기 위해 견본품을 새로운 판촉활동과 결합하였다. 대부분의 프랑스 사람들은 여름에 오랜 시간 휴가를 떠나 가족들과 야영지에서 지내기 때문에 네슬레는 부모들이 아기에게 음식을 먹이고 기저귀를 갈아줄 수 있게 고속도로변에 운전자 휴게소를 설치했다. 이러한 운전자 휴게소에 있는 64명의 직원은 매해 120,000명에 달하는 아기들의 방문을 맞아 600,000개의 이유식 견본품을 제공했다. 또한 일회용 기저귀 갈이용 탁자와 함께 음식을 먹을 동안 앉아 있을 수 있는 유아용 의자도 제공한다.

크래프트(Kraft)는 우유를 쿠키와 함께 즐기는 미국식 습관을 중국 소비자들에 전파하기 위해 풀뿌리 방식의 통합적 마케팅 활동을 중국에서 수행하였다. 이 기업은 30개 중국 대학교에서 6,000명의 지원자를 받아 오레오(Oreo) 인턴활동 프로그램을 만들었다. 즉 300명이 오레오 홍보 대사가 되는 교육을 받았다. 일부는 오레오를 닮은 바퀴 덮개로 치장한 자전거를 타고 중국의 주요 도시를 돌아다니며 300,000명 이상의 소비자에게 견본품을 나누어 주었다. 다른 이들은 우유에 쿠키를 덩크슛한다는 개념을 주제로 한 크레오 농구경기를 주최했다. 텔레비전 광고에서는 아이들이 오레오 쿠키를 반으로 떼어내어 크림 부분을 핥아 먹고 남은 쿠키를 우유잔 안으로 집어넣는다. 이렇게 수년간 노력한 결과 이제 오레오는 중국에서 가장 많이 팔리는 쿠키가 되었다.

사람들에게 가장 반응이 좋았던 판촉활동 중 하나는 마이크로소프트(Microsoft)와 버거킹(Burger King)이 일본에서 수행한 협력활동을 들 수 있다. 윈도우7 출시를 알리기 위해 두 기업은 2,120칼로리 패티 7개가 들어간 "Windows7 와퍼"를 777엔에 판매했다. 행사 첫날 15개 매장에서 30개의 햄버거를 이 가격에 판매했으며 이후에 가격을 두 배로 올렸음에도 첫 주 동안 15,000개 이상의 햄버거를 판매했다. 소비자들은 이러한 괴물 햄버거에 자신들의 입을 대고 있는 모습을 유투브로 보여주었다. 이 광고는 2007년 일본시장에 재진입한 버거킹에 환영할 만한 변화를 주었다. 버거킹은 2001년 3,200개의 매장을 가진 맥도날드와의 가격경쟁으로 시장에서 철수한 경험이 있었다. 버거킹의 일본시장 재진입은 버거킹의 커다란 국제화 전략 중 일부이며 이러한 전략을 이집트, 홍콩 그리고 폴란드 시장의 확장에도 활용하고 있다.[2]

광고와 마찬가지로 판촉활동의 성공 역시 현지화에 달려 있다. 기존 연구에서도 판촉활동에 대한 소비자의 반응이 활동형태와 현지문화에 따라 달라질 수 있다는 것을 보여주고 있다. 다만 현지법은 판촉활동을 제약할 수 있다. 예를 들어 일부 국가의 법은 소매업체의 할인금액을 통제하며 다른 국가에서는 모든 판촉활동을 허가제로 운영하기도 한다. 그리고 어떤 국가는 한 기업이 동종 제품을 판매하는 다른 경쟁사보다 판촉활동에 더 많은 돈을 사용할 수 없도록 한다. 효과적인 판촉활동은 광고와 대인판매 노력을 강화할 수 있으며, 광고이용의 극대화는 어려운 환경을 가진 국가에서 좋은 대안이 될 수 있다.

[2] Kenji Hall, "The (Hard to Install) Windows 7 Whopper," *BusinessWeek*, November 16, 2009, p. 28.

국제 홍보

기업이 여론(소비자, 일반 대중 그리고 정부 규제 등)에 메시지를 전달하기 위해 대중매체와 기타 미디어와 좋은 관계를 만드는 것이 **홍보(PR)**의 역할이다. 홍보의 역할은 미디어들이 기업에 대해 긍정적 이야기를 하도록 장려하는 것 뿐 아니라, 부정적 소문, 이야기 및 사건들을 관리하는 것 또한 포함한다. 후자에서, 광고와 홍보 간의 구분은 미국 대법원에서 심리중인 안건이 되었다. 나이키는 아시아에서 "노동착취공장"을 이용한 것에 대해 비난을 받았고 이에 대한 비난 여론을 유료 광고로 대응하였다. 대법원은 언론의 자유 문제는 광고와는 상관이 없으며, 그릇된 광고에 대한 책임을 물기 위해 기업을 소송할 수 있다고 판결했다. 사실상 나이키는 이러한 사건을 대법원에 끌고 감으로써 홍보 관점에서 볼 때 문제를 악화(확대)시킨 것으로 보인다.

국제마케팅에서 홍보의 중요성은 아마도 2010년의 두 개의 큰 사건에서 가장 잘 드러난다. (1) 검열과 해킹에 대한 구글 차이나의 정치적 싸움 그리고 (2) 13장에서 언급했던 도요타의 브레이크 페달 문제이다. 가장 주목할 만한 장면은 도요타 설립자의 손자이자 CEO인 도요타 아키오(Akio Toyoda)가 워싱턴에서 열린 국회 청문회에서 정중하게 사과를 하고 난 뒤, 바로 며칠 뒤에 다시 북경에서 사과의 절을 하는 것이었다. 이 장면을 두 국가의 정부와 대중속의 지지자들과 비평가들이 요구했던 것이다.[3] 또한 예전의 "큰절을 하며 사과하는 방법"에서 21세기 접근법으로 가면서, 도요타가 소셜미디어를 사용하여 문제에 대응하고 있음을 알 수 있다. 대중에게 정보를 제공하고 여론의 흐름을 확인하기 위해 도요타는 페더레이티드 미디어(Federated Media)를 고용해 트윗미미(Tweetmeme)를 개설하였다. 도요타와의 대화(Toyota Conversations)라고 불리는 이 사이트는 뉴스, 비디오 그리고 기타 정보를 담고 있다. 이는 또한 도요타 트위터 계정으로부터 "도요타를 구매해야 하는 5가지 이유"와 같은 자체 광고를 리트윗 한다. 트윗미미는 오직 도요타가 선택한 뉴스만을 게시할 수 있다. 따라서 로스앤젤레스 타임스(Los Angeles Times)와 같은 미디어가 가지는 냉정한 분위기와 달리, 긍정적이며 가볍다.[4]

도요타의 홍보 문제는 확실히 2000년 브릿지스톤/파이어스톤(Bridgestone/Firestone) 타이어의 리콜 사태를 연상시킨다. 일본회사인 브릿지스톤/파이어스톤은 불량 타이어 문제로 발생한 100명의 죽음에 비난을 받았다. 이런 기업의 재앙 같은 상황에서 예상대로 미국 자회사의 일본 CEO는 상원 청문회에서, 사망자들에 대해 "자신의 완전하고 개인적인 책임감을 시인"했다. 이러한 접근방식은 일본이라면 훌륭한 홍보였겠지만, 워싱턴의 상원의원들은 사과에 관심이 없었다. 게다가, 이 회사는 자신들의 고객사인 포드 자동차를 비난했다. 즉 부드러운 운전을 위해 타이어

[3] David Pierson, "Toyota's President's Whirlwind Apology Tour Lands in China," *Los Angeles Times*, March 2, 2010, pp. B1, B6.

[4] Jessica Guynn, "Toyota Taps Twitter for Positive Spin," *Los Angeles Times*, March 4, 2010, p. B3.

압력을 줄이라고 소비자들에게 말한 점을 가지고 포드사를 비난한 것이다. 그러나 동일한 문제가 다른 시장에도 퍼져 나갔다. 사우디아라비아는 파이어스톤 타이어 장착 차량의 수입을 금지했다. 믿기 어렵지만, 도요타는 사우디아라비아의 행동을 WTO 조약 위반이라고 비난하였다. 아마도 도요타사는 그들의 ISO 9000 인증을 광고하는 것이 더 나았을 것이다. 지금쯤 대부분의 미국 소비자들은 브릿지스톤 문제를 잊어버렸지만 미국 여론이 도요타를 용서하는 데 얼마나 오래 걸릴지 알 수 없다.

국제무대에서 홍보 기업의 경비는 한동안 두 자리 비율로 성장해 왔다. 글로벌 근로규정과 제품 안전관련 리콜 등을 다루는 홍보 문제는 마텔,[5] 맥도날드 및 나이키와 같은 법인 고객들에 봉사하는 기업들에게 큰 사업이 되었다. 이 홍보산업은 국제 커뮤니케이션 산업의 확장에 힘입어 빠른 성장을 이루었다. 초고속 디지털가입자회선(VDSL Systems)의 마케팅 관리자가 영국의 탁월한 기업인 엠시시(MCC)를 고용하면서 밝힌 바와 같이, 신생회사들은 "국제적 평판 수립"을 위한 홍보 컨설팅이 필요하다. 또한 러시아와 같은 신흥시장에서도 놀라운 성장이 나타나고 있다. 또한 홍보산업 자체도 인수 · 합병의 커다란 물결을 경험하고 있으며 여기에는 세계에서 가장 큰 대형 광고 대행사와 괜찮은 홍보회사들 간의 융합이 포함된다.

기업후원과 광고의 관계는 명백하지만 기업후원은 판촉이나 홍보의 한 측면으로 분류될 수 있다. 담배 회사들은 전통적 미디어에 대한 각국의 광고 규제를 회피하기 위해 스포츠 행사를 후원하는데 특히 창의적이다. 또 눈에 띄는 사례로는 코카콜라의 유럽 축구경기 후원이나 기아자동차의 호주오픈(Australian Open)테니스 시합 후원 등이 있다. 맥도날드는 2000년 시드니 올림픽의 후원과 관련하여 대규모의 국제 통합적 마케팅 커뮤니케이션 활동을 시행했다. 여기에는 올림픽을 주제로 한 식품광고, 포장행사, 팬 사인회, 텔레비전과 전단광고 그리고 미국 농구선수인 그랜트 힐(Grant Hill)과 같은 유명 선수들과의 인터넷 채팅이 포함되었다. 이처럼 전 세계 27,000개 맥도날드 매장에서 하루 4,300만 명의 고객을 목표로 하는 다양한 판촉활동과 동시에 올림픽 출전선수 자체를 목표로 한 활동도 준비했다. 올림픽 공식협력업체인 맥도날드는 시드니에서 일곱 곳의 매장을 운영했는데, 이 중 두 곳은 올림픽촌을 지원했다. 올림픽 기간인 3주 동안 거의 150만 개의 햄버거들이 선수들과 관리자, 코치, 언론사 직원 그리고 관중에게 제공되었다. 더불어 맥도날드는 아테네 올림픽(2004년)과 북경 올림픽(2008년)에서도 이러한 종류의 공식후원을 계속했다. 마지막으로 인텔은 매우 혁신적인 방법으로 후원행사를 진행하였는데, 파리 국제 자전거 경주대회 공식사이트인 www.letour.com을 후원하였다. 그러나 통합적 마케팅 커뮤니케이션의 이 모든 측면들은 다음 장에 이어지는 지속적인 광고활동에 의해 강화되고 조화를 이룰 때 가장 잘 작동된다.

---

[5] "Mattel Apologizes to China over Recall," *Associated Press*, September 21, 2007.

CROSSING BORDERS 16.1 중국에서의 홍보

1999년 중국 노동사회보장부가 홍보업을 하나의 직업으로 인정하면서 홍보산업이 태동하였다. 아래 내용은 차이나데일리(China Daily)에서 발췌한 기사로서 신흥경제에서 어떻게 홍보산업이 진화하는가를 보여준다.

홍보산업의 선도자 격인 중국 국제홍보협회의 부회장인 리 유(Li Yue)는 북경에서 아직 미숙한 홍보산업을 규제하기 위해 더 많은 법률이 필요하다고 말했다. 또 이런 이야기도 덧붙였다. "중국의 WTO 가입으로 생기는 많은 기회를 활용하려면 우리는 시장을 규제하고 옳지 못한 관행을 미연에 방지하며 중국 홍보기업의 경쟁력을 높이일 수 있는 특별법을 제정해야 한다." 그녀의 발언은 홍보산업에 대한 국가 토론회 기간에 나온 것이다.

토론회 대표자는 홍보산업의 무질서와 홍보기업에서 자주 발생하는 직원해고 문제에 대한 우려를 표명했다. 그들은 홍보업계에 혼란을 줄 수 있는 요인들을 없애기 위해 관련 법안통과를 추진했다. 업계 관계자는 부족한 인재집단과 치열한 가격 전쟁 그리고 낮은 수준의 직업의식 등이 홍보산업의 주요 문제라고 지적했다.

1980년대 대부분의 중국 사람들이 홍보를 말할 때 생각한 것은 행사장 도우미, 화려한 연회 그리고 연줄의 이용 등이었다. 그러나 현재의 홍보기업은 자신들의 기업고객이 더 좋은 명성을 얻도록 도와주고 있다. 그들은 또한 기업의 이미지를 관리한다.

출처: "China: More Regulation of PR Sought," *China Daily*, January 20, 2000, p. 3; "PRW: The Top European PR Consultancies 2000," *PR Week*, June 23, 2000, p. 7; "PR Firms Gaining Experience by Working with Multinational Firms," *Industry Updates*, June 20, 2005; "Ogilvy Public Relations Worldwide/China and JL McGregor Announce Strategic Alliance," *PR Newswire*, June 13, 2007.

국제 광고

한 세기가 지나면서 국제시장에서의 광고비 지출 성장속도가 느려졌는데, 특히 2008~2009년 세계불황 때 더욱 그러했다. 2008년 상위 100개 다국적기업이 광고 지출을 3.1% 증가시켜 1,179억 달러로 끌어올렸음에도 불구하고 미국에서는 3.7%의 하락을 보였다. 이러한 저성장 기조의 세계경제 환경과 급속한 기술적 변화 속에서 광고 산업의 지속적인 재편이 일어나고 있다.

대중매체를 통한 세계적인 광고는 문화적 변화의 강력한 도구 중 하나이며,[6] 광범위한 기관들의 지속적인 감시를 받고 있다. 한 연구에서는 광고비가 일반적으로 주기적이지만 경영자들과 규제기관들이 안정성과 장기적 성과를 중요시하는 관계 지향적 국가에서는 그렇지 않다는 것이 밝혀졌다.[7] 대부분의 연구자들은 국제광고 관련 핵심이슈들 중 일부를 이제 막 이해하기 시작했지만 이에 대한 우리의 지식은 혁신이 지속됨에 따라 쉽게 사라질 수 있다는데 의견이 일치하고 있다.

[6] Xin Zhao and Russell W. Belk, "Politicizing Consumer Culture: Advertising's Appropriation of Political Ideology in China's Social Transition," *Journal of Consumer Research* 35, no. 2 (2008), pp. 231 – 44.

[7] Barbara Deleersnyder, Marnik G. Dekimpe, Jan-Benedict E.M. Steenkamp, and Peter S.H. Leeflang, "The Role of National Culture in Advertising's Sensitivity to Business Cycles: An Investigation across Continents," *Journal of Marketing Research* 46, no. 5 (2009), pp. 623 – 36.

퀵실버(Quicksilver)의 통합적 마케팅 커뮤니케이션

라이프스타일과 관련된 고품질 브랜드 제품의 마케팅에서는 이미지가 매우 중요하다. 퀵실버는 "산과 파도"라는 이미지를 전 세계에 전달하기 위해 새롭고 창조적인 방법을 만들어낸 매우 혁신적 기업 중 하나다.

퀵실버는 1969년 호주의 토기(Torquay)시에서 창업한 이래 최근 20억 달러의 수익을 달성하기까지 가파르게 성장한 기업이다. 여기서 알란 그린(Alan Green)은 잠수복에서 사용하던 똑딱단추와 벨크로(매직테이프) 같은 기술을 이용해서 새로운 종류의 파도타기용 반바지(board short) 시제품을 만들기 시작했다. 이렇게 만들어진 새로운 디자인은 큰 파도를 타는 서프보드에 적합한 것으로 드러났다. 이에 "산과 파도"라는 이미지를 1970년부터 사용했다.

현재 퀵실버 본사는 캘리포니아주 헌팅턴(Huntington, 일명 서핑의 도시)에 있으며 오렌지카운티(Orange County)에 있는 스포츠 운동복 세계의 수도 격인 밸크로 밸리(Velcro Valley)를 선도하는 기업이다. 퀵실버 브랜드 군은 15개로 퀵실버, 록시(Roxy), 디씨(DC) 그리고 로시뇰(Rossignol) 등이 있다. 퀵실버는 그들의 소비자가 6개 대륙의 90개 이상 국가에 있는 236만 명의 젊은이라고 생각한다. 전체 매출의 45%는 미국에서 44%는 유럽에서 그리고 11%는 아시아에서 발생한다. 또한 퀵실버는 회사보유 매장 406개, 라이선싱 계약매장 245개 그리고 합작투자와 라이선싱 지역 내 자체 매장 56개를 이용해 제품을 유통시킨다. 주요 상품 구성은 의류가 58%, 신발이 15%, 겨울 스포츠용품이 14% 그리고 장신구류가 13%이다.

러시아 모스크바에 있는 광고판과 매장

마케팅 부사장인 그렉 메시어스(Greg Macias)는 퀵실버의 통합적 마케팅 커뮤니케이션이 어떻게 만들어지는지를 다음처럼 설명한다.

퀵실버는 전 세계에 세 개의 주요 관리본부를 두고 있다. 미국을 담당하는 헌팅턴 본부, 유럽을 담당하는 프랑스 본부 그리고 아시아 지역을 담당하는 호주 본부이다. 이외에

남미 최초의 서핑 챔피언인 소피아 뮬라노비치(Sofia Mulanovich)를 후원하는 록시(Roxy)

오렌지카운티 본부에서 퀵실버는 인도 무역선이라 명명된 배와 함께 전 세계를 항해하며, 깨끗한 해양 환경을 강조하는 연구소 조사활동을 지원하면서 기업의 이미지를 관리한다.

퀵실버는 2005년 중국 만리장성을 최초로 뛰어넘은 남 캘리포니아의 스케이트 보더인 대니 웨이(Danny Way)를 후원하였다.

퀵실버는 아마도 가장 광범위한 광고 미디어를 이용하는 기업일 것이다. 여기에는 이스탄불 장벽에 설치한 광고로부터 웹 사이트를 이용한 오락거리까지 다양한 것이 있다.

도 국가별 관리본부를 두고 있는데, 이는 중국, 인도네시아, 한국, 브라질, 남아프리카공화국, 캐나다 그리고 일본 등에 있다.

주요한 세 지역의 마케팅 담당자는 일 년에 세 차례 회의를 열어 시장목표, 전략 및 우수 경영사례들을 논의한다. 또한 일반 관리방침과 소매원칙도 여기서 결정한다.

광고 미디어 관련 의사결정은 지역 중심으로 이루어진다. 퀵실버에 "단일한 접근"이란 없다.

우리도 글로벌 브랜드 관리자가 있으며 그는 퀵실버의 국제무대에서의 주도권을 지원하기 위한 예산을 감독한다. 즉 이러한 주도권은 전 세계적으로 유효한 효과를 낼 수 있으며 동시에 각 지역본부는 자신들의 상황에 맞추어 이를 활용한다.

우리는 공통의 브랜드 약속, 세계적 목표, 하나의 로고 그리고 그 해에 사용할 색상 등을 공유한다. 그러나 이처럼 많은 자산을 공유함으로써 광고의 일관성을 유지하면서도 각 지역본부는 그들의 특성에 맞춘 마케팅 커뮤니케이션 방법을 실행한다.

대부분 기업처럼 우리도 전달하려는 메시지, 제품, 관계, 및 우수경영사례를 개선하려고 지속적인 변화를 주고 또한 노력한다. 부족한 생각일지 모르지만, 퀵실버의 가장 큰 자산은 과거에 얽매이지 않고 끊임없이 진화하는 능력이다.

표 16.1

세계 상위 20대 광고주 기업(단위: 백만 달러)

출처: *Advertising Age*, 2010. Copyright © 2010 Crain Communication. Reprinted with permission.

2008	2007	광고주	본부	2008	%
1	1	프록터 앤드 갬블	신시네티	$9,731	0.0%
2	2	유니레버	런던/로테르담	5,717	1.8
3	3	로레알	클리시, 프랑스	4,040	10.8
4	4	제너럴 모터스	디트로이트	3,674	5.4
5	5	도요타 자동차	도요타 시, 일본	3,203	3.2
6	8	코카콜라	아틀란타	2,673	13.5
7	7	존슨 앤 존슨	뉴브런즈윅, 뉴저지	2,601	4.5
8	6	포드 자동차	디트로이트	2,448	14.0
9	11	레킷 벤키저슬라우	버크셔, 영국	2,369	13.0
10	9	네슬레	브베이, 스위스	2,314	1.0
11	12	폭스바겐	볼프스부르크, 독일	2,309	15.4
12	10	혼다 모터스	동경	2,220	4.6
13	15	마스	맥린	1,998	5.0
14	19	맥도날드	오크브룩	1,968	6.9
15	14	소니	동경	1,851	3.3
16	17	글락소스미스클라인	브렌트포드, 영국	1,831	3.2
17	20	도이치텔레콤	본, 독일	1,812	7.7
18	18	크래프트푸드	노스필드, 미국	1,792	2.7
19	16	닛산 자동차	동경	1,716	9.7
20	21	월트 디즈니	버뱅크, 캐나다	1,586	2.0

* Figures are U.S. dollars in millions and are *AdvertisingAge* estimates.

표 16.1과 16.2는 국제광고를 하는 대기업들과 제품군을 묘사하고 있다. 비록 자동차 기업이 목록의 상당 부분을 차지하고 있지만, 광고비 지출의 최고 강자는 프

표 16.2

상위 100대 광고주 기업의 국제 광고 분야

출처: *Advertising Age*, 2010. Copyright © 2010 Crain Communication. Reprinted with permission.

분야	2008	2007년 대비 변화율	광고주 합계
자동차	$25,613	0.1%	18
개인용품	25,480	3.4	11
음식	11,914	4.9	9
약품	10,323	1.8	11
오락	9,608	1.8	7
소매업	5,968	17.8	8
식당	4,289	9.6	4
비알콜성 음료	4,064	5.3	2
이동전화	3,974	2.7	4
청소기	3,829	10.7	3
맥주, 와인, 술	2,681	2.1	5
금융	2,595	9.0	6
전자 및 영상	2,100	8.9	3
기술	2,035	11.5	4
전자제품	1,846	20.7	2
장난감	1,607	12.8	3

표 16.3a

러시아 10대 광고주 기업

출처: From Special Report Global Marketing, Advertising Age, November 19, 2007. Copyright © 2010 Crain Communication. Reprinted with permission.

광고주	2008	2007 대비 변화율
프록터 앤 갬블	$127.7	−32.7%
로레알	72.9	−21.3
마스	71.0	−30.1
유니레버	59.5	−29.8
헨켈	52.9	−24.8
다농그룹	40.8	−38.7
벰펠콤	40.6	−28.5
코카콜라	40.6	−28.5
시스테마(금융 부문)	39.3	−18.3
레킷 벤키저	39.0	−19.1

표 16.3b

중국 10대 광고주 기업

출처: From Special Report Global Marketing, Advertising Age, November 19, 2007. Copyright © 2010 Crain Communication. Reprinted with permission.

광고주	2008	2007 대비 변화율
프록터 앤 갬블	$1079.1	−2.3%
유니레버	487.0	9.5
하빈제약	435.8	0.2
로레알	333.3	73.6
얌! 브랜드들	289.5	43.6
상해 골든파트너 생명공학	270.8	18.6
중디앤 통신기술	245.7	847.7*
하야오 제약그룹	204.0	−4.1
차이나 모바일	199.7	3.1
코라콜라	174.7	28.1

* This is correct.

록터 앤 갬블이다. 또한 많은 기업과 제품의 광고비 지출의 성장속도가 줄고 있음을 알 수 있다.

또한 우리는 표 16.3에서 신흥시장 두 곳의 광고비 지출 유형을 분석했다. 그 결과 중국과 러시아는 광고현황에 차이가 있음을 알 수 있다. 러시아는 외국 기업들(10개 중 8개)이 주요 광고주이지만 중국은 국내 브랜드(5개)들이다. 이렇게 광고비 지출이라는 단일 기준으로 두 국가의 상대적 발전과정을 판단해보면 중국은 경제 발전의 수준이 높은 것처럼 보인다.

마케팅 통합 활동의 요인 중 광고에 개입하는 의사결정은 현지시장에서의 문화 차이에 가장 많은 영향을 받는다. 소비자는 그들의 문화, 양식, 감정, 가치체계, 사고방식, 믿음 그리고 인지 측면에서 반응한다. 광고의 기능은 고객욕구와 필요, 욕망 그리고 열망 측면에서 제품과 서비스의 품질을 해석하는 것이다. 따라서 감정적 호소, 심벌, 설득방식 및 기타 특성들이 광고 효과를 높이려면 현지의 문화적 규범들과 일치해야 한다.

국제 광고 활동을 시장의 문화적 특성과 일치시키는 것은 국제 혹은 글로벌 마케터들이 직면하는 도전적 과제이다. 국제 광고의 기본적 틀과 개념은 그것을 어디에

도입해도 기본적으로 다음의 일곱 단계를 따른다.

1. 시장조사를 실행한다.
2. 커뮤니케이션의 목표를 명확히 한다.
3. 세분시장에 가장 효과적인 메시지를 만들어 낸다.
4. 효과적인 광고 미디어를 선정한다.
5. 목표달성에 필요한 예산을 책정하고 확보한다.
6. 광고활동을 실행한다.
7. 설정된 목표에 따라 광고활동을 평가한다.

이러한 일곱 단계 중 메시지를 만들어 내는 것은 국제 마케터들에게 항상 가장 어려운 일이다. 따라서 이러한 주제는 본 장에서도 중요하게 살펴볼 것이다. 그리고 국제 광고미디어의 미묘한 차이를 살펴볼 것이다. 광고 대행사도 보통, 앞의 일곱 단계 활동에 개입하기 때문에 이를 분리해서 별도로 살펴볼 것이다. 마지막으로 정부의 광고 규제에 따른 문제들을 폭넓게 논의하면서 본 장을 마무리할 것이다.

광고 전략과 목표

LO3
국제 광고는 언제 가장 효과적이며 이를 언제 수정해야 하는지를 이해한다.

국제시장에서 광고의 목표는 상당히 달라질 수 있다. 예컨대 중국 제조 기업은 활동범위를 확장하면서 새로운 브랜드들을 만들어 내고 있다. 또한 유니레버는 동아시아 시장에서 새로운 제품군으로 도브 샴푸(Dove Shampoo)를 소개하고 있다. 그리고 러시아 항공사인 아에로플로트(Aeroflot)는 품질에 대한 이미지를 높이려고 노력한다. 이러한 모든 마케팅 문제는 국가, 지역 그리고 세계시장에서 조심스러운 시장조사와 창조적인 광고활동을 필요로 한다.

세계시장의 경쟁강도 심화와 까다로운 외국 소비자의 증가는 더욱 정교한 광고전략을 필요로 한다. 비용 증가, 다양한 국가에서 광고계획 조정문제 그리고 기업과 제품 이미지를 더 확산시키려는 욕구는 다국적기업이 현지화와 더불어 광고활동에 더 많은 통제와 효율성을 모색하도록 하였다. 더 효과적인 소비자 반응을 유도하기 위한 판촉계획 수립시의 집권화와 분권화의 문제들, 국내 · 외 광고 대행사의 단수 혹은 복수 이용, 광고의 사용과 배급 과정, 광고문구, 광고 미디어 그리고 시장조사 등을 검토해야 한다. 다국적기업은 더 많이 표준화된 광고와 현지화 광고 사이의 균형을 유지하고 관리해야 한다.[8] 그리고 최근에 13장에서 설명한 것처럼 더 많은 기업은 후자, 즉 현지화를 선호한다.

[8] Ali Kanso and Richard Alan Nelson, "Advertising Localization Overshadows Standardization," *Journal of Advertising Research* 42, no. 1 (January – February 2002), pp. 79 – 89; Charles R. Taylor, "Who Standardizes Advertising More Frequently, and Why Do They Do So? A Comparison of U.S. and Japanese Subsidiaries' Advertising Practices in the European Union," *Journal of International Marketing* 14 (2006), pp. 98 – 120; Kineta H. Hung, Stella Yiyan Li, and Russell W. Belk, "Global Understandings: Female Readers' Perceptions of the New Woman in Chinese Advertising," *Journal of International Business Studies* 38 (2007), pp. 1034 – 51.

이처럼 차량을 이용한 광고는 안개가 많은 런던에서 효과적인 광고수단이다. 런던의 대부분 차량은 검정이기 때문에 그림 속의 스니커즈 광고는 사람들의 시선을 즉시 사로잡을 수 있다.

200개국 이상에서 800개의 제품을 판매하는 질레트가 적절한 사례가 될 수 있다. 질레트는 전 세계에 남성적이며 스포츠 지향적인 기업이라는 이미지를 일관되게 유지하지만, 그들의 제품이 꼭 일관된 이미지를 주는 것은 아니다. 면도칼, 면도기, 화장품에는 많은 이름이 있다. 미국에서 트랙II(Trac II)면도기는 전 세계적으로 지-II(G-II)라는 브랜드명을 사용하며, 아트라(Atra)면도기는 유럽과 아시아에서 콘투어(Contour)라고 부른다. 또한 실키언스(Silkience)라는 모발 유연제 브랜드는 프랑스에서는 소와냥스(Soyance)로, 이탈리아에서는 시엔델(Sientel)로 그리고 독일에서는 실키언스(Silkience) 그대로 사용하고 있다. 그러나 질레트는 현재 표준화된 이미지를 제공하려는 국제화 철학을 가지고 있다. 따라서 남성 화장품을 알리는 모든 광고에서 "질레트, 남성이 가질 수 있는 최고의 제품"이라는 '우산형 구조(umbrella statement)'의 광고를 제공한다.

스위스에서 비프(Vif), 독일에서는 비스(Viss), 영국과 그리스에서는 지프(Jif) 그리고 프랑스에서는 시프(Cif)라는 브랜드의 세정제를 판매하는 유니레버도 이와 유사한 상황에 있다. 이러한 상황은 국가마다 서로 다른 마케팅을 시행한 결과다. 이 점에서, 질레트나 유니레버가 그들의 브랜드명을 표준화하기는 어려울 것인데, 이 회사들의 브랜드는 각각의 시장에서 이미 굳어져버렸기 때문이다.

노텔 네트웍스(Nortel Networks)는 그들의 국제광고에 "현지 영웅" 접근방식을 사용한다. 노텔은 현지 유명인사를 이용해 전국적으로 자신들의 통신 서비스에 맞게 표준화된 광고를 한다.

많은 경우, 표준화된 제품은 글로벌 마케팅이 가능하다. 그러나 문화의 차이 때문에 여전히 다른 시장에서는 다른 광고를 요구할 것이다. 예컨대 포드사의 차량 광고는 국가마다 다른데, 이는 언어와 사회적 차이의 미묘함 때문이다. 포드사는 자동차를 기본으로 생각하는 미국에서는 소형차인 에스코트(Escort)의 경제성을 광고한다. 그러나 인도에서는 에스코트를 고급 승용차로 출시했다. "그곳에서는 운전기사를 고용한 에스코트 차주를 흔히 볼 수 있습니다."라고 포드 임원이 말했다.

이 외에도 많은 기업은 국가 경계를 무시한 시장 세분화 전략을 사용하고 있다. 예컨대 이러한 전략에 따른 광고들은 전 세계적으로 법인고객이나 고소득 소비자들을 대상으로 한다. 다른 기업들은 소비와 관련된 공통된 심벌들로 묶여진 "소비자 문화"로 정의되는 새로운 국제시장 세분화를 주장하고 있다. 이러한 심벌로는 편의성, 젊음, 미국, 국제화 그리고 인도주의 등이 있다. 그리고 더욱 전통적인 시장 세분화는 제품이나 지역과 관련이 있으며 이는 다음에 논의할 것이다.

제품 속성과 편익 세분화

제품과 서비스 개발(13장과 14장)에서 논의한 대로 시장공급이란 구매자가 갖는 만족의 묶음이다. 이러한 만족이나 효용의 묶음 안에는 문화적 가치나 관습 등의 관념적 사유가 발생시키는 편익과 더불어 제품이나 서비스의 주요기능(primary function)이 포함되어 있다. 또한 서로 다른 문화라고 해도 보통 한 제품의 주요기능에서 동일한 가치와 편익을 추구한다. 예컨대 자동차의 기능은 이동하기 위해, 카메라는 사진을 찍기 위해, 손목시계는 시간을 보기 위함 등이다. 그러나 소비자들은 보통 한 제품이 가진 주요기능의 편익에 동의하면서도 제품이 주는 특징과 심리적 속성의 차별성을 인식하게 된다.

카메라에 대한 서로 다른 시장–지각 욕구(market-perceived needs)를 생각해보자. 미국의 대부분 시장에서는 쉽고 간단히 작동하면서 훌륭한 사진을 찍을 수 있는 것을 기대한다. 한편 독일과 일본에서 카메라는 훌륭한 사진을 찍어야 하나 디자인에서도 최고의 상태여야 한다. 아프리카는 카메라의 보급률이 전체 가구의 20% 이하이다. 이 세 개의 시장에서 소비자들은 훌륭한 사진을 찍는 것을 기대하는 반면(예컨대 카메라의 주요기능을 요구한다), 카메라로부터 얻는 추가적 효용이나 만족은 문화에 따라 달라진다. 이에 많은 제품들이 모든 소비자들이 추구하는 일반적 편익 이상의 기대치를 만들어 낸다.

다농(Dannon) 요구르트는 자사제품을 건강과 식품 간의 관계를 이해하는 브랜드로 광고했지만 각 시장별로 이 메시지를 다르게 전달한다. 미국에서 다농 요구르트는 건강식품처럼 보인다. 그러나 프랑스에서 다농은 너무 즐거움에 경도된 것처럼 비쳤다. 이에 다농은 실제로 식품과 교육만을 다루는 건강연구소를 만들었다. 그 결과는 동일한 메시지를 다르게 전달하게 되었다. 즉 건강과 즐거움 사이의 사려 깊은 균형의 유지이다.

블루 다이아몬드 생산자 협회(Blue Diamond Growers Association)의 아몬드 광고는 일부 제품은 오직 특정 지역에서만 최고로 광고될 수 있다는 사실을 보여주는 좋은 예다. 무릎까지 쌓인 아몬드에 서 있는 아몬드 생산자들을 보여주면서 "일주일에 한 캔, 그것이 저희가 바라는 전부입니다."라고 말하는 미국에서의 아몬드 광고는 매우 성공적이었다. 이 광고활동의 목표는 아몬드를 특별한 경우에 먹는 것이 아닌 매일 먹을 수 있는 식품으로 인식하도록 하는데 있었다. 이러한 광고활동은 성공이었다. 아몬드에 대한 인식을 가벼운 식품으로 바꾸는 데 도움을 주는 것 이외에도 지역 및 전국적 언론으로부터 블루 다이아몬드 대한 수백만 달러 가치의 대중적 관심을 무료로 얻어냈다. 한편 블루 다이아몬드는 이러한 성공적인 미국판 광고를 캐나다에도 내보냈다. 외국에서 해당 광고의 이용 가능성을 알아보기 위해서였다. 그러나 캐나다 사람들의 반응은 굉장히 달랐다. 캐나다 고객에게 이러한 생각은 너무나 멍청해 보였다. 그리고 캐나다 사람들은 미국 농부가 아닌 자국 농부들로부터의 제품 구매를 선호한다. 이러한 반응은 블루 다이아몬드가 각 시장을 더 자세히 연구하고 국가별 광고를 제작하도록 만들었다. 미국과 일본, 러시아, 캐나다 또는 스웨덴 시장에서 방송되는 광고상의 유일한 공통점은 그저 블루 다이아몬드 회사의 상표뿐이다.

지역 세분화

범유럽 커뮤니케이션 미디어의 출현은 수많은 기업들에게 광고활동의 균형을 현지 차별화에서 표준화로 쪽으로 밀고 나가도록 부추기고 있다. 유럽 전역에서 광고미디어의 적용범위가 넓어질수록 동일한 제품이 다양한 메시지와 브랜드로 시장에 출현하는 것이 점차 일반적인 것이 되었다.

단일 시장에 다양한 브랜드 이름과 광고 메시지를 노출할 경우 발생하는 혼동을 피하기 위해 기업들은 유럽 전역에서의 브랜드명, 광고 그리고 판촉의 조화를 이루려 한다.

행동양식의 변화와 함께, 법적 제한이 점차 사라지고 있으며 유럽시장 전역에서 성장 가능성이 있는 세분 시장이 출현하고 있다. 한편 비록 유럽이 모든 제품의 단일 시장이 될 수 없다고 해서 기업들은 유럽 전역에 걸친 판촉계획의 수립을 피해서는 안 된다. 범유럽 판촉 전략은 모든 유럽국가에 걸쳐 세분 시장을 식별하고, 각 세분 시장의 유사성에 호소하는 판촉을 의미한다.

메시지: 창조적 도전

국제광고와 커뮤니케이션 과정

LO4
다국적기업과 고객 간의 커뮤니케이션 과정과 광고실패를 이해한다.

다국적기업과 고객 간의 커뮤니케이션은 다양한 이유 때문에 실패할 수 있다. 첫째, 기업의 메시지가 전달 미디어의 부적절함으로 전달되지 않을 수 있다. 둘째, 메시지를 전달한다고 해도 문화적 해석이 서로 다르다면 이해되기 어렵다. 셋째, 의도한 수신인이 전달받은 메시지를 이해할 수 있다 해도 판매 기업이 목표시장의 욕구와 필요 또는 사고과정을[9] 올바르게 평가하지 못해 효과가 없을 수 있다.

국제광고 커뮤니케이션 과정에는 일곱 단계가 있으며, 이는 결국 기업과 고객 간 커뮤니케이션 과정의 정확성에 영향을 미칠 것이다. 그 과정은 그림 16.1과 같다.

1. **정보원천**. 커뮤니케이션을 위해 국제마케팅 임원이 보유한 제품 메시지.
2. **암호화**. 수신인에게 전달하기 위해 효과적 상징으로 변화된 정보원천으로 부터의 메시지.

---

[9] Jennifer Aaker, "Accessibility or Diagnosticity? Disentangling the Infl uence of Culture on Persuasion Processes and Attitudes," *Journal of Consumer Research* 26, no. 4 (March 2000), pp. 340 – 57.

마이크로소프트의 통합적 마케팅 커뮤니케이션

마이크로소프트의 사명은 "전 세계의 개인과 기업이 일하고, 즐기며, 커뮤니케이션하는 방법을 변화시키는 창의적 기술로 그들이 가진 잠재적 가능성을 알려주는 것이다." 그들은 2009년 580억 달러 수익에 10억 달러 이상의 통합적 마케팅 커뮤니케이션 비용을 지출했다. 비록 전체 매출은 3.5% 감소한 어려운 해였지만, 해외시장 매출은 2008년 41% 수익에서 43%로 성장했다. 아래에서 마이크로소프트의 두가지 주요 출시품인 윈도 7과 헤일로3: ODST의 통합적 마케팅 커뮤니케이션 활동을 소개한다.

1. 2009년 140억 달러 이상의 수익을 올린 개인용 윈도우 운영체제는 윈도우7이다. 주요 경쟁제품으로는 유닉스, 애플, 캐노니컬(Canonical), 레드햇(리눅스) 등이 있다.
2. "서버 장비" 분야 제품은 윈도 서버 운영체제가 있다. 이는 2009년 140억 달러 이상의 판매를 보였으며, 주요 경쟁제품은 리눅스, 아이비엠(IBM) 그리고 선마이크로시스템즈(Sun Microsystems)가 있다.
3. "온라인 서비스 사업부문"의 제품은 빙(Bing), 마이크로소프트 광고/전문가 및 기타 온라인 광고 제품과 서비스가 있다. 30억 달러의 수익을 올렸으며 주요 경쟁자로 특히 에이오엘(AOL), 구글(Google) 그리고 야후(Yahoo)가 있다.
4. "마이크로소프트 사업부문" 출시품은 소프트웨어와 온라인 서비스다. 대표적으로 마이크로소프트 오피스와 마이크로소프트 다이내믹스(Dynamics) CRM이 있다. 주요경쟁자로는 어도비(Adobe), 애플 그리고 구글이 있다.
5. "오락 및 게임기 부문"에서는 가장 성공한 비디오 게임인 헤일로3을 포함해 엑스박스 360, 기타 게임, 엑스박스 라이브, 준(Zune) 그리고 몇 개의 다른 제품과 서비스를 제공한다. 2009년 수익은 거의 80억 달러이며 주요경쟁자는 소니와 닌텐도가 있다.

윈도 7

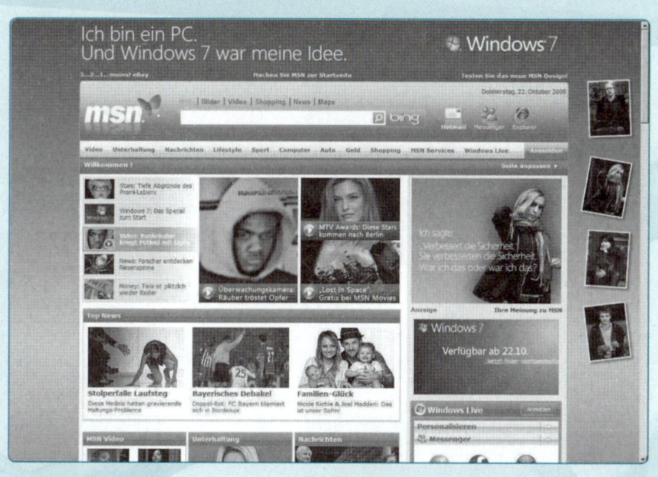

윈도 7은 주로 주문자 상표부착 생산자들에게(OEM)에게 판매되고 그 다음은 전 세계 소비자를 대상으로 한다. 주문자 상표부착 생산자 고객들은 휴렛-패커드, 델, 도시바, 레노버 그리고 심지어 애플도 있다. 여기 제시된 윈도 7의 광고개발은 마이크로소프트의 새로운 대행사인 크리스핀 포터 플러스 보거스키(Crispin Porter + Bogusky)가 맡았다. 모든 국가에서 윈도우 7의 이미지를 사용한다. 그러나 광고 문구인 "I'm a PC, and Windows 7 was my idea,"는 독일과 프랑스에서 현지 상황에 맞게 번역하였다. 프랑스에서는 "나는 더 직관적인 컴퓨터를 원해요 그리고 여기에 더 직관적인 컴퓨터가 있네요. 사람들은 나의 어떤 것도 거부할 수 없어요."라는 문구를 사용했다. 독일에서는 "내가 보안을 강화해야 한다고 말하자, 그렇게 되었다. 정말 내가 한 건가?"를 사용했다. 프랑스에서는 컴퓨터의 사용 편이성이 중요했던 반면 독일에서는 보안이 중요했던 것이다. "I'm a PC"는 미국 외에 지역에서는 이해하기 어려운 문구로서 애플의 광고에 대한 비교광고였다.

전 세계 윈도 7의 잠재적 사용자는 주요 인구 통계적 특성과 이용 형태가 유사하므로 광고는 단지 조그만 손보면 된다. 광고활동을 통해 텔레비전, 인쇄물, 온라인 및 옥외 광고매체뿐 아니라 일부 국가에서는 학생 할인도 사용했다. 윈도 7은 마이크로소프트에 중요한 성공을 안겨 주었으며(특히 이전 버전인 윈도 비스타와 비교해서) 출시 첫해에 9,000만 개 이상이 팔렸다.

헤일로3: ODST

마이크로소프트의 비디오 게임 판매는 수익에 직접적인 도움을 주었으며 엑스박스 판매에도 영향을 미쳤다. 헤일로3: ODST(Orbital Drop Shock Trooper)는 최초의 개인용 슈팅 비디오 게임으로 번지(Bungie)가 개발하고 마이크로소프트가 출시했다. 2009년 가을에 출시했을 때 엑스박스 360 게임의 판매 목록 상위에 그 이름을 빠르게 올렸다. 또한 두 장의 디스크에 담긴 60달러짜리 제품이 전 세계에 300만 개 이상 팔렸으며, 대략 이 중 40%가 해외시장 매출이었다.

2008년 각종 미디어에 게임 출시를 암시하는 마케팅을 시작했으며, 2009년 동경 게임쇼에서 전체 예고편을 상영했다. 게임 출시를 앞두고 아마존에서 107일간 사전 주문 1위를 차지했다. 광고활동은 엑스박스 라이브, 온라인 판매점, 인쇄물, 텔레비전 광고 등의 다양한 미디어를 판촉활동에 사용했다. 또한 마블 코믹스(Marble Comics)는 ODST의 주요 등장인물을 주인공으로 하는 한정판 만화책을 간행했다. 번지(Bungie)와 마이크로소프트는 시애틀 음악 박물관(Experience Music Project), 공상과학 박물관 및 시애틀 명예의 전당에서 공식 출시 행사

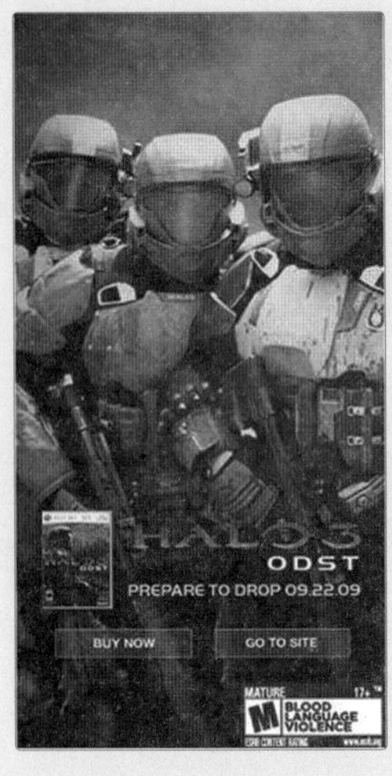

를 했으며, 전문가 토론과 발전 전망을 논의했다. 게임스탑(Game Stop)은 미국 전역에 걸쳐 3,500개 이상의 제품출시 기념행사를 개최했다.

게임 그 자체는 오직 영어로만 제공했지만 광고 문구는 12개 언어로 번역해서 사용했다. 위에 있는 세 개의 광고가 그 예다. 이러한 광고형태(게임 그 자체는 물론이고)는 해외시장 적응 정도가 작은데 이는 전 세계 게임 이용자의 인구통계적 특성과 이용행태에 공통점이 많기 때문이다. 위의 사진을 보면 게임 경고문구가 보이는데, 일본 발매 판은 미국과 같은 것을 알 수 있지만 스페인어권 시장은 이와 달랐다. 여기서는 게임 적정 나이인 "16+"만을 표시하고 있다. 그리고 앞서 설명한 것처럼 독일에서는 게임의 폭력성에 특별한 규제조건을 두고 있으며 다른 문화에 비해 1인용 슈팅 게임 분야의 인기가 약하다.

프로젝트명 나탈(Natal), 공식 게임 명 "키넥트(Kinect)"

2010년, 마이크로소프트 오락 및 게임기 부문에서 국제광고와 마케팅 커뮤니케이션은 더욱 관심을 끌게 되었다. 그 해 크리스마스 즈음에 게임조작기 없이 동작인식 만으로 게임을 하는 나탈(게임 명 키넥트)을 전 세계에 출시할 계획이었다. 마이크로소프트는 이 혁명적인 제품이 애플의 아이폰 효과처럼 자사의 관련 신규 제품과 서비스의 다양성에 생명(natal 이라는 단어는 영어에서 생명을 뜻하며, 편리하게도 포르투갈어에서는 크리스마스를 뜻한다.)을 줄 것으로 기대했다. 유투브에서 엑스박스 360이 지원하는 새로운 차원의 쌍방향 게임 영상을 볼 수 있다. 프로젝트 나탈은 2009년 7월 1일 미국 E3 게임 박람회에서 처음 등장했으며 같은 날 1,000개 이상의 개발자용 게임이 발송되었다.

게임과 양방향성의 잠재적 결합은 매우 중요하기에 중요하므로 전 세계 소비자들로부터 폭넓은 인기를 끈다. 따라서 키넥트의 국제광고 노력에는 마이크로소프트의 관련 제품, 서비스 그리고 고객과의 커뮤니케이션 측면에서 새로운 수준의 문화적 적응이 필요하다.

그림 16.1

국제 커뮤니케이션 과정

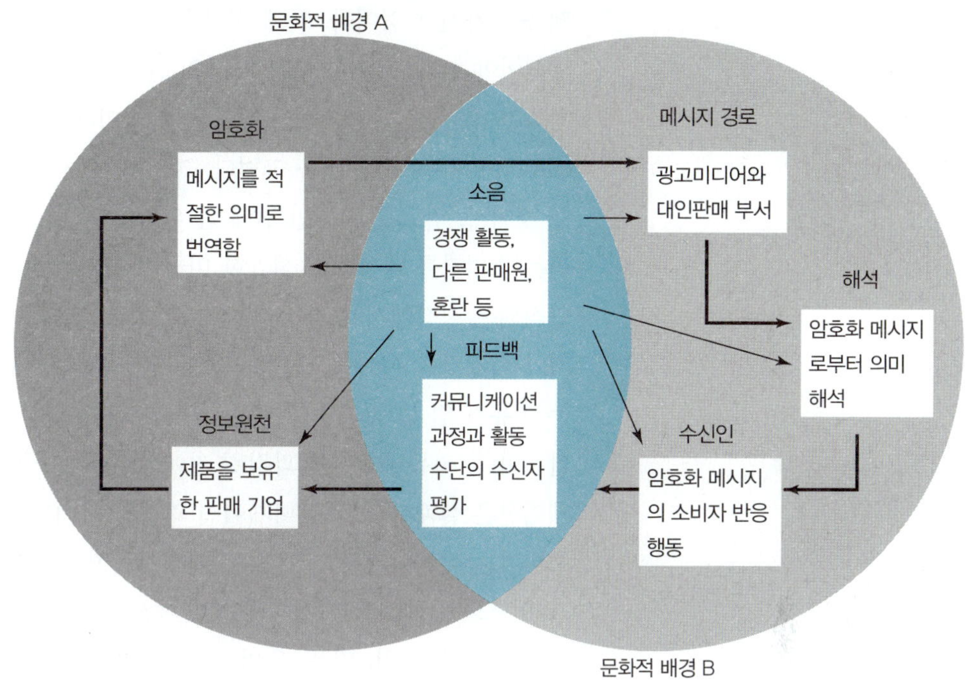

3. **메시지 경로**. 암호화한 메시지를 의도한 수취인에게 전달하는 영업부서 또는 광고 미디어.
4. **해석**. 정보원천으로부터 전송된 상징을 수취인이 해석.
5. **수신인**. 전송대상으로서 메시지를 받은 목표고객에 의한 소비자 행동.
6. **피드백**. 커뮤니케이션 과정의 효과성을 평가하려고 수취인(의도한 표적)으로부터 다시 정보원천으로 되돌아가는 메시지 효과에 관한 정보.
7. **소음**. 커뮤니케이션 과정에서 벗어나 다른 모든 여섯 개의 단계에 영향을 미치는 경쟁 활동과 혼동 같은 통제가 어렵고 예측 불가능한 영향들.

안타깝게도, 이러한 과정이 단지 하나의 미디어를 거쳐 수취인에게 전달되며 의도한 메시지가 모든 사람에게 동일한 의미로 전달될 것이라고 확신할 수 없다. 그림 16.1에서는 한 문화가 메시지를 암호화하고 다른 문화가 이를 해석할 때 커뮤니케이션 과정을 복잡하게 하는 요인을 설명하고자 각 단계를 문화적 배경 A와 문화적 배경 B로 나누었다. 신중하게 생각하지 않으면 서로 다른 문화적 배경으로 오해의 소지가 증가할 수 있다. 이러한 분야의 연구들은 송신자와 수신자 간의 "심리적 중복(psychological overlap)"이 효과적인 커뮤니케이션에 필요하다고 말하고 있다. 그렇지 않으면 수신인의 생각과 맞지 않는 메시지가 의도치 않은 의미로 전달할 수 있다. 이는 심지어 경험 많은 기업들도 겪는 실수이다.

국제마케팅에서 발생하는 대부분의 판촉 실수는 커뮤니케이션 과정의 하나 또는 그 이상의 단계에서 문화적 영향력을 적절히 반영하지 않거나, 목표시장의 일반적 지식 부족으로 일어난다. 그림 16.1을 보면, 정보원천은 특정 목표시장에 판매하는 제품을 가진 기업이다. 이에 전달할 제품의 메시지는 목표시장의 욕구와 필요가 반영되어야 한다. 그러나 보통 시장의 실제 욕구와 마케터가 지각하는 시장 욕구는 일치하지 않는다. 이러한 불일치성은 특히 마케터가 효과적인 조사보다 자기준거기준(SRC)에 치우칠 때 더욱 그렇다. "한 국가에서 잘 팔렸다면 다른 나라에서도 잘 팔릴 것이다."라고 가정하면 절대 안 된다. 예컨대 레크레이션이나 운동욕구를 충족하려는 소비자를 대상으로 설계한 미국 자전거는 운송 수단이 자전거의 주요기능으로 인식되는 시장에서 효과적 판매가 어렵다. 충치를 줄이려는 플루오르화물(fluoride) 치약은 건강한 치아를 중요한 것으로 인식하는 미국에서는 잘 팔리지만, 치약을 사는 이유가 입 냄새 예방에 있는 영국과 캐나다의 프랑스어권 시장에서는 인기가 덜할것이다. 커뮤니케이션 과정 초기에 기본적 욕구를 부정확하게 정의한다면 커뮤니케이션은 실패한다. 커뮤니케이션 과정의 나머지 단계를 적합하게 실행한다고 해도 소비자는 잘못되거나 의미 없는 메시지로 받아들이기 때문이다.

암호화 단계는 심지어 "적절한" 메시지와도 문제를 일으킬 수 있다. 이 단계에서 색상[10], 시기, 가치, 믿음, 유머, 기호 그리고 적절한 대변인[11] 같은 요인도 다국적 판매 기업이 메시지를 틀리게 상징화하게 할 수 있다. 예컨대 마케터는 제품이 시원한 느낌을 전달하도록 초록색을 사용한다. 그러나 열대지방에 사람들은 초록색을 위험하거나 질병과 관계있는 것으로 해석한다. 실패한 암호화 과정의 또 다른 예로 어떤 향수 광고는 유럽 사람들에게 깨끗하고 시원하며 상쾌한 이미지를 상징하려고 비를 배경으로 했다. 그러나 아프리카 사람들에게 이는 다산의 상징이었다. 많은 아프리카 시청자들이 그 향수가 불임예방에 효과적인지를 물었다고 한다.

문장 해석의 어려움, 광고미디어의 유용성 및 형태 등의 문제는 암호화 단계의 커뮤니케이션 과정에 문제가 된다. 따라서 소비자에게 암호화 메시지가 도달되기를 원한다면 메시지 경로를 신중하게 선정해야 한다. 목표시장에 인터넷 접속자 수가 적음에도 이를 미디어로 사용하거나, 대부분 목표고객이 읽을 줄 모르거나, 광고사용에 사용된 언어를 읽을 수 없을 때, 활자 매체를 사용하는 것은 커뮤니케이션 과정에서 헛수고한 사례이다.

해석 문제는 보통 잘못된 암호화로 발생하는데, 그 예로 펩시의 "활기를 띠자(Come Alive)."라는 표어를 "무덤에서 나오세요(Come out of the grave)."라고 해석하는 오류가 있다. 시보레의 노바 차량(Nova model, 새로운 별이라는 의미)브랜드는 스페인어로 "No Va!"로 해석하는데, 이는 "가지 않는다(It doesn't go)."라는 뜻이다. 또 다른 오류로, "수압 펌프(hydraulic ram)"로 해석해야 하는 번역을 "젖은

---

[10] Elizabeth G. Miller, "Shades of Meaning: The Effect of Color and Flavor Names on Consumer Choice," *Journal of Consumer Research* 32 (2005), pp. 86 – 92.

[11] Drew Martin and Arch G. Woodside, "Dochakuka: Melding Global Inside Local: Foreign-Domestic Advertising Assimilation in Japan," *Journal of Global Marketing* 21 (2007), pp. 19 – 32.

붉은색의 힘! 마케팅에서 색상의 힘을 논의한 지난 십여 년 이래로 많은 일이 발생했다.[12] 왼쪽 위의 크리스털(Crystal) 생수는 멕시코 유카탄(Yucatan) 반도에서 인기 있는 생수로 코카콜라가 보유한 브랜드다. 반면 오른쪽 위는 코카콜라 광고가 코스타리카(Costa Rica) 카냐스(Canas) 중앙광장의 카페를 장식하고 있는 모습을 보여준다. 위의 그림에서 크리스털 생수가 푸른 하늘과 나무에 잘 어울리는 반면 코카콜라는 옥외 환경과 대비되어 붉은색의 이점이 있음을 일 수 있다. 사람들은 또한 베컴처럼 붉은 색을 사용할 수 있다. 위의 그림에서 베컴의 운동복에 있는 보다폰(Vodafone)과 나이키 외에도, 맨체스터 유나이티드의 붉은색과 결합한 데이비드 베컴은 펩시, 아디다스, 캐스트롤(Castrol), 어퍼덱(Upper Deck), 막스 앤 스펜서(Marks & Spencer), 폴리스(Police, 일상복 전문 브랜드), 메이지(Meiji), 도쿄미용센터 등을 상징하기 때문이다. 스페인 축구 명문인 레알 마드리드는 맨체스터 유나이티드로부터 4,000만 달러에 베컴을 영입했고, 이후 LA 갤럭시가 그를 이적해왔다. 이적 후 한 가지 아쉬운 점은 스페인과 미국 구단의 흰색 운동복은 베컴이 맨체스터 유나이티드에서 입었던 붉은색 운동복만큼 고객의 시선을 사로잡지 못한다는 것이다. 최근에 베컴은 오프라 윈프리(Oprah), 보노(Bono)와 함께 에이즈 퇴치 운동인 레드 캠페인(Red Campaign) 활동을 하고 있다. 여기서 그는 에이즈 퇴치 기금에 수익을 기부하는 기업의 제품을 홍보하는데 협력했다. 이 활동에 동참하는 기업은 델, 마이크로소프트, 아메리칸 익스프레스, 아르마니(Armani), 컨버스(Converse), 홀마크(Hallmark), 애플 그리고 갭(The Gap) 등이 있다.[13] 그러나 세계에서 가장 유명한 운동선수는 베컴이 아니며, 심지어 한때 붉은색 옷을 입고 시합을 했던 타이거 우즈도 아니다. 그는 바로 포뮬러 1(Formula One)의 자동차 경주선수인 미하엘 슈마허(Michael Schumacher)다. 이 독일인은 전 세계적으로 가장 많이 방송되는 스포츠를 지배했고 어떠한 스포츠 스타보다 더 많은 돈을 벌었다. 그리고 화려한 붉은색 점프슈트와 페라리는 사람들이 그의 경기에 열광하는데 도움을 주었다. 또 다른 붉은색 브랜드인 말보로 담배와 보다폰 역시 그를 사랑했다. 그러나 슬프게도 슈마허도 베컴처럼 나이를 먹어가고 있으며, 붉은색 페라리를 버리고 하얀색 벤츠로 바꾸었다. 그리고 그의 경기 성과가 썩 좋지 않다. 이 모든 것이 색상 때문인가?

[12] Elisabeth A. Sullivan, "Color Me Profi table," *Marketing News* , October 15, 2008, p. 8; Andrew J. Ellion and Daniela Niesta, "Romantic Red: Red Enhances Men's Attraction to Women," *Journal of Personality and Social Psychology* 95, no. 5 (2008), pp. 1150 – 64; Ravi Mehta and Rui (Juliet) Zhu, "Blue or Red? Exploring the Effect of Color on Cognitive Task Performances," *Science* 323(2009), pp. 1226 – 29.

[13] Ron Nixon, "Little Green for (Red)," *The New York Times*, February 6, 2008, pp. C1, C5.

왜 맥도날드와 코카콜라 모두 고객의 시선을 사로잡는 붉은색 로고를 하얀색과 검은색으로 바꾸었을까? 그 답은 본 장의 마지막 부분인 647쪽에 있다. 위에 있는 경기장 사진은 부에노스아이레스(Buenos Aires)에 있는 것으로 라 봄보네라(La Bombonera)라는 이름으로 알려졌으며, 공식 명칭은 알베르토 아르만도(Albierto Armano)이다. 여기는 아르헨티나의 가장 유명한 축구 선수인 마라도나가 뛰었던 보카 주니어스(Boca Junior) 구단의 경기장이다. 오른쪽 그림에는 오랜 잉카 제국의 수도인 페루 쿠스코(Cuzco)의 도시 광장 부근에 자리한 맥도날드가 있다. 그리고 맥도날드는 보통 황금색 왕관 문양에 붉은색 글자를 사용하지만 여기서는 검은색 글자를 사용하고 있다. 또한 코카콜라와 펩시의 경쟁에서 또 하나의 사례가 있다. 중국시장에서 펩시는 코카콜라의 강세에 당황했고 결국 콜라깡통 색깔 전체를 빨간색으로 바꾸었다.[14] 이 방법이 성공을 거둔다면 아마도 펩시는 모든 국가의 국기색깔에 어울리게 제품을 출시할 것이다. 펩시의 상징인 붉은색, 하얀색 그리고 파란색은 비단 미국뿐 아니라 프랑스와 러시아에서도 통하는 색상이다.

양"으로 잘못 해석한 예도 있다. 나이지리아의 르노 자동차(Renault) 광고에서 운전자 옆에 앉아 있는 흰색에 가까운 금발 머리의 여성은 자동차의 상징을 강화하려는 의도였다. 그러나 이 여성은 단정하지 못한 이미지로 오히려 시청자에게 수치심을 안겨 주었다. 에너자이저(Energizer) 토끼를 이용한 에버레디 에너자이저(Eveready Energizer) 건전지 광고는 헝가리 소비자들에게서 건전지가 아닌 토끼 장난감을 광고하는 것처럼 보였다.

해석의 오류는 또한 뜻하지 않게 발생할 수 있다. 예컨대 콜게이트-파몰리브(Colgate-Palmolive)가 치약 브랜드명으로 큐(Cue)를 선택했을 때 그들은 제품명에 어떠한 상징도 넣지 않았다. 그럼에도 프랑스 사람들은 이를 포르노 영화의 단어로 해석했다. 또한 상징이 의도한 바가 이를 해석하는 사람들에게 아무런 의미도 없을 수 있다. 미국의 한 광고에서 남성미 물씬 나는 연기자인 톰 셀렉(Tom Selleck)이 뜨거운 김이 나는 홍차 찻잔을 들고 산 정상에 서 있는 반어적 광고는 동유럽 사람들에게 아무런 의미를 전달하지 못했다.

수신인들이 지각하는 오류는 일반적으로 다음과 같은 요인들이 혼재되기 때문에 발생한다. 사용패턴에 대한 정확하지 않은 지식으로부터 오는 부적절한 메시지, 의미 없는 메시지를 만들어 내는 서투른 암호화, 메시지를 수신인에게 전달하지 못하는 형편없는 광고 미디어 선정, 또는 수신인이 잘못 해석함으로써 메시지를 왜곡할 때 등이 있다. 심지어 운도 하나의 요인이 된다. 프랑스 정부가 2003년 이라크 공격에 찬성하지 않자, 미국인들이 프렌치 머스타드(French's mustard)라는 브랜드의 구매를 거부했다(또한 프랑스 와인과 감자튀김 등도 거부). 프렌치 머스타드라는 브랜드명은 프랑스와 아무런 상관도 없는 미국 브랜드임에도 이런일이 발생하였다.

또한 커뮤니케이션 과정의 피드백 단계는 다른 단계들의 효과를 점검하는 사항

[14] Loretta Chao and Betsy McKay, "Pepsi Steps into Coke Realm: Red China," *The Wall Street Journal* (online), September 12, 2007.

싱가포르의 도로에는 많은 광고가 있다. 또한 이 동남아시아 도시에는 미국의 24시간 피트니스센터가 운영하는 캘리포니아 피트니스센터(California Fitness Center)가 있다. 확실히 남캘리포니아의 "바디랜드(bodyland)" 이미지는 전 세계적으로 활발히 진출하고 있다. 그러나 이 브랜드 이름에는 이슬람 고객에게 흥미로운 역사적 아이러니가 있다. 캘리포니아(California)라는 단어는 11세기 서사시인 롤랑의 노래(The Song of Roland)에 처음 등장한다. 이 단어의 문자적 의미는 칼리프의 땅(caliph's domain)인데, 이는 당시 바그다드의 칼리프가 통치하던 이슬람 제국을 말한다. 더 흥미로운 건 15세기 초에 캘리포니아(California)란 이름을 붙인 스페인 사람들은 자신이 아시아에 있다고 생각했다. 그러나 이 브랜드명의 깊은 뜻은 오늘날 싱가포르 인구의 15%를 차지하는 현재의 이슬람계 사람들은 그 의미를 알지 못한다.

으로 중요한 역할을 한다. 커뮤니케이션 활동을 평가하고 검토하지 않는 기업들은 정보원천과 암호화, 광고 미디어 선정, 해석 또는 수신인 오류를 범할 수 있기 때문이다. 사실 적절한 피드백 시스템은 기업에 상당한 손해가 발생하기 전에 오류를 정정할 수 있게 해준다.

이상의 과정에 나타나는 문제들과 더불어, 소음도 국제적 커뮤니케이션 과정이 효과적으로 기능하지 못하도록 할 수 있다. 이러한 소음은 경쟁적 광고, 다른 기업의 영업사원 그리고 수신인의 혼란과 같은 외부적 영향들로 인해 커뮤니케이션의 궁극적인 효과를 사라지게 할 수 있다. **소음**은 어떠한 단계에서든지 커뮤니케이션 과정을 방해할 수 있을 정도로 파괴적이며, 보통 송신인과 수신인의 통제 밖에 있다. 그림 16.4가 문화적 배경의 중복을 보여주는 바와 같이, 소음은 문화적 활동이나 중첩된 문화적 배경의 영향으로 발생할 수 있다.

앞의 모형은 커뮤니케이션 과정의 하나 혹은 모든 단계, 문화적 요인들, 마케터의 자기준거기준(SRC) 등이 커뮤니케이션의 궁극적인 성공에 영향을 미칠 수 있다는 것을 보여준다. 예컨대 메시지, 암호화, 전달 미디어 그리고 목표 수신인을 완벽하게 설계할 수 있지만, 수신인의 무능력한 해석은 최종 메시지를 작용 못하게 할 수 있다. 광고 메시지를 만드는 국제 마케터는 모든 잠재적 제약과 문제들을 고려해서, 고객이 받아들이는 최종 커뮤니케이션과 광고활동이 자신들의 의도와 일치할 수 있도록 이러한 모형을 하나의 지침으로 사용할 수 있다.

다국적 마케팅의 복잡성과 국제경쟁의 증가는 국제 광고업체들에게 최고수준의 창의력을 요구한다. 그리고 효과적 커뮤니케이션의 다른 장벽들(법, 언어, 문화, 언론, 생산 및 비용 등의 고려사항)도 창의적 작업에 매우 위협적일 수 있다.

법적 제약

LO5

단일 유럽시장이 광고에 미치는 영향을 이해한다.

비교 광고를 규제하는 법은 유럽에서 국가마다 다양하다. 독일에서 비교하는 용어를 사용하는 것은 불법이다. 그렇게 하면 경쟁사가 고소할 수도 있다. 벨기에와 룩셈부르크는 비교 광고를 완전히 제한하고 있지만, 영국과 아일랜드, 스페인 그리고 포르투갈에서는 이를 허용한다. 그리고 비교 광고에서 경쟁사를 직접 언급하지 않는 함축적인 비교는 허용하나, 잘 알려진 제품 간의 노골적인 비교는 금지한다. 유럽 위원회는 광고를 규제하는 회원국의 법률을 조율하려고 여러 가지 지침을 발표했다. 그러나 회원국은 자신들의 사법권 아래에서 광고 문제에 대한 상당한 자치권을 가지고 있다. 많은 사람들이 다양한 각국의 법규가 조화롭게 조율하지 못한다면, 회원국들이 자국의 규제를 존중하지 않는 광고에 폐쇄적일 것이라고 걱정하고 있다.

비교 광고는 세계의 다른 여러 지역에서도 강력히 규제되고 있다. 아시아에서는 콜라 대신 펩시를 선택하는 침팬지를 보여주는 광고가 대부분의 위성방송에서 금지되었다. "최고의 콜라"라는 용어는 오직 필리핀에서만 허용되었다. 인도 법정은 레버(Lever)사에 그들의 뉴 펩소던츠(New Pepsodent) 치약이 다른 주요 브랜드보다 "102% 낫다."는 주장을 금지시켰다. 비록 뉴 펩소던츠 광고에서 주요 브랜드인 콜게이트(Colgate)를 언급하지 않았지만, 광고 모델이 "콜게이트"라는 단어를 입으로 말하는 장면을 보여주면서 콜게이트 광고에 사용된 콜게이트를 암시하는 "팅" 소리가 등장했기 때문이다.

그리고 심지어 비교 광고의 규제가 철폐될지라도 국제 마케터는 이 분야에서 새로운 광고 활동에 대한 소비자의 반응을 조심스럽게 고려해야 한다.[15]

특정 제품에 대한 광고를 규제하는 다양한 조치가 전 세계적으로 존재한다. 특히 많은 국가들이 제약광고를 제한하고 있다. 예컨대 캐나다의 비평가들은 텔레비전이나 특히 최근의 인터넷 출현으로 무용지물이 되었지만 지난 50년 동안 개정되지 않은 법들에 대해 불만을 토로하고 있다. 장난감, 담배 및 주류 광고는 여러 국가에서 제한되고 있다. 프랑스 정부는 최근까지 소매업체와 출판업, 영화관 그리고 신문의 텔레비전 광고를 금지했다.

또한 많은 국가들이 텔레비전 광고를 엄격히 통제하고 있다. 중국은 일부 규제를 완화하고 있지만 다른 한편으로 다른 규제를 더욱 강화하고 있다. 예컨대 최근 중국 정부는 구체적인 광고내용을 미리 검열하기 시작했으며 광고에서 돼지의 사용을 금지했다. 이는 이슬람 소수민족 때문으로 보인다.[16] 반면 중국정부는 특정제품을 영화나 드라마에 등장시키는 광고(PPL 광고)는 거의 규제하지 않는다.[17] 유럽연합도 이

---

15 Carolyn White Nye, Martin S. Roth, and Terence A. Shimp, "Comparative Advertising in Markets where Brands and Comparative Advertising Are Novel," *Journal of International Business Studies* 39, no. 5 (2008), pp. 851–63.

16 Gordon Fairclough and Geoffrey A. Fowler, "Pigs Get the Ax in China TV Ads in Nod to Muslims," *The Wall Street Journal*, January 25, 2007, pp. A1, A16.

17 Geoffrey A. Fowler, "Is It a TV Show or an Ad? Line Is Blurring in China," *The Wall Street Journal*, July 11, 2007, pp. B1, B3.

CROSSING BORDERS 16.2 미국을 비난하는 캐나다 사람들

캐나다를 상징하는 비버, 오타와 평화의 탑, 단풍나무 국기가 나오며 반짝이는 스크린 앞에 체크무늬 옷을 입고 단호한 태도로 선 조 캐넉(Joe Canuck)은 캐나다에 대한 미국인의 무지를 호되게 공격한다.

그는 다음과 같이 말한다. "나에게는 수상이 있습니다. 그러나 대통령은 없습니다. 나는 영어나 불어를 할 수 있습니다. 그러나 미국말은 아닙니다." 그의 목소리는 감정에 복받쳐 있다. "그리고 나는 이것을 'about'이라고 발음합니다. 'aboot'가 아닙니다."

"나는 치안활동보다 평화유지를 믿으며 동화(assimilation)보다는 다양성을 믿습니다." 그는 어깨 위로 캐나다 상징물을 어렴풋이 비춰가며 60초짜리 텔레비전 반짝 광고(spot advertising)를 계속한다. "그리고 비버는 우리의 자랑이며 소중한 동물입니다."

이상하게도 이웃 남쪽 국가인 미국의 열광적이고 호전적인 애국주의에 혐오감을 가진 것으로 알려진 캐나다에서 이 국수주의적인 신랄한 비판은 하룻밤 사이에 대중들을 흥분시켰다. 이 녹화 영상은 술집, 하키 경기장 및 영화관의 대형 스크린에서 방영되었다.

말수가 적기로 유명한 이 나라에서 사정을 잘 모르는 사람들도 광고에서 받은 자극으로 더욱 흥분된 반응을 보였다. 과격한 환호, 발 구르기, 광기어린 애국적 선동 그리고 주먹으로 허공을 때리는 등의 반응들이다. 그리고 아마도 가장 이상한 점은 이 광고가 어떤 초애국적인 음모가 만들어낸 교활한 선전선동이 아니라 단지 몰슨 캐나디안 맥주(Molson Canadian Beer)회사의 광고였다는 점이다.

뜻밖에도 이 상업광고의 제작자는 미국사람인 케빈 도노반(Kevin Donovan)이다. 아마도 캐나다 사람들은 그를 명예 캐나다인으로 위촉할 것이다.

또한 캐나다 사람들이 최근에 경축행사를 가졌는데 밴쿠버 올림픽의 하키 종목에서 금메달을 땄기 때문이다. 그러나 미국이 시합 패배를 우아하게 수긍했기 때문에 현재 캐나다 사람들의 증오는 유럽에 초점을 맞추고 있다. "유럽인들은 북미식의 하키를 합니다. 우리 캐나다인은 허약하고 투덜대며 심판에게 우는소리를 하는 즉 북미에서 조차 시합할 가치가 없는 유럽식이 아닌 비버 연못과 물에 잠긴 벌판 그리고 실외 스케이트 링크에서 하키 시합을 합니다."

출처: Colin Nickerson, "Anti-U.S. Beer Ad Is So Canada," *Orange County Register*, April 15, 2000, pp. 29, 42; Paula Lyon Andruss, "Understanding Canada," *Marketing News*, March 15, 2001, pp. 1, 11; Sam Bufalini, "Cheap Thrills South of the Border," Globe and Mail, June 13, 2007, p. T3; *The Wall Street Journal*, March 15, 2008; Michael Devolin (Tweed, Ontario), *The New York Times*, March 2, 2010, p. B15.

를 규제하지 않지만 유럽에서 상영되는 해외 프로그램의 간접광고는 제한하고 있다. 쿠웨이트에서는 정부가 통제하는 텔레비전 방송에서 하루에 오직 저녁 시간에만 32분의 광고를 허용한다. 이러한 광고규제는 과장된 묘사, 점잖지 못한 단어들, 충격적이거나 두려운 장면들, 점잖지 못한 의복이나 춤, 논쟁, 증오나 복수 장면, 특정 민족의 희화화 그리고 경쟁자 공격 등을 방지하려는 목적을 가지고 있다. 러시아 법률은 잠재의식 광고(subliminal advertising)를 금지하고 있지만 여전히 사용되고 있는데 이는 이를 규제할 인력과 예산이 부족하기 때문이다.

전파매체 접근을 통제하는 일부 국가의 법이 완화할 것으로 보인다. 호주는 케이블 텔레비전의 틈새광고 금지를 철폐했으며, 말레이시아는 외국 상업광고를 신규로 승인한 위성방송에서 발송할 수 있도록 규제 변경을 고려하고 있다. 그러나 거의 예외 없이 말레이시아 텔레비전상의 모든 광고는 여전히 말레이시아에서 만들어야 한다.

텔레비전의 해설적 정보광고와 이를 이용한 소비자 쇼핑을 주요사업으로 하는 기업의 방송이 광고로 분류되면 해당 방송은 광고의 길이와 횟수 등의 제한에 따라 규제를 받게 된다. 유럽 연합에서 이러한 규제의 수준은 다양한데, 영국에서는 국영

방송(BBC)에서 광고를 금지하는가 하면, 하루 방송분량의 최대 15%까지만 광고를 제한하는 회원국도 있다. 유럽 연합의 국경 없는 텔레비전 지침(The Television without Frontiers directive)은 각 회원국의 관할권에 따라 방송국에 더욱 엄격하거나 상세한 원칙을 두는 것을 허용한다. 예컨대 독일에서는 광고 사이에 적어도 20분의 시간을 두어야 하며, 총 광고 시간은 시간당 12분을 넘지 말아야 한다. 영국은 민간 방송국 광고를 시간당 7분으로 제한하고 있다.

유럽에서 인터넷 서비스는 특히 취약하다. 인터넷 서비스에 적용할 규제분야를 유럽 연합 회원국별로 정하기 때문이다. 만약 일부 회원국이 텔레비전 방송 규칙을 인터넷에 적용하고 다른 국가들은 인쇄매체 광고 규칙들을 적용한다면, 범유럽 서비스는 장벽에 부딪힐 것이다. 좋은 소식은 유럽 연합이 인터넷 활동을 다루는 규제 문제에 자신들의 견해를 밝히고 있다는 점이다. 비록 관심의 대부분은 도메인 이름과 인터넷 주소에 집중되어 있지만, 유럽위원회는 온라인 활동이 서로 다른 다양한 규제에 의해 저촉된다면 온라인 활동이 심각한 문제에 직면할 것이라는 점을 잘 알고 있다.

일부 국가에서는 광고에 부과되는 특별세금이 있는데, 이는 광고미디어 선정의 창조적 자유를 제한할 것이다. 오스트리아의 세금구조는 광고에 대한 과세가 어떻게 다양한 광고 미디어의 원가비율을 변경시켜 미디어 선택에 영향을 주는지를 보여준다. 부르겐란트(Burgenland) 주정부와 티롤(Tyrol) 주정부를 제외한 연방 주정부는 광고에 10% 세금을 부과한다. 또한 연방 주정부와 지방자치단체는 광고 포스터에 10~30%의 세금을 징수한다. 그러나 라디오 광고에는 티롤 주정부가 20%의 세금을 부과하는 반면 다른 주는 10%를 부과한다. 이와 달리 잘츠부르크(Salzburg), 슈타이어마르크(Steiermark), 케른텐(Karnten) 그리고 포어알베르크(Voralbert) 주정부에는 세금이 없다. 그리고 텔레비전 광고에는 국가 전체로 10%의 공통 세금이 있다. 영화 광고의 경우 비엔나(Vienna) 주정부는 10%의 세금, 부르겐란트 주정부는 20% 그리고 슈타이어마르크 주정부는 30%의 세금을 부과한다. 그러나 다른 연방 주정부에는 영화에 부과하는 세금이 없다.

언어 제한

언어는 광고를 매개로 한 효과적 커뮤니케이션에서 주요 장벽 중 하나다. 이런 문제는 다양한 국가의 언어,[18] 한 국가 내의 다양한 언어나 방언 그리고 말의 미묘한 차이, 논쟁 형태,[19] 심지어 사투리 그리고 억양 등과 관련 있다. 최근 아일랜드식 억양은 영국과 아일랜드에서 가장 "섹시한" 것으로 선정되었는데, 이는 스코틀랜드, 웨일스,

[18] David Luna and Laura A. Peracchio, "Advertising to Bilingual Consumers: The Impact of Code-Switching on Persuasion," *Journal of Consumer Research* 31, no. 2 (2005), pp. 57 – 73; David Luna, Dawn Lerman, and Laura A. Peracchio, "Structural Constraints in Code-Switched Advertising," *Journal of Consumer Research* 32 (2005), pp. 416 – 23.

[19] Lefa Teng and Michel Laroche, "Interactive Effects of Appeals, Arguments, and Competition across North American and Chinese Cultures," *Journal of International Marketing* 14 (2006), pp. 110 – 28; Sharon Begley, "What's in a Word," *Newsweek*, January 8, 2010, p. 31.

조디스(Geordies), 버밍엄 그리고 "상류층 영어" 등을 물리친 결과다.[20] 언어는 많은 국가에서 문화적 자부심의 문제인데, 프랑스가 물론 대표적인 예이다.

부주의하게 언어를 다루는 것은 모든 국가에서 문제의 소지가 있다.[21] 예컨대 다임러 크라이슬러는 미국에서 방영한 광고주제인 "Dart Is Power."라는 표현을 스페인어로 번역해 광고한 결과 조롱거리가 되었다. 스페인 사람들에게 이 말은 성적활력을 원하지만 실제로는 부족한 사람을 의미하기 때문이다. 바카디(Bacardi) 회사는 과일향의 쓴맛이 나는 술에 세련된 프랑스인을 연상시키는 파반느(Pavane)로 이름을 붙였다. 바카디사는 독일에서 이 술을 판매하고 싶었으나, 파반느(Pavane)는 파비안(pavian)과 발음이 비슷했는데, 이는 "추하고 야비한 사람"이라는 뜻이다. 중동에서 토마토 페이스트(tomato paste)를 판매하는 한 기업은 "토마토 페이스트"는 아라비아 말로 "토마토 풀(tomato glue)"로 해석된다는 것을 깨달았다. 같은 스페인어를 쓰는 국가라도 동일한 단어가 서로 다른 스페인어권 국가에서 다른 의미를 가질 수 있다는 점에 유의해야 한다. ball(공)이라는 영어 단어는 스페인어에서 bola로 번역된다. 이는 한 국가에서는 공을 뜻하나, 다른 국가에서는 혁명으로 번역한다. 또한 다른 국가에서는 이를 거짓말이나 꾸며낸 것으로 번역되며, 심지어 남성의 고환으로 해석하는 국가도 있다. 최근에, iPad는 이름도 전 세계적인 논쟁을 불러일으켰다. 심지어 미국에서조차 여성들은 패드(pad)라는 단어를 여성 생리대와 연관시킨다. 아일랜드 소비자는 아이팟(iPod)과 아이패드(iPad)라는 이름이 똑같이 발음되는 것에 불만을 터뜨렸으며, 일본 사람에게는 iPad에서 "a"라는 글자를 발음하는 소리가 없다.[22]

트로피카나(Tropicana) 브랜드 오렌지 주스는 푸에르토리코에서 'jugo de China'로 광고했으나, 이 광고는 마이애미의 쿠바 거주지에서 실패했다. 푸에르토리코 사람들에게 China는 오렌지를 의미하지만, 쿠바계 미국 사람들에게는 이것이 중국이라는 나라이름이었다. 그리고 쿠바계 미국인들은 "공산주의자"의 주스를 구매하지 않는다. 이 외에도 한 독일 광고에서는 "완전히 새로운 구색(a whole new range of products)"이라는 표현이 "완전히 새로운 난로(a whole new stove of products)"로 나왔다.

언어에는 효과적이고 알기 쉬운 번역을 방해하는 수많은 장벽이 있기에 원활한 커뮤니케이션을 저해한다. 이러한 장벽은 특히 광고자료와 인터넷상에서 더욱 확연하게 드러난다.[23] 광고업체의 가장 효과적인 도구인 추상적 관념, 간결한 형식 그리고

[20] Nicola Anderson, "Sexy Accent Makes Us Talk of the Town," *Irish Independent* , March 27, 2004, p. 7.

[21] See http://www.engrish.com for a wide range of (mostly) humorous translation problems related to the use of English for Japanese products, signage, and so on.

[22] Brad Stone, "What's in a Name? For Apple, iPad Said More than Intended," *The New York Times* , January 10, 2010, pp. A1, A3.

[23] Clyde A. Ward en, Mengkuan Lai, and Wann-Yih Wu, "How Worldwide Is Marketing Communication on the World Wide Web," *Journal of Advertising Research* 42, no. 5 (September – October 2002), pp. 72 – 84.

자메이카에는 "true ting"이라는 그레이트푸르츠 음료가 있다. 이 광고는 십여 년 전 코카콜라의 광고 "real thing"에서 가져온 것이다. 말할 것도 없이 "Ting"은 자메이카 사람을 위한 "Thing"의 크리올(Creol) 언어 번역이다. 아마도 지금까지 최고의 광고판은 스페인 시골 주위의 언덕에 있는 거대한 황소 간판일 것이다. 이 황소들은 원래 오스본 브랜디(Osborne Brandy)를 의미하지만, 여기서는 스페인의 상징처럼 보인다. 코카콜라조차도 이렇게 강력한 광고를 사용한 적이 없다. 또한 제너럴일렉트로닉스(GE)는 중국 정부와 협력해서 자연 친화적인 2008년 북경 올림픽 광고에 협력했다. 그러나 역설적으로 전 세계 많은 사람은 이러한 옥외광고판 자체가 환경오염이라고 생각한다.

경제적 단어 등이 번역하는 사람에게 문제를 일으킬 수 있다. 심지어 하나의 문장과 간단한 개념에 매우 여러 가지 해석을 가능케 하는 국가별 문화유산과 교육의 다양성은 커뮤니케이션을 방해한다. 따라서 일부 기업은 자국 내의 외국 번역가를 고용해서 이러한 문제를 해결하려고 노력한다. 일상 단어들이 다양한 문화에서 서로 다른 의미로 해석된다. 심지어 발음조차 문제를 야기한다. 리글리(Wrigley)는 철자를 스피어민트(Speermint)로 바꾸기 전까지 독일에서 박하향 껌인 스페어민트(Spearmint)를 판매하는데 어려움을 겪었다.

번역 문제와 더불어, 여러 국가에서 문맹률은 커뮤니케이션을 심각하게 방해하며, 높은 수준의 창조성과 글이 아닌 말로 하는 광고를 필요로 한다. 그리고 언어의 다양성은 광고업체에 또 다른 문제로 다가온다. 스위스 같은 작은 국가도 네 개의 언어를 사용하며, 이스라엘 사회의 이질적인 특성처럼 그들 중 일부는 50개 언어를 사용한다. 예루살렘의 방송 해설가는 비록 히브리어가 "일상적 말하기에 사용가능한 언어가 되었음에도 불구하고 이를 광고문구로 사용하기에는 아직 부족하다."고 말했다. 우리는 이처럼 이중 언어사용자들에 대한 광고와 관련된 매우 복잡한 고려사항들을 이제 막 이해하기 시작했을 뿐이다.[24] 광고 커뮤니케이션은 완벽해야 하고, 언어적 차이는 모든 단계에서 문제를 일으킬 수 있다. 따라서 목표 소비자 집단과 함께 현지에서 확인해보는 것이 문제를 피하는 유일한 방법이다.

문화 다양성

다양한 문화의 사람들과 커뮤니케이션하는 문제는 광고에서 가장 창조적 도전 중 하나다. 한 광고 관리자는 이것을 다음과 같이 말했다. "국제 광고는 거의 한결같이 힘든데, 이는 대부분의 사람들이 언어와 문화를 이해 못하기 때문이다." 커뮤니케이션은 더 힘든데, 문화적 요인들에 의해서 다양한 현상들이 인식되는 방식이 다르기 때문이다.[25] 만약 인식의 틀이 다르다면, 메시지를 인식하는 그 자체도 또한 다를 것이다.[26]

전통과 전통에 기초한 기존 인식은 보통 광고 활동을 비효과적이거나 부정적으로 만든다. 예컨대 홍콩의 마케팅 연구원들은 치즈가 외국인들과 관련이 있다는 이유로 일부 중국인들이 이를 거부하는 것을 발견했다. 도요타는 중국에서 프라도(Prado SUV)를 소개했으나 그 이름이 "힘에 의한 원칙"이라는 뜻의 중국 단어와 유사한 것을 발견했다. 이러한 제품명은 대다수 중국인들에게 매우 부정적인 1937년의 일본에 의한 중국 침략을 상기시켰다. 또한 문화에 따라 성적 매력[27], 음악[28] 및 스타들의 효과성[29]은 다양하게 변한다.

피앤지(Procter & Gamble)가 일본에서 팸퍼스(Pampers)의 첫 기저귀 광고를 실

---

[24] Aradhna Krihna and Rohini Ahluwalia, "Language Choice in Advertising to Bilinguals: Asymmetric Effects for Multinationals versus Local Firms," *Journal of Consumer Research* 35, no. 4 (2008), pp. 692 – 705; Jaime Noriega and Edward Blair, "Advertising to Bilinguals: Does the Language of Advertising Infl uence the Nature of Thoughts?" *Journal of Marketing* 72, no. 5 (2008), pp. 69 – 83.

[25] Nader T. Tavassoli and Yih Hwai Lee, "The Differential Interaction of Auditory and Visual Advertising Elements with Chinese and English," *Journal of Marketing Research* 40, no. 4 (2003), pp. 468 – 80.

[26] Some of the most important work being done in the area of culture and advertising is represented by Jennifer Aaker and Patti Williams's "Empathy and Pride: The Infl uence of Emotional Appeals across Cultures," *Journal of Consumer Research* 25 (December 1998), pp. 241 – 61; Ulrich R. Orth and Denisa Holancova, "Men's and Women's Responses to Sex Role Portrayals in Advertisements," *International Journal of Research in Marketing* 21, no. 1 (2004), pp. 77 – 88.

[27] Geng Cui and Xiaoyan Yang, "Responses of Chinese Consumers to Sex Appeals in International Advertising: A Test of Congruency Theory," *Journal of Global Marketing* 22, no. 3 (2009), pp. 229 – 45.

[28] Ashok K. Lalwani, May O. Lwin, and Pee Beng Ling, "Does Audiovisual Congruency in Advertisements Increase Persuasion? The Role of Cultural Music and Products," *Journal of Global Marketing* 22 (2009), pp. 139 – 53.

[29] Somdutta Biswas, Mahmood Hussain, and Kathleen O'Donnell, "Celebrity Endorsements in Advertisements and Consumer Perception: A Cross-Cultural Study," *Journal of Global Marketing* 22 (2008), pp. 121 – 37.

CROSSING BORDERS 16.3 인도광고에 대한 비판의견들이 비중있게 다루어지다.

인도의 한 광고에서 검게 탄 피부색을 하고 경제적으로 어려워 보이는 아버지는 자신의 운명을 슬퍼하며, "Kaash agar mera beta hota(아들 하나만 있다면)" 라고 말한다. 가족을 부양할 경제적 여력이 없는 그의 평범한 딸은 무기력하고 의기소침해 보인다. 화면이 빠르게 돌아가고, 페어니스 크림(fairness cream)을 사용한 평범한 딸은 화려하고 밝은 피부색을 한 여인의 모습으로 변한다. 미니스커트를 입고 성공한 항공기 승무원이 된 딸은 오성급 호텔에서 아버지에게 만찬을 대접한다. 그녀는 행복해 보이고, 아버지 역시 마찬가지다.

이렇게 끝이 좋으면 모든 것이 좋다. 그러나 이 말은 유니레버의 인도 자회사(Hindustan Lever Ltd., HLL)에는 통하지 않았다. 유니레버 자회사는 인도에서 이 텔레비전 광고로 페어앤 러브 페어니스 크림(Fair & Lovely fairness cream)을 홍보했다. 그러나 여성을 묘사한 광고 내용이 심한 비판에 직면하면서 두 달 뒤 광고 방송을 중단했다. 이 사건은 인도에서 사회적 관습의 변화를 간과했으며, 정부, 소비자 단체 및 산업 규제 당국 사이의 긴장감을 높였다.

서구 사회에서 검게 탄 피부는 강렬함을 보여주지만, 아시아에서는 역사적으로 피부를 하얗게 처리하는 것이 인기가 있다. 일본에서 이러한 제품의 시장규모는 60억 달러며, 인도에서도 1억 5천만 달러에 달한다.

전 인도 민주여성연합(All India Women's Democratic Association)은 이 광고가 피부에는 좋을지 몰라도 사회적으로는 문제가 있다고 말하며, 이 광고의 세 가지 불쾌한 점을 지적했다. 즉 이 광고에는 인종차별주의가 있고, 남자아이를 선호하도록 조장하며, 일하는 여성에게 모욕적이라는 것이다. 정부 부처는 이 광고가 1995년 제정한 방송 관련법을 위반한 점을 발견했다. 관련법에서는 특정 인종이나, 카스트, 색깔, 종교, 민족을 조소하는 것을 금지하고 있다. 정부의 규제 당국은 해당 광고의 방송금지에 동의했으며, 회사에 압력을 행사했다. 회사는 어떠한 잘못도 인정하지 않았지만, 규제 당국의 결론을 따라야만 했다.

출처: Arundhati Parmar, "Objections to Indian Ad Not Taken Lightly," *Marketing News*, June 9, 2003, pp. 4–5; Heather Timmons, "Telling India's Modern Women They Have Power, Even over Their Skin Tone," *The New York Times*, May 30, 2007, p. C5.

패한 것은 미국과 일본 간의 문화적 차이 때문이었다. 피앤지는 팸퍼스 기저귀를 집으로 배달하는 황새를 만화로 보여주는 미국 광고를 일본식으로 포장해서 일본어 육성으로 방송했다. 피앤지는 매우 실망스러운 결과를 감수해야만 했다. 광고 이후 실시된 시장조사에서 일본 소비자들은 왜 황새가 일회용 기저귀를 배달하는지를 이해할 수 없다고 밝혔다. 일본 민간전승에 따르면 황새가 아니라 강 위에 떠 있는 커다란 복숭아가 자격이 있는 부모에게 아이를 가져다주기 때문이다.

국가 간의 차이뿐만 아니라 광고주는 한 국가 내의 하위문화에도 관심을 기울여야 한다는 것을 발견했다.[30] 홍콩 사람들의 아침 식사 형태는 10여 가지에 달한다. 한 국가의 젊은이들은 보통 나이 든 사람들과는 다른 소비문화를 보이며, 도시 거주자의 소비문화 또한 농촌 거주자들과는 다르다. 이러한 차이 이외에도, 전통의 변화라는 문제가 있다. 모든 국가에서 대부분 동년배의 사람들은 도시든 전원이든 어느 정도 자신들의 문화적 유산을 지키고자 하면서도 일부 영역에서는 자신들의 행동을 기꺼이 바꾸려고 한다. 사실상 네슬레의 초반 노력과 스타벅스의 최근 확장으로 커피는 차 문화가 발달한 일본에서 자신을 세련된 세계주의자로 생각하는 도시민과 젊은이들에게 최신 유행 음료가 되었다.

[30] Victoria Jones, "It's Not Black and White: Advertising and Race in Cultural Context," *Journal of Global Marketing* 23, no. 1 (2010), pp. 45 – 64.

광고미디어 제한

홍보에서 창의적 전략의 제한이 광고미디어 때문에 발생할 수 있으며, 이는 판촉 계획에서 광고의 역할을 낮춘다. 그 결과 마케터들이 판촉 활동의 통합에서 다른 요인들을 강조할 수 있다. 이탈리아처럼 텔레비전 광고가 연간 10번으로 제한된 국가에서 마케터는 창의력을 발휘하는데 어려움이 많다. 심지어, 일부 국가의 창의적 광고주는 광고미디어에 가해진 제한을 극복하고자 그들 스스로 자체적인 미디어를 만들기도 했다. 일부 아프리카 국가에서는 광고주가 직접 시골지역을 여행하며, 인기 음악을 틀어주고 광고를 방영하면서 보트를 타고 강을 오르락 내리락했다.

광고제작과 비용의 제한

창의력은 예산부족, 저급한 인쇄 및 고품질 종이의 부족과 같이 광고제작에 심한 제약이 있을 때 특히 중요하다. 예컨대 동유럽에서는 발행 부수가 많은 고급 잡지와 기타 출판물의 낮은 품질수준으로 콜게이트(Colgate-Palmolive)는 서유럽에서처럼 인쇄매체를 중점적으로 사용하는 방식을 유지할 수가 없었다. 또한 중국의 신문용지는 품질이 떨어지기 때문에, 서양에서 코닥이 사용했던 색상을 사용할 수 없었다. 이에 코닥은 신문에 천연색 광고 전단지를 만들어 삽입하였다.

또한 반드시 손으로 그린 옥외 광고판을 인쇄된 광고판 대신 사용할 때가 있는데, 이는 옥외 광고판의 수가 많지 않아 인쇄된 광고지의 공급이 부족하기 때문이다. 이집트에서는 텔레비전의 전파장애와 낮은 품질의 옥외 광고판 때문에 코카콜라와 네슬레 같은 기업들은 펠러커 배(나일강을 따라 항해하는 보트)의 돛 위에서 광고를 하게 하였다. 삼각형 돛을 달고 있는 펠러커 배는 파라오 시대 때부터 제품 운송을 위해 사용됐으며, 회사 이름과 로고를 눈에 띄게 하는 효과적 대안으로 사용되었다.

광고미디어 계획과 분석

LO6
제한적인 미디어, 과도한 미디어 그리고 정부규제가 기업광고와 홍보예산에 미치는 영향을 이해한다.

커뮤니케이션에 하나의 혁명이 진행 중이다. 예전에도 정치적 사건과 자연재해 소식은 하룻밤에도 수백만 명의 사람들에게 극적인 영향을 미칠 수 있었다. 그러나 개인용 컴퓨터, 인터넷, 및 휴대폰 방식의 전자식 커뮤니케이션 네트워크의 효과는 정치적 사건과 국가적 재해에 대한 반응뿐 아니라 지구에 사는 모든 이들의 일상생활에도 영향을 미친다. 커뮤니케이션 혁명을 가장 뚜렷이 표현하는 서술적 묘사는 가필드(Bob Garfield)의 저작인, 혼돈의 시나리오(The Chaos Scenario)에 나온다.

> ...세계에서 가장 큰 광고 대행사를 소유하고 있는 기업인 더블유피피그룹(WPP Group)의 의장인 마틴 소렐 경(Sir Martin Sorrell)의 2007년의 논평을 살펴보자.
>
> "신생 커뮤니케이션 미디어는 서서히 그 새로움을 잃어갈 것이다. 또한 이 새로움 매체들은 단순히 기존 커뮤니케이션에 부가적인 경로가 될 것이다. 그리고 역시 한때는 새로웠지만, 지금은 단순히 하나의 미디어에 불과한 다른 미디어들처럼 신생 커뮤니케이션 미디어 역시 다양한 기존 미디어들 속에서 충분한 자격을 얻는 것으로 만족할 것이다. 이것은 아마도 역 지배(reverse takeover), 즉 기존 미디어의 지배를 통해서 말이다. – *그러나 어느 것도 이 신생 미디어를 대체할 수 없다는 것은 거의 확실하다.*"

> 이탤릭체는 저자의 말이다. 마틴경은 어리석었다. 그는 인터넷이 단순한 최신 유행의 미디어가 아니라는 것을 알지 못했다! 이는 불(火), 농업, 바퀴, 인쇄기, 화약, 전기, 라디오, 유인 비행, 항생물질, 원자력과 비슷한 혁명적 진보다. 디지털 혁명은 사회화, 커뮤니케이션, 정보, 오락, 민주주의까지 이미 우리 삶의 모든 측면에 광범위한 영향을 미치고 있다. 그리고 우리의 눈앞에서 겁 많은 구세계가 붕괴할 때, 이렇듯 훌륭한 신세계의 영향은 더욱 커질 것이다. 이는 일어날 것이 아니라, 지금 이 순간에도 이미 일어나고 있다.[31]

가필드의 강력한 주장처럼 현대사회는 그의 원칙에 동의한다. 21세기 커뮤니케이션 미디어의 변화는 빠른 속도로 진행되고 있다. 소렐 경의 혼란한 세계에도 불구하고 우리는 변화를 붙잡기 위해 노력한다.

전략적 고려사항

모든 대규모 국가들은 비록 기본적으로 동일한 종류의 미디어를 가지고 있지만, 수많은 고려사항과 문제점 그리고 차이점은 각국마다 다르다. 국제광고에서 광고주는 가용성과 비용, 미디어도달 범위, 미디어의 적합성 등을 고려해야 한다. 그리고 이러한 미디어를 흔들고 있는 끊임없는 경쟁은 의사결정에서 세밀하면서 역동적인 풍경을 만들어 낸다. 게다가, 최근 연구에 따르면 미디어의 효과성은 문화와 제품 형태에 따라 달라진다는 것이 밝혀졌다.

예컨대 대만과 중국의 소비자는 미국 소비자보다 인쇄 광고에 더 긍정적이다.[32] 그리고 지역적 차이와 시장 자료의 부족은 더욱 많은 관심을 필요로 한다. 주요 미디어 기업의 지속적인 발전과 함께, 다국적기업은 커뮤니케이션 경로 수립 계획의 중요성을 깨닫기 시작하고 있다. 사실상 디즈니와 타임워너(Time Warner) 같은 미디어 대기업은 광범위하게 성장하는 전자미디어를 다루면서, 다국적기업과 미디어 서비스 제공업체와의 관계를 점차 다시 생각하게 되었다.

이러한 상황에 직면한 광고주가 필요로 하는 창의력을 생각해 보자.

- 브라질에서 텔레비전 광고는 한 번의 광고방송 시간 안에 10~50개의 광고를 연속으로 방영한다.
- 여러 국가에서 국가 전체로 광고 보급률을 확대하는 것은 40개에서 50개의 다양한 광고미디어를 사용하는 것을 의미한다.
- 전문 미디어는 오직 작은 세분시장에만 도달한다. 네덜란드에는 가톨릭교, 개신교, 사회주의자, 중립 성향을 대상으로 하는 방송과 더불어 기타 전문 방송국도 있다.

---

[31] Bob Garfi eld, *The Chaos Scenario* (Nashville, TN: Stielstra Publishing, 2009), p. 11.

[32] Carrie La Ferle, Steven M. Edwards, and Wei-Na Lee, "Culture, Attitudes, and Media Patterns in China, Taiwan, and the U.S.: Balancing Standardization and Localization Decisions, *Journal of Global Marketing* 21, no. 3 (2008), pp. 191 – 206.

- 독일에서는 일 년간의 텔레비전 방송 일정을 그 전해의 8월 30일까지 준비하는데, 여름 방영을 목표로 한 광고가 한겨울에 방영되지 않으리라는 보장이 없다.
- 베트남에서는, 신문과 잡지 광고는 지면의 10%까지 그리고 라디오와 텔레비전에서는 방영시간의 5% 또는 시간당 3분으로 제한하고 있다.

이용 가능성 국제광고에서 비교되는 것중의 하나는 일부 국가는 너무 적은 수의 미디어를 가지고 있지만, 다른 국가는 반대라는 점이다. 일부 국가에서는 특정 광고 미디어를 정부 명령으로 금지한다. 이러한 제한은 대부분 라디오와 텔레비전 방송에 있다. 또한 많은 국가에서는 모든 광고를 게재하는 데 필요한 잡지와 신문이 부족하다. 이와 반대로 일부 국가에는 시장을 세분화해서 공략할 때 광고를 효과적으로 보급하는데 적정한 비용을 산정할 수 없을 정도로 너무 많은 신문사가 있다. 이탈리아의 한 광고 대행사 사장은 이탈리아 시장에서 광고미디어를 확보하는 것을 다음처럼 말했다. "하나의 기본적인 규칙. 당신은 당신이 원하는 것을 살 수 없다."

중국 유일의 국영 방송인 중국중앙전시대(CCTV)는 27개의 지방/자치도시 방송국이 반드시 방영해야 하는 하나의 채널을 가지고 있다. 최근에 CCTV는 초저녁 뉴스와 날씨 방송 사이의 가장 인기 있는 시간을 경매하였다. 이러한 시간대에서는 1년 동안 매일 5초짜리 광고를 보장하는데, 이는 3,850만 달러에 낙찰되었다. 이 가격의 대가로 광고주 기업은 성공적인 광고보급률을 보장받았다. 가구의 70% 이상이 텔레비전을 보유하고 있기 때문이다. 광고주 기업의 또 다른 선택 중 하나로는 특정 지역만을 전문적으로 담당하는 2,828개의 텔레비전 방송국이 있다.

비용 대부분 국가에서 광고미디어 비용은 협상의 여지가 있다. 그리고 광고주 기업은 광고를 이용해 원하는 바를 성취할 때 필요한 비용이 대행사의 교섭능력에 달려있다는 것을 알고 있다. 계약 비용 역시 국가마다 다양하다. 11개의 다양한 유럽 국가에서 시행된 한 연구에 따르면 1,000명의 고객에 도달하기 위한 광고비용은 벨기에의 1.58달러에서 이탈리아의 5.91달러까지 다양한 것으로 나타났다. 1,000부를 발행하는 여성 잡지에서는 한 쪽짜리 광고비용이 덴마크의 2.51달러에서 독일의 10.87달러까지로 나타났다. 일부 시장에서 텔레비전 광고의 시간 부족은 상당한 가격 인상을 일으켰다. 영국에서는, 광고시간 경매로 해당 가격이 상승했다. 여기에는 고정된 광고 요율을 정하지 않는다. 대신 기꺼이 높은 비용을 내려는 광고주 기업이 기존에 예약된 광고를 교체할 수 있다.

미디어 영향력 범위 비용 문제와 유사한 것으로 광고미디어 영향력의 범위 문제가 있는데, 여기서는 두 가지가 특히 중요하다. 하나는 광고로 전체 인구 중 특정 부문에 도달하는 것과 관련된 어려움이다. 다른 하나는 미디어 도달 범위에 관한 정보의 부족이다. 많은 세계시장에서, 광범위한 광고 미디어를 사용하는 목적은 주력시장에 도달하기 위해서이다.

일부 국가에서는 상당수의 관련성 없는 미디어들이 시장을 비경제적으로 세분화해서 나누고 있다. 예외도 있지만, 저개발 국가의 대다수 사람들은 전통적 대중광고 미디어로는 쉽게 도달할 수 없다. 인도에서는, 지방 사람들에게 광고 효과를 얻기 위해 제품의 장점을 크게 칭찬하는 30분간의 정보 전달적인 광고에 비디오 밴(Van)을 사용한다. 소비재 생산 기업은 시골지역에 장마철을 제외하고 항상 밴을 배치한다. 콜게이트(Colgate)는 시장조사 결과 가능성이 있다고 판단한 지역에는 한번에 85개의 비디오 밴을 보낸다.

동유럽에서는 단일 미디어로는 충분한 광고 영향력을 확보하기 어려우므로 기업들은 다매체 이용방식에 의지한다. 예컨대 체코 공화국에서는 텔레비전 광고비용이 비싸고 황금 시간대 광고 확보가 어려우므로 기업들은 광고판을 대신 이용한다. 슬로베니아 공화국 역시 적절한 광고미디어의 이용 가능성에 문제가 있어 메시지를 전달하려는 기업들은 일부 독특한 접근방식을 사용한다. 예컨대 여름에 주요 도시 상공의 구름 위에 이미지를 보여주려고 레이저를 사용한다. 긍정적인 점은 범죄율이 매우 낮아서 제품을 도로변에 세워 놓은 별도의 유리 진열장에 전시할 수 있다. 보쉬 지멘스(Bosch Siemens)와 코닥(Kodak) 모두 이러한 방법을 사용했다.

시장 자료의 부족 발행 부수를 확인하거나 광고미디어의 영향력 범위를 계산하는 것은 어려운 일이다. 비록 여러 국가에 미국 신문잡지 발행부수 공시기구(ABC: Audit Bureau of Circulation)처럼 미디어의 정보량을 감사하는 유사한 기관이 있으나, 정확한 발행 부수와 시청자 자료를 보장하지는 못한다. 예컨대 멕시코 전국 광고주 협회(Mexican National Advertisers Association) 회장은 신문 발행 부수의 계산이 매우 과장되었다고 비난했다. 그는 원칙의 하나로서, 광고 대행사들은 이러한 수치를 반으로 계산해야 하며, 이를 곧이 곧대로 받아들이지 말 것을 제안했다. 중국 상황도 이보다 낫진 않다. 소비자 습관과 시장 침투에 관한 시장조사는 오직 북경, 상해 그리고 광주 같은 대도시에서만 가능하기 때문이다. 라디오와 텔레비전 시청률을 항상 측정하기는 어려우나, 적어도 대부분 국가에서 광고미디어가 지리적으로 도달하는 범위는 알려져 있다. 그리고 광고주 기업과 대행사는 품질 수준이 높은 시장조사 자료를 필요로 하기 때문에 해당 자료의 신뢰성은 점점 더 높아지고 있다.

심지어 광고 미디어의 영향력 범위를 부분적으로 정확하게 측정할 수 있더라도 광고가 도달한 시장의 구조에 대한 의문은 존재한다. 그리고 대부분 빈약한 시장자료는 국제시장의 특징을 나타내는 자료라고 볼 수 있다. 즉 광고주 기업은 수입, 나이 그리고 지리적 분포 등의 정보가 필요하지만, 이러한 기본 자료는 대규모 시장에서만 얻을 수 있다. 광고 미디어에 대한 부족한 조사자료는 심지어 위성 방송 텔레비전의 매력까지도 감소시킨다.

각 미디어의 구체적 특징을 평가하는 것은 이 책의 범위를 벗어난다. 또한 이와 같은 미디어 특징에 관한 정보는 국제 광고 미디어 분야의 급속한 변화 때문에 그 의미를 급속하게 잃어버릴 것이다. 그러나 다양한 광고 미디어의 독특한 국제적 특성의 일부를 살펴보는 것은 의미가 있다. 그리고 대부분의 경우 각각의 미디어별 특성이 주는 주요 시사점은 제시된 자료로 식별할 수 있다.

신문 신문 산업은 일부 국가에서는 경쟁이 없어 어려움을 겪고 있고 다른 국가에서는 심한 경쟁으로 고사 직전이다. 미국 도시 대부분은 하나나 두 개의 주요 일간지 신문사를 가지고 있지만 다른 나라에서는 심지어 광고주 기업이 부분적인 시장확보마저도 어려울 정도로 많은 신문사가 있다. 300만 명의 인구를 가진 우루과이에는 21개의 일간지 신문사가 있으며, 총 발행 부수는 553,000부이다. 터키에는 380개의 신문사가 있으며, 광고주 기업은 각 신문사의 정치적 위치를 고려해야하는데 그 이유는 인기없는 정치적 입장을 가진 신문사와 엮여서 제품의 평판에 흠이 가는 것을 원하지 않기 때문이다. 일본에는 단지 다섯 개의 전국 일간지가 있으며, 일본어 신문을 제작하는데 따르는 복잡성으로 각 신문은 오직 16~20면으로 발간한다. 그러나 발행부수는 현저하게 크다(표 16.4 참고). 이에 광고 지면을 사려면 신문사 내부 인사와 인맥이 필요하다. 그러나 일본의 가장 큰 신문사인 아사히의 광고 수익은 한 달에 백만 달러씩 감소하는 것으로 알려졌다. 그리고 심지어 일본 거대 신문사는 점차 전자 광고 미디어를 선택하는 젊은 자녀를 둔 고령화 인구에 직면해 있다. 그 결과로 신문 발행 부수는 꾸준히 감소하고 있다.[33]

많은 나라에서 하나의 광고가 신문에 기재되기까지는 시간이 걸린다. 인도와 인도네시아에서는 종이 부족으로 광고 게재를 위해서는 최대 6개월까지 기다려야 한다. 그리고 신문 제작 장비의 제한으로, 대부분 신문사는 광고 수요의 증가를 수용할 만큼 지면을 크게 만들지 못한다.

신문의 사설과 광고 내용 간의 분리는 국제무대에서 나타나는 대조적 현상의 기반이 된다. 일부 국가에서는, 광고와 판촉의 목적으로 신문의 사설 지면을 구매하는 것이 가능하다. 신문의 뉴스 면에 돈을 낸 사람이라면 누구에게든 판매할 수 있다. 그리고 해당 지면이 팔렸다는 표시가 없으므로, 주어진 신문에서 광고가 얼마나 게재되었는지 정확히 구분하기 어렵다.

잡지 국제 광고주가 외국의 소비자 잡지를 이용할 확률은 여러가지 이유로 낮다. 발행부수가 많거나, 신뢰할만한 발행 부수 계산결과를 제공하는 잡지사가 거의 없다. 과학 기술 잡지는 수출 상품을 광고하려고 다소 집중적으로 사용되기도 하나, 신문과 마찬가지로, 종이 부족으로 광고하기가 어렵다. 광고 미디어 기획자들은 종종 자신의 지면보다 두 배에 달하는 광고 게재 요청을 받아들이는 최대 규모의 잡지사와

[33] "The Teetering Giants," *The Economist*, February 10, 2010, pp. 72 – 73.

CROSSING BORDERS 16.4 여러 환경을 고려한 광고 테마

전통 존중: 벤츠 광고는 이 차가 최초로 만들어진 승용차라는 점을 강조한다.

상호 의존성: 시세이도(Shiseido) 광고는 아름다움을 성취하는데 함께 하고 있는 미용 컨설턴트와의 파트너쉽을 강조한다.

자연과의 조화: 도요타 광고들은 후지 산을 배경으로 한다.

계절 이용: 상업적 광고는 자주 계절을 배경으로 하며, 오직 특정 계절에만 이용하는 계절용품이 있다.

새로움과 진화: 광고에 나오는 제품들은 현재 환경에서 천천히 진화된 모습을 보여준다.

외국인을 포함한 유명인사 등장: 최근 연구에 따르면 일본에서 방영하는 광고의 63%가 유명 외국인을 내세우는 것으로 나타났다.

사회 고령화: 광고에는 간혹 나이 든 사람들이 등장한다.

가족의 변화: 집안일에 더 많은 시간을 쏟는 아버지의 역할 변화는 최근 광고의 공통 주제다.

세대 차이와 개인주의: 광고에 등장하는 젊은이들은 더욱 개인주의적으로 나타난다.

제품을 드러내지 않는 광고: 광고에 등장하는 움푹 들어간 펩시 캔을 사용하는 것은 더 인기 있는 코카콜라를 향한 경의를 보여주기 위해서다.

공손한 오리: 보험사 애플랙(AFLAC)의 캐릭터인 오리는 조용해진 울음소리를 가지고 일본시장에 진출하려 한다. 미국판 광고에서 귀에 거슬릴 정도로 울어대던 오리 대신 일본에서는 더 부드러운 음색을 가진 오리가 등장한다. 애플랙 대변인은 “일본 문화는 아직 시끄럽게 고함치는 오리를 좋아하지 않는다.”라고 말한다. 이 기업은 일본에서 70% 이상의 수익을 벌어들였고 이는 대략 80억 달러 규모다. 이 광고가 일본시장을 겨냥한 최초의 광고였음에도 일본 소비자는 이미 광고 속의 오리를 만난 적이 있다. 현재는 개인보험분야에서 가장 큰 기업인 이 회사는 미국 광고에 재녹음 처리를 해서 시끄러운 “오리”를 사용했다. 오리광고의 최종판은 인기를 얻었고, 광고에 나오는 시엠송은 일본에서 가장 많이 내려 받은 벨 소리가 되었다.

출처: George Fields, Hotaka Katahira, and Jerry Wind, *Leveraging Japan, Marketing to the New Asia* (San Francisco: Jossey-Bass, 2000); "ALFAC Tames Its Duck for Japanese Market," *Los Angeles Times*, May 13, 2003, p. C7; Lavonne Kuykendall, "Aflac CEO: The Duck Helps Drive Sales in Japan, *Dow Jones Newswire*, February 24, 2010, online.

직면한다. 이들은 지면보다 넘치는 광고 중 어떤 것을 게재할지에 대한 결정을 인쇄 바로 직전에 결정하는데 이때 제비뽑기를 이용한다.

이와 같은 지역적 관행은 여러 국가에 진출하고자 하는 소위 국제 미디어의 성장

표 16.4

주요 국가의 광고 미디어현황 (가구당 비율)

출처: Euromonitor International, 2009.

국가	컬러 TV	케이블 TV	위성방송 TV	전화 회선 수	인터넷 사용자	일간지 수*
미국	99.0	55.1	30.8	93.5	741	161
캐나다	98.9	64.3	25.7	99.1	769	172
아르헨티나	99.2	57.7	13.9	73.3	309	37
독일	98.1	51.5	41.8	90.9	785	240
러시아	96.8	41.7	7.4	59.6	285	—
이스라엘	95.3	83.9	40.1	83.1	306	182
남아프리카 공화국	67.7	0.0	6.3	17.2	88	37
중국	96.5	49.3	0.0	81.2	283	83
일본	99.0	62.4	39.9	95.2	724	518
호주	99.2	24.3	13.9	97.0	734	129

*는 가구비율이 아닌 인구 1,000명당 숫자를 나타냄.

에 도움이 되는 중요요인들이다. 점차 미국 출판물들은 외국어판을 출시하고 있다. 리더스 다이제스트(Reader's Digest International)는 20개의 외국어 판에 새롭게 러시아어를 더했다. 국제판을 가진 다른 인쇄 매체로는 플레이보이(Playboy)지에서 사이언티픽 아메리칸(Scientific American) 그리고 최근 영국에도 소개된 내셔널 인콰이어러(National Enquirer)까지 다양하다. 중국에서도 광고 기업이 현지 여성에게 새로운 세 가지 잡지를 제공하려 한다. 하셋트 필리빠찌 프레스(Hachette Filipachi Presse)는 프랑스 출판기업으로 패션 잡지인 엘르(Elle)의 중국어판을 확대하고 있다. 우먼스데이(Woman's Day)는 중국의 "바쁜 현대" 여성들을 표적으로 한다. 그리고 L'Evénement Sportif는 스포츠 잡지다. 이러한 광고 미디어는 다국적기업뿐 아니라, 현지 광고주 기업에게도 하나의 대안이 된다.

라디오와 텔레비전 타고난 오락적 가치로, 라디오와 텔레비전은 대부분 국가에서 주요 홍보 미디어가 되었다. 이제는 고화질 텔레비전(HDTV)이 세계적 비상을 시작하고 있다. 실제로 중국의 주요 도시에서 모든 가정은 텔레비전을 가지고 있으며, 대부분 성인은 매일 이를 시청하고 라디오를 듣는다. 라디오는 텔레비전이 잘 발달한 국가에서는 홍보 미디어 서열에서 그 지위가 낮아졌다. 그러나 많은 국가에서, 라디오가 인구 대부분에 도달하는 유일한 방법인 경우 라디오의 중요성은 커지며, 필수적인 광고 미디어가 된다.

텔레비전과 라디오 광고의 이용도는 나라마다 다르다. 일부 국가는 특정 라디오와 텔레비전 광고를 허용하지 않는다. 반면 전통적으로 비상업적인 국가 중 몇몇은 최근 자신들의 정책에 변화를 주었는데, 텔레비전 생산이 굉장히 비싸기 때문이다. 최근까지, 프랑스는 하루 중 광고 시간을 총 18분으로 제한했으나, 이제는 텔레비전 채널 하나에 시간당 12분으로 이를 확대했다.

위성 케이블 텔레비전 텔레비전 광고에서 중요성이 커지는 부분은 위성 텔레비전 방송의 성장과 발전이다. 영국에 기반을 둔 위성 텔레비전 방송국인 스카이채널(Sky Channel)은 텔레비전 시청자를 대상으로 대부분의 유럽에 프로그램과 광고를 방영한다. 정찬용 접시 크기의 약 350달러 장비로 위성방송을 볼 수 있도록 하는 기술은 미디어 도달 범위를 크게 넓혔고, 동일한 메시지를 모든 유럽에 전달할 수 있게 한다. 텔레비전 미디어의 서비스 범위 확장은 광고주에게는 창조적 도전이 될 것이며, 이에 국제 표준 메시지의 중요성이 커질것이다. 다양한 국가에서 케이블 텔레비전, 컴퓨터 및 인터넷의 보급률을 비교한 결과는 표 16.4를 참고하기 바란다.

광고주와 정부 모두 위성 텔레비전의 영향을 염려한다. 많은 정부가 이를 걱정하는 이유는 자국 방송과 "미국 문화제국주의론"에 대한 통제를 더 많이 상실하는 것을 두려워하기 때문이다. 중국은 민간방송 미디어를 허용하지 않는다. 유럽 텔레비전에서 방영하는 이러한 미국 영상에는 라구나 비치(Laguna Beach), 오씨(the Real

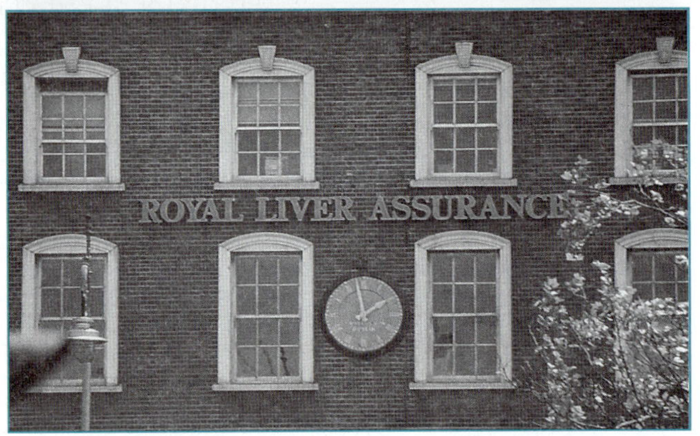

더블린 곳곳에 기네스 맥주광고가 있는 것을 볼 때, 아일랜드 사람에게 생명보험이 필요하다는 것이 놀라운 일은 아니다. 아일랜드는 체코공화국에 이어 일 인당 맥주 소비량 2위를 기록하는 음주 대국이다. 실제로 영국의 연금/생명보험 기업인 로얄 리버 생명보험(Royal Liver Assurance)은 더블린에 사무실을 두고 있다. 이 기업은 1850년대 리버풀 거주자들의 장례비 보험 조합에서 출발했다. 또한 아일랜드에는 현지인들이 좋아하는 "헐링(Hurling)"이라는 스포츠가 있는데, 이는 보통의 필드하키보다 더 야만적이다. 아일랜드 정부는 이 셋의 관계를 인식했다. 즉 스포츠 경기 방송 전 라디오와 텔레비전에서 보여주는 맥주광고, 폭력적인 스포츠를 보면서 발생하는 흥분, 음주 그리고 사망의 인과관계를 파악하였다. 이에 어떤 방송이던 스포츠 중계에 앞서 하룻밤에 한 번 이상 맥주광고를 내보내지 못하게 했다.

Orange County) 등이 있다. 또한 운명의 수레바퀴(Wheel of Fortune)이란 퀴즈프로그램은 영국과 프랑스에서 가장 인기 있는 외국 프로그램으로, 미국 판과 프랑스 판 모두를 볼 수 있다. 미국 수입 방송물은 프랑스와 독일에서 굉장히 인기가 많아서 정부 당국은 교양이 떨어지는 미국의 게임 쇼, 시트콤 및 드라마 등이 자국의 방송 제작업체들을 고사시키지는 않을까 두려워한다.

이러한 미디어 전쟁은 심지어 뉴스 속에 나타나는 서로 다른 세계관과 관련되어 정치적 단계까지 도달했다. 프랑스 정부는 프랑스24(France 24)라는 프랑스어판 시엔엔(CNN) 개발에 투자하면서 영어판 제작의 지원을 그만두었다.[34] 카타르 정부의 지원금으로 초기에 보조를 받았던 알자지라(Al-Jazeera)는 현재 손익을 맞추려고 분투하고 있다. 이렇게 어려운 상황에도 알자지라는 현재 널리 인정받는 아라비아 지역의 "시엔엔(CNN)"이며 중동에서 영향력을 가지고 있다.

아시아와 중남미의 일부 국가에서는 위성 텔레비전 방송망으로부터 방송을 수신한다. 유니비전(Univision)과 텔레비자(Televisa)는 각국의 방송국과 일련의 제휴를 맺고 대부분의 스페인어 사용 국가뿐 아니라 미국에도 진출하고 있는 두 개의 중

[34] "Sarkozy to Scrap English-Language France 24 Television – AFP," *Dow Jones International News*, January 8, 2008.

남미 위성 텔레비전 방송이다. 인기 있는 스페인어 방송물인 사바도 히간떼(Sabado Gigante)는 유니비전에서 방영하는데, 16개국에 1,000만 명의 시청자를 보유하고 있다. 새로운 범아시아 위성 텔레비전 방송망인 스타 티비(Star TV)는 이집트부터 인도, 일본 그리고 러시아에서 인도네시아까지 38개국에 살고 있는 270억 명의 잠재적 시청자를 보유하고 있다. 스타 티비는 아시아에서 처음으로 방송을 시작했으나, 곧 이에스피앤(ESPN)과 시엔엔(CNN)에 합류했다. 아시아 최초의 24시 스포츠 전문 방송의 뒤를 이어 아시아 전역의 수백만 중국인을 겨냥해 드라마, 코미디, 영화 그리고 경제뉴스를 방영하는 중국어 방송인 엠티비(MTV) 아시아와 만다린(Mandarin)이 나타났다.

위성 방송의 단점 중 하나는 또한 그들의 강점인데, 다른 국가의 광범위한 지리적 영역까지 미디어가 도달하는 능력이다. 이는 광범위한 지역에 단일한 메시지만을 방송하는 것을 의미하기 때문이다. 이렇게 넓은 영역 모두에 영향을 미치기에 일부 제품은 바람직하지 못할 수 있다. 언어, 기호 등의 문화적 차이로, 단 하나의 메시지는 효과적이지 못할 수 있다.

이 점에서 피비아이(PVI: Princeton Video Imaging) 기술은 현재 케이블 또는 위성 텔레비전을 사용할 때 보다 훨씬 다양한 문화권에서 현지광고를 좀 더 쉽게 만들 수 있는 혁신적 방법을 제공한다. 이에스피앤(ESPN)은 피비아이 기술을 활용하여 컴퓨터로 생성한 이미지를 구성하여 공벽(空壁), 길거리, 경기장과 같은 시각적 공간을 채워준다. 예컨대 시청자가 이에스피앤(ESPN) 엑스게임(ESPN's X-Games) 중 하나인 "스트리트루지(street luge, 몸을 눕히고 경사를 내려오는 스포츠)"를 보고 있다면 사람들은 경주자가 아디다스 광고판 앞을 지나가는 것을 볼 수 있다(그러나 실제로 그러한 광고판은 없다.). 그리고 만약 아디다스가 광고하지 않는 포틀랜드나 오레곤에서 시청한다면 광고판 없는 실제 모습을 볼 것이다. 이러한 광고는 다양한 국가에서 다른 언어로 방영할 수 있으며, 심지어 서로 다른 브랜드를 광고할 수도 있다.

대부분의 위성 과학기술에는 정부규제가 개입한다. 싱가포르, 대만 그리고 말레이시아는 위성 안테나 판매를 금지하며 일본 정부는 국내 케이블 기업이 외국 위성 방송을 재방영하는 것을 금지한다. 그러나 이러한 규제들은 오랫동안 좀처럼 효과를 내지 못했다. 대만에서는 약 150만 개의 위성 안테나가 사용 중에 있으며 다수의 불법 케이블 운영업자들이 사업을 하고 있다. 이러한 기술로 아시아 가정은 미국인에게 익숙한 동일한 종류의 방송을 시청하게 되고, 이에 따른 광고에 노출될 것이다.

우편발송 광고 우편발송 광고는 여러 나라에서 지속적으로 증가하고 있는 광고 미디어다. 이는 특히 다른 미디어가 실행 불가능할 때 중요하다. 국제마케팅에서 흔히 볼 수 있듯이 이러한 기본적인 미디어도 일부 새로운 상황변화에 영향을 받는다. 예컨대 중국에서 우편발송 광고는 효과적인 미디어가 아닌데 이는 보내는 사람이 우편

가격의 오직 일부만을 지급하기 때문이다. 집배원은 배달하는 모든 우편물의 부가적인 요금을 수취인에게서 받아야 한다. 말할 필요도 없이 광고주는 원치 않는 광고를 전달 받은 소비자에게 돈을 내라고는 못할 것이다. 그러나 우편발송 광고의 부분적 제약에도 불구하고 많은 기업이 우편발송 광고가 시장접근을 위한 하나의 의미 있는 방법이라고 생각한다. 예컨대 리더스 다이제스트(Reader's Digest Association)는 해당 잡지의 성공적 마케팅을 목적으로 멕시코에서 우편발송 광고를 사용했다.

인쇄 매체가 부족한 동남아 시장에서, 우편광고 발송은 산업재 제품 구매담당자에게 홍보하는 가장 효과적인 방법이다. 비록 정확한 우편 수취인 명단이 아시아와 일부 지역에서 어려울 수 있지만 말이다. 실제로 일부 기업은 우편발송 광고에 사용할 자신들 자체의 데이터베이스를 구축한다. 산업용 재화의 광고주 기업은 대량 우편 사용자며 대규모 해외시장 기회를 만들기 위해 제품목록 책자와 판매 소책자를 사용한다. 심지어 다른 미디어를 이용하는데 아무 문제 없는 일본에서도 우편발송 광고는 일본 네슬레와 델컴퓨터 같은 기업이 성공적으로 사용하고 있다. 부이또니 프레쉬-칠드 파스타(Buitoni fresh-chilled pasta)를 광고하려고 네슬레는 이탈리아 인기 요리의 일본어판의 12쪽의 천연 요리법 소책자를 우편발송하고 있다.

러시아에서는 일 년 사이에 우편발송 광고의 수량이 한 달에 150,000개에서 500,000개로 증가했다. 그리고 우편발송 광고의 응답률은 미국에서는 3~4%로 낮지만, 러시아에서는 10~20%로 높다. 러시아 사람들은 관심 받는 것을 좋아하기 때문이다. 물론 미디어 사용이 증가하면서 이 또한 변화할 것이다.

인터넷 여전히 진화중인 인터넷은 광고미디어 중 생존 가능한 매체중 하나이다. 그러므로 이를 기업의 이용 가능한 미디어 구성에 포함되어야 한다. B2B 커뮤니케이션과 제품목록 책자와 제품 설명서로 판촉활동 분야에서 인터넷 사용이 특히 빠르게 성장하고 있다. 수많은 기업이 인터넷 접속을 하므로, 인터넷은 B2B 시장의 많은 부분에 영향을 미칠 수 있다.

인터넷이 비록 전 세계적으로 각 가정에 침투하는데 한계가 있지만, 인터넷을 소비재 광고 미디어로 사용하는 기업이 증가하고 있다. 많은 소비재 생산 기업에 사이버 매장을 갖추고 기타 기업들은 소매점 판매 촉진을위해 인터넷을 광고 미디어로 사용하고 있다. 아일랜드의 워터퍼드 크리스털(Waterford Crystal of Ireland)은 특별히 매장방문의 촉진을 위한 웹사이트를 만들었다. 목표는 자사 제품을 광고하고, 워터퍼드 크리스털을 판매하는 매장으로 사람들을 유치하는 것이다. 이 사이트는 워터퍼드 제품의 거의 모든 제품목록을 보여준다. 한편 워터퍼드 제품을 판매하는 블루밍데일(Bloomingdale) 같은 매장 또한 웹사이트 광고로 이러한 판촉노력을 지원하고 있다.

소비재 판매에서 인터넷의 중요한 한계는 보급율이다(표 16.4 참고). 인터넷 이용 가구는 평균 이상의 수익을 올리는 젊고 더 많은 교육을 받은 시장으로 세분화할

표 16.5

3개 국가의 상위 10개 인터넷 사이트(월 방문자 기준)

출처: comScore Media Metrix, 2010, online.

순위	프랑스 2,610만 명		독일 3,260만 명		일본 5,380만 명	
1	Google sites	18.2	Google sites	23.0	Yahoo! sites	40.7
2	Microsoft sites	16.4	Microsoft sites	17.7	Google sites	32.0
3	France Telecom	14.0	eBay	17.4	Microsoft sites	30.0
4	Illiad/Free.fr	12.9	United-Internet sites	16.2	Rakuten Inc.	28.5
5	Grope Pages Jaunes	11.4	Time Warner Network	14.6	NTT Group	24.6
6	eBay	11.4	Wikipedia sites	12.6	FC2 Inc.	24.1
7	Yahoo! Sites	10.9	T-Online sites	12.1	Nifty Corp.	22.0
8	Skyrock Network	9.5	Yahoo! sites	11.2	Wikipedia sites	20.6
9	Groupe PPR	8.9	Otto Grupe	11.1	Livedoor	19.7
10	Wikipedia sites	8.5	Karstadt-Quelle	10.1	Amazon sites	18.4

수 있는데 일반적으로 그 수가 증가하고 있다. 많은 기업에게 이러한 집단은 중요한 틈새시장이다. 그러므로 인터넷의 이러한 한계는 일시적일 수 있다. 새로운 과학기술이 텔레비전을 이용한 인터넷 접속을 가능하게 하고 있으며, 저렴한 가격의 개인용 컴퓨터는 컴퓨터 이용자 수를 증가시킬 것이기 때문이다. 표 16.5는 세 개의 주요 시장에서의 웹사이트 방문자 분포를 보여준다. 미국 웹사이트들이 프랑스에는 5개, 독일에는 6개, 일본에는 5개 들어가 있다. 이 중 구글과 마이크로소프트가 지배적이다. 더 많은 방문자가 현지화된 해당 웹사이트를 보고 있으며, 이들 도메인은 is, .fr, .de, .jp 등이다. 동일한 기간에 미국인들이 가장 많이 방문한 웹사이트는 야후(Yahoo!), 타임워너(Time Warner), 마이크로소프트(Microsoft), 구글(Google), 이베이(eBay), 마이스페이스(MySpace), 애스크 네트워크(Ask Network), 아마존(Amazon), 뉴욕타임즈(New York Times) 그리고 웨더채널 (Weather Channel) 순이다. 중국에서의 순위는 바이두(Baidu.com), 큐큐닷컴(QQ.com) 그리고 구글 차이나(Google China) 순이다.

인터넷이 계속 성장하고 있는 가운데 각국 정부가 거의 간섭을 하지 않던 인터넷 미디어에 대한 통제를 주장하기 시작하면서 규제가 증가하고 있다. 바람직하지 못한 정보의 통제를 넘어 유료화, 세금, 불공정 경쟁, 수입 관세 그리고 개인정보 같은 문제들이 전 세계적으로 일어나고 있다. 호주에서 현지 소매업체들은 인터넷에 따른 무역 손실 때문에 법 개정을 요구하고 있다. 현형 법에서는 인터넷 구매에 정기적 수입 관세를 부과하지 않기 때문이다. 인터넷 산업은 이리저리 짜 맞추어 혼란스럽고 모순된 규정들을 회피하려고 인터넷 규제에 관한 글로벌한 이해를 위해 노력하고 있다.

최근 등장한 또 다른 어려움은 인터넷 사용자를 대상으로 한 경쟁이다. 웹사이트 수가 급격히 많아짐에 따라 한 소비자가 특정 페이지에 우연히 방문하는 것이 어렵게 되었다. 검색엔진은 이제 인터넷 이용자의 주의를 환기시키는 결정적인 수단이다. 또한 중요한 인터넷 광고주 기업이나 전자상거래 경영자는 더욱 효과적으로 다른 종류의 광고 미디어를 이용해 자사 인터넷 사이트의 존재를 알려야 한다. 일부 기업은 전통적인 텔레비전 광고와 웹사이트를 결합하고 있다. 아이비엠, 스와치 시계(Swatch watches), 에이티앤티(AT&T) 그리고 삼성전자 등은 방송과 온라인에 좌우 연타를 날리는 기업 중 일부이다. 텔레비전 광고는 지역적으로 한 제품의 브랜드 인지도를 상승시키며 기업 웹사이트를 홍보한다. 또한 한 기업은 웹상에서 배너 광고를 통해 열정적인 소비자를 자사 사이트로 이끌 수 있는데, 이 사이트에서도 제품을 광고한다.

소셜 미디어[35] 구전 광고와 지인 추천은 제품 선택에 항상 주요한 영향을 미쳤으나 인터넷은 이러한 광고방식의 속도와 영향력의 범위를 바꾸어 놓았다. 소셜 미디어(소셜 네트워킹, 블로그, 가상 세계 그리고 비디오 공유와 같은)는 강력한 마케팅 도구가 될 수 있다.

소비자가 생성하는 정보는 브랜드에 영향을 미친다(긍정적인 영향과 부정적인 영향). 이에 인터넷을 이용한 새로운 광고 미디어는 젊은 층이 목표인 제품뿐 아니라 모든 제품분야에서 기업 화두 중 하나다. 판매 기업이 원하든 원치 않던 소비자는 제품 정보를 만들어 낸다. 그러므로 판매 기업은 온라인에서 나누는 소비자의 대화를 이해하고 이에 참여하는 것이 매우 중요하다.

특정 인터넷을 국경으로 정확하게 설명할 수 없지만 인터넷 입소문은 정보 지향적인 문화에서 더욱 효과가 있음에 주목해야 한다.[36] 인터넷에서는 어떠한 상황이든 다양한 국가와 문화에서 온 소비자들이 온라인상에서 상호작용한다. 국제경영에서는 이러한 미디어의 잠재적 능력과 위험 그리고 이를 사용하는 소비자들의 성향을 이제 막 이해하기 시작했다. 최근 한 연구[37]에 따르면 미국과 다른 11개국(브라질, 캐나다, 중국, 프랑스, 독일, 인도, 일본, 멕시코, 러시아, 한국, 영국)에서 표본을 얻어 소셜 네트워크의 사용형태를 구별하였다. 연구목적에 따라 분석 대상 표본을 마이스페이스(MySpace), 싸이월드(Cyworld), 믹시(Mixi), 페이스북(Facebook) 등과 같은 적어도 하나 이상의 소셜 네트워킹 사이트에 방문한 소비자로 구성했다. 분석 결과 페이스북은 한 달에 4억 명 이상의 순 방문자 수를 기록했는데, 이는 주요 경쟁자

[35] For an excellent summary of the exploding infl uence of social media circa 2010 see “A World of Connections,” Special Report, *The Economist*, January 30, 2010, pp. 1 – 12.

[36] Desmond Lam, Alvin Lee, and Richard Mizerski, “The Effects of Cultural Values in Word-of-Mouth Communication,” *Journal of International Marketing* 17, no. 3 (2009), pp. 55 – 70.

[37] “Social Networkers Are Also Heavy Technology Users,” *Research Brief from the Center for Media Research*, November 14, 2007, http://www.centerformediaresearch.com.

표 16.6

모바일에서 소셜 네트워킹 이용방법 (응답자 비율)

출처: comScore Media Metrix, 2010, online.

문자메시지	미국 사용자	미국외 해외사용자
전자우편	60%	25%
뉴스	59	42
정보검색	59	39
디지털 사진	54	29
게임	42	17

인 윈도우 라이브(Windows Live)버디의 거의 세 배에 달하는 수치다. 그리고 3억 5천만 명 이상의 페이스북 사용자 중 단지 1억 명만이 미국에 있다.

미국인의 절반 이상이 텔레비전 방송과 실시간 비디오를 온라인에서 시청했다. 또한 이들은 인터넷으로 텔레비전 영상물을 내려받고 영화를 복사하며 장편 영화를 내려 받는다. 표 16.6을 참고하면, 미국인의 절반 이상이 단문 문자 서비스와 전자우편을 이용하거나, 뉴스와 정보 검색 그리고 디지털 사진을 수신하려고 모바일 장치를 사용했다. 다른 나라의 사용자도 이와 유사하지만, 모바일 장치의 기능은 더 풍부했다. 예컨대 미국 이외 지역의 사용자들은 미국 사용자들보다 모바일 장치에 더 많은 MP3 파일을 넣고 있는 것으로 보인다. 또한 호주 이용자는 다른 국가의 이용자보다 소셜 미디어 사이트에서 더 많은 시간을 보낸다(그림 16.2 참고).

휴대전화 애플리케이션 휴대전화가 전 세계적으로 증가하면서 사용자가 이용할 수 있는 애플리케이션 수도 같이 증가했다. 한 전문가는 다음과 같이 말했다, "전화기를 귀에 대고 사용하는 것에서 이제는 손으로 사용하는 방향으로 큰 변화가 일어나고 있어요. 이러한 변화는 정보 서비스의 새로운 문을 열어 주었지만, 그렇다고 인터넷하고 동일한 것은 아닙니다. 이는 휴대전화에서 제공할 수 있는 웹서비스에요. 변화는 또한 소비자가 질문하고 판매 기업이 답을 할 수 있는 새로운 방법을 제시했어요. 전 세계적으로 창조적인 사람은 누구나 휴대전화를 새롭게 사용하는 방식을 찾을 겁니다."[38]

아프리카의 우간다(Uganda)에서 진딧물 때문에 쌀농사를 망치고 있는 파머스 프랜드(Farmer's Friend)회사에 조언을 구하는 문자 메시지를 보낸다. 그리고 비누와 파라핀을 사용해서 어떻게 살충제를 만들 수 있을지를 메시지로 받는다. 황폐한 토마토 농장을 가진 농부는 우유를 기초로 한 혼합물을 농장에 뿌림으로써 문제해결 방법을 배웠다. 파머스 프랜드(Farmer's Friend)는 엠티엔(MTN), 구글 그리고 그라민 재단(the Grameen Foundation)의 "어플 연구소"에서 2009년에 출시한 다양한

[38] Rajeesh Veeraraghavan, Naga Yasodhar, and Kentaro Toyama, "Warana Unwired: Replacing PCs with Mobile Phones in a Rural Sugar Cane Cooperative," *Information Technology & International Development* 5, no. 1 (2009), pp. 81 – 95.

피앤지(P&G)의 소셜 미디어 실험

피앤지는 아바타로 상호작용하는 인터넷 기반의 가상세계인 "제2의 인생"이라는 섬에 사이버 본사를 둔 최초의 기업 중 하나다. 모발 보호제품 부문 국제 디지털 마케팅 담당자인 세르지오(Sergio dos Santos)와 디지털 마케팅 혁신 담당자인 게리(Gerry Tseng)가 해당 업무를 맡고 있다. 그들은 다음처럼 설명한다.

피앤지 담당 부서는 "제2의 인생"이라는 가상세계를 소비자와 함께 만드는데 흥미를 유발할 수 있는 가장 적당한 브랜드명을 찾는 경진대회를 후원했다. 공개적으로 진행한 이 행사는 처음 두 시간 동안 광고 미디어의 역량을 배우는 "제2의 인생 대학" 형태로 진행한 다음 공동 후원금이 걸린 경진대회에 관심 있는 제품에 참여해 달라고 요청했다. 총 71명의 행사 참석자 중 10명이 경진대회에 입상하고, 이 중 4명이 최종 결선에 올랐으며, 유럽의 웰라 쇼크웨이브(Wella Shockwaves)가 우승을 차지했다.

"Style-Attract-Play"라는 광고 표어를 사용한 쇼크웨이브는 젤, 스프레이, 무스 그리고 왁스 등과 동일한 모발 제품으로 가상세계의 젊은 남녀를 공략했다. 텔레비전 광고로 확장하면서, 쇼크웨이브는 아바타들이 서로에게 물 풍선을 던지는 가상 물싸움 기능을 만들었다. 이를 활성화시키기 위해 각 시합에 10만 린덴(가상 세계의 화폐단위)이 걸린 물싸움에 제품의 열렬한 지지자들이 팀을 이뤄 경쟁할 수 있도록 쓰리 웨이브(3-wave) 경진대회를 개최했다. 시합에 참여한 사람들은 각 판에서 물풍선을 던지고 보물찾기로부터 큰 메달을 얻어 점수를 쌓는다. 또한 쇼크웨이브는 이들의 행동을 학습하고, 다음 판을 적절히 조정할 수 있는 시간을 얻는다. 그 당시 쇼크웨이브 제품을 판매하는 지역은 오직 유럽뿐이었지만, 피앤지는 다른 지역 사람도 "쇼크웨이브 물싸움"에 자기 아바타로 참여하기 원한다는 것을 발견했다. 처음에 피앤지는 유럽지역에 속하지 않은 아바타의 참여를 배제할 생각이었으나, 최종적으로 모든 아바타의 참여를 허락하기로 했다. 비록 이러한 소비자에게 제품을 판매할 수는 없지만, 쇼크웨이브는 제2의 인생에서 활동하는 국제 소비자들의 행동과 특성을 학습할 수 있기 때문이다.

위 그림은 물싸움 시합에 참가등록을 유도하려고 "제2의 인생(Second Life)"의 세계에서 사용한 광고 게시물이다. 다른 웹사이트에는 이 게시물을 홍보하지 않았으며 "제2의 인생" 밖의 사람들을 대상으로 물싸움 시합을 홍보하는데도 사용하지 않았다.

피앤지는 제2의 인생을 운영함으로써 다음의 내용을 배울 수 있었다.

- "제2의 인생"은 소비자를 끌어들이기 위한 목적이 아니다. "제2의 인생" 같은 가상현실은 오늘날의 전형적 인터넷 환경에 비해 작은 세계이기 때문에, 공동체와 사회화하는 영역에서 실험, 시장조사 그리고 보도자료 등에 적합하다. 만약 쇼크웨이브가 많은 사람들의 시선을 끌고자 했다면, 인터넷에 플래시 디자인을 입혀 홍보 내용물을 자극하는 사이트를 운영하는 것이 좋을 것이다. 제2의 인생에서는 이렇게 하기가 더욱 어렵기 때문이다. 현재 제2의 인생의 보통 사람들이 "제2의 인생"이라는 가상세계를 배워가는 학습곡선을 보면, 여기에 있는 아바타는 일반적으로 더욱 창의적이고 경쟁적이 될 것이다. 이는 공동의 기여자와 창의적 동반자를 찾고 있는 사람들에게 이상적이다. 제2의 인생은 특정 소비자군에게 이것이 번영하는 세계임을 증명한다. 이러한 특정 소비자는 "비평가"와 "창조자"로 그들 자신이 이 제2의 인생을 만들어가는 생산자다. 결국, 모든 아바타는 자신들의 욕구와 이 세계의 초점/강점을 조화시킬 것이다. 아마도 소비자 인지도가 증가하는 국제적 공인 제품을 사용하면 이 실험을 받아들이고 시도하려는 노력이 더욱 활발해질 것이다.

• 재미, 단순함 및 사회화가 더 중요하다. 사람들의 참여를 유도하려고 경진대회를 이용했지만, 피앤지는 현재 아바타에 재미, 단순함 및 사회화가 상금과 복잡성보다 더 중요하다고 가정한다. 또한 그들의 아바타가 유명해지는 것이 금전적 이익보다 더 중요하다. 현재까지 제2의 인생 개발을 대행하는 기업의 경험도 이러한 가정을 뒷받침한다. 그들은 게임이 복잡해질수록, 제2의 인생 운영이 아바타의 활동을 어렵게 하며, 그 결과 이용률이 낮아지는 위험을 가져온다는 것을 배웠다.

• 커뮤니티 관리자와 미디어의 지원이 중요하다. 이 시도는 언론매체의 도움을 받지 않았지만, 쓰리웨이브(3-wave)에서 처음부터 끝까지 활동하며, 지속적인 커뮤니케이션을 매개로 경진대회를 이끌어가는 커뮤니티 운영자를 이용했다. 만약 이 실험의 기대치를 넘어서려 했다면 다른 미디어를 지원해서 경진대회를 홍보하기 위해 기본적으로 구전마케팅을 강화했어야 했다. 또한 제2의 인생에도 구전마케팅이 효과를 나타내지만 기존 인터넷의 작동원리와는 다르다. 그러므로 독특한 장점을 시험해보고자 하는 제품이 제2의 인생을 이용한다면, 반드시 다른 적절한 미디어 지원과 참여를 늘여야 한다.

쇼크웨이브 제품은 유럽 15개국에서 판매하고 있다. 이는 오스트리아, 벨기에, 덴마크, 핀란드, 독일, 그리스, 헝가리, 네덜란드, 노르웨이, 폴란드, 포르투갈, 루마니아, 스페인, 스웨덴 그리고 영국 등이다. 더 자세한 내용은 www.shockwaves.com을 참고하기 바란다.

• 저예산을 유지한다. 단순한 디자인으로 낮은 비용을 유지하면, 새로운 디지털 유통경로에서도 사이버 실험을 지속하고 투자수익률(ROI) 위험을 줄이며 더 많은 학습기회를 가능하게 한다. 피앤지는 대부분 비용이 복잡한 게임 요소의 개발비에 들어감을 배웠다. 그러나 상호 활동할 수 있는 재미있고 단순한 아바타를 만들었다면 이러한 비용을 절감했을 것이다. 이 특별한 실험에는 다른 디지털 수단, 즉 온라인 광고나 온라인 표본조사와 비슷한 지출 수준에서 얻는 학습보다 투자수익률(ROI)측면에서 더 효과가 있었다.

• 적절한 가이드라인 원칙을 유지한다. 고객은 가상세계의 규칙을 빠져나갈 구멍을 찾거나 이를 이용하고 조정할 계획을 찾기 마련이다. 피앤지의 가상 물싸움 게임은 게임단계별로 규칙의 복잡성이 달랐다. 그 결과 두 번째와 세 번째 단계의 예상하지 못한 부정행위 주장이 있었다. 이에 피앤지는 두 번째 단계의 규칙에 문제가 있었음을 사과했다. 그러나 게임 규칙은 그대로 유지한다고 말했다. 그러면서 참가자들에게 경쟁을 독려했다. 이때 세 번째 단계가 어떻게 경쟁적으로 끝났는지를 살펴보는 것도 흥미로웠다. 이러한 문제는 전형적인 시합 규정과 통제에 능숙한 전문가를 대리인으로 고용하면 줄어들었을 것이다. 그러나 피앤지의 욕구가 기존의 시합 규정을 가상세계에 적용하면서 발생하는 현상을 실험하고 학습하는 것이었으므로 쇼크웨이브는 이를 무시하기로 했다. 즉 시합이라는 게임 구성요소를 제거했다면 이 가상세계라는 각본도 없었을 것이다.

• 온라인 대화는 가상세계 참여에 도움을 준다. 가상세계 실험은 전 세계적으로 400개 이상의 블로그를 만들어냈다. 그리고 이들 대부분은 쇼크웨이브 웹 사이트와 연결해서 방문자 수를 늘리고 있다. 이에 해당 웹 사이트는 실험 기간 다른 온라인 광고 없이 104,000명의 순 방문자를 나타냈다(2007년도 9월부터 11월까지). 이러한 "인기"는 "쇼크웨이브 물싸움"으로 검색할 때, 제2의 인생 웹 사이트를 구글 검색결과 1위로 만들었다.

출처: Gerry Tseng, Digital Marketing Innovation for P&G, and Sergio dos Santos, Global Hair Care—Digital Marketing Manager.

그림 16.2

2009년 10월 소셜 네트워킹 사이트의 평균 이용시간(사용자 일인당)

출처: Neilsen

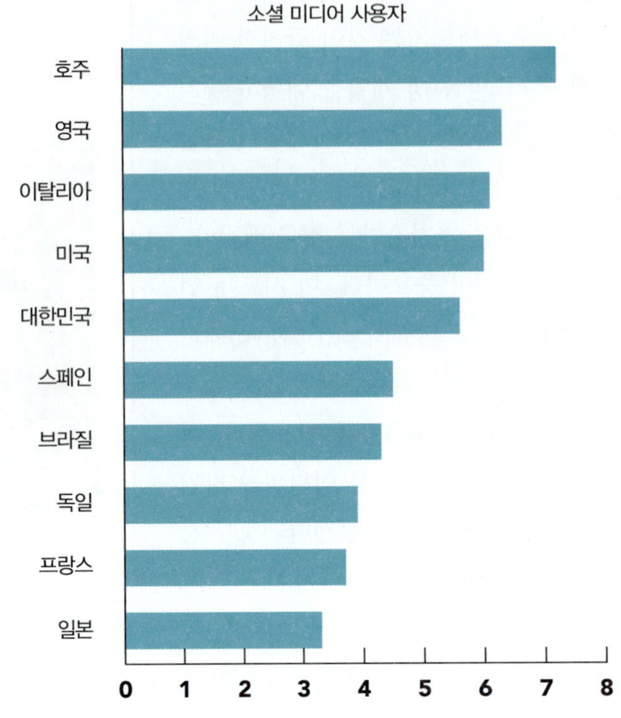

휴대 전화 기반 서비스 중 하나다.[39]

구글 트레이더(Google Trader)는 또 다른 텍스트 기반 체제로 농산물을 상품 구매자와 판매자를 연결해 준다. 판매자는 자신들의 위치와 생산하는 농산물 메시지를 보내는데 동 서비스는 이러한 메시지를 7일 동안 30킬로미터 전방의 잠재적 구매자에게 전달한다. 사용자는 메시지 하나당 10센트를 지급한다. 첫 5주 동안 이 서비스는 100만 개의 질문을 받았다.

아마도 이러한 창조적 미디어의 중요성을 알 수 있는 최고의 평가는 2010년의 아이티 지진에 따른 엄청난 반응이었다. 당시 "아이티(Haiti)" 문자를 90999 번호로 보내면, 자동으로 적십자에 10달러를 기부할 수 있었다. 이에 구호기관은 지진 발생 후 24시간 동안 200만 달러 이상의 구호금을 받았다. 트위터(twitter) 또한 구호 노력 동안 필수적 커뮤니케이션 미디어로 그리고 기부금을 모으는 또 다른 미디어 역할을 했다.[40]

기타 미디어 전통적 광고 미디어 사용에 따른 제약 때문에 광고주 기업이 특정 지

[39] For much more information on this topic see *The Economist's* "Mobile Marvels," A Special Report, September 26, 2009, pp. 1 – 19.

[40] Jenna Wortham, "$2 Million in Donations for Haiti, via Text Message," *The New York Times*, January 13, 2010, online.

위에 새로운 광고 미디어 두 종류가 있다. (1) 러시아는 우주 여행객에서 우주선 내부 공간을 판매할 뿐 아니라 광고 공간도 판매한다. (2) 일본의 주류 및 음료기업인 산토리(Suntory)는 국립경기장에서 축구시합이 있을 때 "모니터 맨(Monitor Man)"으로 자사 제품을 홍보한다. "모니터 맨"은 펩시나 다른 제품을 광고하는 엘시디(LCD) 디스플레이를 어깨에 메고 경기장을 돌아다닌다. 이 직업은 장비의 무게 15파운드를 이겨낼 수 있는 정도의 근육만을 요구한다. 특히, 이 모든 노력은 어쩌면 인기 만화인 심슨가족에 나오는 더프맨(Duff Man)을 연상시킨다.

역 및 국가 문제를 해결하는데 더 적은 광고 미디어를 사용한다. 영화는 수많은 국가에서 하나의 중요한 미디어이며, 광고판과 다른 형태의 외부 광고도 마찬가지로 중요하다. 광고판은 특히 높은 문맹률을 가지는 국가에서 유용하다. 홍콩은 전 세계 네온사인 광고의 수도이며 도쿄의 긴자(Ginza)와 뉴욕의 타임스퀘어도 그 뒤를 따른다. 사실상 아마도 가장 흥미로운 "광고판"은 국제 우주 정거장의 부품을 운반하려고 발사한 러시아 프로톤(Russian Proton) 로켓 옆에 나타났던 피자헛 광고였다. 외계인들이 이를 읽을 수 있을까? 그들은 피자를 좋아할까?

아이티에서 강력한 확성기를 장착한 홍보트럭은 효과적으로 널리 사용되는 광고 미디어이다. 개인 계약자들은 홍보 트럭을 소유하고 광고 공간을 판매하는데 이는 하나의 라디오 방송국과 같다. 이러한 미디어는 문맹률과 라디오, 텔레비전의 부족 그리고 인쇄 매체 발행 부수 부족 등의 문제를 극복한다. 우편 서비스가 신뢰받지 못하는 우크라이나에서 기업들은 가장 효과적이고 직접적인 B2B 광고 형태가 팩스라는 것을 발견했다.

스페인에서는 새로운 미디어 방식으로 제품 광고를 차량에 그려 넣어 움직이는 광고판 역할의 개인 자동차가 있다. 이러한 시스템을 Publicoch라고 부르는데 Publi는 광고를 의미하는 Publicidad에서 따왔고 coche는 차량을 의미한다. 이러한 광고 시스템으로 활동하는 차량은 마드리드에 75대가 있다. 차주들은 한 달에 230달러를 받으며, 매주 "정상적인" 운전경로를 제출해야 한다. 광고주는 한 달에 차 한 대 당

29,000달러의 기본비용을 지불하며 그들이 관심 있는 차량 종류와 색상 그리고 운전 경로에 따라 캠페인에 가장 적합한 차주를 선택할 수 있다.

홍보활동과 광고 대행사

광고 대행사는 고객의 광고 활동 개발과 실행을 관리한다. 제조업체가 국제화하는 것처럼 미국, 일본 그리고 유럽 광고 대행사 또한 전 세계적으로 정교한 광고 활동을 지원하려고 국제적으로 확장하고 있다. 그리고 다국적기업의 광고 서비스 수요가 발달하면서 현지 대행사들 또한 국제적으로 성장하고 있다. 그러므로 다국적기업 경영자에게는 다양한 대안이 있는 셈이다. 상업적으로 가장 중요한 국가에서 광고주 기업은 현지의 국내 대행사나 그들이 소유한 대행사 또는 현지에 자회사를 가지고 있는 다국적 광고회사중 하나를 고용할 수 있다. 각각에는 장단점이 있다. 기업과 광고 대행사의 관계를 살펴본 8장의 논의는 지금 논의와도 연관이 있다. 또한 국제적 맥락에서 광고 대행사와 기업의 관계는 복잡하고 깨지기 쉬울 수 있다. 예컨대 포드와 파리 디즈니랜드(Disneyland Paris)는 최근에 광고 대행사를 교체했다.

현지 광고 대행사는 다국적기업의 광고를 현지 정서에 맞추어 수정이 필요할때 최고의 문화적 해석을 제공하지만,[41] 정교함의 수준은 떨어진다. 그리고 외국고객과 현지 광고 대행사처럼 서로 다른 문화 간의 커뮤니케이션에는 문제가 따를 수 있다. 그러나 현지 대행사는 현지시장에 대한 최고의 감(感)을 가지고 있고, 특히 다국적 광고 대행사가 해당 시장의 경험이 없다면 더욱 그럴 것이다. 동유럽은 완전히 시장에 적응하지 못한 다국적 광고 대행사에 문제를 안겨준다. 헝가리에서 미국 유아용품 기업은 전혀 문제가 없어 보이는 욕조용 비누광고(한 여성이 자신의 아기를 안고 있는 모습을 보여준다.)를 내보냈다. 서유럽 사람들은 이 광고의 등장인물을 젊은 엄마를 보았지만 헝가리 사람들은 미혼모로 인식했다. 광고에 등장한 여자가 왼쪽 손에 반지를 끼고 있었기 때문이다. 보통 헝가리 사람들은 오른손에 결혼반지를 낀다. 따라서 왼손에 반지를 낀 여성의 모습은 헝가리 사람들에게는 미혼을 의미한다. 현지 광고 대행사라면 이러한 실수는 하지 않았을 것이다. 또한 베트남과 같은 신흥시장에서 현지법은 베트남 현지 광고 대행사 이용을 요구한다.

최고의 절충안은 현지에 자회사를 둔 다국적 광고 대행사인데, 이들은 주요 광고 대행사로서 정교함을 유지하면서도 현지 정서를 대변할 수 있기 때문이다. 또한 이러한 다국적 광고 대행사는 통합적인 전세계 광고 활동을 더 훌륭하게 수행할 수 있다.[42]

[41] Morris Kalliny and Salma Ghanem, "The Role of the Advertising Agency in the Cultural Message Content of Advertisements: A Comparison of the Middle East and the United States," *Journal of Global Marketing* 22, no. 4 (2009), pp. 313–28.

[42] Among multinational advertising agencies, there appears to be an advantage to early arrival in new markets. See Peter Manusson, Stanford A Westjohn, and David J. Boggs, "Order-of-Entry Effects for Service Firms in Developing Markets: An Examination of Multinational Advertising Agencies," *Journal of International Marketing* 17, no. 2 (2009), pp. 23–41.

이러한 능력은 유럽에서 사업하는 기업들에게 특히 중요하다. 세계적 또는 표준화된 광고에 관심이 있는 수많은 대행사는 전 세계에서 통할 수 있는 광고를 늘리고 있다. 국제화 지향성을 가진 수많은 기업은 전 세계에 자신들의 이미지를 대변하는데 하나 혹은 둘 이상의 광고 대행사를 고용한다.

전 세계적으로 광고 대행사들의 수수료는 15% 수준이다. 그러나 세계적으로 볼 때 광고 대행사의 수수료 형태가 동일하지는 않다. 일부 국가에서 대행사 수수료는 미디어별로 다양하다. 그리고 광고 기업의 수수료 지급 방식은 점차 성과급으로 변화하고 있고, 이에 업무 착수시점부터 보수 조건을 상세히 밝히고 있다. 만약 매출이 올라가면, 대행사는 그에 따른 보상을 받는다. 이처럼 광고로 발생한 이익달성이나 손실을 공유하는 방식이 인기를 얻고 있으며 이는 업계표준이 될 것이다. 한편 광고 대행사들이 다양한 서비스를 제공하지만 광고 대행에 필요한 모든 서비스를 제공하는 세계적 기업은 많지 않다(표 16.7 참고).

국제적 광고 규제: 광범위한 문제들

이전 내용에서 광고를 규제하는 특별한 법적 규제를 설명했었다. 여기서는 이러한 국제적인 규제의 과거와 현재 그리고 미래와 관련된 광범위한 문제를 다루고자 한다.

광고의 기준과 신뢰성 측면에서 소비자가 우려하는 문제들은 수많은 마케팅 기법보다 더 빠르게 전 세계적으로 퍼져 나간다. 유럽 소비자를 대상으로 한 연구에서 조사 대상 중 절반만이 광고가 소비자에게 유용한 정보를 준다고 답했다. 10명 중 6

표 16.7

전 세계 상위 10대 광고 대행사

출처:
From Special Report Global Marketing, Advertising Age , November 19, 2007. Copyright © 2010 Crain Communication. Reprinted with permission.

2008	광고 대행사(모기업)	본부	2008년 국제 수익 (100만 달러)	2007년 대비 변화율(%)
1	비비디오 월드와이드(옴니콤)[BBDO Worldwide (Omnicom)]	뉴욕	635.8	1.2
2	맥캔 에릭슨 월드와이드(인터퍼블릭) [McCann Erickson Worldwide (Interpublic)]	뉴욕	530.0	8.2
3	드래프트 에프씨비(인터퍼블릭)DraftFCB (Interpublic)	시카고/뉴욕	510.0	5.2
4	엡실론 퍼플앳 엡실론(얼라이언스 데이터 시스템) [Epsilon/Purple@Epsilon (Alliance Data Systems)]	어빙/텍사스주	460.5	4.7
5	디지타스(퍼블리시스)[Digitas (Publicis)]	보스톤	377.0	9.3
6	라프(옴니콤)[Rapp (Omnicom)]	뉴욕	364.5	12.2
7	유로 알에스씨지 월드와이드(하바스)[Euro RSCG Worldwide (Havas)]	뉴욕	342.5	5.5
8	와이앤알(더블유피피)[Y&R (WPP)]	뉴욕	340.0	10.7
9	제이더블유티[(더블유피피)JWT (WPP)]	뉴욕	331.6	9.8
10	라조피쉬(마이크로소프트)[Razorfi sh (Microsoft)]	시애틀	317	6.0

명은 광고가 높은 가격을 의미한다고 말했다 (만약 하나의 제품이 자주 광고된다면, 이는 보통 한 번씩 광고되거나 또는 전혀 광고되지 않은 제품보다 더 잘 팔린다.) 또한 10명 중 8명은 광고는 보통 충동구매를 유발하며 제품품질을 속인다고 말했다. 그러나 홍콩, 콜롬비아 및 브라질에서 광고는 유럽보다 더 나은 대접을 받는다. 비(非)유럽 사람들은 가치 있는 제품의 정보를 얻을 수 있는 하나의 방법으로써 광고를 칭찬했다. 그리고 대부분 브라질 사람은 광고를 재미있고 즐기는 대상으로 생각한다.

유럽 위원회 관리자들은 케이블과 위성 방송이 확장되면서, 광고와 관련된 지침서를 만들고 있다. 허위광고는 곤란한 문제 중 하나인데, 대부분의 회원국이 허위 광고의 구성요소를 서로 다르게 해석하기 때문이다. 이 외에도 아동 대상 광고의 규제 필요성은 선진국과 개발도상국 모두에게 공통적으로 나타나는 하나의 경향이다.

광고에서의 적절한 행동과 성적 표현 또한 공공의 관심사다. 광고에서 성적 표현을 통제하는 문제 중 하나는 국가간 문화적 차이다. 서양 사람에게 충분히 수용 가능한 광고가 중동 지역의 누군가에게는 매우 불쾌할 수 있다. 광고에서 묘사하는 적합한 행동의 기준은 문화마다 다르다. 그러나 이러한 다양성에 상관없이 품위, 성(性) 그리고 남성과 여성의 행동을 바라보는 우려는 계속해서 커지고 있다. 이에 국제 광고협회는 자체규정을 만듦으로써 법제정을 연기시키고자 시도했다. 그러나 이는 너무 늦었는데 일부 국가에서는 이미 광고의 수용기준을 정의한 법안을 통과시키고 있기 때문이다.

자체규정이나 법적규제를 가진 기업이 겪는 어려움은 일부 광고에서 성적 표현이 힘을 발휘할 수 있기 때문이다. 미국의 프리미엄 아이스크림 제조업체인 하겐다즈(Häagen-Dazs)와 스웨덴의 노트북 컴퓨터 기업인 랩파워(LapPower)의 유럽 광고는 너무 선정적이라는 비판을 받았다. 하겐다즈 광고는 전라의 상태로 서로 껴안은 채 아이스크림을 먹여주는 한 연인을 보여주었다. 일부 영국 사설 논설위원들과 라디오 논평자들은 격분했다. 한 명은 다음과 같이 말했다, “그 광고는 영업활동을 지원하기 위하여 성을 매우 부적절하게 사용했다.” 스톡홀름 기업윤리위원회(Stockholm Business Council on Ethics)가 비난했던 랩파워 개인용 컴퓨터 광고는 “매력적인 미소와 도발적인 태도”(목둘레가 깊이 파인 드레스를 입고 랩톱 컴퓨터로 몸을 굽히고 있었다.)를 보여주었는데 광고 모델이 기업의 공동 소유주였다. 이러한 광고의 핵심 목적은 매출증가이다. 영국에서, “남녀가 함께 나누는 감각적 쾌락”이라는 광고가 방영된 후 하겐다즈 아이스크림 판매는 높이 치솟았다. 그리고 스웨덴 랩톱 컴퓨터의 공동 소유주도 “판매가 매일 증가하고 있다.”라고 말했다. 광고를 규제하는 법안의 통과 여부와 별개로 기업의 정책과 광고 그리고 사람들의 행동에 미치는 광고의 영향은 세계적인 우려를 낳고 있다.

광고규제는 유럽에만 있는 것이 아니다. 개발도상국도 대중 미디어의 확장을 인지하고 있으며 이를 통제해야 하는 필요성 또한 인지하고 있다. 말레이시아는 계속해서 텔레비전 광고를 규제함으로써 "지나친 서구방식"의 영향을 통제하고 있다. 정부는 지속적인 우려를 표명하고 있으며, "서양 문화"가 텔레비전 광고에 등장하는 것을 허용하지 않는 것이다. 벗은 어깨나 노출된 겨드랑이는 허용되지 않으며, 또한 신체 접촉이나 입맞춤, 성적인 의류와 청바지도 허용하지 않는다. 이러한 내용은 말레이시아 정부가 10년 이상 편찬해 온 41쪽 분량의 광고 법규에 있는 금지조항 중 단지 몇 개에 불과하다.

담배의 광고와 판촉 활동을 겨냥한 범세계적인 비난이 증가하고 있다. 미국에서, 담배 기업들은 정부가 지지하는 집단 소송의 일부 내용인 판촉 활동 축소에 동의했다. 유럽연합 의회는 담배 포장지에 더 큰 경고 문구의 부착을 승인했다. 가장 중요하게 세계보건기구(WHO)는 담배산업에 대항하여 국제적 캠페인을 시작했다.[43] 세계보건기구 수장인 그로 할렘 브룬틀란(Gro Harlem Brundtland)은 다음처럼 설명했다. "담배는 전염병이다. 이는 광고와 마케팅 그리고 흡연을 매력적인 것으로 만듦으로써 전염되고 있다." 담배 광고의 세계적인 금지는 세계보건기구의 새로운 활동 목표 중 하나이다.

텔레비전 방송의 간접 광고는 규제 당국의 관심을 받는 또 다른 분야다. 미국에서는 영화와 텔레비전에 등장하는 흡연과 관련된 수많은 불만이 있었다. 한편 중국처럼 광고시간을 제한하고 있는 시장에서는 간접광고 규제가 심하지 않다. 그리고 중국에서 이러한 광고는 새로운 방법이었기 때문에 초기 성장률이 높았다. 하지만 앞으로 중국 내에서 이러한 방식이 빠르게 확살될 경우 간접 광고를 어떻게 규제하는지 살펴보는 것도 흥미로울 것이다.

광고 산업은 소비자와 정부의 부정적인 태도를 충분히 염려하고 있으므로 국제 광고 협회와 기타 단체들은 다양한 자율규제 관례를 만들었다. 이러한 규제의 후원자들은 광고업체 자율적인 통제를 위한 효과적인 틀이 도출될 수 없다면 정부가 나설 것이라고 생각한다. 이러한 정부 중재의 위협은 유럽에 있는 이익단체들에 대부분 광고가 "정직성, 진정성 및 품위" 등의 기준을 따르는데 적합한 규제를 만들도록 박차를 가했다. 앞으로 광고의 신뢰가 의심을 받고 소비자 운동이 존재하는 국가에서 광고주의 창의력은 어려움에 처할 수도 있다. 수많은 국가에서 광고, 특히 텔레비전 광고는 너무 강력하며 소비자가 필요로 하지 않은 제품을 사도록 권유한다는 인식이 있는데, 이는 수년간 전 세계적으로 논쟁이 되었던 문제기도 하다.

---

[43] "Russian Government Approves Accession to WHO Tobacco Control Convention," *Interfax*, January 10, 2008.

요약 Summary

통합적 마케팅 커뮤니케이션 계획은 광고, 판매관리, 홍보, 판촉 그리고 다이렉트 마케팅 사이의 협력을 포함한다. 다국적기업은 모든 시장에서 독특한 법률, 언어, 광고미디어 그리고 제품 제한 등에 직면해 있다. 이 모든 것들은 통합적 마케팅 커뮤니케이션을 설계할 때 고려해야 하는 내용이다. 1990년대 후반까지 많은 대기업들은 표준화 광고 전략을 추진했다. 그러나 최근에는 대부분 다국적기업이 국가, 하위문화, 인구특성 또는 다른 세분 시장을 기반으로 광고 전략의 강조점을 바꾸고 있다.

다국적 광고주가 직면하고 있는 주요한 문제는 각 시장에 필요한 최상의 메시지를 창출하는 것이다. 다문화를 잘못 이해할 가능성은 홍보와 다양한 광고미디어 모두에 나타날 수 있다. 또한 전 세계에는 유용하고, 우수한 광고미디어가 충분하다. 판매 담당자는 적절한 광고미디어의 활용 없이는 시장에서 이윤을 추구하기 어렵다. 예컨대 어떤 제품에는 텔레비전 광고의 유용성이 특히 필요하다.

커뮤니케이션 기술(특히 인터넷 같은)의 발전을 국제 광고산업의 구조에 극적인 변화를 일으키고 있다. 정부의 규제와 같은 새로운 문제들도 등장하고 있다. 그러나 이러한 변화에도, 광고 산업은 새로운 미디어의 개발과 광고시장의 등장으로 극적인 성장을 경험하고 있다.

주요용어 Key Terms

통합적 마케팅 커뮤니케이션(Integrated marketing communications, IMC)

판매 촉진(Sales promotions) 홍보(Public relations, PR) 소음(Noise)

질문 Questions

1. 위에서 제시한 주요용어들을 정의하라.
2. "아마도 광고는 전 세계의 여러 국가에 걸쳐 거대한 동질성을 보여주는 광고의 한 측면이다. 그러나 역설적으로 이렇게 많은 동질성에도 불구하고 국제마케팅에 매우 독특하고 다양한 문제를 만들고 있다." 이러한 내용에 대해 토론하시오.
3. "누군가 광고는 미국의 가장 큰 수출품목이다."라고 평했다. 이 주장을 토의하시오.
4. 위성방송은 다수 국가에 도달할 수 있는 광고 미디어다. 그렇다면 기업들은 어떻게 위성방송을 이용할 수 있으며, 이를 이용해 각기 다른 언어, 문화 법률 체계에서 효과적으로 거래를 성사시킬 수 있는지 토론하시오.
5. 국제 광고주가 직면한 주요 문제를 약술하시오.
6. 광고는 모든 국가에 표준화할 수 있다는 명제를 찬반 토론하시오.
7. 광고 규제의 기본 영역을 설명하시오. 이런 규제는 외국에서만의 문제인가?
8. 어떻게 광고가 시장의 문맹률 문제를 극복할 수 있는가?
9. 국제 광고주가 직면한 특수 광고 미디어의 문제는 무엇인가?
10. 광고 우편물을 설명한 장을 읽고 기업이 광고 우편 계획을 만들 때 적용할 수 있는 지침을 개발해 보시오.
11. 위성 텔레비전을 이용한 방송 광고의 능력은 광고 표준화의 필요성을 증가 혹은 감소시킬 수 있는가? 위성방송과 관련한 문제점은 무엇인가? 이를 논하시오.
12. 전 세계 대부분 시장에 도달하려면 반드시 광범위하게 다양한 광고 미디어를 활용해야 한다는 점을 설명하시오.
13. 도서관에서 외국 잡지를 빌려, 광고를 비교해보시오.
14. 판촉활동은 무엇이며, 어떻게 국제 광고에서 이용하는가?
15. 다국적기업이 국제 광고의 문제를 피하는데 커뮤니케이션 단계가 어떻게 도움을 주는지 설명하시오.

16. 각 커뮤니케이션 단계에서 문화적 차이가 어떻게 최종 메시지에 영향을 주는지 예를 들어보시오.
17. 한 문화적 배경에서 출발한 커뮤니케이션 단계가 다른 문화적 배경에서 끝나기 때문에 발생하는 문제를 토론하시오.
18. 커뮤니케이션 단계에서 응답과 소음의 중요성은 무엇인가?

1. (616쪽에서) 왜 코카콜라와 맥도널드는 그들의 로고에서 붉은색을 버렸을까?

파란색과 노란색 유니폼을 입은 마라도나는 보카 주니어스(Boca Junior) 구단의 상징이었다. 반면에 코카콜라의 붉은색과 하얀색은 그들의 주요 경쟁자인 부에노스아이레스의 리버 플레이트(River Plate) 구단을 나타내는 색이었다. 코카콜라와 보카 주니어스 임원들 간의 협상에는 수백만 달러가 걸려 있지만 매우 깊게 얽혀 있는 요란한 팬들과 그들의 폭동 가능성이 있었다. 그러므로 코카콜라의 로고를 검은색과 하얀색으로 바꾼 것은 창의적인 해결책이었다. 아르헨티나의 페인트 대기업으로서 보카 주니어스를 후원하는 신테플래스트(Sinteplast)사는 자신들의 빨강색, 하얀색 그리고 파란색을 사용할 수 있었다.

맥도널드는 붉은색과 황금색을 쿠스코(Cuzco)에서 검은색으로 교환했다. 이 지역이 유네스코 지정 공식 세계문화유산 등록지며 문화유산 지정 후원기금이 거슬리는 광고(intrusive advertising)를 금지하는 규정을 가지고 있기 때문이다.

CHAPTER 17

인적판매와 영업관리

개요 CHAPTER OUTLINE

글로벌 관점: 국제 업무는 매력적입니다. 그렇죠?

영업 인력 설계

마케팅 및 영업 인력의 모집

- 해외 파견근로자
- 가상 해외 파견근로자
- 현지 국민
- 제3국 국민
- 현지국의 규제

영업과 마케팅 인력의 선발

국제마케팅 교육훈련

영업 인력에 대한 동기부여

보상체제의 설계

- 해외 파견근로자를 위한 보상체제
- 글로벌 영업 인력을 위한 보상체제

영업 담당자 평가와 통제

해외 업무를 위한 인력 준비

- 해외 업무 기피에 대한 대처방안
- 조기 귀국 비율의 감소
- 해외 파견근로자의 성공적 귀환
- 문화적 인식의 개발

변화하는 글로벌 관리자의 프로필

- 외국어 능력

주요 학습과제 CHAPTER LEARNING OBJECTIVES

LO1 국제마케팅에서 대인 판매의 역할을 이해한다.

LO2 국제 영업 인력 설계 시 고려사항을 학습한다.

LO3 세 가지 유형의 국제 영업 인력 모집 단계를 학습한다.

LO4 국제 영업과 마케팅 직위의 선발 기준을 학습한다.

LO5 국제 인력의 특별 교육훈련 필요성을 이해한다.

LO6 국제 영업 담당자를 위한 동기부여 기술을 학습한다.

LO7 국제 영업 인력을 위한 보상체제의 설계 방법을 학습한다.

LO8 해외 업무를 위한 인력의 준비 방법을 학습한다.

LO9 변화하는 글로벌 영업과 마케팅 관리자의 프로필을 이해한다.

글로벌 관점 Global Perspective

국제 업무는 매력적입니다. 그렇죠?

"매력적"이라는 형용사는 아마도 아래에 나오는 임원들이 사용할 것 같지 않은 단어이다.

> 내가 보기에 회사가 국제 관리자에게 하는 이야기의 문제점은 회사가 해외업무에 대해 듣기 좋은 말만 한다는 것이다. 내가 말레이시아로 파견을 지원했을 때, 회사는 이 파견이 얼마나 경력 관리에 좋은지 그리고 얼마나 가치 있는 국제경험을 얻을 수 있는지에 대한 말을 늘어놓았다. 하지만 오해하면 안 될 것이 우리는 실제로 말레이시아에서의 파견기간 동안 그곳의 생활을 즐거워했다. 현지의 사람들, 문화 그리고 생활방식을 좋아했다. 그래서 파견을 끝내고 다시 돌아오라고 할때 그다지 반갑지 않았다. 문제는 내가 파견을 가있는 동안 회사가 대규모 구조조정을 했다는 점이다. 이는 내가 모국으로 돌아갔을 때 사실상 나의 일자리가 사라졌다는 것을 의미한다.

> 우리는 미국에서 11개월 동안 있었지만 아내와 아이들이 여기에 정착하려면 6개월에서 1년이 더 걸릴 것이다. 나는 여전히 일터에서 매일 새로운 것들을 배우고 있지만 미국식 일처리 방법에 익숙해지기 위해서는 오랜 시간이 걸린다. 만약 회사 측에서 "일 년 간 남아프리카공화국에 가주길 바란다"라고 하면, 나는 이에 대해 완강하게 버틸 수밖에 없는데, 그 이유는 내 아내가 처음 미국에 왔을 때도 초기에 매우 힘들어 했기 때문이다.

또한 "매력적"이라는 말은 아래와 같이 해외파견자 배우자들에게서도 쉽게 나올 수 있는 단어는 아닐 것이다.

> 나는 내가 스페인식 시간에 적응하지 못했다는 사실을 깨달았다. 스페인에서는 시에스타(siesta, 낮잠을 위한 휴식시간)로 오후 2시부터 5시까지 일을 하지 않는다는 것이 정말 이상했기 때문이다. 나는 오후 2시부터 5시까지 아무것도 할 수 없는 채로 빈 시간을 보내야 했다. 그래서 우리는 그 시간에 식사를 하는 걸로 적응하기 시작했다. 싫든 좋든, 우리는 아주 늦은 점심을 먹었다.

> 우리가 여기서 의료서비스를 받지 않은 것은 천만 다행이다. 만약 병원에 간다거나 가야한다고 생각하면 끔찍하다. 의사가 영어를 못하거나 알아듣지 못하면 매우 불편할 것이기 때문이다.

이러한 문제들을 고려할 때 당신에게 주어진 국제 영업직이 겉보기처럼 매력적일까? 이는 정말 당신의 경력에 도움이 될까?

출처: Nick Forster, "The Myth of the 'International Manager,' " *International Journal of Resource Management* 11, no. 1 (February 2000), pp. 126–42; Mary C. Gilly, Lisa Peñaloza, and Kenneth M. Kambara, "The Role of Consumption in Expatriate Adjustment and Satisfaction," working paper, Paul Merage School of Business, University of California, Irvine, 2010.

LO1
국제마케팅에서 대인 판매의 역할을 이해한다.

영업 사원은 기업에서 가장 직접적으로 고객과 만난다. 고객의 시각에서 대부분 영업 사원 그 자체가 기업이다. 기업이 제공하는 제품의 소개자이자 고객 정보의 수집자로서 영업 담당자는 기업의 마케팅과 영업 노력의 중요한 위치에 있다.

국제경영의 역동적이고 복잡한 본질과 맞물려 더욱 커지고 있는 글로벌 경쟁은 고객과 공급업체 모두를 가깝게 묶으려는 요구와 방법 등을 증가시키고 있다. 중국처럼 관계 중심의 문화에서 특별히 판매자와 구매자 사이의 효과적인 의사소통을 구축하는 관계 마케팅은 기업과 고객의 판매를 한 번의 이벤트로 취급하기보다는 장기적 관계로 만드는데 집중한다.[1] 정보기술의 발전은 고객관계관리(CRM) 영역에서 새로운 역할과 기능을 만들고 있는데 광고, 마케팅 조사 그리고 인적 판매 노력 등에서 높은 수준의 협력을 가능하게 했다.[2] 이와 같은 고객관계관리의 진보는 현장 판매 노력을 상당 부분 줄일 수 있을 것으로 예측되는데 인적 판매와 영업 관리의 본질을 변화시키고 있다.

국제경영의 끊임없는 환경변화에서, 국제 영업 부서에 대한 보상, 동기부여, 교육, 구축, 설계 등은 관리와 개발의 모든 단계에서 특별한 문제를 일으킨다. 본 장에서는 외국에서의 영업 및 마케팅 인력 관리 문제와 대안을 설명하려 한다. 사실, 이러한 문제는 대부분의 국제 마케터들이 직면하는 어려움이다. 최고 경영자와 임원진을 대상으로 한 어느 설문 조사는 국제 업무의 중요한 어려움은 영업 및 유통 네트워크 구축과 문화 차이라는 것을 재차 확인했다.

영업 인력 설계

LO2
국제 영업 인력 설계 시 고려사항을 학습한다.

영업 인력 관리의 첫 번째 단계는 영업 인력 설계이다. 기업의 자원과 역량, 경쟁, 판매 환경, 현재와 잠재 고객의 분석에 기초한 의사결정은 영업 인력의 숫자, 특성, 과업 등을 고려해서 이루어져야 한다. 이러한 모든 의사결정은 국제 시장에서의 매우 다양한 관련 조건과 환경 때문에 더 어려워진다. 또한 시장과 고객의 국제화는 CROSSING BORDERS 17.1의 아이비엠-포드(IBM-Ford) 사례처럼 국제 영업 관리자라는 직업을 매우 흥미롭게 만들고 있다.

앞장의 언급처럼, 유통 전략은 국가마다 다르다. 어떤 시장에서는 직접판매(직판) 영업 인력을 투입해야할 수도 있고 다른 시장에서는 그렇지 않을 수도 있다. 또한 고객 접근 방법에서도 차이가 난다. 일부 국가에서 통하는 강압적인 판매(hard sell)는

[1] Xueming Luo, David A. Griffi th, Sandra S. Liu, and Yi-Zheng Shi, "The Effects of Customer Relationships and Social Capital on Firm Performance: A Chinese Business Approach," *Journal of International Marketing* 12, no. 4 (2004), pp. 25 – 47; Roy Y.J. Chua, Michael W. Norris, and Paul Ingram, " *Guanxi* vs. Networking: Distinctive Confi gurations of Affect– and Cognition-Based Trust in the Networks of Chinese and American Managers," *Journal of International Business Studies* 40, no. 3 (2009), pp. 490 – 508; Nikala Lane and Nigel Peircy, "Strategizing the Sales Organization," *Journal of Strategic Marketing* 17, 3–4 (2009), pp. 307 – 322; Luis Filipe Lages. Garcia Silva, and Chris Styles, "Relationship Capabilities, Quality, and Innovation as Determinants of Export Performance," *Journal of International Marketing* 17, no. 4 (2009), pp. 47 – 70.

[2] Linda H. Shi, Shaoming Zou, J. Chris White, Regina C. McNally, and S. Tamer Cavusgil, "Global Account Management Capability: Insights from Leading Suppliers," *Journal of International Marketing* 13, no. 2 (2005), pp. 93 – 113.

CROSSING BORDERS 17.1 영업인력 관리와 글로벌 고객

아이비엠(IBM)은 영업 성과급 제도에 대한 대규모 점검이 실제로 필요했을까? 케빈 터커(Kevin Tucker)에게서 그 이유를 찾을 수 있다. 수십년 간 포드 자동차를 담당했던 아이비엠 글로벌 고객 부장인 터커는 이 거대 자동차 기업의 유럽부문과 700만 달러의 판매계약을 체결했다. 포드사는 아이비엠의 대표인 터커와 그의 팀이 자사 설비공장에 네트워크 시스템의 설치를 원했다. 이 시스템상에서 포드 자동차를 설계하는 응용프로그램이 돌아간다.

포드사가 요구한 프로그램의 설치는 이 프로젝트의 본부인 독일 아이비엠 영업 임원의 도움을 받아야 했다. 미국 미시간주 디어본(Dearborn)시의 포드 본사에 사무실이 있는 터커는 독일의 임원에게 도움을 요청하는 이메일을 보냈다. 그러나 일이 틀어지기 시작했다. 독일의 아이비엠 직원들이 이 프로젝트에 등을 돌리지는 않았지만, 그들의 첫 반응은 그리 좋지 않았다. 포드사는 이 시스템을 유럽 전역에 설치하길 원했다. 그러나 독일의 아이비엠 판매 직원들의 영업성과급은 단지 독일 내 설치한 시스템에 한해서만 적용되고 있었다. 작업의 80퍼센트가 독일 밖에서 예정되어있는 상태에서, 독일 내 아이비엠 임원들은 성과급에 대해 의문을 가지게 되었다. 터커와 아이비엠의 영업 성과급을 담당하는 관리자는 영업 성과급을 극대화시키는 방안에 대해 논의하면서 3주일을 날려 버렸다. 고객에게 집중할 수 있었던 에너지를 성과급 방식에 낭비한 것이다. 터커가 "포드사는 세계 중심적이고, 아이비엠은 국가 중심적이네요."라고 말하자, 독일의 팀은 "케빈, 어떻게 하면 우리를 하나로 묶을 수 있을까요?" 라고 되물었다.

아이비엠에서 그렇게 물어보는 사람은 그들 뿐만이 아니었다. 터커의 사례는 아이비엠의 720억 달러 영업 장려금 제도에서 발생하는 수많은 문제들 중 하나일 뿐이다. 이 장려금 제도는 어설프게 아이비엠의 비전을 손보면서 보류된 것이 분명하다.

캐나다의 아이비엠에서 영업 장려금 정책 담당 관리자인 밥 윌리(Bob Wiley)는 "만약 내 영역 밖이거나 내 계산 밖이라면 나는 보상받지 못할 것이므로 그 일에 연관되고 싶지 않다. 내가 속한 보상정책이 내 업무 범위를 결정한다."는 태도가 존재한다고 밝혔다. 165개의 나라에서 활동하고 있는 아이비엠 같은 기업에게는 결코 좋은 상황이 아니다.

일단 아이비엠은 이러한 많은 문제들을 해결했다. 포드사는 아이비엠과 3억 달러가 넘는 계약에 서명했다. 이 계약에는 유럽과 북미의 인터넷과 전자 상거래용 응용프로그램을 포함한 포드의 거의 모든 소프트웨어를 만드는 것이 담겨져 있다. 아이비엠의 글로벌 영업 성과급 제도에 대한 더 자세한 내용은 이번 장의 후반부에서 설명할 것이다. 또한 인도처럼 급성장하는 신흥 시장에서 아이비엠 영업부서의 인상 깊은 영역 확장은 계속해서 일어나고 있다. 아이비엠이 현재 인도에서 고용한 50,000명 이상의 전문가들이 10억 달러 이상의 매출을 만들어 내고 있다.

출처: Michele Marchetti, "Gamble: IBM Replaced Its Outdated Compensation Plan with a Worldwide Framework. Is It Paying Off?" *Sales & Marketing Management*, July 1996, pp. 65–69; "Ford Motor and IBM," The Wall Street Journal Europe, January 13, 1999, p. UK5A; "IBM Aims at $1-b India Revenue by Year-End," *Business Line (The Hindu)*, December 9, 2007.

다른 나라에서는 통하지 않을 수 있다. 일본에서는 수년 동안 자동차를 방문판매하고 있으며, 유럽은 최근에서야 인터넷 주식 거래를 하고 있다. 싱가포르의 6백만 거주자 중 10만 명 이상은 가정용품 영업과 기타 형태의 다단계 활동에 관계하고 있다. CROSSING BORDERS 17.1의 포드사에서 근무하는 IBM 영업 담당자의 경우처럼 고객 규모도 또한 확실한 차이를 만들어 낸다. 컨설팅 같은 서비스 판매에는 현지인 영업 담당자가 더 많이 참여하기를 요구하는 경향이 있는 반면, 첨단 기술 제품을 판매하는 경우에는 미국인 영업 파견근로자를 더 많이 활용하려 한다. 독일처럼 정보 지향적 문화에서 판매할 때는 해외 파견근로자를 더 많이 활용하려 할 것이다. 그러나 관계 지향적 국가인 일본에서는 현지인만이 소유하는 완벽한 현지 지식을 필요로 할 것이다. 일본에 대한 글에서, 두 명의 국제마케팅 전문가는 대체로 최고수준으로 글로벌화한 기업과 산업에서도 인적 판매의 현지화가 이루어져야 한다는데 의견을 같이 한다.[3]

[3] Johny K. Johansson and Ikujiro Nonaka, *Relentless: The Japanese Way of Marketing* (New York: Harper Business, 1997), p. 97.

특정 시장에서 필요한 해외 파견근로자, 현지국 국민 또는 제3국 국민의 수가 일단 정해지면 영업구역 할당과 고객 응대 제도처럼 좀 더 복합적인 영업 인력 설계의 측면들이 수행된다. 물론 투입부분을 적절하게 현지화하면 미국에서 개발된 최신의 경영과학(operation research) 기법들이 해외시장에서 적용될 수 있다.[4] 예컨대, 한 기업은 국제적인 기업들이 영업 활동 영역의 균형을 맞추고 호주, 멕시코, 캐나다 등에서 영업 사무소의 최적 위치를 선정할 수 있는 업무조사 기법을 제공해왔다.[5] 그러나 이러한 첨단 자원 배분 기법의 사용은 지리적 세부사항 뿐만 아니라 적절한 고객 응대에 대한 복잡한 지식을 요구한다. 제품의 판매 주기, 고객 관계의 형태 그리고 고객과의 상호작용 유형 등과 같이 문화에 따라 여러 가지로 다를 수 있다. 실제로 몇몇 연구들은 산업서비스 판매에 있어서 미국과 일본간 추천의 중요성에 차이점이 있음을 보여주고 있다.[6] 이 연구의 시사점은 일본에서 영업상 전화를 걸 때는 고객 뿐만 아니라 은행가와 같은 주요 인맥의 핵심 인물에게도 전화를 해야 한다.

마케팅 및 영업 인력의 모집

LO3 세 가지 유형의 국제 영업 인력 모집 단계를 학습한다.

모기업이 해외 국가에 할당한 마케팅 관리 인력의 수는 업무 규모, 자격조건을 갖춘 현지 인력의 가용성 그리고 기타 기업 특성들에 따라 다양하다.[7] 해외 근무처에 배정된 해외 파견근로자의 수는 경험 있는 현지 인력의 증가와 훈련받은 인력집단이 늘어나면서 점차 줄어든다.

대부분 기업에서 가장 큰 규모의 해외 근무 인력 요구는 세 가지 유형(해외 파견근로자, 주재국 국민, 제3국 국민)으로 채용되는 판매부서에 집중되어있다. 기업의 자회사 직원 채용 방법은 능력, 유용성 그리고 기업 요구 등에 따라 단일 해외 업무라도 세 가지 유형 모두를 포함 할 수 있다. 영업 및 마케팅 임원들은 고용 기관, 임원 채용 회사[8], 전통적 광고(신문, 잡지, 직업 박람회, 인터넷 등을 포함하는) 매체 그리고 중요인물로부터의 추천 등으로 채용할 수 있다. 마지막 방법은 많은 해외 국가들 중에서도, 특히 관계 지향적인 국가에서 중요하다.

해외 파견근로자

국제 무역의 규모가 증가하면서 더 많은 기업이 마케팅 인력으로 현지인을 고용하면서 해외 파견 인력에 의존하는 기업의 수는 감소하고 있다. 그러나 첨단제품이나 판

[4] Laia Ferrer, Rafael Pastor, and Alberto Garcia-Villoria, "Designing Salespeople's Routes with Multiple Visits of Customers: A Case Study," *International Journal of Production Economics* 19, no. 1 (2009), pp. 46 – 54.

[5] See the Web site for The TerrAlign Group, http://www.terralign.com, for more detailed information.

[6] R. Bruce Money, Mary C. Gilly, and John L. Graham, "National Culture and Referral Behavior in the Purchase of Industrial Services in the United States and Japan," *Journal of Marketing* 62, no. 4 (October 1998), pp. 76 – 87.

[7] Rene A. Belderbos and Marielle G. Heijltjes, "The Determinants of Expatriate Staffi ng by Japanese Multinationals in Asia: Control, Learning, and Vertical Business Groups," *Journal of International Business Studies* 36, no. 3 (2005), pp. 341 – 54.

[8] The largest international executive search firm is Korn/Ferry International (http://www.kornferry.com).

매 활동이 폭넓은 정보 활용 능력을 요구할 때 해외 파견 영업 인력들은 최고의 선택이 된다. 이러한 해외 파견 영업 인력들은 기술적으로 더욱 숙련된 인력이라는 이점이 있고 해당 기업과 제품에 더 나은 지식을 가지며 그리고 신뢰할 수 있는 직원들이라는 장점을 가지고 있다. 이렇게 파견된 영업부서 인력들은 현지인이 아니기 때문에 외국 고객으로 하여금 해당 제품에 대해 좀 더 자부심을 갖게 한다. 그리고 제일 중요한 것은, 해외 파견근로자는 일반적으로 본사 직원들과 효과적으로 의사소통을 할 수 있고 영향을 미칠 수 있다.

높은 비용, 현지의 문화적 · 법률적[9] 장벽 그리고 장기간 해외에 체류하고자 하는 우수한 인재의 수가 제한적이라는 점이 해외 파견 영업 인력의 가장 큰 단점이다. 종업원들은 많은 이유로 해외로 가는 것을 꺼려한다. 그들은 2~3년 동안의 업무를 위해 가족의 생활양식을 바꾸는 것을 어렵게 생각한다. 또한 맞벌이 부부가 증가하면서 배우자를 위한 적당한 직업도 찾아야 한다. 그리고 많은 임원들은 이러한 해외에서의 업무가 본사에서 승진에 방해가 된다고 믿는다. 본사에서 눈에 띄지 않게 되는 것은 "눈에서 멀어지면 마음에서도 멀어진다."는 믿음을 더하게 되어 해외 업무배치 수용을 방해하는 주요 이유가 된다. 잘 계획된 경력 개발 프로그램을 가진 회사들은 어려움이 덜한 편이다. 최고의 다국적 기업들은 해외 근무가 최고 경영자로 가는 보증수표임을 명확히 해주고 있다. 전 세계 75명의 임원을 설문조사한 국제 보고서는 "국제 경험"이 두 번째로 중요한 최고경영자의 자질임을 밝히고 있다. 첫 번째는 마케팅 경험이고 세 번째는 재무 경험이다.[10]

해외 파견근로자는 수 주 또는 몇 달에서 일생에 이르기까지 다양한 기간 동안 해외 임무에 전념한다. 일부 해외 파견근로자는 단 한 번의 임무에 수년을 보내기도 한다. 다른 이들은 국가를 옮겨가며 전문적으로 해외 파견 임무만 수행한다. 그럼에도 불구하고 일부 해외 파견근로자는 대부분의 경력기간을 특정 국가나 지역에 할당된 임무를 수행하는데 보낸다. 이러한 임무를 통해서 해외 파견근로자를 외국인이라기보다 현지인에 가까운 사람으로 보이도록 현지 문화에 동화하게 만든다. 한편 해외 파견 마케팅 인력은 현지인보다 더 많은 비용을 유발하므로 기업은 이들의 효과를 명확히 해야 한다.

갈수록 많은 미국 기업들은 영어 이외의 다른 언어에 유창한 직원을 선호한다. 예컨대, 미국 시민 중에는 기본 언어로 스페인어를 사용하는 사람들이 많다. 멕시코시티(Mexico City) 같은 곳에서 미국 다국적기업에 일하는 푸에르토리코 사람들(Puerto Ricans)이 좋은 예다. 최근에는 이민자와 그들의 자녀들 중 모국 문화와 언

[9] Even if job permits are obtained, other legal problems can also crop up. See James T. Areddy, "China Charges Rio Tinto Employees," *The Wall Street Journal* , February 10, 2010, online.

[10] See "Marketing Is Fastest Route to the Executive Suite," Korn/Ferry International (http://www.kornferry.com).

아메리칸 에어라인의 종업원이 동경과 캘리포니아간의 직항편 기내를 소독하고 있다. 이는 2003년 유행했던 사스(SARS)의 감염을 방지하기 위한 것이다. 지구상의 사람들이 점점 가까워짐에 따라 질병관련 문제들이 늘어가고 있다. 해외여행은 절대 단순한 문제가 아니다.

어를 부모로부터 배우는 이들이 다국적기업의 해당 국가 진입에 귀중한 자산이 되고 있다. 중국계와 베트남계 미국인은 두 국가와의 교역에 문화적 가교 역할을 하고 있다. 이는 역사적으로도 상거래 유형이 늘 이민 경로를 따랐다는 점에서 당연한 현상이다.

가상 해외 파견근로자

기업 임원들이 해외로 이주하는 것을 꺼리는 것과 맞물려, 인터넷과 다른 의사소통 기술의 발전은 가상 해외 파견근로자와 같은 새로운 근무 형태를 만들고 있다. 270개 조직을 조사한 프라이스워터하우스쿠퍼스(PricewaterhouseCoopers)의 보고에 따르면, 최근에 단기간의 통근형 가상 업무배치가 증가했다고 한다. 가상 해외 파견근로자들은 해외로 직접 이주하지 않고 해외업무를 수행한다.[11] 그들은 호텔에 머물며, 현지에 장기간 체류하지만 본국에서 가정생활을 유지한다. 일부는 전체 업무 시간의 75%를 출장이 차지한다. 이들은 출장 시에 항상 유비쿼터스 노트북과 이동전화를 휴대한다.

당연히 부하직원이나 고객과의 긴밀한 접촉은 가상의 해외 파견근로자에게는 힘든 일이다. 더욱이 해외 출장은 살인적일 수 있다. 즉, 외국 해충들은 가끔 치명적일 수 있으며, 장시간의 국제 비행에서는 쉽게 이런 해충들과 접할 수 있다(실지로 한 의사는 비행기를 세균 튜브라고 부른다). 외국 도시에서 해외 파견근로자와 여행객을 대상으로 하는 범죄는 매우 위험하며, 후진국에서의 교통과 단거리 비행 역시 위험하다.[12] 그리고 호텔에서의 삶은 외롭다. 그러나 가상 해외 파견근로자의 가족은

---

[11] Nanette Byrnes, "Home Is Where the Airport Is," *BusinessWeek* , August 20 – 27, 2007, pp. 89 – 92.

[12] Daniel Michaels, "In Africa, Aviation Woes Defeat a Zealous Watchdog," *The Wall Street Journal* ,December 24, 2007, pp. A1, A8.

표 17.1

세계에서 비용이 많이 드는 20대 도시

출처: Mercer.com, 2010.

1	도쿄	11	밀란
2	오사카	12	상하이
3	모스크바	13	파리
4	제네바	14	오슬로
5	홍콩	15	카라카스
6	취리히	16	런던
7	코펜하겐	17	텔 아비브
8	뉴욕	18	로마
9	베이징	19	헬싱키
10	싱가폴	20	두바이

오래 살던 곳을 떠나지 않아도 되고 임원들은 본사에 더 가까이 있을 수 있다. 결국 기업 입장에서 가상 임무는 유일한 선택으로 임원의 실제적 해외 이주에 따른 추가 비용을 피하는 좋은 방법이다.

현지 국민

역사적으로, 외국시장에서의 인력 고용은 본사의 해외 파견관리자와 영업 인력을 선호하는 추세에서 점차 **현지 국민**을 고용하는 방향으로 변하고 있다.[13] 영업차원에서는 현지인들이 해당 국가의 문화와[14] 법률적 장벽들을 넘어설 수 있다는 점에서 훨씬 더 선호된다. 해외 파견근로자보다 해당 국가의 사업구조와 제도[15]에 더욱 지식이 많은 현지 영업 인력은 현지국가의 익숙하지 않은 유통체계와 인맥의 미로 속에서 회사를 잘 이끌어갈 수 있다. 더욱이, 일부 국가에서는 일정 자격을 갖춘 외국 인력이 해외 파견근로자보다 유지비용이 더 적다.

유럽과 아시아에는 미국의 경영대학원 석사학위(MBA)를 받은 현지인이 많다. 따라서 다국적기업은 미국 비즈니스 경영관리 제도를 잘 이해하고 있는 현지인으로부터 문화적 지식을 얻을 수 있다. 비록 해외 파견근로자의 급여가 동급의 현지인과 같다고 해도, 한 나라에서 이들을 유지시키는 비용은 세 배에 이를 정도로 상당히 높다. 왜냐하면 현지 체류비용, 이주비용, 세금 그리고 해외 파견근로자를 해외에 유지시키는 기타 관련된 비용 등이 발생하기 때문이다. 표 17.1은 세계에서 가장 비용이 많이 드는 도시 중 미국 도시는 단 하나밖에 없음을 보여준다.

---

[13] Kenneth S. Law, Lynda Jiwen Song, Chi-Sum Wong, and Donghua Chen, "The Antecedents and Consequences of Successful Localization," *Journal of International Business Studies* 40, no. 8 (2009), pp. 1359–73.

[14] Dominique Rouzies and Anne Macquin, "An Exploratory Investigation of the Impact of Culture on Sales Force Management Control Systems in Europe," *Journal of Personal Selling & Sales Management* 23, no. 3 (2002), pp. 61–72.

[15] Syeda Nazli Wasti and Syeda Arzu Wasti, "Trust in Buyer-Supplier Relations: The Case of the Turkish Automotive Industry," *Journal of International Business Studies* 39 (2008), pp. 118–31.

현지인 고용의 주요 고충은 그들의 조언을 무시하는 본사 인력의 성향에 있다. 심지어 대부분의 현지 인력이 본사와의 관계를 조심스럽게 잘 유지하려 하더라도, 현지인의 영향력은 자주 축소된다. 의사결정에 영향을 주는 본사 정책에 대한 이해 부족과 쉽지 않은 영어 의사소통 능력 때문이다. 다른 핵심 문제는 활용 가능한 인력의 부족이다. 중국에서 관리자를 전문적으로 채용하는 컨설팅 회사의 최고경영자에 따르면 자격을 갖춘 취업 지원자의 경우 항상 10개 정도의 자리가 있다고 말한다. 더 나아가 경쟁사, 공급회사 또는 판매회사로부터 경력직 영업 인력을 고용하는 것이 미국에서는 상식적이지만, 다른 나라에서는 그렇지 않다. 예컨대, 일본 같은 나라에서 종업원들은 자신이 속한 회사에 충성심이 강하다. 따라서 더 큰 월급을 주어도 회사를 잘 떠나지 않는다. 또한 일본의 최대 기업들이 똑똑한 학생들을 대부분 고용하기 때문에 외국기업이 일본 대학생을 채용하는 것 또한 어렵다. 일본에서 종업원 채용은 중소기업과 외국 기업들에게 더 높은 위험을 감수해야 하는 것처럼 보인다. 그러나 최근 일본의 경기 침체로 일본내 외국기업들의 직원채용 상황은 예전보다 좋아지고 있다.[16]

많은 국가에서 현지 국민들을 영업 사원을 고용하는 것이 더욱 어려운 데는 또 다른 이유가 있다. 영업사원은 미국에서 기피직종이라는 것을 잘 알고 있다. 영업직은 미국 대중매체에서 자주 부정적인 직업으로 웃음거리가 되곤 한다. 아서 밀러(Arthur Milller)의 세일즈맨의 죽음(Death of a Salesman)이 아주 좋은 사례이다. 그러나 나쁜 인상에도 불구하고 인적판매는 미국에서 가장 흔한 직업이다. 실제로 미국은 "세일즈맨의 국가"로 묘사되고 있다.[17] 반면 영업직은 미국보다 다른 나라에

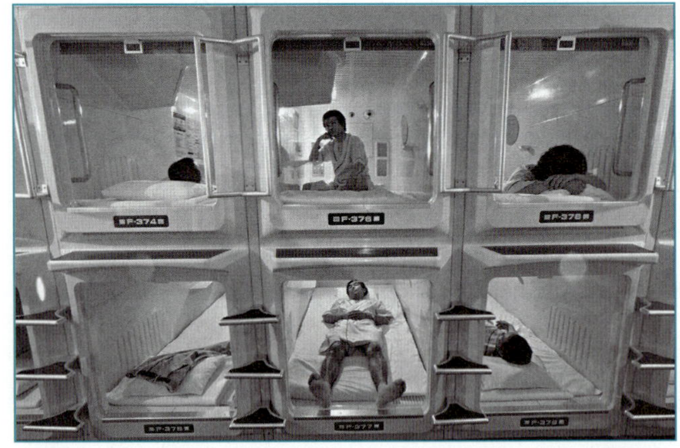

현지인들이 영업에 나서고 있다. 일본 오사카(Osaka) 영업사원들은 캡슐 호텔에서 비용을 절약한다. 반면, 에이번(Avon, 세계 최대의 화장품 및 개인위생용품 직접 판매 기업)의 여성 사원이 브라질 시골에서 영업행위를 하고 있다.

[16] David McNeill, "In Bleak Economy, Japanese Students Grow Frustrated with Endless Job Hunt," *Chronicle of Higher Education*, February 7, 2010, online.

[17] See Earl Shorris's excellent and still pertinent book, *A Nation of Salesmen* (New York: Norton, 1994).

CROSSING BORDERS 17.2 에이번(Avon)의 직접 방문판매 성공과 실패

마리아(Maria de Fatima Nascimento)는 아마존 강 지류 근처 금광마을의 진흙 판잣집 사이를 느긋하게 걸으며, 에이번사에서 만든 어니스트(Honesty)와 케어 디플리(Care Deeply) 두 화장품을 팔러 다닌다. 그녀는 도보, 카약, 보트나 경비행기를 타고 아마존 유역을 돌아다니는 몇 천 명이 넘는 에이번사 직원 중 한 명이다. 중남미는 에이번사의 총 판매량 중 35%를 차지한다. 브라질은 미국에 이어 두 번째로 큰 시장이다. 에이번은 현지 시장의 조건을 기꺼이 받아들여 성공할 수 있었다. 많은 브라질 고객은 꼭 현금으로 지불하지 않아도 되며, 과일, 달걀, 밀가루 또는 나무를 에이번 제품과 교환할 수 있다. 달걀 24개로, 바트 심슨(Bart Simpson)의 볼펜식 탈취제 한 개를 살 수 있고, 광부들은 1~4그램의 금가루나 금 덩어리로 스위트 크리스탈 스플래쉬(Sweet Crystal Splash)같은 향수를 살 수 있다. 화장품을 많이 쓰는 유흥업소의 여성들도 마리아의 좋은 고객들 중의 하나이다. 하지만, 광부들 역시 좋은 고객인데 좋은 향수를 뿌리기 위해서는 "1.5그램의 금이 필요하다."고 말한다.

바트 심슨의 볼펜형 화장품이 전 세계 몇몇 국가에서 성공했음에도 다른 국가에서 모두 이러한 방식이 통한 것은 아니다. 중국이 그 예인데, 1998년 중국의 일부 도시에서 반정부 시위가 일어나는 동안 적어도 10명의 사람들이 죽었다. 중국 에이번의 200,000 여직원 중에도 시위참가자가 많이 있었다. 이에 중국정부는 이들의 직접 판매를 금지했고, 이러한 행위가 "괴이한 광신도 집단, 삼합회, 미신 집단 그리고 폭력주의" 등을 조장한다는 불만을 금지명령서에서 토로했다. 더 안 좋은 것은 당국은 노래를 부르고, 구호를 외치거나, 영감을 불어 넣는 연설 등에 연관된 직접 판매인들의 회의를 비판한 것이다. 심지어 인민일보는 과도한 포옹을 부추기는 직접 판매에 문제를 제기하였다.

전 세계의 135개 나라에서 일하고 있는 260만 에이번 여성들에게 최근에 그리고 아마도 가장 심각한 위협은 인터넷이다. 많은 이들은 Avon.com이 어쩌면 기존의 직접 방문판매 방식을 대체할까 조바심을 낸다. 하지만, 어찌됐던 에이번의 해외영업은 계속될 것이다. 예를 들어, 에이번은 지금 상파울루에 2억 2천 5백만 달러 규모의 유통시설을 구축하고 있다.

출처: "Avon Calling Near the Amazon," *U.S. News & World Report*, October 25, 1994, pp. 16–17; Andrew Higgins, "Avon Calling? Not in China," *The Guardian*, May 1, 1998, p. 18; Kate Quill, "Ding Dong, Gone . . . Farewell Avon Lady?" *Times* (London), February 7, 2000, p. 7; "Avon Plans Brazil Distribution Center," Soap, *Perfume, and Cosmetics* , October 2008, p. 11.

서 더 부정적으로 비춰지기도 한다. 프랑스, 멕시코 및 일본 등과 같이 관계 중심적 문화의 국가에서는 영업 사원을 사회 계층의 최하위로 생각하는 경향이 있다. 따라서 해외에서 기업을 운영할 때 우수한 사람을 영업사원으로 채용하는 일은 정말 어려운 것일 수 있다.

제3국 국민

기업의 국제화는 **제3국 국민(TCNs: third-country nationals)**을 새로운 인력풀(pool)로 만들었다. 제3국 국민은 다국적기업에 근무하지만 그 기업의 본국이나 현지국 이외의 국가에서 온 해외 파견근로자를 의미한다. 즉, 제3국 근로자는 그들이 어디서 일하든지, 누구를 위해 일하든지 제3의 국적을 가진 집단을 말한다. 한 예로, 미국 기업을 위해 아르헨티나에서 일하는 독일인이 될 수 있다. 지금까지는 자신들의 경력 대부분을 해외에서 쌓은 해외 파견근로자나 제 3국 근로자가 드물었다. 그러나 현재는 이들 중에서 "글로벌 임원"이 등장하기 시작했다. 최근 주요 네덜란드 회사가 임명한 사장은 노르웨이 사람이다. 그는 브라질에서 일반 관리자를 했고, 미국 자회사의 사장이었으며, 이후 본사 사장에 임명되었다. 버로우스(Burroughs)사의 이탈리아 자회사는 프랑스 사람이 경영하고, 스위스 자회사는 덴마크 사람이 경영하며, 독일 자회사는 영국 사람이 경영한다. 그리고 프랑스 자회사는 스위스 사람, 베네수엘라 자회사는 아르헨티나 사람, 덴마크 자회사는 네덜란드 사람이 경영하고 있다.

미국 기업들은 종종 미국 국적 관리자의 이중 과세 비용을 피하려 영어를 사용하는 국가에서 제3국 근로자를 찾는다. 스페인에서 일하는 미국인은 미국과 스페인 양국 모두에 소득세를 내야 한다. 그래서 대부분 미국 기업은 이들을 위한 일괄 보상 지급 금액을 정산해준다. 그러므로 동일한 월급과 복지 수준이라면, 미국기업의 경우 스페인 자회사에 미국인 임원 보다는 영국인 임원을 임명하는 것이 더 저렴하다.

종합적으로, 제3국 근로자 중에서 임원을 발굴하는 것은 기업의 국제화를 증가시킬 뿐만 아니라 개인의 능력과 동기부여가 한 나라에 국한한 독점적 자원이 아니라는 인식을 반영한다. 이러한 제3국 근로자는 대개 타 국가나 산업을 잘 이해하고 여러 언어를 구사할 줄 알기에 환영받는다. 더 많은 기업들이 국적과는 상관없이 인재들에게 기회가 주어져야 한다고 생각한다.

현지국의 규제

외국인 근로자에 대한 현지 정부의 태도는 대체로 현지에 근무할 미국 국적 해외 파견근로자의 선발을 어렵게 한다. 외국 기업의 지배, 현지 실업, 기타 문제 등의 고민은 해당 국가 안에서 일하는 외국 국적 근로자 수를 제한하는 원인이 되곤 한다. 대부분 국가는 자국민으로 채워지지 않는 일자리에 외국인 근로자의 허용을 규제하는 구체적 법률을 가지고 있다. 또한 이런 법률은 종종 특정 직업에 필요한 현지 인력의 양성기간 동안 외국인 근로를 효과적으로 제한한다. 이러한 제한은 다국적기업의 본사 인력을 해외로 보내는 기회를 더 줄이고 있다.

과거에 직원들은 최종적으로 최고 수준의 해외 시장 임무를 맡기 전에 필요한 사전 교육훈련을 받도록 해외 국가에 하급직 관리자로 파견되어 경험을 쌓았다. 그러나 현재 미국을 포함한 대부분의 국가는 자국 내에서 교육받거나 일하려는 외국인 수를 통제한다. 2001년 9월 11일 이후 미국의 이민국은 모든 종류의 취업 비자를 더욱 어렵게 단속하고 있다.

영업과 마케팅 인력의 선발

LO4 국제 영업과 마케팅 직위의 선발 기준을 학습한다.

효과적으로 국제마케팅 인력을 선발하고자 하는 관리자는 대상 인력이 수행해야할 업무가 무엇인지를 정확히 정의하여야 한다. 공식적인 직무기술서는 관리자가 장 · 단기적으로 업무에 필요한 부분을 설명하는데 도움을 준다. 또한 각 마케팅 업무의 기술서와 더불어 특별히 여러 국가에서 국가별로 필요한 사항들이 포함된 선발기준을 가지고 있어야 한다.

국내 경영자는 단지 효과적인 영업 인력으로서의 특성이 필요한 반면, 초국가적인 관리직은 외교적인 문제도 해결할 수 있는 태도와 능력을 필요로 한다. 국제 인력의 요구사항과 선호는 상당히 다양하다. 그러나 효과적인 성과를 이끌어 내려면 기본적인 필요사항을 고려해야 한다. 왜냐하면 어떤 국가에서 임무를 수행하는지와 상관없이 유능한 임원과 영업 인력은 어느 정도의 개인적 특성과 능력 그리고 지향성 측면에서 공통점이 있기 때문이다.

성숙함은 제3국 근로자와 해외 파견근로자에게 가장 필요한 사항이다. 해외에서 일하는 관리자와 영업 인력은 일반적으로 국내에서 활동하는 인력보다 더욱 독립적으로 일해야 한다. 회사는 그들이 계속적인 자원 지원 없이도 본사에 책임을 다하고 윤리적인[18] 의사결정을 내릴 능력이 있다는 확신을 가져야 한다.

국제적인 인력은 국내 영업직에서는 요구하지 않는 정서적 안정성이 필요하다.[19] 어느 지역이든 자신들의 문화와는 다른 곳에서 살아야 하기 때문이다. 또한 그들은 어느 정도 본사의 감시 아래에 있어야 하고 자신들이 외국에서 회사의 공식적인 대표임을 인지하여야 한다. 그들은 다른 국가에서 행동의 차이에 민감해야 하지만, 자신의 행동에 역으로 영향을 받을 정도로 과도하게 민감할 필요는 없다.

외국에서 과업을 수행하는 관리자 또는 영업 인력은 직무와 관련이 있든 없든 다양한 주제에 대한 폭넓은 지식이 필요하다. 그리고 하나 이상의 외국어 능력은 언제나 바람직하다.

국제 시장에서 효과적인 역량을 발휘하고 싶은 마케터는 해외업무에 긍정적 태도를 가질 필요가 있다. 자신이 하는 일을 싫어하고 자신이 일하고 있는 곳을 싫어하면 성공 가능성이 낮은데, 특히 해외 시장에서는 더욱 그렇다. 실패는 일반적으로 전체 그림의 밝은 쪽만을 보여주고 암울한 면에는 주의를 기울이지 않는 업무에 대한 과장된 태도가 실패로 보통 이어진다.

국제 영업 인력은 국내 뿐 아니라 해외에서도 높은 융통성을 가져야 한다. 외국의 해외 파견근로자는 현지 시장의 관습에 특히 민감해야 하며, 모국에 있는 외국 기업에서 일하는 사람은 모회사의 정책과 요구사항에 적응해야 한다.

국제 업무에서 성공적인 적응은 업무에 대한 태도와 노력의 조합에 달려있다. 현지에 도착하기 전에 마케터는 시장의 관습을 주의 깊게 학습해야 하는데 현지 문화의 여러 측면들이 명확해질 때까지 지속적으로 학습해야 한다. 한 가지 유용한 접근법은 해당 국가에서 업무를 수행하고 있는 현지인과 외국 기업 종사자의 충고에 귀 기울이는 것이다. 문화적 공감(cultural empathy)은 매우 중요한 현지 적응 요소이다. 현지 환경에 적대적이거나 혼돈을 겪는 사람은 효과적이지 못하기 때문이다.[20] 문화적 공감의 영역에서 유사한 문화적 가치가 있다면 이는 하나의 자산이 될 수 있다.[21]

---

[18] 18Kam-hon Lee, Gong-ming Qian, Julie H. Yu, and Ying Ho, "Trading Favors for Marketing Advantage: Evidence from Hong Kong, China, and the United States," *Journal of International Marketing* 13, no. 1 (2005), pp. 1 – 35; Sergio Roman and Salvador Ruiz, "Relationship Outcomes of Perceived Ethical Sales Behavior: The Customer's Perspective," *Journal of Business Research* 58, no. 4 (2005), pp. 439 – 52.

[19] Willem Verbeke and Richard P. Bagozzi, "Exploring the Role of Self– and Customer-Provoked Embarrassment in Personal Selling," *International Journal of Research in Marketing* 20, no. 3 (2003), pp. 233 – 58.

[20] Don Y. Lee and Philip L. Dawes, "Gaunxi, Trust, and Long-Term Orientation in Chinese Business Markets," *Journal of International Marketing* 13, no. 2 (2005), pp. 28 – 56.

[21] Kimmy Wa Chan, Chi Kin (Bennett) Yim, and Simon S.K. Lam, "Is Customer Participation in Value Creation a Double-Edged Sword? Evidence from Professional Financial Services across Cultures," *Journal of Marketing* (2010), online.

해외영업은 힘든 일이다. 캐나다인 임원의 전형적인 일주일은 이렇다. 감기에 걸려 싱가포르를 떠나고, 다시 토론토의 집으로 돌아와서는 동파된 파이프를 발견한다. 도착하자마자 2일간의 미국 시카고 출장을 계획하고 갔다가 토론토로 돌아온다. 비행 여독과 감기에 걸린 채 미국 디트로이트로 갔다가 다시 토론토로 돌아온다. 또 잠시 쉬었다가 중국으로 간다. 기내방송 때문에 잠이 깬 후 옆 좌석의 승객에게 지금 어디에 착륙하는지를 물어본다. 2주 동안 17번의 비행으로 그는 다소 혼란스럽다.

마지막으로, 국제 영업과 마케팅 인력은 열정적이어야 하고 여행을 즐길 수 있어야 한다. 많은 국제 영업 인력은 전 세계 호텔에서 1년 중 2/3를 보낸다. 15시간 이상의 비행 후 출입국 신고를 위해 긴 줄을 통과하려면 일반인과는 다른 체력이 필요하다. 장거리 비행은 당신의 건강을 해치기도 하며 심지어 파리의 매혹적인 야경도 업무차 다섯 번 방문하면 빛이 바랜다.

이러한 해외 영업 인력 특징의 대부분은 면담과 역할극을 통해 평가될 수 있다. 앞서 밝힌 것처럼 필기시험, 이력서, 주변인사 확인 등은 그 다음으로 중요하다. 실제로 앞에서 언급한 바와 같이 많은 국가에서는 선발과 평가과정에서 주변인 확인과는 상관없이 추천이 관리자와 영업 인력 채용을 위한 최선의 방법이다.

미국에서 성공적인 영업 인력의 핵심 요소가 다른 나라에서는 중요하지 않은 요소일 수 있다는 주장이 있다. 일본과 미국의 전자 산업에서 영업 인력을 비교한 연구가 그것이다. 미국인 영업 인력에서는 급여와 교육이 직무 만족과 성과에 긍정적으로 연관되어 있었다. 그러나 일본에서는 그렇지 않았다. 돈에 민감하고 더 많은 교육을 받은 미국인은 영업 업무에 더 만족한다. 대조적으로 일본의 영업 인력은 그들의 가치와 기업의 가치가 일치할 때 더 만족감을 얻는다.[22] 이 분야의 몇몇 체계적 연구

[22] R. Bruce Money and John L. Graham, "Salesperson Performance, Pay, and Job Satisfaction: Tests of a Model Using Data Collected in the U.S. and Japan," *Journal of International Business Studies* 30, no. 1(1999), pp. 149 – 72.

에 따르면 영업 인력의 선발 기준은 반드시 현지화 되어야 한다.

영업 인력의 채용 실수는 비용을 유발한다. 해외 파견근로자가 임무를 제대로 수행하지 못하는 경우, 수천만 달러의 비용이 들고 시간 낭비가 되기 때문이다. 현지인 채용의 경우 해당 업무를 잘 수행하는 적절한 인력을 확보하는 것이 중요하다. 대부분의 개발도상국과 많은 유럽 국가는 근로자 권리 보호를 위한 엄격한 법률을 가지고 있다. 이러한 법률은 종업원 해고에 대한 처벌에서도 구체적이다. 아마도 베네수엘라는 가장 엄격한 해고 법률을 가지고 있을 것이다. 동일 기업에서 3개월 이상 근무한 경우, 근로자는 해고 통지와 함께 1개월의 급여에 해당하는 돈을 받고, 8개월을 초과했을 경우 매월 15일치의 급여를 더 받는다. 또한 여기에 고용된 년 수마다 15일의 급여를 더한다. 더욱이 종업원을 해고한 후에는 동일 급여로 30일 이내에 해당 인력의 자리를 채워야 한다. 콜롬비아와 브라질도 종업원 해고를 하는 경우 고비용을 유발시키는 유사한 법률을 가지고 있다.

끝으로 이러한 증거들은 관리자의 문화가 인사 관련 의사결정에 영향을 준다는 점을 보여준다. 한 연구는 "관리자들이 똑같은 인력 선발의 문제를 가지고 있음에도 동일한 의사결정을 하지 않으며, 신입사원 채용이나 승진에서도 같은 기준으로 평가하지 않는다. 예를 들어 오스트리아와 독일 관리자는 이탈리아 관리자보다 자국 출신들을 더 많이 고용하는 경향이 있다."[23] 그러므로 문화적 차이를 이해하지 못한다면 국제 영업 인력 채용문제의 다양한 주제에 대하여 수박 겉핥기식의 접근밖에 할 수 없다.

국제마케팅 교육훈련

LO5

국제 인력의 특별 교육훈련 필요성을 이해한다.

교육훈련 프로그램의 성격은 대체로 영업 인력[24]의 모국 문화와 외국시장 사업 구조의 문화에 달려있다(표 17.2 참조).[25] 또한 그 회사를 대표하는 것이 해외 파견근로자인지 아니면 현지인인지가 중요하다. 현지 인력에게는 회사 그 자체, 제품, 기술 정보, 판매 방법 등을 강조하는 반면, 해외 파견근로자를 위한 교육훈련은 외국의 관습과 해외 판매에 따른 특수한 문제들에 초점을 둔다. 어떤 유형의 직원(현지 인력 또는 해외 파견근로자)을 교육훈련 시키든지 판매 훈련 활동은 장기간 형성한 행동과 태도로부터 발생하는 문제와 부딪힌다. 예컨대, 현지 고용 인력은 현지 문화에 의해 지속적으로 형성된 습관에 의존하는 경향이 있다. 이 문제에서 중국과 러시아보다 더 어려움을 겪는 지역은 없다. 그들에게는 공산주의 전통

23 Dominique Rouzies, Michael Segalla, and Barton A. Weitz, "Cultural Impact on European Staffi ng Decisions in Sales Management," *International Journal of Research in Marketing* 20, no. 1 (2003), pp. 425 – 36.

24 Richard P. Bagozzi, Willem Verbeke, and Jacinto C. Gavino Jr., "Culture Moderates the Self-Regulation of Shame and Its Effects on Performance: The Case of Salespersons in the Netherlands and the Philippines," *Journal of Applied Psychology* 88, no. 2 (2003), pp. 219 – 33.

25 Sergio Roman and Salvador Ruiz, "A Comparative Analysis of Sales Training in Europe: Implications for International Sales Negotiations," *International Marketing Review* 20, no. 3 (2003), pp. 304 – 26; Guijun Zhuang and Alex Tsang, "A Study on Ethically Problematic Selling Methods in China with a Broader Concept of Gray Marketing," *Journal of Business Ethics* 79, no. 1 – 2 (2008), pp. 85 – 101.

의 유산이 잔재하고 있다. 열심히 일하는지 여부와 상관없이 동일한 보상을 받을 것이라는 태도는 지속적인 교육훈련을 통해 바뀌어야 한다. 또한 해외 파견근로자는 자신의 습관과 패턴에 얽매여 있다. 어떤 교육훈련이라도 효과가 있으려면 열린 마음가짐이 우선되어야 한다.

모회사와 현지 마케팅 인력의 정기적인 회의가 부재하므로 국내보다는 해외 시장에서 지속적인 교육 훈련이 더 중요하다. 그리고 해외 종업원 교육은 현지 인력의 학습과 의사소통 방법에 맞추어져야 한다. 예컨대, 미국인 직원들을 대상으로 하는 윤리 교육 과정에 좋은 효과가 있는 딜버트(Dilbert) 만화 주인공들의 이야기가 대부분의 해외 사무소 직원들에게는 번역이 잘 되지 않는다.

교육훈련에서 자주 간과되는 것이 있다. 모기업에서 해외 영업 조직과 거래하는 직원들도 해외 영업활동의 욕구에 반응하는 교육훈련이 필요하다는 점이다. 최고의 기업들은 국내 직원에게도 비교문화 교육훈련을 제공하며, 해외 영업활동의 문제에 대해 직원들의 인식을 높이려고 일정 기간 외국으로 보낸다.

현재 일부 영업교육은 인터넷을 통해 더욱 효과적이다. 피교육자들은 화면으로 교육을 받을 수 있으며, 대화식 평가 시험에 응할 수 있다. 선 마이크로시스템즈(Sun

표 17.2

브뤼셀부터 방콕까지 인적 판매를 위한 힌트

최고의 교육훈련 프로그램은 단지 일련의 힌트를 제공하는 정도 이상의 역할을 한다. 그러나 다음의 힌트를 잠깐 읽어보면 전 세계 영업직원들이 마주하게 되는 다양한 문화적 단면들을 이해할 수 있다.	
벨기에	의사결정권자를 구별할 수 있어야 된다. 플랜더스(Flanders, 네덜란드어 언어권)에서는 집단 의사결정이 일반적이다. 그러나 왈로니아(Wallonia, 프랑스어 언어권)에서는 최고경영자가 결정을 한다.
중국	계약서 서명 후에도 협상은 지속된다는 것을 기억해야 한다. 중국에서 계약서에 서명하는 것은 단지 사업적 관계의 시작일 뿐이고 계약 당사자들은 향후에 일어날 문제들에 대해 공동으로 협력할 것을 기대한다.
콜롬비아	사업 파트너는 자신의 파트너를 개인적으로 알고 그 사업 파트너와 돈독한 우정을 맺기를 원한다. 협상 중에 계약 책임자를 바꾸면 계약이 안 될 수도 있다.
독일	영업 제안을 입증하는 실증적 증거와 자료를 준비하여야 한다. 독일 사업가들은 짧은 광고와 안내책자에 감동받지 않는다. 따라서 과장되지 않은 정보로 진지하고 구체적으로 독일인을 대해야 한다.
인도	일정을 잡을 때에는 유연성이 있어야 한다. 인도인들은 시간 자체와 시간엄수를 가벼이 여긴다. 인도의 계급제도 때문에 의사결정은 반드시 맨 위의 상사가 결정한다.
멕시코	미팅을 계획할 때, 아침과 점심 시간이 바람직하다. 여유를 가지고 상대방과 사업관계를 증진시켜야 한다. 이러한 관계가 일반적으로 전문적인 경험보다 더 중요하다고 여겨진다.
페루	페루사람은 기업보다 개인과 관계를 맺는다. 개인적인 교감을 쌓고 협상 중간에 담당자를 교체하지 말라.
러시아	러시아에서 첫 번째 만남은 단지 형식적일 것이다. 러시아 파트너는 이 첫 만남에서 당신의 신용에 대해 판단할 것이다. 그래서 다가설 수 있을 정도로 따스하게 대하는 것이 최고다.
스코틀랜드	스코틀랜드 사람은 부드럽게 말하고 사적인 경향이 있다. 관계를 구축하는데 시간이 걸리지만 계약 후에는 사업 파트너들은 좀 더 친절해진다. (덧붙이자면 스카치는 술이지 국적이 아니다. 국적은 스코티쉬다.)
한국	지위가 중요하다. 준비해간 명함에는 자신의 직함이 명확히 표시되어 있어야 한다. 담당자 보다 더 높은 직위의 한국 임원을 만나려 담당자를 보내지 마라. 이는 무례한 것으로 보일 수 있다.
태국	태국 문화는 갈등을 피하는 것을 강조한다. 그래서 영업 시에 너무 단호하게 요구하면 안된다.

Microsystems)는 인터넷을 이용해 그들의 교육 시간을 75% 줄였다. 그리고 통신시설이 제한적인 일부 지역에는 시디롬(CD-ROM)을 통한 교육이 상당히 효과가 있는 것으로 나타났다. 록히드 마틴(Lockheed Martin)은 전 세계 직원에게 해외부정거래방지법(Foreign corrupt Practices Act)의 미묘한 의미상의 차이점들과 이와 관련한 기업의 정책과 윤리를 교육하는데 쌍방향 시디롬(CD-ROM) 기반 시스템을 사용한다.

영업 인력에 대한 동기부여

LO6

국제 영업 담당자를 위한 동기부여 기술을 학습한다.

기업들은 서로 다른 문화, 자원, 철학 등을 다루어야 하므로 동기부여에 특히 어려움을 겪는다. 마케팅은 마케터의 소재지와는 관계없이 높은 수준의 동기부여를 요구하는 기업 직무중 하나이다. 마케팅 관리자와 영업 관리자의 전형적인 모습은 열심히 일을 하고, 출장이 많으며, 매일 매일 찾아오는 도전적 과제와 마주하는 것이다. 영업은 어렵고 경쟁적인 일이며, 영업 인력이 최적의 상태로 일하려면 지속적인 영감이 필요하다. 마케팅 인력에 동기를 부여할 때 국가 간 차이를 항상 고려해야 한다.[26] 한 연구에 따르면 일본과 미국의 유사한 영업 조직 그룹을 대상으로 업무의 잠재적 보상 요인을 조사했다.[27] 표 17.3에서 보듯이 그 결과는 놀랍게도 비슷했다. 두 집단 간의 유일한 실질적 차이는 예상대로 일본인들이 사회적 인정을 더 높게 평가한 것이었다. 하지만 이 연구의 저자는 보상의 개인적 가치가 유사할 수 있음에도, 사회적 그리고 경쟁적 맥락에 따라 여전히 다른 동기부여 체계를 요구한다고 결론 내렸다.

이번 장과 앞 장에서 살펴보았듯이 문화적 차이가 영업 인력의 동기부여 형태에 영향을 주기 때문에 관리자는 직원의 개인적 행동 방식에 신경을 써야 한다. 미국에서 효과적이었던 개인적 보상체제가 다른 문화권에서는 완전히 실패할 수도 있다. 예를 들면, 온정주의와 집단주의 그리고 평생 고용과 연공서열을 강조하고 있는 일본에서 직원들은 집단의 구성원이 되는 편안함으로부터 큰 만족을 얻으므로 개인 상여제도는 크게 효력이 없다. 이처럼 일본에서 피고용자들은 동료들과 다른 점을 드러내 주위의 원성을 사는 것을 선호하지 않으므로 뛰어난 개인의 노력에 따른 대가로 지급되는 개인적인 금전적 보상을 거부할 수 있다. 그래서 일본의 보너스 제도는 집단의 노력에 기초하고 있고, 개인적인 성과급 체계를 사용하는 경우는 드물다. 일본의 영업 인력들은 개인적인 노력으로 수익을 더 낼 수 있다는 생각보다는 동료들로부터 오

---

[26] Thomas E. DeCarlo, Raymond C. Rody, and James E. DeCarlo, "A Cross National Example of Supervisory Management Practices in the Sales Force," *Journal of Personal Selling & Sales Management* 19 (1999), pp. 1 – 14; Ping Ping Fu, Jeff Kennedy, Jasmine Tata, Gary Yukl, Michael Harris Bond, Tai-Kuang Peng, Ekkirala S. Srinivas, John P. Howell, Leonel Prieto, Paul Koopman, Jaap J. Boonstra, Selda Pasa, Marie-Francoise Lacassagne, Hiro Higashide, and Adith Cheosakul, "The Impact of Societal Cultural Values and Individual Social Beliefs on the Perceived Effectiveness of Managerial Infl uence Strategies: A Meso Approach," *Journal of International Business Studies* 35 (2004), pp. 284 – 305.

[27] Money and Graham, "Salesperson Performance, Pay, and Job Satisfaction."

CROSSING BORDERS 17.3 영업회의

그들은 일본에서 매우 중요하다. 전직 미국인 영업 관리자는 다음과 같은 사례를 들려준다.

나는 한 미국 의료장비 회사의 일본 자회사 법인장이었다. 우리 사무실은 동경 시내에 위치했었고, 이 때문에 대부분의 영업사원들은 출퇴근하는데 2시간을 소비해야만 했다. 영업 시작 전에 사무실로 출근시키는 대신에, 각자 자택에서 직접 약속장소로 가라고 지시했고, 사무실에는 주간 판매회의가 있는 날, 딱 하루만 오라고 지시했다. 미국 영업사원들에게는 익숙한 방식이지만, 일본에서는 완전한 실패였다. 판매 실적과 함께 직원들의 사기도 떨어졌다. 나는 얼른 정책을 변경시켜 직원들로 하여금 매일 사무실에 출근하게 했다. 영업사원들의 집단 정체성을 강화시키자, 매출이 바로 올라갔다.

그렇다면 영업담당 임원들 중 한 사람의 설명을 빌려 미국 휴렛패커드(Hewlett-Packard)에서는 영업사원들을 어떻게 관리하는지 비교해보자. “우리는 정말로 일과 가족의 균형을 맞추는 일에 신경을 쓰고 있습니다. 만약 누군가 재택근무를 하길 원한다면 그렇게 할 수 있고, 이유만 충분 하다면 회사 경비로 홈 오피스를 만들어 줄 수 있습니다. 만약 생산성을 높이려면, 사람들의 직장 생활과 가정생활의 균형을 맞추는 것이 열쇠입니다.”

아이비엠(IBM)의 새로운 경영자, 샘 팔미사노(Sam Palmisano)는 이 점을 더욱 강조한다. “이기기 위해서 경기장에 있어야 한다. 라커룸에서 경기를 이길 수는 없다.... 자신들의 상사나 다른 부서 직원들과 얘기하기 위해 회의실에 있기 보다는, 고객들과의 접점에 있기를 바란다.” 아이비엠의 새로운 회사 방침에 따르면 영업 회의는 일주일에 한번으로 제한된다.

출처: Clyde V. Prestowitz, *Trading Places—How We Are Giving Away Our Future to Japan and How to Reclaim It* (New York: Basic Books, 1989); Geoffrey Brewer et al., "The Top (25 Best Sales Forces in the U.S.)," *Sales & Marketing Management*, November 1, 1996, p. 38; Erin Strout, "Blue Skies Ahead?" *Sales & Marketing Management*, March 1, 2003, pp. 24–26; http://ibm.com, 2010.

표 17.3

중요도에 따른 영업 인력 보상 항목들의 분포(100점 기준)

출처: R. Bruce Money and John L.Graham, "Salesperson Performance, Pay, and Job Satisfaction: Tests of a Model Using Data Collected in the U.S. and Japan," *Journal of International Business Studies* 30, no. 1 (1999), pp. 149–72. Reproduced with permission of Palgrave Macmillan.

	상대적인 중요성(평균)	
보상 항목	일본 영업 인력	미국 영업 인력
고용보장	18.5	17.6
승진	13.7	14.9
급여 증가의 매력도	24.7	26.2
성취에 따른 보람	18.5	18.2
사회적 인지도	8.1	5.2
개인적 성장과 개발	16.6	17.8

는 사회적 압력에 의해 더 동기부여가 된다. 마찬가지로 동유럽 국가의 보상체제에서는 전형적으로 미국보다 기본급을 중요시하며, 성과 기반의 보상체제 효과가 적은 것으로 나타났다. 비록 동기부여 관습이 일본에서조차 변화하고 있다는 지적도 있지만, 이러한 형태는 급속하게 변하지도 않을 뿐더러 상당한 노력 없이 변하지도 않는다.

의사소통 또한 높은 수준의 동기부여를 유지하는데 중요하다. 외국인 관리자들은 모기업이 그들의 현지 경영에 관심을 가지고 있음을 알아야 하며, 결국 그들 또한 모기업에서 무슨 일이 일어나는지 알기를 원한다. 정보교류가 효과적으로 이루어졌을 때 모든 이들의 업무 수행이 더 잘 이루어진다. 그러나 언어, 문화, 의사소통 방식의 차이점들은 관리자와 영업사원간의 상호이해를 어렵게 한다.

승진과 신분 상승 기회는 중요한 동기부여 요소이므로 기업은 회사 내에서 개인적 성장을 위한 기회를 명확하게 해둘 필요가 있다. 사실 다국적기업 내 외국인들은

아침 체조는 일본의 영업 사원들을 동기부여시키는 기업 문화(혹자는 이를 동료집단의 압력이라고 부른다)의 일부이다.

최고의 지위에 오르고 싶어 한다. 마찬가지로, 쉽게 누그러질 수도 있지만 해외 파견근로자의 가장 큰 두려움 중 하나는 모기업으로부터 잊혀질 것이라는 점이다. 기업의 영업 목적과 직원(영업 인력 포함)들의 개인적 목적을 일치시키는 것은 능력 있는 관리자에게 중요한 일이다. 관리자들은 종업원들에 대한 다양한 동기 부여방식과 이에 대한 그들의 반응이 5장에서 다룬 7개 기본적인 문화적 전제에 기초한다는 것을 지속적으로 인식해야 한다. 그러므로 외국인 근로자에 적용될 동기부여 방식은 문화적 호환성 측면에서 검토해야 한다.

보상체제의 설계

해외 파견근로자를 위한 보상체제

LO7

국제 영업 인력을 위한 보상체제의 설계 방법을 학습한다.

해외 파견근로자에게 균형, 지속적 동기부여 그리고 융통성을 결합시킬 수 있는 합리적이고 실용적인 보상제도의 개발은 국제경영에서 큰 도전이다. 이러한 문제는 다양한 국가에서 기업을 경영할 때나 여러 국가에서 일하는 인력을 보유하고 있을 때 또는 영업 인력 구성이 해외 파견근로자와 현지 인력이 섞여 있는 경우 특히 민감하다. 복리후생(fringe benefit)은 많은 국가에서 중요한 역할을 한다. 세금이 높은 국가의 근로자는 높은 세금이 부과되는 직접 소득 대신 비과세인 필요 경비 지원이나 회사 차량제공과 같은 복리후생을 선호한다. 복리후생 비용은 유럽에서 월급여의 35~60% 정도로 높은 편이다.

임금은 인력의 본국 귀환을 어렵게 만드는 중요한 요인이다. 종종 본사로 귀환한 해외 파견근로자는 해외 시장에서 낮은 비용으로 생활함에 따라 더 많은 소득이 발생했다는 것을 깨닫게 된다. 귀국은 임금과 삶의 질이 낮아진다는 것을 의미한다. 많은 국가의 해외 파견근로자들은 현지의 저렴한 인건비 덕분에 모국에서는 하기 힘든 전일제 가정부를 고용할 수 있다.

국내와 해외 인력을 포함한 거대기업 경영은 보상제도에서 큰 문제를 일으키기도 한다. 해외 파견근로자는 그들의 보상을 같은 기간 동안 모국에서 근무했을 경우 받을 수 있는 보상과 비교하는 경향이 있다. 또한 현지 인력과 해외 파견근로자들은 연봉 계약서를 비교하곤 한다. 비록 보상 수준의 차이를 쉽고 논리적으로 설명할 수 있다고 하더라도 낮은 금액을 받는 집단은 거의 대부분 항상 불만을 품고 혹사당한다고 느낀다.

해외 파견근로자에게 주어진 단기 과제를 위한 보상 문제는 더 복잡하며, 단기 과제가 장기로 확장될 때 특히 그렇다. 일반적으로 단기과제에서 보상은 해외근무 초과수당 지급(때로는 만약 가족이 같이 가지 않는다면, **별거수당**이라 부른다), 모든 초과 지출 그리고 세금 차이를 고려한 수당 등을 포함한다. 장기 과제에는 본국으로의 휴가 경비나 배우자 여행 수당을 포함시킬 수 있다. 국제적인 보상제도는 오지 근무자의 경우 추가적인 보수 지급을 제공하며, 해외 근무를 꺼리는 근로자에게는 해외 근무를 수용하고 그 직책을 유지할 수 있게 하는 특별한 유인책을 제공한다.

글로벌 영업 인력을 위한 보상체제

국제 영업 부서에 대한 미국계 기업의 보상제도는 전 세계적으로 매우 다양하고, 다양한 현지 시장의 경제, 법 그리고 문화적 차이[28] 등을 반영한다. 아시아와 서유럽은 가장 높은 수준의 현지화를 필요로 하는 반면 신흥 시장 내에서의 보상 방법은 보다 유연하다. 예컨대, 한 연구에서 유럽 관리자들은 소득세가 높아 인센티브의 효력을 없애는 국가에서는 더 많은 인센티브를 사용하는 경향이 있음을 밝혔다.[29] 여기서는 개인소득세율이 미국과 일본에서는 상대적으로 낮고(30%이하), 연구가 진행되었던 서유럽에서는 상대적으로 높았다는 것(35%이상)에 주목해야 한다. 또한 유럽에서는 **노사협의회(work council)**가 회사 전반에 걸쳐 보상 규율 제정에 참여하며, 심지어 영업 인력들에게까지 관여한다. 오스트리아와 독일의 사례를 보면, 노사협의회가 보상제도를 공동으로 결정할 뿐 아니라 해당 계획의 실시 이전에 사전승인을 한다. 한편으로 일본의 문화적 차이는 보상체제에 다른 영향을 미친다. 한 연구에 따르면 팀 위주의 환경, 모든 것이 개인적 성취가 아닌 팀별 보상 그리고 관계구축에 따라 크게 영향 받는 영업주기 등이 일반적으로 높은 기본급에 의지하도록 만든다."고 설명한다.[30]

표 17.4처럼 어떤 전문가는 일본과 북유럽 내 보상제도가 미국의 표준적인 접근법과는 매우 다르다고 느끼고 있다. 그러나 이렇게 생각하는 전문가들 역시 일반적으로 전 세계적으로 보상제도가 미국의 개인성과 기반의 보상체제와 유사해지고 있다고 믿는다.[31] 하지만, 표 17.4의 자료는 여전히 큰 차이가 있는 지역이 있음을 보여준다.[32]

다국적기업은 영업 보상계획을 사실상 글로벌 차원과 현지 차원의 반반으로 보고 있다. 85개 기업들을 대상으로 한 조사[33] 결과는 영업 보상제도의 구성 요소 측면에 대한 몇몇 세부내용을 보여준다. 참여 기업 대부분은 미국, 일본 그리고 유럽에 있으며, 포춘지(Fortune)가 선정한 500대 기업으로서 신기술 산업부터 소비자 서비스에 이르기까지 다양하다. 표 17.5처럼 대부분 기업은 영업 보상 행위를 현지 여건에 맞

---

[28] Marta M. Elvira and Anabella Davila, *Managing Human Resources in Latin America* (London: Routledge, 2005)

[29] Dominique Rouzies, Anne T. Coughlan, Erin Anderson, and Dawn Iacobucci, "Determinants of Pay Levels and Structures in Sales Organizations," *Journal of Marketing* 73, no. 3 (2009), pp. 92 – 104.

[30] David J. Cichelli (editor), 2010 *Sales Compensation Trends Survey Results* (Scottsdale, AZ: The Alexander Group, Inc., 2010).

[31] David J. Cichelli, *Global Sales Compensation Practices Survey* (Scottsdale, AZ: The Alexander Group, Inc., 2006).

[32] Personal interview with David J. Cichelli, Vice President, Alexander Group, March 2010

[33] David J. Cichelli, 2010 as above.

표 17.4
미국의 보상제도와의 글로벌 유사성

국가/지역		미국과의 유사성 정도					
		자격	성과 측정	가중치	계획성	마케팅 믹스 영향력	지불 횟수
유럽	영국	유사	유사	유사	유사	유사	조금다름
	스칸디나비아	유사	유사	유사	유사	다름	조금다름
	프랑스	유사	유사	조금다름	조금다름	조금다름	조금다름
	독일	유사	유사	조금다름	조금다름	조금다름	조금다름
	스페인/이탈리아	유사	조금다름	조금다름	조금다름	조금다름	조금다름
동남아시아	홍콩	유사	유사	유사	유사	조금다름	조금다름
	대한민국	유사	유사	조금다름	조금다름	다름	다름
	대만	유사	유사	유사	유사	조금다름	조금다름
	말레이시아 인도네시아 (싱가포르)	유사	유사	유사	조금다름	조금다름	조금다름
	호주	유사	유사	유사	유사	조금다름	조금다름
일본		조금다름	다름	다름	다름	다름	다름
캐나다		유사	유사	유사	유사	조금다름	조금다름
남미		유사	유사	조금다름	조금다름	조금다름	조금다름

유사   조금다름   다름

자료는 주로 첨단산업 영업조직을 대상으로 알렉산더 그룹(Alexander Group)이 수행한 다양한 고객사업을 나타냄.

출처: David G. Schick and David J. Cichelli, "Developing Incentive Compensation Strategies in a Global Sales Environment," *ACA journal*, Autumn 1996; updated based on interview with David J. Cichelli, Vice President of the Alexander Group, March 2010.

추어 시행하고 있다(국가적 또는 지역적 수준에서). 보상제도 구성 요소 중 국제적 수준에서 결정하는 유일한 사항은 보상제도의 설계 원칙(53.9%)과 승인(52.3%)이다.

어떤 기업은 전 세계에 걸쳐 보상제도를 동일하게 만들려고 모든 노력을 기울인 적이 있다. 1990년 대 후반부터 시작해서 아이비엠(IBM)은 국제 영업인력을 보상하는 아마도 가장 글로벌한 접근방식을 채택하였다.[34] 165개국 140,000명의 영업직 임원에게 적용된 이 제도의 주요 특징이 표 17.6에 나와 있다. 이 제도는 기존 제도가 혼란을 주고, 자기 구역을 벗어난 업무에 대해서는 보상을 해주지 않아서(CROSSING BORDERS 17.1에 제시되어 있는 시나리오처럼), 결과적으로 국

[34] Michele Marchetti, "Gamble: IBM Replaces Its Outdated Compensation Plan with a World Wide Framework. Will It Pay Off?" *Sales & Marketing Management*, July 1996, pp. 65–69. IBM continues to globalize its sales management practices—see Erin Strout, "Blue Skies Ahead? IBM Is Transforming the Way Its Sales Force Does Business," *Sales & Marketing Management*, March 1, 2003, pp. 24–27.

표 17.5

글로벌 보상관행과 현지 보상관행의 비교

출처: David J. Cichelli (editor), 2010 *Sales Compensation Trends Survey Results* (Scottsdale, AZ: The Alexander Group, Inc., 2010).

글로벌화 ↑	프로그램 구성 요소	총퍼센트				
		글로벌	국가	세계지역	조합	순 적용
	프로그램 설계 원칙	53.93	21.35	13.48	2.25	8.99
	프로그램 승인	52.33	19.77	16.28	3.49	8.14
	계산 방식 체계	42.05	27.27	17.05	4.55	9.09
	지급 경쟁력 철학	41.11	31.11	14.44	3.33	10.00
	성과 측정	37.65	25.88	20.00	5.88	10.59
	직무 수준	36.05	25.58	17.44	3.49	17.44
	기술적 자동화 지원	32.56	25.58	17.44	5.81	18.60
	할당량 설정 방법	24.71	31.75	21.18	11.76	10.59
	지급 믹스	22.99	33.33	25.29	9.20	9.20
	지불금 관리 계산	26.74	37.21	20.93	6.98	8.14
	벤치마크 회사 조사	21.35	39.33	20.22	6.74	12.36
	영업 인력 쿼터	12.94	43.53	15.29	15.29	12.94
현지화 ↓						

표 17.6

보상제도의 청사진: 전 세계 14만 명의 IBM 영업담당 임원에 대한 보상 방안

출처: Adapted from Michele Marchetti, "Gamble: IBM Replaces Its Outdated Compensation Plan with a World Wide Framework. Will It Pay Off?" *Sales & Marketing Management*, July 1996, pp. 65–69.

보상 합계

혜택		제도 구성요소	지불 빈도	지급 측정	계산을 위해 활용되는 측정 항목 수
변동 지급	→	기업 목표	년	(아래의 내용에 근거한) 보너스 지급 • 이익 • 고객만족	2
상여 보상	→	팀워크	월	상여 보상의 20% • 업무 팀 성과 • 산업 성과	2
		개인적 기여	분기	상여 보상의 60% • 성장 • 해결책 • 유통경로/파트너 • 이익 기여	1–2
		도전/경진대회	발생 시	상여 보상의 20% • 전국적 • 지역적	1-4
인정					
기본급					

제 팀워크를 장려하지 못한다는 전 세계 해외 영업인력들의 불만에 대한 대응차원에서 개발되었다. 북 아프리카, 중남미, 아시아 태평양 그리고 유럽에서 온 아이비엠(IBM) 영업성과급 담당 관리자들이 9개월 동안 컨설턴트와 함께 제도를 만들었다. 첫 눈에 보기에 이 계획은 중앙에서 개발된 계획을 글자 그대로 전 세계의 다양한 문화권에 설치된 영업사무소에 시행을 강요하는 중대 실수를 범하는 것처럼 보일 수 있다. 그러나 이 보상제도는 여전히 현지 관리자에게 큰 폭의 자율권을 허락하고 있다. 각 국의 보상 관리자들은 성과측정의 글로벌한 틀을 따르면서도, 성과급 지급 빈도 및 기본급과 성과급 사이의 구분을 결정한다. 그래서 이 제도에서는 미국 같은 국가에서는 높은 성과급 부분을, 일본의 경우에는 높은 기본급을 허용한다.

아이비엠(IBM)이 영업 보상제도를 개정하는 과정 동안 얻은 가장 값진 정보는 아래처럼 글로벌 보상에 있어 "해야할 것(do)"과 "하지 말아야할 것(don't)"을 구분한 목록이다.[35]

1. 주요 국가들의 담당자들을 포함시킬 것.
2. 현지 관리자들로 하여금 기본급과 인센티브 급여의 혼합을 결정할 수 있도록 할 것.
3. 일관된 성과 측정방법(지불된 결과)을 사용하고 각각의 측정방법을 강조할 것.
4. 실행에 있어 현지 국가의 융통성을 허용할 것.
5. 지속적인 의사소통과 전 세계적인 교육관련 주제를 사용할 것.
6. 본사 중심으로 설계하지 말고 현장에 강요하지 말 것.
7. 서로 다른 책임이 있는 일에 유사한 제도를 만들어 내지 말 것.
8. 성과제도 내에서 성과 측정방법을 모두 동일하게 만들라고 요구하지 말 것.
9. 문화적 차이가 보상 제도를 통해 관리될 수 있다고 가정하지 말 것.
10. 전 세계 영업 부문의 선임 임원의 지원 없이 진행하지 말 것.

영업 담당자 평가와 통제

미국에 있는 영업담당자를 평가하고 통제하는 것은 상대적으로 단순한 일이다. 많은 영업 업무는 매출액으로 쉽게 측정할 수 있는 개인적 성과에 중점을 두고 있다(종종 과거의 성과, 전망, 할당량과 비교함). 간단히 말해서, 좋은 영업사원은 큰 수익을 낸다는 것이다. 하지만 많은 국가에서 평가의 문제는 복잡한 일이다. 특히 팀워크를 개인적인 노력보다 선호하고 지근거리에서 감독을 하거나 심지어 이를 반기는 관계 지향적인 문화에서는 더욱 그렇다.[36] 성과 측정은

[35] Ibid.

[36] William A. Weeks, Terry W. Loe, Lawrence B. Chonko, Carlos Ruy Martinez, and Kirk Wakefield, "Cognitive Moral Development and the Impact of Perceived Organizational Ethical Climate on the Search for Sales Force Excellence: A Cross-Cultural Study," *Journal of Personal Selling & Sales Management* 26.

세밀한 관찰을 요구하고, 주변의 소비자, 동료, 상사의 의견을 포함할 수도 있다. 물론 인간관계에 기초한 문화권에서 영업 인력을 운영하는 관리자는 개인적 성과 측정을 상대적으로 중요하지 않게 생각할 수 있다.

이러한 차이점들은 미국과 일본의 영업사원 성과를 비교한 연구에 잘 드러나 있다.[37] 양국 관리자는 영업 인력 평가에 동일한 성과 척도를 사용하였다. 일본에서는 소수의 고성과자와 역시 소수의 저성과자 그리고 대다수의 중간성과자 형태를 보여 통계적으로 표준 분포를 나타냈다. 그러나 미국에서의 결과는 이와 달리 소수의 고성과자, 대다수의 중간성과자였으며, 저성과자는 없었다. 미국에서는 성과가 저조한 사람은 회사를 떠나거나(그들이 돈을 벌어오지 못하기 때문에) 해고를 당하기 때문이다. 그러나 일본에서는 저성과자도 회사에 남아 있으며, 해고당하는 경우가 드물다. 따라서 일본의 영업 관리자는 미국 관리자는 가지고 있지 않은 문제가 하나 있는데, 그것은 영업성과가 저조한 사람들을 어떻게 동기부여할 것인지의 문제다. 사실, 미국의 영업 관리 지침은 항상 "안정기에 접어든" 영업사원을 어떻게 다룰지의 내용은 있지만, 저성과를 문제로 생각하지 않기에(그저 정리해고 대상이므로) 거의 다루고 있지 않다.

미국 영업 관리자가 사용하는 기본적인 통제 방법은 상여 제도이다. 인터넷과 팩스 때문에, 더 많은 미국 영업 인력은 사무실 밖이나 집에서 활동할 수 있어, 자신들의 영업 관리자를 거의 만나지 않고 있다. 기업 조직은 상당히 평준화가 되었으며, 관리자가 감독할 범위는 넓어지고 있다. 그러나 많은 다른 국가, 심지어 호주와 특히 일본에서의 관리 범위는 미국 기준에 비추어 상당히 좁다. 일본에서는 감독관이 더 적은 수의 부하직원과 많은 시간을 보낸다. 일본과 같이 인간관계에 기반을 둔 문화권에서는 기업 문화 및 동료와 감독관의 잦은 상호작용이 동기부여 수단이며, 이를 통해 영업 인력을 통제할 수 있다.

해외 업무를 위한 인력 준비

LO8

해외 업무를 위한 인력의 준비 방법을 학습한다.

해외 업무로 인해 관리자와 그 가족을 파견하고 지원하기 위한 연간 비용의 추정치는 기본급 대비 150~400% 사이의 수준이다. 만약 해외 파견근로자가 일반적인 의무 기간(일반적인 체류기간은 2~4년이다)을 마치기 전에 귀국을 요청하면 금전적 비용(혹자는 30~60만 달러 사이라고 예측한다)은 물론 사기 진작 차원에서도 상당한 비용이 증가한다. 또한 국내로의 **귀환**이 성공적이지 못해 직원이 이직을 한다면, 낮아진 사기와 숙련된 인력 손실에 따른 높은 비용이 발생한다. 이러한 문제들을 감소시키기 위해서는 국제 인적자원관리 부서에서는 해외 파견 직원을 해외로 이주시키고, 현지에 체류하게 하며 그리고 본국으

[37] Money and Graham, "Salesperson Performance, Pay, and Job Satisfaction."(2006), pp. 205 – 17

로 귀환시키는 계획을 강화하고 있다.[38] 계획 과정은 해외 파견근로자 선발 이전부터 시작되어 귀국 후 그들이 맡게 되는 특정업무들까지 확장되어야 한다. 선발, 교육훈련, 보상 그리고 경력 개발 정책(본국 귀환을 포함한)은 해외 파견근로자 관리의 독특한 문제점들을 잘 반영해야 한다.

특정 직위에 대한 업무 관련 기준 이외에도[39], 일반적인 해외 파견후보자들은 보통 기혼이며, 두 명의 취학 아동이 있고, 3년 이상의 현지 근무를 생각해야 하며 그리고 더 높은 관리직으로 승진할 가능성이 많다. 이러한 일반적인 해외 파견근로자의 특징은 해외 파견에 가장 적합한 인력 선발, 현지 잔류, 본국 귀환 시 적응과 관련된 대부분 문제들의 기반이 된다.

해외 업무 기피에 대한 대처방안

기업의 국제적 서비스가 장기적으로 직원들과 기업 모두에 좋은 역할을 해왔다는 확실한 증거에도 불구하고, 많은 우수한 후보자들은 이러한 업무의 선택을 회피한다.[40] 경력과 가족에 대한 걱정이 관리자가 해외 파견 업무 수행을 거절하는 가장 빈번한 이유다. 경력과 관련한 가장 중요한 거리낌은 2~3년의 공백 기간이 승진에 불리하게 작용할 것이라는 불안감이다.[41] 이처럼 "눈에서 멀어지면, 마음에서 멀어진다"는 두려움(앞의 글로벌 관점에서 예시되었듯이)은 본국 귀환 문제와도 밀접하게 연관되어있다. 경력 개발을 위한 사전 계획이 없다면, 더 나은 능력과 야망이 있는 인력들은 해외 파견 제안을 거절할 것이다. 하지만 만약 해외 파견 근무 후보자를 깊이 생각해서 뽑고, 모기업으로 제때 돌아와 높은 현지성과에 대한 보상으로 승진한다면, 국제 업무 수행을 위한 임원 모집이 수월해질 것이다.

비록 경력 개발에 대한 물음에 적절한 계획으로 충분히 답을 얻었다 할지라도, 가족에 대한 걱정은 해외 업무를 수락하는데 방해 요소로 작용할 것이다. 초기에, 대다수의 잠재적 후보자는 가족과 떨어져 지내는 것과 낯선 환경에 정착하는 것을 걱정한다. 자녀 교육, 가족 및 친구와의 이별, 적당한 보건 의료 서비스와 몇몇 국가에서의 잠재적 폭력 문제는 외국에 재배치될 때 가족이 직면하게 되는 두려움을 반영한다.[42] 특별 보상제도는 전형적인 방법으로 이러한 문제들을 다루고 있다. 현지근무수당, 사립학교를 포함한 특별 교육 수당, 주거 수당 그리고 장기 휴가 경비 지출 지

---

[38] Jeffrey P. Shay and Sally A. Baack, "Expatriate Assignment, Adjustment and Effectiveness: An Empirical Examination of the Big Picture," *Journal of International Business Studies* 35, no. 3 (2004), pp. 216 – 32.

[39] Shung J. Shin, Frederick P. Morgeson, and Michael A. Campion, "What You Do Depends on Where You Are: Understanding How Domestic and Expatriate Work Requirements Depend upon the Cultural Context," *Journal of International Business Studies* 38 (2007), pp. 64 – 83.

[40] William W. Maddux and Adam D. Galinsky, "Cultural Borders and Mental Barriers: The Relationship between Living abroad and Creativity," *Journal of Personality and Social Psychology* 96, no. 5 (2009), pp. 1047 – 61..

[41] Mark C. Bolino, "Expatriate Assignments and Intra-Organizational Career Success: Implications for Individuals and Organizations," *Journal of International Business Studies* 38 (2007), pp. 819 – 35.

[42] Alan Paul, "It's China, or the Job," *The Wall Street Journal*, April 9, 2009, online.

원 등은 해외 업무 수행에서 가족과 관련된 문제를 해결하기 위해 고안된 보상제도의 일부이다. 얄궂게도 어떤 문제의 해결책은 본국으로 돌아온 다음 문제 발생의 원인이 되기도 하는데, 이는 해외 파견 업무 수락을 위한 유인책인 추가적인 보상 이득을 포기해야 한다는 것이다.

조기 귀국 비율의 감소

일단 직원과 가족이 해외 업무 수행을 받아들이면, 다음 문제는 정해진 기간 동안 현지에 머물도록 하는 것이다. 그러나 일부 연구에 따르면 전체적으로 감소하고 있다고 하지만, 해외 근무 선발 인력의 감소율은 매우 높아질 수 있다. 병원 관리 계약을 맺은 한 기업은 연간으로 환산했을 때 현지 파견 직원의 20%가 실패하는 것을 경험하였다. 그러나 이는 사우디 아라비아에서 155명으로 시작해 불과 2달 만에 65명으로 줄어든 건설 하도급 업체와 비교했을 때 그렇게 높은 수치는 아니다.

문화적 거리가 중요한 고려사항이긴 하지만[43] 임원들을 동기부여시키는데 효과적인[44] 다양한 경영자교육 방식들이 존재한다. 해외 파견근로자 선발 기준에 직원의 가족들에 대한 평가를 넣고 있는 기업들이 증가하는 가장 중요한 이유는 해외 파견의 고비용 때문이고 , 가족의 부적응[45]은 해외 파견근로자의 불만족과 그들이 본국 귀환을 요청하는 가장 중요한 이유이기 때문이다. 사실, 300개 이상의 다국적기업 인사 담당임원을 연구한 바에 따르면 관리자의 배우자가 다른 물리적 및 문화적 환경에 적응할 수 없는 것이 해외 파견근로자가 효과적으로 외국 업무를 수행하데 실패하는 주요한 이유라는 것을 발견하였다. 한 연구자는 외국으로 파견된 가족의 75%가 후에 자녀의 적응문제와 결혼생활에 문제가 있다고 추정하였다. 한 임원은 결혼생활에 조그마한 문제라도 있고 어떻게든 결혼생활을 유지하고 싶은 마음이 있다면 해외 업무를 수락하는데 오랜 기간 숙고해야 될 정도로 가족에 주어지는 압박이 크다고 주장한다.

새롭고 낯선 문화를 적응하는 과정에서 정신적인 충격과 스트레스로 불만족이 발생한다. 그러나 파견 직원은 자신의 가족보다 적응에 문제가 적을 수 있다. 이들은 해외 파견 업무라고 할지라도 친숙한 환경에서 일하며, 나머지 가족에게 문제가 될 수 있는 문화적 차이로부터 대체로 분리될 수 있기 때문이다. 그리고 해외 파견근로자

[43] Carl P. Maertz Jr., Ahmad Hassan, and Peter Magnusson, "When Learning Is Not Enough: A Process Model of Expatriate Adjustment as Cultural Cognitive Dissonance Reduction," *Organizational Behavior and Human Decision Processes* 108 (2009), pp. 66 – 78.

[44] David M. Brock, Oded Shenkar, Amir Shoham, and Ilene C. Siscovick, "Nature Culture and Expatriate Deployment," *Journal of International Business Studies* 39, no. 8 (2008), pp. 1293 – 309; Shawn M. Carraher, Sherry E. Sullivan, and Madeline M. Crocitto, "Mentoring across Global Boundaries: An Empirical Examination of Home– and Host-Country Mentors on Expatriate Career Outcomes," *Journal of International Business Studies* 39, no. 8 (2008), pp. 1310 – 26; Christopher Mabey, "Management Development and Firm Performance in Germany, Norway, Spain, and the UK," *Journal of International Business Studies* 39, no. 8 (2008), pp. 1327 – 42.

[45] Riki Takeuchi, David P. Lepak, Sophia V. Marinova, and Seokhwa Yun, "Nonlinear Infl uences of Stressors on General Adjustment: The Case of Japanese Expatriates and Their Spouses," *Journal of International Business Studies* 38 (2007), pp. 928 – 43.

미국인 해외 파견근로자들은 바르샤바에 소재한 이와 같은 가게에 몰린다. 가게 안에서는 영어로 된 책 외에도 크라프트(Kraft) 사의 마카로니와 치즈, 비스킷 그리고 기타 유럽 가판대에 보기 힘든 미국 음식들을 발견할 수 있다.

의 절반 정도는 파견 전에 가족 구성원들 보다 더 자주 이문화(異文化)에 대한 적응 훈련을 받는다.[46] 가족 구성원은 일상에서 새로운 문화에 더 많이 노출되지만, 적응하는데 필요한 지원을 받지 못한다. 이들은 식료품 구매에서부터 보건 의료 서비스까지 새로운 소비 형태를 배워야 한다.[47] 가족 구성원은 직장을 얻을 수 없으며, 많은 문화권에서 가족 중 여성은 엄격한 사회적 제한에 직면할 수도 있다. 예컨대, 사우디 아라비아의 경우, 여성의 역할을 엄격하게 명시하고 있다. 종교계 간부가 여성의 치맛 자락이 기분을 상하게 했다는 이유로 검은색 페인트를 그녀의 다리에 뿌린 경우도 있었다. 간단히 말해, 가족에게는 문화적 충격으로 인한 더 큰 문제가 발생한다. 확실히 고용과 선발 과정에 가족의 적응 능력을 평가해야할 필요가 있다.

이질적 환경에 적응할 수 있는 잠재력과 개인적 특성을 가진 가족들도 해외 생활이라는 새로운 숙제에 적절히 준비되어 있지 않다면 역시 불만이 있을 수 있다. 점차 많은 기업들이 파견 가족이 새로운 보금자리에서 생활할 준비를 할 수 있도록 다른 문화권에 대한 교육훈련을 제공해야 할 필요성을 잘 인식하고 있다. 이는 하루 이틀 간의 간단한 소개에서부터 새로운 문화에 동화하는데 도움을 줄 수 있는 모든 가족 구성원을 대상으로 한 2주 또는 3주 정도의 집중 프로그램을 포함한다. 외국어 학습, 영화 그리고 문화적 차이, 잠재적 문제점들 및 새로운 생활방식에 적응하는데 따른 스트레스 요인 등에 대한 토론과 강의들이 초기의 문화적 충격에서 오는 좌절감을 최소화시키기 위해 제공된다. 이런 문화적 훈련은 가족들이 문제를 예측하고 쉽게 적응할 수 있도록 도움을 준다. 어떤 기업은 가족에게 그들의 문제를 해결하고 즉각적인 도움을 줄 수 있도록 현지에 고충 처리 담당자까지 제공한다. 해외 파견 가족을 준비시키는데 들어가는 비용이 많다고 볼 수 있다. 그러나 해외에 파견 가족들을 준비시키기 위한 교육훈련 비용이 높게 보이긴 하지만 조기 복귀하는 가구에 드는 측정 가능한 비용이 300~500가구에 제공하는 이문화(異文化) 교육훈련 비용을 상쇄시킨다는 점을 생각해야 한다. 덧붙여 독신직원도 완전히 다른 가치와 의식으로 이루어진 문화에 던져질 수 있다는 점을 고려해야 한다. 직원과 그의 가족들이 겪을 문화적 충격에 대비하지 않는 기업들은 모국으로의 조기 복귀 발생률이 매우 높다.

해외 파견근로자의 성공적 귀환

미국 경제조사 기관인 컨퍼런스 보드(Conference Board)의 연구에 따르면 많은 기업이 임원들의 해외 파견에는 정교한 계획들을 가지고 있지만, 귀환자들을 위한 포괄적인 프로그램을 보유한 기업은 소수이다. 해외 파견으로부터 귀환한 귀중한 자산

[46] Visit http://www.natwestoffshore.com for a quick overview of the kinds of services provided by expatriate preparation companies.

[47] Mary C. Gilly, Lisa Peñaloza, and Kenneth M. Kambara, "The Role of Consumption in Expatriate Adjustment and Satisfaction," working paper, Paul Merage School of Business, University of California, Irvine, 2010.

인 근로자들이 매우 빈번하게 경험이 부족한 미국 경영자들에 의해 방치되거나 버려지는 것을 많은 이들이 목격해왔다.

낮은 근로의욕과 해외 파견근로자의 복귀에 따른 마찰 증가에는 여러 원인이 있다. 몇몇 불만사항과 문제는 가족과 관련된 것이지만, 나머지 사항은 경력과 관련이 있다. 가족과 관련된 문제는 일반적으로 재무적인 것과 본국 생활방식에 재적응 문제 등이 있다. 일부 해외 파견근로자는 높은 보상 프로그램에도 그들이 보유한 순 자산의 가치는 증가하지 않았으며, 해외 근무기간 중 발생한 인플레이션으로 파견 전에 팔았던 집과 비슷한 수준의 집을 구매할 수 없음을 알게 된다. 임원들의 해외 파견 유인책으로 사용했던 힘든 업무에 따른 보상 프로그램 또한 모국으로 돌아왔을 때 재적응 문제의 원인이 된다. 이러한 보상 편익들은 파견 직원의 가족들이 모국에서보다 더 높은 수준의 삶을 해외에서 살 수 있도록 해준다(정원사, 운전사, 가정부 등을 고용할 수 있다). 파견 근무자가 모국으로 돌아오면 대부분의 보상 편익이 사라지므로 생활수준이 낮아지고, 여기에 재적응해야 한다. 불행히도, 파견 근무자를 다른 외국 지역으로 전환시키는 것을 제외하고 이러한 종류의 문제를 개선하기는 어렵다. 현재는 해외 파견근로자의 귀국 시 보상과 편익의 불만 사항들을 외국 체류기간 중의 편익을 줄임으로써 완화할 수 있다고 본다. 몇몇 기업은 해외 체류 시 가족에게 현지 근무수당을 제공하기보다는 해외 업무가 개인의 성장, 개발 그리고 승진 등에 꼭 필수적인 요구사항임을 전제한 상태에서 파견 경비와 편익 제공을 줄인다.[48]

본국으로 돌아왔을 때 가족 내 스트레스를 야기하는 불만은 경력과 관련한 불평만큼 심각하지는 않다. 귀환자가 인식하는 미래에 대한 불만족은 그들이 모국인 미국에 돌아온 후 많이 사직하는 이유이다. 이러한 문제는 미국에만 한정된 것이 아니다. 일본 기업도 유사한 어려움을 겪고 있다. 가장 잦은 불만은 해외 파견근로자가 본국으로 돌아왔을 때 그들의 경력에 대한 구체적 계획의 부족과 관련이 있다. 본국에서 새롭게 부여받은 과업은 종종 너무 평범하고 외국 근무 기간 동안의 도전과 파견지에서 경험을 반영하지 못한다. 파견 직원은 해외 근무로 인해 기업 업무의 주된 흐름에서 단절되어 기술적으로 뒤떨어지게 되며, 귀환 후 즉각적인 경쟁에서 효과적이지 못하다고 느낀다. 결국 귀국 시 자존심을 버려야 할 정도로 지위가 상실되기도 한다.

이런 문제에 따른 마찰이 적은 기업은 그렇지 않은 기업과 한 가지 의미있는 차이가 있다. 해외 파견근로자의 개인 경력 계획이 그것이다. 이러한 계획은 인력의 해외 파견을 결정하면서부터 시작한다. 최초의 해외 파견은 장기적인 경력 계획의 맥락에서 이루어져야 한다. 이 상황에서 개인은 해외 업무의 중요성 뿐 아니라 어떤 수준에서 언제 돌아올지를 알고 있어야 한다. 해외 과업이 끝나갈 무렵, 본국 귀환 절차가 시작된다. 임원들의 본국 귀환에서 중요한 점은 그들에게 예상 복귀 일정, 새로운

[48] Katherine Rosman, "Expat Life Gets Less Cushy," *The Wall Street Journal* , October 26, 2007, pp. W1, W10.

과업과 그 책무가 임시적인지 영구적인지에 대한 암시 그리고 미래 전망 등과 같은 사안에 대해 완벽하게 정보를 주는 것이다. 간단히 말해, 복귀자들은 어디로 가는지 그리고 다음 달이나 앞으로 몇 년 동안 무엇을 할 것인지에 대해 알고 있어야 한다.

다국적기업(MNCs)의 귀환과정 개선에 대한 보고서에서는 다음의 5단계를 제안하고 있다:

1. 해외 파견근로자들을 의미 있는 자리에 재배치하라.
2. 멘토 프로그램을 만들어라.[49] 멘토들은 대체로 기업 활동을 감독하는 선임 임원이어야 하며, 해외파견자가 회사의 활동에 대해 소식을 수 있도록 하고, 해외파견근로자와 본사의 다양한 부서들을 연결하는 역할을 해야한다.
3. 해외 파견근로자가 모국으로 귀환 시 회사가 해야 할 의무사항을 명시한 문서화된 고용 확약서를 제공하라.
4. 정기적인 보고와 본사 방문을 통해 해외 파견근로자들이 본사와 연락을 유지하도록 하라.
5. 일단 날짜가 정해지면 해외 파견근로자와 가족의 귀환을 준비하라.[50]

어떤 이들은 해외로 파견 시와 마찬가지로 본국 귀환 시에도 문화적 충격에 대비할 수 있게 직원과 가족을 사전에 준비시키는 것이 중요하다고 믿고 있다.

문화적 인식의 개발

많은 기업들은 문화적 이해의 중요성을 간과하고, 국제마케팅에 필요한 기능적인 기량에 초점을 두고 있다.[51] "만약 댈러스(Dallas)에서 물건이 잘 팔린다면, 그것이 홍콩에서도 잘 팔릴 것이다"라는 생각이 위험한 것처럼, "댈러스에서 뛰어난 관리자가 홍콩에서도 뛰어날 것이다"라는 생각 역시 위험하다. 대부분의 해외 파견 실패는 관리나 전문적 능력의 부족으로 발생하지 않으며, 문화적 차이에 대한 이해 부족과 그에 따른 영향으로 인해 발생한다. 점점 세계가 상호 의존적으로 되어가고 기업이 해외로부터의 소득에 더 많이 의존함에 따라 해외에 배치된 근무자의 문화적 인식을

[49] John M. Mezias and Terri A. Scandura, "A Needs-Driven Approach to Expatriate Adjustment and Career Development: A Multiple Mentoring Perspective," *Journal of International Business Studies* 36 (2005), pp. 519 – 38.

[50] Mila B. Lazarova and Jean-Luc Cerdin, "Revisiting Repatriation Concerns: Organizational Support versus Career and Contextual Infl uences," *Journal of International Business Studies* 38 (2007), pp. 404 – 29.

[51] This is a topic of much discussion; see P. Christopher Earley and Elaine Mosakowski, "Cultural Intelligence," *Harvard Business Review* , October 2004, pp. 139 – 46; James P. Johnson, Tomasz Lenartowicz, and Salvador Apud, "Cross-Cultural Competence in International Business: Toward a Defi nition and Model," *Journal of International Business Studies* 37 (2006), pp. 231 – 58; Orly Levy, Schon Beechler, Sully Taylor, and Nakiye A. Boyacigiller, "What We Talk about When We Talk about 'Global Mindset': Managerial Cognition in Multinational Corporations," *Journal of International Business Studies* 38 (2007), pp. 231 – 58; William Neburry, Liuba Y. Belkin, and Paradis Ansari, "Perceived Career Opportunities from Globalization: Globalization Capabilities and Attitudes toward Women in Iran and the U.S.," *Journal of International Business Studies* 39 (2008), pp. 814 – 32; Gary Knight and Daekwan Kim, "International Business Competence and the Contemporary Firm," *Journal of International Business Studies* 40, no. 2 (2009), pp. 255 – 73.

개발할 필요성이 증가하고 있다.

우리는 어떤 사람이 좋은 사회적 능력(예를 들어 침착함을 유지할 수 있는 능력, 모든 사회적 상황 하에서의 통제 능력)을 배웠다고 이야기하는 것처럼 훌륭한 문화적 기량들도 배울 수 있다.[52] 이러한 능력은 다양한 문화적 상황에서 유사한 기능을 제공한다. 즉, 문화적 능력은 개인이 특정 문화의 세부적인 내용에 익숙하지 않더라도 이문화(異文化)에 적응할 수 있는 능력을 제공한다. 문화적 능력은 사회적 능력처럼 습득될 수 있다. 문화적 능력을 가진 사람은 다음과 같은 일을 할 수 있다.

- 공경심을 가지고 의사소통을 하고, 사람들과 그들의 문화에 긍정적 존중과 진심어린 관심을 언어나 비언어적 방법으로 전달한다.
- 모호성을 인내하고, 대상이 다르거나 환경이 변했을 때 자주 나타나는 좌절감과 문화적 차이에 잘 대처한다.
- 타인의 욕구와 차이점들을 그들의 시각에서 이해하고 공감을 표시한다.
- 특히 타인들이 가지고 있는 가치 기준을 참고하여 그들의 행동에 대한 편협한 판단을 하지 않는다.
- 자기중심적 선입견(SRC)을 인식하고 이를 통제한다. 즉, 특정 상황에서 그들의 인식, 평가 그리고 판단에 영향을 주는 그들 고유의 문화나 가치들을 인식한다.
- 좋지 않은 일을 웃어넘긴다. 훌륭한 유머 감각은 좌절감이 심화되거나 계획대로 일이 진행되지 않을 때 도움이 된다.

변화하는 글로벌 관리자의 프로필

LO9
변화하는 글로벌 영업과 마케팅 관리자의 프로필을 이해한다.

최근까지는 최고의 자리로 향하는 길이 잘 표시되어 있었다. 최고경영자에 대한 설문조사에 따르면 최고경영자들 중 3/4이상이 재무, 생산 또는 마케팅 분야의 배경을 가지고 있다고 일관되게 보고한다. 2차 세계대전 이후 시장이 성장하고 국내만의 경쟁은 사라졌지만, 여전히 단일 기업과, 단일 산업에 종사하고 책임지는 최고경영자들이 많이 있다. 새 천년에는, 국제 경쟁의 심화, 기업의 국제화, 기술, 인구통계학적 변화 그리고 전반적인 변화의 속도가 기업의 지도자 선발에 영향을 줄 것이다. 미래에는 하나의 분야에만 정통한 개인이 고위직에 도달하기는 어려울 것이다.

피엔지(P&G)의 미국 운영을 책임지도록 최근에 선발된 중역의 경우 세계화가 기업에 미치는 영향과, 일본, 유럽 혹은 세계 어느 곳에서든지, 경험의 중요성을 보여주는 좋은 사례다. 피엔지(P&G)의 모든 미국 사업을 책임지는 최고경영자는 네덜란드 출생으로 로테르담(Rotterdam)의 에라무스 대학(Eramus University)에서 경

[52] Jon M. Shapiro, Julie L. Ozanne, and Bige Saatcioglu, "An Interpretive Examination of the Development of Cultural Sensitivity in International Business," *Journal of International Business Studies* 39 (2008), pp. 71 – 87.

영대학원(MBA)[53] 학위를 받고, 네덜란드, 미국 및 오스트리아 등의 피엔지(P&G) 마케팅 분야에서 성장했다. 일본에서 그의 패기를 보여주고 동아시아 시장을 독려하기 위해 오하이오(Ohio)주의 신시내티(Cincinnati)에 있는 피엔지(P&G) 본사로 옮긴 후에 새로운 직위에 올랐다. 만약 그가 일본에서 했던 것처럼 미국에서 성공한다면, 그는 피엔지(P&G)에서 최고 지위를 다투는 주요한 경쟁자가 될 것이라고 추측할 수 있다.

고위 임원 재목을 찾으려는 노력을 자국에 한정시키는 기업은 최근에는 거의 없다. 고향인 쿠바에서 최고 지위로 승진을 시작했던 전 코카콜라(Coca-Cola) 최고경영자와 유럽에서의 지위를 거쳐 승진한 스위스 국적의 전 아이비엠(IBM) 부회장은 자국기업이 아닌 회사의 최고 직위에 오른 매우 훌륭한 본보기이다. 사실, 한 연구에 따르면 포춘지가 선정한 100개의 기업 중 14개 기업의 최고경영자가 이민자임을 보여준다. 그 대신에 미국 방식의 다양성[54]은 예컨대 아시아에 소재한 경쟁 기업들에 의해서는 공유되지 않고 있다.[55]

콜게이트-파몰리브(Colgate-Palmolive)같은 기업은 개인 경력에 있어 조기 국제 업무 수행이 중요하며, 국제적인 교육훈련이 신입사원 개발 프로그램의 필수적 부분이라고 믿는다. 콜게이트(Colgate)는 미래의 관리자를 세계의 우수 대학과 경영대학원에서 모집하고 있다. 입사 경쟁률이 높으며, 성공적인 지원자는 검증된 리더십과 함께 학사학위나 경영대학원 학위를 보유해야 하고, 적어도 영어를 포함한 다른 언어의 구사 능력과 해외 체류 경험이 있어야 한다. 전형적인 신입사원은 외국에서 공부를 한 경험이 있는 미국 시민이거나, 미국에서 교육을 받은 외국인이다.[56]

신입사원들은 콜게이트(Colgate)의 다양한 부서에서 여러 업무로 구성된 입문수준의 2년간의 집중교육 프로그램에서 직장 생활을 시작한다. 일반적인 업무 순환은 재무부, 생산부 마케팅부 그리고 마케팅 체계를 깊이 체험하는 시간을 포함하고 있다. 그 기간 동안 신입사원들은 기업의 광고 대행사, 마케팅 조사와 제품 관리부 그리고 현장 영업 사원으로 7개월 간 근무를 하며 순환한다. 적어도 2년 중 한 번 정도 그들의 멘토와 함께 외국 자회사를 방문한다. 콜게이트(Colgate)의 목표는 국내 또는 국제적으로 효과적인 마케팅 관리자로서 필요한 기술을 갖추도록 직원들을 개발하는 것이다.

이 프로그램이 끝나면 신입 직원들은 수료 직후 또는 미국에서의 과업을 수행한 즉시 외국지사로 발령을 기대한다. 첫 번째 직책은 많은 이들이 희망하는 런던이나

---

[53] Laurie Goering, "Foreign Business Schools Fill a Huge Gap," *Los Angeles Times* , January 14, 2008, p. C4.

[54] David Wassel, "U.S. Keeps Foreign PhDs," *The Wall Street Journal* , January 26, 2010, online.

[55] Joel Kotkin, "The Kids Will Be Alright," *The Wall Street Journal* , January 23 – 24, 2010, p. W9.

[56] Mary Beth Marklein, "Record Number of U.S. Students Study Abroad," *USA Today* , November 17, 2008, online.

CROSSING BORDERS 17.4 미래 전망: 차세대의 국제적 리더? 21세기를 위한 교육

유럽연합(EU)의 지원을 받는 한 학교는 영국인, 프랑스인, 독일인, 네덜란드인 그리고 미래의 유럽인이 될 기타 외국인들을 가르치고 있다. 브뤼셀(Brussels) 교외에 위치한 이 유럽학교에는 모국의 자손으로서가 아니라 유럽인으로서 일과 삶에 대한 교육을 받기 위해 12개국에서 온 학생들이 있다. 유럽연합은 서유럽에 유럽학교 10개를 운영하고 있으며, 유치원에서부터 12학년까지 17,000명의 학생들이 수강하고 있다. 졸업생 대부분이 3개 국어를 구사하고, 진정한 유럽인으로 성장할 수 있는 대단히 훌륭한 교육을 받고 졸업한다.

이 학교들은 언어학과 문화를 가르친다. 36개의 서로 다른 모국어를 대표하는 사람들이 한 학교에 모여 있다. 학생들은 모국어 수업을 매년 점차 줄여간다. 대체로 1학년부터 제2 언어를 시작한다. 실용어로 알려진 이 언어는 영어나, 프랑스어 또는 독일어이다. 제3언어는 7학년에 시작하고, 제4언어는 9학년정도에 시작한다.

11학년이 되면, 역사, 지리학, 경제학, 고급 수학, 음악, 미술 그리고 체육을 실용어로 배우기 시작한다. 학생들이 집단으로 대화할 때, 그들은 어느 언어든지 상관하지 않고 언어를 바꿔가며 계속 대화한다.

언어 외에도, 학생들은 역사, 정치, 문학 그리고 음악을 모든 유럽국가들, 즉 유럽문화의 관점에서 배운다. 이 교육과정은 프랑스인, 독일인, 영국인 그리고 다른 국적을 가진 학생들이 미래의 유럽인이 될 수 있도록 설계되었다.

이 방식은 경영대학원(MBA) 과정에서도 사용한다. 존경받는 유럽 경영대학원은 베를린, 파리, 옥스퍼드, 마드리드를 포함한 여러 도시에 캠퍼스가 있다. 학생들은 각각의 캠퍼스에서 시간을 보낼 수 있다. 미국식 경영전문대학원 과정은 이런 프로그램을 모방하기 시작했다. 시카고 대학(University of Chicago)의 경영대학은 현재, 바르셀로나(Barcelona)와 싱가포르(Singapore)에 캠퍼스를 두고 있다. 듀크(Duke) 대학의 후쿠아 경영대학(Fuqua)의 독특한 최고경영자 과정은 학기 중 몇 곳의 외국을 방문하고, 수업의 상당 부분을 인터넷으로 진행한다. 이 마지막 과정은 전 세계 학생들의 마음을 사로잡는데, 이들은 흔쾌히 몇십만 달러짜리 수업료를 낼 의향이 있는 사람들이다.

출처: Glynn Mapes, "Polyglot Students Are Weaned Early Off Mother Tongue," *The Wall Street Journal*, March 6, 1990, p. A1. Reprinted by permission of The *Wall Street Journal*, © 1990 Dow Jones & Company, Inc. All Rights Reserved Worldwide. See also Kevin Cape, "Tips on Choosing the Right One, International Schools," *International Herald Tribune*, January 25, 2003, p. 7; http://fuqua.duke.edu/mba/executive/global/, 2010.

파리가 아닌 브라질, 필리핀 혹은 잠비아와 같은 개발도상국에서 수행하게 된다. 해외 매출이 콜게이트(Colgate) 입장에서는 매우 중요하기 때문에(외국에서 발생하는 총 매출의 60%), 관리자들은 첫 번째 외국 업무를 마친 후 미국으로 귀환하지 않고, 국제적인 안목을 갖춘 경력을 개발시키기 위해 다시 다른 국가로 재배치된다. 이 과정은 그들이 최고경영자 자리에 오를 수 있도록 인도해 준다.

수익에서 해외 매출이 차지하는 비중이 높고 자신을 국내 기업이라고 생각하기보다는 외국시장에서 사업을 수행하는 글로벌 기업이라고 생각하는 기업은 대게 외국 경험을 성공적 기업 활동의 통합된 부분으로 만드는데 매우 적극적이다. 사실 많은 기업에서 주요한 임계점은 해외 매출이 국내 매출을 뛰어 넘을 때이며, 이 때를 지나면 기업 내 최고 인력들은 국제적인 고객을 위해 일하기를 바란다. 국제화 지향성 같은 문화가 인사 정책부터 마케팅과 사업 전략에 이르기까지 조직 전반에 스며들기 시작한다. 이러한 변화의 사례로는 질레트(Gillette)가 있는데, 1990년대 국제적 관리자 양성을 결정했고 괄목할 만한 신입사원 채용과 관리 개발 결정을 내렸다. 질레트(Gillette)의 국제 인적자원 관리부서는 그들의 내부 직원들을 기업인재로 키우고자 고안된 국제적인 신입직원 프로그램을 시행했다. 신입직원들은 모든 국가에서 채용되며, 그들의 교육훈련이 끝나면 질레트(Gillette)의 글로벌 관리팀의 일원으로 본국에 되돌아간다.

외국어 능력

국제적인 사업에 필요한 경력으로 제2외국어의 중요성에 대해서는 의견들이 일치하지 않고 있다. "국제적으로 통용되는 비즈니스 언어는 영어다."라고 생각하는 사람들이 있다. 사실 한 언론인은 "현대 영어는 편리하고, 거대하며, 피하기 어렵고, 겉으로만 친숙하며, 확장에 대한 욕심으로 모든 경쟁자를 잡아 삼키는 월마트(Wal-Mart)의 언어다."라며 비아냥거렸다.[57]

언어 능력을 중요하게 생각하는 사람들은 언어를 배우는 것이 문화적 이해와 사업 관계를 개선시킨다고 주장한다.[58] 다른 이들은 비즈니스 사회에서, 해외 파견근로자들은 적어도 현지국의 언어로 대화할 수 있어야 한다고 지적한다. 특히 해외 판매를 할 때는 언어가 중요하다. 네덜란드 영업 교육훈련 전문가는 "사람들은 자신의 언어와 문화를 이해하고 자신들과 관계를 맺을 수 있는 영업사원에게서 물건을 구매하길 기대하며, 자신들에게 물건을 팔려는 미국인들에게 때로는 냉소적이다."라고 말한다.

일부 신입사원 채용 담당자는 특정 직업에 언어가 필요하지 않더라도 적어도 하나의 외국어를 구사할 수 있는 지원자를 원한다. 제2외국어를 배우고 있다는 것은 지원자가 다른 문화를 접하려는 의지가 있음을 채용 담당자에게 보내는 강력한 신호이다.

대부분의 기업들은 관리자들을 외국으로 보내 단기간의 집중적인 언어 교육훈련 과정들을 제공하지만, 많은 기업들은 최소 2개 이상의 언어를 구사하는 사람을 채용하기 위해 많은 노력을 기울인다. 코카콜라(Coca-Cola) 인적자원관리 담당 이사의 말에 따르면 그의 부서에서 해외 자리를 채울 사람을 찾을 때면 첫 번째 후보는 2개국 이상의 언어를 구사하는 사람이다. 우리는 중국어가 지금 미국 학교에서 인기가 높아지고 있고,[59] 중국 학교에서는 영어가 그렇다는 것에 주목한다. 사실 디즈니(Disney)는 중국에 미키(Mickey)를 교원으로 한 영어 학교를 열었다.[60]

우리 저자들은 다른 언어를 사용하는 능력이 매우 중요하다고 생각한다, 만약 미래에 국제경영 분야에서 주역이 되기를 원한다면, 다른 언어들을 배워야 한다. 그렇지 않으면 국제경영 분야의 주역이 되기 힘들다. 여러분들의 경쟁 상대는 CROSSING BORDERS 17.4에 묘사된 유럽학생들이 될 것이다. 외국인이 언어 능력에 대해 이야기하는 농담 중에 다음과 같은 것이 있다: 3개 또는 더 많은 언어를 구사하는 사람

---

[57] Mark Abley, journalist.

[58] Ellen Gamerman, "Just One Word: (That's Chinese for 'Plastics')," *The Wall Street Journal*, March 17 – 18, 2007, pp. P1, P5.

[59] Sam Dillon, "Foreign Languages Fade in Class—Except Chinese," *The New York Times* , January 10, 2010, online.

[60] James T. Areddy and Peter Sanders, "Chinese Learn English the Disney Way," *The Wall Street Journal* , April 20, 2009, pp. B1, B5.

을 무엇이라 부르는가? 다중 언어사용자. 2개 언어를 구사하는 사람을 무엇이라 부르는가? 이중 언어사용자. 단지 한 가지 언어만 구사하는 사람을 무엇이라 하는가? 정답은 미국인! 어쩌면 세상 사람들이 다 아는 것을 미국인만 모르는 것 같기도 하다.

요약 Summary

효과적인 국제 영업 인력은 국제 마케터에게 하나의 큰 관심사가 되고 있다. 영업 판매부서는 해외 유통에서 기업을 조직화하는 대표적 수단으로 마케팅 조직의 최전선에 있다.

국제적인 관리나 영업 인력 구성과 함께 국내외 시장에서 마케터의 역할이 빠르게 변하고 있다. 이러한 영업 인력은 해외 파견근로자, 현지 국민, 제3국 국민이나 이 셋의 조합으로 충족시켜야 하는 특별한 조건을 가지고 있다. 최근 몇 년 간 영업 인력의 개발 유형은 현지 인력의 활용을 더 강조하고 있다. 결국, 이러한 핵심 부분은 현지 시장의 필요에 본사의 관리 기술을 맞추는 것이 중요하다는 점을 강조한다.

효과적인 마케팅 조직의 개발은 직원에 지출하는 비용 대비 이익 극대화를 확실하게 하기 위해 신중한 채용, 선발, 교육훈련, 동기부여, 해외 파견근로자와 그 가족에 대한 보상 등을 요구한다. 효율적인 국제 영업마케팅 인력을 유지하는 가장 실제적인 방법은 모든 경력 개발 단계에서 신중하고, 합의된 계획을 수립하는 것이다.

주요용어 Key Terms

해외 파견근로자(Expatriate)
본국 귀환(Repatriation)
제3국 국민(TCNs: Third-county nationals)
현지국민(Local Nationals)
별거수당(Separation Allowances)
노사협의회(Work Councils)

질문 Questions

1. 위에서 제시한 주요용어들을 정의하라.
2. 해외인력을 선발하는데 업무표준을 정하는 것의 어려움과 필요한 보상 행동을 논하시오.
3. 왜 세계적 영업 인력은 특별한 보상 문제를 초래할까? 몇 개의 대체 방안을 제안해 보시오.
14. 어떤 상황에서 해외 파견 영업 인력이 사용되어야 하는지를 논하시오.
5. 해외 파견 영업 관리자가 외국 영업 인력을 관리하는데 직면할 수 있는 문제를 토의해 보시오.
6. "어느 정도는, 인력 수급 상황의 절박함이 해외 영업조직에 대한 접근방식에 영향을 미친다"에 대해 논하시오.
7. 법적인 요소들이 국제적인 영업 관리에 어떻게 영향을 미치는지 논하시오.
8. 영업 인력은 기업 조직과 어떠한 관계에 있는가? 그리고 유통경로와는 또 어떻게 연관되어 있는지를 논하시오.
9. "국제적 영업 인력의 유지에는 비용이 많이 든다"에 대한 의견을 말해보시오.
10. 적응력과 성숙 능력은 모든 영업 인력들에게 요구되는 특징이다. 이러한 점이 특히 국제 영업 인력에게 왜 중요한 것인지 논하시오.
11. 개인이 좋은 문화적 능력을 발달시킬 수 있는가를 토론하시오.
12. 좋은 문화적인 능력을 갖춘 사람의 특징을 설명하시오.
13. 해외 영업을 하는 현지 기업을 인터뷰 하시오. 영업 기능을 위한 조직도를 작성하고, 왜 그 특별한 구조가 해당 기업에서 사용되고 있는지 설명해보시오.

14. 다국적 인력의 세 가지 주요 원천을 평가해보시오.
15. 해외 영업 인력의 어떤 요소들이 동기부여를 어렵게 하는지 논하시오.
16. 왜 기업들은 해외 파견근로자를 위한 표준을 정하는데 있어 가족을 평가에 포함시키는지 논하시오.
17. "경력과 가족 걱정은 관리자가 해외 업무 수행을 거절하는데 가장 빈번하게 언급하는 이유이다." 왜 그럴까를 논하시오.
18. 왜 해외 파견근로자가 국내로 귀환되었을 때 불만을 갖게 되는지 그 예를 제시하고 어떻게 이 문제를 극복할 수 있는지 토론하시오.
19. 만약 "국제적으로 통용되는 비즈니스 언어는 영어다"라고 하면, 외국이 능력 개발이 왜 중요한지 토론하시오.
20. 2020년 세계적인 관리자들은 새로운 많은 도전들에 직면할 것이다. 다국적기업의 최고위 임원 자리를 고려하고 있는 사람을 위한 이력서 견본을 작성해 보시오.

CHAPTER 18

국제시장에서의 가격책정

개요 CHAPTER OUTLINE

글로벌 관점: 가격 전쟁

가격책정 정책
- 가격책정의 목적
- 병행수입

국제 가격책정에 대한 접근법
- 총원가 가격책정 대 변동원가 가격책정
- 고가격정책 대 침투가격정책

가격상승
- 수출 원가
- 세금, 관세 및 관리비용
- 인플레이션
- 디플레이션
- 환율 변동
- 통화가치의 변동
- 중개인 및 운송비

가격상승효과의 사례

가격상승 억제 접근법
- 원가절감
- 관세인하
- 유통비 인하
- 가격상승을 낮추기 위한 해외 무역 지대의 활용
- 덤핑

국제시장에서의 리스

가격책정 도구로써 대응무역
- 대응무역의 문제점
- 인터넷과 대응무역

가격 견적서

관리가격 책정
- 카르텔
- 정부에 의한 가격책정

수금활동 : 해외상거래 결제
- 신용장
- 환어음
- 선적 전 현금불
- 청산계정
- 포페이팅

주요 학습과제 CHAPTER LEARNING OBJECTIVES

- LO1 경쟁 도구로써 국제마케팅의 가격책정 구성요소를 이해한다.
- LO2 병행 수입 또는 회색시장 내에서 가격 책정을 통제하는 방법에 대해 학습한다.
- LO3 가격상승과 그에 따른 영향을 최소화하는 방법에 대해 학습한다.
- LO4 대응무역과 국제마케팅 활동 상 위치를 파악한다.
- LO5 가격 견적서의 메커니즘을 이해한다.
- LO6 수금활동의 메커니즘을 이해한다.

글로벌 관점 Global Perspective

가격 전쟁

기저귀 제품인 팸퍼스(Pampers)와 하기스(Huggies)를 각각 판매하는 피앤지(Procter & Gamble)와 킴벌리-클라크(Kimberly-Clark) 사이에 벌어지고 있는 신 시장 확보 전쟁으로 인해 기저귀 가격이 전 세계적으로 인하되고, 일회용 기저귀의 글로벌 시장이 확대되고 있다. 브라질에서 일어난 두 거대기업 간의 싸움은 미래 글로벌 시장의 흥미로운 볼거리를 얼핏 보여준다. 일회용 기저귀는 1억6천명의 브라질 사람들 대부분에게는 여전히 사치품으로 여겨진다. 이들의 연평균 소득은 8천 달러 이하이다. 피앤지와 킴벌리-클라크의 브라질 시장 진입 전에는 부자나 가난한 사람 모두 천 기저귀를 사용하거나 아예 기저귀를 사용하지 않았다. 일회용 기저귀 중 그나마 사용가능한 것은 부피가 큰 고가 제품이지만 가끔 새기도 했다.

브라질 소비자의 5% 미만이 일회용 기저귀를 사용하는 시점에, 피앤지는 남녀공용의 주름이 없는 팸퍼스 유니(Pampers Uni)를 출시했다. 유니(Uni)가 출시되기 이전에는 천 기저귀를 빨래해 주는 파출부 인건비가 일회용 기저귀 가격보다 더 저렴하였다. 비교적 저렴하고 고품질인 팸퍼스 유니가 소개되자 브라질 중산층을 중심으로 기저귀 시장의 경제논리가 완전히 바뀌었다.

기저귀와 같이 필수품이 아닌 제품을 수백만 명의 브라질 시장에 최초로 도입하는 계획이 수립되었다. 때마침 브라질 경제는 상승 중이었다. 인플레이션은 진정되었고 빈곤층의 구매력은 하룻밤 사이에 20%나 상승했다. 저렴한 가격의 상품은 날개 돋친 듯이 팔려나갔다. 피앤지는 신규 생산시설 확보 노력과 병행하여 아르헨티나에서 트럭으로 기저귀를 수입해야만 했다.

하지만, 봄날은 그리 오래가지 않았다. 경쟁기업인 킴벌리-클라크가 아르헨티나에서 하기스를 수입하며 브라질 시장에 진출하였다. 브라질 유통시장을 염두에 둔 킴벌리-클라크는 유니레버(Unilever) 자회사의 도움을 받아 즉시 브라질 전역에 유통망을 구축하였고 빠르고 심도 있게 브라질 시장에 침투하였다. 유니레버는 킴벌리-클라크와 기꺼이 협력하고자 하였다. 왜냐하면 비누시장에서 유니레버의 최대 라이벌은 피앤지이며, 기저귀 시장에서 킴벌리-클라크의 최대 라이벌 역시 피앤지였기 때문이다. 두 회사는 시장 지배적인 피앤지에 대해 경쟁적 관점에서 서로 돕고 파트너에게 최선의 이익을 가져다 주는 윈-윈(win-win) 상황을 기대하며 과거에 글로벌 제휴를 맺었었다. 브라질 시장은 이런 협력의 가장 완벽한 사례이다.

유니레버의 도움을 받은 킴벌리-클라크는 자사 기저귀 제품의 흡수력을 소개하는 판촉직원들을 시장에 투입하였다. 매출이 급속도로 상승하여 기업의 생산능력을 넘어서기 시작했다. 시장 점유율을 높이기 위해 킴벌리-클라크는 피앤지의 가장 큰 경쟁사인 브라질 현지 업체인 켄코 두 브라질(Kenko do Brazil)과 제휴를 맺어 모니카(Monica)라는 상표를 출시하였다. 미국 만화인 '피너츠(Peanuts)'와 유사한 형태의 '모니카 갱(Monicas' Gang)' 만화는 브라질 어디서나 찾아볼 수 있었다. 상파울로(Sao Paulo) 쇼핑몰에서는 사은행사로 기저귀 3팩을 구매하면 아이들이 좋아하는 모니카 분장의 배우들과 부활절 기념 사진 촬영을 할 수 있도록 행사를 주선하였다. 수천명이 모였고 모니카 기저귀는 대성공을 거두었으며 킴벌리-클라크는 브라질 시장에서 최고가 되었다.

이는 피앤지에게 큰 충격이었다. 피앤지는 5배씩 성장하는 브라질 시장에서 시장점유율 1위 자리를 유지할 수 있도록 해준 팸퍼스 유니의 시장 점유율이 어떻게 3배나 증가되었는지에 대해 한때, 자신들의 연차보고서 한 페이지를 가득 채울 만큼 자부심을 가지고 있었다. 이제는 피엔지 자신이 시장을 방어해야 하는 입장에 서게 된 사실을 깨달았다. 피앤지는 가장 회피하고 싶었던 가격인하를 처음으로 시행하였다. 피앤지의 브라질 사업부 대표는 다음과 같이 말했다. "가격인하는 폭력과도 같다. 누구도 승자가 될 수 없기 때문이다." 피엔지는 팸퍼스 유니보다 25%나 비싼 수퍼-세카(Super-Seca)라고 불리는 고가의 기저귀를 출시하면서 자신의 제품범위를 넓혔다. 곧이어 측면공격전략으로 원래는 태국 시장용으로 개발한 비키니 스타일의 기저귀인 콘포트-세카(Confort-Seca)를 저가의 팸퍼스 유니보다도 10~15% 더 저렴한 가격으로 시장에 출시하였다.

킴벌리-클라크는 모니카의 저렴한 버전인 티피(Tippy Basic)를 출시하여 동일하게 가격을 낮추고 반격을 가했다. 4주후에 피앤지는 수퍼-세카와 콘포트-세카의 가격을 추가로 10% 더 인하하였다. 그러나 이러한 가격할인에도 불구하고 두 상표는 여전히 상대적으로 비싼 가격이었다. 그 이후 저렴한 기저귀 바람이 본격적으로 불기 시작했다. 프랑스 기업으로서 현재 브라질에서 가장 큰 슈퍼마켓 체인점인 까르푸는 멕시코에서 투박하게 만든 바이-바이 피피(Bye-Bye Pipi) 기저귀를 출시했다. 품질은 조악하지만 저렴한 수입품들이 브라질 전역에서 기저귀 제품의 가격인하를 주도하였다.

저렴한 기저귀 밖에 구입할 수 없는 고객들이 시장에 들어올정도로 저가격이 일반화되자 진정한 가격 전쟁이 시작됐다. 이런 지속적인 가격인하로 시장이 성장하였다. 또한 더 많은 브라질 현지 생산업체들이 시장에 진입하였고 이들은 대체로 소규모의 브라질 현지기업들이었다. 그들은 심지어 더 낮은 가격으로 경쟁력 있는 기저귀를 공급했다. 밀리(Mili)는 그런 회사들 중 하나로서 3년 동안 시장점유율이 4.8%에서 16.2%로 상승했다. 이러한 소규모 기업들의 성장 원인은 무엇인가? 한 분석가는 다국적기업 제품이 브라질 시장에서는 너무 복잡하고 비싸다고 주장한다. 소규모 기업일수록 고객이 지불할 수 있는 가격에 소비자가 원하는 것을 제공한다. 하지만 기저귀 제품가격이 인하되면서 기저귀는 시장에서 더 많은 사람들에게 점점 더 매력적인 제품이 되어간다고도 말할 수 있다.

출처: Raju Narisetti and Jonathan Friedland, "Disposable Income: Diaper Wars of P&G and Kimberly-Clark Now Heat Up in Brazil," *The Wall Street Journal*, June 4, 1997, p. A1; "Brazil: Procter & Gamble Increased Market Share," *SABI* (South American Business Information), May 31, 2000; Jonathan Birchall, "New Tactics in the Battle for Babies' Bottoms," *Financial Times* , http://www.FT.com, August 24, 2006. For more information, see Kimberly-Clark's Web site at http://www. kimberly-clark.com, and Procter & Gamble's at http://www.pg.com; also see Matthew Bird and Rosabeth Moss Kanter, "Procter & Gamble Brazil(A): 2 ½ Turnarounds," *Harvard Business School Cases*, January 1, 2008, for details about the fi rms' decision-making approaches.

LO1
경쟁 도구로써 국제마케팅의 가격 책정 구성요소를 이해한다.

가격을 정하고 변경하는 것은 전략적 마케팅 의사결정의 핵심이다. 가격은 국제시장에서 가치를 매기고 전달하는 것이다.[1] 예를 들어, 홍콩 디즈니랜드의 초기 입장객 수가 예상보다 낮았는데 부분적인 이유는 32달러짜리 고가의 개장당일 입장권 때문이었다.[2] 제품이나 서비스에 올바른 가격을 책정하는 것은 성공 또는 실패의 핵심일 수 있다. 심지어는 국제 마케터가 좋은 제품을 생산하고, 그 제품을 위한 적당한 유통 경로의 선택과 촉진을 올바르게 한다 하더라도 적절한 가격이 책정되지 않으면 그 노력은 물거품이 된다. 비록 미국 제품은 글로벌 시장에서 그 품질을 인정받지만 미국 구매자와 같이 해외 구매자들도 구매 의사결정과정에서 가격과 품질의 균형을 맞추고자 한다. 제품과 서비스를 포함하는 시장 제공물의 가격은 소비자가 지각하는

1 Lorraine Eden and Peter Rodriguez, "How Weak Are the Signals? International Price Indices and Multinational Enterprises," *Journal of International Business Studies* 36, no. 1 (2004), pp. 61 – 74.

2 Don Lee, "Disneyland's Cost a Hurdle for Chinese," *Los Angeles Times* , September 10, 2005, pp. C1, C3.

가치와 품질을 반영해야만 한다. 가격 책정은 국제 마케터가 마주해야 하는 여러 업무 중에 가장 어려운 것이다. 기업이 제품을 여러 나라에 판매를 하는 경우 가격 문제는 더욱 복잡하게 된다.

글로벌화가 계속됨에 따라, 다국적 기업과 현지국 기업 사이의 경쟁이 심화되고 있다. 모든 경쟁기업들은 시장 성숙기에 뻗어 나갈수 있도록 확고한 경쟁상의 위치를 추구하고 있다. 킴벌리-클라크사와 피앤지 그리고 기타 소기업들 간의 기저귀 시장에서의 경쟁은 가격이 경쟁도구로써 어떻게 점점 중요해지는지와 가격 경쟁이 시장 구조를 어떻게 변화시키는지를 잘 설명해주고 있다. 수출을 하든 해외활동을 관리하든, 관리자의 책임은 서로 다른 관세, 비용, 태도, 경쟁, 통화변동, 가격 책정 방법 등의 다양한 변수들이 존재하는 다수의 시장에서 상품의 가격을 책정하고 통제하는 것이다.

본 장은 해외 시장에서 발견되는 특수비용, 시장 그리고 경쟁 요인들로부터 발생하는 가격책정 정책에 대한 궁금증에 초점을 둔다. 가격상승과 그에 따른 영향 및 가격설정과 리스와 관련된 요인들에 대해 토의가 이루어지고 가격책정 도구로써 대응무역의 사용과 국제 가격 견적서의 메커니즘에 검토가 이루어진다. 신용장과 같이 부과된 가격을 수금하는 활동 메커니즘을 간단히 살펴보고 본 장을 마무리한다.

가격책정 정책

여러 나라에서의 적극적 마케팅 활동은 가격 책정(pricing) 문제와 가격정책과 관련된 변수들의 수를 증가시킨다. 회사가 용의주도하게 명확히 정의된 가격정책을 가지고 있지 않으면 가격이 설계되는 것이 아니라, 그때그때의 편의에 따라 정해진다. 사업이 수행되고 있는 국가, 제품 유형, 경쟁조건의 변화 그리고 기타 전략적 요인들이 가격책정에 영향을 준다. 따라서 가격과 판매 조건을 국내 기준만 가지고 정해서는 안된다.

가격책정의 목적

일반적으로, 가격 결정에 대한 시각은 크게 두 가지이다. 하나는 마케팅 목적을 달성하기 위한 능동적인 수단으로써 가격책정이고, 다른 하나는 기업 의사결정상의 고정적 요인으로써의 가격 책정이다. 가격을 능동적인 수단으로 보았을 때, 기업은 특정 목표[3]들을 달성하기 위해 가격을 설정(시장가격을 따르기 보다는)[4]한다. 이때 특정 목표란 이익관점에서의 목표수익, 목표 판매량 또는 다른 특정한 목적[5], 그 어느

[3] Carl Arthur Solberg, Barbara Stottinger, and Attila Yaprak, "A Taxonomy of the Pricing Practices of Exporting Firms: Evidence from Austria, Norway, and the United States," *Journal of International Marketing* 14 (2006), pp. 23–48.

[4] Andrew LaVallee, "Unilever to Test Mobile Coupons," *The Wall Street Journal* , May 29, 2009, p. B8

[5] S. Tamer Cavusgil, Kwog Chan, and Chun Zhang, "Strategic Orientations in Export Pricing: A Clustering Approach to Create Firm Taxonomies," *Journal of International Marketing* 11, no. 1 (2003), p. 47; Christopher K. Hsee, Jean-Pierre Dube, and Yan Zhang, "The Prominence Effect in Shanghai Apartment Prices," *Journal of Marketing Research* 45, no. 2 (2008), pp. 133 – 44..

CROSSING BORDERS 18.1 아이폰 회색시장(병행시장)의 속사정

애플(Apple)이나 에이티앤티(AT&T)가 북경으로 자사 제품을 수출하지 않는다고 해도 북경에서 아이폰을 구입할 수 있다. 중국의 아이폰 회색시장은 북적거린다. 분명 80만대에서 100만대의 아이폰, 혹은 총 판매대수의 약 1/4정도는 해제(unlock)되어 있다. 이는, 애플의 독점적인 통신사 외의 다른 네트워크에서도 실행할 수 있도록 개조되었다는 의미이다.

아이폰의 이러한 2차시장이 발전하는데 그리 오랜 시간이 걸리지 않았다. 2007년, 6월 29일에 아이폰이 판매되기 시작했을 무렵, 소프트웨어 해커들과 휴대폰 해제분야의 전문 기업들은 이미 아이폰이 허가되지 않은 네트워크에서 실행되도록 방법을 찾기 시작했다. 몇 주안에, 온라인 포럼은 체코의 프라하에 위치한 소기업으로부터 나온 해답으로 웅성거렸다.

파벨 자보이(Pavel Zaboj)는 36살의 전직 수학 전공 대학생이었다. 그는 친구들과 함께 터보심(Turbo SIM)이라고 불리는 전자장치를 개발했다. 터보심은 휴대폰을 모바일 지불 시스템으로 변환 시켜주는 장치이다. 그 결과, 터보심은 또한 아이폰을 에이티앤티(AT&T)의 네트워크에서 사용가능한 기기로 인식하게 만들어준다. 8월 중순까지, 10명의 직원이 있는 자보이의 회사인 블라독스(Bladox)는 애플 마니아들이 아이폰을 쉽게 구입할 수 있는 캐나다와 멕시코에서 특히 주문이 폭주했다. 블라독스는 전혀 준비가 되지 않은 상태에서 밀려들어온 주문을 충족시킬 수 없었다. "우리는 입 벌린 채로, 그냥 앉아있을 수밖에 없었어요"라고, 자보이는 말했다.

블라독스는 휴대폰의 장금장치를 풀 수 있는 장치를 대략 100여개 국가에 판매했다. 그중에는 프랑스령 폴리네시아, 아프가니스탄, 브라질, 캐나다, 도미니카 공화국, 인도네시아, 이스라엘, 나이지리아, 페루, 폴란드, 러시아 그리고 아랍 에미리트 연방들도 있다. 이렇게 인기가 좋았던 건 단지 멋진 제품이 공급이 딸려서 뿐만 아니라, 애플이나 그의 파트너들이 거의 간섭하지 않았기 때문이다. 애플의 공인 협력사들– 에이티앤티(AT&T), 오투(O2), 오렌지(Orange) 그리고 도이치텔레콤(Deutsche Telekom)의 티모바일(T–Mobile)–은 기기 잠금의 해제를 용인한 결과 2년 약정계약을 헛되이 날려 보내며 매월 요금에서 가입자당 수백 달러를 손해 봤다. 하지만 대부분의 기기 잠금 해제가 발생하는 곳은 대부분의 고객이 아이폰이 사용가능한 통신사를 선택할 수 없는 곳이었다.

고객들이 애플의 파트너와 통신 서비스를 활성화시킬 때마다 애플은 아이폰 한 대 당 수백 달러를 가져갔지만 또한 대부분의 분석가들은 기기 장금장치 해제 열풍이 애플의 브랜드를 널리 각인시키게 만들었다고 말한다.

이 회색시장은 환율 때문에 진전되기도 한다. 달러가 하락하면서, 유럽과 기타 국가의 고객들은 자국에서 아이폰을 구매하는 것보다 미국 여행 중에 구매하는 것이 더 저렴할 수 있다. 회색시장에서 종사하는 마케터들은 이를 똑같이 기회로 인식하고 많은 사람들을 고용하여 아이폰을 확보하기 시작했다.

간단히 친구들이나 가족들에게 그저 개인별 구입 한도까지 아이폰을 사달라고 부탁하면 된다 : 애플 매장에서 5개 그리고 에이티앤티(AT&T) 매장에서 3개. 한 재판매업자는 친구로 하여금 명함을 만들게 한뒤 소규모 기업 사장으로 행세하게하고 애플매장의 관리자에게 마치 자기 직원들을 위해 아이폰 100대를 구매하는 것처럼 속이게 했음을 인정했다. 중국 소매업자는 또한 항공사 승무원 같은 사람들을 동원해서 아이폰을 반입해 온다고 인정했다.

회색시장의 일부 아이폰은 공급원과 가까운 곳, 즉 아이폰이 조립되는 대규모 중국 공장에서 유출될지도 모른다.

가장 최근에 애플은 새로운 파트너인 홍콩의 유니콤(Unicom)을 통해 아이폰을 판매하고 있지만 여전히 다른 스마트 폰과의 힘든 경쟁에 직면하고 있다.

출처: Peter Burrows, "Inside the iPhone Gray Market," *BusinessWeek*, February 12, 2008; John Markoff, "Friends and Smugglers Meet Demand for iPhones," *The New York Times*, February 18, 2008, pp. A1, A8; "Lukewarm Reception," *Business China*, January 4, 2010, p. 5.

것도 될 수가 있다. 두 번째 접근, 즉 고정적 요인으로써 가격 책정을 따르고 있는 회사 대부분은 과도한 재고감소를 위해 수출할 뿐이고, 해외 사업에 대해 우선순위를 낮게 두며 그리고 수출을 전체 매출에 대한 수동적 기여 활동으로 본다. 미국과 캐나다의 국제기업들에게 대해 5점 척도로 가격책정에서 중요한 요인들을 평가해 달라고 했을 때, 총이익은 평균 점수인 4.70을 받았으며, 뒤를 이어 투자자본수익률은 4.41, 시장점유율은 4.13, 총판매량은 4.06을 기록하였으며, 유동성은 2.19로 가장 낮은 점수를 받았다.

한 기업이 어떤 제품의 최종 판매 가격에 대한 통제력이 높아질수록, 그 기업은 마케팅 목표를 달성하기가 편해진다. 하지만 최종가격을 통제하는 것이 항상 가능한 것이 아니다. 생산라인이 확대되고, 많은 국가들이 개입될수록, 최종 사용자에 대한 가격 통제과정은 더 복잡해진다.

병행수입

LO2 병행 수입 또는 회색시장 내에서 가격 책정을 통제하는 방법에 대해 학습한다.

국가별로 그리고 제품별로 가격경쟁에 직면해야하는 것 이외에 기업들은 자신들의 자회사나 지점들과의 경쟁에서도 스스로를 보호해야 한다. 이는 외국 시장에서 다른 가격이 존재할 가능성이 있기에, 한 나라에서 판매되고 있는 어떤 제품이 다른 곳으로 수출되고 그곳에서 원래 가격보다 저렴한 가격에 팔릴 수 있다. 예를 들어, 경제조건과 지역 경쟁에 맞추어 한 미국 제약 회사는 그들의 약을 저렴한 가격에 개발도상국에 팔기도 한다, 그런데 이 할인된 가격의 약이 마치 병행수입처럼 제3국에 수출되어 그곳에서 같은 회사의 동일제품과 더 싼 가격으로 직접 경쟁한다는 것을 발견했다. 다른 나라에 있는 동일한 제품들 간의 가격 차이로 인해 이윤이 존재하므로 이런 방식은 꽤 수익성이 좋다. 다양한 조건들이 **병행시장(parallel market)**에서 이익창출의 기회를 만들어낸다.

수입 할당량에 의해 초래된 제한과 높은 관세는 또한 병행 수입으로 이어지고, 불법적인 수입을 매력적이게 만든다. 인도는 컴퓨터 부품 수입에 대해 50~80% 범위의 세금을 부과하는 3단계 관세 구조를 가지고 있다. 그 결과, 인도의 자국 컴퓨터 하드웨어 판매의 35%가량이 **회색시장(gray market)**에서 이루어진다고 추정한다.

병행시장의 가능성은 가격의 차이가 두 시장 사이의 운송비보다 클 때 언제든 발생한다. 유럽에서는 서로 다른 세금과 경쟁적 가격 구조 때문에 동일 제품에 대한 가격이 국가별로 다르다. 이런 상황이 발생하면, 기업들은 다른 유럽 국가에서 수입하여 저렴한 가격으로 판매하는 자사 제품들과 특정 국가에서 경쟁하는 상황에 처하는 것이 그리 이상한 일도 아니다.

제약회사들은 이탈리아, 그리스, 스페인에서 처방전이 필요한 의약품에 부과하는 가격상한제 때문에 이런 문제들에 직면해있다. 예를 들면, 위궤양 약인 로섹(Losec)은 스페인에서 불과 18달러에 팔리고 있지만, 같은 제품이 독일에서는 39달러에 팔린다. 심장약인 플라빅스(Plavix)는 프랑스에서는 55달러이지만, 런던에서는 79달러나 한다. 추측컨대 유럽연합이 거의 모든 영역에서 교역에 대한 모든 제한을 없애면 이러한 가격 차이는 실질적으로 사라질 것이다.

제약 산업은 유럽 내 병행무역(parallel trade)의 중지를 위한 시도를 했지만, 유럽당국은 이를 기각시켰다. 지금 제약 산업은 과거 수요와 성장 예측 치에 기반을 둔 계산 방식에 따라 현지 수요를 맞출 수 있을 정도만 공급하는 접근방식을 시도하고 있다. 이 개념은 해당 국가의 국민에게 필요한 정도만의 약을 확보하게 한다는 것이다. 높은 가격에 팔리는 시장으로 이 약들을 이동시키려는 의도로 대량의 주문을 내는 도매상들이 그 정도의 물량을 확보하지 못하게 하자는 생각이다. 많은 주요 제약

회사들은 비슷한 제한을 두고 있다. 이 제약 회사들은 그러한 조치가 공급을 간소화하고, 약의 부족을 방지하는 것을 돕고 그리고 과잉 재고를 줄일 수 있다고 말한다. 반면에, 유통업자들은 이 전략이 국제 의약품 교역을 좌절시키고 있다고 주장한다. 사실은, "몇몇 제품에 대한 영국 수요의 절반 정도가 병행수입에 의해 채워지고 있으며 기업들은 병행 수입(parallel imports)을 줄이기 위한 노력을 하고 있는 중이다.

캐나다에서 미국으로 이동하는 의약품 회색시장의 규모는 연간 약 4억27백만 달러 정도로 평가되고 있다. 이는 1,350억 달러 규모의 미국 의약품시장과 비교해보았을 때 많은 양은 아니지만, 페실(Paxil), 지벤(Zyban), 비아그라(Viagra)와 같은 특수 약품들의 경우에는 심각하다. 비록 캐나다를 포함한 외국에서 처방전이 필요한 약의 수입은 미국에서 위법이지만 캐나다나 멕시코에 여행가서 약을 구입할 수도 있고 인터넷 구매도 가능하다. 기술적으로, 인터넷을 통해 약품을 구매하고, 우편을 통해 미국으로 보내는 행위는 불법이다. 하지만 공급분이 90일을 넘지 않는 다는 전제하에 미국 정부는 이러한 구매에 대해 다소 관대한 태도를 유지하고 있다.

자연스럽게 급격한 판매 감소를 경험한 제약 회사들은 이런 약품의 이동을 멈추길 원했다. 처방전이 필요한 의약품 제조업체인 글락소 스미스클라인(Glaxo SmithKline)은 모든 캐나다 약국과 도매상들에게 그들이 자기 회사의 약들을 캐나다 밖으로 수출하지 않는다는 '자체확인(self-certify)'을 부탁했다. 회사는 그 뿐 아니라 새로운 광고 캠페인에서 수입 약물에 대해 미국 소비자에게 경고를 했다.[6] "글락소(Glaxo) 제품들은 오직 캐나다에서만 판매될 수 있도록 캐나다 보건부의 승인을 얻었다" 면서 글락소의 방침을 준수하지 않는 약국과 도매상들은 글락소 공급을 중단할 것이라 했다. 미국인들이 호주나 아일랜드같이 저렴한 가격에 약을 구할 수 있는 다른 시장을 찾을 수 있기 때문에 비록 글락소가 캐나다 판매를 막는다 할지라도 이러한 움직임으로 본 문제를 해결할 수 있을 것 같지는 않다. 시장 간에 가격차이가 크게 유지되는 한 인터넷 무역을 막기는 어려울 것이다. 게다가 미국의 국회의원들은 그런 종류의 약물 수입을 허가하는 법을 통과시키려고 하고 있다.[7]

소매상들로 하여금 소비자들에게 추가 서비스 제공, 다양한 물품의 재고 유지 또는 제품의 특권적인 이미지 유지를 독려하기 위해 높은 소매 이윤을 보장하는 **독점유통**은 병행 수입에 우호적인 여건을 조성할 수 있다. 구찌(Gucci), 까르띠에(Cartier)와 같은 향수와 명품 브랜드는 특히 회색시장에 약하다. 품질과 특권에 대한 이미지를 유지하기 위해, 이런 제품들의 가격은 전통적으로 유통단계별로 높은 이익 마진을 가지고 있다. 특징적으로, 시장별로 가격 차이가 있고 제품수량에 제한을 두고

[6] Barrie McKenna, "New Shot Fired in Net Drug Battle," *Toronto Globe and Mail* , June 2, 2005, p. B3.

[7] "Senate Passes Bill to Keep Drug Import Bans Out of Trade Deals," *FDA Week* 11, no. 37 (September 16, 2005).

있으며 유통은 부유한 소매상들에게만 국한되어 있다. 향수 독점 브랜드의 미국 도매가격은 종종 다른 국가들의 도매가격에 비해 25% 정도 높다. 이는 미국 도매상들의 구입가격보다 저렴한 가격으로 원하는 것보다 많은 수량을 구매할 수 있는 외국의 비공식 판매자들에게는 수익성 좋은 회색시장의 아주 이상적인 조건에 해당한다. 그들은 초과 구매물량을 미국의 비공식 소매상들에게 파는데 이들은 미국의 비공식 소매상들이 미국의 공인 유통 업자에게 지불해야 하는 가격보다 저렴한 가격에 팔아 이윤을 남긴다.

고가의 디자이너 스포츠 의류 산업 역시 이러한 관행에 취약하다. 나이키(Nike), 아디다스(Adidas) 및 케빈클라인(Calvin Klein)은 그들의 제품이 영국의 선도적인 대형마트 체인 중의 하나인 테스코(Tesco)에서 팔리고 있는 것을 보고 격분하였다. 스포츠용품점에서 120파운드(196달러)에 팔리고 있는 나이키(Nike)의 에어맥스 메탈릭트레이너(Air Max Metallic Trainers)를 50파운드(80달러) 정도면 테스코에서 구매할 수 있다. 테스코는 80만 파운드어치의 나이키 스포츠 의류를 미국에서 잉여재고를 가진 미국 도매상으로부터 구매하였다(그림 18.1). 병행시장의 발전을 억제하기 위해서는 기업들은 유통과 가격에 대한 강한 통제력을 유지하여야 한다.

회색시장의 제한에 심각한 기업들은 효과적으로 유통망을 감시할 수 있는 통제

그림 18.1

미국의 회색시장 유통구조

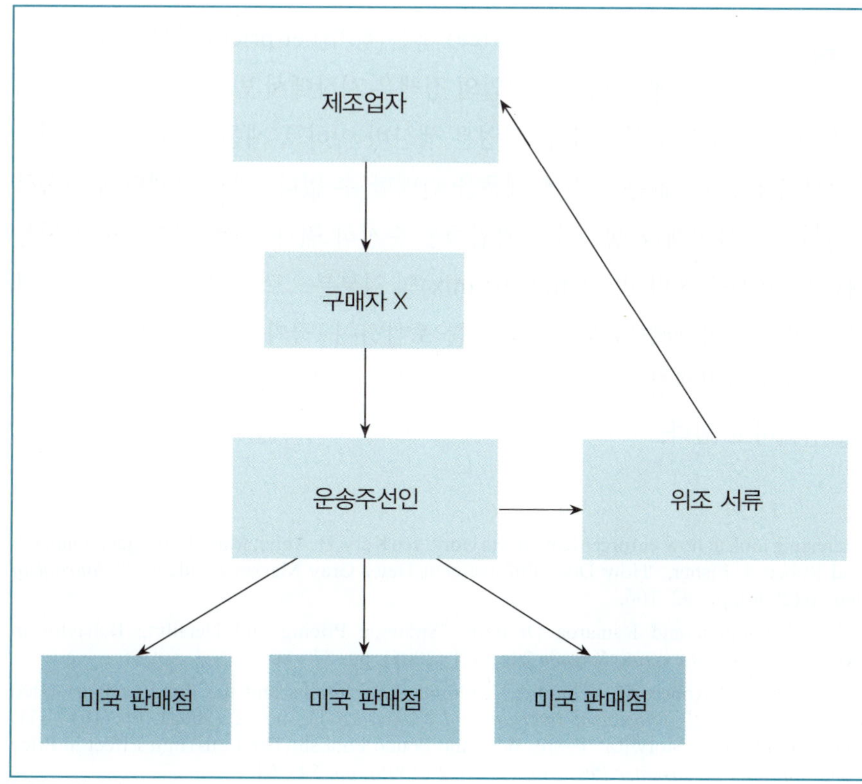

1. 제조업자가 구매자 X에게 회사의 제품을 글로벌 시장에서 경쟁력이 있는 가격에 판매하기로 합의 한다.
2. 제조업자는 제품을 구매자에게 선적한다.
3. 구매자 X는 현지 운송주선인으로 하여금 항구에서 제품을 인수하도록 한다.
4. 원래 해외 배송지로 제품을 보내는 대신에 운송주선인은 구매자 X의 지시로 미국 내 할인 판매점이나 중소 유통 업자에게 보낸다.
5. 운송주선인은 제조업자에게 위조된 선하증권을 송부하기에 제조업자는 상품이 해외에서 판매되었다고 믿는다.

수단들을 설치하고 감독해야 한다. 일부 국가에서는 법원의 도움을 받을 수 있다. 대만법원은 미국에서 코카콜라를 구매하여 대만으로 들여온 두 개 회사에게 코카콜라사와 대만 독점 라이선시 기업 모두의 상표권을 위반했다고 판결했다. 이 법률 위반자들은 코카콜라 상표를 부착한 물품의 수입, 진열 또는 판매를 금지 당했다. 다른 나라에서는 법원이 언제나 상표 소유권자의 편만을 들어주지는 않는다. 이에 대한 논리는 상표가 붙은 제품이 일단 팔리면 이 제품에 대한 상품 소유자의 통제권은 소멸된다는 것이다. 유사한 상황이 캐나다에서 벌어졌는데 법원은 1주일에 콜라 50,000상자를 구매해서 홍콩과 일본에 선적한 캐나다 수출자의 편을 들어주었다. 그 수출업자는 한 상자 당 4.25달러와, 운송비용으로 한 상자 당 1달러를 지불한 후, 6달러에 팔아 한 상자 당 75센트라는 훌륭한 이윤을 냈다. 코카콜라는 고소하였지만, 법원은 그 제품이 합법적으로 구매된 후 팔렸다고 판결하였다.

상표가 등록된 제품의 경우 병행수입은 시장에서 장기적인 피해를 끼칠 수 있다.[8] 사전지식 없이 비공식 수입품을 구매하는 소비자들은 자신들이 구입한 제품관련 품질, 수리보증의 지원 혹은 공식 서비스나 교체부품에 대한 보장을 받을 수 없다. 예를 들면, 컴퓨터 구매자들은 공인된 판매자는 비공인된 판매자가 판매한 컴퓨터에 대한 서비스를 제공할 의무가 없기 때문에 필요한 부품을 얻지 못할 수도 있다. 소프트웨어의 경우, 구매자는 위조된 제품을 구매할 수 있지만 기술적인 지원은 받을 수 없다. 또한 제품에 결함 발생시 소비자는 대개 상표 소유권자를 비난하게 되고 따라서 제품의 대한 품질 이미지는 훼손되기 마련이다.

국제 가격책정에 대한 접근법

최종가격(end price) 혹은 정가(net price) 통제 지향적인지에 상관없이 기업의 정책은 시장에서 받는 정가와 연결되어 있다. 비용과 시장 요소가 중요하다; 기업은 생산비 이하로 제품을 판매할 수 없으며, 시장에서 수용할 수 없는 가격에 제품을 판매할 수 없다. 해외 마케팅에 익숙하지 않은 기업들과 산업재를 생산하는 기업들은 순전히 원가기반에서만 가격정책을 수립한다. 가격책정을 전략 믹스(strategic mix)의 일부분으로 사용하는 기업들은 가격책정에 대한 인식과 관련된 문화적 차이를 포함하여[9] 국가별 · 시장별 세분화, 시장에서의 경쟁적 가격책정 그리고 기타 시장지향적인 가격책정 요인들과[10] 같은 대안들을 잘 인식하고 있다.

---

[8] For an interesting look at how enforcement efforts work, see Kersi D. Anita, Mark E. Bergen, Shantanu Dutta, and Robert J. Fisher, "How Does Enforcement Deter Gray Market Incidence?" *Journal of Marketing* 70 (2006), pp. 92–106.

[9] Pradeep K. Chintagunta and Ramaroa Desiraju, "Strategic Pricing and Detailing Behavior in International Markets," *Marketing Science* 24, no. 1 (2005), pp. 67 – 80.

[10] Lee C. Simmons and Robert M. Schindler, "Cultural Superstitions and the Price Endings Used in Chinese Advertising," *Journal of International Marketing* 11, no. 2 (2003), pp. 101 – 111; Manoj Thomas and Vick Morwitz, "Penny Wise and Pound Foolish: The Left-Digit Effect in Price Cognition," *Journal of Consumer Research* 32, no. 2 (2005), pp. 54 – 64.

총원가 가격책정 대 변동원가 가격책정

가격책정시 비용에 맞추려는 기업들은 제품에 가격 책정을 할 때 변동비(variable cost)를 사용할지 총비용(full cost)을 사용할지 여부를 결정하여야 한다. **변동원가 가격책정(variable-cost pricing)**의 경우 기업은 해외 시장에서 판매되는 제품의 한계생산비용(marginal cost) 혹은 증분생산원가(incremental cost)에만 신경을 쓴다. 이러한 기업들은 해외매출을 추가적인 보너스 성격의 매출로 보고 변동비 이상의 모든 수익은 순이익에 기여한다는 가정을 하고 있다. 이러한 회사들은 해외 시장에서 경쟁력 있는 가격을 제시할 수 있지만, 그들이 국내 시장에서 판매하는 것보다 낮은 정가로 해외에 판매하기 때문에 덤핑으로 기소대상이 될 수 있다. 이런 경우, 그들은 반덤핑관세나 경쟁우위를 없앨 수 있는 처벌을 받을 수 있다. 그럼에도 불구하고 변동비(또는 한계생산비용) 가격 책정은 회사가 높은 고정비와 잉여 생산능력을 가지고 있을 때 실용적인 접근법이다. 변동비를 감당한 후 고정비에 기여하는 모든 부분은 기업 입장에서 이익이다.

반면, **총원가 가격책정(full-cost pricing)** 철학을 따르고 있는 기업들은 비용측면에서 유사한 제품 한 단위는 다른 단위의 제품과 차이가 없고 각각의 단위는 총고정비와 총변동비 모두 반영해야 한다고 주장한다. 이러한 접근은 기업이 고정비에 비해 상대적으로 높은 변동비를 가지고 있을 때 적절하다. 이러한 경우, 가격은 총비용에 이익 마진을 더한 원가합산법(cost-plus)에 기초해 정해진다. 국제 마케터들은 변동원가와 총원가 정책 모두를 사용하고 있다.

고가격정책 대 침투가격정책

기업들은 또한 언제 고가격정책과 침투가격정책을 시행할지 결정해야한다. 전통적으로, 어떤 전략을 수행할지의 결정은 경쟁수준, 제품 혁신성, 시장 특성[11] 그리고 기업 특성에 달려있다.

기업의 목표가 상대적으로 가격에 둔감하고 부여된 가치에 대한 프리미엄 가격을 지불할 의향이 있는 세분시장에 위치하는 것이면 **고가격정책(skimming)**을 사용한다. 만약 공급이 제한적이라면, 기업은 수요와 공급을 일치시키고 총수입을 극대화시키기 위해 고가격정책을 따를 것이다. 기업이 새롭고 혁신적인 제품을 판매하는 유일한 판매자일 때, 경쟁으로 인해 낮은 가격으로 팔아야하기 전까지는 고가격정책으로 이윤을 극대화시킬 수 있다.[12] 고가격정책은 부자와 가난한 자, 두 가지 소득 계층의 시장에서만 자주 사용된다. 비용 때문에 저소득 시장에 매력적인 가격을 설정하기 어렵기 때문에, 마케터는 상대적으로 가격에 둔감한 고소득층을 겨냥한 프리미엄 가격을 붙인 제품을 출시한다. 이 정책은 피앤지가 브라질 시장에 진입하기 전까지 존슨 앤 존슨(Johnson & Johnson)이 브라질에서 기저귀 가격책정을 할 때 사용

---

[11] Cavusgil, Chan, and Zhang, "Strategic Orientations in Export Pricing."

[12] Caroline Bingxin Li and Julie Juan Li, "Achieving Superior Financial Performance in China: Differentiation, Cost Leadership, or Both?" *Journal of International Marketing* 16, no. 3 (2008), pp. 1–22.

CROSSING BORDERS 18.2 피앤지(P&G)의 두루마리 화장지 차민(Charmin)

영국에서는 일반 표준 두루마리 화장지 4롤 짜리 한 묶음을 구입할 때, 독일이나 프랑스보다는 두 배나 비싸고, 미국에 비해서는 2.5배나 비싼 값을 치러야 한다. 이유는? 바가지 가격일까, 유로의 영향인가, 영국 파운드화의 상대적 가치 때문일까, 아니면 단지 문화 때문일까?

정답은 다소 간단하다: 영국 소비자들은 안목이 상대적으로 떨어지는 유럽이나 미국보다는 좀 더 부드럽고 더욱 더 고급스러운 질감을 고집한다. 영국의 두루마리 화장지는 유럽의 화장지보다 섬유가 많이 들어갔기 때문에, 제곱미터 당 4g이나 더 무겁다. 대규모의 소비자 실험에서 영국 소비자들은 이보다 가벼운 제품을 좋아하지 않는다는 것을 밝혀냈다.

특별한 두루마리 화장지에 대한 영국의 선호를 특별하게 만드는 다른 요소가 있다. 어느 슈퍼마켓을 가보더라도 50가지가 넘는 색이나 크기, 브랜드 등의 다양한 선택을 할 수 있다. 인동무늬, 따뜻한 분홍색, 여름 복숭아 색, 진주빛깔 하얀색, 초원 빛 녹색, 산들바람 파란색, 연한미색 등은 시중에 나와 있는 컬러 중 단지 몇 가지일 뿐이다. 이렇게 다양한 색이 존재하는 이유는 분명 영국 소비자들이 두루마리 화장지와 욕실의 색이 조화를 이루어야한다고 생각하기 때문이다. 유럽대륙의 고객들은 흰색에 매우 만족하고 분홍색이 들어간 화장지도 나쁘지 않게 생각한다.

피앤지는 더욱 강력한 브랜드인 차민(Charmin)을 출시한 뒤, 채 다섯 달이 안돼서 시장점유율 10%를 차지했다. 하지만, 너무 멀리 나갔다. 차민의 습윤강도는 영국 화장실에는 적합하지 않다는 불평이 많았다. 영국의 하수도 시설은 차민 그 자체는 처리할 수 있지만, 문제는 만약 몇몇 경쟁사 화장지가 더 단단한 화장지를 만들어낸다면, 하수도가 막힐 수도 있다는 점이다. 피앤지는 차민의 습윤강도를 반으로 낮추는데 동의했다. 그렇다고 해서, 가격이 내려갈까? 가장 최근에, 피앤지 제품은 환경보호단체인 그린 피스(Green Peace)에서 제공하는 삼림친화 등급에서 가장 낮은 등급을 받았다. 이런 비난에 대처하려면 당연히 원가가 상승할 것이다.

출처: "Going Soft," *The Economist*, March 4, 2000; "P&G Unblocks Sewage Row with Toilet Paper Revamp," *Reuters*, May 10, 2000; Timothy Kenny, "Eurasia: Of Toilet Paper, Escalators and Hope," *The Wall Street Journal Europe*, September 16, 2005, p. A9; "Skip it, Eco-Worrier," *The Times (London)*, December 1, 2007, p. 11.

했던 것이었다. 최근에는 소득 수준의 불균형이 떠오르는 중산층 세분시장에 그 자리를 양보하면서 이러한 기회들이 사라지고 있다. 사례처럼 대규모 시장의 출현은 경쟁과 다양한 제품 라인의 부상을 가져오고 이에 따른 가격 경쟁을 이끈다.

침투가격정책은 의도적으로 낮은 가격에 제품을 공급함으로써 시장과 매출신장을 활성화하는데 사용된다. 침투 가격책정은 경쟁적 행동으로서 시장 지분의 획득 및 유지를 위해 매우 자주 사용된다. 하지만, 급격하고 지속적인 경제 성장을 경험한 시장에서 그리고 인구 중 대다수가 중산층으로 이동하는 시장에서는 침투가격책정은 최소한의 경쟁으로 시장 성장을 활성화하는데 사용되기도 한다. 확실히 다가올 경쟁을 대비하여 매출을 극대화하고자 한다면 고가격정책 보다는 침투가격정책의 사용이 수익성 있는 전략이다.

공식적 가격책정 정책과 기업이 사용하는 전략에 상관없이, 시장은 제품에 효과적인 가격을 설정하도록 한다. 다르게 말하면, 가격은 소비자가 전달받은 가치를 인지한 점에서 결정되어야하며, 그 가격은 목표 시장의 도달 범위 내에 있어야 한다. 그 결과, 목표 시장의 도달 범위 내에서 단위당 가격을 맞추기 위해 어떤 시장에서는 제품들이 매우 작은 단위로 팔리고 있다. 워너 램버트(Warner-Lambert)가 브라질에 선보인 1팩에 5개가 들어있는 부발루(Bubbaloo) 풍선껌은 시장에서 실패했는데, 풍

중국인들이 북경의 첫 번째 월마트 매장에 들어가기 위해 기다리고 있다. 세계 최고의 소매업체가 중국의 주요도시에 진출한 첫 번째 사례로서 북경 최 서쪽 끝에 위치한 샘스클럽(Sam's Club)에 수천 명의 사람들이 북적였다. 1996년 개장 이래 월마트는 현재 중국에 200여개 이상의 매장을 가지고 있다. 월마트와 기타 대형 소매업체(코스트코와 프랑스 슈퍼마켓 체인 까르푸)들의 좋은 품질 낮은 가격이라는 전략은 그들이 진입한 중국, 일본, 기타 아시아 국가에서 저렴한 소매가격을 형성시켰다.

선껌은 전체 껌 시장의 72% 이상을 차지하고 있음에도 목표 시장에 대해 너무 높은 가격을 책정했기 때문이다. 다시 선보인 껌 필로우(pillow)는 한 팩에 하나 씩 포장하여 목표 시장 범위 내에서 가격을 정함으로써 이 브랜드는 상당한 수준의 판매량을 신속하게 획득하였다.

국가경제의 성장과 부의 분배가 공평해짐에 따라 다양한 소득수준이 발전되고, 독특한 세분시장이 출현하며 그리고 다양한 가격 수준과 가격대비 품질 인식의 중요성이 커진다. 예를 들면, 불과 몇 년 사이에 중국 내 전자 제품시장이 변화하였다. 신흥 부자들에게 초점을 둔 수입산 고가격 · 고품질 전자제품 시장과 나머지 시장을 차지하는 저렴하지만 품질이 떨어지는 중국산 제품시장이라는 이분법 대신에 개인소득의 증가를 반영한 다양한 계층의 시장(multitiered market)이 출현했다.

소니(Sony)의 경쟁기업인 아이와(Aiwa)가 좋은 품질과 더불어 적절한 가격의 전자제품을 선호하는 신흥 중산계층의 부상을 인식하자 고가격 전자제품 판매의 선두주자인 일본의 소니는 중국시장에서 아이와에 가려져 관심을 받지 못하게 되었다. 판매를 선도하고 있는 일본의 소니가 중국시장에서 외면당하고 있을 때, 소니의 판매가격 보다 저렴하고 거의 중국산 제품 가격수준으로 스테레오 음향 시스템을 출시하기 시작하였다. 아이와 제품의 품질은 소니와 크게 차이나지 않으며, 중국 최고의 브랜드 제품보다 품질이 우수하고, 소니의 고급 사양 제품과 닮았다. 아이와의 신흥 세분시장에 대한 인식과 그 시장에 진입할 수 있던 능력으로 아이와 제품에 대한 총수요를 크게 증가시켰다.

기업이 단일 세분시장 지향적인 마케팅 노력을 기울일 때 적합했던 가격책정 관련 의사결정은 점점 더 복잡하게 바뀐다. 많은 해외시장에서 소득수준이 증가함에 따라 기업이 직면하는 가격책정 환경은 미국의 환경과 비슷해질 것이다. 국가가 변성하고 소득의 분배가 좀 더 공정할수록, 다수의 세분시장이 발전한다. 이러한 세분시장의 출현에 따라, 월마트, 까르푸와 그 밖에 기타 대형 소매업체들이 이 시장에 진출하여 적당한 가격에 훌륭한 가치를 가격에 민감한 소비자들에게 공급한다. 이런 시나리오는 국가별로 되풀이처럼 보인다. 이러한 시장에서는 효과적인 가격책정 전략이 매우 중요해진다.

가격상승

LO3

가격상승과 그에 다른 영향을 최소화하는 방법에 대해 학습한다.

해외 여행자들은 종종 자기 나라에서 상대적으로 저렴한 제품들이 다른 나라에서는 터무니없이 비싼 값에 팔리는 것을 발견하고 놀란다. 이런 가격이 부당이득의 결과라고 생각하기 때문에, 제조업자들은 새롭고 수익성 높은 해외시장들을 공략하기 위해 수출하기로 결심한다. 하지만 결국 대부분의 경우 이와같은 해외에서의 높은 가격에는 높은 수출비용이 반영되어 있다는 것을 깨닫는다. 미국에서 2,100 달러에 팔리고 있는 심장병 환자를 위한 심박조절기의 사례가 이와 딱 들어맞는다. 관세와 일본의 유통 시스템 때문에 최종가격을 상승시킨다. 수입관세를 시작으로 심박조절기가 여러 단계를 거치면서 추가비용이 발생한다. 이 제품은 최초 수입자의 손을 거치게 된 후, 판매와 서비스의 1차 책임을 지는 기업에게 전달되고, 이것이 2차 또는 3차 현지 유통 업자를 거쳐 최종 단계인 병원에 전달된다. 각 단계 당 구입원가에 가산되는 이익 때문에 2,100달러짜리 심박조절기가 일본에서는 4,000달러 이상에 팔리고 있다. 가격상승(price escalation)에 따른 인플레이션은 다국적 기업 마케터가 직면하고 있는 가격책정의 큰 장애물이다. 심박조절기와 같은 기술제품뿐만 아니라 원유, 탄산음료 및 맥주 등과 같은 제품에서도 이러한 인상효과가 실제로 발생한다. 추정치에 따르면 만약에 위에서 언급된 제품들에 부과되는 관세와 무역 장벽이 폐지된다면, 일본 소비자들은 6.57조 엔을 아낄 수 있다고 한다.

수출 원가

몇몇 국제 시장에서는 초과 이윤이 존재지만, 일반적으로 수출국과 수입국간 가격 차이의 불균형의 원인은 한 국가에서 다른 국가로 제품이 수출됨에 따라 발생하는 **가격상승(price escalation)**이라 불리는 추가비용 때문이다. 가격상승이라는 용어는 다음과 같은 비용으로 최종가격이 올라가는 것을 의미한다. 이 비용요인들로는 운송비, 보험료, 포장비, 관세, 유통경로가 길어짐에 따라 발생하는 추가비용, 대규모 중간상에 대한 마진, 특별세, 운영비 및 환율변동이 있다. 대부분의 이런 비용들은 국경을 넘어 제품이 이동하기 때문에 상승하며 종종 해외에서 제품의 최종 가격을 국내 시장 보다 훨씬 더 비싸게 만드는 원인들이다.

세금, 관세 및 관리비용

관세(tariff or duty)는 과세의 특수한 형태이다. 다른 형태의 세금과 같이, 관세는 국내시장의 보호나 정부 세입을 증가시키기 위해 부과된다. 관세는 한 국가에서 다른 국가로 상품이 들어올 때 부과되는 비용이다. 관세의 수준은 특별히 관세율로 표시되고, 관세율에는 종량세(specific duty), 종가세(ad valorem) 및 이 둘을 혼합한 복

일본 동경의 도매 정육점 관리자가 호주로부터 수입된 소고기 팩을 정리하고 있다. 이날 아침 일본 정부는 냉동 소고기 수입관세를 38.5%에서 50%로 올리는 인상안을 발표하였다. 관세는 수입 제품 가격상승의 주요 원인 중 하나이다.

합관세(compound)가 있다. 종량세는 호밀 1부셸(bushel, 약 8리터)당 15센트와 같이 수입품의 물리적 한 단위에 동일한 관세를 부과하는 것이다. 종가세는 수입된 시계 가격의 20%처럼 수입품 가격에 일정 비율로 관세를 부과하는 것이다. 복합관세는 수입된 카메라 1대당 1 달러를 부과하고, 또 제품 가격의 10%를 추가로 부과하는 것과 같이 종량세와 종가세 모두를 포함한 관세를 말한다. 관세와 기타 수입세는 모든 외국 제품을 차별대우하는 것이다.

수입증명서 또는 기타 행정 처리에 따른 비용은 사실상 수입세에 준한다고 볼 수 있다. 많은 국가들은 다양한 물품항목에 적용되는 구매세(purchase taxes) 혹은 물품세(excise taxes)를 가지고 있는데 유통경로를 통과할 때마다 적용되는 부가가치세 또는 매출세(turnover taxes)와 소매판매세(retail sales taxes)와 같은 세금들이 여기에 해당한다. 이러한 세금들은 물품의 최종 가격을 상승시키지만, 일반적으로 외국 제품에 대해 차별적으로 적응되지는 않는다. 따라서 외국에서의 경쟁관련 고려해야 되는 가장 중요한 차별적 세금이 바로 관세이다.

세금과 관세 이외에, 다양한 행정비용들이 물품의 수출입에 직접적으로 연관되어있다. 통관 항에서부터 구매자가 위치한 장소까지 물품을 인계받는데 필요한 수출입 면허, 기타 통관 서류 그리고 운송관련 활동은 추가 비용을 의미한다. 비록 그러한 비용이 상대적으로 작다할지라도, 전체 수출 비용에 추가된다.

인플레이션

급격한 인플레이션 이나 환율 변동이 있는 국가에서는, 판매가격은 매출원가와 대체원가(replacement cost)와 연관되어 있다. 상품은 종종 대체원가에 간접비를 합한 가격 이하에 팔리며 가끔은 대체원가 이하로도 팔린다. 이런 경우 기업은 상품을 판매하지 않는 것이 나을 수도 있다. 몇 달간 지불 연체가 예상되거나 지불금액이 장기계약조건인 경우 인플레이션 요인들이 가격에 반영되어야 한다. 하인즈(Heinz)는 브라질 시장에서 인플레이션과 가격 통제의 부족 때문에 신제품 출시에 실패하였다. 결국, 불과 2년 만에 하인즈는 브라질 시장에서 철수해야 했다. 현지 파트너와의 오해로 인해 새로운 과즙함유 음료가 위탁 판매 형태로 소매업자들에게 팔렸고, 이는 소매업자들이 제품이 팔릴 때 까지 대금지불을 하지 않았다는 의미이다. 당시에 물가상승률이 300%를 넘는 상황에서 단지 1주일만 대금 지불이 지연 되도 매출이익률(profit margin)은 크게 낮아졌다. 많은 개발도상국의 급격한 인플레이션 때문에 국제 마케터들은 정부가 가격을 조정하는 광범위한 가격 통제를 지속적인 위협으로 간주한다.

특정 국가 또는 글로벌 시장[13]에서 발생하는 인플레이션과 가격 통제는 기업의 통

[13] Neil Shah, "Fears Rise of Euro Government Default," *The Wall Street Journal* , February 4, 2010, online.

도쿄의 슈가모(Sugamo) 쇼핑 거리에서 잠재 구매자들을 끌어들이기 위해 길가에 쌓아놓은 할인된 옷가지들을 쇼핑객들이 쳐다보고 있다. 16년간의 주식시장의 침체, 디플레이션의 위험성에 대한 소문 및 정치적 지도력의 부재로 인해 일본 경제는 심각한 위기 상태로 접어들고 있는 것처럼 보인다. 일본 중앙은행은 가격하락 현상은 시장이 완전경쟁에 이르렀음을 보여준다면서 디플레이션 가능성을 일축했다.

제 범위를 넘어서기 때문에 기업들은 인플레이션 압박과 가격 통제를 보상받기 위해 판매 가격을 부풀리는 다양한 기법들을 사용한다. 그들은 추가 서비스에 대한 요금을 부과하거나, 이전 가격(transfer pricing)을 부풀리며 혹은 제품을 몇 개로 나누어 각각에 별도의 가격을 매기기도 한다.

인플레이션은 소비자 가격을 상승시키고, 소비자들은 결국 자신들을 시장으로부터 멀어지게 하는 지속적인 제품 가격상승에 직면한다. 반대로 디플레이션은 소비자들에게는 긍정적인 지속적 가격 하락을 창출하지만 인플레이션이나 디플레이션 모두 공급사슬 내부의 전체 구성원에게 더 낮은 원가에 공급해야 한다는 압박을 준다.

디플레이션

일본 경제는 수년 간 디플레이션 소용돌이에 갇혀있다. 10달러짜리 멜론과 100달러짜리 스테이크로 더 잘 알려진 이 나라에서 맥도날드는 현재 1.09달러에서 52센트로 인하된 가격에 햄버거를 팔고 있다. 32인치 평면 칼라 TV는 4,000달러에서 2,400달러로 가격을 내렸고, 옷가게들은 2년 전에 25달러에 팔던 양털 재킷을 8달러에 팔기 위해 경쟁하고 있다. 소비자 가격은 한때 일본인들이 해외 쇼핑 관광에서나 찾을 수 있었던 가격과 유사한 수준으로 떨어졌다. 디플레이션 이전에 일본에 만연한 고가격은 유통경로상의 모든 기업들에게 높은 마진을 안겨 주었다. 몇 년간 가격이 계속 하락함에 따라 하락된 가격에도 마진을 남길 수 있는 비용구조를 갖추지 못한 기업들은 경쟁에서 완전히 물 건너 가버렸다. 100엔 가게, 중국산 제품을 수입해서 파는 의류 체인, 창고형 백화점과 같이 완전히 새로운 범주의 소매 형태가 업계 표준이 되었다. 1990년대 후반 할인점 매출은 약 78% 성장하였다. 할인은 일본시장에서 번창하기 위한 방식이지만 이는 다시 디플레이션을 다시 가속화시킨다. 유통 경로상의 구성원들이 상이한 경쟁 환경에 적응하거나 혹은 사업을 포기하는 동안 일본 소비자들은 새롭게 되찾은 구매력을 보여주기 시작했다. 일본인 관광객들은 훨씬 저렴한 가격에 제품을 구매하기 위해 미국을 방문했었지만 한 소비자는 근래에 들어, "일본에서 가격이 떨어지는 것 같고, 미국이 더 이상 저렴한 것 같은 느낌이 들지 않는다."고 말했다. 비록 그녀는 미국 여행중에 저렴한 물건을 구매하기 위한 큰 여행용

가방을 휴대하는 것이 익숙하였지만, 최근의 2주간 휴가에서는 겨우 허리 주머니 가방에 들어갈 만큼만 구매하여 돌아왔다.

디플레이션 하의 시장에서 소비자의 신뢰를 확보하기 위해서 기업은 저렴한 가격의 유지와 브랜드 가치의 상승이 꼭 필요하다. 디플레이션을 경험하든, 인플레이션을 경험하든 간에 수출업자는 가격상승(price escalation)을 억제하는데 중점을 두어야한다.

환율 변동

한때는 지불 수단이 상대적으로 안정된 통화로 국한되어 있었기에 국제 무역 계약이 쉽게 작성될 수 있었다. 미국 달러가 표준이었고, 모든 상거래는 미국 달러와 연동이 될 수 있었다. 지금은 모든 주요통화들이 서로에 대해 상대적으로 자유롭게 변동하며, 특정 통화의 미래가치를 확신할 수 있는 사람은 없다. 무역계약서 작성 시 판매기업의 국가 통화가 사용된다고 주장하는 기업이 늘고 있으며, 선물환 헤징은 점점 일반화 되고 있다. 만약 장기계약에서 환율을 신중하게 고려하지 않으면, 기업들은 부지불식간에 15~20%의 할인을 거래 상대방에게 제공한 결과를 초래하게 된다. 일별 환율변동에 의한 추가비용을 감안해야 하며, 특히 물품 계약시점과 배송시점 사이의 시차가 큰 경우 더욱 그러하다. 시간차가 커진다는 얘기는 환율로 인한 차액이 커진

1990년대 중반, 멕시코는 대규모 평가절하로 페소(peso)화 가치는 1/1000로 떨어졌다. 베네수엘라도 2008년에 같은 조치를 취하였다.[14] 2005년에 터키는 유럽연합 가입을 위해 1/1,000,000로 리라(lira)화를 떨어뜨렸다. 이런 행동들은 주요 유권자들에게 영향을 미쳤다. 그림에 있는 두 화폐 모두 75센트 정도이다.

[14] Annually *The Economist* publishes its Big Mac index, which predicts currency fl uctuations. See "Cheesed Off," July 8, 2009, p. 74.

다는 의미이다. 휴렛팩커드(Hewlett-Packard)는 1년 동안의 환율변동으로 거의 50만 달러의 추가 이익을 취한 반면, 네슬레는 6개월 간 100만 달러나 잃었다. 다른 기업들은 이보다 많은 돈을 이익보거나 손해 보았다.

통화가치의 변동

환율 변동에 따른 위험에 덧붙여, 다른 국가 통화에 대한 특정 국가의 통화가치가 변동됨에 따라 발생하는 또 다른 위험[15]이 존재하는데 그 예로 소비자의 가치인식(perceptions of value)[16]이 있다. 2001년 중반부터 2003년 중반 까지 독일에서 미국산 제품의 구매자가 처한 상황을 살펴보자. 이 기간 동안, 유로에 대한 미국 달러의 상대적 가치는 2001년 중반의 강세(미화 1달러 당 1.8315유로)에서 2003년 중반의 약세(미화 1달러 당 0.8499유로)로 전환되었다. 달러가 강세이면 미국 달러화를 매입하기 위해서는 더 많은 현지 화폐가 필요하므로 가격저항을 불러일으킨다. 이와 반대로 달러의 약세는 미화를 매입하기 위해 더 적은 단위의 현지통화가 필요하기 때문에 미국산 제품에 대한 수요는 증가한다. 2003년 중반의 세계 주요 통화에 대한 미국 달러의 약세는 미국의 수출을 자극했다. 결과적으로, 미국 달러가 강세를 보인다면 미국의 수출은 다시 수그러들 것이다.

구매자들의 통화에 비해 상대적으로 미국 달러가 약세를 보일 때(예: 달러를 구매할 때 보다 적은 단위의 외국 통화가 필요한 경우), 기업들은 원가기준 가격책정법(cost-plus pricing)을 사용할 것이다. 달러가 강세를 보일 때(예: 달러를 구매할 때 보다 많은 단위의 외국 통화를 매입해야 하는 경우), 가격 경쟁력을 유지하기 위해서는 기업들은 통화 가치에 의해 발생한 고가격을 상쇄시킬 수 있는 방법을 모색해야 한다. 미국 달러에 대한 인도 루피의 가격이 크게 하락하였을 때, 개인용 컴퓨

동경의 도심 맥도날드 매장에서 한 달 동안 양배추 베이컨 햄버거를 3.2달러에서 1.6달러로 반값에 판매한다는 포스터를 한 여성이 보고 있다. 일본 맥도날드는 미국 달러화에 대한 엔고로 해외에서 수입하는 원재료 가격에서 발생한 이익을 소비자들에게 환원하기 위해 햄버거 가격을 한 달 동안 30% 낮출 것이라고 발표하였다. 심각한 경기 침체로 고생하는 경제에서 높은 매출에 대한 가격인하 압력이 발생하는 시점에 이러한 맥도날드의 움직임은 소비자들 사이에 호평을 받았다. 이런 움직임은 이 경우처럼 환율변동이 어떻게 기업에 긍정적으로 작용하는지 보여주는 좋은 사례이지만 반대로 현지 통화보다 미국 통화가 강세인 경우 어떻게 부정적으로 작용하는지를 보여주기도 한다.

---

15 Klaus Wertenbrouch, Dilip Soman, and Amitava Chattopadhyay, “On the Perceived Value of Money: The Reference Dependence of Currency Numerosity Effects,” *Journal of Consumer Research* 34 (2007), pp. 1 – 10.

16 “Venezuela: Chavez’s New Currency Targets Infl ation,” *Tulsa World* , January 1, 2008, p. A6.

터(PC) 제조업체들은 심각한 가격책정 문제에 직면했었다. 제조업자들은 수입된 부품에 의존하기 때문에 늘어난 비용을 흡수하거나 PC 가격을 올리는 방법이외에 선택의 여지가 없었다.

많은 다국적기업은 통화 환율의 변동을 중요한 가격 책정 문제로 생각한다. 달러 약세에 따른 이익은 일반적으로 일시적이므로, 기업들은 이렇게 든 저렇게 든 사전 예방적 자세를 취할 필요가 있다. 장기계획 하에 해외시장에서 지속적인 경영활동을 위한 가격 경쟁력 유지가 필요한 기업들의 경우, 해당 기업의 가격 전략에는 통화가치 변동이 반영되어야 한다.

비용 관련 무수한 변수들을 시장, 제품 및 상황에 따라 식별할 수 있다. 예를 들면, 잠재력이 상대적으로 적은 시장에 진입하는 비용은 높을 것이다. 멕시코와 태국과 같이 소규모 전문점의 높은 운영비는 높은 소매가격을 형성하게 할 것이다. 주어진 특정 시장에서의 경험만이 서로 다른 시장에서 발생하는 비용차이를 보완해주는 기초를 제공해 줄 수 있다. 원가기반에서 가격을 책정하는 기업은 획득한 경험을 바탕으로 합리적으로 측정 가능한 요인들 범위 안에서 기업을 운영한다.

중개인 및 운송비

유통경로의 길이와 마케팅 유형은 매우 다양하지만, 대부분의 국가들은 미국보다 유통경로가 길고 중간상의 마진이 높다. 다양한 유통경로로 시장접근이 가능하고 표준화 되지 않은 채 중간상 별로 가격을 증가시키면 생산자 입장에서는 제품의 최종가격을 종잡을 수가 없다.

유통경로의 다양성 이외에, 해외에서 활동하는 완벽하게 통합된 마케터는 예상치 못한 다양한 비용 변수들과 마주하게 되는데, 이는 많은 국가에서 마케팅과 유통경로의 기반시설이 제대로 갖추어지지 않았기 때문이다. 마케터에게는 창고와 소규모 화물 관리로 인한 추가적인 지출이 발생할 수 있고, 자금이 부족한 중간상과의 거래로 금융비용이 증가할 수도 있다.

중개인 비용에 관해 편리하게 접근할 수 있는 자료원이 없기에, 국제 마케터가 중간상 비용을 정확하게 계산하기 위해서는 경험과 마케팅 조사에 의존해야 한다. 캠벨수프는 영국에서의 중간상과 물리적 유통비가 미국 보다 30%나 높다는 것을 발견하였다. 영국에서는 수프를 소량으로 구매하기 때문에 추가비용이 발생한다. 영세한 영국 식료품 상인들은 여러 가지 수프로 구성된 24캔 들이 케이스로 구매한다(배송을 위해 개별 케이스는 수작업으로 포장됨.) 미국에서는 한 종류 48캔의 수프가 담긴 상자를 기준으로 12개 묶음, 100개 묶음, 혹은 화물차 한 대 분량으로 구매 단위가 형성된다. 이러한 유럽의 구매 습관은 캠벨로 하여금 소량 주문을 처리하기 위한 추가적인 도매상을 유통경로 상에 추가하도록 하였다.

수출 역시 한 나라에서 다른 나라로 물건이 이동될 때 운송비를 발생시킨다. 해외로 운반되는 물품에는 보험, 포장 그리고 작업료처럼 현지에서 생산되어 현지에서 유통되는 제품에는 부가되지 않는 추가비용이 발생한다. 뿐만 아니라, 많은 나라들의 수입 관세는 운송, 보험, 선적비용 등을 포함하는 양륙비 포함 원가를 기초로 하고 있기 때문에 추가적인 부담이 된다. 이러한 원가는 최종 가격을 증가시킨다. 다음 절에서는 국내 시장 가격이 어떻게 해외 시장에서 두 배 이상 오르게 되는지 상세히 다룰 것이다.

가격상승 효과의 사례

표 18.1은 앞서 논의했던 몇 개의 요소들이 어떻게 소비자 물품의 최종 가격에 영향을 주는지를 보여주고 있다. 원가와 관세가 국가마다 아주 다양하기 때문에 가상적이지만 현실적인 사례를 사용하였다. 상시 정가(constant net price)는 제조업체가 수령하는 금액이고, 모든 국내 운송 원가는 다양한 중간상에 의해 부담되며, 그들의 마진에 반영되고 그리고 외국의 중간상은 국내 중간상과 같은 마진을 갖는다고 가정한다. 어떤 경우에는, 외국의 중간상 마진이 낮지만, 이 마진이 커질 가능성 역시 동일하게 존재한다. 사실 많은 경우, 중간상들은 자국의 유사 상품에 비해 외국 상품에 대해 높은 도소매 마진을 붙인다.

표 18.1에서 소매가격의 범위가 넓은 것은 제조업체가 해외 소매시장에서 가격

표 18.1

샘플 원인과 가격상승의 효과

	국내사례	해외사례 1: 직접 수입하는 도매상과 같은 유통경로를 가정	해외 사례 2: 수입상 그리고 동일 유통경로와 마진	해외 사례 3: 사례 2와 동일하지만 10%의 누적매출세액 추가
제조업체 정가	$ 5.00	$ 5.00	$ 5.00	$ 5.00
운송비(CIF조건)	n.a.	6.10	6.10	6.10
관세(CIF 가격의 20%)	n.a.	1.22	1.22	1.22
수입상의 지불금액	n.a.	n.a.	7.32	7.32
도매상에게 판매시 수입상의 이윤 (원가 대비 25%)	n.a.	n.a.	1.83	1.83 (+0.73)
도매상이 지불하는 양륙비포함 원가	5.00	7.32	9.15	9.88
도매상 이익(원가 대비 33.33%)	1.67	2.44	3.05	3.29 (+0.99)
소매상의 지불금액	6.67	9.76	12.20	14.16
소매상 이익(원가 대비 50%)	3.34	4.88	6.10	7.08 (+1.42)
소매가격	$ 10.01	$14.64	$18.30	$ 22.66

주의: All figures in U.S. dollars; CIF = cost, insurance, and freight; n.a. = not applicable. The exhibit assumes that all domestic transportation costs are absorbed by the middleman. Transportation, tariffs, and middleman margins vary from country to country, but for the purposes of comparison, only a few of the possible variations are shown.

통제를 하기가 어렵기 때문이다. 제조업체들이 아무리 외국시장에서 10 달러 정도 가격에 제품을 판매 하려해도 이렇게 가격 통제를 할 수 있는 가능성은 거의 없다. 표 18.1의 해외사례 1과 같이 가장 최적의 조건들을 가정하더라도 생산자가 국내와 해외 모두에서 동일 가격을 책정하려고 하면 화물운송비와 관세비용을 흡수하기 위해 정가에서 1/3이상 가격을 인하해야 한다. 가격상승(price escalation)은 어디에나 존재한다. 미국에서 40달러에 팔리고 있는 남성용 셔츠가 카라카스(Caracas)의 소매점에서는 80달러에 팔리고 있다. 미국에서 20달러짜리 자동 통조림 따개는 밀라노에서 가격이 70달러고 미국산 35달러짜리 자동 토스트기가 프랑스에서는 80달러로 가격이 책정되어 있다.

가격상승을 줄일 수 있게 비용 일부를 제거하지 않는 한, 마케터들은 가격에 민감하지 않은 부유층 세분시장에만 판매를 국한시키는 가격책정을 해야만 한다. 대부분 시장의 구매자들은 미국보다 낮은 구매력을 지니고 있어, 높은 가격 때문에 쉽게 시장에서 배척당하기 쉽다. 게다가 일단 가격상승이 일어나면, 빠르게 소용돌이치며 상승한다. 중개인에게 제공하는 공급가가 높고 매출이 작을 때 중개인들은 자신들의 비용들을 돌려받기 위해 더 높은 마진을 주장하고 이는 당연히 가격을 더욱 더 인상시킨다. 가격상승을 억제하지 못하면 한 마케터는 남아 있는 구매자라고는 부유층밖에 없다는 사실을 알게 된다. 마케터들이 주도하는 세계시장에서 성공적으로 경쟁하기 위해서는, 비용 억제는 최우선 사항이다. 만약 유통사슬 어디에서건(제조원가에서 소매상 가격 증가분까지) 비용을 줄일 수 있다면 가격상승은 억제될 것이다. 다음에는 가격상승을 억제하기 위한 접근법에 대해 살펴본다.

가격상승 억제 접근법

비용을 줄이고 가격상승의 억제를 위한 방법으로 제조원가절감, 관세인하 및 유통비 인하가 있다.

원가절감

만약 제조자의 가격이 낮춰질 수 있다면, 그 효과는 유통사슬 전체에 영향을 미친다. 제 3국 제조를 하는 중요한 이유 중 하나는 제조비용을 감소시켜 가격상승을 줄이기 위한 시도이다. 만약 시간당 10 달러 이상이 드는 미국인 노동자와 수당 포함해서 시간당 3달러인 멕시코 마킬라도라(maquiladora)의 숙련공을 비교하여 생각해본다면, 그 영향력은 매우 크다.

제너럴 일렉트릭은 전자레인지 제조 원가에 있어 미국과 한국이 매우 큰 차이가 있다는 사실을 발견했다. 제너럴 일렉트릭 전자레인지를 제조하는데 드는 평균 원가는 218달러인데 반해 한국 제조사인 삼성의 전자레인지는 155달러 밖에 들지 않았다. 원가분석을 통해 전자레인지 한 대당 제너럴 일렉트릭은 8달러를 조립공 임금으로 지출하고, 삼성은 단지 63센트만 지불하는 것으로 나타났다. 아마도 제너럴 일렉트릭에게 가장 충격적인 사실은 한국인 노동자가 적은 비용으로 더 많은 생산을 한다는 사실이다. 제너럴 일렉트릭이 1인당 4개를 생산하는 반면에 한국 기업은 9개를 생산하고 있었다.

비록 한국이 계속해서 중요한 해외 생산거점으로 남았지만, 중국은 값싼 노동력, 빠르게 개선되고 있는 생산 품질, 신규 자금원, 역동적인 민간부문 및 인위적인 위안화의 평가절하 등에 힘입어 글로벌 생산의 최강자로 부상하고 있다. 중국이 국제 시장에 공급하는 제품의 범위는 점점 확대되고 있다. 무결점 품질 관리의 나라인 일본은 중국 노동자의 역량에 점점 만족하게 생각한다. 정밀 기계 장비를 생산하는 기업인 스타 매뉴팩처링(Star Manufacturing)은 중국의 값싼 노동력과 저렴한 자원으로 생산원가를 20% 정도 낮출 수 있어 생산물량의 30%를 중국에 이전하였다.

고비용의 일부 기능들을 제거하거나 전반적인 제품 품질을 낮추는 것도 가격상승을 최소화하는 또 다른 방법이다. 미국에서 생산된 제품의 경우 미국시장에서 요구하는 품질과 추가적인 기능들은 경제발전 단계와 소비자 수요의 수준이 미국과 다른 국가에서는 필요 없을지도 모른다. 브라질에서 있었던 피앤지와 킴벌리 클라크 사이의 가격 전쟁에서, 가격을 낮추기 위해 품질을 낮추었다. 식료품점에서 한 할머니가 가장 질이 낮으면서, 가장 싼 브랜드 기저귀를 선택하는 것을 생각해보자. 비슷하게, 미국시장용 식기세척기에 있는 자동 표백제와 세제 조절기, 4가지 다른 물 온도를 제공하기 위한 자동 온도 조절장치, 다양한 양의 물 조절장치 그리고 때가되면 울리도록 되어있는 알람과 같은 기능적 특징들은 많은 외국 시장에서는 필요 없을지도 모른다. 그러한 기능들을 제거한다는 것은 제조원가를 낮추고 결과적으로 가격상승을 억제시킨다는 것이다. 제조원가를 낮추면 종종 두 배의 이익을 창출시킬 수 있다. 대부분의 관세가 종가세이므로 구매자에게 낮은 가격은 더 낮은 관세를 의미하기도 한다.

관세인하

관세가 가격상승의 많은 부분을 차지하게 되면, 기업들은 자연히 관세율을 낮출 수 있는 방법을 모색한다. 어떤 제품들은 관세율이 낮은 다른 관세 품목으로 재분류될 수 있다.[17] 호주에서 데이터 통신 장비를 판매하는 미국계 기업은 제품의 가격 경쟁력을 저하시키는 25%의 관세와 마주하게 되어있다. 이 회사는 호주 정부에게 자신들이 판매하고 있는 제품에 대한 품목분류를 컴퓨터 장비(25% 관세)에서 통신 장비(3% 관세)로 변경해줄 것을 설득하였다. 다수의 제품들처럼 이 회사의 제품도 합법적으로 둘 중 한 유형으로 분류될 수 있었다. 러시아 세관원들에 대한 불평중의 하나는 그들이 품목분류를 자의적으로 한다는 것이다. 예를 들어 존슨 앤 존슨(Johnson & Johnson)은 2가지 기능이 하나에 들어있는 샤워 젤을 15%의 관세가 부가되는 비누 대용품으로 생각하는 것과는 다르게 러시아 세관은 화장품으로 취급해 20%의 관세를 주장하였다.

[17] Matthew Dolan, "To Outfox the Chicken Tax, Ford Strips Its Own Vans," *The Wall Street Journal*, September 22, 2009, pp. A1, A14.

CROSSING BORDERS 18.3 인간이 된다는 것은 무엇을 의미하는 것인가? 5.2%가 답이다

인간이 된다는 것은 무엇을 의미하는가? 미국 국제무역법원 회의실에서 바질레이(Barzilay)가 물었다. 마블 엔터프라이즈(Marvel Enterprise)의 엑스맨(X-Men)과 기타 만화주인공들로 만들어진 60가지가 넘는 작은 플라스틱 피규어들(figures)이 문제의 중심에 있다.

마블의 자회사 토이비즈(Toy Biz Inc.)는 인간이 아닌 일련의 만화 캐릭터들 중에서 영웅을 찾으려고 애썼다. 그 당시, 인형의 관세(12%)가 장난감의 관세가(6.8%)보다 더 높았다. 미국 관세법에 따르면, 인간 피규어는 인형인데 반해, 괴물이나 로봇과 같은 피조물이나 동물을 본뜬 피규어는 장난감으로 간주했다.

그러므로 피규어들의 존재에 관한 큰 논쟁이 시작되었다. 바비는 인형이다. 푸 베어(Pooh Bear)는 장난감이다. 이건 쉽다. 하지만 주먹 아래에서 튀어나오는 금속 손톱을 가진 근육질의 엑스맨인 울버린(Wolverine)은 어떤가? 40년이 넘는 동안 마블의 캐릭터이었던 울버린은 많은 형태로 알려져 왔다. 하지만 그는 인간인가? 아니면 정글의 비밀스러운 묘약을 마신 후 얻은 힘 덕분에, 한 때 스파이더맨을 완파한 유명한 사냥꾼 크레이븐(Kraven)을 생각해보자.

토이비즈는 피규어들은 "인간이 아닌 생물체로서 자신의 상태를 스스로 증명하며 서있다."라고 주장한다. "촉수, 금속 손톱, 날개나 로봇 팔다리를 가졌다면" 그들이 어찌 인간이라고 할 수 있는가? 미 관세청은 각각의 피규어는 독특한 개인적 성격이 있다고 주장했다. 몇몇은 러시아인, 일본인, 흑인, 백인, 여성이고 심지어는 장애인들도 있다. 정부는 울버린은 단지 의수를 가지고 있는 남자라고 주장한다.

그 문제들을 따져보기 위해, 바질레이 판사는 울버린, 스톰(Storm), 루즈(Rouge), 크레이븐 그리고 본브레이커(Bonebreaker)를 포함해 60개가 넘는 액션 피규어들과 한 다발이나 되는 반대 측의 사건개요서와 함께 자리했다. 판사는 그녀의 판결에서 어떻게 피규어들을 종합적으로 검사를 했는지 설명했다. 때때로 모형의 옷을 벗길 필요도 있었다. 엑스맨은 이상하게도 가장 덜 힘들었다. 그녀는 그들을 특별하고 초자연적인 힘을 좋은 편 또는 나쁜 편 측면에서 사용하는 돌연변이라고 분명히 말했다. 따라서 엑스맨은 인간이 아닌 다른 무엇이다. 판사에게 더 어려웠던 점은, 판타스틱 4(Fantastic Four)와 스파이더맨(Spiderman) 시리즈의 피규어들이다. 신중하게 생각하고 검사한 후에 판사는 크레이븐은 팔과 다리의 지나치게 과장된 근육을 보인다는 것을 발견했다. 그는 사자의 갈기 같은 조끼를 입었다. 이 두 가지 특징은 그를 로봇, 괴물 그리고 악마들의 지하세계로 강등시켰다. 사건은 종결되었다.

토이비즈는 고무되었지만 팬들은 화가 났다. 엑스맨은 그저 한낱 피조물이 절대 아니다. "마블의 슈퍼영웅들은 우리와 같은 인간이어야 한다. 그들은 뉴욕에 산다. 가족도 있고, 직장도 다닌다. 그런데 그들이 더 이상 인간이아니라고?" 마블의 초자연적 엑스맨(Uncanny X-Men) 만화책 시리즈의 현직 작가 또한 이를 믿지 않았다. 그는 엑스맨이 인간임을 강조하면서 "엑스맨이 진화의 또 다른 부분이라는 것을 증명하기 위해 1년 동안 열심히 일했다."고 말한다. 하지만, 마블의 팬들이여 조바심 내지 마라. 엑스맨 피규어들이 진짜로 비인간적인 특징들을 가졌다는 판결은 우리 캐릭터들이 이 세상을 뛰어넘는 특별한 힘을 가졌다는 것을 증명해준다.

이 시나리오가 사소한 것일지라도, 관세분류가 얼마나 임의적일 수 있는지를 선명하게 보여준다. 만약 제품이 더 낮은 관세율에 분류될 수 있다고 믿는다면 법정 다툼을 할 가치가 있다. 재분류를 하게 되면 토이비즈가 수입하는 플라스틱 피규어 100,000 달러 당 5,200달러를 절약할 수 있다. 매년 회사가 수입하는 수십만 달러어치의 피규어의 가치를 고려해 봤을 때, 그리 나쁜 일은 아니다. 토이비즈가 환급 받을 수 있는 금액 미상의 수년간 초과 지불한 관세 합계액은 말할 것도 없다.

출처: Niel King Jr., "Is Wolverine Human? A Judge Answers No; Fans Howl in Protest," *The Wall Street Journal*, January 20, 2003; Marie Beerens, "Marvel's Two Movies Should Fuel Demand," *Investor's Business Daily*, February 19, 2008; Paul Bond, "Hasbro, Marvel Will Play Together through '17," *Hollywood Reporter*, February 18, 2009, p. 8.

판단하는 사람의 개인적인 판단에 의해 제품분류가 이루어진다. 어떤 물건이 보석으로 분류되는 것과 예술품으로 분류되는 것의 차이는 예술품으로 취급되어 관세를 내지 않느냐, 보석으로 취급되어 26%의 관세를 내느냐의 의미이다. 예를 들면, 미국 관세 조사관은 2,700만 달러나 하는 파베르제의 달걀(Faberge egg)이 예술품인지 보석인지 여부를 결정할 수 없었다. 이는 무관세냐 70만 달러 관세를 내느냐의 차이다. 경험이 풍부한 화물운송업자 겸 관세 브로커가 파베르제의 달걀이 예술품이라고 세관원을 하루 동안 설득하여 곤경을 면하였다. 국가별로 제품에 대한 품목분류가 다르기 때문에, 관세표와 품목분류기준의 철저한 조사로 관세를 더 낮출 수 있다.

제품을 낮은 관세율 범주로 재분류하는 것 이외에, 관세 분류 안에서 제품을 낮은 관세율에 부합되도록 제품 그 자체를 수정하는 것도 가능하다. 신발 산업에서는 관세를 부과할 때 갑피(foxing)와 갑피 같은 것(foxlike) 사이에 많은 차이가 존재한다. 극동에서 들여오는 값싼 신발들의 공세로부터 미국 내 신발 산업을 보호하기 위해, 미국 관세율 표에는 캔버스 신발이나 비닐 신발에 갑피 밴드가 부착되어 있으면(테이프 밴드가 신발 밑창에 부착되어있고 신발 상단의 1/4 인치 이상에 겹쳐져 있을 때) 높은 세율로 관세가 부과된다고 적혀 있다. 그 결과 제조업자들은 밑창의 1/4 인치 이상이 상단에 겹쳐지지 않도록 신발을 디자인한다. 만약 중복 부분이 1/4 인치를 초과하면, 그 신발은 갑피 밴드를 사용한 신발로 분류되고, 그 이하일 경우 갑피 같은 소재를 사용한 신발로 분류된다. 갑피 같은 소재(1/4인치 또는 그 미만이 겹치는 부분)를 사용한 신발에는 단지 6%의 세금이 부과되는데 반해 갑피 밴드를 사용한 신발에는 48%의 세금이 부과된다.

바로 사용할 수 있는 완제품과 제품가치를 높이기 위해 외국에서의 조립, 추가적인 공정, 현지 생산 부품의 추가 혹은 기타 생산과정을 필요로 하는 제품 간에는 관세율 차이가 존재한다. 예를 들면, 20% 관세가 부가되는 완제품 기계가 조립되지 않은 상태로 수입 된다면 쉽게 12%의 관세 대상이다. 제품이 국내에서 조립되고 현지 부품이 추가될 때 더 낮은 관세를 적용받을 수 있다.

재포장 또한 더 낮은 관세를 받을 수 있게 해준다. 1갤런 혹은 보다 작은 용기에 담겨진 미국으로 수입되는 멕시코 술 데킬라는 갤런(proof gallon) 당 2.27달러의 관세가 부과되는데, 보다 큰 용기에 담아올 경우에는 1.25달러만이 부과된다. 만약 다

마블 엔터프라이즈의 가공인물인 엑스맨 울버린을 연기한 휴 잭맨(Hugh Jackman). 마블이 수입 장난감 캐릭터들을 인간종류가 아닌 장남감이라 주장하고 미 관세청이 인간형 피규어라고 주장하면서 관세분류에 대한 논란이 일어났다. 당시 인형에 대한 관세율은 12%인 반면 장난감의 관세율은 6.8%였다. 미 관세청은 엑스맨 피규어는 인간 피규어이므로 인형으로 분류되어야지, 장난감으로 분류될 수 있는 동물이나 인간이 아닌 피조물의 피규어로 판단해서는 안 된다고 주장하였다. 품목분류는 관세가 결정될 때 매우 중요하다. 이 사건에 대한 좀 더 자세한 내용은 CROSSING BORDERS 18.3에 나와 있다.

시 병에 담는 비용이 갤런 당 1.02달러 보다 저렴하다면, 상당한 관세 절약을 할 수 있다. 뒤에서 곧 다루겠지만 자유무역지대(Foreign Trade Zone)에서 중요한 활동 중의 하나가 현지의 저렴한 노동자를 고용하여 수입물품을 조립하는 것이다.

유통비 인하

짧은 유통 경로는 가격 통제를 용이하게 해준다. 중개인은 유통경로를 짧게 설계하여 중개인의 마진을 줄이거나 완전히 제거함으로써 유통비용을 줄일 수 있다. 중개인 마진을 없애는 것과는 별도로 유통경로상 중개인의 수가 적으면 전반적인 세금의 감소를 의미한다. 어떤 국가에서는 물품이 유통단계를 거칠 때마다 부가가치세(value-added)를 부과한다. 물품의 주인이 바뀔 때마다 세금이 부과되는 것이다. 이때 부과되는 세금은 누적적일수도 비누적적일수도 있다. 누적 부가가치세는 총 판매가격에 기초하고 있으며, 물품이 각 유통단계를 거칠 때 마다 부과된다. 확실히 부가가치세가 누적되는 국가에서는 세금만으로도 유통경로를 짧게 만들 충분한 동기부여가 될 것이다. 누적 부가가치세가 존재하는 국가에서는 중개인 원가와 판매 가격의 차액에 세금이 부과될 것이다. 일본의 디플레이션 결과로 다수의 제조업체들이 가격을 인하하는 동안, 명품 브랜드인 루이뷔통(Louis Vuitton)은 반대로 가격을 인상할 수 있었다. 강력한 브랜드명과 직접유통으로 루이뷔통의 가격전략이 가능했기 때문이다. 루이뷔통의 모노그램이 새겨진 가죽가방은 일본 구매자들에게 "생필품"이 되어가고 있으며, 루이뷔통은 제품을 직접 유통하며 스스로 가격을 결정한다.

가격상승을 낮추기 위한 해외 무역 지대의 활용

어떤 국가들은 국제 무역을 촉진시키기 위해 외국인 무역 지대 혹은 자유무역지대, 또는 자유무역항을 설치한다.[18] 수입물품의 보관과 보세품 가공을 하는 시설들이 전 세계에 걸쳐 300개 이상 운영되고 있다. 아프리카, 중남미, 동부 유럽과 기타 개발도상국들에서 자유 무역 정책이 확대됨에 따라 자유무역지대의 설립과 활용이 늘어나기 시작했다. 자유무역항 또는 자유무역지대 내에서는 물품이 자유무역지대로 반입 혹은 반출될 때 수입관세의 부과가 유예된다. 자유무역지대는 세금이 존재하지 않는 고립지역으로서 수입규제의 적용이라는 측면에서는 자국의 영토가 아니다. 어떤 물품이 자유무역지대를 떠나 그 자유무역지대를 개설한 국가로 공식적으로 수입될 때, 모든 관세와 규제들이 적용된다. 자유무역지대의 활용으로 여러 종류의 세금, 관세, 할증 부담금, 운송요금 및 기타 요인에서 나오는 가격인상을 어느 정도 통제 할 수 있다. 자유무역지대는 이렇듯 추가 요금들을 피하고, 줄여주고 혹은 연기시켜줌으로써 최종가격이 경쟁력을 갖도록 해준다. 가격 통제라는 점에서 자유무역지대의 가장 중요한 이점들 중의 하나는 물품의 가치를 산정할 때 자유무역지대 내에서 발생된 노동비와 간접비에 대한 세금 공제가 있다는 것이다.

---

[18] Liu Li, "Free Trade Zone in Pipeline in Xinjiang," *China Daily* , September 20, 2005

표 18.2

자유무역지대의 활용

미국에는 100개 이상의 자유무역지대가 있을 뿐만 아니라 다른 많은 나라에도 자유무역지대가 존재한다. 기업들은 자유무역지대를 관세 지불을 유예하기 위해 이용한다. 미국에서 자유무역지대의 이용사례는 다음과 같다.

- 한 일본 기업은 오토바이, 제트 스키 그리고 삼륜 다목적 차량을 조립하는데 미국으로의 수입뿐만 아니라 캐나다, 중남미 및 유럽으로 수출한다.
- 창문 가리개와 소형 창문 블라인드를 제조하는 미국 기업은 네덜란드로부터 원단을 수입하여 자유무역지대에 보관한다. 이를 통해 원단이 자유무역지대를 벗어날 때까지 17%의 관세를 유예 받을 수 있다.
- 헤어드라이어 제조업자는 자유무역지대에 제품을 보관하는데 이곳이 아시아에서 제조된 제품의 주요 유통 센터로 활용된다.
- 유럽기반의 의료용품 공급회사는 독일의 원자재와 미국의 노동력을 활용하여 신장 투석기와 멸균 튜브를 제조한다. 이 제품들 중 30%는 스칸디나비아반도의 국가들에게 수출된다.
- 캐나다 회사는 이탈리아산 캐비닛을 이용하여 전자 교육 기기를 조립한다. 전자부품은 대만, 한국, 일본 등으로부터 온다. 그리고 페루와 콜롬비아로 수출하기 위해 미국 노동력을 활용한다.

이러한 모든 사례들에서, 관세는 미국으로 수입되기 위해 자유무역지대를 떠날 때까지 연기된다. 더욱이, 모든 경우에 관세는 완제품으로 들어올 때보다 더 낮은 관세율이 적용되는 부품형태나 원자재 형태로 들어오게 된다. 자유무역지대의 완제품이 미국으로 수입되지 않고 다른 나라로 수출되면 물론 미국 관세를 적용받지 않는다.

출처: Lewis E. Leibowitz, "An Overview of Foreign Trade Zones," *Europe*, Winter–Spring 1987, p. 12; "Cheap Imports," *International Business*, March 1993, pp. 98–100; "Free-Trade Zones: Global Overview and Future Prospects," http://www.stat-usa.gov, 2010.

수입국 내 자유무역지대로 부품상태의 제품을 운송하면 마케터는 다양한 방법으로 비용을 낮출 수 있다.

- 완제품보다 조립되지 않은 부품형태의 제품에 부과되는 관세율이 낮기 때문에 관세가 적어질 수 있다.
- 만약 수입국의 노동비가 저렴하다면, 최종 제품 원가가 크게 낮아질 수 있다.
- 해상운송비는 무게와 부피에 따라 달라지므로 조립이 안 된 상태로 제품을 운송하는 것이 화물 운임을 낮출 수 있다.
- 포장 또는 부속품등과 같이 현지 부품을 완제품 조립에 사용하면 관세를 더 낮출 수 있다.

대체로 외국인무역지대 혹은 자유무역지대는 가격상승을 통제하는 주요한 방법 중의 하나이다. 그런데, 자유무역지대가 수출자에게 제공하는 모든 이점들은 수입자에게도 이득이 된다. 미국 수입업자들은 수입품의 원가를 낮추기 위해 미국 내에서 100개 이상의 자유무역지대를 활용한다. 표 18.2를 참조하면 자유무역지대의 활용에 대해 더 많은 설명을 볼 수 있다.

덤핑 국제 경영에서 시장 정책의 논리적 산물은 다양한 시장에서 매우 상이한 가격으로 경쟁력 있게 가격이 책정된 재화이다. 앞서 언급했던바와 같이, 한계(변동)비용 가격책정은 경쟁력 있는 가격 범위 내에서 유지될 수 있을 정도까지 가격을 낮출 수 있는 방법이다. 이러한 가격책정 전략의 시장경제적 논리에는 논쟁의 여지가 없지만, 실무에서는 종종 덤핑으로 분류되어 엄중한 처벌이나 범칙금의 대상이 된다. 많은 경제학자들이 덤핑을 서로 다르게 정의하고 있다. 생산원가 이하로 제품이 팔릴 경우 **덤핑**으로 분류하기도 하고, 동일한 제품을 본국 시장보다 외국시장에서 저렴하게 판매하는 것을 덤핑이라고 하기도 한다.

세계 무역 기구(WTO) 규정은 합리적인 판매비용과 이윤으로 인한 가격 증가분을 고려해서 물품이 제품원산지 국가의 원가 보다 낮거나 정상적인 수출 가격보다 낮은 가격에 판매되고 이 가격이 수입국의 경제활동에 피해를 줄 가능성이 있는 경우 반덤핑세 부과를 허락하고 있다.

상계관세(countervailing duty) 또는 국가가 수입양을 제한하는 **최소시장접근물량** (MAV, Minimum Access Volume)이 생산, 수출 혹은 운송 등에서 보조금의 혜택을 받은 외국 제품에게 부과될 수 있다.

상계관세가 발효되기 위해서는 수입가격이 수출국보다 낮고, 수입국의 제조자가 덤핑으로 인해 직접적인 피해를 입고 있다는 것을 입증해야만 한다. 미국 농림부(U.S. Department of Agriculture) 보고서에 따르면 미국의 덤핑 수준은 밀이 40%를 상회하고, 옥수수는 25~30%였으며, 콩은 4년 간 꾸준히 상승해 거의 30%에 이르고 있음을 보여주고 있다. 이러한 수치는 밀의 경우 생산비의 40%까지 싸게 팔리고 있다는 것을 의미한다. 1년 사이 덤핑이 57%까지 상승한 면화와 쌀은 20% 대로 안정을 찾았다. 위와 같은 연구들은 미국이 세계무역기구의 규정을 위반하면서 앞서 언급한 상품들을 국제 시장에 덤핑하고 있음을 말해주고 있다. 이 보고서에 따르면 농산물 덤핑을 몇 년 간 겪은 후, 몇 몇 국가들이 미국산 농산물 수출의 덤핑 항목을 조사하면서 대응을 시작했다고 한다. 브라질은 세계무역기구보다 앞서 미국 면화에 대한 문제를 검토하고 있다. 캐나다는 일시적이지만 미국 면화 수입에 상계관세와 반덤핑관세(antidumping duty) 모두를 부과했다. 미국은 중국 사과 주스 농축액에 대해 캐나다와 같이 상계관세와 반덤핑관세를 부과했다.

덤핑은 세계 경기가 좋을 때는 크게 문제가 되지 않는다. 1980년대와 1990년대 많은 산업에서 덤핑은 중요한 쟁점이 되었는데, 당시 국내 수요에 비해 초과생산능력이 많은 기업들은 한계비용에 기반을 두고 제품가격을 책정하였다. 덤핑의 고전적 사례는 물품가격이 국내 시장에서 유지되지만 외국시장에서 하락하는 것이다.

최근 정부의 덤핑관련 법안의 더 강력해진 집행으로 국제 마케터들은 이런 법률들을 회피할 수 있는 새로운 방법을 찾고 있다. 수입국에서의 조립은 기업이 가격을 낮추고 덤핑제소를 회피하는 방법이다. 그렇지만, 단순히 조립만 하는 소위 드라이버 공장들(screwdriver plants)은 수입국에서의 조립으로 인한 비용절감 보다 더 크게 가격 차이가 발생하면 덤핑제소 대상이다. 또 다른 속임수는 제품을 개조하여, 해당 제품의 기술 명세서가 낮은 관세 범주에 적합하도록 하는 것이다. 중국산 일회용 휴대 가스라이터에 부과되는 16.9%의 상계관세를 회피하기 위해, 중국 제조업업체들은 라이터에 쓸모없는 밸브를 부착함으로써 일회용 라이터가 아닌 다른 제품 범주에 들어가도록 하였다. 각국은 이런 다양한 형태의 속임수를 꿰뚫어보고 세금을 부과한다. 예를 들어 유럽 연합은 유럽에서 사무용 기계를 조립하여 판매하는 일본 기업에 대해 단위 당 27달러에서 58달러의 세금을 부과했다. 이 회사는 조립을 위해 수입된 부품의 가치를 원가이하로 평가했기 때문에 고발되었다.

미국 시장은 종전에 비해 최근 덤핑에 더 민감하다. 사실, 미국은 자국에서의 가격보다 더 싼 가격에 미국시장에서 팔리는 외국제품의 덤핑에 대해 좀 더 엄격한 통제를 주장하였다. 그 결과 반덤핑조항이 가트(GATT)의 우루과이 라운드(Uruguay Round) 조항에 포함되어 있다. 변경된 미국 법은 덤핑국가에 부과되어온 반덤핑관세와 상계관세의 회피 방지를 위한 미상무부의 권한을 확대시켰다. 미국과 유럽연합은 적극적으로 반덤핑관세를 사용하였다. 그렇지만 여러 가지 의문점이 남는다. 덤핑 기소는 단지 보호주의를 가리기 위한 것인가? 과거에는 상계관세와 반덤핑관세의 적용 명령이 시행되면, 위반사항으로 기소된 기업들은 미국 또는 제 3국에서의 단순한 조립을 수행하거나 살짝 제품을 바꿈으로써 이 명령을 피해갈 수 있었다. 이러한 시도 때문에 반덤핑 명령이 적용되지 않는 다른 제품이 있을 수 있다는 환상이 생겼다. 상무부의 새로운 권한은 이러한 헛점들을 메우고 있다.

국제시장에서의 리스

자본설비나 고가의 내구재[19]를 구입시에 문제가 되는 높은 가격과 자본부족을 완화시키는 중요 판매기법이 리스제도이다. 장비 리스의 개념은 해외에 자본설비를 판매하는 방식으로서 그 중요성이 점점 증가하고 있다. 사실, 미국과 외국에서 만들어진 약 500억 달러(원가기준 추정치) 상당의 장비가 서유럽에서 리스중이다.

산업재 수출업자에 의해 활용되는 리스방식은 미국의 전형적인 리스 계약과 유사하다. 리스 조건은 월별 혹은 연간 지급의 형태로 보통 1년에서 5년 동안 유효하다. 서비스, 수리 그리고 예비 부품 등이 임대 수수료에 포함되어있다. 국내와 해외 리스 계약이 비슷한 것처럼 국내 리스계약과 해외 리스계약의 기본적인 동기와 단점들도 유사하다. 예를 들면,

- 리스는 현금으로는 구입할 수 없지만 명목상 금융조달이 되는 리스 옵션으로 구매 가능한 외국기업들과 같은 대규모 세분시장에 접근할 수 있는 기회를 제공한다.
- 리스는 사용자에게 비교적 위험이 낮기 때문에 새롭고 실험적인 장비의 판매

[19] Edward Taylor, "BMW to Cut Production, Raise Prices World-Wide," *The Wall Street Journal*, August 2 – 3, 2008, online.

문제를 해소시켜준다.

- 리스는 외국 장비에 대한 유지와 서비스에 대해 더 나은 품질보증을 할 수 있다.
- 리스로 사용되고 있는 장비는 그 나라 내의 다른 기업에게 팔릴 가능성이 높다.
- 리스 수익이 직접 판매보다 일정 기간 동안 안정적인 경향이 있다.

리스의 단점 혹은 결점도 국제적이다. 리스의 태생적인 단점을 제외하더라도, 국제관계로 인해 몇몇 문제들은 더 복잡해진다. 인플레이션에 시달리고 있는 나라에서는 장비보수와 부품 공급을 포함하고 있는(대부분의 리스가 제공하는) 리스 계약은 계약 만료 시점에 큰 손해를 볼 수도 있다. 특히, 리스가 가장 매력적인 국가는 인플레이션이 급상승 할 확률이 높은 국가이다. 통화 가치의 하락, 정부의 몰수, 기타 정치적 위험과 같은 추가적인 문제들은 동일 제품을 단순히 판매했을 때 보다 오래 지속된다. 이러한 위험의 관점에서, 리스는 단순 판매 보다 더 큰 위험을 가지고 있다. 하지만, 해외 판매에 이 방법을 사용하는 추세가 확실히 증가하고 있으므로 리스의 혜택이 위험보다 많아야 한다.

가격책정 도구로써 대응무역

LO4

대응무역과 국제마케팅 활동 상의 위치를 파악한다.

대응무역은 모든 국제 마케터가 꼭 갖추고 있어야 할 가격책정 도구이며, 대응 무역에 대한 수용의지는 기업들에게 경쟁우위를 제공해준다. 대응무역이라는 도전은 국제무역에서의 변형된 기타 모든 방법들과 동일한 관점에서 검토해야 한다. 마케터가 사회적 관습이나 법적 요건을 알아야 하는 것처럼 어떤 시장이 대응 무역을 필요로 하는지 알아야 한다. 모든 시장 요인들과 함께 이 요인을 평가함으로써 마케터의 경쟁적 위치를 높일 수 있다.

초기 물물교환중의 하나는 소련과 펩시 간에 체결된 것인데 이때는 소련 루블화의 태환이 가능하기 전으로서 대다수의 기업들은 소련과 교역을 하지 않을 때였다. 펩시는 러시아 시장 내에서 코카콜라를 이기길 원했다. 펩시 입장에서는 러시아와 루마니아에 펩시 병입공장(bottling plant)의 설립자금 조달을 위해서 당시 러시아에서 스톨리치나야(Stolichnaya)라는 브랜드로 팔린 보드카와 프레미아트(Premiat)라는 브랜드로 팔린 루마니아의 병 와인을 받아들이는 방법밖에 없었다. 모든 지표로 볼 때, 러시아, 루마니아 그리고 펩시 모두에게 큰 이익이 되었다. 펩시는 병입공장들의 확장을 위해 계속해서 대응무역을 이용하고 있다. 최근에 펩시와 우크라이나 사이에 체결된 협정에서, 펩시는 8년 동안 10억 달러 상당의 우크라이나 상업용 선박들을 판매하는데 동의하였다. 선적 판매 수익의 일부는 조선사에 재투자되고, 일부는 우크라이나 내에 5개 펩시 병입공장의 설립과 탄산음료 장비의 구입에 사용된다. 펩시가 러시아와 구 소련에 속했던 모든 국가들에서 콜라 시장을 지배하고 있다. 그 이유는 부분적으로 코카콜라를 12년 동안이나 러시아 콜라 시장 밖에 묶어 놓았던 러시아와의 독점적인 대응무역 협정 덕분이다. 소련이 해체되면서, 러시아 경제가 붕괴되고, 대부분의 러시아의 결제시스템은 물물교환으로 분해되었다. 트럭 몇 대 분량의 아스피린이 한 회사에 의해 교환되고, 그것이 가금(家禽)류로 거래되어 목재로, 그 다음은 카자흐스탄 엑스레이(X-ray) 장비로 순차적으로 교환되었는데 이 모든 과정이 부채를 청산하기위한 것이다. 이거래 대부분은 현지 전력 회사와 관련되어있는데 거의 모든 사람들이 이 회사에 부채가 있었다.

비록 결제수단으로 현금이 선호되지만, 대응무역은 소련에서 새롭게 분리된 동유럽, 중국[20] 그리고 정도의 차이는 있지만 몇몇 중남미와 아프리카 국가들과의 무역에서 중요한 부분이었다. **물물교환(Bater)** 또는 대응무역은 아직도 과거 소련 경제권의 모든 거래의 20~40%를 이루고 있다. 외상매입금, 대금지급과 서비스, 심지어 세금까지도 – 모든 것이 비(非)현금 요소를 가지고 있고, 이것들이 전부 물물교환으로 이루어진다. 이들 대부분의 국가들은 거래를 위한 경화(hard currency)가 지속적으로 부족한 상태이고 따라서 가능할 때마다 대응무역에 의존하게 된다. 최근에 록히드 마틴(Lockheed martin)으로부터 구입한 48대의 F–16 전투기의 구매는 350억 달러로 정해졌다. 소프트론(soft loan, 연성차관이라고도 불린다)과 대규모 오프세트 프로그램(massive offset program)이 포함된 금융패키지에는 외국환 거래비용을 상쇄시킬 만큼의 폴란드 제조업자로부터 상품구매도 포함되어 있다. 한 때 경화가 부족한 경제 상황에서 러시아는 필요한 원자재 상품 거래를 위해 여러 종류의 제품들을 물물교환으로 제공하였다. 예를 들면 러시아 전문 분야인 우주항공 기술이 말레이시아 팜유와 고무를 위해 제공되었으며, 군사 장비는 인도네시아로부터 들여온 쌀 또는 미가공 팜유[21]와 거래되었다. 오늘날, 국제 기업들은 시장기반의 가격책정 도구로서 대응무역에 대한 이해를 가져야 한다.

대응무역의 문제점

대응무역 협상에서 판매자가 당면하는 중대한 문제점은 결제수단이 되는 물품의 잠재적 수요와 가치를 평가하는 것이다. 종종 시장 분석을 하기에 시간이 부족한 경우가 있다. 사실 대응무역이 거래과정에서 필요조건으로 도입되기도 전에 판매협상이 마무리되는 경우가 자주 있다.

비록 이러한 문제들을 다루는 것이 쉽지 않지만, 적절한 준비를 통해 최소화할 수 있다. 대응무역에서 손해가 발생한 대부분의 경우는, 판매자가 협상을 하는데 현금이외에 아무것도 준비하지 않았기 때문이다. 대응무역이 이루어질 수 있는 상황을 염두에 두고 약간의 사전 조사가 이루어져야 한다. 이런 조사를 통해 대응무역 경험이 있는 국가들을 쉽게 파악할 수 있고 대응무역의 대상이 될 가능성이 높은 제품들도 자주 확인을 할 수 있다. 개발도상국과 거래하는 기업들은 대응무역에 관한 이러

[20] "Trade Financing and Insurance: Countertrade," *Economist Intelligence Unit–Country Finance* , January 22, 2008, p. 101.

[21] Zakki P. Hakim, "Ministry Eyes Rice-for-Planes Trade Deal," *Jakarta Post* , September 20, 2005, p. 13.

한 현실과 배경을 모든 가격책정의 수단들 중의 일부로 받아들여야 한다. 한 번 제품이 취득되면, 이 물품들은 기업들의 물물 교환을 통한 판매를 도와주는 여러 기관들을 거치게 된다. 바터 하우스(barter houses)라 불리는 물물 교환소는 물물교환을 통해 취득한 물품거래에 전문성을 가지고 있으며, 대응무역의 불확실성에 처한 기업들을 돕는 1차적인 외부기관이다. 대개 유럽에 위치한 바터 하우스가 물물 교환된 상품들을 위한 시장을 찾아 주지만 물물교환은 정상거래보다 시간이 걸리기 때문에 자금회전이 길어지고 따라서 기업에 재무적 부담을 준다.

미국에는 물물교환된 제품관련 도움을 주고 자금조달을 제공하는 회사들이 있다. 시티은행(City Bank)은 대응무역을 위한 자금 조달을 제공하는 것뿐만 아니라, 은행이 컨설턴트로서 활동하기 위한 대응무역 전문부서를 만들었다. 미국에는 현재 약 500개의 바터 하우스가 있으며, 그 중 다수가 인터넷을 통한 접근이 가능하다. 물물교환 거래량이 높은 일부 기업들은 대응무역을 담당하는 자체 거래부서를 보유하고 있다. 쓰리엠(3M, Minnesota Mining and Manufacturing)의 사례를 보면, 이 기업은 중소기업에게 대응무역 서비스를 제공하기 위한 쓰리엠 글로벌 트레이딩(www.3m.com/globaltrading)이라는 100% 소유의 사업부를 가지고 있다.

인터넷과 대응무역

인터넷은 대응무역 활동에 있어 가장 중요한 공간이 될 것이다. 물물교환된 상품을 위한 시장 탐색과 그 상품의 시가를 결정하는 일은 대응무역의 두 가지 중대한 과제이다. 몇몇 바터 하우스는 인터넷 경매 사이트를 운영하고 있고, 많은 인터넷 거래들이 국제 물물교환으로까지 그 영역을 확장하고 있다.

어떤 이는 인터넷이 거대한 온라인 전자 물물교환 경제를 위한 매개체가 될 것이고 이는 현재의 전통적 오프라인 물물교환을 보완하고 확대시킬 것이라고 생각한다. 간단히 말하자면, 몇몇 유형의 전자무역 달러는 국제 무역거래에서 국가 통화를 대체할 것이다. 인터넷 달러(e-dollar)가 많은 국가들에게 국제 상거래를 훨씬 용이하게 만들어줄 것이다. 왜냐하면 무역거래 성사를 위한 충분한 미국 달러나 기타 경화(hard currency)를 보유할 필요성을 줄여주기 때문이다.

시장을 조성하는 서비스를 제공하는 트레이드뱅크(TradeBanc)는 물물교환 거래 상대방이 자신들의 제휴사이기만 하면(www.tradebanc.com), 그들의 거래소 회원들로 하여금 전 세계의 다른 거래소 회원들과 온라인에서 직접거래 하는 것을 가능하게 하는 컴퓨터화된 기술을 도입하였다. 거래의 매개 수단은 러시아, 아이슬란드, 독일, 칠레, 터키, 호주와 미국이 회원으로 있는 상거래 협회인 국제호혜무역협회(IRTA; www.irta.com)가 제안한 세계 통화(universal currency)가 될 것이다. 국제호혜무역협회는 거래소 회원들이 이 특별통화를 가지고 서로 서로 쉽게 거래할 수 있도록 세계통화결제원(universal currency clearinghouse)의 설치 및 운영을 제안했다. 이 체제가 완전히 정착되면, 참여 회원들의 모든 상품과 서비스가 단일 데이터베이스에 저장될 것이다. 각 거래들은 현지통화로 결제되지만 거래에 대한 정산은

CROSSING BORDERS 18.4 행운의 숫자 8을 이용한 중국의 심리적 가격 책정

미국에서 소매상들은 종종 99라는 숫자를 가격의 끝자리에 사용한다. 그리고 이러한 전술은 소비자 연구 분야에서 효과가 있음이 입증되었다. 소비자들이 골치 아픈 반올림 보다는 첫째 숫자 뒤의 소수점은 무시하는 경향이 있다는 것이다. 따라서 2.99달러는 3달러보다는 2달러처럼 보인다. 또 다른 설명은 99로 끝나는 가격은 할인된 가격이라는 인상을 주고, 따라서 할인가격에 관심이 많은 고객들에게 더 매력적이라고 주장한다.

중국 문화에서 심리적 가격 책정 전술은 가격에 8을 포함하는 것이다. 숫자 8은 모든 숫자 중에서도 가장 행운이 있는 숫자라고 믿기 때문에 중국 소비자들에게는 매력적이고 숫자 8이 많으면 많을수록 더 좋다. 중국 만다린어에서 숫자 8의 발음은 마치 번영, 부(富)와 같으며 광동어에서도 유사하다.

이 지역 고층빌딩의 88층은 행운을 나타낼 뿐더러 더 비싸다. 홍콩에서는 층수가 얼마 안 되는 빌딩일지라도 불운의 숫자인 4를 가진 중간층들을 없애고 기타 다른 불길한 층들을 건너뛴 후 88층이라고 적어 놓은 펜트하우스는 웃돈에 거래된다.

연이은 8을 가진 핸드폰 번호와 자동차 번호판은 수백 또는 수천 달러의 가치를 가진다. 또한 올림픽의 성공적 개최를 기원하기 위해 북경 올림픽 개막식은 현지 시각으로 2008년 8월 8일 오후 8시 8분 8초에 시작되었다.

시장 조사에 따르면 중국시장에서 숫자 8은 주식 가격과 광고 가격 모두에서 체계적인 편향이 있는 것으로 나타났다. 예를 들어, 대만, 홍콩 및 상해의 신문에 게시된 499개 제품 가격 중에서 39.9%가 8을 끝자리에 사용했으며, 다음으로 5를 14.7%가 게시했다. 죽음을 나타내는 숫자 4는 단지 1.4%만이 가격의 끝자리에 사용했다. 유사한 연구가 상해와 심천의 주식시장 거래 자료를 가지고 행해졌다. 그 결과 8로 끝나는 주식가격을 매우 선호하며, 4로 끝나는 것을 회피하는 것으로 나타났다.

출처: See C. Simmons and Robert M. Schindler, "Cultural Superstitions and the Price Endings Used in Chinese Advertising," *Journal of International Marketing*, 11(2), 2003, pp. 101-111; N. Mark Lam and John L. Graham, *China Now: Doing Business in the World's Most Dynamic Market* (New York: McGraw-Hill, 2007); Philip Brown and Jason Mitchell, "Culture and Stock Price Clustering: Evidence for the Peoples' Republic of China," *Pacific-Basin Finance Journal*, 16(1/2), 2008, pp. 95–120.

비행기 티켓부터 감자에 이르기까지 무엇이든 구매할 수 있는 국제호혜무역협회의 세계통화로 이루어질 것이다.[22]

가격 견적서

LO5
가격 견적서의 메커니즘을 이해한다.

국제판매를 위한 제품의 견적을 낼 때, 계약서에는 가격에 영향을 주는 신용, 판매 조건 그리고 운송과 같은 특정 요소들이 포함된다. 거래 당사자들은 적절하게 합의된 견적을 통해 운송중인 재화의 책임소재와 운송비용 그리고 책임시점에 대해 확실하게 해야 한다. 가격 견적서 또한 거래에 사용되는 통화, 지불 조건 그리고 필요한 서류의 종류를 구체적으로 명시해야 한다. 마지막으로, 가격 견적서와 계약서에서 거래 수량과 품질을 정확하게 정의해야한다. 수량에 대한 정확한 정의가 필요한데 그 이유는 국가별로 측정단위가 상이할 수 있기 때문이다. 예를 들어, 톤(ton)을 구체적으로 명시하는데 있어 계약서에는 미터 톤(metric ton)인지 영국식 톤(english ton)인지 혹은 롱 톤(long ton)인지 숏 톤(short ton)인지 구분되어야 한다. 품질 명세서 역시 명확히 작성하지 않으면 오해의 소지가 있다. 더욱이, 제품을 평가할 때 사용되는 품질기준에 대한 완벽한 합의가 있어야 한다. 예를 들면, "관습적 판매 적

[22] You may want to visit the American Countertrade Association, http://www.countertrade.org, for a detailed discussion of the services offered by a countertrader.

격 품질(customary merchantable quality)"은 미국 소비자에게는 명확하지만, 다른 국가에서는 전혀 다르게 이해될 수 있다. 국제 무역업자는 모든 계약 조건들을 다시 살펴보아야 한다. 그렇지 않으면 의도와는 다르게 가격을 변경해야하는 경우가 발생한다.

관리가격 책정

관리가격 책정(administered pricing)은 전체 시장을 대상으로 가격을 정하려는 시도이다. 이러한 가격들은 경쟁자들과의 담합, 국가, 주정부, 지방 정부 그리고 국제협약에 의해 정해질 수 있다. 다양한 종류의 관리가격 책정을 합의하는 것이 합법적인지 아닌지는 국가별 그리고 때때로 다르다. 예를 들어, 어떤 국가는 외국 시장에서의 가격 담합은 묵인하면서도 국내 시장에서는 용납하지 않는다.

일반적으로, 관리 가격책정 활동의 최종 목표는 가격 경쟁의 영향을 줄이거나 제거하는데 있다. 기업들의 가격담합은 용납할 수 없는 행위라 여겨지지만(적어도 국내 시장에서는), 정부가 가격 관리에 개입하면 정부는 "파괴적인" 경쟁 효과를 감소시킴으로서 공공복지를 위한다고 생각한다.

파괴적인 경쟁이 되는 시점은 대부분 해당 국가마다 다르다. 일본인들에게, 과다한 경쟁이란 국내시장에서 거래의 균형을 방해하거나 시장 혼란을 증가시키는 일체의 경쟁을 말한다. 경쟁이 과도한지에 대한 판단을 내리는데 일본만큼 엄격한 기준을 가진 나라는 없지만 어떠한 나라도 완전한 자유 경쟁을 선호하거나 인정하지 않는다. 순수 경쟁의 전통적인 전문가들인 경제학자들은 완전한 경쟁이 불가능한 것을 인지하고 있으며, 반드시 일정한 형태의 실행 가능한 경쟁이 개발되어야 한다는데 동의한다.

기업에서 만연한 가격담합의 시도는 관리가격이라는 용어의 다양성에 잘 반영되어 있다. 합의, 협의, 담합, 공모, 카르텔, 이익공동체, 이익풀(profit pools), 라이선싱, 무역 협회, 가격 선도, 관습가격 또는 기업 간 비공식합의와 같은 용어들은 가격책정을 협의하는 것과 관련된 용어들이다.[23] 이 협의들 자체는 언급되지도 인지되지도 않은 완벽하게 비공식적인 것으로부터 높은 수준에서 공식화되고 구조화된 협의까지 다양하다. 어떠한 형태의 가격담합 협정이라도 국제 사업에 적용될 수 있지만, 위에 언급된 모든 형태들 중에서 카르텔이 국제마케팅과 가장 직접적으로 관련되어있다.

카르텔

카르텔(cartel)은 유사 제품을 생산하거나 서비스를 제공하는 다양한 기업들이 그들이 생산하는 재화와 서비스 종류의 시장을 통제하기 위해 협력할 때 존재한다. 카

[23] Dana Nunn and Miklos Sarvary, "Pricing Practices and Firms' Market Power in International Cellular Markets: An Empirical Study," *International Journal of Research in Marketing* 21, no. 4 (2004), pp. 377–95.

석유수출국기구(OPEC)의 공급 통제로 1970년대 원유 가격은 4배가 되었다.사진에서 보는 1배럴당 100달러 이상의 원유가는 2008년 중국을 포함한 전 세계의 급증한 원유 수요 때문이다. 페르타미나(Pertamina)는 인도네시아 국영 석유 회사이다.

르텔 협회는 가격을 정하고, 참여 기업들의 위한 생산량과 판매량을 수립하고, 시장영역을 할당하고 그리고 심지어는 이익의 재분배를 위해 공식적인 협약을 사용하기도 한다. 어떤 경우에는, 카르텔 조직 자체가 전체 판매 기능을 인수하여 모든 생산업체들의 재화를 판매하고 이익을 분배한다.

카르텔의 경제적 역할에 대해서는 논란의 여지가 많지만, 카르텔 지지자들은 카르텔이 무자비한 경쟁을 없애 사업을 합리화시키고 이는 소비자들에게 더 큰 기술적 진보와 저렴한 가격을 제공해준다고 주장한다, 하지만, 대다수의 전문가들은 카르텔이 항상 소비자들에게 혜택을 가져다주는지에 대해서는 의구심을 가지고 있다.

석유수출국기구(OPEC)는 가장 유명한 국제적 카르텔이다. 이 기구의 유가 통제력은 이 기구가 통제하는 석유 생산비율에서 발생한다. 석유수출국기구 회원들이 보유하고 있는 석유 중 67%의 석유를 전 세계 공업 국가들에게 제공했던 1970년 대 초반, 석유수출국기구는 유가를 4배나 올릴 수 있었다. 배럴 당 3달러에서 11달러 이상 급격하게 오른 유가는 전 세계를 심각한 경기침체로 내몰았던 첫 번째 요인이었다. 2000년, 석유수출국기구 회원들의 원유 감산으로 유가가 10달러에서 30달러로 상승되어 미국 내 가솔린 가격이 폭등하였다. 외국산 원유 수입국들이 경제적 피해에 직면한 반면 석유수출국기구 비회원국들은 가격 인상으로 혜택을 보았다.

카르텔의 중요한 측면중의 하나는 영원히 가격통제를 유지할 수 없다는 점이다. 카르텔 회원국들의 탐욕과 기타 문제들이 일반적으로 카르텔의 통제를 약화시킨다. 석유수출국기구 회원국들은 한 회원국이 산유량 증가를 결정하기 전까지는 공고한 입장을 유지하다가, 일단 원유증산이 결정되면 나머지 국가들도 재빨리 따라하는 경향을 보인다. 하지만, 단기적으로 석유수출국기구는 국제 가격에 영향을 줄 수 있다. 사실 이 글을 쓰고 있는 시점에 국제 유가는 배럴 당 100달러를 웃돌지만, 대부분의 분석가들은 이러한 가격인상을 석유수출국기구의 공급 통제 능력[24]보다는 급격한 수요의 증가 탓으로 돌리고 있다.[25]

잘 알려지지 않았지만 국제 무역에 직접적인 충격을 주는 카르텔은 세계 해운사들 사이에 존재하는 카르텔이다. 2주마다 대략 20개 해운회사 관리자들은 수십억 달러치의 화물에 대한 운임을 정하기 위해 회의에 참석한다. 그들은 스스로 카르텔이

[24] "CPC to Continue Freeze on Oil Prices," *China Post*, March 2, 2008; Neil King Jr., Chip Cummins, and Russell Gold, "Oil Hits $100, Jolting Markets," *The Wall Street Journal*, January 3, 2008, p. A1.

[25] Robert J. Samuelson, "The Triumph of OPEC," *Newsweek*, March 17, 2008, p. 45.

드비어스(De Beers)는 세계 최대 카르텔 중 하나이다. 이 카르텔은 여러 가지 현실적 목적으로 세계 다이아몬드의 대부분을 통제함으로써 다이아몬드 가격을 인위적으로 높게 유지시킨다. 가격 통제를 유지하는 방법들 중의 하나는 러시아의 다이아몬드 독점기업과의 계약에 잘 나타나있는데, 이 계약에 따르면 드비어스는 러시아로부터 최소 5억5천만 달러어치의 다이아몬드 원석을 구매하거나 러시안 연간 생산량의 약 절반을 구매하게 된다. 세계 2위의 다이아몬든 생산국인 러시아로부터의 공급을 통제함으로써 남아프리카 공화국의 드비어스 카르텔은 계속해서 다이아몬드 가격을 높게 유지할 수 있다.

라고 말하기보다 대서양 항로동맹협정(Trans-Atlantic Conference Agreement)과 같은 순수한 명칭 아래 활동한다(www.tacaconf.com). 명칭과 무관하게 그들은 미국과 북유럽 사이에 선적된 화물의 약 70%에 대해 운임을 정한다. 미국과 중남미 항구 사이와 미국과 아시아 항구 사이의 운송 또한 해운동맹의 영향을 받는다. 모든 해운 회사가 카르텔 회원사는 아니지만, 많은 수가 속해 있어, 동맹 회원사들은 선적에 영향력을 가진다. 비록 지금은 법적으로 문제가 없지만 해운동맹 혹은 해운 카르텔은 미국 의회의 조사를 받고 있기에 곧 새로운 규제안이 의회를 통과하게 될 것이다.

또 다른 카르텔은 드비어스(De Beers)의 통제를 받고 있는 다이아몬드 카르텔이다. 한 세기 이상, 드비어스는 다이아몬드의 전세계 공급을 단단히 통제함으로써 다이아몬드 시장을 순조롭게 조작하였다.[26] 이 기업은 전 세계 다이아몬드의 절반 정도를 채굴하고, 나머지 25%정도를 다른 채굴 기업과의 계약을 통해 확보한다. 나머지 25%에 대한 통제를 위해 드비어스는 다이아몬드 가격 보호를 위한 다이아몬드 구매에 수백만 달러를 지출하는 외부 구매부서를 운영하고 있다. 이 기업은 세계 원석 거래의 대부분을 통제하고 자신의 시장지배력을 통해 가격을 높게 유지시킨다.

현재 카르텔의 적법성에 대한 정확한 정의는 없다. 미국 내에서 카르텔을 행하는 것은 불법이고, 유럽 연합 역시 카르텔을 통제하기 위한 법 조항을 가지고 있다. 미국은 해외 시장에서 미국 기업들이 카르텔과 유사한 행동을 취하는 것은 인정하고 있지만 미국 경제에 불리한 영향을 초래하는 해외시장 카르텔은 허용하지 않고 있

[26] Eric Onstad, "De Beers May Spurn Low-Margin Russian Supply," *Reuters News*, July 20, 2007.

다. 미국의 거대 농업기업인 아처 다니엘 미들랜드 컴퍼니(Alcher Daniels Midland Company)은 리신과 구연산, 두 개의 첨가물의 가격담합에 대해 2억5백만 달러의 벌금을 부과 받았다. 독일, 일본, 스위스 그리고 한국 회사들 역시 그 카르텔에 포함되었다. 이 기업들은 가격을 담합해서 각 기업이 차지할 시장 점유율을 할당하였다. 소수점 10번째 자리까지 시장점유율을 할당했다. 매년 말에, 자신의 할당량을 초과하는 매출을 올린 기업은 그 다음 해에 자신의 목표 할당량을 채우지 못한 다른 공모기업으로부터 초과분을 구매해야 한다.

유럽 연합 회원 국가들은 오랜 기간 가격담합을 용인해온 역사를 가지고 있었지만, 유럽 연합은 다른 여러 가지들 중 해운, 자동차, 시멘트 산업에 대한 카르텔을 엄중히 단속하기 시작하였다. 통합된 시장과 단일 통화는 이러한 움직임을 촉진시켰다. 각국이 자유 무역으로 시장을 개방함에 따라 인위적인 가격 상승과 소비자의 선택의 제한을 주도하는 강력한 카르텔이 집중 조사 대상이 되었다. 하지만, 유럽 연합의 반독점법 위반 단속관들(trustbuster)은 중세 시대의 무역 길드(guild)이래로 카르텔을 당연시 여기는 유럽의 전통과 싸우고 있다. 유럽 각국에서 기업들은 자국 내에서 가격을 통제하고 경쟁을 몰아내기 위해 하나로 뭉쳤다.

정부에 의한 가격책정

외국에서 사업을 하는 기업들은 아주 다양한 종류의 정부가 설정한 가격에 마주친다. 물가를 통제하기 위해 정부는 마진을 정하고, 상한가와 하한가의 가격을 정하고, 가격 변동을 제한하고, 시장에서 경쟁하고, 기부금을 주고, 구매자 독점이나 판매 독점으로서의 역할을 수행한다.[27] 정부는 또한 기업들이 공모해서 조작적인 가격책정을 허용하거나 심지어는 독려함으로써 물가에 영향을 미친다. 여담이지만, 기업들은 불법적인 가격담합에 어떤 도움도 필요로 하지 않는다.[28]

일본정부는 전통적으로 정부의 영향력에 의한 여러 종류의 가격설정 계획을 장려해왔다. 하지만, 일본 내 규제완화의 움직임 속에 일본 보건복지부는 이발소, 미용실 및 세탁소와 같은 사업들에 대한 영업시간과 가격제한 규정을 곧 폐지할 것이다. 현행 규정상, 일본의 반 독점법을 면제받은 17개의 위생 관련 사업은 가격 설정 계획을 수립할 수 있다.

생산과 소비를 하는 국가의 정부는 특정 기초 일상재의 국제 가격을 정하는데 주요한 역할을 수행하고 있는 것처럼 보인다. 이를테면, 국제 커피 협약(International Coffee Agreement), 국제 코코아 협약(International Cocoa Agreement), 국제 설탕 협약(International Sugar Agreement)과 같은 것이 있다. 그리고 밀의 국제가격은 오랜 기간 동안 부분적으로나마 국가간 정부협상을 통해 정해져 왔다.

---

[27] "Apple, EU Reach iTunes Pricing Deal," *The Wall Street Journal*, January 9, 2008, online.

[28] "Canada Probes Allegations of Chocolate Price-Fixing," T*he Wall Street* Journal , November 28, 2007, online; John R. Wilke, "Two U.K. Airlines Settle Price-Fixing Claims," *The Wall Street Journal*, February 15, 2008, p. A4.

기업, 정부 그리고 국제 가격 협약의 압력에도 불구하고, 대부분의 마케터들은 여전히 대다수의 제품과 시장의 가격정책 결정에 있어 폭 넓은 재량권을 가지고 있다.

수금활동 : 해외상거래 결제

LO6
수금활동의 메커니즘을 이해한다.

타국에서 재화를 판매하는 것은 외국 고객과 거래를 할 때 직면하는 추가적인 위험들로 인해 더 복잡해진다. 비용과 체납계좌 수금의 어려움뿐만 아니라 부정확한 고객신용 보고서, 환율통제 문제, 거리 그리고 상이한 사법제도에서 기인한 위험들로 결제시스템에서 강조해야 될 점들이 다르다. 미국 내 거래에서 기존 고객들을 위한 대표적인 지급절차는 청산계정(open account)이다. 즉 재화가 배달되면 고객에게는 월말 기준으로 요금이 청구된다. 하지만 외국 상거래에서 수출입 모두에게 가장 빈번히 이용되는 지불 조건은 신용장(letter of credit)이고, 중요도에서 두 번째인 수단인 달러 기반 상업어음(commercial dollar drafts) 또는 환어음(bill of exchange)은 매도인이 매수인을 지급인으로 하여 발행된다. 국제적으로, 청산계정은 잘 알고 있는 고객과의 거래에 사용되며, 선적 전 현금불(cash in advance)은 신용상태가 좋지 않거나 또는 물품의 특성상 계약이 이행되지 않으면 중대한 손실이 발생하는 경우에 필요하다. 한 나라에서 다른 나라로의 재화 운송에 필요한 시간 때문에, 현금 선지급은 잠재고객들에게 비용부담을 주며, 판매자들을 경쟁열위에 처하게 만든다.

판매조건은 보통 판매 시점에 구매자와 판매자간에 마련된다. 물품의 유형, 개입되는 금액, 사업관행, 구매자의 신용등급, 구매자의 국가 그리고 구매자가 신규 고객인지 기존 고객인지가 판매조건을 정할 때 반드시 고려해야한다. 다섯 가지 기본적인 지급방식인 신용장, 환어음, 선적 전 현금불방식, 청산계정 그리고 포페이팅(forfaiting)이 다음에 설명되어있다.

오래된 격언에 '3달러 지폐처럼 가치가 없다'는 것이 있다. 쿠바에는 두 가지 통화가 있다. 하나는 쿠바 페소(Cuban Peso)이고 다른 하나는 쿠바 전환 페소(Cuban Convertible Peso)이다. 그림에서 보는 쿠바 전화 페소는 유로화나 캐나다 달러로 환전 가능하지만 미국 달러는 안 된다. 전환이 불가능한 쿠바 페소의 현재가치는 약 1.08달러이다. 쿠바 페소는 국내 거래에만 사용되고 쿠바 전환 페소의 1/6의 가치가 있다.

신용장

판매자를 수익자로 구매자에 의해 개설되는 **수출 신용장(export letter of credit)**은 미국수출의 대부분을 처리한다. 신용장은 구매자의 신용 위험을 신용장 개설을 통해 은행으로 전환시킨다. 신용장이 사용되는 경우, 판매자는 개설은행에 대해 환어음을 발행하고 적절한 운송서류들을 제시함으로써 대금을 수령한다.[29] 선적 전 현금불방식을 제외하고, 신용장은 판매자에는 가장 높은 수준으로 보호를 받는다.

신용장 절차는 계약 체결과 동시에 시작된다. (신용장 거래 단계는 그림 18.2 참고.) 신용장에는 취소가능신용장과 취소불능신용장이 있다. 취소불능신용장(irrevocable letter of credit)은 한번 판매자가 신용장을 인수하면 구매자는 판매자의 동의 없이는 어떠한 방법으로도 변경할 수 없다. 만약 판매자가 구매자에게 미국 은행을 통해 확인은행(confirming bank)의 개설을 요구하면 추가적인 보호를 받을 수 있다. 이러한 취소불능 확인 신용장은 미국 은행이 구매자 또는 외국 은행의 재정상황과 무관하게 대금지불을 확약한다는 것을 의미한다. 판매자의 관점에서 보면, 이 방식은 외국에서의 정치적 위험을 제거하고, 구매자가 거래하는 은행의 상업위험을 확인은행의 위험으로 변경한다. 확인은행은 확인된 신용장에 대하여 대금지불을 보증한다. 관련 서류가 은행에 제시 되자마자 판매자는 판매대금을 수령한다.

미국 주요 은행의 국제부는 신용장이 판매자에게 지급을 보장하는 것은 아니라고 경고한다. 대신에 판매자가 정확히 신용장의 조건을 준수해야만 판매대금이 지급된다. 모든 신용장은 그들의 계약조건과 고려사항들이 정확해야 하기 때문에, 수출업자들이 모든 필요 서류가 갖춰지고 완성되었는지 확신할 정도로 신용장 조건을 꼼꼼히 살펴보는 것은 매우 중요한다.

신용장의 입수 절차는 주중이 아니라면 며칠이 소요된다. 다행스럽게도, 이 절차는 금융 기관이 인터넷을 통해 신용장을 제공하면서 상당히 짧아지고 있다. 한 예를 들면, 에이브이지(AVG)신용 관리회사는 수출업자, 수입업자, 화물 운송업자, 운송회사 및 무역은행들이 인터넷을 통해 무역거래를 시작하고 마무리할 수 있게 하는 전자무역 상거래 시스템인 전자상거래 금융 플렛폼(ETFP)를 사용한다. 이 기업은 인터넷이 제공하는 효율성으로 수출신용장의 비용을 500달러 이상에서 25달러 정도로 낮출 수 있다고[30] 광고한다.

환어음

또 다른 중요한 해외상거래 형태는 판매자가 외국인 구매자를 지급인으로 **환어음(bill of exchange)**을 발행하는 것이다. 신용장은 하나 혹은 그 이상의 은행 신용이 개입되지만, 환어음(달러 환어음으로도 알려짐)에서는, 판매자는 실제 대금을 지불받기 전까지 모든 위험을 떠맡아야한다. 필요한 서류들은 기본적으로 신용장에서 요

[29] Unless, of course, the letter of credit is revoked: "Neuocrine Biosciences: $5M Letter of Credit Cancelled," *Dow Jones Corporate Filings Alert* , January 14, 2008.

[30] "QuestaWeb Offers Totally Automated Letter of Credit Feature," *Business Wire* , March 3, 2008

그림 18.2

신용장 거래

아래 그림은 미국의 확인은행이 개입된 취소불능 신용장에 의한 대표적인 대금결제과정을 나타내고 있다. 구체적 내용은 다음과 같다.

1. 수출업자와 고객이 판매조건에 합의한다.
2. 구매자는 자신의 거래 은행에 신용장 개설을 요구한다.
3. 구매자의 거래은행은 모든 안내문을 포함한 취소불능신용장을 준비한다. 그리고 미국 은행으로 취소불능신용장을 송부한다.
4. 미국 은행은 확인서와 신용장을 준비해서 판매자에게 보낸다.
5. 판매자는 신용장을 검토한후 화물 운송주선인에게 지정된 수입항으로 운송하도록 한다.
6. 상품을 적재하고 선적한다.
7. 동시에, 화물 운송주선인은 필요 운송서류를 완료하고, 판매자에게 서류를 보낸다.
8. 판매자는 미국 은행에 모든 조건을 부합하는 운송서류를 제시한다.
9. 미국 은행은 운송서류를 검토한다. 모든 내용이 올바르면, 판매자에게 판매금액에 해당하는 수표를 발행해준다.
10. 운송서류는 구매자의 은행이 검토할 수 있도록 항공우편으로 송부된다.
11. 운송서류가 완전하다면, 은행은 구매자에게 운송서류를 보낸다.
12. 상품을 찾기 위해, 구매자는 관세대리인에게 운송서류를 제시한다.
13. 상품이 구매자에게 전달된다.

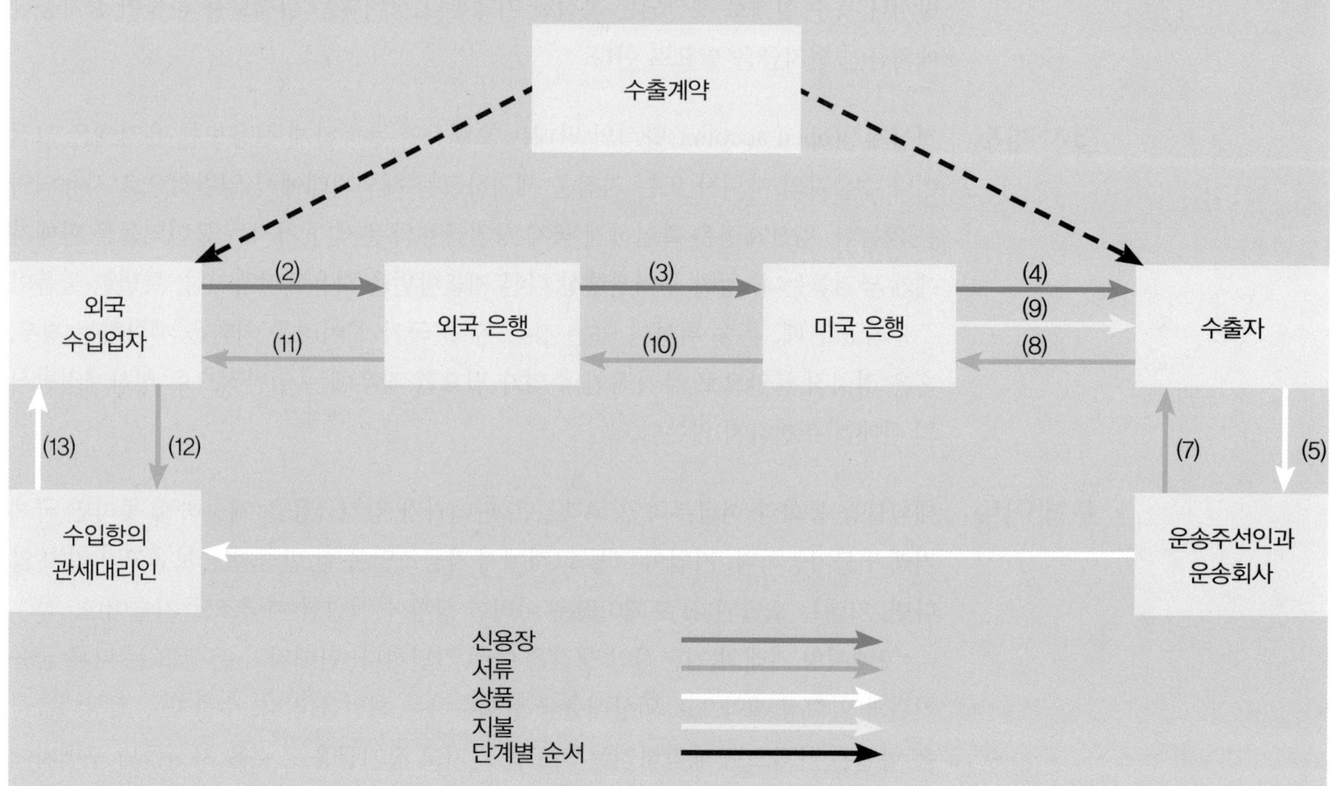

출처: Based on "A Basic Guide to Exporting," U.S. Department of Commerce, International Trade Administration, Washington, DC.

구하는 것과 동일하다. 미국 은행(판매자의 거래 은행)은 환어음을 수령한 후 이를 관련 서류와 함께 구매자의 국가에 소재한 통지은행에 송부한다. 통제은행은 구매자가 환어음 인수(acceptance)와 즉시 대금 지불 혹은 연 지불을 하도록 환어음을 제시한다. 환어음이 인수되면, 구매자는 적절하게 배서된 선화증권(bill of landing)을 받아 운송회사로부터 물품을 인도 받는다.

인수된 환어음(accepted draft)은 은행에서 할인받아 즉시 현금화할 수 있기 때문에 환어음 방식은 판매자에게 유리하다. 하지만, 은행은 일반적으로 상환청구가능(with recourse) 환어음만 할인해준다. 이는 만약 구매자가 환어음을 인수하지 않는다면, 은행은 환어음을 판매자에게 돌려보낸다. 인수된 환어음은 도산이나 그에 따른 소송에서 청산계정방식보다 더 확실한 증거가 된다.

선적 전 현금불

선적 전 현금불(cash-in-advance) 기반의 국제거래가 차지하는 비중은 크지 않다. 현금지불은 소비자에게 인기 없이 부담만 주고, 보통은 신용에 의심되는 경우, 도착지 국가의 외환 제한이 해외 송금을 비합리적인 기간 동안 지연시킬 정도인 경우 또는 어떤 이유로든 수출자가 신용 조건으로 판매할 의향이 없는 경우에 사용된다. 비록 선지급을 다하는 경우는 잘 없지만, 물품의 특성상 계약의 불이행시 중대한 손실을 발생시키는 경우 부분적인 선지급(25%~50%)이 자주 이루어진다. 예를 들면, 시방서나 특수 설계로 생산되는 복잡한 기계류나 장비류는 실제로는 환불이 불가능한 예치금인 선지급을 필요로 한다.

청산계정

청산계정(open account)방식의 판매는 오랫동안 훌륭하게 신용도를 유지해온 고객이나 수출자의 자회사 또는 지점을 제외하고는 해외거래에서 일반적으로 사용되지는 않는다. 청산계정은 확실하게 국제 상업금융의 문제가 가지는 불이익들을 판매자에게 남겨놓는다. 청산 무역관행상 다른 지불방법을 사용해야하거나, 특별한 물품이 주문되었을 때, 운송 위험이 있는 경우, 수입 국가가 어려운 외환을 제환하는 경우, 혹은 정치적 불안으로 추가적인 주의가 필요할 경우에는 일반적으로 청산계정방식의 판매를 추천하지 않는다.

포페이팅

태환불능 통화와 현금부족인 고객들은 판매자가 장기금융을 제공하지 못하면 국제거래가 불가능하다. 기업이 그들 고객에게 자금조달을 할 만큼 현금보유고가 많지 않다면, 거래는 소멸된다. **포페이팅**은 이러한 상황에 적합한 자금조달 기술이다.

포페이팅 거래의 기본적인 생각은 아주 간단하다. 판매자가 은행 또는 다른 금융기관과 일회성 계약으로 외상매출금을 회수하는 책임을 진다. 수출자는 외상매출금을 할인된 가격으로 매각하려는 의도를 가지고 장기금융 조건을 자신들의 구매자에게 제공한다. 포페이터(forfaiter)는 상환청구권이 없는 약속어음 또는 환어음의 형태의 채무를 매입한다. 수출자가 일단 이 환어음 또는 약속어음을 포페이터에게 매각하면, 포페이터는 수입업자로부터의 물품대금 회수위험을 지게 된다. 포페이팅 기관은 수입 국가의 어떠한 정치적 위험도 역시 감수해야 한다.[31]

[31] For more information about forfaiting, visit http://www.afi a-forfaiting.org.

포페이팅은 팩토링(factoring)과 유사하지만, 똑같은 것은 아니다. 팩토링에서는 단기 외상매출금을 할인된 가격에 정기적으로 매입해주는 은행과 지속적인 관계를 유지한다. 다르게 말하면, 은행이 그들 고객들을 위한 외상매출금 회수부서의 역할을 한다. 하지만 포페이팅에서는 판매자는 특정 외상매출금을 사주는 은행과 일회성 계약을 맺는다.

이러한 모든 대금지불 방식과 관련된 요금 그리고 물론 지불가격은 판매자와 구매자사이에 빈번하게 협상이 이루어진다. 이 내용은 다음 장에서 살펴보게 될 국제협상 부분에서 다루게 될 것이다.

요약 Summary

가격책정은 국제 마케터가 국제 시장에서 직면하게 되는 복잡한 의사결정의 하나이다. 하나의 시장 상황, 한 그룹의 경쟁자, 한 그룹의 비용요인 또는 한 그룹의 정부규제를 다루는 것이 아니라, 국제 마케터는 그들이 사업을 수행하는 개별 국가뿐만 아니라, 한 국가내의 개별 시장을 대상으로 이런 모든 조건들을 고려해야한다. 수비자 수준의 시장가격은 국내 마케팅에서 보다 국제마케팅에서 더 통제하기 어렵지만, 국제 마케터는 계획된 목표와 정책을 바탕으로 전술적 가격변동에 대한 충분한 유연성을 가지고 가격책정 업무에 접근해야 한다. 한 국가에서 다른 국가로 제품이 수출될 때 가격상승을 주도하는 비용의 통제는 수출업자들이 직면하고 있는 가장 어려운 가격책정 업무들 중의 하나이다. 국가별 가격 차이를 균등하게 만드는 경향을 보유한 인터넷의 성장은 가격책정의 유연성을 부분적으로 감소시키고 있다.

투자자본이 부족한 제3세계 시장의 지속적 성장은 대부분의 마케터들에게 대응무역 중요성을 높이기 때문에 대응무역을 가격책정 정책에 중요하게 포함시켜야 한다. 인터넷이 대응무역을 포함하여 발전하고 있고 이 인터넷은 대응무역과 관련된 몇몇 문제를 없애는데 도움을 줄 것이다.

국제 시장에서의 가격책정은 시장 비용에 대한 세세한 지식과 규제들의 조합, 가능한 대응무역 거래의 인식, 세세한 부분에 대한 끊임없는 인내심, 시장전략에 대한 통찰력 있는 감각을 필요로 한다. 마지막으로, 수금활동과 관련된 신용장과 기타 주제들이 논의되었다.

주요용어 Key Terms

병행 시장(Parallel market)
카르텔(Cartel)
침투 가격정책(Penetration pricing policy)
신용장(Letters of credit)
가격인상(Proce escalation)
변동비 가격책정(Variable-cost pricing)
포페이팅(Forfaiting)
고가격(Skimming)
회색시장(Gray market)
대응무역(Countertrade)
독점적 유통(Exclusive distribution)
물물교환(Barter)
덤핑(Dumping)
총원가 가격책정(Full-cost pricing)
상계관세(Countervailing duty)
환어음(Bills of exchange)
관리가격(Administered pricing)

질문 Questions

1. 위에서 제시한 주요용어들을 정의하라.
2. 병행수입의 원인과 해결책 및 가격에 미치는 영향에 대해 논하시오.
3. 해외에서 판매를 할 때 소비자 가격 통제가 어려운 이유는?
4. 가격상승의 개념과 그것이 어째서 국제 마케터들을 잘못된 판단에 이르게 하는지 설명하시오.
5 무엇이 가격상승의 원인인가? 그 원인이 수출품과 외국에서 생산되어 팔리는 제품별로 차이가 있는가?
6. 기업들이 국제 운송의 높은 원가를 흡수하고 가격을 낮추기 어려운 이유는 무엇인가?
7 가격상승은 국제 마케터에게 있어 주요한 가격정책 문제이다. 어떻게 이 문제에 대응할 수 있을지 토의해보시오.
8. 통화 가치의 변화가 수출 전략에 영향을 미친다는 사실에 대해 토의해보시오.
9. "시장 가격책정 관련된 전략적 요인들과 기업의 지향성과는 상관없이 모든 가격은 염두에 두고 있는 가격 고려사항들에 의해 결정된다."라는 주장에 대해 논하시오.
10. 기업들의 가격담합은 일반적으로 수용할만한 행위라고 여겨지지 않지만(적어도 국내 시장에서는), 정부가 가격을 관리하기 시작하면 정부는 파괴적인경쟁 효과를 감소시키는 공공복지 차원이라고 생각한다. 이에 대해 토의해보시오.
11. 부가가치세는 수입품을 차별하는가?
12. 종량세, 종가세, 혼합 관세에 대해 설명하시오.
13. 환율변동에 대응하기 위해 마케터가 취할 수 있는 접근방식을 제안해보시오.
14. 간접 경쟁의 영향과 이를 극복하는 방안에 대해 설명하시오.
15. 왜 덤핑이 최근에 와서 문제가 되고 있는가?
16. 카르텔이 붕괴된 이후에도, 이것이 증가하고 있는 것처럼 보인다. 왜 카르텔이 기업에게 있어 매력적인가?
17. 한 국가에서의 인플레이션과 디플레이션의 결과로 인한 서로 다른 가격책정 문제들에 대해 논의하시오.
18. 정부가 가격을 정할 때의 다양한 방법에 대해 토의하시오. 왜 정부는 그러한 행동을 하는가?
19. 기업 내부거래를 위한 가격책정에서 가능한 대안적 목표들에 대해 논의하시오.
20. 왜 정부는 기업 내부가격 협정을 면밀히 조사하는가?
21. 국제적으로 마케팅을 하는데 있어 비용평가의 어려운 점에 대해 논의하시오?
22. 대응무역이 왜 증가세를 보이는지 토의해보시오.
23. 대응무역을 하는 기업들이 직면하는 주요한 문제들에 대해 토의해보시오.
24. 만약 당신이 거래하고 있는 국가의 경화가 부족하다면, 가격 협상을 하기 위해 당신은 어떻게 준비할 것인가?
25. 우리가 본문에서 살펴보았던 대응무역의 4 가지 종류들 중 판매자에게 가장 유용한 것은 무엇인가? 설명해보시오.
26. 대응무역에 대한 지식이 왜 국제 마케터의 가격책정에 도움이 되는지 토의해보시오.
27. 구매자가 대응무역의 의무사항들을 판매자에게 부여하는 다양한 이유에 대해 토의해보시오.
28. 자유무역지대가 어떻게 가격상승을 감소시키는지 토의해보시오.
29. 몇몇 국가들에서는 적극적인 대응무역 정책이 좋은 사업인지 이유를 설명하시오.
30. 적극적 대응무역과 정적인 대응무역 정책을 구분지어 보시오.
31. 터키에 한 자유무역지대 있다. www.esbas.com.tr을 방문해보고, 그것이 어떻게 미국에서 터키로 수출되는 제품의 가격상승 문제 해결에 도움을 주는지 토의해보시오.
32. www.mmm.com/globaltrading/edge.html에서 3M의 글로벌 트레이딩 사업부를 방문해"The Competitive Edge와 Who We Are를 클릭해보시오. 그리고 글로벌 트레이딩이 대응무역으로 인한 물품수령을 예상하는 하는 중소기업들을 어떻게 도와주는지에 대한 짧은 보고서를 작성해 보시오.

제5편

글로벌 마케팅 전략의 수행

국제 고객, 파트너 그리고 규제기관과의 협상

개요 CHAPTER OUTLINE

글로벌 관점 : 일본인들의 아이사쯔

고정관념의 위험성

협상과정의 문화적 충격

언어와 비언어적 행위의 차이

가치관의 차이

- 사고방식과 의사결정 과정에서의 차이

관리자와 협상가를 위한 시사점

협상 팀

- 협상 사전단계
- 협상 현장
- 협상 이후

창의적 국제 협상

결론

주요 학습과제 CHAPTER LEARNING OBJECTIVES

LO1 문화적 고정관념과 관련된 문제들을 이해한다.

LO2 협상과정에서 문화가 협상행위에 미치는 영향을 이해한다.

LO3 국제사업 협상 도중에 발생하는 일반적 종류의 문제들을 학습한다.

LO4 다수 국가에서 발생하는 의사소통과정상의 공통점과 차이점들을 학습한다.

LO5 가치관 및 사고방식 차이가 국제 협상에 미치는 영향에 대해 학습한다.

LO6 협상 팀 선택에 있어서 중요요인들을 학습한다.

LO7 국제 협상 준비 방안에 대해 이해한다.

LO8 협상 과정 전반에 대한 관리에 대해 학습한다.

LO9 협상 사후의 의사소통과 처리 절차의 중요성을 이해한다.

LO10 창의적 국제 협상의 기초에 대해 학습한다.

글로벌 관점 Global Perspective

일본인들의 아이사쯔

국제경영에서 단지 영어로만 이야기하는 것을 단점이라고 할 수 없다. 그러나 2개 국어를 동시에 사용한다면 매우 큰 이익을 얻을 수 있다. 일본의 대규모 산업제품 유통기업의 사장과 미국 기계제조 기업의 마케팅 부사장이 나누는 아이사쯔(Aisatsu, 일본에서 회합이나 의식등에서 사용하는 공식적인 인사)를 관찰하는 것은 대단히 유익한 경험이 될 것이다. 이들 두 기업은 일본에서 장기적 협력관계를 위한 계약에 합의하기 위하여 노력하고 있었다.

명함을 교환하고 공식적인 소개가 오고 갔다. 일본인 사장은 영어로 의사소통이 가능하지만 그의 3명의 수행원 중 한 사람은 이 일본인 사장을 위한 통역 역할을 수행하고 있다. 일본인 사장은 모두에게 착석을 권했다. 통역사는 미국인과 일본인 고위 경영진 사이의 조그만 의자에 앉아 있다. 양 당사자 간의 일반적인 태도는 우호적이었지만 대단히 예의 바른 태도였다. 차와 일본식 오렌지 음료가 제공되었다.

일본인 사장은 통역사를 통하여 모든 미국인들에게 질문하면서 완벽하게 대응하였다. 각각 돌아가면서 이야기를 하였고 이를 경청하였다. 모든 미국인의 질문이 한 차례 끝난 이후 일본인 사장은 미국인 부사장과의 대화에 집중하기 시작했다. 대화 동안에 매우 흥미로운 비언어적 행위와 관련된 특징이 발견되었다. 일본인 사장이 일본어로 질문을 하고 나면 통역사는 이 질문을 미국인 부사장에게 영어로 통역하였다. 통역사가 통역하고 있는 동안에 미국인의 주의(시선)는 통역사에게 쏠렸다. 그러나 일본인 사장의 시선은 미국인에게 가 있었다. 일본인 사장은 이러한 시간을 통하여 조심스럽고 드러나지 않게 미국인 부사장의 얼굴 표정과 비언어적 대응을 관찰할 수 있다. 반대로 미국인 부사장이 이야기할 때 일본인 사장은 대답할 수 있는 시간을 2번 가질 수 있는데, 이는 일본인 사장이 미국인 부사장의 영어를 이해할 수 있으므로 통역 시간 동안에 자신의 응답을 충분히 정리할 수 있기 때문이다.

전략적 대화에서 추가적으로 응답을 정리하는 추가적인 시간을 가지는 것은 어떤 가치가 있는가? 매우 큰 이해관계가 걸린 사업협상에서 협상 상대방의 고위급 인사가 드러내는 비언어적 반응을 조심스럽게 관찰할 수 있는 것은 어떤 가치가 있을까?

출처: James Day Hodgson, Yoshihiro Sano, and John L. Graham, *Doing Business with the New Japan* (Boulder, CO: Rowman & Littlefield, 2008).

저자(존 그레엄; John Graham)는 이전에 2주 동안 중국에 머문 적이 있다. 그때 저자는 매우 지쳐 있었다. 저자가 타야 할 시안(Xian)에서 상해(Shanghai)로 가는 비행기는 안개 때문에 4시간 동안 연착되었다. 저자는 항공권을 재발급 받기 위하여 기나긴 대기 행렬에 서서 계속 기다려야 했다. 저자는 앞줄에 서 있던 나이든 승객과 대화를 나누기 시작하였다. 유한니 칼리(Juhani Kali)라고 자신을 소개한 ABB의 핀란드 영업부장이었다. 그는 저자의 직업이 무엇이냐고 물었다. 저자는 "국제경영을 가르치고 있다"고 대답하였고, 그는 다음과 같이 대답하였다. "국제경영(International Business)은 더 이상 존재하지 않아요. 단지 사람들 간의 상거래만(Interpersonal Business)이 있을 뿐입니다." 정말로 영리한 사람 아닌가!

대면 협상(face-to face negotiation)은 국제 상거래 어디에서나 벌어지는 현상이다.[1] 한때 글로벌 마케팅 전략들은 정형화 되어 있었으며, 마케팅 조사는 이들 전략을 지원하는 활동을 수행하였고, 제품/서비스, 가격책정, 판매촉진 및 유통과 관련된 의사결정들도 이들 전략을 수행하는 측면에서 결정되었으므로 경영자들의 관심 대상은 이러한 계획들을 실행하는 것에 초점을 맞추고 있었다. 국제경영 활동에서 이러한 계획들은 언제나 파트너 및 해외고객들과의 대면 협상을 통하여 실행되었다. 제품과 서비스의 판매, 유통경로의 관리, 마케팅 조사와 광고 서비스에 대한 계약, 라이선싱과 프랜차이즈 계약 및 전략적 제휴 등 이 모든 것들은 관리자가 다른 문화권에서 온 사람과 앉아서 아이디어를 교환하고 필요한 것과 선호하는 것에 대한 의견 교환이 필요하다.[2]

또한, 임원들은 자신의 다양한 마케팅 활동을 승인하거나 제품과 서비스의 고객이 될 수 있는 해외 정부의 대표들과도 협상해야 한다. 많은 국가에서 정부당국은 합작투자의 파트너가 될 수 있고, 일부는 다국적 기업을 위한 공급업체가 되기도 한다.[3]

[1] Several excellent books have been published on the topic of international business negotiations. Among them are Lothar Katz, *Negotiating International Business* (Charleston, SC: Booksurge, 2006); Camille Schuster and Michael Copeland, *Global Business, Planning for Sales and Negotiations* (Fort Worth, TX: Dryden, 1996); Robert T. Moran and William G. Stripp, *Dynamics of Successful International Business Negotiations* (Houston: Gulf, 1991); Pervez Ghauri and Jean-Claude Usunier (eds.), *International Business Negotiations* (Oxford: Pergamon, 1996); Donald W. Hendon, Rebecca Angeles Henden, and Paul Herbig, *Cross-Cultural Business Negotiations* (Westport, CT: Quorum, 1996); Sheida Hodge, Global Smarts (New York: Wiley, 2000); and Jeanne M. Brett, *Negotiating Globally* (San Francisco: Jossey-Bass, 2001). In addition, Roy J. Lewicki, David M. Saunders, and John W. Minton's *Negotiation: Readings, Exercises, and Cases* , 3rd ed. (New York: Irwin/McGraw-Hill, 1999) is an important book on the broader topic of business negotiations. The material from this chapter draws extensively on William Hernandez Requejo and John L. Graham, *Global Negotiation: The New Rules* (New York: Palgrave Macmillan, 2008); James Day Hodgson, Yoshihiro Sano, and John L. Graham, *Doing Business with the New Japan* (Boulder, CO: Rowman & Littlefi eld, 2008); and N. Mark Lam and John L. Graham, *China Now: Doing Business in the World's Most Dynamic Market* (New York: McGraw-Hill, 2007). See also http://www.GlobalNegotiationResources.com, 2010.

[2] David G. Sirmon and Peter J. Lane, "A Model of Cultural Differences and International Alliance Performance," *Journal of International Business Studies* 35, no. 4 (2004), pp. 306 – 19; we also note that consumers worldwide are negotiating more as the economic doldrums persist: "Let's Make a Deal," *The Economist* , February 7, 2009, p. 57.

[3] Keith Bradsher, "As Deadline Nears, GM's Sale of Hummer Faces Several Big Obstacles," *The New York Times* , February 24, 2010, p. B5.

예를 들어 2008년 중국 북경 하계 올림픽의 텔레비전 중계권 협상에는 중국정부, 국제 올림픽 위원회(International Olympic Committee) 그리고 NBC가 참여하였다. 이러한 협상들은 꽤 복잡하며, 여러 정부당국, 기업들 그리고 다양한 문화가 관련되어 있다.[4] 유럽과 북미국가 간에 벌어지고 있는 인터넷 과세문제, 글로벌 환경문제에 대한 지속적인 관심, 2001년 카타르(Qatar) 도하(Doha)에서 시작되어 현재도 진행 중인 WTO 협상과 같은 것들이 좋은 사례이다.

국제 합작투자의 한 권위자는 모든 국제 상거래 관계에서 아주 중요한 측면 중 하나는 최초의 초기 협상이라 말하고 있다. 성공 혹은 실패의 씨앗은 직접 서로가 마주하는 협상 테이블에서 시작되는데, 여기에서 재무나 법적 세부사항 협의뿐 아니라, 더욱 중요하다고 할 수 있는 협력과 신뢰의 분위기가 형성된다.[5] 실질적으로 법적인 세부사항이나 국제사업을 수행하는 기업의 조직구조 사항은 시간이 경과하면서 협상으로 조정된다. 그러나 대면협상 테이블에서 초기 형성되는 협력 분위기는 합작투자기업의 존속과 실패에 영향을 미친다.

동일한 국가의 사업 파트너 간 사업 협상도 어려울 수 있다. 그러나 다른 문화권에 속한 사람들 사이의 의사소통에서 발생되는 추가적인 어려움으로 이미 어려운 업무인 협상은 불가능한 업무가 될 수도 있다.[6] 한편 문화적 차이를 잘 고려하면 다른 국가에 속한 파트너와의 훌륭한 사업협상으로 장기적이며 상호 이익이 되는 관계를 만들어 갈 수도 있다. 이 마지막 장의 목적은 관리자들이 국제사업협상의 도전과 기회를 준비하는데 도움을 주려는 것이다. 이에 본장은 고정관념의 위험성과 협상 행위에서 문화의 영향력 및 관리자와 협상가에게 문화적 차이가 의미하는 시사점 등을 논의할 것이다.

고정관념의 위험성

LO1
문화적 고정관념과 관련된 문제들을 이해한다.

카우보이 존 웨인(John Wayne)과 무서운 전사인 사무라이(samurai)같은 이미지는 종종 국제사업협상에서 발생할 수 있는 문화적 고정관념을 설명하고 있다. 이와 같은 표현에는 사실적인 측면도 있는데 경쟁력을 상징하는 미국 카우보이와 대 조직(기업)에 충성하는 사무라이의 이미지이다.[7] 국제사업협상에 대해 한 네덜

[4] R. Bruce Money provides an interesting theoretical perspective on the topic in "International Multilateral Negotiations and Social Networks," *Journal of International Business Studies* 29, no. 4 (1998), pp. 695 – 710. Lively anecdotes are included in Jiang Feng, "Courting the Olympics: Beijing's Other Face," *Asian Wall Street Journal , February* 26, 2001, p. 6; Ashling O'Connor, "After 54 Years, the Olympic Clock Is Ticking," *Times of London* , February 10, 2003, p. 35; Manjeet Kripalani, "Tata: Master of the GentleApproach," *BusinessWeek* , February 25, 2008, pp. 64 – 66.

[5] Constantine Katsikeas, Dionysis Skarmeas, and Daniel C. Bello, "Developing Successful Trust-Based International Exchange Relationships," *Journal of International Business Studies* 40, no. 1 (2009), pp. 132–55.

[6] James K. Sebenius, "The Hidden Challenge of Cross-Border Negotiations," *Harvard Business Review*, March–April, 2002, pp. 76–82.

[7] Nurit Zaidman discusses how stereotypes are formed in "Stereotypes of International Managers: Content and Impact on Business Interactions," *Group & Organizational Management* , March 1, 2000, pp. 45–54.

이 엽서는 유럽인들에 대한 고정관념을 풍자하고 있다. 이 엽서는 브뤼셀(Brussels)에 있는 유럽의회(European Parliament) 상점에서 구매한 것이다. 물론 모든 네덜란드 사람들이 싸구려도 아니고 아일랜드인은 술주정뱅이도 아니다. 현재 유럽연합은 27개국으로 확대되었으므로 더욱 큰 엽서가 필요할 것이다. 하지만 새로운 참가국들도 다른 유럽국가처럼 모두 자신들만의 풍자적인 측면이 있을 것이라는 확신이 든다.

란드 전문가는 다음과 같이 말하고 있다. "최고의 협상가는 일본인들인데, 그 이유는 그들은 자신의 협상 파트너를 파악하는데 많은 노력을 기울이기 때문이다. 이와 반대로 최악의 협상가는 미국인들인데, 이는 미국인들이 항상 자기 나라에서 하듯이 해외 국가에서도 일이 진행될 거라고 생각하기 때문이다."[8] 물론 많은 미국인들이 최고의 협상가일 수 있으며 같은 논리로 일부 일본인들은 비효율적일 수도 있을 것이다. 중요한 것은 협상이 국가별 **고정관념** 속에서 수행되는 것이 아니라는 것이다. 협상은 사람들 사이에서 이루어지며 문화적 요인들이 종종 큰 차이를 만들어 낸다.

본서 4장과 11장에서 논의한 동일 국가 내의 문화적 다양성에 대한 내용을 떠올려 보고 이러한 내용들이 협상과 어떤 관련성이 있는지를 생각해 보자. 예를 들어 우

---

[8] Samfrits Le Poole comments on the American stereotype in "John Wayne Goes to Brussels," in Roy J. Lewicki, Joseph A. Litterer, David M. Saunders, and John W. Minton (eds.), *Negotiation: Readings, Exercises, and Cases* , 2nd ed. (Burr Ridge, IL: Irwin, 1993). The quote is from the Spanish newspaper *Expansion*, November 29, 1991, p. 41.

리는 영어 사용권 캐나다인과 프랑스어권 캐나다인 사이에 존재할 수 있는 실질적인 협상 방식의 차이를 예상해 볼 수 있을 것이다. 또한, 미국 최남단 지방의 사람들이 전통적으로 사용하는 고상한 어투의 대화는 자신만만해 하며 빠르게 대화하는 뉴욕 시민들과 큰 차이가 있다. 전문가들은 미국에서 전반적으로 성별 차이에 따라 협상 방식도 또한 다르다는 점을 지적하고 있다. 다른 전문가들은 일본 은행가들이 보여주는 점잖은 협상 방식은 일본의 소매업자들이 보여주는 다소 공격적인 협상방식과 분명한 차이가 있다고 한다. 마지막으로 나이와 경험도 중요한 차이를 만들 수 있다. 외국인을 상대해본 경험이 없는 고령의 중국인 임원과 미국대학의 학부과정과 MBA 과정을 이수한 젊은 중국인 보좌진은 매우 다르게 행동할 가능성이 높다.

본장의 핵심은 문화가 국제협상 행위에 미치는 영향에 대해 학습하는 것이다. 그러나 개인적 특성, 배경 및 다양한 상황적 요인들과 같은 3가지가 협상 장소에서 매우 중요한 영향을 미친다는 것도 확실하게 이해해야 한다.[9] 그리고 이러한 요인들을 고려해야 하는 것이 바로 관리자의 책임임을 명심해야 한다. 주의해야 할 점은 기업과 국가가 협상하는 것이 아니라 사람이 협상을 한다는 것이다. 따라서 고객이나 사업 파트너의 문화를 충분히 고려해야 하며, 이들을 개별적으로 다루어야 한다.

협상과정의 문화적 충격

LO2

협상과정에서 문화가 협상행위에 미치는 영향을 이해한다.

본 절의 주요 목적은 협상 방식에서 문화적 차이의 정도와 이러한 차이가 국제사업협상에서 어떤 문제를 발생시킬 수 있는지를 보여주는 것이다. 여기서 제시하는 내용은 지난 30년 동안에 17개국(20개 문화권)에 속한 1,000명 이상의 경영자가 보여준 협상방식의 체계적인 연구에 기반하고 있다. 연구대상 국가에는 일본, 한국, 대만, 중국(천진, 광주, 홍콩), 필리핀, 체코, 러시아, 이스라엘, 노르웨이, 독일, 프랑스, 영국, 스페인, 브라질, 멕시코, 캐나다(영어권 및 프랑스어권), 미국 등이 포함되어 있다. 이들 국가들은 미국의 입장에서 미국의 현재와 미래에 있어 가장 중요한 거래상대 국가들이기에 선택되었다.[10]

9 Stephen E. Weiss provides the most complete recent review of the international negotiations literature—"International Business Negotiations Research," in B. J. Punnett and O. Shenkar (eds.), *Handbook for International Management Research* (Ann Arbor: University of Michigan Press, 2004), pp. 415–74.

10 The following institutions and people provided crucial support for the research on which this material is based: U.S. Department of Education; Toyota Motor Sales USA Inc.; Solar Turbines Inc. (a division of Caterpillar Tractors Co.); the Faculty Research and Innovation Fund and the International Business Educational Research (IBEAR) Program at the University of Southern California; Ford Motor Company; Marketing Science Institute; Madrid Business School; and Professors Nancy J. Adler (McGill University), Nigel Campbell (Manchester Business School), A. Gabriel Esteban (University of Houston, Victoria), Leonid I. Evenko (Russian Academy of the National Economy), Richard H. Holton (University of California, Berkeley), Alain Jolibert (Université des Sciences Sociales de Grenoble), Dong Ki Kim (Korea University), C. Y. Lin (National Sun-Yat Sen University), Hans-Gunther Meissner (Dortmund University), Alena Ockova (Czech Management Center), Sara Tang (Mass Transit Railway Corporation, Hong Kong), Kam-hon Lee (Chinese University of Hong Kong), and Theodore Schwarz (Monterrey Institute of Technology, Monterrey, CA).

여러 문화권에 걸친 광범위한 관찰을 통하여 2가지 중요한 교훈을 도출할 수 있다. 첫 번째는 지역적 일반화가 매우 부정확 하다는 것이다. 예를 들어 일본과 한국의 협상방식은 어떤 측면에서는 매우 유사하지만 다른 측면에서는 매우 다르다고 할 수 있다. 이상과 같은 연구에서 배울 수 있는 두 번째 교훈은 일본은 매우 독특한 위치를 차지하고 있다는 점이다. 일본인들은 거의 모든 협상 영역에서 측정 척도의 가장 끝이나 그 근처를 차지하고 있다. 가끔 미국인들은 일본인들과는 반대되는 끝자리에 있기도 하지만 대부분 미국인들은 주로 그 중간쯤에 위치하고 있다. 독자들은 본 절에서 제시된 자료들을 통해 이런점들을 명확히 알 수 있다. 어쨌든 일본인들의 접근방식은 매우 독특하며 심지어는 비교하기도 어렵다.

LO3
국제사업 협상 도중에 발생하는 일반적인 종류의 문제들을 학습한다.

문화적 차이는 국제사업 협상에서 다음과 같은 4가지 종류의 문제를 발생시킨다.[11]

1. 언어
2. 비언어적 행위
3. 가치관
4. 사고방식 및 의사결정 방식

순서가 매우 중요하다. 위의 목록에서 거꾸로 갈수록 중요한데, 그 이유는 이들이 보다 미묘한 문제이기 때문이다. 예를 들어 두 사람의 협상가가 있을 때 한 사람이 일본어를 쓰고 다른 사람이 독일어를 쓴다면 이 두 사람의 차이를 바로 알아차릴 수 있을 것이다. 이러한 문제에 대한 해법은 간단한데, 통역인을 대동하거나 두 사람이 공통적으로 쓸 수 있는 제3의 언어로 대화하거나 아니면 조금 어렵겠지만 상대방의 언어를 배우면 될 것이다. 해답에 관계없이 문제는 확실하다. 반대로 비언어적 행위에 포함된 문화적 차이는 거의 항상 우리의 인식 이면에 숨어 있다. 다시 말해, 대면협상에서 매우 미묘한 협상 참여자의 비언어적 행위는 굉장히 다양한 정보를 내포하고 있다.[12] 일부 전문가들은 이러한 정보가 언어로 전달되는 정보보다 더욱 중요하다고 한다.[13] 대부분 이러한 정보들은 우리의 무의식 속에 깔려 있다. 외국 파트너의 비언어적 신호(행위)가 자신과 다를 경우, 협상가는 자신의 실수를 인식하지 못한 상태에서 이러한 신호를 잘못 이해할 가능성이 매우 높다. 예를 들어 프랑스 고객이 자

[11] For additional details, see William Hernandez Requejo and John L. Graham, *Global Negotiation: The New Rules* (New York: Palgrave Macmillan, 2008); http://www.GlobalNegotiationResources.com, 2010.

[12] Mark Bauerlein, "Why Gen-Y Johnny Can't Read Nonverbal Cues," *The Wall Street Journal*, August 28, 2009, online.

[13] Jan Ulijn, Anne Francoise Rutowski, Rajesh Kumar, and Yunxia Zhu, "Patterns of Feelings in Face-to-Face Negotiation: A Sino-Dutch Pilot Study," *Cross Cultural Management* 12, no. 3 (2005), pp. 103–18.

꾸만 말을 중단시킨다면, 미국인들은 이러한 행위를 왜 하는지 정확히 파악하지 못하면 불편함을 느낄 것이다. 이러한 방식의 사람사이의 마찰은 사업관계에 부정적인 영향을 미치며, 이를 이해하지 못한다면 결론적으로 서로 오해를 불러일으킬 수 있다. 가치관과 사고 및 의사결정 과정에서의 차이점은 인간의 내면 깊숙이 숨어 있으므로 이를 잘 관리하기가 매우 힘들다. 본 절에서는 이러한 차이들을 논의하기 위하여 우선 언어와 비언어적 행위부터 살펴보려 한다.

언어와 비언어적 행위의 차이

LO4
다수 국가에서 발생하는 의사소통과정 상의 공통점과 차이점들을 학습한다.

호주인은 자신의 언어능력이 최악이라고 주장하고 있지만, 미국인의 언어 능력은 조사된 국가들 중에서 최하위에 머물고 있다. 여기에 더하여 최근 미국의 학부과정은 이러한 사실을 받아들여 언어교육 과정과 해외유학 프로그램에 집중하기 시작하였다. 불행하게도 미국의 외국어 어학 교육자원은 늘어나는 수요를 만족시킬 만큼 충분하지 않다. 반대로 체코(Czechs)는 힘들게 얻은 경쟁우위를 이제 놓치게 되었다. 체코 젊은이들은 더 이상 아무도 러시아어를 쓰지 않는다. 그 이유를 이해하는 것은 어렵지 않지만 결과적으로 자신의 동쪽 이웃과 대화할 수 있는 어학능력이 없어진 체코의 젊은 세대들은 자신이 가진 지리적 이점을 더 이상 활용할 수 없게 될 것이다.

앞서 소개되었던 아이사쯔(Aisatsu)사례와 같이 일본 임원들이 가지는 언어적 이점은 명확하다. 그러나 미국 관리자들의 가장 공통적인 불만사항은 해외 고객이나 파트너들이 대화 도중에 불쑥 자신의 모국어로 잠시 다른 대화를 하는 것이다. 아무리 좋게 본다고 하더라도 이것은 무례한 행위로 간주될 수 있으며, 미국인 협상가들은 외국어로 나눈 대화 속에 무언가 사악한 내용이 담겨 있다고 생각하게 된다. '그들은 음모를 꾸미고 있거나 거짓말을 하고 있다.'

이것은 미국인들이 자주 범하는 실수이다. 상대방이 모국어로 잠시 나눈 대화의 주요 목적은 대부분 번역상의 오류를 바로잡기 위한 것이다. 예를 들어 어떤 한국인이 대화 도중 자신의 동료 어깨에 기대어 "지금 그가 무슨 말을 하고 있는 거야?"라고 물어 본다거나 외국 팀 동료들 간에 의견 차이가 발생한 것일 수도 있다. 이와 같은 2가지 상황에 대해 미국인들은 긍정적인 신호로 받아들일 수 있어야 한다. 다시 말해 번역상의 오류를 바로 잡는 것은 대화의 효율성을 높이려는 것이며 내부의 의견 차이를 조정하려는 것이다. 그러나 대부분 미국인은 단지 하나의 언어만을 사용하므로 이러한 상황인지 아닌지를 잘 판단해야 한다. 아무튼 미국 이외의 국가에서 온 사람들은 자신이 모국어로 잠시 나눈 첫 번째 대화가 불순한 의도를 가지고 나누는 대화가 아님을 미국인에게 적절히 설명할 필요가 있다.

또한, 모의협상에서 얻어진 자료는 유용하다. 우리는 조사를 위하여 21개 문화권의 15개 협상(15개 각 그룹에는 6명의 협상가가 포함)에서 사용된 언어행위를 비디오로 녹화하였다. 표 19.1의 본문에 제시된 숫자들은 각각 분류된 항목들이 나타

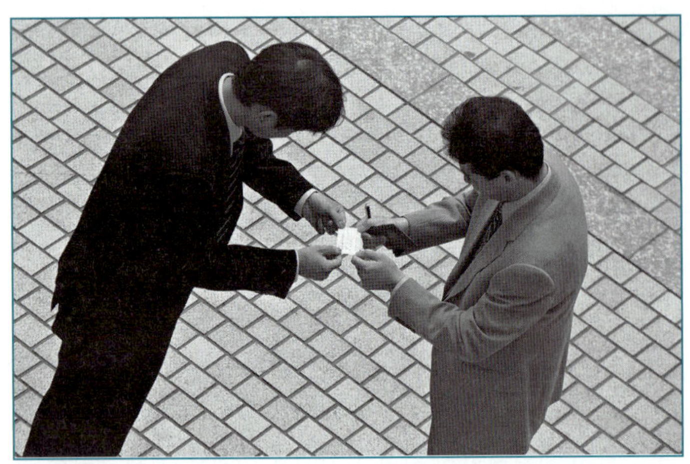

일본인 협상가들은 모임의 첫 만남에서 명함을 교환한다. 심지어 상대방에 대한 존경을 표시하는 이러한 "사소한 절차"인 비언어적 행위보다도 더욱 중요한 것이 있다. 그것은 상대방 협상가의 직위와 회사에 대해 명확한 대화를 나눔으로써 협상 상대방의 상대적인 지위에 대한 모든 중요한 정보를 파악하는 것이다. 일본인 경영진들은 말 그대로 이러한 직위 관계가 결정되지 않으면 상대방과 어떻게 대화해야 하는지를 잘 모르는데, 이는 상대방의 상대적 직위에 대한 정보를 기초로 적절한 언어 사용이 결정되기 때문이다.

난 비율을 표시하고 있다. 다시 말해 일본 협상가들이 진술한 내용중 7%가 약속에 대한 것이며 4%는 위협, 7%는 권고 등등으로 구성되어 있음을 의미한다. 모의 협상 과정에서 협상가들이 사용한 언어적 협상 행동은 문화전반에 걸쳐 놀라울 정도로 유사하다는 것이 입증되었다. 전체 15개 문화에 대한 조사에서 협상은 주로 정보교환 전술인 질문 및 자기노출(self-disclosure)로 구성되어 있는 것으로 나타났다. 일본인들이 자기노출 항목에서 거의 마지막에 속해 있다. 이들의 34% 비율(스페인과 영어권 캐나다인들과 함께)은 15개 집단에서 이스라엘을 제외한 마지막 2번째 집단인데. 이는 일본인들이 정보를 주는데 대단히 인색하다는 것을 보여준다. 어쨌든 전반적으로 사용된 언어 전술은 다양한 문화 전반에 걸쳐 놀랍도록 유사하다는 것을 알 수 있다.

표 19.2는 비디오로 녹화된 15개 집단의 몇 가지 언어적 측면과 비언어적 행위에 대한 분석결과를 보여주고 있다. 이러한 분석이 비록 수박 겉핥기식의 행동분석 결과이긴 하지만 실질적인 문화적 차이를 나타내는 지표들을 보여주고 있다.[14] 다시 일본인들에 대한 분석결과를 살펴보면 제시된 거의 모든 행동지표에서 가장 최하위권을 유지하고 있다. 일본인들의 얼굴 응시(facial gazing)와 신체 접촉(touching)은 15개 집단에서 가장 최하위이다. 오직 북부 중국인들만이 일본인들보다 아니오(no)라는 단어를 덜 사용하며, 영어권 캐나다인과 러시아인들만이 일본인들에 비해 더 오래 침묵을 지키는 것으로 나타나고 있다.

표 19.1과 19.2에 제시된 자료를 광범위하게 검토해 보면 보다 의미 있는 결론을 얻을 수 있다. 협상의 대화내용을 고려할 때보다 언어적 측면과 비언어적 행위를 비교하였을 때 문화 전반에 걸친 다양성이 더 크게 나타났다. 예를 들어 표 19.1과 19.2를 직접적으로 비교해 보면 일본인들과 브라질인들 사이에 매우 큰 차이가 있음을 살펴볼 수 있다.

다음에 제시되는 사항들은 비디오로 녹화된 15개 문화집단 각각이 가진 독특한 측면을 설명한 내용들이다. 물론 개별 문화집단에 대한 결론이 각 문화집단에 속한 단지 6명의 사업가들에서 도출된 것이기는 하지만, 문화적 차이에 대한 이러한 설명

[14] Thomas W. Leigh and John O. Summers, "An Initial Evaluation of Industrial Buyers' Impressions of Salespersons' Nonverbal Cues," *Journal of Personal Selling & Sales Management* , Winter 2002, pp. 41 – 53.

은 잠시 생각해볼만한 가치가 있는 것들이라 할 수 있다.

일본 일본인의 협상 기술은 일관성 있게 나타나고 있는데, 분석 결과, 일본인들의 상호작용 방식은 가장 덜 공격적(또는 가장 예의바른)이라는 것이다. 위협, 명령 그리고 경고와 관련된 표현보다는 긍정적인 약속과 권고, 확약의 표현을 더 중요시하는 것으로 나타났다. 특히 일본인들의 예의바른 대화방식은 이들이 아니오(no)와 당신(you)이라는 말을 자주 사용하지 않으며 상대방의 얼굴을 응시하지 않고 보다 더 많은 침묵기간을 가진다.

한국 다른 아시아인들의 협상방식과 비교하여 볼 때 한국인들의 협상방식에서 흥미로운 사실 하나가 있다. 아시아 이외의 다른 지역 사람들은 아시아인들을 일반화시켜 바라본다. 그러나 연구결과를 살펴보면 이것이 실수임을 확인할 수 있다. 한국인 협상가들은 일본인들에 비해 상당히 많은 처벌과 명령적 언어를 이용하고 있다. 또한 한국인들은 아니오(no)라는 말을 일본인들보다 3배 이상 사용하여 대화를 중단시키는 경향이 있다. 게다가 한국인 협상가들은 침묵기간을 전혀 사용하지 않는다.

중국(북부) 중국북부(예를 들어 천진과 그 주변지역) 협상가들의 행위에서 질문(34%)과 관련된 비율은 매우 특이할 만큼 높게 나타나고 있다.[15] 실제로 중국인들이 사용한 70%의 문장은 정보교환 전술로 분류될 수 있다. 그러나 이외 다른 측면에서는 일본인들과 유사하게 나타나며, 특히 아니오(no)와 당신(you)이라는 단어의 사용과 침묵기간을 사용하는 것은 일본인과 매우 유사하다.[16]

대만 대만 사업가들의 행위는 중국이나 일본과는 다르며, 한국인과 유사하다고 할 수 있다. 대만 계 중국인들은 예외적으로 상대방의 얼굴을 응시하는 시간이 길었다. 평균적으로 거의 20대~30대 초반의 대만 사업가들은 질문은 적게 하였으나 다른 아시아인 집단보다 더 많은 정보(자기노출)를 제공하는 것으로 나타났다.

---

[15] The Chinese emphasis on questions is consistent with other empirical fi ndings: Dean Tjosvold, Chun Hui, and Haifa Sun, "Can Chinese Discuss Confl icts Openly? Field and Experimental Studies of Face Dynamics," *Group Decision and Negotiation* 13 (2004), pp. 351 – 73.

[16] There is a burgeoning literature on negotiations with Chinese. See Catherine H. Tinsley and Jeanne M. Brett, "Managing Workplace Confl ict in the U.S. and Hong Kong," *Organizational Behavior and Human Decision Process* 85 (2001), pp. 360 – 381; Pervez Ghauri and Tony Fang, "Negotiating with the Chinese: A Socio-Cultural Analysis," *Journal of World Business* September 22, 2001, pp. 303 – 312; Vivian C. Sheer and Ling Chen, "Successful Sino-Western Business Negotiation: Participants' Accounts of National and Professional Cultures," *Journal of Business Communication* , January 1, 2003, pp. 50 – 64; Rajesh Kumar and Verner Worm, "Social Capital and the Dynamics of Business Negotiations between the Northern Europeans and the Chinese," *International Marketing Review* 20, no. 3 (2003), pp. 262 – 86; John L. Graham and N. Mark Lam, "The Chinese Negotiation," *Harvard Business Review* , October 2003, pp. 82 – 91; Anna Stark, Kim-Shyan Fam, David S. Waller, and Zhilong Tian, "Chinese Negotiation Practice, Perspective from New Zealand Exporters," *Cross Cultural Management* 12, no. 3 (2005), pp. 85 – 102.

표 19.1

언어적 협상 전술 (의사소통의 "무엇")

협상행위와 정의	일본	한국	대만	중국	러시아	이스라엘	독일	영국	프랑스	스페인	브라질	멕시코	프랑스어권 캐나다	영어권 캐나다	미국
	문화														
약속(promise) 상대방이 즐겁고, 긍정적이며, 보상이 따른다고 평가할만한 강화된 결과를 상대방에게 제공하고자 하는 의도를 나타내는 발언	7†	4	9	6	5	12	7	11	5	11	3	7	8	6	8
위협(threat) 상대방이 강화된 결과를 해롭고, 불쾌하고 그리고 처벌이라고 평가한다는 점을 제외하고 약속과 유사하다.	4	2	2	1	3	4	3	3	5	2	2	1	3	0	4
권고(recommendation) 상대방에게 즐거운 환경적 결과가 발생할 것이라고 예상하는 발언. 실제로 이 결과가 일어날지는 알 수가 없다.	7	1	5	2	4	8	5	6	3	4	5	8	5	4	4
경고(warning) 결과가 불쾌할 수 있다는 점 이외에는 권고와 동일	2	0	3	1	0	1	1	1	3	1	1	2	3	0	1
보상(reward) 상대방을 위한 즐거운 결과가 만들어질 것이라고 생각되는 발언	1	3	2	1	3	2	4	5	3	3	2	1	1	3	2
처벌(punishment) 불쾌한 결과라는 점을 제외하고는 보상과 동일	1	5	1	0	1	3	2	0	3	2	3	0	2	1	3
규범적 표현(normative appeal) 상대방의 과거, 현재, 미래의 행동이 사회적 규범에 순응 혹은 위배된다는 것을 나타내는 발언	4	3	1	1	1	5	1	1	0	1	1	1	3	1	2
확약(commitment) 자신이 미래에 제시하는 가격이 일정수준 아래 혹은 이상이 되지 않을 것임을 의미하는 발언	15	13	9	10	1	10	9	13	10	9	8	9	8	14	13
자기노출(self-disclosure) 자기 자신에 대한 정보를 상대방에게 노출하고자 하는 의도로 제안하는 문장	34	36	42	36	40	30	47	39	42	34	39	38	42	34	36
질문(question) 상대방에게 상대방의 정보를 자신에게 알려줄 것을 부탁하는 발언	20	21	14	34	27	20	11	15	18	17	22	27	19	26	20
명령(command) 상대방이 특정행위를 수행할 것을 지시하는 발언	8	13	11	7	7	9	12	9	9	17	14	7	5	10	6

*각 집단 n=6

**북부 중국(천진 지역)

†"일본인 협상가가 말하는 문장의 7%는 약속에 관한 것이다." 참조

출처 : From William Hernandez Requejo and John L. Graham, *Global Negotiation: The New Rules* (New York: Palgrave Macmillan, 2009). Reproduced with permission of Palgrave Macmillan.

표 19.2

말과 비언어적 행동의 언어적 측면 (“어떻게” 들리는가?)

협상행동(30분 당)	문화														
	일본	한국	대만	중국	러시아	이스라엘	독일	영국	프랑스	스페인	브라질	멕시코	프랑스어권 캐나다	영어권 캐나다	미국
구조적 측면															
“아니오” 각각의 협상가들이 ‘아니오’라는 용어를 사용한 횟수	1.9	7.4	5.9	1.5	2.3	8.5	6.7	5.4	11.3	23.2	41.9	4.5	7.0	10.1	4.5
“예” 각각의 협상가들이 예라는 용어를 사용한 횟수	31.5	35.2	36.6	26.8	23.6	64.4	39.7	54.8	70.2	73.3	90.4	56.3	72.4	64.4	55.1
비언어적 행위															
침묵기간 10초 또는 그 이상 대화가 단절된 횟수	2.5	0	0	2.3	3.7	1.9	0	2.5	1.0	0	0	1.1	0.2	2.9	1.7
대화의 겹침 대화 중 끼어들기를 한 횟수	6.2	22.0	12.3	17.1	13.3	30.1	20.8	5.3	20.7	28.0	14.3	10.6	24.0	17.0	5.1
얼굴응시 협상가가 상대방의 얼굴을 응시한 분당 시간	3.9	9.9	19.7	11.1	8.7	15.3	10.2	9.0	16.0	13.7	15.6	14.7	18.8	10.4	10.0
신체접촉 협상가가 상대방의 신체에 접촉한 사례(악수는 제외)	0	0	0	0	0	0	0	0	0.1	0	4.7	0	0	0	0

*각 집단 n=6

**북부 중국(텐진 지역)

출처 : From William Hernandez Requejo and John L. Graham, *Global Negotiation: The New Rules* (New York: Palgrave Macmillan, 2009). Reproduced with permission of Palgrave Macmillan.

CROSSING BORDERS 19.1 무표정한 얼굴과 보톡스(Botox)

우리는 종종 미국 임원들이 자신의 협상 파트너인 일본인들의 표정을 "읽기 어렵다"고 불평하는 소리를 듣곤 한다. 다시 말해 일본인들이 "무표정한 얼굴 또는 포커페이스"를 이용한다는 것이다. 그러나 우리가 비디오로 녹화하여 협상가들의 얼굴 표정(웃거나 찡그리는 표정)을 관찰해 보면 미국인과 일본인 사이에 차이점을 발견할 수 없다. 이러한 불평은 두 문화권 사이에 존재하는 얼굴표정의 의미와 시점의 차이점으로 미국인은 일본인의 얼굴 표정을 해석할 수 없어 아무것도 볼 수 없었다고 보고하는 우를 범하는 것으로 보인다.

이제 미국인 임원들은 새로운 과학의 경이인 보톡스(Botox)를 사용하여 자신만의 포커페이스 이점을 추구하기 시작했다. 이 새로운 주사약물은 얼굴을 굳게 하여 "반영구적 평온"의 상태로 만든다. 한 미국인 임원은 다음과 같이 말하였다. "당신이 강하고 거칠고 두려움 없게 비춰질 때 사람들은 당신을 더 존경하며......말수가 적을수록 더 확실하게 표현할 수 있다."

캘리포니아 대학교에서 얼굴 표정을 연구하는 심리학자인 폴 에크만(Paul Ekman)은 이러한 유행에 대해 "매우 겁난다."고 표현했다. 얼굴표정은 무의식적인 얼굴변화를 통하여 기본적인 인간관계를 형성하는데 도움을 받을 수 있도록 하기 위해 진화하였다. 떨어져 있는 상대편을 바라보고 상대편이 적인지 동지인지 아니면 친구인지 살인자인지를 어떻게 알 수 있겠는가?

국제협상을 보톡스로 준비하기보다는 좋은 책, 골프 그리고 좋은 인상의 정감 가는 얼굴로 협상에 나서라고 권하고 싶다.

출처: Suein L. Hwang, "Some Type A Staffers Dress for Success with a Shot of Botox," *The Wall Street Journal*, June 31, 2002, p. B1; James D. Hodgson, Yoshihiro Sano, and John L. Graham, *Doing Business with the New Japan* (Boulder, CO: Rowman & Littlefield, 2008).

러시아 러시아인들의 대화방식은 다른 유럽지역 집단과는 꽤 많은 차이를 보여주며 실질적으로 여러 측면에서 일본인들의 방식과 유사한 것으로 나타났다. 이들은 아니오(no)와 당신(you)이라는 말을 자주 사용하지 않으며 다른 집단에 비해 더 많은 침묵기간을 사용하였다. 상대방의 얼굴을 응시하는 시간은 러시라인보다 일본인이 적으며, 러시아인보다 질문과 관련된 대화를 더 많이 하는 것은 중국인뿐인 것으로 나타났다.

이스라엘 이스라엘 협상가들의 행위는 3가지 측면에서 다른 집단과 구별된다고 할 수 있다. 이스라엘 협상가들은 자기노출을 가장 적게 하는 것으로 나타나고 있는데, 이는 분명하게 자신의 카드를 숨긴다는 의미이다. 또한 이들은 가장 높은 비율의 약속 및 권고를 사용한다. 이들의 규범적 표현과 관련된 대화의 비율은 5%로 해당 항목에 대한 비율 중 가장 높게 나타나고 있으며, 경쟁자의 제안에 대해 가장 많이 언급한다. 이스라엘 협상가들이 다른 집단에 속한 협상가들에 비해 매우 자주 대화를 중단한다는 것이 중요한 점이다. 이러한 중요한 비언어적 행위는 이스라엘 협상 파트너가 "밀어붙이기(pushy)"를 사용한다는 고정관념을 가진 미국인들의 사고가 종종 틀렸을 수도 있음을 보여주는 것이다.

독일 독일인들의 행위를 특징지어 묘사하기는 상당히 어려운데 이는 독일인이 대부분 항목에서 모두 중간수준의 비율을 보이고 있기 때문이다. 다만 독일인은 예외적으로 자기노출에 대한 비율이 높으며(14%), 질문에 대한 비율은 낮게 나타났다(11%).

영국 영국인 협상가들의 행동은 모든 측면에서 미국인 협상가들과 상당히 유사한 것으로 나타났다.

스페인 디가(diga)는 아마도 본 자료에서 나타난 협상에 대한 스페인 사람들의 접근 방식을 보여주는 가장 대표적인 비유가 될 것이다. 당신이 마드리드(Madrid)에서 전화를 한다면 상대방의 인사는 일반적으로 올라(hola, 여보세요)가 아니라 디가(diga, 말씀하세요)일 것이다. 비디오로 녹화된 스페인인들의 협상을 살펴보면 이런 사실이 별로 놀랍지 않다. 스페인 협상가들은 명령(17%)에 대한 비율이 다른 집단에 비해 높게 나타나며, 상대적으로 적은 정보를 주는 것으로 나타나고 있다(자기노출의 비율이 단지 34%). 게다가 스페인인들은 이스라엘인들을 제외한 다른 집단에 비해 더 많이 서로의 대화를 중단시키며, 아니오(no)와 당신(you)이라는 말을 굉장히 자주 사용하는 것을 볼 수 있다.

프랑스 프랑스 협상가들의 방식은 모든 집단 중에서 가장 공격적인 것으로 나타나고 있다. 특히 이들은 매우 높은 비율의 위협과 경고(모두 8%)를 사용하고 있다. 또한 이들은 대화중단, 얼굴응시 및 아니오(no)와 당신(you)이라는 말을 다른 집단과 비교하여 굉장히 자주 사용하는 것을 알 수 있으며, 프랑스 협상가 중 한사람은 모의협상 내내 자신의 파트너 팔을 만지는 것을 살펴볼 수 있다.

브라질 브라질 사업가들은 프랑스와 스페인 사업가들과 같이 다소 공격적인 것으로 나타나고 있다. 이들은 모든 집단 중에서 2번째 높은 비율로 명령을 사용하고 있다. 평균적으로 브라질인들은 42번의 아니오(no)와 90번 정도의 당신(you)이라는 말을 사용하며, 30분의 모의협상 동안 5번 정도 서로의 신체를 접촉하는 것으로 나타나고 있다. 또한 얼굴응시 비율도 굉장히 높은 것으로 나타나고 있다.

멕시코 본 모의협상에서 나타난 멕시코인들의 행동방식은 지역 혹은 언어집단의 일반화가 얼마나 위험한가를 보여주는 훌륭한 본보기이다.[17] 멕시코인들의 언어 및 비언어적 행위 모두는 이웃인 중남미 사람(브라질인)이나 유럽의 사촌(스페인인)들과는 확연히 다른 차이를 보이고 있다. 실제로 멕시코인들은 전화로 응답할 때 훨씬 부담이 적은 부에노(bueno, "좋은날"의 준말)를 사용한다. 여러 면에서 멕시코인들의 행동은 이웃인 미국인들과 매우 유사하다.

프랑스어권 캐나다 프랑스어권 캐나다인들의 행동은 유럽대륙의 사촌들과 굉장히 유사하다고 할 수 있다. 프랑스 협상가들과 같이 위협과 경고를 높은 비율로 사용하

[17] T. Lenartowicz and J. P. Johnson, "A Cross-National Assessment of the Values of Latin American Managers: Contrasting Hues or Shades of Gray?" *Journal of International Business Studies* 34, no. 3 (May 2003), pp. 266 – 81.

였으며 심지어 대화중단과 시선맞춤이 더 자주 관찰되었다. 이와 같은 공격적인 대응방식은 보다 낮은 톤으로 대화하는 아시아 일부 집단이나 영어권 캐나다인을 포함한 영어 사용자들과 잘 섞일 수 없다.

영어권 캐나다 자신의 제1언어로 영어를 사용하는 캐나다인들은 15개 집단 전체에서 가장 낮은 비율의 공격적인 설득전술(위협, 경고, 처벌 모두를 합하여 1%)을 사용하고 있는 것으로 나타났다. 커뮤니케이션 연구자들이 주장하는 바처럼 이러한 어투상의 차이점은 수년간 캐나다에서 목격되는 이민족간 불화의 시발점이 되고 있는 것인지도 모른다. 국제협상 측면에서 영어권 캐나다인들은 자신들의 주요한 무역거래 파트너인 미국과 일본의 협상가들에 비해 두드러지게 많은 대화중단과 아니오(no)라는 말을 사용하였다.

미국 독일인이나 영국인들과 같이 미국인들도 거의 대부분의 항목에서 모두 중간수준의 비율을 보이고 있다. 미국인들은 서로 간에 대화를 잘 중단시키지 않는데, 이는 미국인들 특유의 차이점이라 할 수 있다.

문화전반에 걸친 이러한 차이점들은 꽤 복잡하므로 본서에서 제시된 자료 그 자체를 가지고 해외 협상 파트너의 행위를 예상하는데 이용해서는 안 된다는 것이다. 대신에 이전에 제시된 고정관념의 위험에 대해서는 굉장히 많은 주의를 기울여야 한다. 여기서의 핵심은 일본인들의 침묵, 브라질인들의 "아니오, 아니오, 아니오..." 혹은 프랑스인들의 위협이 잘못 해석되지 않도록 하기 위해, 이런 종류의 차이점들을 잘 인식해야 한다는 것이다.

가치관의 차이

LO5
가치관 및 사고방식 차이가 국제 협상에 미치는 영향에 대해 학습한다.

4가지 가치관(객관성, 경쟁력, 평등, 시간엄수)은 대부분의 미국인들에게 강력하고 깊숙하게 내재되어 있기에 이로 인해 국제사업협상에서 종종 오해와 부정적 감정을 유발하는 요인이 된다.

객관성 "미국인들은 실리를 추구하고 냉정한 현실에 기반을 두고 의사결정을 내린다.", "미국인들은 편파적이지 않다.", "사람이 아니라 경제적 여건과 성과를 인정한다.", "사업은 단지 사업일 뿐이다." 이와 같은 말들은 객관성의 중요성에 대한 미국인들의 인식을 잘 보여주고 있다.

협상과 관련된 주제를 다루는 가장 중요한 서적 중 하나인 "Yes를 이끌어 내는 협상법(Getting to Yes)"[18]은 미국과 해외독자들에게 매우 추천할만한 책이다. 해외독자들은 이 책을 통하여 협상에 대한 것을 배울 수 있을 뿐만 아니라, 미국인들이 협상을 어떻게 생각하는지에 대해서고 특히 알 수 있다. 이 책의 저자는 "문제로부터 사람을 분리하는 것"을 강조하고 있으며, "모든 협상가들은 실체와 관계에 대한 2가지

[18] Roger Fisher, William Ury, and Bruce Patton, *Getting to Yes: Negotiating Agreement without Giving In* (New York: Penguin, 1991).

에 관심이 있다."고 설명하고 있다. 이러한 조언은 아마도 미국인들이나 독일인들에게는 가치 있는 것이지만 세계의 대부분 지역에서는 이러한 조언이 매우 터무니없는 이야기가 될 수 있다. 세계 대부분 지역, 특히 집단주의적이며 고배경 문화권에서는 개성과 실체는 서로 분리된 주제도 아니며 그렇게 될 수도 없다.

예를 들어 중국이나 히스패닉 문화권에서 연고주의(nepotism)의 중요성을 생각해보자. 전문가들은 급성장하는 "중국연방(Chinese Commonwealth)"에서 가족에 의한 긴밀한 통제라는 유대감의 한계를 벗어나 그 이상 사업이 성장하지 못한다고 얘기한다. 이러한 사업방식은 스페인, 멕시코, 필리핀에서도 자연스럽게 발견할 수 있다. 그리고 당연히 이들 나라의 협상가들은 협상을 개인적으로 받아들이고 협상결과 또한 개인적으로 영향을 미친다. 중국어로 개인 간 관계인 콴시(Quanxi)는 중국에서 협상가들에게 매우 중요한 행위이다. 중국에서 장기적인 상호호혜 관계는 상업적 상호작용의 기초가 되며, 서구에서 중요하게 생각하는 객관성은 거의 항상 부차적인 문제가 된다.[19] 경제적 측면과는 상관없이 협상 장소에서 그들에게 일어나는 일들은 사업관계에 영향을 미칠 수 있다.

경쟁력과 평등성[20] 모의협상에서는 참여한 각 문화집단의 가치가 경제적 성과에 영향을 미치고 있음을 보여주는 실험적인 상황을 살펴볼 수 있다. 본 연구에 이용된 간단한 모의실험은 경쟁 상황과 협력 상황 모두에서 상업적 협상의 본질을 보여주고 있다. 각 문화집단에 속한 최소 40명의 사업가들이 동일한 판매자-구매자 게임을 수행하였는데, 이는 3가지 제품의 가격을 통하여 협상하는 내용이었다. 합의에 도달함으로써 판매자와 구매자에게 배분되기 이전의 "협상 파이(수익의 크기)"는 협력(최고로 높을 수 있는 공동이익은 10,400달러)을 통하여 더 크게 만들어질 수 있다. 이러한 결과는 그림 19.1에 요약되어 있다.

일본인들이 가장 큰 수익을 만들어 모의협상의 승자가 되었다. 일본인들의 모의협상에 따른 공동이익은 20개 문화집단 중에서 가장 높은 9,590달러였다. 미국인들의 파이(수익의 크기)는 평균 정도(9,030달러)에 속했으나, 상대적으로 분배는 공평하게 이루어진 편이었다(51.8%의 수익이 구매자에게 돌아갔다). 반대로 일본인(그리고 다른 집단)은 이상한(아마도 불공정한)[21] 방법으로 자신의 파이를 나누어 가졌는데, 구매자가 더 높은 비율의 수익을 가져갔다(53.8%). 이러한 모의 사업협상의

[19] Flora F. Gu, Kineta Hung, and David K. Tse, "When Does Guanxi Matter? Issues of Capitalization and Its Dark Sides," *Journal of Marketing* 72, no. 4 (2008), pp. 12–28.

[20] Of course, the opposite of equality is hierarchy, and the latter is more prevalent in China. For example, see Ray Friedman, Shu-Chen Chi, and Leigh Anne Liu, "An Expectancy Model of Chinese-American Differences in Confl ict Avoiding," *Journal of International Business Studies* 37 (2006), pp. 76–91.

[21] Concepts of fairness clearly vary across cultures; see Nancy R. Buchan, Rachael T. S. Croson, and Eric J. Johnson, "When Do Fair Beliefs Infl uence Bargaining Behavior: Experimental Bargaining in Japan and the United States," *Journal of Consumer Research* 31, no. 2 (2004), pp. 181–90.

그림 19.1
경쟁력과 평등성에서의 문화적 차이

출처: William Hernandez Requejo and John L. Graham, Global Negotiation: *The New Rules* (New York: Palgrave Macmillan, 2009). Reproduced with permission of Palgrave Macmillan.

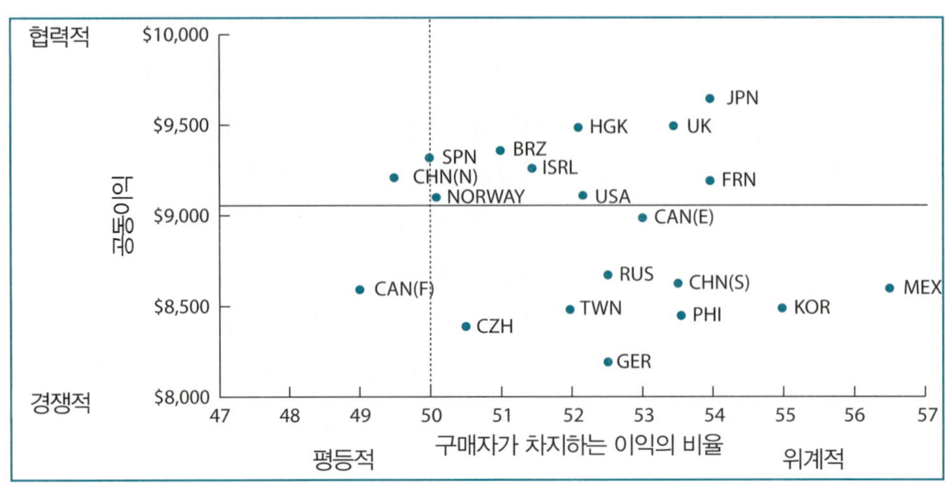

주의: 각 문화집단에는 최소 40명의 사업가가 포함됨

시사점은 다른 저자들도 지적한바와 같이 일본인에게 있어서 구매자가 "왕"이라는 격언이 정확하다는 것을 보여준다. 선천적으로 미국인은 구매자의 요구와 희망을 완벽하게 존중하는 이러한 일본인들의 행동을 조금밖에 이해하지 못할 것이다. 이러한 일본인의 행동은 미국인의 방식이 아니다. 미국인 판매자들은 미국인 구매자들을 보다 동등하게 대하는 경향이 있으며, 이는 미국 사회의 평등주의 가치가 반영된 것이다. 게다가 천성적으로 대부분의 미국인들은 일본인 구매자들도 매우 동등하게 대우한다. 마찬가지로 미국인 구매자들은 미국인 판매자 또는 일본인 판매자에 '신경을 쓰지' 않을 것이다. 미국인들이 경쟁과 개인주의[22]를 강조한다는 사실은 제4장에 소개된 홉스테드의 연구에서도 발견할 수 있는데, 이 연구에서 미국인들의 개인주의(대 집단주의) 점수는 모든 문화집단들 중에서 가장 높은 것으로 나타났다. 게다가 개인주의/집단주의 가치는 직접적으로 다수 국가에서의 협상행위에도 영향을 미치는 것으로 나타나고 있다.[23]

마지막으로 일본인 구매자들은 미국인 구매자들보다 더 나은 성과를 얻어갈 뿐만 아니라 미국인 판매자(4,350달러)에 비해 일본인 판매자들(4,430달러)도 더 많은 상업적 파이(수익의 크기)를 얻어가는 것을 알 수 있다. 이러한 결과를 살펴볼 때 흥미로운 것은 임원 세미나에서 미국인들은 판매자의 역할을 더 선호한다는 것이다. 다른 말로 미국인 판매자들은 일본인보다 더 낮은 수익을 얻는다고 하더라도 발생된 공동수익이 보다 공정하게 배분된 것이라면 더 낮은 수익을 선호한다는 것이다. 마찬가지로 새로운 연구에서 미국인과 일본인들의 공정성에 대한 견해가 서로 다르다

[22] *Geert Hofstede, Culture's Consequences* , 2nd ed. (Thousand Oaks, CA: Sage, 2001).

[23] L. Graham, "Culture's Infl uence on Business Negotiations: An Application of Hofstede's and Rokeach's Ideas," in Farok J. Contractor and Peter Lorange (eds.), *Cooperative Strategies and Alliances* (Amsterdam: Pergamon, 2002), pp. 461 – 92. Also see Roy J. Lewicki, David M. Saunders, and John W. Minton, *Essentials of Negotiation* , 2nd ed. (New York: McGraw-Hill, 2001).

는 사실을 보여주고 있다.[24]

마지막으로 위계적인 관계를 강조하는 일본인들은 내부적인 의사소통이 원활하지 않다는 것을 알 수 있다. 예를 들어 부하직원은 부정적 소식을 잘 전달하지 않는다. 이러한 과묵함은 이전 장에서 언급하였던 토요타의 품질문제와 같은 상황에서 심각한 문제가 될 수 있다. 이러한 접근방식의 차이는 미국정부의 규제조치와 같은 외부적 요인과의 상호작용에 영향을 미치게 된다. 도요타 문제를 다룬 분석중 하나는 다음과 같은 설명을 하고 있다. "일본기업의 비밀스러운 조직문화는 안전에 위협이 되는 문제를 자동차 기업이 공개해야 한다고 주장하는 미국의 요구와 충돌하고 있다."[25]

시간 "그냥 그들을 기다리게 하게." 세계 모든 사람들은 어떠한 협상전술도 미국인에게는 유용하지 않다는 것을 알고 있는데, 이는 미국인만큼 시간에 가치를 부여하는 사람도 없으며, 미국인만큼 천천히 일하는 것을 용납하지 못하는 사람들도 없으며 그리고 미국인만큼 자신의 손목시계를 자주 쳐다보는 사람도 많지 않기 때문이다. 제5장에서 소개된 피-타임과 엠-타임의 개념이 여기에 적절할 것이다. 홀(Hall)[26]은 자신의 주요 저서에서 문화권에 걸쳐 시간경과를 어떻게 다르게 바라보는지와 이러한 차이가 미국인들을 어떻게 혼란스럽게 하는지를 매우 잘 설명하고 있다.

심지어 미국인들은 자신에게 유리하도록 시간을 다루려고 한다. 이러한 사례로 솔라터빈(Solar Turbine, Caterpillar의 사업부)이 러시아 천연가스 송유관 프로젝트에 3,400만 달러 가치의 산업용 가스터빈과 컴프레서를 판매하려 했다. 협상의 양 당사자들은 최종적인 협상을 중립지역인 남부 프랑스에서 수행하는데 동의하였다. 이전까지의 협상에서 러시아인들은 거칠었지만 이성적이었다. 그러나 니스(Nice)에서 러시아인들은 부정적인 반응을 보였다. 이 협상에 참여한 솔라터빈(Solar Turbine)의 임원에 따르면 러시아인들은 더 거칠어졌으며, 매우 비이성적이 되었다.

미국인들은 이 문제를 파악하기 위한 맥 빠지는 며칠이 필요했고 그 며칠이 지난 후 샌디에이고(San Diego)에 있는 본사에 중요한 전화를 걸었다. 러시아인들이 왜 이렇게 차갑게 변했을까? 러시아인들은 프랑스 니스의 따뜻한 날씨를 즐기고 싶어 했지 협상을 빨리 마무리해서 모스크바(Moscow) 본사로 조기 귀국하고 싶지는 않았던 것이다. 캘리포니아주(California)에서 보내는 지시가 이 협상에서 가장 중요한 쟁점이었다. 샌디에이고에 있는 솔라터빈(Solar Turbine) 본사 경영진들은 러시

---

[24] Nancy R. Buchan, Rachel T. A. Croson, and Eric J. Johnson, "When Do Fair Beliefs Infl uence Bargaining Behavior? Experimental Bargaining in Japan and the United States," *Journal of Consumer Research* 31 (2004), pp. 181 – 90.

[25] Kate Linebaugh, Dionne Searcey, and Norihiko Shirouzu, "Secretive Culture Led Toyota Astray," *The Wall Street Journal* , February 8, 2010, online.

[26] Edward T. Hall, "The Silent Language in Overseas Business," *Harvard Business Review* , May – June 1960, pp. 87 – 96.

아 협상가들이 시간을 더 갖기를 원한다는 것을 눈치챌만큼 충분히 영리하였다. 이때부터 협상은 주로 오전에는 45분 정도의 회의를 수행하고 오후에는 골프장, 해변, 호텔 등에서 서류를 작성하고 서로 의견을 나누는 것으로 바뀌었다. 마지막 4주째에 러시아인들은 양보하기 시작하였으며 더 긴 시간의 회의를 요청하였다. 왜 그랬을까? 러시아인들은 지중해에서 4주나 보냈는데도 불구하고 계약에 서명하지 않은 상태로 모스크바에 돌아갈 수 없었기 때문이다. 시간압박에 대한 이러한 전략적 반전으로 솔라터빈(Solar Turbine)은 훌륭한 계약을 수행할 수 있었다.

사고방식과 의사결정 과정에서의 차이

복잡한 협상과제를 만났을 때, 일반화의 오류가 있음에도 불구하고 대부분의 서양인들은 큰 과제를 몇 개의 작은 과제들로 나누어 처리한다고 말할 수 있다. 가격, 배송, 품질보증과 서비스 계약과 같은 과제들은 한 번에 하나씩 수행되며, 최종협상에서 종합적으로 처리되거나 또는 작은 계약들의 집합으로서 처리된다. 그러나 아시아에서는 이러한 접근방식과 차이를 보이는데 대부분 모든 과제를 한꺼번에 처리하려고 한다. 과제를 처리하는데 특별한 순서가 없으며 최종 논의시점에서 모든 과제에 대해 합의를 이끌어내려고 한다. 서양의 순차론적 접근방식과 동양의 전체론적 접근방식은 잘 융화되지 않는다.[27]

다시 말해 미국인 관리자들은 종종 일본인들의 협상처리 과정을 이해하는데 큰 어려움을 겪는다. 결론적으로 미국에서는 당신이 절반의 협상을 수행했다면 절반의 일을 수행한 것이다. 그러나 일본이라면 아무것도 협상된 것이 없는 셈이다. 종종 미국인들은 일본인들이 계약을 발표하기 이전에 불필요한 부분을 양보하기도 한다. 예를 들어 한 미국인 백화점 구매자가 6가지 소비재 제품을 구매하기 위한 일본 출장에서 자신의 최초 구매를 위한 협상에 1주일 전부를 투자하기로 하였다. 미국에서 이러한 구매는 주로 오후에 이루어지며, 그의 계산에 따르면 그는 완벽한 구매를 위하여 약 6주의 시간을 투자하여야 할 것으로 예상하였다.

그는 이러한 일정을 앞당기기 위하여 자신의 구매가격을 높이는 것을 고려하였다. 그가 이런 양보를 하기도 전에 일본인들은 단지 3일 만에 5가지 제품에 대한 합의를 신속하게 이루었다. 이 사업가는 자신의 첫 번째 일본인 거래대상자와의 만남에서 이 행운을 누리게 되었다.

이 미국인 사업가의 뜻하지 않은 행운을 단지 의사결정 방식의 차이에 따른 결과로 보기에는 더 많은 의미들이 내포되어 있다. 미국인들은 사업협상을 문제해결 과

[27] East – West differences in thinking are studied in detail in Joel Brockner, Ya-Ru Chen, Elizabeth A. Mannix, Kwok Leung, and Daniel P. Skarlicki, "Culture and Procedural Fairness: When the Effects of What You Do Depend on How You Do It," *Administrative Science Quarterly* , March 1, 2000, pp. 138 – 57. Most important is Richard E. Nisbett, *The Geography of Thought: How Asians and Westerners Think Differently . . . and Why* (New York: The Free Press, 2003). Also, for a discussion of related communication problems in international work teams, see Jeanne Brett, Kristin Behfar, and Mary C. Kern, "Managing Multicultural Teams," *Harvard Business Review* , November 2006, pp. 84 – 91.

정으로 보며, 협상 당사자들이 모두 동의할 수 있는 최고의 거래를 수행하고자 한다. 반면에 일본인 사업가들은 사업협상이 장기적인 상호 이익을 목표로 하는 사업관계를 개발하는 시간이라고 생각한다. 협상에서 경제적인 문제는 협상내용이 아니라 협상맥락과 관계되는 문제이다. 따라서 어느 한 가지 문제에 집착하는 것은 중요하지 않다. 실질적이며 조화로운 사업관계가 형성되면 세부적인 문제는 자동적으로 처리되게 된다. 따라서 본 사례의 소매용품 구매자에게 일어난 일과 같이 사업관계가 한 번 형성되고 나면(첫 번째 계약에 서명하고 나면) 나머지 세부적인 일들은 매우 신속하게 처리된다는 것이다.

일본에서는 미국인 협상가들은 이와 같은 전체론적 접근방식을 예상하여야 하며 무계획적인 순서에 의해 모든 주제를 동시에 논의할 수 있도록 준비해야 한다. 협상의 진행과정을 얼마나 많은 주제를 다루었는가를 가지고 측정해서는 안 된다. 오히려 미국인들은 사업관계의 질적 측면을 측정하려고 노력해야 한다. 협상과정의 진전을 알려주는 중요한 신호가 다음에 제시되어 있다.

- 외국인 고위인사가 토론에 참여하고 있어야 한다.
- 협상거래의 특정영역에 초점을 맞춘 질문으로 시작되어야 한다.
- 몇 가지 주제에 대한 태도와 입장을 유연하게 가져야 한다. "이 주제에 대해 연구할 수 있는 시간을 가지도록 합시다."
- 협상 장소에서 협상 상대자들끼리 자신들만의 언어로 하는 대화가 증가하는 것은 그들이 무언가를 결정하려고 노력한다는 것을 의미한다.
- 협상이 늘어가고 낮은 수준의, 비공식적인 그리고 기타 경로를 통한 의사소통의 사용이 증가한다.

관리자와 협상가를 위한 시사점

다문화간 협상에서 발생할 수 있는 잠재적인 문제를 모두 고려하였을 때, 특히 당신이 관계지향적인 문화에서 온 경영자와 정보지향적인 문화에서 온 경영자를 동시에 투입하여야 할 때, 그러한 국제 사업이 모두 잘 수행된다는 것은 놀라운 일이다. 분명한 것은 글로벌 무역의 경제적 필요성으로 이러한 일들의 잠재적 위험에도 불구하고 더 많이 발생하고 있다는 점이다. 그러나 문화적 차이를 인정하면 보다 나은 국제 상업거래를 수행할 수 있다. 이것은 단순한 사업거래가 아니라 국제사업협상의 최종 목표인 보다 높은 수익을 창출하는 사업관계가 된다.

다음에 제시되는 4가지 단계를 따르면 보다 효율적이고 효과적인 국제사업협상을 진행할 수 있게 된다. (1) 적절한 협상 팀의 선택,[28] (2) 교육, 준비과정, 협상상황의 설정 등 사전단계에 대한 관리, (3) 협상과정의 관리, 다시 말해 협상 장소에서 어

[28] C. Leonidou, Constantine S. Katsikeas, and John Hadjimarcou, "Building Successful Export Business Relationships," *Journal of International Marketing* , January 1, 2002, pp. 96 – 101.

떤 일이 벌어질 것인가에 대한 관리, (4)적절한 사후관리 절차 및 실무행위. 다음은 이들 각각에 대한 내용들이다.

협상 팀

LO6 협상 팀 선택에 있어서 중요요인들을 학습한다.

글로벌 사업성공에 대한 한 요인으로 다수의 유능한 국제 협상가의 존재를 들 수 있다. 이들은 해외거주경험과 외국어를 구사하는 경영자들이다. 미국이라면 많은 경우 이들은 미국으로 온 이민자들이거나 다른 능력으로 해외문화에 익숙한 사람들(평화봉사단원이나 몰몬교 선교사들이 대표적인 경우이다)이다. 점점 많은 경영대학원에서 외국어 학습과 해외방문을 다시 강조하기 시작하였다. 실제로 하버드 경영대학원의 1908–1909년 대학요람을 보면 교육과정에 독일어, 프랑스어 그리고 스페인어 편지쓰기 과목이 들어 있다는 것은 매우 흥미로운 일이다.

제17장에서 소개된 국제마케팅과 영업 인력을 위한 선택기준은 협상가를 선택하는 기준으로도 이용할 수 있다. 성숙함, 정서적 안정, 깊이 있는 지식, 낙관론, 유연성, 공감 및 체력과 같은 특성은 국제협상에 참여한 마케팅 관리자 뿐만 아니라 이들을 지원하는 전문 기술인력들에게도 모두 중요하다. 포드 자동차와 에이티앤티(AT&T)에 대한 연구에서 성공적인 협상가를 선발하기 위한 기준으로 매우 중요한 3가지 추가적인 특성을 제시했는데 이는 다음과 같다. 팀의 지원을 활용하려는 의지, 상대방의 이야기를 경청하는 기술 그리고 본사에 대한 영향력.

팀의 지원을 활용하려는 의지는 특히 미국 협상가들에게는 매우 중요하다. 왜냐하면 이들은 독립심이 강하며 개인주의적인 문화적 전통이 있기 때문인데, 미국인들은 종종 다수의 외국 협상가들을 혼자 상대하는 실수를 저지른다. 협상 장소에서 한 사람의 미국인이 서너 사람의 중국인 협상가들과 앉아 있는 모습은 불행하게도 너무도 흔한 광경이다. 협상 장소에 있는 인재의 숫자가 차이를 만든다. 게다가 사업협상은 사회화 과정이며, 협상 장소에서 머리를 끄덕이는 사람이 많으면 최고의 토론을 수행하는 것보다도 협상진행에 훨씬 더 많은 영향을 미치는 것이 사회적 현실이다. 개인이 아닌 팀으로 협상할 때 세부적인 정보를 더 수집하기 쉽다. 예를 들어 일본인들은 관찰을 통하여 조심스럽게 대화를 지켜보며 이러한 내용을 훈련시키기 위하여 초급 관리자들을 대동하는 바람직한 경우를 살펴볼 수 있다. 지나치게 개인성과를 강조하는 보상제도는 팀으로 진행되는 협상을 방해할 수도 있다. 협상 팀은 수수료 분배를 요구하며 미국인은 팀 협상을 기피한다. 마지막으로 협상가는 고객이나 파트너 협상 팀과 의견을 잘 조율하기 위하여 고위 경영진의 참석을 요구하기도 한다. 특히 관계 지향적인 문화에서는 고위 경영진의 발언이 사업관계에서의 설득과 관심 있는 대상을 표현하는데 더 큰 작용을 한다.

협상에서 가장 중요한 한 가지 활동은 상대방의 이야기를 잘 경청하는 것이다. 또한 협상가의 주요 임무는 창의성을 높이는 목표를 가지고 관련 정보를 수집하는 것이다. 이러한 목표는 팀 구성원 한 사람에게 협상 동안 조용히 협상 내용을 받아 적

여성들도 업무를 잘 수행해 낼 수 있다. 이 그림을 보면 전임 미국 국무장관인 힐러리 클린턴(Hillary Clinton)과 안드레아 메르켈(Andrea Merkel) 독일 총리가 만나고 있다.

는 임무를 주는 것을 의미한다. 고객과 파트너의 언어를 이해한다는 것은 고객이나 파트너의 요구와 선호도를 가장 완벽하게 이해할 수 있다는 것을 의미한다. 국제사업협상에서 상대방의 이야기를 잘 경청하는 기술이 중요하다는 것은 결코 과장된 표현이 아니다.

고위 경영진과 동행하는 것이 필요한데 이는 본사의 영향력이 협상성공에 매우 중요하기 때문이다. 사실 경험이 풍부한 국제 협상가는 협상의 절반가량은 본사가 진행하는 것이라고 주장하고 있다. 일반적으로 협상대표의 자조적인 탄식은 다음과 같다. "내가 내 고객을 더 많이 이해하기 위해서는 나는 본사와 더 많이 충돌해야 한다." 물론 경계연결 역할(boundary-spanning role)과 관련된 이러한 고통은 왜 국제 협상가와 영업관리자들이 그렇게 많은 수익을 올리는지 잘 설명해 주고 있다.[29]

마지막으로 제5장에서 논의된 내용을 여기에서 비중 있게 다룰 필요가 있다. 문화에 따라 여성의 역할에 대단히 큰 차이가 있음에도 불구하고 국제협상 팀 선택 시에 성별을 기준으로 삼아서는 안 된다. 심지어 여성이 경영에 참여하지 않는 국가에서는 미국인 여성 협상가가 가장 먼저 외국인 대우를 받게 된다. 어떤 형태의 사업상 접대 장소는 확연하게 여성 관리자에게 적절하지 않는 경우도 있다. 예를 들어 일본의 골프 클럽하우스 탈의실에 있는 대중목욕탕에서는 그렇다. 그러나 여전히 여성 경영진은 식당이나 다른 사적인 공간에서 개인적인 친밀관계를 형성하는데 중요한 역할을 수행한다. 실제로 이성간 대화(cross-gender communication)에 관한 한 전문가는 여성이 국제협상에서 유리한 장점을 가지고 있다고 설명하고 있다.

> 일반적으로 여성들은 일대일의 대화를 보다 편안하게 생각한다. 기업간의 회의에서 대화하는 상황은 소녀들이 친밀감을 형성하기 위하여 대화를 나누는 상황보다는 소년들이 큰 집단에서 자신의 위치를 확보하기 위하여 대화를 나누는 상황에 보다 가깝다고 할 수 있다. 이런점이 좀 더 연구되어야할 중요한 부분이다. 회의를 기다리지 마라; 미리 일대일로 자신의 요점을 먼저 밝혀라. 이것은 일본인들의 방식인데, 다수의 미국 여성 경영자들이 활용하는 방식은 미국인 남자들이 사용하는 방식보다는 일본인들이 활용하는 방식에 더욱 가깝다.

[29] Deborah Tannen, *You Just Don't Understand: Men and Women in Conversation* (New York: William Morrow, 1990).

협상 사전단계

LO7
국제 협상 준비 방안에 대해 이해한다.

다수의 미국기업들은 협상에 대한 교육의 기회를 종업원들에게 제공하고 있다.[30] 체스터 캐러스(Chester Karrass)[31]는 자신의 교육 프로그램을 통하여 보다 많은 사람들(40만 명)에게 협상[32]에 대한 내용을 중점적으로 가르치고 있다. 대부분의 미국 항공사 국내선 기내 잡지의 광고에서 이를 확인할 수 있다. 그러나 일부 소수의 기업은 외국의 관리자와의 협상을 위한 교육 프로그램을 제공하고 있다. 더욱 놀라운 것은 정부의 외교관 훈련 프로그램에 문화적 내용이 부족하다는 점이다. 실제로 대부분의 외교학과 교육과정에는 외교역사, 국제관계, 법률, 경제, 정책, 국제조직 및 외국정책 등을 포함해서 언어능력, 사회 및 외교능력과 직업 외교관이 가져야 하는 지식에 대한 내용을 담고 있다. 협상과 의사소통 방식에서 문화적 차이는 거의 고려되지 않고 있다.

포드 자동차는 다른 방식으로 훈련을 시키고 있다. 포드는 다른 어떤 기업보다도 더 많은 사업을 일본기업과 수행하고 있다. 포드는 마즈다(Mazda) 지분을 33% 보유하고 있으며, 닛산(Nissan)과는 성공적인 미니밴 사업을 운영하였으며, 주요 부품 및 완성차를 일본기업에 판매하거나 구매하고 있다. 포드는 자신의 관리자들이 일본인들의 책임감을 배울 수 있도록 훈련 프로그램에 엄청난 투자를 하고 있다. 2,000명 이상의 관리자들이 일본의 역사와 문화 및 포드의 일본 사업전략을 배울 수 있는 3일짜리 프로그램에 참여하였다. 또한 1,000명 이상의 포드 관리자들은 일본인들과 만나 직접 업무를 수행하는 '협상관리 : 일본(MNJ, Managing Negotiation : Japan)'이라는 3일짜리 프로그램에 참여하였다. MNJ 프로그램에는 비디오로 촬영되는 모의협상이 제공되고 있으며, 일본인과 미국인의 상호작용이 비디오로 녹화되어 문화적 차이를 설명하는데 활용되고 있고 곧 있을 협상에 대비한 예행연습 프로그램도 제공하고 있다. 포드는 이와 유사한 프로그램을 한국과 중국에서도 시행하고 있다.

MNJ 프로그램에 더하여 포드의 광범위한 일본 연수 활동은 포드가 일본에서 성공하는데 많은 기여를 한 것으로 평가받고 있다. 분명한 것은 MNJ 연수생들이 일본과의 관계에 대단히 많은 영향력을 행사하고 있으며 앞으로 더 많은 영향력을

[30] The Harvard Program on Negotiations provides a range of negotiations courses (http://www.pon.harvard .edu). Also, negotiations courses are the most popular in MBA programs around the country; see Leigh Thompson and Geoffrey J. Leonardelli, "Why Negotiation Is the Most Popular Business Course," *Ivey Business Journal* (Online), July/August 2004, p. 1.

[31] See Karrass's Web site for information regarding his programs: http://www.karrass.com. A key portal with information on negotiations in 50 different countries and links to several associated Web sites is http://www.GlobalNegotiationResources.com.

[32] Lee Edison provides an interesting description of what he calls "The Negotiation Industry," in an article he wrote for *Across the Board* 37, no. 4 (April 2000), pp. 14–20. Other commentators on training for international business negotiators include Yeang Soo Ching, "Putting a Human Face on Globalization," *New Straits Times* , January 16, 2000, p. 10; A. J. Vogl, "Negotiation: The Advanced Course," Across the Board , April 1, 2000, p. 21; and R. V. Veera, "MIT Preparing Students for New Millennium," *New Straits Times* , July 21, 2002, p. 5.

체스터 캐러스(Chester Karrass)는 자신의 저서와 강의 프로그램을 통하여 전 세계 어떤 사람보다도 더 많은 사람들에게 협상에 대해 강의하고 있다. 그의 기업은 수십 개 기업에서 세미나를 개최하고 있으며, 그림에서 보는 것과 같이 스페인어로 된 기내 잡지 광고를 실시하고 있다.

행사할 것이라는 것이다. 그러나 포드의 광범위한 일본 사업전략에 대한 3일짜리 프로그램은 일본 경영 시스템의 문화적 차원에 대한 조직의 인식을 더욱 빠르게 재고시켰다. 프랑스 니스에서의 러시아인들에 대한 사례를 상기해 보자. 여기에는 2가지 중요한 사건이 있었다. 첫째, 솔라터빈(Solar Turbine)의 협상가들은 문제를 진단하였다. 둘째, 캘리포니아주에 있는 협상가들의 상사(본사 경영진)들도 문제를 진단하고 러시아인들에게 더 많은 시간을 줄 수 있도록 시간과 비용의 투자를 허용하였다. 이에 따라 포드의 프로그램은 협상가들이 일본인들과 직접 만나서 수행하는 내용과 함께 디트로이트(Detroit) 본사에서 대부분의 시간을 보내는 포드의 관리자들을 위한 프로그램에도 초점을 맞추고 있다. 협상가들은 자신이 업무를 수행해야 하는 문화에 대한 더욱 구체적인 정보를 필요로 한다. 또한 미국 본사의 관리자들이 모스크바(Moscow)나 리오(Rio), 동경(Tokyo)에 있는 직원들로 부터 들은 충고를 보다 잘 수용할 수 있도록 국제사업에서 문화의 중요성에 대해 기본적으로 인식하고 공감하는 것도 중요하다.

일부 경험이 많은 협상가들은 대개의 경우 협상준비 시간이 결코 충분하지 않다고 한다. 국제협상에는 협상시간의 제약이 있기 때문에 협상준비는 효과적으로 수행되어야 한다. 이러한 숙제는 협상이 시작되기 훨씬 이전에 마쳐야 한다. 저자들은 국제협상을 대비한 적절한 준비와 계획 활동을 위하여 다음과 같은 것들을 점검할 것을 권장한다.

1. 상황과 사람에 대한 평가
2. 협상 동안에 확인된 사실
3. 진행일정
4. 협상계약을 위한 최선의 대안(BATNA, Best Alternative To a Negotiated Agreement)[33]

[33] The most instructive story we have ever seen regarding how to build one's BATNA is found in Daniel Michael, "In Clandestine World of Airplane Contracts, An Inside Look at a Dea," *The Wall Street Journal* , March 10, 2003, p. A1. It is a must-read for anyone interested in the topic of international business negotiations.

5. 양보전략
6. 팀 배치

준비 및 계획 활동과 관련된 역량은 모든 협상가들의 특성에서 가장 중요한 위치를 차지하고 있지만, 아직까지 다수의 미국인들은 휴식을 취할 수 있는 비행시간에도 여전히 계획 활동 전략에 대해 생각하고 있다. 빠른 순발력은 사업협상에서 매우 중요한데 무리한 여행 일정과 따분한 시차적응으로 인하여 신경이 곤두설 수 있다. 확실히, 다른 측면에서의 목표와 우선순위에 대해서도 사전에 찾아보아야 한다. 또한 본사로부터의 명백한 지침과 시장상황에 대한 세부적인 정보도 중요하다.

아무리 완벽한 사전조사를 수행한다 하더라도 협상가는 항상 협상 장소에서 재확인해야 할 핵심사항들에 대한 목록을 작성하여야 한다. 해외시장과 고객관련 수집된 정보는 항상 오류를 포함하고 있으며, 항공기를 타고 가는 긴 시간 동안에 이러한 정보가 변경될 수도 있다. 그리고 다른 문화권에서 온 경영자가 상세한 협상내용이나 일정을 중요하게 생각하지 않을 것으로 예상한다면 협상에 진지하게 응할 수 있는 상황을 조성하거나 협상이 잘 진행될 수 있도록 준비하여야 한다.

"Yes를 이끌어 내는 **협상법**(Getting to Yes)"에서 가장 중요한 내용은 **협상계약을 위한 최선의 대안(BATNA)**이라 할 수 있다.[34] 이 개념은 어떻게 하면 협상에서 최대의 능력을 발휘할 것인가에 대한 내용인데, 협상 파트너인 대기업이 좋은 협상대안을 가지고 있지 않을 경우 아무리 작은 기업이라 할지라도 다수의 좋은 협상대안을 가지고 있다면 최대의 협상능력을 발휘할 수 있다는 것이다. 이것은 또한 협상에서 무엇을 양보할지에 대한 전략을 상세히 계획하고 검토하는데도 매우 중요하다. 양보는 종종 눈덩이처럼 커질 수 있으므로 사전에 이를 검토해 놓는다면 협상가는 협상에서 양보해야 되는 상황을 자신의 통제 하에서 관리하는데 도움을 받을 수 있다.

마지막으로 특정 팀의 임무가 확실하게 부여되어야 한다. 누가 기술적인 세부 내용을 다룰 것인지, 누가 협상내용을 기록할 것인지, 누가 악역을 수행할 것인지, 누가 협상 팀을 위해 가장 많은 대화를 수행할 것인지 등등. 또한 관계지향적인 문화에서는 중재자가 누가 될 것인지와 협상가 중 선임자가 누구인지를 선택하는 것이 매우 중요한 고려요소다.

마지막으로 가능하다면 협상에 대한 다음의 7가지 사항들이 사전에 설정되어야 한다.

1. 협상 장소
2. 물리적 배치
3. 협상 당사자의 수
4. 협상 참여인원의 수

[34] Fisher, Ury, and Patton, *Getting to Yes* .

5. 청중(뉴스매체, 경쟁자, 동료 업체 등)
6. 의사소통 경로
7. 시간제한

협상 장소는 협상능력에 대해 많은 것을 이야기해 준다. 협상 대상자의 국가로 협상을 위한 여행을 떠날 경우 큰 불이익을 겪을 수 있는데, 이는 단순히 여행 경비나 여행의 피로에서 오는 것들이 아니다. 협상은 중립적인 지역에서 수행되는 것을 선호한다. 실제로 많은 환태평양 국가 간의 사업협상은 하와이(Hawaii)에서 개최되곤 한다. 하와이의 날씨와 골프장은 최고이며, 여객기를 이용한 비용시간도 협상 양측 간에 거의 동일하다. 협상 장소는 또한 분쟁이 발생했을 때 법적 관할권을 결정하는 문제에서도 매우 중요하게 고려되어야 한다. 만약 협상 파트너의 소재지에서 협상을 수행해야 한다면 당신의 고객이나 파트너를 당신이 머물고 있는 호텔의 회의장소로 초청하여 협상을 수행하는 것이 매우 유용한 전술이 될 것이다. 만약 여러분이 협상 상대방을 자신의 사무실에서 떠나 당신이 지정한 협상장소로 오게 하였으면 분명히 더 많은 것을 수행할 수 있을 것이다.

물리적 배치는 민감한 부분에서 협상 성공에 영향을 미칠 수 있다. 고배경 문화권에서는 협상장소의 물리적 배치가 잘못될 경우 당혹감과 불쾌감을 불러일으킬 수 있다. 미국인들은 자신들의 해외사업관계에 부정적인 영향을 미칠 수 있는 물리적 배치를 사용하는 경향이 있다. 또한, 협상에 참여하는 다양한 문화권에서 오는 사람들의 시각도 충분히 이해해야 한다. 미국인들은 각자의 의견이나 입장이 다르다 하더라도 협상에 다함께 참여하여 '협상을 타결하기'를 희망한다. 일본인들은 개별적으로 대화하기를 선호하며 모두가 동의하면 함께 대화할 수 있는 일정을 잡을 수 있다.

서로 다르게 설정된 협상상황은 각각의 장단점을 가진다. 화상회의는 비용을 절감시켜 주긴 하지만 회의가 급하게 진행되는 경향이 있다. 골프 코스에서 진행되는 협상은 아마도 가장 여유로울 것이다. 그러나 잘못 친 샷을 따라 이동하면서 여유시간에 협상내용에 어떻게 대응하는지에 대한 진지한 답변이 나올 가능성이 높다. 이메일을 통한 협상도 이와 유사한 방법으로 사려 깊은 응답을 할 수 있는 시간을 가질 수 있다. 위의 그림은 경영진들이 중국 최초의 골프 코스인 중산온천 골프클럽(Chuan Shan Hot Spring Golf Club)에서 골프를 치면서 협상을 수행하고 있는 장면을 보여준다.

CROSSING BORDERS 19.2 국제협상에 미친 디지털의 영향

모든 측면에서 전자상거래는 국제마케팅에 매우 유리하다. 전자상거래는 국내지향 기업들이 비교적 적은 비용으로 신속하게 해외시장에 접근할 수 있도록 도와준다. 또한 국제화된 기업들에게는 내부적으로나 외부적인 측면에서 보다 효율적인 의사소통이 가능하도록 해준다. 팩스는 텔렉스를 텔렉스는 텔레그램(전보)을 차례대로 대체하여 나타났다. 그러나 이메일은 우편과 팩스 및 전화를 부분적으로 모두 대체하여 주고 있다. 이메일은 차이가 있기는 하지만 팩스보다는 더 일상적인 매체이며 전화보다는 더 사용하기 편리한 장점을 가지고 있는 것으로 보인다. 인적 네트워크를 형성하기 위한 목적으로 사용될 때 이메일은 사용용량을 초과하지만 않는다면 쉽게 복사하여 제3자에게 전달할 수 있다.

무엇보다도 이메일은 국제마케팅에 가장 중요한 장기적 관계를 형성시키지는 못하지만 최소한 발전시키는데 도움을 줄 수 있다. 보잉(Boeing)이 델(Dell)과 자동적으로 연결되도록 한 의사결정은 2대의 기계가 아니라 두 기업 경영진들 사이의 개별적인 만남에 의해 이루어진 것이다. 피앤지(Procter & Gamble)와 월마트(Walmart)관계의 성공도 피앤지의 핵심 회계 팀과 월마트 구매 담당자의 개별적인 만남과 상호작용에 따른 것이었다. 태국 사람이 아니더라도 인터넷을 통하여 태국과의 거래협상에 대한 많은 것을 배울 수 있지만 태국 사람과 직접 만나지 않는 한 태국 소비자들을 이해하지 못할 것이며 태국 사람들의 사업 수행 방식과 제품에 대한 감정을 이해하지 못할 것이다. 문화를 이해하기 위해서는 사회적 정보원천에 대한 개별적인 경험을 통한 학습이 필요하다.

출처: :Reprinted with permission from Tim Ambler and Chris Styles, *The Silk Road to International Marketing* (London: Financial Times and Prentice Hall, 2000); Guang Yang, *The Impact of Computer Mediated Communication on the Process and Outcomes of Buyer–Seller Negotiations*, unpublished doctoral dissertation, Merage School of Business, University of California, Irvine, 2003.

러시아인들은 누적적 접근방식을 선호하는 경향이 있는데, 일단 협상의 한 당사자와 먼저 만나서 합의에 도달하게 되면 이후 합의를 본 양 당사자는 제3의 다른 협상 당사자에게 연락하여 합의하는 방식을 선호한다. 추가적으로 앞에서 언급한 것처럼 국제사업협상에 참여인원도 너무 많아서는 안 된다.

청중도 협상 과정에 중요한 영향을 미칠 수 있음을 인식하여야 한다. 브라질의 국영석유기업인 페트로브라스(PetroBras)의 구매담당 경영진들은 입찰에 참여하는 경쟁기업들을 인접한 대기실에 배치하여 입찰참여 기업들 간에 경쟁압박을 높이는 전략을 잘 구사하는 것으로 알려져 있다. 마찬가지로 지엠(GM)과 도요타(Toyota)간의 합작투자생산과 관련된 계약협상에서 이러한 정보를 언론에 유출시킴으로써 협상이 잘 진행되도록 압력을 행사한 경우도 살펴볼 수 있다.

전파매체는 사업협상에 보다 현실적이며 효율적이고 때때로 필요한 존재가 되고 있으며(제17장에서 언급된 이라크 전쟁과 사스의 발병 사례), 보다 많은 사업 활동이 일대일의 의사소통 없이도 이러한 방송매체에 의해 수행되고 있다. 그러나 미국인들은 다양한 국가에서 온 자신의 사업 파트너들은 인터넷[35]과 화상회의[36]를 자신들만큼 매력적으로 느끼지 않는다는 것을 알아야 한다.[37] 실제로 최근의 연구에 따르면

[35] Jan M. Uljn, Andreas Lincke, and Yunus Karakaya, "Non-Face-to-Face International Business Negotiation: How Is National Culture Refl ected in This Medium," *IEEE Transactions on Professional Communication* 44, no. 2 (June 2001), pp. 126 – 37.

[36] Tim Ambler and Chris Styles, *The Silk Road to International Marketing* (London: Financial Times and Prentice Hall, 2000).

[37] Charles E. Naquin and Gaylen D. Paulson, "Online Bargaining and Interpersonal Trust," *Journal of Applied Psychology* 88, no. 1 (2003), pp. 113 – 20.

이메일을 이용했을 때 신뢰형성이 매우 어려운 것으로 나타나고 있다.[38] 추가적으로 홍콩의 사업가들은 대면 상황보다는 이메일을 이용하여 협상을 수행하는 상황에서 보다 공격적이며 경쟁적인 협상을 수행하는 경향이 있는 것을 살펴볼 수 있다. 멕시코, 말레이시아, 중국에서는 자신의 고객 또는 파트너와 긴 시간 동안 식사하면서 대화하는 것이 가장 효율적인 의사소통 방법이 될 수 있다.

마지막으로 협상에 대한 시간제약을 두는 것이 중요하다. 프랑스 니스에서 미국인들과 러시아인들이 협상했던 사례를 떠올려 보자. 본사의 인내는 필수불가결한 것이며, 여러 국가에서 사업협상을 수행하는 경우 각자가 가지는 시간개념에 대한 중요한 차이들을 정확히 계획하고 인식하는 것이 필요하다.

협상 현장

LO8
협상 과정 전반에 대한 관리에 대해 학습한다.

국제사업협상에서 가장 어려운 부분이 바로 실제로 얼굴을 맞대고 협상을 실행하는 일일 것이다. 최고의 협상 대표들이 선택되고 이러한 협상 대표들이 준비가 잘 되었으며 협상상황에 대한 다양한 조건들이 자신들에게 유리하게 설정되어 있다고 가정한다면 협상은 굉장히 유리하게 진행될 것이다. 확실한 점은 이러한 사전준비가 잘 되어 있지 않다면 협상 도중에 협상은 부정적인 방향으로 진행될 것이다. 심지어 세부적인 사전준비에 많은 노력과 관심을 기울였다 하더라도 역동적인 협상과정에 대한 관리는 외국에서 사업수행을 하는 미국인들에게 언제나 가장 큰 도전과제가 되고 있다.

협상을 시작하면서 대부분의 사람들은 협상과정이 적절하거나 정상적인 과정, 말하자면 정해진 **의례절차**와 같이 진행될 것으로 예상한다.[39] 이러한 예상을 바탕으로 협상과정과 그에 따른 알맞은 협상전략이 선택될 수 있다. 즉 협상은 초기단계보다는 최종 단계로 갈수록 어려워지게 된다. 축구경기의 아슬아슬한 마지막 2분처럼 위험성이 높은 전략들은 대화의 마지막에 제시될 가능성이 있다.

서로 다른 문화에서 온 협상 당사자들이 가지는 예상(기대) 차이는 국제사업협상에서 발생할 수 있는 중요한 어려움 중 하나라 할 수 있다. 이러한 차이를 논의하기 이전에 유사성에 대하여 언급하는 것이 중요하다. 세계 모든 지역에서 사업 협상은 다음과 같은 4가지 단계를 통하여 진행되고 있다는 사실을 알 수 있다.

1. 직무 비관련 대화
2. 직무 관련 정보교환
3. 설득

[38] Guang Yang, "The Impact of Computer-Mediated Communication on the Processes and Outcomes of Buyer–Seller Negotiations," unpublished doctoral dissertation, Merage School of Business, University of California, Irvine, 2003.

[39] Sometimes these expectations are referred to as "the spirit of the deal" or the "social contract." See Ron S. Fortgang, David A. Lax, and James K. Sebenius, "Negotiating the Spirit of the Deal," *Harvard Business Review*, January–February 2003, pp. 66–74.

4. 양보와 합의

첫 단계인 직무 비관련 의사타진은 신뢰를 쌓아가며 서로를 알아가는 과정이라 할 수 있는데, 이때 사업협상과 관련된 정보교환은 이루어지지 않는다. 사업협상의 두 번째 단계에서 교환되는 정보는 협상 당사자 간의 요구사항과 기호를 살펴보는 것

표 19.3

일본인, 미국인, 중국인의 사업 협상 방식 요약

분류	일본인	미국인	중국인
언어	대부분의 일본 경영자들은 영어를 이해하지만 종종 통역사를 이용하기도 한다.	미국인들은 일본인들의 질문에 대한 대답을 준비하는데 적은 시간을 소비하며 비언어적 대응을 관찰하는데도 적은 시간을 투자한다. 이러한 이유는 일본인들에 대한 지식이 부족하기 때문이다.	종종 중국인 협상가들은 최소한의 필요한 영어는 이해하지만 통역사를 이용하는 것을 보다 선호한다.
비언어적 행위	일본인들의 대인 간 의사소통 방식을 살펴보면 상대방의 눈을 잘 쳐다보지 않으며 부정적인 얼굴 표정을 적게 하고 대신 침묵기간을 더 많이 갖는다	미국인 사업가들은 논쟁이나 양보를 위해 "충분한" 침묵기간을 갖는 경향이 있다.	대부분의 측면에서 미국인과 유사하지만, 비언어적 행위를 이해하는 방식에서 차이가 있다.
가치관	우회적이며 체면중시가 중요하다. 수직적인 구매자–판매자 관계가 전형적이며, 판매자는 구매자의 선의(amae)에 의존한다.	어느 일방의 마음을 이야기하는 것이 중요하다; 구매자–판매자 관계는 수평적이다.	진실은 2차적인 문제로서 타협을 통하여 "해결방법"을 찾으며 관계지향적인 관시(guanxi)와 체면이 중요
사업협상의 4단계			
1.직무 비관련 대화	일본에서는 이러한 부분에 대한 노력에 상당한 시간과 비용을 투입한다.	매우 짧은 시간을 갖는 것이 일반적이다.	장기간의 비용 많이 드는 공식적 중재인들이 중요
2.직무 관련 정보교환	가장 중요한 단계 : 긴 설명과 깊이 있는 해설을 통하여 가장 좋은 최초 제안을 한다.	간단하며 직접적인 정보를 준다. "공정한" 최초 제안을 하는 것이 보다 일반적이다	간접적, 설명이 먼저, 중재인
3.설득	설득은 주로 막후에서 이루어진다. 수직적인 지위관계가 협상결과에 영향을 준다.	가장 중요한 단계 : 협상 장소에서 마음이 바뀌며, 공격적인 설득전술이 종종 사용된다.	질문, 제안을 저울질, 지연
4.양보와 합의	양보는 협상의 최종단계에서 제시된다. 전체론적 의사결정 방식. 이러한 과정은 미국인이 이해하기 어렵다.	양보와 몰입이 전반적으로 이루어진다. 순차적인 의사결정 방식.	전체론적 접근방식, 협의가 끝난 문제를 다시 언급, 목표는 장기적인 관계를 형성하는 것이다. 이러한 과정은 미국인이 이해하기 어렵다.

출처: N. Mark Lam and John L. Graham, China Now, *Doing Business in the World's Most Dynamic Market* (New York: McGraw-Hill, 2007); James Day Hodgson, Yoshihiro Sano, and John L. Graham, *Doing Business with the New Japan* (Boulder, CO: Rowman & Littlefield, 2008).

이다. 세 번째 단계인 설득은 다양한 설득전술을 활용하여 협상 당사자 각각의 요구와 기호를 바꾸기 위해 노력하는 것이다. 사업협상의 마지막 단계는 일련의 양보 또는 더 작은 계약들을 종합하여 최종계약을 성사시키는 것을 의미한다.

다양한 문화권에 걸쳐 이러한 과정들이 동일하게 적용된다 하더라도 이들 4가지 단계의 세부내용들과 적용기간 등은 실질적으로 차이가 있다. 예를 들어 표 19.3에서는 일본, 미국, 중국에서 언어, 비언어적 행위, 가치관뿐만 아니라 세부적인 실행절차에서도 차이가 나타나는 것을 살펴볼 수 있다.

직무 비관련 대화 미국인들은 협상 장소에서 항상 사업보다는 다른 주제에 대해 먼저 토론하지만(날씨, 가족, 운동, 정치, 일반적인 사업상황 등) 그리 길게 하지는 않는다. 5분에서 10분 정도의 가벼운 대화 이후에 특정 사업을 주제로 대화를 나눈다. **직무 비관련 대화**라고 알려져 있는 이러한 사전적 대화는 단순히 친밀감이나 예의로 하는 것 이상의 의미를 가지고 있다. 협상이 이루어지는 당일에 대해 협상 상대자가 어떻게 느끼고 있는지를 협상가가 배우는데 도움을 준다. 직무 비관련 대화를 수행하는 동안에 고객의 관심이 사업에 집중되어 있는지 또는 개인적이거나 업무외적인 문제에 관심이 분산되어 있는지를 살펴볼 수 있다.

고객의 배경이나 관심에 대한 학습은 적절한 의사소통 방식을 결정하는데 중요한 단서를 제공한다. 사람들의 배경이 유사하다면 의사소통은 매우 효율적으로 이루어질 수 있다. 기술자들은 다른 기술자들과 기술적 전문용어를 사용하여 대화할 수 있다. 스포츠 마니아들은 스포츠를 비유해서 대화할 수 있다. 자식들을 가진 사람이라면 대학을 졸업시키기 위해 아이에게 얼마나 많은 돈이 들어가는지를 화제로 삼을 수도 있다.

이러한 초기 대화 동안에 대화를 나누는 사람이 어떤 사람인지를 판단하는 것도 필요하다. 이 사람은 믿을 수 있는 사람인가?[40] 그는 신뢰할 수 있는가? 그녀는 자신의 조직에서 어느 정도의 영향력을 가지고 있는가? 이와 같은 모든 판단들은 사업에 관한 본격적인 대화 이전에 이루어진다.

이러한 직무 비관련 대화에는 분명한 목적이 있다. 대부분의 사람들이 이를 인식하지 못한다 하더라도 직무 비관련 대화시간에는 대부분의 시간을 고객 평가에 사용한다. 이러한 평가결과를 바탕으로 서로 다른 전문용어나 비유를 사용하는 제안과 논의가 진행되게 된다. 만약 고객이 다른 개인적인 문제로 집중하지 못하거나 협상 상대방이 신뢰할 수 없게 보인다면 사업협상을 전혀 수행할 수 없을 것이라고 결론

[40] Trust is a key negotiation concept that is receiving growing attention in diverse areas. See Alaka N. Rao, Jone L. Pearce, and Katherine Xin, "Governments, Reciprocal Exchange, and Trust among Business Associates," *Journal of International Business Studies* 36, no. 1 (2005), pp. 104 – 18; on the chemical basis of trust, see Michael Kosfeld, Markus Heinrichs, Paul J. Zak, Urs Fischbacher, and Ernst Fehr, "Oxytocin Increases Trust in Humans," *Nature* 435 (June 2005), pp. 673 – 76.

내리게 된다. 이러한 평가는 약 5분에서 10분 동안의 시간에 이루어지게 되는데 이러한 시간은 일반적으로 정보지향적인 미국에서 소요되는 시간이라 할 수 있다. 중국이나 브라질과 같이 관계지향적인 국가에서는 그렇지 않다. 직무 비관련 대화의 목적은 동일하지만 시간은 훨씬 더 많이 더 길게 소요된다. 5분 대신에 5번의 회의를 수행해야 할 수도 있다.

미국에서는 기업들이 고객이나 거래처에 대한 평가를 잘못하여 잘못된 거래가 이루어지면 사법제도나 변호사를 활용하여 해결하고자 한다. 대부분 국가에서는 이러한 문제를 해결하기 위하여 사법제도에 의존하지 않는다. 대신에 한국이나 이집트의 경영자들은 나중에 이러한 문제가 발생하지 않도록 직무 비관련 대화에 실질적인 시간과 노력을 쏟아 붓는다. 미국인들이 서울이나 카이로에서 성공하길 바란다면 이상과 같은 첫 번째 대화의 중요성을 그들의 시각에서 다시 고려해 보아야한다.

직무 관련 정보교환 직무 비관련 대화가 확실하게 이루어지고 개인적 신뢰가 높아지게 되면 사업에 대한 소개가 이루어져야 한다. 미국인 경영자들은 외국인 협상 파트너가 실질적인 협상을 시작할 때를 결정할 수 있도록, 다시 말해 그들이 사업을 시작할 수 있도록 해주어야 한다.

직무 관련 정보교환은 일반적으로 쌍방향의 의사소통 과정을 의미한다. 그러나 관찰에 따르면 미국인 협상가가 일부 문화권에서 온 사람들과 협상 장소에서 만났을 때는 단일 방향의 정보교환이 더 좋을 수도 있음을 알려주고 있다. 일본, 중국 및 러시아 협상가들은 '수천 가지'의 질문을 던지며 아주 적은 대답만을 하는 경향이 있다. 이러한 심각한 질문공세는 미국인 협상가의 인내심을 시험하게 되며 그들이 하는 적은 대답은 미국인 협상가들을 불안하게 만든다. 이러한 두 가지로 인하여 더 많은 여행경비가 소비되어야 하는 즉, 해당 국가에 더 오래 머무르게 될 수 있다.

물론 최고의 협상전술은 한사람의 협상대상으로부터 정보를 모두 수집하는 것이다. 그러나 중국인, 일본인 및 러시아인의 행동을 계속 살펴보면 세련된 협상 전술이 꼭 필요하지는 않는 것으로 보인다. 실제로 표 19.2를 참고해 보면(세 가지 문화권 모두에서 협상 동안에 자주 침묵기간을 가진다) 이러한 대화 방식에서의 차이에 대한 힌트를 얻을 수 있다. 사실 미국인의 일본인과의 협상 시 대화방식을 연구한 결과로는 미국인들은 침묵기간을 충분히 활용하며 나머지 전체적인 대화를 진행하는 것을 살펴볼 수 있다. 이는 미국인 협상가들이 자신의 입을 굳게 다물고 외국인 협상 파트너가 관련 정보를 줄 수 있도록 하는 세심한 관리가 필요하다는 것을 보여준다.

정보교환에서 언어장벽은 꽤 많은 어려움이 될 수 있다. 우리들 대부분은 같은 문화권에 속하는 배우자나 룸메이트가 하는 말의 80~90% 정도를 이해하며, 10~20% 정도의 말을 이해하지 못하거나 잘못 알아듣는다. 어떤 사람이 제2외국어로 이야기하면 해당 외국어의 숙련정도나 이야기하는 상대방을 알고 지냈던 기간에 관계없이 후자의 비율(10~20%)이 극적으로 올라가게 된다. 만약 제2외국어 능력이 제한적이

CROSSING BORDERS 19.3 브라질에서 사업기회의 포착

직무 비관련 대화가 얼마나 중요한가? 어느 관찰자에 의해 묘사된 미국인 은행가가 브라질에서 일단의 모임을 갖게 되는 다음과 같은 상황을 살펴보자.

서로를 소개한다. 대화는 "리오(Rio)를 좋아하세요?"- 이파네마(Ipanema), 코파카바나(Copacabana), 코르코바도(Corcobado)에는 가보셨나요? 등과 같은 질문으로 시작되는 것이 일반적이다. 또한 뉴욕에서 비행기를 타고 온 것에 대해서도 대화한다. 이러한 대화를 5분 정도 한 이후에 미국인 중역은 자신의 시계를 뚫어지게 바라보며 그의 고객에게 자신의 은행이 제안하는 신규 서비스에 대해 무엇이 알고 싶은지를 질문한다.

"별로 없습니다." 브라질 사람이 대답한다. 미국인 중역은 자신의 가방에서 안내서류를 꺼내들고 자신의 고객 앞에 펼쳐 놓으며 자신의 영업에 몰두한다.

"보다 적은 서류, 전자 결제 그리고 외상매출금을 줄일 수 있습니다." 브라질인이 대화에 끼어든다. "그렇습니다. 우리는 보다 경쟁력이 있어야 합니다......... 그리고 경쟁은 여기 브라질에서 매우 중요합니다. 사실, 최근에 열린 월드컵 축구경기를 보셨나요? 굉장한 경기였는데요." 그리고 평범한 낚시줄을 이용한 낚시 릴이 바로 여기 고층건물의 사무실에서 돌아가기 시작한다.

브라질 축구팀, 펠레(Pele) 그리고 축구가 왜 미국에서 인기가 없는 없는지에 대한 이야기가 몇 분간 오고 간 이후 미국인은 다시 브라질 사람을 자신의 사업 이야기에 끌어들이기 위해 시도한다. 첫 번째 신호로 자신의 시계를 길게 살펴본 다음 대화에 끼어든다. "우리 은행이 제공하는 신규 서비스에 대한 이야기를 다시 시작해야 할 것 같군요."

브라질 사람을 사업과 관련된 주제로 끌어들이기 위한 몇 분간의 시간이 흘러가지만 사업에 관한 이야기는 순조롭게 진행되지 않는다. 이 시간에 미국인은 브라질 금융 시스템에 적합한 효율적인 은행 거래에서부터 브라질 경제에 대한 다양한 이야기를 시작한다. 곧 바로 세계경제에 대한 대화를 늘어놓고 미국 대통령 선거 예측에 대해서 이야기한다.

자신의 롤렉스(Rolex) 시계를 다시 바라본 뒤, 미국인은 곧바로 자신의 작은 "스포츠 낚시질"을 다시 시도하고자 한다. 내 견해에서(나는 이 활동의 성공에 시간과 비용을 투자하지 않았다), 이 광경은 모두 우스꽝스럽게 보였다. 이후 약 45분 동안에 미국인 임원은 매순간 자신의 시계를 바라보았으며, 나는 터져 나오는 웃음을 참기 위해 볼을 꼬집어야 했다. 미국인은 자신의 신규 서비스 관련 안내책자의 2번째 페이지를 이 브라질 사람에게 결코 보여주지 못할 것이다. 브라질 사람은 자신이 잘 알지 못하는 사람들과 사업에 대해 이야기하는 것에 전혀 흥미가 없다.

출처: William Hernandez Requejo and John L. Graham, Global Negotiation: *The New Rules* (New York: Palgrave Macmillan, 2008).

라면 전체적인 대화를 전반적으로 잘못 이해할 가능성이 높아진다. 따라서 발표하는 동안에 쓰기, 보여주기, 말하기, 반복하기 등과 같은 다양한 의사소통 수단을 활용하여 불가피한 실수를 최소화해야 한다.

많은 문화권에서 부정적인 반응을 듣기가 매우 힘들다. 멕시코와 일본 같은 고배경 문화에서는 발표자는 중요한 개인적 관계에 손상을 줄 수 있는 반대의 목소리를 높이는 것에 대해 주저하게 된다. 일부 언어들은 그 자체가 직접적인 표현을 쓰지 않으며 명확하지 않은 속성이 있다. 영어는 상대적으로 명확한 언어지만, 이를 일본어와 같은 언어로 번역할 때는 이해가 안 가게 번역될 수도 있다. 중국과 같은 보다 집단적인 문화권에서는 협상가가 자신들을 대표하는 의사결정 집단에 대해 말하기를 꺼려하거나 심지어 특정 제안에 대해 자신의 대표자 집단이 어떻게 느끼고 있는지를 알지 못하는 경우도 있다. 이와 같은 문제들로 자신의 협상 팀에 상대방 고객 국가의 국민을 포함시키는 것이 중요하다. 또한 해외 고객이나 파트너가 줄 수 있는 정보를 더 잘 이해하기 위하여 사업논의에 추가적인 시간을 투입하거나 비공식적인 여흥의 시간을 가지는 것이 좋다. 반대로 저배경 문화에 속하는 독일인 경영진들은 종종 미국인의 제안이 너무 "부풀려져" 있다고 불평하곤 하는데, 그들은 단지 방대한 정보에만 관심이 있으며, 미국인들의 이야기에 공통적으로 포함되어 있는 과장이나 얼버무림에는 관심이 없다. 독일인들의 이러한 반응은 독일보다는 고배경 문화에 속하는 미국인들에게는 매우 솔직하고 과감한 것으로 비추어질 수 있다.

마지막으로 정보교환에서 발생할 수 있는 잠재적인 갈등은 최초 제안 상황에서 살펴볼 수 있다. 가격흥정은 문화권에 따라 다양한데 미국인들은 최초 제안상황에서 상대적으로 거의 자신이 원하는 수준의 가격을 제시한다. "100만 달러가 목표라면 120만 달러에서 시작하라"라고 하는 것이 대부분의 미국인들이 가지고 있는 보편적인 인식수준이다. 이와 같은 최초 제안에 깔려 있는 인식은 협상을 보다 빨리 끝내려는 희망을 담고 있는 것이다. 미국인들은 최초 제안에서 너무 멀리 떨어진 수준으로 협상하는 것을 바라지 않는다. 그러나 다수의 다른 국가에서 온 협상가들은 미국인들과 같이 재빨리 협상을 끝내려는 목표를 가지고 있지 않다. 중국이나 브라질, 스페인과 나라에서는 상대적으로 더 긴 협상을 예상하므로 최초 제안은 매우 공격으로 제시된다. "만약 목표가 100만 달러라면 우리는 200만 달러부터 시작할 것이다."라는 것이 이들 국가에서의 공통적인 인식이다. 이러한 공격적인 최초 제안에 대해 미국인들은 다음의 웃거나 화내거나 두 가지 중 하나로 반응한다. 외국인 협상 파트너가 두 번째 제안에서 대폭 할인된 가격수준을 제시하게 되면 미국인들의 분노는 커지게 된다.

이런 사례로 미국인 CEO가 유럽지역에 공장부지를 구매하기 위한 상황을 들 수 있다. 미국인 CEO가 아일랜드(Ireland)에 2,000만 달러짜리 공장부지 구매계획을 최종 결정했을 때, 미국인 CEO가 과거에 협상한 적이 있던 스페인의 부동산 개발업자는 아일랜드 더블린(Dublin)을 최종선택하기 전에 왜 자신의 마드리드(Madrid) 공장부지에 대해 최초가격보다 좀 깎아달라고 하지 않았는지 의아해 하였다. 미국인 CEO는 스페인 부동산 개발업자에게 "당신의 최초 제안은 내가 생각하는 수준과 아예 맞지도 않았다."고 말하였다. 이후 스페인 부동산업자가 아일랜드 부지가격보다 더 저렴한 마드리드 부지가격을 제시했을 때, 미국인 CEO는 웃지도 않았다. 사실 미국인 CEO는 꽤 많이 화가 나 있었다. 최초에 주고받은 제안에 대한 서로간의 상이한 기대로 인해 잠재적으로 괜찮은 거래가 뒤로 미루어진다. 최초 제안에서 숫자는 교환되지만 정보는 교환되지 않기 때문이다. 외국인에 의해 제시된 최초의 공격적인 제안에 대해 질문을 해야지 화를 내면 안 된다.

설득 일본에서는 직무 관련 정보교환과 설득이 명백하게 분리되지 않는다. 이들 2가지 단계는 이들 각각의 요구나 필요를 어떻게 정의하고 사용하는지에 따라 서로 뒤섞여 있다고 할 수 있다. 설득단계 동안의 대부분의 시간은 직무 관련 정보를 교환하는데 활용되며 적은 시간만이 '논쟁'을 위해 남겨지게 된다. 반대로 미국인들은 협

당신은 그가 당신 편이기를 원할 것이다. 그림에 나온 것과 같은 인도 아그라(Agra)에 있는 바나나 판매상의 협상전술은 세계적으로 잘 알려져 있다. 그들은 부패하기 쉬운 제품들을 판매하는 행상인들이다. 심지어 일본에서는 그들의 이름을 딴 협상전략도 있다. 바나나 판매 접근방식인 "바나나는 소고기가 아니다(banana no tataki uri)"와 같이 과도하게 높은 최초 제안을 무시하는 전략이다.

상 장소에서 자신의 제안을 가지고 설득을 위하여 급하게 정보를 교환하려는 경향이 있다. 결론적으로 설득은 마음(믿음)과 관련된 문제라고 할 수 있다. 어떤 사람의 마음을 돌려놓지 못한다면 왜 만남을 가져야 하겠는가? 미국에서 영업사원 교육의 주요 부분은 '이견을 잘 다루는 방법'에 대한 것이다. 따라서 미국인들 사이의 정보교환의 목표는 공개적으로 이러한 이견들을 빨리 끄집어내어 이들을 잘 처리하고자 하는 것이다.

이러한 처리방법은 고객에게 더 많은 정보를 제공해야 하며, 의견을 전달해야 한다는 것을 의미한다. 표 19.2에 나타난바와 같이 미국인들은 위협이나 경고와 같은 주제를 협상에서 사용하고 있다. 미국인들은 이러한 전술을 자주 이용하지는 않지만, 다른 다수의 문화권에서 온 협상가들은 이러한 전술을 미국인보다 덜 사용하거나 혹은 다른 상황에서 사용한다. 예를 들어 멕시코와 영어를 사용하는 캐나다인들이 모의협상에서 얼마나 적은 위협과 경고를 사용하고 있는지를 살펴보면 그렇다. 또 다른 측면에서 필리핀인과 중국인 협상가들은 미국인보다 훨씬 덜 공격적인 접근방식을 이용하고 있는 것을 살펴볼 수 있다.[41] 실제로 태국이나 중국에서는 이러한 공격적인 협상전술을 이용하면 상대방의 체면을 손상시키거나 중요한 인간관계를 파괴하는 결과를 초래할 수 있다. 일본에서는 이러한 거친 전술은 구매자가 사용하거나 아주 비공식적인 만남에서 사용한다. 미국인들은 또한 협상 장소에서 화를 내거나 외국에서는 완전히 부적절한 것으로 생각되는 감정들을 표현한다. 이와 같은 감정의 폭발은 홍콩이나 방콕과 같은 장소에서는 유치하게 보이거나 심지어 야만적인 행동으로 비쳐지게 된다.

가장 강력한 설득전술은 더 많이 질문하는 것이다. 외국의 협상 파트너에게 예의바르게 왜 자신들이 2달 이내에 배송해야 하는지 또는 왜 그들이 10%의 가격할인을 해주어야 하는지를 설명해 줄 것을 요청해야한다. 체스터 캐러스(Chester Karrass)의 저서 "협상게임"에서 협상 장소에서 "조금 바보가 될 수 있을 정도로 영리"[42]하라고 충고하고 있다. 질문을 반복하라. 예를 들어 "나는 당신이 원하는 바가 무엇인지

---

[41] X. Michael Song, Jinhong Xie, and Barbara Dyer, "Antecedents and Consequences of Marketing Managers' Confl ict Handling Procedures," *Journal of Marketing* 64 (January 2000), pp. 50 – 66; Alma Mintu-Wimsatt and Julie B. Gassenheimer, "The Moderating Effects of Cultural Context in Buyer – Seller Negotiation," *Journal of Personal Selling & Sales Management* 20, no. 1 (Winter 2000), pp. 1 – 9.

[42] Chester Karrass, *The Negotiation Game* (New York: Crowell, 1970).

를 정확히 이해하지 못했습니다. 제게 다시 설명해 주실 수 있으십니까?" 만약 고객이나 협상 파트너가 친절하게 대답해 준다면 해당 주제에 대한 협상은 잘 이루어질 것이다. 그러나 종종 해당 주제에 대해 집요하게 질문하거나 재차 질문을 반복하게 된다면 그들은 잘 대답하지 못할 것이다. 상대방이 불리한 위치에 놓이게 되었다는 것이 드러나게 되면 상대방은 자신의 약점을 인정할 것이다. 질문은 중요한 정보를 끌어내는데 유용하므로 현재까지 소극적이지만 가장 강력한 협상 도구라 할 수 있다. 실제로 질문은 일본인들이 가장 선호하는 협상 전략으로 일본인들은 이를 미국인들에게 사용하여 많은 효과를 얻고 있다.

제3자 및 비공적인 의사소통 경로를 활용하는 것은 다수의 국가에서 협상에 필수불가결한 요소라 할 수 있으며, 특히 관계지향적인 국가에서는 더욱 그러하다. 식당 또는 다른 협상 장소에서 안면을 튼 사람이나 기존 친구들은 다른 국가에서 온 협상 파트너와 어려운 문제가 발생했을 때 매우 유용하게 이용될 수 있다. 이러한 비공식적인 상황설정과 신뢰할 수 있는 중재인은 특히 감정적인 요소가 짙게 깔린 문제를 해결하는데 최선의 방안이 된다. 그들은 동시에 서로 다른 의견을 전달해주며 서로의 체면을 세워주게 된다. 미국인 경영자가 이와 같은 '막후 협상'을 싫어한다고 하더라도 대부분의 국가에서 이것은 표준적인 방식이라 할 수 있다.

양보와 합의 앞서 타협안을 마련하는 전략을 수립하고 서로 다른 의사소통 방식(순차적인 방식 대 전체론적 방식)을 이해하는 것이 중요하다는 지적이 여기에도 적절하게 적용될 수 있다. 미국인들은 종종 협상 초기에 양보하는 경향이 있는데, 이는 해외 협상 파트너가 이에 상응하여 행동할 것이라고 예상하기 때문이다. 그러나 다수의 문화권에서는 협상이 종결되는 시점까지 쉽게 양보를 하지 않는다. 미국인들은 종종 해외 고객이나 파트너가 자신과는 다른 방식으로 타협안을 마련하려고 할 때 감정을 폭발시키거나 화를 내게 되는데, 양 당사자 모두가 무엇을 하고 있는지를 이해하게 된다면 협상은 매우 순조롭게 진행될 수 있다.

협상 이후

LO9 협상 사후의 의사소통과 처리 절차의 중요성을 이해한다.

미국 기업들 간의 계약서는 종종 100페이지를 넘기기도 하며 여기에는 계약의 모든 측면에 대해 주의 깊게 작성된 관련조항들이 들어 있다. 미국인 변호사들은 다른 협상 당사자들의 모든 환경, 상황, 행동에 대비하여 자신들의 기업을 보호하기 위해 매우 방대한 장문의 계약서를 작성한다. 최고의 계약서는 다른 당사자들이 특정 조항에 대한 문제를 해결하기 위해 법원에 갈 생각을 하지 않도록 꼼꼼하게 작성되어야 한다. 미국의 법률제도는 이와 같은 계약서를 요구하고 있다.

대부분의 다른 국가, 특히 관계지향적인 국가의 사법제도는 분쟁해결에 초점을 맞추고 있지 않다. 실제로 분쟁이라는 용어에는 사업적 관계가 어떻게 맺어져야 하는지를 반영하지 못하고 있다. 양 당사자들은 원만한 관계가 줄 수 있는 상호 이익에 관심을 두어야 하므로 다른 상대방의 이익에도 충분한 관심을 두어야 한다. 결론적

2005년 당시 홍콩 특별행정지구의 수장인 둥젠화(Tung Chee Hwa)가 2005년에 개장한 아시아 지역의 새로운 월트 디즈니 월드(Walt Disney World)를 위한 계약을 미키 마우스와 협의하고 있다.

으로 일본과 같은 국가에서 작성되는 계약서는 매우 짧은데(2~3페이지), 의도적으로 느슨하게 작성되며 주로 관계에 대한 원칙을 제시하는 내용들을 담고 있다. 일본인의 관점으로 볼 때 미국인들이 꼼꼼한 계약서를 강조하는 것은 결혼도 하기 전부터 이혼을 계획하는 것과 마찬가지로 보일 것이다.

중국과 같은 관계지향적인 국가의 계약서에는 파트너 각각이 져야 할 책임이 무엇인지에 대한 보다 많은 내용이 담겨져 있다. 복잡한 사업관계를 위하여 계약서들은 꽤 길며 상세한 내용을 담게 된다. 그러나 이러한 목적은 미국인들이 이해하는 것과는 다르다. 환경이 변화하면 서명된 계약서에 담겨 있는 조항에도 불구하고 서로의 책임도 조정되어야 한다. 중국에서 계약서대로 이행하라고 요구하는 것은 말도 안되는 일이다.

미국에서 약식으로 처리하는 것은 하나의 생활양식이며, 심지어 기업들끼리 매우 비중 있는 계약서에 서명할 때에도 우편을 이용하여 처리하곤 한다. 미국에서의 협상서명 의식은 시간과 비용의 낭비로 치부되곤 한다. 그러나 해외국가와 중요한 계약이 성사되게 되면 해외 기업의 경영자들은 각 기업을 대표하는 CEO들이 참석하는 공식적인 협상서명 의식을 기대하게 될 것이다. 미국 기업들은 이러한 기대를 수용할 수 있을 만큼 영리하여야 한다.

마지막으로 협상 사후의 의사소통도 다수의 해외 국가에서 온 고객이나 파트너와 사업관계를 유지하는데 중요한 역할을 수행하게 된다. 특히 인간관계를 중요하게 생각하는 고배경 문화권에서는 최고위 경영진들이 항상 자신의 사업 파트너와 연락을 주고받을 수 있도록 해야 한다. 편지나 사진, 및 상호 방문은 계약 서명 이후에도 오랫동안 중요한 사항이 된다. 실제로 고위 경영진들 간의 원만한 관계는 종종 미래에 발생할 수도 있는 어떤 문제를 처리하는데 최선의 방안이다.

창의적 국제 협상

LO10
창의적 국제 협상의 기초에 대해 학습한다.

때때로 '좋습니다(yes)'를 이끌어 내는 것만으로는 충분하지 않을 때도 있다. 아마도 가장 유명한 협상에 대한 비유로 오렌지를 두고 벌이는 다툼을 들 수 있을 것이다. 아마도 가장 명백한 해결방안은 오렌지를 똑같이 반으로 잘라서 각자에게 공평하게 분배하는 것이 될 것이다. 그러나 협상을 시작하여 서로의 관심사항에 대한 정보를 교환하게 되면 해당 문제에 대한 최고의 해결방안이 명확하게 제시될 수도 있다. 한 사람은 아침식사에 쓰일 주스를 만들기 위해 오렌지 과육이 필요하고 다른 한 사람은 마멀레이드를 만들기 위한 오렌지 껍질이 필요할 수 있다. 이들은 모두가 만족하는 더 좋은 해결방안을 찾을 수 있게 된다. 이러한 계약이 창의적이지 않다면, 양 당사자가 협력하여 더 많은 오렌지 나무를 경작하기로 결정하였다고 한다면 오렌지에 대한 비유는 더욱 창의적인 이야기가 될 수 있을 것이다. 유사한 방식으로 보잉(Boeing)은 일본기업에 의해 설계되고 제작된 새로운 787 드림라이너의 합성 플라스틱 소재의 날개를 구매한 이후 완성된 여객기를 일본 항공사에 다시 판매하였는데, 이러한 거래 모두에 대해 일본정부로부터 좋은 조건의 보조금을 지급받았다. 이러한 계약형태는 우리에게 협상에서 창의성이란 무엇인지를 보여주는 사례라 할 수 있다.

최근 경영대학원들에서는 창의적 과정을 다룬 강의가 많이 개설되고 있다. 관련 학술대회나 기업 회의실에서 유행어처럼 번지고 있는 '혁신'과 같은 주제에 대한 과정이 개설되고 있으며 관련 학위논문들도 제출되고 있다. 우리는 어느 때보다도 더 많은 혁신과 창의적 과정에 대한 이야기를 듣고 있다. 또한, 본질적으로 창의적 과정에 대한 토론에서 공통적으로 강조되는 다양한 기법들을 활용하는 일본인들의 국제사업협상에 관한 접근방식에 대해 더 많이 인정하기 시작했다. 실제로 이는 천연자원도 부족하고 다른 지역과 상대적으로 고립되어 있는 일본이 어떻게 그와 같은 성공적인 사회를 건설하였는가를 살펴보는데 매우 심도있는 설명을 제공하고 있다. 일본사회는 창의성에 방해가 되는 요인을 자체적으로 내포하고 있다. 서열(위계)과 집단주의가 그것이다. 그러나 일본인들은 이러한 단점을 극복할 수 있는 다양한 방식의 협상 방식을 개발하였다. 저자들이 여기에서 제시하는 절차, 즉 국제협상에도 훌륭한 접근방식이 되는 절차들은 본질적으로 일본인들이 만들어낸 것이다.

우리는 또한 **협상의 창의성 부분**에 오랜 경험이 있는 실무 전문가들을 신뢰하여야 한다. 화워드 래이퍼(Howard Raiffa)와 그의 동료들은 다음과 같이 조언하고 있다.

> …팀은 격의 없이 다 함께 생각하고 계획하며 '대화 나누기(dialoguing)' 또는 "사전 협상하기(prenegotiating)"와 같은 브레인스토밍에 참여하여야 한다. 이러한 두 가지는 서로 상쇄되지 않으며 협상 초기단계에 협상 파이를 어떻게 나눌 것인지에 대해 몰입하거나 토론할 수 있게 된다.[43]

로져 피셔(Roger Fisher)와 윌리엄 유리(William Ury)가 쓴 'Yes를 이끌어내는 협상법'[44]의 제4장에는 '상호간의 이익을 위한 옵션의 제안'에 대한 내용이 소개되고 있다. 데이비드 랙스(David Lax)와 제임스 세베누이스(James Sebenuis)의 새로 나온 중요한 책인 3차원 협상(3D–Negotiations)[45]에서는 Yes를 이끌어내는 방법은 이미 구시대의 것이며 '창의적인 계약'과 '위대한 계약'에 대한 내용을 소개하고 있다.

---

43 Howard Raiffa with John Richardson and David Metcalfe, *Negotiation Analysis* (Cambridge, MA: Belknap, 2002), p. 196.

44 Fisher, Ury, and Patton, *Getting to Yes*.

45 David J. Lax and James K. Sebenius, *3D Negotiations* (Boston: Harvard Business School Press, 2006).

표 19.4

국제협상에서 보다 많은 아이디어를
만들 수 있는 10가지 방법

1. "협력"을 통하여 창출해낼 수 있는 공동의 목표를 설정한다. 보다 실행 가능한 거래는? 공동이 되는 장기적인 목표는? 보다 가까운 파트너 관계는?
2. 협상 참여에 대한 규칙을 설정한다. 협상의 목적은 양 당사자가 일을 더 잘하기 위한 창의적인 방법을 찾는 과정에 나타나는 차이점을 해결하는 것이다. 모든 생각이 가능하며 서로 다른 문화권에서 발생되는 생각을 융합하는 것이 단일 문화권에서 발생되는 생각보다 더 좋은 결과를 산출한다는 것이 연구에서 입증되었다.
3. 신뢰가 핵심이며, 다수의 문화에서 이를 만드는 것은 어렵다. 일부 기술들이 신뢰를 쌓을 수 있는 과정을 조금 가속화시키는데 도움을 줄 수 있다. 무의식적으로 물리적 거리를 가깝게 하는 것이 친밀감을 높여줄 수 있다.
4. 협상 그룹에 다양성(성별, 문화, 외향적인 사람, 서로 다른 업무전문성, 전문가, 외부인)을 추구하라
5. 스토리텔링(storytelling)을 이용하라. 이 방법은 당신과 상대방이 누군지와 이러한 협력에 당신이 어떤 생각을 갖고 있는지를 이해하는데 도움을 준다.
6. 소그룹으로 활동하고 물리적인 움직임을 추가하라. 참가자들에게 긴장을 풀고, 운동하고, 노래하고, 즐기라고 하고 침묵을 오케이로 받아들인다고 말하라.
7. 전체론적 관점에서 일하고 시각적 요인을 활용하라. 예를 들어 어느 일방에서만 만족스러운 3가지 주제(장애요인)가 있다고 할 때, 이러한 주제에 대해 짧은 시간을(약 10분 정도)투자하여 각각의 주제에 대하여 협상 양방이 모두 "터무니없는" 제안을 하도록 하라. 즉흥적인 기술을 사용하라. 양쪽 모두 터무니없는 생각에 상처받아서는 안 된다. 이것에 대해 아무도 비판해서는 안 된다. 터무니없는 생각을 상세하게 설명하여 보다 나은 생각이 도출될 수 있도록 해야 한다.
8. 생각할 시간을 갖기. 이 전술은 무의식적으로 문제를 다루게 해주는 것을 가능하게 해주며, 다음날 다시 모임을 갖기 전에 사람들이 가지고 있는 의견을 수집할 수 있는 시간을 제공해 준다. 휴식의 다른 종류로 커피 등을 마시는 것이 도움이 될 수 있다.
9. 몇 개의 회의를 거치면서 이 과정을 수행하게 되면 협상 양쪽 모두가 협상이 잘 진행되고 있다고 느낄 것이며, 실제로 양측이 투자하는 것보다는 더 좋고 특출한 생각을 도출해 낼 수 있다.
10. 특별한 제안을 하는 것이라기보다는 다함께 무엇인가를 창조하는 과정으로, 다함께 공유할 수 있도록 과업을 할당하고 새로운 공동작업 방식을 만드는 것이다. 서로 서로는 이 과정을 명예롭게 생각할 것이며, 미국인들은 무엇인가 성취되고 있다고 느낄 수 있을 것이다.

* 8번에서 제시되는 그 하룻밤이 특별히 중요하다. 인류학자이면서 소비자학 전문가인 클로테르 라파이유(Clotaire Rapaille)[46]는 잠을 깬 각성상태와 수면 사이의 전환을 통하여 새로운 사고를 불러일으킬 수 있는 "생각(두뇌)의 혁신"이 가능하며 "뇌파를 증폭시키고 잠들기 직전의 고요한 상태를 경험할 수 있게 해준다"고 말하고 있다. 아무튼, 저자들은 행위에서 발생되는 문화적 차이를 이해하는데 핵심적인 지식을 제공하는 그의 저서인 문화코드(The Culture Code)를 진심으로 추천하는 바이다.

출처: Reprinted with permission of Chief Idea Officer, IdeaWorks Consulting, Newport Beach, CA.

본서에서 저자들의 목표는 이러한 생각들을 사업협상에 우선적으로 적용시키고자 하는 것이다. 실무에서는 여전히 '거래 성사시키기'나 '문제 해결하기'와 같은 지난 시대의 사고에 갇혀 있다. 심지어 오래된 경쟁적 사고방식의 유물인 '상호 이익(win-win)'과 같은 용어의 사용도 나타나고 있다. 저자들의 사업협상에 대한 관점은 협상을 통하여 무엇인가를 얻거나 잃어버리게 되는 것이 아니며, 이러한 경쟁적 사고방식이 창의성을 제한하게 된다는 점이다. 문제 해결에 대한 사고방식도 물론 그렇다. 저자들은 단지 창의적인 결과만을 인정할 뿐이다!

표 19.4에 제시된 계획 활동, 실행 및 후속조치 내용들은 모든 단계의 국제사업협상에 이용될 수 있다. 창의적 원리는 세 가지 관점에서 협상에 실질적이고 광범위하게 응용될 수 있다. 저자들은 하워드 래이퍼(Howard Raiffa)가 제안한 사전협상 모임의 이용을 위에서 언급하였다. 저자들은 이를 협상이 교착상태에 빠졌을 때도 이용

[46] Clotaire Rapaille, The Culture Code (New York: Broadway, 2006), p. 8

할 수 있을 것이라고 제안하고 싶다. 예를 들어 수천만 달러가 투자되는 페루(Peru)의 리오 우루밤바(Rio Urubamba) 천연가스 프로젝트를 추진하면서 참여기업과 환경보호론자들 간에 서로 물러설 수 없는 의견 차이가 발생하게 되었다. 도로와 가스 송유관이 오염되지 않은 숲을 관통하여 설치되게 되면 생태계의 재앙이 될 것이다. 여기서 창의적인 해결방법은 무엇일까? 해양에 설치되는 구조물과 같이 멀리 떨어져 있는 가스설비를 생각해 보면 될 것이다. 가스송유권은 지하에 매설하고 도로는 건설하지 않고 필요한 사람과 장비를 비행기로 실어 나르면 될 것이다.

협상가가 'Yes'를 이끌어낸 이후, 합의사항에 대한 계획적 검토를 통하여 이전에 'Yes'인 사업관계가 진정한 창의적 결과물로 이어질 수도 있다. 아마도 이러한 검토 시간은 계약이 실행되고 난 이후 6개월 정도가 될 수도 있다. 그러나 중요한 점은 사업관계를 보다 잘 개선시키기 위한 창의적 토론을 수행할 시간을 별도로 마련해야 한다는 것이다. 이러한 점에 초점을 맞춘다면 토론할 때 항상 새로운 아이디어를 창출해 낼 수 있을 것이다. "우리가 생각하지 않은 것은 무엇일까?"라는 질문에 답할 수 있어야 한다.

결론

국제 협상가가 직면할 수 있는 이상과 같은 잠재적인 함정에 대한 장황한 설명에도 상황은 점차 개선되고 있다. '순진한 관광객'이나 카우보이 같은 미국인 관리자에 대한 고정관념은 점점 약해지고 있다. 마찬가지로 저자들은 본장의 앞부분에서 소개한 것과 같이 과묵한 일본인이나 말 많은 브라질인과 같은 인식이 더 이상 사실이 아니기를 바란다. 전 세계적인 경험수준이 높아져 가고 있고 개인별 특성들도 매우 중요하다. 따라서 독자들은 말 많은 일본인, 과묵한 브라질인 및 효과적인 미국인 협상가를 만날 수 있을 것이다. 그러나 문화는 여전히 존재하고 있으며 앞으로도 늘 그러할 것이다. 저자들은 문화를 고려하는 것이 미국인 경영자들의 자연스러운 행동이 될 것으로 희망하고 있다.

영국작가 러디아드 키플링(Rudyard Kipling)은 100여 년 전에 다음과 같이 이야기했다. "오, 동쪽은 동쪽, 서쪽은 서쪽, 이 둘은 결코 만나지 않으리라." 후세 사람들은 그의 말에 부적절한 비관주의를 가미시켜 해석하고, 일부 사람들은 그의 말이 틀렸다고도 말하고 있다.[47] 이러한 문제는 많은 사람들이 그의 시, **동쪽과 서쪽의 발라드***(The Ballad of East of West)* 전체를 세밀하게 읽지 않았기 때문에 발생한 것이다.

> 오, 동쪽은 동쪽, 서쪽은 서쪽, 이 둘은 결코 만나지 않으리라.
> 땅과 하늘이 하느님의 위대한 심판의 자리에 서기 전까지는,
> 그러나 비록 지구 양쪽 끝에서 왔을지라도 강한 두 사람이 서로 마주 대면하고 섰을 때에는, 동쪽도 서쪽도 경계도 인종도 혈통도 존재하지 않으리라.

[47] Michael Elliot, "Killing off Kipling," *Newsweek* , December 29, 1977, pp. 52 – 55.

이 시는 보다 현대의 사람들을 위해 적절히 수정될 수 있을 것이며, 여기에는 다른 방향도 포함해야 한다. 북쪽은 북쪽이고 남쪽은 남쪽이다(남북 대륙 간의 경제적 차이). 그리고 다음과 같은 마지막 한 줄 '강한 두 사람이 서로 마주 대면하고 섰을 때에는'의 부분을 정확하게 읽어야 할 것이다. 또한 키플링(Kipling)의 긍정적인 정서가 남아 있음을 알 수 있다. 국가나 문화권 사이의 차이가 아무리 어렵다고 할지라도 사람들이 서로 서로 얼굴을 맞대고 이야기를 나눈다면 모든 문제는 잘 해결되어 나갈 것이다. 키플링(Kipling)은 국제 협력의 책임을 기업이나 정부가 아닌 현재와 미래의 개별 경영자들의 어깨에 직접 실어 놓았다.

요약 Summary

사업협상 방식은 실질적으로 전 세계적으로 다양하므로 국제 협상 장소에서 고객이나 소비자 및 사업 파트너를 만날 때 문화적 차이를 고려하는 것은 매우 중요하다. 문화적 요인에 추가하여 협상자의 개인적 특성이나 배경도 또한 그들의 행동에 영향을 미칠 수 있다. 고객이나 고객기업을 대표하는 개인들에 대한 이해를 높이기 위해 대단히 많은 주의를 기울여야 한다. 문화적 고정관념은 많은 오해를 불러일으킬 수 있다.

국제사업협상 동안에 4가지 종류의 문제, 즉 언어적 문제, 비언어적 행위에 대한 문제, 가치관에 대한 문제, 사고방식이나 의사결정 과정에 대한 문제가 종종 발생하게 된다. 외국어를 구사하는 능력은 국제 협상가에게 필수적인 능력이다. 비언어적 행위는 문화권별로 대단히 다양하며, 그 영향력은 우리의 무의식 수준에 있기에 이 문제는 대단히 중요하게 다루어야 한다. 반면에 대부분의 미국인들이 가진 객관성, 경쟁력, 평등, 시간엄수와 같은 가치관을 외국인 관리자들은 갖고 있지 않다. 사고방식이나 의사결정과 관련하여 다수의 서구 경영진들은 복잡한 협상주제를 보다 작은 주제들로 나누어 이들 각각을 순차적으로 처리하려는 경향이 있는 반면 다수의 동양 문화권에서는 이러한 문제를 다루기 위해 보다 전체론적 접근방식을 취하는 경향이 있다.

협상 장소에서 기업을 대표하여 외국인을 만나게 되는 협상 팀을 선발하는데 많은 주의를 기울여야 한다. 상대방의 이야기를 잘 듣는 능력, 본사에 대한 영향력과 팀의 지원을 받으려는 의지 등이 중요한 협상가의 특성이 될 수 있다. 미국인들은 외국 협상 팀과 만날 때 참석자의 수와 연령대를 적절하게 맞추어야 한다. 다양한 문화에 대한 교육과 투자에 많은 준비가 필요하다는 사실은 결코 과장된 표현이 아니다. 회의 장소나 시간과 같은 상황적 요인은 조심스럽게 고려되고 관리되어야 한다.

전 세계에 걸쳐 사업협상은 다음의 4가지 단계를 거쳐 진행된다. 직무 비관련 대화, 직무 관련 정보교환, 설득, 양보와 합의. 각 단계에 걸리는 시간은 일정하지 않으며 국가별로 다양하게 검토되어야 한다. 미국인들은 매우 적은 시간을 직무 비관련 대화 또는 외국인 파트너를 이해하기 위한 시간으로 투자한다. 특히 관계지향적인 문화권에서는 고객이 개인적으로 친밀한 관계라고 느낄 때 사업이 잘 진행될 수 있다는 점이 중요하다. 직무와 관련된 정보는 미국에서 꽤 빨리 전달되는 편이다. 일본과 같은 다른 국가들에서는 대부분의 시간을 2번째 단계에 투자하며 파트너가 중요하게 생각하는 내용을 이해하기 위해 많은 노력을 기울이게 된다. 설득은 미국인의 인식에서 볼 때 협상에서 가장 중요한 부분이라 할 수 있다. 공격적인 협상 전술(위협이나 경고)이 종종 사용되곤 한다. 이와 같은 협상 전술은 일부 문화권에서는 심각한 문제를 일으킬 수도 있다. 미국인들은 거래지향적인 경향이 있으므로 보다 장기적인 관점에서 사업 관계를 고려하는 해외 고객이나 파트너를 만날 때는 협상 이후의 의사소통에 대해 더 많은 관심을 기울여야 한다. 마지막으로 새롭게 강조되는 내용인 국제 상거래에서 창의적인 협상과정을 수행하도록 노력해야 한다.

주요용어 Key Terms

고정관념(Stereotypes)
직무 비관련 대화(Nontask sounding)
직무 관련 정보교환(Task-related information exchange)
협상에서의 창의성(Creativity in negotiations)
협상계약을 위한 최선의 대안(BATNA: Best alternative to a negotiated)

질문 Questions

1. 위에서 제시한 주요용어들을 정의하라.
2. 어째서 문화적 고정관념이 위험한가? 적절한 사례를 들어 보시오.
3. 문화가 협상행위에 영향을 미치게 되는 3가지 방식을 제시해 보시오.
4. 국제사업협상 동안에 발생하게 되는 일반적인 문제의 종류에 대해 설명해 보시오.
5. 외국어 활용 능력이 어째서 국제 협상가에게 중요한지 설명해 보시오.
6. 비언어적 행위에 대한 문화적 차이 3가지를 제시해 보고 어째서 이들이 국제사업협상에서 문제를 발생시킬 수 있는지를 설명해 보시오.
7. 국제사업협상에서는 어째서 시간을 중요하게 고려해야 하는지를 설명해 보시오.
8. 미국인 협상가와 비교하여 일본인 경영자가 복잡한 협상을 어떻게 다르게 다루는지를 설명해 보시오.
9. 협상 팀을 선택하는데 있어 가장 중요하게 고려해야 하는 것은 무엇인가? 적절한 사례를 들어보시오.
10. 국제사업 협상가들에게 가장 유용한 교육의 종류는 무엇인지 설명해 보시오.
11. 협상을 위한 대화 시작 이전에 조성해 놓아야 할 협상상황이 3가지가 있다. 어떻게 이러한 상황들을 조성할 것인지를 제시해 보시오.
12. 미국인들은 어째서 매우 적은 시간을 직무 비관련 대화에 투자하며, 브라질인들은 어째서 이 보다 더 많은 시간을 직무 비관련 대화에 투자하는지를 설명해 보시오.
13. 다양한 해외국가의 협상 파트너로부터 어째서 부정적인 답을 듣기 어려운가? 적절한 사례를 들어보시오.
14. 멕시코 또는 일본에서는 어째서 공격적인 자세로 업무를 수행할 수 없는가?
15. 가장 유용한 설득 전술에서 문제가 되는 것은 무엇인가?
16. 오렌지에 대한 비유는 무엇이며, 이것이 국제협상과 어떻게 관련되어 있는가?

제6편

보충자료

국제마케팅 전략수립지침 – 마케팅계획 개발을 위한 안내서

국제마케팅 전략수립지침(country note)의 개요

문화적 분석

경제적 분석

시장 감사와 경쟁시장 분석

예비 마케팅 계획

마케팅계획(planning process)의 첫 번째 단계는 예비 국가분석(preliminary country analysis)을 수행하는 것이다. 이 단계에서 마케터에게는 개별 국가의 시장 잠재력 평가, 고려대상에서 제외된 국가가 보유한 문제 파악, 추가적 조사, 필요한 국가의 환경적 측면 판단, 마케팅 믹스(4Ps)중에 현지 적응을 해야 할 부분 평가, 전략적 마케팅 계획을 개발하려는 기본적 정보 등이 필요하다. 예비 국가분석 과정에서 수집한 정보는 추가적으로 국제마케팅 전략 수립 지침(country note) 작성의 기반이 된다.

기업규모에 관계없이 다수 기업은 자신이 사업을 수행하는 개별 국가에 대하여 국제마케팅 전략 수립 지침을 가지고 있다. 이러한 국제마케팅 전략 수립 지침은 마케터들이 특정한 국가시장에 대한 의사결정을 언제 수행해야 할지를 알 수 있게 해주는 정보를 담고 있다. 새로운 정보가 수집되면, 국제마케팅 전략 수립 지침은 국가나 제품 관리자에 의해 지속적으로 갱신되어야 한다. 특정 국가와 관련된 의사결정이 수행될 때마다 국제마케팅 전략 수립 지침은 최초의 데이터베이스가 된다. 신제품 소개나 광고 프로그램 변경, 기타 마케팅 프로그램에 관한 의사결정은 모두 국제마케팅 전략 수립 지침과 함께 시작되어야 한다. 또한 국제마케팅 전략 수립 지침은 특정 국가시장에 적합한 새로운 인적자원이 누구인지를 신속하게 인식하는데도 도움을 준다.

본 장에서는 시장정보의 수집과 분석 및 국제마케팅 전략 수립 지침의 준비를 위해 필요한 다음과 같은 4가지 가이드라인을 제공하고 있다. (1)문화적 분석을 위한 가이드라인, (2)경제적 분석을 위한 가이드라인, (3)시장 감사와 경쟁분석을 위한 가이드라인, (4)예비 마케팅 계획을 위한 가이드라인. 이러한 가이드라인은 마케팅 계획을 향상시키려 마케터가 얻을 수 있는 정보를 알려준다. 각 가이드라인의 요점은 주로 일반적인 사항으로, 이러한 내용은 관련 자료 수집에서 탐색해야 할 영역의 방향성을 제공하도록 설계되었다. 또한 각 가이드라인의 특정 내용은 기업의 제품이나 서비스를 반영할 수 있도록 구성되어야 한다. 특정자료의 정확성이나 자료 적용범위의 깊이에 대한 결정은 주로 기업목표나 제품특성 및 국가시장별로 다르게 결정된다. 가이드라인의 내용 중 일부는 어떤 국가나 제품에게는 중요하지 않을 수 있으며 때로는 무시해도 된다. 앞서 살펴본 본서의 본문 부분(각 장)들은 각 가이드라인에 포함된 개별 주제들에 대한 구체적 내용들을 제공해준다.

I. 문화적 분석

문화적 분석에서 제시된 자료는 마케터의 시장계획관련 의사결정에 도움을 줄 수 있는 정보를 포함하고 있다. 그러나 문화적 분석을 응용하면 제품분석과 시장분석을 넘어서 특정 국가의 사업 관행과 기타 중요한 문화적 특성을 이해하고자 하는 사람에게 중요한 정보 원천이 된다.

문화적 분석에서 제시되는 정보는 단순히 사실관계를 정리하여 놓은 것 이상이 되어야 한다. 해당 자료를 준비해야하는 책임자라면 문화적 정보가 주는 의미가 무엇인지를 이해하려 노력해야 한다. 다시 말해 해당 정보가 시장에 영향을 미칠 수 있는 요인들을 이해하는데 어떤 도움이 되는지를 자문해보아야 한다. 예를 들어 이탈리아와 멕시코의 대다수 국민들이 가톨릭 신자라는 사실은 매우 흥미로운 통계이나, 이러한 통계적 사실이 가톨릭 교리가 사람들의 가치관이나 신념, 소비자 행동에 미치는 영향을 이해하는 것보다 유용하지는 않다. 또한 두 국가의 국민 대부분이 가톨릭교회를 다니고 있더라도 가톨릭 교리가 개인에 미치는 영향이나 이의 독특한 해석 및 실천의지 등에 따라 시장행동에 중요한 차이를 나타낼 수도 있다.

가이드라인 I. 서론

자신이 거래하기를 희망하는 국가, 기업, 수출품 등에 대한 간단한 소개내용이 포함되어야 한다.

II. 해당 국가와 관련된 역사에 대한 간략한 논의

III. 지리적 환경

- A. 위치
- B. 기후
- C. 지형

IV. 사회제도

- A. 가족
  - 1. 핵가족
  - 2. 대가족
  - 3. 가족 내 역학 관계
    - a. 부모의 역할
    - b. 결혼과 연애
  - 4.여성과 남성의 역할(변화하고 있는지 고정적인지?)
- B. 교육
  - 1. 사회에서 교육의 역할
    - a. 초등교육(교육의 질, 발전수준 등)
    - b. 중등교육(교육의 질, 발전수준 등)
    - c. 고등교육(교육의 질, 발전수준 등)
  - 2. 문맹률
- C. 정치체제
  - 1. 정치구조
  - 2. 정당
  - 3. 정부의 안정성
  - 4. 특별세제
  - 5. 지방정부의 역할
- D. 사법제도
  - 1. 사법부 조직
  - 2. 대륙법 국가, 영미법 국가, 사회주의 국가, 혹은 이슬람 율법 국가
  - 3. 특허, 상표권, 기타 관례적인 사항에 대한 내용
- E. 사회조직
  - 1. 집단행동
  - 2. 사회계층
  - 3. 클럽(모임), 기타 조직들
  - 4. 인종, 민족 그리고 하위문화
- F. 사업 관습과 관행

V. 종교와 미적 정서
  A. 종교와 기타 믿음 체계
    1. 정통교리와 구조
    2. 사람들 간의 관계
    3. 지배적인 종교는 어떤 것인가?
    4. 개별 종교들의 신자 수
    5. 강력하거나 영향력 있는 종교단체
  B. 미적 정서
    1. 시각예술(회화미술, 조형미술, 그래픽, 공공미술, 색상 등)
    2. 음악
    3. 드라마, 발레 및 행위예술
    4. 민속학, 관련 상징체계들
VI. 생활 여건
  A. 식습관과 영양상태
    1.육류 및 야채 소비율
    2.주식
    3.영양실조율
    4.이용 가능한 식품군
  B. 주거
    1. 이용 가능한 주거 유형
    2. 대다수 사람이 주택을 소유하고 있는지 아니면 임대하고 있는지?
    3. 대다수 사람이 한 가족단위로 거주하고 있는지 혹은 두 가족이상 거주하고 있는지 여부
  C. 의복
    1. 전통의상
    2. 작업복 유형
  D. 오락, 스포츠 및 기타 여가 활동
    1. 이용 가능한 종류와 수요량
    2. 소득에서 이상의 활동에 지출하는 비율
  E. 사회보장
  F. 의료제도
VII. 언어
  A. 공식 언어
  B. 구어 및 문자 언어
  C. 방언

VIII. 요약

다른 모든 부분을 작성한 이후에 최대 2페이지 정도로 중요한 핵심사항들을 요약하고 이를 보고서의 맨 앞부분에 적는다. 요약부분을 작성하는 주요 목적은 독자들이 본 보고서의 주요 내용들을 한 눈에 알아보도록 하기 위한 것이다. 특정 국가에서 사업을 수행하기 위해 꼭 알고 있어야 하지만 사람들이 잘 모르고 있을 거로 예상되는 문화적 측면 혹은 자신의 자기준거기준(SRC)과는 다른 문화 측면들을 본 요약부분에 포함시켜야 한다.

IX.정보 출처

X.부록

II. 경제적 분석

독자들은 본 경제적 분석 가이드라인에서 수집된 자료들이 문화적 분석 가이드라인을 위해 수집된 자료들보다 훨씬 더 간결하고 직접적이라는 것을 발견할 수 있을 것이다. 본 가이드라인에 포함된 정보는 크게 2가지이다. 국가의 경제적 건전성을 평가하는 기초자료로 활용될 수 있는 일반적인 경제관련 자료와 유통경로와 미디어의 이용가능성에 대한 정보이다. 위에서 이미 언급한 것처럼 본 가이드라인에 소개되는 내용들은 광범위한 자료 확보에 초점을 두고 있으며 개별 기업이나 개별 제품의 요구에 적합하도록 수정되어야 한다.

가이드라인

I. 서론

II. 인구

- A. 총계
  1. 인구성장률
  2. 신생아 수
  3. 출생률
- B. 인구분포
  1. 연령별
  2. 성별
  3. 지역별(도시지역, 교외지역 및 농촌지역의 밀도와 집중도)
  4. 이민자 비율과 유형
  5. 민족(인종)집단

III. 경제통계와 경제활동

- A. 국민 총생산(또는 국내 총생산)
  1. 총계
  2. 성장률(실질 국민 총생산 또는 실질 국내 총생산)
- B. 1인당 소득
- C. 평균 가족소득

D. 부의 분배
   1. 소득계층(저, 중, 고)
   2. 전체 인구에서 각 소득계층이 차지하는 비율
   3. 소득분배가 왜곡되었는가?
E. 광물 및 천연자원
F. 항공운송 이외의 운송형태(자동차, 철도, 선박 등)
   1. 방식
   2. 이용가능성
   3. 이용률
   4. 항만
G. 통신 시스템
   1. 유형
   2. 이용가능성
   3. 이용률
H. 근로조건
   1. 고용자–피고용자 관계
   2. 피고용자 경영참여
   3. 급여 및 복지혜택
I. 주요산업
   1. 개별 산업들이 국민 총생산에 기여하는 비율은?
   2. 공공소유 산업에서 민간이 차지하는 비율
J. 해외투자
   1. 기회의 종류
   2. 산업의 종류
K. 국제무역 통계
   1. 주요 수출품
      a. 달러화 환산가치
      b. 추세
   2. 주요 수입품
      a. 달러화 환산 가치
      b. 추세
   3. 국제수지 상황
      a. 흑자 또는 적자?
      b. 최근 추세
   4. 환율

a. 단일 또는 복수 환율?
b. 현재 환율
c. 추세

L. 무역장벽
1. 금수조치
2. 수출입 할당제도(쿼터)
3. 수입세
4. 관세
5. 라이선싱

M. 현금수입 활동에 포함되지 않는 경제활동 정도
1. 대응무역
a. 대응무역이 이루어지는 일반적인 제품군
b. 대응무역의 유형(구상무역, 대응구매 등)
2. 해외로부터 받는 원조

N. 노동 가능인구
1. 규모
2. 실업률

O. 물가상승률

IV. 과학과 기술의 발전정도
A. 현재 보유하고 있는 기술력(컴퓨터, 기계, 장비 등)
B. 국민총생산(GNP)에서 연구개발(R&D) 분야에 투자되는 비중
C. 노동 가능인구 및 전체 인구의 기술능력 수준

V. 유통경로(거시적 분석)

이 부분에서는 해당 국가 또는 시장에서 이용가능한 모든 유통경로(중개업체)에 대한 자료를 포함하고 있어야 한다. 이후 독자들은 자신의 유통전략에 적합한 유통경로를 선택해야 할 것이다.

A. 소매업체
1. 소매업체의 수
2. 소매점의 일반적인 크기
3. 다양한 제품군에 허용되는 관례적인 가격 상승폭
4. 운영 방법(현금거래/신용거래)
5. 운영 규모(대규모/소규모)
6. 체인점, 백화점 및 특판점의 역할

B. 도매업체
1. 업체 수와 크기

2. 다양한 제품군에서 허용되는 관습적인 이윤책정 크기
3. 운영방법(현금거래/신용거래)

C. 수입/수출 중개상

D. 창고(보관)업

E. 도시 및 농촌시장에의 침투

VI. 광고매체

이 부분에서는 해당 국가 또는 시장에서 이용가능한 모든 광고매체에 대한 자료를 포함하고 있어야 한다. 이후 독자들은 자신의 판매촉진 믹스 및 전략에 적합한 광고매체를 선택해야 한다.

A. 이용 가능한 광고매체

B. 비용
1. 텔레비전
2. 라디오
3. 인쇄물
4. 인터넷
5. 기타 광고매체(영화, 야외광고 등)

C. 지원기관

D. 다양한 광고매체의 수용범위

E. 전체 인구에 대해 각 광고매체들이 도달하는 비율

VII. 요약

경제적 분석에 대한 모든 부분을 작성한 이후에 최대 2페이지 정도로 중요한 핵심사항들을 요약하고 이를 보고서의 맨 앞부분에 적는다.

VIII. 정보 출처

IX. 부록

III. 시장 감사(Market Audit)와 경쟁시장 분석

제시된 가이드라인 중에서 이번 가이드라인에 제품 혹은 브랜드 특유적인 면(즉, 제품 혹은 브랜드 고유의 사항들)이 많다. 다른 부분의 가이드라인에서 제시되는 정보는 주로 제품 범주에 집중한 일반적 내용이지만, 본 가이드라인에서 제시되는 자료들은 브랜드 특유성이 대단히 높으며 경쟁적 시장조건이나 시장 잠재력을 알아내는데 이용될 수 있다.

본 부분에서 제시되는 가이드라인들은 계획화 과정의 2가지 서로 다른 요인들을 반영하고 있다. 처음 제시된 문화적 분석과 다음에 제시된 경제적 분석 부분의 정보들은 특정 국가시장에서 제품 또는 브랜드를 평가하는데 기반이 되는 정보를 제공하고 있는 반면에 본 부분의 가이드라인이 제시해주는 정보들은 시장 잠재력을 추정하고 경쟁적인 마케팅 활동노력의 강점과 약점을 평가할 수 있는 정보들을 제공해주고 있다. 본 부분에서 생성된 자료들은 성공적인 시장진입을 위해 해당 기업에게 필요한 마케팅 믹스의 적응정도가 어떻게 되어야 하는지와 이후 최종 단계인 실행계획(action plan)을 개발하는데 이용될 수 있다.

본 가이드라인을 완벽하게 작성하기 위한 필요한 세부적인 정보들은 마케팅 조사를 수행하지 않고서는 확보가 불가능하다. 따라서 국제마케팅 전략 수립 지침의 본 가이드라인을 작성하는 또 다른 목적은 공식적인 시장조사에서 사용될 정확한 질문사항이 무엇인지를 확인해 보는 것이다.

가이드라인

I. 서론

II. 제품

A. 목표시장에서 제품이 혁신적으로 인식되고 있는지를 평가

1. 상대적 우위
2. 적합성
3. 복합성
4. 실행가능성
5. 식별가능성

B. 선행평가를 기반으로 한 제품수용에 있어서의 주요 문제와 저항요인

III. 시장

A. 제품 판매 시장에 대한 설명

1. 지리적 위치
2. 위의 지리적 위치에서 이용 가능한 운송 및 통신 방식
3. 소비자 구매 습관
   a. 제품이용 유형
   b. 제품특성 선호도
   c. 쇼핑 습관
4. 제품의 유통
   a. 일반 소매점
   b. 기타 중간상에 의한 제품 판매
5. 광고 및 촉진
   a. 목표시장에 도달하기 위하여 일반적으로 이용되는 광고매체
   b. 관례적으로 이용되는 판매촉진 수단(견본, 쿠폰 등)
6. 가격책정 전략
   a. 관습적 이윤책정
   b. 이용 가능한 할인혜택의 종류

B. 자신의 제품과 경쟁자 제품을 비교하고 대조

1. 경쟁자의 제품
   a. 브랜드 명
   b. 제품특성
   c. 제품포장

2. 경쟁자의 가격
3. 경쟁자의 촉진 및 광고수단
4. 경쟁자의 유통경로

C. 시장규모
1. 계획 실행기간 동안의 추정된 산업 전체 판매액
2. 계획 실행기간 동안의 추정된 자사 판매액

D. 시장에 대한 정부참여
1. 자사에 도움을 줄 수 있는 기관
2. 자사가 준수해야 하는 법규(정)

IV. 요약

시장에 대한 자신의 분석을 기초로 하여 자사 마케팅 믹스에서의 주요 문제점과 관심을 기울여야 할 기회요인에 대해 간략하게 요약(최대 분량 2페이지)하고 이를 보고서의 맨 앞부분에 적는다.

V. 정보 출처

VI. 부록

IV. 예비 마케팅 계획

앞선 I~III 가이드라인 부분에서 수집된 정보는 목표시장에서 자사의 제품 또는 브랜드에 대한 마케팅 계획을 개발하는데 기초자료로 활용될 것이다. 본 부분에서 제시되는 내용들은 앞선 단계에서 부각된 문제점과 기회를 최대의 매출과 최대의 수익창출을 위하여 어떻게 극복 또는 활용할 것인지에 대한 것들이다. 자신의 판단에 따라 실행계획에는 해당 국가시장에서 자사제품에 대한 가장 효과적인 마케팅 방법이 반영되어야 한다. 예산, 기대수익과 손실, 제안된 계획을 실행하는데 필요한 추가적인 자원들이 무엇인지도 본 부분에서 제시된다.

가이드라인

I. 마케팅 계획

A. 마케팅 목표
1. 목표 시장(시장에 관한 구체적 설명)
2. 1~5년 동안의 예상 판매액
3. 1~5년 동안의 예상 수익
4. 시장 침투와 범위

B. SWOT 분석
1. 강점
2. 약점
3. 기회
4. 위협

C. 제품 적응 또는 변경–하나의 지침으로 제품 구성요소 모형(product component

model)을 이용하면 자사의 제품이 시장에 어떻게 적응될 수 있는지를 알 수 있다.

1. 핵심 구성요소
2. 포장 구성요소
3. 지원 서비스 구성요소

D. 촉진 믹스
1. 광고
   a. 목적
   b. 광고매체 믹스
   c. 메시지
   d. 비용
2. 판매촉진
   a. 목적
   b. 쿠폰
   c. 보험
   d. 비용
3. 인적 판매
4. 기타 촉진방법

E. 유통 : 출발지점에서 최종 목적지점까지
1. 지점의 선택
   a. 출발지점
   b. 최종 목적지점
2. 방법의 선택 : 개별 방법의 장단점
   a. 철도운송
   b. 항공운송
   c. 선박운송
   d. 육상도로운송
3. 포장
   a. 제품 표시와 품질 표시 규정
   b. 컨테이너 적재수송
   c. 비용
4. 구비서류
   a. 선하증권
   b. 부두수취증
   c. 항공화물 운송장

d. 상업송장

e. 견적송장

f. 수출신고서

g. 원산지 증명서

h. 특별서류

5. 보험 청구

6. 화물 운송주선인. 해당 기업에 운송 또는 수송관리 관련부서가 없다면, 화물 운송업자의 이용을 고려하라.

F. 유통경로(미시적 분석). 이 부분은 마케팅 계획에 제시된 특수한 유통형태에 대한 세부사항을 제공한다.

1. 소매업체

a. 소매점의 유형과 수

b. 개별 소매점 유형에 따른 관습적 소매가 이윤책정

c. 개별 소매점 유형에 따른 운영방식(현금거래/신용거래)

d. 개별 소매점 유형에 따른 운영규모(대규모/소규모)

2. 중간 도매업체

a. 중간 도매업체의 유형과 수

b. 개별 도매업체 유형에 따른 관습적 이윤책정

c. 개별 도매업체 유형에 따른 운영방식(현금거래/신용거래)

d. 개별 도매업체 유형에 따른 운영규모(대규모/소규모)

3. 수입/수출 대행업체

4. 창고업

a. 유형

b. 위치

G. 가격결정

1. 제품 선적비용

2. 운송비용

3. 취급비용

a. 부두 혼잡세

b. 입항료

c. 선적과 하역비용

4. 보험비용

5. 관세

6. 수입세와 부가가치세

7. 도매 및 소매에 따른 관습적 이윤책정과 할인

8. 기업의 매출 총이익
9. 소매가격

H. 거래조건

1. 공장인도조건, 본선인도조건, 선측인도조건, 운임포함조건, 운임보험료포함조건
2. 각각의 장점/단점

I. 결제방식

1. 선적 전 현금불방식
2. 청산계정
3. 위탁판매
4. 일시불 어음, 일람 후 정기불 어음 또는 기일 후 출금어음
5. 신용장

II. 추정 재무제표와 예산

A. 마케팅 예산

1. 판매비용
2. 광고/촉진비용
3. 유통비용
4. 제품원가
5. 기타원가

B. 추정 손익계산서(첫해부터 5차년도까지)

III. 요구되는 자원

A. 재무자원

B. 인적자원

C. 생산능력

IV. 요약

본 보고서를 위한 조사를 완료하고 난 이후에 자사의 성공적인 마케팅 계획에 대한 핵심사항을 최대 2쪽 정도로 요약하고 이를 보고서의 맨 앞부분에 적는다.

V. 정보 출처

VI. 부록

정보에 대한 특별한 수요가 발생되는 이유는 국제 마케터가 해외시장에서 사업활동을 수행해야만 하는 지역 내의 특수 환경과 국제 활동의 복잡성 때문이다. 확실하지 않은 의견을 보완하기 위한 정보가 필요한 것은 국내 마케팅과 마찬가지로 중요한 사항이다. 국제마케팅 전략 수립 지침을 개발하고 다른 마케팅 문제에 대답하기 위하여 필요한 정보 출처는 앞선 8장과 부록부분에 소개되어 있다.

요약 Summary

시장지향적인 기업은 기업목표와 시장 및 경쟁 환경을 기반으로 전략적 시장계획을 수립해야 한다. 한 국가 내에서의 마케팅 계획 활동도 매우 복잡하지만, 기업이 국제적으로 사업 활동을 수행하면 관련되는 문제는 더욱 다양하게 증가한다. 기업목표는 시장에 따라 그리고 시간경과에 따라 다양할 수 있으며, 국제시장 조직은 주기적으로 변화하거나 국가에 따라 변화하기도 하며, 시장계획에 영향을 미치는 경쟁과 정부 및 경제적 변수들은 항상 변화하고 있다. 이러한 변화들 때문에 국제마케팅 관련 임원들의 전략적 마케팅 계획에 대한 접근방식은 특히 유연하고 창조적이어야 한다.

용어설명

ㄱ

가격 · 품질 관계(price-quality relationship) 소비자가 가격을 통해 기대하게 되는 제품의 품질로서, 소비자의 기본적인 기대와 가격 · 품질(price-quality)이 일치할 때 이상적이라 할 수 있다.

가격상승(price escalation) 해외 수출 비용 등에 의해 생산국가보다 수입 국가에서 가격이 더 높게 책정하게 되는 가격 불균형 현상이다.

간접수출(indirect exporting) 기업이 해외시장에 직접 진출하지 않고 자국에서 판매 대행업체(수입업자 또는 유통업자)를 활용하여 수출하는 형태. 결과적으로 판매 대행업체가 해당 제품을 수출하게 됨.

거대 신흥시장(BEMs: Big Emerging Markets) 개발도상국이나 신흥공업국 중 세계 무역 증가의 대부분을 차지하는 인구집중 국가로 이루어진 핵심 지역을 지칭한다.

경상수지(current account) 국제수지의 일부로서 한 국가의 재화와 용역의 수출과 수입 그리고 일방적인 자금 이동을 파악할 수 있다.

경제발전(economic development) 일반적으로 국가의 생산 증대를 말하며 일인당 평균 국내총생산의 증가를 가져온다.

경제발전단계(stage of economic development) 시간에 따라 진화하는 국가 경제의 성숙도와 정교함의 단계를 분류한 설명이다. 가장 유명한 모델은 Walt Rostow가 만든 것으로 전통 사회에서 출발하여 대량 소비 시대에 도달하는 5단계의 모형이 있다.

경제이원성(economic dualism) 일국의 경제에 현대적인 부문과 전통적인 부문이 병존하는 상태로 특히 저개발국에서 나타난다.

경제통화동맹(EMU: The Economic and Monetary Union) 유럽연합을 구성한 마스트리히트조약에 의해 결성되었다.

계획적 변화(planned change) 기업이 이미 설정된 마케팅 목표에 상충되는 외국 문화의 단면들을 변화시키기 위해 의도적으로 설계한 마케팅 전략이다. ☞ 비계획적 변화 참조.

고가격정책(skimming) 경쟁자에 의해 가격 인하 압박이 있을 때까지 사용하는 신제품 및 혁신제품의 이익을 극대화하기 위한 초기 고가격 정책의 한 방법으로, 외국시장에서 일반적으로 사용된다. ☞ 총원가 가격책정법; 변동원가 가격책정법 참조.

고객추종자(client followers) 해외시장에 먼저 진입한 기업들을 따라 해외로 진출하는 기업으로서 보통은 서비스를 공급하는 기업들임; 예를 들어 멕시코에 먼저 진출한 미국 자동차 회사들에게 서비스를 제공하기 위해 미국 보험회사들이 멕시코에 진출하였다.

공동시장(common market) 경제공동체의 한 형태로서 역내 무역 관련 관세와 모든 제약들을 철폐하고, 비회원국에 대한 공통의 관세를 채택하고 그리고 회원국 간의 자본과 노동의 자유로운 이동을 제한 없이 허용하는 협정을 말한다.

공리주의 윤리의 원칙(principle of utilitarian ethics) ☞ 공리주의 윤리 참조.

공리주의 윤리(utilitarian ethics) 윤리학의 세 가지 원칙(나머지는 당사자 기본권리와 공정성 혹은 공평성이다) 중 하나로서, "공동선(common good)"에 적합한지 혹은 모든 구성원들에게 혜택이 있는지를 질문함으로써 특정 행동을 평가할 수 있다.

공정성 혹은 공평성의 원칙(principle of justice or fairness)

공정성 혹은 공평성(justice or fairness) 윤리규범(principles of ethics) 3가지 중 하나. 다른 2가지는 공리주의 윤리

(utilitarian ethics)와 당사자 기본권리(rights of the parties). 어떤 행동이 모든 사람들이 보편적으로 인정하는 일반적 규범(the canons of justice or fairness)에 포함되는지를 질문해 봄으로써 시험해 볼 수 있음.

관계 마케팅(relationship marketing) B2B 맥락에서 중요한 요소의 하나로 고객과의 오랜 기간 동안의 상호작용에 의해 생성되는 마케팅 활동의 한 측면이다. 문화를 통해 사람들과 기업들과의 관계를 강력하게 연관시키는 마케팅으로서 대부분의 국제 시장에서 특히 중요하다.

관리가격 책정(administered pricing) 경쟁자들과의 담합, 국가, 주정부, 지방 정부 그리고 국제협약에 의해 전체 시장가격을 설정하려는 시도. 이 가격책정의 적법성은 국가별 그리고 시기별로 상이하다.

관세 및 무역에 관한 일반 협정(GATT: General Agreement on Tariffs and Trade) 제2차 세계대전 종전후에 미국과 22개국이 맺은 무역협정이다. 원 협정은 관세경감 절차를 담고 있고, 세계무역을 감독하는 기구의 창설을 도모한다. 이 협정과 추후 협상으로 중요한 관세감축 합의문을 이끌어 냈다.

관세(tariff) 수입되는 물품에 국가가 부가하는 요금 또는 세금의 하나로 종종 외국의 시장 침투로부터 자국 시장을 방어하기 위해 사용된다.

관세동맹(customs union) 경제공동체의 한 형태로서 회원국 간의 거래에서는 무관세 혹은 최저로 낮추고 비회원 국간의 거래 시에는 공동의 관세율을 적용하는 방식이다. ☞ 공동시장; 정치 동맹 참조.

구매력 등가지수(PPP: Purchase Price Parity) 소비자 구매 비용의 국가 간 구별을 위해 국내총생산(GDP)을 수정한 것으로 국가 간 소비자들의 전반적인 삶의 수준을 직접 비교 가능하게 한다.

구상무역(compensation deals) 물품의 대금을 그에 상응하는 재화와 현금 두 가지로 지급하는 거래이다. ☞ 물물교환; 대응구매; 대응무역 참조

국내 중개인(home-country middleman) 국제 거래에서 생산자 국가에 위치하며 생산자 국가 기반의 마케팅 서비스를 제공하는 중개상으로 국내 중개상으로도 알려져 있다. 국내 중개상은 국제거래 경험이 없는 기업들이나 소규모 국제거래 물량을 취급하는 기업들에게 활용성이 크다. ☞ 브로커 중개상; 딜러 중개상 참조.

국제마케팅 조사(international marketing research) 국경을 초월한 정보교환의 필요성과 서로 다른 해외 시장 환경에서 만들어진 마케팅 기법을 적응하려는 노력(도전)을 포함하는 마케팅 조사의 형태.

국제마케팅(international marketing) 이익창출을 위하여 하나 이상의 국가에서 사용자와 고객에게 기업의 제품이나 서비스의 흐름을 통제하고, 촉진하고, 가격을 결정하고, 기획하기 위해 설계된 기업 활동의 성과를 의미.

국제수지(balance of payments) 일정기간 동안 한 국가가 다른 국가와 행한 모든 경제적 거래를 체계적으로 기록한 것이다.

국제통화기금(IMF: International Monetary Fund) 세계은행 그룹(World Bank Group)과 함께 국제기구의 하나로 각국이 경제적인 생존과 유지가 가능하도록 지원을 위해 설립되었다.

그린마케팅(green marketing) 제품 구성, 마케팅, 제조 및 포장 등에 따르는 환경적 결과에 대한 고려와 관심을 의미한다.

글로벌 마케팅(global marketing) 수익 창출을 위해 한 국가 이상에서 기업의 상품과 서비스를 소비자 및 사용자들에게 전달하기 위해 계획하고, 가격을 설정하고, 판촉을 하는 경영활동의 수행을 일컬음. 글로벌과 국내 마케팅의 가장 큰 차이점은 시장에 대한 지향성과 전 세계를 대상으로 한 계획 활동에 있다.

글로벌 마케팅 개념(global marketing concept) 본국과 다른 한 국가 또는 본국과 100개의 다른 국가가 있던 상관없이 시장을 전체적으로 아우르고, 그 시장들을 하나로 인식하며, 유사한 욕구를 가진 잠재적인 구매자 그룹을 글로벌 세분시장으로 십별하고, 비용과 문화적 측면에서 효율적인 곳이라면 어디서든지 표준화를 추구하는 시장 전략을 개발하는 관점이다.

글로벌 브랜드(global brand) 수출업자의 상품이나 서비스를 특정화할 수 있고 경쟁자들과 차별화되는 세계 널리 사용되는 상표, 용어, 사인, 시청각적 상징, 디자인 또는 이들의 조합이다.

글로벌 인식(global awareness) 문화의 상이성에 대한 관용과 문화, 역사, 세계시장 잠재성 그리고 글로벌 경제, 사회적 및 정치적 흐름에 대한 지식을 포함하는 개념으로 사업가로서의 성공에 중요한 사고의 틀을 의미한다.

글로벌 지향성(global orientation) 모든 기업의 시장이 하나의 단일 글로벌 시장으로서 접근가능하다는 관점에서 문화적으로 실현가능하고 비용 효과적인 표준화된 마케팅 믹스를 가지고 행동하는 기업의 운영 방법이다.

급행료(lubrication) 공무원이나 정부 관리들이 보다 신속한 조치를 취해줄 것을 기대하고 금품을 제공하는 것. 하급 관리들에게 지불되는 금액은 불법일수도 혹은 불법이 아닐 수도 있으나 일반적으로 큰 금액이 제공되지는 않음.

ㄴ

남미공동시장(Mercosur) 남미공동체(South American Union)로 발전중이며 남미공동시장으로 불리는 메르코수르(Mercado Comundel Sur)는 1991년 참여국들 간의 공동시장 및 관세동맹 결성을 목적으로 출범하였다. 아르헨티나, 브라질, 파라과이, 우루과이 등 정회원국과 볼리비아, 칠레 등 준회원국으로 구성되어 있음.

내국화(domestication) 피투자국이 외국인 투자 지분을 점차적으로 자국의 통제나 소유로 전환시키는 과정으로, 현지국 소유권을 강제하는 일련의 정부법령에 의해 또는 국가가 더 많이 기업경영에 개입함으로써 이루어진다. ☞ 몰수, 수용 참조.

노사협의회(work councils) 유럽에서 노사협의회(기업 내부의 노동조합위원회)는 심지어 판매원을 비롯한 기타 인력자원 정책 및 근로자의 보상과 관련한 규정을 결정하는데 회사 전반에 걸쳐 깊이 관여한다. 예컨대, 오스트리아나 독일에서는 노사협의회가 보상계획을 공동으로 결정할 뿐 아니라 실행 전에 승인까지 하고 있다.

뇌물(bribery) 공무원 혹은 정부 관료가 내리는 결정에 영향력을 행사하기 위해 사용되는 불법적인 자금. 국제 상거래에서 뇌물 금액은 수 십억 원에 이르기도 한다.

ㄷ

다국적 역내시장(multinational market regions) 지역 간 무역에 대한 관세 및 무역장벽 해소를 통하여 상호 경제적 이익을 추구하고자 하는 국가 집단을 의미.

다문화적 조사(multicultural research) 언어, 경제구조, 사회구조, 태도유형의 차이를 고려하여 국가 및 문화들에 대한 탐구, 분석 및 연구를 수행하는 것. 상이한 국가에 대한 차별적인 조사방식의 적용은 신뢰성을 떨어드릴 수 있음.

단일유럽의정서(single european act) 1987년에 유럽에서 비준된 협약으로서 역내 국가 간의 모든 무역장벽을 철폐하고 유럽 공동체를 단일 내부 시장으로 만드는 것이 목적이다.

당사자 기본권리(right of the parties) 공리주의 윤리(utilitarian ethics)와 공정성 혹은 공평성(justice or fairness)과 더불어 윤리학의 세 가지 원칙 중 하나다. 이를 위해 개인들은 자신의 행동을 결정하는 과정에 그 행동에 영향을 받는 상대방의 권리를 존중하고 있는지를 생각해야 한다.

당사자 기본권리에 대한 원칙(principle of right of the parties) ☞ 당사자 기본권리 참조.

대륙법(code law) 문자로 적어 표현하고, 문서의 형식을 갖춘 법으로서 상법, 민법 그리고 형법 세 가지 분야로 구분된다. 미국에서는 루이지애나 주가 대륙법을 사용한다. ☞ 영미법.

대응구매(counter purchase) 대응무역의 한 종류로서 판매자는 자신의 판매에 대해 현금을 수령하지만 판매한 금액만큼의 재화를 구매자로부터 매입해야 하는 계약상의 의무가 있는 거래이다. ☞ 물물교환; 구상무역 참조.

대응무역(counter trade) 판매자가 구매자에 대한 수출이나 생산을 조건으로 수입을 허용하는 무역거래로서 대응무역은 현금으로만 혹은 부분적 현금결제로 거래가 이루어진다. 미국기업들과 기타 신흥개발도상국을 포함한 과거 소련 위성국간의 거래에 주로 이용되었다. ☞ 물물교환; 구상무역; 대응구매 참조.

대점법(large-scale retail store law) 일본에서는 대형 소매점포 때문에 발생할 수 있는 경쟁관련 상황을 다이텐노(Daitenho)라 불리는 대형 소매점포법으로 거의 대부분 통제하고 있음. 본 법은 지역시장에서 소형 소매점포들을 대형 소매점포로부터 보호할 목적으로 제정하였으며, 본 법에 따르면 5,382평방피트(500평방미터)보다 큰 점포의 경우 해당 지방정부로부터 "설립, 확장 및 야간개장시간과 월중 휴무일의 전환" 등의 사항에 대해 동의를 받을 것을 요구하고 있음. 새롭게 개점하는 대형점포들에 대한 모든 검토사항들은 경제산업성(Ministry of International Trade and Industry)에서 일차적으로 판단하며, 이후 해당 지역의 모든 소매 점포들이 무기명으로 해당 개점 계획에 대해 동의하게 되면 즉시 승인이 이루어지게 됨. 그러나 지방정부의 동의가 없는 경우 해당 계획은 수정 및 해명의 기회를 가질 수 있도록 반려되는데, 승인을 위해 대략 몇 년의 과정(10년의 기간이 소요될 수도 있음)을 거치기도 함.

대중화권(大中華: The Greater China) 중화인민공화국(PRC) 또는 중국 본토는 물론 대만, 홍콩, 마카오를 아우르는 말이다. 1949년에 중국이 중화인민공화국과 대만으로 두 개의 정치적 단위로 분리된 후, 서로 나머지 영토가 자기의 영토라고 주장한다.

대형 소매점포 입지법(large-scale retail store location act) 2000년 미국의 압력에 의해 시행하게 된 일본의 규제 관련 규제법. 본 법은 보호법적인 성격이 강하였던 대형 소매점포법을 대체하기 위한 것으로 소형 소매점포 인근에 개점하게 되는 대규모 소매점포 관련 규제를 완화하고 해당 점포의 공식 휴무일에 대한 행정 규제를 폐지.

덤핑(dumping) 일반적으로 법에 의해 금지되며 벌금을 물게 된다. 수출기업이 생산비용보다 낮게 해외시장에서 제품을 판매하거나 동일 제품을 자국에서 파는 가격보다 싸게 판매하는 경우를 말한다.

독점유통(exclusive distribution) 소매상들로 하여금 특정기업의 제품을 취급하지 못하도록 제한하는 방식으로 높은 소매마진과 제품의 독점적인 품질이미지를 유지하고 소매상으로 하여금 소비자들에게 추가적인 서비스 제공을 유도하기 위해 기업들이 종종 사용한다.

딜러 중개인(merchant middlemen) 국제거래에서 해외지역에 위치하며 수입의 제품에 대한 소유권을 가지고 자신의 계정하에 판매를 하는 중개인을 의미. 이러한 딜러 중개인을 이용하는 제조업자는 브로커 중개인(agent middlemen)을 이용하는 제조업자에 비해 유통과정에 개입할 여지가 적음. ☞ 국내 중개인(home-country middlemen) 참조.

딜러(dealers) 산업용품이나 내구재를 소비자에게 직접 판매하는 중간상인; 이들이 유통경로에서 마지막 활동 단계이다.

ㄹ

라이선싱(licensing) 기업이 다른 기업에게 자신의 특허권이나 상표권 또는 자신의 기술을 이용할 권리를 부여하는 계약으로 종종 해외지역에서 체결되기도 함. 중소규모의 기업들에게는 대규모 자본투자 없이도 해외시장에 대한 진출기반을 마련할 수 있는 매력적인 전략이 됨. ☞ 프랜차이징(franchising) 참조.

루즈벨트 계론(系論) (Roosevelt Corollary) 먼로주의를 확대한 미국의 정책으로 루스벨트가 제시했다. 이를 통해 루스벨트는 중남미 문제에서 미국 이외의 국가가 개입하는 것을 금지한다고 선언했다. 또한 이 지역 치안 문제에 미국이 개입할 수 있다는 것과 중남미 국가의 국제의무 준수를 미국이 보장할 것임을 밝혔다. ☞ 먼로주의 참조

ㅁ

마르크스-사회주의 원리(Marxist-socialist tenets) 법은 지배적인 경제상황에 부수적인 것이라는 견해. 마르크스-사회주의 원리는 러시아와 구소련의 다른 연방국가 및 중국의 법률체계에 영향을 미쳤으며, 해당 국가들이 비마르크스주의 국가들과 교역할 때 필요한 상업관련 법률규정들을 수정하도록 영향력을 행사함.

마스트리히트 조약(Maastricht Treaty) 유럽연합(European Union)을 출범시킨 계기가 된 유럽공동체(European Community) 소속 12개 국가가 체결한 조약을 의미.

마케팅 조사(marketing research) 마케팅 의사결정에 유용한 정보를 제공하기 위하여 자료를 체계적으로 수집하고 기록하고 분석하는 작업을 의미. ☞ 국제마케팅 조사 참조.

마킬라도라(maquiladoras: 보세임가공기업) 보세기업(in-bond company) 또는 쌍둥이공장(twin plants)으로 더 잘 알려져 있으며, 1970년대 멕시코의 저렴한 노동력을 미국기업들이 활용할 수 있도록 하기 위하여 멕시코에서 고안한 관세특혜시설의 형태. 이러한 기업(시설)들은 멕시코 정부가 허가한 미국기업들과의 계약을 통하여 수입관세 없이 멕시코로 부품이나 원재료를 수입하여 이를 바탕으로 최종제품을 생산한 이후 이를 다시 미국이나 제3국으로 재수출함. ☞ 보세시설 참조.

매수(subornation) 공무원의 불법적 행동을 유도하기 위해 계획된 큰 금액의 금전을 주는 것으로 회계에는 거의 반영이 안 된다.

먼로주의(Monroe Doctrine) 미국 대통령 제임스 먼로(James Monroe)에 의해 주창된 미국 대외정책의 근간으로 다음과 같은 3가지 주요 원칙을 선언. 신세계에서 더 이상의 유럽 식민지 건설 반대, 미국의 유럽정치에 대한 개입 자제, 유럽의 서반구(미대륙)에 대한 불간섭을 천명. ☞ 루즈벨트 계론(Roosevelt Corollary) 참조.

명백한 운명(Manifest Destiny) 미국인들은 이상사회를 건설하도록 신에게 사명을 부여받은 사람들이라는 개념; 미국의 영토 팽창기인 19세기와 20세기 동안 미국 정부정책의 근간으로 받아들여짐.

몰수(confiscation) 기업의 자산을 대가의 지불 없이 압류하는 것. 쿠바와 이란에서 미국기업과 관련하여 발생한 사례가 유명하다 ☞ 내국화; 수용 참조.

무역 회사(trading companies) 많은 국가들로부터 재화를 모으고, 운송하고 그리고 배분하는 기업체를 의미한다.

무역수지(balance of trade) 일정기간 동안 한 국가의 수출액과 수입액의 차이를 의미한다.

문화 수용(cultural borrowing) 한 사회가 다른 문화방식을 학습하여 문제해결이나 제반 여건들의 개선을 위해 아이디어를 빌려오는 것을 의미한다.

문화 적합성(cultural congruence) 현재의 문화적 규범에 부합하게 이미 시장에 출시된 제품과 같은 방식으로 마케팅활동을 하는 마케팅 전략을 의미한다.

문화(culture) 인간을 둘러싼 환경 중에 인간에 의해 만들어진 부분을 말하는데 지식, 믿음, 예술, 도덕, 법률, 관습, 서비스 그리고 사회의 구성원으로서 인간에 의해 얻어진 기타 역량이나 습관의 총합이다.

문화적 가치(cultural values) 특정 문화 안에서 사람들에 의해 유지되는 관습과 믿음의 체계; 홉스테드는 그의 저서에서 66개국에 대한 연구결과로 그 국가들의 문화적 가치들을 4개의 영역으로 구분한다. 개인주의와 집단주의 지수, 권력거리 지수, 불확실성회피 지수 그리고 앞의 3개와 비교할 때 그리 유용하지 않은 남성성과 여성성 지수이다.

문화적 민감성(cultural sensitivity) 한 특정 문화가 객관적으로 비추어지고, 평가되고 그리고 이해될 수 있게 문화의 작은 의미차이도 인식할 수 있는 능력; 국제마케팅의 중요한 부분이다.

문화적 배타(cultural exclusive) ☞ 배타적인 참조.

문화적 선택(cultural elective) ☞ 선택적인 참조.

문화적 필수(cultural imperative) ☞ 필수적인 참조.

물류 시스템(physical distribution system) 포장, 재고수량, 운송 방법, 공장과 창고까지 포함하는 상품의 물리적 이동을 위한 전반적인 유통망이다.

물류관리(logistics management) 원재료 및 중간재화와 최종재화 등을 원산지에서 소비지역 또는 제조지역까지 물리적으로 이동시키는데 필요한 모든 활동을 포함하는 유통과정관리와 유사한 종합시스템.

물물교환(barter) 거래에 있어 두 당사자 간에 화폐의 매개없이 이루어지는 재화의 직접적인 거래를 말한다. ☞ 구상무역; 대응구매; 대응무역 참조.

미국-캐나다 자유무역협정(United States-Canada Free Trade Agreement) CFTA로 알려진 이 협정은 미국과 캐나다 사이의 모든 무역장벽을 제거하기 위해 결성되었다.

미학(aesthetics) 철학적으로는 미의 창조와 감상에 대한 것이고, 집합적으로는 풍속, 음악, 드라마, 춤 등을 포함한 예술을 의미한다.

민족주의(nationalism) 국가적 자부심이나 일체감에 대한 강렬한 감정. 국민들이 자신의 국가에 대한 자부심을 자각하는 것. 민족주의는 편향된 반외국기업 정서를 불러일으킬 수 있음.

ㅂ

배타적인(exclusive) 외국에서 외국인이 참여해서는 안되는 사업관행이다. ☞ 선택적인; 필수적인 참조.

변동원가 가격책정법(variable-cost pricing) 해외시장 판매 시 가격을 결정하는 하나의 방법으로 그 시장에서 판매하는 제품의 한계생산비용이나 추가생산비용만을 고려한 가격결정법이다. 변동원가 가격책정법을 채택한 기업들은 해외시장 매출을 부수적 판매로 본다. ☞ 전체원가 가격책정법(full-cost pricing); 고가격정책(skimming) 참조.

별거 수당(separation allowances) 단기 외국 출장자와 가족을 동반하지 않은 여행을 하는 근로자자들에게 제공되는 해외 할증 수당을 말한다. 일반적으로 모든 초과비용과 세금을 보상한다.

병렬번역(parallel translation) 2명의 번역자가 역번역(back translation: 첫 번째 번역자가 번역대상을 다른 언어로 번역한 이후 이를 다른 번역자가 원래의 언어로 재번역하는 방식) 방식으로 수행하는 번역방법. 번역결과를 비교하고 차이점에 대해 논의하여 가장 적절한 번역을 채택. 이 번역방법은 번역에 이용된 보편적인 표현방식(common idioms)이 무엇인지에 대해 고민하는 것. ☞ 탈중심화 참조.

병행수입(parallel imports) 수입업자가 특정국 유통업자로부터 제품을 구매하여 이를 다른 국가의 유통업자에게 판매하는 국제거래로 제조업체의 정상적인 유통 시스템과는 관련이 없음.

보세시설(customs-privileged facilities) 국제거래에서 제품이 최종 목적지로 출발하기 전까지 관세와 쿼터가 유예된 채로 재화가 보관 혹은 가공될 수 있는 지역을 말한다. ☞ 자유무역지대 참조.

보완 마케팅(complementary marketing) 다양한 국가를 포괄할 수 있을 만큼 유통역량에 여력이 있거나 광범위한 종류의 제품을 취급하고자 하는 기업 또는 마케팅 역량을 갖춘 기업은 종종 국제유통을 통해 타사 제품을 판매한다; 보통 남의 등에 업혀 이동하는 편승(piggybacking)이라고 할 수 있다.

보호무역주의(protectionism) 한 국가가 다른 국가 상품의 자국 내 진입을 저지하기 위해 법률 장벽, 거래 장벽 그리고 심리적 장벽을 사용하는 것을 의미한다.

본국 귀환(repatriation) 해외임무를 마친 후에 임무 지역으로부터 본국으로 돌아오는 과정을 말한다.

북미자유무역협정(NAFTA) 북미자유무역협정(North American Free Trade Agreement). NAFTA는 다수의 사례에서 나타나듯이 북미대륙 내에서 수행되는 모든 측면의 사업 활동을 개선시키는 포괄적 무역협정(comprehensive trade agreement). 캐나다와 미국, 멕시코간의 무역 및 투자 장벽 철폐에 따라 세계에서 가장 거대하고 부유한 시장지역중 하나가 탄생.

브로커 중개인(agent middlemen) 국제거래에서 자신의 이익보다는 고객(제조업자나 마케팅 대행인)을 대표하는 중재자; 중개업자는 수수료를 받고 일하며 해외에서의 판매를 주선하나, 상품에 대한 소유권을 갖지 않는다.

비계획적 변화(unplanned change) 문화 특성에 따른 반응이나 기업의 마케팅 의도에 대한 저항에 대해 영향을 줄 계획 없이 특정 제품을 시장에 출시하는 전략이다. ☞ 계획적 변화(planned change) 참조.

비관세장벽(non-tariff barriers) 수입제품에 대해 해당 국가가 관세와는 별도로 부과하는 제약사항. 비관세장벽에는 품질표준기준, 위생 및 보건표준기준, 쿼터제, 금수조치, 구매거부, 반덤핑관세 등이 포함됨.

비정부기구(NGOs) 일반적으로 비영리이며 기업이나 정부단체가 아닌 시민단체에 의해 국제적으로 운영되는 대규모 지지 단체. 대표적인 사례로 그린피스(Green Peace), 국제사면위원회(Amnesty International), 적십자사(Red Cross) 등을 들 수 있음.

ㅅ

사실적 지식(factual knowledge) 마케터가 습득하고, 예견하고, 흡수할 수 있는 다른 의미의 색깔, 취향 그리고 문화의 다른 특성을 포함하는 외국문화의 이해 또는 지식의 형태이다. ☞ 해석적 지식 참조.

사이버 스쿼터(cybersquatters) 보통 최소한의 비용으로 고유명사, 유명인의 이름, 다른 기업 상표의 변형, 지리적 혹은 인종 집단 이름 그리고 제약회사나 다른 기술용어들로 웹사이트 이름을 구입하여 등록한 후 구입한 웹사이트의 가격이 올라갈 때까지 보유하고 있는 개인이나 기업을 지칭한다. 가끔 CSQ라 불리기도 한다.

사회기반시설(infrastructure) 많은 산업들의 활동을 보조하고 생산과 마케팅 활동을 지원하기 위한 자본재의 종합적인 집합체.

사회제도(social institutions) 자신을 통제하고, 성공 세대들이 수용 가능한 행동을 가르치고, 서로 간에 영향을 미치는 가족, 종교, 학교, 미디어, 정부와 주식회사 등을 포함하는 방법과 제도를 말한다.

삼각측량(triangulation) 어떤 방법의 정확성을 검증하기 위해 같은 개념에 대해 적어도 세 개의 다른 측정을 사용해야 한다는 해군의 도면 기법에서 유래한 용어이다. 가령, 수요예측을 위해 전문가 및 판매 대표자의 개별적 의견과 계량적 경제 분석을 비교할 수 있다.

상계관세(countervailing duty) 세계무역기구(WTO) 규약에 따라 생산, 수출, 혹은 운송 등을 포함한 모든 분야에서 보조금의 혜택을 받은 외국기업에게 부과되는 관세; 수입되는 재화의 총금액을 규제하는 최소시장접근금액(minimum access amount)과 같이 적용되기도 한다.

상무부 통제국가 기록표(CCC: Commerce Country Chart) 상무부 통제목록과 함께 미국 수출기업이 해당 물품을 특정 지역에 수출하거나 재수출시 면허를 취득해야 하는지의 여부에 대해 참조하는 목록을 말한다. ☞ 수출통제 분류번호 참조.

상무부 통제목록(CCL: Commerce Control List) 미국의 법규로 수출통제분류번호에 의거 물품의 수출가능 품목을 정리한 디렉토리다. 수출자는 특정 항목에 주어진 최종사용자에 대한 제약사항(원자력을 포함한 생화학 무기들과 같은)이 있는지 판단하기 위해 이 목록들을 사용하여야 한다. 또한 해당 물품의 군과 민간에 의한 동시 사용가능성에 대한 이중용도품목 여부도 판단한다. ☞ 수출관리법 참조.

선적 24시간 전 적하목록전송규칙(24-Hour Rule) 미국의 지정요건인 화물 및 컨테이너 안전협정(Cargo and Container Security Initiative)의 일부이다. 해상운송인 및 무선박운송인(NVOCCs: Non-Vessel Operating Common Carriers)은 미국 세관에 해상수입 컨테이너 화물에 대한 세부목록을 컨테이너가 선박에 선적되기 24시간 전에 제출해야 한다.

선택적인(selective) (해외시장에서) 적용하면 도움이 되지만 반드시 필요한 것은 아닌 사업관행을 의미한다. ☞ 배타적인; 필수적인 참조.

세계무역기구(WTO) 세계무역기구는 관세 및 무역에 관한 일반협정(GATT)의 구조를 아우르고 기존에 적절히 수용하지 못했던 새로운 분야들을 포함하면서 1994년에 형성되었다. WTO는 무역 분쟁에 대한 판결 권한을 가지고 있으며, 모든 회원국은 동일한 대표권을 가진다.

소송(litigation) 양 당사자가 공식적인 재판장소에서 분쟁문제를 처리하는 과정. 보통 소송의 일방이 주장하는 사실관계에 의해 소송이 제기됨.

소음(noise) 다른 기업의 경쟁광고나 영업직원 및 수용과정상의 혼란(confusion at the receiving end) 등과 같은 외적 영향요인에 의해 발생되는 의사소통 과정상의 장애를 의미. 소음은 의사소통 과정상의 일부 단계를 방해할 수 있으며 종종 발신자(sender) 또는 수신자(receiver)에게 통제 불능인 경우가 있음.

수용(expropriation) 투자자에게 일정한 보상을 주고 정부가 투자를 압수; 종종 압수된 투자는 국유화된다. ☞ 몰수, 내국화 참조.

수입 도매상(import jobbers) 국제 거래에서 제조업자로부터 직접 상품을 구입하여 도매업자와 소매업자에게 그리고 기업고객들에게 판매하는 사업주체를 말한다.

수입규제(import regulations) 해외에서 수입하여 판매되는 제품에 대해 수입국가가 부과하는 제한사항. 수입국의 보건 관련이슈나 외환거래 관리, 경제적 보복 행위 대처, 자국 산업보호, 관세수입 증가 등의 다양한 이유에 따라 시행되며 이러한 수입규제가 시행되는 국가에 수출하는 기업(또는 개인)은 해당 수입규제에 대처하기 위하여 다양한 활동을 전개해야 함. ☞ 수출규제 참조.

수출 승인신청 조회 시스템(STELA) 수출을 위한 자동화된 음성 응답 시스템의 하나로 미국의 권한과 함께 그들의 면허와 분류 지원서의 상태를 추적할 수 있게 한 '수출 면허 신청 추적 시스템이다(System of Tracking Export License Applications'. ☞ 수출승인신청정보망; 품목분류를 위한 전자 요청; 약식 네트워크 신청절차 참조.

수출관리규정(EAR: Export Administration Regulations) 수출시 발생하는 많은 문제와 혼란을 경감하기 위해 미국 상무부에 의해 고안된 일련의 규칙; 국가안보와 관련이 있는 특정품목들에 대한 승인통제에 집중함으로써 수출승인허가 절차의 신속성을 제고함. 수출업자들은 그들의 무역행위가 EAR 규제를 위반하지 않아야 한다. ☞ 상품통제목록, 수출통제 분류번호 참조.

수출관리기업(EMC: Export Management Company) 상대적으로 작은 해외거래 물량을 갖고 있거나 종업원을 국제거래에 투입하고 싶지 않은 기업들에게 중요한 중개상을 의미한다. EMC의 규모는 1인에서 100인까지이고, 수출제조품의 10%를 담당한다. 전형적으로 EMC는 고객기업의 마케팅 운영에 통합된 부분이다. 제조업자의 상호로 일하면서 EMC는 저비용의 독립적인 마케팅 부서로서 모기업에게 직접적인 책임을 진다. 관계가 매우 밀접하여 고객은 EMC가 모기업의 수출부서와 직접적인 연관이 없다는 것을 모르는 경우도 많다.

수출무역회사법(Export Trading Company Act) 미국에서 유사제품 생산업자들이 수출상사로 변경하는 것을 허용하는 법률로서 일면으로는 무역행위의 반독점 폐해를 제거하여 합작수출기업 설립을 위한 우호적 환경을 조성한다.

수출서류(export documents) 수출국 정부, 해외무역 과정에서 그리고 때때로 수입국 정부에 의해 요구되는 국제거래를 위해 문서화된 다양한 서류들을 말한다.

수출승인신청정보망(ELAIN) 인증 받은 수출업자가 인터넷을 통해 모든 제품의 승인신청을 전 세계 어디나 무료로 전송할 수 있는 전자서비스이다. ☞ 품목분류를 위한 전자 요청; 약식 네트워크 신청 절차; 수출 승인신청 조회 시스템 참조.

수출자율규제(VERS: voluntary export restraints) 할당(quotas)과 유사하며, 수출입 국가 간 교역 시 수출규모를 자발적으로 제한하는 것이다. 시장질서유지협정(OMAs: orderly market agreements)이라고도 알려져 있다.

수출제한(export regulations) 해외 상품판매에 있어 국가가 제정한 규제이다. 국내소비를 위해 부족한 상품을 보호하고 실제적 또는 잠재적인 적국에 전략상품의 유출을 막기 위한 이유에서 만들어진 제도이다. ☞ 수입규제 참조

수출통제 분류번호(ECCN: Export Control Classification Number) 미국 수출관리법의 규제 하에서 미국 수출업자들이 수출되는 품목에 대해 선택해야 하는 분류번호로서 품목의 수출허용을 나타내는 상품통제목록의 명세와 일치한다.

시장질서유지협정(OMAs: orderly market agreements) 쿼터제(quotas)와 유사하며 수입국 및 수출국들 간에 수출물량 제한사항에 대해 체결한 협정. 수출자율규제로도 알려져 있음.

신용장(letters of credit) 제품의 구매자가 신용장을 개설하게 되면 판매자는 신용장 개설은행이 지급 보증하는 한도 이내에서 어음을 발행하고 적절한 선적서류를 제시하여 자금을 지급받게 되는 금융수단. 신용장은 판매자에게 선지급(cash in advance)을 제외한 가장 강력한 수준의 보호수단. ☞ 환어음 참조.

신흥공업국(NICs) 급속한 경제성장과 산업화를 경험하고 있는 국가들을 지칭.

ㅇ

아세안 자유무역지역(AFTA) 아세안(ASEAN)에서 발전된 다국적 무역 그룹을 의미한다. ☞ 아시아태-평양경제협력기구(APEC); 아세안(ASEAN)+3 참조.

아세안(ASEAN: Association of Southeast Asian

Nations) 다국간 지역 경제 공동체로서 회원국은 필리핀, 말레이시아, 싱가포르, 인도네시아, 타이, 브루나이, 베트남, 라오스, 미얀마, 캄보디아이다.

아세안+3 아세안 회원국의 장관들에 더해 한국, 중국 그리고 일본 각료들의 포럼을 말한다. ☞ 아시아-태평양 경제협력체 ; 아세안+3 참조.

아시아의 네 마리 호랑이들(Four Asian Tigers) 1980년대와 1990년대 빠른 경제성장을 이룩한 홍콩, 대만, 싱가포르, 대한민국.

아시아-태평양 경제협력기구(APEC: The Asian-Pacific Economic Cooperation) 아시아-태평양 지역의 경제 발전을 협의하기 위해 매년 개최되는 포럼을 말한다. ☞ 아세안 자유무역지역; 아세안+3 참조.

아이에스오 9000(ISO 9000s) 국제표준화기구(International Organization for Standardization)가 구매계약에 필요한 품질보증 기준을 제시하기 위하여 제정한 일련의 국제산업표준규격을 의미.

아편전쟁(Opium Wars) 1800년대 중반 중국에 대한 영국인들의 지나친 아편무역으로 인하여 중국과 영국 사이에 발생한 두 차례의 전쟁을 말한다. 영국해군이 중국의 아편거래 금지에 대한 보복으로 중국항구를 공격하였는데 1842년 난징조약(Treaty of Nanjing)의 체결로 더 많은 중국 항구를 유럽 국가들에게 개방하게 되었으며 아편무역이 재개되었고 홍콩항을 영국에 할양하게 됨.

암스테르담 조약(Treaty of Amsterdam) 중부유럽과 동유럽으로 EU를 확대하고 단일화폐의 도입을 위해 견고한 발판을 놓은 조약으로서 1997년 매듭지어졌다. 마스트리히트 조약(Maastricht Treaty)에서 해결되지 못한 사안들에 대한 천명과 유럽 단일시장의 완전한 실현을 위해 필요한 우선적 조치들을 확인한 조약이다.

약식 네트워크 신청 절차(SNAP; Simplified Network Application Process) 인터넷을 통해 상품 분류 요청, 고성능 컴퓨터 통지, 수출자가 수출 혹은 재수출하는 신청서를 제출시에 종이 면허증 제출을 대체시킬 목적으로 미국 상무부에 의해 제공되는 온라인 서비스다. ☞ 수출 승인신청 정보망; 품목분류를 위한 전자요청; 수출 승인신청 조회 시스템 참조.

약탈적 가격(predatory pricing) 다른 나라에서 경쟁자를 약화시키거나 시장을 통제하기 위해 생산원가보다 낮은 가격으로 의도적 판매를 하는 방법을 말한다.

언어적 거리(linguistic distance) 언어들 사이의 차이 정도. 국가 간 무역량을 결정하는 매우 중요한 요인.

엠-타임(M-time) 단일형 시간(monochromatic time) 개념. 북미국가와 스위스, 독일 및 스칸디나비아인들(Scandinavians)이 가진 전형적인 시간개념으로 시간은 다분히 선형적(linear)이며 절약될 수도, 낭비될 수도, 흘려보낼 수도, 잃어버릴 수도 있다는 개념. 단일형 시간개념(M-Time) 문화권에서는 한 번에 하나의 일을 처리하는데 집중하는 경향이 있으며 신속성에 가치를 둠. ☞ 피-타임(P-time) 참조.

역번역(back translation) 설문지와 같은 문서나 문구들이 일단 다른 언어로 번역된 뒤 다시 다른 사람들에 의해 참고나 주석 없이 다시 원래 언어로 재번역 되는 과정. 역번역은 첫 번째 번역이 목표가 되는 대상에게 적정하게 의도된 대로 의미가 전달되는지 검증하기 위해 사용된다. ☞ 탈중심화; 병렬번역 참조.

영미법(common law) 사회의 전통, 과거의 관례 그리고 법적 전례 등에 기반을 둔 법체계로서 법령, 제정법 그리고 과거 판결 등의 해석을 통하여 법원에 의해 확립되었다. 미국에서 루이지애나만 제외하고 모든 주에서 사용하고 있는 영미법은 법령 해석을 할 때 과거 결정을 이용하고 이를 현재 상황에 적용시킨다. 관습법이라고도 알려져 있다. ☞ 대륙법 참조.

온실가스배출(green-house gas emission) 화석연료의 사용에 의해 주로 발생되는 가스로 지구 대기에 열을 잡아두는 성질이 있으며 기후 변화의 주요 요인임. 문제가 되는 주요 물질은 이산화탄소, 메탄, 아산화질소, 불소화가스 등이다.

외화보유 계정(reserves account) 금의 수출입 기록, 환율의 상승과 하락, 외국 은행의 부채 증가와 감소세를 보여주는 것으로 국제무역수지표의 일부분에 해당한다.

우선 사용과 등록(prior use versus registration) 우선 사용은 미국 혹은 영미법 국가에서 볼 수 있는 원칙으로 지적 재산권은 최초 사용자가 소유한다. 반면에 대륙법 체계에서는 먼저 지적재산권을 등록한 자가 소유권을 가진다.

운송 중 조립(merge-in-transit) 서로 다른 몇 개의 공급 지역으로부터 발송된 원재료들이 운송 도중 하나의 단위 제품으로 조립되어 최종 인도지점에서 소비자에게 전달되는 유통방식.

유교(Confusion Philosophy) 2,500년 전 중국의 철학자인 공자의 가르침으로서 현재의 동아시아에 많은 영향을 끼침. 주요 가르침은 인의예지신(仁義禮知信) 다섯 가지이다.

유럽의회(European Parliament) 유럽연합의 입법부로서 미국의 하원과 유사하며, 의원 수는 국가 인구수에 비례한다.

유추법(analogy) 각국의 경제적 발전정도를 비교하여 대체로 유사한 방식으로 다른 국가들의 제품수요도 파악할 수 있다고 가정하는 방식.

유통경로(distribution channels) 마케터가 소비자에게 제품을 전달하기 위해 고려해야 하는 다양한 경로를 의미한다. 유통경로구조는 빈약한 마케팅 인프라를 가진 다수의 신흥국가들에서부터 일본과 같이 고도로 복잡하고 다양한 마케팅 인프라를 가진 국가를 모두 포함한다. 유통구조는 6Cs(비용, 자본, 통제, 범위, 특성 및 지속성)를 고려해야 한다.

유통과정(distribution process) 제품의 물리적 취급, 소유권 이전, (마케팅 관점에서 특히 중요한) 제조업자와 중개상간 그리고 중개상과 소비자 간의 구매와 판매에 대한 협상을 말한다. ☞ 유통구조 참조.

유통구조(distribution structure) 제품이 제조자로부터 소비자에게로 전달되는 것과 관련된 시스템으로 모든 국가의 시장에 존재한다; 구조 안에는 다양한 중개상이 존재한다. ☞ 유통과정 참조.

이슬람법(islamic law) 샤리아(Shari'ah). 코란(Koran)의 가르침에 기초한 법률체계. 이슬람법은 일상생활을 규율하는 세속적인 측면뿐만 아니라 종교적인 책임과 의무도 포함. 이슬람법에는 이자지급의 금지조항도 포함되어 있음.

이전가격(transfer pricing) 사내가격(intracompany pricing)으로도 알려졌으며, 특정 기업의 활동이나 판매 조직으로부터 다른 지역에 있는 관련기업에 제공되는 재화의 가격을 의미한다. 이전 가격 하에서 거래가격은 궁극적으로 전체 회사의 이익이 극대화되도록 조정되기도 한다.

이전가격 사전합의제(advanced pricing agreement: APA) 미국 국세청과 현지 외국기업의 이전가격에 대한 합의. 이런 합의가 없다면 미국 국세청이 외국기업이 관계사와의 거래가 축소신고 되었다고 기소할 경우 이전가격이 공정했다는 증명에 대한 부담을 외국기업이 져야 한다.

이촌향도(rural/urban migration) 전 세계적인 산업화로 많은 수의 농업 근로자들이 도시로 이동함에 따라 대도시 빈민촌과 도시의 사회간접시설에서의 주요 문제점들을 야기하는 현상을 말한다.

ㅈ

인증(homologation) 제품이나 서비스 품질과 관련된 지역 표준에 따라 제품에 변화가 생길 때 사용한다.

자기준거기준(SRC, self-reference criterion) 의사결정 시 무의식적으로 자신이 속한 문화권의 가치 혹은 개인의 경험이나 지식에 근거해 판단하는 경향을 말한다.

자본계정(capital account) 국제수지표의 일부분으로서 해외직접투자, 해외간접(포트폴리오)투자 그리고 유·출입된 단기적인 자본 이동을 기록한 것을 말한다.

자유무역지대(FTA : Free Trade Area) 두 개 또는 둘 이상의 국가들 사이에 관세 및 비관세장벽을 경감하거나 철폐하기로 합의한 지역협력의 일종으로 타국에 대해서는 각각의 무역장벽을 유지한다. FTA는 개발을 위한 지역협력보다 더 많은 협력을 요구한다.

전략기획(strategic planning) 제품, 자본, 연구 활동 그리고 기업의 장단기 목표에 관하여 최고위경영층에서 수립하는 기획 활동의 한 형태를 의미한다. ☞ 기업기획; 전술기획 참조.

전략적 국제 제휴(SIA, strategic international alliance) 공통의 목표를 달성키 위한 과정에서의 위험 공유와 상호 필요에 의한 협력을 목적으로 둘 이상의 기업들이 수립한 사업적 관계를 말한다.

전문가 의견(expert opinion) 시장예측방법의 하나로 전문가들이 시장크기나 성장률에 대해 자신들의 의견을 제시함; 마케터에게 생소한 해외시장에서 부분적으로 사용된다.

전사적 기획활동(corporate planning) 전체적인 기업의 장기적이고 일반화된 목표를 만들어내는 것을 의미한다. ☞ 전략적 기획; 전술적 기획 참조.

전술기획(tactical planning) 특정 시장에서 전략적으로 기획된 목표의 수행을 위해 사용되는 자원의 분배와 구체적인 행동들에 관련된 기획의 한 종류다. 일반적으로 지역단위에서 시행되는 것으로 시장기획(market planning)으로 잘 알려져 있다.

정치 · 사회 시민운동가(PSAs: Political and Social Activists) 평화적 저항부터 테러적인 방법까지 포함된 전술을 가지고 기업과 정부의 정책과 행동을 변화시키기 위해 활동하는 정치적이고 사회적인 개인 활동가들을 말한다.

정치동맹(political union) 완전한 의미의 경제적 · 정치적 통합을 수반하는 자발적 혹은 강제적으로 통합된 지역적 협력체제: 대표적인 예로는, 지금은 해체된 코메콘(COMECON: Council for Mutual Economic Assistance)이 있는데 코메콘은 구 소련연방(Soviet Union)에 의해 조직되어 중앙집권적으로 통제되는 국가들의 그룹을 의미한다.

제3국 근로자(TCNs: Third-country nationals) 특정 국가에서 제 3국에 있는 외국 회사에서 일하기 위해 파견된 직원을 의미한다. ☞ 해외 파견근로자; 현지 국민들 참조.

제품 구성요소 모델(product component model) 지원서비스, 포장, 핵심 구성요소 등의 세 가지 구성요소로 제품의 차원을 나누어 새로운 시장에 적용될 수 있도록 특성화하는 방법을 말한다.

제품 확산(product diffusion) 제품 혁신(product innovation)이 퍼져 나가는 과정을 의미하는 것으로서 성공적인 제품 확산은 제품과 관련된 정보와 신제품 속성을 소비자와 의사소통 할 수 있는 능력이 필요하다.

제품환매계약(product buyback agreement) 대응무역(countertrade)의 일종으로 제품이나 서비스 판매 조건으로 생산에 필요한 원재료 혹은 생산물을 되사주는 것을 말한다. 예로서, 생산설비, 장비 혹은 기술 등이 있다.

조사 과정(research process) 자료의 분석과 수집을 위해 순차적으로 접근하는 정보획득의 과정이다. 이를 위해 반드시 조사와 관련된 문제점과 목표의 명확한 설정이 선행되어야 한다.

조정(conciliation) 문제해결을 위해 제3자에게 의견 차이에 대한 화해를 요청함으로서 두 당사자 간에 성립되는 법적 구속력 없는 합의를 의미한다. ☞ 중재; 소송 참조.

주권(sovereignty) 한 국가의 거주자들에게 행사되는 최고의 권력뿐만 아니라 외국과의 관계에서 행사되는 권력을 말한다.

중재(arbitration) 소송의 대안으로서 분쟁 당사자의 합의에 따라 분쟁에 관한 판단을 제3자(중재인 또는 중재기관)에게 맡겨 그 판단에 복종함으로써 분쟁을 해결하는 절차를 의미한다.

지속가능한 발전(sustainable development) Joke Waller-Hunter의 경제성장 접근방법으로 기업, 환경 운동가 그리고 다른 이해당사자의 협력적 관계에서 출발한다. 이는 "지혜로운 자원관리, 공평한 이익의 분배, 경제 성장 과정으로부터 사람과 환경에 부정적인 노력의 감소"를 통해 달성할 수 있다.

직무 비관련 대화(nontask sounding) 사업관련 내용보다 일반적인 주제를 이용하여 대화를 이끌어가는 협상과정의 하나. 직무 비관련 대화는 주로 본격협상의 예비단계나 예비절차로 이용. ☞ 직무관련 정보교환(task-related information exchange) 참조.

직무관련 정보교환(task-related information exchange) 협상과정 중 일부로서 직무 비관련 의사소통 또는 직무 비관련 의사타진이 완료되고 실질적인 협상이 시작되는 것을 말한다.

직접수출(direct exporting) 기업이 다른 나라에 있는 소비자에게 직접 판매하는 수출 형태이다. ☞ 간접수출 참조.

ㅊ

창의적 협상(creativity in negotiations) 비공식적이고 부

가적인 협상에서 공동의 브레인스토밍과 같은 창의적인 과정을 이용하는 것. 이는 협상을 경쟁적인 것이 아닌 협동적인 시각에서 접근하는 것을 가정하고 협상의 목적을 장기적인 상호 호혜적 거래와 인간관계로 가정한다.

청산계정(open account) 미국 국내거래에서 신용도가 높은 고객을 대상으로 하는 전형적인 지불방식으로 제품이 고객에서 배달되고 난 이후에 고객은 월말 단위로 대금을 지불하는 방식.

총원가 가격책정법(full-cost pricing) 유사제품의 단위가 다른 유사제품의 단위와 다르지 않다는 관점과 각 단위는 국내 또는 해외 판매와 상관없이 모든 고정비용과 변동비용을 담고 있어야 한다는 관점에 기반을 둔 가격설정 방법이다. ☞ 변동원가 가격책정법 참조.

침묵의 언어(silent language) 시간, 공간, 사물, 우정, 합의에 대한 상징적 · 비구어적 의미와 여러 문화에 걸쳐 이것들이 어떻게 변화하는지에 대해 설명하기 위해 Edward T. Hall이 사용한 용어(Hall의 논문 "The Silent Language of Business"에 인용).

침투가격정책(penetration pricing policy) 경쟁자가 가진 시장지분을 가져오기 위해 수행하는 저가격 정책.

ㅋ

카르텔(cartel) 유사한 재화나 용역을 제공하는 동종업계의 기업들이 시장을 지배할 목적으로 담합하는 행위. 석유수출국기구(OPEC: The Organization Petroleum Exporting Countries)가 국제 카르텔로서 가장 유명하다.

쿼터(quotas) 수입할당이라고도 불리며 상품이 수입될 때, 해당 국가에 의해 특정 분야의 상품에 적용하는 수량 또는 총 수입액의 제한을 말한다. ☞ 관세 참조.

ㅌ

탈중심화(decentering) 역번역의 변형으로서 다른 번역가로 하여금 설문지상의 척도 등의 문서를 번역하고 재번역하는 일련의 과정이다. 두 언어로 된 척도의 결과가 비교해서 같아질 때까지 반복적으로 번역과 재번역을 하는 과정이다. ☞ 병렬번역 참조.

태평천국의 난(Taiping Rebellion) 1851년~1964년 동안 중국에서 일어난 인류 역사상 가장 큰 비용을 치룬 내전이며, 희생자가 2천~3천만 명 정도로 추정된다.

통제 가능한 요인(controllable elements) 기업이 통제가능하고 영향력을 미칠 수 있는 거래의 측면; 제품, 가격, 촉진, 유통, 연구, 광고 등과 관련된 마케팅 의사결정을 포함한다. ☞ 통제 불가능한 요인 참조.

통제 불가능한 국내환경 요인(domestic environment uncontrollable) 기업이 통제하거나 영향력을 행사할 수 없는 본국의 요인들로 정치적, 법적 요인들, 경제적 징후, 기술 수준, 경쟁요인 그리고 경제적 요인 등이다. ☞ 통제 불가능한 요인들 참조.

통제 불가능한 요인(uncontrollable elements) 국제 마케터가 통제하거나 영향을 미칠 수 없는 경영환경 요인들로서, 경쟁, 법률규제, 정부통제, 기후, 소비자 기호나 행동 그리고 정치적 사건들을 포함한다. ☞ 통제 가능한 요인(controllable elements) 참조.

통제 불가능한 해외환경 요인 본국에서 활동하는 기업이 통제하거나 영향력을 행사할 수 없는 해외시장의 요소들로서 정치적 및 법적 요인, 경제적 징후, 지리적 및 사회기반시설, 기술수준, 유통구조 등을 말한다. ☞ 통제 불가능한 국내환경 요인 참조.

통합적 마케팅 커뮤니케이션(integrated marketing communication) 제품이나 서비스 판매를 위한 활동이나 방법들을 종합화시킨 것으로 광고, 판매촉진, 전시회(무역박람회), 인적판매, 직접 판매 및 홍보 등을 포함.

특별인출권(SDR: special drawing rights) 주요 통화들의 평균 가치를 이용해 IMF가 제시하는 새로운 화폐기준을 말한다. 이를 종이 황금이라고 하는데, 주요 통화들의 평균 가치를 이용했기 때문에 달러와 같은 단일 통화에 비해 신뢰성이 높다.

ㅍ

파생수요(derived demand) 다른 원천에 의존적인 수요; 자본설비나 고가의 산업용 서비스의 판매에 중요하다.

판매 조건(terms of sale) 가격, 화물 그리고 보험과 같은 범주를 포괄하는 상거래에 적용되는 법과 비용들의 집합이다. 국제 교역에서 판매 조건은 종종 국내 거래와 유사해 보이지만 일반적으로 다른 의미를 지니고 있음. 무역조건(trade terms)으로도 알려져 있다.

판매촉진(sales promotion) 중간상과 소매상의 효과와 협조를 향상하고 소비자의 구매를 자극하기 위한 마케팅 활동을 말한다.

포페이팅(forfaiting) 수출업자가 은행 또는 다른 금융기관과 한 번의 약정으로 수취대금의 책임을 이관하는 국제거래상에서 사용되는 금융기법을 말한다.

품목분류를 위한 전자요청(ERIC: Electronic Request for Item Classification) 수출업자가 수출행정당국에 인터넷을 통해 제품분류요청을 전송할 수 있는 ELAIN의 부가서비스를 말한다. ☞ 약식 네트워크 신청 절차; 수출승인신청 조회 시스템 참조.

품질(quality) 시장에서 소비자가 지각하는 품질과 재화나 서비스가 객관적(기술적)으로 가지고 있는 품질, 이 두 차원으로 정의되는 재화와 서비스의 본질적인 특성을 말한다.

프랜차이징(Franchising) 프랜차이저가 표준화된 제품, 시스템 그리고 경영서비스를 프랜차이지에게 제공하는 라이선싱의 일종이다. 모기업에게 통제권을 주는 대신 현지 시장 상황에 따라 융통성있게 경영할 수 있다.

피라미드 하부시장(BOPM: Bottom-Of-the Pyramid Markets) 전 세계 인구 중 1인당 연소득 1,200달러 미만인 40억명의 인구를 지칭. 이들은 국가별로 구분하지 않고 빈곤의 수준으로 구분되고 주로 남아시아와 사하라 이남의 아프리카에 집중되어 있다.

피-타임(P-time) 복합형 시간개념(polychronic time)은, 고배경 문화와 같이 인간관계가 계획된 시간을 지키는 것보다 더 중요하다는 관점이다. 복합형 시간개념(P-time)에는 많은 것이 동시에 발생하는 특징이 있다. ☞ 엠-타임(M-time) 참조.

필수적인(imperative) (해외국가에서) 인식해야 하거나 반드시 수용해야 하는 사업 관행을 의미한다. ☞ 선택적인; 배타적인 참조.

ㅎ

합작투자(joint venture) 둘 또는 그 이상의 기업들이 별도의 법적 실체를 가진 법인을 설립하기 위하여 협력하는 동업관계를 의미. ☞ 전략적 국제제휴(strategic international alliance) 참조.

해석적 지식(interpretive knowledge) 서로 다른 문화 특성이나 형태에서 발생하는 미묘한 차이(뉘앙스)를 이해하고 인식하는 능력을 의미. ☞ 사실적 지식(factual knowledge) 참조.

해외무역지대(FTZs: Foreign Trade Zones) 쿼터나 관세가 부과되기 전에 화물을 수용할 수 있는 지역 또는 항만을 의미한다. 미국에는 기업들이 화물을 공식적으로 미국 내로 반입하기 전이나 다른 국가로 재수출하기 전에 수입화물을 저장하거나 세척 또는 포장과 같은 다양한 과정을 수행할 수 있는 150개 이상의 FTZs가 있다. ☞ 보세시설 참조.

해외부정거래방지법(FCPA: Foreign Corrupt Practices Act) 미국 기업이 외국 정부나 관료에게 뇌물 공여하는 것을 금지하는 법으로서 공개적으로 또는 뇌물의 전달자로서 중개상을 이용하는 경우 미국 공무원이 중개상의 지급이 뇌물로 사용될 것임을 알았을 때 적용된다.

해외 파견근로자(expatriate) 본국을 떠나 살고 있는 사람. 국제거래에 있어 판매기업 본국의 국외거주자는 기술적으로 복잡한 제품 또는 제품판매시 기업이나 제품라인에 대한 광범위한 지식이 필요한 경우에 가장 효과적인 판매원(販賣原)이 될 수 있다. ☞ 현지 국민들 참조.

혁신(innovation) 일련의 인간집단에 의해 새롭다고 인식되는 생각. 제품에 적용될 때 혁신은 무엇인가 완벽하게 새롭거나 특정 국가나 문화에서 무엇인가 새롭다고 인식하게 되는 것을 의미. ☞ 제품 확산(product diffusion) 참조.

현지 국민들(local nationals) 자신의 국가에 거주하는 자. 전통적으로 특정 해외지역에 판매거점 구축하려는 해외 파견 관리자가 선호하는 인력. 현지국민들은 해외파견 근로자에 비해 해당 해외국가의 사업구조에 관하여 더 많은 지식을 가지고 있으며, 일반적으로 현장 투입과 유지에 더 적은 비용이 소요됨.

협상계약을 위한 최선의 대안(BATNA) Best Alternative To a Negotiated Agreement의 약자. Fisher, Ury, 및 Patton이 저술한 “Yes를 이끌어 내는 협상법(Getting to Yes)”에 나오는 개념이다.

홍보(PR: public relations) 고객, 대중, 정부 등과 같은 특정 대상에게 언론 매체를 통해 메시지를 전달하여 긍정적인 관계를 창조하려는 기업의 노력을 말한다.

확산(diffusion) 소비자수의 증가로 시장 전체에 걸쳐 일어나는 상품의 도입 혹은 보급을 의미한다.

환어음(bill of exchange) 국제 상거래의 대금 결제의 한 형태로서 수입자가 제3자(지급인)에 대하여 어음에 기재된 금액을 일정한 기일에 어음상의 수출업자에게 지급할 것을 무조건 위탁하는 증권. 수출자는 실제 대금이 입금될 때까지 모든 위험을 감수해야 하는 것으로서 신용장 거래보다 수출자의 위험이 더 크다.

기타

1차 자료(primary-data) 특정 목적을 가진 프로젝트를 위해 시장에서 직접 수집한 자료를 말한다. ☞ 2차 자료 참조.

2차 자료(secondary data) 직접 조사된 자료가 아닌 특정 개인과 기관에 의해 이미 수집된 자료를 말한다.(시장 조사에 종종 유용함) ☞ 1차 자료 참조.

찾아보기

ㄱ

ㄴ

ㄷ

ㄹ

ㅁ

ㅂ

ㅅ

ㅎ

A

B

C

D

E

F

G

V

W

기타